1000 Recipes To 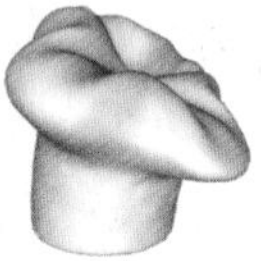 Try Before You Die

REZEPTE AUS
DER GANZEN WELT

1000 Recipes To 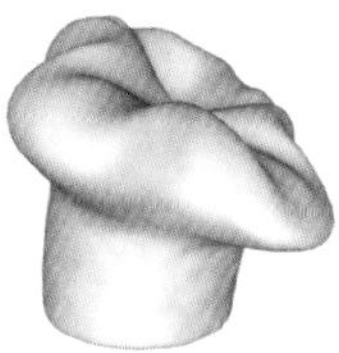 Try Before You Die

h.f.ullmann

Projektkoordination: Swetlana Dadaschewa

Rezepte: Ingeborg Pils, Stefan Pallmer
Rezepte aus den USA, Kanada, China, Japan, Vietnam, Thailand, Indonesien, Hawaii, Karibik, Mexiko, Polen, Niederlande, Belgien: Silvia Winnewisser
Layout: K.Design, Wiesbaden
Coverdesign: Simone Sticker
Coverfotos:
Hintergrund: © Getty Images / Steven Errico
Tafel: © StockFood / Wolfgang Schardt
Kochmütze: © Dalia / www.fotosearch.de Stock Fotografie
Rezeptfotos: © h.f.ullmann publishing GmbH

Gesamtherstellung: h.f.ullmann publishing GmbH, Potsdam

Printed in Germany, 2012

ISBN 978-3-8480-0196-5

10 9 8 7 6 5 4 3 2 1
X IX VIII VII V IV III II I

www.ullmann-publishing.com
newsletter@ullmann-publishing.com

„Die Entdeckung eines neuen Gerichts ist für das Glück der Menschheit wichtiger als die Entdeckung eines neuen Gestirns."

Jean Anthelme Brillat-Savarin

Kochen ist ein wichtiger Teil unserer Kultur. Sie zu pflegen und zu fördern sollte unser aller Anliegen sein. Deshalb widmen wir dieses Buch all jenen, die täglich am eigenen Herd ein Stück Alltagskultur mitgestalten.

Danksagung

Auch wenn wir seit vielen Jahren in der Welt unterwegs sind und dabei neugierig in fast jeden Kochtopf geschaut haben – dieses Buch wäre nicht möglich gewesen ohne die Hilfe und Unterstützung unserer Freunde auf allen Kontinenten. Sie haben uns kulinarisch an die Hand genommen und einmal um den Erdball geführt. Sie haben uns streng gehütete Familienrezepte und geheime Lieblingsspeisen verraten und unseren Geschmack sensibel gemacht für Aromen, die so ganz anders sind als die vertrauten Genüsse der Kindheit.

Wir danken Iris, die ihren Familienclan auf drei Kontinenten kulinarisch mobilisiert hat, Marion, Christian und Ingrid, die uns die lateinamerikanische Küche näher gebracht haben, Monique, deren Eltern die harmonische Verbindung von Kamerun und Tschechien nicht nur in der Küche gelungen ist, Bärbel, Roger und Andrew, die uns bewiesen haben, dass die angelsächsische Küche weitaus besser ist als ihr Ruf. Wir bedanken uns bei Nuala für ihre irischen Kochtipps, bei Sue (Australien), John (Südafrika) und bei Achmed, ohne dessen Wissen uns die ägyptischen Gewürzgeheimnisse ein Rätsel geblieben wären. Maria-Chiara und Mauro begleiteten uns durch Italien, Nicole und Hans durch die Schweiz, Hansi durch Österreich. Und ein extra großes Dankeschön gilt unserem indischen Freund Jolly, einem der besten Musiker und klügsten Menschen, die wir kennen.

Herzlichen Dank auch an Cecilia (Schweden), Colette und Benoit (Frankreich), Felizia (Costa Rica), Georgios (Griechenland), Hyrie (Türkei), Jana (Tschechien), Karen (Israel), Louise (Fidschi), Sabraw (Kroatien) und Mischa (Russland). Wir haben Eure Küche lieben gelernt.

Unser besonderer Dank gilt meiner Schwester Monika, ohne deren Unterstützung vieles nicht so problemlos geklappt hätte. Sie hat uns morgens mit Kaffee geweckt und abends unsere Texte gelesen. Wir wünschen uns, dass wir noch oft mit euch am Herd stehen und anschließend bei Tisch über die schönste Nebensache der Welt diskutieren, dem Essen und Trinken, das gemeinsam genossen erst richtig Spaß macht.

Inhalt

Inhalt

Inhalt

Inhalt

Einleitung

Eine kulinarische Reise rund um die Welt – was könnte für passionierte Köche und Genießer verlockender sein? Deshalb haben wir nicht lange gezögert, als wir gefragt wurden, ob wir unsere Reise-Kochbücher öffnen und unsere 1.000 Lieblingsrezepte aus fünf Kontinenten interessierten Lesern auf der ganzen Welt verraten wollen.

Schon früh waren wir neugierig gewesen auf fremde Länder, Aromen und unbekannte Genüsse. Unsere Entdeckerfreude und Abenteuerlust machten auch vor den Töpfen unserer Nachbarn nicht Halt. Mit jeder Reise, die wir unternahmen, wurde das Wissen darum größer, dass außerhalb unserer Küchenwelten noch so viele andere, unbekannte Köstlichkeiten darauf warten, entdeckt zu werden, was uns immer wieder in neue und fernere Länder trieb.

Als wir mit diesem Buch die Möglichkeit bekamen, aus unserem inzwischen auch professionellen Interesse an der Kochkunst ein Nachschlagewerk zu machen für alle, die unsere Freude an fremden Küchen teilen, waren wir begeistert. Und schnell konnten wir auch unsere Freunde mit unserem Enthusiasmus anstecken. Mit jedem Gericht, das uns aus fernen Ländern, kleinen Gebirgsdörfern oder Millionen-Metropolen erreichte, wuchs die Freude an diesem Projekt – und jedes Rezept brachte uns schon fast wieder vergessene Gaumenfreuden vergangener Tage zurück.

Das Resultat ist eine zwar sehr umfangreiche, aber auch sehr subjektive Sammlung von 1.000 Originalrezepten, die Einblick in die Kochkunst der verschiedenen Länder und Kulturen geben. Neben klassischen Nationalgerichten enthält das Buch vor allem die ganz persönlichen Lieblingsgerichte unserer Freunde und ihrer Familien – für Feinschmecker rund um den Globus.

Essen ist weit mehr als bloße Nahrungsaufnahme. Die Freude an Essen und Trinken gehört zu den elementaren Genüssen des Menschen. So unterschiedlich die Zubereitungsarten, Küchentechniken und die Zusammensetzung der Speisen auf der ganzen Welt sind, dem Essen wohnt überall eine gemeinsame Komponente bei: Nicht die teure, edle Delikatesse, sondern – neben der Qualität des Produktes und der liebevollen Zubereitung – vor allem die Kommunikation bei Tisch und das gemeinsame Genießen sind ausschlaggebend für das Glücksgefühl, das sich beim Mahl einstellt.

Auf unseren Reisen und bei unseren Recherchen entdeckten wir bald, dass man außer gutem Appetit und einem stabilen Magen noch andere Dinge mitbringen muss, wenn man sich die Küchen fremder Kulturen erschließen will. Vieles, was uns selbstverständlich scheint, ist in anderen Kulturkreisen gänzlich unbekannt. Lebensmittel, die bei uns in jedem Supermarkt zur Grundausstattung gehören, gibt es in anderen Ländern nicht. Im Gegenzug dazu löst manches, was Köche auf der anderen Seite der Welt als Basisnahrungsmittel betrachten, bei uns zumindest Erstaunen aus. Auch die Komposition von verschiedenen Geschmäckern trafen nicht immer unsere vor allem durch die deutsche, italienische und französische Küche geprägte aromatischen Vorlieben. Bei manchen Speisen muss man sich auf einen zweiten oder dritten Versuch einlassen, um sich neue Geschmackswelten zu erschließen.

Eine Reise durch die Küchen dieser Welt birgt auch für den Gaumen mancherlei Überraschungen. Das Verspeisen von knusprig gegrilltem Meerschweinchen, in Ecuador eine Nationalgericht, scheint uns ebenso gewöhnungsbedürftig wie der Genuss von Robbentran oder überlagertem Haifischfleisch. Eine mongolische Lieblingsspeise, im Erdloch gegartes Murmeltier, haben wir ebenso wenig versucht wie das Fleisch von Tieren, die in unserem Haus als vierbeinige Freunde leben. Tiere, die nach unserem Empfinden unter Artenschutz stehen, haben wir ebenso wenig in unseren Speiseplan und dieses Buch aufgenommen wie Produkte, die unserer subjektiven Meinung nach nicht nachhaltig oder umweltverträglich hergestellt werden.

Manches, was in fremden Ländern gegessen wird, landet nicht wegen seines guten Geschmacks im Kochtopf, sondern, weil es bestimmte Riten und Traditionen erfordern. Andere Nahrungsmittel werden trotz ihres ausgezeichneten Geschmacks nicht gegessen, weil sie aus religiösen Gründen mit Verboten belegt sind. Bevor wir aber über die Essgewohnheiten anderer Kulturen die Nase rümpfen, sollten wir uns einmal überlegen, was in unserem Kulturkreis je nach Länderküche als Delikatesse oder als genau das Gegenteil betrachtet wird. Hahnenkämme und Kutteln werden in der toskanischen Küche hoch geschätzt, Nieren und Leber sind in Süddeutschland ein kleines, feines Schmankerlgericht, und man muss kein Vampir sein, um englischen Blutpudding oder französische Blutwurst zu schätzen. Dennoch treffen diese Gerichte sicher nicht jedermanns Geschmack.

So vielfältig, bunt und abwechslungsreich wie die Menschen, Völker und Kulturen dieser Welt sind auch ihre Landesküchen und kulinarischen Eigenarten. Sie haben ihren Ursprung in den geografischen Gegebenheiten, Klima und Bodenbeschaffenheit – Faktoren, die für die typischen Produkte der jeweiligen Regionen verantwortlich sind. Dazu kommen geschichtliche Hintergründe, die Einflüsse fremder Herrscher und Eroberer, die neue Gerichte und Lebensmittel mit in die besetzten Länder brachten.

Völkerwanderungen und der rege, friedliche Warenaustausch entlang der Handelsstraßen, Klimaveränderungen und die technischen Entwicklungen der letzten Jahrhunderte haben nicht nur die Kulturen beeinflusst, sondern auch die Essgewohnheiten verändert. Mit der Entdeckung Amerikas kamen bis dahin unbekannte Obst- und Gemüsesorten nach Europa, die heute längst als einheimische Produkte betrachtet werden. Einwanderer brachten uns die Genüsse ihrer Heimat näher, mit dem großen Fernweh wuchs auch die Sehnsucht nach den Gaumenfreuden der asiatischen, karibischen und afrikanischen Küchen.

Heute leben wir in einer scheinbar grenzenlosen Welt, in der selbst die Spezialitäten aus den entlegendsten Winkeln dank Internetversand für fast jeden erhältlich sind. Längst ist es nicht mehr ungewöhnlich, abseits der gewohnten Speisepfade kulinarisch neue Wege zu gehen. Lassen Sie sich auf dieses Abenteuer ein. Ob Salat oder Suppe, Fisch oder Fleisch, Gemüse oder Dessert: In diesem Buch finden Sie eine riesige Auswahl an Gerichten, die zum Nachkochen einladen.

Wir haben alle Gerichte in diesem Buch so zusammengestellt, dass sie auch für weniger geübte Hobbyköche einfach nachzukochen sind. Jedes Rezept enthält genaue Angaben zu Zeitaufwand und Zutaten. Einfache Schritt-für-Schritt-Anleitungen erleichtern das Nachkochen, kurze Begleittexte informieren über Zutaten, Zubereitungsart oder die Geschichte zahlreicher Speisen. Die meisten Produkte bekommen Sie problemlos im Supermarkt, ausgefallenere Zutaten im Fachhandel oder in Internet-Spezialitäten-Shops.

Vergessen Sie nie: Ein Rezept ist nur ein Notenblatt, eine Vorlage, nach der Sie Ihr ganz eigenes Gericht komponieren. Zögern Sie also nicht, Zutaten zu ersetzen, zu ergänzen oder einfach wegzulassen. Vielleicht wird dann gerade Ihre Version zum neuen Klassiker in Ihrer Familie.

Ingeborg Pils und Stefan Pallmer

EUROPA

Dem Geheimnis der europäischen Küchen auf der Spur: regionale Landküchen und raffinierte Küchenklassiker – von kleinen Suppen, deftigen Eintöpfen, vielerlei Fisch, Festtagsbraten und Mehlspeisen

Die alte Universitätsstadt Lüttich, Geburtsort Karls des Großen, liegt im französischsprachigen Teil Belgiens, in der Wallonie. Hier spürt man nicht nur in der Küche, sondern auch in der Lebensart den Einfluss des großen Nachbarn.

BELGIEN

Lütticher Prinzessbohnensalat mit Speckstreifen

Zutaten für 4 Personen:

4 mittelgroße vorwiegend festkochende Kartoffeln
Salz
400 g Prinzessbohnen
2 Zweige Bohnenkraut
frisch gemahlener Pfeffer
150 g Ardenner Schinken
2 Schalotten
1 EL Petersilie, fein gehackt
1–2 EL milder Weinessig
75 ml kräftige Fleischbrühe
2 EL Walnussöl

Zubereitung: ca. 50 Minuten

1. Die Kartoffeln waschen und in leicht gesalzenem Wasser ca. 30 Minuten garen. Abgießen und etwas abkühlen lassen.

2. Die Bohnen putzen und mit dem Bohnenkraut in kochendem Salzwasser ca. 10 Minuten garen. Inzwischen eine Schüssel mit Eiswasser vorbereiten. Bohnen mit einem Schaumlöffel aus dem kochenden Wasser heben und sofort ins Eiswasser geben. Erkalten lassen, abgießen und gut abtropfen lassen.

3. Die Kartoffeln schälen und in dünne Scheiben schneiden. 4 Teller mit den Kartoffelscheiben auslegen. Bohnen jeweils in der Mitte anrichten und mit Pfeffer würzen.

4. Den Schinken in schmale Streifen, die Schalotten in feine Würfel schneiden. Schinken in einer trockenen Pfanne knusprig ausbraten. Dann die Schalotten und die Petersilie hinzufügen und kurz anschwitzen. Mit dem Essig und der Brühe ablöschen und etwas abkühlen lassen. Das Öl unterschlagen und das Dressing über die Bohnen gießen. Vor dem Servieren 10 Minuten ziehen lassen.

Die belgische Küche zeichnet sich durch Frische und Bodenständigkeit aus. Sowohl in den hochdekorierten Feinschmeckertempeln als auch bei der bürgerlichen Hausmannskost legt man großen Wert auf die Qualität der Produkte.

BELGIEN

Kempener Kraftbrühe mit weißen Bohnen und Croûtons

Zutaten für 4 Personen:

500 g frische weiße Bohnen
2 l Fleischbrühe
2 Zweige Salbei
2 Zweige Bohnenkraut
2 Zwiebeln
1 Knoblauchzehe
2 Möhren
2 Stangen Lauch
3 EL Butter
200 ml Milch
Salz
frisch gemahlener Pfeffer
4 Scheiben Weißbrot vom Vortag
100 g magerer Räucherspeck
1 EL fein gehackte Petersilie

Zubereitung: ca. 30 Minuten
Garen: ca. 90 Minuten

1. Die Bohnen kalt abbrausen, in einen Topf geben und mit der Fleischbrühe und den Kräutern ca. 1 Stunde köcheln lassen.

2. Die Zwiebeln, den Knoblauch, die Möhren und den Lauch schälen bzw. putzen und in Würfel schneiden. Alles in 1 Esslöffel Butter anschwitzen, dann unter die Bohnensuppe mischen und weitere 30 Minuten köcheln lassen.

3. Die Kräuter entfernen und die Suppe mit dem Stabmixer pürieren. Die Milch einmal aufkochen und in die Suppe rühren. Mit Salz und Pfeffer abschmecken.

4. Das Weißbrot ohne Rinde in kleine Würfel schneiden. Die restliche Butter zerlassen und die Brotwürfel darin goldbraun anbraten.

5. Den Räucherspeck in dünne Streifen schneiden und in einer trockenen Pfanne knusprig ausbraten. Suppe in vorgewärmte Teller verteilen, mit den Croûtons, den Speckstreifen und der Petersilie garnieren.

Vor etwa 200 Jahren entdeckte ein Brüsseler Gärtner in einer dunklen Kellerecke des Botanischen Gartens Zichorienwurzeln, die zu treiben begonnen hatten. Sie waren das Ausgangsprodukt für den heute in aller Welt beliebten Chicorée.

BELGIEN

Überbackener Chicorée mit Schinken in Käsesauce

Zutaten für 4 Personen:

3 EL Butter und
Butter für die Form
40 g Mehl
1/2 l Milch
Salz
frisch gemahlener Pfeffer
1 Msp. Curry
4 Chicorée-Stauden
1 TL Zitronensaft
4 Scheiben gekochter Schinken
100 g geriebener Edamer
1 Eigelb
1 EL süße Sahne

Zubereitung: ca. 35 Minuten
Gratinieren: ca. 15 Minuten

1. Für die Käsesauce 2 Esslöffel Butter schmelzen, das Mehl einstreuen und hell anschwitzen. Milch angießen und die Sauce unter Rühren zum Kochen bringen. Mit Salz, Pfeffer und Curry würzen und bei mittlerer Hitze 20 Minuten köcheln lassen, gelegentlich umrühren.

2. Inzwischen den Chicorée waschen und das bittere Strunkende keilförmig herausschneiden. In kochendes, leicht gesalzenes Wasser legen, den Zitronensaft hinzufügen und den Chicorée 8–10 Minuten kochen. Chicorée aus dem Wasser heben und gut abtropfen lassen.

3. Den Backofen auf 220 Grad vorheizen. Chicoréestauden mit Schinken umwickeln und nebeneinander in eine gebutterte Auflaufform legen.

4. Die Hälfte des Käses in die Sauce rühren und darin schmelzen, dann vom Herd nehmen. Das Eigelb mit der Sahne verquirlen und unter die Sauce rühren.

5. Die Käsesauce über den Chicorée verteilen, mit dem restlichen Käse bestreuen und die übrige Butter in Flöckchen daraufsetzen. Im heißen Ofen ca. 15 Minuten goldbraun überbacken.

Als im 17. Jahrhundert in einem besonders kalten Winter die wallonischen Flüsse und Seen zufroren, kam ein Gastwirt auf die Idee, statt kleiner Fischchen dicke Kartoffelstäbchen in Fischform zu frittieren. Bald eroberten sie die ganze Welt.

BELGIEN

Echte belgische Fritten

mit hausgemachter Mayonnaise

Zutaten für 4 Personen:

1,5 kg große festkochende Kartoffeln
2 Eigelb
Salz
frisch gemahlener Pfeffer
300 ml Maiskeimöl
1–2 TL Zitronensaft
Pflanzenöl zum Frittieren

Zubereitung: ca. 40 Minuten

1. Die Kartoffeln schälen und zuerst in ca. 1 cm dicke Scheiben, dann in 1 cm breite Streifen schneiden. Unter fließendem kalten Wasser gründlich abspülen, um die Kartoffelstärke zu entfernen. Anschließend mit Küchenpapier gründlich abtrocknen.

2. Für die Mayonnaise das Eigelb mit 1 Prise Salz und etwas Pfeffer in einer Schüssel mit dem Schneebesen so lange schlagen, bis es heller wird. Das Maiskeimöl unter ständigem Schlagen in dünnem Strahl hinzufügen. Zuletzt den Zitronensaft unterrühren. Falls die Mayonnaise zu dick ist, mit 1–2 Esslöffeln lauwarmem Wasser verdünnen.

3. Das Frittieröl auf 160 Grad erhitzen. Die Fritten portionsweise hineingeben und hellgelb ausbacken. Dann mit einem Schaumlöffel herausheben und auf Küchenpapier abtropfen lassen.

4. Frittieröl auf 180 Grad erhitzen und die Fritten portionsweise goldbraun backen. Auf Küchenpapier kurz abtropfen lassen und leicht salzen. Mit der Mayonnaise servieren.

Muscheln mit Fritten lassen die Herzen fast aller Belgier höher schlagen. Wer die ungewöhnliche Kombination einmal probiert hat, versteht diese Leidenschaft. Ganz stilecht isst man die Fritten mit Hilfe einer leeren Muschelschale.

BELGIEN

Gedämpfte Miesmuscheln flämische Art mit Petersilienbutter

Zutaten für 4 Personen:

2 kg Miesmuscheln
2 Zwiebeln
2 Stangen Sellerie
1 Petersilienwurzel
2 Bund glatte Petersilie
150 g Butter
1 l Weißwein
Salz
frisch gemahlener Pfeffer

Zubereitung: ca. 30 Minuten

1. Die Muscheln mehrmals unter kaltem Wasser waschen, abbürsten und den Bart entfernen. Beschädigte oder offene Muscheln wegwerfen.

2. Die Zwiebeln, die Selleriestangen und die Petersilienwurzel in kleine Würfel schneiden. Die Petersilie kalt abbrausen, trockenschütteln und ohne die groben Stiele fein hacken.

3. In einem großen Topf 2 Esslöffel Butter zerlassen und das Gemüse darin andünsten. Dann die Muscheln dazugeben und bei geschlossenem Deckel 2 Minuten garen. Mit Weißwein ablöschen und mit Salz und Pfeffer würzen. Muscheln im geschlossenen Topf 5 Minuten bei mittlerer Hitze garen, dabei den Topf gelegentlich rütteln.

4. Muscheln aus dem Sud heben und alle geschlossenen Muscheln aussortieren und wegwerfen. Den Sud durch ein feines Haarsieb abgießen.

5. Die restliche Butter in einer großen Pfanne schmelzen und die Petersilie hinzufügen. Muscheln und einige Esslöffel des Suds dazugeben. Vorsichtig unterheben und in der Pfanne servieren.

Waterzooi, „Wassersuppe", war ursprünglich eine einfache Suppe aus Nordseefischen und Muscheln. Heute ist sie das zweite belgische Nationalgericht, das oft auch mit Aal oder Hühnchen zubereitet und mit Sahne verfeinert wird.

BELGIEN

Traditioneller Fischeintopf Waterzooi mit Gemüsestreifen

Zutaten für 4 Personen:

2 Möhren
2 Stangen Lauch
2 Stangen Sellerie
Salz
1 EL Butter
4 Schalotten, in kleine Würfel geschnitten
200 ml Weißwein
1 Kräutersträußchen (Petersilie, Thymian, Lorbeerblatt)
500 geputzte Miesmuscheln
200 g Merlanfilet
200 g Lachsfilet
200 g Rotbarschfilet
1/2 l Fischfond
250 g süße Sahne
frisch gemahlener Pfeffer
100 g gepulte Nordseekrabben
1 EL fein gehackte Petersilie

Zubereitung: ca. 45 Minuten

1. Das geputzte Gemüse zunächst in ca. 5 cm lange Stücke, dann in feine Juliennestreifen schneiden. Die Gemüsestreifen in kochendem Salzwasser blanchieren, mit dem Schaumlöffel herausheben und in Eiswasser abschrecken. Abgießen und abtropfen lassen.

2. Die Butter in einem großen Topf zerlassen und die Schalotten darin anschwitzen. Den Weißwein angießen, das Kräutersträußchen einlegen und die Muscheln in den Topf geben. Zugedeckt bei großer Hitze 5 Minuten dünsten, dabei den Topf mehrmals rütteln. Die Muscheln aus dem Sud heben, den Sud durch ein Mulltuch abseihen und auffangen. Das Muschelfleisch aus den Schalen lösen, geschlossene Muscheln wegwerfen.

3. Den Fisch in ca. 5 cm große Stücke schneiden. Muschelsud mit dem Fischfond und der Sahne zum Kochen bringen und auf etwa die Hälfte einkochen. Fischstücke einlegen und ca. 5 Minuten darin ziehen lassen, nicht kochen. Mit Salz und Pfeffer abschmecken.

4. Gemüsestreifen, Muschelfleisch und Krabben vorsichtig unterheben und im Sud erhitzen. Vor dem Servieren mit der Petersilie bestreuen.

Nicht nur in Belgien beliebt sind die Trappistenbiere. Sie werden auch heute noch ausschließlich von Mönchen gebraut. Brauen ist eine wichtige Einnahmequelle für die Klöster, die einen Großteil des Erlöses für soziale Zwecke verwenden.

BELGIEN

Überbackener Kabeljau in Biersauce unter einer Zwiebelkruste

Zutaten für 4 Personen:

2 weiße Zwiebeln
100 g Butter und
Butter für die Form
200 ml helles Trappistenbier,
ersatzweise helles Bockbier
3 Cornichons
4 Scheiben Kabeljau à 200 g
Saft von 1 Zitrone
Salz
frisch gemahlener Pfeffer
2 Eigelb
200 g süße Sahne
2 EL Semmelbrösel

Zubereitung: ca. 30 Minuten
Gratinieren: ca. 15 Minuten

1. Die Zwiebeln schälen, halbieren und in feine Scheiben schneiden. Die Hälfte der Butter zerlassen und die Zwiebeln darin hellgelb anschwitzen. Mit dem Bier aufgießen und ca. 10 Minuten bei kleiner Hitze köcheln lassen.

2. Den Backofen auf 175 Grad erhitzen. Cornichons fein hacken und zu den Zwiebeln geben.

3. Den Kabeljau mit Zitronensaft beträufeln und mit Salz und Pfeffer würzen. Die Fischstücke nebeneinander in eine gebutterte Auflaufform legen und die Zwiebelmischung darüber verteilen.

4. Das Eigelb mit der Sahne verquirlen und über die Fischstücke gießen. Mit den Semmelbröseln bestreuen und die restliche Butter in Flöckchen daraufsetzen. Im heißen Ofen ca. 15 Minuten goldbraun überbacken.

Im Original wird dieses Gericht mit Pferdefleisch zubereitet. Pferdefreunde verwenden stattdessen Rindfleisch. Am besten eignet sich dazu ein gut abgehangenes Stück aus der Hüfte oder der Oberschale, aber auch das Falsche Filet.

BELGIEN

Willebroeker Schmorfleisch mit Schokolade

Zutaten für 6 Personen:

1,5 kg Rindfleisch
Salz
frisch gemahlener Pfeffer
4 Zwiebeln
2 EL Butterschmalz
1/2 l dunkles Trappistenbier, ersatzweise dunkles Bier
2 EL Johannisbeergelee
2 EL mittelscharfer Senf
2 Scheiben dunkles Roggenbrot
2 Lorbeerblätter
1 Sträußchen Thymian
60 g Bitterschokolade
frisch geriebene Muskatnuss
Zucker

Zubereitung: ca. 25 Minuten
Schmoren: ca. 2 Stunden

1. Das Fleisch rundum kräftig mit Salz und Pfeffer einreiben. Die Zwiebeln schälen und in kleine Würfel schneiden.

2. Das Butterschmalz in einem Bräter zerlassen und das Fleisch darin von allen Seiten bei mittlerer Hitze anbraten. Das Fleisch herausheben und die Zwiebeln im Bratfett hellgelb anschwitzen. Mit dem Bier ablöschen, Johannisbeergelee und Senf einrühren.

3. Fleisch in die Zwiebelsauce legen. Das Brot und die Kräuter dazugeben. Zugedeckt bei mittlerer Hitze ca. 2 Stunden schmoren lassen, dabei das Fleisch mehrmals in der Zwiebelsauce wenden.

4. Den fertigen Braten aus dem Bräter heben und vor dem Anschneiden kurz ruhen lassen. Inzwischen den Schmorfond durch ein Sieb in eine Kasserolle gießen und etwas einkochen lassen. Die Schokolade in der Sauce schmelzen, mit Salz, Pfeffer, Muskatnuss und Zucker abschmecken.

5. Schmorfleisch in gleichmäßige Scheiben schneiden und mit der Sauce servieren.

Die „Lütticher Delikatesse“ ist ein fruchtiger Brotaufstrich aus Birnen und Datteln. In Belgien wird er auch zum Verfeinern von Saucen, zum Würzen von Geflügelfarcen und als Beigabe zu süßen Crêpes und Pfannkuchen verwendet.

BELGIEN

Kaninchenkeulen mit Backpflaumen und Rosinen

Zutaten für 4 Personen:

4 Kaninchenkeulen
Salz
frisch gemahlener Pfeffer
2 Zwiebeln
1 Knoblauchzehe
75 g Räucherspeck
2 EL Butterschmalz
1 EL Mehl
1 Lorbeerblatt
4 Wacholderbeeren
200 ml Rotwein
300 ml Wildfond
200 g entsteinte Backpflaumen
60 g Rosinen
1 EL Lütticher Delikatesse, ersatzweise Birnendicksaft
1 EL Rotweinessig

Zubereitung: ca. 20 Minuten
Schmoren: ca. 45 Minuten

1. Die Kaninchenkeulen mit Salz und Pfeffer einreiben. Die Zwiebeln und den Knoblauch schälen und in feine Würfel schneiden. Den Speck würfeln.

2. Das Butterschmalz in einem Schmortopf erhitzen und die Kaninchenkeulen darin von allen Seiten bei mittlerer Hitze anbraten. Zwiebeln, Knoblauch und Speck dazugeben und kurz mitbraten. Mehl darüberstäuben, die Gewürze hinzufügen und alles unter Rühren kurz anschwitzen.

3. Den Rotwein angießen, aufkochen und das Ganze zugedeckt bei kleiner Hitze ca. 20 Minuten schmoren lassen.

4. Mit dem Wildfond aufgießen, die Backpflaumen und die Rosinen dazugeben und im geschlossenen Topf weitere 25 Minuten schmoren lassen.

5. Kaninchenkeulen und Backpflaumen auf eine vorgewärmte Servierplatte legen. Lütticher Delikatesse in den Schmorfond rühren, den Essig angießen. Kurz einkochen lassen und mit Salz und Pfeffer abschmecken.

Brüssel ist ein wahres Paradies für Schleckermäuler. Die belgische Metropole ist nicht nur die Geburtsstadt der weltberühmten Pralinen, sondern auch die Heimat der Waffeln, die oft mit frischen Früchten oder Sahne gegessen werden.

BELGIEN

Feine Brüsseler Vanillewaffeln mit Puderzucker

Zutaten für 4 Personen:

225 g feines Weizenmehl
4 EL Zucker
300 ml Milch
10 g Hefe
100 g Butter
2 Eier
Mark von 1/2 Vanillestange
1 Prise Salz
Pflanzenöl für das Waffeleisen
Puderzucker zum Bestäuben

Vorbereitung: ca. 45 Minuten
Zubereitung: ca. 20 Minuten

1. Das Mehl in eine Schüssel sieben, in die Mitte eine tiefe Mulde drücken und den Zucker hineingeben. Die Hälfte der Milch leicht erwärmen und die zerbröckelte Hefe darin auflösen. Die Hefemilch in die Mulde gießen, mit Mehl bestäuben und diesen Vorteig zugedeckt bei Zimmertemperatur ca. 15 Minuten gehen lassen.

2. Die Butter schmelzen und abkühlen lassen. Die Eier trennen und das Eigelb mit der Butter verrühren. Zum Hefeteig gießen, restliche Milch und Vanillemark hinzufügen und alles zu einem glatten Teig verrühren. Zugedeckt weitere 30 Minuten quellen lassen.

3. Das Eiweiß mit 1 Prise Salz steif schlagen. Den Eischnee vorsichtig unter den Teig heben.

4. Das Waffeleisen erhitzen und dünn mit Öl auspinseln. Etwas Teig hineingeben und die Waffeln in 3–4 Minuten goldbraun backen. Vor dem Servieren mit Puderzucker bestäuben.

Im Norden Deutschlands an Alster und Elbe ist die Suppe nicht nur ein Vorgericht. Sie ist in süßer Form an heißen Sommertagen in vielen Familien das Hauptgericht. Oft stammen die frischen Früchte aus dem eigenen Obstgarten.

DEUTSCHLAND

Süße Kirschkaltschale mit Rotwein und Eischneeklößchen

Zutaten für 4 Personen:

500 g Herz- oder Sauerkirschen
1 unbehandelte Zitrone
1 Zimtstange
1 Sternanis
1/2 Vanilleschote
1/2 l Rotwein
3 EL Zucker
3 EL Speisestärke
2 Eiweiß
2 EL Puderzucker
Minzeblättchen zum Garnieren

Vorbereitung: ca. 30 Minuten
Zubereitung: ca. 30 Minuten
Kühlen: ca. 1 Stunde

1. Die Kirschen waschen und gut abtropfen lassen. Kirschen entsteinen. Von der Zitrone zwei dickere Streifen Schale abschneiden, restliche Schale fein abreiben und beiseitestellen. Kirschen mit den Zitronenschalenstreifen, Zimtstange, Sternanis und der aufgeschlitzten Vanilleschote in einen Topf geben. 1/2 Liter kaltes Wasser und den Rotwein angießen, den Zucker einrühren. Langsam zum Kochen bringen.

2. Die Speisestärke mit etwas Wasser verquirlen und unter die Suppe rühren. Unter Rühren einmal aufkochen lassen. Sobald die Suppe bindet, Topf vom Herd nehmen, Suppe in eine Schüssel umgießen und abkühlen lassen. Für 1 Stunde im Kühlschrank kalt stellen.

3. Das Eiweiß mit dem Puderzucker sehr steif schlagen. In einem weiten Topf 1 Liter Wasser zum Kochen bringen. Eiweiß mit 2 Teelöffeln zu Klößchen abstechen und ins köchelnde Wasser gleiten lassen. Nach ca. 2 Minuten herausheben und abtropfen lassen.

4. Zimtstange, Sternanis und Vanilleschote aus der Kaltschale entfernen. Suppe in 4 tiefe Teller verteilen, Eiweißklößchen daraufsetzen. Geriebene Zitronenschale darübergeben und mit Minzeblättern garnieren.

Früher galten Schnecken im Badischen als „Arme-Leute-Essen“. Doch die Nähe zu Frankreich hat kulinarisch auf Baden abgefärbt und so konnte es nicht ausbleiben, dass Schnecken auch rechts vom Rhein zu einer Delikatesse wurden.

DEUTSCHLAND

Badische Alb-Schneckensuppe mit Sahne und Weißwein

Zutaten für 4 Personen:

24 Schnecken (aus der Dose)
4 Schalotten
2 EL Butter
Salz
1/4 l trockener Weißwein
1 l Kalbsbrühe
20 g feine Juliennestreifen von Möhre, Sellerie und Lauch
250 g süße Sahne
2 Eigelb
frisch gemahlener Pfeffer
2 EL fein gehackte Petersilie

Zubereitung: ca. 35 Minuten

1. Die Schnecken in ein Haarsieb schütten, dabei den Schneckenfond auffangen. 12 Schnecken klein schneiden. Die geschälten Schalotten in kleine Würfel schneiden.

2. Die Butter in einem Topf zerlassen, die Schalotten darin anschwitzen. Die klein geschnittenen Schnecken hinzufügen und kurz anbraten. Mit 1 Prise Salz würzen, mit Weißwein und dem Schneckenfond ablöschen. Die Kalbsbrühe angießen und langsam zum Kochen bringen.

3. Die restlichen Schnecken halbieren und mit den Juliennestreifen in die Suppe geben. Bei kleiner Hitze ca. 10 Minuten köcheln lassen.

4. Die Sahne mit dem Eigelb verquirlen. Suppe vom Herd nehmen und mit der Ei-Sahne-Mischung legieren. Mit Salz und Pfeffer abschmecken. Vor dem Servieren mit Petersilie bestreuen.

Im Gegensatz zur Kartoffelsuppe ist dieser Eintopf fast nur bei Einheimischen bekannt. Doch auch er enthält all die Zutaten, die rund um Berlin wachsen: Kartoffeln, Bohnen und Äpfel. Wer Hammel nicht mag, nimmt stattdessen Lammfleisch.

DEUTSCHLAND

Berliner Hammeleintopf

mit grünen Bohnen und Kartoffeln

Zutaten für 4 Personen:

500 g Hammelfleisch (Brust)
1 Knoblauchzehe
1 Zwiebel
1 EL Butterschmalz
1 l Fleischbrühe
500 g breite grüne Bohnen
500 g Kartoffeln
Salz
frisch gemahlener Pfeffer
3 Zweige Bohnenkraut
2 Zweige Beifuß
1 Apfel
1 EL Butter
1 TL Zucker

Zubereitung: ca. 1 Stunde

1. Das Fleisch in mundgerechte Stücke schneiden. Den Knoblauch und die Zwiebel schälen und in kleine Würfel schneiden.

2. Das Butterschmalz in einem großen Topf erhitzen und das Fleisch darin bei mittlerer Hitze von allen Seiten anbraten. Knoblauch und Zwiebel dazugeben und kurz mitbraten. Dann die Fleischbrühe angießen, einmal aufkochen und 30 Minuten köcheln lassen.

3. Die Bohnen putzen und in ca. 4 cm lange Stücke schneiden. Die Kartoffeln waschen, schälen und in Würfel schneiden. Mit den Bohnen zum Fleisch geben, mit Salz und Pfeffer kräftig würzen, Bohnenkraut und Beifuß einlegen. Weitere 20 Minuten köcheln lassen.

4. Den Apfel schälen, vierteln, das Kerngehäuse entfernen und die Apfelspalten in Würfel schneiden. Die Butter in einem Pfännchen zerlassen, Apfelwürfel darin kurz braten. Mit dem Zucker bestreuen und leicht karamellisieren lassen.

5. Vor dem Servieren die Kräuterzweige entfernen, den Eintopf mit Salz und Pfeffer abschmecken und die Apfelwürfel untermischen.

Die Altmark, eine Region im Norden Sachsen-Anhalts, gehört zu Deutschlands ältesten Kulturlandschaften. In der bodenständigen Küche werden am liebsten die Produkte aus der Region verwendet, wie in diesem deftigen Eintopf.

DEUTSCHLAND

Altmärker Linseneintopf mit Birnen und Räucherspeck

Zutaten für 4 Personen:

2 Zwiebeln
1 EL Butterschmalz
250 g braune Tellerlinsen
250 g geräucherter Schweinebauch
1 l Fleischbrühe
1 Stange Lauch
2 Stangen Sellerie
2 Möhren
1 Petersilienwurzel
4 feste Birnen
2 Zweige Thymian
Salz
frisch gemahlener Pfeffer
125 g Räucherspeck
1 EL Zucker
1–2 EL milder Weinessig

Zubereitung: ca. 20 Minuten
Garen: ca. 1 Stunde

1. Die Zwiebeln schälen und in kleine Würfel schneiden. Die Hälfte der Zwiebeln im heißen Butterschmalz anschwitzen, dann die Linsen und den Schweinebauch hinzufügen. Mit der Fleischbrühe aufgießen, zum Kochen bringen und ca. 45 Minuten zugedeckt bei mittlerer Hitze köcheln lassen.

2. Lauch, Sellerie, Möhren und Petersilienwurzel putzen bzw. schälen und in kleine Würfel schneiden. Die geschälten Birnen vierteln und das Kerngehäuse entfernen. Gemüse und Birnen zu den Linsen geben, den Thymian einlegen, mit Salz und Pfeffer würzen. Zugedeckt ca. 15 Minuten garen, bis die Birnen bissfest, aber nicht zu weich sind. Den Thymian entfernen.

3. Den Räucherspeck in schmale Streifen schneiden und in einer Pfanne ohne Fett auslassen. Restliche Zwiebelwürfel zum Speck geben und im Bratfett anbräunen. Zusammen mit dem Bratfett unter die Linsen mischen und mit Salz, Zucker, Pfeffer und dem Essig süßsauer abschmecken.

„Schwammerl" sagen die Bayern zu Pilzen, wahrscheinlich deshalb, weil sie wie ein Schwamm das Wasser aufsaugen. Gerne isst man sie hier mit Semmelknödeln, einer bayerischen Spezialität, die man unbedingt einmal probieren sollte.

DEUTSCHLAND

Bayerischer Schwammerleintopf mit Semmelknödeln

Zutaten für 4 Personen:

Für die Semmelknödel:
6 Brötchen vom Vortag, in dünne Scheiben geschnitten
1/4 l lauwarme Milch
1 Zwiebel, in kleine Würfel geschnitten
1 EL Butter
2 EL fein gehackte Petersilie
3 Eier
Salz

Für den Schwammerleintopf:
500 g frische Waldpilze, z.B. Maronen, Steinpilze und Pfifferlinge
1 große weiße Zwiebel
100 g Räucherspeck
1 EL Butter
300 ml Fleischbrühe
1 EL Speisestärke
250 g süße Sahne
Salz und Pfeffer

Zubereitung: ca. 1 Stunde

1. Brötchen mit der Milch übergießen und ca. 15 Minuten quellen lassen. Die Zwiebel in der Butter anschwitzen, dann vom Herd nehmen und die Petersilie untermischen. Zu den Brötchen geben, die Eier und etwas Salz hinzufügen und alles kräftig durchkneten. 10 Minuten durchziehen lassen.

2. In einem großen Topf leicht gesalzenes Wasser zum Kochen bringen. Mit nassen Händen aus dem Brötchenteig 4 Knödel formen und in das kochende Wasser legen. Die Hitze reduzieren und die Knödel in 15–20 Minuten gar ziehen lassen, nicht kochen.

3. Inzwischen die Pilze putzen, größere Pilze halbieren oder vierteln. Die geschälte Zwiebel in kleine Würfel, den Speck in schmale Streifen schneiden.

4. Die Butter zerlassen, Zwiebel und Speck darin anschwitzen. Die Pilze hinzufügen und ca. 10 Minuten bei mittlerer Hitze braten, dabei gelegentlich wenden. Die Fleischbrühe angießen.

5. Die Speisestärke mit der Sahne verquirlen und in die Suppe rühren. Einige Minuten köcheln lassen, mit Salz und Pfeffer abschmecken. Schwammerleintopf mit Knödeln in tiefen Tellern servieren.

DEUTSCHLAND

Kartoffelsalat mit Endivienstreifen und lauwarmem Dressing

Zubereitung: ca. 50 Minuten
Ziehen: ca. 30 Minuten
Zutaten für 4 Personen:

1 kg festkochende Kartoffeln
Salz
2 Zwiebeln
1/4 l Fleischbrühe
5 EL Weinessig
1 EL mittelscharfer Senf
1 Prise Zucker
frisch gemahlener Pfeffer
1/2 Kopf Endiviensalat
4 EL Sonnenblumenöl

1. Die Kartoffeln in Salzwasser ca. 30 Minuten lang garen. Dann abgießen, kurz ausdampfen lassen, schälen und noch warm in dünne Scheiben schneiden.

2. Die Zwiebeln schälen und in kleine Würfel schneiden. Die Fleischbrühe einmal aufkochen, vom Herd nehmen und die Zwiebeln darin 10 Minuten ziehen lassen.

3. Aus Essig, Senf, Salz, Zucker und Pfeffer ein Dressing anrühren und zur Zwiebelbrühe geben. Über die warmen Kartoffelscheiben gießen. Salat 30 Minuten ziehen lassen.

4. Den Endiviensalat putzen, waschen und in feine Streifen schneiden. Unter den Kartoffelsalat mischen, das Öl unterziehen, mit Salz und Pfeffer abschmecken.

DEUTSCHLAND

Niederrheinische Reibekuchen mit Rübenkraut

Zubereitung: ca. 40 Minuten
Zutaten für 4 Personen:

1 kg festkochende Kartoffeln
2 Zwiebeln
2 Eier
1 TL Salz
Butterschmalz zum Braten
250 g Rübenkraut, ersatzweise Apfelkraut

1. Die Kartoffeln waschen, schälen und auf einer Gemüsereibe grob raffeln. In ein Küchentuch wickeln und den Saft gründlich auspressen.

2. Die Zwiebeln fein reiben und mit den Kartoffeln, den Eiern und dem Salz vermischen.

3. In einer schweren Eisenpfanne so viel Butterschmalz erhitzen, dass der Pfannenboden gut bedeckt ist. Löffelweise den Kartoffelteig hineingeben, zu kleinen Puffern flachdrücken und von beiden Seiten goldbraun braten. Auf Küchenpapier kurz abtropfen lassen und warm stellen, bis der ganze Teig verarbeitet ist.

4. Die Reibekuchen mit dem Rübenkraut servieren.

Laubfröschle sind für die Schwaben das, was für die Berliner die Kohlrouladen sind. Sie werden mit Hackfleisch, Wurst oder vegetarisch mit Reis und frischen Kräutern gefüllt und in der Brühe serviert. Dazu reicht man Kartoffelsalat.

DEUTSCHLAND

Bietigheimer Laubfröschle

mit Schinken und Speck gefüllt

Zutaten für 4 Personen:

1 kg Wurzelspinat
200 g Weißbrot vom Vortag
150 ml lauwarme Milch
100 g Räucherspeck
100 g gekochter Schinken
1 kleine Zwiebel
1 EL Sonnenblumenöl
1 EL fein gehackte Petersilie
4 Eier
Salz
frisch gemahlener Pfeffer
frisch geriebene Muskatnuss
Fett für die Form
1/8 l Gemüsebrühe

Zubereitung: ca. 45 Minuten
Garen: ca. 15 Minuten

1. Den Spinat verlesen, waschen und die groben Stiele entfernen. 20 große Spinatblätter kurz in kochendem Wasser blanchieren, in Eiswasser abschrecken und abtropfen lassen. Restlichen Spinat blanchieren, abgießen, gut auspressen und fein hacken.

2. Rinde vom Weißbrot entfernen, Brot in Würfel schneiden und mit der Milch übergießen. 10 Minuten quellen lassen.

3. Räucherspeck, Schinken und die geschälte Zwiebel in feine Würfel schneiden. Speck im Öl auslassen, Zwiebeln hinzufügen und im Bratfett hellbraun anschwitzen. Vom Herd nehmen und den Schinken sowie die Petersilie untermischen. Etwas abkühlen lassen, dann mit dem Weißbrot, den Eiern und dem gehackten Spinat vermischen. Mit Salz, Pfeffer und Muskatnuss abschmecken. Den Backofen auf 200 Grad vorheizen.

4. Spinatblätter ausbreiten, jedes Blatt mit etwas Füllmasse belegen, Blatt darüberschlagen und zu einem Päckchen aufrollen. Mit der Nahtstelle nach unten nebeneinander in eine gefettete Auflaufform setzen, die Brühe angießen. Im heißen Ofen 15 Minuten dämpfen.

Spargel wurde in Deutschland erstmals im 16. Jahrhundert rund um Stuttgart angebaut. Heute wächst er in vielen deutschen Bundesländern, doch nur in Baden-Württemberg isst man dazu Kratzede, in Stücke zerrissene Eierkuchen.

DEUTSCHLAND

Freiburger Spargel mit Kratzede und Schnittlauchsauce

Zutaten für 4 Personen:

2 kg Spargel
3 Eier
250 g Mehl
375 ml Milch
3 EL Butter
Salz
1 Prise Zucker
Butterschmalz zum Braten
200 ml Kalbsfond
250 g süße Sahne
frisch gemahlener Pfeffer
2 EL fein geschnittener Schnittlauch
frisch geriebene Muskatnuss

Zubereitung: ca. 45 Minuten

1. Den Spargel schälen, die Enden abschneiden. Die Eier trennen. Eigelb, Mehl und Milch zu einem glatten Teig verrühren und 20 Minuten quellen lassen.

2. In einem großen Topf reichlich Wasser mit 1 Esslöffel Butter, etwas Salz und Zucker zum Kochen bringen. Den Spargel in das kochende Wasser einlegen und bei kleiner Hitze ca. 15 Minuten gar ziehen lassen.

3. Das Eiweiß mit einer Prise Salz steif schlagen und unter den Teig heben. Etwas Butterschmalz in einer Pfanne erhitzen und 2 Schöpflöffel Teig in das heiße Fett geben, die Pfanne etwas schwenken, bis der Teig den ganzen Pfannenboden bedeckt. Den Eierkuchen auf beiden Seiten goldbraun braten, anschließend mit einer Gabel in Stück zerreißen. Warm stellen und den restlichen Teig auf die gleiche Weise verarbeiten.

4. Den Kalbsfond einige Minuten einkochen lassen. Die Sahne angießen und cremig einkochen. Vom Herd nehmen, die restliche Butter und den Schnittlauch unterrühren. Mit Salz, Pfeffer und Muskatnuss würzen.

5. Spargel portionsweise mit Kratzede anrichten, die Schnittlauchsauce getrennt dazu reichen.

Das Leipziger Allerlei ist ein Frühsommergericht, das alles enthält, was einst rund um Leipzig in Fülle vorhanden war. Morcheln fand man in den Wäldern, die Flüsse waren voller Krebse und das Gemüse kam aus dem eigenen Garten.

DEUTSCHLAND

Leipziger Allerlei mit Flusskrebsen und Frühlingsgemüse

Zutaten für 4 Personen:

30 g getrocknete Morcheln
250 g Spargelköpfe
250 g junge Möhren
1/2 kleiner Blumenkohl
1/2 l Fleischbrühe
2 EL Butter
Salz
1 Prise Zucker
200 g frische, gepalte Erbsen
1 EL Mehl
125 g süße Sahne
30 g Krebsbutter
300 g gekochte Flusskrebsschwänze
frisch gemahlener weißer Pfeffer
frisch geriebene Muskatnuss

Vorbereitung: ca. 1 Stunde
Zubereitung: ca. 40 Minuten

1. Die Morcheln in 200 ml Wasser ca. 1 Stunde einweichen. Dann die Morcheln durch ein feines Haarsieb abgießen und den Sud auffangen.

2. Spargelköpfe, Möhren und Blumenkohl putzen, Spargel und Möhren in 5 cm lange Stücke schneiden, Blumenkohl in Röschen teilen.

3. Die Brühe mit 1 Esslöffel Butter, Salz und Zucker aufkochen. Die Möhren hineingeben und 5 Minuten garen. Blumenkohl, Spargel und Erbsen hinzufügen und weitere 5 Minuten köcheln lassen. Dann die Morcheln untermischen und 10 Minuten mitdünsten. Anschließend das Gemüse abgießen, dabei die Kochbrühe auffangen.

4. Das Mehl in der restlichen Butter goldgelb anschwitzen, die Kochbrühe angießen und den Morchelsud dazugeben. Sahne und Krebsbutter einrühren und die Sauce etwas einkochen lassen.

5. Das Gemüse und die Krebsschwänze in die Sauce geben und erhitzen, aber nicht mehr kochen. Mit Salz, Pfeffer und Muskatnuss abschmecken und in einer vorgewärmten Schüssel auftragen.

Die Maischolle ist eine im Frühjahr gefangene Scholle. Sie ist aufgrund ihrer Zartheit bei den Hamburgern besonders beliebt. Wer sie in einem Restaurant bestellt, sollte nachfragen, ob der Fisch wirklich frisch und nicht tiefgefroren ist.

DEUTSCHLAND

Hamburger Maischolle mit Krabben und Petersilienkartoffeln

Zutaten für 4 Personen:

750 g kleine neue Kartoffeln
Salz
4 frische Maischollen, küchenfertig
Saft von 1 Zitrone
3 Eier
6 EL Mehl
200 g geklärte Butter
250 g gepulte Nordseekrabben
4 Zitronenschnitze
1 EL fein gehackte Petersilie

Zubereitung: ca. 40 Minuten

1. Die Kartoffeln waschen und in der Schale in leicht gesalzenem Wasser ca. 20 Minuten garen. Dann abgießen, schälen und warm stellen.

2. Die Schollen waschen und trockentupfen. Mit dem Zitronensaft beträufeln und salzen.

3. Die Eier in einem tiefen Teller verquirlen. In einen zweiten Teller das Mehl geben. Schollen zuerst im Mehl, anschließend im Ei wenden.

4. Die Butter in zwei großen Pfannen zerlassen und die Fische darin auf jeder Seite 5 Minuten goldbraun braten. Dann herausheben und warm stellen.

5. Nordseekrabben im Bratfett erhitzen. Die Schollen portionsweise anrichten, die Nordseekrabben darauf verteilen. Mit den Zitronenschnitzen garnieren. Kartoffeln mit der Petersilie bestreuen und zum Fisch servieren.

Dorsch, wie der Kabeljau aus der Ostsee heißt, ist nicht nur eine Delikatesse, sondern auch „Medizin". Früher sprach man ihm wundersame Heilkräfte zu. Heute weiß man: Dorsch enhält viel Vitamin A und D und ist sehr gesund.

DEUTSCHLAND

Pochierter Rügener Dorsch

in legierter Senf-Sahne-Sauce

Zutaten für 4 Personen:

4 Dorschkoteletts à 200 g
Saft von 1 Zitrone
Salz und Pfeffer
1 Bund Suppengrün
3 EL Butter
1 Zwiebel
1 Lorbeerblatt
4 Pimentkörner
2 EL Mehl
250 g süße Sahne
3 EL scharfer Senf
2 Eigelb
Weinessig
1 Prise Zucker

Zubereitung: ca. 30 Minuten

1. Die Dorschkoteletts mit Zitronensaft beträufeln und mit Salz und Pfeffer würzen. Das geputzte Suppengrün in grobe Würfel schneiden.

2. In einem großen Topf 1 Esslöffel Butter zerlassen und das Suppengrün darin anrösten. Mit 1,5 Liter Wasser aufgießen, die geschälte Zwiebel, das Lorbeerblatt und die Pimentkörner hinzufügen, einmal aufkochen und 10 Minuten köcheln lassen.

3. Den Fisch in das Wasser legen und bei kleiner Hitze etwa 8 Minuten gar ziehen lassen, nicht kochen. Dann den Fisch herausheben und warm stellen, den Fischsud abseihen und auffangen.

4. Die restliche Butter zerlassen und das Mehl unter Rühren darin hellgelb anschwitzen. Mit 1/4 Liter Fischsud ablöschen, die Sahne unterrühren und 10 Minuten köcheln lassen.

5. Den Senf mit dem Eigelb und einem Schuss Essig verrühren. Die Sauce vom Herd nehmen, die Eigelbmischung einrühren und mit Salz, Pfeffer und Zucker abschmecken. Den Fisch in der Sauce nochmals kurz ziehen lassen.

Trier wurde vor über 2000 Jahren als „Augusta Treverorum" gegründet und nennt sich zu Recht „die älteste Stadt Deutschlands". Doch die Universitätsstadt hat nicht nur geschichtlich, sondern auch kulinarisch einiges zu bieten.

DEUTSCHLAND

Gebratene Moselfische süßsauer in Wein eingelegt

Zutaten für 4 Personen:

12 frische kleine Moselfische (z. B. Rotaugen), küchenfertig
Saft von 2 Zitronen
Salz
frisch gemahlener Pfeffer
Mehl zum Wenden
Öl zum Frittieren
1 l Weißwein von der Mosel
2 EL Zucker
1 EL Gewürzkörner (Piment, Pfeffer, Wacholderbeeren, Senfkörner)
4 große Zwiebeln
8 Lorbeerblätter

Zubereitung: ca. 30 Minuten
Marinieren: ca. 2 Tage

1. Die Fische waschen und trockentupfen. Mit dem Zitronensaft beträufeln und mit Salz und Pfeffer würzen. Anschließend in Mehl wenden, überschüssiges Mehl abklopfen.

2. Das Öl in der Fritteuse oder einer tiefen Pfanne auf 175 Grad erhitzen. Die Fische portionsweise im heißen Öl goldbraun ausbraten. Dann mit dem Schaumlöffel herausheben und auf Küchenpapier abtropfen lassen.

3. Den Wein mit 1 Liter Wasser, dem Zucker und den Gewürzen einmal aufkochen.

4. Die geschälten Zwiebeln in dünne Scheiben schneiden. In einer großen Porzellanschüssel schichtweise die Fische, Zwiebelscheiben und die Lorbeerblätter einlegen. Mit der Weinmarinade übergießen und zugedeckt an einem kühlen Ort 2 Tage ziehen lassen.

Der Wels heißt in Süddeutschland Waller. Er hat kaum Gräten, ein festes Fleisch und ist als Speisefisch hauptsächlich entlang von Donau und Main beliebt. Am besten schmeckt er gedünstet; zum Braten eignet er sich weniger.

DEUTSCHLAND

Pochierter Donauwaller im Wurzelsud mit Gemüsestreifen

Zutaten für 4 Personen:

1 Stange Lauch
2 Möhren
100 g Knollensellerie
1 Petersilienwurzel
1 Zwiebel
1/4 l Weißweinessig
1/2 l Weißwein
3 zerdrückte Wacholderbeeren
1 Lorbeerblatt
5 schwarze Pfefferkörner
3 Zitronenscheiben
4 Wallerkoteletts à 250 g
1 EL fein gehackte Petersilie

Zubereitung: ca. 25 Minuten

1. Das Gemüse putzen bzw. schälen und zunächst in ca. 5 cm lange Stücke, dann in feine Juliennestreifen schneiden. Die geschälte Zwiebel in feine Scheiben schneiden.

2. Den Essig und den Weißwein mit den Gewürzen, der Zwiebel und den Zitronenscheiben einmal aufkochen und ca. 5 Minuten köcheln lassen. Dann die Gemüsestreifen hineingeben und kurz mitkochen.

3. Die Wallerkoteletts in den kochenden Wurzelsud legen, die Hitze reduzieren und den Fisch ca. 5 Minuten gar ziehen lassen, aber nicht kochen.

4. Den Fisch aus dem Sud heben und auf vorgewärmte tiefe Teller legen. Etwas Sud und Gemüse darüber verteilen und mit der Petersilie bestreuen.

Fast 6000 Biersorten werden in Deutschland gebraut. Weltweit bekannt sind vor allem die bayerischen Biere. Sie werden nicht nur getrunken, sondern geben auch kräftigen Fleischgerichten Würze und Aroma.

DEUTSCHLAND

Niederbayerisches Bierfleisch mit frittierten Selleriescheiben

Zutaten für 4 Personen:

800 g mageres Rindfleisch
2 Zwiebeln
2 Knoblauchzehen
2 große Möhren
1 Stange Lauch
2 EL Butterschmalz
1 TL Kümmel
Salz
frisch gemahlener Pfeffer
1/2 l dunkles Bier
4 mittelgroße, festkochende Kartoffeln
3 Zweige Thymian
150 g Sellerieknolle
Fett zum Frittieren
1–2 EL Rotweinessig
1 Prise Zucker

Zubereitung: ca. 45 Minuten
Garen: ca. 90 Minuten

1. Das Rindfleisch in Würfel schneiden. Die Zwiebeln und den Knoblauch schälen und fein würfeln. Die Möhren schälen, den Lauch putzen und waschen. Gemüse in gleichmäßige Scheiben schneiden.

2. Fleisch im heißen Butterschmalz anbraten, dann Zwiebeln und Knoblauch hinzufügen und glasig dünsten. Gemüse untermischen, mit Kümmel, Salz und Pfeffer würzen und mit dem Bier aufgießen. Zugedeckt bei mittlerer Hitze ca. 1 Stunde garen.

3. Die Kartoffeln schälen und in mundgerechte Würfel schneiden. Zum Bierfleisch geben, die Thymianzweige einlegen und weitere 30 Minuten köcheln lassen.

4. Die Sellerieknolle schälen, in möglichst dünne Scheiben hobeln und im heißen Fett goldbraun frittieren. Kurz auf Küchenpapier abtropfen lassen.

5. Vor dem Servieren Thymianzweige entfernen und das Bierfleisch mit Weinessig, Zucker, Salz und Pfeffer abschmecken. Portionsweise anrichten und mit den Selleriescheiben garnieren.

In Süddeutschland hat man früher das teure Weißmehl mit den billigeren Kartoffeln gestreckt. So entstanden die Fingernudeln, in Schwaben „Bubespitzle" genannt, die als Beilage oder als Hauptspeise mit Apfelmus gereicht wurden.

DEUTSCHLAND

Geschmorte Spanferkelleber mit Fingernudeln

Zutaten für 4 Personen:

1 kg gekochte mehlige Kartoffeln vom Vortag
3 Eier
Salz
1 Msp. frisch geriebene Muskatnuss
100 g Mehl
250 g Spanferkelleber
3 EL Butterschmalz
1 Zwiebel, in kleine Würfel geschnitten
250 g Steinpilze, geputzt und in dünne Scheiben geschnitten
1/4 l dunkler Bratenfond
frisch gemahlener Pfeffer
1 EL fein gehackte Petersilie

Zubereitung: ca. 1 Stunde

1. Die geschälten Kartoffeln durch die Kartoffelpresse drücken. Eier, Salz, Muskatnuss und so viel Mehl dazugeben, dass der Teig fest ist. Teig gut durchkneten, dann auf einem bemehlten Brett zu einer langen Rolle formen und kleine Stücke von ca. 1 cm Dicke abschneiden. Die Stücke zwischen den Händen zu kleinen, fingerlangen Würstchen drehen.

2. Die Fingernudeln in kochendes Salzwasser geben und bei kleiner Hitze ziehen lassen, bis sie an der Wasseroberfläche schwimmen. Mit einem Schaumlöffel herausheben und gut abtropfen lassen.

3. Die Leber in dünne Scheiben schneiden. 1 Esslöffel Butterschmalz in einer Pfanne erhitzen und die Zwiebel darin goldgelb anschwitzen. Leber dazugeben und auf beiden Seiten kurz anbraten. Die Pilze hinzufügen und im Bratfett anrösten. Mit dem Bratenfond ablöschen, salzen, pfeffern und bei kleiner Hitze einige Minuten schmoren. Vor dem Servieren mit Petersilie bestreuen.

4. Restliches Butterschmalz in einer zweiten Pfanne erhitzen. Die Fingernudeln hineingeben und auf beiden Seiten goldbraun anbraten. Als Beilage zur Spanferkelleber servieren.

Während man im Norden Deutschlands Schweinebraten isst, besteht der Bayer auf dem Schweinsbraten. Denn, so die logische Erklärung, das Fleisch stamme ja nicht von mehreren Schweinen, sondern nur von einem einzigen Tier.

DEUTSCHLAND

Altbayerischer Schweinsbraten mit knuspriger Kruste

Zutaten für 6 Personen:

1,5 kg Halsgrat mit Schwarte
Salz
frisch gemahlener Pfeffer
1 TL gemahlener Kümmel
1 Stange Lauch
2 Möhren
150 g Knollensellerie
1 Petersilienwurzel
1 Zwiebel, in große Würfel geschnitten
2 EL Schweineschmalz
einige Fleischknochen
1/4 l Fleischbrühe
1/2 l dunkles Bier

Zubereitung: ca. 25 Minuten
Braten: ca. 2 Stunden

1. Das Fleisch rundum kräftig mit Salz, Pfeffer und Kümmel einreiben. Backofen auf 200 Grad vorheizen.

2. Das Gemüse putzen bzw. schälen und in grobe Würfel schneiden. Das Schmalz in einem großen Bräter erhitzen und die Knochen darin anbraten. Das Gemüse und die Zwiebel dazugeben und kurz anrösten. Das Fleisch mit der Schwarte nach oben darauflegen und die Hälfte der Fleischbrühe angießen. Im heißen Ofen etwa 2 Stunden braten. Dabei nach und nach die restliche Brühe und eventuell noch etwas Wasser angießen. Den Braten mehrmals mit etwas Bier begießen.

3. Den fertigen Schweinsbraten aus dem Ofen nehmen und vor dem Anschneiden 10 Minuten ruhen lassen.

4. Inzwischen die Sauce durch ein Haarsieb abgießen und mit Salz, Pfeffer und Kümmel abschmecken.

5. Den Schweinsbraten mit einem scharfen Messer in gleichmäßige, nicht zu dünne Scheiben schneiden. Portionsweise mit der Sauce anrichten.

Wenn auf dem Land Schlachttag ist, gibt es als kulinarische Belohnung für die schwere Arbeit abends Kesselfleisch. Besonders lecker ist es, wenn es aus Spanferkelfleisch und Innereien zubereitet wird. Dazu isst man frisches Bauernbrot.

DEUTSCHLAND

Spanferkelkesselfleisch mit Herz und Leber in Fleischbrühe

Zutaten für 8 Personen:

2 ausgelöste Spanferkelschultern
2 Zwiebeln
2 Lorbeerblätter
5 Wacholderbeeren
3 Pimentkörner
5 schwarze Pfefferkörner
2 Spanferkelherzen
2 Spanferkelzungen
Salz
frisch geriebener Meerrettich

Zubereitung: ca. 25 Minuten
Garen: ca. 3 Stunden

1. Die Spanferkelschultern in einen großen Topf legen und so viel Wasser angießen, dass die Schultern ganz bedeckt sind. Die geschälten Zwiebeln und die Gewürze hinzufügen. Einmal aufkochen, abschäumen und anschließend bei geschlossenem Deckel ca. 1,5 Stunden köcheln lassen.

2. Die Herzen und die Zungen in den Topf legen und weitere 40–50 Minuten köcheln lassen, bis das Fleisch gar ist.

3. Alle Teile aus der Brühe heben. Die Brühe durch ein Sieb in einen Topf gießen, etwas einkochen lassen und mit Salz würzen.

4. Die Schultern in Portionsstücke zerteilen. Die Herzen vierteln. Die Zungen kalt abschrecken, die Haut abziehen und die Zungen in Scheiben schneiden. Alles wieder in die Brühe legen und einmal aufkochen lassen.

5. Das Kesselfleisch portionsweise mit etwas Brühe servieren. Dazu den Meerrettich reichen.

Gefüllte Kalbsbrust ist ein deutscher Küchenklassiker, der fast in Vergessenheit geraten wäre. Jetzt haben die Deutschen ihre traditionelle Küche wiederentdeckt. Heute findet man vor allem in Bayern dieses Gericht auf der Speisekarte.

DEUTSCHLAND

Gebratene Kalbsbrust mit Brotfüllung in dunkler Weinsauce

Zutaten für 4 Personen:

1 kg Kalbsbrust ohne Knochen
Salz
frisch gemahlener Pfeffer
1/2 TL gemahlener Kümmel
4 Brötchen vom Vortag
1/2 l lauwarme Fleischbrühe
3 Eier
1 EL fein gehackte Petersilie
1 TL gerebelter Majoran
300 g Wurzelgemüse (Zwiebel, Knollensellerie, Möhren und Petersilienwurzel)
2 EL Butterschmalz
3–4 Kalbsknochen
1/2 l Weißwein

Zubereitung: ca. 30 Minuten
Braten: ca. 2 Stunden

1. Mit einem scharfen Küchenmesser eine tiefe Tasche in das Fleisch schneiden. Das Fleisch innen und außen mit Salz, Pfeffer und Kümmel einreiben. Den Backofen auf 175 Grad vorheizen.

2. Die Brötchen in dünne Scheiben schneiden, mit 150 ml warmer Fleischbrühe begießen und 15 Minuten quellen lassen. Dann mit den Eiern, der Petersilie und dem Majoran vermengen, mit Salz und Pfeffer abschmecken. Die Masse in die Fleischtasche füllen und die Tasche mit Küchengarn zunähen.

3. Wurzelgemüse putzen bzw. schälen und in große Würfel schneiden. Butterschmalz in einem Bräter erhitzen, Knochen und Wurzelgemüse darin anrösten. Fleisch hineinlegen, restliche Fleischbrühe angießen.

4. Kalbsbrust im heißen Ofen knapp 2 Stunden garen. Während dieser Zeit mehrmals mit Wein begießen, eventuell etwas Wasser angießen.

5. Kalbsbrust aus dem Bräter heben und kurz ruhen lassen. Sauce abseihen, mit Salz und Pfeffer abschmekken. Kalbsbrust in nicht zu dünne Scheiben schneiden und portionsweise mit der Sauce anrichten.

Auf den fruchtbaren Feldern rund um die mitteldeutsche Stadt Calbe wachsen die besten Zwiebeln, hier „Bollen" genannt. Am ersten Septemberwochenende findet jährlich in Calbe das Bollenfest zu Ehren der feinwürzigen Zwiebeln statt.

DEUTSCHLAND

Calbener Rindfleisch mit Bollen und Gemüsestreifen

Zutaten für 4 Personen:

1 Bund Suppengrün
3 Zwiebeln
1 Lorbeerblatt
2 Gewürznelken
1 kg Rinderbrust
2 Zweige Majoran
Salz
5 schwarze Pfefferkörner
500 g Wurzelgemüse (Möhre, Knollensellerie, Lauch)
2 EL Butter
1 TL Paprikapulver, edelsüß
2 EL Essig
1 EL fein gehackte Petersilie
1 EL frisch geriebener Meerrettich

Zubereitung: ca. 35 Minuten
Garen: ca. 2 Stunden

1. Das Suppengrün waschen. 1 Zwiebel schälen und mit dem Lorbeerblatt und den Gewürznelken spicken. Das Fleisch mit Suppengrün, der gespickten Zwiebel, Majoran, 1 Teelöffel Salz und den Pfefferkörnern in 2 Liter Wasser aufsetzen. Zum Kochen bringen, abschäumen und bei kleiner Hitze zugedeckt 2 Stunden sieden lassen.

2. Das Wurzelgemüse putzen und in breite Streifen schneiden.

3. Fleisch aus der Brühe heben, die Brühe abseihen und das Fleisch in etwas Brühe warm stellen. Restliche Brühe wieder zum Kochen bringen und das Wurzelgemüse darin bissfest garen.

4. Inzwischen die restlichen Zwiebeln schälen und in dünne Scheiben schneiden. Zwiebeln in der Butter hell anschwitzen, leicht salzen, mit Paprikapulver überstäuben und mit Essig ablöschen. Vom Herd nehmen.

5. Fleisch in ca. 1 cm dicke Scheiben schneiden und auf eine vorgewärmte Servierplatte legen. Gemüsestreifen und Zwiebelringe darauf verteilen, mit der Petersilie und dem Meerrettich garnieren.

Jede deutsche Region hat ihr eigenes Rezept für den Sauerbraten, der früher ein Sonntagsessen war. Im Rheinland bereitet man ihn auch heute noch mit Pferdefleisch zu, das man aber auch durch Rindfleisch ersetzen kann.

DEUTSCHLAND

Rheinischer Sauerbraten vom Pferd mit Rosinen

Zutaten für 4 Personen:

1/4 l Rotwein
1/4 l Weinessig
2 Lorbeerblätter
8 Wacholderbeeren
4 Pimentkörner
1 TL schwarze Pfefferkörner
1 kg Pferdefleisch
Salz und Pfeffer
3 EL Butterschmalz
1 Bund Suppengrün, in grobe Würfel geschnitten
2 Zwiebeln, in grobe Würfel geschnitten
60 g Lebkuchenbrösel
1 EL Apfelkraut
150 g Rosinen
1 Apfel, geschält, entkernt und in Würfel geschnitten
100 g saure Sahne
Zucker

Marinieren: ca. 2 Tage
Zubereitung: ca. 2 Stunden

1. Für die Marinade Rotwein, Essig und 1/2 Liter Wasser mit den Gewürzen einmal aufkochen, dann abkühlen lassen. Fleisch in eine große Porzellanschüssel legen, mit der Marinade begießen und zugedeckt an einem kühlen Ort 2 Tage ziehen lassen, dabei mehrmals in der Marinade wenden.

2. Fleisch aus der Marinade heben, trockentupfen und mit Salz und Pfeffer einreiben.

3. In einem Schmortopf das Butterschmalz erhitzen und das Fleisch darin von allen Seiten bei mittlerer Hitze anbraten. Suppengrün und Zwiebel hinzufügen und kurz anrösten. Marinade angießen, Lebkuchenbrösel und Apfelkraut einrühren und einmal aufkochen. Dann bei geschlossenem Deckel 1 Stunde bei mittlerer Hitze schmoren. Das Fleisch wenden und weitere 30 Minuten garen. 10 Minuten vor Ende der Garzeit die Rosinen und die Apfelstücke dazugeben.

4. Braten aus der Sauce heben und warm stellen. Sauce abseihen, saure Sahne unterrühren. Mit Salz, Pfeffer und Zucker süßsauer abschmecken. Fleisch in gleichmäßige Scheiben schneiden und in der Sauce servieren.

Wer zum ersten Mal nach Nordfriesland kommt, dem fallen sofort die Schafe auf, die auf den Wiesen an den Deichen grasen. Die salzhaltige Meeresluft gibt dem Gras und damit später auch dem Fleisch einen aromatischen Geschmack.

DEUTSCHLAND

Friesische Salzwiesenlammfilets mit Schnippelbohnen

Zutaten für 4 Personen:

1 kg frische Stangenbohnen
1 Schalotte
75 g Räucherspeck
3 Zweige Bohnenkraut
2 EL Butter
40 g Mehl
1/2 l Milch
Salz
frisch gemahlener Pfeffer
frisch geriebene Muskatnuss
75 g Räucherspeck
600 g Lammfilets
1 EL Öl

Zubereitung: ca. 40 Minuten

1. Die Bohnen waschen, putzen und schräg in Stücke schneiden. Die geschälte Schalotte in kleine Würfel schneiden. Den Speck in einem Topf ohne Fett auslassen, die Zwiebel hinzufügen und anschwitzen. Die Bohnen dazugeben, etwas Wasser angießen, das Bohnenkraut einlegen und die Bohnen ca. 15 Minuten garen.

2. Inzwischen die Butter in einem zweiten Topf zerlassen. Das Mehl einrühren und goldgelb anschwitzen. Die kalte Milch unter Rühren dazugießen, einmal aufkochen, mit Salz, Pfeffer und Muskatnuss würzen und ca. 20 Minuten köcheln lassen.

3. Die Bohnen abgießen, das Bohnenkraut entfernen und die Bohnen mit Speck und Schalotte in die Sauce geben. Einige Minuten bei kleiner Hitze in der Sauce ziehen lassen.

4. Die Lammfilets mit Salz und Pfeffer einreiben. Im heißen Öl auf jeder Seite ca. 3 Minuten braten.

5. Lammfilets in schräge Scheiben schneiden und mit dem Bohnengemüse portionsweise anrichten.

Wer sich keinen echten Hasen leisten konnte, der tischte seiner Familie am Sonntag einen „Falschen Hasen“ auf. In vielen deutschen Regionen versteht man darunter einen einfachen Hackbraten. In Berlin wird der Braten gefüllt.

Hackbraten Falscher Hase

DEUTSCHLAND

mit Möhren und Eiern

Zutaten für 4 Personen:

4 große Möhren
Salz
2 Tomaten
1 große Zwiebel
2 EL fein gehackte Petersilie
750 g gemischtes Hackfleisch
2 Eier
2 TL scharfer Senf
2 TL Paprikapulver, edelsüß
1 TL gerebelter Majoran
frisch gemahlener Pfeffer
Fett für die Form
2 hart gekochte Eier

Zubereitung: ca. 25 Minuten
Backen: ca. 1 Stunde

1. Die geschälten Möhren in leicht gesalzenem Wasser ca. 15 Minuten garen. Dann aus dem Wasser heben und gut abtropfen lassen.

2. Die Tomaten enthäuten, vierteln, entkernen und in kleine Würfel schneiden. Die geschälte Zwiebel ebenfalls in kleine Würfel schneiden. Eier, Tomaten, Zwiebel und Petersilie mit dem Hackfleisch verkneten und den Teig mit Senf, Salz, Paprikapulver, Majoran und Pfeffer abschmecken. Den Backofen auf 175 Grad vorheizen.

3. Eine Kastenform von 1,5 Liter Inhalt ausfetten. Die Hälfte des Fleischteigs einfüllen. In die Mitte die hartgekochten geschälten Eier drücken, links und rechts davon die Möhren einlegen. Den restlichen Fleischteig darüber verteilen und gut zusammendrücken, die Oberfläche glatt streichen.

4. Hackbraten im vorgeheizten Ofen ca. 1 Stunde backen. Dann aus der Form stürzen, in nicht zu dünne Scheiben schneiden und auf einer vorgewärmten Platte anrichten.

Als das Angebot an frischem Obst noch von der jeweiligen Jahreszeit abhängig war, verwendete man in vielen Regionalküchen Dörrobst, das rund ums Jahr erhältlich war. Zusammen mit Wild wie Hase, Reh oder Hirsch schmeckt es lecker.

DEUTSCHLAND

Thüringer Rehgulasch mit Dörrobst und Johannisbeergelee

Zutaten für 4 Personen:

250 g Dörrobst
200 g Räucherspeck
4 Zwiebeln
2 Bund Suppengrün
1 kg Rehgulasch
1/4 l Rotwein
1/2 l Fleischbrühe
1/8 l Weinessig
2 Zweige Thymian
2 Lorbeerblätter
1 TL Korianderkörner
1 TL Wacholderbeeren
1 TL schwarze Pfefferkörner
2 Gewürznelken
Salz
2 EL Johannisbeergelee
1 EL Tomatenmark
Zucker
125 g süße Sahne
1 TL Speisestärke

Zubereitung: ca. 30 Minuten
Vorbereitung: ca. 90 Minuten

1. Das Dörrobst in kaltem Wasser einweichen. Den Speck in feine Streifen schneiden. Die geschälten Zwiebeln und das geputzte Suppengrün ebenfalls in kleine Würfel schneiden.

2. Den Speck in einem Schmortopf ohne Fett auslassen. Das Fleisch darin von allen Seiten bei mittlerer Hitze anbraten. Die Zwiebeln und das Suppengrün hinzufügen und kurz anrösten. Mit dem Rotwein ablöschen, die Brühe und den Essig angießen, die Kräuter, die Gewürze und 1/2 Teelöffel Salz dazugeben und einmal aufkochen. Bei geschlossenem Deckel gut 1 Stunde schmoren lassen.

3. Das Dörrobst abgießen, abtropfen lassen und zum Fleisch geben. Weitere 30 Minuten schmoren lassen.

4. Nach Ende der Garzeit das Johannisbeergelee und das Tomatenmark in die Sauce rühren, mit Salz, Pfeffer und Zucker abschmecken.

5. Die Sahne mit der Speisestärke verquirlen, unter die Sauce rühren und noch einmal aufkochen lassen.

Die Vierlande bestehen aus vier Hamburger Stadtteilen. Wo einst Gerste und Hopfen angebaut wurden, werden heute Obst und Gemüse kultiviert. Über die Stadtgrenzen hinaus geschätzt wird auch das Geflügel – Enten, Hühner und Gänse.

DEUTSCHLAND

Vierländer Bauernente

mit Birnen-Leber-Füllung

Zutaten für 4 Personen:

1 frische Bauernente, ca. 2 kg
Salz
frisch gemahlener Pfeffer
150 g Entenleber, ersatzweise Hühnerleber
2 EL Butter
3 mittelgroße Birnen
4 EL Semmelbrösel
1/4 l Brühe
100 g Schmand
1 Prise Zucker

Zubereitung: ca. 40 Minuten
Braten: ca. 3 Stunden

1. Die Ente waschen, trockentupfen und innen und außen mit Salz und Pfeffer einreiben. An den Keulen und auf der Brustseite mehrmals anstechen. Backofen auf 175 Grad vorheizen.

2. Die Entenleber fein hacken und in 1 Esslöffel Butter kurz anbraten, dann beiseitestellen. Die Birnen schälen, vierteln, das Kerngehäuse entfernen und die Birnenspalten in Scheiben schneiden. Birnen in der restlichen Butter einige Minuten dünsten.

3. Für die Füllung Leber, Birnen und Semmelbrösel vermischen, in die Ente füllen und die Öffnung mit Küchengarn zunähen. Die Ente mit der Brustseite nach unten in einen Bräter mit Deckel legen und im heißen Ofen ca. 3 Stunden braten.

4. Die fertige Ente aus dem Bräter heben und warm stellen. Den Bratfond abseihen, entfetten, dann Brühe und Schmand einrühren und die Sauce etwas einkochen lassen. Mit Salz, Pfeffer und Zucker abschmecken.

5. Die Ente in 4 Portionsstücke zerteilen. Die Sauce getrennt dazu reichen.

Die Fildern sind eine fruchtbare Hochebene südlich von Stuttgart. Hier wächst eine spitze Variante des Weißkohls, aus dem das – nach Meinung von Feinschmeckern – beste Sauerkraut der Welt hergestellt wird.

DEUTSCHLAND

Württemberger Fasan

mit Riesling-Filderkraut

Zutaten für 4 Personen:

2 Fasane, küchenfertig
10 Wacholderbeeren
Salz und Pfeffer
4 große Scheiben grüner Speck
Butterschmalz für die Form
1 Zwiebel, in große Würfel geschnitten
2 Zweige Thymian
200 ml Weißwein
200 g süße Sahne

Für das Rieslingkraut:
1 Zwiebel, in kleine Würfel geschnitten
1 Apfel, geschält, entkernt und in kleine Würfel geschnitten
1 EL Gänseschmalz
1/4 l Riesling
500 g Sauerkraut
1 Lorbeerblatt
2 Gewürznelken
Salz und Zucker

Zubereitung: ca. 75 Minuten

1. Den Backofen auf 250 Grad vorheizen. Die Fasane mit den zerdrückten Wacholderbeeren, Salz und Pfeffer innen und außen einreiben, mit dem Speck belegen und die Keulen zusammenbinden. Einen großen Bräter mit Butterschmalz ausfetten und die Fasane mit der Brustseite nach unten hineinlegen. Zwiebel und Thymian dazugeben.

2. Fasane im heißen Ofen 10 Minuten braten. Dann die Hitze auf 180 Grad reduzieren und die Fasane weitere 45 Minuten braten.

3. In der Zwischenzeit die Zwiebel und den Apfel im heißen Gänseschmalz anschwitzen, mit dem Riesling ablöschen. Das Sauerkraut hinzufügen und mit einer Gabel auflockern. Lorbeerblatt und Gewürznelken dazugeben. Einmal aufkochen lassen, dann das Kraut bei kleiner Hitze zugedeckt ca. 50 Minuten dünsten, dabei mehrmals umrühren. Vor dem Servieren mit Salz und Pfeffer abschmecken.

4. Fasane aus dem Bräter heben und warm stellen. Bratfond mit Weißwein abseihen, entfetten und die Sahne einrühren. Sauce etwas einkochen lassen, mit Salz und Pfeffer abschmecken und getrennt zum Fasan servieren.

Eine knusprig gebratene Gans gehört in vielen deutschen Familien zu Weihnachten. Je nach Region wird sie mit Kastanien, Backpflaumen oder Äpfeln und Zwiebeln gefüllt. Als Beilage reicht man fast überall Rotkohl und Kartoffelklöße.

DEUTSCHLAND

Gebratene Weihnachtsgans

mit Kastanien gefüllt

Zutaten für 6 Personen:

150 g Hühnerleber
1 Gänseleber
100 g gekochte und geschälte Esskastanien
4 Äpfel, geschält, entkernt und klein geschnitten
1 EL Butter
Salz
frisch gemahlener Pfeffer
1 TL gemahlener Zimt
4 cl Weinbrand
1 frische Gans, ca. 4 kg

Zubereitung: ca. 30 Minuten
Braten: ca. 3,5 Stunden

1. Die Hühner- und die Gänseleber klein schneiden. Die Kastanien und die Äpfel in der Butter andünsten, die Leber dazugeben und 5 Minuten braten. Mit Salz, Pfeffer, Zimt und dem Weinbrand abschmecken und etwas abkühlen lassen. Den Backofen auf 250 Grad vorheizen.

2. Die Gans außen und innen mit Pfeffer und Salz einreiben. Mit der Kastanien-Leber-Masse füllen und die Öffnung mit Küchengarn zunähen. Die Gans auf den Bratrost legen und in den vorgeheizten Ofen schieben. Unter den Bratrost eine Fettpfanne stellen, 1/4 Liter Wasser hineingießen. Die Gans ca. 20 Minuten braten.

3. Die Backofentemperatur auf 190 Grad reduzieren. Die Gans unterhalb der Keulen mit einer Nadel mehrmals einstechen, damit das Fett besser austreten kann. Gans bei reduzierter Hitze weitere 3 Stunden braten. Während der Bratzeit alle 15 Minuten mit etwas Wasser begießen.

4. Die fertige Gans im abgeschalteten Ofen noch etwas ruhen lassen. Den Bratfond abseihen, entfetten und mit Salz und Pfeffer abschmecken. Gans tranchieren, Sauce getrennt dazu servieren.

Sie ist die Krönung jeder bayerischen Festtafel, die „Crème bavaroise", kurz Bayrischcreme genannt. Eigentlich besteht sie fast nur aus Milch, Sahne und Zucker – aber sie schmeckt dennoch ein klein wenig luxuriös.

DEUTSCHLAND

Bayrische Vanillecreme

mit Himbeerpüree und frischen Beeren

Zutaten für 4 Personen:

1 Vanillestange
1/2 l Milch
4 Blatt Gelatine
4 Eigelb
100 g Zucker
1 Prise Salz
500 g süße Sahne
500 g Himbeeren
1 EL Puderzucker
abgeriebene Schale von 1/2 unbehandelten Orange

Zubereitung: ca. 40 Minuten
Kühlen: ca. 4 Stunden

1. Die Vanillestange der Länge nach aufschlitzen und das Mark herauskratzen. Die Milch langsam mit der Vanillestange und dem Mark zum Kochen bringen. Vom Herd nehmen und durch ein feines Sieb in einen anderen Topf umgießen.

2. Die Gelatine in etwas kaltem Wasser 10 Minuten quellen lassen. Inzwischen das Eigelb mit dem Zucker zu einer dickflüssigen weißen Creme aufschlagen. Die Vanillemilch wieder auf den Herd stellen und die Creme hinzufügen, dann unter Rühren erhitzen, bis die Creme dicker wird. Unter gelegentlichem Rühren auskühlen lassen, bis die Creme zu gelieren beginnt.

3. Die Sahne sehr steif schlagen und unter die Creme heben. 4 Stunden im Kühlschrank fest werden lassen.

4. Die Hälfte der Himbeeren mit dem Puderzucker und der Orangenschale mit dem Stabmixer pürieren, dann durch ein Haarsieb streichen.

5. Von der Vanillecreme Nocken abstechen und auf Dessertteller verteilen. Mit dem Himbeerpüree und den restlichen Himbeeren anrichten.

Fast jede deutsche Familie hat ihr eigenes Rezept für den Weihnachtsstollen, das von Generation zu Generation weitergegeben wird. Dieser Quarkstollen ist besonders saftig – allerdings nur, wenn man ihn vor dem Anschneiden ruhen lässt.

DEUTSCHLAND

Großmutters Quarkstollen

mit Rosinen und kandierten Früchten

Zutaten für ca. 30 Stücke:

125 g Korinthen
125 g Rosinen
4 EL Rum
125 g Butter
50 g Butterschmalz
200 g Zucker
1 Päckchen Bourbonvanillezucker
1 Prise Salz
2 Eier
250 g Quark
500 g Dinkelmehl
1 Päckchen Backpulver
40 g Zitronat, fein gewürfelt
40 g Orangeat, fein gewürfelt
125 g gehackte Mandeln
abgeriebene Schale von 1/2 unbehandelten Zitrone
1 Msp. gemahlener Kardamom
1 Msp. gemahlene Muskatblüte
5 EL flüssige Butter
Puderzucker

Zubereitung: ca. 40 Minuten
Backen: ca. 80 Minuten

1. Korinthen und Rosinen im Rum 10 Minuten quellen lassen. Den Backofen auf 250 Grad vorheizen.

2. In einer großen Schüssel die Butter mit dem Butterschmalz, dem Zucker, dem Vanillezucker, dem Salz und den Eiern schaumig schlagen. Den Quark durch ein Sieb in die Schüssel streichen und mit der Butter-Zucker-Masse glatt verrühren. Das Mehl und das Backpulver darübersieben und alles gut verkneten.

3. Zitronat, Orangeat, Mandeln, Zitronenschale, Kardamom und Muskatblüte unter den Teig mischen. Alles kräftig zu einem festen Teig verkneten. Teig zu einem Oval ausrollen und einmal längs übereinanderklappen.

4. Backblech mit Backpapier auslegen, Stollen daraufsetzen. Aus dicker Alufolie einen langen Streifen formen und um den Stollen legen, damit er beim Backen in Form bleibt. Im heißen Ofen ca. 80 Minuten backen.

5. Den fertigen Stollen auf einem Kuchengitter etwas auskühlen lassen. Mit der flüssigen Butter bestreichen, dick mit Puderzucker überstäuben. Wenn der Stollen ausgekühlt ist, in Alufolie wickeln und mindestens zwei Wochen an einem kühlen Ort ruhen lassen.

Geschützt durch die Alpen, ist Nizza auch im Winter einer der wärmsten Orte an der französischen Côte d'Azur. In der Umgebung gedeihen Wein und Oliven, die unverzichtbar für eine echte „Salade Niçoise" sind.

FRANKREICH

Mediterraner Gemüsesalat aus Nizza mit Thunfisch und Oliven

Zutaten für 4 Personen:

6 reife Tomaten
200 g dünne grüne Bohnen
4 Eier
1 Salatgurke
1 grüne und rote Paprikaschote
4 junge Zwiebeln mit Grün
4 eingelegte Artischockenherzen
200 g Thunfisch (Dose)
8 eingelegte Sardellen
2 kleine Kopfsalatherzen
1 Bund Basilikum
3 EL Weißweinessig
6 EL Olivenöl
Meersalz
frisch gemahlener Pfeffer
1 Knoblauchzehe, geschält und halbiert
100 g schwarze Oliven

Zubereitung: ca. 40 Minuten

1. Tomaten häuten, vierteln, entkernen und in einer Schüssel mit etwas Salz bestreut ziehen lassen. Bohnen putzen, waschen und in kochendem Salzwasser ca. 5 Minuten bissfest kochen. In Eiswasser abschrecken und abtropfen lassen. Die Eier hart kochen.

2. Gurke schälen, längs halbieren, entkernen und in Streifen schneiden. Paprikaschoten putzen, entkernen und in Streifen schneiden. Zwiebeln schälen und in Scheiben schneiden. Artischocken und Thunfisch abtropfen lassen. Artischocken vierteln, Thunfisch in Stücke teilen. Sardellen in einem Sieb abbrausen.

3. Salat und Basilikum waschen und trockenschleudern. Salatblätter in mundgerechte Stücke teilen, Basilikum in Streifen schneiden. Essig und Olivenöl mit Salz und Pfeffer in einer Schüssel verrühren. Basilikum, abgetropfte Tomaten, Gurke, Paprika, Bohnen und Zwiebeln zufügen, mischen und 5 Minuten ziehen lassen.

4. Inzwischen die Eier schälen und vierteln. 4 Servierschalen mit einer Knoblauchzehe ausreiben und die Salatblätter darin verteilen. Gemüse mit Salatsauce darauf anrichten, Artischocken und Thunfisch dazugeben. Mit Oliven, Eiern und Sardellen garnieren und servieren.

Löwenzahn ist eines der ersten grünen Wildkräuter, die im Frühjahr auf den Wiesen wachsen. Ihm wird eine blutreinigende Wirkung nachgesagt. Sein rauer Charme verträgt sich gut mit kross gebratenem Speck.

FRANKREICH

Gebackener Ziegenkäse mit Speck auf Löwenzahnsalat

Zutaten für 4 Personen:

8 Picodons (kleine runde frische Ziegenkäse)
60 g Mehl
60 g Semmelbrösel
1 Ei
250 g junge Löwenzahnblätter
100 g durchwachsener Speck
1 Zwiebel
6 EL Olivenöl
4 EL Rotweinessig
frisch gemahlener Pfeffer

Zubereitung: ca. 35 Minuten

1. Ziegenkäse mit Küchenpapier trockentupfen. Mehl und Semmelbrösel auf flache Teller streuen. Das Ei mit 2 Esslöffeln Wasser in einem tiefen Teller verquirlen. Die Käsetaler in Mehl, Ei und dann in den Semmelbröseln wenden.

2. Löwenzahnblätter waschen und trockenschütteln. In mundgerechte Stücke teilen und auf 4 flache Teller verteilen. Speck in schmale Streifen schneiden. Zwiebel schälen und klein würfeln.

3. In einer Pfanne 3 Esslöffel Olivenöl erhitzen und die panierten Ziegenkäse darin bei mittlerer Hitze auf beiden Seiten goldbraun braten. Auf Küchenpapier abtropfen lassen.

4. In einer zweiten Pfanne das restliche Olivenöl erhitzen, Speck und Zwiebel zufügen und darin knusprig braten. Mit Essig ablöschen, den Bratensatz loskochen und heiß über dem Löwenzahn verteilen. Je 2 gebackene Ziegenkäse auf den Salat setzen, mit Pfeffer bestreuen und servieren.

Die Champs-Élysées im 8. Arrondissement von Paris sind eine der großen Prachtstraßen der Welt. Knapp zwei Kilometer lang, verbindet sie die „Place de la Concorde" mit der „Place Charles de Gaulle" mit dem Triumphbogen.

FRANKREICH

Lauchsalat Champs-Élysées mit Garnelen und Walnüssen

Zutaten für 6 Personen:

4 Stangen junger Lauch
100 g Walnusskerne
60 g Mayonnaise
100 g Crème fraîche
100 g Joghurt
1 TL Dijonsenf
1 El Meerrettich
1/2 TL Salz
frisch gemahlener weißer Pfeffer
Saft von 1/2 Zitrone
200 g kleine Garnelen, gekocht und geschält

Zubereitung: ca. 25 Minuten

1. Lauch putzen, waschen, abtropfen lassen und in 5 mm breite Streifen schneiden. Einen großen Topf mit Salzwasser zum Kochen bringen, Lauch zufügen und 30 Sekunden sprudelnd kochen lassen. Abgießen und sofort in Eiswasser geben. Gut abtropfen lassen.

2. Walnusskerne in einer Pfanne ohne Fett anrösten und klein hacken. Mayonnaise, Crème fraîche, Joghurt, Senf und Meerrettich in einer Schüssel verrühren. Mit Salz, Pfeffer und Zitronensaft abschmecken.

3. Lauch, 2/3 der Garnelen und die Hälfte der Walnüsse mit dem Dressing vermischen. Den Lauchsalat in Glasschalen verteilen, mit den restlichen Garnelen und Walnüssen garnieren.

Als „Garten Frankreichs" bezeichnet man das Gebiet der Loire zwischen Tours und Orléans. Im milden Klima gedeihen zarte Gemüse- und Obstsorten, die schon in früheren Jahrhunderten die Tafeln der Könige und des Adels zierten.

FRANKREICH

Lauwarmer Spargelsalat von der Loire mit neuen Kartoffeln

Zutaten für 4 Personen:

Saft von 1 Zitrone
4 EL Estragonessig
1/2 TL Dijonsenf
Salz
Zucker
frisch gemahlener Pfeffer
1/2 TL abgeriebene Zitronenschale
4 EL Traubenkernöl
2 Eier
300 g kleine neue Kartoffeln (La Ratte), ersatzweise Bamberger Hörnchen
500 g grüner Spargel
1 kleines Bund gemischte Kräuter, z.B. Petersilie, Kerbel, Estragon, Schnittlauch

Zubereitung: ca. 45 Minuten

1. Zitronensaft, Essig und Senf in einer Schüssel verrühren. Mit Salz, Zucker, Pfeffer und Zitronenschale würzen. Das Traubenkernöl tröpfchenweise zufügen und das Dressing glatt rühren.

2. Eier hart kochen und schälen. Kartoffeln waschen und in Salzwasser gar kochen. Inzwischen Spargel waschen, Enden schälen und den Spargel in 5 cm lange Stücke schneiden. Spargelstücke in kochendem Salzwasser ca. 5 Minuten bissfest kochen.

3. Kartoffeln und Spargel abtropfen lassen. Kartoffeln schälen und in Scheiben schneiden. Spargel und Kartoffeln mit dem Dressing vermischen. Den Salat etwas abkühlen lassen.

4. Die Eier klein hacken. Kräuter waschen, trockenschütteln und klein hacken. Spargel-Kartoffel-Salat in Salatschalen verteilen, mit gehacktem Ei und Kräutern bestreuen und servieren.

Zu Ehren des französischen Apothekers und Agrarwissenschaftlers Antoine Auguste Parmentier (1737–1813), der den Kartoffelanbau in Frankreich vorantrieb, nennt man eine Kartoffel-Lauch-Suppe auch „Soupe Parmentier".

FRANKREICH

Weiße Kartoffel-Lauch-Cremesuppe mit Kerbel

Zutaten für 4 Personen:

1 kg mehlig kochende Kartoffeln
4 dicke Stangen Lauch
60 g Butter
Salz
frisch gemahlener weißer Pfeffer
1,5 l Gemüsebrühe
1/4 l süße Sahne
50 g Kerbel

Zubereitung: ca. 50 Minuten

1. Kartoffeln waschen, schälen und in Würfel schneiden. Lauch putzen, waschen und nur die weißen Teile in feine Ringe schneiden.

2. Butter in einem Topf zerlassen und die Kartoffeln darin andünsten. Leicht salzen und pfeffern. Lauch zufügen und glasig andünsten. Die Gemüsebrühe angießen, aufkochen und bei kleiner Hitze ca. 20 Minuten köcheln lassen, bis die Kartoffeln ganz weich sind.

3. Die Suppe mit dem Stabmixer pürieren. Die Sahne zufügen und die Suppe bis zum Siedepunkt erhitzen. Mit Salz und Pfeffer abschmecken. Kerbelblätter waschen, trockenschütteln und grob hacken.

4. Die Suppe in tiefe Teller verteilen, mit Kerbel bestreuen und auftragen.

Die kurze Saison für grüne zarte Bohnenkerne sollte man nutzen, um diese delikate Suppe zuzubereiten. Auch wenn es etwas mühsam ist, diese Bohnenkerne zu schälen – man wird es Ihnen der leichteren Verdaulichkeit wegen danken.

FRANKREICH

Bohnensuppe aus dem Périgord mit grünen Bohnenkernen

Zutaten für 4 Personen:

300 g frische grüne Bohnenkerne
1 weiße Zwiebel
1 Knoblauchzehe
1 kleine Stange Lauch
1 l Hühnerbrühe
1 EL Gänseschmalz
1 Zweig Bohnenkraut
Salz
frisch gemahlener Pfeffer
2 EL Crème fraîche

Zubereitung: ca. 45 Minuten

1. Die äußere Haut der Bohnenkerne entfernen. Zwiebel und Knoblauch schälen und klein würfeln. Lauch putzen und in Ringe schneiden.

2. Hühnerbrühe erhitzen. Gänseschmalz in einem Topf schmelzen und Zwiebel, Knoblauch und Lauch darin glasig dünsten. Bohnenkerne zufügen, mit der Hühnerbrühe ablöschen, aufkochen und 15 Minuten bei kleiner Hitze köcheln lassen.

3. Bohnenkraut waschen, trockenschütteln und die Blätter fein hacken. Einen Teil der Bohnenkerne aus der Suppe nehmen, restliche Suppe mit dem Stabmixer glatt pürieren. Bohnenkerne wieder in die Suppe geben, mit Salz und Pfeffer abschmecken und das Bohnenkraut zufügen. 3 Minuten bei kleiner Hitze köcheln lassen. Die Crème fraîche in die Suppe rühren. Suppe in vorgewärmte Schalen verteilen und servieren.

Gruyère (schweizerisch: Greyerzer) ist ein Rohmilchhartkäse aus den Alpen. Ursprünglich stammt er aus der Schweiz. Unterschiedlich lange gereift, wandelt sich sein anfangs milder Geschmack zu einer herzhaften Spezialität.

FRANKREICH

Zwiebelsuppe Petit Bistro mit Gruyère überbacken

Zutaten für 4 Personen:

6 große weiße Zwiebeln
100 g Butter
1/8 l Weißwein
1 l Fleischbrühe
Salz
frisch gemahlener Pfeffer
1 Lorbeerblatt
150 g Gruyère
1 kleines Baguette
4 EL Olivenöl
1 Knoblauchzehe

Zubereitung: ca. 1 Stunde

1. Zwiebeln schälen, halbieren und in Streifen schneiden. Butter in einem großen Topf erhitzen und die Zwiebeln unter Rühren hellbraun braten. Mit Wein und Fleischbrühe ablöschen. Leicht salzen und pfeffern, Lorbeerblatt zufügen und 30 Minuten bei kleiner Hitze köcheln lassen.

2. Backofen auf 200 Grad vorheizen. Käse reiben. Baguette schräg in dünne Scheiben schneiden. Auf ein Backblech legen und unter dem Backofengrill hellbraun rösten. Brotscheiben wenden, mit Olivenöl beträufeln und fertig rösten. Aus dem Ofen nehmen und etwas abkühlen lassen. Knoblauch schälen, halbieren und die Brotscheiben damit einreiben.

3. Die Hälfte der Zwiebeln in einen Mixer geben und pürieren. Unter die Zwiebelsuppe rühren und einmal aufkochen. Das Lorbeerblatt entfernen. Suppe mit Salz und Pfeffer abschmecken.

4. Die Suppe in ofenfeste Suppenschalen verteilen. Brotscheiben darauflegen und dick mit Käse bestreuen. Unter dem heißen Backofengrill überbacken, bis der Käse zerläuft.

In Frankreichs ländlicher Küche hängt die Güte eines Gerichts von der Qualität der verwendeten Zutaten ab. Dieser schmackhafte Eintopf sollte unbedingt mit saisonal und regional erhältlichem Gemüse zubereitet werden.

FRANKREICH

Bäuerlicher Eintopf mit Gemüse und Basilikumsauce

Zutaten für 6 Personen:

250 g getrocknete weiße Bohnen
2 festkochende Kartoffeln
2 Möhren
250 g grüne Bohnen
3 Tomaten
3 kleine Zucchini
2 Zwiebeln
2 Knoblauchzehen
4 EL Olivenöl
Salz
frisch gemahlener Pfeffer
150 g dünne Suppennudeln

Für die Basilikumsauce:
1 Bund Basilikum
3 Knoblauchzehen
100 g geriebener Gruyère
100 ml Olivenöl

Vorbereitung: ca. 150 Minuten
Zubereitung: ca. 1 Stunde

1. Bohnen in einem Topf mit Wasser bedecken, aufkochen und 1 Stunde quellen lassen. Danach ca. 90 Minuten bei mittlerer Hitze weich garen. Bohnen abgießen, dabei die Kochflüssigkeit auffangen.

2. Kartoffeln und Möhren waschen, schälen und in Scheiben schneiden. Grüne Bohnen putzen und waschen. Tomaten häuten, vierteln, entkernen und grob hacken. Zucchini waschen und in Würfel schneiden. Zwiebeln und Knoblauch schälen und klein würfeln.

3. Olivenöl in einem Topf erhitzen, Zwiebeln und Knoblauch darin glasig dünsten. Tomaten zufügen und mit dem Bohnenkochwasser und 1,5 Liter Wasser ablöschen, einmal aufkochen. Kartoffeln, Möhren und grüne Bohnen zufügen. Salzen und pfeffern und 20 Minuten bei kleiner Hitze köcheln. Zucchini, weiße Bohnen und Nudeln zufügen und weitere 15 Minuten garen.

4. Basilikum waschen, trockenschütteln und die Blätter mit Käse, Knoblauch und 3 Esslöffeln Brühe in einen Mixer geben. Olivenöl nach und nach zufügen und alles zu einer dicken Sauce mixen. Mit Salz und Pfeffer abschmecken und in Suppenschalen füllen. Basilikumsauce in eine Sauciere füllen und zur Suppe servieren.

Ohne die scharfe Knoblauch-Mayonnaise „Rouille" ist das Vergnügen an einer provenzalischen Fischsuppe nur die Hälfte wert. Geröstetes Weißbrot bildet einen reizvollen Kontrast zu den zarten Fischfilets und der samtigen Suppe.

FRANKREICH

Provenzalische Fischsuppe mit feiner Knoblauch-Mayonnaise

Zutaten für 4 Personen:

2 kg gemischte Fische, z.B. Wolfsbarsch, Drachenkopf, Seeteufel, Dorade, Seehecht, filetiert, mit Köpfen und Gräten
4 EL Olivenöl
Suppengemüse, gewürfelt: 1 Zwiebel, 1 Knoblauchzehe, 1 Stange Lauch, 1 Möhre, 1 kleiner Fenchel mit Grün
je 1 TL Salz, Pfefferkörner und Fenchelsaat
Schale von je 1 unbehandelten Orange und Zitrone
je 1 Zweig Thymian und Rosmarin

Für die Mayonnaise:
1 Scheibe Weißbrot vom Vortag
6 Knoblauchzehen
6 Eigelb
1 EL Zitronensaft
Salz und Pfeffer
ca. 200 ml Olivenöl
8 Scheiben geröstetes Weißbrot

Zubereitung: ca. 1 Stunde

1. Fischfilets waschen, trockentupfen und in Portionsstücke schneiden. Mit Olivenöl begießen und abgedeckt kalt stellen. Fischköpfe und Gräten waschen und mit Suppengemüse (Fenchelgrün beiseitelegen), Gewürzen und Kräutern in einen Topf geben. Aufkochen, abschäumen und 40 Minuten bei kleiner Hitze köcheln lassen.

2. Brot in Wasser einweichen und ausdrücken. Knoblauch schälen und mit 3 Eigelb, Zitronensaft und Brot in einem Mixer pürieren. Mit Salz und Pfeffer würzen, Olivenöl nach und nach zufügen und zu einer Mayonnaise mixen. Die Hälfte in eine Sauciere füllen, den Rest mit dem restlichen Eigelb in eine Schüssel geben.

3. Fischbrühe durch ein feines Sieb in einen Topf abgießen. Die Brühe aufkochen und mit Salz und Pfeffer abschmecken. Fischstücke zufügen und bei kleiner Hitze, je nach Dicke der Stücke, 4–5 Minuten darin gar ziehen lassen. Herausheben und warm stellen.

4. Eine Suppenkelle Brühe mit Mayonnaise und Eigelb verquirlen, in die restliche Brühe rühren und langsam erhitzen. Nicht mehr kochen. Geröstetes Brot mit dem Fisch in tiefen Tellern anrichten, mit der Brühe begießen und mit Fenchelgrün garnieren.

Durch die Zugabe von Rinderhack wird eine Rinderkraftbrühe noch aromatischer. Das hinzugefügte Eiweiß bindet Trubstoffe. Dadurch kommt die Einlage gut zur Geltung und gibt der geklärten Suppe ein edles Erscheinungsbild.

FRANKREICH

Doppelte Rinderkraftbrühe mit Kräuterflan und Armagnac

Zutaten für 4 Personen:

Zubereitung: ca. 75 Minuten
Kühlen: ca. 2 Stunden

3 Eier
250 g Rinderhackfleisch
Öl für die Form
100 g süße Sahne
1 l Rinderbrühe
Salz
frisch gemahlener Pfeffer
geriebene Muskatnuss
2 EL fein gehackte Kräuter, z.B. Petersilie, Basilikum, Estragon, Kerbel
1 Möhre
1 kleine Stange Lauch
1 Stange Sellerie
1 kleines Bund Petersilie
2 Tomaten
1 TL Sherryessig
1 EL Armagnac
2 EL Schnittlauchröllchen

1. Backofen auf 150 Grad vorheizen. 2 Eier trennen und die Eigelbe mit dem restlichen Ei verquirlen. Eiweiß in einer Schüssel mit dem Rinderhackfleisch vermengen, abdecken und im Kühlschrank kalt stellen.

2. Eine flache ofenfeste Form mit Öl auspinseln. Sahne und 5 Esslöffel Brühe zu den Eiern rühren. Mit Salz, Pfeffer und Muskatnuss würzen und die Kräuter untermischen. In die Form gießen und in ein heißes Wasserbad stellen. Im heißen Ofen ca. 30 Minuten garen. In der Form abkühlen und mindestens 2 Stunden kalt stellen.

3. Gemüse putzen und waschen. Möhre grob raspeln. Lauch, Sellerie, Petersilie mit Stängeln und Tomaten klein hacken. Alles sorgfältig mit dem Hackfleisch vermischen. In einen Topf geben und mit der Brühe verrühren. Bei kleiner Hitze bis zum Siedepunkt erhitzen und 30 Minuten ziehen lassen. Nicht rühren!

4. Brühe durch ein feines feuchtes Tuch in einen Topf abgießen. Die Brühe nochmals erhitzen, mit Salz, Pfeffer, Essig und Armagnac abschmecken. Eierstich aus der Form stürzen, würfeln und mit der Brühe und dem Schnittlauch in Suppentassen anrichten.

Wilder Spargel ist grün und dünn, sein Geschmack ist viel herzhafter als der von Zuchtspargel. Beliebt ist er in Frankreich und Italien. Im Handel wird meist nur der obere grüne Teil mit der langen dünnen Spitze angeboten.

FRANKREICH

Kräuteromelett mit wildem Spargel in Olivenöl gebacken

Zutaten für 4 Personen:

500 g wilder Spargel, ersatzweise dünner Thaispargel
3 Schalotten
2 Knoblauchzehen
1 rote Peperoni
1 kleiner Zweig Rosmarin
4 EL Olivenöl
1 kleines Bund Petersilie
8 Eier
3 EL Milch
Salz
frisch gemahlener Pfeffer

Zubereitung: ca. 30 Minuten

1. Spargel waschen, abtropfen lassen und die Enden abschneiden. Spargel in fingerlange Stücke schneiden. Schalotten und Knoblauch schälen und klein würfeln. Peperonischote putzen, entkernen und in kleine Würfel schneiden. Rosmarinnadeln von dem Stängel streifen und klein hacken.

2. Olivenöl in einer Pfanne erhitzen, Schalotten und Knoblauch darin glasig andünsten. Spargel, Peperoni und Rosmarin zufügen und 5 Minuten unter Rühren braten.

3. Petersilie waschen, trockenschütteln und die Blätter fein hacken. Eier trennen. Eiweiß zu steifem Eischnee schlagen und die Eigelb unterziehen. Salzen und pfeffern, die Hälfte der Petersilie untermischen und alles über den Spargel gießen. Unter Rühren leicht stocken lassen, mit dem Deckel abdecken und 3 Minuten bei kleiner Hitze garen lassen. Omelett in 4 Stücke teilen, auf Teller verteilen und mit restlicher Petersilie bestreut servieren.

Artischocken sind der ideale Auftakt zu einem üppigen Menü. Der in ihnen enthaltene Bitterstoff Cynarin regt den Stoffwechsel von Leber und Galle an. Daneben wirken sie blutreinigend und cholesterinsenkend.

FRANKREICH

Bretonische Artischocken mit Vinaigrette und Kräutern

Zutaten für 4 Personen:

4 große Artischocken
Salz
1 Zitrone, halbiert
2 Schalotten
1 Knoblauchzehe
4 EL Rotweinessig
1 TL Dijonsenf
6 EL Olivenöl
3 EL gehackte Küchenkräuter z.B. Petersilie, Kerbel, Estragon
frisch gemahlener Pfeffer

Zubereitung: ca. 35 Minuten

1. Stiele der Artischocken unterhalb des Bodens abbrechen, um vorhandene Fasern aus dem Artischockenboden zu entfernen. Boden glattschneiden und mit Zitrone einreiben. Oberes Drittel der Artischocken abschneiden, übrige Blätter mit einer Küchenschere stutzen.

2. Einen großen Topf mit gesalzenem Wasser und 1 Zitronenhälfte aufkochen und die Artischocken zufügen. Ca. 35 Minuten kochen, bis die Böden weich sind und keinen Widerstand bieten, wenn man mit einem Messer hineinsticht.

3. Inzwischen Schalotten und Knoblauch schälen und klein würfeln. Essig, Senf und Öl in einer Schüssel verrühren. Kräuter zufügen und salzen und pfeffern.

4. Artischocken herausheben und in einem Sieb abtropfen lassen. Vinaigrette in 4 kleine Schälchen füllen. Artischocken auf Tellern anrichten und mit der Sauce servieren.

Einige Gegenden Frankreichs wurden schon in der Antike – lange vor den Römern – von den Griechen kolonisiert. Das Marinieren von Gemüse kennt man im gesamten Mittelmeerraum – Olivenöl ist dabei unersetzlich.

FRANKREICH

Champignons und Perlzwiebeln à la grecque

Zutaten für 4 Personen:

300 g Perlzwiebeln
700 g kleine Champignons
1 Möhre
1 Stange Sellerie
2 Knoblauchzehen
600 ml Gemüsebrühe
200 ml Weißwein
Saft von 1 Zitrone
150 ml Olivenöl
1 Kräuterstrauß
(3 Stängel Petersilie, 1 Zweig Thymian, 1 Lorbeerblatt)
Salz
frisch gemahlener Pfeffer
1/2 TL gemahlener Safran

Zubereitung: ca. 45 Minuten
Marinieren: ca. 2 Stunden

1. Die Perlzwiebeln schälen. Champignons mit Küchenpapier abreiben und die Stiele stutzen. Große Pilze halbieren.

2. Möhre schälen, Selleriestange putzen und beides klein würfeln. Knoblauch schälen und in dünne Scheiben schneiden. Brühe, Wein, Zitronensaft und Öl in einen Topf geben. Aufkochen und Möhre, Sellerie, Knoblauch und Kräuterstrauß zufügen. Salzen und pfeffern. Safran und Zwiebeln zufügen und bei kleiner Hitze 10 Minuten köcheln lassen.

3. Champignons dazugeben und zugedeckt weitere 15 Minuten köcheln lassen. Pilze herausheben und in eine Servierschüssel geben. Marinade um 1/3 einkochen und über die Pilze gießen. Abkühlen lassen und im Kühlschrank mindestens 2 Stunden kalt stellen.

Lauch gehört zur Familie der Liliengewächse. Ursprünglich stammt er aus Vorderasien. Seine Vielseitigkeit und sein feiner – zwischen Zwiebel und Spargel changierender – Geschmack machen ihn zu einem beliebten Gemüse.

FRANKREICH

Lauch mit Zitrone und Knoblauch im Ofen gebacken

Zutaten für 4 Personen:

4 Stangen Lauch
1 Knoblauchzehe
Salz
8 EL Olivenöl
Saft und Schale von 1 Zitrone
frisch gemahlener Pfeffer
Öl für die Form
1/4 l Gemüsebrühe
2 Lorbeerblätter
1 Baguette
3 EL Kräuterbutter
1 Zitrone

Zubereitung: ca. 50 Minuten

1. Den Lauch putzen, Wurzeln abschneiden und die Lauchstangen der Länge nach aufschlitzen. Etwas auffächern, waschen und abtropfen lassen. Knoblauch schälen und mit Salz musig zermahlen. In einer Schüssel mit Olivenöl, Zitronensaft und Schale, Salz und Pfeffer vermischen.

2. Backofen auf 160 Grad vorheizen. Eine längliche ofenfeste Form mit Öl ausstreichen und den Lauch hineinlegen. Auffächern und die Ölsauce zwischen die Blätter träufeln. Gemüsebrühe angießen, Lorbeerblätter zufügen und die Form mit Alufolie abdecken. Im heißen Backofen 45 Minuten garen.

3. Inzwischen ein Baguette im Abstand von 3 cm schräg einschneiden und Kräuterbutter in die Spalten geben. Lauch aus dem Ofen nehmen und in der Form etwas abkühlen lassen. Backofen auf 180 Grad erhitzen und das Baguette 10 Minuten darin backen.

4. Zum Servieren Zitrone in Achtel schneiden. Lauchstangen auf flachen Tellern anrichten, mit verbliebener Garflüssigkeit beträufeln, mit Pfeffer bestreuen und mit den Zitronenachteln garnieren. Baguette in Stücke schneiden und getrennt dazu reichen.

Die Côte d'Azur mit ihrem milden Klima und ihren zahlreichen Sonnentagen ist bekannt für eine leichte Sommerküche. Ein mit frischem Gemüse gefülltes Brot ist ein willkommener leichter Imbiss und schnell zubereitet.

FRANKREICH

Gefülltes Fladenbrot Côte d'Azur mit Vinaigrette

Zutaten für 4 Personen:

1 Schalotte
1 Knoblauchzehe
1 kleines Bund Petersilie
2 EL Kapern
4 EL Rotweinessig
1 TL Dijonsenf
6 EL Olivenöl
Salz
frisch gemahlener Pfeffer
4 Tomaten
12 schwarze Oliven, entkernt
8 Sardellenfilets
8 Salatblätter
1 rote Zwiebel

Zubereitung: ca. 20 Minuten

1. Schalotte und Knoblauch schälen und klein würfeln. Kapern abtropfen lassen, fein hacken. Petersilie waschen, trockenschütteln und die Blätter fein hacken. Essig, Senf, Öl, Salz und Pfeffer in einer Schüssel verrühren. Schalotte, Knoblauch, Kapern und Petersilie untermischen.

2. Tomaten waschen und in Scheiben schneiden. Oliven in Ringe schneiden. Die Sardellen abspülen und trockentupfen. Salatblätter waschen und trockenschleudern. Zwiebel schälen und in Ringe schneiden.

3. Fladenbrote horizontal aufschneiden und auseinander klappen. Beide Brotflächen großzügig mit der Vinaigrette beträufeln. Abwechselnd Salat, Tomaten, Zwiebelringe, Oliven und Sardellen auf der Unterseite anrichten und mit dem Brotdeckel abdecken. Leicht andrücken und servieren.

Ziegenkäse ist in ganz Frankreich beliebt und wird von Ostern bis Allerheiligen (1. November) genossen. Insbesondere die kleinen „Picandou" genannten Frischkäsetaler eignen sich für eine Vorspeise.

FRANKREICH

Gebackene Tomaten mit Croûtons und Ziegenkäse

Zutaten für 4 Personen:

4 große Tomaten
Salz
2 Scheiben Weißbrot vom Vortag
1 Knoblauchzehe
4 EL Olivenöl
150 g junger Ziegenkäse
1 kleines Bund Basilikum
frisch gemahlener Pfeffer
Öl für die Form

Vorbereitung: ca. 150 Minuten
Zubereitung: ca. 45 Minuten

1. Tomaten waschen und einen Deckel abschneiden. Tomaten mit einem Löffel entkernen, leicht salzen und mit der Öffnung nach unten in einem Sieb abtropfen lassen.

2. Weißbrot in kleine Würfel schneiden, Knoblauchzehe in der Schale andrücken. Olivenöl in einer Pfanne erhitzen, Brotwürfel und Knoblauch zufügen und darin goldbraun rösten. Herausnehmen und auf Küchenpapier abtropfen lassen.

3. Backofen auf 200 Grad vorheizen. Ziegenkäse klein würfeln. Basilikum waschen, trockenschütteln und die Blätter in feine Streifen schneiden. Käse, Basilikum und Brotwürfel vorsichtig mischen, salzen und pfeffern und in die Tomaten füllen. Eine ofenfeste Form mit Öl auspinseln und die Tomaten hineinsetzen. 20 Minuten im Ofen backen und servieren.

Saint-Denis, nördlich von Paris, gehört heute zu den Randgebieten der französischen Hauptstadt. Der Einfluss der Metropole auch auf die Küche ist spürbar. Ein Käse-Soufflé gehört zu den Paradestücken jeder ehrgeizigen Köchin.

FRANKREICH

Catherines luftiges Käse-Soufflé aus Saint-Denis

Zutaten für 4 Personen:

150 ml Milch
4 EL Butter
3 EL Mehl
150 g Gruyèrekäse
6 Eier
Salz

Zubereitung: ca. 30 Minuten
Backen: ca. 25 Minuten

1. Milch erwärmen. 3 Esslöffel Butter in einem Topf zerlassen und das Mehl darin hellgelb anschwitzen. Mit der Milch ablöschen und zu einer dicken Bechamelsauce kochen. Abkühlen lassen.

2. Backofen auf 180 Grad vorheizen. Käse reiben. Eine Souffléform mit der restlichen Butter ausstreichen und mit 1 Esslöffel Käse ausstreuen. Eier trennen. Eiweiß mit 1 Prise Salz steif schlagen. 4 Eigelb nacheinander unter die Béchamelsauce rühren (2 Eigelb anderweitig verwenden). Die Hälfte des Eischnees unterheben und den restlichen Käse nach und nach unterrühren. Restliches Eiweiß unterheben.

3. Soufflémasse in die Form füllen. Im heißen Ofen ca. 25 Minuten backen, bis das Soufflé schön aufgegangen und auf der Oberfläche gebräunt ist. Sofort in der Form servieren.

Flammkuchen wurden früher vor dem Brot im Holzbackofen gebacken, um die erste, starke Hitze auszunutzen. Der Name kommt daher, dass die Flammen im Ofen noch nicht vollständig ausgelodert waren, wenn er eingeschoben wurde.

FRANKREICH

Elsässer Flammkuchen mit Speck und Zwiebeln

Zutaten für 2 Backbleche:

400 g Mehl
20 g Hefe
Zucker
Salz
1 EL Öl
4 Zwiebeln
250 g geräucherter Speck
200 g Quark
200 g Crème fraîche
1 Ei
1 TL Mehl
frisch gemahlener Pfeffer
geriebene Muskatnuss
Öl für die Bleche

Vorbereitung: ca. 2 Stunden
Zubereitung: ca. 30 Minuten

1. Mehl in eine Schüssel sieben und in die Mitte eine Mulde drücken. Hefe in 50 ml lauwarmem Wasser mit 1 Prise Zucker verrühren und in die Mulde gießen. Mit etwas Mehl verrühren und 10 Minuten gehen lassen.

2. Dann 130 ml Wasser, 1 Teelöffel Salz und das Öl zufügen und zu einem glatten elastischen Teig kneten. Zur Kugel formen und abgedeckt an einem warmen Ort gehen lassen, bis sich das Teigvolumen verdoppelt hat. Erneut durchkneten, in 2 Teile teilen, mit Mehl bestäuben und 15 Minuten gehen lassen.

3. Backofen auf 250 Grad vorheizen. Zwiebeln schälen, halbieren und in feine Streifen schneiden. Speck klein würfeln. Quark, Crème fraîche, Ei und Mehl in einer Schüssel verrühren, mit Salz, Pfeffer und Muskatnuss würzen. 2 Backbleche mit Öl bestreichen.

4. Teige auf einer bemehlten Arbeitsfläche möglichst dünn ausrollen und auf die Bleche legen. Mit Quarkcreme bestreichen und mit Zwiebeln und Speck bestreuen. Bleche nacheinander im heißen Ofen ca. 10 Minuten knusprig backen. Flammkuchen auf ein großes Holzbrett geben und sofort servieren.

Mangold ist mit seinen großen Blättern und breiten Stielen ein vielseitiges Gemüse. Die grünen Blätter werden wie Spinat verwendet, die Stiele mit etwas herzhaftem Biss gern geschmort. Sie erinnern ein wenig an Spargel.

FRANKREICH

Kleine Blätterteig-Mangold-Kuchen mit Ziegenkäse

Zutaten für 4 Personen:

Vorbereitung: ca. 45 Minuten
Backen: ca. 15 Minuten

4 tiefgefrorene Blätterteigscheiben (ca. 300 g)
500 g Mangoldblätter
3 Schalotten
2 Knoblauchzehen
3 EL Olivenöl
3 Eier
Salz
frisch gemahlener Pfeffer
geriebene Muskatnuss
200 g Ziegenfrischkäse
Öl für die Formen
1 EL Butter zum Backen

Außerdem:
4 Tarteformen (12 cm Ø)

1. Blätterteig auftauen lassen. Mangold putzen, waschen, die Stiele abschneiden und klein hacken. Blätter getrennt in feine Streifen schneiden. Schalotten und Knoblauch schälen und klein würfeln.

2. Olivenöl in einer Pfanne erhitzen. Schalotten und Knoblauch darin glasig dünsten und Mangoldstiele zufügen. Mangoldblätter dazugeben, mit einem Deckel abdecken und die Blätter zusammenfallen lassen. Den Deckel abnehmen und die gesamte Flüssigkeit verdampfen lassen. Mangold in eine Schüssel geben und abkühlen lassen.

3. Eier verquirlen und unter den Mangold rühren. Mit Salz, Pfeffer und Muskatnuss würzen und den Käse untermischen.

4. Den Backofen auf 200 Grad vorheizen. Tarteformen mit Öl auspinseln und mit Blätterteig auslegen. Überstehenden Teig abschneiden. Mangoldmasse einfüllen und glatt streichen, die Butter in Flöckchen daraufgeben. Ca. 15 Minuten im heißen Ofen backen. Aus den Formen nehmen und lauwarm servieren.

Pastis gilt als typisch französisch. Insbesondere in der Provence schätzt man den würzig-bitteren Anisschnaps, der, mit Eiswasser verdünnt, in den Bars und Bistros häufig als Aperitif oder auch einfach so genossen wird.

FRANKREICH

Fenchel mit Speck und Pastis im Ofen gebacken

Zutaten für 4 Personen:

4 Fenchelknollen mit Fenchelgrün
Salz
4 Tomaten
2 Zwiebeln
200 g Speck
4 Knoblauchzehen
2 EL Olivenöl
4 Sardellenfilets, abgetropft
1/8 l Weißwein
1/8 l Gemüsebrühe
4 cl Pastis (Anisschnaps)
Öl für die Form
frisch gemahlener Pfeffer
2 EL Estragonblätter

Vorbereitung: ca. 45 Minuten
Backen: ca. 1 Stunde

1. Fenchel putzen, Fenchelgrün abschneiden und für die Garnierung beiseitestellen. Fenchelknollen vierteln. In einem Topf mit kochendem Salzwasser 5 Minuten kochen, dann in Eiswasser abschrecken. Abtropfen lassen. Tomaten häuten, vierteln und entkernen. Zwiebeln schälen und in Streifen schneiden.

2. Speck in Würfel schneiden. Knoblauch schälen und klein würfeln. Olivenöl in einer Pfanne erhitzen und den Speck darin auslassen. Knoblauch und Sardellen zufügen und andünsten. Mit Wein, Gemüsebrühe und Pastis ablöschen und aufkochen.

3. Backofen auf 180 Grad vorheizen. Eine ofenfeste Form mit Öl auspinseln. Fenchel, Zwiebeln und Tomaten einschichten. Salzen und pfeffern. Estragon fein hacken, darüberstreuen. Specksauce darübergießen. Die Form mit Alufolie verschließen. Im heißen Ofen ca. 1 Stunde backen.

4. Das Fenchelgrün fein hacken. Das Gemüse auf Teller verteilen, mit der Sauce beträufeln und mit dem gehackten Fenchelgrün bestreuen.

Als „Galette“ bezeichnet man in der Bretagne die herzhaft gefüllten Pfannkuchen, während „Crêpes“ mit süßer Füllung zubereitet werden. Das passende Getränk dazu ist Cidre, der schäumende Apfelwein, im irdenen Krug serviert.

FRANKREICH

Buchweizen-Pfannkuchen mit Käse und Schinken gefüllt

Zutaten für 4 Personen:

Vorbereitung: ca. 2 Stunden
Zubereitung: ca. 1 Stunde

Für den Teig:
180 g Buchweizenmehl
70 g Weizenmehl
1 TL Salz
1 Ei
1/4 l Cidre
4 EL Butter

Für die Füllung:
100 g gekochter Schinken, in dünne Scheiben geschnitten
100 g geriebener Comté
Butterflöckchen zum Backen

Außerdem:
1 Crêpespfanne

1. Die beiden Mehlsorten mit Salz in einer Schüssel mischen. In die Mitte eine Mulde drücken, Ei und 1/4 Liter Wasser zufügen und zu einem dicken Teig verrühren. Nach und nach den Teig mit Cidre verdünnen, abdecken und mindestens 2 Stunden ruhen lassen.

2. Backofen auf 80 Grad vorheizen. Butter in einem Topf zerlassen. Butterfett in eine Tasse abgießen. Butterreste in den Teig rühren. In einer Crêpespfanne 1 Teelöffel Butterfett erhitzen, mit einem kleinen Schöpflöffel etwas Teig zugeben und einen möglichst dünnen Pfannkuchen backen. Wenden, fertig backen und auf einem Teller im Backofen warmhalten. Auf diese Weise weiterarbeiten, bis der Teig aufgebraucht ist.

3. Backofen auf 200 Grad erhitzen. Pfannkuchen auf einer Arbeitsplatte auslegen. Jeweils 1 Scheibe Schinken in die Mitte legen und mit Käse betreuen. Linken und rechten Rand einschlagen, oberen und unteren Rand darüberschlagen und zu einem kleinen quadratischen Paket formen. Ein Backblech mit Backpapier auslegen und die Pfannkuchen darauflegen. Mit Butterflöckchen belegen, 10 Minuten im Backofen backen und servieren.

Jede Hausfrau schwört auf „ihr“ Rezept. Weil sie sich gut vorbereiten lässt, ist die Terrine häufig eine Vorspeise großer Tischrunden. Auch als Imbiss mit einem Stück Baguette und einem Glas Landwein genossen, ist sie beliebt.

FRANKREICH

Madame Rabillers Bauernterrine mit Geflügelleber und Pistazien

Zutaten für 10 Personen:

500 g mageres Schweinefleisch
500 g fette Schweinebrust
250 g Schweineleber
500 g Geflügelleber
je 3 EL Cognac und Madeira
2 Schalotten
2 Knoblauchzehen
1 EL Butter
2 Eier
1 TL Dijonsenf
1 TL Thymianblättchen, gehackt
je 1/4 TL Nelkenpulver, gemahlener Piment und geriebene Muskatnuss
Salz und Pfeffer
30 g Pistazienkerne
200 g grüner Speck, in dünne Scheiben geschnitten
3 Lorbeerblätter
4 kleine Gewürzgurken
100 g eingelegte Zwiebeln

Vorbereitung: ca. 90 Minuten
Garen: ca. 2 Stunden

1. Fleisch waschen und trockentupfen. Lebern putzen und Äderchen und Sehnen abschneiden. Gefügelleber in einer Schüssel mit Cognac und Madeira begießen. Abgedeckt im Kühlschrank 1 Stunde marinieren.

2. Geflügelleber abtropfen lassen, Marinade auffangen. Fleisch und Schweineleber grob würfeln, mit der Hälfte der Geflügelleber durch die feine Scheibe des Fleischwolfs drehen und in eine Schüssel geben. Schalotten und Knoblauch schälen, klein würfeln und in einer Pfanne in der Butter glasig dünsten. Eier, Senf, Marinade, Gewürze und Pistazien zufügen und zu einer glatten glänzenden Fleischmasse vermengen.

3. Backofen auf 170 Grad vorheizen. Eine Terrinenform mit Speck auskleiden. Fleischmasse zur Hälfte einfüllen, Geflügelleber darauf verteilen, restliche Masse zufügen und glatt streichen. Restlichen Speck und Lorbeerblätter darüberlegen. Form in ein heißes Wasserbad setzen und 2 Stunden im Ofen garen. Terrine abkühlen lassen, mit einem Brettchen und Gewicht beschweren und im Kühlschrank über Nacht kalt stellen. Am nächsten Tag die Terrine in Scheiben schneiden und mit Gewürzgurken und eingelegten Zwiebeln servieren.

Der herzhaft-frische Gemüsetopf ist so recht zum Sinnbild der provenzalischen Küche geworden. Er schmeckt – vor allem im Sommer – auch kalt und ist am besten, wenn man ihn einen Tag durchziehen lässt.

FRANKREICH

Würziges Ratatouille aus Arles süßsauer abgeschmeckt

Zutaten für 4 Personen:

500 g Tomaten
1 große Aubergine
3 kleine Zucchini
je 1 gelbe und rote Paprikaschote
2 rote Zwiebeln
4 Knoblauchzehen
4 EL Olivenöl
Salz
Zucker
frisch gemahlener Pfeffer
1 EL Rotweinessig
1 Kräutersträußchen (Petersilie, Thymian, Rosmarin und Lorbeerblatt)
1 kleines Bund Basilikum

Zubereitung: ca. 1 Stunde
Abkühlen: ca. 30 Minuten

1. Tomaten häuten, vierteln, entkernen und in Streifen schneiden. Aubergine und Zucchini putzen und waschen. Aubergine in große Würfel, Zucchini in Scheiben schneiden. Paprikaschoten putzen, entkernen und in Streifen schneiden. Zwiebeln und Knoblauch schälen, Zwiebeln in Streifen, Knoblauch in Scheiben schneiden.

2. 4 Esslöffel Olivenöl in einem Schmortopf erhitzen. Zwiebeln und Knoblauch zufügen und anschwitzen. Paprikaschoten, Zucchini und Aubergine dazugeben und unter Rühren andünsten. Tomaten zufügen, mit Salz, Zucker, Pfeffer und Essig würzen und das Kräutersträußchen einlegen. 100 ml Wasser angießen, zugedeckt bei kleiner Hitze 30 Minuten garen.

3. Ratatouille vom Herd nehmen und abkühlen lassen. Kräutersträußchen entfernen. Basilikum waschen und trockenschütteln. Blätter in feine Streifen schneiden. Ratatouille lauwarm oder kalt mit Basilikum bestreut servieren.

Die Bezeichnung „Quiche" ist von dem deutschen Wort „Kuchen" abgeleitet. Ursprünglich aus Brotteig hergestellt, ist heute die Verwendung von Mürbeteig üblich. Eine Quiche wird in einer runden Tarte-Form gebacken.

FRANKREICH

Meeresfrüchte-Quiche mit Kräutern im Ofen knusprig gebacken

Zutaten für 4 Personen:

Für den Teig:
200 g Mehl
1/2 TL Salz
120 g eiskalte Butter

Für den Belag:
150 g kleine Garnelen, gekocht und geschält
150 g Muschelfleisch, gekocht
3 Schalotten
3 Knoblauchzehen
1 Möhre
2 Stangen Sellerie
2 EL Butter und
Butter für die Form
Salz
50 ml Weißwein
3 Eier
200 g Crème fraîche
frisch gemahlener Pfeffer
3 EL gehackte Kräuter, z.B. Petersilie, Kerbel, Estragon

Vorbereitung: ca. 75 Minuten
Backen: ca. 30 Minuten

1. Mehl und Salz in eine Schüssel sieben. Butter auf einer Käsereibe ins Mehl raspeln. 3–4 Esslöffel kaltes Wasser zufügen, schnell zu einem Teig kneten und zur Kugel formen. In Frischhaltefolie wickeln und im Kühlschrank mindestens 1 Stunde ruhen lassen.

2. Garnelen und Muscheln in einem Sieb abbrausen und abtropfen lassen. Schalotten und Knoblauch schälen und klein würfeln. Möhre und Sellerie waschen, schälen und in dünne Stifte schneiden. Butter in einer Pfanne zerlassen, Schalotten und Knoblauch darin glasig dünsten. Möhre und Sellerie zufügen, leicht salzen und anschwitzen. Die Meeresfrüchte zufügen, kurz andünsten und mit Wein ablöschen. In eine Schüssel füllen und abkühlen lassen.

3. Backofen auf 200 Grad vorheizen. Quicheform mit Butter ausstreichen. Teig auf bemehlter Fläche dünn ausrollen und die Form damit auslegen. Überstehenden Rand abschneiden. Meeresfrüchte und Gemüse abtropfen lassen und auf dem Teig verteilen. Verbliebene Flüssigkeit mit Eiern und Crème fraîche in einer Schüssel verrühren. Mit Salz, Pfeffer und Kräutern würzen und über die Füllung gießen. Ca. 25 Minuten im heißen Ofen backen. Aus der Form nehmen und servieren.

In Frankreich wird Salat nicht nur wie bei uns als Rohkost genossen, sondern auch gegart verzehrt. So gibt es zum Beispiel geschmorte Kopfsalatherzen oder sie werden – wie in diesem Rezept – gedämpft oder gedünstet.

FRANKREICH

Salatherzen mit Erbsen und Schalotten gedämpft

Zutaten für 4 Personen:

1 kg frische Erbsenschoten
12 kleine Schalotten
100 g geräucherter Speck
2 Kopfsalatherzen
4 EL Butter
1 TL Zucker
Salz
2 Zweige Estragon
100 ml Weißwein
frisch gemahlener Pfeffer

Zubereitung: ca. 45 Minuten

1. Erbsenschoten öffnen und die Erbsen aus den Hülsen streifen. Schalotten schälen und halbieren. Speck klein würfeln. Salatherzen putzen, waschen, abtropfen lassen und mit Küchengarn zusammenbinden.

2. Butter in einem Schmortopf zerlassen, Schalotten und Speck darin unter Rühren glasig dünsten. Mit dem Zucker bestreuen, leicht salzen und karamellisieren lassen. Erbsen, Salatherzen und 1 Estragonzweig zufügen, mit Wein ablöschen und zugedeckt bei kleiner Hitze 15 Minuten dämpfen.

3. Restliche Estragonblätter fein hacken. Salatherzen aus dem Topf nehmen, Küchengarn entfernen und die Herzen halbieren. Garflüssigkeit etwas einkochen lassen. Salatherzen mit Schalotten und Erbsen portionsweise anrichten. Mit der Sauce beträufeln, mit Estragon und Pfeffer bestreut servieren.

Der Name Jakobsmuschel geht auf den Apostel Jakobus den Älteren zurück. Sie ist seit dem Mittelalter insbesondere als Symbol der Pilger nach Santiago di Compostela bekannt, wo der Apostel begraben ist.

FRANKREICH

Gratinierte Jakobsmuscheln mit Champignons

Zutaten für 4 Personen:

200 g weiße Champignons
1 Bund Suppengrün
1 Knoblauchzehe, halbiert
1 Lorbeerblatt
4 Stängel Petersilie
1 kleiner Zweig Thymian
5 Pfefferkörner
Salz
200 ml Hühnerbrühe
200 ml Weißwein
8 Jacobsmuscheln, ausgelöst
3 EL Butter
3 EL Mehl
100 ml Milch
1 Eigelb
3 EL süße Sahne
frisch gemahlener Pfeffer
Butter für die Muschelschalen
Salz für das Salzbett
3 EL Semmelbrösel

Außerdem:
8 saubere Jakobsmuschelschalen

Zubereitung: ca. 75 Minuten

1. Champignons putzen, die Stiele abschneiden. Stiele mit Suppengrün, Gewürzen, Brühe und Wein in einem Topf zugedeckt 15 Minuten köcheln lassen. Jakobsmuscheln waschen, trockentupfen und in 5 mm dicke Scheiben schneiden. Die Champignons in Scheiben schneiden. Die Gemüsebrühe durch ein Sieb in einen anderen Topf abgießen.

2. Die Gemüsebrühe bis zum Siedepunkt erhitzen, Champignons und Muscheln zufügen. Zugedeckt 5 Minuten bei kleiner Hitze garen. Pilze und Muscheln mit einem Schaumlöffel herausheben und in eine Schüssel geben. Brühe etwas einkochen lassen.

3. Backofengrill auf 250 Grad vorheizen. Butter in einem Topf zerlassen und das Mehl darin unter Rühren anschwitzen. Milch und Brühe unter Rühren zufügen und eine dicke Sauce kochen. Eigelb mit Sahne verquirlen und in die Sauce rühren. Muscheln und Pilze zufügen, mit Salz und Pfeffer würzen.

4. Muschelschalen ausbuttern und auf dem Backblech in ein Salzbett setzen. Muschelragout in die Schalen verteilen, Semmelbrösel darüberstreuen. 10 Minuten im Ofen überbacken und heiß servieren.

Marseille, im 6. Jahrhundert vor Christus von den Griechen gegründet, ist heute die zweitgrößte Stadt Frankreichs und eine der bedeutendsten Hafenstädte Europas. Die Küche ist maritim geprägt mit kräftigen Aromen.

FRANKREICH

Scharfe Miesmuscheln aus Marseille nach Art der Fischer

Zutaten für 4 Personen:

2 kg frische Miesmuscheln, küchenfertig
2 Stangen Sellerie
1 Fenchelknolle mit Grün
2 Schalotten
2 Knoblauchzehen
1 Chilischote
2 EL Olivenöl
1 TL Fenchelsaat
1 Lorbeerblatt
1 kleiner Zweig Rosmarin
frisch gemahlener Pfeffer
1/8 l Weißwein
1/8 l Noilly Prat (trockener Wermut)
Salz
1 Zitrone, in Achtel geschnitten

Zubereitung: ca. 1 Stunde

1. Muscheln waschen, abtropfen lassen, geöffnete Muscheln wegwerfen. Sellerie und Fenchel putzen, waschen und in kleine Würfel schneiden. Fenchelgrün beiseitelegen. Schalotten und Knoblauch schälen und klein würfeln. Chilischote längs halbieren, entkernen und klein hacken.

2. Öl in einem großen Topf mit Deckel erhitzen. Zwiebel und Knoblauch darin glasig dünsten. Chilischote, Sellerie und Fenchel zufügen und mit Fenchelsaat, Lorbeerblatt, Rosmarin und Pfeffer würzen. Mit Wein und Noilly Prat ablöschen, aufkochen und 10 Minuten bei kleiner Hitze köcheln lassen. Salzen und pfeffern.

3. Muscheln hinzufügen, mit dem Deckel zudecken und ca. 10 Minuten garen. Zwischendurch den Topf mehrfach rütteln. Fenchelgrün klein hacken.

4. Geschlossene Muscheln entfernen. Geöffnete Muscheln in 4 tiefe Teller verteilen. Gemüse-Muschel-Sud darübergeben und mit Fenchelgrün bestreuen. Mit den Zitronenvierteln garnieren und servieren.

An der Mündung des Flusses Belon, südlich der Stadt Pont-Aven, befindet sich die berühmteste Austernzucht der Bretagne. Die Belon-Austern mit ihrem subtil-nussigen Geschmack gelten bei vielen Liebhabern als die besten.

FRANKREICH

Benoits frische Austern mit Kräuterbutter gratiniert

Zutaten für 4 Personen:

1 kleines Bund Petersilie
1 Knoblauchzehe
Salz
100 g Butter
frisch gemahlener Pfeffer
1 /2 TL abgeriebene Zitronenschale
100 g Weißbrot vom Vortag
50 g Gruyère
12 Austern
Saft von 1 Zitrone

Zubereitung: ca. 45 Minuten

1. Petersilie waschen, trockenschütteln und die Blätter sehr fein hacken. Knoblauch schälen und mit etwas Salz im Mörser musig zermahlen. Butter in einer Schüssel schaumig rühren. Petersilie und Knoblauch zufügen und mit Pfeffer und Zitronenschale würzen.

2. Brot entrinden und in feine Brösel reiben, Käse raspeln. Austern öffnen, obere Schale entfernen und die Muscheln in eine ofenfeste Form setzen. Backofengrill auf 220 Grad erhitzen.

3. Austern mit Zitronensaft beträufeln und mit einem Stück Kräuterbutter belegen. Mit Semmelbröseln bestreuen und 3–4 Minuten im Ofen überbacken.

Die Camargue, zwischen den beiden Mündungsarmen der Rhône gelegen, ist das größte Flussdelta Europas. Hauptsächlich werden Gemüse, Obst und Reis angebaut. Die wilden Camargue-Pferde sind eine besondere Attraktion.

FRANKREICH

Geschmorter Aal in Rotwein aus der Camargue

Zutaten für 4 Personen:

3 Tomaten
3 rote Zwiebeln
1 Knoblauchzehe
1 kg frischer Aal, küchenfertig
4 EL Olivenöl
Salz
frisch gemahlener Pfeffer
1 TL edelsüßes Paprikapulver
1 kleiner Zweig Thymian
1 Lorbeerblatt
1/4 l Rotwein
1 TL Zitronensaft
2 EL fein gehackte Petersilie

Zubereitung: ca. 1 Stunde

1. Tomaten häuten, vierteln und entkernen. Zwiebeln und Knoblauch schälen und klein würfeln. Den Aal waschen, trockentupfen und in 5 cm lange Stücke schneiden.

2. Olivenöl in einem Schmortopf erhitzen, Zwiebeln und Knoblauch darin glasig dünsten. Die Aalstücke zufügen, mit Salz, Pfeffer und Paprika würzen und andünsten. Tomaten und Kräuter zufügen und mit Wein ablöschen. Zudecken und bei kleiner Hitze 30 Minuten köcheln lassen.

3. Aalstücke auf eine vorgewärmte Platte geben. Sauce etwas einkochen lassen, mit Salz, Pfeffer und Zitronensaft abschmecken und über den Aal gießen. Mit Petersilie bestreuen und servieren.

Kapern sind im gesamten Mittelmeergebiet heimisch. Die südfranzösischen sind sehr begehrt. Kapern werden in verschiedenen Größen angeboten. Die kleinsten, die so genannten „Nonpareilles“, gelten als die feinsten.

FRANKREICH

Gebackene Kabeljaustreifen in Kapernsauce

Zutaten für 4 Personen:

600 g Kabeljaufilets
Salz
frisch gemahlener Pfeffer
Saft von 1 Zitrone
Öl zum Backen
Mehl zum Wenden
3/4 l Fleischbrühe
2 Schalotten
2 Knoblauchzehen
3 EL Butter
2 EL Mehl
100 ml Weißweinessig
1 kleine Stange Lauch
100 g Kapern
1 kleines Bund Kräuter (Petersilie, Sellerieblätter, Kerbel)
100 g süße Sahne
Salz
frisch gemahlener Pfeffer
1 TL Dijonsenf
1 EL Zitronensaft

Zubereitung: ca. 75 Minuten

1. Fischfilets waschen, trockentupfen und in 2 cm breite Streifen schneiden. Salzen und pfeffern und mit Zitronensaft beträufeln. Eine tiefe Pfanne ca. 3 cm hoch mit Öl füllen, das Öl auf mittlere Hitze erhitzen. Fischstreifen in Mehl wenden, überschüssiges Mehl abklopfen und portionsweise im Öl braun backen. Herausheben, auf Küchenpapier abtropfen lassen und in eine ofenfeste Form einschichten.

2. Fleischbrühe in einem Topf erhitzen. Schalotten und Knoblauch schälen und klein würfeln. Butter in einem Topf zerlassen, Schalotten und Knoblauch darin glasig dünsten. Mehl einstreuen und hellgelb anschwitzen. Mit etwas heißer Brühe ablöschen, glatt rühren. Essig und die restliche Brühe einrühren. Bei kleiner Hitze auf die Hälfte einkochen lassen. Backofen auf 175 Grad vorheizen.

3. Lauch putzen, waschen, abtropfen lassen und in feine Streifen schneiden. Kapern abtropfen lassen, Kräuter waschen, trockenschütteln und die Blätter mit den Kapern klein hacken. Die Hälfte der Kräuter und die Sahne in die Sauce rühren, aufkochen, mit Salz, Pfeffer, Senf und Zitronensaft abschmecken. Über den Fisch gießen. 15 Minuten im Ofen garen. Form aus dem Ofen nehmen und mit den restlichen Kräutern bestreuen.

In Savoyen, einer weitläufigen Gebirgslandschaft im Osten Frankreichs mit kristallklaren Seen und Wildbächen, wimmelt es nur so von Forellen und Saiblingen. Sahne und Käse sind weitere Grundzutaten der Küche dieser Gegend.

FRANKREICH

Forellen à la crème mit Champignons gratiniert

Zutaten für 4 Personen:

250 g Champignons
2 Schalotten
1 Knoblauchzehe
5 EL Butter
Salz
frisch gemahlener Pfeffer
Saft von 1/2 Zitrone
4 frische Forellen à 200 g, küchenfertig
Mehl zum Wenden
2 EL Öl
500 g süße Sahne
Cayennepfeffer

Zubereitung: ca. 1 Stunde

1. Champignons mit Küchenpapier abreiben, Stiele abschneiden und die Pilzköpfe in dünne Scheiben schneiden. Schalotten und Knoblauch schälen und klein würfeln.

2. In einer Pfanne 2 Esslöffel Butter zerlassen, Schalotten und Knoblauch darin glasig dünsten. Pilze zufügen, salzen, pfeffern und mit Zitronensaft beträufeln. Kurz andünsten und beiseitestellen.

3. Die Fische waschen und trockentupfen. Innen und außen salzen und in Mehl wenden. Überschüssiges Mehl abklopfen. Backofengrill auf 220 Grad vorheizen.

4. In einem großen Bräter 2 Esslöffel Butter und das Öl erhitzen. Forellen einlegen und auf beiden Seiten anbraten. Pilze dazugeben, mit Sahne aufgießen und aufkochen. Mit Salz und Cayennepfeffer abschmecken.

5. Restliche Butter auf den Forellen in Flöckchen verteilen und 8–10 Minuten unter dem Backofengrill überbacken. In der Form servieren.

Das älteste bekannte Rezept für diese berühmte Fischsuppe stammt aus dem Jahr 1790 und beschreibt eine traditionell von Fischern zubereitete Suppe, in der bereits viele Zutaten der heutigen Bouillabaisse Verwendung fanden.

FRANKREICH

Klassische Bouillabaisse mit Languste und Chili-Knoblauchsauce

Zutaten für 6 Personen:

1,2 kg gemischte Fische, küchenfertig, z.B. Schellfisch, Drachenkopf, Rotbarbe, Seeteufel, Merlan
1 Langustenschwanz, gekocht und geschält
Saft von 1 Zitrone
1 Kartoffel
4 Tomaten
1 Stange Lauch
2 Zwiebeln
6 Knoblauchzehen
8 EL Olivenöl
1 TL Safranfäden
1 Stück Orangenschale
1 TL gemahlene Fenchelsaat
1 Lorbeerblatt
Salz und Pfeffer
1/4 l Weißwein
1/2 l Fischfond
2 frische rote Chilischoten
1/2 TL edelsüßes Paprikapulver
2 EL fein gehackte Petersilie

Zubereitung: ca. 90 Minuten

1. Fische und Languste waschen und trockentupfen. Größere Fische und Languste in Stücke schneiden. Mit Zitronensaft beträufeln. Kartoffel waschen, schälen und würfeln. Tomaten häuten, vierteln, entkernen und grob hacken. Lauch putzen, waschen und klein hacken. Zwiebeln und Knoblauch schälen und klein würfeln.

2. In einem Topf 4 Esslöffel Olivenöl erhitzen, Zwiebeln, Lauch und die Hälfte des Knoblauchs darin glasig dünsten. Kartoffel, Gewürze und Tomaten zufügen. Wein, Fischfond und 1/2 Liter Wasser angießen und 20 Minuten köcheln lassen.

3. Fische und Languste in die Brühe legen. Bis zum Siedepunkt erhitzen und 10 Minuten bei kleiner Hitze gar ziehen lassen. Fische herausheben und auf einer Servierplatte zugedeckt warm stellen.

4. Chilischoten längs halbieren, entkernen und mit dem restlichen Knoblauch in einem Mörser mit Salz und Paprika musig zermahlen. Kartoffelstücke aus der Brühe fischen und im Mörser mit der Gewürzpaste, dem restlichen Öl und etwas Brühe zu einer dicken Sauce rühren. In eine Sauciere füllen. Brühe aufkochen, in Suppenteller verteilen, Fischstücke hineingeben, mit Petersilie bestreuen. Sauce getrennt dazu reichen.

Der Seeteufel gehört zu den Knorpelfischen. Sein festes, grätenfreies Fleisch eignet sich auch für herzhafte Zubereitungen und verträgt auch kräftige Aromen. Sein Geschmack erinnert ein wenig an Hummer.

FRANKREICH

Seeteufelsteaks in Pfefferrahmsauce mit Cognac flambiert

Zutaten für 4 Personen:

4 Seeteufelsteaks à 250 g
je 1 TL weiße und schwarze Pfefferkörner
2 TL Korianderkörner
Salz
1 Schalotte
1/4 l Kalbsfond
1 TL Speisestärke
4 EL Öl
3 EL Butter
50 ml Cognac
50 ml Madeira
200 g süße Sahne

Zubereitung: ca. 1 Stunde

1. Fischsteaks waschen und trockentupfen. Pfeffer und Koriander in einem Mörser grob zerstoßen und auf eine Platte streuen. Steaks salzen, in den Gewürzen wenden und leicht andrücken. Die Schalotte schälen und fein hacken. Kalbsfond in einem Topf auf die Hälfte einkochen. Speisestärke mit 2 Esslöffeln Wasser verrühren, in den Fond rühren und dicklich einkochen. Backofen auf 100 Grad vorheizen.

2. Öl in einer Pfanne erhitzen und die Fischsteaks auf beiden Seiten kurz scharf anbraten. Dann 3 Minuten bei kleiner Hitze garen. Fisch herausnehmen und das Bratfett abgießen. 2 Esslöffel Butter in der Pfanne zerlassen und die Schalotte darin glasig dünsten. Den Fisch wieder einlegen und den Cognac angießen. Anzünden und die Fischsteaks flambieren. Auf einer Platte im Ofen warm halten.

3. Kalbsfond, Madeira und Sahne in die Pfanne geben, aufkochen und dicklich einkochen lassen. Mit Salz abschmecken. Restliche Butter in die Sauce einrühren. Seeteufelsteaks auf vorgewärmte Teller verteilen, mit Sauce begießen und sofort servieren.

Bei der Zubereitung im Salzteig bleibt der Eigengeschmack am besten erhalten und der Fisch saftig. In der Küche sollten vor allem ausgewachsene Fische ab 1 kg Gewicht Verwendung finden. Am besten schmecken dazu einfache Beilagen.

FRANKREICH

Wolfsbarsch mit Kräutern gefüllt und in Salzteig gebacken

Zutaten für 4 Personen:

1 großer Wolfsbarsch, ca. 1 kg, küchenfertig
Saft von 1 Zitrone
frisch gemahlener Pfeffer
1 Kräutersträußchen (3 Stängel Petersilie, je 1 kleiner Zweig Thymian und Rosmarin)
2 Eiweiß
2 kg Salz
Öl für die Form

Vorbereitung: ca. 20 Minuten
Backen: ca. 40 Minuten

1. Den Fisch waschen und trockentupfen. Innen und außen mit Zitronensaft beträufeln und pfeffern. Kräutersträußchen in die Bauchhöhle legen. Den Backofen auf 200 Grad vorheizen.

2. Das Eiweiß mit ca. 75 ml Wasser in einer Schüssel verquirlen und mit dem Salz zu einem dicken Teig rühren. Eine große ofenfeste Form mit Öl ausstreichen. 1/3 des Salzteigs auf dem Boden der Form verteilen und den Fisch darauflegen. Restlichen Teig auf dem Fisch verstreichen und ihn damit vollständig bedecken.

3. Form in den Ofen geben und den Fisch ca. 40 Minuten backen. Aus dem Ofen nehmen, die obere Salzkruste aufschlagen und entfernen. Den Fisch in der Salzkruste servieren.

Die Normandie ist vor allem wegen ihrer Milchprodukte und aufgrund ihrer Obstprodukte bekannt, bei denen insbesondere Äpfel eine Rolle spielen. Cidre, der schäumende Apfelwein, und Calvados sind die bekanntesten.

FRANKREICH

Normannische Steinbuttfilets in Cidre-Calvadossahne

Zutaten für 4 Personen:

4 Steinbuttfilets
1 Schalotte
4 EL Butter
Salz
frisch gemahlener Pfeffer
50 ml Calvados
1/4 l trockener Cidre (Apfelwein)
1/4 l Fischfond
2 Eigelb
150 g süße Sahne
2 EL Estragonblätter
1 EL Zitronensaft

Zubereitung: ca. 1 Stunde

1. Fischfilets waschen und trockentupfen. Schalotte schälen und klein würfeln. Backofen auf 120 Grad vorheizen.

2. In einer großen Pfanne 2 Esslöffel Butter zerlassen und die Schalotte darin glasig dünsten. Fisch salzen und pfeffern und auf beiden Seiten kurz in der Butter andünsten. Mit Calvados ablöschen, anzünden und flambieren. Filets auf eine Platte legen und im Backofen nachgaren lassen.

3. Cidre und Fischfond in die Pfanne gießen und auf die Hälfte einkochen lassen. Eigelb mit 3 Esslöffeln Sahne verrühren, restliche Sahne steif schlagen. Eigelbsahne in die Reduktion rühren und dicklich einkochen. Restliche Butter in kleinen Stücken einrühren, die Hälfte des Estragons zufügen, mit Salz, Pfeffer und Zitronensaft abschmecken. Nicht mehr kochen lassen.

4. Die Fischfilets auf vorgewärmten Tellern verteilen. Geschlagene Sahne unter die Sauce rühren, über den Fisch gießen und mit dem restlichen gehackten Estragon bestreut servieren.

Fenchel ist eine klassische Zutat zum Fisch, sowohl als Gewürz als auch als Gemüse. Im Mittelmeerraum ist der wilde Fenchel heimisch. Seine getrockneten Stängel verwendet man zum Flambieren bei Grillfisch.

FRANKREICH

Dorade mit Fenchel aus dem Ofen à la provençale

Zutaten für 4 Personen:

2 Fenchelknollen
Blätter von 2 Selleriestangen
Blätter von 4 Petersilienstängeln
1 große Dorade, ca. 1,3 kg, küchenfertig
Salz
frisch gemahlener Pfeffer
3 Tomaten
2 Schalotten
2 Knoblauchzehen
4 EL Olivenöl
1/2 TL Safranfäden
1 TL Fenchelsaat, im Mörser zerdrückt
1/8 l Weißwein
2 EL Essig
1/4 l Fischbrühe
2 EL gehackte schwarze Oliven

Zubereitung: ca. 75 Minuten

1. Fenchel putzen, waschen und abtropfen lassen. Fenchelgrün, Sellerie- und Petersilienblätter waschen, trockenschütteln und fein hacken. Fisch waschen und trockentupfen. Auf beiden Seiten alle 2 cm schräg einschneiden. Von innen und außen salzen und pfeffern und die Kräuter in die Bauchhöhle geben. Zugedeckt im Kühlschrank 30 Minuten kühlen.

2. Fenchel in 5 mm dicke Scheiben schneiden und in Salzwasser 6 Minuten kochen. Dann in Eiswasser abschrecken und abtropfen lassen. Tomaten häuten, vierteln, entkernen und grob hacken. Schalotten und Knoblauch schälen und klein würfeln.

3. In einem Topf 2 Esslöffel Öl erhitzen, Schalotten und Knoblauch darin hellgelb andünsten. Safran, Fenchelsaat und Tomaten zufügen und mit Wein, Essig und Fischbrühe ablöschen. Aufkochen und 15 Minuten bei kleiner Hitze köcheln lassen. Salzen und pfeffern.

4. Backofen auf 200 Grad vorheizen. Eine ofenfeste Form mit 1 Esslöffel Olivenöl einfetten und die Fenchelscheiben einschichten. Fisch mit restlichem Öl bestreichen. Auf den Fenchel legen und 15 Minuten im Ofen backen. Sauce über den Fisch gießen, weitere 10 Minuten garen. Mit Oliven bestreut in der Form servieren.

Rochenflügel kommen abgelöst, aber mit der Haut in den Handel. Das Enthäuten überlässt man am besten dem Fischhändler. Manchmal riechen Rochenflügel leicht nach Ammoniak, doch beim Anbraten verfliegt der Geruch spurlos.

FRANKREICH

Rochenflügel von Maître Paul mit Senf und brauner Kapernbutter

Zutaten für 4 Personen:

1/8 l Weißweinessig
1 große Zwiebel
1 Stück Zitronenschale
1 Lorbeerblatt
10 Pfefferkörner
2 Pimentkörner
1 Gewürznelke
Salz
4 Rochenflügel à 400 g, küchenfertig, gehäutet
2 TL Dijonsenf
10 Sardellenfilets
50 g Kapern
100 g Butter
1 Zitrone, in Achtel geschnitten
2 EL fein gehackte Petersilie

Zubereitung: ca. 45 Minuten

1. Den Essig mit 1 Liter Wasser in einen Topf geben. Zwiebel schälen, in Ringe schneiden und dazugeben. Gewürze zufügen, aufkochen und bei kleiner Hitze 15 Minuten köcheln lassen.

2. Rochenflügel waschen und in einen Topf legen. Den Essig-Gewürz-Sud durch ein Sieb angießen. Bis zum Siedepunkt erhitzen und 5 Minuten bei kleiner Hitze garen. Backofen auf 100 Grad vorheizen.

3. Rochenflügel mit einem Schaumlöffel herausheben, abtropfen lassen und auf eine Platte legen. Rochenflügel auf der Oberseite dünn mit Senf bestreichen und 10 Minuten im vorgeheizten Backofen garen.

4. Sardellen und Kapern in einem Sieb abbrausen und abtropfen lassen. Klein hacken. Butter in einer Pfanne zerlassen, Sardellen und Kapern zufügen. Unter Rühren dünsten, bis die Sardellen aufgelöst sind und die Butter leicht gebräunt ist.

5. Rochenflügel auf vorgewärmte Teller legen und mit der Butter begießen. Pfeffern, Zitronenachtel dazulegen und mit Petersilie bestreut servieren.

Der leicht wildartige Geschmack von Wachteln wird von Gourmets sehr geschätzt. In Frankreich werden sie in großen Mengen gezüchtet und gehören zum Standardangebot in Supermärkten. Auch ihre Eier sind eine Delikatesse.

FRANKREICH

Wachteln mit Rosmarin auf Kartoffelgratin im Ofen gebacken

Zutaten für 4 Personen:

400 g festkochende Kartoffeln
3 Knoblauchzehen
1/4 l Milch
Salz
Cayennepfeffer
geriebene Muskatnuss
100 g Crème double
2 EL Butter
4 Wachteln, küchenfertig
frisch gemahlener Pfeffer
4 kleine Zweige Rosmarin
8 Scheiben grüner Speck

Außerdem:
4 Gratinformen (ca. 15 cm Ø)

Zubereitung: ca. 1 Stunde

1. Kartoffeln waschen, schälen und in 3 mm dicke Scheiben hobeln. 1 Knoblauchzehe schälen und klein würfeln. Milch und Knoblauch in einem Topf erhitzen und mit Salz, Cayennepfeffer und Muskatnuss würzen. Kartoffeln zufügen, unter Rühren zum Kochen bringen und 3 Minuten kochen. Crème double einrühren, vom Herd nehmen. Backofen auf 200 Grad vorheizen.

2. Die Gratinformen mit 1 Esslöffel Butter ausstreichen. Kartoffel-Sahne-Mischung in die Formen füllen und glatt streichen. Restliche Butter in Flöckchen daraufsetzen und im heißen Ofen 20 Minuten backen.

3. Inzwischen die Wachteln waschen und trockentupfen. Salzen und pfeffern. Restlichen Knoblauch schälen, in Scheiben schneiden und mit Rosmarin in die Bauchhöhlen der Wachteln füllen. Je 1 Wachtel mit 2 Scheiben Speck umwickeln, mit Küchengarn festbinden.

4. Die Wachteln auf die Kartoffelgratins setzen und 20 Minuten im Ofen knusprig braten. In den Gratinformen servieren.

Einer der Klassiker der Burgunder Küche. Im Originalrezept wird ein Hahn verlangt – mit einer Flasche Burgunder im Gericht und zweien auf dem Tisch. Im Elsass wird das Rezept mit Riesling und einer hellen Sauce zubereitet.

FRANKREICH

Poularde in Burgunder geschmort mit Speck und Champignons

Zutaten für 4 Personen:

1 Poularde, ca. 1,5 kg
200 g frischer Bauchspeck
4 EL geklärte Butter
Salz
frisch gemahlener Pfeffer
6 cl Cognac
1 Kräutersträußchen (5 Petersilienstängel, je 1 kleiner Zweig Thymian und Rosmarin)
1 Flasche Rotwein (Burgunder)
250 g Champignons
20 kleine Schalotten
4 Knoblauchzehen
1 EL weiche Butter
1 El Mehl
2 EL gehackte Kräuter, z.B. Petersilie, Kerbel, Estragon

Zubereitung: ca. 35 Minuten

1. Poularde waschen, trockentupfen und in 10 Stücke schneiden. Speck in Streifen schneiden. 2 Esslöffel geklärte Butter in einem Schmortopf erhitzen und den Speck darin knusprig braten. Mit einem Schaumlöffel herausheben und auf Küchenpapier abtropfen lassen.

2. Poulardenstücke in den Schmortopf geben, salzen, pfeffern und unter häufigem Wenden braun anbraten. Hälfte des Cognacs angießen, anzünden und flambieren. Kräutersträußchen zufügen, Wein angießen, aufkochen und bei ganz kleiner Hitze 1 Stunde köcheln lassen. Pilze mit einem Küchenpapier abreiben und die Stiele abschneiden. Schalotten und Knoblauch schälen, Knoblauch klein würfeln.

3. Restliche geklärte Butter in einer Pfanne erhitzen, Schalotten und Pilze darin anbraten. Knoblauch zufügen und mit Salz und Pfeffer würzen. Restlichen Cognac angießen, anzünden und flambieren. Zum Fleisch geben, Speck zufügen und weitere 30 Minuten köcheln lassen.

4. Poularde, Champignons, Speck und Schalotten auf einer Servierplatte anrichten und mit Kräutern bestreuen. Sauce aufkochen. Weiche Butter und Mehl verkneten, in die Sauce rühren und dicklich einkochen. Getrennt zur Poularde reichen.

Ursprünglich im Atlasgebirge heimisch, wurde das Perlhuhn schon in der Antike gezüchtet. Sein leicht wildartiger Geschmack verliert sich, je größer die Vögel sind. Deshalb sind kleine Exemplare vorzuziehen.

FRANKREICH

Perlhuhnragout in Rahmsauce mit frischem Estragon

Zutaten für 4 Personen:

1 Perlhuhn, ca. 1,2 kg
Salz
frisch gemahlener Pfeffer
3 Zweige Estragon
4 EL Butter
100 ml Weißwein
200 ml Geflügelfond
200 g süße Sahne
Cayennepfeffer

Zubereitung: ca. 50 Minuten

1. Das Perlhuhn waschen, trockentupfen und in 4 Teile teilen. Salzen und pfeffern. Estragon waschen und trockenschütteln. 3 Esslöffel Butter in einem Schmortopf zerlassen, das Perlhuhn darin rundum anbraten. 2 Estragonzweige zufügen, mit Wein und Fond ablöschen und zugedeckt 20 Minuten bei kleiner Hitze garen.

2. Perlhuhn aus dem Schmortopf nehmen und zugedeckt warm stellen. Estragonzweige aus der Sauce entfernen. Die Sahne in den Schmorfond gießen und die Sauce dicklich einkochen. Mit Salz, Pfeffer und Cayennepfeffer abschmecken. Restliche Estragonblätter vom Stängel zupfen, klein hacken und in die Sauce rühren.

3. Perlhuhn wieder in die Sauce legen und 5 Minuten bei kleiner Hitze darin ziehen lassen. Dann auf einer vorgewärmten Servierplatte anrichten, die Sauce getrennt dazu reichen.

Kirschen gehören zu den Rosengewächsen. Rund 600 Arten gibt es weltweit. Der feinherbe Geschmack der Kirschen von Montmorency macht sie als Beilage zu dunklem Geflügel mit seinem leicht süßlichen Fleisch ideal.

FRANKREICH

Gebratene Entenbrust mit Sauerkirschen aus Montmorency

Zutaten für 4 Personen:

2 Entenbrüste à 350 g
Salz
400 g Sauerkirschen, entsteint (Glas)
2 EL Öl
2 EL Butter
2 Schalotten
400 ml Entenfond
100 ml Portwein
Saft von 1 Orange
1 TL Mehl
frisch gemahlener Pfeffer
1 EL Zitronensaft
1 EL Johannisbeergelee

Zubereitung: ca. 45 Minuten

1. Entenbrüste waschen und trockentupfen. Die Haut diagonal einschneiden und mit Salz einreiben. Die Sauerkirschen in einem Sieb abtropfen lassen. Saft in einer Schüssel auffangen.

2. Backofen auf 80 Grad vorheizen. Öl in einer Pfanne erhitzen und die Entenbrüste auf der Hautseite bei mittlerer Hitze 7 Minuten knusprig braten. Dann wenden, 1 Minute weiter braten, herausnehmen und im Ofen nachgaren lassen.

3. Bratfett abgießen. 1 Esslöffel Butter in der Pfanne zerlassen. Schalotten zufügen und glasig andünsten. Mit Entenfond, Portwein, Orangensaft und 100 ml Kirschsaft ablöschen und auf die Hälfte einkochen.

4. Restliche Butter mit Mehl verkneten und in die Sauce rühren. Dicklich einkochen und mit Salz, Pfeffer, Zitronensaft und Johannisbeergelee abschmecken. Die Kirschen zufügen, erhitzen und die Entenbrüste mit der Fleischseite nach unten einlegen. 5 Minuten unter dem Siedepunkt darin ziehen lassen.

5. Die Entenbrüste herausnehmen, schräg in Scheiben schneiden und auf vorgewärmten Tellern mit den Kirschen anrichten. Mit Sauce begießen und servieren.

Der französische Feinschmecker Grimod de la Reynière bemerkt, dass man Tauben aufgrund ihrer Fruchtbarkeit das ganze Jahr über essen kann, sie jedoch am besten im Frühjahr schmecken. Zarte Frühlingsgemüse erhöhen den Genuss.

FRANKREICH

Gebratene Taubenbrüste und Keulen auf Wirsinggemüse

Zutaten für 4 Personen:

4 Tauben, küchenfertig
2 Schalotten
1 Knoblauchzehe
1 Möhre
1 Stange Sellerie
4 EL Öl
Salz
frisch gemahlener Pfeffer
100 ml Weißwein
400 ml Gemüsebrühe
1 kleiner Wirsing, ca. 600 g
2 EL Butter
50 g gewürfelter Bauchspeck

Zubereitung: ca. 75 Minuten

1. Tauben waschen und trockentupfen. Keulen mit einem Messer abtrennen, die Brüste auslösen. Abgedeckt im Kühlschrank kalt stellen. Die Karkassen mit einem Küchenbeil klein hacken.

2. Schalotten und Knoblauch schälen, Möhre und Sellerie waschen und klein würfeln. 2 Esslöffel Öl in einer Pfanne erhitzen, Karkassen und Gemüse darin goldbraun rösten. Salzen und pfeffern, Wein und Brühe angießen. Bei kleiner Hitze 30 Minuten köcheln lassen.

3. Wirsing putzen, Strunk und harte Blattrippen entfernen. Blätter waschen und 4 Minuten in Salzwasser kochen. In Eiswasser abschrecken. Blätter ausdrücken und in feine Streifen schneiden. Butter in einem Topf erhitzen und den Speck darin glasig dünsten. Wirsing zufügen, salzen und pfeffern, 3 Esslöffel Wasser zugeben. Bei kleiner Hitze zugedeckt weich dünsten.

4. In einer Pfanne restliches Öl erhitzen und Taubenkeulen auf beiden Seiten 5 Minuten anbraten. Brüste zufügen, kurz anbraten. Vom Herd nehmen und zugedeckt 10 Minuten ziehen lassen. Salzen und pfeffern. Sauce durch ein Sieb in einen Topf abgießen und etwas einkochen lassen. Taubenbrüste und -keulen auf dem Wirsing anrichten und mit der Sauce begießen.

Das Sauerkraut ist eine Grundzutat der deftigen Elsässer Küche. Es wird nicht nur zu Wildgeflügel wie dem Fasan oder zu Würsten und Speck serviert, sondern auch zu Fisch. Im Winter ist es eine wichtige Vitamin-C-Quelle.

FRANKREICH

Fasan auf elsässische Art mit Wurst und Speck auf Sauerkraut

Zutaten für 4 Personen:

1 kg Sauerkraut
250 g gepökelter Speck
1 Fasan, ca. 1,2 kg, küchenfertig
Salz
frisch gemahlener Pfeffer
4 Scheiben grüner Speck
4 EL Gänseschmalz
1/4 l Elsässer Weißwein
1 Kräutersträußchen
(1 Zweig Thymian, 5 Petersilienstängel, 1 Lorbeerblatt)
5 Wacholderbeeren
1 Gewürznelke
1/8 l Fleischbrühe
1 Knoblauchwurst, ca. 200 g

Zubereitung: ca. 75 Minuten

1. Das Sauerkraut in einem Sieb abtropfen lassen. Gepökelten Speck in kochendem Wasser 2 Minuten blanchieren und abtropfen lassen. Den Fasan waschen und trockentupfen. Salzen und pfeffern. Die Fasanenbrust mit grünem Speck umwickeln und mit Küchengarn festbinden.

2. Die Hälfte des Gänseschmalzes in einem Schmortopf erhitzen und das Sauerkraut zufügen. Andünsten, mit Wein ablöschen und das Kräutersträußchen, Gewürze und Speck zufügen. Zugedeckt 1 Stunde bei kleiner Hitze schmoren lassen.

3. Inzwischen in einer Pfanne das restliche Gänseschmalz erhitzen und den Fasan 15 Minuten rundum braten. Fleischbrühe und Knoblauchwurst zum Sauerkraut geben, den Fasan auf das Kraut setzen und zugedeckt bei kleiner Hitze weitere 40 Minuten garen.

4. Zum Servieren das Kräutersträußchen und die Gewürze entfernen. Sauerkraut mit der Kochflüssigkeit auf eine tiefe Servierplatte geben. Wurst und Fasan darauf anrichten und auftragen.

Alexandre Dumas der Ältere berichtete bereits von der unglaublichen Vielfalt der Senfsorten in Burgund. Der originale Dijonsenf ist würzig und scharf, wird aber mannigfaltig variiert, auch durch Beigabe von Obst und Kräutern.

FRANKREICH

Kaninchenragout in Dijonsenfsauce mit gebratenen Äpfeln

Zutaten für 4 Personen:

1 Kaninchen, ca. 1,2 kg, küchenfertig, mit Leber
4 cl Calvados
100 g Bauchspeck
16 kleine Schalotten
1 Knoblauchzehe
4 EL Butter
Salz
frisch gemahlener Pfeffer
1 Kräutersträußchen (1 Zweig Thymian, 5 Petersilienstängel, 1 Lorbeerblatt)
350 ml Cidre
1/4 l Fleischbrühe
4 kleine Reinetten oder andere säuerliche Äpfel
1 EL Dijonsenf
1 EL Crème fraîche
2 EL gehackte Petersilie

Zubereitung: ca. 90 Minuten

1. Kaninchen waschen, trockentupfen und in Stücke schneiden. Kaninchenleber in Calvados einlegen und kalt stellen. Speck in Würfel schneiden. Schalotten und Knoblauch schälen. Knoblauch klein würfeln.

2. Hälfte der Butter in einem Schmortopf zerlassen, Speck darin anbraten. Herausheben und beiseitestellen. Kaninchenteile in den Topf legen und von allen Seiten anbraten. Salzen und pfeffern. Schalotten dazugeben und mitbraten. Knoblauch und Kräutersträußchen zufügen, Cidre und Brühe angießen und aufkochen. Zugedeckt 45 Minuten bei kleiner Hitze köcheln lassen. Inzwischen die Äpfel schälen, vierteln, entkernen und in Spalten schneiden. Restliche Butter in einer Pfanne erhitzen und die Spalten darin braun braten. Vom Herd nehmen und warm halten.

3. Kaninchenleber mit Calvados im Mixer pürieren. Kaninchenstücke auf einer Servierplatte warm stellen. Kräutersträußchen entfernen, Sauce aufkochen und mit Salz, Pfeffer und Senf abschmecken. Leberpüree und Crème fraîche unter Rühren zufügen und erhitzen. Nicht mehr kochen. Speck zufügen und in der Sauce erwärmen. Etwas Sauce über das Fleisch gießen, restliche Sauce getrennt dazu reichen. Apfelspalten zum Fleisch legen, mit Petersilie bestreuen und servieren.

Kalbsbries wird von Feinschmeckern wegen seiner Zartheit hoch geschätzt. Seine Zubereitung ist ein wenig aufwändig, lohnt aber durch einen nicht alltäglichen Geschmack und vielseitige Zubereitung. Edelstes Teil ist die „Nuss".

FRANKREICH

Kalbsbries in Wermutsauce auf Gemüse und Pilzen gedämpft

Zutaten für 4 Personen:

600 g Kalbsbries, küchenfertig
Salz
1 kleine Stange Lauch
2 Stangen Sellerie
1 Möhre
100 g Champignons
3 EL Butter
frisch gemahlener Pfeffer
geriebene Muskatnuss
1/8 l Weißwein
1/8 l Gemüsebrühe
50 ml Noilly Prat
(trockener Wermutwein)
200 g süße Sahne
1/2 TL edelsüßes Paprikapulver
1 TL Dijonsenf

Zubereitung: ca. 1 Stunde

1. Kalbsbries waschen und in Salzwasser 3 Minuten kochen. In einem Sieb mit kaltem Wasser abbrausen und abtropfen lassen. Trockentupfen und in 1 cm dicke Scheiben schneiden. Lauch und Sellerie putzen, waschen und in feine Streifen schneiden. Möhre schälen und in dünne Scheiben schneiden. Champignons mit einem Küchenpapier abreiben und die Stiele abschneiden. Pilze in dünne Scheiben schneiden.

2. Butter in einer Pfanne zerlassen und das Gemüse darin glasig dünsten. Mit Salz, Pfeffer und Muskatnuss würzen. Briesscheiben auf dem Gemüse verteilen, Wein und Gemüsebrühe zufügen und zugedeckt ca. 12 Minuten bei kleiner Hitze köcheln lassen.

3. Kalbsbriesscheiben herausnehmen und zugedeckt warm stellen. Noilly Prat und Sahne in die Sauce rühren und dicklich einkochen. Mit Salz, Pfeffer, Paprikapulver und Senf abschmecken. Gemüse und Pilze auf vorgewärmten Tellern verteilen, Kalbsbriesscheiben darauf anrichten, mit Sauce begießen und servieren.

Die Kombination von weißen Bohnen und Fleisch ist vor allem im Süden Frankreichs beliebt. Von dort stammt auch das klassische „Cassoulet", ein deftiger Eintopf mit vier Sorten Fleisch und Bohnen mit einer appetitlichen Kruste.

FRANKREICH

Schweinefleisch mit Bohnen im Ofen gebacken

Zutaten für 6 Personen:

500 g getrocknete weiße Bohnen
500 g Schweineschulter
200 g geräucherter Speck
2 Möhren
2 Zwiebeln
4 Knoblauchzehen
2 EL Schweineschmalz
Salz
frisch gemahlener Pfeffer
1 EL Tomatenmark
1/8 l Rotwein
1 Kräutersträußchen (je 1 Zweig Thymian und Rosmarin, 3 Petersilienstängel, 1 Lorbeerblatt)
3 EL Olivenöl
6 kleine rohe Bratwürste, ca. 300 g
4 EL Semmelbrösel

Vorbereitung: ca. 90 Minuten
Backen: ca. 50 Minuten

1. Bohnen über Nacht in kaltem Wasser einweichen. Am nächsten Tag in ein Sieb abgießen und abtropfen lassen. Fleisch waschen, trockentupfen und in große Würfel schneiden. Speck in Streifen schneiden. Möhren waschen, schälen und in Stifte schneiden. Zwiebeln und Knoblauch schälen und klein hacken.

2. Schmalz in einem Topf erhitzen, Fleisch und Speck darin braun anbraten. Salzen und pfeffern. Zwiebeln und Knoblauch zufügen und Tomatenmark einrühren. Mit Wein ablöschen, Möhren und Bohnen zufügen. Alles mit Wasser bedecken und das Kräutersträußchen einlegen. Aufkochen und zugedeckt bei kleiner Hitze ca. 75 Minuten köcheln lassen. Falls nötig, noch etwas heißes Wasser angießen.

3. Backofen auf 180 Grad vorheizen. Eine große ofenfeste Form mit 1 Esslöffel Öl ausstreichen. Das Kräutersträußchen entfernen. Fleisch und Bohnen in die Form füllen und Würste darauflegen. 45 Minuten im Ofen überbacken.

4. Die Semmelbrösel über Fleisch und Bohnen streuen und mit dem restlichen Öl beträufeln. Unter dem heißen Backofengrill goldbraun überbacken.

Im Osten Frankreichs, in Savoyen, wachsen auf sandigem Boden die aromatischen Morcheln. Vor dem Zubereiten muss man sie daher gründlich waschen. Frisch sind sie eine seltene Delikatesse, meist werden sie getrocknet angeboten.

FRANKREICH

Gebackene Kalbsschnitzel Savoyer Art in Morchelrahmsauce

Zutaten für 4 Personen:

30 g getrocknete Morcheln
4 Kalbsschnitzel à 180 g
Salz
frisch gemahlener Pfeffer
Mehl zum Wenden
3 EL Butter
4 Scheiben Kochschinken
50 ml Madeira
200 ml Kalbsfond
200 g süße Sahne
50 g geriebener Gruyère

Einweichen: ca. 1 Stunde
Zubereitung: ca. 45 Minuten

1. Die Morcheln in 100 ml lauwarmem Wasser ca. 1 Stunde einweichen. Das Fleisch waschen, trockentupfen und etwas flach klopfen. Salzen, pfeffern und in Mehl wenden. Überschüssiges Mehl abklopfen. Eine ofenfeste Form mit 1 Esslöffel Butter ausstreichen. Den Boden der Form mit Schinken auslegen.

2. Restliche Butter in einer Pfanne zerlassen und die Schnitzel portionsweise auf beiden Seiten kurz anbraten. Herausnehmen und in die Form legen. Morcheln über einer Schüssel abgießen, abtropfen lassen und klein hacken.

3. Backofen auf 220 Grad vorheizen. Morcheln, Einweichflüssigkeit, Madeira, Kalbsfond und Sahne in die Pfanne gießen. Den Bratensatz lösen, die Sauce dicklich einkochen. Mit Salz und Pfeffer abschmecken und über die Schnitzel gießen. Mit Käse bestreuen und im heißen Ofen 10 Minuten überbacken. In der Form servieren.

Im Südwesten Burgunds grasen die begehrten weißen Charolais-Rinder. Strenge Qualitätskontrollen garantieren die hohe Qualität, die das aromatische und zarte, von zahlreichen Fettäderchen durchzogene Fleisch auszeichnet.

FRANKREICH

Klassisches Burgunder Rindsragout in Rotwein geschmort

Zutaten für 4 Personen:

1 kg Rindfleisch, Brust oder Schulter
200 g kleine Champignons
20 kleine Perlzwiebeln
100 g magerer Bauchspeck
2 EL Schweineschmalz
6 Knoblauchzehen
Salz
frisch gemahlener Pfeffer
2 EL Mehl
1 Flasche Rotwein
1 Kräutersträußchen (1 Zweig Thymian, 5 Petersilienstängel, 1 Lorbeerblatt)

Vorbereitung: ca. 1 Stunde
Garen: ca. 3 Stunden

1. Fleisch waschen, trockentupfen und in 4 cm große Würfel schneiden. Champignons putzen und die Stiele abschneiden. Zwiebeln schälen, Speck klein würfeln.

2. Schweineschmalz in einem Schmortopf erhitzen und Speck darin anbraten. Zwiebeln zufügen, 10 Minuten unter Rühren braten. Die Pilze dazugeben und zugedeckt bei kleiner Hitze 15 Minuten schmoren lassen. Gemüse und Pilze mit einem Schaumlöffel herausheben und warm stellen. Bratfett im Topf lassen.

3. Backofen auf 165 Grad vorheizen. Knoblauch schälen und klein würfeln. Topf mit dem Bratfett erhitzen. Fleisch darin rundum braun anbraten. Salzen, pfeffern und mit Knoblauch bestreuen. Mehl darüberstäuben und etwas anrösten. Mit Wein ablöschen, aufkochen und den Bratensatz loskochen. Kräutersträußchen zufügen, zudecken und 150 Minuten im Ofen garen.

4. Schmortopf auf den Herd stellen, Zwiebeln, Pilze und Speck zufügen. Weitere 30 Minuten bei kleiner Hitze köcheln lassen. Kräutersträußchen entfernen, Sauce entfetten, mit Salz und Pfeffer abschmecken. Fleisch, Zwiebeln, Pilze und Speck in einer tiefen Servierplatte anrichten und mit Sauce begießen.

Auf saftigen Weiden grasen die Schafe und Lämmer, die vor allem an den Küsten ein hocharomatisches Fleisch produzieren, das einen leichten Salzgeschmack hat. Als „Présalé"-Lamm kommen sie in den Handel.

FRANKREICH

Gespickte Lammkeule mit Kartoffeln im Ofen geschmort

Zutaten für 4 Personen:

1 Lammkeule, ca. 1 kg, mit Knochen
6 Sardellenfilets
4 Knoblauchzehen
4 EL Olivenöl
Salz
frisch gemahlener Pfeffer
1 kleiner Zweig Rosmarin
1 EL Senf
600 g kleine neue Kartoffeln
500 g Kirschtomaten
150 ml Lammfond
150 ml Rotwein
100 g Crème double

Marinieren: ca. 1 Stunde
Zubereitung: ca. 2 Stunden

1. Lammkeule waschen und trockentupfen. Sardellen in einem Sieb abbrausen, trockentupfen und in 2 cm lange Stücke schneiden. Knoblauch schälen und in dünne Scheiben schneiden. Mit einem spitzen Messer das Fleisch mehrfach einstechen und jeweils 1 Stück Sardelle und Knoblauch hineinstecken. Mit 2 Esslöffeln Olivenöl einstreichen und mit Frischhaltefolie abgedeckt 1 Stunde bei Zimmertemperatur marinieren.

2. Backofen auf 180 Grad vorheizen. Lammkeule rundum salzen und pfeffern. Keule mit restlichem Olivenöl in einen Schmortopf legen und im heißen Ofen 30 Minuten braten. Mehrfach wenden und mit Bratfett begießen. Inzwischen Rosmarinnadeln vom Stängel streifen, klein hacken und mit Senf vermischen. Kartoffeln und Tomaten waschen und halbieren.

3. Lammkeule mit dem Senf bestreichen. Kartoffeln und Tomaten um die Keule legen. Lammfond und Wein angießen. 1 Stunde im Ofen garen. Lammkeule herausnehmen und warm halten. Kartoffeln in eine Servierschale füllen. Sauce mit Crème double aufkochen und mit Salz und Pfeffer abschmecken. Lammkeule in Scheiben schneiden und mit etwas Sauce beträufeln. Restliche Sauce und Kartoffeln getrennt dazu servieren.

Die Crème caramel gehört zu den klassischen Desserts. Einfach herzustellen und gut vorzubereiten, ist sie ein beliebter Gaumenschmaus bei Groß und Klein. Die Verwendung echter Vanille ist allerdings Grundvoraussetzung für das Gelingen.

FRANKREICH

Französische Eiercreme aus dem Ofen mit Karamellsauce

Zutaten für 4 Personen:

150 g Zucker
1 Vanilleschote
1/2 l Milch
4 Eier

Außerdem:
4 kleine Souffléförmchen

Zubereitung: ca. 1 Stunde
Kühlen: ca. 2 Stunden

1. Die Hälfte des Zuckers in eine Pfanne geben und zu hellbraunem Karamell schmelzen. Mit 3–4 Esslöffeln Wasser ablöschen. Karamell auflösen, in die Förmchen gießen und sie mit dem heißen Karamell ausschwenken. Erkalten lassen.

2. Inzwischen die Vanilleschote längs halbieren, Mark herauskratzen und mit der Schote, Milch und dem restlichen Zucker in einem Topf erhitzen. 15 Minuten bei kleiner Hitze ziehen lassen.

3. Backofen auf 170 Grad vorheizen. Vanilleschote aus der Milch entfernen. Eier in einer Schüssel verquirlen. Die Milch langsam in die Eier rühren. Eiermilch in die Förmchen gießen und in eine große ofenfeste Form stellen. Form in den Ofen stellen und bis zur halben Höhe der Förmchen heißes Wasser angießen. Ca. 30 Minuten im Wasserbad garen. Zur Garprobe ein dünnes Messer in die Mitte der Creme stechen. Bleibt es beim Herausziehen sauber, ist die Creme fertig gegart.

4. Förmchen aus dem Wasserbad nehmen, abkühlen lassen und zugedeckt mindestens 2 Stunden im Kühlschrank kalt stellen. Zum Servieren die Förmchen in heißes Wasser tauchen und auf Dessertteller stürzen.

Die süßen Birnen sind für säureempfindliche Menschen sehr bekömmlich. Mit ihrem Eisengehalt wirken sie Blutarmut entgegen. Sie enthalten außerdem viel Kalium, was entwässert, und ihr Phosphorgehalt stärkt das Nervensystem.

FRANKREICH

Birnen in Rotwein mit Gewürzen und Schlagsahne

Zutaten für 6 Personen:

Zubereitung: ca. 1 Stunde
Abkühlen: ca. 1 Stunde

6 feste Birnen
100 g Zucker
1 Flasche Rotwein
60 ml Grenadinesirup
1 Stück Orangenschale
1 Vanilleschote, längs halbiert
1 kleine Stange Zimt
1 Gewürznelke
1/2 TL Korianderkörner
6 Kardamomkapseln
6 Pfefferkörner
4 cl Crème de Cassis (Johannisbeerlikör)
200 g süße Sahne
1 EL Vanillezucker

1. Die Birnen waschen und schälen. Die Stiele daranlassen. Kerngehäuse vom Blütenstand her mit einem Kugelausstecher entfernen.

2. Zucker in einem Topf zu einem hellbraunen Karamell schmelzen. Mit Wein ablöschen und den Karamell loskochen. Grenadine, Orangenschale und Gewürze zufügen und die Birnen einlegen. Bis zum Siedepunkt erhitzen und bei kleiner Hitze ca. 15 Minuten köcheln lassen.

3. Birnen herausnehmen und in eine Schüssel legen. Weinsud auf die Hälfte einkochen, Crème de Cassis einrühren und durch ein Sieb über die Birnen gießen. Gewürze entfernen, Birnen im Sud erkalten lassen.

4. Sahne mit Vanillezucker steif schlagen. Birnen abtropfen lassen und fächerförmig aufschneiden. Auf tiefen Tellern anrichten und mit Sauce beträufeln. Mit Schlagsahne garnieren und servieren.

Armagnac, der Weinbrand aus der Gascogne, gilt als die älteste französische Spirituose. Bereits 1461 urkundlich erwähnt, wird er im Unterschied zu Cognac nur einmal destilliert. Auch Jahrgangsabfüllungen sind üblich.

FRANKREICH

Colettes Schokoladenschaum mit Armagnac

Zutaten für 4 Personen:

150 g Zartbitterschokolade
50 g Butter
2 cl Armagnac
2 Eier und 3 Eiweiß
2 EL Zucker
Puderzucker und Schokoladenraspeln zum Bestreuen

Vorbereitung: ca. 30 Minuten
Kühlen: ca. 3 Stunden

1. Schokolade in kleine Stücke brechen und in eine Metallschüssel geben. Schüssel über ein heißes Wasserbad hängen und die Schokolade unter Rühren schmelzen. Butter zufügen und glatt rühren, bis die Masse glänzt. Armagnac unterrühren und die Masse etwas abkühlen lassen.

2. Inzwischen die Eier trennen. Eigelb mit 1 Esslöffel Zucker in einer Schüssel schaumig schlagen. Schokoladenmasse nach und nach unterziehen. Eiweiß mit restlichem Zucker zu steifem Eischnee schlagen. Die Hälfte untermischen, um die Masse zu lockern, dann den restlichen Eischnee unterheben. Glatt streichen, mit Frischhaltefolie abdecken und im Kühlschrank mindestens 3 Stunden kalt stellen.

3. Zum Servieren mit einem in heißes Wasser getauchten Esslöffel Nocken aus der Masse abstechen und auf Desserttellern anrichten. Mit Puderzucker und Schokoladenraspeln bestreuen.

Clafoutis – so der originale Name dieses leckeren Rezepts – ist ein klassisches und äußerst beliebtes Gericht bei kleinen und großen Schleckermäulern. Sind Kinder mit am Tisch, sollte man das Kirschwasser weglassen.

FRANKREICH

Südfranzösischer Kirschauflauf mit Mandelblättchen

Zutaten für 4 Personen:

Vorbereitung: ca. 1 Stunde
Backen: ca. 45 Minuten

600 g Herzkirschen
5 cl Kirschwasser
4 Eier
60 g Zucker
1 EL Vanillezucker
125 g Mehl
1/4 l Milch
Salz
2 EL Butter
2 EL Mandelblättchen
2 EL Puderzucker

1. Die Kirschen waschen, abtropfen lassen und entsteinen. In eine Schüssel geben, mit Kirschwasser beträufeln und 1 Stunde zugedeckt ziehen lassen.

2. Eier mit Zucker und Vanillezucker in einer Schüssel schaumig schlagen. Mehl und Milch zufügen, mit 1 Prise Salz würzen und alles zu einem luftigen Teig rühren.

3. Backofen auf 180 Grad vorheizen. Eine ofenfeste Form mit Butter ausstreichen. Kirschen abtropfen lassen, Flüssigkeit auffangen und in den Teig rühren. Die Kirschen in der Form verteilen und den Teig gleichmäßig darübergießen.

4. Den Kirschauflauf mit Mandeln bestreuen und für ca. 45 Minuten im Ofen backen. Auflauf herausnehmen, mit Puderzucker überstäuben, etwas abkühlen lassen und noch warm servieren.

Crêpes, die hauchdünnen Pfannkuchen, sind eine in ganz Frankreich beliebte Leckerei. Aus der Normandie stammt die typische Version mit Äpfeln und Calvados, dem aromatischen Apfelbrand, der auch gern als Digestif genossen wird.

FRANKREICH

Normannische Crêpes mit Äpfeln im Ofen überbacken

Zutaten für 4 Personen:

125 g Mehl
3 Eier
2 EL Öl
5 EL Zucker
2 cl Grand Marnier
Salz
1 TL abgeriebene Orangenschale
8 EL Butter
1/4 l Milch
4 säuerliche Äpfel
Saft von 1 Zitrone
1/2 TL Vanillemark
2 cl Calvados
Öl zum Backen

Vorbereitung: ca. 1 Stunde
Zubereitung: ca. 1 Stunde

1. Mehl, Eier, Öl, 2 Esslöffel Zucker und Grand Marnier verrühren. 1 Prise Salz und Orangenschale zufügen. 3 Esslöffel Butter zerlassen und mit der Milch in den Teig rühren. 1 Stunde quellen lassen.

2. Äpfel waschen, schälen, entkernen und in Spalten schneiden. Mit Zitronensaft beträufeln. 3 Esslöffel Butter mit Vanillemark in einer Pfanne zerlassen und die Äpfel darin anbraten. 2 Esslöffel Zucker darüberstreuen und karamellisieren lassen. Den Calvados angießen, anzünden und die Äpfel flambieren. Erkalten lassen.

3. Teig mit 1/8 Liter Wasser verdünnen. 1 Teelöffel Öl in einer Pfanne erhitzen. 1 kleine Schöpfkelle Teig zufügen, zu einem dünnen Pfannkuchen verteilen und auf beiden Seiten backen. Auf diese Weise den ganzen Teig verarbeiten. Fertige Crêpes stapeln und zudecken.

4. Backofen auf 180 Grad vorheizen. Eine ofenfeste Form mit 1 Esslöffel Butter ausstreichen. Crêpes auf eine Arbeitsfläche legen und etwas Apfelfüllung in der Mitte verteilen. Linken und rechten Rand einschlagen, Crêpes aufrollen und in die Form legen. Mit restlichem Zucker betreuen und übrige Butter in Flöckchen daraufsetzen. 10 Minuten im Ofen backen.

Die wogenden blühenden Lavendelfelder der Provence sind im Hochsommer jeden Jahres eine besondere Attraktion. Die Blüten werden z.B. für Tees und auch für Duftkissen verwendet, die den Schlaf fördern und Motten vertreiben.

FRANKREICH

Lavendelblüteneis mit Honig und Melba-Sauce

Zutaten für 4 Personen:

12 Lavendelzweige mit Blüten
1/2 l Milch
2 EL Lavendelhonig
7 Eigelb
100 g Zucker
Mark von 1 Vanilleschote
250 g süße Sahne
150 g rote Johannisbeeren
150 g Himbeeren
3 EL Puderzucker
2 cl Cointreau

Zubereitung: ca. 90 Minuten

1. Lavendelzweige abbrausen und mit Küchenpapier trockentupfen. Hälfte der Zweige mit Milch in einen Topf geben und bis zum Siedepunkt erhitzen. Topf vom Herd nehmen und Honig einrühren. Etwas abkühlen.

2. Eigelb mit Zucker und Vanillemark in einer Metallschüssel dicklich aufschlagen. Milch durch ein Sieb dazugießen und verrühren. Über einem heißen Wasserbad zu einer dicken Creme aufschlagen.

3. Creme aus dem Wasserbad nehmen und in Eiswasser kalt rühren. Sahne steif schlagen und unterheben. Die Masse in den Gefrierbehälter einer Eismaschine geben und nach Gebrauchsanweisung gefrieren.

4. Für die Sauce Johannisbeeren und Himbeeren putzen, waschen und abtropfen lassen. Früchte im Mixer pürieren und durch ein Sieb in eine Schüssel streichen. Mit 2 Esslöffeln Puderzucker und Cointreau glatt rühren und zugedeckt im Kühlschrank kalt stellen.

5. Mit einem Eisportionierer Kugeln vom Eis abstechen und in Servierschalen verteilen. Mit etwas Sauce beträufeln und restliche Lavendelzweige dazulegen. Mit restlichem Puderzucker bestreuen und servieren.

Cheddar, der beliebteste britische Käse, wird heute weltweit produziert, stammt aber ursprünglich aus einem Dorf gleichen Namens in der Grafschaft Somerset. Er wird aus Kuhmilch hergestellt und hat eine leuchtend orange-gelbe Farbe.

GROSSBRITANNIEN

Blumenkohlcremesuppe mit Cheddar und Croûtons

Zutaten für 4 Personen:

1 Blumenkohl
Salz
2 Zwiebeln
2 Knoblauchzehen
100 g Butter
2 Kartoffeln
1 Lorbeerblatt
100 g Brotwürfel
1 EL grobkörniger Senf
50 g Crème double
200 g geriebener Cheddar
1 Msp. Cayennepfeffer

Zubereitung: ca. 40 Minuten

1. Blumenkohl putzen und in Röschen teilen. In einen Topf geben, mit Wasser bedecken und zum Kochen bringen. Salzen und 10 Minuten kochen.

2. Inzwischen Zwiebeln und Knoblauch schälen und fein würfeln. Die Hälfte der Butter in einem Topf erhitzen, Zwiebeln und Knoblauch darin 5 Minuten glasig dünsten. Kartoffeln schälen und in Würfel schneiden.

3. Blumenkohl samt Kochwasser, Kartoffeln und Lorbeerblatt zu den Zwiebeln geben. 15–20 Minuten bei mittlerer Hitze kochen.

4. Inzwischen die Brotwürfel in einer Pfanne mit der restlichen Butter knusprig braten.

5. Lorbeerblatt aus der Suppe entfernen. Suppe mit einem Stabmixer pürieren. Senf und Crème double einrühren, aufkochen und den Käse unterrühren. Nicht mehr kochen lassen. Mit Salz und Cayennepfeffer abschmecken und mit den Croûtons in Suppentassen servieren.

Salzkraut, auch Glasschmalz genannt, erinnert äußerlich an Algen. Es wächst auf salzhaltigen Böden an der Küste und wird im Frühsommer geerntet. Die sodahaltige Pflanzenasche wurde früher zur Glasproduktion verwendet.

GROSSBRITANNIEN

Englische Cremesuppe mit Salzkraut und Lachsstreifen

Zutaten für 4 Personen:

1 Zwiebel
1 EL Butter
1 EL Mehl
1/2 l Fisch- oder Gemüsebrühe
300 g Salzkraut
200 g Lachsfilet
200 g Crème double
1 Eigelb
1 kleines Bund Petersilie
Salz
frisch gemahlener Pfeffer
1 EL Zitronensaft

Zubereitung: ca. 20 Minuten

1. Zwiebel schälen und fein würfeln. In einem Topf Butter erhitzen und die Zwiebel darin glasig dünsten. Mehl darüberstäuben, kurz anrösten und mit der Brühe aufgießen. Mit dem Schneebesen glatt rühren, einmal aufkochen und bei kleiner Hitze 10 Minuten köcheln lassen.

2. Salzkraut putzen, waschen und in einem Sieb abtropfen lassen. Lachs waschen und trockentupfen. Eventuell vorhandene Gräten entfernen. Den Lachs in schmale Streifen schneiden.

3. Die Crème double mit dem Eigelb verquirlen und in die Suppe rühren. Unter Rühren aufkochen und das Salzkraut hinzufügen. Bei kleiner Hitze 3 Minuten ziehen lassen, nicht mehr kochen.

4. Petersilie waschen, trockenschütteln und die Blätter fein hacken. Die Suppe mit Salz, Pfeffer und Zitronensaft abschmecken, in Suppenteller verteilen und mit der Petersilie bestreuen.

GROSSBRITANNIEN

Pikanter Geflügelleberschaum mit Brandy und Sahne

Zubereitung: ca. 15 Minuten
Kühlen: ca. 2 Stunden
Zutaten für 4 Personen:

500 g Geflügelleber, küchenfertig
2 EL Butter
2 cl Brandy
4 Blatt Gelatine
1 gehäufter EL Mehl
1/4 l Geflügelbrühe
Salz
frisch gemahlener Pfeffer
1 Msp. Pastetengewürz
200 g süße Sahne

1. Die Leber putzen, waschen und trockentupfen. Butter erhitzen und die Leber darin von allen Seiten kurz anbraten. Mit Brandy flambieren, aus der Pfanne heben und beiseite stellen. Gelatine in kaltem Wasser einweichen.

2. Mehl in die Pfanne stäuben, kurz anrösten und mit der Brühe ablöschen. Glattrühren, aufkochen und die abgetropfte Gelatine darin auflösen. Etwas abkühlen lassen.

3. Leber mit der Brühe in einem Mixer pürieren. Mit Salz, Pfeffer und Pastetengewürz abschmecken und kalt stellen. Sahne steif schlagen. Sobald die Lebermasse zu gelieren beginnt, Sahne unterheben und im Kühlschrank mindestens 2 Stunden fest werden lassen. Zum Servieren mit einem Löffel Nocken abstechen.

GROSSBRITANNIEN

Altenglische Cumberlandsauce mit Orange und Portwein

Zubereitung: ca. 15 Minuten
Kühlen: ca. 1 Stunde
Zutaten für 4 Personen:

1 unbehandelte Orange
150 g Johannisbeergelee
6 cl Portwein
1 EL scharfer Senf
1 EL geriebener Meerrettich
Salz
frisch gemahlener Pfeffer
1 Msp. Cayennepfeffer
1 EL Zitronensaft
Zucker

1. Die Orange heiß waschen, die Schale dünn abschälen und in sehr feine Streifen schneiden. Orange halbieren und auspressen. Johannisbeergelee in einem Topf leicht erhitzen, bis es flüssig wird.

2. In einer Schüssel Orangensaft, Portwein, Senf und Meerrettich glatt verrühren. Nach und nach das flüssige Johannisbeergelee unterziehen. Mit Salz, Pfeffer, Cayennepfeffer und Zitronensaft herzhaft abschmecken.

3. Die Sauce 1 Stunde im Kühlschrank ziehen lassen. Dann nochmals mit Salz, Pfeffer und Zucker süßlich-würzig abschmecken. Zu den Geflügelleberschaum-Nocken servieren.

„Fish and chips" ist ein fester Bestandteil der britischen Esskultur. Man findet dieses Fingerfood überall in kleinen Imbissläden oder an Straßenständen, wo es in einer Papiertüte angeboten wird – mit einem Spritzer Malzessig gewürzt.

GROSSBRITANNIEN

Fischfiletstreifen in Bierteig mit Pommes Frites und Essig

Zutaten für 4 Personen:

Zubereitung: ca. 20 Minuten
Vorbereitung: ca. 30 Minuten

Für den Teig:
250 g Mehl
1/2 TL Backpulver
Salz
1/4 l dunkles Bier
1 Ei
1 EL Pflanzenöl

1 kg Fischfilet, z.B. Seelachs oder Kabeljau
1 kg Kartoffeln
Öl zum Frittieren
Mehl zum Wenden
Salz
Malzessig

1. Mehl, Backpulver und 1 Prise Salz in einer Schüssel mischen. Bier, Ei und Öl dazugeben und zu einem glatten Teig verrühren. 30 Minuten quellen lassen.

2. Den Fisch waschen, trockentupfen und in 2 cm breite Streifen schneiden. Kartoffeln schälen, in 1 cm dicke Stäbchen schneiden und unter fließendem kaltem Wasser waschen. Mit Küchenpapier trockentupfen.

3. In einem großen Topf oder einer Fritteuse Öl auf ca. 160 Grad erhitzen. Kartoffelstäbchen portionsweise im heißen Öl hellgelb frittieren. Auf Küchenpapier abtropfen lassen.

4. Die Fischstreifen in Mehl wenden und dann einzeln durch den Teig ziehen. Kurz abtropfen lassen und im heißen Öl knusprig ausbacken. Auf Küchenpapier abtropfen lassen und warm stellen.

5. Die Temperatur des Öls auf 180 Grad erhöhen und die Kartoffelstäbchen erneut frittieren, bis sie goldbraun sind. Auf Küchenpapier abtropfen lassen. Salzen und mit dem Fisch servieren. Malzessig zum Würzen getrennt dazu reichen.

„Pies" nennen die Briten ihre kleinen oder großen Pasteten, die süß oder herzhaft gefüllt, in speziellen Formen gebacken werden. Man genießt sie als Zwischenmahlzeit oder Snack und sie dürfen bei keinem britischen Büffet fehlen.

GROSSBRITANNIEN

Kleine Fischpastete aus Yorkshire mit Eiern und Speck

Zutaten für 4 Personen:

250 g Mehl
Salz
150 g zimmerwarme Butter und
Butter für die Form
800 g Fischfilet
50 ml Milch
frisch gemahlener Pfeffer
4 Eier
100 g Speckwürfel
1 Eigelb

Außerdem:
1 Pie-Form, 20 cm Ø

Zubereitung: ca. 30 Minuten
Backen: ca. 30 Minuten

1. Das Mehl in eine Schüssel sieben und mit 1/2 Teelöffel Salz und 100 g Butter verkneten. So viel Wasser einarbeiten, bis der Teig glatt und fest ist. 30 Minuten zugedeckt ruhen lassen.

2. Inzwischen die Fischfilets waschen, trockentupfen und in ca. 2 cm große Würfel schneiden. In einer Pfanne Milch und Butter erhitzen, Fischwürfel hineingeben und bei kleiner Hitze 10 Minuten köcheln lassen. Mit Salz und Pfeffer würzen. In der Pfanne erkalten lassen.

3. Die Eier hart kochen, schälen und klein hacken. Speckwürfel in einer Pfanne knusprig ausbraten. Eier und Speck unter den Fisch mischen. Den Backofen auf 180 Grad vorheizen.

4. Pie-Form ausfetten. 2/3 des Teigs auf einer bemehlten Arbeitsfläche rund ausrollen und die Form damit auskleiden. Fischfüllung hineingeben. Restlichen Teig in der Größe der Form ausrollen, über die Fischfüllung legen und am Rand gut andrücken. Eigelb verquirlen und den Teigdeckel damit bestreichen. Pastete 30 Minuten im heißen Ofen backen.

Britisches Essen hat im Ausland keinen besonders guten Ruf. Dabei kann man auf einer Insel-Rundfahrt durchaus kulinarische Höhepunkte erleben – vor allem abseits der Touristenzentren in kleinen Pubs und Familienhotels.

GROSSBRITANNIEN

Mit Stachelbeeren gefüllte Meeräschen im Ofen gegart

Zutaten für 4 Personen:

150 g Stachelbeeren
1 kleines Bund Petersilie
1 Knoblauchzehe
1 Frühlingszwiebel
2 EL Butter
1 TL abgeriebene Zitronenschale
4 kleine Meeräschen, küchenfertig
Salz
frisch gemahlener Pfeffer
Butter für die Form
50 ml Weißwein
2 EL Stachelbeerkonfitüre
1 EL grobkörniger Senf

Zubereitung: ca. 30 Minuten

1. Stachelbeeren waschen, abtropfen lassen und Stiele und Blütenansätze entfernen. Die Früchte klein würfeln und in eine Schüssel geben. Die Petersilie waschen, trockenschütteln und die Blätter fein hacken. Knoblauch schälen und klein würfeln. Frühlingszwiebel putzen und klein schneiden. Alles zu den Stachelbeeren geben und mit Butter und Zitronenschale vermischen.

2. Backofen auf 200 Grad vorheizen. Die Meeräschen waschen und trockentupfen. Innen und außen mit Salz und Pfeffer würzen und mit der Stachelbeermasse füllen. Die Fische nebeneinander in eine ausgebutterte ofenfeste Form legen, mit Alufolie abdecken und 20 Minuten im heißen Ofen garen.

3. Meeräschen aus der Form nehmen und warm stellen. Den Bratfond mit Weißwein lösen und in einen kleinen Topf gießen. Aufkochen und mit Stachelbeerkonfitüre und Senf verrühren. Die Fische auf vorgewärmte Teller verteilen und mit der Sauce begießen.

Roastbeef ist das bekannteste britische Fleischgericht, mit dem sich die englische Küche sogar bei französischen Gourmets einen guten Namen gemacht hat. Das Rindfleisch muss von überragender Qualität und gut abgehangen sein.

GROSSBRITANNIEN

Klassisches englisches Roastbeef mit Yorkshire-Pudding

Zutaten für 6 Personen:

Für den Pudding:
250 g Mehl
5 Eier
Salz
1/2 l Milch

Außerdem:
1,5 kg Roastbeef
Salz
frisch gemahlener Pfeffer
1 TL Senfpulver
2 EL Öl
100 g Butter

Zubereitung: ca. 80 Minuten

1. Mehl, Eier, Salz und Milch zu einem glatten Teig verrühren und 30 Minuten quellen lassen.

2. Inzwischen das Roastbeef waschen und trockentupfen. Die Fettschicht mit einem scharfen Messer rautenförmig einschneiden, ohne das Fleisch zu verletzen. Mit Salz, Pfeffer und Senfpulver rundum einreiben und mit Öl einpinseln. Den Backofen auf 250 Grad vorheizen.

3. Das Fleisch mit der Fettseite nach oben auf den Backofenrost legen. Den Rost mit einer Fettpfanne darunter in die Mitte des Backofens schieben. Das Fleisch 15–20 Minuten braten.

4. Die Backofentemperatur auf 180 Grad reduzieren. Fleisch weitere 30 Minuten braten. Nach 10 Minuten Butter in die Fettpfanne geben und schmelzen lassen. Dann den Teig einfüllen, Pfanne wieder unter das Roastbeef schieben, 20 Minuten backen. Das Roastbeef aus dem Ofen nehmen und in Alufolie gewickelt ruhen lassen. Pudding noch 15–20 Minuten backen, bis er aufgegangen ist und eine goldbraune Farbe hat.

5. Zum Servieren das Roastbeef in Scheiben und den Pudding in Stücke schneiden und auf warmen Tellern portionsweise anrichten.

„Hot Pot“ ist ein sehr beliebtes Eintopfgericht, weil es wenig Zeit zur Vorbereitung benötigt und ohne weiteres Zutun nach mehreren Stunden im Ofen ein herrlich duftendes Gericht entsteht, das außerdem noch recht preisgünstig ist.

GROSSBRITANNIEN

Lancashire-Lammtopf mit Gemüse unter der Kartoffelkruste

Zutaten für 4 Personen:

1 kg festkochende Kartoffeln
4 Möhren
4 Zwiebeln
4 Stangen Sellerie
1 kleines Bund Thymian
800 g Lammfleisch (Schulter oder Nacken)
Salz
frisch gemahlener Pfeffer
30 g zerlassene Butter
1/2 l Fleischbrühe

Vorbereitung: ca. 20 Minuten
Garen: ca. 2 1/2 Stunden

1. Kartoffeln waschen, schälen, mit Wasser bedecken und beiseite stellen. Möhren und Zwiebeln schälen und klein würfeln. Sellerie putzen. Blätter beiseitestellen, die Stangen in dünne Stifte schneiden. Thymianblättchen von den Stängeln zupfen und fein hacken.

2. Das Fleisch waschen, trockentupfen und in 5 cm große Würfel schneiden. Mit Salz und Pfeffer würzen und nebeneinander in einen Schmortopf mit Deckel legen. Gemüse darauf verteilen und mit Thymian bestreuen.

3. Kartoffeln abtropfen lassen, in 5 mm dicke Scheiben schneiden und mit Salz und Pfeffer würzen. Kartoffelscheiben dachziegelartig auf Fleisch und Gemüse legen, mit Butter bestreichen und die Brühe angießen.

4. Schmortopf mit dem Deckel verschließen, in den kalten Backofen stellen. 2 Stunden bei 170 Grad garen.

5. Den Deckel vom Schmortopf abnehmen und die Ofentemperatur auf 220 Grad erhöhen. Lammtopf 20–30 Minuten überbacken, bis die Kartoffeln eine goldbraune Kruste haben. Die Sellerieblätter hacken und vor dem Servieren über den Lammtopf streuen.

Die Briten lieben die Kombination von Früchten und Fleisch, süßsauer abgeschmeckt. Im Frühherbst, wenn in Großbritannien die Ernte der roten Pflaumen beginnt, werden die Früchte gerne mit Huhn, Kalb oder Lamm zubereitet.

GROSSBRITANNIEN

Lammkeule mit roten Pflaumen im Ofen gebacken

Zutaten für 6 Personen:

1 Lammkeule, ca. 1,5 kg
Salz
frisch gemahlener Pfeffer
50 g Butter
2 Zwiebeln
2 Knoblauchzehen
500 g rote Pflaumen
1 TL gemahlener Zimt
frisch geriebene Muskatnuss
1/4 l Weißwein
Zucker
Sherryessig

Zubereitung: ca. 90 Minuten

1. Die Lammkeule waschen und trockentupfen. Den größten Teil des sichtbaren Fetts wegschneiden. Das Fleisch mit Salz und Pfeffer einreiben.

2. In einem Schmortopf die Butter schmelzen und die Keule darin bei kleiner Hitze von allen Seiten anbraten. Den Backofen auf 200 Grad vorheizen.

3. Zwiebeln und Knoblauch schälen und fein würfeln. Pflaumen waschen, halbieren und entkernen. Zwiebeln, Knoblauch und Pflaumen zum Fleisch geben. Mit Zimt und Muskatnuss würzen. Den Wein angießen und einmal aufkochen.

4. Schmortopf mit dem Deckel verschließen und in die Mitte des Backofens stellen. 1 Stunde im Ofen garen. Fleisch aus dem Schmortopf heben und in Alufolie gewickelt 15 Minuten warm stellen. Die Sauce durch ein feines Haarsieb in einen anderen Topf gießen. Zum Kochen bringen und mit Salz, Pfeffer, Zucker und Essig abschmecken.

5. Die Lammkeule in Scheiben schneiden und auf eine vorgewärmte Servierplatte legen. Mit etwas Sauce begießen und die restliche Sauce getrennt dazu reichen.

Das Züchten von Kaninchen hat in England eine jahrhundertealte Tradition. Es wird auf vielerlei Arten zubereitet und fast jede Hausfrau hat ihr ganz eigenes Familienrezept. Besonders fein schmeckt das zarte Fleisch mit Portweinsauce.

GROSSBRITANNIEN

Geschmortes Kaninchen in Portweinsauce mit Speckwürfeln

Zutaten für 4 Personen:

1 Kaninchen mit Leber, küchenfertig
Salz
frisch gemahlener Pfeffer
60 ml Portwein
4 Zwiebeln
2 EL Butter
200 g Speckwürfel
1 gehäufter TL Mehl
400 ml Fleischbrühe
1 Lorbeerblatt
1 kleiner Zweig Thymian
1 TL scharfer Senf
1 TL Johannisbeergelee

Zubereitung: ca. 1 Stunde

1. Kaninchen waschen und trockentupfen. In Portionsstücke zerteilen, mit Salz und Pfeffer würzen. Kaninchenleber in Portwein einlegen. Zwiebeln schälen und klein würfeln. Butter in einem Schmortopf erhitzen und die Speckwürfel darin knusprig ausbraten. Herausnehmen und auf Küchenpapier abtropfen lassen.

2. Kaninchen in dem Speckfett von allen Seiten anbraten. Herausheben und beiseitestellen. Zwiebeln im Bratfett braun anbraten. Mit Mehl bestäuben, die Brühe angießen und aufkochen. Kräuter, Kaninchen und Speck dazugeben und mit halb aufgelegtem Deckel bei kleiner Hitze 45 Minuten garen.

3. Kaninchen herausnehmen und auf einer Servierplatte warm stellen. Kaninchenleber mit dem Portwein in einem Mixer pürieren. Die Sauce erneut zum Kochen bringen und mit Salz, Pfeffer, Senf und Johannisbeergelee abschmecken. Die pürierte Leber mit dem Schneebesen unterrühren. Kurz ziehen, aber nicht mehr kochen lassen. Sauce nochmals abschmecken und über das Fleisch verteilen.

Desserts haben in der englischen Küche einen sehr hohen Stellenwert. Ein besonders gelungenes Beispiel dafür ist der „Sticky Toffee Pudding“ aus süßen getrockneten Datteln – ein perfekter Abschluss für jedes Festessen mit Freunden.

GROSSBRITANNIEN

Gebackener Pudding mit Datteln und Whisky-Sahne-Sauce

Zutaten für 8 Personen:

Für den Pudding:
180 g getrocknete Datteln
1 gestrichener TL Natronpulver
3 Eier
180 g Zucker
70 g Butter
1 EL Vanillezucker
1 gestrichener TL Ingwerpulver
200 g Mehl
Butter für die Form
Zucker für die Form

Für die Sauce:
100 g Butter
100 g süße Sahne
100 g brauner Zucker
4 cl Whisky

Zubereitung: ca. 20 Minuten
Backen: ca. 50 Minuten

1. Die Datteln entsteinen und klein würfeln. In einem Topf mit 1/4 Liter Wasser und dem Natron aufkochen. Dann vom Herd nehmen und abkühlen lassen.

2. Die Eier trennen. Eiweiß mit der Hälfte des Zuckers steif schlagen. Butter mit dem restlichen Zucker und dem Eigelb schaumig schlagen. Vanillezucker, Ingwerpulver und Mehl nach und nach unterrühren. Die Datteln samt Wasser dazugeben. Zuletzt den Eischnee unterheben.

3. Eine runde Auflaufform ausbuttern und mit Zucker ausstreuen. Den Teig einfüllen, glatt streichen und in den kalten Backofen stellen. Pudding bei 180 Grad ca. 50 Minuten backen.

4. Den gebackenen Pudding aus dem Ofen nehmen und etwas abkühlen lassen. Inzwischen die Sauce zubereiten. Die Zutaten in einem Topf zum Kochen bringen und 2–3 Minuten köcheln lassen.

5. Zum Servieren den Pudding in Stücke schneiden, auf Teller verteilen und mit etwas Sauce übergießen.

Ingwer ist ein wichtiges Gewürz in der britischen Küche. Er kam aus den Kolonien in Indien und Südostasien auf die Insel und war schon lange fester Bestandteil vieler Rezepte, bevor er auch auf dem europäischen Festland beliebt wurde.

GROSSBRITANNIEN

Gedämpfte Ingwer-Äpfel mit Whisky und Schlagsahne

Zutaten für 4 Personen:

80 g Ingwerwurzel
Saft von 2 Zitronen
1 kg säuerliche Äpfel
250 g Zucker
1 EL Vanillezucker
200 ml Whisky
200 g süße Sahne

Marinieren: ca. 2 Stunden
Zubereitung: ca. 30 Minuten

1. Den Ingwer schälen und fein raspeln. Mit Zitronensaft in einer großen Schüssel vermischen.

2. Die Äpfel waschen, schälen, achteln und das Kerngehäuse entfernen. Zum Ingwer geben und mit Zucker und Vanillezucker bestreuen. Den Whisky darübergießen und zugedeckt mindestens 2 Stunden ziehen lassen.

3. Die Äpfel samt Flüssigkeit in einen Topf geben und einmal aufkochen. Bei kleiner Hitze garen, bis die Äpfel glasig sind, aber noch nicht zerfallen. Im Kühlschrank vollständig abkühlen lassen.

4. Die Sahne steif schlagen. Die Ingwer-Äpfel mit etwas Sauce in Servierschalen füllen und die Schlagsahne darauf verteilen.

Die englischen Marmeladen, Konfitüren und Gelees gehören weltweit zu den beliebtesten britischen Produkten im Ausland. Mit Hilfe eines sehr schonenden Verfahrens (Kaltrühren) bleibt der größte Teil der Aromastoffe der Früchte erhalten.

GROSSBRITANNIEN

Süßer Himbeerschaum mit Portwein und Johannisbeergelee

Zutaten für 4 Personen:

6 Blatt Gelatine
250 g Himbeeren
2 EL Johannisbeergelee
50 ml Portwein
Saft von 1 Zitrone
2 Eier
150 g Zucker
200 g süße Sahne
1 EL gehackte Pistazien

Vorbereitung: ca. 45 Minuten
Kühlen: ca. 2 Stunden

1. Die Gelatine in kaltem Wasser einweichen. Die Himbeeren verlesen. Einige schöne Himbeeren für die Garnitur beiseitelegen. Restliche Früchte im Mixer pürieren und durch ein feines Sieb in eine Schüssel streichen.

2. Johannisbeergelee mit Portwein und Zitronensaft in einem Topf erhitzen, die abgetropfte Gelatine dazugeben und auflösen.

3. Die Eier trennen. Eigelb und Zucker in einer Schüssel über kochendem Wasser cremig aufschlagen. Die Johannisbeergelee-Portwein-Sauce, dann das Himbeermark unterrühren. Die Masse abkühlen lassen.

4. Die Sahne steif schlagen. Sobald die Fruchtmasse zu gelieren beginnt, die geschlagene Sahne unterrühren. Das Eiweiß steif schlagen und unter die Creme heben. In 4 Servierschalen verteilen und mindestens 2 Stunden im Kühlschrank fest werden lassen.

5. Vor dem Servieren mit den restlichen Himbeeren dekorieren und mit Pistazien bestreuen.

Der Englische Kuchen ist ein internationaler Kuchen-Klassiker. Er ist ein unkomplizierter Kuchen, der sich sehr gut vorbereiten und transportieren läßt und sich in Alufolie gewickelt an einem trockenen Ort problemlos eine Woche frisch hält.

GROSSBRITANNIEN

Englischer Kuchen mit Brandy und kandierten Früchten

Zutaten für 20 Stücke:

170 g Mehl
1 gestrichener TL Backpulver
Salz
je 50 g Orangeat und Zitronat
50 g kandierte Kirschen
150 g Rosinen
150 g weiche Butter und Butter für die Form
150 g Puderzucker
3 Eier
50 g gehackte Mandeln
3 EL Brandy

Zubereitung: ca. 40 Minuten
Backen: ca. 50 Minuten

1. Mehl mit Backpulver und 1 Prise Salz in einer Schüssel mischen. Orangeat, Zitronat und Kirschen klein hacken.

2. Butter mit Puderzucker schaumig schlagen. Nacheinander die Eier unterrühren. Das Mehl dazugeben und zu einem glatten Teig verrühren. Kandierte Früchte, Rosinen und Mandeln untermischen. Den Teig abgedeckt 30 Minuten im Kühlschrank ruhen lassen.

3. Den Backofen auf 220 Grad vorheizen. Eine Kastenform mit Butter ausfetten und mit Backpapier auslegen. Den Teig einfüllen, in die Mitte des Backofens schieben und 5 Minuten backen. Dann die Ofentemperatur auf 170 Grad reduzieren und den Kuchen weitere 45 Minuten backen.

4. Den Kuchen aus dem Ofen nehmen und mit Brandy beträufeln. Auf ein Kuchengitter stürzen und vollständig auskühlen lassen.

Über viele Jahrhunderte waren Haferflocken, Milch und Lauch die Grundnahrung der Iren, bis die Kartoffel aus Südamerika nach Europa kam. Noch heute sind Haferflocken in Irland beliebt, ob zum Frühstück oder als kräftige Suppe.

IRLAND

Haferflockensuppe mit Lauch und Brennnesseln

Zutaten für 4 Personen:

4 Stangen Lauch
1 Zwiebel
2 EL Butter
5 EL Haferflocken
1/2 l Gemüsebrühe
1/2 l Milch
Salz
frisch gemahlener Pfeffer
1 Msp. geriebene Muskatnuss
100 g junge Brennnesselspitzen
100 g süße Sahne

Zubereitung: ca. 15 Minuten
Garen: ca. 20 Minuten

1. Den Lauch putzen, der Länge nach halbieren und gründlich waschen. Lauch in ca. 2 cm lange Stücke scheiden. Die geschälte Zwiebel in kleine Würfel schneiden.

2. Die Butter in einem Topf zerlassen und die Zwiebel darin anschwitzen. Die Haferflocken hinzufügen und kurz anrösten. Den Lauch dazugeben, mit der Brühe und der Milch aufgießen und einmal aufkochen. Mit Salz, Pfeffer und Muskatnuss würzen.

3. Die Suppe bei kleiner Hitze im geschlossenen Topf 15–20 Minuten köcheln lassen, dabei gelegentlich umrühren.

4. Die Brennnesselspitzen in schmale Streifen schneiden und zur Suppe geben. Einige Minuten in der Suppe garen.

5. Die Sahne steif schlagen. Suppe in 4 vorgewärmte Teller verteilen und mit einem Klacks Schlagsahne garnieren.

Viele irische Mythen ranken sich um den Lachs. So soll er Haselnüsse vom Strauch der Erkenntnis gegessen und seine Weisheit an den Sagenhelden Finn Mac Cool weitergegeben haben, der Irland retten wird, wenn es einmal in Not ist.

IRLAND

Gebackener Lachs mit Gurken in Sahnesauce

Zutaten für 4 Personen:

1 kg irischer Wildlachs (Schwanzstück), küchenfertig
Salz
frisch gemahlener Pfeffer
1 Bund Petersilie
2 EL Butter
250 g süße Sahne
1 Salatgurke
Saft von 1 Zitrone

Zubereitung: ca. 40 Minuten

1. Den Backofen auf 180 °C vorheizen. Den Lachs innen und außen mit Salz und Pfeffer einreiben. Die Petersilie in die Bauchhöhle legen.

2. Den Lachs in eine feuerfeste Form legen. Die Butter in Flöckchen auf dem Fisch verteilen. Die Sahne angießen und die Form mit Alufolie abdecken. Im heißen Ofen 20 Minuten garen.

3. Inzwischen die Salatgurke schälen, der Länge nach halbieren und die Kerne mit einem Löffel herausschaben. Gurke in ca. 1 cm dicke Scheiben schneiden.

4. Form aus dem Ofen nehmen, die Alufolie entfernen und die Gurke rund um den Lachs in die Sauce legen. Im heißen Ofen weitere 15 Minuten garen.

5. Den Lachs aus der Form heben und auf eine vorgewärmte Servierplatte legen. Gurke darum anrichten. Sauce mit Zitronensaft, Salz und Pfeffer abschmecken und über die Gurke gießen.

Die irische Küche wird zu Unrecht nur auf gekochtes Lamm, Kartoffeln und Haferflocken reduziert. Sie hält auch kulinarische Überraschungen bereit, wie dieses traditionelle Rezept aus dem 18. Jahrhundert schmackhaft beweist.

IRLAND

Gefüllte Makrele vom Grill mit Stachelbeersauce

Zutaten für 4 Personen:

4 Makrelen, küchenfertig
Salz
frisch gemahlener Pfeffer
Saft und abgeriebene Schale von 1 unbehandelten Zitrone
250 g Stachelbeeren
2 EL brauner Zucker
4 EL Butter
2 EL fein gehacktes Fenchelgrün
5 EL Semmelbrösel
2 Eigelb
1 EL fein gehackte Petersilie
frisch geriebene Muskatnuss

Zubereitung: ca. 30 Minuten

1. Die Makrelen auf beiden Seiten mehrmals einschneiden. Die Fische innen und außen mit Salz und Pfeffer einreiben, den Zitronensaft in die Einschnitte träufeln. Kurz ziehen lassen.

2. Die geputzten Stachelbeeren mit dem Zucker, 1 Esslöffel Butter und dem Fenchelgrün in 1/8 l Wasser langsam zum Kochen bringen und so lange köcheln lassen, bis die Stachelbeeren platzen. Die Sauce vom Herd nehmen und warm halten.

3. Die Semmelbrösel mit dem Eigelb und der Petersilie vermengen. Mit Salz, Pfeffer und Muskatnuss würzen und die Masse in die Bauchhöhlen der Makrelen füllen. Öffnungen mit Zahnstocher verschließen.

4. Die restliche Butter zerlassen. Die gefüllten Makrelen auf den heißen Grill legen und mit etwas Butter bepinseln. Fische auf jeder Seite 5–7 Minuten grillen, dabei mehrmals mit Butter bestreichen.

5. Makrelen mit der Stachelbeersauce servieren.

Irish Stew, wie dieser Eintopf in Irland heißt, ist ein Küchenklassiker. Früher wurde er nur mit Hammelfleisch, Kartoffeln und Zwiebeln zubereitet. Heute schätzt man auf der Insel die etwas feinere Version mit Lamm und Weißkohl.

Dubliner Lammeintopf

IRLAND

mit Weißkohl und Kartoffeln

Zutaten für 6 Personen:

800 g Lammfleisch (Nacken oder der obere Teil des Kotelettstücks)
1 kleiner Weißkohl
800 g festkochende Kartoffeln
2 große Zwiebeln
1/2 l Fleischbrühe
2 Lorbeerblätter
Salz
frisch gemahlener Pfeffer
1 EL fein gehackte Petersilie

Zubereitung: ca. 20 Minuten
Garen: ca. 90 Minuten

1. Das Fleisch in mundgerechte Würfel schneiden. Den Weißkohl vierteln, die harten Rippen der Blätter entfernen und die Blätter in breite Streifen schneiden. Die geschälten Kartoffeln und die geschälte Zwiebel in Scheiben schneiden.

2. Alles in einem großen Topf mit der Brühe aufsetzen. Lorbeerblätter einlegen, kräftig mit Salz und Pfeffer würzen und zum Kochen bringen. Den Eintopf im halb geschlossenen Topf bei kleiner Hitze ca. 1,5 Stunden köcheln lassen. Eventuell noch etwas Wasser nachgießen.

3. Die Lorbeerblätter entfernen und den Eintopf nochmals mit Salz und Pfeffer abschmecken. Vor dem Servieren mit der Petersilie bestreuen.

Was wäre Irland ohne seine berühmten Pubs? Hier genießt man vor allem Guinness, ein dunkles vollmundiges Bier. Es gibt – kombiniert mit Backpflaumen und Nüssen – diesem Rindergulasch einen ganz besonderen Geschmack.

IRLAND

Nualas Rindergulasch mit Guinness und Backpflaumen

Zutaten für 4 Personen:

800 g Rindfleisch (Schulter oder Wade)
2 Zwiebeln
4 Möhren
2 EL Schmalz
2 Markknochen
2 EL Mehl
1/2 l Guinness
1/4 l Fleischbrühe
2 Lorbeerblätter
Salz
frisch gemahlener Pfeffer
150 g entsteinte Backpflaumen
2 EL gehackte Haselnüsse

Zubereitung: ca. 25 Minuten
Schmoren: ca. 2 Stunden

1. Das Fleisch in mundgerechte Würfel schneiden. Die geschälten Zwiebeln halbieren und die geschälten Möhren in Scheiben schneiden.

2. Das Schmalz in einem Schmortopf erhitzen und das Fleisch darin von allen Seiten bei mittlerer Hitze anbraten. Zwiebeln, Möhren und Markknochen dazugeben und kurz anrösten. Mit Mehl überstäuben und das Mehl anbräunen. Das Guinness und die Brühe angießen, einmal aufkochen. Die Lorbeerblätter einlegen, mit Salz und Pfeffer würzen und zugedeckt bei kleiner Hitze 1 Stunde garen.

3. Die Möhren und die Backpflaumen unter das Gulasch mischen, eventuell etwas Wasser nachgießen. Das Gulasch im geschlossenen Topf weitere 50 Minuten garen, dabei gelegentlich umrühren.

4. Die Haselnüsse in einer Pfanne ohne Fett anrösten. Markknochen und Lorbeerblätter aus dem Gulasch entfernen. Haselnüsse untermischen und das Gulasch kräftig mit Salz und Pfeffer abschmecken.

Das Wort Matjes stammt vom holländischen „Meisje" – junges Mädchen –, wohl weil der Hering noch „jungfräulich" ist. Er steht kurz vor der Geschlechtsreife und ist deshalb besonders schmackhaft. Er wird nach dem Fang eingesalzen.

NIEDERLANDE

Matjestatar auf Schwarzbrot mit Zwiebeln und Essiggurken

Zutaten für 16 Stück:

8 Matjesfilets, küchenfertig
1 säuerlicher Apfel
2 große Essiggurken
1 rote Zwiebel
2 TL scharfer Senf
2 EL Öl
2 EL Mayonnaise
1 TL Honig
1 EL Apfelessig
Salz
Pfeffer
1 Bund Dill
8 rechteckige Scheiben Schwarzbrot
16 kleine süßsauer eingelegte Perlzwiebeln

Zubereitung: ca. 20 Minuten
Ziehen lassen: ca. 30 Minuten

1. Die Matjesfilets mit einem scharfen Messer fein würfeln. Den Apfel schälen, entkernen und mit den Gurken fein würfeln. Zwiebel schälen und fein hacken. Alles in einer Schüssel vermischen.

2. Senf, Öl, Mayonnaise, Honig und Essig in einer Schüssel verrühren. Mit Salz und Pfeffer abschmecken. Sauce über das Matjestatar gießen und alles sorgfältig miteinander vermengen. Abgedeckt mindestens 30 Minuten im Kühlschrank durchziehen lassen.

3. Vom Dill einige schöne Zweige beiseitelegen, restliche Dillspitzen fein hacken und unter das Tatar mischen. Erneut mit Salz, Pfeffer und Essig abschmecken.

4. Die Schwarzbrotscheiben nebeneinander auf eine Arbeitsfläche legen und mit dem Matjestatar bestreichen. Jedes Brot einmal diagonal durchschneiden. Jedes Dreieck mit einer Perlzwiebel und einem kleinen Zweig Dill garnieren. Auf einer Servierplatte anrichten.

Holländer lieben den Aal vor allem in geräucherter Form. Er verliert dabei besonders viel von seinem wertvollen, aber auch reichhaltigen Fett. Frisch gekocht enthält er viel Gelatine, deshalb gelieren Aalgerichte leicht, wenn sie abkühlen.

NIEDERLANDE

Pochierter Aal in Weißweingelee mit Wurzelgemüse

Zutaten für 4 Personen:

1 frischer Aal, ca. 600 g, küchenfertig, ohne Haut und Kopf
1/2 l Fischbrühe
1/2 l trockener Weißwein
1 Bund Suppengrün
Salz
5 Wacholderbeeren
1 Lorbeerblatt
300 g Wurzelgemüse (Möhren, Lauch, Knollensellerie)
2 Blatt Gelatine

Zubereitung: ca. 45 Minuten
Gelierzeit: ca. 4 Stunden

1. Den Aal in ca. 5 cm lange Stücke schneiden. Einen breiten Topf mit Brühe, Wein und Suppengrün zum Kochen bringen. Den Sud salzen und die Aalstücke nebeneinander in den Sud setzen. Die Wacholderbeeren und das Lorbeerblatt hinzufügen und 30 Minuten bei kleiner Hitze pochieren. Aal herausnehmen und etwas abkühlen lassen. Suppengrün und Gewürze entfernen.

2. Inzwischen Wurzelgemüse putzen, waschen und in gleich große Stücke schneiden. In der kochenden Fischbrühe garen. Mit einem Schaumlöffel Gemüse in eine große Servierform legen.

3. Blattgelatine in kaltem Wasser einweichen. Fischbrühe auf ca. 1/2 l einkochen, dann die Gelatine darin auflösen. Abkühlen lassen. Das Aalfleisch von der Mittelgräte lösen. In mundgerechte Stücke teilen und auf das Gemüse in der Servierform legen. Die Brühe durch ein feines Sieb darübergießen. Für mindestens vier Stunden in den Kühlschrank stellen und gelieren lassen.

Diese Kroketten sind keine Beilage aus Kartoffelteig, sondern ein eigenständiges Gericht, dessen Füllung aus Fleisch, Fisch oder Gemüse bestehen kann. Ein feiner Snack für den kleinen Hunger oder als Fingerfood zur Party.

NIEDERLANDE

Frittierte kleine Kroketten aus Kalbfleisch mit Sojasauce

Zutaten für ca. 20 Stück

1/2 kg Kalbfleisch, gegart
1,5 l Fleischbrühe
200 g Butter
200 g Mehl
frisch geriebene Muskatnuss
Salz
frisch gemahlener Pfeffer
30 g Kartoffelstärke
150 g süße Sahne
1 TL Sojasauce

Zum Panieren:
100 g Mehl
2 Eier, verquirlt
150 g Semmelbrösel
Fett zum Frittieren

Zubereitung: ca. 20 Minuten
Vorbereitung: ca. 90 Minuten

1. Das Kalbfleisch mit einem Messer sehr fein hacken oder durch die feine Scheibe des Fleischwolfs drehen. Die Fleischbrühe erhitzen.

2. Die Butter in einem Topf schmelzen und das Mehl mit einem Schneebesen einrühren. Brühe unter Rühren dazugeben. Bei kleiner Hitze 20 Minuten köcheln lassen. Mit geriebener Muskatnuss, Salz und Pfeffer würzen.

3. Die Kartoffelstärke mit der Sahne verquirlen und in die Brühe rühren, bis die Masse bindet. Vom Herd nehmen und das Fleisch untermengen. Mit Sojasauce abschmecken. Die Masse 2 cm dick auf ein geöltes Blech streichen und mindestens 1 Stunde erkalten lassen.

4. Aus der Krokettenmasse kleine Bällchen formen. Zum Panieren die Kroketten zuerst in Mehl, dann in Ei und schließlich in Semmelbröseln wenden.

5. Fritteuse auf 170 Grad erhitzen, die Kroketten portionsweise goldgelb ausbacken und auf Küchenpapier abtropfen lassen.

Der Stolz der Holländer auf ihren Gouda-Käse ist verständlich. Bereits in Schriften aus dem 12. Jahrhundert erwähnt, zählt er zu den ältesten bekannten Käsesorten überhaupt. Von der kleinen Stadt Gouda aus eroberte er die Welt.

NIEDERLANDE

Bäuerliche Gemüsesuppe mit Gouda und Speck überbacken

Zutaten für 4 Personen:

300 g festkochende Kartoffeln
3 Möhren
100 g Knollensellerie
300 g Blumenkohl
2 Zwiebeln
4 Scheiben frischer Bauchspeck
4 Scheiben Weißbrot ohne Rinde
4 Scheiben mittelalter holländischer Gouda

Zubereitung: ca. 15 Minuten
Vorbereitung: ca. 30 Minuten

1. Kartoffeln, Möhren und Sellerie waschen, schälen und in kleine, gleich große Würfel schneiden. Blumenkohl in kleine Röschen teilen. Zwiebeln schälen und fein würfeln.

2. Butter in einem Topf schmelzen und die Zwiebeln glasig dünsten. Gemüse hinzufügen, leicht salzen und unter häufigem Rühren ca. 5 Minuten andünsten. Die Brühe angießen, einmal aufkochen und bei kleiner Hitze 15–20 Minuten köcheln lassen.

3. Inzwischen die Speckscheiben in einer Pfanne knusprig braten. Auf Küchenpapier abtropfen lassen. Die Brotscheiben in dem Fett auf beiden Seiten goldbraun ausbacken. Backofengrill einschalten.

4. Die Gemüsesuppe in 4 feuerfeste Suppenschüsseln verteilen. Auf jede Schüssel je eine Scheibe Speck, Brot und Käse legen. Suppen unter dem Grill überbacken, bis der Käse geschmolzen und die Oberfläche schön gebräunt ist.

Die Wintertage an der holländischen Nordseeküste können ganz schön kalt, nass und windig sein. Ein Teller heißer grüner Erbsensuppe mit einer Portion deftiger Knoblauchwurst und viel frischem Pfeffer kann da sehr hilfreich sein.

NIEDERLANDE

Deftige grüne Erbsensuppe mit Wurst und frischem Bohnenkraut

Zutaten für 8 Personen:

500 g getrocknete grüne Erbsen
2 Schweinefüße, gespalten
1 Speckschwarte
600 g Kartoffeln
300 g Knollensellerie
3 Stangen Lauch
4 Knoblauchwürste à 100 g
3 Zweige Bohnenkraut
Salz
frisch gemahlener Pfeffer
scharfer Senf

Kochen: ca. 3 Stunden
Einweichen: über Nacht

1. Erbsen über Nacht in Wasser einweichen. Abtropfen lassen. Zusammen mit den Schweinefüßen und der Speckschwarte in einem großen Topf mit frischem Wasser bedecken und zum Kochen bringen. 2 1/2 Stunden bei kleiner Hitze köcheln lassen.

2. Inzwischen Kartoffeln und Sellerie schälen und klein würfeln. Lauch putzen, waschen und in Streifen schneiden. Nach 2 1/2 Stunden Kochzeit das Gemüse und die Knoblauchwürste hinzufügen und weitere 30 Minuten bei kleiner Hitze kochen lassen.

3. Speckschwarte und Schweinefüße entfernen. Würste herausnehmen und in Scheiben schneiden. Die Suppe mit einem Stabmixer pürieren, aber nicht ganz glatt mixen. Es sollen noch Gemüsestücke erhalten bleiben.

4. Suppe erneut erhitzen und die Wurstscheiben hinzufügen. Bohnenkraut fein hacken, in die Suppe rühren und mit Salz, Pfeffer und Senf abschmecken.

Traditionell isst man in den Niederlanden die Matjes am Stück und ohne Besteck. Die ausgenommenen und gewaschenen Fische lässt man sich in den Mund gleiten – am besten ganz frisch.

NIEDERLANDE

Frische Matjes mit Dillsahne,

Zwiebeln, Gurke und Schwarzbrot

Zutaten für 6 Personen:

6 frische Matjes, filetiert
2 Zwiebeln
2 Gewürzgurken
6 Scheiben Schwarzbrot
250 g süße Sahne
Salz
Cayennepfeffer
1 Bund Dill

Zubereitung: ca. 20 Minuten

1. Die Matjes gut waschen und trockentupfen. Die Zwiebeln schälen und fein hacken. Die Gurken in Scheiben schneiden. Das Schwarzbrot halbieren.

2. Matjesfilets, Zwiebeln, Gurken und Schwarzbrothälften auf Tellern anrichten.

3. Für die Sauce die Sahne mit Salz und Cayennepfeffer würzen. Den Dill waschen, trockenschleudern und die Dillspitzen von den Zweigen zupfen. Dillspitzen fein hacken und unter die Sahnesauce rühren.

4. Die Dillsahnesauce zu den Matjesfilets servieren. Dazu eiskalten Korn reichen.

Der Hafen von Den Helder liegt im Norden Hollands direkt am Meer. Über das Ijsselmeer ist der Hafen mit dem 80 Kilometer entfernten Amsterdam verbunden und damit einer der wichtigsten Fischhandelsplätze der Niederlande.

NIEDERLANDE

Gebratene Seezunge mit Zitronenbutter aus Den Helder

Zutaten für 4 Personen:

Zubereitung: ca. 45 Minuten

4 kleine Seezungen à 300 g, küchenfertig
2 unbehandelte Zitronen
100 g weiche Butter
1 TL Mehl
Salz
frisch gemahlener Pfeffer
Mehl zum Wenden
4 EL Öl
4 cl junger Genever (Wacholderschnaps)

1. Die Fische waschen und trockentupfen. Von den Zitronen die gelbe Schale fein abreiben und den Saft auspressen. Schale und Saft mit der Butter und dann mit Mehl und Salz mischen.

2. Petersilie waschen, trockenschütteln und fein hacken. Die Fische salzen und pfeffern und in Mehl wenden. Überschüssiges Mehl abschütteln. Backofen auf 80 Grad vorheizen.

3. In einer große Pfanne das Öl erhitzen und die Seezungen nacheinander auf jeder Seite 4–5 Minuten braten. Fertige Fische auf Küchenpapier abtropfen lassen und auf eine Servierplatte legen. Im Ofen warm halten.

4. Das Bratfett aus der Pfanne abgießen. Mit Genever ablöschen und den Bratensatz lösen. Die Zitronenbutter einrühren und die Petersilie hinzufügen.

5. Die Seezungen auf 4 Teller verteilen und mit etwas Zitronenbutter beträufeln. Den Rest der Butter getrennt dazu reichen.

Die Kombination aus Kartoffeln und säuerlichen Äpfeln ist in ganz Holland sehr beliebt. Aber erst mit knusprig braunen Zwiebeln und einem herzhaften Stück Fleisch oder Wurst kommt sie geschmacklich richtig zur Geltung.

NIEDERLANDE

Schweinekoteletts mit Zwiebeln und Kartoffel-Apfel-Gemüse

Zutaten für 4 Personen:

4 große Kartoffeln, ca. 500 g
4 säuerliche Äpfel
1/2 l Fleischbrühe
4 Schweinekoteletts à 150 g
Salz
frisch gemahlener Pfeffer
2 EL Öl
4 Zwiebeln

Zubereitung: ca. 45 Minuten

1. Kartoffeln und Äpfel waschen, schälen und das Kerngehäuse der Äpfel entfernen. In gleich große Würfel schneiden und in der Fleischbrühe weich dünsten. Mit Salz und Pfeffer abschmecken und warm halten.

2. Backofen auf 80 Grad vorheizen. Das Fleisch salzen und pfeffern. Öl in einer großen Pfanne erhitzen und die Koteletts von beiden Seiten goldbraun braten. Aus der Pfanne nehmen und im Backofen weitere 10 Minuten nachgaren lassen.

3. Zwiebeln schälen und in Scheiben schneiden. In der Pfanne mit dem Bratfett braun anbraten.

4. Zum Servieren das Kartoffel-Apfel-Gemüse pyramidenförmig auf einer Servierplatte anrichten. Die Zwiebeln darüber verteilen und die Schweinekoteletts dazulegen.

Der Besuch eines so genannten „Pannekoekenhuis" ist kulinarisches Pflichtprogramm. Diese Gasthäuser findet man im ganzen Land. Die Pfannkuchen sind riesig und werden in süßer Form mit Äpfeln oder Sirup serviert.

NIEDERLANDE

Maastrichter Pfannkuchen mit Speck und Edamer Käse

Zutaten für 4 Personen:

300 g Mehl
4 Eier
1/2 TL Salz
1/2 l Milch
12 Scheiben Bauchspeck
8 dünne Scheiben Edamer Käse

Zubereitung: ca. 25 Minuten

1. Das Mehl in eine Schüssel geben und in die Mitte eine Mulde drücken. Eier und Salz hinzufügen und mit etwas Mehl verrühren. So viel Milch dazugießen, bis ein dünnflüssiger Teig entsteht.

2. Die Speckscheiben in einer großen Pfanne auf beiden Seiten knusprig braten und auf Küchenpapier abtropfen lassen. Das Speckfett in eine Tasse abgießen und beiseitestellen.

3. Den Backofen auf 100 Grad vorheizen. In der Pfanne 1–2 Esslöffel von dem Speckfett erhitzen und 3 Scheiben Speck darin verteilen. 1/4 des Teigs dazugießen. Die Pfanne schwenken, damit der Teig sich verteilt, und den Pfannkuchen bei mittlerer Hitze backen.

4. Sobald der Pfannkuchen sich am Rand braun färbt, den Pfannkuchen mit Hilfe eines flachen Tellers oder Deckels wenden. 2 Scheiben Käse auf den Pfannkuchen legen und in 2–3 Minuten fertig backen. Im Backofen warm halten. Auf diese Weise alle 4 Kuchen fertig backen und servieren.

Die Hauptmahlzeit wird in Holland am Abend eingenommen, und bei privaten Einladungen muss man sich nach reichlicher Speise auf üppige Desserts einstellen. Die Äpfel im Schlafrock werden gerne mit Vanillesauce gereicht.

NIEDERLANDE

Äpfel mit Mandeln und Rosinen im Schlafrock gebacken

Zutaten für 4 Personen:

60 g Butter
50 g gehackte Mandeln
25 g Zucker
100 g Rosinen, in Rum eingelegt
4 säuerliche Äpfel
300 g Blätterteig, tiefgefroren
1 Ei, verquirlt
Puderzucker zum Bestreuen

Zubereitung: ca. 30 Minuten

1. Die Butter in einer Pfanne zerlassen. Mandeln und Zucker darin goldbraun karamellisieren. Die Rosinen abtropfen lassen und zu den Mandeln geben. Etwas abkühlen lassen.

2. Die Äpfel schälen, die Kerngehäuse ausstechen und die Äpfel unten flach schneiden, damit sie gut stehen. Äpfel mit der Mandel-Rosinen-Masse füllen.

3. Den Backofen auf 180 Grad vorheizen. Die Blätterteigplatten quadratisch, ca. 15x15 cm groß, ausrollen. Äpfel auf den Blätterteig setzten, Teig an den Enden hochnehmen und die Äpfel wie ein Päckchen einschlagen. Die Päckchen auf ein Kuchenblech mit Backpapier setzen und mit dem Ei bestreichen. Für 15–20 Minuten auf der mittleren Schiene im heißen Ofen backen.

4. Die Äpfel im Schlafrock auf Teller verteilen, großzügig mit Puderzucker bestreuen und servieren.

In Österreich nennt man herzhafte Pfannkuchenstreifen Frittaten. Sie sind neben den Grießnockerln eine der beliebtesten Suppeneinlagen. Eine selbstgemachte Rinderbrühe ist die beste Basis dieser und anderer köstlicher Suppen.

ÖSTERREICH

Kräftige Rinderbrühe mit Frittaten und Schnittlauchröllchen

Zutaten für 6 Personen:

Für die Fleischbrühe:
1 kg Rinderknochen
1 kg Suppenfleisch vom Rind
2 Möhren
1 Stange Lauch
1 Petersilienwurzel
150 g Sellerieknolle
10 Pfefferkörner
1 Lorbeerblatt
1 kleiner Zweig Liebstöckel
Salz und Pfeffer
1 Bund Schnittlauch

Für den Teig:
1/4 l Milch
2 Eier
100 g Mehl
Salz und Pfeffer
geriebene Muskatnuss
2 EL Pflanzenöl

Öl zum Ausbacken

Vorbereitung: ca. 2 Stunden
Zubereitung: ca. 30 Minuten

1. Die Knochen und das Fleisch in einem Sieb mit kochendem Wasser überbrühen. In einen großen Topf legen, mit kaltem Wasser auffüllen und zum Kochen bringen, den aufsteigenden Schaum abschöpfen. Fleisch bei kleiner Hitze ca. 1 Stunde köcheln lassen.

2. Gemüse grob zerteilen und mit den Gewürzen zur Brühe geben, leicht salzen und 1 weitere Stunde köcheln lassen. Fleisch und Knochen herausheben, Brühe durch ein mit einem feuchten Küchentuch ausgelegtes Sieb in einen anderen Topf abgießen und entfetten.

3. Alle Zutaten für den Pfannkuchenteig verquirlen und 30 Minuten quellen lassen. Erneut glatt rühren. Etwas Öl in einer Pfanne erhitzen, 1 Schöpflöffel Teig in die Pfanne gießen, schwenken und einen dünnen, von beiden Seiten goldbraunen Pfannkuchen backen. Auf diese Weise den Teig verarbeiten. Fertige Pfannkuchen stapeln und abdecken.

4. Brühe wieder zum Kochen bringen. Mit Salz und Pfeffer abschmecken. Schnittlauch in Röllchen schneiden. Pfannkuchen aufrollen, in Streifen schneiden und in Suppentellern verteilen. Mit der heißen Rinderbrühe aufgießen und mit Schnittlauch bestreut servieren.

Der Vogerlsalat, auch Feldsalat genannt, ist in der Steiermark überaus populär. Er wird in vielerlei Variationen wie z.B. mit gekochten Rindfleischstreifen, Radieschen oder Pilzen gegessen. Aber Kürbiskernöl gehört auf jeden Fall dazu.

ÖSTERREICH

Vogerlsalat mit pochiertem Ei und Kürbiskernöl-Dressing

Zutaten für 4 Personen:

300 g Vogerlsalat (Feldsalat)
3 EL Kürbiskerne
1 rote Zwiebel
1 kleine Knoblauchzehe
3 EL Rotweinessig
6 EL Kürbiskernöl
Salz
Pfeffer
100 ml Essig
4 frische Eier

Zubereitung: ca. 25 Minuten

1. Den Vogerlsalat putzen und die Wurzelspitzen so entfernen, dass die Blätter noch zusammenhalten. Salat waschen und sorgfältig trockenschleudern.

2. Die Kürbiskerne ohne Fett in einer Pfanne anrösten und beiseitestellen. Die Zwiebel und den Knoblauch schälen, halbieren und in ganz feine Streifen schneiden. In eine Salatschüssel geben und mit Rotweinessig und Öl vermischen. Salzen und pfeffern.

3. In einem Topf 1 Liter Wasser mit dem Essig zum Kochen bringen. 1 Ei in eine Tasse schlagen, das Wasser mit einem Löffel in Drehung bringen und das Ei aus der Tasse langsam hineingleiten lassen. Mit den anderen Eiern ebenso verfahren. Die Eier 2–3 Minuten pochieren, dann herausnehmen und in kaltem Wasser abschrecken. Die Eier aus dem Wasser nehmen und mit Küchenpapier trocken tupfen.

4. Zum Anrichten den Vogerlsalat mit dem Dressing sorgfältig vermischen und auf 4 Teller verteilen. Jeweils 1 pochiertes Ei daraufsetzen und mit Kürbiskernen bestreut servieren.

Auf den Bergen und in den Tälern Tirols sind die Lebensbedingungen der Menschen schon immer etwas rauer gewesen. Deshalb bevorzugen die Tiroler kräftige Gerichte wie Speckknödel, herzhaft gefüllte Nudeltaschen und Krautfleckerl.

ÖSTERREICH

Geschmorte Weißkraut-fleckerl aus dem Zillertal

Zutaten für 4 Personen:

Zubereitung: ca. 45 Minuten
Vorbereitung: ca. 1 Stunde

Für den Nudelteig:
250 g Mehl
2 Eier
1/2 TL Salz
1 EL Öl
1 TL Essig

Für das Kraut:
Salz
1/2 Weißkohl, ca. 700 g
3 EL Schweineschmalz
2 Zwiebeln, geschält und in Streifen geschnitten
2 EL Zucker
1 EL Paprikapulver, edelsüß
200 ml Fleischbrühe
1 EL Butter

1. Das Mehl auf eine Arbeitsfläche schütten und in die Mitte eine Mulde drücken. Eier, Salz, Öl und Essig in die Mulde geben. Mit einer Gabel Eier und Mehl vermischen und dann mit den Händen zu einem elastischen Teig verarbeiten. Zu einer Kugel formen, in Klarsichtfolie wickeln und 1 Stunde in den Kühlschrank legen.

2. Den Nudelteig dünn ausrollen, in 3 cm breite Streifen und dann in 3 cm breite Quadrate schneiden. Einen Topf mit Salzwasser zum Kochen bringen und die Nudelfleckerln darin bissfest kochen. Abgießen, mit kaltem Wasser abspülen und abtropfen lassen.

3. Weißkohl halbieren und den Strunk entfernen. Kohl in schmale Streifen schneiden und in kochendem Salzwasser ca. 2 Minuten blanchieren. Abtropfen lassen.

4. Schmalz in einem großen Topf erhitzen und die Zwiebeln darin anrösten. Zucker dazugeben und karamellisieren lassen. Kohlstreifen untermischen und anbräunen. Paprikapulver darüberstäuben, mit der Brühe ablöschen. Etwa 20 Minuten schmoren lassen. Die Butter in einer Pfanne schmelzen, die Nudelfleckerln darin erwärmen und unter das Kraut mischen.

Das Beuscherl ist ein typisches Gabelfrühstück. Die Wiener lieben es, die kulinarisch gesehen trostlose Zeit zwischen Frühstück und Mittagessen durch eine kleine herzhafte und wohlschmeckende Mahlzeit erträglicher zu gestalten.

ÖSTERREICH

Feines Salon-Beuscherl vom Kalb mit frischem Majoran

Zutaten für 6 Personen:

Vorbereitung: ca. 90 Minuten
Zubereitung: ca. 40 Minuten

1 kg Lunge, Herz und Zunge vom Kalb, küchenfertig
1 Bund Suppengrün
1 Zwiebel, halbiert
5 Pfefferkörner, zerstoßen
1 Gewürznelke
1 Lorbeerblatt
2 Sardellenfilets
1 EL Kapern
1 große Essiggurke
10 eingelegte Perlzwiebeln
1 Knoblauchzehe
1 Bund Petersilie
4 EL Butter
2 EL Mehl
100 ml trockener Weißwein
1 EL mittelscharfer Senf
abgeriebene Schale von 1/2 Zitrone
Salz
frisch gemahlener Pfeffer
100 g saure Sahne
2 EL frische Majoranblätter

1. Das Fleisch mit dem Suppengrün, der Zwiebel und den Gewürzen in einen Topf geben und mit kaltem Wasser bedecken. Zum Kochen bringen, abschäumen und bei kleiner Hitze ca. 1 Stunde gar ziehen lassen.

2. Das Fleisch herausnehmen und etwaige Häute, Adern oder Knorpel wegschneiden. Dann in feine Streifen schneiden. Die Brühe durch ein feines Sieb abgießen, auf 1/2 Liter einkochen lassen. Beiseitestellen.

3. Sardellen, Kapern, Gurke und Perlzwiebeln klein würfeln. Knoblauch schälen und mit der Petersilie klein hacken. Butter in einem Topf erhitzen und die vorbereiteten Zutaten darin andünsten. Mit Mehl bestäuben, etwas anrösten lassen und mit Wein ablöschen. Mit der beiseitegestellten Brühe unter Rühren aufgießen und 30 Minuten sämig einkochen, gelegentlich umrühren.

4. Fleischstreifen in der Sauce erwärmen und mit Senf, Zitronenschale, Salz und Pfeffer herzhaft abschmecken. Die saure Sahne und 1 Esslöffel Majoran unterrühren, in Servierschalen füllen und mit den restlichen Majoranblättern bestreuen.

Das echte Wiener Schnitzel wird oft kopiert, doch selten ganz vollkommen zubereitet. Natürlich stammt das Fleisch vom Kalb, die Semmelbrösel sollten frisch gerieben sein und zum Ausbacken nimmt man Schweine- oder Butterschmalz.

ÖSTERREICH

Das klassische Wiener Schnitzel in knuspriger Panade

Zutaten für 4 Personen:

4 Kalbsschnitzel à 150 g, ca. 5 mm dünn geschnitten
2 Eier
2 EL Milch
4 EL Mehl
80 g Semmelbrösel
Salz
frisch gemahlener Pfeffer
200 g Schweine- oder Butterschmalz
1 unbehandelte Zitrone
1 kleines Bund krause Petersilie, gewaschen und trocken geschleudert

Zubereitung: ca. 20 Minuten

1. Die Schnitzel zwischen zwei Klarsichtfolien leicht flach klopfen. Vorhandene Hautränder einschneiden, damit sich das Fleisch beim Backen nicht zusammenzieht.

2. Die Eier und die Milch in einem tiefen Teller verquirlen. Mehl und Semmelbrösel in 2 Teller streuen. Die Schnitzel salzen und pfeffern. Zuerst in Mehl wenden, überschüssiges Mehl abschütteln. Dann durch das verquirlte Ei ziehen, etwas abtropfen lassen, in den Semmelbröseln wenden und die Panade leicht andrücken. Überschüssige Brösel abschütteln.

3. In einer großen Pfanne das Fett erhitzen. Es sollte ca. 1 cm hoch stehen. Wenn man eine feuchte Gabel durch das Fett zieht und es deutlich zischt, ist es heiß genug. Die Schnitzel nacheinander auf beiden Seiten in 3–4 Minuten goldbraun ausbacken. Fertige Schnitzel kurz auf Küchenpapier abtropfen lassen und warm stellen.

4. Die Zitrone achteln. Schnitzel auf vorgewärmten Tellern mit Zitronenschnitzen und Petersilie garniert servieren.

Die Esterházys waren eine der wohlhabendsten und einflussreichsten Fürstenfamilien in der österreichischen Geschichte. Sie haben der Küche der k.u.k.-Ära eine ganze Reihe von Gerichten hinterlassen, die ihren Namen tragen.

ÖSTERREICH

Zwiebelrostbraten Esterházy mit Gemüsejulienne

Zutaten für 4 Personen:

Zubereitung: ca. 30 Minuten

4 dicke Rumpsteaks à 250 g
Salz
frisch gemahlener Pfeffer
2 EL Butterschmalz
2 große weiße Zwiebeln
4 EL Butter
2 EL Mehl
1/4 l heiße Rinderbrühe
300 g Wurzelgemüse (Möhre, Petersilienwurzel, Sellerie, Lauch), in feine Juliennestreifen geschnitten
50 g saure Sahne, mit 1 TL Speisestärke verrührt
1 TL scharfer Senf
1 EL abgeriebene Zitronenschale
2 EL Kapern
2 EL fein gehackte Petersilie

1. Die Rumpsteaks an den Rändern leicht einschneiden. Mit Salz und Pfeffer würzen. In einer großen Pfanne mit Deckel das Schmalz erhitzen und das Fleisch auf beiden Seiten kurz anbraten. Herausnehmen, beiseitestellen und das überschüssige Bratfett abgießen.

2. Zwiebeln schälen und in feine Ringe schneiden. Die Hälfte der Butter in die Pfanne geben und schmelzen, die Zwiebeln darin goldbraun anbraten. Mit Mehl überstäuben, etwas anrösten und dann mit der heißen Rinderbrühe ablöschen. Aufkochen und den Bratensatz lösen.

3. Die Fleischscheiben dazugeben, mit Zwiebeln und Sauce bedecken. Mit dem Deckel verschließen und bei kleinster Hitze ca. 5 Minuten garen. Inzwischen die restliche Butter in einer Pfanne erhitzen, die Gemüsestreifen und 1–2 EL Wasser dazugeben und 10 Minuten dünsten. Die Kapern abspülen und klein hacken.

4. Die Rumpsteaks auf vorgewärmte Teller legen. Die Sauce aufkochen, Sahne einrühren und binden lassen. Mit Salz, Pfeffer, Senf und Zitronenschale abschmecken und über das Fleisch verteilen. Gemüsejulienne darauf anrichten, mit Kapern und Petersilie bestreuen.

ÖSTERREICH

Saftiger kaiserlicher Tafelspitz mit frisch geriebenem Apfelkren

Zubereitung: ca. 15 Minuten
Garen: ca. 60–90 Minuten
Zutaten für 6 Personen:

3 l Rinderbrühe
1 Bund Suppengrün
5 Pfefferkörner
1 Lorbeerblatt
Salz
1 kg Tafelspitz
120 g Kren (frischer Meerrettich)
2 säuerliche Äpfel
Saft von 1 Zitrone
1 EL Sonnenblumenöl
Salz und Zucker

1. Die Rinderbrühe mit dem Suppengrün, den Gewürzen und etwas Salz in einem großen Topf zum Kochen bringen. Tafelspitz hineinlegen. Falls das Fleisch nicht ganz bedeckt ist, kochende Brühe oder Wasser nachgießen. Bei kleiner Hitze 60–90 Minuten garziehen lassen.

2. Für den Apfelkren den Meerrettich und die Äpfel schälen und fein reiben. Zitronensaft und Öl dazugeben und mit Salz und Zucker kräftig abschmecken.

3. Zum Servieren den Tafelspitz aus der Brühe nehmen und mit einem scharfen Messer quer zur Faser in dünne Scheiben schneiden. Auf eine vorgewärmte Servierplatte legen, mit etwas Brühe übergießen. Mit Apfelkren und Schnittlauchsauce servieren.

ÖSTERREICH

Kalte Wiener Schnittlauchsauce süßsauer abgeschmeckt

Zubereitung: ca. 10 Minuten
Zutaten für 6 Personen:

1 Bund Schnittlauch
1 Scheibe Weißbrot ohne Rinde
etwas Milch
3 hart gekochte Eier
2 EL Zitronensaft
6 EL Sonnenblumenöl
Salz
frisch gemahlener Pfeffer
Zucker

1. Schnittlauch waschen und trockenschleudern. Weißbrot in etwas Milch einweichen. Eier schälen, halbieren und das Eigelb auslösen. Eiweiß anderweitig verwenden.

2. Das Brot ausdrücken und mit Eigelb, Zitronensaft und Sonnenblumenöl im Küchenmixer zu einer glatten Masse pürieren. So viel Öl hinzufügen, bis die gewünschte Konsistenz erreicht ist. Mit Salz, Pfeffer und Zucker süßsauer abschmecken.

3. Den Schnittlauch in feine Röllchen schneiden und den größten Teil unter die Sauce mischen. In eine oder mehrere Servierschüsseln füllen und zum Tafelspitz reichen.

Bei diesem Fischgericht wird der starke ungarische Einfluss auf die österreichische Küche deutlich: Zwiebeln, Knoblauch und Paprika verbinden sich geschmacklich perfekt mit den Fischen des Neusiedlersees und feinen Rotweinaromen.

ÖSTERREICH

Zanderfilets vom Neusiedlersee mit Zwiebel-Paprika-Gemüse

Zutaten für 4 Personen:

2 rote Zwiebeln
2 Knoblauchzehen
2 rote Paprikaschoten
3 EL Öl
1 TL Paprikapulver, edelsüß
1 TL Tomatenmark
3 Tomaten, enthäutet, entkernt und grob gewürfelt
Salz
frisch gemahlener Pfeffer
Zucker
1/8 l trockener Rotwein
300 ml Fischfond
1 EL Rotweinessig

Zubereitung: ca. 35 Minuten

1. Die Zwiebeln und den Knoblauch schälen. Zwiebeln halbieren und in feine Streifen schneiden, Knoblauch klein würfeln. Paprika waschen, halbieren und die Kerne sowie die weißen Lamellen entfernen. Die Paprika in ca. 1 cm große Stücke schneiden.

2. Öl in einer Pfanne erhitzen und die Zwiebeln glasig dünsten. Knoblauch, Paprikapulver und Tomatenmark hinzufügen, kurz mitrösten. Die Paprikastücke und Tomaten dazugeben. Mit Salz, Pfeffer und Zucker würzen und mit Rotwein ablöschen. Fischfond angießen und etwas einkochen lassen. Den Backofen auf 200 Grad vorheizen.

3. Das Zwiebel-Paprika-Gemüse mit der Sauce in eine ofenfeste Form umfüllen. Die Fischfilets salzen und pfeffern, nebeneinander auf das Gemüse legen und mit etwas Gemüse und Sauce bedecken. 10–15 Minuten im heißen Ofen garen.

4. Zum Servieren die Fischfilets vorsichtig auf vorgewärmte Teller legen. Auf jeden Teller etwas Zwiebel-Paprika-Gemüse geben. Sauce nochmals mit Salz, Pfeffer, Zucker und Essig abschmecken und danach um den Fisch verteilen.

Professor Zweigelt, ein großer Gelehrter des österreichischen Weinbaus, kreuzte aus Blaufränkischer und St. Laurenter Traube eine neue Rebsorte. Sie bringt hohen Ertrag, hat ein wunderbares Kirscharoma und trägt seinen Namen, Zweigelt.

ÖSTERREICH

Gebeizter Rehrücken in Zweigelt mit Pilzen und Kirschen

Zutaten für 6 Personen:

Marinieren: ca. 1 Stunde
Zubereitung: ca. 1 Stunde

10 Pfefferkörner
4 Wacholderbeeren
1 Gewürznelke
1 kleines Stück Zimtstange
1 TL Korianderkörner
1 Lorbeerblatt
1 TL abgeriebene Zitronenschale
6 EL Öl
1 Rehrücken, küchenfertig und gehäutet
Salz und Pfeffer
3 EL Butter
250 g Wurzelgemüse (Möhre, Petersilienwurzel, Sellerie), in kleine Würfel geschnitten
1 Knoblauchzehe, gehackt
1/8 l Zweigelt
400 ml Wildfond
300 g gemischte Waldpilze (z.B. Egerlinge, Morcheln, Steinpilze), geputzt und klein geschnitten
200 g entsteinte Sauerkirschen

1. In einem Mörser die Gewürze zerstoßen. Zitronenschale, 1–2 Esslöffel Öl hinzufügen und zu einer Paste verrühren. Den Rehrücken auf der Oberseite damit einreiben. Mit Klarsichtfolie abdecken und ca. 1 Stunde bei Zimmertemperatur marinieren.

2. Backofen auf 220 Grad vorheizen. Die Marinade vom Fleisch abstreifen. Rehrücken in einen Bräter legen, salzen, pfeffern und mit dem restlichen Öl bestreichen. 10 Minuten im heißen Ofen anbraten, dabei mehrmals mit dem Bratfett bestreichen. Temperatur auf 160 Grad reduzieren und weitere 15 Minuten braten. Die Temperatur auf 80 Grad senken. Fleisch auf ein Backblech legen, 20 Minuten im Ofen ruhen lassen.

3. Überschüssiges Bratfett aus dem Bräter abgießen, 2 Esslöffel Butter darin erhitzen. Gemüse und Knoblauch darin andünsten. Mit Wein ablöschen und den Fond angießen. Auf die Hälfte einkochen, mit Salz und Pfeffer abschmecken. Die Kirschen in der Sauce erwärmen.

4. Pilze mit der restlichen Butter dünsten. Fleisch auslösen, schräg in Scheiben schneiden und auf eine vorgewärmte Platte legen. Mit der Kirschsauce und den Pilzen servieren.

Die Wachau, an der Donau zwischen Melk und Krems gelegen, ist ein besonderes Stück Erde. In diesem sonnenreichen Mikroklima wachsen Marillen (Aprikosen) bester Qualität. Es gibt dort wunderbare Konfitüren und Schnäpse.

ÖSTERREICH

Marillenknödel aus der Wachau mit Butterbröseln

Zutaten für 12 Stück:

Vorbereitung: ca. 45 Minuten
Zubereitung: ca. 20 Minuten

Für den Teig:
1/2 kg Kartoffeln, mehlig kochend
Salz
125 g Mehl
40 g Grieß
2 EL weiche Butter
1 Eigelb

12 Marillen (Aprikosen)
12 Stück Würfelzucker
60 g Butter
60 g Semmelbrösel

1. Die Kartoffeln in gesalzenem Wasser gar kochen. Abgießen und im heißen Topf ausdampfen lassen. Kartoffeln schälen, durch die Kartoffelpresse in eine Schüssel drücken und abkühlen lassen.

2. Mehl, Grieß, Butter, Eigelb und eine Prise Salz zu den Kartoffeln geben und alles zu einem glatten Teig verarbeiten. Auf einer bemehlten Arbeitsfläche zu einer dicken Rolle formen. Mit einem Küchentuch abdecken. Marillen waschen, auf einer Seite einschneiden und den Kern entfernen. Mit dem Würfelzucker füllen.

3. Die Teigrolle in 12 Scheiben schneiden. Mit bemehlten Handflächen jede Teigscheibe flach drücken und eine Marille in die Mitte setzen. Den Teig darüberschlagen und zu einem Knödel formen. Die Marillen müssen vollständig vom Teig umhüllt sein.

4. In einem großen Topf leicht gesalzenes Wasser zum Kochen bringen. Die Knödel darin portionsweise bei kleiner Hitze ca. 5 Minuten garen. Sie sind gar, wenn sie an die Oberfläche steigen. Mit einem Schaumlöffel auf eine Platte heben und warm stellen. In einer Pfanne die Butter schmelzen und die Semmelbrösel braun rösten. Die Knödel darin wenden und servieren.

Der Kaiserschmarren, ursprünglich bäuerlicher Herkunft, hat eine erstaunliche Karriere gemacht. Zwar brauchte er recht lange, bis er an den Wiener Hof vorgelassen wurde, doch dann avancierte er schnell zum kaiserlichen Leibgericht.

ÖSTERREICH

Wiener Kaiserschmarren mit Mandeln und Rosinen

Zutaten für 4 Personen:

8 Eier
220 ml Milch
1 EL Zucker
100 g Mehl
30 g Rosinen
1–2 EL Rum
30 g Mandelstifte
Salz
Butterschmalz zum Backen
50 g Puderzucker

Zubereitung: ca. 20 Minuten
Vorbereitung: ca. 15 Minuten

1. Die Eier trennen. Eiweiß beiseitestellen. Eigelb in einer Schüssel mit Milch und Zucker vermischen. Das Mehl dazusieben und unterrühren. Den Eierteig ca. 10 Minuten ruhen lassen. Die Rosinen im Rum quellen lassen. Die Mandelstifte ohne Fett in einer Pfanne rösten.

2. Das Eiweiß mit einer Prise Salz steif schlagen. Mit einem Schneebesen vorsichtig unter den Eierteig heben. Die Rosinen abtropfen lassen und unter den Teig rühren.

3. In einer großen Pfanne 1 Esslöffel Butterschmalz erhitzen und den Teig fingerdick einfüllen. Bei kleiner Hitze auf beiden Seiten goldbraun backen.

4. Den Eierkuchen mit einer Kuchengabel in grobe Stücke reißen, mit der Hälfte des Puderzuckers bestäuben und mit den Mandeln bestreuen. Unter häufigem Wenden noch einige Minuten weiterbacken, damit der Zucker karamellisiert.

5. Kaiserschmarren auf eine Servierplatte geben und mit dem restlichen Puderzucker überstäuben.

Salzburger Nockerln sind wirklich filigrane Geschöpfe. Sie behalten ihre Form nur so lange, wie die Luft in ihnen heiß ist. Für das Servicepersonal der Salzburger Lokale ist es schon eine Herausforderung, die Nockerln heil zum Gast zu bringen.

ÖSTERREICH

Salzburger Nockerln mit Vanille aus dem Ofen

Zutaten für 4 Personen:

5 große frische Eier
Salz
3 EL Zucker
2 EL Bourbonvanillezucker
1 EL abgeriebene Zitronenschale
60 g süße Sahne
Puderzucker zum Bestäuben

Vorbereitung: ca. 10 Minuten
Zubereitung: ca. 10 Minuten

1. Die Eier trennen. 3 Eigelb anderweitig verwenden. Eiweiß in einer Schüssel mit einer Prise Salz sehr steif schlagen und dabei 2 Esslöffel Zucker einrieseln lassen.

2. Eigelb mit 1 Esslöffel Vanillezucker und der abgeriebenen Zitronenschale verrühren. Etwas Eischnee zum Auflockern untermischen. Dann die Masse vorsichtig unter den restlichen Eischnee heben.

3. Backofen auf 200 Grad vorheizen. Eine ofenfeste Form gut mit Butter einfetten und mit dem restlichen Zucker ausstreuen. Mit zwei Teigspachteln (oder zwei großen Löffeln) Nockerln formen und in die Form setzen. Danach für 5 Minuten in die Mitte des Backofens schieben.

4. Inzwischen die Sahne mit dem restlichen Vanillezucker in einem kleinen Topf zum Kochen bringen. Die heiße Sahne zwischen die Nockerln in die Backform gießen. Weitere 3–4 Minuten backen.

5. Die Nockerln sind fertig, wenn sie außen schön gebacken und innen noch cremig sind. Nockerln mit Puderzucker überstäuben und sofort servieren.

Viele Wiener Hausfrauen haben eine große Blechdose, in der sie übrig gebliebene Biskuitabschnitte aufbewahren. Zu Bröseln gerieben, binden sie die austretende Flüssigkeit der Äpfel und halten so den Apfelstrudel innen saftig.

ÖSTERREICH

Altwiener Apfelstrudel mit Walnüssen und Schlagsahne

Zutaten für 6 Personen:

50 g Rosinen
5 cl Rum
1 kg säuerliche Äpfel
Saft von 1 Zitrone
100 g Zucker
1 EL Vanillezucker
1 TL gemahlener Zimt
200 g Strudelteig, gekühltes Fertigprodukt
100 g flüssige Butter
100 g Biskuitbrösel, ersatzweise Semmelbrösel
70 g gehackte Walnüsse
Puderzucker zum Bestäuben
200 g süße Sahne

Vorbereitung: ca. 20 Minuten
Zubereitung: ca. 1 Stunde

1. Die Rosinen in Rum einlegen. Die Äpfel schälen, vierteln und entkernen. In dünne Scheiben schneiden und mit Zitronensaft beträufeln. Den Zucker mit Vanillezucker und Zimt mischen.

2. Den Strudelteig auf einem bemehlten Küchentuch ausbreiten. Mit der Hälfte der flüssigen Butter bestreichen. Die Teigplatte zu 2/3 mit Biskuitbröseln bestreuen, dann die Apfelscheiben darauf verteilen. Walnüsse und Rosinen darüber verteilen.

3. Backofen auf 180 Grad vorheizen. Mit Hilfe des Küchentuchs den Teig straff aufrollen. Ein Kuchenblech mit Backpapier auslegen und den Strudel mit der Nahtseite nach unten auf das Blech legen. Die Enden unterschlagen. Mit der restlichen Butter bestreichen.

4. Den Strudel auf der unteren Schiene im Backofen 50–60 Minuten backen. Etwas abkühlen lassen und großzügig mit Puderzucker überstäuben.

5. Die Sahne steif schlagen. Den Strudel lauwarm oder kalt mit der Schlagsahne servieren.

Die Linzer Torte ist älter als ihre berühmte Schwester, die Sachertorte. Sie wurde schon in Kochbüchern des 18. Jahrhunderts wegen ihres guten Geschmacks und ihrer langen Haltbarkeit gerühmt und wurde so zu einem Exportschlager.

ÖSTERREICH

Feine Linzer Torte mit Mandeln und Johannisbeermarmelade

Zutaten für 16 Stück:

Vorbereitung: ca. 70 Minuten
Backen: ca. 1 Stunde

300 g gemahlene Mandeln
300 g Mehl
200 g Zucker
1 TL gemahlener Zimt
1 Msp. Nelkenpulver
1 Prise geriebene Muskatnuss
1 Prise Salz
1 Ei
1 Eigelb
200 g weiche Butter
Butter für die Backform
1 große Backoblate (24 cm)
200 g Johannisbeermarmelade
1 Eigelb zum Bestreichen
Puderzucker zum Bestäuben

1. Mandeln, Mehl und Zucker in einer Schüssel mischen. Gewürze, Ei und Eigelb hinzufügen. Mit der Butter zügig zu einem Mürbeteig verarbeiten. Den Teig in Klarsichtfolie wickeln und 1 Stunde kühl stellen.

2. Eine Springform von ca. 28 cm Durchmesser ausbuttern. 2/3 des Teigs in der Größe der Backform ausrollen und in die Form legen. Einen Rand formen. Die Backoblate auf den Teig legen und die Johannisbeermarmelade darauf verteilen.

3. Backofen auf 180 Grad vorheizen. Den restlichen Teig dünn ausrollen und mit dem gezackten Teigrad in ca. 1 cm breite Bänder schneiden. Die Teigbänder gitterartig über den Kuchen legen. Überstehenden Teig abschneiden. Die Teigreste erneut zu einer dünnen Rolle formen und rund um den Rand andrücken. Teiggitter mit verquirltem Eigelb bestreichen.

4. Die Linzer Torte 50–60 Minuten im heißen Ofen backen. Dann herausnehmen, etwas erkalten lassen und aus der Springform auf eine Kuchenplatte legen. Mit Puderzucker überstäuben. Die Linzer Torte sollte am besten eine Nacht durchziehen.

Die Stadt Luzern in der deutschsprachigen Zentralschweiz liegt malerisch am Vierwaldstätter See. Rund 5 Millionen Touristen besuchen jährlich die Stadt. Eines ihrer Wahrzeichen ist die älteste erhaltene Holzbrücke Europas.

SCHWEIZ

Luzerner Petersiliensuppe mit Räucherfisch und Croûtons

Zutaten für 4 Personen:

2 große Bund Petersilie
4 Schalotten
5 EL Butter
100 ml Weißwein
400 ml Geflügelfond
150 g süße Sahne
150 g saure Sahne
Salz
frisch gemahlener Pfeffer
2 Scheiben Toastbrot
2 geräucherte Forellenfilets

Zubereitung: ca. 15 Minuten

1. Die Petersilie waschen und trockenschütteln. Die Stiele hacken, die Blättchen separat fein hacken. Die Schalotten schälen und in kleine Würfel schneiden.

2. Die Hälfte der Butter in einem Topf erhitzen. Schalotten und Petersilienstiele darin anschwitzen. Mit dem Weißwein ablöschen und den Geflügelfond angießen. Die süße Sahne einrühren und die Suppe 20 Minuten bei kleiner Hitze köcheln lassen.

3. Für die Croûtons das Toastbrot entrinden und in Würfel schneiden. In der restlichen Butter goldbraun anbraten. Die Forellenfilets ohne Haut in Streifen schneiden.

4. Die gehackten Petersilienblättchen und die saure Sahne in die Suppe geben. Noch 2 Minuten köcheln. Suppe mit einem Stabmixer pürieren und schaumig aufmixen. Mit Salz und Pfeffer abschmecken.

5. Die Suppe in tiefe Teller geben. Forellenfilets und Croûtons darauf verteilen und sofort servieren.

Käse ist in der Schweiz in allen Variationen ein Grundnahrungsmittel und Bestandteil vieler Gerichte. Weit über die Landesgrenzen hinaus bekannt ist das Käsefondue, das man in jedem Kanton nach einer anderen Rezeptur zubereitet.

SCHWEIZ

Genfer Käsefondue mit Morcheln und Weißwein

Zutaten für 4 Personen:

10 g getrocknete Morcheln
1 EL Butter
300 g Greyerzer
200 g Alpkäse
100 g Emmentaler
1 Knoblauchzehe
200 ml Weißwein
2 TL Speisestärke
frisch gemahlener Pfeffer
1 Baguette, in mundgerechte Würfel geschnitten

Vorbereitung: ca. 1 Stunde
Zubereitung: ca. 25 Minuten

1. Die Morcheln in lauwarmem Wasser 1 Stunde quellen lassen. Dann durch ein Haarsieb abgießen, dabei den Morchelsud auffangen. Die Morcheln mehrmals unter fließendem Wasser waschen, gut abtropfen lassen und grob hacken.

2. Die Butter in einem kleinen Topf zerlassen und die Morcheln 10 Minuten darin dünsten.

3. Den Käse reiben. Den Knoblauch schälen und einen Fonduetopf mit dem Knoblauch ausreiben. Den Käse unter Rühren mit dem Wein im Fonduetopf aufkochen. Die Speisestärke mit etwas Morchelwasser verquirlen und unter den geschmolzenen Käse rühren. Wenn das Fondue die gewünschte Konsistenz hat, die Morcheln unterrühren. Mit Pfeffer abschmecken.

4. Den Fonduetopf auf den Spirituskocher stellen und das Fondue weiterköcheln lassen. Immer wieder mit den auf Fonduegabeln aufgespießten Brotwürfeln umrühren, damit das Fondue sämig bleibt.

In der traditionellen Schweizer Küche wird gerne viel Butter, Sahne und Käse verwendet. Das liegt zum Teil auch daran, dass Gerichte wie diese Älpler Magronen ursprünglich für die hart arbeitende Landbevölkerung gedacht waren.

SCHWEIZ

Älpler Magronen mit Sbrinz und frischen Kräutern

Zutaten für 4 Personen:

300 g festkochende Kartoffeln
2 Zwiebeln
3 EL Butter
1 l Brühe
400 g kurze Röhrennudeln
60 g Haselnüsse, grob gehackt
2 EL fein gehackte Petersilie
1 EL fein gehackter Thymian
300 g Sbrinz
Salz
frisch gemahlener Pfeffer

Zubereitung: ca. 35 Minuten

1. Die Kartoffeln waschen, schälen und in kleine Würfel schneiden. Die Zwiebeln schälen und ebenfalls klein würfeln.

2. Die Butter in einem Topf zerlassen und die Zwiebeln darin anschwitzen. Die Kartoffeln zufügen und kurz andünsten. Mit der Brühe aufgießen und 10 Minuten kochen lassen. Dann die Nudeln untermischen und weitere 10 Minuten kochen.

3. Die Haselnüsse in einer Pfanne ohne Fett goldbraun rösten. Petersilie und Thymian mit der Hälfte der Haselnüsse und 6 Esslöffeln Kochbrühe im Mixer pürieren. Den Käse reiben.

4. Käse und Kräuterpaste unter die Nudeln rühren und den Käse in der heißen Brühe schmelzen. Mit Salz und Pfeffer abschmecken. Vor dem Servieren mit den restlichen Haselnüssen bestreuen.

Das Tessin ist die Sonnenstube der Schweiz. Im mediterranen Klima des Lago Maggiore gedeihen nicht nur Feigen und Zitronen – hier wird sogar Reis angebaut. Der Tessiner Rotwein, ein kräftiger Merlot, ist in der ganzen Schweiz beliebt.

SCHWEIZ

Tessiner Rotwein-Risotto mit Radicchio und Frischkäse

Zutaten für 4 Personen:

1 Zwiebel
1 l Gemüsebrühe
2 EL Butter
300 g Risotto-Reis
1 Msp. Safran
100 ml Rotwein
1 Radicchio
2 EL Doppelrahm-Frischkäse
Salz
frisch gemahlener Pfeffer
1 EL fein geschnittenes rotes Basilikum

Zubereitung: ca. 30 Minuten

1. Die Zwiebel schälen und in feine Würfel schneiden. Die Gemüsebrühe erhitzen.

2. Die Butter in einem Topf zerlassen und die Zwiebel darin glasig dünsten. Den Reis und den Safran zufügen und anschwitzen. Mit dem Wein ablöschen. Wenn der Wein fast verdampft ist, 1/3 der heißen Brühe unter Rühren angießen. Diesen Vorgang zweimal wiederholen, dazwischen immer wieder den Risotto umrühren. Die Garzeit, bis der Reis bissfest ist, beträgt ca. 20 Minuten.

3. Den Radicchio putzen und halbieren. Den Strunk entfernen und den Radicchio in feine Streifen schneiden. 5 Minuten vor Ende der Garzeit unter den Risotto mischen.

4. Risotto vom Herd nehmen und den Frischkäse unterrühren. Mit Salz und Pfeffer würzen und mit dem Basilikum bestreut servieren.

Wähen werden in der gesamten Schweiz gebacken. Meist sind es süße Blätterteigkuchen, die mit frischen Früchten wie Äpfel, Birnen oder Aprikosen belegt werden. Diese herzhafte Variante mit Gemüse findet immer mehr Anhänger.

SCHWEIZ

Nicoles Brokkoli-Käse-Wähe mit Blätterteig

Zutaten für 4 Personen:

250 g Blätterteig (Tiefkühlprodukt)
200 g geriebener Emmentaler
500 g Brokkoliröschen
3 Eier
200 g Hüttenkäse
1/8 l Weißwein
2 EL fein gehackte Petersilie
Salz
frisch gemahlener Pfeffer
frisch geriebene Muskatnuss

Außerdem:
1 Tarteform, 24 cm Ø

Zubereitung: ca. 15 Minuten
Backen: ca. 40 Minuten

1. Den aufgetauten Blätterteig rund ausrollen. Die Tarteform mit kaltem Wasser ausspülen und mit dem Teig auslegen, dabei einen Rand hochziehen. Den Teigboden mehrmals mit einer Gabel einstechen und mit der Hälfte des geriebenen Käses bestreuen. Den Backofen auf 200 Grad vorheizen.

2. Die Brokkoliröschen auf den Teigboden geben. Die Eier mit dem Hüttenkäse, dem Wein, der Petersilie, Salz, Pfeffer und Muskatnuss verrühren. Über den Brokkoli verteilen. Im heißen Ofen ca. 40 Minuten backen.

3. Die Wähe aus dem Ofen nehmen und etwas abkühlen lassen. In der Form lauwarm servieren.

Capuns, Mangoldwickel, sind Klassiker der bodenständigen Graubündner Kochkunst. Sie haben sich vom einstigen Arme-Leute-Essen zu einer Delikatesse entwickelt, die heute auch in der Spitzengastronomie einen Platz gefunden hat.

SCHWEIZ

Graubündner Capuns mit Bündnerfleisch gefüllt

Zutaten für 4 Personen:

400 g Weizenvollkornmehl
100 ml Milch
4 Eier
Salz
150 g Bündner Fleisch
je 1 EL fein gehackte Petersilie, Basilikum, Schnittlauch
40 Mangoldblätter
2 weiße Zwiebeln
100 g Butter
75 g frisch geriebener Parmesan

Vorbereitung: ca. 30 Minuten
Zubereitung: ca. 90 Minuten

1. Das Mehl mit der Milch, 100 ml Wasser, den Eiern und 1/2 Teelöffel Salz zu einem geschmeidigen Teig verarbeiten. 30 Minuten ruhen lassen.

2. Das Bündner Fleisch in feine Streifen schneiden und mit den Kräutern unter den Teig mischen.

3. Die Mangoldblätter in kochendem Salzwasser kurz blanchieren, in Eiswasser abkühlen und gut abtropfen lassen. Mangoldblätter nebeneinander auf der Arbeitsfläche ausbreiten. Auf jedes Blatt eine kleine Teigkugel setzen, Blatt darüberschlagen und zu einem Päckchen aufrollen. Den Backofen auf 75 Grad vorheizen.

4. Reichlich Salzwasser zum Kochen bringen. Die Capuns portionsweise 15–20 Minuten knapp unter dem Siedepunkt ziehen lassen. Mit dem Schaumlöffel herausheben, in eine flache Auflaufform setzen und im Ofen warm halten.

5. Die Zwiebeln schälen, halbieren und in dünne Scheiben scheiden. In der Butter goldbraun braten. Zwiebeln mit Butter über die Capuns verteilen, mit Parmesan bestreuen und servieren.

Rund um den Genfer See wird gutes Essen ganz groß geschrieben. Hier befindet sich eine Rekordzahl von Restaurants mit höchsten gastronomischen Auszeichnungen. Eine Spezialität der Region sind die feinen Saiblinge aus dem See.

SCHWEIZ

Gedünstete Genfer-See-Saiblinge mit Thymiansauce

Zutaten für 4 Personen:

4 frische Saiblinge, küchenfertig
Salz
frisch gemahlener Pfeffer
4 Schalotten
3 EL Butter
Saft von 1 Zitrone
200 ml trockener Weißwein
300 ml Gemüsebrühe
2 EL Mehl
1 Eigelb
100 g süße Sahne
1 EL Thymianblättchen

Zubereitung: ca. 20 Minuten
Garen: ca. 20 Minuten

1. Die Saiblinge waschen, trockentupfen und mit Salz und Pfeffer würzen. Schalotten schälen und vierteln.

2. In einer großen tiefen Pfanne 1 Esslöffel Butter zerlassen und die Schalotten darin anschwitzen. Die Saiblinge nebeneinander in die Pfanne legen und mit dem Zitronensaft beträufeln. Den Weißwein und die Gemüsebrühe angießen und zum Kochen bringen. Die Fische zugedeckt bei kleiner Hitze ca. 20 Minuten gar ziehen lassen. Den Backofen auf 75 Grad vorheizen.

3. Die Fische aus dem Sud heben und im Ofen warm halten. Den Fischsud abseihen.

4. Die restliche Butter in einem Topf zerlassen, das Mehl einrühren und hellgelb anschwitzen. 1/2 Liter Fischsud unter Rühren angießen. Die Sauce dicklich einkochen. Das Eigelb mit der Sahne verquirlen. Die Sauce vom Herd nehmen und die Eisahne einrühren. Mit Salz und Pfeffer abschmecken.

5. Die Saiblinge auf 4 vorgewärmte Teller legen und mit der Sauce überziehen. Mit dem Thymian bestreuen und servieren.

Das Appenzellerland reicht vom Bodensee bis zum Säntis. Ein echtes Vorzeigestück der Appenzeller ist das Mostbröckli – ein rohes Stück Fleisch, in Trockensalz und Würzmischung gelagert, anschließend geräuchert und getrocknet.

SCHWEIZ

Appenzeller Rindfleisch-Rouladen in Apfelwein geschmort

Zutaten für 4 Personen:

4 dünne Scheiben Rindfleisch aus der Hüfte à 120 g
Salz
frisch gemahlener Pfeffer
8 Scheiben Mostbröckli, ersatzweise roher Schinken
4 dünne Scheiben Appenzeller
150 g Kalbsbrät
1 EL fein gehackte Petersilie
1 weiße Zwiebel
2 EL Butterschmalz
1 EL Mehl
400 ml Apfelwein
1 Lorbeerblatt
2 Gewürznelken
1 Apfel
Zucker

Zubereitung: ca. 20 Minuten
Garen: ca. 45 Minuten

1. Das Fleisch auf der Arbeitsfläche ausbreiten, flachklopfen und mit Salz und Pfeffer würzen. Auf jedes Stück 2 Scheiben Mostbröckli und 1 Scheibe Käse legen.

2. Das Kalbsbrät mit der Petersilie mischen. Auf den Käse streichen. Fleisch wie eine Roulade aufwickeln und mit Küchengarn zusammenbinden.

3. Die Zwiebel schälen und in kleine Würfel schneiden. Das Butterschmalz in einer Pfanne erhitzen und die Rouladen darin von allen Seiten anbraten. Die Zwiebel zugeben und hellgelb anschwitzen. Mit dem Mehl überstäuben. Den Apfelwein angießen, Lorbeerblatt und Gewürznelken einlegen. Zugedeckt 40–45 Minuten köcheln lassen.

4. Den Apfel schälen, vierteln, entkernen und in kleine Würfel schneiden. 5 Minuten vor Ende der Garzeit zu den Rouladen geben.

5. Rouladen auf 4 vorgewärmte Teller legen. Lorbeerblatt und Gewürznelken aus der Sauce entfernen. Die Sauce mit Zucker, Salz und Pfeffer abschmecken und über die Rouladen geben.

Der Kanton Wallis ist die einzige Region der Schweiz, wo Safran angebaut und geerntet wird. Im Berner Emmental durfte das kostbare Gewürz früher bei keinem festlichen Gericht fehlen, ob bei feinem Gebäck oder großen Braten.

SCHWEIZ

Berner Schweinebraten in Safransauce mit Kräutern

Zutaten für 6 Personen:

1 kg Schweinekotelett, ausgelöst
Salz
frisch gemahlener Pfeffer
1 Bund Suppengrün
1 Zwiebel
1 Lorbeerblatt
2 Gewürznelken
2 EL Butterschmalz
1 Schweinefuß, gehackt
400 ml Fleischbrühe
1 EL fein gehackter Liebstöckel
einige Safranfäden
100 g Crème fraîche
Zucker
1 TL Rotweinessig

Zubereitung: ca. 20 Minuten
Braten: ca. 1 Stunde

1. Das Fleisch waschen, trockentupfen und rundum kräftig mit Salz und Pfeffer einreiben. Das Suppengrün putzen und grob hacken. Die Zwiebel schälen und mit dem Lorbeerblatt und den Gewürznelken spicken. Den Backofen auf 220 Grad vorheizen.

2. Das Butterschmalz in einem Bräter erhitzen und das Fleisch darin von allen Seiten anbraten. Schweinefuß, Suppengrün und gespickte Zwiebel zufügen und anrösten. Mit etwas Brühe übergießen und im heißen Ofen 15 Minuten braten. Dann die Temperatur auf 190 Grad reduzieren.

3. Die restliche Fleischbrühe mit dem Liebstöckel erhitzen und den Safran darin auflösen. Neben den Braten gießen. Den Bräter mit einem Deckel verschließen und das Fleisch weitere 45 Minuten braten.

4. Schweinebraten aus dem Bräter heben und 5 Minuten ruhen lassen. Bratenfond durch ein Sieb passieren, entfetten und etwas einkochen lassen. Vom Herd nehmen, Crème fraîche unterrühren. Sauce mit Salz, Pfeffer, Zucker und Essig abschmecken. Den Braten in Scheiben schneiden und mit der Sauce überziehen.

Früher wurde dieses traditionelle Waadtländer Gebäck von Bäckern der Region aus Brotteig hergestellt und mit Sahne und Salz garniert. Heute enthält es außerdem Butter und Zucker, daher sein französischer Name „Salée au sucre“.

SCHWEIZ

Waadtländer Salzgebäck mit Zucker und Sahne

Zutaten für 4 Personen:

250 g Mehl
6 EL Zucker
Salz
40 g Butter und Butter für die Form
100 ml Milch
1 Päckchen Trockenhefe
1 Ei
250 g süße Sahne
2 EL Speisestärke

Außerdem:
1 Backform, ca. 25 x 30 cm

Vorbereitung: ca. 12 Stunden
Zubereitung: ca. 50 Minuten

1. Das Mehl in eine Schüssel sieben, mit 1 Esslöffel Zucker und 1 Teelöffel Salz vermischen. Die Butter in einem Töpfchen mit der Milch erwärmen. Vom Herd nehmen und abkühlen lassen.

2. Die Trockenhefe mit dem Ei verquirlen. Mit der Buttermilch zum Mehl geben. Alles zu einem glatten Teig verkneten. Zugedeckt über Nacht im Kühlschrank ruhen lassen.

3. Die süße Sahne mit der Speisestärke und dem restlichen Zucker verrühren.

4. Die Backform mit Butter ausfetten. Den Teig auf der bemehlten Arbeitsfläche in Größe der Backform ausrollen und in die Form legen. Die Sahnemischung daraufgießen. Kuchen in den kalten Backofen stellen und bei 180 Grad 25–30 Minuten backen.

Die Essgewohnheiten der Kreter gelten nicht nur unter Medizinern als Paradebeispiel für eine perfekte Ernährungsweise. Frisches Gemüse und qualitativ sehr hochwertiges Olivenöl stehen bei den Inselbewohnern täglich auf dem Tisch.

GRIECHENLAND

Kretischer Sommersalat aus Blattgemüse und Tomaten

Zutaten für 4 Personen:

1/2 Spitzkohl
250 g junger Blattspinat
250 g Mangold
1 Bund Rukola
Salz
2 Knoblauchzehen
Saft von 2 Limetten
2 EL Weißweinessig
frisch gemahlener Pfeffer
1/8 l Olivenöl
4 Fleischtomaten
Zitronenschnitze zum Garnieren

Zubereitung: ca. 35 Minuten

1. Den Spitzkohl putzen und den harten Strunk entfernen. Den Kohl in einzelne Blätter zerteilen und in ca. 2 cm breite Streifen schneiden. Den Spinat verlesen, grobe Stiele entfernen. Die dicken Blattrippen aus den Mangoldblättern schneiden, Blätter in Streifen schneiden. Den Rukola verlesen, Stiele abschneiden, Blätter waschen und trocken schütteln.

2. Spitzkohl, Spinat und Mangold in kochendem Salzwasser einige Minuten dünsten. Dann abgießen und in Eiswasser abkühlen lassen. Das Gemüse abgießen und gut abtropfen lassen.

3. Den geschälten Knoblauch mit 1/2 Teelöffel Salz im Mörser musig zermahlen. Mit Limettensaft, Essig, Pfeffer und Olivenöl zu einer dickflüssigen Marinade aufschlagen.

4. Blattgemüse und Rukola in eine Salatschüssel geben und vermischen. Das Zitronendressing darüber verteilen und unter den Salat heben.

5. Die Tomaten waschen, in Scheiben schneiden und 4 flache Teller damit auslegen. Den Blattsalat darüber verteilen und mit Zitronenschnitzen garnieren.

Feta, ein in Salzlake eingelegter Käse aus Schafsmilch oder einer Mischung aus Schafs- und Ziegenmilch, gehört in Griechenland zu den Grundnahrungsmitteln. Ursprünglich bedeutet „feta" im Griechischen Scheibe oder Schnitte.

GRIECHENLAND

Schafskäse und Zucchini in Pergament mit frischen Kräutern

Zutaten für 4 Personen:

4 kleine Zucchini
2 Knoblauchzehen
Salz
100 ml Olivenöl
4 Scheiben Feta à 125 g
frisch gemahlener Pfeffer
2 TL getrockneter Oregano
100 g entsteinte schwarze Oliven

Außerdem:
4 Bogen Pergamentpapier

Zubereitung: ca. 15 Minuten
Backen: ca. 15 Minuten

1. Die Zucchini längs in ca. 1 cm dicke Scheiben schneiden. Die geschälten Knoblauchzehen mit etwas Salz im Mörser musig zermahlen, dann mit der Hälfte des Olivenöls verrühren. Den Backofen auf 200 Grad vorheizen.

2. Das restliche Olivenöl in einer großen Pfanne erhitzen und die Zucchini darin auf beiden Seiten kurz anbraten. Zucchinischeiben in die Mitte jedes Pergamentpapiers legen. Jeweils 1 Scheibe Feta daraufsetzen, mit Pfeffer und Oregano würzen.

3. Die Oliven in Scheiben schneiden und auf dem Käse verteilen. Das Knoblauchöl darüberträufeln. Pergamentpapier über dem Käse zusammenfalten, Papier an den Seiten nach unten umschlagen. Im heißen Ofen ca. 15 Minuten backen.

4. Käsepäckchen aus dem Ofen nehmen und auf vier Teller legen. Im Pergament servieren.

GRIECHENLAND

Gebratene Spitzpaprikaschoten in Essigmarinade

Zubereitung: ca. 20 Minuten
Marinieren: 20 Minuten
Zutaten für 4 Personen:

500 g kleine Spitzpaprikaschoten
Mehl zum Wenden
1/8 l Olivenöl
Salz
2–3 EL Weißweinessig
1 kleine rote Paprikaschote
75 g schwarze Oliven

1. Die Spitzpaprikaschoten waschen, trockentupfen und in Mehl wenden. Überschüssiges Mehl abklopfen.

2. Das Olivenöl in einer großen Pfanne erhitzen. Paprikaschoten hineingeben und bei mittlerer Hitze 6–7 Minuten braten. Dann die Schoten wenden und auf der anderen Seite weitere 6 Minuten braten.

3. Paprikaschoten aus der Pfanne heben und auf eine Servierplatte legen. Leicht salzen und mit dem Essig beträufeln. 20 Minuten ziehen lassen.

4. Die rote Paprikaschote entkernen und in feine Ringe schneiden. Gebratene Paprika mit den Ringen und den schwarzen Oliven garnieren.

GRIECHENLAND

Auberginen-Knoblauch-Püree mit Zwiebel und Petersilie

Backen: ca. 35 Minuten
Zubereitung: ca. 15 Minuten
Zutaten für 4 Personen:

750 g runde Auberginen
3 Knoblauchzehen
Saft von 1 Zitrone
Salz
1 weiße Zwiebel
2 EL Mayonnaise
2 EL griechischer Joghurt
2 EL fein gehackte Petersilie

1. Den Backofen auf 225 Grad vorheizen. Die Auberginen mehrmals mit einer Gabel einstechen und auf ein Backblech legen. Im heißen Ofen ca. 35 Minuten backen, bis die Haut geröstet ist.

2. Auberginen aus dem Ofen nehmen und etwas abkühlen lassen. Dann die Haut abziehen und das Fruchtfleisch mit dem geschälten Knoblauch und dem Zitronensaft pürieren, mit Salz würzen.

3. Geschälte Zwiebel klein würfeln, mit Mayonnaise, Joghurt und Petersilie unter das Auberginenpüree mischen.

Knusprig ausgebackene Gemüseküchlein sind eine beliebte Vorspeise in Griechenland. Man kann aus dem Teig auch kleine Kroketten formen und als schmackhafte Beilage zu gegrilltem Fisch, Geflügel oder Fleisch servieren.

GRIECHENLAND

Saftige Zucchiniküchlein mit Käse in Olivenöl ausgebacken

Zutaten für 4 Personen:

750 g Zucchini
Salz
1 Stange Lauch
1 Gemüsezwiebel
2 gekochte Kartoffeln
2 Eier
150 g Semmelbrösel
200 g geriebener Hartkäse
2 EL Mehl
1 EL fein gehackte Minze
frisch gemahlener Pfeffer
frisch geriebene Muskatnuss
Pflanzenöl zum Frittieren

Zubereitung: ca. 25 Minuten
Ziehen lassen: ca. 45 Minuten

1. Die Zucchini grob raspeln und in ein Sieb geben. Leicht salzen und 30 Minuten ziehen lassen. Dann in einem sauberen Küchentuch gut ausdrücken.

2. Das Weiße vom Lauch in feine Ringe schneiden. Zwiebel und Kartoffeln schälen und fein reiben. Mit Zucchini, Eiern, der Hälfte der Semmelbrösel, Käse, Mehl und Minze gründlich mischen. Die Masse mit Pfeffer und Muskatnuss abschmecken und 15 Minuten ziehen lassen.

3. Das Öl in einer Fritteuse oder einer tiefen Pfanne auf 175 Grad erhitzen. Aus dem Gemüseteig kleine Küchlein formen und in den restlichen Semmelbröseln wenden. Portionsweise im heißen Öl auf beiden Seiten goldbraun ausbacken. Kurz auf Küchenpapier abtropfen lassen.

4. Die Zucchiniküchlein auf einer Servierplatte anrichten und heiß servieren.

„Garides Juvetsaki" heißt dieses einfache Gericht, das man überall in Griechenland findet. Dazu reicht man frisches Weißbrot, das fast alle Speisen begleitet. Wer damit die Sauce auftunkt, zeigt dem Gastgeber, dass es ihm geschmeckt hat.

GRIECHENLAND

Griechische Garnelen mit Feta in Oliven-Tomatensauce

Zutaten für 4 Personen:

2 Zwiebeln
100 ml Olivenöl
1 große Dose geschälte Tomaten
Salz
frisch gemahlener Pfeffer
100 g schwarze Oliven
750 g rohe mittelgroße Garnelen
1 EL fein gehackter Oregano
100 g Feta

Zubereitung: ca. 45 Minuten

1. Die Zwiebeln schälen und in kleine Würfel schneiden. Das Öl in einer tiefen Pfanne erhitzen und die Zwiebeln darin goldbraun anbraten. Die Tomaten samt Flüssigkeit hinzufügen, Tomaten mit einer Gabel am Pfannenrand zerdrücken. Zum Kochen bringen, mit Salz und Pfeffer würzen und die Oliven dazugeben. Die Sauce bei kleiner Hitze ca. 15 Minuten köcheln lassen.

2. Den Backofen auf 175 Grad vorheizen. Die Garnelen schälen und den Darm entfernen. Garnelen waschen und trockentupfen, dann in 4 feuerfeste Tonschalen verteilen.

3. Den Oregano unter die Sauce ziehen. Die Sauce über die Garnelen verteilen. Den Feta zerbröckeln und auf die Sauce streuen. Im heißen Ofen 10–15 Minuten überbacken.

4. Die Garnelen in den Tonschalen servieren.

Pìta, flache Pasteten mit knusprigem Filo- oder Blätterteig, sind der Stolz jeder griechischen Hausfrau. Man füllt sie mit Spinat, Mangold, Zucchini oder Lauch, mit Schafskäse, Wildkräutern, Zwiebeln, Stockfisch, Hackfleisch oder Huhn.

GRIECHENLAND

Santoriner Spinatpastete mit Schalotten und Pinienkernen

Zutaten für 6 Personen:

700 g Wurzelspinat
300 g Schalotten
2 Knoblauchzehen
200 ml Olivenöl
2 EL Pinienkerne
Salz
frisch gemahlener Pfeffer
frisch geriebene Muskatnuss
2 EL fein gehackter Dill
3 EL Semmelbrösel
2 Eier
300 g Filoteig (Fertigprodukt)
1 EL Milch
1 Eigelb

Außerdem:
1 Backform, ca. 20 x 30 cm

Zubereitung: ca. 30 Minuten
Backen: ca. 45 Minuten

1. Den Spinat verlesen, putzen und gründlich waschen. Dann gut abtropfen lassen. Die Schalotten und den Knoblauch schälen und in kleine Würfel schneiden.

2. Für die Füllung die Hälfte des Öls in einem großen Topf erhitzen, Schalotten und Knoblauch darin anschwitzen. Die Pinienkerne und den Spinat dazugeben und 5 Minuten unter Rühren braten. Vom Herd nehmen und etwas auskühlen lassen. Mit Salz, Pfeffer und Muskatnuss würzen, Dill, Semmelbrösel und Eier untermischen. Backofen auf 200 Grad vorheizen.

3. Die Backform mit Olivenöl ausfetten und mit der Hälfte der Teigblätter so auslegen, dass sie an allen Seiten überstehen, dabei die einzelnen Blätter jeweils mit etwas Olivenöl bestreichen. Die Spinatfüllung darauf verteilen. Mit den restlichen Teigblättern belegen, dabei jedes Teigblatt mit Olivenöl bestreichen. Die überstehenden Teigblätter darüberschlagen. Milch und Eigelb verquirlen und die Teigoberfläche damit bestreichen.

4. Pastete im heißen Ofen 25–30 Minuten backen, bis die oberen Teigblätter goldbraun und knusprig sind.

Obwohl frischer Fisch fast überall erhältlich ist, findet man in vielen griechischen Fischgeschäften auch Stockfisch. Er wird meist aus Kabeljau hergestellt. Der Fisch wird ausgenommen und ohne Kopf und Schwanz in der Sonne getrocknet.

GRIECHENLAND

Frittierter Stockfisch in der Teighülle mit Knoblauchcreme

Zutaten für 4 Personen:

500 g Stockfisch
100 g Mehl
Salz
frisch gemahlener Pfeffer
400 ml Olivenöl
5 Scheiben Weißbrot vom Vortag
5 Knoblauchzehen
3 EL gemahlene Walnüsse
1–2 EL Weißweinessig
1 Eiweiß

Vorbereitung: ca. 24 Stunden
Zubereitung: ca. 1 Stunde

1. Den Stockfisch 24 Stunden wässern, dabei das Wasser mehrmals erneuern. Stockfisch von Haut und Gräten befreien und in ca. 5 cm breite Streifen schneiden.

2. Das Mehl mit Salz, Pfeffer, 1 Esslöffel Olivenöl und 150 ml lauwarmem Wasser zu einem glatten Teig verrühren. Teig 30 Minuten ruhen lassen.

3. Für die Knoblauchcreme das Weißbrot entrinden, würfeln und 10 Minuten in lauwarmem Wasser einweichen. Dann gut ausdrücken und mit dem geschälten Knoblauch im Mixer pürieren, nach und nach 200 ml Olivenöl angießen. Die Walnüsse untermischen, eventuell etwas Wasser hinzufügen, und die Creme mit Salz, Pfeffer und Essig abschmecken.

4. Das Eiweiß mit 1 Prise Salz steif schlagen und unter den Teig heben. Das restliche Öl in einer tiefen Pfanne erhitzen. Die Fischstücke einzeln durch den Teig ziehen und im heißen Öl portionsweise ca. 5 Minuten knusprig ausbacken. Auf Küchenpapier abtropfen lassen und warm stellen, bis der ganze Fisch frittiert ist.

5. Fisch auf einer vorgewärmten Servierplatte anrichten, Knoblauchcreme getrennt dazu reichen.

Rotbarben sind typische Mittelmeerfische. Sie haben ein feines weißes Fleisch und sind fast grätenlos – neben ihrem aromatischen Fleisch mit ein Grund für ihre Beliebtheit. Frisch gefangen und sanft gebraten schmecken sie am besten.

GRIECHENLAND

Gebratene Rotbarben in Ei-Zitronen-Sauce mit Kräutern

Zutaten für 4 Personen:

4 Rotbarben, küchenfertig
Salz
frisch gemahlener Pfeffer
Mehl zum Wenden
4 Knoblauchzehen
1/4 l Olivenöl
2 Eier
Saft von 2 Zitronen
1 TL Zucker
2 Zweige Rosmarin
1 EL fein gehackte Petersilie

Zubereitung: ca. 25 Minuten

1. Die Fische waschen und trocken tupfen. Fische innen und außen mit Salz und Pfeffer würzen und in Mehl wenden. Überschüssiges Mehl abklopfen.

2. Die Knoblauchzehen schälen und mit etwas Salz im Mörser musig zermahlen.

3. Das Öl in einer großen Pfanne erhitzen und die Fische darin auf beiden Seiten je 2–3 Minuten braten. Dann aus der Pfanne heben und warm stellen. Das Bratöl durch ein feines Sieb abgießen. Die Pfanne vom Herd nehmen und das Bratöl wieder hineingießen.

4. Die Eier mit dem Zitronensaft verquirlen und unter das Bratöl rühren. Bei kleiner Hitze wieder erwärmen, aber nicht mehr kochen. Die Sauce mit Salz, Zucker und Pfeffer würzen und den Rosmarin einlegen.

5. Die gebratenen Fische in die Sauce legen und einige Minuten darin ziehen lassen. Dann auf vorgewärmten Tellern anrichten. Rosmarin aus der Sauce nehmen und die Sauce über die Fische verteilen. Mit der Petersilie bestreut servieren.

Kraken sind vor allem im griechischen Teil des Mittelmeers zahlreich vorhanden. Bereits in der Antike schätzte man das delikate perlmuttweiße Fleisch und verewigte die wohlschmeckenden Tiere auf Vasen und Gefäßen.

GRIECHENLAND

Krake mit Tomaten und Nudeln in Rotwein geschmort

Zutaten für 4 Personen:

1 Krake, ca. 1 kg, küchenfertig
Salz
1 Gemüsezwiebel
500 g Tomaten
1/4 l Olivenöl
200 ml Rotwein
frisch gemahlener Pfeffer
1 Lorbeerblatt
400 g Penne Rigate
1 EL fein gehackte Petersilie

Zubereitung: ca. 80 Minuten

1. Den Kraken in mittelgroße Stücke schneiden und gut waschen. In einen Topf geben, leicht salzen und ohne Wasser zugedeckt bei kleiner Hitze 25 Minuten schmoren.

2. Die Zwiebel in kleine Würfel schneiden. Die Tomaten häuten, vierteln, entkernen und klein schneiden.

3. Das Olivenöl über den Kraken gießen, die Zwiebel dazugeben und im Öl glasig anschwitzen. Tomaten und Rotwein hinzufügen, zum Kochen bringen, mit Pfeffer würzen und das Lorbeerblatt einlegen. Bei kleiner Hitze 40 Minuten garen.

4. Die Nudeln in kochendem Salzwasser knapp bissfest garen. Abgießen und tropfnass unter den Krakeneintopf mischen. Einige Minuten köcheln lassen.

5. Vor dem Servieren nochmals mit Salz und Pfeffer abschmecken und mit Petersilie bestreut servieren.

400 Jahre lang gehörte Kreta zur Republik Venedig. Bis heute bestimmen ihre Festungen auf der Insel das Bild der größeren Städte. Doch auch in der Küche haben die Italiener ihre Spuren hinterlassen, wie dieser beliebte Auflauf zeigt.

GRIECHENLAND

Hackfleisch-Makkaroni-Auflauf mit Béchamelsauce

Zutaten für 6 Personen:

2 Zwiebeln
2 Knoblauchzehen
3 Tomaten
1/8 l Olivenöl und Öl für die Form
500 g Rinderhackfleisch
1 EL Tomatenmark
1/8 l Rotwein
Salz
frisch gemahlener Pfeffer
1 Lorbeerblatt
3 EL Butter
3 EL Mehl
3/4 l lauwarme Milch
3 Eier
250 g geriebener Hartkäse, z.B. Kefalotiri
frisch geriebene Muskatnuss
500 g Makkaroni

Zubereitung: ca. 40 Minuten
Backen: ca. 30 Minuten

1. Zwiebeln und Knoblauch schälen und würfeln. Tomaten häuten, vierteln, entkernen und grob hacken.

2. Das Olivenöl in einer Pfanne erhitzen. Zwiebeln und Knoblauch darin anschwitzen. Das Hackfleisch dazugeben und krümelig braten. Tomatenmark einrühren und kurz anrösten. Mit Rotwein ablöschen, die Tomaten dazugeben, mit Salz und Pfeffer würzen und das Lorbeerblatt einlegen. Hackfleischsauce ca. 30 Minuten bei kleiner Hitze köcheln lassen.

3. Für die Béchamelsauce die Butter in einem Topf schmelzen, das Mehl einrühren und hellgelb anschwitzen. Unter Rühren die Milch angießen, 15 Minuten köcheln lassen. Vom Herd nehmen, die Eier und 100 g Käse einrühren, mit Salz und Muskatnuss würzen.

4. Backofen auf 200 Grad vorheizen. Die Makkaroni in kochendem Salzwasser bissfest garen. Abschütten und gut abtropfen lassen. Die Hälfte der Nudeln in eine gefettete Auflaufform füllen, Hackfleischsauce darüber verteilen, mit dem restlichen Käse bestreuen und die übrigen Nudeln daraufgeben. Béchamelsauce darübergießen. Im heißen Ofen 30 Minuten überbacken.

Vor allem in den ländlichen Gebieten sind Hühner eine willkommene Abwechslung auf dem Speisezettel. Sie werden gegrillt, im Ofen gebraten oder mit Reis, Kartoffeln oder Nudeln und frischem Gemüse aus dem eigenen Garten geschmort.

GRIECHENLAND

Gebratene Hähnchenteile mit Okra und Tomaten

Zutaten für 4 Personen:

1 frisches Brathähnchen, ca. 1,2 kg
Salz
frisch gemahlener Pfeffer
Mehl zum Wenden
1 Gemüsezwiebel
4 Fleischtomaten
1/8 l Olivenöl
1/8 l Weißwein
1 Lorbeerblatt
1 kleine Zimtstange
500 g Okraschoten
1/4 l Hühnerbrühe

Zubereitung: ca. 1 Stunde

1. Das Hähnchen waschen, trockentupfen und in 8 Stücke zerteilen. Mit Salz und Pfeffer würzen und in Mehl wenden. Überschüssiges Mehl abklopfen. Die geschälte Zwiebel fein würfeln. Die Tomaten häuten, vierteln, entkernen und grob hacken.

2. Das Öl in einem Schmortopf erhitzen und die Zwiebel darin hellgelb anschwitzen. Die Hähnchenteile dazugeben und rundum anbraten. Tomaten hinzufügen und kurz anschmoren. Mit dem Wein ablöschen und das Lorbeerblatt und die Zimtstange einlegen. Dann zugedeckt 30 Minuten bei kleiner Hitze garen.

3. Inzwischen die Okraschoten waschen, trockentupfen und die Oberfläche sauber abschaben, die Stielansätze möglichst knapp abschneiden, damit die Schoten nicht beschädigt werden.

4. Okraschoten unter das Fleisch mischen und die Hühnerbrühe angießen. Bei kleiner Hitze 15 Minuten weitergaren.

5. Lorbeerblatt und Zimtstange entfernen und das Gericht mit Salz und Pfeffer abschmecken.

Hackfleischgerichte findet man überall in Griechenland. Besonders beliebt sind Fleischbällchen, Keftedes, und kleine Hacksteaks, Biftekia. Meist werden sie aus Rind- oder Kalbfleisch zubereitet und auf dem Holzkohlengrill gebraten.

GRIECHENLAND

Kleine Hacksteaks mit Schafskäse und Tsatsiki

Zutaten für 4 Personen:

2 große Zwiebeln
50 g schwarze Oliven ohne Stein
700 g Kalbshackfleisch
2 Eier
4 EL Semmelbrösel
100 g Feta
Salz
frisch gemahlener Pfeffer
1 EL fein gehackter Oregano
1 Salatgurke
5 große Knoblauchzehen
60 ml Olivenöl
200 g griechischer Joghurt
1 EL Weißweinessig
Saft von 1 Zitrone

Zubereitung: ca. 40 Minuten

1. Die geschälten Zwiebeln fein würfeln. Die Oliven hacken. Das Lammhackfleisch mit Zwiebeln, Oliven, Eiern und Semmelbröseln verkneten. Den Feta dazubröckeln. Fleischteig mit Salz, Pfeffer und Oregano würzen und zugedeckt ca. 20 Minuten im Kühlschrank ziehen lassen.

2. Für das Tsatsiki die Salatgurke schälen und auf einer Gemüsereibe fein raspeln. In ein Haarsieb geben, mit Salz bestreuen und ziehen lassen. Dann gut ausdrücken. Die geschälten Knoblauchzehen mit etwas Salz im Mörser musig zermahlen, mit 4 Esslöffeln Olivenöl unter den Joghurt rühren. Gurken untermischen, mit Salz, Pfeffer und Essig würzig abschmecken.

3. Aus dem Fleischteig 8 Klopse formen und flach drücken. Die Hacksteaks mit dem restlichen Öl bestreichen und bei mittlerer Hitze auf jeder Seite ca. 4 Minuten grillen.

4. Hacksteaks auf eine vorgewärmte Servierplatte legen und mit dem Zitronensaft beträufeln. Tsatsiki getrennt dazu reichen.

Moussaka ist neben dem Tsatsiki wohl das bekannteste griechische Gericht. Oft wird der Auberginen-Hackfleisch-Auflauf mit einer Béchamelsauce überbacken, was ihn noch gehaltvoller macht. Puristen schwören auf die Version mit Käse.

GRIECHENLAND

Auberginen-Hackfleisch-Auflauf mit Käsekruste

Zutaten für 4 Personen:

1 kg Auberginen
Salz
1 Zwiebel
3 Knoblauchzehen
1/4 l Olivenöl
500 g Rinderhackfleisch
frisch gemahlener Pfeffer
1 EL getrockneter Oregano
4 Fleischtomaten
4 große Kartoffeln
3 Eier
100 ml Milch
100 g geriebener Hartkäse

Zubereitung: ca. 40 Minuten
Backen: ca. 45 Minuten

1. Die Auberginen ohne Stielansatz quer in ca. 1 cm dicke Scheiben schneiden. Mit Salz bestreuen und in einem Sieb 20 Minuten ziehen lassen. Zwiebel und Knoblauch schälen und fein würfeln.

2. Die Hälfte des Olivenöls in einer Pfanne erhitzen, Zwiebel und Knoblauch darin anschwitzen. Hackfleisch dazugeben und krümelig braten. Mit Salz, Pfeffer und Oregano würzen. Den Backofen auf 200 Grad vorheizen.

3. Tomaten häuten, halbieren, entkernen und in Scheiben schneiden. Kartoffeln schälen und in dünne Scheiben schneiden. Eine ausgefettete Auflaufform mit der Hälfte der Kartoffelscheiben auslegen, salzen. Tomaten darüber verteilen, dann das Hackfleisch daraufgeben.

4. Auberginen trockentupfen. Restliches Öl in einer großen Pfanne erhitzen und die Auberginen darin lagenweise goldbraun braten. Auberginen dachziegelartig auf das Hackfleisch setzen und mit den restlichen Kartoffeln bedecken. Eier mit Milch und Käse verrühren und über den Auflauf gießen. Im heißen Ofen 45 Minuten überbacken.

Nicht nur auf den Ionischen Inseln ist das Stifado, wie man Fleischragout in Griechenland nennt, bekannt und beliebt. Unverzichtbare Zutaten sind Zwiebeln und Tomaten. Besonders aromatisch wird das Gericht mit kleinen Perlzwiebeln.

GRIECHENLAND

Ionisches Kalbfleischragout mit Schalotten in Rotweinsauce

Zutaten für 4 Personen:

Zubereitung: ca. 25 Minuten
Schmoren: ca. 1 Stunde

750 g Kalbfleisch (Schulter)
500 g Perlzwiebeln
2 Knoblauchzehen
500 g Tomaten
1/8 l Olivenöl
2 EL Tomatenmark
Salz
frisch gemahlener Pfeffer
1 TL Zucker
1/4 l Rotwein
2 Lorbeerblätter
3 Gewürznelken
1/4 l Fleischbrühe

1. Das Fleisch von Fett und Sehnen befreien und in mundgerechte Würfel schneiden. Die Perlzwiebeln und den Knoblauch schälen, Knoblauch fein hacken. Die Tomaten häuten, vierteln, entkernen und würfeln.

2. Das Olivenöl in einem Schmortopf erhitzen und das Fleisch darin bei mittlerer Hitze von allen Seiten anbraten. Perlzwiebeln hinzugeben und anschwitzen. Tomatenmark einrühren und kurz anrösten. Mit Salz, Pfeffer und Zucker würzen und mit Rotwein ablöschen, Lorbeerblätter und Gewürznelken einlegen. 30 Minuten zugedeckt bei kleiner Hitze schmoren.

3. Die Tomaten unter das Fleisch mischen und die Brühe angießen. Zum Kochen bringen und weitere 30 Minuten zugedeckt köcheln lassen.

4. Lorbeerblätter und Gewürznelken entfernen und das Ragout vor dem Servieren nochmals mit Salz und Pfeffer abschmecken.

Der immergrüne Olivenbaum ist ein Wahrzeichen Griechenlands. Und das goldene Öl seiner Früchte ist die Basis der griechischen Küche, deren Gerichte buchstäblich in Olivenöl getränkt sind. Für Fremde ist das gewöhnungsbedürftig.

GRIECHENLAND

Schweinekoteletts vom Grill mit Zitronenkartoffeln

Zutaten für 4 Personen:

Marinieren: ca. 2 Stunden
Zubereitung: ca. 1 Stunde

4 dicke Schweinekoteletts
4 Knoblauchzehen
Salz
1/4 l Olivenöl
Saft von 4 Zitronen
1 EL getrockneter Oregano
frisch gemahlener Pfeffer
1 kg festkochende Kartoffeln
2 Zweige Rosmarin

1. Das Fleisch waschen, trockentupfen und in eine Schüssel geben. Den geschälten Knoblauch mit etwas Salz im Mörser musig zermahlen. Mit 1/8 Liter Olivenöl und der Hälfte des Zitronensafts verrühren. Oregano und Pfeffer hinzugeben und die Marinade über die Koteletts gießen. Schüssel abdecken und das Fleisch bei Zimmertemperatur 2 Stunden ziehen lassen. In dieser Zeit mehrmals in der Marinade wenden.

2. Den Backofen auf 200 Grad vorheizen. Die Kartoffeln schälen, halbieren und in schmale Spalten schneiden. Die Saftpfanne des Backofens mit den Kartoffeln auslegen, den Rosmarin hinzufügen. Kartoffeln salzen und so viel Wasser angießen, dass sie knapp bedeckt sind. Mit 4 Esslöffeln Olivenöl und dem übrigen Zitronensaft begießen und im heißen Ofen so lange braten, bis das Wasser verdunstet ist. Dann das restliche Olivenöl über die Kartoffeln träufeln. Im abgeschalteten Backofen 10 Minuten bräunen lassen.

3. Die Koteletts aus der Marinade heben und auf dem heißen Holzkohlengrill auf beiden Seiten braten. Mit Salz und Pfeffer würzen und mit den Zitronenkartoffeln anrichten.

Langsam im Backofen geschmorte Fleischeintöpfe – Juvetsi – haben eine lange Tradition in Griechenland. Eine typische Zutat sind neben frischem Gemüse kleine Nudeln aus Weizenmehl, die in ihrer Form an Reiskörner erinnern.

GRIECHENLAND

Lammfleisch aus dem Ofen mit Gemüse und Reisnudeln

Zutaten für 6 Personen:

1 kg Lammfleisch aus der Keule
2 Zucchini
2 kleine Auberginen
2 Stangen Sellerie
1 Gemüsezwiebel
3 Knoblauchzehen
1/8 l Olivenöl
1 Dose geschälte Tomaten (400 g)
Salz
frisch gemahlener Pfeffer
1 EL getrockneter Oregano
1/8 l Weißwein
1/2 l heiße Brühe
300 g griechische Reisnudeln
1 EL fein gehackte Petersilie

Zubereitung: ca. 25 Minuten
Schmoren: ca. 90 Minuten

1. Einen Römertopf wässern. Das sichtbare Fett und die Sehnen vom Fleisch entfernen. Fleisch in Würfel schneiden. Das Gemüse putzen und in mundgerechte Stücke schneiden. Zwiebel und Knoblauch schälen und fein würfeln.

2. Das Olivenöl in einem Bräter erhitzen, das Fleisch darin bei mittlerer Hitze von allen Seiten anbraten. Fleisch aus dem Bräter heben. Zwiebel und Knoblauch im Bratfett anschwitzen. Das Gemüse dazugeben und kurz anrösten. Die Tomaten samt Flüssigkeit hinzufügen, mit Salz, Pfeffer und Oregano würzen. Alles in den Römertopf füllen, den Wein angießen. In den kalten Backofen stellen und bei 200 Grad ca. 1 Stunde garen.

3. Backofentemperatur auf 175 Grad reduzieren. Die heiße Brühe angießen und die Nudeln untermischen. Weitere 30 Minuten ohne Deckel garen, bis die Nudeln gar sind, dabei mehrmals umrühren. Eventuell noch etwas Wasser angießen.

4. Vor dem Servieren kräftig mit Salz und Pfeffer abschmecken, auf einer Platte anrichten und mit der Petersilie bestreuen.

Die Griechen sind begeisterte Jäger. Kein Wunder, dass der schmackhafte Feldhase bei ihnen hoch im Kurs steht. Sein dunkles Fleisch besitzt ein ausgeprägtes Wildaroma und gewinnt durch die kräftige Rotweinbeize noch mehr Geschmack.

GRIECHENLAND

Marinierter Hase in Nusssauce mit Oregano und Zimt

Zutaten für 4 Personen:

1 Hase, küchenfertig
1 Bund Suppengrün
1/4 l Rotweinessig
1/4 l Rotwein
2 Lorbeerblätter
1 Gemüsezwiebel
Salz
frisch gemahlener Pfeffer
Mehl zum Wenden
1/8 l Olivenöl
1/4 l Brühe
1 kleine Zimtstange
2 Möhren
2 Stangen Sellerie
100 g gehackte Walnüsse

Marinieren: ca. 1 Tag
Zubereitung: ca. 90 Minuten

1. Den Hasen in 8 Stücke zerteilen. Das geputzte Suppengrün grob hacken. Fleisch und Suppengrün in eine Porzellanschale legen, mit Rotweinessig und Rotwein begießen, Lorbeerblätter einlegen. Schüssel mit Frischhaltefolie abdecken. Im Kühlschrank 1 Tag marinieren, dabei das Fleisch öfter in der Marinade wenden.

2. Geschälte Zwiebel hacken. Hasenstücke aus der Marinade heben und trocknen. Mit Salz und Pfeffer einreiben und in Mehl wenden. Die Marinade abseihen.

3. Das Olivenöl in einem Schmortopf erhitzen und das Fleisch darin rundum bei mittlerer Hitze anbraten. Zwiebel dazugeben und anschwitzen. Mit der Hälfte der Marinade ablöschen und die Brühe angießen, Zimtstange einlegen. Zugedeckt ca. 30 Minuten schmoren.

4. Möhre schälen, Sellerie abziehen und beides in dünne Scheiben schneiden. Mit den Walnüssen zum Fleisch geben und weitere 20 Minuten schmoren.

5. Vor dem Servieren die Zimtstange entfernen und die Sauce mit Salz und Pfeffer kräftig abschmecken.

Süße Sirupkuchen werden sowohl warm als auch kalt gegessen. „Galaktobúreko", wie dieser köstliche Milchkuchen heißt, ist ein beliebtes Gastgeschenk. Man kann ihn in Konditoreien oder traditionsbewussten Milchläden fertig kaufen.

GRIECHENLAND

Elenas feiner Milchkuchen mit Filoteig und Zuckersirup

Zutaten für 12 Stücke:

1 Vanillestange
400 ml Milch
200 g Butter und Butter für die Form
3 Eier
2 Eigelb
400 g Zucker
75 g Weizengrieß
300 g Filoteig (Fertigprodukt)
1 EL Zitronensaft

Außerdem:
1 Springform, 28 cm Ø

Zubereitung: ca. 30 Minuten
Backen: ca. 45 Minuten

1. Die Vanillestange längs aufschlitzen und das Mark herauskratzen. Vanillestange und Mark mit der Milch langsam zum Kochen bringen. Vom Herd nehmen und abkühlen lassen, dann die Vanillestange entfernen.

2. In einem Topf Eier, Eigelb und 100 g Zucker schaumig rühren. Nach und nach die Vanillemilch und den Weizengrieß hinzufügen. Bei mittlerer Hitze unter Rühren so lange erhitzen, bis eine dickliche Creme entstanden ist. Dann vom Herd nehmen und 100 g Butter einrühren. Den Backofen auf 200 Grad vorheizen.

3. Restliche Butter zerlassen. Springform mit Butter ausfetten und mit der Hälfte der Teigblätter so auslegen, dass sie an allen Seiten überstehen, dabei die einzelnen Blätter jeweils mit etwas flüssiger Butter bestreichen. Die Milchcreme darauf verteilen. Mit den restlichen Teigblättern belegen, dabei jedes Teigblatt mit flüssiger Butter bestreichen. Den überstehenden Teig darüberschlagen, mit der restlichen Butter bestreichen. Im heißen Ofen 25–30 Minuten goldbraun backen.

4. Aus dem restlichen Zucker, 200 ml Wasser und dem Zironensaft einen Sirup kochen. In dünnem Strahl über den fertigen Kuchen gießen.

Manuri ist ein weicher, vollfetter Käse aus Schafsmilch. Er hat eine weiße Farbe und ist sehr mild. Da er nicht lange haltbar ist, muss er rasch verzehrt werden. Für dieses Rezept kann man ihn durch Schichtkäse oder Ricotta ersetzen.

GRIECHENLAND

Süße Käsetörtchen mit Minze und Honig gefüllt

Zutaten für 6 Stück:

Zubereitung: ca. 1 Stunde
Backen: ca. 45 Minuten

300 g Mehl
100 g kalte Butter
3 Eier
100 g saure Sahne
Butter für die Förmchen
500 g Manuri
2 EL Thymianhonig
100 g Zucker
1 TL gemahlener Zimt
1 EL fein gehackte Minze

Außerdem:
6 Tarteletteförmchen, 10 cm Ø
Hülsenfrüchte zum Blindbacken

1. Das Mehl auf die Arbeitsfläche sieben, in die Mitte eine Mulde drücken. Die Butter würfeln, mit 1 Ei und der sauren Sahne in die Mulde geben. Alles zügig zu einem glatten Teig verkneten. Zu einer Kugel formen, in Frischhaltefolie wickeln und 30 Minuten kühlen.

2. Backofen auf 175 Grad vorheizen. 6 Tarteletteförmchen mit Butter ausfetten. Teig ausrollen, 6 Teigkreise mit ca. 14 cm Ø ausschneiden. Die Förmchen damit auslegen, den Teig am Rand hochziehen. Aus Backpapier 6 Kreise mit 10 cm Ø ausschneiden und auf die Teigböden legen. Hülsenfrüchte einfüllen. Im heißen Ofen 15 Minuten blindbacken. Aus dem Ofen nehmen, Hülsenfrüchte und Papier entfernen. Die Törtchen in den Formen etwas auskühlen lassen.

3. Den Käse mit den restlichen Eiern, dem Honig, Zucker, Zimt und Minze verrühren. Törtchen damit füllen, Oberfläche glatt streichen. Im heißen Ofen ca. 30 Minuten backen.

Gibt es einen schöneren Beginn für einen italienischen Abend als die verlockende Vielfalt eines Antipasti-Tellers? Edler Parma-Schinken und köstliche marinierte Zucchini wechseln mit würzigem Mozzarella und der Süße reifer Tomaten.

ITALIEN

Bunter Antipasti-Teller mit Grissini und marinierten Zucchini

Zutaten für 4 Personen:

2 Zucchini
6 EL Olivenöl
4 große Knoblauchzehen
2 Schalotten
Salz
frisch gemahlener Pfeffer
1 EL fein gehackte Minze
Saft von 2 Zitronen
12 Grissini-Stangen
12 Scheiben Parmaschinken
1 Büffelmozzarella
2 Tomaten
Basilikumblättchen zum Garnieren

Zubereitung: ca. 45 Minuten

1. Die Zucchini waschen, trockentupfen und der Länge nach in dünne Scheiben schneiden. 3 Esslöffel Olivenöl in einer großen Pfanne erhitzen und die Zucchini darin portionsweise auf beiden Seiten anbraten. Die Zucchinischeiben aus der Pfanne heben und kurz auf Küchenpapier abtropfen lassen.

2. Den Knoblauch und die Schalotten schälen, halbieren und in dünne Scheiben schneiden. In eine flache Form 1 Lage Zucchinischeiben legen. Salzen, pfeffern und etwas Minze, Knoblauch und Schalotten daraufgeben. Mit etwas Zitronensaft beträufeln. Auf diese Weise eine Lage nach der anderen übereinanderschichten. Abgedeckt 1 Stunde bei Zimmertemperatur marinieren.

3. Die Grissini-Stangen mit jeweils 1 Scheibe Parmaschinken umwickeln. Den Mozzarella und die Tomaten in Scheiben schneiden. Auf einer großen Servierplatte die Zucchini und die Tomatenscheiben anrichten. Auf jede Tomatenscheibe 1 Scheibe Mozzarella legen, salzen, pfeffern und mit Basilikum garnieren. Mit dem restlichen Olivenöl beträufeln und mit den Grissini-Stangen servieren.

Crostini mit Entenlebercreme als Antipasto zu genießen ist für den Toskaner ein Muss. Das toskanische Weißbrot mit seiner festeren Krume eignet sich hervorragend zum Rösten und zum Bestreichen mit Cremes aller Art.

ITALIEN

Crostini mit Entenlebercreme und frischem Basilikum

Zutaten für 4 Personen:

1 weiße Zwiebel
1 Stange Sellerie
250 g Milz
2 Entenlebern
2 EL Olivenöl
100 ml Weißwein
100 ml Fleischbrühe
Salz
frisch gemahlener Pfeffer
1 EL fein gehackter Thymian
1 EL Butter
4 Scheiben toskanisches Landbrot
Basilikumblättchen zum Garnieren

Zubereitung: ca. 30 Minuten

1. Die Zwiebel schälen, die Sellerie putzen. Beides fein hacken. Die Milz häuten, die Lebern putzen. Milz und Leber in kleine Würfel schneiden.

2. Das Olivenöl in einer Pfanne erhitzen, Zwiebel und Sellerie darin andünsten. Milz und Leber zufügen und unter Wenden einige Minuten bei mittlerer Hitze braten. Mit dem Wein ablöschen und den Bratensatz loskochen. 10 Minuten unter Rühren dünsten, dabei nach und nach die Fleischbrühe zugeben. Die Mischung darf nicht zu flüssig werden.

3. Vom Herd nehmen und mit dem Stabmixer glatt pürieren. Die Creme mit Salz, Pfeffer und Thymian abschmecken. Die Butter einrühren.

4. Die Brotscheiben unter dem heißen Backofengrill rösten. Brotscheiben vierteln, mit Entenleberpaste bestreichen und mit geschnittenem Basilikum garnieren.

Aus wenigen, aber erstklassigen Zutaten ein Gericht zu zaubern, das ist das wahre Geheimnis der italienischen Küche. Sie ist ständig auf der Suche nach dem authentischen einzigartigen Geschmack der Produkte einer Region.

ITALIEN

Rinderlendenstreifen auf Romana-Salat mit Radicchio

Zutaten für 4 Personen:

Vorbereitung: ca. 2 Stunden
Zubereitung: ca. 15 Minuten

400 g Rinderlende am Stück
2 frische rote Chilischoten
1/2 Romana-Salat
1 Radicchio
60 ml Olivenöl
Salz
frisch gemahlener Pfeffer
6 EL Balsamico-Essig

1. Das Fleisch waschen, trockentupfen und das Fett entfernen. Fleisch in Frischhaltefolie wickeln und ca. 2 Stunden im Tiefkühlschrank anfrieren.

2. Das Fleisch in dünne Scheiben schneiden und zum Auftauen auf einer Arbeitsfläche getrennt voneinander ausbreiten.

3. Die Chilischoten längs halbieren, entkernen und fein hacken. Romana und Radicchio putzen, waschen, trockenschleudern und in mundgerechte Stücke zupfen. 4 flache Teller mit dem Salat auslegen.

4. In 2 großen Pfannen das Öl erhitzen und die Chilischoten darin andünsten. Das Fleisch zufügen und unter Wenden bei großer Hitze knusprig braten. Mit Salz und Pfeffer würzen und mit dem Balsamico ablöschen. Fleischstreifen samt Bratflüssigkeit auf dem Salat verteilen und sofort servieren.

Der Thunfischfang hat in Sizilien eine lange Tradition, die auch heute noch gepflegt wird. Die raffinierte Methode, das ganz frische Fischfleisch in hauchdünne Scheiben zu schneiden und roh zu marinieren, ist ebenso einfach wie genial.

ITALIEN

Sardisches Carpaccio vom Thunfisch auf Rucola

Zutaten für 4 Personen:

250 g frischer Thunfisch
1 Bund Rucola
2 EL Olivenöl
1 EL Zitronensaft
Pfeffer
60 g Pecorino

Vorbereitung: ca. 1 Stunde
Zubereitung: ca. 10 Minuten

1. Thunfisch waschen und trockentupfen. In Frischhaltefolie wickeln und 1 Stunde im Tiefkühlschrank anfrieren lassen.

2. Rucola waschen und trockenschleudern. Blätter von den Stielen zupfen. 4 flache Teller mit dem Rucola auslegen.

3. Thunfisch mit einem sehr scharfen Messer in möglichst dünne Scheiben schneiden und auf dem Rucola verteilen. Mit etwas Olivenöl und Zitronensaft beträufeln, pfeffern und den Pecorinokäse in hauchdünnen Spänen darüberhobeln und sofort servieren.

Pancetta, der köstliche getrocknete Bauchspeck aus Italien, ist eine der wichtigsten Zutaten in der bäuerlichen Küche. Jede Region hat ihre eigene Zubereitungsart und verwendet unterschiedliche Gewürze wie Rosmarin, Salbei und Fenchel.

ITALIEN

Bäuerliche Tomatensuppe mit Zwiebeln und geröstetem Brot

Zutaten für 4 Personen:

Zubereitung: ca. 15 Minuten
Garen: ca. 1 Stunde

100 g Pancetta
750 g Zwiebeln
2 Knoblauchzehen
1 frische rote Chilischote
60 ml Olivenöl
400 g passierte Tomaten
Salz
frisch gemahlener Pfeffer
3/4 l Hühnerbrühe
4 Scheiben toskanisches Landbrot
60 g frisch geriebener Parmesan
Basilikumblättchen

1. Den Pancetta würfeln. Die Zwiebeln und den Knoblauch schälen, halbieren und in dünne Scheiben schneiden. Die Chilischote längs halbieren und fein hacken.

2. Das Öl in einem Topf erhitzen, Zwiebeln, Knoblauch und Chili darin anschwitzen. Die Tomaten zugeben, mit Salz und Pfeffer würzen und die Hühnerbrühe zugießen. Bei kleiner Hitze ca. 1 Stunde köcheln lassen.

3. Die Brotscheiben unter dem heißen Backofengrill von beiden Seiten rösten. Dann in 4 tiefe Teller legen.

4. Den Parmesan in die Suppe rühren, mit Salz und Pfeffer abschmecken. Die Suppe über die Brotscheiben geben. Mit Basilikumblättchen bestreut servieren.

Kommt man von Norden über den Brenner nach Italien, begrüßt einen das Land mit der spektakulären Bergwelt Südtirols. Hier im Eisacktal gedeihen berühmte Weine mit fruchtigen Aromen und einem elegant ausgeprägten Körper.

ITALIEN

Eisacktaler Weinsuppe mit Brotwürfeln und Schnittlauch

Zutaten für 4 Personen:

2 Scheiben Toastbrot
2 EL Butter
150 g süße Sahne
4 Eigelb
400 ml kräftige Fleischbrühe
1/8 l Südtiroler Weißwein
frisch geriebene Muskatnuss
Salz
frisch gemahlener Pfeffer
1 EL Schnittlauchröllchen

Zubereitung: ca. 25 Minuten

1. Das Brot entrinden und in Würfel schneiden. Die Butter in einer Pfanne zerlassen und das Brot darin goldbraun rösten. Aus der Pfanne nehmen und auf Küchenpapier abtropfen lassen.

2. Die Sahne mit dem Eigelb verquirlen. Mit der Fleischbrühe und dem Weißwein über dem heißen Wasserbad unter ständigem Rühren erhitzen und schaumig aufschlagen. Nicht kochen, damit das Eigelb nicht gerinnt. Sobald die Suppe eine cremige Konsistenz hat, vom Herd nehmen und mit Muskatnuss, Salz und Pfeffer abschmecken.

3. Die Suppe in Teller verteilen, Brotwürfel und Schnittlauch darübergeben und sofort servieren.

Die Borlottibohnen dürfen auf keinem italienischen Gemüsemarkt fehlen und fallen auf mit ihren leuchtend rot gesprenkelten Schoten. Die Bohnenkerne sind sehr zart und erinnern im Geschmack ein wenig an Kastanien.

ITALIEN

Kartoffel-Bohnen-Suppe mit Perlgraupen und Speck

Zutaten für 6 Personen:

250 g Borlotti-Bohnen
150 g geräucherter Speck
3 Knoblauchzehen
1 große Zwiebel
3 EL Olivenöl
100 ml Weißwein
Salz
1 Lorbeerblatt
400 g Kartoffeln
250 g Perlgraupen
150 g Mais (Dose)
frisch gemahlener Pfeffer
2 EL fein gehackte Petersilie

Vorbereitung: ca. 12 Stunden
Zubereitung: ca. 1 Stunde

1. Die Bohnen über Nacht in kaltem Wasser einweichen. Am nächsten Tag abgießen und abtropfen lassen.

2. Den Speck in kleine Würfel schneiden. Knoblauch und Zwiebel schälen und klein würfeln. 1 Esslöffel Olivenöl in einem großen Topf erhitzen und den Speck darin auslassen. Knoblauch und Zwiebel zufügen und glasig andünsten. Mit Wein ablöschen und einkochen lassen.

3. Bohnen zufügen und mit Wasser bedecken. Aufkochen, salzen und das Lorbeerblatt einlegen. Zugedeckt bei kleiner Hitze ca. 90 Minuten köcheln lassen, bis die Bohnen weich sind.

4. Kartoffeln waschen, schälen und in Würfel schneiden. Mit den Perlgraupen zu den Bohnen geben. Mit heißem Wasser aufgießen, bis alles bedeckt ist. Weitere 45 Minuten bei kleiner Hitze köcheln lassen. 15 Minuten vor Ende der Garzeit den Mais zufügen.

5. Suppe mit Salz und Pfeffer abschmecken, Lorbeerblatt entfernen. Die Hälfte der Petersilie und das restliche Olivenöl in die Suppe rühren. In 4 Suppenschalen verteilen und mit der übrigen Petersilie bestreuen.

Die alte Tradition, Nudeln, Hülsenfrüchte und Gemüse in einem Gericht zu vereinen, gibt es in vielen Teilen Italiens, aber in Kalabrien nimmt man dafür mindestens zweierlei Bohnen, Kichererbsen, Linsen und kleine Röhrennudeln.

ITALIEN

Kalabrischer Eintopf mit Hülsenfrüchten und Nudeln

Zutaten für 4 Personen:

100 g Kichererbsen
200 g dicke Bohnen
100 g kleine weiße Bohnen
100 g Linsen
Salz
1/2 Wirsing
2 kleine Möhren
2 Zwiebeln
2 Knoblauchzehen
2 Stangen Sellerie
200 g Waldpilze
100 g Pancetta, ersatzweise Bauchspeck
8 EL Olivenöl
frisch gemahlener Pfeffer
250 g kleine Penne oder andere Röhrennudeln
75 g frisch geriebener Pecorino

Vorbereitung: ca. 12 Stunden
Zubereitung: ca. 1 Stunde

1. Die Kichererbsen, Bohnen und Linsen über Nacht getrennt in kaltem Wasser einweichen. Am nächsten Tag getrennt in kochendem Wasser garen. Abgießen und gut abtropfen lassen.

2. Den Strunk und die dicken Blattrippen vom Wirsing entfernen. Blätter waschen, abtropfen lassen und in ca. 2 cm große Stücke schneiden. Möhren, Zwiebeln und Knoblauch schälen, Sellerie putzen. Alles klein würfeln. Pilze putzen und klein schneiden. Pancetta in kleine Würfel schneiden.

3. In einem großen Topf 2 Esslöffel Olivenöl erhitzen und die Pancetta darin andünsten. Möhren, Zwiebeln, Knoblauch und Sellerie zufügen und glasig dünsten. Wirsing und Pilze dazugeben und anschwitzen.

4. Die Hülsenfrüchte zufügen, mit Wasser bedecken und zum Kochen bringen. Salzen und pfeffern. Nudeln dazugeben und bissfest garen.

5. Den Eintopf in tiefe Teller verteilen, mit Pecorino bestreuen und mit dem restlichen Olivenöl beträufeln.

Gerade bei den einfachen Zubereitungen zeigen sich der gute Koch und die gute Köchin. Nur beste reife Tomaten, frisch duftendes Basilikum, würziger Büffelmozzarella und bissfest gekochte Spaghetti ergeben eine Delikatesse.

ITALIEN

Spaghetti mit frischer Tomatensauce und Mozzarella

Zutaten für 4 Personen:

1 kg reife Tomaten
2 Schalotten
2 Knoblauchzehen
150 g Pancetta
2 EL Olivenöl
Salz
1 Prise Zucker
frisch gemahlener Pfeffer
1 Msp. Cayennepfeffer
1 frische rote Chilischote
400 g Spaghetti
1 Büffelmozzarella
2 EL fein geschnittenes Basilikum

Zubereitung: ca. 35 Minuten

1. Die Tomaten häuten, vierteln, entkernen und grob hacken. Die Schalotten und den Knoblauch schälen und in kleine Würfel schneiden. Pancetta in dünne Streifen schneiden.

2. Das Olivenöl erhitzen und die Pancetta darin anbraten. Schalotten und Knoblauch zufügen und anschwitzen. Dann die Tomatenwürfel dazugeben, mit Salz, Zucker, Pfeffer und Cayennepfeffer würzen.

3. Chilischote längs halbieren, entkernen, sehr fein hacken und in die Sauce rühren. Bei mittlerer Hitze ca. 20 Minuten köcheln lassen.

4. Inzwischen die Spaghetti in kochendem Salzwasser bissfest garen. Spaghetti abgießen und abtropfen lassen.

5. Die Mozzarella in Würfel schneiden. Spaghetti mit der Tomatensauce und dem Mozzarella vermischen und mit dem Basilikum bestreuen.

Sardellen verleihen Speisen einen delikat würzigen Geschmack nach Meer. Schon die Römer liebten dieses Aroma und stellten aus fermentierten Sardellen das Liquamen her, ihr beliebtestes Universalwürzmittel.

ITALIEN

Linguine mit Sardellen, Oliven und Paprikaschoten

Zutaten für 4 Personen:

50 g Sardellenfilets
50 g Kapern
100 g schwarze Oliven, entsteint
je 1 rote und gelbe Paprikaschote
1 kleine frische Chilischote
2 Knoblauchzehen
6 EL Olivenöl
Salz
frisch gemahlener Pfeffer
1/8 l Rotwein
400 g Linguine
2 EL fein gehackte Petersilie
50 g geriebener Parmesan

Zubereitung: ca. 35 Minuten

1. Die Sardellenfilets abspülen, trockentupfen und klein hacken. Kapern abtropfen lassen. Oliven in Ringe schneiden. Paprikaschoten halbieren, entkernen und in kleine Würfel schneiden. Chilischote längs halbieren, entkernen und klein hacken. Knoblauch schälen und klein würfeln.

2. In einer Pfanne 3 Esslöffel Olivenöl erhitzen. Knoblauch, Chilischote und Sardellen darin andünsten. Die Paprikaschoten zufügen, salzen und pfeffern und unter Rühren andünsten. Mit Wein ablöschen, Oliven und Kapern zufügen und alles zusammen 15 Minuten bei kleiner Hitze köcheln lassen.

3. Inzwischen die Linguine in kochendem Salzwasser bissfest garen. Nudeln abgießen, kurz abtropfen lassen und mit der Sauce vermischen. Restliches Olivenöl und die Hälfte der Petersilie zufügen.

4. Linguine auf 4 Teller verteilen und mit der restlichen Petersilie bestreuen. Geriebenen Parmesan getrennt dazu reichen.

Nudeln werden in Genua, der Hauptstadt Liguriens, gerne mit Kartoffeln und Bohnen gekocht. Die Gemüsestärke verbindet sich mit den Nudeln und schafft so die optimale Verbindung für die beliebte Basilikumsauce, den Pesto.

ITALIEN

Trenette mit grünen Bohnen und Basilikumsauce

Zutaten für 4 Personen:

3 EL Pinienkerne
3 Knoblauchzehen
2 Bund Basilikum
Salz
je 2 EL geriebener Parmesan und Pecorino
100 ml Olivenöl
1 mittelgroße Kartoffel
250 g grüne Bohnen
300 g Trenette (gewellte Bandnudeln)
frisch gemahlener Pfeffer

Zubereitung: ca. 35 Minuten

1. Die Pinienkerne in einer Pfanne ohne Fett goldbraun rösten. Abkühlen lassen und grob hacken. Knoblauch schälen und klein würfeln. Basilikum waschen, trockenschleudern und grob hacken.

2. In einem großen Mörser Pinienkerne, Knoblauch und Basilikum mit 1/2 Teelöffel Salz musig zermahlen. Nach und nach die beiden Käsesorten untermischen. Olivenöl in dünnem Strahl zugeben und zu einer cremigen Sauce rühren.

3. Kartoffel waschen, schälen und würfeln. Bohnen putzen und in Stücke schneiden. Einen Topf mit gesalzenem Wasser zum Kochen bringen. Kartoffeln und Bohnen zufügen und 10 Minuten kochen.

4. Die Nudeln dazugeben und bissfest garen. Dann abgießen, 1 Tasse Kochwasser aufheben. Nudeln und Gemüse in eine Servierschüssel geben. Die Basilikumsauce mit 2–3 Esslöffeln Kochwasser verrühren und mit den Nudeln und dem Gemüse mischen. Mit Pfeffer bestreuen und servieren.

Die im Ausland berühmteste Fleischsauce Italiens ist das „Ragù alla bolognese". Sie gibt es in unzähligen Varianten und neben der Qualität der Zutaten spielen Zeit und Geduld für den kulinarischen Erfolg eine entscheidende Rolle.

ITALIEN

Hausgemachte Nudeln mit Fleischsauce und Tomaten

Zutaten für 4 Personen:

400 g Mehl und
Mehl zum Bearbeiten
2 Eier
Salz
1 kleine Zwiebel
1 Knoblauchzehe
2 kleine Möhren
2 Stangen Sellerie
3 EL Olivenöl
400 g Rinderhackfleisch
Salz
frisch gemahlener Pfeffer
1 EL Tomatenmark
1/8 l Fleischbrühe
250 g gehackte Tomaten

Zubereitung: ca. 90 Minuten

1. Das Mehl mit den Eiern, 1/8 Liter Wasser und 1 Teelöffel Salz zu einem festen, elastischen Teig verkneten. Den Teig zu einer Kugel formen, in Frischhaltefolie wickeln und 1 Stunde im Kühlschrank ruhen lassen.

2. Die Zwiebel, den Knoblauch und die Möhren schälen und in kleine Würfel schneiden. Sellerie putzen und ebenfalls klein schneiden.

3. Das Öl in einer Pfanne erhitzen und das Hackfleisch darin krümelig braten. Zwiebel und Knoblauch zufügen und glasig dünsten. Möhren und Sellerie dazugeben und unter Rühren einige Minuten anbraten. Mit Salz und Pfeffer würzen, das Tomatenmark einrühren und anrösten. Die Fleischbrühe angießen und die gehackten Tomaten untermischen. Bei kleiner Hitze 45 Minuten köcheln lassen, dabei öfter umrühren. Eventuell noch etwas Wasser zufügen.

4. Teig auf einer bemehlten Arbeitsfläche dünn ausrollen und mit dem Teigrad in ca. 5 cm große Quadrate schneiden. 10 Minuten antrocknen lassen. Dann in reichlich kochendem Salzwasser 3–4 Minuten bissfest garen. Mit der Sauce portionsweise anrichten.

Bigoli sind eine alte venezianische Nudel-Spezialität. Der feste Teig aus Mehl oder Vollkornmehl und Eiern wird in einer speziellen Handpresse zu dicken Spaghetti verarbeitet. Eine Arbeit für starke Männer in der Küche.

ITALIEN

Bigoli mit geschmortem Hühnerklein und Möhren

Zutaten für 4 Personen:

Zubereitung: ca. 25 Minuten
Garen: ca. 90 Minuten

300 g Hühnermägen und Hühnerherzen
100 g Hühnerleber
2 Möhren
1 Zwiebel
2 Knoblauchzehen
1 Stange Sellerie
2 EL Butter
2 EL Olivenöl
2 EL Tomatenmark
100 ml Rotwein
1/4 l Hühnerbrühe
1 kleiner Zweig Salbei
1 Lorbeerblatt
400 g Bigoli (dicke Spaghetti)
Salz
frisch gemahlener Pfeffer
2 EL fein gehackte Petersilie
50 g Parmesan

1. Die Hühnerinnereien waschen und trockentupfen. Häute und Sehnen wegschneiden. Mägen und Herzen in kleine Würfel schneiden. Die Leber im Kühlschrank kalt stellen.

2. Möhren, Zwiebel und Knoblauch schälen, Sellerie putzen und alles klein würfeln.

3. Butter und Öl in einem Topf erhitzen und das Gemüse darin unter Rühren glasig dünsten. Hühnermägen und -herzen zufügen und mitdünsten. Tomatenmark einrühren, mit Wein ablöschen und einkochen. Hühnerbrühe angießen, Salbei und Lorbeer dazugeben und bei kleiner Hitze 90 Minuten köcheln lassen. Eventuell noch etwas Wasser angießen.

4. Leber klein würfeln. Die Nudeln in kochendem Salzwasser bissfest garen. Ragout mit Salz und Pfeffer abschmecken, Leber und Petersilie zufügen und 5 Minuten mitgaren. Lorbeerblatt und Salbei entfernen. Die Nudeln mit der Sauce und dem Parmesan vermischen und in Pastatellern servieren.

Kapern sind die noch geschlossenen Knospen des Kapernstrauchs, der im gesamten Mittelmeerraum beheimatet ist. Roh sind sie ungenießbar, entwickeln aber durch Einlegen in Salz, Essig oder Öl ihren aromatischen Geschmack.

ITALIEN

Tagliatelle mit Kalbfleischragout in Kaperncremesauce

Zutaten für 4 Personen:

500 g Kalbfleisch
2 Zwiebeln
60 g Butter
1/8 l Weißwein
1/4 l Kalbsfond
Salz
frisch gemahlener Pfeffer
2 EL kleine Kapern
2 EL Mascarpone
Saft von 1 Zitrone
1 Prise Zucker
350 g Tagliatelle

Zubereitung: ca. 30 Minuten
Garen: ca. 1 Stunde

1. Das Fleisch waschen, trockentupfen und in kleine Würfel schneiden. Zwiebeln schälen und fein hacken.

2. Die Butter zerlassen und das Fleisch darin von allen Seiten anbraten. Zwiebel zufügen und einige Minuten mitbraten. Mit Weißwein ablöschen und den Kalbsfond zugießen. Mit Salz und Pfeffer würzen und zugedeckt bei kleiner Hitze ca. 1 Stunde garen.

3. Die Kapern, den Mascarpone und den Zitronensaft unterrühren. Die Sauce mit Zucker, Salz und Pfeffer abschmecken und etwas einkochen lassen.

4. Inzwischen die Tagliatelle in kochendem Salzwasser bissfest garen. Abgießen, abtropfen lassen und in eine vorgewärmte Schüssel umfüllen. Das Kalbfleischragout darüber verteilen und alles gründlich vermengen.

Wenn im Herbst in der Toskana die Jagd beginnt, ist dies gleichzeitig der Startschuss für die Wildsaison. Selbst auf den Speisekarten kleinerer Gasthäuser findet man nun delikate Wildgerichte, allen voran die Bandnudeln mit Wildschwein.

ITALIEN

Breite Bandnudeln mit Wildschwein in Rotwein

Zutaten für 4 Personen:

1 Zwiebel
1 Möhre
1 Stange Sellerie
500 g Wildschwein (Keule)
Salz
frisch gemahlener Pfeffer
4 EL Olivenöl
1/4 l Rotwein
400 g Pappardelle
1 EL gehackte Petersilie

Zubereitung: ca. 30 Minuten
Garen: ca. 1 Stunde

1. Zwiebel schälen, Möhre und Sellerie putzen. Alles in kleine Würfel schneiden. Fleisch waschen, trockentupfen und in kleine Würfel schneiden.

2. Das Olivenöl in einem Schmortopf erhitzen und das Fleisch darin anbraten. Mit Salz und Pfeffer würzen. Die Gemüsewürfel zufügen und kurz anrösten. Mit dem Rotwein ablöschen und zugedeckt bei schwacher Hitze etwa 1 Stunde garen.

3. Die Nudeln in reichlich kochendem Salzwasser in 8–10 Minuten bissfest garen. Dann abgießen und tropfnass gründlich mit der Sauce vermischen. Mit Salz und Pfeffer abschmecken und vor dem Servieren mit der Petersilie bestreuen.

Auberginen spielen in der italienischen Küche eine große Rolle. Auf den Gemüsemärkten sieht man eine solche Vielfalt von Auberginen in verschiedenen Sorten, Farben und Größen, wie sie vielleicht nur noch in Asien zu finden ist.

ITALIEN

Fusilli mit gebratenen Auberginen und Zwiebeln

Zutaten für 4 Personen:

2 Auberginen
Salz
2 große Zwiebeln
3 Knoblauchzehen
6 EL Olivenöl
frisch gemahlener Pfeffer
350 g Fusilli
Saft von 1 Zitrone
2 EL fein gehackte Petersilie

Zubereitung: ca. 45 Minuten

1. Die Auberginen waschen, Blüten- und Stielansätze entfernen. Auberginen in 2 cm dicke Scheiben, anschließend in Würfel schneiden. Kräftig mit Salz bestreuen und in einem Sieb 15 Minuten Wasser ziehen lassen. Dann trockentupfen.

2. Zwiebeln und Knoblauch schälen und grob hacken. Das Olivenöl in einer tiefen Pfanne erhitzen. Auberginen und Zwiebeln unter Rühren darin anbraten. Mit Knoblauch, Salz und Pfeffer würzen und bei kleiner Hitze 15 Minuten schmoren.

3. Nudeln in kochendem Salzwasser bissfest garen. Abgießen und tropfnass mit dem Auberginengemüse vermischen. Mit Zitronensaft, Salz und Pfeffer abschmecken und mit Petersilie bestreut servieren.

Schwarze Nudeln, die besonders in Süditalien beliebt sind, werden mit der Sepiatinte der Tintenfische gefärbt. Neben der schwarzen Farbe gibt sie den Nudeln ein ungewöhnliches Aroma und einen kräftigen Geschmack nach Meer.

ITALIEN

Schwarze Tagliatelle mit Meeresfrüchten und Gemüse

Zutaten für 4 Personen:

1 rote Zwiebel
2 Knoblauchzehen
500 g Tomaten
2 Möhren
2 Zucchini
1 Stange Lauch
2 EL Olivenöl
500 g gemischte Meeresfrüchte (Tiefkühlprodukt)
500 g schwarze Tagliatelle
Salz
frisch gemahlener Pfeffer
1 EL fein gehackte Petersilie

Zubereitung: ca. 40 Minuten

1. Die Zwiebel und den Knoblauch schälen und in kleine Würfel schneiden. Die Tomaten wie im Grundrezept beschrieben blanchieren, enthäuten, entkernen und würfeln.

2. Die Möhren schälen, Zucchini und das Weiße vom Lauch putzen. Möhren und Zucchini halbieren. Das Gemüse in dünne Scheiben schneiden.

3. Das Olivenöl in einer tiefen Pfanne erhitzen. Zwiebel und Knoblauch darin glasig andünsten. Möhren, Zucchini und Lauch zufügen und kurz anschwitzen. Tomatenwürfel untermischen und einmal aufkochen lassen. Dann die tiefgekühlten Meeresfrüchte dazugeben und bei kleiner Hitze im Gemüse auftauen lassen.

4. In der Zwischenzeit die Tagliatelle in kochendem Salzwasser bissfest garen und abgießen. Die Meeresfrüchtesauce mit Salz, Pfeffer und Petersilie würzen, die Nudeln untermischen und kurz in der Sauce durchziehen lassen.

Täglich frisch gefertigte Nudeln in guter Qualität kauft man in Italien am besten in speziellen Geschäften, den Pasticcerias. Sie bieten neben kleinen Kuchen und Gebäck Nudeln in allen Farben und mit unterschiedlichsten Füllungen an.

ITALIEN

Spinat-Panzerotti in Drei-Käse-Sauce mit Mascarpone

Zutaten für 4 Personen:

100 g Mascarpone
2 Eigelb
Salz
frisch gemahlener Pfeffer
50 g Butter
300 g süße Sahne
100 g geriebener Parmesan
100 g Gorgonzola
1 kg frische Panzerotti, mit Spinat gefüllt

Zubereitung: ca. 20 Minuten

1. Den Mascarpone mit dem Eigelb cremig rühren. Mit Salz und Pfeffer würzen.

2. Die Butter in einer großen Pfanne zerlassen, die Sahne zufügen und etwas einkochen lassen. Parmesan und den zerbröckelten Gorgonzola einrühren. Bei schwacher Hitze unter ständigem Rühren cremig einkochen lassen. Die Mascarpone-Ei-Creme unterrühren. Mit Salz und Pfeffer abschmecken und warm halten, nicht mehr kochen.

3. Die Panzerotti in reichlich kochendem Salzwasser 3–4 Minuten bissfest garen. Aus dem Wasser heben, abtropfen lassen und auf 4 tiefe Teller verteilen. Die Käse-Sauce darübergeben und sofort servieren.

Frischer Nudelteig sollte 1 Stunde in Frischhaltefolie gewickelt im Kühlschrank ruhen. Stärke und Klebereiweiß brauchen diese Zeit zum Quellen. Der Teig wird dadurch elastischer und lässt sich besser weiterverarbeiten.

ITALIEN

Hausgemachte Ravioli mit Hackfleisch und Petersilie gefüllt

Zutaten für 4 Personen:

Für den Teig:
300 g Mehl und
Mehl zum Bearbeiten
2 Eier
1 EL Öl
1/2 TL Salz
1 TL Essig
3–4 EL Wasser

Für die Füllung:
1 mittelgroße Zwiebel
2 Knoblauchzehen
1 frische rote Chilischote
1 EL Olivenöl
300 g gemischtes Hackfleisch
2 EL fein gehackte Petersilie
Salz
frisch gemahlener Pfeffer

Vorbereitung: ca. 1 Stunde
Zubereitung: ca. 1 Stunde

1. Aus Mehl, Eiern, Öl, Salz, Essig und Wasser einen glatten festen Teig kneten. In Frischhaltefolie wickeln und 1 Stunde im Kühlschrank ruhen lassen.

2. Zwiebel und Knoblauch schälen, Chilischote längs halbieren und entkernen. Alles in kleine Würfel schneiden und im Olivenöl glasig dünsten. Petersilie untermischen, vom Herd nehmen. Etwas abkühlen lassen und mit dem Hackfleisch, Salz und Pfeffer vermischen.

3. Den Teig in 2 Stücke teilen. Jedes Stück auf einer bemehlten Arbeitsflächc dünn ausrollen. Von der Fleischmasse nussgroße Stücke abstechen und im Abstand von ca. 4 cm auf eine Teigplatte setzen. Die entstandenen Zwischenräume mit einem feuchten Pinsel bestreichen. Die zweite Teigplatte darüberlegen und jeweils um die Füllung herum leicht andrücken. Mit einem Teigrädchen Quadrate ausschneiden und die Ränder mit einer Gabel zusammendrücken. Die Ravioli 30 Minuten trocknen lassen.

4. Die Ravioli in kochendes Salzwasser geben und bei mittlerer Hitze in ca. 5 Minuten gar ziehen lassen. Mit einer Schaumkelle herausheben und auf Küchenpapier gut abtropfen lassen.

Das Schöne an selbst gemachten Nudeln: Wenn man ein wenig Erfahrung und Übung mit der Handhabung des frischen Teigs gewonnen hat, sind der eigenen Fantasie in puncto Farben, Formen und Füllungen keine Grenzen mehr gesetzt.

ITALIEN

Rote Nudelbonbons mit Wildkräutern und Ricotta

Zutaten für 4 Personen:

Für den Teig:
3 EL Tomatenmark
300 g Hartweizenmehl und Mehl zum Bearbeiten
1 Ei
1 Eiweiß
2 EL Öl
1/2 TL Salz
1 TL Essig

Für die Füllung:
300 g Wildkräuter
1 EL Butter
250 g Ricotta
2 Eier
2 EL geriebener Parmesan
Salz
frisch gemahlener Pfeffer
frisch gemahlene Muskatnuss

Vorbereitung: ca. 1 Stunde
Zubereitung: ca. 1 Stunde

1. Das Tomatenmark mit 2 Esslöffeln Wasser verrühren. Aus Mehl, Ei, Eiweiß, Öl, Salz, Essig und dem Tomatenwasser einen glatten festen Teig kneten, eventuell noch etwas Wasser zugeben. In Frischhaltefolie wickeln und 1 Stunde im Kühlschrank ruhen lassen.

2. Die Kräuter verlesen, gründlich waschen und die dicken Stiele entfernen. Die Butter in einem Topf zerlassen und die tropfnassen Blätter zugeben. Bei mittlerer Hitze dünsten, bis alle Flüssigkeit verdampft ist. Dann abgießen, auskühlen lassen und sehr fein hacken.

3. Ricotta mit einer Gabel zerdrücken und mit den Eiern verrühren. Wildkräuter und Parmesan einrühren und die Füllung mit Salz, Pfeffer und Muskatnuss abschmecken. Füllung 30 Minuten ruhen lassen.

4. Den Nudelteig dünn ausrollen. Mit einem scharfen Messer 6 cm große Quadrate ausschneiden. Auf jedes Teigquadrat etwas Füllung setzen. Den Teig darüberklappen, rund um die Füllung festdrücken und die Teigenden gegeneinander zu einer Bonbonform drehen. Die Nudelbonbons 30 Minuten auf einem bemehlten Tuch trocknen lassen. Anschließend in kochendem Salzwasser 8–10 Minuten garen.

Italien ist eines der Hauptanbauländer für Spinat und das Gemüse von dort hat große, fleischige Blätter und ein intensiv kräftiges Aroma. Spinatblätter nicht in Wasser vorkochen, sondern nur im heißen Topf zusammenfallen lassen.

ITALIEN

Überbackene Cannelloni mit Spinat und Tomatensauce

Zutaten für 4 Personen:

600 g Blattspinat
1 kleine Zwiebel
1 Knoblauchzehe
25 g Butter
200 g Ricotta
Salz
frisch gemahlener Pfeffer
frisch geriebene Muskatnuss
Fett für die Form
12 Cannelloni-Rollen, gebrauchsfertig
200 ml Tomatensauce
200 ml Béchamelsauce
1 Büffelmozzarella

Zubereitung: ca. 30 Minuten
Überbacken: ca. 30 Minuten

1. Den Blattspinat verlesen, welke Blätter und grobe Stiele entfernen und den Spinat gründlich waschen. Die Zwiebel und den Knoblauch schälen, fein hacken und in der Butter glasig andünsten.

2. Spinat tropfnass dazugeben und zugedeckt zusammenfallen lassen. Dann in einem Sieb gut abtropfen lassen und anschließend hacken. Mit Ricotta vermischen und mit Salz, Pfeffer und Muskatnuss abschmecken.

3. Backofen auf 200 Grad vorheizen. Eine feuerfeste Form einfetten und die Tomatensauce hineingeben.

4. Spinatmasse in einen Spritzbeutel mit großer Tülle geben und die Cannelloni damit füllen. Nebeneinander in die Form legen, mit der Béchamelsauce überziehen. Die Mozzarella in Scheiben schneiden und auf den Auflauf legen. Im heißen Ofen 25–30 Minuten überbacken.

Beim Mangold unterscheidet man zwei Arten: den kleineren Schnittmangold, der mit Stielen und Rippen zubereitet wird, und Stielmangold, bei dem die Stiele in Stücke geschnitten und separat gedünstet oder gebacken werden.

ITALIEN

Rigatoni-Mangold-Auflauf mit Pancetta und Käsekruste

Zutaten für 4 Personen:

350 g Rigatoni
Salz
750 g Mangold
1 Knoblauchzehe
1 Zwiebel
150 g Pancetta
2 EL Olivenöl
Butter für die Form
150 g Mascarpone
150 g süße Sahne
frisch gemahlener Pfeffer
frisch geriebene Muskatnuss
100 g frisch geriebener Fontina

Zubereitung: ca. 40 Minuten
Überbacken: ca. 20 Minuten

1. Die Rigatoni in kochendem Salzwasser bissfest garen. Abgießen und abtropfen lassen.

2. Mangold waschen, putzen, die harten Blattrippen entfernen und die Blätter grob hacken. Knoblauch und Zwiebel schälen und fein hacken. Pancetta in Würfel schneiden.

3. Pancetta im Olivenöl knusprig braten. Aus der Pfanne heben und beiseitestellen. Zwiebel und Knoblauch im Bratfett andünsten, den Mangold zufügen und einige Minuten zugedeckt dünsten.

4. Den Backofen auf 200 Grad vorheizen. Eine Auflaufform mit Butter ausfetten und die Hälfte der Rigatoni hineingeben. Pancetta und die Mangold-Zwiebelmischung darauf verteilen, mit den restlichen Rigatoni belegen.

5. Mascarpone mit Sahne, Pfeffer, Muskatnuss und Salz verrühren und über den Auflauf gießen. Mit dem Käse bestreuen und im heißen Ofen ca. 20 Minuten überbacken.

Porcini (Steinpilze) sind in Italien die mit Abstand beliebtesten Speisepilze, für die es zahlreiche Zubereitungsarten gibt. Es ist bis heute nicht gelungen sie zu züchten und so bleiben sie die Belohnung für eifrige Sammler in den Wäldern.

ITALIEN

Maria-Chiaras Steinpilz-Lasagne mit Mascarpone

Zutaten für 6 Personen:

100 g Butter
3 EL Mehl
1/2 l Fleischbrühe
1/2 l Milch
Salz
frisch gemahlener Pfeffer
frisch geriebene Muskatnuss
500 g Steinpilze
1 kleine weiße Zwiebel
1 TL getrockneter Thymian
250 g Mascarpone
250 g passierte Tomaten
2 Eier
2 EL fein gehackte Petersilie
12 Lasagneblätter, gebrauchsfertig
75 g frisch geriebener Parmesan

Zubereitung: ca. 35 Minuten
Backen: ca. 40 Minuten

1. In einem Topf 2 Esslöffel Butter zerlassen, das Mehl einrühren und hellgelb anschwitzen. Die Fleischbrühe und die Milch unter Rühren angießen. Béchamelsauce einmal aufkochen, mit Salz, Pfeffer und Muskatnuss würzen und bei kleiner Hitze 15 Minuten quellen lassen, dabei öfter umrühren.

2. Pilze putzen und in Würfel schneiden. Die Zwiebel schälen, fein hacken und in 2 Esslöffeln Butter andünsten. Pilze zufügen und unter häufigem Wenden braten, bis die Flüssigkeit verdampft ist. Vom Herd nehmen, mit Thymian, Salz und Pfeffer würzen.

3. Mascarpone mit den passierten Tomaten, den Eiern und der Petersilie glatt verrühren, mit Salz und Pfeffer abschmecken. Backofen auf 200 Grad vorheizen.

4. Eine Backform mit der restlichen Butter ausstreichen. Den Boden dünn mit Béchamelsauce überziehen und mit einer Lage Lasagneblätter auslegen. Die Hälfte der Pilze, 1/3 der Béchamelsauce, Lasagneblätter und die Hälfte der Mascarponesauce hineingeben. Diesen Vorgang wiederholen. Als letzte Lage Lasagneblätter einlegen, mit der übrigen Béchamelsauce überziehen, mit Parmesan bestreuen. Im Ofen 40 Minuten backen.

Gnocchi werden je nach Region und Tradition unterschiedlich hergestellt. Sie können aus Kartoffeln, Kürbis und Mehl oder Ricotta, Spinat und Grieß bestehen und werden mit brauner Butter, Sauce oder mit Käse überbacken serviert.

ITALIEN

Gratinierte Gnocchi mit Salbeibutter und Fontina

Zutaten für 4 Personen:

500 g mehlig kochende Kartoffeln
Salz
1 Ei
1 Eigelb
100–120 g Mehl
100 g Butter und Butter für die Form
1 EL fein gehackte Salbeiblätter
100 g frisch geriebener Fontina

Zubereitung: ca. 1 Stunde

1. Die Kartoffeln waschen und in der Schale in kochendem Salzwasser 25 Minuten garen. Dann abgießen, ausdämpfen lassen, schälen und noch heiß durch eine Kartoffelpresse drücken. Etwas auskühlen lassen und leicht salzen.

2. Die Kartoffelmasse mit dem Ei und dem Eigelb verkneten. So viel Mehl einarbeiten, dass ein nicht zu fester Teig entsteht.

3. Aus dem Kartoffelteig auf einer bemehlten Arbeitsfläche fingerdicke Rollen formen. Von jeder Rolle 2–3 cm lange Stücke abschneiden und mit leichtem Druck über einen Gabelrücken rollen, um den Gnocchi die typische Form zu geben.

4. Die Gnocchi portionsweise in reichlich kochendem Salzwasser gar ziehen lassen, bis sie an die Oberfläche steigen. Dann mit einem Schaumlöffel herausheben, abtropfen lassen. Backofen auf 220 Grad vorheizen.

5. Eine flache Auflaufform mit Butter ausstreichen und die Gnocchi in einer Lage einfüllen. Salbei und Fontina darüber verteilen. Die Butter in Flöckchen daraufsetzen. Im heißen Ofen goldbraun gratinieren.

Die kleinen zarten Artischocken gehören – ob gekocht oder gebraten – zu den feinsten kulinarischen Leckerbissen. Botanisch zählen sie zur Familie der Distelgewächse. Einige Sorten verfügen über sehr spitze Stacheln am Blattende.

ITALIEN

Italienisches Omelett mit Artischocken und Petersilie

Zutaten für 4 Personen:

6 zarte kleine Artischocken
1/2 Zitrone
1 Knoblauchzehe
4 EL Olivenöl
6 Eier
2 EL fein gehackte Petersilie
Salz
frisch gemahlener Pfeffer
frisch geriebene Muskatnuss

Zubereitung: ca. 30 Minuten

1. Artischocken säubern und die harten äußeren Blätter entfernen. Die Stiele und das obere Drittel der Artischockenblätter abschneiden. Die Schnittstellen sofort mit Zitrone einreiben.

2. Knoblauch schälen und fein hacken. Artischocken der Länge nach in Scheiben schneiden. Das Olivenöl in einer beschichteten Pfanne erhitzen und den Knoblauch darin andünsten. Die Artischockenscheiben hinzufügen und unter Wenden bei mittlerer Hitze braten, bis sie gar sind.

3. Die Eier mit der Petersilie verquirlen, mit Salz, Pfeffer und Muskatnuss würzen. Über die Artischocken gießen und bei kleiner Hitze stocken lassen. Das Omelett auf einen Deckel oder einen großen Teller gleiten lassen und auf der anderen Seite goldbraun braten.

4. Das Omelett in Stücke schneiden und heiß oder lauwarm servieren.

Der Duft, den frisch gebackenes Pizzabrot verströmt, ist einfach köstlich und macht Appetit auf mehr. Es läßt sich mühelos mit Sardellen, Oliven oder Kapern variieren und ist eine beliebte Beilage zu Schinken, Käse und Antipasti.

ITALIEN

Pizzabrot mit frischem Rosmarin und Meersalz

Zutaten für 6 Personen:

400 g Mehl und
Mehl zum Bearbeiten
1 TL Salz
1 Päckchen Trockenhefe
300 ml Milch
100 ml Olivenöl
4 Zweige Rosmarin
2 TL grobes Meersalz

Vorbereitung: ca. 1 Stunde
Zubereitung: ca. 40 Minuten

1. Das Mehl mit dem Salz und der Trockenhefe in eine Rührschüssel geben und vermengen. Die Milch erwärmen und unterrühren. Den Teig so lange rühren, bis er glatt und geschmeidig ist. Dann zugedeckt ca. 1 Stunde an einem warmen Ort zu doppeltem Volumen aufgehen lassen.

2. Den Backofen auf 225 Grad vorheizen. Den Teig auf einer bemehlten Arbeitsfläche nochmals kurz durchkneten. Ein Backblech mit Öl einstreichen. Teig auf einer bemehlten Arbeitsfläche zu einem Rechteck ausrollen und das Backblech damit auslegen.

3. Den Rosmarin waschen, trockenschütteln und die Nadeln abstreifen. Rosmarinnadeln und Meersalz auf den Teig streuen. Mit dem restlichen Olivenöl beträufeln. Im heißen Ofen ca. 15 Minuten backen. Pizzabrot in Stücke schneiden.

Eine Pizza für Liebhaber scharfer Genüsse. Frische Peperoncini und Chilischoten sorgen für die fruchtige Schärfe und grober Pfeffer für das nötige Aroma. Kirschtomaten und Mozzarella mildern die Schärfe auf angenehme Art.

ITALIEN

Pizza Diabolo mit frischen Peperoncini und Mozzarella

Zutaten für 4 Pizzen:

Vorbereitung: ca. 1 Stunde
Zubereitung: ca. 30 Minuten

Für den Teig:
400 g Mehl und
Mehl zum Bearbeiten
1 TL Salz
1 Päckchen Trockenhefe
300 ml Milch

Für den Belag:
2–3 frische grüne Peperoncini
2 frische rote Chilischoten
200 g Mozzarella
150 g Kirschtomaten
1/2 l Tomatensauce
einige schwarze Pfefferkörner
4 EL Olivenöl

Außerdem:
4 Pizzaformen, 20 cm Ø

1. Das Mehl mit dem Salz und der Trockenhefe in eine Rührschüssel geben und vermengen. Die Milch erwärmen und unterrühren. Den Teig so lange rühren, bis er keine Klümpchen mehr hat. Dann zugedeckt etwa 1 Stunde an einem warmen Ort zu doppeltem Volumen aufgehen lassen.

2. Die Peperoncini und die Chilischoten längs halbieren und entkernen. Peperoncini in Streifen schneiden, Chilischoten fein hacken. Den Mozzarella in dünne Scheiben schneiden. Die Kirschtomaten waschen und vom Stiel zupfen. Backofen auf 225 Grad vorheizen.

3. Den Teig auf einer bemehlten Arbeitsfläche nochmals kurz durchkneten. In 4 Portionen teilen und zu Kugeln formen. Jede Kugel mit dem Handballen zu einer Scheibe flachdrücken und anschließend dünn ausrollen. Pizzaformen mit dem Teig auslegen.

4. Teigböden mit Tomatensoße bestreichen, dabei am Rand etwa 2 cm frei lassen. Peperoncinistreifen, Chiliwürfel, Kirschtomaten und Mozzarellascheiben darauf verteilen. Pfefferkörner im Mörser grob zerstoßen, über die Pizzen streuen, mit Olivenöl beträufeln. Im heißen Ofen ca. 15 Minuten knusprig backen.

Tomaten verlieren durch das Trocknen etwas von ihrem mild fruchtigen Charakter, gewinnen dafür aber an Aroma und Geschmack. Zudem ist es eine der ältesten und schonendsten Konservierungsarten nach reichlicher Tomatenernte.

ITALIEN

Pizzette mit getrockneten Tomaten und Oliven

Zutaten für 12 Stück:

Für den Teig:
400 g Mehl und
Mehl zum Bearbeiten
1 TL Salz
1 Päckchen Trockenhefe
300 ml Milch

Für den Belag:
3 EL Olivenöl
200 g halbgetrocknete Tomaten, in Öl eingelegt
100 g magerer Räucherspeck
100 g schwarze Oliven

Vorbereitung: ca. 1 Stunde
Zubereitung: ca. 20 Minuten

1. Das Mehl mit dem Salz und der Trockenhefe in eine Rührschüssel geben und vermengen. Die Milch erwärmen und unterrühren. Den Teig so lange rühren, bis er keine Klümpchen mehr hat. Dann zugedeckt etwa 1 Stunde an einem warmen Ort zu doppeltem Volumen aufgehen lassen.

2. Den Backofen auf 225 Grad vorheizen. Den Teig auf einer bemehlten Arbeitsfläche nochmals kurz durchkneten. In 12 Portionen teilen und zu Kugeln formen. Jede Kugel mit dem Handballen zu einer Scheibe flach drücken.

3. Ein Backblech mit Öl einstreichen und die kleinen Pizzen daraufsetzen. Die Tomaten grob hacken, den Speck in kleine Würfel schneiden. Tomaten, Speck und Oliven auf den Pizzen verteilen. Mit dem restlichen Olivenöl beträufeln. Im heißen Ofen ca. 20 Minuten backen.

Apulien bildet den „Absatz" des italienischen „Stiefels". Hier gedeihen Auberginen, Tomaten, Zucchini, Fenchel, Paprika und Kartoffeln, die gerne zu einer regionalen Spezialität, der Kartoffelpizza, verarbeitet werden.

ITALIEN

Knusprige Kartoffelpizza mit Blattspinat und Pecorino

Zutaten für 4 Personen:

400 g mehlig kochende Kartoffeln
Salz
150 g Mehl
1 Ei
100 ml Olivenöl
500 g Blattspinat
1 kleine weiße Zwiebel
2 Knoblauchzehen
100 g frisch geriebener Pecorino

Zubereitung: ca. 40 Minuten
Backen: ca. 45 Minuten

1. Die Kartoffeln waschen und in der Schale in Salzwasser garen. Abgießen, ausdampfen lassen, schälen und noch warm durch die Kartoffelpresse drücken. Mit dem Mehl, dem Ei, 3 Esslöffeln Olivenöl und 1/2 Teelöffel Salz zu einem Teig verkneten.

2. Den Spinat putzen, verlesen, waschen und in kochendem Salzwasser blanchieren. Abgießen und gut abtropfen lassen. Dann den Spinat mit den Händen auspressen und grob hacken.

3. Die Zwiebel und den Knoblauch schälen und fein hacken. Mit dem Spinat und dem Pecorino vermischen. Den Backofen auf 175 Grad vorheizen.

4. Eine runde feuerfeste Form mit Öl ausstreichen. Die Form mit dem Teig auskleiden, dabei einen Rand formen. Teigboden mit einer Gabel mehrmals einstechen und mit Öl bestreichen. Spinatmischung darauf verteilen und mit dem restlichen Öl beträufeln. Im heißen Ofen 40–45 Minuten backen.

Montasio ist ein Hartkäse, der typisch ist für das Friaul und Julisch Venetien. Bereits im 12. Jahrhundert begannen Benediktinermönche, in den Alpentälern diesen wunderbar milden und dennoch würzigen Käse herzustellen.

ITALIEN

Kartoffel-Käse-Pfanne aus dem Friaul mit Montasio

Zutaten für 4 Personen:

750 g Kartoffeln
1 große Zwiebel
125 g Räucherspeck
2 EL Butter
Salz
frisch gemahlener Pfeffer
1/8 l Fleischbrühe
300 g Montasio

Zubereitung: ca. 45 Minuten

1. Die Kartoffeln waschen und in der Schale in kochendem Salzwasser garen. Kartoffeln schälen und in Scheiben schneiden.

2. Die Zwiebel schälen und in feine Streifen schneiden. Den Speck klein würfeln.

3. In einer großen Pfanne die Butter zerlassen, Speck und Zwiebeln darin glasig dünsten. Kartoffeln zufügen, salzen und pfeffern und in der Butter schwenken. Mit der Brühe ablöschen und einkochen lassen.

4. Den Käse in kleine Würfel schneiden und über die Kartoffeln streuen. Bei kleiner Hitze braten, bis der Käse vollständig zerlaufen und die Kartoffeln auf der Unterseite gebräunt sind. Portionsweise anrichten.

Kleine Zucchini haben ein festeres, aromatischeres Fruchtfleisch als die großen Exemplare. In diesem Rezept werden sie nicht mit Hackfleisch, sondern mit ihrem eigenen gebratenen und gewürzten Fruchtfleisch gefüllt und gebacken.

ITALIEN

Gefüllte Zucchini mit Tomaten aus dem Ofen

Zutaten für 4 Personen:

8 kleine Zucchini
1 große Zwiebel
2 Knoblauchzehen
2 große Sardellenfilets
3 Tomaten
4 EL Olivenöl
Salz
1 EL fein gehackte Salbeiblätter
1 Lorbeerblatt
1/2 TL Zucker
2 EL Balsamico-Essig
frisch gemahlener Pfeffer
Fett für die Form
50 g frisch geriebener Parmesan
1/8 l Gemüsebrühe

Zubereitung: ca. 25 Minuten
Backen: ca. 30 Minuten

1. Zucchini waschen und trockentupfen. Die Zucchini der Länge nach halbieren. Das Fruchtfleisch bis auf einen Rand auslösen und fein hacken.

2. Zwiebel und Knoblauch schälen und fein hacken. Sardellenfilets abspülen und grob zerkleinern. Tomaten häuten, vierteln, entkernen und würfeln.

3. In einer Pfanne 2 Esslöffel Öl erhitzen, Zwiebel und Knoblauch darin glasig dünsten. Zucchinifruchtfleisch zugeben, leicht salzen und so lange dünsten, bis die Flüssigkeit verdampft ist. Tomaten dazugeben und kurz mitdünsten. Sardellen, Salbei, Lorbeerblatt, Zucker und Essig zufügen. Bei kleiner Hitze unter Rühren 15 Minuten dünsten. Mit Salz und Pfeffer abschmecken und etwas abkühlen lassen. Backofen auf 175 Grad vorheizen.

4. Die Zucchinihälften mit der Masse füllen und in eine gefettete ofenfeste Form setzen. Mit dem Parmesan bestreuen und mit dem restlichen Öl beträufeln. Die Brühe angießen. Im heißen Ofen ca. 30 Minuten backen.

Das Salzen der Auberginen entzieht dem Fruchtfleisch überschüssiges Wasser und Bitterstoffe. Die Auberginenscheiben entwickeln dadurch beim Braten mehr geschmackvolle Röststoffe und das Aroma intensiviert sich deutlich.

ITALIEN

Auberginenauflauf mit Parmaschinken und Käse

Zutaten für 4 Personen:

3 Auberginen
Salz
1 kg reife Tomaten
1 Gemüsezwiebel
2 Knoblauchzehen
150 g Parmaschinken
2 EL Olivenöl
Salz
1 Prise Zucker
frisch gemahlener Pfeffer
Öl zum Frittieren
300 g Mozzarella
100 g frisch geriebener Parmesan

Zubereitung: ca. 1 Stunde
Garen: ca. 40 Minuten

1. Die Auberginen waschen, trockentupfen und in ca. 1 cm dicke Scheiben schneiden. Salzen, in ein großes Sieb legen und ca. 45 Minuten ziehen lassen.

2. Tomaten häuten, vierteln, entkernen und hacken. Zwiebel und Knoblauch schälen und fein hacken. Den Schinken in schmale Streifen schneiden.

3. Das Olivenöl erhitzen, Zwiebel, Knoblauch und Schinken darin anschwitzen. Die Tomaten dazugeben, mit Salz, Zucker und Pfeffer würzen. 30 Minuten bei mittlerer Hitze köcheln lassen.

4. Den Backofen auf 175 Grad vorheizen. Die Auberginenscheiben trockentupfen. In eine Pfanne 3 cm hoch Öl einfüllen und erhitzen. Auberginen darin portionsweise goldbraun ausbacken. Kurz auf Küchenpapier abtropfen lassen.

5. Mozzarella in Scheiben schneiden. 2/3 der Tomatensauce in eine flache Auflaufform umfüllen. Auberginen und Mozzarella dachziegelartig darauflegen und mit der restlichen Tomatensauce begießen. Mit Parmesan bestreuen. Im heißen Ofen ca. 40 Minuten goldbraun überbacken.

Salsiccia ist eine herzhaft gewürzte italienische Bratwurst, die in der Regel aus Schweinefleisch hergestelt und je nach Region verschieden gewürzt und zubereitet wird. Im Süden wird sie auch chilischarf und geräuchert angeboten.

ITALIEN

Veroneser Risotto mit Salsiccia und frischem Fenchel

Zutaten für 4 Personen:

2 kleine Fenchelknollen
250 g Salsiccia
1 weiße Zwiebel
1 Knoblauchzehe
250 g Risotto-Reis
1/8 l Weißwein
3/4 l Gemüsebrühe
75 g frisch geriebener Parmesan
Salz
frisch gemahlener Pfeffer

Zubereitung: ca. 35 Minuten

1. Das Fenchelgrün entfernen und beiseitestellen. Die Knollen putzen, halbieren und den Strunk entfernen. Fenchel in Scheiben schneiden. Die Wurst häuten. Zwiebel und Knoblauch schälen und fein würfeln.

2. Wurst in Scheiben schneiden und anbraten. Zwiebel, Knoblauch und Fenchel dazugeben und glasig dünsten. Den Reis einstreuen und anschwitzen. Den Wein angießen und verdampfen lassen.

3. Die Brühe erhitzen. Die Hälfte der Brühe unter Rühren zum Risotto gießen. Wenn die Flüssigkeit fast aufgesogen ist, die restliche Brühe unterrühren. Bei kleiner Hitze unter Rühren ca. 12 Minuten weitergaren, bis der Reis weich ist.

4. Risotto vom Herd nehmen. Den Parmesan unter den Risotto rühren, mit Salz und Pfeffer würzen. Zugedeckt einige Minuten ziehen lassen, dann portionsweise auf vorgewärmten Tellern anrichten.

„Risi e bisi" ist ein Reisgericht-Klassiker aus Venedig. Ende April gibt es die ersten zarten Erbsen von den Gemüseinseln der Lagune, die man zu gleichen Anteilen mit erstklassigem venezianischem Risottoreis aus der Poebene zubereitet.

ITALIEN

Klassischer Erbsen-Risotto

Risi-Bisi mit Speckscheiben

Zutaten für 4 Personen:

1 mittelgroße weiße Zwiebel
75 g Pancetta
1 EL Olivenöl
2 EL Butter
250 g Risotto-Reis
1/8 l Weißwein
3/4 l Hühnerbrühe
400 g feine Erbsen (Tiefkühlware)
3 EL frisch geriebener Parmesan
2 EL fein gehackte Petersilie
Salz
4 frisch gemahlener Pfeffer
75 g Frühstücksspeck

Zubereitung: ca. 30 Minuten

1. Die Zwiebel schälen und fein hacken. Die Pancetta in kleine Würfel schneiden.

2. Öl und 1 Esslöffel Butter in einem Topf erhitzen und die Pancetta darin anbraten. Den Reis dazugeben und anschwitzen. Mit dem Weißwein ablöschen, den Wein verdampfen lassen.

3. Die Brühe erhitzen. Die Hälfte der Brühe unter Rühren zum Risotto gießen. Wenn die Flüssigkeit fast aufgesogen ist, die restliche Brühe unterrühren. Bei kleiner Hitze unter Rühren weitere 10–12 Minuten garen. 5 Minuten vor Ende der Garzeit die Erbsen untermischen.

4. Risotto vom Herd nehmen. Den Parmesan und die Petersilie unterrühren, mit Salz und Pfeffer würzen. Zugedeckt kurz ziehen lassen.

5. Den Frühstücksspeck in einer großen Pfanne ohne Fett knusprig braten. Risi-Bisi in eine vorgewärmte Schüssel füllen und mit den Speckscheiben garnieren.

Polenta hat in Nord- und Mittelitalien eine jahrhundertealte Tradition. Rund um seine Zubereitung und Wirkung ranken sich Mythen. Einst einfache Speise der römischen Soldaten und Bergbauern, wurde er in Venetien zum Kult.

ITALIEN

Giovannis Polenta mit Pilzragout und Parmaschinken

Zutaten für 4 Personen:

1 kleiner Zweig Rosmarin
1 l Gemüsebrühe
200 g Polenta (Maisgrieß)
Salz
600 g gemischte Pilze
60 ml Olivenöl
1 kleines Bund Petersilie
1 Zwiebel
2 Knoblauchzehen
200 g Parmaschinken
frisch gemahlener Pfeffer
50 g geriebener Parmesankäse
50 g Butter

Zubereitung: ca. 1 Stunde

1. Die Rosmarinnadeln vom Zweig streifen und klein hacken. Brühe in einem Topf aufkochen. Polentagrieß unter Rühren einrieseln lassen, leicht salzen und den Rosmarin zufügen. Bei kleiner Hitze ca. 45 Minuten köcheln lassen, dabei immer wieder umrühren.

2. Die Pilze putzen und die Stiele abschneiden. Pilze klein schneiden. Etwas Olivenöl in einer Pfanne erhitzen und 1/3 der Pilze darin anbraten. Auf Küchenpapier abtropfen lassen, bis alle Pilze gebraten sind.

3. Die Petersilie waschen, trockenschütteln und ohne grobe Stiele fein hacken. Zwiebel und Knoblauch schälen und mit dem Schinken klein würfeln. Restliches Olivenöl in einer Pfanne erhitzen. Zwiebeln, Knoblauch und Schinken darin glasig dünsten. Petersilie und Pilze untermischen, mit Salz und Pfeffer würzen.

4. Parmesan und Butter unter die Polenta rühren, mit Salz und Pfeffer abschmecken. Polenta auf vorgewärmten Tellern mit dem Pilzragout anrichten.

Italiener sind große Muschelliebhaber. Am Wochenende kann man Familien zwischen den Klippen und Felsen der Küstenregionen beim beliebten Muschelsuchen beobachten. Ob Venus- oder Miesmuscheln, alle sind willkommen.

ITALIEN

Gedünstete Miesmuscheln mit Tomaten und Kräutern

Zutaten für 4 Personen:

2 große Zwiebeln
2 Knoblauchzehen
1 kleine Petersilienwurzel
1 große Möhre
1 Stange Sellerie
4 Tomaten
2 kg Miesmuscheln, küchenfertig
5 EL Olivenöl
1 l Weißwein
Salz
frisch gemahlener Pfeffer
2 Lorbeerblätter
2 EL fein gehackte Petersilie

Zubereitung: ca. 25 Minuten

1. Zwiebeln, Knoblauch, Petersilienwurzel und Möhre schälen, Sellerie putzen. Alles in kleine Würfel schneiden. Die Tomaten häuten, vierteln, entkernen und in kleine Würfel schneiden. Die Muscheln gründlich waschen, abbürsten und den Bart entfernen. Geöffnete Muscheln wegwerfen.

2. Das Olivenöl in einem großen Topf erhitzen, Zwiebeln und Knoblauch darin anschwitzen. Petersilienwurzel, Sellerie, Möhren und Tomaten dazugeben und 5 Minuten dünsten.

3. Die Muscheln hinzufügen und zugedeckt 2 Minuten bei großer Hitze dünsten. Den Wein angießen, leicht salzen, pfeffern und die Lorbeerblätter einlegen. Zugedeckt bei mittlerer Hitze 5 Minuten garen, dabei den Topf mehrmals rütteln.

4. Muscheln aus dem Topf heben und in 4 vorgewärmte Schüsseln geben. Alle geschlossenen Muscheln wegwerfen. Die Petersilie in den Gemüsesud rühren und über die Muscheln gießen.

Bei diesem Gericht vereinen sich die Schätze des Meeres, Landes und Waldes in Form edler Seezungenfilets, feinen grünen Spargels und aromatischer Pilze zu einem raffinierten kulinarischen Höhepunkt einer italienischen Tafel.

ITALIEN

Seezungenfilet mit grünem Spargel und Waldpilzen

Zutaten für 4 Personen:

8 grüne Spargel
Salz und Zucker
50 g Butter
1 Schalotte
200 g frische Waldpilze
frisch gemahlener Pfeffer
50 ml trockener Weißwein
200 g süße Sahne
1 EL Crème fraîche
2 EL feine Schnittlauchröllchen
8 Seezungenfilets à 80 g
Saft von 1/2 Zitrone
2 EL Olivenöl
60 ml dunkler Fleischfond

Zubereitung: ca. 30 Minuten

1. Die Spargel etwa 14 cm lang schneiden und in kochendem Salzwasser mit 1 Prise Zucker und etwas Butter bissfest garen. Herausheben und warm stellen.

2. Die Schalotte schälen und in kleine Würfel schneiden. Die Pilze putzen und in Scheiben schneiden. Die restliche Butter zerlassen, Schalotte darin anschwitzen. Die Pilze dazugeben und andünsten. Mit Salz und Pfeffer würzen. Mit dem Weißwein ablöschen und einkochen lassen, bis alle Flüssigkeit fast verdampft ist. Die Sahne angießen, Crème fraîche einrühren und cremig einkochen. Vom Herd nehmen und den Schnittlauch unterrühren.

3. Die Seezungenfilets mit Zitronensaft beträufeln und salzen. In einer beschichteten Pfanne im Olivenöl auf beiden Seiten braten. Herausnehmen und auf Küchenpapier abtropfen lassen. Den Fleischfond erhitzen.

4. Auf vorgewärmten Tellern jeweils 1 Seezungenfilet mit 2 grünen Spargeln belegen, die Pilze daraufgeben und mit dem zweiten Seezungenfilet bedecken. Mit dem Fleischfond umgießen und sofort servieren.

Der Lesinasee im Norden Apuliens ist unter Anglern ein Geheimtipp. Er ist ein salzhaltiger Lagunensee, nur durch eine schmale Landzunge vom Meer getrennt und berühmt für seine Weißfische und köstlichen Aale.

ITALIEN

Apulischer Lesina-Aal vom Grill mit frischen Lorbeerblättern

Zutaten für 4 Personen:

2 Lesina-Flussaale à 600 g, küchenfertig
8 frische Lorbeerblätter
1/4 l Olivenöl
1/8 l Essig
Salz
frisch gemahlener Pfeffer
1 EL fein gehackte Petersilie

Vorbereitung: ca. 12 Stunden
Zubereitung: ca. 20 Minuten

1. Die Aale waschen, trockentupfen und in ca. 8 cm große Stücke scheiden. Flach drücken und nebeneinander in eine Schale legen. Die Lorbeerblätter dazwischenstecken.

2. Olivenöl mit Essig, Salz und Pfeffer zu einer Marinade verrühren und über den Fisch gießen. Abgedeckt im Kühlschrank über Nacht ziehen lassen.

3. Den Grill anheizen. Aalstücke aus der Marinade heben und mit der Hautseite nach unten auf den Grill legen. Die Lorbeerblätter auf den Fischstücken verteilen. Bei mittlerer Hitze ca. 10 Minuten grillen. Dann wenden und weitere 5 Minuten grillen. Vor dem Servieren mit Salz, Pfeffer und Petersilie bestreuen.

Sardinen gehören in Italien seit dem Altertum zu den beliebtesten Speisefischen. Die schmackhaften kleinen Fische aus der Familie der Heringe werden maximal 20 cm lang und ziehen in riesigen Schwärmen durch die Weltmeere.

ITALIEN

Gebackene Sardinen mit Parmesankruste und Tomaten

Zutaten für 4 Personen:

800 g frische Sardinen, küchenfertig
100 ml Olivenöl
Salz
frisch gemahlener Pfeffer
1 EL weißer Balsamico-Essig
4 Knoblauchzehen
4 Tomaten
75 g Semmelbrösel
75 g frisch geriebener Parmesan
1 TL getrockneter Oregano
1 EL fein gehackte Petersilie

Zubereitung: ca. 15 Minuten
Garen: ca. 20 Minuten

1. Die Sardinen gründlich waschen und trockentupfen. Eine ofenfeste runde Form mit Olivenöl ausstreichen und die Fische kranzförmig hineinlegen. Mit Salz, Pfeffer und Essig würzen. Den Backofen auf 175 Grad vorheizen.

2. Den Knoblauch schälen und fein hacken. Die Tomaten häuten, vierteln, entkernen und würfeln. Knoblauch und Tomaten über die Fische verteilen.

3. Semmelbrösel und Parmesan mit den Kräutern mischen und auf die Sardinen verteilen. Mit dem restlichen Öl beträufeln und im heißen Ofen 15–20 Minuten überbacken.

Der Seeteufel besitzt nicht nur einen Furcht einflößenden Kopf, er schmeckt auch teuflisch gut. Sein festes weißes grätenfreies Fleisch hat ihn berühmt und zu einem der begehrtesten Speisefische überhaupt gemacht.

ITALIEN

Seeteufelmedaillons auf Lorbeerzweig in Weißweinsauce

Zutaten für 4 Personen:

800 g Seeteufelfilets
1 Zwiebel
2 Knoblauchzehen
4 kräftige Zweige Lorbeer, ca. 15 cm lang
Salz
frisch gemahlener Pfeffer
2 EL Olivenöl
2 EL fein gehackte Petersilie
1/4 l trockener Weißwein

Zubereitung: ca. 25 Minuten

1. Den Fisch waschen, trockentupfen und in ca. 3 cm große Medaillons schneiden. Die Zwiebel und den Knoblauch schälen und fein hacken.

2. Von den Lorbeerzweigen die unteren Blätter entfernen, den Zweig etwas anspitzen. Abwechselnd Fischstücke und Lorbeerblätter auf die Zweige spießen, mit Salz und Pfeffer würzen.

3. Das Öl in einer großen beschichteten Pfanne erhitzen, die Fischspieße rundum bei mittlerer Hitze anbraten. Aus der Pfanne heben und warm stellen.

4. Zwiebel und Knoblauch im Bratfett glasig werden lassen. Petersilie zufügen, den Weißwein angießen und die Fischspieße wieder einlegen. Zugedeckt bei kleiner Hitze einige Minuten im Weinsud ziehen lassen.

5. Fischspieße auf eine vorgewärmte Servierplatte legen und mit der Sauce übergießen.

Häufig werden von frischen Tintenfischen (Kalmare) nur die gehäuteten Tuben ohne Kopf, Tentakel und Arme in Fischgeschäften und Supermärkten angeboten. Dann nimmt man zwei Tuben mehr als im Rezept beschrieben.

ITALIEN

Gefüllte Tintenfische nach Art der Fischer mit Reis

Zutaten für 4 Personen:

8 Tintenfische, küchenfertig
2 Zwiebeln
4 Knoblauchzehen
1 frische rote Chilischote
4 EL Olivenöl
2 EL Pinienkerne
8 EL gekochter Reis
2 EL fein gehackte Petersilie
2 EL fein geschnittenes Basilikum
2 Eier
Salz
frisch gemahlener Pfeffer
1 TL abgeriebene Zitronenschale
Zahnstocher
Mehl zum Wenden
400 g gewürfelte Tomaten
1/4 l Weißwein
2 Lorbeerblätter

Zubereitung: ca. 25 Minuten
Garen: ca. 1 Stunde

1. Tintenfische waschen und trockentupfen. Fangarme abschneiden und klein hacken, Köpfe entfernen. Zwiebeln und Knoblauch schälen und klein würfeln. Chilischote längs halbieren, entkernen und fein hacken.

2. In einer Pfanne 2 Esslöffel Olivenöl erhitzen, Zwiebeln, Knoblauch und Chilischote darin andünsten. Tintenfischwürfel zufügen und 5 Minuten mitdünsten. Abkühlen lassen.

3. Pinienkerne in einer Pfanne ohne Fett braun rösten. Reis, Kräuter, Pinienkerne und die Zwiebelmischung in eine Schüssel geben. Eier zufügen und mit Salz, Pfeffer und Zitronenschale würzen. In die Tintenfische füllen, die Öffnungen mit Zahnstochern verschließen. Tintenfische in Mehl wenden, überschüssiges Mehl abklopfen.

4. Restliches Olivenöl in der Pfanne erhitzen und die Tintenfische von allen Seiten anbraten. Tomaten dazugeben und den Wein angießen. Lorbeerblätter zufügen. Zugedeckt bei kleiner Hitze 1 Stunde köcheln lassen.

5. Tintenfische auf eine vorgewärmte Platte legen, Zahnstocher entfernen. Sauce aufkochen, mit Salz und Pfeffer abschmecken und über die Tintenfische gießen.

Die Familie der Medici aus Florenz brachte den Spinatanbau und seine kunstvolle Zubereitung an die Fürsten- und Königshäuser Europas. Die Zubereitung von Speisen mit Spinat nannten die Köche fortan „auf Florentiner Art“.

ITALIEN

Putenbrust auf Florentiner Art mit frischem Blattspinat

Zutaten für 4 Personen:

500 g Putenbrust am Stück
Salz
500 g Blattspinat
1 Büffelmozzarella
Butter für die Form
frisch gemahlener Pfeffer
1/4 l Béchamelsauce

Zubereitung: ca. 45 Minuten

1. Die Putenbrust 20 Minuten in kochendem Salzwasser garen. Dann herausheben, abtropfen lassen und quer zur Faser in dünne Scheiben schneiden. Backofen auf 175 Grad vorheizen.

2. Den Spinat putzen, verlesen und gründlich waschen. Tropfnass in einen Topf geben und bei geschlossenem Deckel zusammenfallen lassen. Spinat abgießen und gut abtropfen lassen.

3. Mozzarella in Scheiben schneiden. Eine feuerfeste runde Form mit Butter ausstreichen und mit dem Spinat auslegen. Das Fleisch daraufsetzen, mit Salz und Pfeffer würzen, mit Mozzarella belegen und mit Béchamelsauce übergießen. Danach im heißen Ofen ca. 15 Minuten überbacken.

Perlhuhn steht in Italien kulinarisch sehr hoch im Kurs und häufig auf der Speisekarte, vor allem im Piemont. Das im Vergleich mit hellem Geflügel eher dunkle Fleisch erinnert an eine Mischung aus Wildgeflügel und Poularde.

ITALIEN

Geschmortes Perlhuhn mit Steinpilzen und Salbei

Zutaten für 4 Personen:

30 g getrocknete Steinpilze
1 Perlhuhn
Salz
frisch gemahlener Pfeffer
1 Zwiebel
1 Knoblauchzehe
1 EL Butter
2 EL Olivenöl
1 EL fein gehackte Salbeiblätter
1/8 l Weißwein
400 ml Wildfond
100 g süße Sahne

Zubereitung: ca. 1 Stunde

1. Die getrockneten Steinpilze 25 Minuten in lauwarmem Wasser einweichen.

2. Das Perlhuhn waschen, trockentupfen und in 4 Portionsstücke zerteilen. Mit Salz und Pfeffer einreiben. Zwiebel und Knoblauch schälen und fein hacken.

3. Butter und Öl in einem Schmortopf erhitzen. Fleischstücke hineinlegen und mit dem Salbei 15 Minuten sanft anbraten. Mit Wein ablöschen und einkochen lassen. Die Pilze abgießen, dabei das Einweichwasser auffangen. Pilze klein hacken und mit dem Einweichwasser zum Fleisch geben. Den Wildfond angießen und bei kleiner Hitze 25 Minuten köcheln lassen.

4. Das Fleisch aus der Sauce heben und warm stellen. Die Sahne unter die Sauce rühren und etwas einkochen lassen. Mit Salz und Pfeffer abschmecken und das Fleisch wieder einlegen.

Die Kutteln (Vormagen) vom Kalb oder Rind gehören in Italien zur Alltagsküche und sind wie in Frankreich sehr beliebt. Auf Märkten oder in Metzgereien werden sie küchenfertig geputzt und bereits vorgebrüht angeboten.

ITALIEN

Florentiner Kutteln mit Gemüse in Tomatensauce

Zutaten für 4 Personen:

1 kg Kutteln, vorgebrüht
1 Gemüsezwiebel
1 Möhre
1 Stange Sellerie
75 ml Olivenöl
1 große Dose geschälte Tomaten (800 g)
Salz
1 Prise Zucker
frisch gemahlener Pfeffer
1 Lorbeerblatt
75 g frisch geriebener Parmesan

Zubereitung: ca. 1 Stunde

1. Die Kutteln in feine Streifen schneiden. Die Zwiebel und die Möhre schälen, Sellerie putzen. Alles in kleine Würfel schneiden.

2. Das Olivenöl in einem Topf erhitzen. Zwiebel, Möhre und Sellerie zufügen und 15 Minuten dünsten.

3. Die Kutteln untermischen und 10 Minuten mitdünsten. Dann die Tomaten zufügen und mit einer Gabel am Topfrand zerdrücken. Mit Salz, Zucker und Pfeffer würzen und das Lorbeerblatt einlegen. Bei kleiner Hitze ca. 30 Minuten köcheln lassen.

4. Das Lorbeerblatt entfernen und die Kutteln in eine vorgewärmte Schüssel umfüllen. Den Parmesan getrennt dazu reichen.

Ein königliches Gericht mit einem königlichen Wein, dem Amarone. Er gilt als einer der besten Weine des Landes, mit einem Geschmack und Aroma von ungeheuerer Wucht und Fülle und leicht bitteren (italienisch: amaro) Noten.

ITALIEN

Piemonteser Kalbsleber mit Amarone und Balsamico

Zutaten für 4 Personen:

4 Scheiben Kalbsleber à 150 g
Mehl zum Wenden
1 rote Zwiebel
1 Knoblauchzehe
4 Tomaten
4 EL Olivenöl
1/8 l Amarone
Salz
frisch gemahlener Pfeffer
1 Prise Zucker
1 EL Balsamico-Essig
1 EL frische Thymianblättchen

Zubereitung: ca. 25 Minuten

1. Die Leber waschen und trockentupfen. Häutchen und Adern entfernen und in Portionsstücke teilen. Leber in Mehl wenden, überschüssiges Mehl abklopfen.

2. Die Zwiebel und den Knoblauch schälen und fein hacken. Tomaten häuten, vierteln, entkernen und klein hacken. Den Backofen auf 100 Grad vorheizen.

3. In einer großen Pfanne 2 Esslöffel Olivenöl erhitzen und die Leber darin auf jeder Seite 2–3 Minuten anbraten. Zugedeckt im Ofen warm stellen.

4. Restliches Öl in der Pfanne erhitzen, Zwiebel und Knoblauch darin anschwitzen. Tomaten zufügen und andünsten. Mit Amarone ablöschen und 5 Minuten köcheln lassen. Die Sauce mit Salz, Pfeffer, Zucker und Essig abschmecken.

5. Die Leber in die Sauce legen und kurz darin erhitzen. Mit dem Thymian bestreuen und portionsweise anrichten.

Ein Klassiker der italienischen Landküche. Das Fleisch wird durch langsames schonendes Schmoren in Kombination mit der Milch unendlich zart und saftig. Manche italienische Hausfrau legt das Fleisch vorher noch in Milch ein.

ITALIEN

Kalbsbraten in Milch geschmort mit Kapern

Zutaten für 6 Personen:

1 kg Kalbfleisch (Nuss)
2 Knoblauchzehen
Meersalz
frisch gemahlener Pfeffer
1/2 TL edelsüßes Paprikapulver
3 weiße Zwiebeln
1 Bund Suppengrün
1 EL Butter
2 EL Olivenöl
2 Lorbeerblätter
1/2 l Milch
2 EL Kapern, in Salz eingelegt

Zubereitung: ca. 20 Minuten
Braten: ca. 2 Stunden

1. Fleisch waschen und trockentupfen. Den Knoblauch schälen und mit 1/2 Teelöffel Meersalz, Pfeffer und Paprikapulver musig zermahlen. Das Fleisch damit einreiben. Zwiebeln schälen, halbieren und in dünne Scheiben schneiden. Das Suppengrün putzen und grob würfeln.

2. Backofen auf 160 Grad vorheizen. Butter und Öl in einem Bräter mäßig erhitzen, das Fleisch darin auf dem Herd von allen Seiten sorgfältig langsam anbraten. Zwiebeln dazugeben und hellgelb anschwitzen. Suppengrün zufügen und anrösten. Lorbeerblätter einlegen und 1/3 der Milch angießen. Die restliche Milch in einem Topf erhitzen.

3. Fleisch im heißen Ofen ca. 2 Stunden braten. Nach und nach mit der restlichen heißen Milch begießen.

4. Fleisch aus dem Bräter heben und im abgeschalteten Backofen warm stellen. Bratfond in einen Topf passieren, mit Salz und Pfeffer abschmecken und die Kapern zufügen. Einmal aufkochen.

5. Den Braten in Scheiben schneiden, auf einer Platte anrichten und mit der Sauce überziehen.

Dieser Schweinebraten ist ein Klassiker der toskanischen Küche, von dem schon der Dichter Dante schwärmte. Ein herrlicher Duft von Knoblauch, Rosmarin und Fenchel verzaubert gleichermaßen Gaumen und Nase der Genießer.

ITALIEN

Schweinenackenbraten Toskana mit Kräutern

Zutaten für 6 Personen:

1 kg Schweinenacken
4 Knoblauchzehen
Meersalz
frisch gemahlener Pfeffer
75 ml Olivenöl
2 EL frische Rosmarinnadeln
1 EL fein gehackter Oregano
1 TL Fenchelsamen
1 EL abgeriebene Zitronenschale
1/4 l Fleischbrühe

Zubereitung: ca. 20 Minuten
Braten: ca. 2 Stunden

1. Das Fleisch waschen und trockentupfen. Mit Küchengarn wie einen Rollbraten fest zusammenbinden.

2. Den Knoblauch schälen und mit 1 Teelöffel Meersalz, Pfeffer und 3 Esslöffeln Olivenöl musig zermahlen. Den Rosmarin hacken und mit Oregano, Fenchelsamen und Zitronenschale unter die Knoblauchpaste mischen. Backofen auf 175 Grad vorheizen.

3. Einen Bräter mit dem restlichen Olivenöl einfetten und den Braten hineinlegen. Rundum mit der Kräuterpaste bestreichen. Im heißen Ofen ca. 2 Stunden braten. Während dieser Zeit den Braten mehrmals wenden und mit der restlichen Kräuterpaste und dem Bratensaft bestreichen.

4. Den fertigen Braten aus dem Ofen nehmen und 5 Minuten ruhen lassen. Den Bratensatz mit der Brühe loskochen und in einen Topf abseihen. Etwas einkochen lassen, mit Salz und Pfeffer abschmecken. Fleisch in gleichmäßige Scheiben schneiden, auf eine vorgewärmte Platte legen und mit etwas Sauce überziehen. Restliche Sauce getrennt dazu reichen.

Über Jahrhunderte hinweg lebten die Menschen auf den Bergen und in den Tälern der Abruzzen sehr isoliert unter ärmlichen Bedingungen. Die Schafzucht und das so erzeugte Fleisch bot lange die einzige Möglichkeit zum Überleben.

ITALIEN

Lammgulasch aus den Abruzzen mit Zitronensauce

Zutaten für 6 Personen:

1 kg Lammfleisch (Keule)
2 Knoblauchzehen
4 EL Olivenöl
Salz
frisch gemahlener Pfeffer
100 ml Weißwein
2 Eigelb
Saft von 1 Zitrone
1 EL gehackte Kapern

Zubereitung: ca. 20 Minuten
Garen: ca. 45 Minuten

1. Das Fleisch waschen, trockentupfen und in 3 cm große Würfel schneiden. Knoblauchzehen schälen und halbieren.

2. Olivenöl in einem Schmortopf erhitzen und das Fleisch mit dem Knoblauch darin von allen Seiten braun anbraten. Danach salzen und pfeffern, Knoblauch entfernen.

3. Fleisch mit Wein ablöschen und den Bratensatz loskochen. Zudecken und bei kleiner Hitze ca. 45 Minuten garen, bis das Fleisch weich ist. Eventuell noch etwas Wein zufügen.

4. Das Fleisch aus der Sauce heben und warm stellen. Eigelb mit Zitronensaft verquirlen und in die Sauce rühren. Unter Rühren erhitzen, aber nicht mehr kochen. Die Kapern zufügen, mit Salz und Pfeffer abschmecken und das Fleisch wieder einlegen.

Molise ist eine der unbekanntesten italienischen Provinzen im Appenin. Die anspruchslosen Ziegen hatten in der dünn besiedelten Region eine große Bedeutung, wie zahlreiche traditionelle Rezepte zeigen.

ITALIEN

Molisaner Ziegenragout in Rotwein mit Rosmarin und Salbei

Zutaten für 6 Personen:

- 1 kg Ziegenfleisch
- je 1 Zweig Rosmarin und Salbei
- 2 frische Lorbeerblätter
- 1 l Rotwein
- 50 g Pancetta
- 2 Zwiebeln
- 2 Knoblauchzehen
- 1 frische rote Chilischote
- 500 g Tomaten
- 4 EL Olivenöl
- Salz
- frisch gemahlener Pfeffer
- 1 EL Rotweinessig
- 1 TL abgeriebene Zitronenschale

Vorbereitung: ca. 12 Stunden
Zubereitung: ca. 1 Stunde

1. Das Fleisch waschen, trockentupfen und in große Würfel schneiden. Kräuter waschen, trockenschütteln und mit dem Fleisch in eine Schüssel geben. Mit dem Rotwein übergießen. Abgedeckt im Kühlschrank über Nacht marinieren.

2. Fleisch abtropfen lassen und trockentupfen. Marinade und Kräuter aufheben. Pancetta klein würfeln. Zwiebeln und Knoblauch schälen und klein würfeln. Chilischote längs halbieren, entkernen und klein hacken. Tomaten häuten, vierteln, entkernen und grob hacken.

3. Olivenöl in einem Schmortopf erhitzen, Zwiebeln, Knoblauch und Chilischote darin andünsten. Fleisch zufügen und unter Rühren anbraten. Mit Salz und Pfeffer würzen. Glasweise die Marinade dazugeben und immer wieder einkochen lassen. Tomaten und Kräuter zufügen. Zugedeckt ca. 1 Stunde bei kleiner Hitze garen.

4. Die Kräuter entfernen und die Sauce mit Salz, Pfeffer, Essig und Zitronenschale abschmecken.

Wildschweinrückenfleisch neigt dazu, beim Braten zu trocken zu werden. Deshalb empfiehlt es sich, das Fleisch mit Speckstreifen zu spicken und am Knochen zu garen. Der Fleischsaft und die Aromen bleiben so besser erhalten.

ITALIEN

Gespickter Wildschweinrücken auf Rosmarin

Zutaten für 8 Personen:

1 Wildschweinrücken mit Knochen
Salz
frisch gemahlener Pfeffer
150 g geräucherter Schweinebauch am Stück
5 Knoblauchzehen
80 ml Olivenöl
4 Zweige Rosmarin
1/4 l kräftiger Rotwein
1/4 l Wildfond

Zubereitung: ca. 20 Minuten
Braten: ca. 1 Stunde

1. Das Fleisch waschen, trockentupfen und mit Salz und Pfeffer einreiben. Den Schweinebauch in dünne Streifen schneiden. Den Knoblauch schälen und in Stifte schneiden.

2. Den Backofen auf 200 Grad vorheizen. Fleisch mit einem dünnen, spitzen Messer im Abstand von 2 cm mehrfach einstechen. Abwechselnd Speck und Knoblauch in die Einschnitte stecken. Braten mit Olivenöl bestreichen.

3. Das restliche Öl in einem Bräter erhitzen. Den Rosmarin einlegen, den Braten auf den Knochen legen und im heißen Ofen 30 Minuten braten. Die Hitze auf 160 Grad reduzieren, den Rotwein und den Wildfond angießen. Weitere 30 Minuten braten.

4. Den fertigen Wildschweinrücken aus dem Bräter heben und das Fleisch von den Knochen lösen. In Scheiben schneiden und zum Servieren wieder auf die Knochen legen. Die Sauce durch ein Sieb abgießen und getrennt zum Fleisch reichen.

Gleich zwei Zutaten, die man nicht so leicht mit einem süßen, saftigen Kuchen in Verbindung bringen würde: Zucchini und Basilikum gehen hier eine ungeheuer gelungene Kombination mit Mandeln, Rosinen und Zitrusaromen ein.

ITALIEN

Süßer Zucchinikuchen mit Basilikum und Puderzucker

Zutaten für 12 Stücke:

Zubereitung: ca. 45 Minuten
Backen: ca. 45 Minuten

3 kleine Zucchini
2 TL Salz
200 g Zucker
4 Eier
1 Päckchen Vanillezucker
100 g Mehl
1 geh. TL Backpulver
125 g gemahlene Mandeln
1 TL abgeriebene Zitronenschale
1 TL abgeriebene Orangenschale
60 g Rosinen
2 EL fein geschnittene Basilikumblätter
Butter für die Form
3 EL Puderzucker

1. Die Zucchini waschen und trockentupfen. Zucchini grob raspeln, mit Salz bestreuen und in einem Sieb ca. 30 Minuten Wasser ziehen lassen. Dann unter fließendem Wasser abspülen, gut abtropfen lassen und gut ausdrücken.

2. Backofen auf 175 Grad vorheizen. Den Zucker mit den Eiern und dem Vanillezucker schaumig schlagen. Das Mehl, das Backpulver und die Mandeln einrühren. Zucchini, Zitronen- und Orangenschale, die Rosinen und das Basilikum untermischen.

3. Eine Springform mit Butter ausfetten. Den Zucchiniteig einfüllen. Im heißen Ofen ca. 45 Minuten backen.

4. Den Kuchen in der Form etwas auskühlen lassen. Dann auf einem Kuchengitter erkalten lassen. Vor dem Servieren mit Puderzucker überstäuben.

Schokoladennudeln – das klingt zunächst einmal seltsam, ist aber weit mehr als nur eine kulinarische Kuriosität. Die Nudeln erhalten durch die Schokolade im Teig einen vollmundigen Geschmack und einen samtigen Schmelz.

ITALIEN

Julias Schokoladennudeln mit Vanilleeis und Apfelkompott

Zutaten für 6 Personen:

Vorbereitung: ca. 1 Stunde
Zubereitung: ca. 30 Minuten

Für den Teig:
300 g Mehl
60 g Blockschokolade
3–4 EL Milch
2 Eier
Salz

Für das Kompott:
500 g Äpfel (Boskop oder Cox Orange)
Saft von 1 Zitrone
2 EL Butter
1 EL Puderzucker

6 Kugeln Vanilleeis
2 EL Zimt-Zucker

1. Das Mehl in eine Schüssel sieben und der Mitte eine Mulde machen. Die Schokolade in der erwärmten Milch auflösen. Etwas erkalten lassen, die Eier unterschlagen und zum Mehl geben. 1 Prise Salz zugeben und alles zusammen zu einem geschmeidigen festen Teig kneten. In Frischhaltefolie gewickelt 1 Stunde im Kühlschrank ruhen lassen.

2. Nudelteig in 2 Portionen teilen und mit der Nudelmaschine dünne Bandnudeln herstellen. Die Nudeln zu kleinen Nestern aufwickeln und 10 Minuten trocknen lassen. Dann in schwach gesalzenem Wasser 3–5 Minuten kochen.

3. Die Äpfel schälen, vierteln, entkernen und in Spalten schneiden. Mit dem Zitronensaft beträufeln. Die Butter in einer Pfanne zerlassen und den Puderzucker darin karamellisieren lassen. Dann die Apfelspalten samt Zitronensaft zufügen und bei mittlerer Hitze weich dünsten, dabei einmal wenden.

4. Nudeln portionsweise mit den Apfelspalten und dem Vanilleeis anrichten, das Kompott mit Zimt-Zucker bestreuen.

„Semifreddo" (Halbgefrorenes) ist geradezu eine kulinarische Spielwiese für kreative Hausfrauen und -männer. Es wird in den italienischen Provinzen auf verschiedenste Art und Weise mit Marsala oder Orangenlikör aromatisiert.

ITALIEN

Halbgefrorene Vanillecreme mit Waldbeeren

Zutaten für 6 Personen:

Zubereitung: ca. 30 Minuten
Tiefkühlen: ca. 2 Stunden

2 Vanilleschoten
4 Eier
100 g Zucker
500 g süße Sahne
1 TL abgeriebene Zitronenschale
1 Prise Salz
50 g Butter
1/4 l Kirschsaft
450 g Waldbeeren
(Tiefkühlprodukt)

1. Die Vanilleschoten der Länge nach halbieren und das Mark herauskratzen. Die Eier trennen. Vanillemark mit 50 Gramm Zucker und dem Eigelb in einer Schüssel so lange schlagen, bis eine helle Creme entsteht.

2. Sahne steif schlagen und unter die Creme heben, die Zitronenschale unterziehen. Eiweiß mit 1 Prise Salz sehr steif schlagen und unter die Sahnecreme heben. In eine Form umfüllen, mit Frischhaltefolie abdecken und 2 Stunden im Tiefkühlschrank gefrieren.

3. Die Butter zerlassen und den restlichen Zucker darin karamellisieren lassen. Mit dem Kirschsaft ablöschen, einmal aufkochen und die tiefgekühlten Beeren zufügen. Vom Herd nehmen und abkühlen lassen.

4. Vor dem Servieren die Form kurz in heißes Wasser tauchen, das Halbgefrorene auf eine Servierplatte stürzen und mit den Waldbeeren servieren.

Ein Loblied auf die einfache italienische Küche: Dieses Dessert ist einfach gut. Sonnengereifte süße Orangenfilets treffen auf einen Traum von leichtem warmem Weinschaum. Ein Höhepunkt der sizilianischen Kochkunst.

ITALIEN

Sizilianische Orangenfilets mit Zabaione aus Rotwein

Zutaten für 4 Personen:

4 Orangen
4 Eigelb
100 g Zucker
1 TL abgeriebene Zitronenschale
200 ml Weißwein

Zubereitung: ca. 20 Minuten

1. Die Orangen sorgfältig schälen und filetieren. 4 Dessertteller mit den Orangenfilets auslegen.

2. Das Eigelb mit Zucker und Zitronenschale cremig rühren. Die Rührschüssel so über einen Topf mit kochendem Wasser hängen, dass der Schüsselboden das Wasser nicht berührt.

3. Den Wein langsam unter Rühren zugießen. So lange mit dem Schneebesen über dem heißen Wasserbad schlagen, bis die Zabaione dicklich-schaumig ist und sich ihr Volumen verdoppelt hat.

4. Die warme Zabaione über die Orangenfilets verteilen und sofort servieren.

Die Nähe zu Italien macht sich in Istrien auch in der Küche bemerkbar. Aromatische Gemüse wie Zucchini und Auberginen werden häufig paniert, frittiert und als knusprige Beilage zu warmen und kalten Fleischgerichten serviert.

KROATIEN

Zucchini und Auberginen im Teigmantel ausgebacken

Zutaten für 4 Personen:

400 g kleine Auberginen
400 g junge Zucchini
Salz
frisch gemahlener Pfeffer
Öl zum Frittieren
3 Eier
200 g Semmelbrösel
150 g Mehl
100 g frisch geriebener Hartkäse

Zubereitung: ca. 30 Minuten

1. Die Auberginen und die Zucchini waschen und trockentupfen. Stielansätze entfernen. Auberginen schälen und quer in Scheiben schneiden. Zucchini der Länge nach in Scheiben schneiden. Gemüse mit Salz und Pfeffer würzen.

2. Das Öl in einer Fritteuse oder einer tiefen Pfanne auf 175 Grad erhitzen.

3. Die Eier in einem tiefen Teller verquirlen. Semmelbrösel und Mehl getrennt in tiefe Teller geben. Das Gemüse zunächst in Mehl wenden, durch das Ei ziehen und zuletzt in den Semmelbröseln wenden. Die Panade festdrücken.

4. Gemüse portionsweise im heißen Fett goldbraun ausbacken. Auf Küchenpapier abtropfen lassen und warm stellen, bis alles fertig frittiert ist.

5. Gemüse auf einer vorgewärmten Servierplatte anrichten und mit dem Käse bestreuen.

Fast 1.800 Kilometer lang ist die Küste Kroatiens. Meeresfrüchte stehen deshalb auf fast jeder Speisekarte. Diese Tintenfische werden mit zwei weiteren Spezialitäten gefüllt, mit luftgetrocknetem Schinken und würzigem Schafskäse.

KROATIEN

Gefüllte Tintenfische mit Schafskäse und rohem Schinken

Zutaten für 4 Personen:

1 kg frische Tintenfischtuben, küchenfertig
250 g Schafskäse am Stück
frisch gemahlener Pfeffer
250 g roher luftgetrockneter Schinken
4 EL Olivenöl
2 EL Semmelbrösel
2 EL fein gehackte Petersilie
Salz
1/4 l Weißwein

Zubereitung: ca. 20 Minuten
Braten: ca. 30 Minuten

1. Den Backofen auf 220 Grad vorheizen.

2. Die Tintenfischtuben waschen und trockentupfen. Den Schafskäse in ca. 2 cm dicke Scheiben, dann in ca. 2 cm breite Streifen schneiden. Mit Pfeffer würzen, jeden Käsestreifen mit etwas Schinken umwickeln und in die Tintenfischtuben legen.

3. Eine große feuerfeste Form mit Olivenöl ausfetten. Gefüllte Tintenfische nebeneinander in die Form legen.

4. Die Semmelbrösel mit der Hälfte der Petersilie und etwas Salz vermengen und über die Tintenfische verteilen. Mit dem restlichen Öl beträufeln und den Weißwein angießen. Tintenfische im heißen Ofen ca. 30 Minuten braten.

5. Die Tintenfische auf einer vorgewärmten Servierplatte anrichten, mit dem Bratensaft begießen und mit der restlichen Petersilie bestreuen.

Der Drachenkopf ist ein ausgesprochen wohlschmeckender Speisefisch, der vor allem im Mittelmeerraum beliebt ist. Nördlich der Alpen ist er nur schwer erhältlich. Für dieses Gericht kann man ihn durch einen Wolfsbarsch ersetzen.

KROATIEN

Drachenkopf aus dem Ofen mit Kartoffeln

Zutaten für 4 Personen:

1 kg festkochende Kartoffeln
2 Fleischtomaten
3 Zwiebeln
2 Knoblauchzehen
150 ml Olivenöl
2 Lorbeerblätter
Salz
frisch gemahlener Pfeffer
1 Drachenkopf, ca. 1,5 kg, küchenfertig
Zitronenschnitze zum Garnieren

Zubereitung: ca. 15 Minuten
Backen: ca. 40 Minuten

1. Den Backofen auf 220 Grad vorheizen. Die Kartoffeln schälen und in Scheiben schneiden. Die Tomaten und die geschälten Zwiebeln ebenfalls in Scheiben schneiden. Den Knoblauch schälen und würfeln.

2. Eine große feuerfeste Form mit Olivenöl ausfetten. Mit Kartoffeln auslegen, Tomaten, Zwiebeln, Knoblauch und die Lorbeerblätter darüber verteilen, mit Salz und Pfeffer würzen. Die Hälfte des Olivenöls darüber gießen. Im heißen Ofen 10 Minuten backen.

3. Den Fisch waschen, trockentupfen, außen und innen mit Salz und Pfeffer einreiben. Den Fisch in die Form auf das Kartoffel-Gemüse-Bett legen, mit dem restlichen Öl beträufeln und im heißen Ofen ca. 30 Minuten backen.

4. Fisch im Ganzen auf eine vorgewärmte Servierplatte legen und mit dem Kartoffelgemüse anrichten. Mit Zitronenschnitzen garnieren.

Ćevapčići, die feinen kleinen Hackfleischröllchen, sind ein kulinarisches Muss für jeden Kroatienbesucher. Ihren unvergleichlichen Geschmack verdanken sie der Mischung aus drei Fleischsorten und dem Durchziehen im Kühlschrank.

KROATIEN

Zagreber Hackfleischröllchen mit Endiviensalat

Zutaten für 4 Personen:

400 g gemischtes Hackfleisch (Schwein und Rind)
200 g Lammhackfleisch
Salz
frisch gemahlener Pfeffer
5 Knoblauchzehen
1 Endiviensalat
2 EL Weinessig
4 EL Olivenöl
1 große Gemüsezwiebel
4 EL Ajvar

Kühlen: ca. 12 Stunden
Zubereitung: ca. 30 Minuten

1. Hackfleisch mit Salz und Pfeffer würzen. 3 geschälte Knoblauchzehen in sehr kleine Würfel schneiden und unter den Fleischteig kneten. Aus dem Fleischteig kleine, daumendicke Röllchen formen und nebeneinander in eine Schale legen. Mit Frischhaltefolie abdecken und über Nacht im Kühlschrank ruhen lassen.

2. Den Endiviensalat putzen, waschen und klein schneiden. In kochendes Salzwasser geben und kurz blanchieren. Dann abgießen, sofort in Eiswasser geben und auskühlen lassen. Salat gut abtropfen lassen.

3. Aus Essig, Salz, Pfeffer und Olivenöl ein Dressing anrühren, über den Salat geben. Den restlichen Knoblauch schälen, in kleine Würfel schneiden und unter den Salat heben.

4. Die geschälte Gemüsezwiebel in grobe Würfel schneiden.

5. Die Hackfleischröllchen auf dem Holzkohlengrill rundum knusprig braun braten. Mit Salat, rohen Zwiebelwürfeln und Ajvar anrichten.

Malta, eines der kleinsten Länder der Welt, war bis 1964 über 150 Jahre lang unter britischer Herrschaft. Deshalb ist Englisch die zweite Amtssprache und auch in der Küche haben die Briten ihre kulinarischen Spuren hinterlassen.

Maltesische Erbsensuppe

MALTA

mit Kopfsalatstreifen

Zutaten für 4 Personen:

4 Frühlingszwiebeln
1 EL Butter
1 Dose Erbsen (400 g)
1 l Gemüsebrühe
2 Kopfsalatherzen
2 Eier
150 g Ziegenfrischkäse
Salz
frisch gemahlener Pfeffer

Zubereitung: ca. 20 Minuten

1. Die Frühlingszwiebeln putzen und 2/3 des Grüns entfernen. Restliche Frühlingszwiebeln klein schneiden.

2. Die Butter in einem Topf zerlassen und die Frühlingszwiebeln darin anschwitzen. Die Erbsen abtropfen lassen, dann in den Topf geben und die Brühe angießen. Einmal aufkochen und bei kleiner Hitze 10 Minuten köcheln lassen.

3. Die Kopfsalatherzen in schmale Streifen schneiden. Die Eier mit dem Ziegenfrischkäse verrühren.

4. Die Suppe vom Herd nehmen und die Ei-Käse-Creme unterrühren. Die Salatstreifen unterziehen und die Suppe mit Salz und Pfeffer abschmecken. Kurz durchziehen lassen, danach in vorgewärmten tiefen Tellern servieren.

Kaninchen sind in der maltesischen Küche so beliebt, dass es sogar Restaurants gibt, die sich nur auf Kaninchengerichte spezialisiert haben. Traditionell wird Kaninchen in Wein geschmort. Zimt gibt dem zarten Fleisch eine arabische Note.

MALTA

Geschmortes Kaninchen in Rotwein mit Tomaten und Zimt

Zutaten für 4 Personen:

4 Kaninchenkeulen
Salz
frisch gemahlener Pfeffer
2 große Zwiebeln
3 Knoblauchzehen
100 g Frühstücksspeck
2 EL Olivenöl
500 g Tomaten
1/4 l Rotwein
1 Lorbeerblatt
2 Zweige Thymian
1 Zimtstange
1–2 EL milder Weinessig
1 Prise Zucker

Zubereitung: ca. 15 Minuten
Schmoren: ca. 30 Minuten

1. Die Kaninchenkeulen quer in jeweils 2 Teile schneiden, kräftig mit Salz und Pfeffer einreiben.

2. Die geschälten Zwiebeln und den geschälten Knoblauch fein würfeln. Den Speck in schmale Streifen schneiden. Die Tomaten häuten, vierteln, entkernen und in kleine Würfel schneiden.

3. Das Öl in einem Schmortopf erhitzen und die Kaninchenteile darin von allen Seiten bei mittlerer Hitze anbraten. Zwiebeln, Knoblauch und Speck hinzufügen und kurz anrösten. Die Tomaten dazugeben und den Rotwein angießen. Einmal aufkochen, Lorbeerblatt, Thymian und Zimt einlegen. Zugedeckt ca. 30 Minuten schmoren.

4. Das Fleisch aus dem Topf heben und warm stellen. Die Sauce durch ein Haarsieb gießen und etwas einkochen. Mit Essig und Zucker abschmecken.

5. Kaninchen portionsweise auf 4 vorgewärmten Tellern anrichten und mit der Sauce übergießen.

Fenchel-Kartoffeln sind ein Nationalgericht auf Malta. Oft werden sie als Gratin im Ofen zubereitet: Kartoffelscheiben und Zwiebeln in eine gefettete Form schichten, mit Fenchelsamen bestreuen, die Brühe angießen und im Ofen braten.

Gebratene Lammschulter

MALTA

mit Fenchel-Kartoffeln

Zutaten für 4 Personen:

1 Lammschulter mit Knochen, ca. 1 kg
3 Knoblauchzehen
Salz
frisch gemahlener Pfeffer
4 EL Olivenöl
5 Schalotten
2 Möhren
1 Stange Lauch
1 unbehandelte Zitrone
2 Zweige Rosmarin
1/2 l Fleischbrühe
1 kg festkochende Kartoffeln
2 Zwiebeln
1 EL Fenchelsamen

Zubereitung: ca. 80 Minuten

1. Den Backofen auf 180 Grad vorheizen. Fett, Haut und Sehnen von der Lammschulter entfernen. Den geschälten Knoblauch im Mörser mit 1 Teelöffel Salz und etwas Pfeffer musig zermahlen, dann mit 2 Esslöffeln Öl verrühren. Lammschulter damit einstreichen.

2. Schalotten schälen und halbieren, Möhren und Lauch schälen bzw. putzen und grob würfeln. Zitrone in Scheiben schneiden.

3. Das Fleisch in einem Bräter auf beiden Seiten anbraten. Schalotten, Möhren, Lauch, Zitronenscheiben und Rosmarin dazugeben und die Hälfte der Brühe angießen. In den heißen Ofen stellen und gut eine Stunde braten.

4. Die Kartoffeln und die Zwiebeln schälen und in Scheiben schneiden. Lagenweise Kartoffeln und Zwiebeln in einen Topf schichten, jede Lage mit Fenchelsamen, Salz und Pfeffer würzen. Restliches Öl und übrige Brühe angießen und zum Kochen bringen. Zugedeckt bei kleiner Hitze 15 Minuten garen.

5. Fleisch aus dem Bräter heben. Sauce entfetten, passieren und mit Salz und Pfeffer abschmecken. Kartoffeln und Sauce getrennt zum Fleisch reichen.

Das Huhn ist eine der beliebtesten Fleischsorten in Portugal. Meist wird es der Länge nach halbiert und auf dem Grill zubereitet oder mit Kräutern gefüllt im Backofen gegart. Die Hühnersuppe mit Minze ist ein echter Suppenklassiker.

PORTUGAL

Hühnersuppe mit Zitrone, Reis und frischer Minze

Zutaten für 4 Personen:

1 Suppenhuhn, ca. 1,5 kg
2 Zwiebeln
2 Knoblauchzehen
1 unbehandelte Zitrone
2 EL Olivenöl
1 Lorbeerblatt
Salz
2 Möhren
2 Stangen Sellerie
80 g Rundkornreis
frisch gemahlener Pfeffer
1 kleines Bund Minze

Zubereitung: ca. 30 Minuten
Garen: ca. 1 Stunde

1. Das Huhn unter fließendem Wasser waschen und abtropfen lassen. Zwiebeln und Knoblauch schälen und klein würfeln. Die gelbe Schale von der Zitrone abschälen und den Saft auspressen.

2. In einem großen Topf das Olivenöl erhitzen, Zwiebeln und Knoblauch darin anschwitzen. Huhn mit Zitronenschale und Lorbeerblatt in denTopf legen, leicht salzen und mit kaltem Wasser bedecken. Aufkochen und bei kleiner Hitze 1 Stunde garen.

3. Inzwischen die Möhren und Selleriestangen putzen, waschen und in Scheiben schneiden. Huhn aus dem Topf nehmen, das Fleisch von den Knochen lösen und klein schneiden. Lorbeerblatt und Zitronenschale aus der Brühe entfernen.

4. Die Brühe erneut aufkochen. Das vorbereitete Gemüse und den Reis hinzufügen und 15–20 Minuten bissfest garen. Fleisch in die Suppe geben und erwärmen. Mit Salz, Pfeffer und Zitronensaft abschmecken.

5. Minze waschen, trockenschütteln und fein hacken. Kurz vor dem Servieren die Minze unter die Suppe rühren und in Suppenschalen verteilen.

Vermutlich hätte es ohne den Stockfisch (getrockneter Kabeljau) als Proviant an Bord die Eroberungen der Portugiesen in Übersee nicht gegeben. Viele ihrer Stockfischrezepte sind bis heute bekannt und beliebt.

PORTUGAL

Stockfisch-Kartoffel-Bällchen in Olivenöl gebacken

Zutaten für 4 Personen:

300 g Stockfisch, ersatzweise Klippfisch
300 g mehlig kochende Kartoffeln
1 Zwiebel
1 Knoblauchzehe
2 Eier
2 EL fein gehackte Petersilie
Salz
1 Msp. Cayennepfeffer
1 Msp. gemahlener Kreuzkümmel
Olivenöl zum Ausbacken

Zubereitung: ca. 1 Stunde
Einweichen: ca. 24 Stunden

1. Den Stockfisch in einer Schüssel mit Wasser bedecken und 24 Stunden einweichen. Zweimal das Wasser wechseln.

2. Stockfisch abtropfen lassen und mit frischem Wasser bedeckt 20–30 Minuten bei kleiner Hitze garen. Kartoffeln in der Schale weich kochen.

3. Kartoffeln schälen, durch die Kartoffelpresse in eine Schüssel drücken und ausdampfen lassen. Fisch abtropfen lassen, Gräten entfernen, das Fleisch in kleine Stücke zupfen und zu den Kartoffeln geben.

4. Zwiebel und Knoblauch schälen und fein hacken. Eier trennen, Eigelb mit Zwiebel und Knoblauch mit der Fischmasse vermischen. Eiweiß steif schlagen und unter die Masse ziehen. Mit Petersilie, Salz, Cayennepfeffer und Kreuzkümmel abschmecken.

5. Aus der Fischmasse kleine Portionen abstechen und mit feuchten Händen zu kleinen Bällchen formen. Olivenöl zwei Finger hoch in eine Pfanne gießen und erhitzen. Die Bällchen darin portionsweise ausbacken und auf Küchenpapier abtropfen lassen.

Schwarzwurzeln sind eine echte Delikatesse und in Portugal mindestens so beliebt wie bei uns der Spargel. Das Gemüse wird auf verschiedenste Arten zubereitet: es wird gekocht, im Ofen überbacken oder in Backteig frittiert.

PORTUGAL

Schwarzwurzelröllchen mit Schinken im Ofen gebacken

Zutaten für 4 Personen:

1 kg Schwarzwurzeln
2 EL Mehl
Saft von 1 Zitrone
Salz
2 EL Butter
200 g roher Schinken, in dünne Scheiben geschnitten
3 Eigelb
100 g süße Sahne
frisch gemahlener Pfeffer
frisch geriebene Muskatnuss
50 g geriebener Käse

Backen: ca. 20 Minuten
Vorbereitung: ca. 25 Minuten

1. Die Schwarzwurzeln unter fließendem Wasser gründlich abbürsten und schälen. Dabei Küchenhandschuhe anziehen, denn die Wurzeln hinterlassen auf der Haut dunkle Flecken.

2. Das Mehl mit Zitronensaft und 2 Liter kaltem Wasser in einem breiten Topf verrühren und zum Kochen bringen. Mit Salz würzen, Schwarzwurzeln hineingeben und ca. 10 Minuten bissfest garen. In einem Sieb gut abtropfen lassen.

3. Backofen auf 200 Grad vorheizen. Eine ofenfeste Form mit 1 Esslöffel Butter ausfetten. Jede Wurzel mit Schinken umwickeln, dann nebeneinander in die Form legen.

4. Eigelb und Sahne vermischen und mit Salz, Pfeffer und Muskatnuss würzen. Über die Schwarzwurzeln gießen und mit dem Käse bestreuen. Die restliche Butter in Flöckchen daraufsetzen. 15–20 Minuten im Ofen backen und in der Form servieren.

Die Chilischote gehört in Portugal zu den beliebtesten scharfen Gewürzen und wird gerne bei Eintöpfen, Meeresfrüchten, Geflügel und sogar in Salaten verwendet. Ein Gläschen frischer „Vinho verde" gehört für die Portugiesen dazu.

PORTUGAL

Reissalat mit scharfer Wurst und frischem Koriander

Zutaten für 4 Personen:

Zubereitung: ca. 30 Minuten
Abkühlen: ca. 30 Minuten

2 Zwiebeln
2 Knoblauchzehen
1 frische rote Chilischote
150 g Langkornreis
5 EL Olivenöl
1/2 l Gemüsebrühe
Salz
1 rote Paprikaschote
3 Tomaten
300 g Gemüsemais (aus der Dose)
1 Paprikawurst, ca. 250 g
1 kleines Bund Koriander
Saft von 1 Zitrone
frisch gemahlener Pfeffer

1. Die Zwiebeln und den Knoblauch schälen. Chilischote halbieren und entkernen. Alles sehr fein würfeln. Den Reis in einem Sieb mit kaltem Wasser abbrausen und abtropfen lassen.

2. In einem Topf 2 Esslöffel Olivenöl erhitzen und Zwiebeln, Knoblauch, Chilischote und Reis darin andünsten. Mit Brühe aufgießen, salzen und 15–20 Minuten köcheln lassen.

3. Inzwischen Paprika und Tomaten waschen und entkernen. Paprika in feine Streifen, Tomaten in Würfel schneiden. Mais in einem Sieb abspülen und abtropfen lassen. Die Wurst in dünne Scheiben schneiden. Koriander waschen, trockenschütteln und einige schöne Blätter beiseitelegen. Restlichen Koriander fein hacken. Alles in einer großen Schüssel miteinander mischen.

4. Sobald der Reis gar ist, abgießen, abtropfen und etwas abkühlen lassen. In die Schüssel geben und alles mit dem restlichen Olivenöl und dem Zitronensaft vermischen. Mit Salz und Pfeffer abschmecken. Den Salat vollständig erkalten lassen und mit den restlichen Korianderblättern anrichten.

Der Seeteufel macht seinem Namen alle Ehre. So schrecklich sein Äußeres sein mag, umso köstlicher ist sein festes weißes grätenfreies Fleisch. Er wird bis zu zwei Meter lang und 40 Kilo schwer und lebt im Nordatlantik und im Mittelmeer.

PORTUGAL

Gebratener Seeteufel mit Gemüse in Madeira mariniert

Zutaten für 4 Personen:

2 Knoblauchzehen
4 cl Madeira
1 EL Essig
Saft von 1 Zitrone
6 EL Olivenöl
je 1/2 Bund Koriander und Petersilie
800 g Seeteufelfilet, küchenfertig
2 Zwiebeln
3 Tomaten
je 1 gelbe und rote Paprikaschote
1/8 l Weißwein
2 Eier
Salz
frisch gemahlener Pfeffer
2–3 EL Mehl

Zubereitung: ca. 30 Minuten
Marinieren: ca. 2 Stunden

1. Die Knoblauchzehen schälen und fein hacken. Mit Madeira, Essig, Zitronensaft und 2 Esslöffeln Öl in einer Schüssel vermischen. Kräuter waschen, trockenschütteln und fein hacken. Die Hälfte in die Marinade rühren, restliche Kräuter beiseitestellen.

2. Seeteufelfilets waschen, trockentupfen und in große Stücke schneiden. In die Marinade legen und mindestens 2 Stunden darin ziehen lassen.

3. Inzwischen die Zwiebeln schälen und fein hacken. Tomaten häuten, entkernen und würfeln. Die Paprika halbieren, entkernen und in feine Streifen schneiden. 2 Esslöffel Olivenöl in einem Topf erhitzen und das vorbereitete Gemüse darin andünsten. Mit Wein ablöschen und 15 Minuten köcheln lassen.

4. Fisch aus der Marinade nehmen und mit Küchenpapier trockentupfen. Eier in einer Schüssel verquirlen, salzen und pfeffern. Mehl auf einen Teller streuen. Restliches Öl in einer Pfanne erhitzen. Fisch zuerst in Mehl, dann in Ei wenden. Im heißen Öl rundum goldbraun braten. Zum Servieren auf jeden Teller etwas von dem Gemüse geben und die Seeteufelstücke darauf anrichten. Mit den restlichen Kräutern bestreuen.

Die Kombination aus Schweinefleisch und Muscheln ist ungewöhnlich, aber sehr delikat. Wer es pikanter haben möchte, fügt noch eine Chilischote hinzu. Anstatt der Venusmuscheln kann man auch Herz- oder Miesmuscheln nehmen.

PORTUGAL

Pikantes Schweinefleisch aus Sagres mit Venusmuscheln

Zutaten für 4 Personen:

3 rote Paprikaschoten
3 Knoblauchzehen
2 EL Olivenöl
Salz
frisch gemahlener Pfeffer
1/4 l trockener Weißwein
800 g Schweinefleisch (Schulter)
2 Zwiebeln
3 Tomaten
2 EL Schweineschmalz
500 g Venusmuscheln
2 EL fein gehackte Petersilie

Zubereitung: ca. 1 Stunde
Marinieren: ca. 12 Stunden

1. Die Paprikaschoten halbieren, entkernen und in grobe Stücke schneiden. Knoblauch schälen und mit den Paprikastücken, Öl, Salz und Pfeffer in einem Küchenmixer zu einer Paste pürieren. Die Masse in eine große Glasschüssel füllen und mit dem Wein verrühren.

2. Das Fleisch in ca. 3 cm große Würfel schneiden und in die Marinade geben. Mit Klarsichtfolie abdecken und im Kühlschrank über Nacht ziehen lassen.

3. Am nächsten Tag das Fleisch aus der Marinade nehmen und mit Küchenpapier trockentupfen. Marinade beiseitestellen. Zwiebeln schälen und würfeln. Tomaten häuten, entkernen und klein schneiden.

4. Schmalz in einem großen Schmortopf erhitzen und das Fleisch darin anbraten. Salzen und pfeffern. Zwiebeln und Tomaten hinzufügen, die Marinade angießen und alles ca. 45 Minuten köcheln lassen.

5. Die Muscheln waschen, geöffnete Muscheln wegwerfen. Sobald das Fleisch gar ist, die Muscheln dazugeben und zugedeckt weitere 10 Minuten garen. Nicht geöffnete Muscheln entfernen und den Fleisch-Muschel-Topf mit Petersilie bestreuen.

Diese feinen kleinen Pastetchen gibt es in verschiedenen Formen und mit unterschiedlichster Füllung – mit Hühnerfleisch, Rind oder Schwein. Zu der Variante mit Lamm isst man in Portugal meist einen kleinen gemischten Salat.

PORTUGAL

Portugiesische Pastetchen mit Lamm und Oliven gefüllt

Zutaten für 4 Pastetchen:

100 g Butter
200 g Mehl
Salz
4–5 EL Wasser
2 EL Olivenöl
1 große Zwiebel, in kleine Würfel geschnitten
300 g Lammhackfleisch
Cayennepfeffer
frisch geriebene Muskatnuss
100 ml Gemüsebrühe
2 Lorbeerblätter
1 EL Speisestärke
1 Ei
2 EL fein gehackte Petersilie
2 EL schwarze Oliven, gehackt
Butter für die Backformen
1 Eigelb

4 kleine Tartelette-Formen (ca. 10 cm Ø)

Zubereitung: ca. 1 Stunde
Kühlen: ca. 1 Stunde

1. Butter in kleine Stücke schneiden. Mehl auf eine Arbeitsfläche sieben und mit Butter, 1/2 Teelöffel Salz und Wasser zu einem glatten Teig verkneten. In Klarsichtfolie wickeln und im Kühlschrank 1 Stunde ruhen lassen.

2. Das Öl in einem Topf erhitzen und die Zwiebel glasig dünsten. Lammfleisch hinzufügen und anbraten. Mit Salz, Cayennepfeffer und Muskatnuss würzen, mit Brühe ablöschen. Lorbeerblätter hinzufügen und alles 10 Minuten köcheln lassen.

3. Die Stärke mit dem Ei verquirlen, mit der Petersilie und den Oliven unter das Fleisch rühren, bis die Masse andickt. Abkühlen lassen. Lorbeerblätter entfernen. Backofen auf 200 Grad vorheizen.

4. Die Formen ausbuttern. Teig dünn ausrollen und Teigkreise in der Größe der Formen ausstechen. Die Formen mit jeweils einer Teigplatte auskleiden und mit der Fleischmasse füllen. Mit den übrigen Teigplatten abdecken und die Ränder gut andrücken. Den Teigdeckel mit Eigelb bestreichen. Die Pastetchen ca. 30 Minuten im heißen Ofen backen. Zum Servieren aus den Formen nehmen und noch warm auftragen.

Ursprünglich wurden Geflügelschmorgerichte in dicken Tonschalen ganz langsam in der Nachwärme des Brotbackofens gegart. Bei dieser Methode bleibt das aromatische Geflügelfleisch sehr saftig und ist dennoch butterzart.

PORTUGAL

Poularde mit Zwiebeln und Pilzen in Vinho verde geschmort

Zutaten für 4 Personen:

1 Poularde, ca. 1,3 kg
Salz
frisch gemahlener Pfeffer
200 g Perlzwiebeln
3 Knoblauchzehen
200 g kleine Champignons
500 g kleine Tomaten
1 frische rote Chilischote
3 EL Olivenöl
2 Lorbeerblätter
1 kleiner Zweig Rosmarin
350 ml Vinho verde, ersatzweise trockener Weißwein

Zubereitung: ca. 1 Stunde

1. Die Poularde waschen, trockentupfen und in 4 Portionsstücke zerteilen. Salzen und pfeffern. Zwiebeln und Knoblauch schälen. Knoblauch in Scheiben schneiden. Champignons putzen und die Stiele kürzen. Tomaten waschen und halbieren. Chilischote aufschneiden, entkernen und die Schote in feine Streifen schneiden.

2. In einem großen Schmortopf das Öl erhitzen und die Poulardenstücke darin rundum anbraten. Herausnehmen und beiseitestellen. In dem Bratfett die Zwiebeln anbraten. Knoblauch, Chili und Pilze hinzufügen, dann die Tomaten und Kräuter dazugeben. Weitere 5 Minuten schmoren. Den Backofen auf 200 Grad vorheizen.

3. Die Poulardenstücke wieder in den Schmortopf legen und 1/4 des Weins angießen. Einmal aufkochen, dann in den heißen Ofen stellen und 45–50 Minuten garen. Dabei mehrmals mit dem restlichen Wein begießen.

4. Zum Servieren die Poulardenstücke auf einer Platte zusammen mit den Zwiebeln, den Pilzen, den Tomaten und der Sauce anrichten.

Die Stadt Porto besitzt eine Spezialität, die weltbekannt ist und die man dort überall probieren und kaufen kann – den Portwein. Die Trauben für diesen schweren und süßen Wein werden an den Ufern des Rio Douro angebaut.

PORTUGAL

Mariniertes Rinderfilet aus Porto mit Frühlingszwiebeln

Zutaten für 4 Personen:

4 Rinderfilets à 150 g
2 Knoblauchzehen
2 Schalotten
1 frische rote Chilischote
2 EL Rotweinessig
100 ml Portwein
2 Lorbeerblätter
2–3 EL Olivenöl
Salz
frisch gemahlener Pfeffer
2 Frühlingszwiebeln

Zubereitung: ca. 30 Minuten
Marinieren: ca. 1 Stunde

1. Die Rinderfilets waschen, trockentupfen und in eine Schüssel legen. Knoblauch und Schalotten schälen und in kleine Würfel schneiden. Chilischote halbieren, entkernen und in feine Streifen schneiden. Alles zu den Filets geben, mit Essig und Portwein begießen und die Lorbeerblätter hinzufügen. Zugedeckt mindestens 1 Stunde bei Zimmertemperatur marinieren.

2. Backofen auf 100 Grad vorheizen. Filets aus der Marinade nehmen und mit Küchenpapier trockentupfen. Marinade beiseitestellen. Öl in einer Pfanne stark erhitzen. Rinderfilets auf jeder Seite 2 Minuten braten. Dann auf einer Platte im Backofen warm halten.

3. Bratfett aus der Pfanne entfernen und die Marinade angießen. Den Bratensatz lösen und die Sauce zu einer sirupartigen Konsistenz einkochen lassen. Lorbeerblätter entfernen. Sauce mit Salz und Pfeffer abschmecken.

4. Frühlingszwiebeln putzen und in feine Scheiben schneiden. Filets aus dem Ofen nehmen und den Fleischsaft, der sich gebildet hat, in die Sauce rühren. Rinderfilets auf einer vorgewärmten Servierplatte anrichten, mit der Sauce überziehen und mit Frühlingszwiebeln bestreut servieren.

Nach der Revolution 1974 änderte sich in Portugal nicht nur die Politik, auch die Speisen sind nobler geworden. Man kann sich mehr gutes Fleisch leisten. Auch Schweinefleisch von alten einheimischen Rassen ist wieder sehr gefragt.

PORTUGAL

Schweinebraten aus dem Backofen mit Schmorkartoffeln

Zutaten für 4 Personen:

1 kg Schweineschulter
6 EL Olivenöl
5 Knoblauchzehen
3 Lorbeerblätter
Salz
frisch gemahlener Pfeffer
400 ml Fleischbrühe
1 kg kleine Kartoffeln

Zubereitung: ca. 90 Minuten
Marinieren: über Nacht

1. Das Fleisch waschen und trockentupfen. In eine Schüssel legen und mit dem Öl übergießen. Knoblauchzehen schälen, in Scheiben schneiden und mit den Lorbeerblättern zum Öl geben. Abgedeckt über Nacht marinieren.

2. Am nächsten Tag das Fleisch aus der Marinade nehmen, trockentupfen und mit Salz und Pfeffer würzen. Ölmarinade durch ein Sieb abgießen, das Öl auffangen. Knoblauch und Lorbeer beiseitestellen.

3. Backofen auf 180 Grad vorheizen. In einem Schmortopf die Hälfte des Öls erhitzen und das Fleisch rundum anbraten. Mit 1/8 l Brühe ablöschen und in den Ofen stellen. Ab und zu mit etwas Brühe begießen.

4. Kartoffeln schälen. Nach 30 Minuten Garzeit Kartoffeln zum Fleisch in den Schmortopf legen. Mit restlichem Öl beträufeln, Knoblauch und Lorbeer hinzufügen. Alles weitere 30–40 Minuten im Ofen garen. Zum Servieren den Braten in Scheiben schneiden und auf einer Platte mit den Kartoffeln anrichten. Bratensatz im Schmortopf mit restlicher Brühe aufkochen, mit Salz und Pfeffer abschmecken und über das Fleisch gießen.

Die serbische Bohnensuppe gibt es im gesamten Balkanraum in unzähligen Variationen. Im Ausland jedoch wurde sie zum Symbol für die bodenständige und deftige Küche Serbiens, mit weißen Bohnen, Räucherspeck und leckeren Würsten.

SERBIEN

Serbische Bohnensuppe mit Debreziner und Paprika

Zutaten für 4 Personen:

400 g Kartoffeln
1 rote Paprikaschote
1 grüne Paprikaschote
500 g Tomaten
3 Zwiebeln
2 Knoblauchzehen
100 g geräucherter Speck
200 g Debreziner, ersatzweise scharfe Paprikawurst
2 EL Butterschmalz
2 EL Tomatenmark
1 TL scharfes Paprikapulver
1 l Fleischbrühe
2 Lorbeerblätter
Salz
frisch gemahlener Pfeffer
250 g gekochte Kidneybohnen (Dose)
250 g gekochte weiße Bohnen (Dose)
150 g süße Sahne
1/8 l Rotwein

Zubereitung: ca. 50 Minuten

1. Kartoffeln schälen. Paprikaschoten halbieren und entkernen. Beides grob würfeln. Tomaten häuten, vierteln, entkernen und hacken. Zwiebeln und Knoblauch schälen und klein würfeln. Speck in Streifen, Wurst in Scheiben schneiden.

2. Butterschmalz in einem großen Topf erhitzen, den Speck darin auslassen. Zwiebeln, Knoblauch und Paprikaschoten zufügen und andünsten. Tomatenmark einrühren, mit Paprikapulver überstäuben und anrösten. Tomaten und Kartoffeln untermischen. Fleischbrühe angießen, die Lorbeerblätter einlegen, mit Salz und Pfeffer würzen. 20 Minuten zugedeckt köcheln lassen.

3. Die Bohnen in ein Sieb geben, abspülen und gut abtropfen lassen. Mit der Wurst zur Suppe geben. Die Sahne und den Rotwein angießen. Bei kleiner Hitze 10 Minuten köcheln.

4. Vor dem Servieren die Lorbeerblätter entfernen und die Suppe mit Salz und Pfeffer abschmecken.

Der Bledskosee ist ein Gletschersee und liegt inmitten der schneebedeckten Berge der julischen Alpen. In seinem kristallklaren nährstoffreichen Wasser gedeihen prächtige Karpfen, die ein Gewicht von 20 Kilogramm erreichen können.

SERBIEN

Gebackener Bledskosee-Karpfen mit Speckkartoffeln

Zutaten für 4 Personen:

1 kg Karpfenfilet
Salz
frisch gemahlener Pfeffer
4 Knoblauchzehen
1/8 l Öl
Saft von 1 Zitrone
2 TL edelsüßes Paprikapulver
1 kg Kartoffeln
175 g Räucherspeck
Mehl zum Wenden
Öl zum Ausbacken
1 Zitrone, in Schnitze geschnitten
krause Petersilie zum Garnieren

Marinieren: ca. 2 Std.
Zubereitung: ca. 45 Minuten

1. Karpfen waschen, trockentupfen und in 4 Portionsstücke schneiden. Mit Salz und Pfeffer einreiben und in eine Schale legen. Den Knoblauch schälen, fein hacken und über den Fisch verteilen. Olivenöl mit Zitronensaft und Paprikapulver verrühren. Über den Fisch gießen, Fisch in der Marinade wenden. Abgedeckt 2 Stunden im Kühlschrank ziehen lassen.

2. Die Kartoffeln waschen, schälen und in dicke Scheiben schneiden. In Salzwasser gar kochen. Abgießen und abtropfen lassen.

3. Den Speck in kleine Würfel schneiden und in einer Pfanne ohne Fett auslassen. Die Kartoffeln untermischen. Bei kleiner Hitze warm halten.

4. Fischwürfel aus der Marinade heben und trockentupfen. In Mehl wenden. Öl ca. 3 cm hoch in eine tiefe Pfanne füllen und erhitzen. Den Fisch darin rundum goldbraun ausbacken. Kurz auf Küchenpapier abtropfen lassen.

5. Karpfen portionsweise mit den Kartoffeln anrichten, mit Zitronenschnitzen und Petersilie garnieren.

Wem das Füllen der einzelnen Gurkenringe zu mühsam ist, der schält und halbiert die Gurken der Länge nach, löst mit einem Löffel die Kerne aus und füllt die Gurkenhälften mit der Fleisch-Perlgraupenmasse.

SERBIEN

Gefüllte Gurkenringe in Tomatensauce mit Dill

Zutaten für 4 Personen:

Zubereitung: ca. 20 Minuten
Garen: ca. 40 Minuten

2 große Schmorgurken
1 Zwiebel
1 Knoblauchzehe
250 g gemischtes Hackfleisch
100 g gekochte Perlgraupen
1/2 TL getrockneter Majoran
Salz
frisch gemahlener Pfeffer
2 EL Öl
1 EL Butter
2 EL Tomatenmark
400 ml Gemüsebrühe
1 EL Mehl
4 EL saure Sahne
1 EL fein gehackter Dill

1. Gurken waschen und jede Gurke quer in 4 gleich große Stücke schneiden. Gurkenstücke mit einem Löffel aushöhlen. Die Zwiebel und den Knoblauch schälen und fein hacken. Backofen auf 175 Grad vorheizen.

2. Hackfleisch mit Zwiebel, Knoblauch und Perlgraupen vermengen. Kräftig mit Majoran, Salz und Pfeffer würzen. Die Masse in die Gurken füllen. Öl und Butter in einem Bräter erhitzen, das Tomatenmark einrühren und kurz anrösten. Die gefüllten Gurken so hineinsetzen, dass eine Schnittfläche nach oben zeigt. Gemüsebrühe mit Mehl verquirlen und zu den Gurken gießen. Im heißen Ofen ca. 40 Minuten backen.

3. Die Gurkenringe portionsweise auf 4 Tellern anrichten. Den Schmorfond mit Salz und Pfeffer abschmecken und neben die Gurken gießen. Jeweils 1 Esslöffel saure Sahne auf die Gurken geben und mit Dill bestreuen.

In Sloweniens Küche findet man kulinarische Einflüsse der Nachbarländer Italien, Österreich, Ungarn und Kroatien. Dieser Eintopf ist ein gutes Beispiel dafür. Anstelle von Speck verwendet man oft auch geräucherte Schweinerippchen.

SLOWENIEN

Sauerkrauteintopf mit Bohnen und Graupen

Zutaten für 4 Personen:

150 g getrocknete weiße Bohnen
200 g geräucherter Bauchspeck
2 Knoblauchzehen
400 g Sauerkraut
1 l Fleischbrühe
2 Kartoffeln
2 Lorbeerblätter
2 Zweige Majoran
100 g Graupen
Salz
frisch gemahlener Pfeffer
2 EL fein gehackte Petersilie

Zubereitung: ca. 15 Minuten
Garen: ca. 1 Stunde

1. Die weißen Bohnen mit reichlich Wasser in einem Topf aufsetzen und 30 Minuten kochen. Dann abgießen und gut abtropfen lassen.

2. Den Speck grob würfeln, die geschälten Knoblauchzehen in kleine Würfel schneiden. Das Sauerkraut in einen Topf geben und die Fleischbrühe angießen. Die Kartoffeln schälen und auf einer groben Reibe in das Sauerkraut reiben. Speck, Knoblauch und Lorbeerblätter und Majoran dazugeben, die Bohnen untermischen. Einmal aufkochen, dann zugedeckt bei kleiner Hitze 30 Minuten köcheln lassen.

3. Inzwischen die Graupen in leicht gesalzenem Wasser bissfest garen. Graupen abgießen und abtropfen lassen.

4. Die Graupen unter den Eintopf mischen, mit Salz und Pfeffer abschmecken. Lorbeerblätter und Majoranzweige entfernen und die Petersilie unterheben.

Quendel, der wild wachsende Bruder des Thymians, auch Wurstkraut oder Feldkümmel genannt, wird in der slowenischen Küche viel verwendet, vor allem für Fleischgerichte. Er hilft, auch schweres Essen leichter verdaulich zu machen.

SLOWENIEN

Slowenisches Gulasch mit dreierlei Fleisch und Paprika

Zutaten für 4 Personen:

300 g Rindfleisch (Oberschale)
500 g Zwiebeln
3 Knoblauchzehen
3 EL Öl
2 EL Tomatenmark
1 EL Rosenpaprikapulver
Salz
frisch gemahlener Pfeffer
1 Lorbeerblatt
2 Zweige Quendel
300 g Schweineschulter
300 g Hirschgulasch
2 rote Paprikaschoten
1/4 l Rotwein
1 Msp. Cayennepfeffer

Zubereitung: ca. 80 Minuten

1. Das Rindfleisch in mundgerechte Würfel schneiden. Zwiebeln und Knoblauch schälen und klein würfeln.

2. Das Öl in einem Schmortopf erhitzen und das Rindfleisch darin rundum anbraten. Die Zwiebeln und den Knoblauch hinzufügen und anschwitzen. Das Tomatenmark unterrühren und kurz anrösten. Fleisch mit dem Paprikapulver überstäuben, mit Salz und Pfeffer würzen, Lorbeerblatt und Quendel dazugeben. 1/4 Liter Wasser angießen und einmal aufkochen. Zugedeckt ca. 30 Minuten schmoren.

3. Schweine- und Hirschfleisch ebenfalls in mundgerechte Stücke schneiden. Die Paprikaschoten halbieren, entkernen und in grobe Würfel schneiden. Alles zum Gulasch geben und mit dem Rotwein aufgießen. Weitere 30 Minuten schmoren, bis das Fleisch weich ist.

4. Lorbeerblatt und Kräuterzweige aus dem Gulasch entfernen. Mit Salz, Pfeffer und Cayennepfeffer kräftig abschmecken.

Mehlspeisen und Strudel sind eine slowenische Leidenschaft. Dieser Strudelkuchen heißt im Original „Prekmurska Gibanica“ und gilt als Nationalgericht. Die Füllung kann man mit Äpfeln, Rosinen oder Walnüssen noch gehaltvoller machen.

SLOWENIEN

Strudelteigkuchen mit Quark und Sauerrahm

Zutaten für 12 Stück:

Zubereitung: ca. 30 Minuten
Backen: ca. 50 Minuten

400 g Strudelteig (gekühltes Fertigprodukt)
500 g Quark
150 g Zucker
1 Päckchen Vanillezucker
abgeriebene Schale von 1 Zitrone
50 g gemahlener Mohn
2 Eier
200 g flüssige Butter und Butter für die Form
250 g saure Sahne
2 EL süße Sahne
1 Eigelb

1. Den Strudelteig ausbreiten. Aus dem Teig 8 Kreise in der Größe einer Springform sowie einen größeren Kreis ausschneiden. Den Backofen auf 180 Grad vorheizen.

2. Den Quark mit dem Zucker, dem Vanillezucker, der Zitronenschale, dem Mohn und den Eiern glatt verrühren. Eine Springform mit Butter ausfetten und mit dem größeren Teigkreis auslegen, Teig über den Rand ziehen. Mit etwas Butter bestreichen und 1/4 der Quarkmasse daraufstreichen. Den nächsten Teigkreis darauflegen und nur mit Butter bestreichen. Einen weiteren Teigkreis darauflegen und mit Butter und Quarkmasse bestreichen. Auf diese Weise fortfahren, bis alle Teigkreise aufgebraucht sind. Die Ränder des ersten großen Teigkreises zum Abschluss über den letzten Teigkreis ziehen. Die Sahne mit dem Eigelb verquirlen und die Kuchenoberfläche damit bestreichen.

3. Den Kuchen im heißen Ofen 45–50 Minuten goldbraun backen.

4. Fertigen Kuchen aus dem Ofen nehmen und etwas abkühlen lassen. Dann auf einem Kuchengitter erkalten lassen.

Gazpacho war ursprünglich ein Resteessen der Hirten aus altem Brot, Knoblauch, Wasser, Essig und Öl. Andalusische Bauern fügten später frisches Gemüse hinzu. So entstand eine Suppe, die den Durst löscht und viele Vitamine enthält.

SPANIEN

Andalusischer Gazpacho

mit Gemüsewürfeln

Zutaten für 4 Personen:

4 Scheiben Weißbrot
600 g reife Tomaten
2 grüne Paprikaschoten
1 Salatgurke
3–4 Knoblauchzehen, in grobe Würfel geschnitten
150 ml Olivenöl
Salz
frisch gemahlener Pfeffer
2–3 EL Sherryessig
2 hart gekochte Eier
2 weiße Zwiebeln, in kleine Würfel geschnitten

Zubereitung: ca. 35 Minuten
Kühlen: ca. 2 Stunden

1. Von 2 Scheiben Weißbrot die Rinde entfernen und das Brot grob zerkleinern. Mit Wasser beträufeln und 30 Minuten durchziehen lassen.

2. Inzwischen die Tomaten enthäuten. Tomaten und Paprika entkernen und in kleine Würfel schneiden. Die Gurke schälen, halbieren, entkernen und in Stücke schneiden. Jeweils 1 kleines Schälchen Tomaten- und Paprikawürfel für die Garnitur beiseitestellen.

3. Restliche Tomaten und Paprika mit der Gurke und dem Knoblauch in einen Mixer geben. Dann das Brot und zuletzt 1/8 Liter Olivenöl zufügen und alles pürieren. So viel Wasser zugeben, bis die Suppe die gewünschte Konsistenz erreicht hat. Mit Salz, Pfeffer und Essig abschmecken. Den Gazpacho ca. 2 Stunden im Kühlschrank ziehen lassen.

4. Das übrige Brot in kleine Würfel schneiden und im restlichen Öl goldbraun braten. Die Eier klein hacken. Brotwürfel, Eier und Zwiebeln in Schälchen füllen.

5. Die Suppe sehr kalt servieren. Dazu reicht man die Gemüse- und Brotwürfel sowie Eier und Zwiebeln, die jeder selbst unter die Suppe mischt.

SPANIEN

Scharfer spanischer Olivensalat mit Orangen und Fenchel

Zubereitung: ca. 20 Minuten
Marinieren: ca. 1 Stunde
Zutaten für 4 Personen:

1 frische rote Chilischote
2 weiße Zwiebeln
2 Knoblauchzehen
Salz und Pfeffer
4 EL Olivenöl
Saft von 1 Zitrone
200 g schwarze Oliven
200 g grüne Oliven, mit Sardellen gefüllt
2 unbehandelte Orangen
1 Fenchelknolle

1. Die Chilischote entkernen und in möglichst kleine Würfel schneiden. Die geschälten Zwiebeln in feine Ringe hobeln, kurz in kochendem Wasser blanchieren und gut abtropfen lassen. Den geschälten Knoblauch mit etwas Salz zerdrücken. Aus Chiliwürfeln, Knoblauch, Pfeffer, Olivenöl und Zitronensaft eine Marinade anrühren, die Zwiebeln und Oliven hineingeben.

2. Von 1 Orange mit dem Zestenreißer dünne Streifen abziehen. Orangen schälen und in Scheiben schneiden. Den Fenchel halbieren und in dünne Scheiben schneiden. Eine flache Schale mit den Orangen- und Fenchelscheiben auslegen. Olivensalat darauf verteilen und mit den Orangenzesten garnieren. 1 Stunde im Kühlschrank marinieren und gut gekühlt servieren.

SPANIEN

Mallorquinischer Gemüsesalat mit Mayonnaise

Zubereitung: ca. 30 Minuten
Zutaten für 4 Personen:

3 Möhren, in Scheiben geschnitten
250 g gepalte feine Erbsen
250 g Prinzessbohnen
2 gekochte Kartoffeln
Salz
2 Eigelb
Saft von 1/2 Zitrone
300 ml Olivenöl
frisch gemahlener Pfeffer

1. Möhren, Erbsen und Bohnen getrennt voneinander in Salzwasser bissfest garen. In ein Sieb geben und gut abtropfen lassen. Die Kartoffeln schälen und in kleine Würfel schneiden. Alles in eine Schüssel geben und vermengen.

2. Für die Mayonnaise das Eigelb mit dem Zitronensaft im Mixer oder mit dem Schneebesen verquirlen. Tropfenweise etwas Olivenöl zufügen. Dann das restliche Öl nach und nach unter ständigem Rühren angießen. So lange rühren, bis die Mayonnaise eine feste Konsistenz hat. Sollte sie zu fest werden, etwas lauwarmes Wasser hinzugeben. Mit Salz und Pfeffer würzen.

3. Gemüse mit der Mayonnaise vermischen, den Salat mit Salz und Pfeffer abschmecken.

Abseits der Touristenhochburgen findet man auf den Kanarischen Inseln immer noch idyllische ländliche Gegenden und eine einfache, ehrliche Küche. Frisches Gemüse gehört ebenso dazu wie würziger Speck und aromatische Kräuter.

SPANIEN

Kanarische Brunnenkressesuppe mit Bohnen und Speck

Zutaten für 4 Personen:

200 g Räucherspeck
1 Zwiebel
2 Knoblauchzehen
200 g getrocknete weiße Bohnen, über Nacht eingeweicht
2 große reife Tomaten
500 g Kartoffeln
Salz
frisch gemahlener Pfeffer
1 Msp. gemahlener Kreuzkümmel
einige Safranfäden
2 Bund Brunnenkresse

Zubereitung: ca. 25 Minuten
Garen: ca. 80 Minuten

1. Den Speck in Würfel schneiden. Die Zwiebel und den Knoblauch in feine Würfel schneiden. Speck in einem Topf auslassen, Zwiebel und Knoblauch hinzufügen und anschwitzen. Dann die abgetropften Bohnen und 1 Liter kaltes Wasser dazugeben, zum Kochen bringen und ca. 1 Stunde köcheln lassen.

2. Die Tomaten enthäuten, vierteln, entkernen und in Würfel schneiden. Die Kartoffeln schälen und in Würfel schneiden. Alles zu den Bohnen geben, mit Salz, Pfeffer und Kreuzkümmel würzen und ca. 25 Minuten garen, bis die Kartoffeln weich sind.

3. Den Safran in etwas heißem Wasser auflösen. Die Brunnenkresse verlesen, grobe Stiele entfernen und die Blätter fein hacken. Safran und Brunnenkresse unter die Suppe mischen. Einige Minuten weiterköcheln lassen. Vor dem Servieren nochmals mit Salz und Pfeffer abschmecken.

Für Vegetarier ist die spanische Küche geradezu ideal. Es gibt kaum ein Gemüse, das in diesem Land nicht wächst, und der kulinarischen Fantasie sind fast keine Grenzen gesetzt. Diese deftige Gemüseeintopf ist ein leckeres Beispiel dafür.

SPANIEN

Ländlicher Gemüseeintopf mit Kohl und Artischocken

Zutaten für 4 Personen:

1 kleiner Weißkohl
2 junge Artischocken
250 g Spargel
250 g grüne Bohnen
1/2 Blumenkohl
1 Gemüsezwiebel
2 Knoblauchzehen
2 Tomaten
100 ml Olivenöl
Salz
frisch gemahlener Pfeffer
1/2 TL scharfes Paprikapulver
1/2 TL mildes Paprikapulver
2 EL fein gehackte Petersilie
250 g trockenes weißes Holzofenbrot vom Vortag, in dünne Scheiben geschnitten

Zubereitung: ca. 1 Stunde

1. Weißkohl, Artischocken, Spargel und Bohnen putzen und kleinschneiden, Blumenkohl in Röschen zerteilen. Die Zwiebel und den Knoblauch schälen und in kleine Würfel schneiden. Die Tomaten enthäuten, vierteln, entkernen und in Würfel schneiden.

2. Das Olivenöl in einem großen Topf erhitzen, Zwiebel und Knoblauch darin anschwitzen. Das Gemüse in den Topf geben, 1 Liter Wasser angießen, mit Salz, Pfeffer und Paprikapulver würzen. Zum Kochen bringen und zugedeckt bei kleiner Hitze köcheln lassen.

3. Den Backofen auf 175 Grad vorheizen. Eine feuerfeste Tonkasserolle mit den gerösteten Brotscheiben auslegen. Das Gemüse aus der Brühe heben und auf dem Brot verteilen. Mit Petersilie bestreuen und die Brühe darübergießen. Im vorgeheizten Ofen ca. 5 Minuten durchziehen lassen. In der Kasserolle servieren.

Die Coca, wie der Blechkuchen in Spanien heißt, ist vor allem auf den Balearen ein Standardgericht. Es gibt sie in unzähligen Varianten, mit dünnem oder dickem Teig, süß oder salzig belegt, als Vorspeise, Hauptgericht oder Dessert.

SPANIEN

Blechkuchen aus Pollenca

mit Sommergemüse

Zutaten für 6 Personen:

1 Würfel Hefe (42 g)
1 Prise Zucker
500 g Mehl
Salz
2 EL Weißwein
200 ml Olivenöl
500 g Zwiebeln
500 g grüne Paprikaschoten
500 g Tomaten
3 EL fein gehackte Petersilie
frisch gemahlener Pfeffer

Zubereitung: ca. 1 Stunde
Backen: ca. 30 Minuten

1. Die Hefe mit dem Zucker in etwas lauwarmem Wasser anrühren. Mehl und 1 Prise Salz in eine Schüssel geben, in die Mitte eine Mulde drücken und die Hefe hineingeben. Mit Mehl bestäuben und zugedeckt ca. 15 Minuten gehen lassen. Dann den Weißwein, 5 Esslöffel Olivenöl und 1/8 Liter Wasser dazugeben und alles zu einem glatten Teig verkneten. Zugedeckt bei Zimmertemperatur zu doppeltem Volumen aufgehen lassen.

2. In der Zwischenzeit die geschälten Zwiebeln und die entkernten Paprikaschoten in Würfel oder Streifen schneiden. Die Tomaten enthäuten, vierteln, entkernen und in Würfel schneiden. Das Gemüse mit der Petersilie vermischen und mit Salz und Pfeffer würzen.

3. Den Backofen auf 200 Grad vorheizen. Backblech mit Olivenöl einfetten. Den Teig dünn zu einem Rechteck ausrollen und das Backblech damit auslegen. Teig mehrmals mit einer Gabel einstechen.

4. Das Gemüse auf dem Teigboden gleichmäßig verteilen und mit dem restlichen Olivenöl beträufeln. Im heißen Ofen 25–30 Minuten backen.

Ursprünglich kommen Auberginen aus Indien. Sie wurden von den Arabern nach Nordafrika gebracht und gelangten später mit den Mauren nach Spanien. Inzwischen ist das Gemüse längst eingemeindet und wird auf viele Arten zubereitet.

SPANIEN

Kanarischer Auflauf mit Auberginen und Zucchini

Zutaten für 4 Personen:

3 Auberginen
Salz
200 ml Olivenöl
4 Kartoffeln, in dünne Scheiben geschnitten
2 große Zucchini, in Scheiben geschnitten
4 Knoblauchzehen
1 kg Tomaten, enthäutet und in Würfel geschnitten
frisch gemahlener Pfeffer
1 Prise Zucker

Vorbereitung: ca. 1 Stunde
Zubereitung: ca. 1 Stunde

1. Die Auberginen in Scheiben schneiden, in ein großes Sieb legen, mit Salz bestreuen und ca. 1 Stunde ziehen lassen. Dann mit Küchenpapier trockentupfen.

2. Das Olivenöl in einer tiefen Pfanne erhitzen und die Kartoffelscheiben darin bei mittlerer Hitze 20–25 Minuten goldbraun braten, dabei mehrmals vorsichtig wenden. Aus der Pfanne heben und auf eine Servierplatte legen, salzen. Die Auberginen im Öl anbraten, auf Küchenpapier kurz abtropfen lassen und auf den Kartoffeln verteilen. Zuletzt die Zucchini im Öl anbraten und auf die Auberginen geben, leicht salzen. Das Gemüse warm stellen.

3. Das Bratöl bis auf einen kleinen Rest wegschütten. Den geschälten Knoblauch in dünne Scheiben schneiden und in der Pfanne goldbraun rösten. Die Tomatenwürfel hinzufügen und unter Rühren einkochen lassen. Sauce mit dem Stabmixer pürieren und mit Salz, Pfeffer und Zucker abschmecken.

4. Die Tomatensauce über das Gemüse verteilen. Lauwarm oder kalt servieren.

Die spanische „Tortilla" ist weit über die Landesgrenzen hinaus berühmt. Früher wurde sie nur aus Kartoffeln und Eiern hergestellt. Inzwischen wird die Tortilla mit fast allem zubereitet – zum Beispiel mit Sardinen, Schinken oder Gemüse.

Madrider Kartoffelomelett

SPANIEN

mit Thunfisch

Zutaten für 4 Personen:

1 kg vorwiegend festkochende Kartoffeln
150 ml Olivenöl
Salz
2 Zwiebeln
1 Dose Thunfisch in Öl
6 Eier
1 EL fein gehackte Petersilie
frisch gemahlener Pfeffer

Zubereitung: ca. 1 Stunde

1. Die Kartoffeln schälen und in dünne Scheiben schneiden. 2/3 des Öls in einer schweren Eisenpfanne erhitzen. Kartoffelscheiben hineingeben, salzen und einmal im Öl wenden. Dann die Hitze reduzieren und die Kartoffeln 10 Minuten braten, dabei gelegentlich wenden.

2. Inzwischen die Zwiebeln schälen und in möglichst kleine Würfel schneiden. Den Thunfisch in einem Sieb gut abtropfen lassen.

3. Die Zwiebeln unter die Kartoffeln mischen und weitere 10 Minuten braten. Dann das überschüssige Öl abgießen.

4. Die Eier in einer großen Schüssel mit 1 Teelöffel Salz schaumig schlagen. Thunfisch, Petersilie und die Kartoffel-Zwiebel-Mischung vorsichtig unter die Eier heben, mit Pfeffer würzen und kurz ruhen lassen.

5. Das restliche Öl in der Eisenpfanne erhitzen und die Kartoffelmasse hineingeben. Glattstreichen und bei kleiner Hitze 4–5 Minuten stocken lassen. Mit Hilfe eines Tellers oder Deckels das Omelett wenden und auf der anderen Seite 4–5 Minuten bräunen. Warm oder kalt servieren.

SPANIEN

Runzelkartoffeln in der Schale gekocht mit Meersalz

Zubereitung: ca. 35 Minuten
Zutaten für 4 Personen:

1 kg kleine, festkochende Kartoffeln
2 EL Meersalz

1. Die Kartoffeln gründlich unter fließendem Wasser abbürsten und mit der Schale in einen Topf geben. So viel Wasser angießen, dass die Kartoffeln knapp bedeckt sind. Das Salz hinzufügen und die Kartoffeln 20–25 Minuten garen.

2. Das Wasser abschütten. Kartoffeln im Topf nochmals auf den Herd stellen und ausdampfen lassen, bis sich auf der trockenen Schale eine Salzschicht gebildet hat, dabei den Topf mehrmals rütteln.

3. Die Kartoffeln mit der scharfen Paprikasauce servieren. Man isst sie, indem man die Kartoffeln mit den Fingern aufbricht und samt Schale in die Sauce tunkt.

SPANIEN

Scharfe rote Paprikasauce mit Knoblauch und Chilischoten

Vorbereitung: ca. 15 Minuten
Zubereitung: ca. 10 Minuten
Zutaten für 4 Personen:

4 getrocknete, kanarische rote Paprikaschoten
1 Msp. Kreuzkümmel
3 Knoblauchzehen
2 getrocknete rote Chilischoten
1/2 TL Meersalz
200 ml Olivenöl
1 EL Semmelbrösel
Weinessig zum Abschmecken

1. Die Paprikaschoten in warmem Wasser ca. 15 Minuten einweichen. Dann in ein Sieb schütten und gut abtropfen lassen.

2. Paprikaschoten mit dem Kreuzkümmel und dem geschälten Knoblauch, den Chilischoten und dem Salz im Mixer zu einer feinen Paste zermahlen. Nach und nach das Olivenöl hinzufügen. Zuletzt die Semmelbrösel und je nach gewünschter Konsistenz noch etwas Wasser dazugeben.

3. Die Sauce mit Weinessig pikant abschmecken und zu den Runzelkartoffeln reichen.

Wenn die Bewohner Valencias feiern – und das tun sie oft – dann gehört das berühmte Reisgericht einfach dazu. Die große schwarze Paella-Pfanne wird in die Mitte des Tisches gestellt, und man isst mit einem Löffel direkt aus der Pfanne.

SPANIEN

Klassische Paella aus Valencia mit Schnecken und Huhn

Zutaten für 8 Personen:

250 g getrocknete weiße Bohnen, über Nacht eingeweicht
1 Brathähnchen
1 Kaninchen
Salz
frisch gemahlener Pfeffer
1 kg breite grüne Bohnen
250 g Tomaten
2 Knoblauchzehen
6 EL Olivenöl
400 g Schnecken
einige Safranfäden
750 g Reis

Zubereitung: ca. 80 Minuten

1. Die Bohnen abschütten, in 1 Liter kaltem Wasser aufsetzen und ca. 1 Stunde bissfest kochen. Dann in einem Sieb gut abtropfen lassen.

2. Inzwischen Hähnchen und Kaninchen in kleine Stücke zerteilen, mit Salz und Pfeffer würzen. Die grünen Bohnen in mundgerechte Stücke schneiden. Tomaten enthäuten, vierteln, entkernen und in Würfel schneiden. Knoblauch in kleine Würfel schneiden.

3. In einer großen Paella-Pfanne 6 Esslöffel Olivenöl erhitzen. Huhn und Kaninchen von allen Seiten bei mittlerer Hitze ca. 10 Minuten braten. Die Schnecken dazugeben und kurz mitbraten. Fleisch und Schnecken aus der Pfanne heben und warm stellen.

4. Gemüse und Knoblauch ins Öl geben und anbraten. Weiße Bohnen dazugeben und 2,5 Liter Wasser angießen. 10 Minuten köcheln lassen. Den Safran und den Reis hinzufügen und gut vermengen. 10 Minuten bei großer Hitze kochen.

5. Fleisch und Schnecken untermischen und weitere 10 Minuten bei kleiner Hitze garen, bis das Wasser verdampft ist. Noch einige Minuten weitergaren, damit sich am Pfannenboden eine Kruste bildet.

Der amerikanische Schriftsteller Ernest Hemingway war begeistert vom Fischreichtum der Provinz Navarra. In den klaren Flüssen Nordspaniens können passionierte Angler mit etwas Glück die feinen kleinen Bachforellen fangen.

SPANIEN

Navarresische Bachforelle

mit Serrano-Schinken

Zutaten für 2 Personen:

2 frische Bachforellen, küchenfertig
Salz
frisch gemahlener Pfeffer
4 Scheiben Serrano-Schinken
Mehl zum Wenden
60 g Räucherspeck
2 EL Olivenöl
1 Knoblauchzehe

Zubereitung: ca. 20 Minuten

1. Die Bachforellen unter kaltem Wasser waschen. Mit Küchenpapier trockentupfen, mit Salz und Pfeffer würzen. Jede Forelle mit 1 Scheibe Schinken füllen und die Bauchhöhle mit einem Zahnstocher verschließen. Die Forellen in Mehl wenden, überschüssiges Mehl abklopfen.

2. Den Speck in kleine Würfel schneiden und in einer weiten Pfanne im Olivenöl auslassen. Den geschälten Knoblauch in feine Scheiben schneiden, zum Speck geben und glasig dünsten. Dann aus der Pfanne heben und warm stellen.

3. Die Forellen in der Pfanne ca. 4 Minuten bei mittlerer Hitze braten. Fische vorsichtig wenden und den restlichen Schinken dazugeben. Weitere 3–4 Minuten braten, dabei den Schinken einmal wenden. Speck und Knoblauch wieder in die Pfanne geben und kurz erhitzen.

4. Die Forellen auf dem gebratenen Schinken anrichten, Speck und Knoblauch über die Fische geben.

Nach Frankreich und Italien ist Spanien weltweit der drittgrößte Produzent von Trüffeln. Der nicht nur bei Feinschmeckern begehrte, seltene und daher auch teure Pilz wird in Spanien fast nur in der katalanischen Küche verwendet.

SPANIEN

Seehechtmedaillons mit Trüffelscheiben und Gemüse

Zutaten für 4 Personen:

500 g kleine Kartoffeln
Salz
1 Möhre
1 Zucchini
1 Stange Lauch
1 Tomate
8 Seehechtmedaillons à 100 g
frisch gemahlener Pfeffer
3 EL Olivenöl
2 EL Sherryessig
1 kleine schwarze Trüffel
1 EL Butter
1 EL Pinienkerne

Zubereitung: ca. 35 Minuten

1. Die Kartoffeln in Salzwasser ca. 25 Minuten bissfest garen. Dann schälen und in Scheiben scheiden.

2. Während die Kartoffeln kochen, Möhre, Zucchini und Lauch schälen, bzw. putzen. Die Tomate enthäuten, vierteln und entkernen. Das Gemüse in möglichst kleine Würfel schneiden. Die Seehechtmedaillons waschen, trockentupfen und mit Salz und Pfeffer würzen.

3. Das Olivenöl in einer Pfanne erhitzen und den Fisch auf beiden Seiten bei mittlerer Hitze sanft anbraten. Dann aus der Pfanne heben und warm stellen. Das Gemüse im Bratfond einige Minuten unter Rühren sautieren. Mit dem Essig ablöschen und vom Herd nehmen.

4. Die Trüffel in feine Scheiben hobeln. Die Butter in einer zweiten Pfanne zerlassen und die Trüffelscheiben darin kurz erwärmen.

5. Den Fisch mit den Kartoffelscheiben portionsweise auf vorgewärmten Tellern anrichten, mit den Trüffelscheiben belegen. Das Gemüse darüber verteilen, mit den Pinienkernen dekorieren.

Frisch gefangene Krustentiere aus dem Mittelmeer waren früher auch für einfache Matrosen eine durchaus erschwingliche Mahlzeit. Inzwischen sind sie selbst in den Orten entlang der Küste eine nicht mehr alltägliche Gaumenfreude.

SPANIEN

Seeteufel und Garnelen in Safransauce nach Matrosenart

Zutaten für 4 Personen:

4 Seeteufelfilets à 200 g
Salz
frisch gemahlener Pfeffer
Mehl zum Wenden
3 EL Olivenöl
1 kleine Zwiebel, in kleine Würfel geschnitten
1 EL geschälte Mandeln
1 getrocknete rote Chilischote, entkernt
3 Knoblauchzehen, in dünne Scheiben geschnitten
1 EL fein gehackte Petersilie
1 Scheibe geröstetes Weißbrot, in Würfel geschnitten
100 ml Weißwein
1/4 l Fischfond
1 Lorbeerblatt
2 Scheiben Zitrone
4 ungeschälte Riesengarnelen
4 ungeschälte Kaisergranate

Zubereitung: ca. 30 Minuten

1. Die Fischfilets mit Salz und Pfeffer würzen. In Mehl wenden, überschüssiges Mehl abklopfen. Den Backofen auf 175 Grad vorheizen.

2. Das Öl erhitzen und die Fischfilets darin auf beiden Seiten bei mittlerer Hitze kurz anbraten. Dann in eine feuerfeste Form setzen. Zwiebel im Öl anschwitzen. Die Mandeln, die Chilischote und den Knoblauch hinzufügen und anrösten. Petersilie und das Brot dazugeben, den Weißwein angießen und die Sauce einmal aufkochen lassen.

3. Sauce im Mixer pürieren. Mit dem Fischfond noch einmal kurz aufkochen und über die Fischfilets gießen. Im heißen Ofen ca. 10 Minuten gar ziehen lassen.

4. Inzwischen 1/2 Liter leicht gesalzenes Wasser mit dem Lorbeerblatt und den Zitronenscheiben zum Kochen bringen. Riesengarnelen und Kaisergranate hineingeben und 3–4 Minuten bei mittlerer Hitze garen.

5. Fischfilets mit der Sauce und den gekochten Garnelen und Kaisergranaten portionsweise anrichten.

Ein Grundstein der spanischen Küche ist die Aioli. Man isst diese Knoblauchmayonnaise zu Fisch und Fleisch, zu Gemüse und Reis. Traditionell wird sie nur aus Knoblauch, Salz und Öl zubereitet. Sie gelingt mit Eigelb aber leichter.

SPANIEN

Goldbrasse im Salzmantel gebraten mit Knoblauchmayonnaise

Zutaten für 4 Personen:

Zubereitung: ca. 25 Minuten
Backen: ca. 30 Minuten

1 große Goldbrasse, küchenfertig
Pfeffer
Saft von 1/2 Zitrone
1/2 Bund Petersilie
einige Zweige Thymian
2 kg grobes naturbelassenes Meersalz
Öl für die Form

Für die Mayonnaise:
4 große Knoblauchzehen
Salz
1 Eigelb
200 ml Olivenöl
Saft von 1/2 Zitrone

1. Den Backofen auf 200 Grad vorheizen. Den Fisch mit Pfeffer würzen. In die Bauchhöhle den Zitronensaft träufeln und die Kräuter einlegen.

2. Das Salz mit etwas Wasser befeuchten. 1/3 des Salzes in eine feuerfeste, gefettete Form geben. Den Fisch darauflegen und mit dem restlichen Salz bedecken, das Salz glattstreichen. Im heißen Ofen ca. 30 Minuten backen.

3. Die geschälten Knoblauchzehen grob würfeln und in einem großen Mörser mit 1–2 Prisen Salz zu einer dicken Paste zermahlen, das Eigelb untermischen. Das Olivenöl zunächst tropfenweise, dann in dünnem Strahl einarbeiten, so dass eine dickliche Paste entsteht. Mit dem Zitronensaft abschmecken.

4. Den Fisch aus dem Ofen nehmen und die Salzkruste auf der Oberseite vorsichtig aufklopfen, Salzstücke entfernen. Die Haut auf der Fischoberseite abziehen und das Fischfilet von den Gräten lösen. Hauptgräte entfernen und das restliche Fleisch aus der Haut lösen.

5. Die Knoblauchmayonnaise zum Fisch servieren.

Früher gab es im Landesinneren kaum frischen Fisch. Deshalb war während der fleischlosen Fastenzeit das Speisenangebot eher bescheiden. Abwechslung bot hier der haltbare Stockfisch, der bald zum Symbol des Fastens wurde.

SPANIEN

Klösterliche Fastenspeise mit Stockfisch und Blattspinat

Zutaten für 4 Personen:

2 feste Stücke Stockfisch à 300 g
500 g Blattspinat
1 Zwiebel, in kleine Würfel geschnitten
2 Knoblauchzehen, in kleine Würfel geschnitten
150 ml Olivenöl
Salz
frisch gemahlener Pfeffer
500 g Kartoffeln, in dünne Scheiben geschnitten
Mehl zum Wenden
1/4 l Gemüsebrühe
250 g Schafsfrischkäse

Vorbereitung: ca. 2 Tage
Zubereitung: ca. 1 Stunde

1. Den Stockfisch 2 Tage wässern, dabei das Wasser zweimal wechseln.

2. Den Spinat verlesen und gründlich waschen. Die Zwiebel und den Knoblauch in 1 Esslöffel Olivenöl anschwitzen. Spinat tropfnass dazugeben. Zugedeckt dünsten, bis der Spinat zusammengefallen ist. Mit Salz und Pfeffer würzen und vom Herd nehmen.

3. Restliches Olivenöl in einer Pfanne erhitzen und die Kartoffeln darin anbraten, mehrmals vorsichtig wenden. Kartoffeln aus der Pfanne heben, in eine feuerfeste gefettete Form füllen und den Spinat daraufgeben. Den Backofen auf 220 Grad vorheizen.

4. Stockfisch gut abtropfen lassen, dann in Mehl wenden, überschüssiges Mehl abklopfen. Fisch im Bratöl auf beiden Seiten kurz anbraten. Auf den Spinat setzen und die Brühe angießen. Den Frischkäse um den Fisch verteilen.

5. Im heißen Ofen 15–20 Minuten überbacken. In der Form auftragen.

Rund um die Welt gibt es viele Arten, Tintenfisch zuzubereiten. Typisch spanisch sind diese gefüllten Tintenfische, weil sie drei kulinarische Spezialitäten vereinen: aromatische Tomaten, würzigen Schinken und fruchtigen Wein.

SPANIEN

Tintenfische mit Schinken gefüllt in Weißwein gedünstet

Zutaten für 4 Personen:

4 mittelgroße Tintenfische, küchenfertig
3 Knoblauchzehen, in kleine Würfel geschnitten
1 Zwiebel, in kleine Würfel geschnitten
2 EL fein gehackte Petersilie
125 g geräucherter Schinken, fein gewürfelt
2 EL Semmelbrösel
1 Ei
Salz
frisch gemahlener Pfeffer
1 TL mildes Paprikapulver
Mehl zum Wenden
4 EL Olivenöl
4 Tomaten, enthäutet, entkernt und in Würfel geschnitten
400 ml Weißwein
Saft von 1/2 Zitrone

Zubereitung: ca. 25 Minuten
Garen: ca. 1 Stunde

1. Die Fangarme der Tintenfische klein schneiden und mit der Hälfte des Knoblauchs und der Zwiebel, 1 Esslöffel Petersilie, dem Schinken, den Semmelbröseln und dem Ei gut vermengen. Die Masse mit Salz, Pfeffer und Paprikapulver würzen und in die Tintenfischkörper füllen. Die Öffnung mit Zahnstochern verschließen. Dann die Tintenfische in Mehl wenden, überschüssiges Mehl abklopfen.

2. Das Olivenöl in einer tiefen Pfanne erhitzen und die Tintenfische darin von allen Seiten anbraten. Aus der Pfanne heben, restlichen Knoblauch und restliche Zwiebel im Bratöl anschwitzen. Tomatenwürfel und die restliche Petersilie hinzufügen, kurz anbraten und mit Salz, Pfeffer und Paprikapulver würzen.

3. Tintenfische wieder einlegen, den Wein angießen und einmal aufkochen. Zugedeckt bei kleiner Hitze ca. 1 Stunde köcheln lassen, dabei mehrmals die Tintenfische mit der Sauce begießen.

4. Die Sauce mit Zitronensaft, Salz und Pfeffer abschmecken und die Tintenfische in der Sauce servieren.

Menorca galt lange als die kleine ruhige Schwester von Mallorca. Inzwischen gibt es hier zwar auch touristische Zentren, aber immer noch ruhige Plätze für Erholungsuchende. Kenner sagen, schon der Langustentopf sei eine Reise wert.

SPANIEN

Spanischer Langustentopf Cala Fornells auf Weißbrotscheiben

Zutaten für 4 Personen:

5 Schalotten
3 Knoblauchzehen
500 g Tomaten
100 ml Olivenöl
4 cl spanischer Brandy
1/2 l Fischfond
1 Lorbeerblatt
1 Kräutersträußchen (Petersilie, Thymian, Estragon)
Salz
frisch gemahlener Pfeffer
2 große gekochte Langusten
1 Prise Zucker
4 dünne Scheiben Weißbrot

Zubereitung: ca. 1 Stunde

1. Die Schalotten und den Knoblauch schälen, die Tomaten enthäuten, vierteln und entkernen. Alles in kleine Würfel schneiden.

2. Das Olivenöl in einer Kasserolle erhitzen. Die Schalotten und den Knoblauch darin goldbraun anbraten. Die Tomaten dazugeben und kurz anschmoren. Mit dem Brandy ablöschen, den Fischfond angießen, das Lorbeerblatt und das Kräutersträußchen einlegen und mit Salz und Pfeffer würzen. Die Sauce bei mittlerer Hitze ca. 30 Minuten dickflüssig einkochen.

3. Inzwischen die Langusten der Länge nach halbieren und mit dem Panzer in Portionsstücke schneiden. Lorbeerblatt und Kräutersträußchen aus der Sauce entfernen und die Langustenstücke einlegen. In der Sauce erwärmen, aber nicht mehr kochen. Eintopf mit Salz, Pfeffer und Zucker abschmecken.

4. Das Weißbrot toasten und 4 Suppenteller damit auslegen. Langustenstücke und Sauce darüber verteilen.

Die Seespinne ist auf den ersten Blick kein anmutiges Tier. Ihr runder Panzer, an dem acht dünne Beinchen sitzen, ist mit pockenartigen Erhebungen übersät. Doch ihr feines Fleisch lässt das bizarre Aussehen schnell vergessen.

SPANIEN

Gratinierte Seespinne im Salzbett mit Gemüse gefüllt

Zutaten für 4 Personen:

1 Bund Suppengrün
1 Zwiebel, geschält und halbiert
Salz
4 mittelgroße Seespinnen
2 Schalotten, in kleine Würfel geschnitten
2 Knoblauchzehen, in kleine Würfel geschnitten
1 Möhre, in kleine Würfel geschnitten
1 Stange Lauch, in feine Ringe geschnitten
2 Tomaten, enthäutet, entkernt und in Würfel geschnitten
5 EL Fischfond
5 cl trockener Sherry
frisch gemahlener Pfeffer
1,5 kg grobes Meersalz
2 EL Semmelbrösel
1 EL fein gehackte Petersilie
2 EL Butter

Zubereitung: ca. 1 Stunde

1. In einem großen Topf reichlich Wasser mit dem Suppengrün, der Zwiebel und 1 Teelöffel Salz zum Kochen bringen. Jeweils 1 Seespinne kopfüber in das sprudelnd kochende Wasser geben und ca. 5–6 Minuten bei großer Hitze kochen. Aus dem Wasser heben und abkühlen lassen. Nacheinander alle 4 Tiere auf diese Weise garen.

2. Den Panzer der Seespinnen mit einem scharfen Messer öffnen, Beine und Scheren abschneiden. Das Fleisch auslösen und klein schneiden.

3. Schalotten und Knoblauch im Öl anschwitzen. Möhre, Lauch und Tomaten hinzufügen und 5 Minuten schmoren lassen. Den Fischfond einrühren und weitere 5 Minuten köcheln lassen. Seespinnenfleisch untermischen, mit Sherry, Salz und Pfeffer abschmecken. Die Masse in die Seespinnenpanzer füllen.

4. Das Meersalz auf einem Backblech verteilen und die gefüllten Panzer hineinsetzen. Semmelbrösel und Petersilie vermischen und auf die Füllung verteilen. Die Butter in Flöckchen daraufsetzen. Unter dem heißen Grill des Backofens goldbraun gratinieren.

Wer nach Andalusien kommt, sollte unbedingt eine Sherry-Bodega besuchen. Hier kann man wunderbar die verschiedenen Sherry-Arten probieren, vom hellen Manzanilla, einem trockenen Sherry, bis hin zum süßen dunklen Cream Sherry.

SPANIEN

Gebratene Kalbsnierchen in Sherry mit Petersilie

Zutaten für 4 Personen:

Vorbereitung: ca. 1 Stunde
Zubereitung: ca. 20 Minuten

2 Kalbsnieren à 300 g
1 l Milch
1 Zwiebel
2 Knoblauchzehen
3 EL Olivenöl
100 ml trockener Sherry
1/4 l Kalbsfond
Salz
frisch gemahlener Pfeffer
1 Prise Zucker
1 EL fein gehackte Petersilie

1. Die Kalbsnieren der Länge nach durchschneiden, Röhren und Fett entfernen. Nieren gründlich waschen, in eine Schüssel legen, mit der Milch übergießen und ca. 1 Stunde ziehen lassen.

2. Die Nieren gut abtropfen lassen, trockentupfen und in dünne Scheiben schneiden. Die Zwiebel und den Knoblauch schälen und in kleine Würfel schneiden.

3. Das Olivenöl erhitzen, die Zwiebel und den Knoblauch darin anschwitzen. Die Nieren hinzufügen und unter Rühren kurz anbraten. Mit dem Sherry ablöschen und den Kalbsfond angießen. Zugedeckt bei kleiner Hitze ca. 5 Minuten köcheln lassen.

4. Die Sauce kräftig mit Salz, Pfeffer und Zucker abschmecken. Vor dem Servieren mit gehackter Petersilie bestreuen.

Der herbe, spritzige Sidra ist in Asturien das Nationalgetränk. Ein altes spanisches Sprichwort besagt, dass die Menschen zwar wegen eines Apfels aus dem Paradies vertrieben wurden, es durch den Sidra aber wiedergewinnen können.

SPANIEN

Geschmorter Rinderbraten mit Birnen in Sidra

Zutaten für 6 Personen:

Zubereitung: ca. 30 Minuten
Schmoren: ca. 2 Stunden

1,2 kg Schmorrippe vom Rind
Salz
frisch gemahlener Pfeffer
2 Äpfel
6 Schalotten
1 Knoblauchzehe
3 EL Olivenöl
1/2 l Sidra, ersatzweise Apfelwein
1 Bund Thymian
Schale von 1 unbehandelten Zitrone
4 Lorbeerblätter
3 Gewürznelken
3 Birnen
300 ml Fleischbrühe
4 cl Birnenbrand
1 Prise Zucker

1. Fett und Sehnen vom Fleisch wegschneiden. Fleisch kräftig mit Salz und Pfeffer einreiben. Die Äpfel schälen, vierteln, entkernen und in dünne Scheiben schneiden. Die Schalotten und den Knoblauch schälen und in kleine Würfel schneiden.

2. Das Olivenöl in einem Schmortopf erhitzen und das Fleisch darin bei mittlerer Hitze von allen Seiten anbraten. Dann aus dem Bräter heben und beiseitestellen. Die Äpfel, die Schalotten und den Knoblauch im Bratfett kurz anrösten. Mit dem Apfelwein ablöschen, Thymian, Zitronenschale, Lorbeerblätter und Gewürznelken hinzufügen und einmal aufkochen. Das Fleisch wieder einlegen und zugedeckt bei mittlerer Hitze ca. 1,5 Stunden schmoren lassen, dabei mehrmals in der Schmorflüssigkeit wenden.

3. Die Birnen schälen, achteln und entkernen. Das Fleisch aus dem Topf heben und die Sauce durch ein Haarsieb passieren. Wieder in den Topf geben, die Brühe und den Birnenbrand hinzufügen, zum Kochen bringen. Fleisch und Birnen einlegen und ca. 25 Minuten weiterschmoren. Die Sauce mit Salz, Zucker und Pfeffer abschmecken. Fleisch in Scheiben schneiden, mit den Birnen und der Sauce anrichten.

Den Schwanz eines echten Kampfstiers findet man nur noch selten in spanischen Metzgereien. Er gilt bei Spitzenköchen und Kennern als besondere Delikatesse, weil sein Fleisch einen ausgeprägteren Geschmack hat als das eines Ochsen.

SPANIEN

Geschmorter Stierschwanz mit Backpflaumen und Zimt

Zutaten für 4 Personen:

1 kg Stierschwanz, in Stücke geschnitten, ersatzweise Ochsenschwanz
1 Zwiebel
1 Lorbeerblatt
2 Gewürznelken
Salz und Pfeffer
Mehl zum Wenden
4 Schalotten
3 Knoblauchzehen
125 g Räucherspeck
2 Möhren
100 ml Olivenöl
200 g getrocknete Backpflaumen
je 1 Zweig Thymian, Oregano und Petersilie
1 Zimtstange
1/4 l Weißwein
50 g Pinienkerne
1 Msp. geriebene Muskatnuss

Zubereitung: ca. 20 Minuten
Garen: ca. 2 Stunden

1. Das Fleisch in einen Topf legen und so viel Wasser angießen, dass das Fleisch bedeckt ist. Zwiebel, Lorbeerblatt, Gewürznelken und 1 Teelöffel Salz dazugeben, einmal aufkochen. Ca. 1 Stunde köcheln lassen, dabei mehrmals abschäumen. Fleisch aus der Brühe heben und gut abtropfen lassen. Fleischstücke trockentupfen, mit Salz und Pfeffer würzen und in Mehl wenden. Die Brühe abseihen.

2. Geschälte Schalotten und Knoblauch sowie den Speck in kleine Würfel schneiden. Die Möhren in Scheiben schneiden.

3. Olivenöl in einem Schmortopf erhitzen, Fleisch darin von allen Seiten anbraten. Speck, Schalotten und Knoblauch dazugeben und kurz anrösten. Die Möhre, die Backpflaumen, die Kräuter und die Zimtstange hinzufügen und den Wein angießen. So viel Brühe angießen, dass alle Zutaten knapp bedeckt sind, zum Kochen bringen. Bei mittlerer Hitze ca. 1 Stunde köcheln lassen.

4. Kurz vor Ende der Garzeit die Pinienkerne untermischen und das Gericht mit Salz, Pfeffer und Muskatnuss abschmecken.

Spanischer Schinken ist eine weltberühmte Delikatesse. Doch natürlich werden nicht nur die saftigen Keulen der Schweine verarbeitet. Sogar für die Schweinefüße findet man in der spanischen Küche eine sehr schmackhafte Verwendung.

SPANIEN

Schweinefüßchen auf kastilische Art mit Mandeln

Zutaten für 4 Personen:

4 vordere Schweinefüße, der Länge nach gespalten
2 Zwiebeln
3 Lorbeerblätter
2 Gewürznelken
1 Bund Suppengrün
Salz
frisch gemahlener Pfeffer
1 Knoblauchzehe
1 EL Schmalz
1 EL gehackte Mandeln
1 EL Mehl
1/8 l Weißwein
1 Msp. scharfes Paprikapulver

Zubereitung: ca. 40 Minuten
Garen: ca. 2 Stunden

1. Die Schweinefüße in kaltem Wasser mit 1 Zwiebel, 1 Lorbeerblatt, den Gewürznelken und dem Suppengrün aufsetzen und zum Kochen bringen. Abschäumen, mit Salz und Pfeffer würzen und zugedeckt ca. 2 Stunden köcheln lassen.

2. Schweinefüße aus dem Wasser heben, abtropfen lassen und in Portionsstücke zerteilen. Die Brühe abseihen und beiseitestellen.

3. Die zweite Zwiebel und den Knoblauch schälen und in kleine Würfel schneiden. Das Schmalz in einem Schmortopf erhitzen, Schalotten und Knoblauch darin anschwitzen. Die Mandeln hinzufügen, mit Mehl überstäuben und etwas anrösten. Unter Rühren den Wein und 1/2 Liter Brühe angießen und einmal aufkochen. Mit Salz, Pfeffer und Paprikapulver würzen, die restlichen Lorbeerblätter einlegen. Sauce ca. 15 Minuten köcheln lassen, gelegentlich umrühren.

4. Das Fleisch in die Sauce legen und weitere 10 Minuten mitköcheln. Vor dem Servieren nochmals mit Salz und Pfeffer abschmecken.

Die Eroberung Spaniens durch die Araber im 8. Jahrhundert hat ihre kulinarischen Spuren hinterlassen. Mandeln, Pinienkerne, Safran, Zimt, Kreuzkümmel und viele andere Gewürze gehören vor allem in Andalusien zum Küchenalltag.

SPANIEN

Lammschulter nach Art der Mauren mit Sultaninen

Zutaten für 4 Personen:

1 kg Lammschulter mit Knochen
Salz
frisch gemahlener Pfeffer
1/2 TL gemahlener Kreuzkümmel
2 große Zwiebeln
2 Knoblauchzehen
100 ml Olivenöl
1/2 l Fleischbrühe
1 Zimtstange
1 EL Sultaninen
4 cl Sherry
50 g geschälte Mandeln

Zubereitung: ca. 25 Minuten
Garen: ca. 1 Stunde

1. Die Lammschulter rundum kräftig mit Salz, Pfeffer und Kreuzkümmel einreiben. Die Zwiebeln und den Knoblauch schälen und in kleine Würfel schneiden.

2. Das Olivenöl in einem Bräter erhitzen, Zwiebel und Knoblauch darin anschwitzen. Das Fleisch einlegen und von allen Seiten bei mittlerer Hitze anbraten. Die Zimtstange in Stücke brechen, zum Fleisch geben und kurz anrösten.

3. Die Fleischbrühe angießen und so viel Wasser hinzufügen, dass das Fleisch knapp bedeckt ist. Bei mittlerer Hitze ca. 1 Stunde zugedeckt schmoren, eventuell noch etwas Wasser nachgießen.

4. Die Sultaninen in eine Schüssel geben, den Sherry darüberträufeln und etwas ziehen lassen. Die Mandeln grob hacken.

5. Kurz vor Ende der Garzeit die Sultaninen und die Mandeln unter die Sauce rühren, mit Salz und Pfeffer abschmecken.

In ganz Spanien wird Ostern laut und leidenschaftlich gefeiert. In der Karwoche finden zahlreiche Prozessionen statt. Und am Ostersonntag wird mit Freunden und der Familie geschlemmt. Meist gibt es Lamm- oder Zickleinbraten.

SPANIEN

Gebratene Zickleinkeule aus dem Ofen mit Kartoffeln

Zutaten für 4 Personen:

1 Zickleinkeule mit Knochen, ca. 1,5 kg
Salz
frisch gemahlener Pfeffer
7 Knoblauchzehen
1 Zwiebel
2 Tomaten
100 ml Olivenöl
4 cl Brandy
1/4 l Weißwein
1 Lorbeerblatt
1 Sträußchen Thymian
1 kg mittelgroße Kartoffeln
2 EL Pinienkerne

Zubereitung: ca. 25 Minuten
Vorbereitung: ca. 90 Minuten

1. Die Zickleinkeule rundum kräftig mit Salz und Pfeffer einreiben. Den Knoblauch und die Zwiebel schälen und in kleine Würfel schneiden. Die Tomaten enthäuten, vierteln, entkernen und in Würfel schneiden. Den Backofen auf 175 Grad vorheizen.

2. Das Olivenöl in einem Bräter erhitzen und die Keule von allen Seiten bei mittlerer Hitze anbraten. Dann aus dem Bräter heben und warm stellen. Knoblauch und Zwiebel im Bratfett anschwitzen. Tomaten hinzufügen und anschmoren. Mit dem Brandy ablöschen und den Weißwein angießen. Das Lorbeerblatt und das Thymiansträußchen einlegen. Die Keule im vorgeheizten Ofen ca. 1 Stunde garen, dabei gelegentlich mit der Bratflüssigkeit übergießen.

3. Inzwischen die Kartoffeln schälen und vierteln. Die Pinienkerne hacken. Nach 1 Stunde Garzeit Kartoffeln und Pinienkerne zur Keule geben, etwas Wasser angießen. Weitere 30 Minuten im Ofen garen.

4. Die fertige Keule mit den Kartoffeln auf einer vorgewärmten Platte anrichten. Den Bratfond durch ein Sieb passieren, mit Salz und Pfeffer abschmecken und getrennt zum Fleisch reichen.

Entenzucht war in Spanien lange Zeit unbekannt. Im Ofen landeten vor allem Wildenten. Erst vor rund 30 Jahren entstand in Navarra die erste Entenfarm. Inzwischen haben sich vor allem in Nordspanien zahlreiche Geflügelfarmen etabliert.

SPANIEN

Gebratene Bauernente mit Pfirsichen in Weinsauce

Zutaten für 4 Personen:

100 ml Olivenöl
Salz
frisch gemahlener Pfeffer
1 Msp. Nelkenpulver
1 Ente, ca. 2 kg, küchenfertig
1 Bund Zitronenthymian
4 mittelgroße feste Pfirsiche
1/2 l Weißwein
2 EL Zucker

Zubereitung: ca. 30 Minuten
Braten: ca. 90 Minuten

1. Olivenöl mit Salz, Pfeffer und Nelkenpulver verrühren. Die Bauchhöhle der Ente damit auspinseln, den Zitronenthymian hineinlegen. Ente mit Küchengarn in Form binden. Backofen auf 200 Grad vorheizen.

2. Einen Bräter mit dem gewürzten Öl einfetten und die Ente auf der Brustseite hineinlegen. Die Haut mit dem Öl bestreichen. Ente im heißen Ofen ca. 1 Stunde braten, dazwischen mehrmals mit dem Öl bestreichen.

3. In der Zwischenzeit die Pfirsiche blanchieren und schälen. Den Weißwein mit dem Zucker in einem Topf aufkochen, die Pfirsiche hineingeben, einmal aufkochen. Vom Herd nehmen und im Weinsud ca. 40 Minuten ziehen lassen. Dann herausheben, abtropfen lassen und halbieren. Stein entfernen und die Pfirsichhälften in breite Spalten schneiden.

4. Die Ente umdrehen, mit einigen Schöpflöffeln Weinsud übergießen und weitere 30 Minuten braten.

5. Ente aus dem Bräter heben, den Bratfond abseihen und entfetten. Mit dem Weinsud etwas einkochen, mit Salz und Pfeffer abschmecken. Pfirsiche in der Sauce wieder erhitzen und zur Ente servieren.

Spanien ist das Land der Jäger: Die ausgewiesenen Jagdgebiete nehmen rund drei Viertel des Landes ein. Jagd ist ein Volkssport wie anderswo Fußball. Die Spanier rühmen sich voller Stolz, das größte Jagdreservat Europas zu besitzen.

SPANIEN

Rebhuhnbrüstchen in Kohl gewickelt mit Gemüsesauce

Zutaten für 4 Personen:

4 ausgelöste Rebhuhnbrüstchen
Salz
frisch gemahlener Pfeffer
150 g Räucherspeck
1 Zwiebel
1 Möhre
1 Stange Sellerie
2 Tomaten
2 EL Olivenöl
1 EL Mehl und
Mehl zum Wenden
1/4 l Geflügelfond
1/4 l Weißwein
8 gekochte Weißkohlblätter
2 Eier, verquirlt
2 EL Schmalz
1 EL fein gehackte Petersilie

Zubereitung: ca. 45 Minuten

1. Die Rebhuhnbrüstchen halbieren, mit Salz und Pfeffer einreiben. Den Speck, die geschälte Zwiebel, die Möhre und die Selleriestangen in kleine Würfel schneiden. Die Tomaten enthäuten, vierteln, entkernen und in kleine Würfel schneiden.

2. Das Olivenöl erhitzen und das Fleisch auf beiden Seiten sanft jeweils ca. 4 Minuten braten. Dann herausheben und warm stellen. Speck und Zwiebel im Bratfett anschwitzen. Das Gemüse dazugeben und kurz anbraten. Das Mehl darüberstäuben und hellgelb anrösten. Unter Rühren den Geflügelfond und den Weißwein angießen und zum Kochen bringen. Bei kleiner Hitze 15 Minuten köcheln lassen.

3. Die Rebhuhnbrüstchen in die Kohlblätter wickeln. Zuerst in Mehl, dann in Ei wenden und im heißen Schmalz von beiden Seiten bei mittlerer Hitze goldbraun braten. Aus der Pfanne heben und kurz auf Küchenpapier abtropfen lassen.

4. Die Gemüsesauce mit Salz und Pfeffer würzig abschmecken, die Petersilie untermischen. Die Rebhuhnrouladen auf der Gemüsesauce anrichten.

Fleisch und Geflügel werden in Spanien oft mit Obst kombiniert. Kein Wunder, da rund 3.000 Sonnenstunden im Jahr die Früchte optimal reifen lassen. Zu den gefüllten Täubchen serviert man in Asturien ein frisches Apfelkompott.

SPANIEN

Täubchen mit Hackfleisch gefüllt aus dem Ofen

Zutaten für 4 Personen:

Zubereitung: ca. 40 Minuten
Braten: ca. 30 Minuten

2 junge Tauben mit Innereien
125 g Räucherspeck, in Würfel geschnitten
200 g gemischtes Hackfleisch
2 Schalotten, in kleine Würfel geschnitten
Salz und Pfeffer
1 Msp. Zimt
2 EL Pinienkerne
1 EL Semmelbrösel
2 EL fein gehackte Petersilie
1 Ei
1 EL Schmalz
1 Bund Suppengrün, in grobe Würfel geschnitten
1/8 l Weißwein
1/4 l Geflügelfond

1. Die Tauben ausnehmen, waschen und trockentupfen. Innereien putzen und in kleine Würfel schneiden.

2. Den Speck in einer trockenen Pfanne auslassen. Hackfleisch, Innereien und Schalotten hinzufügen und ca. 10 Minuten braten. Vom Herd nehmen, mit Salz, Pfeffer und Zimt würzen und mit Pinienkernen, Semmelbröseln, Petersilie und Ei vermengen. Die Tauben damit füllen, die Bauchhöhle mit einem Zahnstocher verschließen. Den Backofen auf 175 Grad vorheizen.

3. Das Schmalz in einem Bräter erhitzen und die Täubchen darin von allen Seiten anbraten. Das Suppengrün dazugeben und kurz mitbraten. Mit dem Wein ablöschen und den Geflügelfond angießen.

4. Im vorgeheizten Ofen ca. 30 Minuten garen, dabei immer wieder mit der Bratflüssigkeit begießen.

5. Die fertigen Täubchen aus dem Bräter heben, die Sauce durch ein Sieb passieren und mit Salz und Pfeffer abschmecken. Getrennt zu den Täubchen reichen.

Wer Pudding bisher nur für ein Kindergericht gehalten hat, das meist industriell gefertigt wird, der sollte unbedingt diese Puddingschnitten probieren. Sie sind eine süße Verführung, bei der fast jeder das Kalorienzählen vergisst.

SPANIEN

Gebratener Pudding im Teigmantel mit Zimt und Zucker

Zutaten für 4 Personen:

Zubereitung: ca. 40 Minuten
Kühlen: ca. 4 Stunden

1/2 l Milch
Schale von 1 unbehandelten Zitrone
4 EL Zucker
1 Vanillestange
75 g Butter
150 g Mehl
4 Eigelb
Fett für die Form
2 verquirlte Eier
4 EL Semmelbrösel
Fett zum Frittieren
Zimt und Zucker zum Bestreuen

1. Die Milch mit der Zitronenschale, dem Zucker und der aufgeschlitzten Vanillestange langsam zum Kochen bringen, dann vom Herd nehmen. Etwas abkühlen lassen, dann die Zitronenschale und die Vanillestange entfernen.

2. Die Butter in einem Topf zerlassen, das Mehl einrühren und hellgelb anschwitzen. Lauwarme Vanillemilch langsam unter ständigem Rühren dazugießen. Bei kleiner Hitze ca. 5 Minuten zu einer dicken Creme einkochen lassen.

3. Den Topf vom Herd nehmen und das Eigelb unter die Creme rühren. Creme in eine gefettete flache Form umfüllen und ca. 4 Stunden im Kühlschrank fest werden lassen.

4. Die Puddingmasse in Quadrate schneiden. Die Stücke zuerst in Ei, dann in den Semmelbröseln wenden. Portionsweise im heißen Fett frittieren, kurz auf Küchenpapier abtropfen lassen.

5. Puddingschnitten mit Zimt und Zucker bestreuen und lauwarm oder kalt servieren.

Hausgemachter Flan ist „das“ spanische Dessert. Jede Hausfrau hat ihr ganz persönliches Familienrezept, auf das sie schwört. Flan gibt es in zahlreichen Variationen, zum Beispiel mit Orangen, Äpfeln, Erdbeeren, Rum oder Kastanien.

SPANIEN

Gestürzter Karamell-Flan Santander im Wasserbad gegart

Zutaten für 4 Personen:

250 g Zucker
4 Eier
2 Eigelb
1/2 l Milch

Zubereitung: ca. 30 Minuten
Garen und Kühlen: ca. 4 Stunden

1. Die Hälfte des Zuckers mit 1/8 Liter Wasser zu einem goldbraunen Karamell kochen. 4 Portionsförmchen mit dem Karamell ausgießen, dabei die Förmchen so schwenken, dass der Boden gleichmäßig mit Karamell bedeckt ist. Den Backofen auf 150 Grad vorheizen.

2. Eier und Eigelb mit dem restlichen Zucker verrühren. Die Milch zum Kochen bringen, vom Herd nehmen und etwas abkühlen lassen. Unter die Eicreme rühren, dann durch ein Haarsieb in die Förmchen gießen.

3. Förmchen in eine feuerfeste Form stellen und so viel heißes Wasser angießen, dass die Förmchen knapp zur Hälfte im Wasser stehen. Den Flan im vorgeheizten Ofen ca. 45 Minuten stocken lassen.

4. Förmchen aus dem Wasserbad nehmen und abkühlen lassen. Dann mindestens 3 Stunden in den Kühlschrank stellen.

5. Vor dem Servieren jedes Förmchen in heißes Wasser tauchen. Mit einem scharfen Messer am Innenrand des Förmchens den Flan lösen, Förmchen umdrehen und den Flan auf einen Dessertteller stürzen.

Die zypriotische Küche ist sehr vielfältig. Die einmalige Lage der Insel am Schnittpunkt von drei Kontinenten – Europa, Afrika und Asien – hat die Kochkunst Zyperns stark beeinflusst und bereichert, wie dieser aromatische Salat zeigt.

ZYPERN

Gurkensalat mit frischem Koriander und Tomaten

Zutaten für 4 Personen:

1 Salatgurke
4 Tomaten
1 Bund Frühlingszwiebeln
1 großes Bund Koriander
Saft von 2 Limetten
Saft von 1 Orange
60 ml Olivenöl
Salz
frisch gemahlener Pfeffer
2 hart gekochte Eier

Zubereitung: ca. 15 Minuten

1. Die Gurke schälen, längs halbieren und mit einem Löffel die Kerne herauskratzen. Gurke und Tomaten in kleine Würfel schneiden und in eine Salatschüssel geben.

2. Die Frühlingszwiebeln putzen, das Grün entfernen. Frühlingszwiebeln fein würfeln. Koriander waschen, trockentupfen und ohne grobe Stiele hacken. Unter den Salat mischen.

3. Aus Limetten- und Orangensaft, Olivenöl, Salz und Pfeffer ein Dressing anrühren, über den Salat geben und gut durchmischen.

4. Die harten Eier schälen und grob hacken. Salat portionsweise anrichten und mit den gehackten Eiern bestreuen.

Jede Inselküche hat ihre eigenen Vorlieben für die Zubereitung von frischen Fischen. Auf Zypern werden verschiedene Mittelmeerfische gerne in Wein gegart. Kein Wunder – auf Zypern wird eine der ältesten Weintraditionen der Welt gepflegt.

ZYPERN

Scharfes Fischragout mit Gemüse in Weißwein

Zutaten für 4 Personen:

800 g gemischte Fischfilets, z.B. Seeteufel, Meerbrasse, Steinbeißer, Zackenbarsch
1 frische rote Chilischote
Saft von 1 Zitrone
150 ml Olivenöl
2 weiße Zwiebeln
2 große Knoblauchzehen
2 Stangen Sellerie
1 gelbe Paprikaschote
4 Tomaten
75 g schwarze Oliven ohne Stein
1/4 l Weißwein
1 Lorbeerblatt
Salz
frisch gemahlener Pfeffer
2 EL fein gehackte Petersilie

Zubereitung: ca. 45 Minuten

1. Fischfilets waschen, trocknentupfen und in mundgerechte Würfel schneiden. In eine Porzellanschüssel legen. Die Chilischote halbieren, entkernen, fein hacken und über den Fisch streuen. Zitronensaft mit der Hälfte des Öls verrühren und über den Fisch träufeln. Etwas ziehen lassen.

2. Inzwischen Zwiebeln und Knoblauch schälen, halbieren und in feine Scheiben schneiden. Sellerie abziehen, Paprikaschote halbieren und entkernen. Beides in schmale Streifen schneiden. Tomaten halbieren und in Spalten schneiden. Oliven in dünne Ringe schneiden.

3. Das restliche Öl in einer tiefen Pfanne erhitzen. Zwiebel, Knoblauch und Paprika darin anschwitzen. Sellerie, Tomaten und Oliven dazugeben, den Weißwein angießen, das Lorbeerblatt einlegen. Mit Salz und Pfeffer würzen und 15 Minuten bei mittlerer Hitze köcheln lassen.

4. Den Fisch mit der Marinade unter das Gemüse heben und bei kleiner Hitze 10 Minuten gar ziehen lassen. Vor dem Servieren das Lorbeerblatt entfernen. Das Ragout mit Salz und Pfeffer abschmecken und mit der Petersilie bestreuen.

Im Südosten Zyperns gibt es Bananenplantagen, denn hier sinken auch im Winter die Temperaturen nicht unter den Gefrierpunkt. Lagert man die Bananen einige Tage zusammen mit Äpfeln, bekommen sie ein besonders gutes Aroma.

ZYPERN

Zypriotischer Bananenkuchen mit Sahne-Butter-Sauce

Zutaten für 12 Stücke:

Für den Kuchen:
4 Bananen
1 EL Weinbrand
150 g Butter und Butter für die Form
150 g Zucker
4 Eier, getrennt
Salz
150 g Mehl
1 TL Backpulver
Mark von 1 Vanilleschote
1 EL abgeriebene Zitronenschale
1 TL gemahlener Zimt
2 EL Zwiebackbrösel

Für die Sauce:
200 g Butter
200 g Rohrzucker
400 g süße Sahne

Außerdem:
1 Backform, ca. 20 x 30 cm

Zubereitung: ca. 30 Minuten
Backen: ca. 1 Stunde

1. Die Bananen schälen, in Scheiben schneiden und in einem Topf mit dem Weinbrand und 3 Esslöffeln Wasser einmal aufkochen. Vom Herd nehmen und mit dem Stabmixer pürieren. Den Backofen auf 175 Grad vorheizen.

2. Die Butter mit dem Zucker und dem Eigelb schaumig schlagen. Das Eiweiß mit 1 Prise Salz sehr steif schlagen. Mehl und Backpulver in die Butter-Ei-Creme rühren. Bananenpüree, Vanillemark, Zitronenschale und Zimt untermischen. Zum Schluss den Eischnee unterheben.

3. Die Backform mit Butter ausfetten und mit den Zwiebackbröseln ausstreuen. Kuchenteig in die Form füllen und die Oberfläche glatt streichen. Im heißen Ofen 50–60 Minuten goldbraun backen. Der Kuchen ist fertig, wenn er auf Fingerdruck federnd nachgibt. Kuchen in der Form erkalten lassen, dann aus der Form stürzen und in Scheiben schneiden.

4. Für die Sauce aus Butter und Rohrzucker einen hellen Karamell kochen. Mit der Sahne ablöschen und einmal aufkochen. Sauce heiß zum Kuchen servieren.

Rote Bete sind in Osteuropa sehr beliebt – ob als Rohkost, gekocht, gebacken, gefüllt oder zu einem Püree verarbeitet. Es gibt kaum einen Bauerngarten, in dem die aromatischen und gesunden Knollen nicht angebaut werden.

ARMENIEN

Rote-Bete-Salat mit weißen Bohnen und Äpfeln

Zutaten für 4 Personen:

200 g getrocknete weiße Bohnen
Salz
3 mittelgroße Rote Bete mit Blättern
2 Äpfel
2 EL Zitronensaft
1 EL Weinessig
3 EL Pflanzenöl
Zucker
frisch gemahlener Pfeffer

Vorbereitung: ca. 12 Stunden
Zubereitung: ca. 35 Minuten

1. Die Bohnen in einen Topf geben, mit kaltem Wasser bedecken und über Nacht quellen lassen. Am nächsten Tag mit dem Einweichwasser zum Kochen bringen. Zugedeckt bei kleiner Hitze ca. 1 Stunde köcheln lassen. Kurz vor Ende der Garzeit salzen. Bohnen abgießen und gut abtropfen lassen.

2. Den Backofen auf 220 Grad vorheizen. Die Rote Bete einzeln in Alufolie wickeln. Im heißen Ofen ca. 45 Minuten garen. Aus der Folie wickeln, etwas abkühlen lassen und noch warm schälen. Dann in möglichst kleine Würfel schneiden.

3. Die Äpfel schälen, vierteln, entkernen und ebenfalls in kleine Würfel schneiden. Sofort mit dem Zitronensaft beträufeln, damit sie nicht braun werden.

4. Aus Essig, Öl, Salz, Zucker und Pfeffer ein Dressing anrühren. Bohnen, Rote Bete und Äpfel mit dem Dressing vermischen.

5. Einige schöne Rote-Bete-Blätter waschen, trockentupfen und eine Salatschale damit auslegen. Salat darauf anrichten.

Zu vielen armenischen Gerichten wird Lawasch gereicht – ein dünnes Fladenbrot aus Mehl, Wasser und Salz, das traditionell in Erdöfen gebacken wird. Getrocknet ist das Brot mehrere Monate haltbar, es schmeckt frisch aber am besten.

ARMENIEN

Gefüllte Zwiebeln im Weinsud mit Hackfleischklößchen

Zutaten für 4 Personen:

4 Gemüsezwiebeln à 200 g
1/2 l Weißwein
1 Sternanis
2 Gewürznelken
2 Knoblauchzehen
300 g gemischtes Hackfleisch
100 g gekochter Reis
1 Ei
2 EL fein gehackter Majoran
Salz
frisch gemahlener Pfeffer
1/4 l Fleischbrühe
150 g saure Sahne

Zubereitung: ca. 40 Minuten
Garen: ca. 30 Minuten

1. Die Zwiebeln schälen und nebeneinander in einen Topf setzen. Den Wein angießen, Sternanis und Gewürznelken zufügen. Zum Kochen bringen und zugedeckt bei mittlerer Hitze ca. 15 Minuten dünsten.

2. Zwiebeln aus dem Weinsud heben und etwas abkühlen lassen. Sternanis und Gewürznelken aus dem Sud entfernen.

3. Geschälten Knoblauch fein würfeln und mit dem Hackfleisch, dem Reis, dem Ei und 1 Esslöffel Majoran vermischen. Mit Salz und Pfeffer abschmecken. Zwiebeln bis auf die zwei äußeren Schichten mit einem Löffel aushöhlen, dann mit der Hackfleischmasse füllen. Aus der restlichen Masse kleine Klößchen formen.

4. Den Weinsud mit der Fleischbrühe aufkochen. Die gefüllten Zwiebeln hineinsetzen, die Klößchen dazugeben. Zugedeckt bei kleiner Hitze ca. 30 Minuten garen.

5. Die saure Sahne in die Sauce rühren. Vom Herd nehmen, mit Salz und Pfeffer abschmecken. Vor dem Servieren mit dem restlichen Majoran bestreuen.

Schaschlik ist in vielen Teilen Osteuropas und des Nahen Ostens bekannt. Viele Regionen nehmen für sich in Anspruch, den einzig authentischen Fleischspieß kreiert zu haben. In Armenien wird er traditionell aus Hammelfleisch und Talg zubereitet.

ARMENIEN

Armenischer Schaschlik aus Hammel mit Kräutern

Zutaten für 4 Personen:

750 g Hammelfleisch (Keule)
Salz
frisch gemahlener Pfeffer
500 g Zwiebeln
2 EL Zitronensaft
2 EL Weinessig
100 ml Wodka
1 EL getrocknete Dillspitzen
1 EL getrocknete Petersilie
100 g Hammeltalg, ersatzweise grüner Speck
1 Bund Koriander
1 Bund Schnittlauch

Außerdem:
4 Schaschlikspieße aus Metall

Marinieren: ca. 2 Stunden
Zubereitung: ca. 30 Minuten

1. Das Fleisch waschen und trockentupfen. Sichtbares Fett, Haut und Sehnen entfernen. Fleisch in ca. 4 cm dicke Scheiben schneiden und in eine Porzellanschüssel legen. Mit Salz und Pfeffer würzen.

2. Die Hälfte der Zwiebeln schälen und fein hacken. Zum Fleisch geben. Zitronensaft mit Essig, Wodka und den getrockneten Kräutern vermischen und über das Fleisch verteilen. Gut durchmischen und bei Zimmertemperatur 2 Stunden ziehen lassen.

3. Den Talg in dünne Scheiben schneiden. Auf die Schaschlikspieße abwechselnd Fleischstücke und Talgscheiben stecken. Schaschlik 15–20 Minuten über der heißen Glut des Holzkohlengrills braten, dabei die Spieße häufig drehen, damit das Fleisch gleichmäßig gart.

4. Die restlichen Zwiebeln schälen und grob hacken. Koriander und Schnittlauch waschen, trockenschütteln und fein hacken.

5. Schaschlik am Spieß servieren, mit den Zwiebeln und den frischen Kräutern garnieren.

Suppen und Eintöpfe begleiten die Osteuropäer durch das kulinarische Kalenderjahr. Die Gemüsezutaten variieren je nach Jahreszeit, gleich bleibt jedoch die süßsaure Geschmacksnote und oft der Klacks saure Sahne zur Verfeinerung.

ASERBAIDSCHAN

Herbstlicher Weißkrauttopf mit Gemüse und Gewürzgurken

Zutaten für 6 Personen:

1 kleiner Kopf Weißkohl
2 Zwiebeln
1 EL Schweineschmalz
3/4 l Brühe
1 Lorbeerblatt
1 Petersilienwurzel
100 g Knollensellerie
2 Möhren
4 Tomaten
2 EL Butter
1 EL Mehl
2 Gewürzgurken
Salz
Zucker
frisch gemahlener Pfeffer
1–2 EL Essig
6 EL saure Sahne

Zubereitung: ca. 50 Minuten

1. Weißkohl putzen, waschen, vierteln und ohne Strunk in dünne Streifen hobeln. Geschälte Zwiebeln halbieren und in dünne Scheiben schneiden

2. Schmalz erhitzen, Zwiebeln und Weißkohl darin anschwitzen. 1/4 Liter Brühe angießen, Lorbeerblatt einlegen und den Kohl zugedeckt 20 Minuten dünsten.

3. Petersilienwurzel, Sellerie und Möhren schälen und zuerst in Scheiben, dann in feine Streifen schneiden. Tomaten häuten, vierteln und würfeln. Restliche Brühe erhitzen.

4. Butter in einem Topf zerlassen und die Gemüsestreifen darin anschwitzen. Mit Mehl überstäuben und kurz anrösten. Die heiße Brühe unter Rühren angießen, Tomaten zugeben und einmal aufkochen. Kohl samt Garflüssigkeit dazugeben. 5 Minuten bei kleiner Hitze köcheln lassen.

5. Gewürzgurken fein hacken und unter den Eintopf geben. Mit Salz, Zucker, Pfeffer und Essig abschmecken und noch einige Minuten ziehen lassen. In Suppenteller verteilen und jeweils 1 Esslöffel saure Sahne in die Mitte geben.

Der Stör ist ein begehrter Fisch. Vor allem wegen seines Rogens, des kostbaren Kaviars. Rückläufige Bestände haben dazu geführt, dass inzwischen auch am Kaspischen Meer, einst ein Fischparadies, der Stör gezüchtet wird.

ASERBAIDSCHAN

Gebratenes Störfilet mit Granatapfelsauce und Tomaten

Zutaten für 4 Personen:

1 Granatapfel
200 ml Granatapfelsirup
1 TL Sumach
4 Tomaten
1 Zwiebel
4 EL Pflanzenöl
600 g Störfilet
5 EL Milch
Salz
frisch gemahlener Pfeffer
Mehl zum Wenden
Dillspitzen

Zubereitung: ca. 35 Minuten

1. Den Stielansatz des Granatapfels keilförmig herausschneiden. Apfel mit den Händen auseinanderbrechen und die herausfallenden Kerne auffangen. Restliche Kerne aus den Zwischenhäuten lösen. Granatapfelsirup mit Sumach verrühren, die Kerne hineingeben und etwas ziehen lassen.

2. Die Tomaten waschen, trockentupfen und halbieren. Die geschälte Zwiebel in Ringe schneiden.

3. In zwei Pfannen jeweils 1 Esslöffel Öl erhitzen. Tomaten auf der Schnittfläche in eine Pfanne legen und bei kleiner Hitze 10 Minuten dünsten. Zwiebelringe in der zweiten Pfanne goldgelb anschwitzen.

4. Den Fisch waschen, trockentupfen und in 4 gleich große Stücke schneiden. Die Milch mit Salz und Pfeffer würzen. Fisch zunächst in der Milch, dann in Mehl wenden, überschüssiges Mehl abklopfen.

5. Das restliche Öl in einer tiefen Pfanne erhitzen und den Fisch darin auf beiden Seiten goldbraun braten. Portionsweise auf vorgewärmten Tellern mit Tomaten und Zwiebelringen anrichten, mit Dillspitzen garnieren. Granatapfelsauce getrennt dazu reichen.

Unter der südöstlichen Sonne Aserbaidschans reifen Früchte, Gemüse und Kräuter zu vollem Aroma heran. Nach der Kastanienernte im Herbst sind die leckeren Nussfrüchte eine beliebte Zutat in Gerichten mit Rind und Lamm.

ASERBAIDSCHAN

Rindfleischtopf mit Safran und Kastanien geschmort

Zutaten für 4 Personen:

1 kg Rindfleisch (Schulter)
400 g Esskastanien, gekocht und geschält
4 Zwiebeln
Salz
frisch gemahlener Pfeffer
3 EL Butterschmalz
2 Lorbeerblätter
1/4 l Fleischbrühe
einige Safranfäden
1 kleines Bund Koriander

Zubereitung: ca. 25 Minuten
Garen: ca. 1 Stunde

1. Das Fleisch waschen, trockentupfen und in große Würfel schneiden. Die Kastanien vierteln. Die geschälten Zwiebeln halbieren und in dünne Scheiben schneiden.

2. Das Fleisch salzen und pfeffern. In einer großen Pfanne in 2 Esslöffeln Butterschmalz von allen Seiten bei mittlerer Hitze anbraten. Fleisch aus der Pfanne heben und beiseitestellen. Das restliche Butterschmalz in der Pfanne erhitzen und die Zwiebeln darin goldbraun anbraten.

3. Die Hälfte des Fleischs und die Lorbeerblätter in einen Schmortopf geben. Kastanien und Zwiebeln darauflegen und mit dem restlichen Fleisch bedecken. Die Brühe angießen und zum Kochen bringen. Etwas Brühe abnehmen und den Safran darin auflösen. Zum Fleischtopf geben. Zugedeckt bei kleiner Hitze ca. 1 Stunde schmoren. Während der Garzeit eventuell noch etwas Wasser angießen.

4. Den Koriander waschen, trockenschütteln und ohne grobe Stiele fein hacken. Rindfleischtopf mit Salz und Pfeffer abschmecken, in eine Schüssel umfüllen und mit dem Koriander bestreuen.

Ob an Nord- oder Ostsee: Matjesheringe sind an allen Küsten beliebt. Jede Region hat ihre ganz eigene Art, den zarten Matjes zu genießen. In Estland wird er am liebsten als Salat gegessen, bei dem die saure Sahne nicht fehlen darf.

ESTLAND

Estnischer Matjessalat mit Roter Bete in Wodkadressing

Zutaten für 4 Personen:

4 Matjesfilets
4 kleine gekochte Kartoffeln
1 gekochte Rote Bete
2 Gewürzgurken
1 weiße Zwiebel
1 Bund Dill
2 EL Weinessig
100 g saure Sahne
8 cl Wodka
1 TL grobkörniger Senf
Salz
frisch gemahlener Pfeffer
2 hart gekochte Eier

Zubereitung: ca. 20 Minuten
Ziehen lassen: 2 Stunden

1. Die Matjesfilets waschen, trockentupfen und in kleine Würfel schneiden. Kartoffeln schälen und klein würfeln. Rote Bete, Gewürzgurken und die geschälte Zwiebel ebenfalls in möglichst kleine Würfel schneiden.

2. Den Dill waschen und trockenschütteln. Einige schöne Zweige für die Garnierung beiseitelegen. Den restlichen Dill ohne die groben Stiele fein hacken.

3. Den Essig mit der sauren Sahne, dem Wodka und dem Senf verrühren. Das Dressing mit Salz und Pfeffer abschmecken. Matjes, Kartoffeln, Rote Bete, Gewürzgurken und Zwiebel mit dem Dressing vermischen. Salat zugedeckt 2 Stunden im Kühlschrank ziehen lassen.

4. Die Eier schälen und vierteln. Den Salat auf 4 Teller verteilen, dabei mit dem Löffel kleine Berge bilden. Mit den Eivierteln und den Dillzweigen garnieren.

Fisch darf auf einer estnischen Speisekarte nicht fehlen. Fast ebenso obligatorisch ist Milch und saure oder süße Sahne, die bei vielen Gerichten, ob Suppe, Salat, Fisch, Fleisch oder Dessert, eine wichtige und obendrein gesunde Zutat ist.

ESTLAND

Kabeljaufilet mit Kartoffeln und Lauch in Milch gedünstet

Zutaten für 4 Personen:

500 g festkochende Kartoffeln
Salz
3 Stangen Lauch
2 dicke Kabeljaufilets
frisch gemahlener Pfeffer
1 EL Butter
1/2 l Milch
1 EL fein gehackte Petersilie

Zubereitung: ca. 40 Minuten

1. Die Kartoffeln waschen und in der Schale in Salzwasser 20 Minuten garen. Abschütten, mit kaltem Wasser abschrecken und ausdampfen lassen. Dann die Kartoffeln schälen und in dünne Scheiben schneiden.

2. Den Lauch putzen, den größten Teil des Grüns entfernen. Lauch längs halbieren, gründlich waschen und in dünne Streifen schneiden.

3. Den Fisch waschen, trockentupfen und in Portionsstücke schneiden. Mit Salz und Pfeffer würzen.

4. Die Butter in einer Kasserolle zerlassen. Vom Herd nehmen und die Kartoffelscheiben einlegen. Die Hälfte des Lauchs zufügen und die Fischstücke darauflegen. Mit dem restlichen Lauch bedecken.

5. Kasserolle wieder auf den Herd stellen. Die Milch einmal aufkochen. In die Kasserolle gießen. Zugedeckt bei kleiner Hitze 15 Minuten garen. Portionsweise anrichten und mit der Petersilie bestreuen.

Die wechselhafte Geschichte Estlands hat auch seine Küche geprägt. Deutsche, Skandinavier und Russen haben ihre kulinarischen Spuren hinterlassen. Die meisten estnischen Rezepte sind zwar einfach, aber sehr schmackhaft.

ESTLAND

Gefüllte Kalbsbrust mit Speck im Ofen geschmort

Zutaten für 6 Personen:

75 g Räucherspeck
300 g Rinderhackfleisch
1 Ei
2 EL saure Sahne
2 EL fein gehackte Petersilie
Salz
frisch gemahlener Pfeffer
1 kg Kalbsbrust ohne Knochen
60 g Butterschmalz
1/2 l lauwarme Fleischbrühe

Zubereitung: ca. 25 Minuten
Braten: ca. 2 Stunden

1. Den Speck sehr fein würfeln. Mit Hackfleisch, Ei, saurer Sahne und Petersilie gut vermischen, mit Salz und Pfeffer abschmecken. Den Backofen auf 200 Grad vorheizen.

2. In das Fleisch eine tiefe Tasche schneiden. Die Hackfleischmasse in die Tasche füllen und die Tasche mit Küchengarn zunähen. Fleisch mit Salz und Pfeffer kräftig einreiben.

3. Das Butterschmalz in einem Bräter erhitzen. Die gefüllte Kalbsbrust hineinlegen und die Fleischbrühe angießen. Im heißen Ofen knapp 2 Stunden garen. Während dieser Zeit immer wieder mit dem Bratenfond begießen. Eventuell noch etwas Wasser nachgießen.

4. Die fertige Kalbsbrust aus dem Bräter heben und vor dem Anschneiden etwas ruhen lassen. Den Bratenfond durch ein feines Sieb abgießen, mit Salz und Pfeffer abschmecken.

5. Kalbsbrust in gleichmäßige Scheiben schneiden und portionsweise mit der Sauce anrichten.

Warme Obstsuppen sind in Georgien eine leckere Variante der beliebten Kaltschalen. Als Einlage eignen sich außer Kirschtaschen, hier „Wareniki" genannt, auch gekochter Milchreis, Grieß, Sago, Nudeln und Rosinen.

GEORGIEN

Warme Sauerkirschsuppe mit Kirschtaschen und Likör

Zutaten für 4 Personen:

700 g Sauerkirschen
100 g Zucker
160 g Mehl
2 Eier
4 cl Kirschlikör

Zubereitung: ca. 40 Minuten

1. Die Kirschen waschen und entsteinen. Die Hälfte der Kirschen pürieren und mit der Hälfte der Kirschkerne und dem Zucker in einen Topf geben. Einmal aufkochen lassen, dann vom Herd nehmen und 15 Minuten ziehen lassen. Den Kirschsaft durch ein Haarsieb in einen zweiten Topf abgießen.

2. Das Mehl auf die Arbeitsfläche sieben, in die Mitte eine Mulde drücken. 1 Ei trennen. Das Eigelb und das zweite Ei in die Mulde geben und zu einem glatten Teig verkneten. Teig dünn ausrollen. Mit einem Glas kleine Kreise ausstechen. Auf die Hälfte der Teigkreise jeweils 2 Kirschen legen, Teigränder mit Eiweiß bestreichen. Mit den übrigen Teigkreisen belegen, die Ränder mit einer Kuchengabel zusammendrücken.

3. Den Kirschsaft erneut zum Kochen bringen. Die Kirschtaschen kurz unter heißem Wasser abspülen, dann in den Kirschsaft legen. Die Hitze reduzieren und die Kirschtaschen in dem siedenden Saft einige Minuten gar ziehen lassen.

4. Sauerkirschsuppe vom Herd nehmen und mit dem Kirschlikör abschmecken. Warm servieren.

„Chatschapuri" gilt als Nationalspeise in Georgien. Der Käsebrotfladen wird zu fast jeder Mahlzeit warm gereicht. Die Füllung besteht oft aus Sulguni, einem Salzlake-Käse aus Büffel-, Schafs- oder Ziegenmilch mit elastischem Teig.

GEORGIEN

Gefüllte georgische Käsebrotfladen aus Weizenmehl

Zutaten für 4 Stück:

500 g Weizenmehl
250 g Sahnejoghurt
3 Eier
1/4 TL Backpulver
Salz
250 g Feta
250 g Büffelmozarella
150 g Butter

Vorbereitung: ca. 30 Minuten
Zubereitung: ca. 1 Stunde

1. Das Mehl auf die Arbeitsfläche sieben, in die Mitte eine Mulde drücken. Joghurt, 1 Ei, Backpulver und 1 Prise Salz hinzufügen und alles zu einem glatten, geschmeidigen Teig verkneten. Eventuell noch etwas Wasser zufügen. Teig zu einer Kugel formen und 30 Minuten bei Zimmertemperatur ruhen lassen.

2. Feta und Büffelmozarella in kleine Würfel schneiden, dann mit einer Gabel zerdrücken. Die restlichen Eier zufügen und mit dem Käse vermischen.

3. Teig in 4 Portionen teilen. Jede Teigportion zu einem dünnen Kreis ausrollen. Auf jeden Teigkreis 1/4 der Käsemasse setzen. Den Teig über dem Käse zusammenschlagen, die Teigränder gut zusammendrücken. Teigtaschen vorsichtig flach drücken.

4. Etwas Butter in einer Eisenpfanne zerlassen und einen Teigfladen hineinsetzen. Pfanne mit einem Deckel verschließen und den Fladen bei mittlerer Hitze goldbraun braten. Dann vorsichtig wenden und in der offenen Pfanne fertig braten. Aus der Pfanne heben und mit Butter bestreichen. Warm stellen, bis alle Teigfladen gebraten sind.

Für die Georgier ist jeder Gast „ein Geschenk Gottes". Ihre Gastfreundschaft ist weit über die Landesgrenzen hinaus berühmt. Ob Verwandte, Freunde oder Fremde – jeder Besucher ist willkommen und wird herzlich bewirtet.

GEORGIEN

Grusinisches Hühnerragout mit Zwiebeln und Knoblauch

Zutaten für 4 Personen:

1 Brathähnchen
Salz
frisch gemahlener Pfeffer
3 Zwiebeln
4 Knoblauchzehen
2 EL Butterschmalz
200 ml Hühnerbrühe
1 EL Weinessig
4 EL Tschornye Glasa, ersatzweise roter Portwein
100 g gemahlene Walnüsse
1 TL edelsüßes Paprikapulver
1 EL fein gehackter Koriander

Zubereitung: ca. 15 Minuten
Garen: ca. 30 Minuten

1. Das Hähnchen waschen, trockentupfen und mit den Knochen in kleine Stücke schneiden. Mit Salz und Pfeffer würzen. Die Zwiebeln und den Knoblauch schälen und würfeln.

2. Das Butterschmalz in einem Schmortopf erhitzen und das Fleisch darin bei mittlerer Hitze anbraten. Zwiebeln und Knoblauch zufügen und anschwitzen. Die Hühnerbrühe angießen und zum Kochen bringen. Den Essig und den Dessertwein dazugeben. Hähnchen bei kleiner Hitze zugedeckt ca. 30 Minuten garen.

3. Die Walnüsse und das Paprikapulver in die Sauce rühren. Weitere 5 Minuten offen köcheln lassen, dann mit Salz und Pfeffer abschmecken.

4. Das Ragout in eine vorgewärmte Schüssel umfüllen und vor dem Servieren mit dem Koriander bestreuen.

Sülze ist ein beliebtes Herbstessen, wenn geschlachtet wird. Man serviert sie mit frisch geriebenem Meerrettich, der mit Essig, Salz und Zucker abgeschmeckt oder mit saurer Sahne, Salz und Zucker verrührt wird. Dazu gibt es Roggenbrot.

LETTLAND

Hausgemachte Schweinefleischsülze mit Möhren und Eiern

Zutaten für 6 Personen:

2 Kalbsfüße, gespalten und grob zerteilt
2 Schweineschwänze
2 Bund Suppengrün
1 Zwiebel
1 Lorbeerblatt
3 Gewürznelken
4 Pimentkörner
1/2 TL Pfefferkörner
Salz
1 kg Schweineschulter mit Schwarte
Weißweinessig nach Geschmack
1 große gekochte Möhre
2 hart gekochte Eier
einige Petersilienblättchen

Garen: ca. 3 Stunden
Zubereitung: ca. 1 Stunde

1. Kalbsfüße und Schweineschwänze heiß überbrühen, in einen großen Topf legen und 2 Liter kaltes Wasser angießen. Geputztes Suppengrün, geschälte Zwiebel, die Gewürze und 1 Esslöffel Salz hinzufügen. Zum Kochen bringen und bei kleiner Hitze 2 Stunden köcheln lassen. Dann die Schweineschulter einlegen und noch 1 Stunde weiterkochen.

2. Schweineschulter, Kalbsfüße und Schweineschwänze aus der Brühe heben. Ein Sieb mit einem Mulltuch auslegen. Die Brühe durch das Sieb abgießen, dabei den trüben Bodensatz im Topf zurücklassen. Brühe etwas auskühlen lassen, kräftig mit Salz und Essig abschmecken.

3. Schweineschulter ohne Schwarte in Würfel schneiden und das Fleisch in 6 Suppenteller verteilen. Die Hälfte der abgekühlten Sulzbrühe kurz vor dem Gelieren über das Fleisch gießen.

4. Eier schälen und in Scheiben schneiden, Möhren ebenfalls in Scheiben schneiden. Mit den Petersilienblättchen auf dem Fleisch verteilen und mit der restlichen Sulzbrühe übergießen. Über Nacht im Kühlschrank fest werden lassen.

Die meisten lettischen Gerichte sind sehr gehaltvoll und einfach in der Zubereitung. Fleisch gilt als „König aller Nahrungsmittel" und wird fast immer mit Kartoffeln serviert, die von den Letten auch „unser zweites Brot" genannt werden.

LETTLAND

Schweinerippchen aus dem Ofen mit Sauerkraut

Zutaten für 4 Personen:

1 kg Schweinerippen
Salz
frisch gemahlener Pfeffer
1 Zwiebel
500 g Sauerkraut
2 EL Gänseschmalz
1 EL Zucker
1 Lorbeerblatt
1 Möhre

Zubereitung: ca. 15 Minuten
Garen: ca. 1 Stunde

1. Den Backofen auf 175 Grad vorheizen. Das Fleisch kräftig mit Salz und Pfeffer einreiben, auf ein Backblech legen und im heißen Ofen 30 Minuten braten. Dann die Ofentemperatur auf 225 Grad erhöhen und das Fleisch 30 Minuten weiterbraten. In dieser Zeit mehrmals mit dem Bratenfett bestreichen.

2. Die geschälte Zwiebel fein würfeln. Das Sauerkraut klein schneiden. Gänseschmalz erhitzen und die Zwiebel darin anschwitzen. Mit dem Zucker bestreuen und goldbraun karamellisieren lassen. Sauerkraut hinzufügen und hellbraun anbraten. Dann so viel heißes Wasser angießen, dass das Kraut ganz bedeckt ist. Lorbeerblatt einlegen und zugedeckt bei kleiner Hitze ca. 50 Minuten köcheln lassen.

3. Die Möhre schälen und auf einer Gemüsereibe fein raspeln. 20 Minuten vor Ende der Garzeit unter das Sauerkraut mischen. Fertiges Sauerkraut mit Salz und Zucker abschmecken, Lorbeerblatt entfernen.

4. Schweinerippchen in Portionsstücke zerteilen und mit dem Sauerkraut servieren.

In der lettischen Küche, so sagt ein Sprichwort, ist alles rund wie die Sonne: Brot, Käse, Kuchen und Desserts. Von der Sonne verwöhnt ist auch der Sommer mit durchschnittlich neun Stunden Sonnenschein von Mai bis September.

LETTLAND

Geschichtetes Roggenbrotdessert mit Brombeeren und Sahne

Zutaten für 4 Personen:

250 g trockenes Roggenbrot
2 EL Butter
2 EL Puderzucker
100 g frische Brombeeren
150 g Brombeermarmelade
2 cl Obstbrand
250 g süße Sahne
1 Päckchen Vanillezucker

Zubereitung: ca. 30 Minuten
Kühlen: ca. 30 Minuten

1. Das Brot fein reiben. Die Butter in einer Pfanne zerlassen und das Brot und unter Rühren darin rösten. In eine Schüssel umfüllen, mit Puderzucker bestreuen und im Kühlschrank ganz erkalten lassen.

2. Die Brombeeren verlesen, kalt überbrausen und gut abtropfen lassen. Die Brombeermarmelade mit dem Obstbrand verrühren. Die Sahne mit dem Vanillezucker steif schlagen.

3. In eine runde Glasschale schichtweise geröstetes Brot, Brombeermarmelade und Schlagsahne einfüllen. Die letzte Schicht sollte Schlagsahne sein. Mit den frischen Brombeeren garnieren und sofort servieren.

Die baltischen Staaten, zu denen Litauen gehört, gelten als Paradies für Pilzliebhaber. Ein litauisches Erfolgsprodukt auf dem deutschen Markt sind Pfifferlinge. Schon seit Jahren steigt ihr Export nach Deutschland immer weiter an.

LITAUEN

Legierte Waldpilzcremesuppe mit Möhren

Zutaten für 4 Personen:

400 g gemischte Waldpilze, z.B. Pfifferlinge, Maronen, Steinpilze
1 Zwiebel
1 Knoblauchzehe
2 Möhren
3 EL Butter
1 EL Mehl
1 l Milch
Salz
frisch gemahlener Pfeffer
frisch geriebene Muskatnuss
100 g süße Sahne
2 Eigelb
2 EL Schnittlauchröllchen

Zubereitung: ca. 35 Minuten

1. Die Pilze säubern, putzen und sehr fein hacken oder durch den Fleischwolf drehen. Zwiebel und Knoblauch schälen und ebenfalls fein hacken. Die Möhren schälen und in dünne Scheiben schneiden.

2. In einem Topf 2 Esslöffel Butter zerlassen, Zwiebel und Knoblauch darin glasig dünsten. Das Mehl darüberstäuben und hellgelb anschwitzen. Die Milch unter Rühren angießen, zum Kochen bringen und 15 Minuten bei kleiner Hitze köcheln lassen.

3. Inzwischen die restliche Butter in einer Pfanne erhitzen und die gehackten Pilze darin so lange braten, bis die Flüssigkeit fast verdampft ist. Dann unter die Milch mischen, mit Salz, Pfeffer und Muskatnuss abschmecken. Bei kleiner Hitze 5 Minuten ziehen lassen.

4. Die Sahne steif schlagen. Etwas Suppe in eine Tasse geben und mit dem Eigelb verquirlen. Mit dem Schneebesen in die Suppe rühren und nicht mehr aufkochen.

5. Suppe in vorgewärmte Teller verteilen, mit einem Klecks Schlagsahne und Schnittlauch garnieren.

Cepelinai, Zeppeline, heißen in Litauen diese gefüllten Kartoffelknödel. Sie sind so etwas wie ein Nationalgericht und werden nicht nur mit Hackfleisch, sondern auch mit einer Pilzfarce oder mit Speckwürfeln und Kräutern gefüllt.

LITAUEN

Gefüllte Kartoffelknödel
Cepelinai mit Specksauce

Zutaten für 4 Personen:

800 g große mehlig kochende Kartoffeln
2 Zwiebeln
1 EL Butterschmalz
300 g gemischtes Hackfleisch
1 EL fein gehackter Majoran
Salz
frisch gemahlener Pfeffer
1 große gekochte Kartoffel
125 g gewürfelter Räucherspeck
100 g Schmand
1 EL fein gehackte Petersilie

Zubereitung: ca. 90 Minuten

1. Kartoffeln waschen, schälen und in eine Schüssel mit kaltem Wasser reiben. 30 Minuten stehen lassen.

2. Geschälte Zwiebeln klein würfeln. Butterschmalz erhitzen und die Zwiebeln darin anschwitzen. Vom Herd nehmen und etwas auskühlen lassen. Dann die Hälfte der Zwiebeln unter das Hackfleisch mischen, mit Majoran, Salz und Pfeffer würzen.

3. Ein feines Sieb mit einem Mulltuch auslegen und auf eine Schüssel setzen. Geriebene Kartoffeln samt Wasser hineingießen. Kartoffelmasse mit dem Tuch über der Schüssel auspressen. Wasser 10 Minuten stehen lassen, bis sich die Stärke abgesetzt hat. Dann vorsichtig so abgießen, dass die Stärke in der Schüssel bleibt. Gekochte Kartoffel schälen und in die Schüssel pressen. Rohe Kartoffelmasse dazugeben, alles zu einem Teig verkneten. Teig in 8 Portionen teilen. Jede Teigportion flach drücken, etwas Hackfleisch in die Mitte geben. Längliche Knödel in Form eines Zeppelins formen. Knödel in kochendes Salzwasser legen und knapp unter dem Siedepunkt 30 Minuten gar ziehen lassen.

4. Speck in einer Pfanne knusprig braten. Übrige Zwiebeln und Schmand dazugeben. Mit der Petersilie über die fertigen Kartoffelknödel geben.

Litauen hat hervorragende Agrarprodukte, oft auch aus Bio-Anbau. Das Angebot an verschiedenen Milchprodukten wie Quark und Sahne ist vielfältig. Und der litauische Honig gilt unter Genießern als einer der besten in ganz Europa.

LITAUEN

Süßer Möhrenpudding mit Sultaninen aus dem Ofen

Zutaten für 4 Personen:

50 g Sultaninen
2 EL Weinbrand
500 g Möhren
1/4 l Milch
50 g Grieß
3 Eier
200 g Schichtkäse
2 EL Zucker
1 Päckchen Vanillezucker
Salz
100 g Butter
2 EL litauischer Honig

Außerdem:
4 feuerfeste Puddingförmchen

Zubereitung: ca. 40 Minuten
Backen: ca. 30 Minuten

1. Die Sultaninen 20 Minuten in Weinbrand einweichen. Dann abtropfen lassen und trockentupfen.

2. Die Möhren schälen und auf der Gemüsereibe grob raspeln. In 1/8 Liter Milch weich kochen, anschließend pürieren. Die restliche Milch mit dem Möhrenpüree aufkochen, den Grieß einrieseln lassen und unter ständigem Rühren zu einem dicken Brei einkochen. In eine Schüssel umfüllen und etwas abkühlen lassen.

3. Den Backofen auf 200 Grad vorheizen. Die Eier trennen. Eigelb mit dem abgetropften Schichtkäse, Zucker und Vanillezucker unter den Möhrenbrei rühren. Eiweiß mit 1 Prise Salz steif schlagen und vorsichtig unter die Masse heben.

4. Puddingförmchen mit Butter ausfetten und die Masse einfüllen. Im heißen Ofen 25–30 Minuten backen.

5. Die restlichen Butter zerlassen, den Honig einrühren und darin schmelzen. Nicht zu stark erhitzen. Fertigen Pudding auf Dessertteller stürzen und die Honigsauce darüberträufeln. Heiß servieren.

Die polnische Küche ist sehr bodenständig. Fleisch, hier vor allem Schweinefleisch, spielt bei der Ernährung eine große Rolle – ob gebraten, gekocht oder zu leckeren Sülzen verarbeitet. Dazu isst man selbstgebackenes Bauernbrot.

Hausgemachte Tellersülze

POLEN

aus Schweinefleisch

Zutaten für 4 Personen:

1 gepökelte Schweinehaxe mit Knochen
4 Pimentkörner
1 Lorbeerblatt
Salz
frisch gemahlener Pfeffer
3 Möhren
2 Petersilienwurzeln
2 Zwiebeln
100 g Knollensellerie
1 Knoblauchzehe
1 kleine Stange Lauch
3,5 TL gemahlene Gelatine

Zubereitung: ca. 30 Minuten
Garen: ca. 3 Stunden

1. Die Haxe waschen und in einem Topf mit 1 Liter Wasser und den Gewürzen etwa 1 Stunde kochen.

2. Inzwischen die Möhren, Petersilienwurzeln, Zwiebeln, den Sellerie und Knoblauch schälen und in Würfel schneiden. Den Lauch putzen, gründlich waschen und in Ringe schneiden.

3. Nach 1 Stunde Garzeit das Gemüse zum Fleisch geben und weitere 2 Stunden bei kleiner Hitze köcheln, bis sich das Fleisch leicht vom Knochen lösen lässt.

4. Die Haxe aus dem Topf nehmen, die Brühe durch ein Sieb gießen und auffangen. Das Fleisch vom Knochen lösen und in kleine Würfel schneiden. Auf vier Portionsschalen verteilen.

5. Die Gelatine in 1 Liter heißer Brühe auflösen und so über das Fleisch gießen, dass es bedeckt ist. Sülze im Kühlschrank fest werden lassen.

Die Dicke Rippe besteht aus grob-faserigem Fleisch. Sie lässt sich zum Kochen, Braten, Schmoren und Grillen verwenden. Besonders für Eintöpfe wird in Polen Dicke Rippe verwendet. Man kann sie durch Schweinebauch ersetzen.

POLEN

Bäuerliche Fleischsuppe mit Gemüse und Kartoffeln

Zutaten für 4 Personen:

Zubereitung: ca. 30 Minuten
Vorbereitung: ca. 100 Minuten

500 g Dicke Rippe vom Schwein
3 Pimentkörner
1 Lorbeerblatt
Salz
frisch gemahlener Pfeffer
200 g Kartoffeln
2 Möhren
2 Petersilienwurzeln
1 kleine Knolle Sellerie
2 Zwiebeln
1 kleiner Weißkohl
250 g Kidneybohnen (aus der Dose)
3 EL fein gehackte Petersilie

1. Das Fleisch waschen und mit den Gewürzen in einen Topf geben. 2 Liter Wasser angießen und das Fleisch ca. 45 Minuten kochen.

2. Kartoffeln, Möhren, Petersilienwurzeln und Sellerie schälen und in Scheiben schneiden, Sellerie würfeln. Den Weißkohl putzen, waschen, in Blätter zerteilen und die harten Blattrippen entfernen. Kohlblätter in Streifen schneiden und mit dem übrigen Gemüse zum Fleisch geben.

3. Die Suppe weitere 45 Minuten kochen, dann das Fleisch aus der Suppe nehmen und in Würfel schneiden. Die Kidneybohnen abtropfen lassen. Fleischwürfel und Kidneybohnen in die Suppe geben und weitere 15 Minuten köcheln lassen. Mit Salz und Pfeffer abschmecken und mit Petersilie bestreut servieren.

Cabanossi sind aus Schweinefleisch hergestellte dünne Würste mit einem hohem Speckanteil. Sie werden mit Knoblauch und Paprika gewürzt und leicht geräuchert. Das macht sie haltbarer und gibt ihnen einen kräftigen Rauchgeschmack.

POLEN

Sauerkrauteintopf mit Cabanossi und Wurzelgemüse

Zutaten für 4 Personen:

300 g Suppenfleisch vom Rind
8–10 g getrocknete Steinpilze
2 Zwiebeln
300 g Cabanossi
1 EL Butterschmalz
2 Möhren
150 g Knollensellerie
500 g Sauerkraut
5 EL Tomatenmark
1 EL edelsüßes Paprikapulver
Salz
frisch gemahlener Pfeffer

Zubereitung: ca. 25 Minuten
Garen: ca. 80 Minuten

1. Das Suppenfleisch waschen und in etwa 2 Litern Wasser zum Kochen bringen. Bei mittlerer Hitze ca. 40 Minuten köcheln lassen.

2. Die getrockneten Pilze etwa 30 Minuten in heißem Wasser einweichen. Dann abgießen, hacken und mit dem Einweichwasser zum Fleisch geben.

3. Die Zwiebeln schälen und würfeln, die Cabanossi in Scheiben schneiden. Das Butterschmalz in einer Pfanne erhitzen und die Zwiebeln darin unter Rühren andünsten. Die Wurstscheiben dazugeben und kurz mitschmoren. Beides zum Fleisch geben.

4. Möhren und Sellerie schälen und würfeln, mit dem Sauerkraut unter das Fleisch mischen. Tomatenmark, Paprikapulver, Salz und Pfeffer hinzufügen. Zugedeckt weitere 40 Minuten köcheln. Dann das Fleisch aus dem Topf heben, klein schneiden und wieder zum Eintopf geben. Mit Salz und Pfeffer abschmecken.

Die polnischen Flüsse und Seen sind fischreich. Von der Forelle bis zum Wels, vom Zander bis zum Hecht reicht die Palette heimischer Süßwasserfische. Dieser gefüllte Hecht ist eine seltene Zubereitungsart, die etwas Geschick erfordert.

POLEN

Farcierter Hecht auf polnische Art in Folie

Zutaten für 4 Personen:

Zubereitung: ca. 30 Minuten
Vorbereitung: ca. 40 Minuten

1 Hecht, ca. 2 kg, küchenfertig
1 Möhre
1 Zwiebel
1 Ei
125 g Butter
75 g Semmelbrösel
Salz
frisch gemahlener Pfeffer
2 EL fein gehackte Petersilie
1 EL Öl

1. Den Hecht waschen und trockentupfen. Das Fleisch vorsichtig aus der Haut lösen, ohne sie zu beschädigen. Die Fischhaut aufbewahren. Das Fischfleisch durch die feine Scheibe des Fleischwolfs drehen, anschließend durch ein Haarsieb streichen, um die Grätenreste zu entfernen.

2. Die Möhre und Zwiebel schälen und fein reiben. Sämtliche Zutaten außer dem Öl mit dem Fischfleisch vermischen und zu einem glatten Teig verkneten. Den Backofen auf 160 Grad vorheizen.

3. Die Fischhaut mit Öl bestreichen und auf ein großes Stück Alufolie legen. Den Fischteig in die Haut füllen und in eine Fischform bringen. Die Haut mit Zahnstochern zusammenstecken. Die Alufolie über dem Fisch zusammenfalten.

4. Das Fischpäckchen auf ein Backblech setzen und im heißen Ofen ca. 40 Minuten garen.

Die Karauschen, auch Schneider- oder Bauernkarpfen genannt, sind in fast ganz Europa zu Hause. Sie werden im Schnitt 20 bis 30 cm groß und haben ein aromatisches Fleisch. Deshalb werden sie auch gerne für Fischsuppen verwendet.

POLEN

Gebackene Karauschen in Cremesauce mit Petersilie

Zutaten für 4 Personen:

2 Karauschen à 700 g, küchenfertig
Salz
frisch gemahlener Pfeffer
Mehl zum Wenden
8 EL Pflanzenöl
200 g Crème fraîche
2 Zwiebeln
1 Lorbeerblatt
1 EL fein gehackte Petersilie

Zubereitung: ca. 20 Minuten

1. Die Fische waschen, trockentupfen und samt Haut und Gräten in Stücke schneiden. Die Fischstücke mit Salz und Pfeffer würzen, im Mehl wenden und überschüssiges Mehl abschütteln.

2. Das Öl in einer tiefen Pfanne erhitzen und die Fischstücke darin nacheinander auf beiden Seiten jeweils ca. 3 Minuten braten. Aus der Pfanne nehmen und warm stellen.

3. Die Zwiebeln schälen und würfeln. Im Fischbratfond anschwitzen. Die Crème fraîche einrühren und aufkochen. Die Fischstücke in die Sauce geben, Lorbeerblatt einlegen. 10 Minuten bei kleiner Hitze in der Sauce ziehen lassen. Mit Salz und Pfeffer abschmecken. Das Lorbeerblatt entfernen.

4. Den Fisch mit der Cremesauce portionsweise anrichten und mit der Petersilie bestreuen.

Krakauer – grobe, schnittfeste Trocken- bzw. Räucherwürste aus Schweinefleisch, Rindfleisch und Speck – sind eine polnische Spezialität. Sie werden mit Pfeffer, Piment, Knoblauch und Koriander kräftig gewürzt.

POLEN

Gebratene Krakauer mit Kartoffelbrei und Zwiebelringen

Zutaten für 4 Personen:

500 g Kartoffeln
Salz
500 g Krakauer
3 Zwiebeln
1 EL Öl
5 EL Butter
frisch gemahlener Pfeffer
2 EL fein gehackte Petersilie

Zubereitung: ca. 35 Minuten

1. Die Kartoffeln waschen und in der Schale in kochendem Salzwasser etwa 20 Minuten garen.

2. Die Würste längs halbieren und die Wursthäute mehrmals einschneiden. Die Zwiebeln schälen und in dünne Ringe schneiden. Das Öl in einer Pfanne erhitzen und die Wursthälften darin knusprig braten. Wurst aus der Pfanne nehmen und warm stellen.

3. Die Zwiebeln in die Pfanne geben und weich schmoren. Eventuell 1–2 Esslöffel Wasser zufügen.

4. Die Kartoffeln abgießen, ausdämpfen lassen, schälen und mit der Butter zerstampfen. Mit Salz und Pfeffer abschmecken und die Petersilie unterheben.

5. Die Würste auf Teller verteilen, mit Zwiebelringen belegen und mit dem Kartoffelbrei anrichten.

Die Polen sind sehr gastfreundlich, wie die alte Redewendung „Gast im Haus, Gott im Haus“ schon sagt. Kommen Gäste, so werden sie freundlich und reichhaltig bewirtet. Der Schinkenbraten ist ein ideales Essen für solche Anlässe.

POLEN

Polnischer Schinkenbraten mit Schwarte aus dem Ofen

Zutaten für 4 Personen:

1 kg Schinkenbraten (Hüfte) vom Schwein mit Schwarte
Salz
frisch gemahlener Pfeffer
1 Zwiebel
1 Knoblauchzehe
3 EL Pflanzenöl
4 Pimentkörner
2 Lorbeerblätter

Zubereitung: ca. 20 Minuten
Braten: ca. 2 Stunden

1. Das Fleisch waschen, trockentupfen und rundum kräftig mit Salz und Pfeffer einreiben. Die Zwiebel und den Knoblauch schälen und würfeln.

2. Das Öl in einem Bräter erhitzen und das Fleisch darin von allen Seiten gut anbraten. Aus dem Bräter heben und auf einer Platte etwas abkühlen lassen. Den Backofen auf 180 Grad vorheizen.

3. In die Schwarte des Bratens im Abstand von 2 cm etwa 5 cm tiefe Taschen einschneiden. Pimentkörner und Lorbeerblätter im Mörser zerstoßen und in die Fleischtaschen verteilen. Das Fleisch mit Küchengarn in Form binden.

4. Fleisch zurück in den Bräter legen. Zwiebel, Knoblauch und 1/4 Liter Wasser hinzufügen. Den Bräter mit Alufolie verschließen. Fleisch im heißen Ofen etwa 1 Stunde 30 Minuten braten. Dann die Alufolie entfernen. Fleisch weitere 30 Minuten braten, bis die Schwarte knusprig ist.

Zu Gulasch serviert man in Polen je nach Region Petersilienkartoffeln, gestampfte Kartoffeln oder selbstgemachte Kartoffelklöße, die etwas kleiner sind als die deutschen Klöße. Eine traditionelle Beilage ist gekochte Buchweizengrütze.

POLEN

Gulasch aus Hirsch und Wildschwein mit Majoran

Zutaten für 4 Personen:

500 g Wildschweinfleisch (Schulter)
500 g Hirschfleisch (Schulter)
2 Zwiebeln
2 Knoblauchzehen
3 EL Olivenöl
Salz
frisch gemahlener Pfeffer
1 TL Rosenpaprikapulver
1 TL getrockneter Majoran
5 Pimentkörner
2 Lorbeerblätter
1/2 l Fleischbrühe
1 EL Mehl

Zubereitung: ca. 20 Minuten
Schmoren: ca. 45 Minuten

1. Das Fleisch waschen, trockentupfen und in mundgerechte Stücke schneiden. Die Zwiebeln und den Knoblauch schälen und in kleine Würfel schneiden.

2. Das Öl in einem Bräter erhitzen und die Fleischwürfel darin von allen Seiten scharf anbraten. Die Zwiebeln und den Knoblauch zugeben und hellbraun anrösten.

3. Fleisch mit Salz, Pfeffer, Paprikapulver und Majoran würzen, Piment und Lorbeerblätter zugeben. 1/4 Liter Brühe angießen. Zugedeckt ca. 45 Minuten schmoren. Während dieser Zeit nach und nach die restliche Brühe zugießen.

4. Die Lorbeerblätter entfernen. Das Mehl in etwas Wasser anrühren und das Gulasch damit binden. Mit Salz und Pfeffer abschmecken.

Polnische Mastgänse sind weit über die Landesgrenzen hinaus beliebt. Traditionell werden sie im katholischen Polen am 1. oder 2. Weihnachtstag zubereitet. Am Heiligen Abend wird kein Fleisch, sondern meist Karpfen gegessen.

POLEN

Gefüllte Bauerngans mit Honigkruste und Backpflaumen

Zutaten für 6 Personen:

1 frische Bauerngans, ca. 4,5 kg
2 Knoblauchzehen
Salz
frisch gemahlener Pfeffer
5 Äpfel
200 g Backpflaumen
1 TL getrockneter Beifuß
3 EL Honig

Zubereitung: ca. 15 Minuten
Braten: ca. 3 Stunden

1. Die Gans waschen und trockentupfen. Den Knoblauch schälen und mit 1 Esslöffel Salz und Pfeffer im Mörser musig zermahlen. Die Gans innen und außen damit einreiben. Backofen auf 250 Grad vorheizen.

2. Für die Füllung die Äpfel schälen, vierteln, entkernen und in Würfel schneiden. Die Backpflaumen fein hacken und mit den Apfelwürfeln und dem Beifuß vermischen.

3. Die Füllung in die Bauchhöhle der Gans geben und die Öffnung mit Zahnstochern verschließen. Die Gans an den Seiten und am Schenkel etwas einstechen, damit das Fett austreten kann. Gans mit der Brustseite nach unten in einen Bräter legen und mit Honig bestreichen. 1/8 l Wasser angießen. Gans im heißen Ofen ca. 1 Stunde braten. Mehrmals mit dem Bratensaft begießen.

4. Die Backofentemperatur auf 175 Grad reduzieren. Die Gans wenden, mit dem restlichen Honig bestreichen und weitere 90 Minuten braten, dabei immer wieder mit dem Bratensaft begießen.

Zu süßen Desserts serviert man in Polen gerne einen starken Kaffee „auf türkische Art“ mit viel Zucker, aber ohne Milch oder Sahne. Er wird meist in kleinen Gläsern gereicht. Ebenfalls beliebt: ein Glas Wodka, der pur getrunken wird.

POLEN

Pfannkuchenröllchen mit Quarkfüllung in Butter gebraten

Zutaten für 4 Personen:

150 g Mehl
1/4 l Milch
2 Eier
1 EL Zucker
Salz
Butterschmalz zum Backen
500 g Magerquark
1 Päckchen Vanillezucker
2 EL Butter
Puderzucker zum Bestreuen

Zubereitung: ca. 50 Minuten

1. Das Mehl mit der Milch verquirlen. Ein Ei mit dem Zucker unter den Teig rühren. Den Teig 30 Minuten ruhen lassen. Das zweite Ei trennen und das Eiweiß mit 1 Prise Salz steif schlagen. Unter den Teig heben, eventuell noch etwas Milch zufügen.

2. In einer Pfanne etwas Butterschmalz erhitzen und aus dem Teig nacheinander 8 kleine Pfannkuchen hellgelb ausbacken. Aus der Pfanne nehmen, auf Küchenpapier abtropfen und abkühlen lassen.

3. Den Quark mit dem Eigelb und dem Vanillezucker verrühren. Auf die Pfannkuchen streichen und diese zusammenrollen. Die Butter in der Pfanne erhitzen und die Pfannkuchenrollen darin goldbraun braten. Mit Puderzucker bestreut servieren.

Als Vinaigrette bezeichnet man in der russischen Küche nahrhafte Salate aus gekochten Kartoffeln und klein geschnittenem Gemüse oder Obst. Sie werden mit einem würzigen Dressing aus Mayonnaise oder saurer Sahne zubereitet.

RUSSLAND

Russische Vinaigrette aus Gemüse und Kartoffeln

Zutaten für 4 Personen:

4 festkochende Kartoffeln
Salz
1 Möhre
1 Apfel
2 Salzgurken
100 g Sauerkraut
4 EL Mayonnaise
2 EL milder Weinessig
1 EL Pflanzenöl
Puderzucker
frisch gemahlener Pfeffer
1 gekochte Rote Bete
1 Kopfsalatherz

Zubereitung: ca. 40 Minuten

1. Die gewaschenen Kartoffeln in der Schale in Salzwasser 20 Minuten gar kochen. Abschütten, mit kaltem Wasser abschrecken und ausdampfen lassen. Dann schälen und in dünne Scheiben schneiden.

2. Die Möhre und den Apfel schälen. Möhre in kleine Würfel schneiden. Apfel vierteln und entkernen. Apfel und Salzgurken in dünne Scheiben schneiden.

3. Kartoffeln, Möhre, Apfel, Salzgurken und Sauerkraut gut vermischen. Mayonnaise mit Essig und Öl verrühren, mit Salz, Zucker und Pfeffer kräftig würzen. Das Dressing unter das Gemüse heben. Salat 10 Minuten ziehen lasssen.

4. Die Rote Bete in dünne Scheiben, das Kopfsalatherz in schmale Streifen schneiden. Den Salat in einer flachen Schüssel anrichten, mit der Roten Bete und den Kopfsalatstreifen garnieren.

RUSSLAND

Kaviar aus Waldpilzen mit Kartoffeln in Zitronendressing

Zubereitung: ca. 25 Minuten
Zutaten für 4 Personen:

250 g gemischte Waldpilze
1 weiße Zwiebel
2 EL Pflanzenöl
2 EL Zitronensaft
Salz
frisch gemahlener Pfeffer
2 EL fein geschnittene Schnittlauchröllchen

1. Die Pilze putzen und säubern. Pilze je nach Größe halbieren oder vierteln. Die geschälte Zwiebel in kleine Würfel schneiden.

2. In einer Pfanne 1 Esslöffel Öl erhitzen und die Pilze darin so lange unter Rühren braten, bis die Schmorflüssigkeit fast verdampft ist. Vom Herd nehmen und abkühlen lassen. Dann die Pilze fein hacken.

3. Das restliche Öl in die Pfanne geben, erhitzen und die Zwiebel darin goldgelb anbraten. Vom Herd nehmen und unter die Pilze mischen. Erkalten lassen.

4. Zitronensaft mit Pfeffer und Salz verrühren und über den Pilzkaviar geben. Mit dem Schnittlauch bestreuen.

RUSSLAND

Marinierte Heringe auf Kartoffelschaum mit Kapern

Zubereitung: ca. 35 Minuten
Zutaten für 4 Personen:

500 g Kartoffeln
Salz
4 EL Pflanzenöl
4 EL Weinessig
frisch gemahlener Pfeffer
2 Gewürzgurken
4 Heringe in Dillmarinade (Fertigprodukt)
1 EL eingelegte Kapern
1 EL frische Dillspitzen

1. Die Kartoffeln waschen und in der Schale in Salzwasser 20 Minuten garen. Dann abgießen, mit kaltem Wasser abschrecken und etwas ausdampfen lassen. Kartoffeln schälen und noch warm durch eine Kartoffelpresse in eine flache Schüssel drücken. Kartoffelschaum pyramidenförmig auftürmen.

2. Aus Öl, Essig, Salz und Pfeffer ein Dressing anrühren und über den Kartoffelschaum geben. Die Gewürzgurken fein hacken.

3. Heringe längs halbieren. Mit den Gewürzgurken und Kapern dekorativ auf dem Kartoffelschaum anrichten und mit den Dillspitzen garnieren.

Kräftige Fleisch- oder Fischbrühen mit Graupen oder Reis und gehaltvolle Gemüsesuppen sind in der russischen Küche sehr beliebt. Sie werden meist mittags gegessen und durch einen Salat als Vorspeise oder ein süßes Dessert ergänzt.

RUSSLAND

Spinat-Sauerampfer-Suppe mit Hühnerbrühe und Kartoffeln

Zutaten für 4 Personen:

500 g mehlig kochende Kartoffeln
Salz
4 Eier
1 weiße Zwiebel
250 g Blattspinat
200 g Sauerampfer
1 EL Butter
1 l Hühnerbrühe
frisch gemahlener Pfeffer
frisch geriebene Muskatnuss
200 g saure Sahne
2 Eigelb

Zubereitung: ca. 35 Minuten

1. Die gewaschenen Kartoffeln in der Schale in Salzwasser 20 Minuten gar kochen. Abschütten, mit kaltem Wasser abschrecken und ausdampfen lassen. Dann schälen und in kleine Würfel schneiden.

2. Die Eier hart kochen, schälen und grob hacken. Die geschälte Zwiebel in kleine Würfel schneiden.

3. Blattspinat und Sauerampfer verlesen, dickere Stiele entfernen. Spinat und Sauerampfer gründlich waschen.

4. Die Butter zerlassen und die Zwiebel darin anschwitzen. Spinat und Sauerampfer tropfnass dazugeben. Zugedeckt 5 Minuten dünsten. Dann die Hühnerbrühe angießen und einmal aufkochen. Mit dem Stabmixer pürieren, mit Salz, Pfeffer und Muskatnuss würzen. Die Kartoffelwürfel hinzufügen und in der Suppe wieder erhitzen.

5. Suppe vom Herd nehmen. Saure Sahne und Eigelb verquirlen, unter die Suppe ziehen. Suppe in vorgewärmte Teller verteilen und die gehackten Eier darübergeben.

„Lapscha" heißt diese Rinder- oder Hühnerbouillon mit hausgemachten Nudelflecken oder Bandnudeln. Wenn es schnell gehen muss, kann man als Einlage auch Hörnchennudeln oder kurz gebrochene Makkaroni verwenden.

RUSSLAND

Russische Nudelsuppe mit Pilzen und frischem Dill

Zutaten für 4 Personen:

250 g Mehl
1 Ei
Salz
1 Bund Suppengrün
1 Zwiebel
250 g gemischte Waldpilze
2 EL Butter
1 l Rinder- oder Hühnerbouillon
1 Lorbeerblatt
frisch gemahlener Pfeffer
1 Bund Dill

Zubereitung: ca. 1 Stunde

1. Das Mehl auf ein Backbrett sieben, in die Mitte eine Mulde drücken. Das Ei, 1 Prise Salz und 3–4 Esslöffel lauwarmes Wasser hineingeben. Alles zu einem festen Teig verkneten. Den Teig dünn ausrollen und 30 Minuten trocknen lassen. Dann aus dem Teig ca. 3 cm große Quadrate schneiden.

2. Das geputzte Suppengrün und die geschälte Zwiebel in feine Streifen schneiden. Die Pilze säubern, putzen und in Scheiben schneiden.

3. Die Butter in einem Topf zerlassen, Zwiebel, Pilze und Suppengrün darin anschwitzen. Die Brühe angießen und das Lorbeerblatt einlegen. 10 Minuten köcheln lassen.

4. Die Nudeln in die Suppe geben und bissfest garen. Suppe mit Salz und Pfeffer abschmecken.

5. Den Dill waschen, trockenschütteln und ohne grobe Stiele fein hacken. Vor dem Servieren über die Suppe streuen.

Russische Pfannkuchen aus Buchweizen – Blinis – werden traditionell in einer gusseisernen Pfanne gebacken, die etwa so groß ist wie eine Untertasse. Sie werden süß oder herzhaft gefüllt. An Feiertagen isst man sie mit echtem Kaviar.

RUSSLAND

Buchweizen-Pfannküchlein mit Kaviar und harten Eiern

Zutaten für 4 Personen:

3 TL Trockenhefe
1 EL Zucker
1/2 l lauwarme Milch
300 g Buchweizenmehl
200 g Weizenmehl
25 g zimmerwarme Butter
2 Eier, getrennt
300 g saure Sahne
Salz
Butter zum Braten
4 hart gekochte Eier
1 Döschen schwarzer Kaviar

Vorbereitung: ca. 150 Minuten
Zubereitung: ca. 30 Minuten

1. Die Hefe und den Zucker mit der Milch verrühren. Die Hälfte des Mehls und die Butter zufügen, gut durchrühren und ca. 30 Minuten gehen lassen.

2. Eigelb und 1/3 der sauren Sahne verrühren. Mit dem restlichen Mehl zum Teig geben und kräftig durchrühren. Teig nochmals 1 Stunde gehen lassen.

3. Backofen auf 50 Grad erhitzen. Das Eiweiß mit 1/2 Teelöffel Salz steif schlagen und unter den Teig heben. In einer kleinen Pfanne etwas Butter erhitzen. 3 Esslöffel Teig hineingeben und kleine runde goldbraune Pfannkuchen braten. Im Ofen warm halten.

4. Die harten Eier schälen und grob hacken. Restliche saure Sahne in eine Schale geben. Eine Schüssel mit Eiswürfeln füllen und das Kaviardöschen daraufstellen. Zu den Pfannküchlein servieren.

Die klassische Soljanka ist ein Eintopf mit Wurst, Schinken, Fleisch oder Fisch, Kapern und Salzgurken. Die Basis ist immer eine Tomatensauce. Wird die Soljanka nicht überbacken, serviert man sie mit einem Klacks saurer Sahne.

RUSSLAND

Moskauer Soljanka mit Barsch im Ofen überbacken

Zutaten für 4 Personen:

1/2 Weißkohl
Salz
1 große Zwiebel
1 Bund Suppengrün
1 EL Butter
1 EL Mehl
3 EL Tomatenmark
1/2 l Fischbrühe
1 Lorbeerblatt
600 g Barschfilet
2 Salzgurken
4 EL Pflanzenöl
50 g in Salz eingelegte Kapern
2 EL Semmelbrösel
1 Zitrone
1 EL fein gehackte Petersilie

Zubereitung: ca. 1 Stunde

1. Weißkohl putzen und in dünne Streifen schneiden. In Salzwasser bissfest garen. Dann abgießen und gut abtropfen lassen.

2. Geschälte Zwiebel und geputztes Suppengrün in kleine Würfel schneiden. Butter in einer tiefen Pfanne zerlassen, Zwiebel und Suppengrün darin anschwitzen. Mehl und Tomatenmark einrühren und kurz anrösten. Mit der Fischbrühe ablöschen, Lorbeerblatt einlegen. Bei kleiner Hitze 10 Minuten köcheln lassen.

3. Fisch in mundgerechte Stücke schneiden. Salzgurken längs halbieren, entkernen und in dünne Scheiben schneiden. Fisch und Gurken in 2 Esslöffeln Öl andünsten. Unter die Tomatensauce heben, Kapern zufügen.

4. Auflaufform mit Öl ausfetten und die Hälfte des Krauts einfüllen. Fisch mit Tomatensauce daraufgeben und mit dem restlichen Kraut bedecken. Semmelbrösel darüberstreuen und mit dem restlichen Öl beträufeln. Unter dem heißen Grill im Backofen goldbraun überbacken.

5. Zitrone schälen und in Scheiben schneiden. Auf die Soljanka legen, mit Petersilie bestreuen. In der Form servieren.

Unter Hobbyanglern hat es sich längst herumgesprochen, dass es kaum ein besseres Gebiet für das Angeln auf atlantischen Lachs gibt als die Nordprovinzen Russlands. Das ist mit ein Grund dafür, dass das Angeln inzwischen lizenzpflichtig ist.

RUSSLAND

Lachs unter der Kartoffelkruste mit Steinpilzen

Zutaten für 4 Personen:

600 g Lachsfilet
Salz
frisch gemahlener Pfeffer
Saft von 1 Zitrone
750 g vorwiegend festkochende Kartoffeln
500 g Steinpilze
2 EL Butter
Mehl zum Wenden
150 ml Pflanzenöl
Fett für die Form
4 Eier
2 EL süße Sahne
2 Frühlingszwiebeln

Zubereitung: ca. 1 Stunde

1. Den Fisch waschen, trockentupfen und in Scheiben schneiden. Salzen, pfeffern und mit Zitronensaft beträufeln. 20 Minuten ziehen lassen.

2. Inzwischen die Kartoffeln in Salzwasser 20 Minuten garen. Abschütten, kurz ausdampfen lassen, schälen und in Scheiben schneiden.

3. Steinpilze säubern, putzen und in Scheiben schneiden. In der Butter so lange dünsten, bis die Garflüssigkeit verdampft ist. Fisch in Mehl wenden, überschüssiges Mehl abklopfen. Das Öl in einer tiefen Pfanne erhitzen und den Fisch darin goldbraun ausbacken. Backofen auf 200 Grad vorheizen.

4. Auflaufform einfetten und den Fisch hineingeben. Steinpilze darauf verteilen, mit Salz und Pfeffer würzen. Die Kartoffelscheiben dachziegelartig auf den Pilzen anordnen. Die Eier mit der Sahne verquirlen und über die Kartoffeln gießen. Im heißen Ofen goldbraun überbacken.

5. Das Grün der Frühlingszwiebeln in feine Streifen schneiden. Vor dem Servieren über den Auflauf streuen.

Pelmeni, wie die gefüllten Teigtaschen in Russland heißen, gibt es mit verschiedenen Füllungen und in diversen Formen. Sie werden in Fleischbrühe, mit saurer Sahne, scharfer Essigsauce oder mit brauner Butter serviert.

RUSSLAND

Sibirische Pelmeni mit Hackfleisch und saurer Sahne

Zutaten für 4 Personen:

250 g Mehl
1 Ei
Salz
1 Zwiebel
300 g gemischtes Hackfleisch
frisch gemahlener Pfeffer
200 g saure Sahne

Zubereitung: ca. 35 Minuten

1. Das Mehl auf die Arbeitsfläche sieben, in die Mitte eine Mulde drücken. Das Ei, 1 Prise Salz und 100 ml Wasser hineingeben. Alles zu einem festen Nudelteig verkneten.

2. Die geschälte Zwiebel fein würfeln und mit dem Hackfleisch vermengen. Mit Salz und Pfeffer würzen.

3. Nudelteig auf der bemehlten Arbeitsfläche dünn ausrollen und mit einem Glas runde Kreise ausstechen. Auf die Hälfte der Kreise jeweils 1 kleine Kugel aus Hackfleischmasse setzen. Ränder mit Wasser bestreichen, die restlichen Teigkreise darauflegen und die Ränder mit einer Gabel fest zusammendrücken.

4. In einem großen Topf Salzwasser zum Kochen bringen. Hitze reduzieren, die Nudeltaschen hineingeben und im siedenden Wasser 5–8 Minuten gar ziehen lassen.

5. Nudeltaschen mit einem Schaumlöffel aus dem Wasser heben und auf vorgewärmte Teller verteilen. Mit der sauren Sahne servieren.

Das etwas körnige Fleisch der Rindernieren hat einen spezifischen Geschmack. Richtig zubereitet sind sie ein kleines Festessen – vorausgesetzt, man mag Innereien. Kalbsnieren sind etwas zarter in Geschmack und Konsistenz.

RUSSLAND

Rindernieren in Zwiebelsauce mit Kartoffeln und Salzgurken

Zutaten für 4 Personen:

1 Rinderniere, ca. 500 g
600 g festkochende Kartoffeln
Salz
2 Zwiebeln
4 kleine Salzgurken
3 EL Butter
1 EL Mehl
1 Lorbeerblatt
frisch gemahlener Pfeffer
1 EL fein gehackte Dillspitzen

Vorbereitung: ca. 1 Stunde
Zubereitung: ca. 1 Stunde

1. Die Niere in Längsrichtung einschneiden, alle Stränge und Röhren entfernen. Niere 1 Stunde wässern. Dann in einen Topf geben, 3/4 Liter Wasser angießen und die Niere zugedeckt bei kleiner Hitze 40 Minuten köcheln lassen.

2. Inzwischen die Kartoffeln schälen und in dicke Scheiben schneiden. In Salzwasser 20 Minuten garen. Abgießen und abtropfen lassen. Die geschälten Zwiebeln halbieren und in feine Scheiben schneiden. Die Salzgurken würfeln.

3. Niere aus der Brühe heben, trockentupfen und in Scheiben schneiden. In 1 Esslöffel Butter anbraten, mit wenig Brühe ablöschen, vom Herd nehmen und warm halten.

4. In einem Topf 1 Esslöffel Butter zerlassen, das Mehl einrühren und hellgelb anschwitzen. 300 ml Brühe angießen und unter Rühren etwas einkochen lassen, Lorbeerblatt einlegen. Restliche Butter in einer Pfanne zerlassen und die Zwiebeln darin hellbraun anrösten. Mit den Nieren und Salzgurken in die Sauce geben, salzen, pfeffern und bei kleiner Hitze ca. 8 Minuten ziehen lassen. Vor dem Servieren mit dem Dill bestreuen.

Die Podsharka ist ein Fleisch- oder Fischragout mit Zwiebeln und Tomatenmark. Fleisch oder Fisch werden in möglichst kleine Würfel geschnitten und geschmort. Als Beilage reicht man dazu Brat- oder Salzkartoffeln, Reis oder Nudeln.

RUSSLAND

St. Petersburger Podsharka aus Rindfleisch und Zwiebeln

Zutaten für 4 Personen:

600 g Rinderschulter
4 Zwiebeln
5 EL Schweineschmalz
Salz
frisch gemahlener Pfeffer
1/2 l Fleischbrühe
1 Lorbeerblatt
100 g Tomatenmark
1 Prise Zucker
2–3 EL Zitronensaft
100 g saure Sahne

Zubereitung: ca. 1 Stunde

1. Fleisch waschen, trockentupfen und in ca. 1 cm große Würfel schneiden. Die Zwiebeln schälen und in dünne Scheiben schneiden.

2. In einer Kasserolle 3 Esslöffel Schmalz erhitzen. Fleisch dazugeben, salzen, pfeffern und von allen Seiten anbraten. Etwas Brühe angießen und das Fleisch ca. 40 Minuten schmoren. In Abständen immer wieder etwas Brühe zufügen.

3. Inzwischen in einer Pfanne das restliche Schmalz erhitzen und die Zwiebeln darin hellgelb anschwitzen. 1/4 Liter Brühe angießen, das Lorbeerblatt einlegen und die Zwiebeln 15 Minuten garen.

4. Das Tomatenmark unter das Fleisch rühren, Zwiebeln samt Brühe hinzufügen und noch einige Minuten köcheln lassen. Mit Salz, Pfeffer, Zucker und Zitronensaft abschmecken.

5. Die saure Sahne in die Mitte der Podsharka geben. In der Kasserolle auftragen.

Russische Süßspeisen machen ihrem Namen alle Ehre: Sie sind wirklich sehr süß. Zu diesem Auflauf serviert man entweder eine Vanillesauce oder eine Sauce aus frischen Beeren, die kurz in Weißwein mit Zucker gekocht werden.

RUSSLAND

Sapekanka aus Äpfeln und Zwieback mit Rosinen

Zutaten für 4 Personen:

300 g Zwieback
1/2 l Milch
3 Eier
500 g Äpfel
Saft von 1 Zitrone
125 g Butter
2 EL Semmelbrösel
150 g Zucker
60 g Rosinen
2 EL gehackte Mandeln

Zubereitung: ca. 15 Minuten
Backen: ca. 40 Minuten

1. Zwieback nebeneinander auf eine große Platte legen. Die Milch mit den Eiern verquirlen und über den Zwieback verteilen. Kurz ziehen lassen.

2. Die Äpfel schälen, das Kerngehäuse ausstechen. Äpfel in dünne Scheiben schneiden. Mit Zitronensaft beträufeln. Den Backofen auf 175 Grad erhitzen.

3. Eine Auflaufform mit Butter ausfetten und mit den Semmelbröseln ausstreuen. Die Form mit einer Lage Zwieback auslegen, auf jeden Zwieback ein Butterflöckchen setzen. Eine Lage Apfelscheiben daraufgeben, mit etwas Zucker bestreuen und einige Rosinen darüberstreuen. Nun wieder eine Lage Zwieback mit Butterflöckchen, dann Apfelscheiben mit Zucker und Rosinen. So fortfahren, bis alle Zutaten eingeschichtet sind. Die letzte Lage sollte Zwieback sein. Mit dem restlichen Zucker und den Mandeln bestreuen und die übrige Butter in Flöckchen daraufsetzen. Im heißen Ofen ca. 40 Minuten goldbraun backen.

4. Lauwarm oder kalt servieren.

Die Knoblauchsuppe hat in Böhmen eine sehr lange Tradition. Sie ist weniger eine Vorspeise als vielmehr eine selbstständige Mahlzeit, die zusammen mit einer Scheibe Graubrot als Mittag- oder Abendessen genossen wird.

TSCHECHIEN

Böhmische Knoblauchsuppe mit Kassler und Kartoffeln

Zutaten für 4 Personen:

1 Zwiebel
6 Knoblauchzehen
250 g Kassler, ohne Knochen
1 Stange Lauch
4 festkochende Kartoffeln
1 EL Schweineschmalz
1 l Fleischbrühe
Salz
frisch gemahlener Pfeffer
1/2 TL gemahlener Kümmel
1 TL getrockneter Majoran
2 EL fein gehackte Petersilie

Zubereitung: ca. 40 Minuten

1. Zwiebeln und Knoblauch schälen und klein hacken. Kassler klein würfeln. Lauch putzen, waschen und in Streifen schneiden. Kartoffeln waschen, schälen und in 2 cm große Würfel schneiden.

2. In einem Topf das Schmalz erhitzen, Zwiebel und Knoblauch darin glasig dünsten. Das Kassler hinzufügen, die Brühe angießen und einmal aufkochen. Mit Salz, Pfeffer, Kümmel und Majoran würzen.

3. Den Lauch und die Kartoffeln in die Suppe geben und ca. 25 Minuten bei mittlerer Hitze kochen lassen, bis die Kartoffeln gar sind.

4. Vor dem Servieren die Suppe mit Salz und Pfeffer abschmecken. In Suppenschalen verteilen und mit der Petersilie bestreuen.

In manchen Regionen Tschechiens ist es noch Tradition, Weißkohl nach alten Familienrezepten einzulegen und über mehrere Wochen zu Sauerkraut reifen zu lassen. Es gibt heutzutage aber auch gutes fertiges Sauerkraut.

TSCHECHIEN

Sauerkrauteintopf mit Sahne, Kartoffeln und Speck

Zutaten für 4 Personen:

1 mittelgroße Zwiebel
50 g Speck
250 g Sauerkraut
3 festkochende Kartoffeln
1 EL Schweineschmalz
Salz
frisch gemahlener Pfeffer
1/2 TL gemahlener Kümmel
1 TL edelsüßes Paprikapulver
2 EL Mehl
3 EL saure Sahne

Zubereitung: ca. 50 Minuten

1. Die Zwiebel schälen, halbieren und in Streifen schneiden. Den Speck klein würfeln. Das Sauerkraut abtropfen lassen und klein schneiden. Die Kartoffeln waschen, schälen und in 1 cm große Würfel schneiden.

2. Das Schmalz in einem Topf erhitzen und den Speck darin anbraten. Die Zwiebel zugeben und goldbraun anbraten. Mit 1 Liter Wasser aufgießen und einmal aufkochen.

3. Das Sauerkraut und die Kartoffeln hinzufügen. Mit Salz, Pfeffer, Kümmel und Paprika würzen und bei kleiner Hitze ca. 30 Minuten kochen lassen.

4. Das Mehl mit etwas kaltem Wasser verrühren und die Suppe damit binden. Mit Salz und Pfeffer abschmecken, die saure Sahne einrühren, die Suppe nicht mehr kochen lassen. In eine Suppenschüssel umfüllen und servieren.

Der Ruf der böhmischen Hausfrauen, aus wenigen Zutaten ein schmackhaftes Mahl zubereiten zu können, hatte sich in der Kaiserzeit bis nach Wien verbreitet. Deshalb kamen viele Köchinnen der Wiener Gesellschaft aus Böhmen.

TSCHECHIEN

Kartoffeleintopf mit Steinpilzen und frischen Gartenkräutern

Zutaten für 6 Personen:

50 g getrocknete Steinpilze
6 kleine frische Steinpilze
500 g mehlig kochende Kartoffeln
1 Möhre
50 g Knollensellerie
2 Zwiebeln
5 EL Butter
2 l Gemüsebrühe
Salz
frisch gemahlener Pfeffer
1 TL gemahlener Kümmel
1 EL getrockneter Majoran
2 EL Mehl
4 EL gehackte Gartenkräuter, z.B. Petersilie, Schnittlauch, Kerbel

Vorbereitung: ca. 30 Minuten
Zubereitung: ca. 1 Stunde

1. Getrocknete Steinpilze in warmem Wasser 30 Minuten einweichen. Inzwischen die frischen Steinpilze putzen, die Stiele säubern und die Pilze beiseitestellen. Kartoffeln, Möhre und Sellerie waschen, schälen und klein würfeln. Zwiebeln schälen und fein hacken.

2. In einem Topf 2 Esslöffel Butter erhitzen, Zwiebel und Gemüse darin glasig dünsten. Mit der Gemüsebrühe aufgießen und einmal aufkochen. Eingeweichte Pilze abtropfen lassen, Einweichwasser auffangen. Die Pilze fein hacken und zur Suppe geben. Mit Salz, Pfeffer, Kümmel und Majoran würzen und bei kleiner Hitze 45 Minuten kochen lassen.

3. Die beiseitegestellten Steinpilze in Scheiben schneiden. 1 Esslöffel Butter in einer Pfanne erhitzen und die Pilze kurz auf beiden Seiten anbraten. Herausnehmen und warm stellen. Restliche Butter in der Pfanne schmelzen und das Mehl einrühren. Etwas heiße Brühe unter Rühren dazugeben, dicklich einkochen und dann in die Suppe rühren. Einweichwasser hinzufügen.

4. Suppe aufkochen und mit Salz und Pfeffer abschmecken. Mit den gebratenen Pilzen in Servierschalen verteilen und mit den Kräutern bestreuen.

Tschechien besitzt neben seinem weltberühmten Pilsener eine weitere unter Bierkennern geschätzte Spezialität: das Schwarzbier. Es sieht wirklich so aus, wie es heißt, ist aber mit 3,8 % nicht so stark, wie man vermuten könnte.

TSCHECHIEN

Karpfen in schwarzer Sauce aus dem Backofen

Zutaten für 6 Personen:

1 Zwiebel
2 Knoblauchzehen
1 Möhre
1 Petersilienwurzel
50 g Knollensellerie
1 EL Zucker
Salz und Pfeffer
1 kleines Stück Ingwerwurzel
1 Gewürznelke
1 kleines Stück Zimtstange
2 Lorbeerblätter
abgeriebene Schale und Saft von 1 unbehandelten Zitrone
100 ml Schwarzbier
100 g Backpflaumen, gehackt
50 g Rosinen
100 g gehackte Mandeln
50 g Pfefferkuchen
150 ml Rübensirup
1 Karpfen, ca. 1,5 kg, küchenfertig

Vorbereitung: ca. 90 Minuten
Zubereitung: ca. 70 Minuten

1. Zwiebeln, Knoblauch und Wurzelgemüse schälen und klein würfeln. Butter in einem Topf erhitzen und das Gemüse darin glasig dünsten. Mit Zucker bestreuen und karamellisieren lassen. Mit Salz, Pfeffer, Ingwer, Nelke, Zimt, Lorbeer, Zitronenschale und Zitronensaft würzen. 1,5 Liter Wasser angießen, aufkochen und ca. 90 Minuten auf die Hälfte einkochen lassen.

2. Brühe durch ein feines Sieb in einen anderen Topf passieren. Die Brühe mit Bier, Pflaumen, Rosinen und Mandeln erneut zum Kochen bringen. Bei kleiner Hitze 30 Minuten köcheln lassen.

3. Die Pfefferkuchen zerbröseln und mit dem Rübensirup in die Sauce rühren. Weitere 15 Minuten köcheln lassen. Den Backofen auf 180 Grad vorheizen.

4. Den Fisch waschen, trockentupfen und in 6 Portionsstücke teilen. Fischstücke nebeneinander in eine ofenfeste Form legen, salzen und pfeffern. Die Sauce über den Fisch gießen. 15–20 Minuten im heißen Ofen backen. In der Form servieren.

Im Spätsommer und Herbst sieht man die Tschechen in den Wäldern bei ihrem liebsten Hobby, dem Pilzesammeln. Viele verfügen über sehr gute Kenntnisse der essbaren Sorten und verstehen sich auf die Zubereitung delikater Pilzgerichte.

TSCHECHIEN

Böhmische Waldpilzterrine mit Majoran und Petersilie

Zutaten für 6 Personen:

1 kg gemischte Pilze, z.B. Steinpilze, Pfifferlinge, Maronen, Morcheln
Salz
350 g Weißbrot vom Vortag
100 ml lauwarme Milch
100 g Butter und Butter für die Form
1 Ei
1 Eigelb
2 EL fein gehackte Petersilie
1 EL fein gehackter Majoran
60 g frisch geriebener Hartkäse
frisch gemahlener Pfeffer
frisch geriebene Muskatnuss

Vorbereitung: ca. 40 Minuten
Garen: ca. 75 Minuten

1. Pilze säubern und putzen. Die Hälfte der Pilze grob raspeln. In einer Schüssel mit 1/2 Teelöffel Salz bestreuen und 15 Minuten ziehen lassen. In einem Sieb abtropfen lassen und die Flüssigkeit ausdrücken. Restliche Pilze in Würfel schneiden. Das Brot entrinden, in Würfel schneiden und in der Milch einweichen.

2. In einer Pfanne die Hälfte der Butter erhitzen. Geraspelte Pilze darin dünsten, bis die gesamte Flüssigkeit verdampft ist. Herausnehmen und abkühlen lassen. Restliche Butter in der Pfanne erhitzen und die in Würfel geschnittenen Pilze darin anbraten. Beiseitestellen.

3. Backofen auf 180 Grad vorheizen. Brot ausdrücken und mit den Pilzen, Ei und Eigelb, Petersilie, Majoran und Käse vermischen. Mit Salz, Pfeffer und Muskatnuss würzen. Eine Terrinenform ausbuttern, die Pilzmasse einfüllen und mit Alufolie abdecken.

4. Die Form in einen Bräter setzen und mit heißem Wasser umgießen. 75 Minuten im heißen Ofen garen. Terrine herausnehmen, mit einem Brett und einem Gewicht beschweren und im Kühlschrank mindestens 3 Stunden kühl stellen. Zum Servieren die Terrine auf eine Platte stürzen und in Scheiben schneiden.

Die großen Brauereien in Pilsen und Budweis begründeten den Ruhm des tschechischen Biers. Doch kleine Hausbrauereien, die nur für den eigenen Ausschank Bier produzieren, werden auch in Tschechien immer beliebter.

TSCHECHIEN

Kalbskoteletts in Zwiebel-Bier-Sauce mit Speckwürfeln

Zutaten für 4 Personen:

4 Kalbskoteletts
Salz
frisch gemahlener Pfeffer
2 EL Butterschmalz
2 Zwiebeln
2 Knoblauchzehen
50 g Speck
1 TL edelsüßes Paprikapulver
1 TL Mehl
1/4 l Bier
200 g süße Sahne
1 TL Senf
1 kleines Bund Schnittlauch

Zubereitung: ca. 35 Minuten

1. Backofen auf 150 Grad vorheizen. Die Koteletts waschen und trockentupfen. Mit Salz und Pfeffer würzen.

2. In einer großen Pfanne das Schmalz erhitzen und die Koteletts von beiden Seiten goldbraun anbraten. Aus der Pfanne heben und auf einer ofenfesten Platte im heißen Ofen ca. 15 Minuten nachgaren lassen.

3. Inzwischen Zwiebeln und Knoblauch schälen und mit dem Speck klein würfeln. Alles in die Pfanne geben und anbraten. Mit Paprika und Mehl überstäuben. Bier und Sahne hinzufügen, einmal aufkochen und den Bratensatz lösen. Etwas einkochen lassen. Mit Salz, Pfeffer und Senf abschmecken.

4. Den Schnittlauch waschen, trockenschütteln und in feine Röllchen schneiden. Die Koteletts aus dem Ofen nehmen und auf 4 vorgewärmten Tellern anrichten. Den Fleischsaft, der sich gebildet hat, in die Sauce rühren. Koteletts mit der Sauce überziehen und mit Schnittlauch bestreut servieren.

Tschechen lieben große Braten, die mit viel Sauce serviert werden. Wichtigster Begleiter ist der geliebte Serviettenknödel, der nicht mit einem Messer, sondern mit einem Faden in Scheiben geteilt wird, um die Sauce besser aufzunehmen.

TSCHECHIEN

Altböhmischer Serviettenknödel mit Zwiebel und Petersilie

Zutaten für 6 Personen:

8 Brötchen vom Vortag
1 kleines Bund Petersilie
1 Zwiebel
3 EL Butter
2 EL Mehl
1/4 l lauwarme Milch
2 Eier
frisch geriebene Muskatnuss
frisch gemahlener Pfeffer
Salz

Vorbereitung: ca. 30 Minuten
Garen: ca. 45 Minuten

1. Die Brötchen in Würfel schneiden und in eine Schüssel geben. Petersilie waschen, trockenschütteln und ohne grobe Stiele fein hacken. Zwiebel schälen und fein würfeln.

2. Butter in einer Pfanne erhitzen und die Zwiebel mit der Petersilie darin anschwitzen. Über die Brotwürfel geben, Mehl darüberstäuben und alles locker vermischen. Die Milch mit den Eiern verquirlen und mit Muskatnuss, Pfeffer und Salz würzen. Über die Brötchen gießen und ca. 20 Minuten quellen lassen.

3. Die Brotmasse mit feuchten Händen gut durchkneten und zu einer ca. 8 cm dicken Rolle formen. Eine größere Stoffserviette oder ein sauberes Küchentuch anfeuchten und die Rolle darin einwickeln. Beide Enden eindrehen und mit Küchengarn zubinden.

4. Wasser in einem großen Topf aufkochen, salzen und die Rolle einlegen. Die Knödelmasse unter dem Siedepunkt ca. 45 Minuten gar ziehen lassen. Dann herausnehmen und kurz ausdampfen lassen. Aus der Serviette lösen, mit einem Faden in dicke Scheiben schneiden und auf einer vorgewärmten Platte anrichten.

In der malerischen Altstadt Prags mit ihren verwinkelten Gassen und historischen Bauten findet man neben urigen Bierkneipen und touristischen Restaurants mittlerweile auch die wiedererwachte böhmische Küche auf höchstem Niveau.

TSCHECHIEN

Prager gebeizter Rinderbraten aus dem Backofen

Zutaten für 4 Personen:

Beizen: ca. 1 Tag
Zubereitung: ca. 2 1/2 Stunden

1/2 l Rotwein
1/4 l Rotweinessig
1 Lorbeerblatt
2 Gewürznelken
10 Pfefferkörner
5 Wacholderbeeren
ein Stück gelbe Zitronenschale
1 kg Rinderbraten, z.B. Schulter, Bug, Schwanzstück
1 Möhre
100 g Knollensellerie
1 Petersilienwurzel
2 Zwiebeln
Salz
frisch gemahlener Pfeffer
1 EL Öl
1 EL Butter
2 EL Mehl
150 g saure Sahne

1. Wein und Essig mit Gewürzen in einem Topf aufkochen und erkalten lassen. Fleisch waschen, trocknen und in eine Porzellanschüssel legen. Mit der Beize übergießen. Das Fleisch muss vollständig mit Flüssigkeit bedeckt sein. Eventuell etwas Rotwein und Essig nachgießen. Fleisch abdecken und 1 Tag kühl stellen.

2. Gemüse putzen, schälen und klein würfeln. Fleisch aus der Beize nehmen und trockentupfen. Beize abseihen. Fleisch mit Salz und Pfeffer würzen. In einem großen Schmortopf Öl und Butter erhitzen und das Fleisch darin von allen Seiten anbraten. Herausnehmen und beiseitestellen. Backofen auf 180 Grad vorheizen.

3. Gemüse in dem Schmortopf anbraten. Mit Mehl bestäuben und die Hälfte der Beize angießen. Aufkochen lassen, dann das Fleisch auf das Gemüse legen. Topf mit einem Deckel verschließen. Fleisch ca. 2 Stunden im heißen Ofen garen. Zwischendurch nach und nach mit der restlichen Beize begießen.

4. Den Braten herausnehmen, in Scheiben schneiden und auf eine Platte legen. Gemüse mit dem Schmorfond pürieren, die Sahne einrühren, mit Salz und Pfeffer abschmecken. Sauce über das Fleisch gießen.

Der Böhmerwald ist berühmt für seinen Wildreichtum. Deshalb nehmen Wildgerichte auf der tschechischen Speisekarte eine besondere Stellung ein. Kulinarischer Begleiter von Hirsch, Hase und Wildschwein ist der Serviettenknödel.

TSCHECHIEN

Geschmorte Hirschkeule in Sahnesauce mit Preiselbeeren

Zutaten für 4 Personen:

800 g Hirschkeule ohne Knochen
1 Zwiebel
1 Knoblauchzehe
50 g Knollensellerie
1 Möhre
je 6 Pfeffer-, Piment- und Korianderkörner
6 Wacholderbeeren
Salz
2 EL Schweineschmalz
1 Lorbeerblatt
1 TL abgeriebene Orangenschale
3 EL Butter
1/4 l Rotwein
1/4 l Wildfond
2 Birnen
2 TL Zucker
250 g süße Sahne
frisch gemahlener Pfeffer
1 EL fein gehackte Petersilie
150 g Wildpreiselbeeren (Fertigprodukt)

Zubereitung: ca. 2 Stunden

1. Fleisch waschen und trockentupfen. Zwiebel, Knoblauch, Sellerie und Möhre schälen und klein würfeln. Gewürzkörner und Beeren im Mörser mit 1/2 Teelöffel Salz zerstoßen. Fleisch damit einreiben.

2. Backofen auf 180 Grad vorheizen. Schmalz in einem Schmortopf erhitzen und das Fleisch bei mittlerer Hitze rundum anbraten. Das Gemüse dazugeben und anrösten. Lorbeerblatt, Orangenschale und 2 Esslöffel Butter hinzufügen, mit Wein ablöschen. Fond angießen und einmal aufkochen lassen. Im heißen Ofen 90 Minuten garen. Ab und zu mit Bratensaft begießen.

3. Inzwischen die Birnen schälen, vierteln, entkernen und die Viertel in Scheiben schneiden. Restliche Butter in einer Pfanne erhitzen, Birnen zugeben, mit Zucker bestreuen und karamellisieren lassen.

4. Fleisch herausheben und warm stellen. Die Sauce durch ein feines Sieb in einen anderen Topf passieren. Dann mit der Sahne erneut zum Kochen bringen und auf die gewünschte Konsistenz einkochen. Mit Salz und Pfeffer abschmecken. Fleisch in Scheiben schneiden, auf eine Servierplatte legen, mit der Sauce übergießen und mit der Petersilie bestreuen. Wildpreiselbeeren getrennt dazu reichen.

Buchteln sind die bekannteste böhmische Mehlspeise, die sich über Österreich, dort auch Wuchteln genannt, bis nach Bayern als Rohrnudel verbreitet hat. Die Füllungen variieren und können aus Marmelade, Mohn oder Nüssen bestehen.

TSCHECHIEN

Gefüllte Buchteln aus dem Backofen mit Aprikosenmarmelade

Zutaten für 25 Stück:

20 g Hefe
80 g Zucker
200 ml lauwarme Milch
500 g Mehl und Mehl zum Bearbeiten
3 Eigelb
Salz
1 EL Vanillezucker
abgeriebene Schale von 1 unbehandelten Zitrone
150 g Butter
400 g Aprikosenmarmelade
2 EL gehackte Mandeln

Außerdem:
1 Auflaufform, ca. 30 x 30 cm

Vorbereitung: ca. 90 Minuten
Backen: ca. 25 Minuten

1. Hefe mit 1 Prise Zucker in 75 ml Milch auflösen, mit 2 Esslöffeln Mehl zu einem Vorteig verrühren und 15 Minuten gehen lassen.

2. Restliche Milch mit Eigelb, Salz, Vanillezucker, Zitronenschale und dem übrigen Zucker verrühren. Mit dem restlichem Mehl, dem Vorteig und 80 g Butter zu einem glatten, glänzenden Teig verkneten. An einem warmen Ort abgedeckt 1 Stunde gehen lassen.

3. Teig nochmals kneten, zu einer Kugel formen und zu einem 30 x 30 cm großen Quadrat ausrollen. Teig 4-mal quer und längs so schneiden, dass 25 kleine Quadrate entstehen. In die Mitte jedes Quadrates 1 Teelöffel Marmelade geben. Teigecken übereinanderschlagen und zusammendrücken.

4. Auflaufform ausbuttern, Boden mit Mandeln bestreuen. Buchteln mit der Nahtstelle nach unten dicht nebeneinander in die Form setzen. Restliche Butter zerlassen und die Buchteln damit bestreichen. 20 Minuten gehen lassen. Backofen auf 200 Grad vorheizen.

5. Buchteln im Ofen 25 Minuten backen. Dann aus der Form stürzen, abkühlen lassen. Lauwarm servieren.

Das bekannteste türkische Kalbfleisch-Gericht außerhalb der Türkei ist „Döner kebap“. Dort dagegen ist das Fleisch von Rind und Kalb eher ein seltener Genuss. Besonders an Festtagen wird jedoch diese feine Spezialität gern serviert.

TÜRKEI

Feiner Kalbfleischsalat mit Walnüssen und harten Eiern

Zutaten für 4 Personen:

600 g Kalbfleisch (Keule)
1 Bund Suppengrün
Salz
2 Lorbeerblätter
je 5 Pfeffer- und Pimentkörner
1 rote Zwiebel
2 Knoblauchzehen
3 EL Olivenöl
50 g gehackte Walnüsse
frisch gemahlener Pfeffer
Saft von 1 Limette
1/2 Kopf Romana-Salat
4 hart gekochte Eier

Zubereitung: ca. 90 Minuten
Ziehen lassen: ca. 1 Stunde

1. Das Fleisch und das Suppengrün waschen. Mit 1 Liter Wasser, 1 Teelöffel Salz, den Lorbeerblätten und den Gewürzkörnern zum Kochen bringen. Ca. 20 Minuten garen, dann vom Herd nehmen und in der Brühe etwas abkühlen lassen. Dann das Fleisch aus der Brühe heben und in feine Streifen schneiden. Die Brühe abseihen.

2. Die Zwiebel und den Knoblauch schälen und in kleine Würfel schneiden. Das Öl in einer Pfanne erhitzen, Zwiebel und Knoblauch darin glasig dünsten. Die Nüsse unterrühren und kurz anrösten. 1/4 Liter Kalbsbrühe angießen und zu einer Sauce einkochen. Vom Herd nehmen, mit Salz und Pfeffer abschmecken.

3. Die Kalbfleischstreifen in der lauwarmen Sauce ca. 1 Stunde ziehen lassen. Mit dem Limettensaft würzen.

4. Den Salat waschen, in breite Streifen schneiden und unter den Kalbfleischsalat heben. Die Eier schälen und in Scheiben schneiden. Salat in eine Schüssel umfüllen und mit den Eischeiben garnieren.

Frische Salate sind eine unabdingbare Zutat in der türkischen Küche. Auberginen, Tomaten, Zucchini, Zwiebeln und Bohnen sind allgegenwärtig und werden vielseitig zubereitet. Besonders beliebt ist die Kombination mit Ziegenkäse.

TÜRKEI

Auberginen-Tomaten-Salat mit Oliven und Ziegenfrischkäse

Zutaten für 4 Personen:

4 kleine Auberginen
Salz
100 ml Olivenöl
4 Tomaten
2 Knoblauchzehen
100 g schwarze Oliven, entsteint
frisch gemahlener Pfeffer
1 EL fein gehackte Petersilie
2 EL Weißweinessig
250 g Ziegenfrischkäse

Zubereitung: ca. 45 Minuten

1. Die Auberginen waschen und in ca. 5 mm dicke Scheiben schneiden. Mit Salz bestreuen und 15 Minuten in einem Sieb Wasser ziehen lassen, dabei gelegentlich wenden.

2. Auberginenscheiben gut trocken tupfen. In einer großen Eisenpfanne 6 Esslöffel Olivenöl erhitzen und die Auberginen darin portionsweise auf beiden Seiten goldbraun braten. Kurz auf Küchenpapier abtropfen und abkühlen lassen.

3. Die Tomaten häuten, vierteln, entkernen und würfeln. Den Knoblauch schälen und in Scheiben schneiden. Knoblauch, Tomaten und Oliven in der Eisenpfanne im Bratfett ca. 10 Minuten schmoren. Mit Salz und Pfeffer würzen und die Petersilie zufügen.

4. Die Auberginenscheiben auf eine Platte legen. Das Tomaten-Oliven-Gemüse darüber verteilen und etwas abkühlen lassen.

5. Das restliche Öl mit dem Essig verrühren und über den Gemüsesalat geben. Den Ziegenfrischkäse in kleinen Klecksen daraufsetzen.

Türkische Minze hat ein milderes Aroma als andere Minzesorten. Sie findet fast ausschließlich getrocknet Verwendung. Unverzichtbar ist sie für die Zubereitung von Cacik, aber auch Lammeintöpfen verleiht sie eine lebendige Frische.

TÜRKEI

Gekochte Mangoldröllchen in Öl mit Reis-Minze-Füllung

Zutaten für 4 Personen:

Zubereitung: ca. 45 Minuten
Garen: ca. 20 Minuten

- **1 kg Mangold**
- **2 weiße Zwiebeln**
- **200 ml Olivenöl**
- **250 g gekochter Reis**
- **1 EL fein gehackte Petersilie**
- **1 EL getrocknete Minze**
- **3 Eier**
- **Salz**
- **frisch gemahlener Pfeffer**
- **100 ml Gemüsebrühe**
- **Saft von 2 Zitronen**
- **2 EL Pinienkerne**

1. Den Mangold putzen, waschen und die groben Stiele entfernen. 20 Mangoldblätter in kochendem Wasser blanchieren, in Eiswasser abschrecken und abtropfen lassen. Restlichen Mangold blanchieren, abgießen, gut auspressen und fein hacken.

2. Die Zwiebeln schälen und fein hacken. 2 Esslöffel Öl in einer Pfanne erhitzen und die Zwiebeln darin glasig dünsten. Vom Herd nehmen und mit dem Reis, dem gehackten Mangold, der Petersilie, der Minze und den Eiern gut vermengen. Mit Salz und Pfeffer würzen. Den Backofen auf 200 Grad vorheizen.

3. Die Mangoldblätter ausbreiten, jedes Blatt mit etwas Füllung belegen, Blatt darüberschlagen und zu einem Päckchen aufrollen. Mit der Nahtstelle nach unten nebeneinander in eine mit Olivenöl ausgefettete Auflaufform setzen. Die Gemüsebrühe, das restliche Olivenöl und den Zitronensaft angießen. Im heißen Ofen 20 Minuten dämpfen.

4. Mangoldröllchen im Kochsud erkalten lassen. Die Pinienkerne in einer Pfanne ohne Fett goldbraun rösten. Vor dem Servieren über die Mangoldröllchen streuen.

In Olivenöl ausgebackenes Gemüse ist nicht nur sehr nahrhaft, sondern schmeckt darüber hinaus auch sehr verführerisch. Es ist ein beliebtes kleines Gericht und wird auch gerne mit Joghurt anstelle von Tomatensauce serviert.

TÜRKEI

Goldbraun gebackenes Gemüse mit Tomatensauce

Zutaten für 4 Personen:

200 g Mehl
1/2 Päckchen Backpulver
400 ml Olivenöl
1 Ei
200 ml Mineralwasser
500 g Tomaten
1/8 l Tomatensaft
1 EL Harissa
1 EL fein gehackter Koriander
Salz
frisch gemahlener Pfeffer
1 kleiner Blumenkohl
2 Zucchini
2 Stangen Sellerie
1 große weiße Zwiebel

Vorbereitung: ca. 30 Minuten
Zubereitung: ca. 45 Minuten

1. Das Mehl mit dem Backpulver, 2 Esslöffel Olivenöl, dem Ei und dem Mineralwasser zu einem dickflüssigen Teig verrühren. Abgedeckt 30 Minuten quellen lassen.

2. Die Tomaten häuten, vierteln, entkernen und in möglichst kleine Würfel schneiden. Den Tomatensaft mit Harissa, Koriander, Salz und Pfeffer verrühren. Die Tomaten untermischen. Zugedeckt 30 Minuten kühl stellen.

3. Den Blumenkohl waschen und den harten Strunk entfernen. Blumenkohl in kleine Röschen zerteilen. Zucchini waschen und in ca. 2 cm dicke Scheiben schneiden. Sellerie putzen und in ca. 4 cm lange Stücke schneiden. Zwiebel schälen und in nicht zu dünne Ringe schneiden.

4. Das restliche Öl in einer tiefen Pfanne auf 175 Grad erhitzen. Das Gemüse und die Zwiebelringe einzeln durch den Teig ziehen, dann im heißen Öl goldbraun ausbacken. Auf Küchenpapier abtropfen lassen und warm halten, bis das ganze Gemüse gebacken ist.

5. Gemüse auf eine Servierplatte legen und die Tomatensauce getrennt dazu servieren.

TÜRKEI

Würzige Schafskäsecreme mit Kräutern und Chiliwürfeln

Zubereitung: ca. 20 Minuten
Zutaten für 4 Personen:

250 g türkischer Feta
200 g türkischer Joghurt
1/2 TL Sumach
2 EL Olivenöl
1 weiße Zwiebel
2 Knoblauchzehen
1 frische rote Chilischote
1 TL gemahlener Kreuzkümmel
Salz und Pfeffer
1 Bund Petersilie
1 Bund Dill
4 Blätter Radicchio

1. Den Feta mit einer Gabel zerdrücken, dann unter den Joghurt mischen. Sumach in Olivenöl einweichen und 10 Minuten ziehen lassen.

2. Die Zwiebel und den Knoblauch schälen und fein hacken. Die Chilischote längs halbieren, entkernen und in kleine Würfel schneiden. Alles unter die Käsecreme rühren. Die Käsecreme mit Kreuzkümmel, Salz, Pfeffer und Sumach samt Öl würzen.

3. Die Kräuter waschen und trockenschütteln. Die Petersilie ohne grobe Stiele fein hacken. Die Dillspitzen ebenfalls fein hacken. Die Hälfte der Kräuter unter die Käsecreme ziehen. Radicchioblätter waschen, trockentupfen und auf eine kleine Platte legen. Die Käsecreme hineingeben und mit den restlichen Kräutern bestreuen.

TÜRKEI

Nuss-Granatapfel-Dip mit Oliven und Granatapfelsirup

Zubereitung: ca. 35 Minuten
Zutaten für 4 Personen:

100 g gehackte Walnüsse
100 g gehackte Haselnüsse
50 g gehackte Pistazien
3 EL Olivenöl
2 EL Semmelbrösel
100 g schwarze Oliven, entsteint
1 rote Paprikaschote
1 frische grüne Chilischote
1 Granatapfel
2 EL Granatapfelsirup

1. Walnüsse, Haselnüsse und Pistazien im Olivenöl unter Rühren anrösten. Die Semmelbrösel untermischen. Vom Herd nehmen und etwas abkühlen lassen.

2. Die Oliven fein hacken. Die Paprikaschote und die Chilischote halbieren, entkernen und in möglichst kleine Würfel schneiden. Den Granatapfel quer halbieren und etwas zusammendrücken. Die Kerne über einer Schüssel auslösen, den Saft auffangen. Den Saft mit dem Granatapfelsirup verrühren.

3. Alle Zutaten bis auf die Granatapfelkerne gut vermischen. Den Dip in 4 kleine Schalen verteilen und mit den Granatapfelkernen bestreuen.

Joghurt, das Geschenk der Türken an die Welt, wird in der Türkei zu herzhaften Gerichten verarbeitet und gegessen, aber nicht gesüßt. Das erfrischende Milchprodukt ist vor allem an heißen Tagen eine willkommene leichte Mahlzeit.

TÜRKEI

Anatolische Joghurtsuppe mit Hackfleisch und Kichererbsen

Zutaten für 4 Personen:

1 Zwiebel
2 Knoblauchzehen
250 g Rinderhackfleisch
1 Ei
1 TL getrocknete Minze
1 Msp. gemahlener Kreuzkümmel
1 Msp. Cayennepfeffer
Salz
frisch gemahlener Pfeffer
2 EL Kichererbsenmehl
2 EL Öl
3/4 l Fleischbrühe
250 g gekochte Kichererbsen
2 Eigelb
250 g türkischer Joghurt

Zubereitung: ca. 40 Minuten

1. Die Zwiebel und den Knoblauch schälen und fein hacken. Mit dem Hackfleisch und dem Ei verkneten. Mit Minze, Kreuzkümmel, Cayennepfeffer, Salz und Pfeffer würzig abschmecken.

2. Aus dem Fleischteig mit feuchten Händen kleine Bällchen formen und im Kichererbsenmehl wenden.

3. Das Öl in einer Pfanne erhitzen und die Fleischbällchen darin rundum anbraten. Vom Herd nehmen.

4. Die Fleischbrühe in einem Topf zum Kochen bringen. Die Kichererbsen zufügen, die Fleischbällchen einlegen und 10 Minuten bei kleiner Hitze köcheln lassen.

5. Eigelb mit dem Joghurt verrühren. In die Suppe rühren und erhitzen, aber nicht mehr kochen. Vor dem Servieren nochmals mit Salz und Pfeffer abschmecken.

Gefüllte Teigtaschen gibt es in vielerlei Formen. Die wie eine Zigarre geformten Teigblätter heißen im Original „Sigara Börek“ und sind Bestandteil fast eines jeden Vorspeisenbuffets. Es gibt auch eine mit Hackfleisch zubereitete Version.

TÜRKEI

Knusprige Teigröllchen mit Schafskäse gefüllt

Zutaten für 4 Personen:

1 Bund glatte Petersilie
400 g Schafskäse
150 g türkischer Joghurt
2 EL edelsüßes Paprikapulver
Salz
frisch gemahlener Pfeffer
2 Eier
100 ml Olivenöl
24 Yufka-Teigdreiecke (400 g)
1 Eigelb
2 EL Sesamsaat

Zubereitung: ca. 20 Minuten
Backen: ca. 20 Minuten

1. Die Petersilie waschen und trockenschütteln. Die Blättchen fein hacken. Den Schafskäse mit einer Gabel zerdrücken. Mit dem Joghurt und der Petersilie vermischen. Mit Paprikapulver, Salz und Pfeffer kräftig würzen. Die Eier verquirlen und unterrühren. Backofen auf 225 Grad vorheizen.

2. Die Teigblätter bis zum Bearbeiten mit einem nassen Küchentuch feucht halten. Jeweils 1 Teigblatt dünn mit Olivenöl bestreichen, 1 gehäuften Esslöffel der Füllung auf die Teigspitze setzen. Die Füllung gleichmäßig nach unten verstreichen, dabei rundum einen 2 cm breiten Rand frei lassen. Jedes Teigblatt möglichst fest aufrollen.

3. Ein Backblech mit Backpapier auslegen. Teigröllchen nebeneinander auf das Blech legen. Das Eigelb mit dem restlichen Öl verquirlen und die Teigröllchen damit bestreichen. Mit Sesam bestreuen und im heißen Ofen ca. 20 Minuten backen.

Hülsenfrüchte werden gern zu kleinen Zwischenmahlzeiten verarbeitet. Die an Eiweiß reichen Linsen, Bohnen oder Kichererbsen erhalten oft eine aufregende, exotische Würzung, bei der Kreuzkümmel nicht fehlen darf.

TÜRKEI

Linsen-Bulgur-Frikadellen mit Zucchini und Petersilie

Zutaten für 4 Personen:

250 g rote Linsen
125 g feiner Bulgur
Salz
1 große weiße Zwiebel
2 Knoblauchzehen
2 Zucchini
2 Eier
2 EL fein gehackte Petersilie
4 EL Semmelbrösel
3 EL Speisestärke
frisch gemahlener Pfeffer
1/2 TL gemahlene Kurkuma
1/2 TL gemahlener Kreuzkümmel
1 TL edelsüßes Paprikapulver
Kichererbsenmehl zum Wenden
Öl zum Ausbacken

Zubereitung: ca. 1 Stunde

1. Die Linsen in ein Sieb geben, unter fließendem Wasser waschen. In einen Topf geben, 3/4 Liter Wasser angießen und zum Kochen bringen. Zugedeckt 20 Minuten köcheln. Dann den Bulgur einrühren, salzen und bei kleiner Hitze ca. 15 Minuten quellen lassen. In eine Schüssel umfüllen und abkühlen lassen.

2. Zwiebel und Knoblauch schälen, Zucchini waschen. Zwiebel und Zucchini auf einer Gemüsereibe fein raspeln, Knoblauch fein hacken.

3. Linsen-Bulgur-Mischung mit Zwiebel, Zucchini, Knoblauch, Eiern, Petersilie, Semmelbrösel und Speisestärke gründlich verkneten. Mit Salz, Pfeffer, Kurkuma, Kreuzkümmel und Paprikapulver würzen. Aus dem Teig 8 Frikadellen formen und in Kichererbsenmehl wenden.

4. In eine Pfanne ca. 3 cm hoch Öl einfüllen und erhitzen. Die Frikadellen darin auf jeder Seite ca. 7 Minuten braten. Kurz auf Küchenpapier abtropfen lassen.

Als Manti bezeichnet man kleine Nudeltaschen, die wie eine Bischofsmütze aussehen. Bei der Art der Füllung sind der kulinarischen Fanstasie kaum Grenzen gesetzt. Diese vegetarische Variante ist nicht nur in der Türkei beliebt.

TÜRKEI

Manti-Nudeltaschen mit Spinat und Schafskäse gefüllt

Zutaten für 4 Personen:

350 g Mehl und
Mehl zum Bearbeiten
Salz
1 Ei
250 g Spinat
1 kleine weiße Zwiebel
1 Knoblauchzehe
1 EL Öl
100 g Schafskäse
1 El fein gehackter Dill
frisch gemahlener Pfeffer
100 g Butter
2 EL Tomatenmark
1 EL Mohn

Zubereitung: ca. 1 Stunde

1. Das Mehl auf eine Arbeitsfläche sieben, in die Mitte eine Mulde drücken. 1 Teelöffel Salz, 100 ml Wasser und das Ei hineingeben und alles zu einem geschmeidigen Teig verkneten. Teig zur Kugel formen, in Frischhaltefolie wickeln und 30 Minuten ruhen lassen.

2. Den Spinat putzen und waschen. Die Zwiebel und den Knoblauch schälen und fein hacken. Das Öl in einem Topf erhitzen, Zwiebel und Knoblauch darin glasig dünsten. Den tropfnassen Spinat zufügen und zusammenfallen lassen. Spinat abgießen und gut abtropfen lassen. Den Spinat ausdrücken und fein hacken. Den Schafskäse fein zerkrümeln und mit dem Spinat mischen. Mit Dill, Salz und Pfeffer würzen.

3. Den Teig auf einer bemehlten Arbeitsfläche dünn ausrollen. 4 cm große Quadrate ausschneiden. In die Mitte jedes Teigquadrats etwas Spinatfüllung setzen. Die 4 Teigecken über die Füllung zur Mitte hochschlagen und die Teigränder zusammendrücken. Manti in kochendem Salzwasser bei mittlerer Hitze 5 Minuten gar ziehen lassen. Dann aus dem Wasser heben.

4. Butter in einer Pfanne schmelzen und das Tomatenmark darin anrösten. Manti auf eine Platte geben, mit der Tomatenbutter beträufeln und mit Mohn bestreuen.

Kurkuma verleiht den Gerichten eine leuchtend gelbe Farbe und einen würzig-scharfen Geschmack. Sie regt den Kreislauf und die Atmung an. Nicht selten halten ahnungslose Touristen das gelbe Pulver für echten, teuren Safran.

TÜRKEI

Zucchini-Möhren-Puffer mit Koriander und Kurkuma

Zutaten für 4 Personen:

2 Möhren
1 Kartoffel
1 weiße Zwiebel
3 kleine Zucchini
2 Knoblauchzehen
1 Msp. gemahlene Kurkuma
1 Msp. gemahlener Kreuzkümmel
1 Msp. gemahlener Kardamom
Salz
frisch gemahlener Pfeffer
2 Eier
1 EL Speisestärke
1 EL fein gehackter Koriander
2 EL Mehl
100 ml Olivenöl

Zubereitung: ca. 1 Stunde

1. Die Möhren, die Kartoffel und die Zwiebel schälen, die Zucchini putzen. Alles auf der Gemüsereibe grob raspeln. Den Knoblauch schälen, fein hacken und zum Gemüse geben. Mit Kurkuma, Kreuzkümmel, Kardamom, Salz und Pfeffer würzen.

2. Die Eier trennen. Eigelb mit der Speisestärke verquirlen. Mit dem Koriander unter das Gemüse rühren, mit dem Mehl überstäuben und gründlich vermengen. Eiweiß steif schlagen und unter den Gemüseteig heben.

3. In einer großen Pfanne das Olivenöl erhitzen. Den Teig esslöffelweise hineingeben und zu kleinen Puffern verstreichen. Auf beiden Seiten goldbraun ausbacken. Kurz auf Küchenpapier abtropfen lassen und warm stellen, bis der ganze Teig verarbeitet ist.

Wie angesehen die Aubergine war, lässt sich auch an der Anekdote ablesen, dass Sultan Abdul Aziz der Gattin Napoleons III., Eugénie, eigenhändig ein Auberginenpüree zubereitete, das er später „Sultans Entzücken" taufte.

TÜRKEI

Gefüllte Auberginen nach Art des Sultans mit Tomaten

Zutaten für 4 Personen:

2 große Auberginen
Salz
4 Tomaten
4 Zwiebeln
2 Knoblauchzehen
1/8 l Olivenöl
500 g passierte Tomaten
100 g schwarze Oliven
frisch gemahlener Pfeffer
1 EL fein gehackte Minze

Außerdem:
4 ovale feuerfeste Formen

Zubereitung: ca. 20 Minuten
Garen: ca. 40 Minuten

1. Die Auberginen waschen, trockentupfen und der Länge nach halbieren. Auberginenhälften bis kurz vor dem Stielansatz der Länge nach in ca. 1 cm breite Scheiben schneiden, nicht ganz durchschneiden. Die Scheiben sollen am Stielansatz noch zusammenhängen. Auberginen salzen.

2. Die Tomaten waschen und in Scheiben schneiden. Die Zwiebeln schälen, halbieren und ebenfalls in Scheiben schneiden. Knoblauch schälen und fein hacken. Backofen auf 200 Grad vorheizen.

3. Die Formen mit Olivenöl ausfetten, jeweils 1 Auberginenhälfte mit der Schnittfläche nach unten hineinlegen und die Einschnitte fächerförmig auseinanderklappen. Zwischen die einzelnen Auberginenscheiben abwechselnd Tomatenscheiben und Zwiebeln stecken. Mit Salz und Pfeffer würzen.

4. Die passierten Tomaten, den Knoblauch und die Oliven um die gefüllten Auberginen verteilen. Auberginen mit dem restlichen Olivenöl beträufeln. Im heißen Ofen 40 Minuten backen. Auberginen in den Formen auftragen. Vor dem Servieren mit der Minze bestreuen.

Für Pilaw-Gerichte wird traditionell Reis verwendet. Doch auch mit Bulgur, der hauptsächlich im Vorderen Orient auf dem Speisezettel steht, gelingt dieser wunderbare Gemüse-Eintopf, der hier zusätzlich mit Makkaroni angereichert wird.

TÜRKEI

Bulgur-Makkaroni-Pilaw mit Paprika und Tomaten

Zutaten für 4 Personen:

2 Spitzpaprikaschoten
1 grüne Paprikaschote
5 Frühlingszwiebeln
2 Stangen Sellerie
3 Tomaten
60 ml Olivenöl
1/2 l Gemüsebrühe
250 g Bulgur
2 Lorbeerblätter
Salz
frisch gemahlener Pfeffer
1 TL Harissa
1 TL Paprikaflocken
200 g kurze Makkaroni
2 EL fein gehackte Petersilie

Zubereitung: ca. 45 Minuten

1. Die Paprikaschoten halbieren, entkernen und in kleine Würfel schneiden. Frühlingszwiebeln und Sellerie putzen und mit einem Teil des Grüns klein hacken. Die Tomaten häuten, vierteln, entkernen und würfeln.

2. Das Öl in einem Topf erhitzen und das Gemüse bis auf die Tomaten darin anrösten. Die Brühe angießen, den Bulgur einrühren und die Tomaten zufügen. Die Lorbeerblätter einlegen, mit Salz, Pfeffer, Harissa und Paprikaflocken würzen. Bei kleiner Hitze 15 Minuten köcheln lassen.

3. Inzwischen die Makkaroni in kochendem Salzwasser knapp bissfest garen. Abgießen, dabei das Kochwasser auffangen. Die Nudeln mit einigen Esslöffeln Kochwasser unter das Bulgur-Gemüse mischen. Vom Herd nehmen und zugedeckt 3–4 Minuten ziehen lassen.

4. Den Pilaw in eine Schüssel umfüllen und mit der Petersilie bestreut servieren.

Überall an der türkischen Küste erhält man frischen Fisch und Meeresfrüchte in Spitzenqualität. Hausfrauen und Profiköche kennen eine Fülle von Rezepten, um den tagesfrischen Fang abwechslungsreich zuzubereiten.

TÜRKEI

Garnelen im Tontöpfchen mit Käse überbacken

Zutaten für 4 Personen:

1 kleine weiße Zwiebel
2 Knoblauchzehen
je 1 rote und grüne Chilischote
4 große Champignons
4 Tomaten
200 ml Olivenöl
Salz
frisch gemahlener Pfeffer
400 g Garnelen, roh, geschält
4 EL geriebener Hartkäse
1 EL fein gehackter Dill

Außerdem:
4 feuerfeste Tonschalen

Zubereitung: ca. 20 Minuten

1. Die Zwiebel und den Knoblauch schälen und in kleine Würfel schneiden. Die Chilischoten längs halbieren, entkernen und fein hacken. Die Champignons putzen und ebenfalls fein hacken. Die Tomaten häuten, vierteln, entkernen und würfeln.

2. Das Olivenöl in einer Pfanne erhitzen, Zwiebel, Knoblauch und Chilischoten darin anschwitzen. Die Champignons und die Tomaten zufügen, mit Salz und Pfeffer würzen, 5 Minuten köcheln lassen. Backofen auf 200 Grad vorheizen.

3. Die Garnelen zum Gemüse geben und kurz garen, bis sie sich rosa färben. Dann die Mischung in die Tonschalen verteilen und mit dem Käse bestreuen. Im heißen Ofen 10 Minuten backen. Vor dem Servieren mit dem Dill bestreuen.

Das Garen in einer schützenden Hülle bewahrt den Eigengeschmack. Gerade für empfindliche Fische wie die Rotbarbe ist diese Garmethode ideal geeignet. Die Fische garen im eigenen Saft, das Fleisch bleibt fest und aromatisch.

TÜRKEI

Rotbarben in Pergament gebacken mit Dill gefüllt

Zutaten für 4 Personen:

Zubereitung: ca. 20 Minuten
Garen: ca. 15 Minuten

4 Rotbarben à 400 g, küchenfertig
Salz
frisch gemahlener Pfeffer
Saft von 1 Zitrone
2 Bund Dill
75 ml Olivenöl
2 Zitronen

Außerdem:
4 große Bögen Pergament

1. Die Fische waschen und trockentupfen. Innen und außen mit Salz und Pfeffer würzen und mit Zitronensaft beträufeln. 10 Minuten ziehen lassen.

2. Den Dill waschen und trockentupfen. Die Zweige in die Bauchhöhlen der Fische legen. Den Backofen auf 200 Grad vorheizen.

3. Die Pergamentbögen mit Olivenöl bestreichen. Auf jeden Bogen 1 Fisch legen. Das Pergamentpapier locker so um die Fische schlagen, dass ein Päckchen entsteht. Fischpäckchen nebeneinander auf ein Backblech legen und mit dem restlichen Olivenöl bestreichen. Im heißen Backofen 15 Minuten garen.

4. Die Fische auf 4 große Teller legen. Die Zitronen vierteln und 2 Zitronenschnitze auf jeden Teller legen. Fisch im Pergamentpapier servieren.

Eine der ältesten Zubereitungsarten – das Grillen am Spieß – ist nicht nur für Fleisch, sondern auch für alle festfleischigen Fischsorten geeignet. Die Minzsauce verleiht dem Ganzen den Hauch einer frischen Brise vom Meer.

TÜRKEI

Schwertfisch-Zucchini-Kebab mit Minzsauce

Zutaten für 4 Personen:

800 g Schwertfischsteaks
150 ml Olivenöl
Saft von 1 Zitrone
1/2 TL gemahlener Kreuzkümmel
1/2 TL gemahlener Piment
Salz
frisch gemahlener Pfeffer
3 Knoblauchzehen
Saft von 2 Limetten
1 EL fein gehackte Minze
1 Msp. Cayennepfeffer
2 große Zucchini
12 frische Lorbeerblätter

Außerdem:
4 Grillspieße

Vorbereitung: ca. 2 Stunden
Zubereitung: ca. 40 Minuten

1. Die Fischsteaks waschen, trockentupfen und in ca. 6 cm große Würfel schneiden. Fischwürfel in eine Porzellanschale legen.

2. Für die Marinade 50 ml Olivenöl mit dem Zitronensaft, Kreuzkümmel, Piment, Salz und Pfeffer verrühren. Die Marinade über den Fisch träufeln. Abgedeckt im Kühlschrank 2 Stunden ziehen lassen, dabei mehrfach in der Marinade wenden.

3. Den Knoblauch schälen und fein hacken. Das restliche Olivenöl mit dem Limettensaft verrühren. Knoblauch, Minze, Cayennepfeffer und Salz zufügen.

4. Die Zucchini und die Lorbeerblätter waschen und trockentupfen. Zucchini in ca. 2 cm dicke Scheiben schneiden.

5. Fischwürfel aus der Marinade heben und trockentupfen. Auf die Grillspieße abwechselnd Fischwürfel, Lorbeerblätter und Zucchinischeiben stecken. Mit dem Marinadeöl bestreichen und auf dem heißen Grill auf jeder Seite ca. 5 Minuten grillen. Mit der Knoblauch-Minz-Sauce servieren.

Schafe gehören zu den Tieren, die der Mensch schon früh züchtete. Ursprünglich als Fleischlieferant gehalten, wurde bald entdeckt, dass auch andere nützliche Produkte aus dem Schaf gewonnen werden konnten: Milch, Käse und Wolle.

TÜRKEI

Lammfleischauflauf mit Bohnen und Schafskäse

Zutaten für 4 Personen:

Zubereitung: ca. 40 Minuten
Backen: ca. 45 Minuten

600 g Lammfleisch (Schulter)
2 Zwiebeln
2 Knoblauchzehen
2 Stangen Sellerie
100 ml Olivenöl
Salz
frisch gemahlener Pfeffer
1 EL Tomatenmark
400 g pürierte Tomaten
1/4 l Gemüsebrühe
1 TL getrockneter Rosmarin
500 g breite Bohnen
150 g türkischer Feta
2 Eier
1/4 l Milch

1. Das Fleisch waschen, trockentupfen und in kleine Würfel schneiden. Zwiebeln und Knoblauch schälen und fein hacken. Sellerie putzen und klein schneiden.

2. In einer tiefen Pfanne 3 Esslöffel Öl erhitzen und das Fleisch darin von allen Seiten anbraten. Mit Salz und Pfeffer würzen. Zwiebeln, Knoblauch und Sellerie zufügen und anschwitzen. Das Tomatenmark einrühren und anrösten. Die pürierten Tomaten untermischen, die Brühe angießen, mit Rosmarin würzen. 20 Minuten bei mittlerer Hitze köcheln lassen.

3. Den Backofen auf 175 Grad vorheizen. Die Bohnen putzen und schräg in mundgerechte Stücke schneiden. Unter das Lammfleisch mischen. Alles in eine feuerfeste Form umfüllen.

4. Den Feta mit einer Gabel zerkrümeln und über den Auflauf streuen. Die Eier mit der Milch verquirlen und über den Käse gießen. Im heißen Ofen ca. 45 Minuten überbacken. In der Form servieren.

Wie das Garen in Pergament ist auch das Braten in aromatischen Blättern sehr beliebt. Kleine Tiere wie die zarten Wachteln profitieren geschmacklich davon. Weinblätter werden aber auch gern mit Reis und Gemüse gefüllt.

TÜRKEI

Wachteln auf türkische Art in Weinblättern geschmort

Zutaten für 4 Personen:

4 frische Wachteln, küchenfertig
Salz
frisch gemahlener Pfeffer
4 kleine Schalotten
16 Salbeiblätter
4 dünne Scheiben Speck
8 Weinblätter
2 EL Olivenöl
2 El geklärte Butter
1/8 l Fleischbrühe
Saft von 1 Zitrone
1 Zitrone, in Schnitze geschnitten

Zubereitung: ca. 15 Minuten
Schmoren: ca. 20 Minuten

1. Die Wachteln waschen und trockentupfen. Innen und außen kräftig mit Salz und Pfeffer einreiben. Die Schalotten schälen. In die Bauchhöhlen der Wachteln jeweils 1 Schalotte und 4 Salbeiblätter legen.

2. Jede Wachtel mit 1 Speckscheibe umwickeln und in 2 Weinblätter hüllen. Mit Küchengarn festbinden.

3. Das Öl und die Butter in eine tiefen Pfanne erhitzen. Die Wachteln einlegen und rundum anbraten. Die Fleischbrühe angießen. Zugedeckt 15 Minuten schmoren, dabei immer wieder mit der Brühe übergießen.

4. Die Wachteln mit dem Zitronensaft beträufeln und weitere 5 Minuten offen garen. Wachteln auf eine vorgewärmte Servierplatte legen und mit der Sauce übergießen. Mit Zitronenschnitzen garnieren.

Süßspeisen stellen eine der großen Verlockungen der ansonsten so gesunden türkischen Küche dar. Für unseren Geschmack sind die Leckereien manchmal zu süß. Dennoch lohnt es sich, zumindest ein kleines Stück davon zu probieren.

TÜRKEI

Süßes Engelshaardessert mit Mandeln in Honigsauce

Zutaten für 6 Personen:

250 g Engelshaar-Teigfäden (Konafa-Teig)
250 g gehackte Mandeln
100 g Butter und Butter für die Form
200 g Akazienhonig
1 EL Orangenblütenwasser
60 ml Milch
1 EL gehackte Pistazien

Zubereitung: ca. 25 Minuten
Backen: ca. 25 Minuten

1. Den Backofen auf 200 Grad vorheizen. Eine Kaffeetasse zur Hälfte mit Teigfäden füllen. Eine Schicht Mandeln daraufgeben, Tasse mit Teigfäden auffüllen. Eine feuerfeste Form mit Butter ausstreichen und die gefüllte Tasse umgekehrt in die Form stürzen. Auf diese Weise 6 Teignester herstellen.

2. Die Butter in einem Pfännchen zerlassen und die Teignester damit beträufeln. Im heißen Ofen ca. 25 Minuten goldbraun backen.

3. Den Honig mit 200 ml Wasser langsam erwärmen und mit dem Orangenblütenwasser aromatisieren.

4. Die Teignester aus dem Ofen nehmen und mit der Milch beträufeln. Kurz ziehen lassen. Mit den restlichen Mandeln und den Pistazien bestreuen und die Honigsauce darübergießen. Einige Minuten ziehen lassen, dann servieren.

Traditionell stehen Süßspeisen erst bei der letzten Mahlzeit am Abend auf dem Programm, wenn die Familie sich mit Freunden und Nachbarn um den Tisch versammelt. Auch vor dem Zubettgehen wird gern noch einmal genascht.

TÜRKEI

Saftiger Walnusskuchen mit Orangensirup getränkt

Zutaten für 12 Stücke:

Zubereitung: ca. 20 Minuten
Backen: ca. 45 Minuten

6 Eier
175 g feiner Zucker
1 TL gemahlener Zimt
1 Msp. Nelkenpulver
1 Msp. gemahlener Kardamom
1 TL abgeriebene Orangenschale
175 g gemahlene Walnüsse
100 g Zwiebackbrösel
Salz
Butter für die Form
1/4 l frisch gepresster Orangensaft
100 g Orangenblütenhonig

1. Den Backofen auf 175 Grad vorheizen. Die Eier trennen. Eigelb mit dem Zucker schaumig rühren. Zimt, Nelkenpulver, Kardamom und Orangenschale untermischen. Die Walnüsse und die Zwiebackbrösel zufügen und gründlich vermengen.

2. Das Eiweiß mit 1 Prise Salz steif schlagen. Unter den Teig heben. Eine Springform mit Butter ausfetten und den Teig einfüllen, die Oberfläche glatt streichen. Im heißen Ofen ca. 45 Minuten backen.

3. Den Orangensaft mit dem Honig und 1/8 Liter Wasser zu einem dickflüssigen Sirup aufkochen.

4. Den Kuchen aus dem Ofen nehmen und mit einem Schaschlikspieß Löcher in den Teig stechen. Kuchen mit dem Orangensirup übergießen und in der Form erkalten lassen. Zum Servieren aus der Form stürzen und in Kuchenstücke aufschneiden.

In der Küche Ungarns spielt Paprika, ob frisch oder getrocknet, unangefochten die Hauptrolle. Aus alten scharfen Sorten wurden mit den Gemüsepaprika mildere Sorten gezüchtet, die viel Aroma, aber fast keine Schärfe mehr enthalten.

UNGARN

Ungarische Apfel-Paprika-Suppe mit geräuchertem Speck

Zutaten für 4 Personen:

500 g säuerliche Äpfel
1 kleine Salatgurke
3 rote Paprikaschoten
1 Gemüsezwiebel
2 Knoblauchzehen
2 EL Schweineschmalz
1 TL edelsüßes Paprikapulver
3/4 l Fleischbrühe
150 g geräucherter Speck am Stück
1 Lorbeerblatt
100 g Weißbrot vom Vortag
Salz
frisch gemahlener Pfeffer
4 Frühlingszwiebeln
100 g saure Sahne

Zubereitung: ca. 50 Minuten

1. Äpfel schälen, vierteln und das Kerngehäuse entfernen. Gurke schälen, der Länge nach halbieren und die Kerne mit einem Löffel auslösen. Paprikaschoten halbieren und entkernen. Zwiebel und Knoblauch schälen. Alles in kleine Würfel schneiden.

2. Schmalz in einem großen Topf erhitzen und die Äpfel und das Gemüse darin glasig dünsten. Paprikapulver darüberstäuben, kurz mitdünsten und mit Fleischbrühe aufgießen. Speck und Lorbeerblatt dazugeben und bei kleiner Hitze 30 Minuten köcheln lassen.

3. Speck aus der Suppe nehmen und in dünne Scheiben schneiden. Brot entrinden, grob würfeln und in die Suppe geben. Mit Salz und Pfeffer abschmecken.

4. Frühlingszwiebeln putzen und in feine Ringe schneiden. Sobald das Brot die Suppe gebunden hat, Sahne und die Hälfte der Frühlingszwiebeln hineinrühren.

5. Zum Servieren die Speckscheiben in tiefen Tellern verteilen, die Suppe darüberschöpfen und mit den restlichen Frühlingszwiebeln bestreuen.

In Ungarn gibt es einen regelrechten Kult um die Gurke. Im Sommer, wenn die ersten kleinen Gurken geerntet werden, füllt man sie mit einem Stück Brot und Gewürzen in Gläser und lässt die Gurken 1 Woche in der Sonne sauer vergären.

UNGARN

Scharf-saure Gurkensuppe mit Dill und saurer Sahne

Zutaten für 4 Personen:

Zubereitung: ca. 40 Minuten

5–6 kleine Gärtnergurken, ersatzweise 2 Salatgurken
1 Stange Lauch
1 große Gemüsezwiebel
3 EL Butter
Salz
Cayennepfeffer
2 EL Mehl
Saft von 1 Zitrone
1 l Gemüsebrühe
1 Bund Dill
200 g saure Sahne

1. Die Gurken schälen, der Länge nach halbieren und mit einem Löffel die Kerne herauskratzen. Fruchtfleisch in kleine Würfel schneiden. Lauch putzen, Zwiebel schälen und beides in feine Ringe schneiden.

2. In einem großen Topf die Butter erhitzen, Lauch und Zwiebel darin glasig dünsten. Gurkenwürfel dazugeben, salzen und pfeffern und ca. 10 Minuten unter öfterem Umrühren dünsten.

3. Das Mehl über die Gurken stäuben und kurz anrösten. Mit Zitronensaft ablöschen, Brühe angießen und einmal aufkochen. 25 Minuten bei kleiner Hitze köcheln lassen.

4. Dill waschen, trockenschütteln, die Spitzen von den Stängeln zupfen und klein hacken. Sahne und die Hälfte vom Dill in die Suppe einrühren, nicht mehr kochen lassen. Mit Salz und Pfeffer abschmecken. Die Suppe in vorgewärmte tiefe Teller verteilen und mit dem restlichen Dill bestreut servieren.

Die Salami kam Mitte des 19. Jahrhunderts von Italien nach Ungarn. Mit neuen Gewürzen und Rezepturen schuf man daraus eine heute weltweit geschätzte Delikatesse, die zum Synonym für ungarische Spezialitäten überhaupt wurde.

UNGARN

Omelett mit ungarischer Salami und grüner Spitzpaprika

Zutaten für 4 Personen:

2 Scheiben Weißbrot vom Vortag
100 ml lauwarme Milch
2 grüne Spitzpaprikaschoten
1 Zwiebel
1 Knoblauchzehe
100 g ungarische Salami
100 g Hartkäse
8 Eier
Salz
frisch gemahlener Pfeffer
5 EL Öl

Zubereitung: ca. 40 Minuten

1. Das Brot entrinden und in einer Schüssel mit der Milch quellen lassen. Die Paprikaschoten halbieren, entkernen und klein würfeln. Zwiebel und Knoblauch schälen und in dünne Scheiben schneiden.

2. In einer Pfanne 2 Esslöffel Öl erhitzen, Zwiebel, Knoblauch und Paprika darin glasig dünsten. Vom Herd nehmen und abkühlen lassen.

3. Backofen auf 220 Grad vorheizen. Die Salami und den Käsewürfeln. Die Eier trennen. Eiweiß steif schlagen, Eigelb in einer Schüssel verquirlen und mit den Salami-Käsewürfeln vermischen. Mit Salz und Pfeffer würzen. Petersilie waschen, trockenschütteln, Blätter klein hacken und dazugeben. Das Brot ausdrücken, mit den Fingern klein zupfen und mit dem gedünsteten Gemüse in die Eiermischung rühren. Zuletzt das Eiweiß unterheben.

4. In einer großen ofenfesten Pfanne das restliche Öl erhitzen, die Eiermasse hineingeben und stocken lassen. Im heißen Backofen goldbraun backen. Auf einer vorgewärmten Servierplatte auftragen.

Viele Paprikasorten enthalten Capsaicin, einen Stoff, der für die Schärfe verantwortlich ist. Er sitzt vor allem in den weißen Scheidewänden. Neue Gemüsepaprikasorten wurden so gezüchtet, dass sie kein Capsaicin mehr enthalten.

UNGARN

Pikantes Kartoffelgulasch mit Paprika und Debreziner

Zutaten für 4 Personen:

1 kg festkochende Kartoffeln
je 1 gelbe, rote und grüne Paprikaschote
2 Zwiebeln
1 Knoblauchzehe
3 Tomaten
250 g Debreziner
2 EL Schweineschmalz
je 1 gehäufter TL edelsüßes und rosenscharfes Paprikapulver
1 TL gemahlener Kümmel
2 EL Tomatenmark
100 ml Weißwein
500 ml Fleischbrühe
3 EL Kapern
3 Gewürzgurken
Salz
frisch gemahlener Pfeffer
Weinessig
1 Bund Schnittlauch
150 g saure Sahne

Zubereitung: ca. 1 Stunde

1. Die Kartoffeln schälen und in 3 cm große Würfel schneiden. Die Paprikaschoten halbieren, entkernen und in Streifen schneiden. Die Zwiebeln und den Knoblauch schälen und klein würfeln. Die Tomaten häuten, vierteln, entkernen und das Fruchtfleisch hacken. Die Wurst häuten und in Stücke schneiden.

2. In einem großen Topf das Schmalz erhitzen, Zwiebeln und Knoblauch darin hellgelb dünsten. Paprika und Kümmel darüberstäuben, kurz anrösten, dann das Tomatenmark einrühren. Mit Wein ablöschen, die Brühe angießen und aufkochen lassen.

3. Kartoffeln, Paprika, Tomaten und Wurst hinzufügen und zum Kochen bringen. Bei kleiner Hitze 30 Minuten garen. Kapern abbrausen und abtropfen lassen. Gewürzgurken in Scheiben schneiden. Beides zum Gulasch geben. Mit Salz, Pfeffer und Essig abschmecken.

4. Den Schnittlauch in Röllchen schneiden. Das Gulasch in eine vorgewärmte Servierschale füllen und mit dem Schnittlauch bestreuen. Die saure Sahne getrennt dazu reichen.

Tarhonya heißen die ungarischen kleinen Nudeln aus Mehl, Eiern, und Salz. Sie sehen aus wie Graupen und werden heute in guter Qualität industriell hergestellt. Ihren charakteristischen Geschmack erhalten sie durch das Anrösten.

UNGARN

Ungarischer Nudeltopf mit Kartoffeln und Paprikawürsten

Zutaten für 4 Personen:

100 g durchwachsener Speck
200 g kleine Paprikawürste
2 Paprikaschoten
250 g Kartoffeln
1 Tomate
1 Zwiebel
1 Knoblauchzehe
2 EL Öl
100 g Tarhonya (ungarische Nudeln)
1 TL edelsüßes Paprikapulver
300 ml Gemüsebrühe
1 kleines Bund Petersilie
Salz
frisch gemahlener Pfeffer

Zubereitung: ca. 40 Minuten

1. Den Speck in kleine Würfel schneiden. Die Würste häuten und in Scheiben schneiden. Die Paprikaschoten halbieren und entkernen. Die Kartoffeln schälen und mit der Paprika in Würfel schneiden. Die Tomate häuten, vierteln, entkernen und grob hacken. Zwiebel und Knoblauch schälen und klein würfeln.

2. Das Öl in einem Topf erhitzen, Zwiebeln, Knoblauch und Nudeln darin goldbraun rösten. Mit Paprikapulver bestäuben, die übrigen Zutaten hinzufügen und mit der Brühe aufgießen. Aufkochen und bei kleiner Hitze 20–30 Minuten köcheln lassen. Bei Bedarf heißes Wasser nachgießen.

3. Inzwischen die Petersilie waschen, trockenschütteln, die Blätter fein hacken und die Hälfte unter den Eintopf mischen. Mit Salz und Pfeffer abschmecken. In tiefen Tellern anrichten und mit der restlichen Petersilie bestreuen.

Lángos, ein Hefeteigfladen, hat in Ungarn die gleiche Bedeutung wie die Pizza in Italien. Es gibt ihn in verschiedenen Versionen mit und ohne Kartoffeln. Er wird mit Schinken, Kraut oder Käse gefüllt und mit saurer Sahne serviert.

UNGARN

Kartoffel-Hefeteig-Fladen mit Dill und Schafskäse gefüllt

Zutaten für 8 Stück:

300 g mehlig kochende Kartoffeln
40 g frische Hefe
500 ml Wasser
Zucker
500 g Mehl
1 TL Salz
1 kleines Bund Dill
200 g Schafskäse
250 g saure Sahne
Öl zum Ausbacken

Zubereitung: ca. 1 Stunde

1. Kartoffeln in der Schale garkochen. Ausdampfen lassen und schälen. Noch warm durch die Kartoffelpresse in eine Schüssel drücken. Hefe in 100 ml lauwarmem Wasser und mit 1 Prise Zucker auflösen. Mit Mehl, Salz und restlichem Wasser zu einem glatten, elastischen Teig verarbeiten. Abgedeckt gehen lassen, bis sich das Teigvolumen verdoppelt hat.

2. Den Dill waschen und trockenschütteln. Die Dillspitzen von den Stängeln zupfen und klein hacken. Den Schafskäse mit 50 g Sahne und dem Dill mischen.

3. In einer Pfanne mit hohem Rand das Öl 5 cm hoch einfüllen und erhitzen. Den Teig in 8 Portionen teilen und jedes Teigstück mit den Händen zu einem Fladen ausziehen. Etwas Schafskäsefüllung auf eine Hälfte des Fladens geben, die andere Teighälfte darüberschlagen und die Ränder fest zusammendrücken.

4. Die Fladen portionsweise in das heiße Fett legen und ca. 1 Minute backen. Wenden und auf der anderen Seite auch goldbraun ausbacken. Auf Küchenpapier kurz abtropfen lassen und mit der restlichen Sahne heiß servieren.

Die Aufzucht von Gänsen hat in Ungarn eine lange Tradition, die auch heute noch – trotz Intensivmast – von vielen kleinen Familienbetrieben gepflegt wird. Für die Zusammensetzung des Futters hat jeder Züchter sein Geheimrezept.

UNGARN

Gebratenes Gänseleber-ragout mit Pilzen und Kartoffelpüree

Zutaten für 4 Personen:

400 g Gänseleber
Milch
1 kg mehlig kochende Kartoffeln
250 g Champignons
1 Zwiebel
1 Knoblauchzehe
2 EL Gänseschmalz
1 TL Mehl
100 ml Tokajer, ersatzweise weißer Süßwein
100 g süße Sahne
Salz
frisch gemahlener Pfeffer
100 ml Gemüsebrühe
frisch geriebene Muskatnuss
2 EL fein gehackte Petersilie

Vorbereitung: ca. 1 Stunde
Zubereitung: ca. 35 Minuten

1. Die Leber von Häuten und Äderchen befreien und ca. 1 Stunde in Milch legen. Dann die Leber abtropfen lassen, trockentupfen und in Würfel schneiden.

2. Die Kartoffeln waschen, schälen, vierteln und in Salzwasser weich kochen. Abgießen und abtropfen lassen.

3. Inzwischen die Pilze putzen und in Scheiben schneiden. Die Zwiebel schälen und in feine Streifen schneiden. Den Knoblauch schälen und klein hacken.

4. Das Schmalz in einer Pfanne erhitzen. Leber darin kurz anbraten, herausnehmen und beiseitestellen. Zwiebel und Knoblauch im Bratfett goldbraun braten. Mit Mehl bestäuben und mit Wein ablöschen. Die Sahne angießen, aufkochen lassen und die Leber dazugeben. Bei kleiner Hitze 5 Minuten köcheln lassen. Salzen und pfeffern.

5. Für das Püree die Brühe in einem Topf erhitzen und die Kartoffeln mit der Kartoffelpresse in die Brühe drücken. Mit Salz und Muskatnuss abschmecken. Das Ragout portionsweise mit Kartoffelpüree anrichten und mit der Petersilie bestreuen.

Paprikahähnchen ist in Ungarn ein echter Küchenklassiker, der auf keiner Menükarte fehlen darf. Das zarte Fleisch geht eine wunderbare Verbindung mit den Paprikaaromen ein. Als Beilage werden meist ungarische Nudeln serviert.

UNGARN

Hähnchen mit Paprika und Tomaten in pikanter Sahnesauce

Zutaten für 4 Personen:

2 kleine Brathähnchen à 800 g
2 rote Paprikaschoten
2 Tomaten
1 kleine Zwiebel
100 g Räucherspeck
1 EL Schweineschmalz
1 EL Rosenpaprikapulver
Salz
frisch gemahlener Pfeffer
1/4 l Hühnerbrühe
125 g saure Sahne
1 gehäufter TL Mehl

Zubereitung: ca. 1 Stunde

1. Jedes Hähnchen in 6 Teile schneiden. Die Paprikaschoten halbieren, entkernen und in Streifen schneiden. Die Tomaten häuten, vierteln, entkernen und grob hacken. Die Zwiebel schälen und klein würfeln. Den Speck in Würfel schneiden.

2. Das Schmalz in einem Schmortopf mit Deckel erhitzen. Zwiebel dazugeben und anbraten. Paprikapulver darüberstreuen und die Hühnerteile hinzufügen. Salzen, pfeffern und von allen Seiten anbraten.

3. Paprikastreifen und Tomaten dazugeben und etwas Brühe angießen. Den Schmortopf mit dem Deckel verschließen und das Hähnchen ca. 25 Minuten schmoren. Nach und nach die restliche Brühe angießen.

4. Fertige Hähnchenstücke herausnehmen und auf einer Servierplatte warm stellen. Die saure Sahne mit dem Mehl verquirlen und in die Sauce rühren. Kochen lassen, bis die Sauce bindet, dann mit Salz und Pfeffer abschmecken. Die Sauce über das Fleisch gießen und servieren.

UNGARN

Gebackener Zander vom Balaton mit Zitronenvierteln

Zubereitung: ca. 30 Minuten
Zutaten für 4 Personen:

4 kleine Zander, küchenfertig
150 g Mehl
1 EL edelsüßes Paprikapulver
Salz
frisch gemahlener Pfeffer
1 Kartoffel
1/2 l Öl
2 Zitronen, in Viertel geschnitten

1. Fische waschen und sorgfältig trockentupfen. Mit einem scharfen Messer die Fische auf beiden Seiten im Abstand von 2 cm tief einschneiden.

2. Mehl und Paprikapulver mischen und auf eine längliche Platte streuen. Fische salzen und pfeffern und in dem gewürzten Mehl wenden. Überschüssiges Mehl abschütteln. Je ein Stück Kartoffel in ein Fischmaul stecken.

3. Das Öl in eine große Pfanne mit hohem Rand einfüllen und erhitzen. 2 Fische leicht rund gebogen am Pfannenrand knusprig braten, immer wieder mit Öl begießen. Fertige Fische auf Küchenpapier abtropfen lassen und warm stellen. Zum Servieren die Kartoffelstücke entfernen und durch ein Stück Zitrone ersetzen.

UNGARN

Ungarische Tatarsauce mit Zwiebeln nach alter Art

Zubereitung: ca. 15 Minuten
Zutaten für 4 Personen:

1 große Zwiebel
1/4 l Öl
2 Eigelb
1 TL scharfer Senf
Saft von 1/2 Zitrone
Salz
frisch gemahlener Pfeffer
1 EL Kapern
2 Gewürzgurken
1 EL fein gehackte Petersilie

1. Die Zwiebel schälen und sehr fein würfeln. In einer Pfanne 1 Esslöfel Öl erhitzen und die Zwiebel darin glasig dünsten. Aus dem Öl heben und abkühlen lassen.

2. In einer Schüssel Eigelb, Senf und Zitronensaft mit Salz und Pfeffer verrühren. Das restliche Öl tropfenweise mit dem Schneebesen unterschlagen und zu einer festen Mayonnaise rühren.

3. Die Kapern klein hacken. Die Gurken in ganz kleine Würfel schneiden. Kapern, Gurken und Petersilie mit der Zwiebel unter die Mayonnaise rühren. Mit Salz und Pfeffer abschmecken. Die Tatarsauce zum gebackenen Zander servieren.

Für einen Fischeintopf verwendet man in Ungarn traditionell frische Süßwasserfische mit aromatischem Fleisch wie Karpfen, Wels und Schleie. Dazu reicht man frisches Bauernbrot. An der Donau isst man den Eintopf gerne mit Nudeln.

UNGARN

Fischeintopf vom Balaton

mit Zwiebeln und Tomaten

Zutaten für 4 Personen:

1,5 kg gemischte Süßwasserfische, z.B. Karpfen, Wels, Schleie, küchenfertig
3 Zwiebeln
2 Knoblauchzehen
500 g Tomaten
4 EL Butter
2 EL edelsüßes Paprikapulver
1/2 l Fischbrühe
1/4 l Rotwein
Salz
frisch gemahlener Pfeffer
1 grüne Paprikaschote, in Streifen geschnitten
4 EL saure Sahne
2 EL fein gehackte Petersilie

Zubereitung: ca. 40 Minuten

1. Die Fische waschen, trockentupfen und in mundgerechte Stücke schneiden. Zwiebel und Knoblauch schälen und sehr fein würfeln. Die Tomaten häuten, vierteln, entkernen und grob hacken.

2. Die Butter in einem großen Topf erhitzen, Zwiebeln und Knoblauch darin glasig dünsten. Mit Paprikapulver überstäuben und mit der Fischbrühe ablöschen. 5 Minuten kochen lassen.

3. Die Tomaten und die Paprika dazugeben, den Rotwein angießen und weitere 10 Minuten köcheln. Mit Salz und Pfeffer würzen. Dann die Fischstücke hinzufügen und zugedeckt bei kleiner Hitze 10 Minuten garen. Nicht umrühren, den Topf aber von Zeit zu Zeit leicht schwenken.

4. Den Fischeintopf in tiefe Teller verteilen. Jeweils 1 Esslöffel saure Sahne in die Mitte geben und mit Petersilie bestreut servieren.

Unter dem Begriff „Gulasch“ versteht man in Ungarn ein Eintopfgericht und nicht – wie in anderen Ländern üblich – ein Fleischragout aus Rind- oder Schweinefleisch mit Paprika. Diese Gerichte heißen in Ungarn „Paprikás“ oder „Pörkölt“.

UNGARN

Schweinegulasch mit Weißkraut im Ofen gebacken

Zutaten für 4 Personen:

1 kg Schweinefleisch
Salz
frisch gemahlener Pfeffer
4 Zwiebeln
3 Knoblauchzehen
2 EL Schweineschmalz
3 EL edelsüßes Paprikapulver
1 rote Paprikaschote
500 g Weißkraut
1 EL getrocknetes Bohnenkraut
3 Tomaten
200 g saure Sahne

Zubereitung: ca. 40 Minuten
Schmoren: ca. 45 Minuten

1. Das Schweinefleisch in schmale Streifen schneiden. Salzen und pfeffern. Zwiebeln und Knoblauch schälen und klein würfeln. In einem Schmortopf mit Deckel das Schweineschmalz erhitzen und die Zwiebeln darin anschwitzen.

2. Paprikapulver darüberstäuben, das Fleisch dazugeben und anbraten. Knoblauch hinzufügen, mit ein wenig Wasser ablöschen und zugedeckt bei kleiner Hitze 10 Minuten schmoren lassen. Den Backofen auf 200 Grad vorheizen.

3. Die Paprikaschote halbieren, entkernen und in Streifen schneiden. Das Weißkraut in dünne Streifen hobeln. Kraut, Paprika und Bohnenkraut zum Fleisch geben. Falls nötig etwas Wasser hinzufügen. Zugedeckt 15 Minuten bei kleiner Hitze köcheln lassen.

4. Die Tomaten waschen und in Scheiben schneiden. Fleisch und Kraut mit Tomaten belegen. Schmortopf wieder verschließen. Das Gulasch 45 Minuten im heißen Ofen garen.

5. Das Gulasch in eine vorgewärmte Servierschüssel umfüllen, saure Sahne getrennt dazu reichen.

Am besten wird ein Rindergulasch mit gut abgehangenem Schmorfleisch, Schweineschmalz und einem hocharomatischen edelsüßen Paprikapulver. Das Gulasch soll ganz langsam mit wenig Flüssigkeit bei kleiner Hitze schmoren.

UNGARN

Bäuerliches Kesselgulasch vom Rind mit Paprika und Kartoffeln

Zutaten für 4 Personen:

800 g Rindfleisch von der Wade oder Schulter
3 Zwiebeln
1 Möhre
1 Petersilienwurzel
1 rote Paprikaschote
1 Knoblauchzehe
4 EL Schweineschmalz
2 EL edelsüßes Paprikapulver
1 EL Tomatenmark
Salz
frisch gemahlener Pfeffer
1 TL Kümmel, leicht zerstoßen
1 TL getrockneter Majoran
4 große Kartoffeln

Zubereitung: ca. 90 Minuten

1. Das Fleisch in etwa 3 cm große Würfel schneiden. Zwiebeln schälen und grob würfeln. Möhre und Petersilienwurzel schälen und in kleine Würfel schneiden. Paprikaschote halbieren, entkernen und in Streifen schneiden. Knoblauch schälen und fein hacken.

2. Schweineschmalz in einem großen Schmortopf erhitzen und die Zwiebeln darin goldbraun anbraten. Paprikapulver und Tomatenmark dazugeben und kurz anrösten. Mit 1/4 Liter Wasser ablöschen. Möhre, Petersilienwurzel und Fleisch hinzufügen und mit Knoblauch, Salz, Pfeffer, Kümmel und Majoran würzen. Gut durchrühren und ca. 30 Minuten zugedeckt schmoren.

3. Inzwischen die Kartoffeln waschen, schälen und in 2 cm große Würfel schneiden. In einen Topf geben, knapp mit Wasser bedecken, salzen und nicht ganz gar kochen. Kartoffeln abgießen, dabei das Kochwasser auffangen. Kartoffeln beiseitestellen.

4. Paprika zum Fleisch geben, 1–2 Schöpfkellen Kartoffelkochwasser dazugeben. Bei kleiner Hitze ca. 30 Minuten köcheln lassen. Dann die Kartoffeln untermischen, eventuell noch etwas Kartoffelkochwasser angießen. Köcheln lassen, bis das Fleisch weich ist.

„Palacsinta“, auf Deutsch „Palatschinken“, nennt man in Ungarn dünne Eierpfannkuchen, die entweder herzhaft mit Fleisch, Krebsen, Spargel oder süß mit Nüssen, Quark, Marmelade gefüllt und im Ofen gebacken werden.

UNGARN

Ungarische Eierpfannkuchen mit Nuss-Rosinen-Füllung

Zutaten für 4 Personen:

Für den Teig:
150 g Mehl
1/4 l Milch
2 Eier und 1 Eigelb
1 Prise Salz
1 EL Vanillezucker
Pflanzenöl zum Ausbacken

Für die Füllung:
150 gemahlene Nüsse
100 g Zucker
1/4 l Milch
100 g Rosinen
1 TL abgeriebene Zitronenschale

Außerdem:
75 g Butter
150 g geschlagene süße Sahne
Schokoladen- oder Vanillesauce

Zubereitung: ca. 45 Minuten

1. Mehl, Milch, Eier und Eigelb in einer Schüssel mit Salz und Vanillezucker zu einem glatten Teig verrühren und 20 Minuten quellen lassen.

2. Inzwischen für die Füllung die Nüsse in einer Pfanne ohne Fett anrösten. Zucker, Milch und Rosinen hinzufügen und unter ständigem Rühren zu einem Brei verkochen. Mit Zitronenschale würzen und abkühlen lassen.

3. Backofen auf 200 Grad vorheizen. Den Pfannkuchenteig nochmals gut durchrühren. In einer Pfanne 1 Esslöffel Öl erhitzen, mit einer Schöpfkelle etwas Teig hineingeben und die Pfanne so schwenken, dass der ganze Boden mit Teig bedeckt ist. Sobald sich der Teigrand braun färbt, den Pfannkuchen wenden und auch auf der anderen Seite goldbraun backen. Auf diese Weise den ganzen Teig verarbeiten. Fertige Pfannkuchen abgedeckt warm stellen.

4. Pfannkuchen mit der Nussmasse betreichen und aufrollen. Eine ofenfeste Form mit Butter ausstreichen. Pfannkuchen nebeneinander in die Form legen, restliche Butter in Flöckchen daraufsetzen und 5 Minuten im heißen Ofen backen. Mit Schlagsahne, Schokoladen- oder Vanillesauce servieren.

1995 feierten die Ungarn den 100. Geburtstag ihrer Lieblingstorte, der „Dobos-Torte". Sie ist nach dem Konditormeister Jozsef C. Dobos benannt, der sie erstmals 1895 auf einer internationalen Automobilausstellung präsentierte.

UNGARN

Kaiserliche Bisquit-Cremetorte von Jozsef C. Dobos

Zutaten für 16 Tortenstücke:

Zubereitung: ca. 90 Minuten
Kühlen: ca. 2 Stunden

Für den Teig:
6 Eier
180 g Puderzucker
1 Prise Salz
1 TL abgeriebene Zitronenschale
150 g Mehl

Für die Füllung:
3 Eigelb
400 ml Milch
50 g Speisestärke
3 EL Zucker
2 EL Vanillezucker
50 g Kakaopulver
200 g weiche Butter

Für die Glasur:
150 g Zucker
1 EL Zitronensaft
1 EL Butter

1. Eier trennen. Eigelb mit der halben Menge Zucker, Salz und Zitrone cremig aufschlagen. Eiweiß mit dem restlichen Zucker steif schlagen. Mehl und Eischnee unter die Eigelbmasse heben. Backofen auf 200 Grad vorheizen.

2. Backbleche mit Backpapier auslegen, 26 cm große Kreise auf das Papier zeichnen. Teig mit einem Teigspachtel 5 mm dünn daraufstreichen. 6 Teigböden jeweils 10 Minuten im Ofen backen. Abkühlen lassen.

3. Für die Füllung Eigelb mit 4 Esslöffeln Milch und Speisestärke mischen. Restliche Milch mit Zucker, Vanillezucker und Kakao aufkochen. Eigelbmischung unterrühren und zu einer dicklichen Creme kochen. Vom Herd nehmen und löffelweise Butter unterziehen.

4. Böden gleichmäßig rund schneiden. 5 Böden mit der Creme bestreichen und aufeinandersetzen. Mit restlicher Creme rundum bestreichen. 2 Stunden im Kühlschrank kühlen.

5. Zucker karamellisieren lassen, Zitronensaft und Butter einrühren. Den letzten Boden damit bestreichen. In 16 Tortenstücke schneiden, schräg auf die Torte setzen.

Borschtsch, den viele für eine russische Nationalspeise halten, stammt ursprünglich aus der Ukraine. Seinen Namen verdankt er dem altslawischen Wort für Rote Bete: brsch. Bis heute ist die Rote Rübe unverzichtbarer Bestandteil des Eintopfs.

UKRAINE

Ukrainischer Borschtsch mit Rindfleisch und Gemüse

Zutaten für 4 Personen:

Vorbereitung: ca. 1 Stunde
Zubereitung: ca. 1 Stunde

500 g Rindfleisch
1 Bund Suppengrün
1 Zwiebel
1 Lorbeerblatt
2 Gewürznelken
Salz
2 Rote Bete
2 EL Butter
4 EL Tomatenmark
1 EL Weinessig
1 Petersilienwurzel
1 Möhre
3 Frühlingszwiebeln
2 mittelgroße Kartoffeln
250 g Weißkohl
4 EL saure Sahne

1. Das Fleisch mit dem gewaschenen Suppengrün in einen Topf geben. Geschälte Zwiebel, Lorbeerblatt, Gewürznelken und 1 Teelöffel Salz zufügen und 2 Liter kaltes Wasser angießen. Zum Kochen bringen und ca. 1 Stunde bei kleiner Hitze köcheln lassen.

2. Inzwischen die Rote Bete schälen und in feine Streifen schneiden. 1 Esslöffel Butter zerlassen, Rote Bete darin anschwitzen. Tomatenmark unterrühren und kurz anrösten. Mit 1/4 Liter Wasser ablöschen, Essig zufügen. 25 Minuten bei kleiner Hitze garen.

3. Petersilienwurzel und Möhre schälen und in feine Streifen schneiden. Frühlingszwiebeln putzen und mit einem Teil des Grüns in dünne Scheiben schneiden. Kartoffeln schälen und in kleine Würfel schneiden. Weißkohl grob hacken.

4. Fleisch aus der Brühe heben, die Brühe abseihen. Gemüse und Kartoffeln in der restlichen Butter anschwitzen. Zur Roten Bete geben, mit der Brühe aufgießen und knapp bissfest garen. Fleisch in mundgerechte Stücke schneiden und unter das Gemüse heben. Salzen, pfeffern und 15 Minuten bei kleiner Hitze ziehen lassen. Portionsweise mit saurer Sahne anrichten.

Die klassische Beilage zum Borschtsch sind in der Ukraine kleine Hefekrapfen mit einer würzigen Kräuter-Knoblauch-Sauce. Sie werden stets frisch gebacken und noch heiß anstelle von Brot zum kräftigen Eintopf gereicht.

UKRAINE

Hefekrapfen mit grüner Sauce aus Petersilie und Knoblauch

Zutaten für 4 Personen:

400 g Weizenmehl
1 Päckchen Trockenhefe
1 EL Zucker
Salz
2 Eier
5 EL Sonnenblumenöl
1 frische Knoblauchknolle
1 Bund Petersilie
frisch gemahlener Pfeffer

Vorbereitung: ca. 2 Stunden
Zubereitung: ca. 25 Minuten

1. Das Mehl in eine Schüssel sieben und mit der Trockenhefe vermischen. Zucker, 1 Prise Salz, 1 Ei und 175 ml Wasser zugeben und alles zu einem glatten Teig verkneten. Zugedeckt an einem warmen Ort zu doppeltem Volumen aufgehen lassen.

2. Hefeteig nochmals kräftig durchkneten. Aus dem Teig kleine Bällchen formen. Ein Backblech mit Öl bestreichen und die Bällchen mit etwas Abstand auf das Blech setzen. Nochmals 30 Minuten gehen lassen.

3. Den Backofen auf 180 Grad vorheizen. Das übrige Ei mit 2 Esslöffeln Öl verrühren und die Bällchen damit bestreichen. Im heißen Ofen 10–15 Minuten goldbraun backen.

4. Inzwischen den Knoblauch schälen und hacken. Petersilie waschen, trockenschütteln und ohne grobe Stiele fein hacken. Knoblauch und Petersilie in einem großen Mörser mit 1 Teelöffel Salz musig zermahlen. Das restliche Öl und 2–3 Esslöffel Wasser unterrühren. Sauce mit Salz und Pfeffer abschmecken.

5. Die Hefekrapfen aus dem Ofen nehmen und mit der Sauce bestreichen. Heiß servieren.

Der europäische Wels kommt in weiten Teilen Mittel- und Osteuropas, im Brackwasser der Ostsee und im Schwarzen Meer vor. Der Fisch hat kaum Gräten und ein sehr aromatisches Fleisch, das allerdings ein wenig fett ist.

UKRAINE

Wels vom Schwarzen Meer auf Sauerampfer gedünstet

Zutaten für 4 Personen:

2 Stangen Lauch
500 g Sauerampfer
1 Knoblauchzehe
4 EL Pflanzenöl
1/4 l Fischfond
Salz
frisch gemahlener Pfeffer
500 g Welsfilet ohne Haut
Mehl zum Wenden
1 unbehandelte Zitrone

Zubereitung: ca. 40 Minuten

1. Den Lauch putzen und das Grün entfernen. Lauchstangen der Länge nach halbieren, waschen und in dünne Scheiben schneiden. Den Sauerampfer verlesen, grobe Stiele entfernen. Sauerampfer gründlich waschen und abtropfen lassen. Den Knoblauch schälen und in feine Würfel schneiden.

2. In einem großen Topf 2 Esslöffel Öl erhitzen, Lauch und Knoblauch darin anschwitzen. Sauerampfer zufügen, den Fischfond angießen, mit Salz und Pfeffer würzen. Bei kleiner Hitze 8–10 Minuten köcheln lassen.

3. Inzwischen den Fisch waschen, trockentupfen und mit Salz und Pfeffer würzen. In Mehl wenden, überschüssiges Mehl abklopfen. Das restliche Öl in einer Pfanne erhitzen und den Fisch kurz auf beiden Seiten bei mittlerer Hitze anbraten.

4. Fischfilet auf das Gemüse setzen. Zugedeckt bei kleiner Hitze einige Minuten dünsten.

5. Die Zitrone heiß abwaschen, trockentupfen und in Scheiben schneiden. Die Kerne auslösen. Fisch mit dem Gemüse auf einer vorgewärmten Servierplatte anrichten und mit den Zitronenscheiben belegen.

Rund zwei Drittel aller Obstbäume in der Ukraine sind Apfelbäume. Kein Wunder, dass es hier eine Vielzahl von Apfelgerichten gibt. Daneben sind Wildfrüchte wie Moos- und Preiselbeeren in Kombination mit Fleisch sehr beliebt.

UKRAINE

Gebratene Lammkeule mit Äpfeln und Moosbeeren

Zutaten für 4 Personen:

1 Lammkeule mit Knochen, ca. 1,5 kg
Salz
frisch gemahlener Pfeffer
4 Knoblauchzehen
100 g Speck
2 EL Pflanzenöl
2 Zweige Rosmarin
1/2 l Fleischbrühe
3 mittelgroße Kartoffeln
3 Äpfel
100 g getrocknete Moosbeeren
Zucker

Zubereitung: ca. 15 Minuten
Braten: ca. 90 Minuten

1. Das Fleisch waschen, trockentupfen und kräftig mit Salz und Pfeffer einreiben. Den Knoblauch schälen und in Stifte schneiden. Lammkeule mit dem Knoblauch spicken. Den Speck fein würfeln.

2. Den Backofen auf 225 Grad vorheizen. Das Öl in einem großen Bräter erhitzen und den Speck darin auslassen. Die Lammkeule und den Rosmarin hineinlegen. Im heißen Ofen 15 Minuten braten. Dann die Backofentemperatur auf 175 Grad reduzieren, die Brühe angießen und die Lammkeule 1 Stunde garen.

3. Inzwischen die Kartoffeln und die Äpfel schälen. Äpfel vierteln und entkernen. Kartoffeln und Äpfel in kleine Würfel schneiden. Mit den Moosbeeren zum Fleisch geben und weitere 20 Minuten garen.

4. Die Lammkeule auf eine vorgewärmte Servierplatte legen. Bratenfond mit Salz, Pfeffer und Zucker abschmecken und getrennt zum Fleisch servieren.

In den alten Kaffeehäusern von Lwiw, dem einstigen Lemberg im Nordwesten der Ukraine, spürt man noch heute den kulinarischen Einfluss der Habsburger, die hier 150 Jahre lang herrschten. Geblieben ist die Vorliebe für Süßes.

UKRAINE

Saftiger Brombeerkuchen Lwiwer Art mit Puderzucker

Zutaten für 12 Stücke:

300 g Mehl
1/2 TL Backpulver
200 g kalte Butter und Butter für die Form
100 g Zucker
1 Ei
125 g saure Sahne
500 g Brombeeren
3 EL Puderzucker

Außerdem:
1 Springform, ca. 28 cm Ø

Zubereitung: ca. 1 Stunde
Backen: ca. 40 Minuten

1. Das Mehl und das Backpulver auf die Arbeitsfläche sieben, in die Mitte eine Mulde drücken. Die Butter in kleine Stücke schneiden und mit dem Zucker, dem Ei und der sauren Sahne in die Mulde geben. Alles rasch zu einem glatten Teig verkneten. Zu einer Kugel formen, in Frischhaltefolie wickeln und 30 Minuten im Kühlschrank ruhen lassen.

2. Inzwischen die Beeren verlesen, kalt abbrausen und gut abtropfen lassen. Die Springform mit Butter ausfetten. Den Backofen auf 225 Grad vorheizen.

3. Den Teig auf der bemehlten Arbeitsfläche kreisförmig dünn ausrollen. Die Springform damit auskleiden, Teig am Rand etwas hochziehen. Brombeeren auf dem Teigboden verteilen. Den Kuchen im heißen Ofen 35–40 Minuten backen.

4. Brombeerkuchen auf einem Kuchengitter ganz auskühlen lassen und vor dem Servieren mit Puderzucker überstäuben.

Buttermilch ist mit einem Fettgehalt von höchstens einem Prozent ein äußerst fettarmes Nebenprodukt bei der Butterherstellung. Insbesondere auf Jütland wird die Buttermilch häufig zum Kochen verwendet.

DÄNEMARK

Warme Buttermilchsuppe mit Rosinen und Schlagsahne

Zutaten für 4 Personen:

1 l Buttermilch
2 EL Mehl
100 g Rosinen
Salz
1/2 TL Zimtpulver
abgeriebene Schale und Saft von 1 Zitrone
60 g gehackte Mandeln
100 g süße Sahne
2 Eigelb
1 EL Zucker

Zubereitung: ca. 20 Minuten

1. Die Buttermilch in einem Topf mit dem Mehl verrühren und unter Rühren langsam erhitzen. Die Rosinen zufügen und mit 1 Prise Salz, Zimt und der Schale sowie dem Saft der Zitrone würzen. Die Suppe unter Rühren dicklich einköcheln lassen.

2. Die Mandeln ohne Fett in einer Pfanne hellbraun rösten. Die Sahne steif schlagen.

3. Eigelb mit Zucker in einer Schüssel schaumig schlagen. Eine Tasse Suppe abnehmen und mit der Eicreme verrühren, anschließend in die Suppe rühren. Vom Herd nehmen. Buttermilchsuppe in 4 tiefe Teller verteilen, je 1 Esslöffel Sahne daraufgeben und mit den Mandeln bestreut servieren.

DÄNEMARK

Roggenbrot mit gekochter Ochsenbrust und Meerrettich

Zubereitung: ca. 15 Minuten
Zutaten für 4 Personen:

4 Scheiben Roggenbrot
30 g weiche Butter
8 dünne Scheiben gekochte Ochsenbrust
100 g Mixed Pickles
1 kleine rote Zwiebel
1 kleines Stück Meerrettich
1 kleines Bund Petersilie
frisch gemahlener Pfeffer

1. Die Brotscheiben mit Butter bestreichen und mit jeweils 2 Scheiben Ochsenbrust belegen. Die Mixed Pickles klein hacken und als diagonalen Streifen über die Fleischscheiben verteilen.

2. Die Zwiebel schälen und in möglichst kleine Würfel schneiden. Den Meerrettich schälen und fein reiben. Die Zwiebel auf der einen Seite der Mixed Pickles verteilen, den Meerrettich auf der anderen.

3. Die Petersilie waschen, trockenschütteln und die Blätter fein hacken. Brote mit der Petersilie bestreuen und mit Pfeffer würzen.

DÄNEMARK

Garniertes Roggenbrot mit Leberpastete und Preiselbeeren

Zubereitung: ca. 25 Minuten
Zutaten für 4 Personen:

1 Bund Petersilie
Öl zum Frittieren
Salz
8 Scheiben Frühstücksspeck
4 große Champignons
1 EL Öl
frisch gemahlener Pfeffer
4 Scheiben Roggenbrot
30 g weiche Butter
8 Scheiben Leberpastete
4 TL Preiselbeermarmelade

1. Petersilie waschen, trockenschütteln und die Blätter von den dicken Stängeln zupfen. Einen Topf oder eine tiefe Pfanne ca. 3 cm hoch mit Öl füllen und das Öl erhitzen. Petersilie zufügen und einige Sekunden darin frittieren. Auf Küchenpapier abtropfen lassen. Mit Salz bestreuen.

2. Den Speck in einer Pfanne knusprig braten und auf Küchenpapier abtropfen lassen. Champignons putzen und in Scheiben schneiden. Das Öl in der Pfanne erhitzen. Die Pilze kurz darin braten, mit Salz und Pfeffer würzen.

3. Brotscheiben mit Butter bestreichen und auf 4 Teller legen. Je 2 Scheiben Leberpastete und 2 Speckscheiben über Kreuz darauflegen. Auf eine Seite Petersilie, auf die andere Pilze und in die Mitte Preiselbeeeren geben.

Den Namen des aus Asien stammenden Dills leitet man vom altnordischen Begriff „Dilla“ ab, was „beruhigen“ oder „beschwichtigen“ bedeutet. Tatsächlich wird ihm Hilfe bei Verdauungsbeschwerden zugeschrieben.

DÄNEMARK

Dänischer Gurkensalat mit Dill und süßsaurem Dressing

Zutaten für 4 Personen:

2 Salatgurken
1 EL Salz
1 EL Zucker
150 ml Essig
frisch gemahlener Pfeffer
1 Bund Dill

Zubereitung: ca. 40 Minuten
Kühlen: ca. 2 Stunden

1. Die Gurken schälen und in dünne Scheiben hobeln. In eine Schüssel geben, salzen und mit Tellern oder einem Brett beschweren. Mindestens 30 Minuten Wasser ziehen lassen.

2. Die Gurkenscheiben in einem Sieb gut abtropfen lassen und etwas ausdrücken. Zucker in einer Schüssel mit Essig und 4 Esslöffel Wasser verrühren. Das Dressing mit Pfeffer würzen.

3. Den Dill waschen und trockenschütteln. Die Spitzen von den Stängeln zupfen und fein hacken. Unter die Gurken mischen und zugedeckt mindestens 2 Stunden im Kühlschrank durchziehen lassen.

4. Den Salat nochmals mit Salz und Pfeffer abschmecken, in Schalen verteilen und servieren.

Ringsum vom Meer umgeben, verfügt Dänemark über einen großen Fischreichtum. Seefisch kommt in Dänemark viel auf den Tisch. Besonders beliebt sind die zahlreichen Variationen vom Hering, der mariniert genossen wird.

DÄNEMARK

Süßsaurer Heringssalat mit Kartoffeln und gehackten Eiern

Zutaten für 4 Personen:

8 Salzheringsfilets
1/2 l Milch
3 Kartoffeln
Salz
1 kleine Zwiebel
5 Eigelb
100 ml Apfelessig
2 EL Zucker
1 TL scharfer Senf
frisch gemahlener Pfeffer
4 hart gekochte Eier
1 kleines Bund Petersilie

Vorbereitung: ca. 30 Minuten
Zubereitung: ca. 1 Stunde

1. Die Salzheringe in eine Schüssel legen, mit der Milch übergießen und mindestens 1 Stunde darin ziehen lassen.

2. Die Kartoffeln waschen, schälen und in kleine Würfel schneiden. In kochendem Salzwasser gar kochen, dann in einem Sieb abtropfen lassen. Die Zwiebel schälen und fein reiben. Heringe aus der Milch nehmen, trockentupfen und in 1 cm große Stücke schneiden.

3. Eigelb in einer Metallschüssel mit Essig, Zucker und Senf verrühren. Mit Salz und Pfeffer würzen. Die Schüssel in einen Topf mit leicht kochendem Wasser hängen und die Sauce im Wasserdampf mit einem Schneebesen dicklich aufschlagen. Schüssel in Eiswasser stellen und die Sauce kaltrühren. Heringe, Kartoffeln und Zwiebel unter die Sauce mischen und den Salat in eine Servierschüssel umfüllen.

4. Die Eier schälen, halbieren und das Eigelb auslösen. Eigelb und Eiweiß getrennt fein hacken. Petersilie waschen, trockenschleudern und die Blätter klein hacken. Abwechselnd Eigelb, Eiweiß und Petersilie in Streifen auf den Salat streuen.

Die Kombination von Fisch mit Erbsen mag ungewöhnlich erscheinen. Wer sie jedoch probiert hat, wird erstaunt feststellen, wie gut die Scholle mit der Hülsenfrucht und mit dem zarten Raucharoma des Specks harmoniert.

DÄNEMARK

Schollenfilets mit Erbsen und Speck aus dem Backofen

Zutaten für 4 Personen:

Vorbereitung: ca. 15 Minuten
Backen: ca. 25 Minuten

8 Schollenfilets
Saft von 1 Zitrone
2 EL Butter
2 EL Mehl
2 EL Tomatenmark
1/4 l heiße Milch
Salz
frisch gemahlener Pfeffer
frisch geriebene Muskatnuss
300 g Erbsen (Tiefkühlware)
8 Scheiben Frühstücksspeck

1. Die Schollenfilets waschen und trockentupfen. Mit Zitronensaft beträufeln und kühl stellen.

2. Die Butter in einem Topf schmelzen und das Mehl einrühren. Tomatenmark zufügen, kurz anrösten und unter Rühren die Milch hinzufügen. Aufkochen und bei kleiner Hitze ca. 5 Minuten köcheln lassen. Mit Salz, Pfeffer und Muskatnuss abschmecken. Den Backofen auf 200 Grad vorheizen.

3. Eine große ofenfeste Form ausbuttern und die Erbsen in die Form geben. Die Fischfilets nebeneinander auf die Erbsen legen. Sauce über den Fisch gießen, mit den Speckscheiben belegen. Im heißen Ofen ca. 25 Minuten backen und in der Form servieren.

Die Gewohnheit, Fleisch zu Hack zu verarbeiten, stammt aus der Zeit, als es noch selten auf den Tischen war und man das ganze Tier verarbeitete. Neben Frikadellen gehört Bratwurst zu den beliebtesten Gerichten im Land.

DÄNEMARK

Feine Kopenhagener Frikadellen knusprig gebraten

Zubereitung für 4 Personen:

Vorbereitung: ca. 35 Minuten
Zubereitung: ca. 30 Minuten

300 g Kalbfleisch
300 g Schweinfleisch
1 Zwiebel
1 Ei
1 EL Mehl
3 EL Paniermehl
Salz
frisch gemahlener Pfeffer
frisch geriebene Muskatnuss
1/4 l Mineralwasser mit Kohlensäure
60 ml Pflanzenöl

1. Das Fleisch zweimal durch die feine Scheibe des Fleischwolfs drehen. Die Zwiebel schälen und fein reiben. Zum Fleisch geben und mit Ei, Mehl, Paniermehl, Salz, Pfeffer, Muskatnuss und Mineralwasser vermengen. Abgedeckt 30 Minuten ziehen lassen.

2. Mit angefeuchteten Händen aus dem Fleischteig kleine Bällchen formen und etwas flach drücken.

3. Das Öl in einer großen Pfanne mäßig erhitzen. Die Frikadellen darin auf beiden Seiten insgesamt 10 Minuten goldbraun braten. Zwischendurch mehrmals mit dem Bratfett begießen. Frikadellen kurz auf Küchenpapier abtropfen lassen. Heiß oder kalt servieren.

Rohprodukte aller Art, auch Geflügel, waren lange Zeit ein Privileg der Oberschicht. Heute sind Hähnchen bei der ganzen Bevölkerung beliebt. Die beste Zubereitungsart ist immer noch ein ganzer Vogel, nicht vorgefertigte Teile.

DÄNEMARK

Hähnchen auf altmodische Art mit Sahnesauce

Zutaten für 4 Personen:

2 Brathähnchen, mit Innereien
2 Bund Petersilie
Salz
frisch gemahlener Pfeffer
250 g Butter
4 EL Öl
200 g süße Sahne

Zubereitung: ca. 90 Minuten

1. Die Brathähnchen samt Innereien waschen und trockentupfen. Die Flügel mit einer Küchenschere abschneiden und mit den Innereien kühl stellen. Die Hähnchen innen und außen salzen und pfeffern.

2. Petersilie waschen und trockenschütteln. Die Butter vierteln und je 1 Viertel mit 1 Petersiliensträußchen in die Bauchhöhlen der Hähnchen geben. Die Bauchöffnungen mit Zahnstochern verschließen. Backofen auf 170 Grad vorheizen.

3. Das Öl in einem Schmortopf erhitzen. Die Hähnchen darin rundum ca. 15 Minuten anbraten, dann herausnehmen. Die Flügel und die Innereien im Bratfett anbraten. Mit 1/8 Liter Wasser ablöschen und den Bratensatz lösen. Die Hähnchen mit der Brust nach oben wieder in den Topf legen. Restliche Butter zerlassen und die Hähnchen damit bestreichen. Zugedeckt im heißen Ofen 45 Minuten garen.

4. Die Hähnchen auf eine Servierplatte legen und warm stellen. Die Sahne in die Sauce rühren und cremig einkochen lassen. Mit Salz und Pfeffer abschmecken und getrennt zu den Hähnchen servieren.

Die Kombination von Fleisch und Obst ist im Baltikum und in Skandinavien äußerst populär. Das beliebte Schweinefleisch erweist sich hierbei als besonders vielseitig und anpassungsfähig, wie dieses Rezept schmackhaft beweist.

DÄNEMARK

Gefüllter Schweinerücken mit Äpfeln und Backpflaumen

Zutaten für 6 Personen:

Zubereitung: ca. 30 Minuten
Garen: ca. 90 Minuten

2 kg Schweinerücken ohne Knochen
2 Äpfel
150 g Backpflaumen, entsteint
Salz
1 EL frisch geriebener Ingwer
frisch gemahlener Pfeffer
2 EL Öl
2 EL Butter
100 ml Weißwein
1/4 l Fleischbrühe
150 g süße Sahne
1 EL Mehl
1 EL Johannisbeergelee

1. Sichtbares Fett und Haut vom Fleisch entfernen, Fleisch waschen und trockentupfen. Mit einem Messer der Länge nach eine Tasche in das Fleisch schneiden.

2. Äpfel schälen, vierteln, entkernen und in kleine Würfel schneiden. Backpflaumen hacken, mit den Äpfeln und dem Ingwer mischen und in die Fleischtasche füllen. Mit Küchengarn zunähen und in Form binden. Das Fleisch salzen und pfeffern.

3. Backofen auf 170 Grad vorheizen. Öl und Butter in einem Schmortopf erhitzen und das Fleisch darin rundum ca. 20 Minuten braten. Dann herausnehmen und das Bratfett abgießen. Bratensatz mit Wein ablöschen und loskochen. Brühe angießen, aufkochen und den Braten wieder hineinlegen. Zugedeckt 90 Minuten im heißen Ofen garen.

4. Den Braten aus dem Topf nehmen, Küchengarn entfernen und das Fleisch warm stellen. Sahne mit Mehl verquirlen, in die Sauce rühren und cremig einkochen. Mit Johannisbeergelee, Salz und Pfeffer abschmecken. Braten in Scheiben schneiden, auf einer vorgewärmten Platte anrichten und mit der Sauce servieren.

Beeren gedeihen im nordischen Klima besonders gut. Die rote Grütze ist eine typische Spezialität Norddeutschlands und Skandinaviens. Gern wird sie als Dessert mit etwas Milch oder leicht angeschlagener Sahne gereicht.

DÄNEMARK

Dänische Rote Grütze mit Beeren und frischer Sahne

Zutaten für 4 Personen:

250 g schwarze Johannisbeeren
250 g rote Johannisbeeren
250 g Rhabarber
200 g Zucker
3 EL Speisestärke
300 g Himbeeren
100 g geschälte Mandeln
200 g süße Sahne

Zubereitung: ca. 30 Minuten
Kühlen: ca. 2 Stunden

1. Die Johannisbeeren waschen, abtropfen lassen und die Beeren von den Rispen streifen. Rhabarber putzen, waschen und in kleine Stücke schneiden. Alles in einen Topf geben, Zucker zufügen und 1 Liter Wasser angießen. Zum Kochen bringen und bei kleiner Hitze köcheln lassen, bis der Rhabarber weich ist.

2. Durch ein feines Sieb in einen anderen Topf abgießen, Beeren und Rhabarber durch das Sieb streichen. Den Saft zum Kochen bringen. Die Speisestärke mit 4 Esslöffeln Wasser verquirlen und unter Rühren zufügen. Bis zum Siedepunkt erhitzen, nicht kochen. Grütze vom Herd nehmen und in eine Schüssel umfüllen. Die Himbeeren verlesen und unter die Grütze mischen. Abkühlen lassen und abgedeckt im Kühlschrank mindestens 2 Stunden kalt stellen.

3. Die Mandeln in einer Pfanne ohne Fett goldbraun rösten. Vom Herd nehmen und grob hacken. Die Sahne halb steif schlagen. Die rote Grütze in Suppenteller verteilen. Mit Mandeln bestreuen und 1 Esslöffel Sahne daraufgeben. Restliche Sahne getrennt dazu servieren.

Aus Wenigem viel zu machen ist die Kunst der finnischen Küche. Die meisten Produkte und auch Gerichte weisen schwedischen oder russischen Einfluss auf. Bierschinken ist eines der beliebtesten Wurstprodukte des Landes.

FINNLAND

Bierschinken-Toast mit Zwiebel und Gewürzgurke

Zutaten für 4 Personen:

2 Gewürzgurken
1 Zwiebel
2 EL Öl
4 dicke Scheiben Bierschinken, ca. 5 mm dick
8 Scheiben Toastbrot
4 EL Tomatenketchup
4 TL Senf

Zubereitung: ca. 15 Minuten

1. Die Gewürzgurken abtropfen lassen, trockentupfen und in kleine Würfel schneiden. Die Zwiebel schälen und fein hacken. Backofen auf 100 Grad vorheizen.

2. Das Öl in einer Pfanne mäßig erhitzen und die Wurstscheiben auf beiden Seiten braun anbraten. Aus der Pfanne nehmen, auf Küchenpapier abtropfen lassen und im Backofen warm halten.

3. Die Brotscheiben toasten und auf eine Arbeitsfläche legen. 4 Brotscheiben mit je 1 Esslöffel Ketchup bestreichen und mit Gurkenwürfeln bestreuen. Wurstscheiben darauflegen und mit Senf bestreichen. Die Zwiebel darüberstreuen und mit den restlichen Brotscheiben belegen. Die Toastbrote diagonal durchschneiden und auf einer Servierplatte anrichten.

Aufgrund des Klimas ist die Vegetationsperiode und damit die Saison für frisches Gemüse sehr kurz. Beliebt ist daher die Sommersuppe, für die der ganze Reichtum des Gartens zum Einsatz kommt und schmackhaft verarbeitet wird.

FINNLAND

Sommersuppe mit buntem Gemüse und Krabben

Zutaten für 4 Personen:

2 Kartoffeln
4 Möhren
1/2 Blumenkohl
250 g grüne Bohnen
500 g Erbsenschoten
5 Radieschen
100 g Blattspinat
250 g kleine Krabben, gekocht und geschält
Salz
30 g Butter
2 EL Mehl
50 ml Milch
1 Eigelb
50 g süße Sahne
frisch gemahlener Pfeffer
2 EL fein gehackter Dill

Zubereitung: ca. 50 Minuten

1. Kartoffeln und Möhren schälen und in kleine Würfel schneiden. Blumenkohl putzen und in kleine Röschen teilen. Bohnen putzen und in Stücke schneiden. Erbsen aus den Schoten palen. Radieschen putzen und halbieren. Spinat waschen und abtropfen lassen. Krabben waschen und in einem Sieb abtropfen lassen.

2. Das Gemüse ohne den Spinat in einen großen Topf geben und knapp mit Wasser bedecken. Salzen, aufkochen und 5 Minuten köcheln lassen. Spinat zufügen und zugedeckt weitere 5 Minuten garen.

3. Gemüse in ein Sieb abgießen, dabei die Gemüsebrühe in einer Schüssel auffangen. Butter in dem Topf zerlassen, Mehl einrühren und hellgelb anschwitzen. Milch und Gemüsebrühe unter ständigem Rühren angießen. Suppe dicklich einkochen lassen.

4. Eigelb und Sahne in einer Schüssel verquirlen und mit 1 Tasse der heißen Suppe verrühren. Diese Mischung zurück in den Topf gießen. Suppe bis zum Siedepunkt erhitzen, Krabben und Gemüse hinzufügen. Zugedeckt bei kleiner Hitze 4 Minuten ziehen lassen, nicht kochen. Suppe mit Salz und Pfeffer abschmecken und vor dem Servieren mit Dill bestreuen.

Sehr sättigend und preiswert sind Suppen – ein traditioneller Bestandteil auf Finnlands Tischen für die große Runde. Frische Kräuter – im rauen Klima langsam zu kleinen Aromabomben gereift – geben eine kräftige Würze.

FINNLAND

Gemüsecremesuppe mit Frischkäse und Kräutern

Zutaten für ca. 4 Personen:

2 Kartoffeln
1 Stange Lauch
3/4 l Gemüsebrühe
2 EL Butter
2 EL Mehl
Salz
frisch gemahlener Pfeffer
frisch geriebene Muskatnuss
je 1 kleines Bund Petersilie, Dill und Schnittlauch
150 g Frischkäse
60 g süße Sahne
2 Eigelb

Zubereitung: ca. 45 Minuten

1. Die Kartoffeln waschen, schälen und grob würfeln. Den Lauch putzen, waschen, das Grün entfernen und den weißen Teil klein würfeln. Die Gemüsebrühe in einem Topf erhitzen.

2. In einem zweiten Topf die Butter schmelzen und den Lauch darin glasig dünsten. Das Mehl einrühren, hellgelb anschwitzen und mit der heißen Gemüsebrühe unter Rühren aufgießen. Die Kartoffeln zufügen und aufkochen. Mit Salz, Pfeffer und Muskatnuss würzen. Bei kleiner Hitze 20 Minuten köcheln lassen.

3. Inzwischen die Kräuter waschen, trockenschütteln und die Blätter und Spitzen hacken. Die Kräuter in die Suppe geben, Topf vom Herd nehmen.

4. Frischkäse, Sahne und Eigelb verrühren. Zur Suppe geben und die Suppe mit dem Stabmixer pürieren. Nochmals erhitzen, aber nicht mehr kochen. Mit Salz und Pfeffer abschmecken, in Servierschalen verteilen und auftragen.

Auch wenn das Rezept „süß" klingt: Es ist ein komplettes Hauptgericht, das rundum glücklich und satt macht. Honig zählt zu den ältesten Nahrungsmitteln der Menschheit – und Finnland hat eine lange Imkertradition.

FINNLAND

Gebackener Möhren-Reis-Auflauf mit Honig und Muskatnuss

Zutaten für 4 Personen:

1 l Milch
200 g Milchreis
500 g Möhren
Salz
frisch gemahlener Pfeffer
frisch geriebene Muskatnuss
2 Eier
2 EL flüssiger Honig
Butter für die Form

Vorbereitung: ca. 35 Minuten
Backen: ca. 1 Stunde

1. Die Milch in einem Topf aufkochen und den Reis zufügen. Bei kleiner Hitze 30 Minuten unter Rühren köcheln lassen. Wenn der Reis weich und cremig ist, die Reismasse in eine Schüssel umfüllen und etwas abkühlen lassen.

2. Die Möhren schälen und fein raspeln. Unter den Reis mischen und mit Salz, Pfeffer und Muskatnuss würzen. Die Eier und den Honig unterrühren.

3. Den Backofen auf 180 Grad vorheizen. Eine ofenfeste rechteckige Backform mit Butter ausstreichen. Die Reis-Möhren-Mischung einfüllen und die Oberfläche glatt streichen. Ca. 1 Stunde im heißen Ofen goldbraun backen und heiß in der Form servieren.

Ein Krebs-Essen im Sommer gehört zu den lustigsten Geselligkeiten in Finnland. Da Krebse sehr teuer sind, wird der ärgste Hunger mit vielfältigen Vorspeisen gestillt, bevor die Krebse ausgelöst und schlicht auf Toast gegessen werden.

FINNLAND

Finnische Flusskrebse in Dillsud gekocht

Zutaten für 4 Personen:

2 große Bund Dill
4 EL Salz
1 EL Zucker
1 EL Dillsamen
40 lebende Flusskrebse

Zubereitung: ca. 45 Minuten
Marinieren: 10 Stunden

1. Den Dill waschen und trockenschütteln. Einen sehr großen Topf (ca. 10 Liter Inhalt) mit 6 Liter Wasser füllen. Salz, Zucker und Dillsamen zufügen, aufkochen und 5 Minuten sprudelnd kochen lassen. 1 Bund Dill zum Kochwasser geben. Mit den anderen Dillzweigen eine große Schüssel auskleiden. Ein paar schöne Zweige für die Garnitur beiseitelegen.

2. Die Krebse waschen und abtropfen lassen. Tote Tiere wegwerfen. Die Krebse paarweise kopfüber ins kochende Wasser geben. Wenn alle Krebse im Topf sind, den Deckel auflegen. Krebse 10 Minuten sprudelnd kochen lassen.

3. Die Krebse mit einem Schaumlöffel herausheben und in die Schüssel auf die Dillzweige legen. Die Kochbrühe durch ein feines Sieb über die Krebse gießen, bis sie vollständig bedeckt sind. Abkühlen lassen und mit Frischhaltefolie abdecken. Im Kühlschrank mindestens 10 Stunden ziehen lassen.

4. Vor dem Servieren die Krebse aus dem Sud nehmen und abtropfen lassen. Dekorativ auf einer Platte anrichten und mit Dillzweigen garnieren.

Feinschmecker lassen sich von dem grätenreichen Fleisch des Hechts nicht abschrecken. Zu Recht: Der große Raubfisch ist eine der delikatesten Fischarten überhaupt. Wenn Hecht angeboten wird, kann es nur heißen: „Zugreifen!".

FINNLAND

Gefüllter Hecht aus dem Ofen mit Reis-Spinatfüllung

Zutaten für 6 Personen:

100 g Reis
300 g Blattspinat
1 Zwiebel
1 EL Öl
2 hart gekochte Eier
3 EL fein gehackte Petersilie
2 EL süße Sahne
Salz
frisch gemahlener Pfeffer
1 Hecht, ca. 1,5 kg, küchenfertig
100 g Butter
100 g Semmelbrösel

Zubereitung: ca. 75 Minuten

1. Den Reis in Salzwasser körnig kochen. In einem Sieb abtropfen lassen. Spinat putzen, waschen und kurz in kochendem Wasser blanchieren. In Eiswasser abschrecken, abtropfen lassen und gut ausdrücken. Spinat klein hacken und mit dem Reis vermischen.

2. Die Zwiebel schälen und klein würfeln. Öl in einer Pfanne erhitzen, Zwiebel darin glasig dünsten. Eier schälen und klein hacken. Zwiebel, Eier, Petersilie und Sahne unter die Reismischung rühren. Mit Salz und Pfeffer würzen.

3. Den Fisch waschen und trockentupfen. Salzen und pfeffern. Die Reismischung in die Bauchhöhle füllen, Öffnung mit Küchengarn zunähen. Backofen auf 220 Grad vorheizen.

4. Butter in einem Topf schmelzen. Eine große ofenfeste Form mit Butter ausstreichen, den Fisch hineinlegen und mit Butter bepinseln. 10 Minuten im heißen Ofen braten. Dann die Temperatur auf 180 Grad reduzieren. Hecht mit der restlichen Butter beträufeln und mit Semmelbröseln bestreuen. 1/4 Liter kochendes Wasser angießen. Weitere 30 Minuten im Ofen backen. Zwischendurch mehrmals mit dem Bratfond begießen. In der Form servieren.

Das „Land der tausend Seen“ wird Finnland auch genannt. Und das ist weit untertrieben. Laut offizieller Zählung gibt es rund 188.000 Binnenseen dort. Kein Wunder, dass Angeln zu den großen Leidenschaften der Finnen zählt.

FINNLAND

Heikkis Zanderfilet mit Eiersauce und Schnittlauch

Zutaten für 4 Personen:

300 ml Weißwein
400 ml Gemüsebrühe
2 hart gekochte Eier
4 EL Butter
Salz
frisch gemahlener Pfeffer
4 Zanderfilets à 200 g
3 EL Mehl
1 kleines Bund Schnittlauch
1 EL Öl

Zubereitung: ca. 35 Minuten

1. Den Wein und die Gemüsebrühe in einen Topf geben, aufkochen und auf die Hälfte einkochen lassen. Die Eier schälen und klein hacken. 2 Esslöffel Butter und die Eier in den Weinsud geben, aufkochen und mit Salz und Pfeffer abschmecken. Sauce warm halten.

2. Die Fischfilets waschen und trockentupfen. Auf beiden Seiten salzen und pfeffern. Mehl auf einen Teller streuen und die Filets darin wenden. Überschüssiges Mehl abklopfen. Den Schnittlauch waschen, trockenschütteln und in feine Röllchen schneiden.

3. Die restliche Butter und das Öl in einer Pfanne erhitzen. Die Fischfilets darin auf beiden Seiten insgesamt 5 Minuten goldbraun braten.

4. Fischfilets kurz auf Küchenpapier abtropfen lassen und auf 4 vorgewärmte Teller legen. Die Sauce darübergeben und mit Schnittlauch bestreuen.

Roggen spielt in Finnland eine größere Rolle als in anderen Gegenden der Welt. Ihm wird vor allem ein wirksamer Schutz vor Krebs zugeschrieben. Die Vielfalt des Gebäcks und der Vollkornspezialitäten sucht ihresgleichen.

FINNLAND

Kleine Roggenpastetchen mit Fleisch und Kräutern

Zutaten für ca. 20 Stück:

Für den Teig:
250 g Roggenmehl
250 g Weizenmehl
250 g saure Sahne
2 Eier
1/2 TL Salz
1 EL Zucker
2 EL weiche Butter

Für die Fleischfüllung:
2 Zwiebeln
4 EL Butter
500 g gemischtes Hackfleisch
2 hart gekochte Eier
je 1 kleines Bund Dill und Petersilie
Salz
frisch gemahlener Pfeffer
flüssige Butter zum Bestreichen

Zubereitung: ca. 1 Stunde

1. Beide Mehlsorten in einer Schüssel mischen. Sahne und Eier in einer Schüssel verrühren und mit Salz und Zucker würzen. Mit der Butter zum Mehl geben und alles zu einem glatten Teig verarbeiten. Zu einer Kugel formen und abgedeckt 30 Minuten ruhen lassen.

2. Inzwischen für die Füllung Zwiebeln schälen und klein würfeln. 1 Esslöffel Butter in einer Pfanne erhitzen und die Zwiebeln darin glasig dünsten. In eine Schüssel geben. 2 Esslöffel Butter in der Pfanne erhitzen, das Fleisch zufügen und krümelig braten. Zu den Zwiebeln geben und abkühlen lassen.

3. Eier schälen und hacken. Kräuter waschen, trockenschütteln und ohne grobe Stiele fein hacken. Mit den Eiern zum Fleisch geben. Restliche Butter zufügen, mit Salz und Pfeffer würzen und alles gut mischen. Den Backofen auf 250 Grad vorheizen.

4. Teig zu einer Rolle formen und in 20 gleich große Scheiben schneiden. Jede Scheibe dünn oval ausrollen. Etwas Füllung in die Mitte geben, Teigränder an den Längsseiten so darüberschlagen, dass die Füllung teilweise noch sichtbar ist. Auf ein beschichtetes Backblech legen und 15–20 Minuten im Ofen backen. Herausnehmen, mit Butter bestreichen und servieren.

Lammfleisch in Brühe gegart ist besonders bekömmlich. Es nimmt alle Aromen der Brühe auf und bleibt doch saftig und zart. Voraussetzung ist, dass das Fleisch knapp unter dem Siedepunkt gegart wird, also mehr zieht als kocht.

FINNLAND

Gekochte Lammschulter in Dillsauce mit Wurzelgemüse

Zutaten für 4 Personen:

Zubereitung: ca. 25 Minuten
Garen: ca. 90 Minuten

1 kg Lammschulter ohne Knochen
je 1 kleines Bund Dill und Petersilie
10 Pfefferkörner
1 Lorbeerblatt
Salz
2 Möhren
5 kleine Zwiebeln
600 g Kartoffeln
3 EL Butter
2 EL Mehl
1 Eigelb
50 g süße Sahne
frisch gemahlener Pfeffer
1 TL Zucker
1 EL Weißweinessig

1. Fleisch waschen, in einen Topf legen und mit Wasser bedecken. Kräuter waschen und trockenschütteln. Blätter und Spitzen von den Stängeln zupfen, fein hacken und beiseitestellen. Stängel mit Küchengarn zusammenbinden, mit Pfefferkörnern und Lorbeerblatt zum Fleisch geben, 1 Esslöffel Salz zufügen. Bei kleiner Hitze 1 Stunde köcheln lassen.

2. Die Möhren und die Zwiebeln schälen und zum Fleisch geben. Weitere 30 Minuten köcheln lassen. Inzwischen die Kartoffeln schälen, vierteln und in gesalzenem Wasser gar kochen.

3. Fleisch und Gemüse aus der Brühe nehmen und warmstellen. In einem Topf 2 Esslöffel Butter erhitzen und das Mehl einrühren. Brühe durch ein Sieb angießen und unter Rühren dicklich einkochen. Eigelb und Sahne verquirlen, mit der restlichen Butter und den Kräutern unter die Sauce rühren, nicht mehr kochen. Mit Salz, Pfeffer, Zucker und Essig abschmecken.

4. Fleisch, Möhren und Zwiebeln in Scheiben schneiden, auf einer Servierplatte anrichten und die Sauce darübergeben. Die Salzkartoffeln in einer Schüssel getrennt dazu servieren.

Zu Marmeladen und Kompott gekocht und über den Winter haltbar gemacht, sind Beeren eine wichtige Vitamin- und Mineralstoffquelle, denn über einen langen Zeitraum des Jahres gibt es in Finnland kein einheimisches frisches Obst.

FINNLAND

Blaubeer-Pfannkuchen mit saurer Sahne in Butter gebacken

Zutaten für 4 Personen:

3 Eier
3 EL Zucker
Salz
1/4 l Milch
250 g saure Sahne
abgeriebene Schale und Saft von 1/2 Zitrone
225 g Mehl
300 g Blaubeeren
Butter zum Backen
Puderzucker zum Bestäuben

Vorbereitung: ca. 20 Minuten
Backen: ca. 25 Minuten

1. Die Eier mit Zucker und 1 Prise Salz schaumig schlagen. Milch und saure Sahne hinzufügen und mit Zitronenschale und Saft würzen. Das Mehl dazusieben und zu einem glatten Teig verrühren. Den Teig 15 Minuten quellen lassen.

2. Die Blaubeeren waschen und zuerst in einem Sieb, dann auf Küchenpapier abtropfen lassen. Die Beeren vorsichtig unter den Teig heben. Den Backofen auf 100 Grad vorheizen.

3. In einer Pfanne 1 Esslöffel Butter zerlassen. Mit einem Schöpflöffel etwas Teig einfüllen und so lange backen, bis sich der Teigrand braun färbt. Pfannkuchen wenden, eventuell noch Butter zufügen, und bei kleiner Hitze fertigbacken. Auf eine Platte legen und im Backofen warm stellen. Auf diese Weise weiterbacken, bis der Teig verbraucht ist.

4. Die Pfannkuchen einrollen, auf 4 Teller verteilen und großzügig mit Puderzucker bestäuben.

Wie in fast jeder Kultur sind Suppen auch in Norwegen zentraler Bestandteil der kulinarischen Kultur. Gemüse und Kräuter spielen dabei eine besondere Rolle. Nahrhaft werden solche Suppen durch Einlage von Fisch oder Eiern.

NORWEGEN

Gebundene Spinat-Kerbel-Suppe mit Räucherlachsstreifen

Zutaten für 4 Personen:

500 g frischer Spinat
1 l Gemüsebrühe
200 g frischer Kerbel
2 EL Butter
2 EL Mehl
Salz
frisch gemahlener Pfeffer
frisch geriebene Muskatnuss
200 g geräucherter Lachs in Scheiben
2 hart gekochte Eier

Zubereitung: ca. 30 Minuten

1. Den Spinat putzen und waschen. Die Gemüsebrühe in einem Topf zum Kochen bringen. Den Spinat zufügen und 3 Minuten garen. In ein Sieb abgießen, dabei die Kochflüssigkeit auffangen. Spinat abtropfen lassen, etwas ausdrücken und hacken. Den Kerbel waschen, trockenschleudern und ebenfalls fein hacken.

2. In einem Topf die Butter zerlassen, das Mehl einrühren und hellgelb anschwitzen. Unter Rühren das Spinatkochwasser angießen und aufkochen. Mit Salz, Pfeffer und Muskatnuss würzen. Spinat und Kerbel zufügen und 5 Minuten bei kleiner Hitze köcheln lassen.

3. Den Lachs in schmale Streifen schneiden und in Suppenschalen verteilen. Die Eier schälen und hacken. Die Suppe in die Schalen geben und mit den gehackten Eiern bestreut servieren.

Mit rund 247.000 Einwohnern ist Bergen die zweitgrößte Stadt Norwegens. Der große Seehafen stellt zusammen mit der damit verbundenen Werft- und Fischindustrie (Aquakulturen) einen bedeutenden Wirtschaftsfaktor dar.

NORWEGEN

Bergener Fischsuppe mit Heilbutt und süßsaurer Sahnesauce

Zutaten für 6 Personen:

Für die Brühe:
1 kg Fischgräten und -köpfe
2 Zwiebeln
1 Möhre
1 Kartoffel
1 Stange Sellerie
5 Petersilienstängel
1 Stück Zitronenschale
10 Pfefferkörner
1 Gewürznelke
Salz

Für die Suppe:
4 Heilbuttfilets á 150 g
Saft von 1 Zitrone
1 kleine Stange Lauch
2 Stangen Sellerie
2 Möhren
je 100 g süße und saure Sahne
2 Eigelb
Salz
frisch gemahlener Pfeffer
1 EL fein gehackte Petersilie

Zubereitung: ca. 75 Minuten

1. Fischgräten und Köpfe waschen und in einen Topf geben. Gemüse putzen, schälen und grob würfeln. Petersilienstängel, Zitronenschale, Pfeffer, Gewürznelke und Salz zufügen und mit Wasser bedecken. Aufkochen und bei kleiner Hitze 45 Minuten köcheln lassen.

2. Heilbutt waschen, trockentupfen und mit Zitronensaft beträufeln. Lauch putzen, waschen und in feine Ringe schneiden. Sellerie und Möhren schälen und klein würfeln.

3. Die Fischbrühe durch ein feines Sieb in einen anderen Topf abgießen, erneut zum Kochen bringen und etwas einkochen. Sellerie und Möhren zufügen und die Fischfilets einlegen. Bei kleiner Hitze 8 Minuten gar ziehen lassen. Den Fisch auf eine Platte legen und warm stellen. Den Lauch in die Fischbrühe geben und einige Minuten garen.

4. Süße und saure Sahne mit Eigelb in einer Schüssel verrühren und eine Suppenkelle Fischbrühe dazugeben. Dann in die Brühe einrühren, nicht mehr kochen lassen. Mit Salz und Pfeffer abschmecken. Fischfilets und Gemüse in vorgewärmte Suppenteller geben, mit Suppe begießen und mit Petersilie bestreut servieren.

Neben dem Lachs zählt vor allem der Kabeljau zu den Fischspezialitäten Norwegens. Insbesondere als getrockneter Stockfisch (Tørrfisk) ist er nicht nur im eigenen Land sehr gefragt. Norwegen exportiert ihn in über 30 Länder.

NORWEGEN

Stavanger Fischsalat mit Kabeljau und Meerrettichsauce

Zutaten für 4 Personen:

800 g Kabeljaufilet
Meersalz
2 Lorbeerblätter
10 Pfefferkörner
2 EL Weißweinessig
1 Schalotte
1 kleines Bund Dill
1 kleines Stück Meerrettich
2 EL Weinessig
400 g saure Sahne
frisch gemahlener Pfeffer
Zucker
1 Kopfsalat
2 Tomaten, in dünne Scheiben geschnitten
2 hart gekochte Eier, in Scheiben geschnitten

Zubereitung: ca. 45 Minuten
Kühlen: ca. 1 Stunde

1. Fisch waschen, trockentupfen und in Würfel schneiden. 2 Liter Wasser in einem Topf aufkochen. 1 Teelöffel Salz, Lorbeerblätter, Pfeffer und Essig zufügen. Fisch einlegen und zugedeckt bei kleiner Hitze 5 Minuten gar ziehen lassen.

2. Die Fischwürfel aus der Brühe heben, in eine Schüssel geben und erkalten lassen. Die Schalotte schälen und klein würfeln. Dill waschen und trockenschütteln. Einige schöne Spitzen für die Garnitur aufheben, restliche Spitzen hacken. Den Meerrettich schälen und fein reiben.

3. Fisch mit 2 Gabeln in kleine Stücke zerpflücken. Die Sahne mit 4 Esslöffeln Fischbrühe verrühren. Gehackten Dill, Meerrettich und Essig zufügen und mit Salz, Pfeffer und 1 Prise Zucker abschmecken. Über den Fisch gießen, vorsichtig mischen und mit Frischhaltefolie abgedeckt 1 Stunde im Kühlschrank kühlen.

4. Den Salat putzen, waschen und trockenschleudern. Salatblätter in Streifen schneiden und auf einer Servierplatte auslegen. Den Fischsalat darüber verteilen, mit Tomaten- und Eierscheiben garnieren und mit den Dillspitzen garnieren.

Norwegen hat sich vor allem als Zuchtlachs-Produzent einen Namen gemacht. Lachs gehört zu den am meisten geschätzten Speisefischen. Sein orangerosa bis dunkelrotes Fleisch ist schmackhaft und reich an Omega-3-Fettsäuren.

NORWEGEN

Lauwarmer Lachspudding mit Garnelen und Dill

Zutaten für 4 Personen:

500 g Lachsfilet
1 Zwiebel
1 EL Speisestärke
150 ml kalte Milch
200 g kalte süße Sahne
1 Ei
Salz
frisch gemahlener Pfeffer
frisch geriebene Muskatnuss
Butter für die Form
1 kleines Bund Dill
200 g kleine Garnelen, gekocht und geschält
1 Zitrone

Zubereitung: ca. 90 Minuten

1. Den Lachs waschen, trockentupfen und in Würfel schneiden. In eine Schüssel geben und im Gefrierfach 20 Minuten anfrieren lassen.

2. Inzwischen die Zwiebel schälen, klein würfeln und 1 Minute in kochendem Salzwasser blanchieren. In ein Sieb geben, kalt abschrecken und abtropfen lassen. Die Speisestärke mit der Milch verquirlen.

3. Lachswürfel mit der Hälfte der Sahne in einem Mixer pürieren. Zwiebel und Ei zufügen, nach und nach die restliche Sahne und die angerührte Speisestärke dazugeben. Mit Salz, Pfeffer und Muskatnuss würzen.

4. Backofen auf 180 Grad vorheizen. Eine ofenfeste Form ausbuttern. Fischmasse einfüllen und glattstreichen. Die Form in die Saftpfanne des Backofens stellen und mit kochendem Wasser umgießen. 1 Stunde im Backofen garen. Danach lauwarm abkühlen lassen.

5. Dill waschen, trockenschütteln und die Spitzen von den Stängeln zupfen. Garnelen abbrausen und trockentupfen. Zitrone in Scheiben schneiden. Lachspudding auf eine Servierplatte stürzen und in Scheiben schneiden. Mit Garnelen, Dillspitzen und Zitronenscheiben garnieren und servieren.

Kartoffeln sind sehr beliebt in Norwegen und kommen zum „middag" gern auf den Tisch. Doch diese Mahlzeit ist nicht, wie man meinen sollte, am Mittag, sondern zu der Hauptessenszeit – am Spätnachmittag zwischen 16 und 18 Uhr.

NORWEGEN

Herzhafter Kartoffelkuchen mit Ziegenkäse aus dem Ofen

Zutaten für 8 Personen:

Vorbereitung: ca. 90 Minuten
Backen: ca. 1 Stunde

Für den Teig:
300 g Mehl
1/2 TL Salz
150 g Butter
3–4 EL Wasser

Für die Füllung:
700 g mehlig kochende Kartoffeln
300 g Gjetöst (norwegischer halbfester Ziegenkäse)
2 Eier
200 g Crème fraîche
100 g süße Sahne
Salz
frisch gemahlener Pfeffer
frisch geriebene Muskatnuss
2 EL Butter

Außerdem:
1 Springform, 24 cm Ø

1. Mehl, Salz und Butter mit wenig Wasser zu einem glatten Teig verarbeiten. In Frischhaltefolie wickeln und mindestens 1 Stunde im Kühlschrank ruhen lassen.

2. Inzwischen die Kartoffeln waschen und in der Schale garen. Abgießen, abschrecken und ausdampfen lassen. Kartoffeln schälen und fein reiben. Käse reiben.

3. Backofen auf 180 Grad vorheizen. Die Springform ausbuttern. Den Teig auf einer bemehlten Fläche dünn ausrollen und die Form damit auskleiden. Überstehenden Teig abschneiden und den Teigboden mit einer Gabel mehrfach einstechen. Die Form auf den Backofenboden stellen und den Teig 10 Minuten backen. Herausnehmen und etwas abkühlen lassen.

4. Eier, Crème fraîche und Sahne in einer Schüssel verrühren und mit Salz, Pfeffer und Muskatnuss würzen. Mit Kartoffeln und Käse sorgfältig vermischen. Auf den vorgebackenen Teigboden geben und glattstreichen. Butter in Flöckchen darauf verteilen. Kuchen in der Mitte des Backofen ca. 1 Stunde backen.

5. Kartoffelkuchen etwas abkühlen lassen, aus der Form nehmen und lauwarm servieren.

Meerrettich ist eine bis zu 60 Zentimeter lange rübenartige Wurzel. Sein scharfer Geschmack kommt von ätherischen Ölen. Reich an Mineralstoffen und Vitamin C, hilft er wirksam bei Erkältungskrankheiten und stärkt die Abwehrkräfte.

NORWEGEN

Marinierte Forelle vom Grill mit Pellkartoffeln

Zutaten für 4 Personen:

4 frische Forellen, küchenfertig
4 EL Öl
Saft von 1 Zitrone
1 TL Zucker
1 TL Salz
frisch gemahlener Pfeffer
1/2 TL gemahlener Kümmel
1 TL Thymianblättchen
600 g kleine neue Kartoffeln
200 g saure Sahne
1 EL geriebener Meerrettich
1 EL Zucker
frisch gemahlener Pfeffer
Öl für den Grill

Zubereitung: ca. 1 Stunde

1. Die Forellen waschen und trockentupfen. In einer Schüssel 2 Esslöffel Öl, Zitronensaft, Zucker und Salz verrühren. Mit Pfeffer, Kümmel und Thymian würzen. Die Zwiebel schälen, klein hacken und zufügen. Die Fische innen und außen mit der Marinade bestreichen. In eine Schale legen und abgedeckt rund 30 Minuten bei Zimmertemperatur marinieren.

2. Inzwischen die Kartoffeln waschen und in kochendem Salzwasser garen. Kartoffeln schälen und warmhalten. Für die Meerrettichsauce saure Sahne mit Meerrettich, Zucker und Pfeffer verrühren.

3. Einen Holzkohlen- oder Elektrogrill erhitzen. Den Grillrost mit etwas Öl einpinseln. Die Forellen auf den Grill legen und bei mittlerer Hitze auf jeder Seite ca. 5 Minuten grillen. Zwischendurch mit der restlichen Marinade bepinseln. Die Forellen mit den Pellkartoffeln und der Meerrettichsauce servieren.

Der Gjetöst, ein süßer, halbfester Ziegenkäse mit milchkaffeebrauner Färbung, wird aus Molke gewonnen. Nicht nur die Noweger lieben diesen aromatischen Käse. Wegen seines hohen Minerastoffgehalts gilt er als sehr gesund.

NORWEGEN

Kalbsschnitzel mit Sahnesauce und norwegischem Ziegenkäse

Zutaten für 4 Personen:

4 Kalbsschnitzel à 200 g
Salz
frisch gemahlener Pfeffer
2 EL Öl
2 EL Butter
1 Zwiebel
200 g Crème fraîche
100 g Gjetöst (halbfester norwegischer Ziegenkäse), frisch gerieben

Zubereitung: ca. 15 Minuten

1. Backofen auf 80 Grad vorheizen. Fleisch waschen, trockentupfen und flach klopfen. Salzen und pfeffern. In einer großen Pfanne Öl und 1 Esslöffel Butter erhitzen. Die Schnitzel bei mittlerer Hitze 3 Minuten auf jeder Seite anbraten. Im Backofen warm stellen.

2. Zwiebel schälen und klein würfeln. Bratfett aus der Pfanne entfernen und die restliche Butter schmelzen. Zwiebel zufügen und goldbraun braten. Mit 2 Esslöffeln Wasser ablöschen und den Bratensatz loskochen.

3. Die Hälfte der Crème fraîche zufügen und erhitzen. Esslöffelweise den geriebenen Käse und die restliche Crème fraîche zufügen und bei kleiner Hitze schmelzen lassen, bis die Sauce glatt ist. Nicht mehr kochen lassen. Sauce mit Salz und Pfeffer abschmecken.

4. Die Schnitzel in die Sauce legen und den Fleischsaft, der sich gebildet hat, unterrühren. 3–4 Minuten in der Sauce ziehen lassen. Das Fleisch auf vorgewärmten Tellern mit der Sauce anrichten.

Lamm- und Hammelfleisch gehört zu den beliebtesten Fleischsorten in Norwegen. Jede Region hat ihre eigenen Spezialitäten. Im Westen Norwegens gilt der geräucherte Schafskopf als ausgesprochene Delikatesse.

NORWEGEN

Norwegischer Pfeffer-Hammeltopf mit Weißkohl

Zubereitung für 6 Personen:

Vorbereitung: ca. 1 Stunde
Garen: ca. 2 Stunden

2 kg Hammelschulter oder -brust
2–3 EL Öl
3 EL Mehl
1 Weißkohl, ca. 2 kg
4 Stangen Sellerie
2 Zwiebeln
2 Möhren
3/4 l Fleischbrühe
Salz
2 EL grob gemahlener Pfeffer
3 EL fein gehackte Petersilie

1. Das sichtbare Fett und die Haut vom Fleisch entfernen. Fleisch waschen, trockentupfen und in ca. 4 cm große Würfel schneiden. Öl in einer Pfanne erhitzen und das Fleisch rundum anbraten. Mit Mehl bestäuben, kurz anrösten, dann in eine Schüssel umfüllen. Bratfett weggießen. Den Bratensatz mit 100 ml Wasser loskochen und beiseite stellen.

2. Den Weißkohl putzen und vierteln. Den Strunk und die harten Blattrippen entfernen. Kohlblätter in 2 cm breite Streifen schneiden. Sellerie putzen, Zwiebeln und Möhren schälen und alles klein würfeln. Fleischbrühe erhitzen.

3. Eine Lage Fleischwürfel auf den Boden eines großen breiten Kochtopfs legen. Eine Schicht Gemüsewürfel daraufgeben und eine Lage Weißkohl darüber verteilen. Auf diese Weise die Zutaten lagenweise einschichten, jede Schicht salzen und pfeffern.

4. Die heiße Fleischbrühe und den Bratfond darübergießen, einmal aufkochen und zugedeckt ca. 2 Stunden bei kleiner Hitze garen. Vor dem Servieren mit Petersilie bestreuen.

Wie in ganz Skandinavien genießen Beeren auch in Norwegen hohe Wertschätzung. Die kleinen Kraftbomben sind reich an Mineralstoffen und werden sowohl kultiviert als auch in den ausgedehnten Wäldern gesammelt.

NORWEGEN

Feine gewürzte Schmandwaffeln mit Beerenragout

Zutaten für 8–10 Waffeln:

Für das Beerenragout:
600 g gemischte Beeren (Blaubeeren, Himbeeren, Brombeeren)
4 EL Johannisbeergelee
Saft von 1/2 Zitrone
1 EL Vanillezucker

Für den Teig:
5 Eier
5 EL Zucker
Salz
1 TL gemahlener Kardamom
150 g Schmand
100 g Mehl
4 EL Butter
Öl zum Backen
1–2 EL Mineralwasser

Vorbereitung: 1 Stunde
Backen: ca. 45 Minuten

1. Die Beeren verlesen, waschen, abtropfen lassen und in eine Schüssel geben. Johannisbeergelee in einem kleinen Topf schmelzen. Zitronensaft und Vanillezucker einrühren und über die Beeren gießen. Mit Frischhaltefolie abgedeckt 1 Stunde kühl stellen.

2. Eier mit Zucker, 1 Prise Salz und Kardamom schaumig aufschlagen. Den Schmand und das Mehl unterrühren. Butter in einem kleinen Topf schmelzen und unter den Teig rühren. Abgedeckt 30 Minuten quellen lassen.

3. Backofen auf 80 Grad vorheizen. Teig nochmals gut durchrühren. Wenn der Teig zu dick ist, noch 1–2 Esslöffel Mineralwasser zufügen. Das Waffeleisen erhitzen und mit Öl auspinseln. Mit einem Schöpflöffel etwas Teig im Waffeleisen verteilen, den Deckel schließen und die Waffeln in ca. 4 Minuten goldbraun backen.

4. Waffeln aus dem Waffeleisen lösen und auf einem Rost im Backofen warm halten, bis alle Waffeln fertig gebacken sind. Waffeln auf einer Servierplatte übereinanderschichten, Beerenragout getrennt dazu servieren.

Auf dem Land beginnen die Vorbereitungen für das Weihnachtsfest, hier „Jul“ genannt, oft schon mehrere Wochen vorher. Sieben Sorten Plätzchen gehören auf den Gebäckteller, u. a. Pfefferkuchen, Schmalzkränzchen, Hörnchen.

NORWEGEN

Weihnachtsgebäck mit Mandeln und Rosinen

Zutaten für ca. 25 Stück:

500 g weiche Butter
400 g Zucker
2 EL Vanillezucker
1 TL gemahlener Zimt
1/2 TL gemahlener Kardamom
1/2 TL Ingwerpulver
1 TL abgeriebene Zitronenschale
6 Eier, getrennt
500 g Mehl
Salz
120 g Rosinen
120 g gehackte Mandeln

Zubereitung: ca. 1 Stunde

1. Die Butter mit Zucker schaumig rühren. Mit Vanillezucker, Zimt, Kardamom, Ingwer und Zitronenschale würzen. Die Eigelbe nacheinander zufügen. Mehl dazusieben und unterrühren. Eiweiß mit 1 Prise Salz steif schlagen und unter den Teig heben.

2. Den Backofen auf 180 Grad vorheizen. Ein tiefes Backblech mit Backpapier auslegen. Teigmasse einfüllen und mit einem Teigspachtel glatt streichen. Mit Rosinen und Mandeln bestreuen. Im Backofen ca. 30 Minuten goldbraun backen.

3. Kuchen in der Form erkalten lassen. Dann aus der Form nehmen und in kleine Quadrate, Dreiecke oder Rauten schneiden.

Man sagt, dass Schwedens Küche einfach und ohne Schnörkel, eben ländlich, sei. Doch dieses Rezept beweist auch ihre Experimentierfreude, selbst für ungewöhnliche Kreationen wie diese Garnelen in einer fein gewürzten Sauce.

SCHWEDEN

Blumenkohl mit Garnelen-Sherrysauce und Schnittlauch

Zutaten für 4 Personen:

1 Blumenkohl, ca. 800 g
Salz
Saft von 1 Zitrone
2 EL Butter
2 EL Mehl
1/4 l Milch
Zucker
frisch gemahlener Pfeffer
geriebene Muskatnuss
400 g kleine Garnelen, gekocht und geschält
50 g saure Sahne
4 cl Sherry
2 EL Schnittlauchröllchen

Zubereitung: ca. 25 Minuten

1. Blumenkohl putzen, waschen und in Röschen teilen. Einen Topf mit gesalzenem Wasser zum Kochen bringen, Blumenkohl und die Hälfte des Zitronensafts zufügen und 8–10 Minuten garen. In einem Sieb abtropfen lassen und warm stellen. 1/4 Liter Kochwasser beiseitestellen.

2. In einem großen Topf die Butter zerlassen, das Mehl einrühren und hellgelb anschwitzen. Unter Rühren das Kochwasser angießen und aufkochen. Milch zufügen, mit Salz, Zucker, Pfeffer und Muskatnuss würzen und bei mittlerer Hitze 5 Minuten dicklich kochen.

3. Die Garnelen waschen und in einem Sieb abtropfen lassen. In die Sauce geben und bis zum Siedepunkt erhitzen. Nicht mehr kochen lassen. Sahne, Sherry und restlichen Zitronensaft einrühren. Die Blumenkohlröschen auf 4 Teller verteilen, mit Garnelensauce übergießen und mit Schnittlauch bestreuen.

Der Graved Lachs – so der Originaltitel dieses Rezepts – ist eine kulinarische Zierde für jedes kalte Büffet. In Schweden ist es Ehrensache, diese köstliche Spezialität nicht zu kaufen, sondern nach alter Tradition selbst zuzubereiten.

SCHWEDEN

Hausgebeizter Lachs mit Dill und süßer Senfsauce

Zutaten für 6 Personen:

2 filetierte Lachshälften à 500 g, mit Haut

Für die Beize:
5 Bund Dill
100 g Meersalz
75 g Zucker
2 TL grober weißer Pfeffer

Für die Sauce:
4 EL grobkörniger Senf
2 EL Zucker
2 EL Weißweinessig
1 Eigelb
5 EL gehackte Dillspitzen
100 ml Sonnenblumenöl

Zubereitung: ca. 20 Minuten
Beizen: ca. 48 Stunden

1. Lachs waschen und trockentupfen. Dill waschen und trockenschütteln. Salz, Zucker und Pfeffer mischen. Den Boden einer Glas- oder Porzellanschüssel in der Größe der Filets mit 2 Bund Dill belegen. Eine Lachshälfte mit der Hautseite nach unten darauflegen und mit der Salz-Zucker-Pfeffermischung bestreuen. Zweite Hälfte mit der Fleischseite so darauflegen, dass je ein Kopf- und ein Schwanzende übereinanderliegen. 2 Bund Dill darauf verteilen, mit Folie abdecken und mit einem Brettchen und Gewicht beschweren.

2. Im Kühlschrank 36–48 Stunden, je nach der Dicke der beiden Filets, in der sich bildenden Lake beizen. Lachs während dieser Zeit mehrfach wenden. Fisch aus der Lake nehmen und trockentupfen. Restliche Dillspitzen von den Stängeln zupfen, grob hacken und auf einer Lachshälfte verteilen. Beide Filets mit den Hautseiten nach außen aufeinanderlegen und in Frischhaltefolie wickeln. Mindestens 6 Stunden marinieren lassen.

3. Für die Sauce Senf, Zucker, Essig, Eigelb und Dill in einer Schüssel vermischen und das Öl unter Rühren tropfenweise zufügen. Dill vom Lachs abstreifen. Mit einem Messer schräg dünne Scheiben in Kopfrichtung schneiden und auf einer Platte mit der Sauce servieren.

Rohkost ist eine der besten Arten zur Vorbeugung von Infektionen. Gerade Rotkohl enthält viele Vitamine und ist reich an Mineralstoffen. Mit Lauch, Äpfeln und Walnüssen ist er ein hervorragender Energiemix für den Winter.

SCHWEDEN

Rotkohlsalat mit Lauch und Äpfeln in Walnuss-Sauce

Zutaten für 6 Personen:

Für den Salat:
1 kleiner Rotkohl, ca. 800 g
1 Stange Lauch
2 Äpfel
100 g Walnusskerne
1 kleines Bund Petersilie
50 g Rosinen

Für die Salatsauce:
5 EL Apfelessig
2 EL grobkörniger Senf
3 EL Honig
1 TL Salz
frisch gemahlener Pfeffer
5 EL Walnussöl

Zubereitung: ca. 30 Minuten
Ziehen lassen: ca. 1 Stunde

1. Rotkohl vierteln, den Strunk entfernen und den Kohl in feine Streifen schneiden oder hobeln. Lauch putzen, waschen und in feine Streifen schneiden. Äpfel waschen, vierteln, das Kerngehäuse entfernen und die Äpfel grob raspeln. 10 schöne Walnusskerne für die Garnitur beiseitestellen und die restlichen Kerne fein hacken. Petersilie waschen, trockenschütteln und die Blätter fein hacken. Alles mit den Rosinen in eine Schüssel geben.

2. Für die Salatsauce Essig, Senf und Honig mit Salz und Pfeffer verrühren. Das Öl tröpfchenweise zufügen und die Sauce glattrühren. Über den Salat gießen und alles gut mischen. Mit Frischhaltefolie abdecken und mindestens 1 Stunde ziehen lassen.

3. Vor dem Servieren den Salat nochmals durchmischen und mit Salz und Pfeffer abschmecken. In eine Servierschüssel füllen und mit den Walnusskernen garniert auftragen.

Der in Schweden sehr verbreitete Name Janson ist ein Hinweis darauf, dass das Gericht sehr verbreitet und beliebt ist. Eigentlich heißt das Rezept „Jansons Fressvergnügen“ – weil man davon nicht genug kriegen kann.

SCHWEDEN

Jansons Versuchung mit Kartoffeln, Sardellen und Zitrone

Zutaten für 4 Personen:

800 g festkochende Kartoffeln
3 Zwiebeln
2 Knoblauchzehen
1 Bund Petersilie
100 g Sardellenfilets, in Öl eingelegt
Butter für die Form
frisch gemahlener Pfeffer
geriebene Muskatnuss
abgeriebene Schale und Saft von 1 Zitrone
200 g süße Sahne
2 EL Semmelbrösel
50 g Butter

Zubereitung: ca. 45 Minuten

1. Die Kartoffeln schälen und in ca. 5 mm dicke Stifte schneiden. Die Zwiebeln und den Knoblauch schälen. Zwiebeln in feine Ringe, Knoblauch in dünne Scheiben schneiden. Die Petersilie waschen, trockenschütteln und die Blätter fein hacken. Die Sardellen in einem Sieb abtropfen lassen, das Öl auffangen. Den Backofen auf 200 Grad vorheizen.

2. Eine ofenfeste Form ausbuttern. Den Boden der Form mit der Hälfte der Kartoffeln belegen. Zwiebeln, Knoblauch, Sardellen und Petersilie darüber verteilen und mit Pfeffer, Muskatnuss, Zitronenschale und -saft würzen. Restliche Kartoffeln darüber verteilen. Das Sardellenöl und die Sahne darübergießen. Mit den Semmelbröseln bestreuen und die Butter in Flöckchen daraufsetzen.

3. Auflauf in die Mitte des Backofens schieben und 30 Minuten backen. In der Form servieren.

Fisch gehört zu den Grundnahrungsmitteln in ganz Skandinavien. Für festliche Gelegenheiten und große Büffets hat auch die ansonsten eher schlichte Küche Schwedens vorzügliche und raffinierte Fischrezepte zu bieten.

SCHWEDEN

Cecilias Fischterrine mit Garnelen und Kräutersauce

Zutaten für 4 Personen:

Zubereitung: ca. 75 Minuten
Kühlen: über Nacht

Für die Terrine:
500 g Kabeljau- oder Steinbeißerfilets
2 Eier
1 Eigelb
2 cl Cognac
Salz
Cayennepfeffer
1 kleines Bund Dill
400 g kleine Garnelen, gekocht und geschält

Für die Sauce:
200 g Mayonnaise
150 g süße Sahne
150 g saure Sahne
1 TL Honig
frisch gemahlener Pfeffer
1 EL gehackte Dillspitzen
1 EL fein gehackte Petersilie
1 EL Schnittlauchröllchen
1 EL Gartenkresse

1. Den Backofen auf 180 Grad vorheizen. Die Fischfilets waschen, trockentupfen und in Würfel schneiden. Den Fisch im Mixer mit Sahne, Ei und Eigelb pürieren, mit Cognac, Salz und Cayennepfeffer würzen. Dill waschen, trockenschütteln und die Spitzen fein hacken.

2. Die Hälfte der Fischmasse in eine Terrinenform geben und die Garnelen darauf verteilen. Dill darüberstreuen und mit der restlichen Fischmasse bestreichen. Im heißen Ofen ca. 50 Minuten garen. Dann im abgeschalteten Ofen erkalten lassen.

3. Die Terrine mit Frischhaltefolie abdecken. Mit einem Brettchen belegen und mit einem Gewicht beschweren. Über Nacht im Kühlschrank kühlen.

4. Für die Sauce Mayonnaise, Sahne und Honig in einer Schüssel mischen. Mit Pfeffer und Kräutern würzen. Die Terrinenform in heißes Wasser tauchen und auf eine Servierplatte stürzen. In Scheiben schneiden und mit der Sauce servieren.

In der Küche Schwedens spielt Hackfleisch eine große Rolle. Es ist leicht zu verarbeiten und erlaubt die schmackhafte Verarbeitung weniger edler Fleischteile. Sehr beliebt sind die als Köttbullar bekannten Fleischklößchen.

SCHWEDEN

Hacksteaks Lindström mit Roter Bete und Kapern

Zutaten für 4 Personen:

1 Zwiebel
1 EL Butter
1 eingelegte Rote Bete
2 EL Rote-Bete-Saft
1 EL Kapern
1 kleines Bund Petersilie
500 g gemischtes Hackfleisch
1 Ei
2 EL süße Sahne
Salz
frisch gemahlener Pfeffer
frisch geriebene Muskatnuss
2 EL Butter
1 EL Öl

Zubereitung: ca. 15 Minuten

1. Die Zwiebel schälen und klein würfeln. In einer Pfanne die Butter erhitzen und die Zwiebel darin glasig dünsten. Vom Herd nehmen und abkühlen lassen.

2. Die Rote Bete klein würfeln, die Kapern hacken. Die Petersilie waschen, trockenschütteln und die Blätter fein hacken. Alles in einer Schüssel mit der Zwiebel und dem Hackfleisch, dem Rote-Bete-Saft, Ei und Sahne vermischen. Mit Salz, Pfeffer und Muskatnuss würzen.

3. Die Fleischmasse zu kleinen Steaks formen. In einer Pfanne Butter und Öl erhitzen und die Steaks auf beiden Seiten bei mittlerer Hitze braun braten. Auf Küchenpapier abtropfen lassen. Warm oder kalt servieren.

Vorratshaltung wird in Schweden groß geschrieben. Diese Küchentradition stammt aus vergangenen Zeiten, als die Selbstversorgung in langen, kalten Wintern überlebensnotwendig war. Kartoffelgerichte waren und sind deshalb beliebt.

SCHWEDEN

Schwedische Kartoffelpfanne mit gekochtem Schinken

Zubereitung für 4 Personen:

1 kg Kartoffeln
2 Zwiebeln
4 Gewürzgurken
300 g gekochter Schinken
1 kleines Bund Petersilie
4 EL Butter
200 ml Bratensauce
200 g Crème fraîche
Salz
frisch gemahlener Pfeffer

Zubereitung: ca. 1 Stunde

1. Kartoffeln waschen und in Salzwasser ca. 30 Minuten garen. Dann abgießen, abschrecken, schälen und abkühlen lassen.

2. Die Kartoffeln in Scheiben schneiden. Die Zwiebeln schälen und klein würfeln. Gewürzgurken und Schinken in kleine Würfel schneiden. Petersilie waschen, trockenschütteln und die Blätter fein hacken.

3. Die Butter in einer Pfanne erhitzen und die Kartoffelscheiben darin goldbraun braten. Zwiebeln, Schinken und Gurken zufügen und 5 Minuten mitbraten. Bratensauce und Crème fraîche angießen, kurz erhitzen und mit Salz, Pfeffer und Petersilie würzen.

Bis zum Ende des 19. Jahrhunderts ein Vorrecht des Adels, ist die Jagd heute jedem Grundbesitzer auf eigenem Boden erlaubt. Das Jedermannsrecht gestattet darüber hinaus das Sammeln von Pilzen und Beeren für den eigenen Bedarf.

SCHWEDEN

Elchbraten mit Pfifferlingsauce und Fächerkartoffeln

Zutaten für 4 Personen:

Vorbereitung: 12 Stunden
Zubereitung: ca. 90 Minuten

10 Wacholderbeeren
10 Pfefferkörner
5 Pimentkörner
2 Gewürznelken
Salz
1 kg Elchbraten (Keule), ersatzweise Hirschkeule
2 EL Butterschmalz
400 ml Wildfond
1 Lorbeerblatt
6 große Kartoffeln
frisch gemahlener Pfeffer
Butter für die Form
2 EL Semmelbrösel
500 g Pfifferlinge
2 Schalotten
2 EL Butter
1 EL Mehl
250 g süße Sahne
50 g Johannisbeergelee

1. Gewürze mit Salz fein zerreiben. Fleisch mit der Gewürzmischung einreiben, in Frischhaltefolie wickeln und im Kühlschrank über Nacht durchziehen lassen.

2. Am nächsten Tag das Fleisch auswickeln und die Gewürze abstreifen, Fleisch salzen. Backofen auf 180 Grad vorheizen. In einem Schmortopf das Butterschmalz erhitzen, das Fleisch darin rundum anbraten. Mit der Hälfte der Brühe ablöschen und das Lorbeerblatt zufügen. Zugedeckt ca. 1 Stunde im Ofen garen.

3. Kartoffeln schälen und fächerförmig einschneiden: Kartoffeln auf einen Esslöffel legen und bis zum Löffelrand einschneiden. Kartoffeln leicht auffächern, salzen und pfeffern. Mit 2 Esslöffeln Butter bestreichen, in eine gefettete Auflaufform einschichten und mit Semmelbröseln bestreuen. 45 Minuten im Ofen backen.

4. Pilze putzen. Schalotten schälen und klein würfeln. Butter in einer Pfanne erhitzen. Schalotten und Pilze zufügen, anbraten und mit Mehl bestäuben. Restliche Brühe und Sahne zufügen und einkochen lassen. Das Fleisch in Scheiben schneiden und auf einer Platte anrichten. Pilz- und Fleischsauce mischen, mit Salz, Pfeffer und Gelee abschmecken und zum Fleisch servieren.

Schon in heidnischer Zeit wurde im Midwinter mit üppigen Gastmählern gefeiert. Der ‚Julskinka' ist das Zentrum des Weihnachtsbuffets, des ‚Julbord' am Ulafton (Heiligabend), aber auch des gesamten Weihnachtsfestkreises.

SCHWEDEN

Schwedischer Weihnachtsschinken mit Knusperkruste

Zutaten für 6 Personen:

Für den Schinken:
1 Schweinekeule mit Schwarte, ca. 2 kg, ohne Knochen
10 Pimentkörner
10 Pfefferkörner
10 Gewürznelken
10 Korianderkörner
3 Lorbeerblätter
1 EL Salz

Für die Glasur:
1 Eiweiß
2 EL grober Senf
1 EL brauner Zucker
3 EL Semmelbrösel

Für die Garnierung:
1 unbehandelte Orange
250 g Weintrauben
1 Bund Petersilie
150 g Butter

Zubereitung: ca. 30 Minuten

1. Fleisch waschen und in einen großen Topf legen. Gewürze zufügen, salzen und das Fleisch mit Wasser bedecken. Langsam zum Kochen bringen und abschäumen. Ca. 90 Minuten bei kleiner Hitze kochen. Schinken herausnehmen und die Speckschwarte ablösen. Den Schinken in der Kochbrühe erkalten lassen.

2. Den Backofen auf 225 Grad vorheizen. Für die Glasur Eiweiß, Senf, Zucker und Semmelbrösel in einer Schüssel verrühren. Schinken aus der Brühe nehmen und trockentupfen. Auf der Fettseite mit der Glasur bestreichen und auf ein mit Backpapier ausgelegtes Backblech legen. Schinken im Ofen ca. 15 Minuten knusprig braten.

3. Für die Garnierung die Orange in Scheiben schneiden. Weintrauben waschen und abtropfen lassen. Petersilie waschen und trockenschütteln.

4. Butter in einer Schüssel schaumig rühren. In einen Spritzbeutel füllen und eine Verzierung auf den Schinken spritzen. Den Schinken zur Hälfte in Scheiben schneiden und auf einer Servierplatte mit Orangenscheiben, Weintrauben und Petersilie garniert auftragen.

Am Lucia-Tag (13. Dezember) tritt die „Luzienbraut" auf in einem weißen Kleid und mit einem Kerzenkranz auf dem Kopf. Mit diesem Brauch wird das Licht angekündigt, das an Weihnachten in die Welt kommt.

SCHWEDEN

Lucias Ingwerkringel mit Mandeln und Rosinen

Zutaten für 4 Personen:

1/2 l Milch
150 g Butter
2 g Safranfäden
1 Würfel frische Hefe (42 g)
800 g Mehl
120 g Zucker
1 TL Salz
1 TL gemahlener Ingwer
100 g gehackte Mandeln
100 g Rosinen
1 Eigelb

Zubereitung: ca. 90 Minuten

1. Milch und Butter in einem Topf erhitzen. Den Safran zufügen und 5 Minuten darin ziehen lassen. Etwas abkühlen lassen. Die Hefe mit der Safranmilch verrühren. Das Mehl dazusieben und mit Zucker, Salz, Ingwer und Mandeln zu einem glatten Teig verarbeiten. Den Teig mit einem Küchentuch abgedeckt ca. 45 Minuten gehen lassen.

2. Den Backofen auf 220 Grad vorheizen. Den Teig auf einer bemehlten Arbeitsfläche zu 2 cm dicken und 20 cm langen Rollen formen. Jede Rolle zu einer 8 formen und auf ein beschichtetes Backblech legen. Die Rosinen leicht in den Teig drücken. Das Eigelb verquirlen und die Teigstücke damit bestreichen.

3. Im heißen Ofen auf der Mittelschiene ca. 12 Minuten backen. Danach die Kringel auf einem Kuchengitter abkühlen lassen.

AFRIKA

Das kulinarische Afrika: Von der nordafrikanischen Berberküche und den westafrikanischen Garküchen über die Gewürzinseln bis zum südafrikanischen Braai (Barbecue)

Kumin stammt ursprünglich aus Ägypten. In der Antike galt er als Heilmittel und wurde den Pharaonen mit ins Grab gegeben. Die Römer verwendeten ihn zum Würzen anstelle von Pfeffer und als gemahlene Paste zum Brotaufstrich.

ÄGYPTEN

Gefüllte Kräuter-Tomaten mit Limettensaft und Keimöl

Zutaten für 4 Personen:

8 kleine Tomaten
4 Knoblauchzehen
1 frische rote Chilischote
1 EL getrocknete Kuminsamen
1 EL Korianderkörner
Salz
1 EL fein gehackte Korianderblätter
2 EL Limettensaft
2 EL Weizenkeimöl

Zubereitung: ca. 15 Minuten

1. Die Tomaten waschen und trockentupfen. Bei 4 Tomaten einen Deckel abschneiden, die restlichen Tomaten bis zur Hälfte so über Kreuz einschneiden, dass die Tomaten in Viertel geteilt werden. Alle Tomaten mit einem kleinen Löffel entkernen.

2. Den Knoblauch schälen und würfeln. Die Chilischote längs halbieren, entkernen und hacken.

3. In einem großen Mörser Kumin und Koriander zerstoßen. Knoblauch, Chilischote und 1/2 Teelöffel Salz mit den Gewürzen zermahlen, die Korianderblätter untermischen und die Tomaten damit füllen.

4. Gefüllte Tomaten auf eine Platte setzen. Limettensaft und Öl verrühren und über die Tomaten träufeln.

Der ägytpischen Küche wird nachgesagt, dass sie sehr scharf gewürzt und ziemlich fett sei. Dieser Salat aus Süßkartoffeln ist eine wohlschmeckende Ausnahme, nicht zuletzt dank der aromatischen eingemachten Zitronen.

ÄGYPTEN

Würziger Süßkartoffelsalat mit Zitrone und frischem Koriander

Zutaten für 4 Personen:

600 g Süßkartoffeln
1 Gemüsezwiebel
1 kleines Stück Ingwer
60 ml Pflanzenöl
1/4 TL Safranpulver
Salz
1 eingemachte Zitrone
Saft von 1 Limette
1 TL edelsüßes Paprikapulver
1/4 TL Schwarzkümmel
2 EL fein gehackter Koriander

Zubereitung: ca. 35 Minuten
Ziehen lassen: ca. 1 Stunde

1. Die Süßkartoffeln waschen, schälen und in ca. 2 cm große Würfel schneiden. Die geschälte Zwiebel halbieren und in dünne Scheiben schneiden. Den Ingwer schälen und fein hacken.

2. Das Öl in einem Topf erhitzen und die Zwiebel darin goldgelb anschwitzen. Ingwer, Safranpulver und Salz zugeben. Süßkartoffeln hinzufügen, 250 ml Wasser angießen und die Kartoffeln 8–10 Minuten garen.

3. Inzwischen die Schale der eingemachten Zitrone und das Fruchtfleisch in kleine Würfel schneiden. Mit dem Limettensaft, Paprikapulver und Schwarzkümmel zu den Süßkartoffeln geben und bei kleiner Hitze so lange weiterköcheln lassen, bis die Sauce sämig ist. Vom Herd nehmen und in eine Schüssel umfüllen.

4. Süßkartoffelsalat ganz abkühlen lassen. Vor dem Servieren den Koriander untermischen.

Ursprünglich aus Ägypten stammen „Falafel", kleine Küchlein aus braunen Bohnen, die man aus der Hand oder in Fladenbrot isst. Man findet sie in vielen arabischen Ländern, wo sie allerdings meist aus Kichererbsen zubereitet werden.

Ägyptische Bohnenplätzchen

ÄGYPTEN

mit frischen Kräutern

Zutaten für ca. 30 Stück:

250 g getrocknete braune Bohnen
4 Frühlingszwiebeln
1 Zwiebel
5 Knoblauchzehen
1 frische rote Chilischote
1 Bund Petersilie
1 Bund Dill
1/2 TL gemahlener Kreuzkümmel
Salz
1/2 TL Backpulver
Pflanzenöl zum Frittieren

Vorbereitung: ca. 12 Stunden
Zubereitung: ca. 40 Minuten

1. Die braunen Bohnen über Nacht in Wasser quellen lassen. Am nächsten Tag abgießen und gut abtropfen lassen.

2. Die Frühlingszwiebeln putzen und mit einem Teil des Grüns hacken. Zwiebel und Knoblauch schälen und in Würfel schneiden. Die Chilischote längs halbieren, entkernen und hacken. Petersilie und Dill waschen, trockenschütteln und ohne grobe Stiele hacken.

3. Die Bohnen durch die feine Scheibe des Fleischwolfs drehen. Frühlingszwiebeln, Zwiebel, Knoblauch, Chilischote, Petersilie und Dill daruntermischen und die Masse ein zweites Mal durch den Fleischwolf drehen. Kreuzkümmel, Salz und Backpulver unterkneten und den Bohnenteig 1 Stunde ziehen lassen.

4. Den Bohnenteig nochmals durchkneten. Mit nassen Händen aus dem Teig kleine Bällchen formen und leicht flach drücken.

5. Das Öl in einer Fritteuse auf 175 Grad erhitzen und die Bohnenplätzchen portionsweise goldbraun ausbacken. Vor dem Servieren kurz auf Küchenpapier abtropfen lassen.

Zu Salaten, Suppen und kleinen Gerichten wie diesen Garnelen wird in ganz Nordafrika frisches Fladenbrot serviert. Man reißt sich mit der Hand kleine Stücke vom Brot herunter und tunkt sie in die würzigen Saucen und Dips.

ÄGYPTEN

Garnelen in Joghurt-Tomaten-Sauce mit frittierter Minze

Zutaten für 4 Personen:

2 EL Mehl
250 g Naturjoghurt
1/8 l Milch
3 Knoblauchzehen
100 ml Olivenöl
250 g passierte Tomaten
Salz
frisch gemahlener Pfeffer
400 ml Fischfond
800 g große Garnelen, geschält, mit Schwanzflosse
75 ml Keimöl
20 frische Minzeblätter

Vorbereitung: ca. 1 Stunde
Zubereitung: ca. 40 Minuten

1. Das Mehl mit dem Joghurt und der Milch glatt verrühren und 1 Stunde quellen lassen.

2. Den geschälten Knoblauch in Scheiben schneiden. Die Hälfte des Olivenöls erhitzen und den Knoblauch darin goldgelb anrösten. Die passierten Tomaten dazugeben, mit Salz und Pfeffer würzen und etwas einkochen lassen. Den Fischfond angießen und zum Kochen bringen. Die Joghurtmischung unter Rühren zufügen und so lange kochen lassen, bis die Sauce eindickt. In eine Schüssel umfüllen und etwas abkühlen lassen.

3. In einer Pfanne die Garnelen im restlichen Olivenöl anbraten. Garnelen kurz auf Küchenpapier abtropfen lassen, dann in die Sauce geben.

4. Das Keimöl in die Pfanne geben, erhitzen und die Minzeblätter darin einige Sekunden frittieren. Aus der Pfanne heben und auf die Sauce legen. Lauwarm in der Schüssel servieren.

Der Nil ist der längste Fluss der Erde und zieht sich wie ein grünes Band durch das trockene Land. Seine Tierwelt ist einmalig. Bereits die Pharaonen ließen ihre Städte und Tempel in den fruchtbaren Ebenen des heiligen Flusses erbauen.

ÄGYPTEN

Gebackene Nil-Sardinen mit Tomaten und Limetten

Zutaten für 4 Personen:

1 kg frische Nil-Sardinen
Salz
frisch gemahlener Pfeffer
1 Knoblauchknolle
1 frische rote Chilischote
1 TL Kreuzkümmel
4 Tomaten
2 unbehandelte Limetten
2 EL Pflanzenöl

Zubereitung: ca. 20 Minuten
Garen: ca. 15 Minuten

1. Die Sardinen ausnehmen und gründlich unter fließendem Wasser waschen. Trockentupfen und mit Salz und Pfeffer würzen.

2. Den Knoblauch schälen und würfeln. Die Chilischote längs halbieren, entkernen und hacken. Knoblauch und Chilischote mit 1/2 Teelöffel Salz und dem Kreuzkümmel im Mörser zermahlen. Die Tomaten und die Limetten in Scheiben schneiden.

3. Den Backofen auf 220 Grad vorheizen. Eine feuerfeste Form mit den Tomaten auslegen, die Sardinen nebeneinander darauflegen. Mit der Knoblauch-Würzmischung bestreuen und mit den Limettenscheiben belegen. Das Öl darüberträufeln.

4. Sardinen im heißen Ofen 15 Minuten backen. In der Form auftragen.

In Ägypten werden viele Gemüse mit Béchamelsauce überbacken. Zubereitet werden diese Aufläufe mit oder ohne Hackfleisch. Anstelle von Spinat kann man auch gekochten Blumenkohl oder gebratene Auberginen verwenden.

ÄGYPTEN

Überbackener Hackfleisch-Spinat-Auflauf mit Béchamelsauce

Zutaten für 4 Personen:

3 EL Butterschmalz
2 EL Mehl
1/2 l Milch
Salz
frisch gemahlener Pfeffer
frisch geriebene Muskatnuss
1 kg Blattspinat
300 g Rinderhackfleisch
2 EL Butter
2 Eier

Zubereitung: ca. 25 Minuten
Überbacken: ca. 30 Minuten

1. In einem Topf 2 Esslöffel Butterschmalz erhitzen. Das Mehl einrühren und hellgelb anschwitzen. Die Milch unter Rühren angießen und zum Kochen bringen. So lange unter Rühren köcheln lassen, bis die Sauce eindickt. Béchamelsauce bei kleiner Hitze warm halten, mit Salz, Pfeffer und Muskatnuss würzen.

2. Den Spinat verlesen, putzen und gründlich waschen. Restliches Buterschmalz erhitzen und den Spinat tropfnass hineingeben, 100 ml Wasser angießen und leicht salzen. Spinat zudeckt 5 Minuten dünsten. Dann abgießen, dabei die Kochflüssigkeit auffangen und wieder in den Topf geben. Das Hackfleisch in der Kochflüssigkeit 10 Minuten garen. Den Backofen auf 175 Grad vorheizen.

3. Eine Auflaufform mit Butter ausfetten. Die Hälfte des Spinats einfüllen, das Hackfleisch darauf verteilen, mit Salz und Pfeffer würzen. Restlichen Spinat daraufgeben und mit der Béchamelsauce übergießen.

4. Die Eier verquirlen und den Auflauf damit bestreichen. Restliche Butter in Flöckchen daraufsetzen. Im heißen Ofen 30 Minuten überbacken. In der Form servieren.

Innereien wie Leber, Nieren, Hirn und Zunge werden in Ägypten gerne gegessen. Sie werden über dem offenen Feuer gegrillt oder in der Pfanne gebraten. Meist sind diese Gerichte kräftig mit Knoblauch und Kräutern gewürzt.

ÄGYPTEN

Rinderleber nach Art von Alexandria in Zitrone mariniert

Zutaten für 4 Personen:

Vorbereitung: ca. 30 Minuten
Zubereitung: ca. 25 Minuten

600 g Rinderleber
3 Knoblauchzehen
1 frische grüne Chilischote
1 TL Korianderkörner
1 TL Kreuzkümmel
Saft von 2 Zitronen
100 ml Keimöl
Salz
frisch gemahlener Pfeffer
1 EL fein gehackte Petersilie

1. Die Leber waschen und trockentupfen. Häutchen, Sehnen und Röhren entfernen und die Leber in ca. 2 cm breite Streifen schneiden.

2. Den geschälten Knoblauch in dünne Scheiben schneiden. Die Chilischote längs halbieren, entkernen und hacken. Koriander und Kreuzkümmel im Mörser grob zerstoßen und mit der Hälfte des Zitronensafts vermischen. Über die Leber gießen, Knoblauch und Chilischote zufügen. 30 Minuten bei Zimmertemperatur ziehen lassen.

3. Das Öl in einer tiefen Pfanne erhitzen und die Leber portionsweise darin kurz anbraten. Warm stellen, bis die ganze Leber gebraten ist. Leber wieder in die Pfanne geben und bei kleiner Hitze weitere 5 Minuten garen.

4. Die Bratflüssigkeit abgießen und die Leber unter Rühren goldbraun braten. Mit Salz, Pfeffer und dem restlichen Zitronensaft abschmecken. Vor dem Servieren mit der Petersilie bestreuen.

Fleisch ist ein teurer Luxus in Ägypten. Deshalb wird es in der Regel mit sättigenden Zutaten wie Okraschoten oder Kichererbsen in einer pikant gewürzten Sauce geschmort. Dazu gibt es Reis, Kartoffeln oder Nudeln.

ÄGYPTEN

Rindfleisch mit Okra und Tomaten geschmort

Zutaten für 4 Personen:

500 g Rindfleisch (Schulter)
2 Zwiebeln
3 EL Butterschmalz
Salz
frisch gemahlener Pfeffer
400 ml Fleischbrühe
1 Zimtstange
1 kg Okraschoten
250 g passierte Tomaten

Zubereitung: ca. 90 Minuten

1. Das Fleisch waschen, trockentupfen und in ca. 2 cm große Würfel schneiden. Die Zwiebeln schälen und klein würfeln.

2. Das Butterschmalz in einem Schmortopf erhitzen und das Fleisch darin bei mittlerer Hitze anbraten. Mit Salz und Pfeffer würzen. Zwiebeln zugeben und hellgelb anschwitzen. Die Brühe angießen, die Zimtstange einlegen. Bei kleiner Hitze 30 Minuten köcheln lassen.

3. Inzwischen die Okraschoten waschen und putzen. Stielansatz und Spitzen knapp abschneiden, damit beim Garen kein Fruchtmark austritt. Okraschoten und passierte Tomaten zum Fleisch geben, untermischen und weitere 30 Minuten garen.

4. Die Zimtstange entfernen und die Sauce mit Salz und Pfeffer abschmecken.

Reismehl wird in vielen arabischen Ländern zur Bindung von Süßspeisen, Kompott und Pudding verwendet. Es wird aus fein gemahlenen Reiskörnern hergestellt und kann durch Maismehl oder Kartoffelstärke erstezt werden.

ÄGYPTEN

Süßer Reispudding mit Mandeln und Rosenwasser

Zutaten für 4 Personen:

100 g Kokosraspeln
1,5 l Milch
200 g gehackte Mandeln
100 g Reismehl
120 g Zucker
1 TL Rosenwasser
75 g gehackte Pistazienkerne

Vorbereitung: ca. 1 Stunde
Zubereitung: ca. 20 Minuten

1. Die Kokosraspeln in 100 ml Milch einweichen und ca. 1 Stunde quellen lassen. Dann abgießen und gut ausdrücken. Kokosraspeln mit den Mandeln im Mixer pürieren.

2. Das Reismehl mit 1/4 l Milch verquirlen. Die restliche Milch in einen Topf gießen, die Kokos-Mandel-Masse unterrühren, den Zucker zufügen. Zum Kochen bringen und das angerührte Reismehl unterrühren. Bei kleiner Hitze unter ständigem Rühren 6 Minuten köcheln lassen.

3. Pudding vom Herd nehmen und mit dem Rosenwasser aromatisieren. In eine große flache Schüssel umfüllen und erkalten lassen.

4. Den Reispudding vor dem Servieren dekorativ mit den Pistazien bestreuen.

Gemüse spielt in der nordafrikanischen Küche eine große Rolle. Es wird reif geerntet und hat dadurch ein sehr viel intensiveres Aroma als viele Gemüse, die man in europäischen Supermärkten angeboten bekommt.

ALGERIEN

Auberginen-Pfefferschoten-Gemüse mit Tomatendressing

Zutaten für 4 Personen:

500 g kleine Auberginen
Salz
Pflanzenöl zum Frittieren
2 große Knoblauchzehen
4 milde grüne Pfefferschoten
200 ml Tomatensaft
1 EL Olivenöl
2 EL Weinessig
frisch gemahlener Pfeffer

Vorbereitung: ca. 30 Minuten
Zubereitung: ca. 20 Minuten

1. Die Auberginen ohne Stielansatz quer in dünne Scheiben schneiden. Salzen, in ein Sieb legen und 30 Minuten ziehen lassen. Dann mit Küchenpapier gut trockentupfen.

2. Das Öl in einer Fritteuse auf 175 Grad erhitzen. Den Knoblauch schälen und in Scheiben schneiden. Die Pfefferschoten halbieren und entkernen.

3. Auberginen und Pfefferschoten portionsweise im heißen Öl ausbacken. Auf Küchenpapier abtropfen lassen. Den Knoblauch im Öl goldgelb frittieren.

4. Auberginen auf 4 flachen Tellern anrichten. Den Tomatensaft mit dem Olivenöl, dem Essig, Salz und Pfeffer verrühren und über die Auberginen verteilen. Mit den Pfefferschoten und dem Knoblauch garnieren. Lauwarm oder kalt servieren.

Koriander ist in der nordafrikanischen Küche ebenso beliebt wie die Petersilie in Mitteleuropa. Die Blätter werden zum Würzen von Salaten und Saucen verwendet, die getrockneten Samen für Brot, Suppen, Fleisch- und Fischgerichte.

ALGERIEN

Würzige Gemüsesuppe mit Nudeln und Koriander

Zutaten für 4 Personen:

2 weiße Rüben
2 Möhren
2 Stangen Sellerie
75 ml Olivenöl
2 EL Tomatenmark
1–2 TL Harissa
1 TL getrocknete Minze
1 TL gemahlener Kreuzkümmel
100 g feine Suppennudeln
1 TL Salz
4 Knoblauchzehen
1 TL Korianderkörner
1 TL Butterschmalz

Zubereitung: ca. 50 Minuten

1. Rüben und Möhren schälen und in kleine Würfel schneiden. Sellerie putzen und in dünne Scheiben schneiden.

2. Das Olivenöl erhitzen und das Gemüse darin anschwitzen. Tomatenmark und Harissa einrühren und kurz anrösten. Getrocknete Minze zwischen den Fingern verreiben und mit dem Kreuzkümmel dazugeben. 1 Liter kaltes Wasser angießen, einmal aufkochen und 30 Minuten bei kleiner Hitze köcheln lassen.

3. Die Suppennudeln zufügen, Suppe mit Salz würzen und 5 Minuten weiter köcheln.

4. Den Knoblauch schälen, würfeln und in einem Mörser mit den Korianderkörnern zermahlen. Im heißen Butterschmalz anbraten, dann unter die Suppe rühren. Weitere 2–3 Minuten köcheln lassen. Vor dem Servieren mit Salz und Harissa abschmecken.

In Algerien bereitet man Couscous meistens mit Merguez zu. Die scharfen fetten Bratwürste aus Lamm- und Rindfleisch werden mit Harissa, Paprika, Kreuzkümmel und Knoblauch gewürzt und vor dem Braten angestochen.

ALGERIEN

Couscous mit Kaninchen und Huhn im Gemüsering

Zutaten für 4 Personen:

200 g Couscous
2 Kaninchenkeulen
1 Hähnchenbrust mit Knochen
Salz
frisch gemahlener Pfeffer
1 Gemüsezwiebel
3 Knoblauchzehen
2 Auberginen
2 große Zucchini
4 Tomaten
150 ml Olivenöl
100 g vorgekochte Kichererbsen
1/2 TL Safranpulver
4 Merguez (scharfe grobe Bratwürste)

Zubereitung: ca. 90 Minuten

1. Couscous in eine Schale geben und mit 1/8 Liter heißem Wasser befeuchten. 30 Minuten quellen lassen. Während dieser Zeit mehrfach mit den Fingerspitzen durchmischen.

2. Kaninchen und Huhn waschen, trockentupfen, Kaninchenkeulen am Gelenk durchschneiden, Hähnchenbrust mit Knochen in 4 Portionen teilen. Fleisch mit Salz und Pfeffer einreiben. Zwiebel und Knoblauch schälen und würfeln. Gemüse putzen und in Scheiben schneiden.

3. Die Hälfte des Öls in einer tiefen Pfanne erhitzen, Kaninchen und Huhn hineingeben und bei mittlerer Hitze ca. 35 Minuten braten. 10 Minuten vor Ende der Garzeit die Merguez dazugeben und mitbraten.

4. Restliches Öl in einem Topf erhitzen, Zwiebel und Knoblauch darin anschwitzen. Gemüse, Kichererbsen, Safranpulver, Salz und Pfeffer zufügen. 1 Liter Wasser angießen. Couscous in ein Sieb füllen. Sieb so auf den Topf setzen, dass es im Dampf hängt, mit Alufolie verschließen. Couscous 30 Minuten im Dampf garen.

5. Couscous auf eine Platte geben. Gemüse, Kichererbsen, Fleisch und Würste darauf anrichten.

Fleisch von älteren Tieren – seien es Hammel oder Suppenhennen – wird in Nordafrika oft zuerst gekocht und dann gebraten. Diese Zubereitungsart hat den Vorteil, dass auch nicht mehr ganz junges Fleisch wieder zart und saftig wird.

ALGERIEN

Hammelbraten mit Ingwer und Zimt geschmort

Zutaten für 4 Personen:

1 kg Hammelkeule mit Knochen
2 Gemüsezwiebeln
2 Knoblauchzehen
1 Stück frischer Ingwer
125 g Butterschmalz
1/2 TL gemahlener Kreuzkümmel
1/2 TL gemahlener Koriander
1 TL edelsüßes Paprikapulver
1 Lorbeerblatt
Salz

Zubereitung: ca. 30 Minuten
Garen: ca. 2 Stunde

1. Hammelkeule waschen und trockentupfen, sichtbares Fett und Haut entfernen. Zwiebeln und Knoblauch schälen und in kleine Würfel schneiden. Ingwer schälen und in Scheiben schneiden.

2. Die Hälfte des Butterschmalzes in einem großen Topf erhitzen. Zwiebel und Knoblauch hinzufügen und anschwitzen. Kreuzkümmel, Koriander und Paprikapulver einrühren und kurz anrösten. So viel Wasser angießen, dass die Keule ganz bedeckt ist. Ingwer und Lorbeerblatt einlegen. 1 Teelöffel Salz zugeben. Zum Kochen bringen und ca. 2 Stunden bei kleiner Hitze köcheln lassen, bis das Fleisch gar ist.

3. Fleisch aus der Brühe heben und kurz ruhen lassen. Die Brühe abseihen, entfetten und auf 1/3 der ursprünglichen Menge einkochen.

4. Das Fleisch vom Knochen lösen. Restliches Butterschmalz erhitzen und das Fleisch darin von allen Seiten knusprig anbraten. Zum Servieren die Hammelkeule in Scheiben schneiden und mit der Sauce überziehen.

Geflügel ist auch in Algerien sehr beliebt. Nicht nur Huhn, auch Ente, Puter, Tauben und Rebhühner werden an Festtagen gefüllt und im Ganzen gebraten oder in Olivenöl, Zitronensaft und Knoblauch mariniert und anschließend gegrillt.

ALGERIEN

Gebratene Ente mit Spinat und Rosinen gefüllt in Honigsauce

Zutaten für 4 Personen:

1 Ente, ca. 2 kg
Salz
Pfeffer
1 kleine Zwiebel
750 g Blattspinat
2 EL Butterschmalz
50 g Pinienkerne
50 g Rosinen
2 EL fein gehackte Petersilie
2 EL Honig
1 TL gemahlener Zimt
1–2 Msp. Cayennepfeffer

Zubereitung: ca. 30 Minuten
Braten: ca. 1 Stunde

1. Die Ente waschen und trockentupfen. Innen und außen mit Salz und Pfeffer einreiben. Den Backofen auf 200 Grad vorheizen.

2. Die Zwiebel schälen und würfeln. Den Spinat verlesen, putzen und gründlich waschen. Zwiebel in 1 Esslöffel Butterschmalz anschwitzen, dann den tropfnassen Spinat zugeben und einige Minuten dünsten. Abgießen, gut abtropfen lassen. Spinat mit Pinienkernen, Rosinen und Petersilie vermischen und in die Ente füllen. Die Öffnung mit Zahnstochern verschließen.

3. Die Ente mit der Brustseite nach unten in einen ausgefetteten Bräter legen und im heißen Ofen 30 Minuten braten. Nach und nach mit dem restlichen Butterschmalz bestreichen. Dann die Ente umdrehen und weitere 30 Minuten braten, dabei gelegentlich mit dem Bratensaft übergießen.

4. Ente aus dem Bräter nehmen und im abgeschalteten Ofen 5 Minuten ruhen lassen. Den Bratensatz mit 1/4 Liter Wasser loskochen, durch ein feines Sieb abgießen und entfetten. Honig und Zimt einrühren und die Sauce etwas einkochen lassen. Mit Salz und Cayennepfeffer abschmecken, getrennt zur Ente reichen.

Trockenfrüchte und Nüsse waren schon im Altertum eine willkommene Wegzehrung. Sie schmeckten gut und versorgten den Wanderer mit lebenswichtigen Mineralstoffen und Vitaminen. Heute werden sie oft als Kompott gereicht.

ALGERIEN

Kompott aus getrockneten Früchten mit Rosinen und Mandeln

Zutaten für 4 Personen:

100 g getrocknete Aprikosen
100 g Backpflaumen
4 getrocknete Feigen
8 getrocknete Datteln
100 g getrocknete Kirschen
75 g Rosinen
200 g Rohrzucker
Saft von 1 Limette
2 EL Pinienkerne
1 EL Orangenblütenwasser
100 g süße Sahne
1 EL gehackte Pistazien

Zubereitung: ca. 15 Minuten
Ziehen lassen: ca. 2 Stunden

1. Aprikosen, Backpflaumen, Feigen und Datteln in ein Sieb geben, mit kaltem Wasser überbrausen und abtropfen lassen. Die Feigen vierteln, die Datteln grob hacken. Kirschen und Rosinen ebenfalls waschen.

2. Den Zucker mit 1 Liter Wasser zu einem klaren Sirup aufkochen. Die Früchte dazugeben und den Limettensaft angießen. 5 Minuten bei kleiner Hitze köcheln lassen. Dann vom Herd nehmen, in eine Schüssel umfüllen und abkühlen lassen.

3. Die Pinienkerne und das Orangenblütenwasser unter das Kompott ziehen. Schüssel mit Frischhaltefolie abdecken und 1 Stunde in den Kühlschrank stellen.

4. Die Sahne steif schlagen. Das Kompott in 4 Dessertschalen verteilen. In die Mitte jeweils einen Klacks Schlagsahne geben, mit den Pistazien bestreuen.

Arganöl ist eines der wertvollsten und teuersten Öle der Welt. Es wird aufwändig aus den Samen der Früchte des marokkanischen Arganbaums gewonnen. Das Öl ist sehr gehaltvoll, dickflüssig und ähnelt im Geschmack dem Walnussöl.

MAROKKO

Scharfer Blumenkohlsalat mit Möhren und Knoblauch

Zutaten für 4 Personen:

1 kleiner Blumenkohl
3 Möhren
Salz
4 Knoblauchzehen
1 weiße Zwiebel
100 ml Olivenöl
4 EL Zitronensaft
2 TL Harissa
1 TL Zucker
1 EL Arganöl
1 EL fein gehackte Petersilie

Zubereitung: ca. 25 Minuten
Ziehen lassen: ca. 1 Stunde

1. Den Blumenkohl waschen und in kleine Röschen zerteilen. Die Möhren schälen, längs halbieren und in kleine Würfel schneiden.

2. Blumenkohl in leicht gesalzenem kochendem Wasser 5 Minuten garen. Dann die Möhren zugeben und weitere 5 Minuten dünsten. Gemüse abgießen, in Eiswasser abschrecken und gut abtropfen lassen.

3. Knoblauch und Zwiebel schälen und in kleine Würfel schneiden. 2 Esslöffel Olivenöl erhitzen, Knoblauch und Zwiebel darin goldgelb anschwitzen. Vom Herd nehmen und etwas abkühlen lassen.

4. Für das Dressing das restliche Olivenöl mit Zitronensaft, Harissa, Zucker und Salz verrühren. Knoblauch-Zwiebel-Mischung dazugeben und einige Minuten ziehen lassen.

5. Blumenkohl und Möhren in eine Schüssel geben und mit der Marinade übergießen. 1 Stunde bei Zimmertemperatur durchziehen lassen. Vor dem Servieren mit dem Arganöl aromatisieren und die Petersilie unterziehen.

Der Kreuzkümmel mit seinem intensiven Aroma spielt in der marokkanischen Küche eine überragende Rolle. Er gibt vielen Gerichten ein spezielles Aroma und wird sowohl beim Garen als auch zum Nachwürzen bei Tisch verwendet.

MAROKKO

Fastensuppe aus gelben Linsen mit Möhren und Zwiebeln

Zutaten für 4 Personen:

250 g gelbe Linsen
2 Lorbeerblätter
2 Gemüsezwiebeln
4 Knoblauchzehen
2 mittelgroße Kartoffeln
2 Möhren
2 EL Tomatenmark
Salz
frisch gemahlener Pfeffer
1 rote Zwiebel
1 EL Butterschmalz
1 EL gemahlener Kreuzkümmel

Zubereitung: ca. 1 Stunde

1. Die Linsen in ein Sieb geben und gründlich unter fließendem kaltem Wasser abspülen. In einen Topf geben, die Lorbeerblätter einlegen und 1 Liter kaltes Wasser angießen. Zum Kochen bringen.

2. Inzwischen Zwiebeln, Knoblauch, Kartoffeln und Möhren schälen und in Würfel schneiden. Zu den Linsen geben, das Tomatenmark unterrühren und die Suppe bei kleiner Hitze 1 Stunde köcheln lassen.

3. Die Lorbeerblätter entfernen und das Gemüse mit dem Kochsud im Topf pürieren. Suppe mit Salz und Pfeffer abschmecken.

4. Die rote Zwiebel schälen und in dünne Ringe schneiden. Im heißen Butterschmalz goldbraun braten.

5. Die Suppe in vorgewärmte Teller verteilen. Die braunen Zwiebelringe samt Bratfett darauf verteilen und mit dem Kreuzkümmel bestreuen.

Die erfrischende Minze schätzen die Marokkaner nicht nur in ihrem Nationalgetränk, dem Pfefferminztee. Auch zu Gemüse, Fisch und Fleisch wird die marokkanische Minze verwendet. Die Blätter haben einen intensiv süßlichen Duft.

MAROKKO

Bohnen-Tomaten-Gemüse mit Minze und Kardamom

Zutaten für 4 Personen:

1 Gemüsezwiebel
2 Knoblauchzehen
1 frische rote Chilischote
600 g breite grünen Bohnen
500 g Tomaten
75 ml Olivenöl
2 EL Tomatenmark
Salz
frisch gemahlener Pfeffer
1/2 TL gemahlener Kreuzkümmel
1 Msp. gemahlener Kardamom
1/4 l Gemüsebrühe
1/2 Bund Minze

Zubereitung: ca. 45 Minuten

1. Die Zwiebel und den Knoblauch schälen und in kleine Würfel schneiden. Die Chilischote längs halbieren, entkernen und fein hacken. Die Bohnen waschen, putzen und schräg in ca. 4 cm breite Stücke schneiden. Die Tomaten häuten, vierteln, entkernen und würfeln.

2. Das Olivenöl in einem Topf erhitzen, Zwiebel und Knoblauch darin goldbraun rösten. Chilischote und Tomatenmark unterrühren und anrösten. Salz, Pfeffer, Kreuzkümmel und Kardamom zufügen. Die Bohnen und die Tomaten dazugeben und die Brühe angießen. Das Gemüse bei kleiner Hitze ca. 25 Minuten garen, dabei gelegentlich umrühren.

3. Die Minze waschen, trockenschütteln und die Blättchen ohne grobe Stiele fein hacken. Das Gemüse in eine Schüssel umfüllen und mit der Minze bestreuen.

Die marokkanische Küche hat eine Vielzahl arabischer, afrikanischer und kolonialer Einflüsse absorbiert und eine lange Tradition und Entwicklung hinter sich. Sie ist ähnlich virtuos im Umgang mit Gewürzen wie die indische Küche.

MAROKKO

Bulgur mit gemischtem Gemüse in Safranbrühe

Zutaten für 4 Personen:

400 g grober Bulgur
2 Gemüsezwiebeln
3 Knoblauchzehen
2 Spitzpaprikaschoten
1 rote Paprikaschote
2 Möhren
1 Aubergine
2 Zucchini
4 Tomaten
100 ml Olivenöl
1/2 l heiße Gemüsebrühe
2 Lorbeerblätter
Salz
frisch gemahlener Pfeffer
2 g Safranpulver
1/2 TL gestoßene Pimentkörner
1 Prise Nelkenpulver
1 Prise gemahlener Zimt

Zubereitung: ca. 1 Stunde

1. Den Bulgur in ein Sieb geben, unter kaltem Wasser abbrausen und abtropfen lassen. Zwiebeln und Knoblauch schälen und in kleine Würfel schneiden. Spitzpaprikaschote und Paprikaschote längs halbieren, entkernen. Möhren schälen, Aubergine und Zucchini putzen. Tomaten häuten, vierteln und entkernen. Gemüse in grobe Würfel schneiden.

2. Die Hälfte des Olivenöls in einem Topf erhitzen. Zwiebel und Knoblauch darin hellbraun anschwitzen. Bulgur dazugeben und kurz anrösten. Die Hälfte der Gemüsebrühe angießen, Lorbeerblätter einlegen, mit Salz und Pfeffer würzen. Safran in etwas heißer Brühe auflösen und unter den Bulgur rühren. Zugedeckt bei kleiner Hitze 20 Minuten quellen, aber nicht kochen lassen. Lorbeerblätter entfernen.

3. Das restliche Öl in einem großen Topf erhitzen. Piment, Salz und Pfeffer unterrühren und das Gemüse dazugeben. Mit der restlichen Gemüsebrühe aufgießen und 15–20 Minuten dünsten.

4. Bulgur mit Nelkenpulver und Zimt würzen und auf eine vorgewärmte Platte häufen. Gemüse um den Bulgur verteilen, den Gemüsefond darüberträufeln.

Tahin wird aus geschälten oder ungeschälten gemahlenen Sesamkörnern hergestellt. Die Paste ist in der nordafrikanischen und arabischen Küche eine der wichtigsten Zutaten, ob im Humus, als Würzsauce und als aromatischer Dip.

MAROKKO

Gebackene Meeräsche mit Tahincreme und Mandeln

Zutaten für 4 Personen:

2 Meeräsche à 800 g, küchenfertig
Salz
frisch gemahlener Pfeffer
1 Bund Petersilie
50 ml Olivenöl
Saft von 2 Limetten
frisch gemahlener Pfeffer
100 g Tahin-Paste
4 EL Vollmilch-Joghurt
1 Msp. Cayennepfeffer
2 EL Mandelstifte

Zubereitung: ca. 20 Minuten
Braten: ca. 20 Minuten

1. Den Backofen auf 200 Grad vorheizen. Die Fische waschen und trockentupfen. An den dicken Stellen mehrmals quer einschneiden, damit sie gleichmäßig garen. Innen und außen mit Salz und Pfeffer einreiben, die Petersilie in die Bauchhöhlen füllen.

2. Eine feuerfeste Form mit Olivenöl einstreichen und die Fische nebeneinander hineinlegen. Mit dem restlichen Olivenöl und dem Limettensaft beträufeln und im heißen Ofen ca. 20 Minuten braten.

3. Inzwischen die Tahin-Paste mit dem Joghurt und dem Cayennepfeffer verrühren. Die Mandelstifte in einer Pfanne ohne Fett goldbraun rösten.

4. Die Fische aus dem Ofen nehmen und filetieren. Auf 4 vorgewärmten Tellern mit der Tahincreme anrichten und mit den Mandelstiften bestreuen.

MAROKKO

In Meersalz eingelegte Zitronen in Zitronensaft

Zubereitung: ca. 15 Minuten
Ziehen lassen: ca. 2 Wochen
Zutaten für 6 Zitronen:

6 unbehandelte dünnschalige Zitronen
3 EL grobes Meersalz
Saft von 10–12 Zitronen

1. Die Zitronen heiß waschen und trockentupfen. Zitronen vierteln und die Schnittflächen im Meersalz wenden.

2. Zitronenviertel in ein sauberes Glas einfüllen und so viel frisch gepressten Zitronensaft angießen, dass die Zitronen ganz bedeckt sind.

3. Das Gefäß gut verschließen und die Zitronen an einem kühlen Ort mindestens 2 Wochen ziehen lassen.

MAROKKO

Hähnchen mit eingelegten Zitronen in der Tajine gegart

Zubereitung: ca. 30 Minuten
Garen: ca. 1 Stunde
Zutaten für 4 Personen:

1 Brathähnchen, ca. 1,2 kg
2 Zwiebeln
60 ml Olivenöl
Salz
frisch gemahlener Pfeffer
einige Safranfäden
1 EL frisch geriebener Ingwer
2 eingelegte Zitronen
100 g schwarze Oliven

1. Hähnchen waschen, trockentupfen und in 8 Stücke zerteilen. Zwiebeln schälen, halbieren und in dünne Scheiben schneiden.

2. Olivenöl in der Tajine erhitzen, Hähnchenteile zufügen und darin anbraten. Zwiebel zufügen und anschwitzen. Mit Salz und Pfeffer würzen. Tajine mit dem Deckel verschließen und das Fleisch 10 Minuten schmoren.

3. Safran in 100 ml heißem Wasser auflösen. Mit dem Ingwer zum Fleisch geben, die eingelegte Zitronen und die Oliven untermischen. Tajine wieder mit dem Deckel verschließen, die Kuhle an der Spitze des Deckels mit kaltem Wasser füllen. Hähnchen weitere 30 Minuten in der Tajine garen.

Marokkaner lieben Fleischgerichte aller Art. Vor allem Lamm-, Hammel- und Rindfleisch stehen hoch im Kurs. Das Fleisch wird gebraten und gerne mit getrockneten, Feigen, Aprikosen und Datteln kombiniert und raffiniert gewürzt.

MAROKKO

Würziger Zimt-Reis mit Rindfleisch und Datteln

Zutaten für 4 Personen:

6 getrocknete Datteln
700 g Rindfleisch (Schulter)
1 Zwiebel
4 Gewürznelken
2 Lorbeerblätter
1 TL schwarze Pfefferkörner
Salz
200 g Langkornreis
2 EL Sultaninen
1 TL gemahlene Kurkuma
1 Zimtstange
2 EL fein gehackte Petersilie

Zubereitung: ca. 30 Minuten
Garen: ca. 1 Stunde

1. Die Datteln in heißem Wasser 1 Stunde quellen lassen. Das Rindfleisch waschen und in einen Topf legen. 1 Liter Wasser angießen. Die Zwiebel schälen und mit den Gewürznelken spicken. Zum Fleisch geben, Lorbeerblätter, Pfefferkörner und 1 Teelöffel Salz zufügen. Zum Kochen bringen und zugedeckt bei kleiner Hitze ca. 1 Stunde garen.

2. Das Fleisch aus der Brühe heben, die Brühe abseihen. Fleisch in kleine Würfel schneiden.

3. Den Reis und die Sultanien in einem Sieb unter fließendem Wasser gründlich waschen. Die Datteln halbieren, entkernen und hacken. Reis und Datteln in einen Topf geben und 1/2 Liter heiße Brühe angießen. Mit Kurkuma würzen, die Zimtstange einlegen. Ca. 20 Minuten bei mittlerer Hitze garen.

4. Die Fleischwürfel 5 Minuten vor Ende der Garzeit unter den Zimt-Reis mischen. Vor dem Servieren die Zimtstange entfernen und die Petersilie unterrühren.

Tajine ist einerseits der Begriff für die beliebten Ragouts aus Fleisch, Fisch und Gemüse. Andererseits bezeichnet er das Tongefäß, in dem gekocht und serviert wird. Es besteht aus einer flachen Schale und einem hohen kegelförmigen Deckel.

MAROKKO

Marokkanische Tajine mit Lammfleisch und Aprikosen

Zutaten für 4 Personen:

100 g getrocknete Aprikosen
Saft von 1 Zitrone
2 EL Zucker
600 g Lammschulter
2 Zwiebeln
3 Knoblauchzehen
1 frische rote Chilischote
3 EL Olivenöl
Salz
frisch gemahlener Pfeffer
100 g Mandelblättchen
2 hart gekochte Eier

Zubereitung: ca. 25 Minuten
Garen: ca. 45 Minuten

1. Die Aprikosen in einen Topf geben und so viel Wasser angießen, dass sie bedeckt sind. Zitronensaft und Zucker zufügen und 10 Minuten köcheln lassen.

2. Das Fleisch waschen, trockentupfen und in Würfel schneiden. Die Zwiebeln und den Knoblauch schälen und in kleine Würfel schneiden. Die Chilischote längs halbieren, entkernen und fein hacken.

3. Das Olivenöl in der Tajine erhitzen und das Fleisch darin von allen Seiten anbraten. Mit Salz und Pfeffer würzen. Zwiebeln, Knoblauch und Chilischote zufügen und anschwitzen. Die Aprikosen mit dem Kochwasser dazugeben.

4. Tajine mit dem Deckel verschließen, die Kuhle an der Spitze des Deckels mit kaltem Wasser füllen. Lamm zugedeckt 40–45 Minuten garen.

5. Die Mandelblättchen in einer Pfanne ohne Fett goldbraun anrösten. Die Eier schälen und vierteln. Den Deckel von der Tajine nehmen. Mandelblättchen über das Gericht streuen, mit den Eivierteln garnieren und in der Tajine auftragen.

Marokkaner sind außerordentlich gastfreundlich, offenherzig und großzügig. Selbst bei traditionellen Familienfesten, Hochzeiten und Geburtstagen ist an ihrem Tisch immer ein Platz für fremde Gäste, mit denen sie ihre Mahlzeit teilen.

MAROKKO

Schlangenkuchen mit Mandelfüllung und Puderzucker

Zutaten für 8 Stücke:

150 g Butter
250 g gemahlene Mandeln
120 g Puderzucker
3 EL Orangenblütenwasser
Mark von 1 Vanilleschote
1 Msp. Nelkenpulver
1 Ei
12 rechteckige Filo-Teigblätter
1 Eigelb
60 g Puderzucker

Zubereitung: ca. 40 Minuten
Backen: ca. 40 Minuten

1. Die Butter zerlassen. In einer Schüssel die Mandeln mit dem Puderzucker, Orangenblütenwasser, Vanillemark, Nelkenpulver und dem Ei vermischen. Die Hälfte der flüssigen Butter einrühren. Den Teig kräftig verkneten, in 12 Portionen teilen und zu ca. 1 cm dicken Rollen formen. Den Backofen auf 180 Grad vorheizen.

2. Ein Teigblatt mit flüssiger Butter bestreichen und ein zweites Teigblatt darauflegen. An den oberen Längsrand nebeneinander 2 Teigrollen legen. Teigblatt aufrollen, die Enden einschlagen. Auf diese Weise 6 gefüllte Filo-Teigrollen herstellen.

3. Ein Backblech mit Backpapier auslegen. 1 gefüllte Teigrolle spiralförmig aufwickeln, in die Mitte des Backblechs setzen und die übrigen Teigrollen anfügen. Die Teigspirale mit dem verquirlten Eigelb bestreichen und die restliche Butter darüberträufeln. Im heißen Ofen ca. 40 Minuten backen.

4. Kuchen auf einem Kuchengitter auskühlen lassen. Vor dem Servieren dick mit Puderzucker überstäuben.

In der nordafrikanischen Küche werden kaum Blattsalate verwendet. Dafür kennt man eine große Vielzahl an erfrischenden, raffiniert gewürzten Salaten aus frischem Gemüse. Dazu serviert man in Tunesien hauchdünnes Fladenbrot.

TUNESIEN

Tomaten-Gurken-Salat mit Minze und Frühlingszwiebeln

Zutaten für 4 Personen:

6 Strauchtomaten
1 Salatgurke
4 Frühlingszwiebeln
1 frische rote Chilischote
1 Bund Minze
100 g entsteinte schwarze Oliven
2 hart gekochte Eier
2 Knoblauchzehen
Salz
6 EL Olivenöl
2 EL Zitronensaft
1 Msp. gemahlener Kreuzkümmel

Zubereitung: ca. 25 Minuten

1. Die Tomaten waschen, trockentupfen, vierteln und entkernen. Die Salatgurke schälen, der Länge nach halbieren und die Kerne mit einem Löffel herausschälen. Tomaten und Gurke in kleine Würfel schneiden.

2. Von den Frühlingszwiebeln die Wurzeln und das dunkle Grün entfernen. Die Chilischote längs halbieren und entkernen. Frühlingszwiebeln in dünne Ringe schneiden, Chilischote fein hacken.

3. Die Minze waschen, trockenschütteln und die Blätter in feine Streifen schneiden. Die Oliven grob hacken. Die Eier schälen und in Scheiben schneiden.

4. Geschälten Knoblauch hacken und im Mörser mit 1/2 Teelöffel Salz musig zermahlen. Mit Olivenöl, Zitronensaft und Kreuzkümmel verrühren.

5. Tomaten, Gurke, Frühlingszwiebeln, Chilischote und Oliven in einer Schüssel vermischen. Minze und das Dressing unter den Salat mischen. Salat auf 4 Teller verteilen und mit den Eischeiben garnieren.

Die knusprigen Teigtaschen bezeichnet man in Tunesien als „Brik". Die Teigblätter dafür werden aus feinem Grieß hergestellt, stark geknetet und sehr dünn ausgerollt. Man kann sie durch Filo- oder Blätterteig ersetzen.

TUNESIEN

Gefüllte Teigtaschen mit Ei und Thunfisch in Öl frittiert

Zutaten für 4 Personen:

1 Dose Thunfisch im eigenen Saft
50 g eingelegte Kapern
1 Zwiebel
2 EL Olivenöl
2 EL fein gehackte Petersilie
Salz
frisch gemahlener Pfeffer
12 Brik-Teigblätter
4 Eigelb
1 Eiweiß
Pflanzenöl zum Frittieren

Zubereitung: ca. 40 Minuten

1. Den Thunfisch und die Kapern in ein Sieb geben und gut abtropfen lassen. Die geschälte Zwiebel in kleine Würfel schneiden.

2. Zwiebel im Olivenöl anschwitzen. Die Petersilie zufügen und einige Minuten dünsten. Vom Herd nehmen und etwas abkühlen lassen.

3. Thunfisch mit einer Gabel zerpflücken, mit den Kapern zur Zwiebelmischung geben und mit Salz und Pfeffer abschmecken.

4. Jeweils 3 Teigblätter mit Wasser anfeuchten, aufeinanderlegen und alle 4 Seiten zur Mitte hin so einschlagen, dass ein Quadrat entsteht. Auf eine Hälfte des Teigquadrats 1/4 der Thunfischmasse geben, eine Mulde eindrücken und 1 Eigelb hineingleiten lassen. Teigrand mit dem Eiweiß bestreichen. Teig über der Füllung zu einem Dreieck falten, Teigränder zusammendrücken.

5. Das Pflanzenöl in der Fritteuse auf 175 Grad erhitzen. Teigtaschen im heißen Öl auf jeder Seite ca. 3 Minuten goldbraun ausbacken. Auf Küchenpapier kurz abtropfen lassen.

TUNESIEN

Süßer Kürbis mit Safran und Zimt gedünstet

Zubereitung: ca. 15 Minuten
Garen: ca. 50 Minuten
Zutaten für 4 Personen:

800 g Kürbisfruchtfleisch
4 EL Erdnussöl
100 g Zucker
1 Zimtstange
einige Fäden Safran

1. Das Kürbisfruchtfleisch zunächst in Spalten, dann in Würfel schneiden.

2. Das Erdnussöl in einem Topf erhitzen und den Kürbis darin anschwitzen. Mit dem Zucker bestreuen und leicht karamellisieren lassen. 1/8 l Wasser angießen und die Zimtstange einlegen. Den Safran in etwas heißem Wasser auflösen und zum Kürbis geben. Zugedeckt bei kleiner Hitze ca. 50 Minuten garen, bis er ganz weich ist.

3. Zimstange entfernen und den Kürbis mit dem Stabmixer pürieren. Lauwarm oder kalt servieren.

TUNESIEN

Tunesisches Rührei mit Pfefferschoten und Tomaten

Zubereitung: ca. 15 Minuten
Zutaten für 4 Personen:

4 Knoblauchzehen
1/2 TL Salz
4 kleine Tomaten
4 große milde Pfefferschoten
4 EL Öl
1 EL Tomatenmark
1 TL Harissa (Fertigprodukt)
6 Eier
1 TL Schwarzkümmel

1. Knoblauch schälen, würfeln und im Mörser mit dem Salz musig zermahlen. Tomaten waschen, vierteln, entkernen und würfeln. Pfefferschoten entkernen und quer in ca. 1 cm breite Streifen schneiden.

2. In einer großen Pfanne 2 Esslöffel Öl erhitzen. Pfefferschoten, Tomaten und Knoblauchmus darin anschwitzen. Tomatenmark und Harissa mit etwas Wasser verrühren und mit dem Gemüse vermischen. 4 Minuten dünsten.

3. Eier verquirlen. Gemüse an den Pfannenrand schieben. Restliches Öl in die Pfanne geben, erhitzen und die Eier in die Pfanne gießen. Kurz stocken lassen, dann mit dem Gemüse vermischen. Vor dem Servieren mit dem Schwarzkümmel bestreuen.

Schon in der Antike wurde in der fruchtbaren Region des Tell-Atlas Weizen angebaut. Weizenkörner sind seither ein fester Bestandteil der tunesischen Küche. Sie werden mitgekocht oder geröstet und zu Bulgur und Grieß vermahlen.

TUNESIEN

Lammfleischsuppe mit Weizenkörnern und Sellerie

Zutaten für 4 Personen:

400 g mageres Lammfleisch
1 Zwiebel
3 Knoblauchzehen
3 EL Olivenöl
Salz
frisch gemahlener Pfeffer
1 TL mildes Paprikapulver
1 l Brühe
2 Stangen Sellerie
100 g vorgegarte Weizenkörner
1/2 Bund Koriander
Saft von 1/2 Zitrone

Zubereitung: ca. 20 Minuten
Garen: ca. 50 Minuten

1. Das Lammfleisch in kleine Würfel schneiden. Zwiebel und Knoblauch schälen und fein würfeln.

2. Das Olivenöl in einem Topf erhitzen. Das Fleisch zugeben und von allen Seiten bei mittlerer Hitze anbraten. Zwiebel und Knoblauch hinzufügen und anschwitzen. Mit Salz, Pfeffer und Paprikapulver würzen und die Brühe angießen. Zugedeckt ca. 30 Minuten köcheln lassen.

3. Sellerie putzen und in dünne Scheiben schneiden. Mit den Weizenkörnern in die Suppe geben und 20 Minuten garen.

4. Den Koriander waschen, trockenschütteln und die Blättchen fein hacken. Die Suppe mit Zitronensaft, Salz und Pfeffer abschmecken und in Suppenschalen verteilen. Mit Koriander bestreut servieren.

Couscous, Tunesiens Nationalgericht, wird auf unzählige Arten zubereitet: mit Gemüse, Geflügel, Lamm oder Fisch. Am besten gelingt er im Couscoussier, einem speziell für Couscous bestimmten Topf mit Dämpfeinsatz.

TUNESIEN

Traditioneller Couscous mit Fisch und Quittenspalten

Zutaten für 4 Personen:

200 g Couscous
1 Seebarbe, ca. 1,5 kg, küchenfertig
Salz
frisch gemahlener Pfeffer
1 TL gemahlener Kreuzkümmel
100 ml Olivenöl
4 Tomaten
2 EL Tomatenmark
2 Zwiebeln
4 Knoblauchzehen
1 Quitte
1 Msp. Safranpulver

Zubereitung: ca. 80 Minuten

1. Couscous in eine Schale geben und mit 1/8 Liter heißem Wasser befeuchten. 30 Minuten quellen lassen. Während dieser Zeit mehrfach durchmischen. Fisch ohne Kopf und Schwanz quer in 4 Stücke zerteilen. Mit Salz, Pfeffer und Kreuzkümmel einreiben und mit etwas Olivenöl beträufeln. 10 Minuten ziehen lassen.

2. Tomaten vierteln, entkernen und mit dem Tomatenmark pürieren. Zwiebeln und Knoblauch schälen und in kleine Würfel schneiden. Quitte schälen, vierteln, entkernen und in schmale Spalten schneiden.

3. Restliches Öl in einem Topf erhitzen, Zwiebel und Knoblauch darin anschwitzen. Tomatenpüree unterrühren, restlichen Kreuzkümmel, Safranpulver, Salz und Pfeffer zufügen. 2 Liter Wasser angießen und aufkochen. Couscous in ein Sieb füllen. Sieb so auf den Topf setzen, dass es im Dampf hängt. Topf mit Alufolie verschließen. Couscous 20 Minuten im Dampf garen. Couscoussieb vom Topf nehmen. Fisch und Quitte in den Tomatensud legen, das Sieb wieder auf den Topf setzen und mit Alufolie verschließen. 10 Minuten garen.

4. Couscous in die Mitte einer Platte häufen. Fischstücke und Quitten außen herum anrichten.

Obwohl Tunesien eine lange Küste hat, ist Fisch relativ teuer und deshalb kein alltäglicher Genuss. Edle Fische wie die köstliche Dorade werden deshalb mit besonderer Sorgfalt zubereitet, raffiniert gewürzt und im Ganzen gebraten oder gegrillt.

TUNESIEN

Doraden im Gewürzmantel mit Zitronen aus dem Ofen

Zutaten für 4 Personen:

2 Doraden à 600 g, küchenfertig
100 ml Olivenöl
1 EL gemahlener Kreuzkümmel
1 EL gemahlener Koriander
1 EL mildes Paprikapulver
1 EL gemahlener Kümmel
Salz
frisch gemahlener Pfeffer
2 unbehandelte Zitronen

Zubereitung: ca. 30 Minuten
Braten: ca. 20 Minuten

1. Die Fische waschen und trockentupfen. Fische auf jeder Seite drei- bis viermal in gleichmäßigen Abständen ca. 1 cm tief diagonal einschneiden. Den Backofen auf 200 Grad vorheizen.

2. Das Olivenöl mit den Gewürzen verrühren. Die Fische mit dem Gewürzöl bestreichen und 10 Minuten bei Zimmertemperatur ziehen lassen.

3. Die Zitronen der Länge nach halbieren und in feine Scheiben schneiden. In jeden Einschnitt des Fischs 2 sich überlappende Zitronenscheiben schieben. Fische in eine feuerfeste Form legen und im heißen Ofen 15–20 Minuten braten. Nach der Hälfte der Garzeit die Fische wenden und nochmals mit Gewürzöl bestreichen.

4. Die Fische im Ganzen auftragen und erst am Tisch portionieren.

Tunesien ist das östlichste Land des Maghreb, zu dem außerdem noch Marokko und Algerien gehören. Aufgrund ihrer Geschichte haben die drei nordafrikanischen Länder viele Gemeinsamkeiten – auch die Vorliebe für Knoblauch.

TUNESIEN

Maghrebinisches Huhn mit Orangen und Mandeln

Zutaten für 4 Personen:

1 Brathähnchen
2 Zwiebeln
7 Knoblauchzehen
2 große Möhren
1 kleines Stück Ingwer
60 ml Olivenöl
1/2 TL gemahlene Kurkuma
1/2 TL gemahlener Koriander
1 TL Harissa (Fertigprodukt)
Salz
125 g geschälte Mandeln
1 Orange
100 g schwarze Oliven
Korianderblättchen zum Garnieren

Zubereitung: ca. 30 Minuten
Garen: ca. 1 Stunde

1. Das Hähnchen waschen, trockentupfen und mit den Knochen in 8 Portionsstücke teilen. Zwiebeln und Knoblauch schälen, halbieren und in dünne Scheiben schneiden. Die Möhren und den Ingwer schälen, Möhren in Scheiben schneiden, Ingwer fein hacken.

2. Das Olivenöl in einem Schmortopf erhitzen, das Fleisch zufügen und von allen Seiten bei mittlerer Hitze anbraten. Zwiebeln, Ingwer und Knoblauch dazugeben und anschwitzen. 1 Liter Wasser angießen, mit Kurkuma, Koriander, Harissa und Salz würzen und zum Kochen bringen. Bei kleiner Hitze zugedeckt ca. 50 Minuten köcheln lassen. Nach 30 Minuten Garzeit die Möhren und die Mandeln untermischen.

3. Die Orange schälen, vierteln und die Kerne herauslösen. Orangenviertel in Scheiben schneiden und mit den Oliven unter das Huhn mischen. Im offenen Topf ca. 10 Minuten weiter kochen lassen.

4. Huhn mit der Sauce auf einer vorgewärmten Platte anrichten und vor dem Servieren mit Korianderblättchen garnieren.

Harissa ist eine scharfe Würzpaste, die vielen tunesischen Speisen – vom Omelett bis zum Couscous – ihre typische Schärfe gibt. Für europäische Gaumen ist sie oft zu scharf, deshalb sollte man sie nur in kleinen Mengen verwenden.

TUNESIEN

Kalbsragout mit Kürbis und Linsen aus dem Schmortopf

Zutaten für 4 Personen:

750 g Kalbsschulter
1 Gemüsezwiebel
2 Knoblauchzehen
75 ml Olivenöl
300 g Linsen
1–2 TL Harissa (Fertigprodukt)
500 g Kürbisfruchtfleisch
2 Äpfel
Salz
1/2 Bund Petersilie
frisch gemahlener Pfeffer
Zucker

Zubereitung: ca. 20 Minuten
Schmoren: ca. 1 Stunde

1. Das Fleisch waschen, trockentupfen und in kleine Würfel schneiden. Die Zwiebel und den Knoblauch schälen und klein würfeln.

2. Das Olivenöl in einem Schmortopf erhitzen und das Fleisch darin von allen Seiten bei mittlerer Hitze anbraten. Zwiebel und Knoblauch dazugeben und hellgelb anschwitzen. Linsen zufügen, Harissa einrühren und 1 Liter Wasser angießen. Zum Kochen bringen und zugedeckt 40 Minuten köcheln lassen.

3. Das Kürbisfleisch in Würfel schneiden. Die Äpfel schälen, vierteln, entkernen und in nicht zu dünne Scheiben schneiden. Unter das Ragout mischen, leicht salzen und weitere 15 Minuten garen. Eventuell noch etwas heißes Wasser angießen.

4. Die Petersilie waschen, trockenschütteln und die Blättchen abzupfen. Das Ragout mit Salz, Pfeffer und Zucker abschmecken und vor dem Servieren mit den Petersilienblättchen bestreuen.

Datteln haben in Tunesien je nach Sorte so wohlklingende Namen wie „Pharaonenhäppchen“. Die süßeste Sorte, die am häufigsten exportiert wird, heißt „Finger des Lichts“. Sie hat ein weiches, sehr aromatisches Fruchtfleisch.

TUNESIEN

Frische tunesische Datteln mit Nüssen und Honig gefüllt

Zutaten für 4 Personen:

24 große frische Datteln
100 g gemahlene Haselnüsse
100 g gemahlene Mandeln
3 EL flüssiger Honig
1 EL Rosenwasser
24 Walnusskerne
60 g Pistazienkerne
2 EL Puderzucker

Zubereitung: ca. 35 Minuten

1. Die Datteln waschen und trockentupfen. Dann der Länge nach einschneiden und die Kerne herauslösen.

2. Die gemahlenen Nüsse mit dem Honig und dem Rosenwasser gründlich verkneten. Die Masse in 24 Portionen teilen und jeweils 1 Walnusskern damit umhüllen. Die Datteln auseinanderklappen und mit der Nussmasse füllen. Datteln leicht zusammendrücken.

3. Die Pistazienkerne grob hacken und die Datteln mit der gefüllten Seite hineindrücken. Die Datteln auf eine Servierplatte legen und mit dem Puderzucker überstäuben.

Erdnussmus wird aus frisch gerösteten Erdnüssen hergestellt, die fein zermahlen werden. Man bekommt es im Naturkosthandel. Bei längerer Lagerung setzt sich das nusseigene Öl ab. Durch Umrühren wird das Mus wieder cremig.

CÔTE D'IVOIRE

Gebratenes Perlhuhn in Erdnusssauce mit Tomaten

Zutaten für 4 Personen:

1 Perlhuhn, ca. 1,2 kg
2 frische rote Chilischoten
5 Schalotten
1 Stück Ingwer
4 Tomaten
2 EL Erdnussöl
2 EL Tomatenmark
Salz
3 Lorbeerblätter
100 g Erdnussmus
frisch gemahlener Pfeffer

Zubereitung: ca. 1 Stunde

1. Das Perlhuhn waschen, trockentupfen und in 8 Portionsstücke zerteilen. Die Chilischoten längs halbieren, entkernen und fein hacken. Die Schalotten und den Ingwer schälen und hacken. Die Tomaten würfeln.

2. Das Öl in einem Schmortopf erhitzen und das Fleisch darin von allen Seiten anbraten. Chilischoten, Schalotten und Ingwer zufügen und glasig dünsten. Die Tomaten und das Tomatenmark untermischen und einige Minuten anschmoren. 1/8 Liter Wasser angießen, salzen und die Lorbeerblätter einlegen. 20 Minuten zugedeckt köcheln lassen.

3. Das Erdnussmus mit 1/2 Liter heißem Wasser im Mixer glatt aufmixen. Zum Perlhuhn geben, einmal aufkochen. Bei mittlerer Hitze 20 Minuten offen köcheln.

4. Das Fleisch in eine Servierschale legen. Die Sauce mit Salz und Pfeffer abschmecken und über das Fleisch geben.

Die einstige französische Kolonie Côte d'Ivoire, die Elfenbeinküste, wurde nach ihrem ehemals wichtigsten Exportprodukt, dem Elfenbein (auf Französisch „ivoire") benannt. Heute ist das Land der größte Kakaoproduzent der Welt.

COTE D'IVOIRE

Pfannkuchen mit Mangokompott und Kakaobohnen

Zutaten für 4 Personen:

Vorbereitung: ca. 30 Minuten
Zubereitung: ca. 30 Minuten

2 reife Mangos
2 EL Butter
1 EL Puderzucker
2 EL Zitronensaft
60 g Mehl
160 ml Milch
je 1 Prise Salz und Zucker
2 kleine Eier
Butter zum Ausbacken
1 EL geröstete Kakaobohnen

1. Die Mangos schälen und das Fruchtfleisch von den Steinen schneiden. Das Fruchtfleisch würfeln.

2. In einer beschichteten Pfanne 1 Esslöffel Butter zerlassen. Den Puderzucker darin schmelzen, die Mangos zufügen und mit dem Zitronensaft würzen. Bei kleiner Hitze einige Minuten dünsten. Vom Herd nehmen und abkühlen lassen.

3. Das Mehl in eine Schüssel sieben. Mit Milch, Salz, Zucker und den Eiern zu einem dickflüssigen Teig verrühren. Teig 30 Minuten quellen lassen.

4. Etwas Butter in einer beschichteten Pfanne erhitzen und 1 Schöpfkelle Teig hineingeben. Die Pfanne so schwenken, dass sich der Teig gleichmäßig und dünn verteilt. Wenn sich der Teigrand kräuselt, den Pfannkuchen wenden und fertig backen. Auf diese Weise 8 dünne Omeletts backen.

5. Die Kakaobohnen in einem Mörser zerstoßen. Das Mangokompott auf die Pfannkuchen verteilen. Pfannkuchen zu Tüten drehen und auf einer vorgewärmten Platte anrichten. Mit den Kakaobohnen bestreuen.

Aus dem äußeren Fruchtfleisch der Ölpalmen-Früchte wird ein rötliches, geschmacksintensives Öl gewonnen, das in ganz Westafrika zum Kochen und Braten verwendet wird. Die Ölpalmen werden in riesigen Plantagen kultiviert.

GAMBIA

Schwarzaugenbohnen-Püree mit roten Kochbananen

Zutaten für 4 Personen:

Vorbereitung: ca. 12 Stunden
Zubereitung: ca. 45 Minuten

250 g getrocknete Schwarzaugenbohnen
2 Zwiebeln
2 frische grüne Chilischoten
200 ml Palmöl
3 EL Tomatenmark
4 reife Kochbananen
Salz
frisch gemahlener Pfeffer

1. Die Bohnen in reichlich Wasser über Nacht einweichen. Am nächsten Tag mit dem Einweichwasser aufsetzen, zum Kochen bringen und ca. 45 Minuten weich garen.

2. Die Zwiebeln schälen, die Chilischoten längs halbieren und entkernen. Beides fein hacken.

3. In einer Pfanne 2 Esslöffel Palmöl erhitzen, Zwiebeln und Chilischoten darin andünsten. Das Tomatenmark einrühren, kurz anrösten. Mit wenig Wasser ablöschen und vom Herd nehmen.

4. Die Kochbananen schräg in je 4 Teile schneiden und einige Minuten in leicht gesalzenes Wasser legen. Aus dem Wasser heben und gut trockentupfen. Das restliche Palmöl erhitzen und die Bananenstücke darin 8–10 Minuten bei mittlerer Hitze ausbacken, bis sie eine rotbraune Farbe annehmen.

5. Die Bohnen abgießen und mit einem Kartoffelstampfer pürieren. Zwiebel-Tomaten-Mischung unter das Püree rühren. Mit Salz und Pfeffer abschmecken und portionsweise mit den Kochbananen anrichten.

Die meist orangefarbenen Kakis haben eine dünne, glatte Schale, das geleeartige Fruchtfleisch ist meist kernlos. Die vitaminreichen reifen Früchte schmecken angenehm süß und erinnern ein wenig an Aprikosen und Tomaten.

GAMBIA

Rindercurry Banjul mit Kakifeigen und Möhren

Zutaten für 4 Personen:

1 kg Rindfleisch (Schulter)
3 Zwiebeln
2 getrocknete rote Chilischoten
3 EL Palmöl
2 EL Tomatenmark
1 EL Curry
Salz
3 Möhren
250 g Yams
3 Kaki
frisch gemahlener Pfeffer

Zubereitung: ca. 25 Minuten
Garen: ca. 2 Stunden

1. Das Fleisch waschen, trockentupfen und in Würfel schneiden. Die Zwiebeln schälen, halbieren und in Scheiben schneiden. Die Chilischoten mit den Kernen hacken.

2. Das Öl in einem Schmortopf erhitzen und das Fleisch darin rundum anbraten. Zwiebeln und Chilischoten zufügen und anschwitzen. Das Tomatenmark einrühren, mit Curry überstäuben und kurz anrösten. 1/2 Liter Wasser angießen, salzen. Zugedeckt 90 Minuten bei mittlerer Hitze schmoren, dabei gelegentlich umrühren.

3. Möhren und Yams schälen und würfeln. Zum Fleisch geben und weitere 20 Minuten köcheln lassen.

4. Die Kakifeigen waschen, trockentupfen und in Scheiben schneiden. Unter das Rindercurry mischen und kurz darin erhitzen. Mit Salz und Pfeffer abschmecken und portionsweise anrichten.

Gambia ist das kleinste Land Afrikas, aber dennoch touristisch gut erschlossen. Vor allem an der Mündung des Gambia-Flusses findet man viele kleine Hotels, die neben internationaler Küche auch afrikanische Gerichte zubereiten.

GAMBIA

Süßes Hirse-Dessert mit Joghurt und Orangen

Zutaten für 4 Personen:

200 g Hirse
Salz
150 g feiner Zucker
500 g Naturjoghurt
Mark von 1 Vanilleschote
1 EL Orangenblütenwasser
2 Orangen

Vorbereitung und Kühlen: ca. 2 Stunden
Zubereitung: ca. 15 Minuten

1. In einem Topf 1/2 Liter Wasser mit 1/4 Teelöffel Salz zum Kochen bringen. Die Hirse einrühren und einmal aufkochen. Zugedeckt ca. 15 Minuten bei kleiner Hitze köcheln lassen, bis der größte Teil des Wassers in die Hirse gezogen ist. Dann vom Herd nehmen und den Zucker unterrühren. Hirse zugedeckt 20 Minuten ausquellen lassen, damit die Körner aufplatzen. Dann in eine Schüssel umfüllen und abkühlen lassen.

2. Joghurt mit Vanillemark und Orangenblütenwasser aufschlagen, dann unter die Hirse rühren. In 4 Dessertschalen verteilen und 1 Stunde kühl stellen.

3. Die Orangen schälen und filetieren. Hirse-Dessert vor dem Servieren mit den Orangenfilets garnieren.

Erdnusscreme kann man auch selbst herstellen. Dazu Erdnüsse schälen und in einer trockenen Pfanne ohne Fett rösten. Anschließend im Mixer fein zermahlen. Vermischt man sie mit Butter, erhält man einen Brotaufstrich.

GHANA

Scharfer Erdnusseintopf mit Spinat und Süßkartoffeln

Zutaten für 4 Personen:

1 Zwiebel
2 frische rote Chilischoten
2 Möhren
2 Süßkartoffeln
4 Tomaten
250 g Spinat
2 EL Öl
Salz
frisch gemahlener Pfeffer
2 EL Erdnusscreme
(Fertigprodukt)

Zubereitung: ca. 45 Minuten

1. Die Zwiebel schälen und klein würfeln. Die Chilischoten mit den Kernen in dünne Ringe schneiden. Die Möhren und die Süßkartoffeln schälen und in Scheiben schneiden. Die Tomaten waschen, trockentupfen und hacken. Den Spinat verlesen, waschen, abtropfen lassen und grob hacken.

2. Das Öl in einem Topf erhitzen, Zwiebel und Chilischoten darin glasig dünsten. Möhren und Süßkartoffeln zugeben und anschwitzen. Tomaten untermischen und 3/4 Liter Wasser angießen. Salz, pfeffern und zum Kochen bringen. Bei mittlerer Hitze offen 15 Minuten köcheln lassen.

3. Etwas heiße Brühe abnehmen. Die Erdnusscreme im Mixer mit der Brühe glatt aufmixen und unter den Eintopf rühren. Den Spinat dazugeben und weitere 5 Minuten garen.

4. Den Eintopf mit Salz und Pfeffer abschmecken und in eine große Schüssel umfüllen.

Die Yamswurzel hat für die westafrikanische Küche die gleiche Bedeutung wie für die europäische Küche die Kartoffel. Die Wurzel enthält viel Stärke und ist roh ungenießbar. Sie wird gekocht und häufig anschließend zerstoßen.

GHANA

Gekochte Yamswurzeln mit Bohnen und Oliven

Zutaten für 4 Personen:

750 g Yams
1 Gemüsezwiebel
250 g breite grüne Bohnen
4 Tomaten
2 EL geklärte Butter
Salz
frisch gemahlener Pfeffer
1 EL Zitronensaft
4 hart gekochte Eier
100 g schwarze Oliven
1 EL fein gehackte Petersilie

Zubereitung: ca. 30 Minuten

1. Yams schälen und in ca. 2 cm große Würfel schneiden. Die Zwiebel schälen, halbieren und in Scheiben schneiden. Die Bohnen putzen und schräg in ca. 3 cm große Stücke schneiden. Tomaten waschen, trockentupfen und würfeln.

2. Die Butter in einem Topf zerlassen und die Zwiebel darin glasig dünsten. Yams, Bohnen und Tomaten zufügen und kurz anschwitzen. 1/2 Liter Wasser angießen, mit Salz und Pfeffer würzen, zum Kochen bringen und ca. 15 Minuten zugedeckt garen.

3. Das Gemüse abgießen und auf eine Platte geben. Mit dem Zitronensaft beträufeln. Die Eier schälen, achteln und um das Gemüse legen. Mit den Oliven garnieren und mit der Petersilie bestreuen.

Einer der wichtigsten Rohstoffe Ghanas ist Gold, deshalb hieß die einstige englische Kolonie früher Goldküste. Heute locken die palmengesäumten Strände am Atlantik und der tropische Regenwald immer mehr Touristen ins Land.

GHANA

Fischeintopf Cape Coast mit Auberginen in Pfeffersauce

Zutaten für 4 Personen:

600 g Barschfilet
Salz
frisch gemahlener Pfeffer
Saft von 1 Zitrone
3 Zwiebeln
3 Knoblauchzehen
1 Stück Ingwer
2–3 getrocknete Chilischoten
4 Tomaten
50 g getrocknete Garnelen
500 g Auberginen
150 ml Palmöl
Maismehl zum Wenden

Zubereitung: ca. 1 Stunde

1. Den Fisch waschen, trockentupfen und in mundgerechte Würfel schneiden. Mit Salz und Pfeffer würzen, mit Zitronensaft beträufeln und abgedeckt im Kühlschrank 45 Minuten ziehen lassen.

2. Die Zwiebeln, den Knoblauch und den Ingwer schälen und in kleine Würfel schneiden. Chilischoten mit Kernen hacken. Tomaten waschen, trockentupfen und würfeln. Tomaten, Knoblauch, Ingwer, Chilischoten und getrocknete Garnelen im Mixer zu einer glatten Paste pürieren.

3. Die Auberginen waschen, trockentupfen und in kleine Würfel schneiden. Die Hälfte des Palmöls in einer tiefen Pfanne erhitzen und die Auberginen darin unter Rühren anbraten. Die Zwiebeln zufügen und andünsten. Die Tomatenpaste einrühren, 200 ml Wasser angießen. 30 Minuten bei mittlerer Hitze zu einer dickflüssigen Sauce einkochen, eventuell noch Wasser angießen.

4. Den Fisch in Maismehl wenden. Das restliche Öl in einer zweiten Pfanne erhitzen und den Fisch darin auf allen Seiten bei mittlerer Hitze goldbraun anbraten. Die Sauce über den Fisch geben, kurz ziehen lassen. In eine vorgewärmte Schüssel umfüllen und servieren.

In der ghanaischen Küche wird scharf gewürzt. Auf den Märkten gibt es eine Vielzahl von Pfeffer- und Chilisorten. Die Köchinnen kennen die einzelnen Sorten sehr gut und wählen sorgfältig den passenden Pfeffer zu jedem Gericht aus.

GHANA

Gefüllte Wildtaube mit Reis und Zwiebeln

Zutaten für 4 Personen:

4 Wildtauben, küchenfertig
3 Zwiebeln
1 frische grüne Chilischote
125 g Butter
2 EL fein gehackte Petersilie
200 g gekochter Reis
1 Ei
Salz
frisch gemahlener Pfeffer
1 Msp. gemahlener Curry
1 Msp. edelsüßes Paprikapulver

Zubereitung: ca. 45 Minuten
Braten: ca. 25 Minuten

1. Die Tauben waschen und trockentupfen. Die Zwiebeln schälen und in kleine Würfel schneiden. Die Chilischote mit den Kernen in dünne Ringe schneiden. Den Backofen auf 200 Grad vorheizen.

2. In einer Pfanne 2 Esslöffel Butter erhitzen, Zwiebeln und Chilischote darin andünsten. Die Petersilie untermischen. Vom Herd nehmen und etwas abkühlen lassen.

3. Den Reis mit dem Ei und der Zwiebel-Petersilien-Mischung vermengen. Mit Salz und Pfeffer würzen, 2 Esslöffel Butter unter die Füllung kneten. Die Masse in die Tauben füllen. Öffnungen mit Zahnstochern verschließen. Tauben nebeneinander in eine feuerfeste Form legen.

4. Restliche Butter zerlassen, Curry und Paprikapulver einrühren. Die Tauben mit der gewürzten Butter einstreichen und im heißen Ofen 10 Minuten braten. 1/8 Liter Wasser angießen.

5. Die Backofentemperatur auf 125 Grad reduzieren und die Tauben weitere 15 Minuten garen. Mehrmals mit der gewürzten Butter bepinseln.

Fast 50 Antilopenarten, von den Ghanaern „Bush-Cows“ genannt, leben in der Savanne. Wildfleisch hat vor allem in den ländlichen Gebieten eine große Bedeutung. Es wird mit Yams, Maniok oder Süßkartoffeln zubereitet.

GHANA

Antilopengulasch mit Okraschoten und Maniok

Zutaten für 4 Personen:

600 g Antilopenfleisch (Keule), ersatzweise Reh
2 Zwiebeln
500 g Okraschoten
500 g Maniok
2 EL Erdnussöl
2 EL Tomatenmark
1/2 l Fleischbrühe
Salz
frisch gemahlener Pfeffer

Zubereitung: ca. 1 Stunde

1. Fleisch waschen, trockentupfen und in ca. 3 cm große Würfel schneiden. Die Zwiebeln schälen, halbieren und in Scheiben schneiden.

2. Die Okraschoten waschen und putzen. Stielansatz und Spitzen knapp abschneiden, damit beim Garen kein Fruchtmark austritt. Den Maniok schälen und in Scheiben schneiden.

3. Das Öl in einer Pfanne erhitzen und das Fleisch darin bei mittlerer Hitze rundum anbraten. Die Zwiebeln zufügen und andünsten. Das Tomatenmark einrühren und anrösten. Die Fleischbrühe angießen, mit Salz und Pfeffer würzen. Zum Kochen bringen.

4. Die Okraschoten zum Fleisch geben und 15 Minuten garen. Dann den Maniok untermischen und weitere 15 Minuten köcheln lassen. Das Gulasch mit Salz und Pfeffer abschmecken und portionsweise anrichten.

Die Erdnuss kam mit Kolumbus zuerst nach Europa und von dort aus nach Afrika. Die anspruchslose Pflanze gedeiht im tropischen Klima gut und ist in Afrika inzwischen ein wichtiger Eiweißlieferant. Meist wird sie zerstoßen oder gemahlen.

GUINEA

Tomaten-Gurken-Salat mit Erdnüssen und Koriander

Zutaten für 4 Personen:

4 Tomaten
1 Salatgurke
1 frische grüne Chilischote
1 Schalotte
100 g Erdnüsse, geschält
2 EL Öl
Saft von 1 Zitrone
Salz
frisch gemahlener Pfeffer
1 EL fein gehackte Petersilie
1 EL fein gehackter Koriander
1/2 TL Schwarzkümmelsamen
1/2 TL Senfkörner

Zubereitung: ca. 45 Minuten

1. Die Tomaten waschen, trockentupfen und in Würfel schneiden. Die Gurke schälen, halbieren, in Streifen und dann in Würfel schneiden. Die Chilischote längs halbieren, entkernen und fein hacken. Die Schalotte schälen und in Scheiben schneiden. Alles in eine Schüssel geben und vermischen.

2. Die Erdnüsse in einem Mörser grob zermahlen. Mit Öl, Zitrone, Salz und Pfeffer verrühren und über den Salat geben. Petersilie und Koriander darüberstreuen und unterheben.

3. Salat portionsweise in Schalen anrichten. Schwarzkümmel und Senfkörner in einer Pfanne ohne Fett rösten und über den Salat streuen.

Süßkartoffeln, auch Bataten genannt, stammen wie die Kartoffeln ursprünglich aus Südamerika und sind heute in fast ganz Afrika ein wichtiges Nahrungsmittel. Sie werden wie Kartoffeln zubereitet, haben aber eine geringere Garzeit.

GUINEA

Frittierte Süßkartoffeln mit Tofuwürfeln in Honigsauce

Zutaten für 4 Personen:

1 Zwiebel
1 getrocknete Chilischote
50 g Erdnüsse, geschält
2 EL Öl
1 TL Tomatenmark
Saft von 1 Zitrone
1 EL Honig
Salz
frisch gemahlener Pfeffer
750 g Süßkartoffeln
300 g Tofu
Palmöl zum Frittieren

Zubereitung: ca. 30 Minuten

1. Die Zwiebel schälen und in kleine Würfel schneiden. Die Chilischote mit Kernen fein hacken. Die Erdnüsse in einem Mörser fein zermahlen.

2. Das Öl in einer Pfanne erhitzen, Zwiebel und Chilischote darin andünsten. Das Tomatenmark und die Erdnüsse einrühren, den Zitronensaft und 5 Esslöffel Wasser zufügen. Den Honig einrühren, einige Minuten bei kleiner Hitze unter Rühren köcheln lassen. Vom Herd nehmen und etwas abkühlen lassen. Sauce mit Salz und Pfeffer abschmecken.

3. Die Süßkartoffeln schälen und in Würfel schneiden. Den Tofu trockentupfen und ebenfalls in Würfel schneiden.

4. Palmöl in der Fritteuse auf 175 Grad erhitzen. Portionsweise die Süßkartoffeln und den Tofu im heißen Fett goldbraun ausbacken. Auf Küchenpapier abtropfen lassen und in eine Schale geben. Vor dem Servieren die Honigsauce darüber verteilen.

Diese Suppe ist in Kamerun vor allem in der kühleren Regenzeit sehr beliebt. Sie wird meist aus den preiswerten Schwanzstücken von Hochseefischen zubereitet. Statt Rinderbrühe verwendet man auch oft eine Ziegenbouillon.

KAMERUN

Aromatische Fischsuppe aus Kribi mit Croûtons

Zutaten für 4 Personen:

1 kg Barrakuda, Schwanzstück
2 Zwiebeln
1 frische rote Chilischote
4 Tomaten
100 ml Öl
1 EL gemahlener äthiopischer Kardamom
1,5 l Fleischbrühe
Salz
4 Scheiben Weißbrot
2 EL geklärte Butter
1 Msp. Cayennepfeffer

Zubereitung: ca. 45 Minuten

1. Den Fisch waschen, trockentupfen und mit Haut und Gräten in Stücke schneiden. Die Zwiebeln schälen und grob würfeln. Die Chilischote mit den Kernen klein schneiden. Die Tomaten häuten, vierteln, entkernen und grob hacken.

2. Das Öl in einem Topf erhitzen und die Fischstücke darin bei großer Hitze 3 Minuten braten, mehrmals wenden. Zwiebeln, Chilischote und Tomaten zufügen und andünsten. Mit dem Kardamom überstäuben, kurz anrösten. Die Fleischbrühe angießen, salzen und die Suppe 30 Minuten kochen.

3. Die Suppe durch ein Sieb passieren und noch etwas einkochen lassen.

4. Das Weißbrot entrinden und in Würfel schneiden. Die Butter in einer Pfanne zerlassen und die Brotwürfel darin von allen Seiten goldbraun braten.

5. Die Fischsuppe mit Salz und Cayennepfeffer abschmecken. In vorgewärmte Teller verteilen und mit den Brotcroûtons bestreuen.

Zu diesem beliebten Fischgericht isst man in Kamerun häufig gegrillte Kochbananen. Die Kochbananen werden geschält, schräg in dünne Scheiben geschnitten und auf dem Holzkohlengrill fast dunkelbraun gebraten.

KAMERUN

Gegrillter marinierter Barsch in Zwiebelsauce

Zutaten für 4 Personen:

Marinieren: ca. 3 Stunden
Zubereitung: ca. 1 Stunde

1 Barsch, ca. 1,2 kg, küchenfertig
2 Gemüsezwiebeln
Salz
frisch gemahlener Pfeffer
Saft von 1 Limette
1/8 l Öl
1 EL Mehl
1/4 l Fischfond

1. Den Barsch waschen, trockentupfen. Kopf und Schwanz entfernen und den Fisch quer mit Haut und Gräten in 4 Portionsstücke zerteilen. Nebeneinander in eine Schale legen. Die Zwiebeln schälen und in dünne Ringe schneiden. Fisch mit Salz und Pfeffer würzen und mit den Zwiebelringen belegen. Limettensaft und die Hälfte des Öls darüberträufeln. Abgedeckt 3 Stunden im Kühlschrank ziehen lassen.

2. Fischstücke aus der Marinade heben und trockentupfen. Die Marinade abgießen, Zwiebeln abtropfen lassen. 3 Esslöffel Öl in einer hohen Pfanne erhitzen und die Zwiebeln darin glasig dünsten. Mit dem Mehl überstäuben und das Mehl hell anschwitzen. Die Marinade und den Fischfond angießen. 15–20 Minuten cremig einkochen lassen, dabei gelegentlich umrühren.

3. Den Grillrost mit Öl einfetten und den Fisch bei mittlerer Hitze auf den Hautseiten insgesamt 10 Minuten grillen.

4. Gegrillten Fisch in die Zwiebelsauce legen und bei kleiner Hitze zugedeckt 5 Minuten darin ziehen lassen. Fisch mit der Sauce anrichten.

In der wüstenartigen Landschaft im Norden Kameruns werden Zebus gehalten, die man wegen ihres fetthaltigen Höckers auch Buckelrinder nennt. Ihr Fleisch unterscheidet sich geschmacklich kaum von dem anderer Rinderrassen.

KAMERUN

Westafrikanisches Zeburagout mit Okraschoten

Zutaten für 6 Personen:

1 kg Zebu (Bug), ersatzweise Rindfleisch
4 Zwiebeln
4 Tomaten
1/4 l Erdnussöl
Salz
1 Msp. Cayennepfeffer
300 g Okraschoten

Zubereitung: ca. 30 Minuten
Schmoren: ca. 90 Minuten

1. Das Fleisch waschen, trockentupfen und in kleine Würfel schneiden. Die Zwiebel schälen und in Würfel schneiden. Die Tomaten waschen, trockentupfen, halbieren und in Scheiben schneiden.

2. Die Hälfte des Öls in einem Schmortopf erhitzen und das Fleisch darin bei mittlerer Hitze von allen Seiten anbraten. Mit Salz und Cayennepfeffer würzen. Die Zwiebel zufügen und unter Rühren glasig dünsten. So viel Wasser angießen, dass die Zutaten knapp bedeckt sind. Die Tomaten untermischen. Zugedeckt bei kleiner Hitze 1 Stunde schmoren.

3. Den Stielansatz der Okraschoten abschneiden, die Schoten unter fließendem Wasser waschen, trockentupfen und in kleine Stücke schneiden. Das restliche Öl in einer zweiten Pfanne erhitzen und die Okras unter Wenden darin 10 Minuten dünsten. Okkrascheiben zum Ragout geben und weitere 10 Minuten garen.

4. Ragout mit Salz und Cayennepfeffer abschmecken und in eine vorgewärmte Schüssel umfüllen.

1908 brachten deutsche Kaufleute 350 Bananenschößlinge nach Kamerun, damals eine deutsche Kolonie. Sie waren die Basis für bis heute ertragreiche Plantagen. 1914 wurden die ersten „deutschen" Bananen nach Europa verschifft.

KAMERUN

Frittierte Bananenkrapfen mit Mango und Papaya

Zutaten für 4 Personen:

Für den Fruchtsalat:
1 reife Mango
1 reife Papaya
3 EL Rohrzucker
Saft von 1 Limette

Für die Krapfen:
2 vollreife Bananen
250 g Mehl
1 EL Backpulver
2 EL Rohrzucker
Salz
1 TL gemahlener Zimt
geriebene Muskatnuss
Öl zum Backen

Zubereitung: ca. 1 Stunde

1. Mango schälen, das Fruchtfleisch vom Stein schneiden und klein würfeln. Papaya schälen, halbieren, entkernen und in Scheiben schneiden. Alles in eine Schüssel geben, mit Zucker bestreuen und mit Limettensaft begießen und vorsichtig vermischen. Abgedeckt im Kühlschrank kalt stellen.

2. Bananen schälen, mit einer Gabel in einer Schüssel zerdrücken und mit Mehl, Backpulver, Zucker, Salz, Zimt, Muskatnuss und ca. 100 ml lauwarmem Wasser zu einem weichen, glatten Teig verrühren.

3. Eine tiefe Pfanne ca. 3 cm hoch mit Öl füllen, das Öl erhitzen. Teelöffelgroße Stücke vom Teig abstechen und portionsweise in dem Öl ca. 5 Minuten knusprig ausbacken. Auf Küchenpapier abtropfen lassen.

4. Die Bananenkrapfen auf einer Servierplatte mit dem Fruchtsalat anrichten.

Senegalesische Brühwürfel sind würziger und weniger salzig als bei uns. Während der Kolonialzeit konnten sich einfache Leute keine Brühwürfel leisten, heute sind sie aus der Alltagsküche kaum mehr wegzudenken.

SENEGAL

Venusmuschelsuppe mit Chili und Knoblauch

Zutaten für 4 Personen:

1 kg Venusmuscheln, küchenfertig
1 Zwiebel
2 Knoblauchzehen
1 frische grüne Chilischote
1 afrikanischer Brühwürfel
3 getrocknete Chilischoten
3 schwarze Pfefferkörner
2 EL Erdnussöl
Salz
2 EL Zitronensaft

Zubereitung: ca. 30 Minuten

1. Die Muscheln waschen und abtropfen lassen. Geöffnete Muscheln wegwerfen. Die Zwiebel und den Knoblauch schälen und in kleine Würfel schneiden. Die Chilischote längs halbieren, entkernen und fein hacken.

2. Den Brühwürfel mit den getrockneten Chilischoten, dem Knoblauch und den Pfefferkörnern im Mörser zermahlen.

3. Das Erdnussöl in einem großen Topf erhitzen, Zwiebel und Chilischotenwürfel darin glasig andünsten. Die Muscheln hineingeben, den Topf mit einem Deckel verschließen und die Muscheln 2 Minuten dünsten, dabei den Topf mehrfach rütteln. Dann so viel kaltes Wasser angießen, dass die Muscheln bedeckt sind. Die Würzpaste einrühren. Bei kleiner Hitze 15–20 Minuten köcheln.

4. Den Muschelsud mit Salz und Zitronensaft abschmecken. Muscheln mit Sud in 4 Schalen verteilen.

Traditionell werden die Bohnen für dieses Gericht mit der Hand in einem großen Mörser so lange zerstoßen, bis sie zu einer glatten Masse geworden sind und sich ihr Volumen deutlich vergrößert hat. Das dauert bis zu eine Stunde.

SENEGAL

Senegalesische Bohnenkrapfen in Erdnussöl frittiert

Zutaten für 4 Personen:

500 g Augenbohnen
Salz
2 Päckchen Backpulver
Erdnussöl zum Frittieren

Vorbereitung: ca. 12 Stunden
Zubereitung: ca. 40 Minuten

1. Die Bohnen über Nacht in Wasser einweichen. Am nächsten Tag abgießen und abtropfen lassen. Die Bohnen zwischen den Händen reiben und die dünne Außenhaut entfernen.

2. Bohnen in den Mixer geben und pürieren, dabei nach und nach so viel Wasser angießen, dass ein glatter Teig entsteht. 1 Teelöffel Salz und das Backpulver untermixen.

3. Das Erdnussöl in der Fritteuse oder einem hohen Topf auf 175 Grad erhitzen. Aus dem Teig walnussgroße Bällchen formen und portionsweise im heißen Fett goldbraun ausbacken. Kurz auf Küchenpapier abtropfen lassen und warm stellen, bis der ganze Teig verarbeitet ist.

Tomatenmark ist eine wichtige Zutat in der Küche des Senegals. Ebenso wichtig sind die Chilischoten, die frisch und getrocknet sehr großzügig verwendet werden. Wer es nicht so scharf mag, entkernt die Chilischoten vor dem Kochen.

SENEGAL

Scharfer Tomatenreis mit Hähnchen und Auberginen

Zutaten für 4 Personen:

1 Brathähnchen
2 Zwiebeln
1 Knoblauchzehe
3 frische rote Chilischoten
4 Tomaten
2 kleine Auberginen
100 ml Erdnussöl
Salz
frisch gemahlener Pfeffer
250 g Langkornreis
4 EL Tomatenmark
1 afrikanischer Brühwürfel

Zubereitung: ca. 1 Stunde

1. Das Hähnchen waschen, trockentupfen und mit Haut und Knochen in kleine Stücke hacken. Die Zwiebeln und den Knoblauch schälen und in kleine Würfel schneiden. Die Chilischoten mit den Kernen in feine Röllchen schneiden. Die Tomaten häuten, vierteln, entkernen und grob hacken. Die Auberginen in kleine Würfel schneiden.

2. Das Öl in einer tiefen Pfanne erhitzen. Die Hähnchenteile darin von allen Seiten anbraten. Mit Salz und Pfeffer würzen. Fleisch an den Pfannenrand schieben, Zwiebeln und Knoblauch im Bratfett glasig dünsten.

3. Auberginen zugeben, den Reis untermischen und anschwitzen. Das Tomatenmark einrühren und anrösten. Die Tomaten und den Brühwürfel dazugeben und 1/2 Liter Wasser angießen. Zum Kochen bringen und zugedeckt bei kleiner Hitze 20 Minuten garen.

4. Den Deckel von der Pfanne nehmen und den Tomatenreis noch 5 Minuten offen köcheln lassen. In eine große Schale umfüllen und heiß servieren.

In vielen heißen Ländern ist die gesüßte Kondensmilch in der Küche sehr beliebt. Sie ist lange haltbar und kann für viele Gerichte verwendet werden. Bei diesem Rezept kann man sie gut durch frische süße Sahne ersetzen.

SENEGAL

Süße Quarkcreme Saint-Louis mit Couscous

Zutaten für 4 Personen:

250 g Quark
250 g Crème double
100 g gesüßte Kondensmilch
100 g Zucker
1 Päckchen Vanillezucker
1 EL Orangenblütenwasser
200 g Instant-Couscous

Zubereitung: ca. 20 Minuten
Kühlen: ca. 1 Stunde

1. Den Quark mit der Crème double, der Kondensmilch, dem Zucker, dem Vanillezucker und dem Orangenblütenwasser vermischen. Abgedeckt im Kühlschrank 1 Stunde ziehen lassen.

2. Den Couscous in eine Schüssel füllen und mit 300 ml kochendem Wasser übergießen. 10 Minuten quellen lassen, dabei mehrmals den Couscous mit den Fingerspitzen durchmischen. Couscous zwischen den Händen reiben, damit sich die Körnchen voneinander trennen.

3. Die eiskalte Quarkcreme unter den Couscous rühren und in 4 Schalen verteilen. Sofort servieren.

Teff ist ein Grasgetreide, das nur in Äthiopien zu Nahrungszwecken angebaut wird. Die Hirseart hat winzig kleine Körner und enthält wertvolle Nährstoffe. Für dieses Fladenbrot kann Teff auch durch ein anderes Mehl ersetzt werden.

ÄTHIOPIEN

Äthiopisches Fladenbrot

Injera in der Pfanne gebacken

Zutaten für 8 Brote:

400 g Teffmehl
1 Päckchen Trockenhefe
1/2 TL Natron
1 TL Salz

Vorbereitung: ca. 3 Tage
Zubereitung: ca. 1 Stunde

1. Das Mehl in eine große Schüssel sieben, in die Mitte eine Mulde drücken. 1/2 Liter lauwarmes Wasser und die Trockenhefe hineingeben und alles zu einem dünnen, glatten Teig verrühren. Eventuell noch etwas Wasser zufügen.

2. Die Schüssel mit einem sauberen, feuchten Tuch abdecken und den Teig 3 Tage bei Zimmertemperatur gehen lassen. Täglich ein- bis zweimal so lange umrühren, bis er Blasen wirft.

3. Nach 3 Tagen das Natron und das Salz unter den Teig rühren und den Teig so lange schlagen, bis er Blasen wirft. Nochmals 15 Minuten gehen lassen.

4. Eine große beschichtete Pfanne ohne Fett erhitzen und eine Schöpfkelle Teig hineingeben. Die Pfanne rasch so drehen, dass sich der Teig dünn und gleichmäßig in der Pfanne verteilt. Brotfladen bei kleiner Hitze so lange backen, bis die Oberseite fest ist. Nicht wenden. Das Brot sollte weich und elastisch und nicht gebräunt sein.

Die rote Pfefferpaste „Awaze“ wird aus getrockneten Peperoni, Knoblauch, Ingwer, Schalotten, Weinraute und gerösteten Gewürzen hergestellt. Die Zubereitung ist sehr zeitaufwändig, deshalb greifen viele Frauen heute zu Fertigprodukten.

ÄTHIOPIEN

Tomaten-Paprika-Salat mit Peperoni und Met-Dressing

Zutaten für 4 Personen:

4 Tomaten
1 gelbe Paprikaschote
1 grüne Paprikaschote
1 milde grüne Peperoni
3 EL Met
3 EL Öl
Salz
1 TL rote Pfefferpaste (Fertigprodukt)
1 weiße Zwiebel
2 hart gekochte Eier
Petersilienblättchen zum Garnieren

Zubereitung: ca. 20 Minuten

1. Die Tomaten häuten, vierteln, entkernen und in kleine Würfel schneiden. Die Paprikaschoten und die Peperoni waschen und trockentupfen. Paprikaschoten halbieren, entkernen und in kleine Würfel schneiden. Peperoni in Ringe schneiden. Alles in eine Schüssel geben und vermischen.

2. Aus Met, Öl, Salz und Pfefferpaste ein Dressing anrühren, über den Salat gießen und untermischen. Salat in 4 Schalen verteilen.

3. Die Zwiebel schälen und in dünne Ringe schneiden. Die Eier schälen und in Scheiben schneiden. Salat mit Zwiebelringen, Eischeiben und Petersilienblättchen garnieren und sofort servieren.

Basilikum gibt es in vielen Sorten. Das afrikanische Basilikum unterscheidet sich von dem süßlichen italienischen Basilikum vor allem im Geschmack. Es ist wesentlich herber und robuster und kann deshalb auch mitgekocht werden.

ÄTHIOPIEN

Braune Linsen in scharfer Sauce mit Ingwer

Zutaten für 4 Personen:

350 g braune Linsen
1 Zwiebel
4 Knoblauchzehen
1 Stück frischer Ingwer
1 frische rote Chilischote
100 ml Öl
1 TL Berbere (scharfe Gewürzmischung, s. S. 946)
1/2 TL gemahlener Schwarzkümmel
Salz
1 EL fein gehacktes Basilikum

Zubereitung: ca. 1 Stunde

1. Die Linsen in ein Sieb geben und gründlich unter kaltem Wasser abspülen. In einen Topf geben und gut mit Wasser bedecken. Zum Kochen bringen und ca. 40 Minuten garen.

2. Die Zwiebel, den Knoblauch und den Ingwer schälen und in kleine Würfel schneiden. Die Chilischote längs halbieren, entkernen und fein hacken.

3. Das Öl in einer tiefen Pfanne erhitzen. Zwiebel, Knoblauch, Ingwer und Chilischote darin andüsten. Die Linsen abgießen und dazugeben. 100 ml Wasser angießen, mit Berbere und Schwarzkümmel würzen und weitere 15 Minuten garen, dabei öfter umrühren. Vor dem Servieren mit Salz abschmecken und mit dem Basilikum bestreuen.

Würzbutter ist die Grundlage vieler äthiopischer Gerichte. Jede Hausfrau hat ihr eigenes Familienrezept, um diese Butter herzustellen. Wer sie sehr scharf mag, verzichtet darauf, die Chilischote zu entkernen und gibt sie halbiert in die Butter.

ÄTHIOPIEN

Geklärte gewürzte Butter mit Kardamom und Zimt

Zutaten für 1 Glas:

1 Zwiebel
2 Knoblauchzehen
1 Stück Ingwer
1 frische rote Chilischote
250 g Butter
1 TL grob zerstoßener Kardamom
2 Gewürznelken
1 Stange Zimt
1/2 TL Bockshornkleesamen

Zubereitung: ca. 30 Minuten

1. Die Zwiebel, den Knoblauch und den Ingwer schälen. Alles in dünne Scheiben schneiden. Die Chilischote längs halbieren, entkernen und hacken.

2. Die Butter in einem Topf zerlassen. Zwiebel, Knoblauch und Chilischote sowie die Gewürze dazugeben. Bei kleiner Hitze unter Rühren 20 Minuten sanft köcheln lassen, dabei darauf achten, dass die Butter nicht braun wird.

3. Ein Haarsieb mit einem Mulltuch auslegen. Die Butter durch das Tuch in ein hitzebeständiges Gefäß abgießen. Butter etwas abkühlen lassen, dann in ein sauberes, verschließbares Glas umfüllen. Erkalten lassen, dann das Glas mit dem Deckel verschließen und die Butter im Kühlschrank aufbewahren.

Kichererbsenmehl wird aus leicht gerösteten Kichererbsen hergestellt. Man kann es fertig kaufen oder selbst herstellen. Dazu röstet man die Kichererbsen auf einem Backblech im Ofen und zermahlt sie anschließend fein im Mixer.

ÄTHIOPIEN

Gebackene Kichererbsenbällchen in Gemüsesauce

Zutaten für 4 Personen:

250 g Kichererbsenmehl
Salz
1 TL Berbere (scharfe Gewürzmischung)
1/2 TL gemahlene Kurkuma
1 EL Öl
2 Zwiebeln
2 Knoblauchzehen
2 Möhren
2 EL geklärte gewürzte Butter
2 EL Tomatenmark
Fett zum Frittieren
frisch gemahlener Pfeffer
1 EL fein gehackte Petersilie

Zubereitung: ca. 1 Stunde

1. Kichererbsenmehl mit Salz, Berbere und Kurkuma vermischen. Das Öl und so viel Wasser einarbeiten, dass ein glatter, fester Teig entsteht. Abgedeckt bei Zimmertemperatur 30 Minuten ruhen lassen.

2. Die Zwiebeln, den Knoblauch und die Möhren schälen und in kleine Würfel schneiden. Die Butter in einem Topf zerlassen, Zwiebeln, Knoblauch und Möhren darin andünsten. Das Tomatenmark einrühren und kurz anrösten. 400 ml Wasser angießen und die Sauce 30 Minuten köcheln lassen.

3. Das Fett in der Fritteuse auf 175 Grad erhitzen. Aus dem Teig mit nassen Händen kleine Bällchen formen und im heißen Fett portionsweise goldbraun ausbacken. Kurz auf Küchenpapier abtropfen lassen.

4. Die Sauce mit Salz und Pfeffer abschmecken. Die Kichererbsenbällchen hineingeben und einige Minuten in der Sauce ziehen lassen. Mit frischer, gehackter Petersilie bestreut servieren.

Auch zu Eintöpfen isst man in Äthiopien das traditionelle Fladenbrot. Oft wird ein Korb mit den Fladen ausgelegt, auf die verschiedene Eintöpfe gestellt werden. Man schöpft sie dann mit einem Stück Fladen direkt aus dem Korb.

ÄTHIOPIEN

Grünkohl-Lauch-Eintopf mit Kartoffeln und Chili

Zutaten für 4 Personen:

1 kleiner Grünkohl
2 mittelgroße Kartoffeln
1 Zwiebel
3 Knoblauchzehen
2 Stangen Lauch
2 frische rote Chilischoten
100 ml Öl
1/2 TL gemahlener Kardamom
Salz
1 EL geklärte gewürzte Butter

Zubereitung: ca. 50 Minuten

1. Den Grünkohl putzen, waschen, abtropfen lassen und die harten Blattrippen entfernen. Blattrippen fein hacken, Blätter in Streifen schneiden. Kartoffeln, Zwiebel und Knoblauch schälen und in dünne Scheiben schneiden. Den Lauch putzen, waschen und in Ringe schneiden. Die Chilischoten längs halbieren, entkernen und fein hacken.

2. Das Öl in einem Schmortopf erhitzen, Zwiebel, Knoblauch, Chilischote und Blattrippen zufügen und anbraten. Grünkohlblätter, Kartoffeln und Lauch untermischen und kurz anbraten. 1/2 Liter Wasser angießen, mit Kardamom und Salz würzen und 25–30 Minuten garen, dabei gelegentlich umrühren. Vor dem Servieren die geklärte gewürzte Butter unterrühren, mit Salz abschmecken.

Spinat kommt ursprünglich aus Persien. In Afrika ist er seit Jahrhunderten ein beliebtes Gemüse und wie andere Blattgemüse auch ein Bestandteil von Eintöpfen, deren Nährwert durch gemahlene Nüsse oder harte Eier erhöht wird.

ÄTHIOPIEN

Gedünsteter Blattspinat mit Eiern und gewürzter Butter

Zutaten für 4 Personen:

1 kg Blattspinat
1 Gemüsezwiebel
1 Knoblauchzehe
1 frische rote Chilischote
2 Tomaten
2 EL geklärte gewürzte Butter
4 Eier
Salz
frisch gemahlener Pfeffer

Zubereitung: ca. 40 Minuten

1. Den Spinat verlesen, putzen und gründlich waschen. Die Zwiebel und den Knoblauch schälen und in kleine Würfel schneiden. Die Chilischote halbieren, entkernen und fein hacken. Die Tomaten häuten, vierteln, entkernen und würfeln.

2. Die Butter in einem Topf zerlassen. Zwiebel, Knoblauch und Chilischote darin andünsten. Die Tomaten und den tropfnassen Spinat zufügen, 100 ml Wasser angießen. Unter Rühren ca. 15 Minuten garen, bis die Flüssigkeit verdampft ist.

3. Die Eier mit Salz und Pfeffer verquirlen. Unter den Spinat rühren. Vom Herd nehmen, mit Salz und Pfeffer kräftig abschmecken.

Anders als sein Name es zunächst vermuten lässt, ist der Schwarzkümmel nicht mit dem Kümmel verwandt. Er hat einen intensiven Geschmack, erinnert im Aroma ein wenig an Anis und Oregano und wird häufig gemahlen verwendet.

ÄTHIOPIEN

Gebratene Rindfleischstreifen mit Zwiebeln

Zutaten für 4 Personen:

500 g Rindfleisch (Hüfte)
4 Zwiebeln
2 Knoblauchzehen
1 Stück Ingwer
3 EL geklärte gewürzte Butter
3 EL Öl
1 TL Berbere (scharfe Gewürzmischung)
1/2 TL Schwarzkümmel
Salz
frisch gemahlener Pfeffer

Zubereitung: ca. 50 Minuten

1. Das Fleisch waschen, trockentupfen und in dünne Streifen schneiden. Die Zwiebeln, den Knoblauch und den Ingwer schälen. Zwiebeln in dünne Ringe schneiden, Knoblauch und Ingwer fein hacken.

2. Die Butter und das Öl in einer tiefen Pfanne erhitzen. Das Fleisch zufügen und unter Wenden knusprig braten. Aus der Pfanne heben und warm stellen.

3. Die Zwiebelringe im Bratfett goldbraun braten. Knoblauch, Ingwer und die Gewürze dazugeben und kurz anrösten. Das Fleisch untermischen und 200 ml Wasser angießen. Zugedeckt 15–20 Minuten garen, bis das Fleisch weich ist.

4. Vor dem Servieren das Gericht kräftig mit Salz und Pfeffer abschmecken.

In Äthiopien kennt man keine Menüfolge. Alle Gerichte werden gleichzeitig serviert und jeder stellt sich sein ganz persönliches Essen zusammen. Zu jeder Mahlzeit werden mindestens ein scharfes und ein mildes Gericht aufgetischt.

ÄTHIOPIEN

Traditioneller Hähnchen-Zwiebel-Topf mit harten Eiern

Zutaten für 4 Personen:

1 Brathähnchen
Salz
frisch gemahlener Pfeffer
Saft von 1 Zitrone
500 g rote Zwiebeln
2 Knoblauchzehen
2 EL Öl
1 EL geklärte gewürzte Butter
Kichererbsenmehl zum Wenden
2 EL Tomatenmark
1/2 TL gemahlener Piment
1 Msp. Nelkenpulver
1 Msp. gemahlener Kardamom
4 hart gekochte Eier

Zubereitung: ca. 1 Stunde

1. Das Hähnchen waschen, trockentupfen und die Haut entfernen. Hähnchen mit den Knochen in kleine Stück zerteilen, mit Salz, Pfeffer und Zitronensaft würzen und abgedeckt bei Zimmertemperatur 30 Minuten ziehen lassen.

2. Inzwischen die Zwiebeln und den Knoblauch schälen. Zwiebeln halbieren und in Scheiben schneiden, Knoblauch fein hacken.

3. Das Öl und die Butter in einer tiefen Pfanne erhitzen. Die Hähnchenteile in Kichererbsenmehl wenden, überschüssiges Mehl abklopfen und das Fleisch im heißen Fett rundum anbraten. Dann aus der Pfanne heben und warm stellen.

4. Das Tomatenmark und die Gewürze in das Bratfett rühren und kurz anrösten. Zwiebeln und Knoblauch zufügen und unter ständigem Wenden einige Minuten braten. 1/2 Liter Wasser angießen und die Hähnchenteile wieder einlegen. 15 Minuten köcheln lassen.

5. Die harten Eier schälen und halbieren. Vor dem Servieren auf den Hähnchentopf legen.

Fleisch ist in Äthiopien ein eher seltener Luxus, die Fleischportionen sind deshalb auch kleiner als in anderen Ländern. Da es teuer ist, bereitet man es mit anderen sättigenden Zutaten wie Kartoffeln, Reis und Gemüse zu.

ÄTHIOPIEN

Lammfleisch mit grünen Bohnen und Tomaten

Zutaten für 4 Personen:

400 g Lammfleisch (Schulter)
2 Zwiebeln
2 Knoblauchzehen
500 g grüne Bohnen
2 Möhren
3 Tomaten
100 ml Öl
Salz
frisch gemahlener Pfeffer
1/2 TL Chilipulver

Zubereitung: ca. 50 Minuten

1. Das Lammfleisch waschen, trockentupfen und in kleine Würfel schneiden. Die Zwiebeln und den Knoblauch schälen und ebenfalls in kleine Würfel schneiden.

2. Die Bohnen putzen und in mundgerechte Stücke zerteilen. Die Möhren schälen und in Scheiben schneiden. Tomaten waschen, trockentupfen und würfeln.

3. Das Öl in einem Schmortopf erhitzen und das Fleisch darin von allen Seiten anbraten. Mit Salz, Pfeffer und Chilipulver würzen. Das Gemüse untermischen und 400 ml Wasser angießen. 20–25 Minuten köcheln lassen, bis das Gemüse gar und das Fleisch weich ist. Vor dem Servieren das Gericht nochmals kräftig mit Salz und Pfeffer abschmecken.

Der Viktoriabarsch ist eigentlich ein Nilbarsch. Er kommt ursprünglich aus den Stromgebieten des Nils und des Nigers. Vor knapp 50 Jahren wurde er im Viktoriasee ausgesetzt und hat sich dort überraschend rasant vermehrt.

KENIA

Gebackener Viktoriabarsch Kisumu mit Zwiebelringen

Zutaten für 4 Personen:

4 Viktoriabarschfilets à 200 g
2 große Zwiebeln
2 EL Maisstärke
Öl zum Ausbacken
3 frische Eier
Salz
frisch gemahlener Pfeffer
1 TL Erdnussmus
1 TL gemahlene Kurkuma
Kichererbsenmehl zum Wenden

Zubereitung: ca. 20 Minuten

1. Die Fischfilets waschen und trockentupfen. Die Zwiebeln schälen, in dünne Ringe schneiden und in der Maisstärke wenden.

2. Eine Pfanne ca. 3 cm hoch mit Öl füllen. Das Öl erhitzen und die Zwiebeln darin goldbraun ausbacken. Auf Küchenpapier abtropfen lassen.

3. Die Eier mit Salz, Pfeffer, Erdnussmus und Kurkuma in einem tiefen Teller glatt verrühren. Das Kichererbsenmehl in einen zweiten tiefen Teller geben.

4. Das Bratöl in der Pfanne wieder erhitzen, eventuell noch etwas Öl nachgießen. Den Fisch zuerst im Kichererbsenmehl wenden, dann durch das gewürzte Ei ziehen. Sofort in das heiße Öl geben und bei mittlerer Hitze auf beiden Seiten goldbraun braten. Kurz auf Küchenpapier abtropfen lassen.

5. Den Fisch portionsweise mit den braunen Zwiebelringen anrichten.

Berbere ist eine scharfe rote Gewürzpaste, deren Hauptbestandteile getrocknete Chilischoten, Knoblauch, Ingwer, Kardamom, Schwarzkümmel und Kurkuma sind. Für die Paste hat jede Köchin ihr eigenes „Geheimrezept".

KENIA

Kenianische Weißkohlrouladen mit Putenfleisch

Zutaten für 4 Personen:

1 Weißkohl
Salz
1 Zwiebel
1 grüne Paprikaschote
350 g Putenbrustfilet
200 g gekochter Mais (Dose)
1 TL Berbere (scharfe Gewürzmischung)
2 EL Öl
3 EL Tomatenmark
1/2 TL Schwarzkümmel
2 Gewürznelken

Zubereitung: ca. 45 Minuten
Schmoren: ca. 1 Stunde

1. Den Weißkohl waschen und den Strunk keilförmig ausschneiden. Reichlich Salzwasser zum Kochen bringen, den Kohlkopf hineinlegen und 20 Minuten bei kleiner Hitze köcheln. Dann herausheben und gut abtropfen lassen.

2. Die Zwiebel schälen und fein hacken. Die Paprikaschote halbieren, entkernen und in kleine Würfel schneiden. Das Fleisch waschen, trockentupfen und mit einem scharfen Messer klein hacken. Alles gut mit dem Mais vermischen, mit Berbere und Salz würzen.

3. Vom Kohlkopf 8 der äußeren großen Blätter ablösen und die Fleisch-Gemüse-Füllung darauf verteilen. Die Blätter von drei Seiten über die Füllung schlagen und die Blätter zu Rouladen aufrollen. Mit Küchengarn zusammenbinden. Den restlichen Kohl anderweitig verwerten.

4. Das Öl in einem großen Schmortopf erhitzen und die Rouladen 10 Minuten rundum braun anbraten. Das Tomatenmark mit 1/2 Liter heißem Wasser verrühren und zu den Rouladen gießen. Schwarzkümmel und Gewürznelken zufügen. Kohlrouladen zugedeckt bei mittlerer Hitze ca. 1 Stunde schmoren.

Aus Madagskar kommen die feinen Bourbon-Vanilleschoten, die nicht nur süßen Gerichten ein ganz besonderes Aroma verleihen. Nur die Anbaugebiete Madagaskar, Komoren und La Réunion dürfen die Bezeichnung „Bourbon" verwenden.

MADAGASKAR

Poularde in Kokosnuss-Vanillesauce mit Koriander

Zutaten für 4 Personen:

1 Poularde
1/4 TL Cayennepfeffer
Salz
4 Knoblauchzehen
1 Zwiebel
1 Stück Ingwer
1/2 TL gemahlener Kreuzkümmel
3 EL Öl
500 ml Kokosmilch
1 Vanilleschote
50 g Kokosraspeln
frisch gemahlener Pfeffer
2 EL gehackter Koriander

Zubereitung: ca. 20 Minuten

1. Die Poularde in 8 Teile zerlegen, die Haut und die Knochen entfernen. Fleisch mit Cayennepfeffer und Salz einreiben.

2. Den Knoblauch, die Zwiebel und den Ingwer schälen und fein hacken. Alles mit dem Kreuzkümmel im Mörser zu einer musigen Paste zermahlen.

3. Das Öl in einer tiefen Pfanne erhitzen und das Fleisch darin von allen Seiten anbraten. Die Knoblauch-Zwiebel-Paste zugeben und anrösten. Die Kokosmilch einrühren. Die Vanilleschote längs aufschlitzen und das Mark herauskratzen. Schote und Mark in die Kokosmilch geben. Kokosraspeln dazugeben und alles gut verrühren. Zugedeckt bei kleiner Hitze ca. 35 Minuten köcheln lassen.

4. Die Vanilleschote entfernen und die Sauce mit Salz und Pfeffer abschmecken. Die Poularde mit der Sauce portionsweise anrichten und mit dem Koriander bestreuen.

Maniokblätter sind proteinreich, können wegen der Wurzelproduktion aber nur jeden dritten Monat geerntet werden. Dieses Gericht repräsentiert die Nationalfarben Madagaskars: rot (Tomaten), weiß (Reis) und grün (Maniokblätter).

MADAGASKAR

Schweinefleisch-Reis-Topf mit Garnelen und Maniokblättern

Zutaten für 4 Personen:

600 g Schweinefleisch
2 Zwiebeln
3 Knoblauchzehen
3 EL Erdnussöl
Salz
frisch gemahlener Pfeffer
2 EL Tomatenmark
500 g Maniokblätter
250 g Reis
200 g Garnelen, gekocht und geschält

Zubereitung: ca. 30 Minuten
Garen: ca. 90 Minuten

1. Das Fleisch waschen, trockentupfen und in Würfel schneiden. Die Zwiebeln und den Knoblauch schälen, halbieren und in dünne Scheiben schneiden.

2. Das Öl in einem Schmortopf erhitzen und das Fleisch darin von allen Seiten anbraten. Mit Salz und Pfeffer würzen. Die Zwiebeln zufügen und glasig dünsten. Das Tomatenmark einrühren und anrösten. 1/2 Liter Wasser angießen, zum Kochen bringen und zugedeckt ca. 1 Stunde köcheln lassen.

3. Die Maniokblätter waschen und grob hacken. Den Reis in ein Sieb geben und unter fließendem Wasser gründlich waschen. Tropfnass mit den Maniokblättern zum Fleisch geben, unterheben und 30 Minuten garen.

4. Die Garnelen unter den Reis-Topf mischen und darin erhitzen. Vom Herd nehmen, mit Salz und Pfeffer abschmecken und portionsweise anrichten.

Die Ananas kam von Südamerika über Spanien nach Madagaskar. Ihren Namen erhielt die Frucht im Jahre 1557 vom französischen Hugenottenpfarrer Jean de Lery, der ihn von dem indianischen Namen „Nana" ableitete.

MADAGASKAR

Frische Ananasscheiben im Teigmantel in Öl frittiert

Zutaten für 4 Personen:

1 reife Ananas
250 g Mehl
1/2 TL Backpulver
3 Eier
Salz
frisch geriebene Muskatnuss
Palmöl zum Frittieren
2 EL Puderzucker

Zubereitung: ca. 30 Minuten

1. Die Ananas schälen und in Scheiben schneiden. Den harten Strunk in der Mitte der Ananasscheiben herausschneiden.

2. Das Mehl und das Backpulver in eine Schüssel sieben. Die Eier, 1/4 Liter lauwarmes Wasser, 1 Prise Salz und etwas Muskatnuss hineingeben. Alles zu einem glatten dickflüssigen Teig verrühren.

3. Das Palmöl in der Fritteuse auf 175 Grad erhitzen. Die Ananansscheiben trockentupfen, in den Teig tauchen und portionsweise im heißen Öl goldbraun frittieren. Kurz auf Küchenpapier abtropfen lassen und warm stellen, bis alle Ananasscheiben frittiert sind.

4. Die heißen Ananasscheiben auf eine Platte legen, mit dem Puderzucker überstäuben und sofort servieren.

Kresse wächst auf Mauritius wild. Sie wird aber auch entlang der Bewässerungskanäle für die Zuckerrohrplantagen angebaut. Kartoffeln kamen erst vor knapp 30 Jahren im Rahmen eines landwirtschaftlichen Hilfsprogramms auf die Insel.

MAURITIUS

Kartoffel-Brunnenkresse-Suppe mit Hühnerbrühe

Zutaten für 4 Personen:

500 g Kartoffeln
1 Zwiebel
1 EL geklärte Butter
3/4 l Hühnerbrühe
Salz
300 g Brunnenkresse
frisch gemahlener Pfeffer
100 g süße Sahne

Zubereitung: ca. 45 Minuten

1. Die Kartoffeln waschen, schälen und in Würfel schneiden. Die Zwiebel schälen und fein hacken.

2. Die Butter in einem Topf zerlassen und die Zwiebel darin glasig dünsten. Die Kartoffeln zufügen und die Hühnerbrühe angießen. Salzen, zum Kochen bringen und 20 Minuten köcheln lassen.

3. Die Brunnenkresse verlesen, grobe Stiele entfernen. Brunnenkresse waschen, abtropfen lassen und hacken. In die Suppe rühren und kurz darin ziehen lassen.

4. Die Suppe mit dem Stabmixer pürieren. Die Sahne unterrühren und die Suppe mit Salz und Pfeffer abschmecken. Suppe schaumig aufmixen und in vorgewärmte Teller verteilen.

Massalé ist eine typische Gewürzmischung der kreolischen Küche und besteht in der Hauptsache aus Kumin und Koriander. Die Ziege wurde auf Mauritius früher als Opfertier geschlachtet und unter den feiernden Menschen verteilt.

MAURITIUS

Kreolisches Ziegenragout Cabri nach Massalé-Art

Zutaten für 4 Personen:

Zubereitung: ca. 20 Minuten
Schmoren: ca. 40 Minuten

1 kg Ziegenfleisch
3 Tomaten
2 Gemüsezwiebeln
2 Knoblauchzehen
1 Stück Ingwer
3 EL Öl
Salz
frisch gemahlener Pfeffer
1 TL Massalé (Gewürzmischung)
einige Safranfäden
1 Bund Thymian

1. Das Fleisch waschen, trockentupfen und in Würfel schneiden. Die Tomaten waschen und in Scheiben schneiden. Zwiebeln, Knoblauch und Ingwer schälen und fein hacken.

2. Das Öl in einem Schmortopf erhitzen und das Fleisch bei mittlerer Hitze darin von allen Seiten anbraten. Zwiebeln, Knoblauch und Ingwer zufügen und glasig dünsten. Mit Salz, Pfeffer und Massalé würzen, die Tomaten untermischen und 1/4 Liter Wasser angießen. Zum Kochen bringen und den Thymian einlegen.

3. Den Safran in etwas heißem Wasser auflösen und in die Sauce rühren. Ragout bei kleiner Hitze zugedeckt ca. 40 Minuten schmoren. Vor dem Servieren den Thymian entfernen und das Ragout nochmals kräftig mit Salz, Pfeffer und Massalé abschmecken.

Die Combava ist eine kleine, leicht verschrumpelte Zitrusart, die ein intensives Zitronenaroma hat und in der kreolischen Küche sehr beliebt ist. Ursprünglich stammt die Combava aus der Karibik. Man kann sie durch Limetten ersetzen.

MAURITIUS

Geschmortes Perlhuhn Port Louis mit grünen Mangos

Zutaten für 4 Personen:

1 Perlhuhn, ca. 1,3 kg
2 Zwiebeln
5 Knoblauchzehen
1 Stück Ingwer
2 Tomaten
2 EL Öl
Salz
frisch gemahlener Pfeffer
abgeriebene Schale von 1/2 Combava
1/4 l Hühnerbrühe
2 grüne Mangos

Zubereitung: ca. 15 Minuten
Schmoren: ca. 30 Minuten

1. Das Perlhuhn waschen und trockentupfen. Perlhuhn in 4 Portionsstücke zerteilen. Die Zwiebeln, den Knoblauch und den Ingwer schälen und hacken. Die Tomaten waschen, halbieren und hacken.

2. Das Öl in einer Schmorpfanne erhitzen und das Perlhuhn darin von allen Seiten bei mittlerer Hitze anbraten. Zwiebeln, Knoblauch und Ingwer zugeben und anschwitzen. Mit Salz, Pfeffer und Combavaschale würzen und die Hühnerbrühe angießen. Zum Kochen bringen und 15 Minuten zugedeckt schmoren.

3. Die Mangos schälen und raspeln. Zum Perlhuhn geben und weitere 15 Minuten schmoren. Vor dem Servieren mit dem Koriander bestreuen.

Maniok ist äußerst reich an Stärke. Die Wurzel enthält viel Eiweiß und wichtige Mineralstoffe wie Kalium, Kalzium und Eisen sowie Vitamin C. Für Süßspeisen vewendet man in Mauritius eine Maniokart, die besonders viel Zucker enthält.

MAURITIUS

Danielles Festtagskuchen mit Maniok und Kakao

Zutaten für 6 Stücke:

Zubereitung: ca. 30 Minuten
Backen: ca. 40 Minuten

500 g Maniok
5 Eier
250 g Zucker
2 Päckchen Backpulver
Butter für die Form
2 EL Kakaopulver

Außerdem:
1 große Briocheform

1. Maniokwurzeln schälen und in Stücke schneiden. Die Stücke längs halbieren und den harten Strunk in der Mitte herausschneiden. Stücke in kleine Würfel schneiden. Den Backofen auf 180 Grad vorheizen.

2. Maniok in ein Sieb geben und unter fließendem Wasser abspülen. Anschließend mit 1/4 Liter Wasser im Mixer pürieren.

3. Maniokpüree portionsweise in ein Küchentuch geben und die Flüssigkeit gut ausdrücken. Ausgedrücktes Maniok in eine Schüssel geben und mit den Fingern krümelig zerreiben. Dann mit den Eiern, dem Zucker und dem Backpulver im Mixer glatt rühren.

4. Die Brioche-Form mit Butter ausfetten und den Teig einfüllen. Im heißen Ofen 25 Minuten backen. Form in ein heißes Wasserbad setzen und weitere 15 Minuten im Ofen garen.

5. Den Kuchen in der Form etwas auskühlen lassen. Auf einem Kuchengitter vollständig erkalten lassen. Vor dem Servieren mit Kakao überstäuben.

Mauritius ist ein Urlaubsparadies für Badefreunde und Wassersportler. Auch Liebhaber tropischer Früchte kommen hier auf ihre Kosten. In den Markthallen von Port Louis werden frische und getrocknete Früchte in bunter Vielfalt angeboten.

MAURITIUS

Gewürzter Brotfruchtkuchen mit getrockneten Früchten

Zutaten für 12 Stücke:

Vorbereitung: ca. 45 Minuten
Backen: ca. 1 Stunde

1 kleine Brotfrucht, ca. 1 kg
3 EL Butter
100 g Zucker
1 EL Backpulver
2 EL Speisestärke
100 ml Milch
4 Eier
Salz
frisch geriebene Muskatnuss
1/2 TL gemahlener Zimt
1/4 TL Nelkenpulver
1 TL abgeriebene Zitronenschale
200 g gemischte Trockenfrüchte, z.B. Papaya, Ananas, Mango, Banane, Aprikose

1. Brotfrucht schälen, halbieren und Kerne entfernen. Fruchtfleisch in grobe Würfel schneiden und in kochendem Wasser in ca. 15 Minuten weich kochen. Abgießen und ausdampfen lassen. In einen Mixer geben und mit 2 Esslöffeln Butter glatt pürieren. In eine Schüssel umfüllen.

2. Zucker, Backpulver und Speisestärke mischen und mit Milch, Eiern und Brotfruchtpüree zu einem Teig verrühren. Mit Salz, Muskatnuss, Zimt, Nelkenpulver und Zitronenschale würzen. Die Trockenfrüchte klein hacken und untermischen.

3. Den Backofen auf 180 Grad vorheizen. Eine Kastenform mit der restlichen Butter ausstreichen und die Masse einfüllen. Die Oberfläche glatt streichen. Im heißen Ofen ca. 1 Stunde backen.

4. Den Kuchen aus dem Ofen nehmen, etwas abkühlen lassen und auf ein Kuchengitter stürzen. Vollständig erkalten lassen.

Indische Plantagenarbeiter brachten im 19. Jahrhundert die Gewürzmischung Garam Masala mit auf die Insel La Réunion. Garam Masala besteht aus Koriander, Kreuzkümmel, Pfeffer, Kardamom, Zimt, Gewürznelken und Muskatnuss.

LA RÉUNION

Marinierte Garnelenspieße mit Papaya und Paprika

Zutaten für 4 Personen:

16 Garnelen, roh, ungeschält
4 Knoblauchzehen
1 kleines Stück Ingwer
1 frische rote Chilischote
Saft von 2 Limetten
Salz
1/2 TL Garam Masala
1 TL gemahlene Kurkuma
1 grüne Paprikaschote
1 feste Papaya
4 Frühlingszwiebeln
3 EL Öl

Außerdem:
Bambusspieße

Vorbereitung: ca. 45 Minuten

1. Die Garnelen bis zur Schwanzflosse schälen, am Rücken einschneiden und den Darm entfernen. Garnelen waschen und trockentupfen. Knoblauch und Ingwer schälen und fein reiben. Chilischote längs halbieren, entkernen und klein hacken. Alles mit Limettensaft in einer Schüssel verrühren. Mit Salz, Garam Masala und Kurkuma würzen. Garnelen in die Marinade geben, mischen und abgedeckt 30 Minuten kalt stellen.

2. Paprikaschote halbieren, entkernen und in 1 cm breite Streifen schneiden. Paprikastreifen in Salzwasser 2 Minuten kochen und in kaltem Wasser abschrecken. Abtropfen lassen und trockentupfen.

3. Papaya schälen, längs halbieren, entkernen und in 1,5 cm breite Spalten schneiden. Frühlingszwiebeln putzen und in 5 cm lange Stücke schneiden. 8 Bambusspieße wässern. Backofengrill auf 250 Grad vorheizen.

4. Garnelen, Paprika, Frühlingszwiebeln und Papaya abwechselnd auf die Spieße stecken. Restliche Marinade mit Öl verrühren. Spieße auf ein mit Alufolie ausgelegtes Backblech legen und auf beiden Seiten mit Marinade bepinseln. Die Spieße unter dem Grill auf jeder Seite 2–3 Minuten grillen.

Das Nationalgericht aus der kreolischen Küche von La Réunion ist das „Carri". Es wird aus gebratenen Fisch- oder Fleischstücken zubereitet und mit „falschem Safran" – Kurkuma –, Chilischoten, Knoblauch und Garam Masala gewürzt.

LA RÉUNION

Traditionelles Fischcarri mit Chili und Tomaten

Zutaten für 4 Personen:

8 Knoblauchzehen
1 Stück Ingwer
1 EL grobes Meersalz
5 getrocknete Chilischoten
1 kg Fischfilet
4 Zwiebeln
6 reife Tomaten
1/4 l Fischbrühe
100 ml Öl
1 TL gemahlene Kurkuma
1 TL Garam Masala
Salz
1 EL fein gehackte Petersilie

Zubereitung: ca. 1 Stunde

1. Den Knoblauch und den Ingwer schälen und würfeln. Mit dem Meersalz und den Chilischoten in einem Mörser musig zu einer Paste zermahlen. Fischfilets waschen, trockentupfen und in ca. 4 cm dicke Scheiben schneiden.

2. Zwiebeln schälen und klein würfeln. Tomaten häuten, vierteln, entkernen und hacken.

3. Die Hälfte des Öls in einem Schmortopf erhitzen und die Zwiebeln darin hellbraun anbraten. Knoblauchpaste, Garam Masala und Kurkuma zufügen. Kurz anrösten und mit der Fischbrühe ablöschen. Die Tomaten untermischen und mit Salz würzen. Aufkochen und bei kleiner Hitze 10 Minuten köcheln lassen.

4. Das restliche Öl in einer Pfanne erhitzen und den Fisch darin von beiden Seiten bei mittlerer Hitze anbraten. Den Fisch in die Sauce geben und 5 Minuten bei kleiner Hitze darin gar ziehen lassen. Fischcarri in vorgewärmte Servierschalen füllen und mit Petersilie bestreuen.

Als „Rougail“ bezeichnet man auf La Réunion scharfe Dips, die zu Carris, Fisch- und Fleischgerichten serviert werden. Die kalten Saucen werden aus Tomaten, Mangos oder Auberginen zubereitet. Immer dabei: getrocknete Chilischoten.

LA RÉUNION

Gebratene Geflügelfleischbällchen mit Rougail

Zutaten für 4 Personen:

Für die Fleischbällchen:
400 g Hähnchenbrustfilet
1 TL gemahlene Kurkuma
1 TL Garam Masala
1/2 TL gemahlener Zimt
1/2 TL gemahlener Kreuzkümmel
Salz
Cayennepfeffer
1 Ei
2 EL Semmelbrösel
1 Zwiebel
2 Tomaten
4 getrocknete Chilischoten
1/2 kleines Bund Koriander
4 EL Erdnussöl

Zubereitung: ca. 75 Minuten

1. Hähnchenfleisch waschen, trockentupfen und in Würfel schneiden. Durch die feine Scheibe des Fleischwolfs drehen. Das Hackfleisch in einer Schüssel mit den Gewürzen, Ei und Semmelbröseln gründlich verkneten. 15 Minuten abgedeckt ziehen lassen.

2. Inzwischen das Rougail zubereiten. Die Zwiebel schälen. Die Tomaten häuten, vierteln, entkernen und mit der Zwiebel fein hacken. Die Chilischoten im Mörser mit etwas Salz zerstoßen, mit den Tomaten und der Zwiebel vermischen und etwas ziehen lassen.

3. Koriander waschen, trockenschütteln, die Blätter fein hacken und unter den Fleischteig mischen. Aus dem Teig kleine Bällchen formen. Die Hälfte des Öls in einer Pfanne erhitzen und die Bällchen rundum goldbraun anbraten. Herausnehmen und auf Küchenpapier abtropfen lassen.

Zu den süßen Bonbons serviert man ein Glas Fruchtpunsch oder „rhum arrangé", einen mit Vanille, Gewürzen, tropischen Früchten und anderen Zutaten angesetzten Rumpunsch, für den jede Familie ihr eigenes Geheimrezept hat.

LA RÉUNION

Bunte Kokosbonbons mit Minze und Grenadinesirup

Zutaten für 6 Personen:

500 g frisches Kokosnussfleisch
1 Vanilleschote
1/8 l Milch
250 g Zucker
1 EL Minzsirup
1 EL Grenadinesirup

Zubereitung: ca. 30 Minuten

1. Die braune Kokosnusshaut abschälen und das Fruchtfleisch raspeln. Die Vanilleschote längs aufschlitzen und das Mark herauskratzen.

2. Die Milch mit dem Zucker, dem Vanillemark und den Kokosraspeln in einen Topf geben. Bei kleiner Hitze unter ständigem Rühren so lange köcheln, bis sich der Zucker aufgelöst hat und die Masse sich vom Topfboden löst.

3. Kokos-Zucker-Masse in drei Portionen aufteilen und etwas abkühlen lassen. Den Minzsirup und den Grenadinesirup in jeweils eine Teigportion rühren. Mit einem Löffel kleine Nocken von den Kokos-Zucker-Massen abstechen und erkalten lassen.

Das afrikanische Strauchbasilikum „African blue" unterscheidet sich sowohl in der Farbe als auch im Geschmack von den großblättrigen Sorten aus dem Mittelmeerraum. Es hat kleine, rot geäderte Blätter und ein kräftigeres Aroma.

TANSANIA

Muskatkürbissuppe mit Kokosmilch und Chilischote

Zutaten für 4 Personen:

750 g Rindfleisch (Brustkern) mit Knochen
Salz
2 Zwiebeln
2 Knoblauchzehen
1 Stück Ingwer
1 frische rote Chilischote
600 g Muskatkürbis
1 Msp. gemahlener Piment
1 Msp. Nelkenpulver
1 Msp. Cayennepfeffer
1/4 l Kokosmilch
1 Bund Basilikum

Zubereitung: ca. 90 Minuten

1. Das Fleisch waschen und in einen Topf mit 1 Liter Wasser geben, 1 Teelöffel Salz zufügen. Die Zwiebeln, den Knoblauch und den Ingwer schälen und hacken. Alles zum Fleisch geben, die Chilischote einlegen. Zum Kochen bringen und 1 Stunde bei mittlerer Hitze köcheln lassen.

2. Den Kürbis schälen, entkernen und das Fruchtfleisch in Würfel schneiden. Kürbiswürfel in die Suppe geben und 30 Minuten weiterköcheln lassen.

3. Das Fleisch aus der Suppe heben und in kleine Würfel schneiden. Die Chilischote entfernen und die Suppe mit dem Stabmixer pürieren. Mit Piment, Nelkenpulver und Cayennepfeffer würzen. Die Kokosmilch einrühren und die Fleischwürfel wieder einlegen. Noch einige Minuten köcheln lassen.

4. Das Basilikum waschen und trockenschütteln. Die Blätter ohne grobe Stiele in feine Streifen schneiden. Die Suppe in Schalen verteilen und mit dem Basilikum bestreuen.

Maisstärke wird, wie der Name bereits sagt, aus Mais gewonnen. Sie eignet sich durch die Wasseraufnahme nach dem Erhitzen wie die Kartoffelstärke sehr gut zum Binden von Soßen oder zur Herstellung von Puddings und Cremes.

TANSANIA

Süßkartoffel-Möhren-Taler mit Corned Beef und Zimt

Zutaten für 4 Personen:

3 Süßkartoffeln
3 Möhren
1 kleine Zwiebel
3 EL Maisstärke
2 Eier
1/2 TL Curry
1/2 TL gemahlener Zimt
Salz
200 g Corned Beef
100 ml Pflanzenöl

Zubereitung: ca. 40 Minuten

1. Die Süßkartoffeln, die Möhren und die Zwiebel schälen. Alles auf einer Gemüsereibe fein raspeln. Mit der Maisstärke überstäuben und gut vermischen.

2. Die Eier mit Curry, Zimt und Salz verquirlen. Das Corned Beef in feine Streifen schneiden und unter das Gemüse mischen. Die gewürzten Eier unterrühren.

3. Das Öl in einer tiefen Pfanne erhitzen. Mit einem Löffel kleine Teigportionen abstechen und ins heiße Öl geben. Etwas flach drücken und im heißen Öl auf beiden Seiten goldbraun ausbacken. Kurz auf Küchenpapier abtropfen lassen und warm stellen, bis der ganze Teig verarbeitet ist.

Dieses Gericht ist in ganz Schwarzafrika bekannt. Man bereitet es aus frischem Spinat oder Maniokblättern zu und serviert es mit Fufu, einem Brei aus gekochten Yams oder Maniokwurzeln, die in einem großen Mörser zerstampft werden.

NAMIBIA

Gedünsteter Spinat mit Erdnüssen und Kokosmilch

Zutaten für 4 Personen:

1 kg Blattspinat
2 Zwiebeln
2 frische rote Chilischoten
75 g geschälte Erdnüsse
1/4 l Kokosmilch
2 EL Kokosnusscreme
1 EL geklärte Butter
Salz
frisch gemahlener Pfeffer
frisch gemahlene Muskatnuss

Zubereitung: ca. 30 Minuten

1. Den Spinat verlesen, putzen und gründlich waschen. Dann tropfnass in einen Topf geben und zugedeckt dünsten, bis der Spinat zusammengefallen ist. Den Spinat abgießen, gut abtropfen lassen und grob hacken.

2. Die Zwiebeln schälen und in kleine Würfel schneiden. Die Chilischoten längs halbieren, entkernen und fein hacken.

3. Erdnüsse, Kokosmilch und Kokoscreme im Mixer glatt pürieren. Die Erdnüsse in einer Pfanne ohne Fett rösten, anschließend grob hacken.

4. Die Butter in einem Topf zerlassen, Zwiebeln und Chilischoten darin andünsten. Das Erdnusspüree dazugeben und unter Rühren einige Minuten erhitzen, bis es eindickt. Den Spinat unterrühren und einige Minuten dünsten. Vor dem Servieren mit Salz, Pfeffer und Muskatnuss abschmecken.

Namibia ist in den letzten Jahren bei Touristen immer beliebter geworden, nicht zuletzt wegen der Safaris in die unberührte Natur. Auch die Küche hat sich den neuen Gegebenheiten angepasst und neue moderne Stilrichtungen entdeckt.

NAMIBIA

Fruchtiges Apfel-Rosinen-Risotto mit Zimt

Zutaten für 4 Personen:

1 kleine Zwiebel
600 ml Gemüsebrühe
1 EL Butter
200 g Rundkornreis
1/2 TL gemahlene Kurkuma
1 EL Palmzucker
Salz
1 Stange Zimt
100 ml Weißwein
2 Äpfel
100 g Rosinen
frisch gemahlener Pfeffer

Zubereitung: ca. 25 Minuten

1. Die Zwiebel schälen und in kleine Würfel schneiden. Die Brühe erhitzen.

2. Die Butter in einem Topf zerlassen und die Zwiebel darin glasig werden lassen. Den Reis zufügen und kurz andünsten. Mit Kurkuma überstäuben, den Zucker und 1 Prise Salz zugeben und den Zimt einlegen. Den Weißwein angießen und verdampfen lassen. Mit 1/3 der heißen Brühe aufgießen und aufkochen. Unter Rühren garen, bis die Brühe aufgesogen ist. Diesen Vorgang noch zweimal wiederholen.

3. Die Äpfel schälen, vierteln, entkernen und in kleine Würfel schneiden. Mit den Rosinen unter den Reis mischen und weitere 5 Minuten köcheln lassen.

4. Die Zimtstange entfernen und den Risotto mit Salz und Pfeffer abschmecken.

Deutsche Siedler haben ihre Kuchenrezepte mit in die neue Heimat gebracht. Berühmt sind die Cafés in Swakopmund, wo es unter anderem auch die beste Schwarzwälder Kirschtorte außerhalb Baden-Württembergs geben soll.

NAMIBIA

Antons saftiger Bananenkuchen mit Vanillezucker

Zutaten für 12 Stücke:

150 g Butter und
Butter für die Form
150 Zucker
3 Eier
250 g Mehl
2 TL Backpulver
1 Päckchen Vanillezucker
Salz
4 reife Bananen
Saft von 1 Zitrone

Zubereitung: ca. 20 Minuten
Backen: ca. 1 Stunde

1. Die Butter mit dem Zucker schaumig schlagen. Die Eier trennen. Das Eigelb unter die Butter-Zucker-Creme rühren.

2. Das Mehl und das Backpulver in eine Schüssel sieben. Esslöffelweise unter die Eicreme rühren, Vanillezucker und 1 Prise Salz untermischen. Den Backofen auf 200 Grad vorheizen.

3. Die Bananen schälen und im Mixer mit dem Zitronensaft pürieren. Das Eiweiß steif schlagen. Das Bananenpüree unter den Teig mischen, dann den Eischnee unterheben.

4. Eine Kastenform mit Butter ausfetten und den Teig einfüllen. Im heißen Ofen ca. 1 Stunde backen. Den Kuchen in der Form etwas abkühlen lassen. Dann auf ein Kuchengitter setzen und erkalten lassen.

Der Brei aus Mais-, Gersten-, Hafer- oder Weizenmehl ist in vielen afrikanischen Ländern ein Grundnahrungsmittel. Es wird in die Mitte des Tisches gestellt. Jeder nimmt sich mit den Fingern kleine Stücke davon und tunkt sie in die Sauce.

SAMBIA

Sambischer Maisbrei mit Tomatensauce und Butter

Zutaten für 4 Personen:

4 Zwiebeln
2 Knoblauchzehen
1 EL Butter
500 g Maismehl
Salz
1/2 TL gemahlene Kurkuma
4 Tomaten
2 EL Öl
3 EL Tomatenmark
1/2 TL Senfpulver
1 EL Zucker
frisch gemahlener Pfeffer
1–2 EL Essig

Zubereitung: ca. 45 Minuten

1. Die Zwiebeln und den Knoblauch schälen und in kleine Würfel schneiden.

2. Die Butter in einem Topf erhitzen. 1/3 der Zwiebeln zufügen und glasig dünsten. 1 Liter Wasser angießen und zum Kochen bringen. Das Maismehl langsam unter Rühren einrieseln lassen. 1 Teelöffel Salz und Kurkuma einrühren. Den Maisbrei bei kleiner Hitze ca. 30 Minuten kochen, dabei immer wieder umrühren.

3. Die Tomaten waschen, trockentupfen und hacken. Das Öl in einem zweiten Topf erhitzen, restliche Zwiebeln und Knoblauch darin anschwitzen. Tomatenmark und Senfpulver einrühren und kurz anrösten. 1/4 Liter Wasser zugießen, Tomaten zufügen, mit Salz, Zucker und Pfeffer würzen. Sauce dicklich einkochen lassen und mit Essig abschmecken.

4. Maisbrei auf einen großen Teller geben und zu einer Halbkugel formen. Mit der Sauce servieren.

Grünkohl gilt als nordeuropäisches Wintergemüse. Doch er wird auch in Afrika angebaut. Das Gemüse ist sehr nährstoffreich: Grünkohl enthält viele Vitamine, Mineralstoffe und Eiweiß. Deshalb sollte man das Kochwasser immer mitverwenden.

SAMBIA

Geschmorter Grünkohl mit Rinderleber und Möhren

Zutaten für 4 Personen:

1/2 kleiner Grünkohl
3 Möhren
2 Zwiebeln
2 Knoblauchzehen
4 EL Öl
Salz
400 g Rinderleber
1/2 TL Currypulver
2 EL Tomatenmark
1 EL geröstetes Maismehl
frisch gemahlener Pfeffer
Saft von 1 Zitrone

Zubereitung: ca. 1 Stunde

1. Den Grünkohl waschen und die harten Blattrippen entfenen. Kohl grob hacken. Möhren, Zwiebeln und Knoblauch schälen. Die Möhren in Scheiben, Zwiebeln und Knoblauch in kleine Würfel schneiden.

2. In einem Schmortopf 2 Esslöffel Öl erhitzen. Zwiebeln und Knoblauch zufügen und glasig dünsten. Den Grünkohl untermischen und unter Rühren anschmoren. Möhren untermischen, salzen und 1/4 Liter Wasser angießen. 40 Minuten zugedeckt bei mittlerer Hitze schmoren, dabei gelegentlich umrühren. Eventuell noch etwas Wasser angießen.

3. Die Leber waschen, trockentupfen, Haut abziehen und große Blutgefäße entfernen. Leber in ca. 2 cm große Würfel schneiden.

4. Das restliche Öl in einer großen Pfanne erhitzen und die Leber darin von allen Seiten anbraten. Mit Currypulver überstäuben, das Tomatenmark einrühren und anrösten.

5. Das Gemüse samt Garflüssigkeit unter die Leber mischen, das Maismehl einrühren. 5 Minuten köcheln lassen. Mit Salz, Pfeffer und Zitronensaft abschmecken.

Palmzucker wird aus dem Saft der Blütenstände einer speziellen Palme gewonnen, die eigens für die Zuckergewinnung in Plantagen angebaut wird. Der Zucker hat ein besonderes Aroma und süßt nicht so intensiv wie normaler Rohrzucker.

SAMBIA

Süße Erdnussplätzchen vom Blech mit Palmzucker

Zutaten für 4 Personen:

100 g Palmzucker
4 EL Butter
150 g Weizenmehl
150 g gemahlene Erdnüsse
Salz
Mehl zum Bearbeiten

Vorbereitung: 1 Stunde
Zubereitung: ca. 40 Minuten

1. Den Zucker mit der Butter schaumig schlagen. Das Mehl in eine Schüssel sieben und löffelweise unter die Zucker-Butter-Creme rühren.

2. Die gemahlenen Erdnüsse und 1 Prise Salz unterziehen und alles zu einem festen Teig verkneten. Teig zu einer Kugel formen, in Frischhaltefolie wickeln und mindestens 1 Stunde im Kühlschrank ruhen lassen.

3. Backofen auf 175 Grad vorheizen. Ein Backblech mit Backpapier auslegen. Den Teig auf einer bemehlten Arbeitsfläche dünn ausrollen und mit einem Backförmchen kleine Kreise ausstechen. Die Plätzchen auf das Backblech setzen und im heißen Ofen ca. 20 Minuten goldbraun backen.

Die südafrikanische Küche ist von vielen Einflüssen geprägt worden. Die holländische Küche der Buren ist hier ebenso präsent wie die indische, malaiische und englische Küche. Sie ergeben eine überaus abwechslungsreiche Speisekarte.

SÜDAFRIKA

Feiner Geflügelsalat mit **Ananas** und Limettenmayonnaise

Zutaten für 4 Personen:

1 Ananas
250 g gekochtes Hühnerfleisch
2 kleine Möhren
2 Frühlingszwiebeln
1 frische rote Chilischote
1 kleines Stück Ingwer
Saft von 1 Limette
Salz
1 TL Rohrzucker
150 g Joghurt
3 EL Mayonnaise
Cayennepfeffer
50 g geschälte Erdnüsse

Zubereitung: ca. 30 Minuten
Kühlen: ca. 20 Minuten

1. Die Ananas schälen, vierteln und den Strunk entfernen. Das Fruchtfleisch klein würfeln. Das Hühnerfleisch in kleine Würfel schneiden. Die Möhren schälen und grob raspeln. Die Frühlingszwiebeln putzen und klein hacken. Die Chilischote längs halbieren, entkernen und fein hacken.

2. Den Ingwer schälen und fein raspeln. Mit Limettensaft in einer Schüssel mit Salz und Zucker mischen. Den Joghurt und die Mayonnaise zufügen, mit Cayennepfeffer abschmecken und glatt rühren. Ananas, Fleisch, Möhren, Zwiebeln und Chilischote zufügen und vermischen. Abgedeckt 20 Minuten kalt stellen.

3. Inzwischen die Erdnüsse in einer Pfanne ohne Fett braun rösten und hacken. Salat nochmals gut durchrühren, mit Salz abschmecken und in Servierschalen verteilen. Mit den Erdnüssen bestreuen.

Besonders an der südafrikanischen Küste werden gerne Meeresfrüchte gegessen. Sie sind erheblich preiswerter als in Europa und werden fangfrisch angeboten. Diese Kombination mit reifen Mangos ist zwar außergewöhnlich, aber sehr lecker.

SÜDAFRIKA

Flusskrebs-Mango-Salat mit Zuckerschoten und Schalotten

Zutaten für 4 Personen:

200 g Zuckerschoten
Salz
2 Stangen Sellerie
2 Schalotten
2 reife Mangos
500 g ausgelöstes Flusskrebsfleisch
Saft von 1 Zitrone
1 EL Weißweinessig
Salz
frisch gemahlener Pfeffer
4 EL Olivenöl

Zubereitung: ca. 20 Minuten
Ziehen lassen: ca. 30 Minuten

1. Die Zuckerschoten putzen und kurz in Salzwasser blanchieren. In Eiswasser geben, abkühlen und anschließend gut abtropfen lassen.

2. Sellerie putzen und in dünne Scheiben schneiden. Die Schalotten schälen und in kleine Würfel schneiden. Die Mangos schälen, das Fruchtfleisch von den Steinen schneiden und würfeln. Die Hälfte der Mangos mit den Zuckerschoten, der Sellerie, den Schalotten und dem Krebsfleisch vermischen.

3. Restliche Mango im Mixer mit Zitronensaft, Essig, Salz, Pfeffer und Olivenöl glatt pürieren. Die Sauce über den Salat geben und locker unterziehen. Portionsweise anrichten.

Die Tarowurzel ist in vielen Teilen Afrikas ein wichtiges Grundnahrungsmittel. Sie wird wie die Kartoffel zubereitet, enthält allerdings eine die Schleimhaut reizende Substanz. Deshalb sollte man sie blanchieren, bevor man sie verarbeitet.

SÜDAFRIKA

Garnelensuppe Kapstadt mit Tarowurzel und Koriander

Zutaten für 4 Personen:

400 g Garnelenschwänze, roh, ungeschält
Saft von 1 Limette
3 EL Öl
Salz
1 Lorbeerblatt
400 g Tarowurzeln
4 Schalotten
4 Knoblauchzehen
1 kleines Stück Ingwer
1 EL Tomatenmark
1 TL edelsüßes Paprikapulver
1/2 TL Chilipulver
1/2 TL gemahlener Koriander
4 EL gehackte Korianderblätter

Zubereitung: ca. 1 Stunde

1. Garnelen waschen und abtropfen lassen. Fleisch aus den Schalen lösen, am Rücken entlang einschneiden und den Darm entfernen. Garnelen in eine Schüssel geben, mit Limettensaft beträufeln und zugedeckt kalt stellen. Die Garnelenschalen grob hacken.

2. In einem Topf 1 Esslöffel Öl erhitzen. Garnelenschalen zufügen und anbraten, bis sie sich rot verfärben. Mit 1 Liter Wasser ablöschen und aufkochen. Leicht salzen, Lorbeerblatt zufügen und 20 Minuten bei mittlerer Hitze köcheln. Die Brühe durch ein feines Sieb in einen Topf abgießen.

3. Die Tarowurzeln schälen, würfeln und in Salzwasser blanchieren. Abgießen, in die Brühe geben und ca. 15 Minuten kochen. Dann mit dem Stabmixer glatt pürieren und bei kleiner Hitze weiter köcheln lassen.

4. Schalotten, Knoblauch und Ingwer schälen und klein würfeln. Restliches Öl in einer Pfanne erhitzen und das Gemüse darin anbraten. Tomatenmark dazugeben, mit Paprika- und Chilipulver sowie Koriander bestäuben. Garnelen mit Limettensaft zufügen und 3 Minuten unter Rühren garen. Alles in die Suppe geben, kurz aufkochen und mit Salz abschmecken. In Suppenschalen verteilen und mit Koriander bestreuen.

„Pickled Fish“ heißt dieses Gericht in Südafrika, das ursprünglich aus Indien kommt. Oft wird der Fisch nicht am gleichen Tag serviert. Man füllt ihn statt dessen in ein gut schließendes Gefäß und lässt ihn einige Tage im Kühlschrank reifen.

SÜDAFRIKA

Süßsauer eingelegter Fisch mit Curry in Zwiebelmarinade

Zutaten für 4 Personen:

1 Gemüsezwiebel
1 Stück Ingwer
2 EL Öl
1 TL Currypulver
1 TL zerstoßene Korianderkörner
1/8 l Weinessig
2 TL Zucker
Salz
2 Lorbeerblätter
600 g Seehechtfilet
1 EL fein gehackte Petersilie

Zubereitung: ca. 30 Minuten
Kühlen: ca. 2 Stunden

1. Die Zwiebel schälen und in dünne Ringe schneiden. Den Ingwer schälen und fein hacken.

2. Das Öl in einer Pfanne erhitzen und die Zwiebel darin glasig dünsten. Mit dem Currypulver überstäuben, die Korianderkörner und den Ingwer zufügen und kurz anrösten. Mit dem Essig ablöschen, Zucker und 1 Prise Salz einrühren und 1/4 Liter Wasser angießen. Die Lorbeerblätter einlegen und 20 Minuten bei kleiner Hitze köcheln lassen.

3. Den Fisch waschen, trockentupfen und in Würfel schneiden. In den Essigsud geben und 5 Minuten darin gar ziehen lassen. In eine Schüssel umfüllen und abkühlen lassen. Zugedeckt 2 Stunden im Kühlschrank ziehen lassen.

4. Die Lorbeerblätter entfernen und den Fisch mit der Petersilie bestreuen.

Die Physalis, auch Kapstachelbeere genant, wurde vor über 100 Jahren aus Südamerika eingeführt und erfreut sich in Südafrika größter Beliebtheit. Nach ihrem Anbaugebiet, dem Kap der guten Hoffnung, erhielt sie ihren neuen Namen.

SÜDAFRIKA

Frittierte Teigtaschen mit Kapstachelbeeren und Curry

Zutaten für 4 Personen

2 große gekochte Kartoffeln
40 g Butter
1 TL Garam Masala
200 g Kapstachelbeeren
2 EL fein gehackter Koriander
4 Filo-Teigblätter
1 Ei
Pflanzenfett zum Frittieren

Zubereitung: ca. 30 Minuten

1. Die geschälten Kartoffeln in möglichst kleine Würfel schneiden und in der Butter anbraten. Mit Garam Masala würzen, vom Herd nehmen und etwas abkühlen lassen.

2. Die Kapstachelbeeren aus den Blatthüllen lösen, in kleine Würfel schneiden und mit den Kartoffeln sowie dem Koriander vermischen.

3. Die Filo-Teigblätter in Quadrate (ca. 7 x 7 cm) schneiden. In die Mitte jedes Teigstücks 2 Teelöffel Füllung geben. Teigränder mit dem verquirlten Ei bepinseln. Die Teigstücke über der Füllung zu einem Dreieck zusammenklappen, Teigränder festdrücken.

4. Pflanzenfett in der Friteuse auf 175 Grad erhitzen. Die Taschen im heißen Fett portionsweise auf beiden Seiten goldbraun frittieren. Herausheben und auf Küchenpapier kurz abtropfen lassen. Mit einem Dip servieren.

Eintopfgerichte, ob mit oder ohne Fleisch, werden in Südafrika traditionell in einem gusseisernen Topf mit drei Füßen, dem Potjie, zubereitet. Der Topf wird in die heiße Glut gestellt und das Gericht über dem offenen Feuer gegart.

SÜDAFRIKA

Südafrikanischer Gemüseeintopf aus dem Ofen

Zutaten für 6 Personen:

6 mittelgroße Kartoffeln
4 Möhren
1 Gemüsezwiebel
250 g grüne Bohnen
2 Stangen Lauch
2 Stangen Sellerie
1 kleiner Weißkohl
Salz
frisch gemahlener Pfeffer
1 l Gemüsebrühe
2 EL Tomatenmark
2 EL fein gehackte Petersilie

Zubereitung: ca. 90 Minuten

1. Die Kartoffeln, die Möhren und die Zwiebel schälen. Alles in Scheiben schneiden. Bohnen, Lauch und Sellerie putzen und waschen. Bohnen in Stücke, Lauch und Sellerie in Scheiben schneiden.

2. Den Weißkohl putzen und vierteln. Den harten Strunk keilförmig herausschneiden und den Kohl in dünne Streifen schneiden.

3. Das Gemüse abwechselnd in einen großen Topf schichten, jede Lage mit Salz und Pfeffer würzen. Als letzte Schicht Kartoffelscheiben einlegen. Die Brühe mit dem Tomatenmark verrühren und über das Gemüse gießen. Den Eintopf zugedeckt ca. 1 Stunde bei mittlerer Hitze garen. Während dieser Zeit nicht umrühren.

4. Eintopf mit Salz und Pfeffer abschmecken und vor dem Servieren mit der Petersilie bestreuen.

Traditionell wird dieses Gericht mit dem in Südafrika sehr beliebten Snoek zubereitet, einem fett- und leider auch grätenreichen, preiswerten Fisch. An Festtagen ersetzt man ihn durch den edlen Zackenbarsch, der etwas teurer ist.

SÜDAFRIKA

Gebackenes Zackenbarschfilet mit Süßkartoffelkruste

Zutaten für 4 Personen:

Vorbereitung: ca. 30 Minuten
Backen: ca. 25 Minuten

2 Knoblauchzehen
1 kleines Stück Ingwer
1 frische rote Chilischote
600 ml Kokosmilch
2 Limettenblätter
Salz
600 g Süßkartoffeln
3 Schalotten
600 g Zackenbarschfilet
1 EL grüne Pfefferkörner
1 kleines Bund Koriander
2 EL geklärte Butter

1. Knoblauch und Ingwer schälen und in Scheiben schneiden. Chilischote längs halbieren und entkernen. Kokosmilch mit Knoblauch, Ingwer, Chilischote, Limettenblättern und Salz in einen Topf geben und bis zum Siedepunkt erhitzen. 20 Minuten bei kleiner Hitze etwas einkochen. Dann durch ein feines Sieb in eine Schüssel abgießen und abkühlen lassen.

2. Die Süßkartoffeln waschen, schälen und in 5 mm dicke Scheiben schneiden. Die Schalotten schälen und klein würfeln. Die Fischfilets waschen, trockentupfen und in 5 cm große Stücke schneiden. Grüne Pfefferkörner grob hacken. Koriander waschen, trockenschütteln und die Blätter fein hacken.

3. Backofen auf 180 Grad vorheizen. Eine ofenfeste Form mit 1 Esslöffel Butter ausstreichen. Süßkartoffeln dachziegelartig in die Form einschichten. Schalotten darüberstreuen und die Fischstücke darauf verteilen. Die Hälfte des Korianders und den grünen Pfeffer darüber verteilen und mit der Kokosmilch begießen. Restliche Butter in Flöckchen darauf verteilen. Im heißen Ofen 20–25 Minuten backen. Mit restlichem Koriander bestreut in der Form servieren.

Die lebhaften Fischmärkte in den südafrikanischen Hafenstädten sind für jeden Fischliebhaber einen Besuch wert. Einer der Lieblingsfische der Einheimischen ist die feine Seezunge, die hier keine solche Besonderheit ist wie in Europa.

SÜDAFRIKA

Seezungenröllchen mit Lachs und Orangensabayon

Zutaten für 4 Personen:

8 Seezungenfilets
500 g Lachsfilet ohne Haut
Salz
frisch gemahlener Pfeffer
4 Eigelb
200 ml frisch gepresster Orangensaft
1 EL Portwein
1 EL fein gehackte Petersilie

Zubereitung: ca. 30 Minuten

1. Den Fisch waschen und trockentupfen. Das Lachsfilet der Länge nach in 8 dünne Streifen schneiden. Die Seezungenfilets mit der enthäuteten Seite nach oben auf eine Arbeitsfläche legen, salzen, pfeffern und mit den Lachsstreifen belegen. Aufrollen und mit Zahnstochern zusammenstecken.

2. Einen Dämpftopf 5 cm hoch mit Wasser füllen und das Wasser zum Kochen bringen. Den Dämpfeinsatz mit Butter ausfetten und die Fischröllchen hineinsetzen. Den Einsatz in den Topf hängen, mit dem Deckel verschließen. Seezungenröllchen 6 Minuten im Dampf garen. Vom Herd nehmen und im geschlossenen Topf ruhen lassen, bis das Sabayon fertig ist.

3. Für das Sabayon das Eigelb über dem heißen Wasserbad mit Salz und Pfeffer aufschlagen. Nach und nach den Orangensaft zufügen und die Sauce so lange über dem Wasserbad schaumig schlagen, bis sie eindickt. Mit Portwein abschmecken und die Petersilie einrühren.

4. Die Seezungenröllchen auf einer vorgewärmten Platte mit Orangensabayon anrichten.

Die Macadamianuss gilt als die Königin der Nüsse – nicht nur wegen ihres ausgezeichneten Geschmacks, sondern auch, weil sie viele wichtige Nährstoffe und viel Eiweiß enthält. Ihre Schale ist sehr hart und nur schwer zu knacken.

SÜDAFRIKA

Glasierte Hähnchenbrust mit Honig und Orangensaft

Zutaten für 4 Personen:

4 Hähnchenbrustfilets
1 Stange Sellerie
1 EL fein gehackte Petersilie
1 EL gehackte Macadamianüsse
1 EL Semmelbrösel
1 Ei
Salz
frisch gemahlener Pfeffer
2 EL flüssiger Honig
300 ml Orangensaft
1/8 l Geflügelbrühe

Zubereitung: ca. 50 Minuten

1. Die Hähnchenbrustfilets waschen und trockentupfen. An der schmalen Längsseite in jedes Filet eine Tasche schneiden. Sellerie putzen und würfeln.

2. Sellerie, Petersilie, Nüsse, Semmelbrösel und Ei gründlich vermengen, mit Salz und Pfeffer würzen. Die Masse in die Taschen der Hähnchenbrustfilets füllen, das Fleisch über der Füllung zusammenklappen, salzen und pfeffern. Den Backofen auf 175 Grad vorheizen.

3. Die Hähnchenbrüste nebeneinander in eine feuerfeste Form setzen, mit Honig bestreichen und 150 ml Orangensaft angießen. Den restlichen Honig mit dem übrigen Orangensaft erwärmen, bis sich der Honig auflöst. Die Hähnchenbrüste im heißen Ofen 20–25 Minuten backen, dabei mehrmals mit dem Honig-Orangensaft bestreichen.

4. Hähnchenbrüste mit dem Schmorfond portionsweise anrichten.

Die ersten Straußenfarmen wurden in Südafrika eingerichtet. Heute werden Strauße auch in kleinem Rahmen in Europa gezüchtet. Ihr rotes Fleisch ähnelt im Geschmack einem zarten Rinderfilet, hat aber eine etwas festere Struktur.

SÜDAFRIKA

Straußenfilet mit Mango-Chutney und Koriander

Zutaten für 4 Personen:

Vorbereitung: ca. 1 Stunde
Zubereitung: ca. 30 Minuten

2 Mangos
1 Zwiebel
2 Knoblauchzehen
1 frische rote Chilischote
1 großes Stück Ingwer
100 g Zucker
100 ml Weißweinessig
1 Msp. Cayennepfeffer
1 Msp. Senfpulver
Salz
frisch gemahlener Pfeffer
1 EL fein gehackter Koriander
600 g Straußenfilet
2 EL Öl

1. Die Mangos schälen, das Fruchtfleisch vom Stein schneiden und würfeln. Zwiebel und Knoblauch schälen und in Würfel schneiden. Chilischote längs halbieren, entkernen und fein hacken. Den Ingwer schälen und ebenfalls fein hacken.

2. Den Zucker in einem Topf schmelzen, Zwiebel, Knoblauch und Ingwer zufügen, mit Essig ablöschen und mit Cayennepfeffer, Senfpulver, Salz und Pfeffer würzen. 10 Minuten köcheln lassen.

3. Mangos und Chilischote in den Essigsud geben und einmal aufkochen. In eine Schüssel umfüllen und abkühlen lassen. Dann den Koriander untermischen.

4. Das Straußenfilet waschen, trockentupfen und in 4 gleich große Scheiben schneiden. Das Öl in einer Pfanne erhitzen und das Fleisch darin auf beiden Seiten je 5 Minuten bei mittlerer Hitze braten. Portionsweise mit dem Mango-Chutney anrichten.

Chakalaka-Sauce ist eine scharf-würzige Sauce, die man in Südafrika traditionell zu Melie Pap, einem dicken Maisbrei, isst. Sie schmeckt aber auch gut zu gegrilltem Fleisch und Gemüse. Die Sauce gibt es inzwischen als Fertigprodukt.

SÜDAFRIKA

Spareribs mit Chakalaka-Sauce vom Holzkohlengrill

Zutaten für 4 Personen:

1 kg Spareribs (Schweinerippchen)
150 ml Öl
4 EL Sojasauce
frisch gemahlener Pfeffer
3 EL Aprikosenkonfitüre
1 Zwiebel
1 frische rote Chilischote
1 kleines Stück Ingwer
1 TL Currypulver
4 Tomaten
200 g gebackene Bohnen (Dose)

Zubereitung: ca. 40 Minuten
Marinieren: ca. 2 Stunden

1. Die Spareribs waschen, trockentupfen und in Portionstücke zerteilen. 4 Esslöffel Öl mit der Sojasauce, dem Pfeffer und der Konfitüre verrühren und die Spareribs damit einpinseln. Im Kühlschrank mindestens 2 Stunden marinieren.

2. Die Zwiebel schälen und in kleine Würfel schneiden. Die Chilischote längs halbieren und fein hacken. Den Ingwer schälen und ebenfalls fein hacken. Die Tomaten häuten, vierteln, entkernen und würfeln.

3. Das restliche Öl in einer tiefen Pfanne erhitzen und die Zwiebel darin glasig dünsten. Chilischote, Ingwer, Currypulver und Tomaten zufügen und die Bohnen untermischen. Bei kleiner Hitze 10 Minuten köcheln lassen. Vom Herd nehmen und im Mixer pürieren.

4. Die Spareribs auf dem heißen Holzkohlengrill 20–30 Minuten grillen, dabei mehrmals mit der Marinade bestreichen.

Rund ums Jahr reifen in Südafrika exotische Früchte wie Mangos, Ananas, Papayas und Kapstachelbeeren. Doch auch Aprikosen, Weintrauben und Äpfel werden hier – von der afrikanischen Sonne verwöhnt – erfolgreich gezüchtet.

SÜDAFRIKA

Lammtopf Cape Malay mit Aprikosen und Safran

Zutaten für 6 Personen:

1 kg ausgelöste Lammschulter
2 Zwiebeln
1 Knoblauchzehe
1 frische grüne Chilischote
2 EL Öl
Salz
frisch gemahlener Pfeffer
1/2 TL gemahlener Koriander
1/2 TL Kreuzkümmel
einige Safranfäden
1 Zimtstange
400 g Aprikosen
Zucker

Zubereitung: ca. 2 Stunden

1. Das Fleisch waschen, trockentupfen und in Würfel scheiden. Zwiebeln und Knoblauch schälen und fein hacken. Die Chilischote längs halbieren, entkernen und fein hacken.

2. Das Öl in einem Schmortopf erhitzen und das Fleisch darin von allen Seiten anbraten, mit Salz und Pfeffer würzen. Zwiebeln und Knoblauch zufügen und glasig dünsten. Chilischote, Koriander und Kreuzkümmel untermischen und anrösten.

3. Den Safran in etwas heißem Wasser auflösen und mit der Zimtstange zum Fleisch geben. 1/2 Liter Wasser angießen und zum Kochen bringen. Das Fleisch ca. 1 Stunde zugedeckt köcheln lassen.

4. Die Aprikosen halbieren, entkernen und in Spalten schneiden. Unter das Fleisch mischen und einige Minuten garen, bis die Früchte weich sind.

5. Die Zimtstange entfernen und den Lammtopf mit Zucker, Salz und Pfeffer abschmecken.

Die „Milk Tart“, wie dieser süße Rahmkuchen im Original heißt, ist eine der berühmtesten Süßspeisen Südafrikas und neben den Scones auch eine der beliebtesten. Dazu genießt man wie einst schon die britischen Siedler eine Tasse Tee.

SÜDAFRIKA

Rahmtorte Bloemfontein mit Vanille und Zimt

Zutaten für 12 Stücke:

Zubereitung: ca. 30 Minuten
Backen: ca. 25 Minuten

300 g Blätterteig (Tiefkühlprodukt)
1/2 l Milch
1 EL Butter
1 EL Vanillepuddingpulver
2 EL Maisstärke
125 g Zucker
abgeriebene Schale von 1 Orange
4 cl Mandellikör
1 TL gemahlener Zimt
3 Eier, getrennt
Salz
Butter für die Form

1. Den Blätterteig auftauen lassen. Die Milch in einen Topf geben. 6 Esslöffel Milch abnehmen und mit dem Vanillepuddingpulver und der Maisstärke verrühren. Die Milch zum Kochen bringen, die Butter, das angerührte Puddingpulver und den Zucker einrühren, die Orangenschale untermischen. Unter Rühren so lange kochen, bis eine dickflüssige Creme entsteht. Vom Herd nehmen, den Mandellikör und den Zimt einrühren. Etwas abkühlen lassen.

2. Das Eigelb in die warme Creme rühren, Creme erkalten lassen. Das Eiweiß mit 1 Prise Salz steif schlagen und unter die Creme ziehen. Backofen auf 175 Grad vorheizen.

3. Teigplatten aufeinanderlegen, auf einer bemehlten Arbeitsfläche zu einem Kreis (ca. 30 cm Ø) ausrollen. In eine gefettete Springform legen, den Rand hochziehen und andrücken. Teigboden mehrmals mit einer Gabel einstechen.

4. Die Creme auf dem Teig verteilen und glatt streichen. Im heißen Ofen 25 Minuten backen. In der Form etwas abkühlen lassen, dann auf einem Kuchengitter ganz erkalten lassen.

Südafrikanische Weine sind seit einigen Jahren auch in Europa ein Qualitätsbegriff. Über 2.500 verschiedene Weine werden rund um Kapstadt hergestellt, darunter einige sehr gute Süßweine, die perfekt mit diesem Dessert harmonieren.

SÜDAFRIKA

Gugelhupf mit Himbeerpüree und Kapstachelbeeren

Zutaten für 4 Personen:

150 g Mehl
1 TL Backpulver
75 g Butter und
Butter für die Form
3 Eier
150 ml Milch
100 g Puderzucker
75 g kandierter Ingwer
250 g Himbeeren
2 EL Grenadinesirup
12 Kapstachelbeeren

Außerdem:
4 kleine Gugelhupfformen

Zubereitung: ca. 20 Minuten
Backen: ca. 30 Minuten

1. Das Mehl und das Backpulver in eine Schüssel sieben. Die Butter mit dem Handrührgerät schaumig schlagen und die Eier unterziehen. Nach und nach das Mehl, die Milch und den Puderzucker unterrühren. Den Backofen auf 175 Grad vorheizen.

2. Den Ingwer möglichst fein hacken. Unter die Teigmasse mischen. Die Gugelhupfformen mit Butter ausfetten, den Teig einfüllen und mit Pergamentpapier abdecken. Im heißen Ofen 25–30 Minuten backen.

3. Die Himbeeren verlesen und mit dem Grenadinesirup pürieren. Durch ein Haarsieb streichen. Die Kapstachelbeeren aus den Hüllblättern lösen.

4. Gugelhupf aus den Formen auf 4 Dessertteller stürzen. Mit dem Himbeermark und den Kapstachelbeeren anrichten.

NAHER OSTEN

Die orientalische Küche: Gerichte aus Tausendundeiner Nacht, arabische Aromen, geheimnisvolle Düfte und süße Verlockungen

Schafsmilchjoghurt ist kräftiger im Geschmack und fester in der Konsistenz als Joghurt aus Kuhmilch. Er ist in Arabien sehr beliebt. Ernährungsbewusste Verbraucher und Menschen mit Milchunverträglichkeit schätzen ihn auch bei uns.

IRAN

Joghurt-Kaltschale mit Nüssen und pochierten Eiern

Zutaten für 4 Personen:

5 Knoblauchzehen
500 g Schafsmilch-Joghurt
1 Salatgurke
Salz
frisch gemahlener Pfeffer
2 EL fein gehackte Minze
2 EL fein gehackte Walnüsse
2 EL Sultaninen
100 ml Essig
4 Eier
einige getrocknete Rosenblätter für die Garnierung

Zubereitung: ca. 15 Minuten
Kühlen: ca. 30 Minuten

1. Den Knoblauch schälen, in kleine Würfel schneiden und unter den Joghurt rühren. Die Gurke schälen und fein raspeln. Joghurt darübergeben, mit Salz und Pfeffer würzen. Die Hälfte der Minze, die Sultaninen und die Nüsse unterheben. 30 Minuten im Kühlschrank ziehen lassen.

2. In einem Topf 1 Liter Wasser mit dem Essig zum Kochen bringen. 1 Ei in eine Tasse schlagen, das Essigwasser mit einem Löffel in Drehung bringen und das Ei aus der Tasse langsam hineingleiten lassen. Mit den anderen Eiern ebenso verfahren. Die Eier 2–3 Minuten pochieren, dann herausnehmen und in kaltem Wasser abschrecken.

3. Joghurt-Kaltschale in 4 Teller verteilen. In jeden Teller 1 pochiertes Ei geben, mit der restlichen Minze und den Rosenblättern bestreuen.

IRAN

Rote Beten in der Schale gegrillt mit Limettensaft

Zubereitung: ca. 10 Minuten
Garen: ca. 90 Minuten
Zutaten für 4 Personen:

4 große Rote Beten
Salz
frisch gemahlener Pfeffer
Saft von 2 Limetten

1. Die Roten Beten unter fließendem Wasser gründlich abbürsten, dann trockentupfen.

2. Rote Beten auf den Holzkohlengrill legen und bei kleiner Hitze ca. 90 Minuten grillen. Während dieser Zeit mehrfach wenden, bis die Knollen von allen Seiten dunkel und fast verkohlt sind.

3. Die Roten Beten schälen, etwas abkühlen lassen, dann die Schale abziehen und die Knollen in Würfel schneiden. Mit Salz, Pfeffer und Limettensaft würzen.

IRAN

Süßsaure Kaki-Dattel-Pickles mit geröstetem Mohn

Zubereitung: ca. 30 Minuten
Zutaten für 1 großes Glas:

3 TL Korianderkörner
3 EL Mohnsamen
2 TL schwarze Pfefferkörner
5 Gewürznelken
800 g reife Kakis
10 frische Datteln
6 Knoblauchzehen
3/8 l Weißweinessig
Saft von 2 Limetten
Salz
125 g Zucker

1. Koriander und Mohn in einer Pfanne ohne Fett rösten. Dann mit den restlichen Gewürzen vermischen.

2. Die Kakis waschen, trockentupfen, halbieren, entkernen und in Würfel schneiden. Die Datteln halbieren, entkernen und grob hacken. Den Knoblauch schälen und in Scheiben schneiden. Kakis, Datteln und Knoblauch lagenweise in ein großes sterilisiertes Glas einfüllen, jede Lage mit einem Teil der Gewürze bestreuen.

3. Den Essig mit dem Limettensaft, 2 Teelöffeln Salz und dem Zucker aufkochen. Heiß über die Früchte gießen und abkühlen lassen. Das Glas fest verschließen. Mindestens 3 Wochen ziehen lassen.

Die geschmackliche und farbliche Grundlage vieler persischer Gerichte ist Kurkuma (Gelbwurz), die Wurzel einer etwa 1 Meter hohen Pflanze aus der Familie der Ingwergewächse, die den orangegelben Farbstoff Curcumin enthält.

IRAN

Knoblauch-Auberginen-Omelett mit Tomaten

Zutaten für 4 Personen:

800 g reife Auberginen
1 Knolle Knoblauch
3 Tomaten
100 ml Olivenöl
Salz
frisch gemahlener Pfeffer
1 TL gemahlene Kurkuma
1 Msp. Cayennepfeffer
4 Eier
1 EL fein gehackter Koriander

Vorbereitung: ca. 30 Minuten
Zubereitung: ca. 15 Minuten

1. Den Backofen auf 220 Grad vorheizen. Die Auberginen waschen und trockentupfen. Auf ein Backblech legen und 30 Minuten im heißen Backofen garen, bis sie weich sind. Abkühlen lassen und häuten. Das Fruchtfleisch fein hacken.

2. Den Knoblauch schälen und in kleine Würfel schneiden. Die Tomaten waschen, vierteln, entkernen und würfeln.

3. Das Öl in einer großen Pfanne erhitzen. Den Knoblauch darin goldgelb dünsten. Die Auberginen zufügen und unter Rühren anbraten. Die Tomaten zufügen und das Gemüse unter Wenden garen, bis die gesamte Flüssigkeit verdampft ist. Mit Salz, Pfeffer, Kurkuma und Cayennepfeffer würzen.

4. Die Eier verquirlen und unter das Gemüse rühren. Bei kleiner Hitze garen, bis die Eier gestockt sind. Mit dem Koriander bestreut servieren.

Die Küche des Iran (Persien) hat eine jahrtausende alte Tradition. Sie ist stark von der indischen Küche beeinflusst und ebenso virtuos in der Verwendung von Gewürzen, wenn auch im Geschmack filigraner und längst nicht so scharf.

IRAN

Semiras Thunfischsteaks mit Ingwer und Mandeln

Zutaten für 4 Personen:

4 Thunfischsteaks à 200 g
Salz
frisch gemahlener Pfeffer
1 Stück Ingwer
2 Zwiebeln
2 Knoblauchzehen
4 Tomaten
3 EL geklärte Butter
2 TL Baharat Gewürzmischung
1 Stange Zimt
1 TL Zucker
1 getrocknete Limette
1 Lorbeerblatt
75 g gehackte Mandeln

Zubereitung: ca. 50 Minuten

1. Die Fischsteaks waschen, trockentupfen, mit Salz und Pfeffer würzen. Den Ingwer, die Zwiebeln und den Knoblauch schälen und fein hacken. Die Tomaten häuten, vierteln, entkernen und grob hacken.

2. In einer Pfanne 1 Esslöffel Butter erhitzen. Die Zwiebeln darin glasig dünsten. Ingwer und Knoblauch zufügen und anschwitzen. Baharat und die Zimtstange dazugeben und kurz anrösten. Tomaten und Zucker untermischen. Die Limette mehrmals mit einer Gabel anstechen und mit dem Lorbeerblatt in die Tomatensauce legen. 200 ml Wasser angießen und bei kleiner Hitze 20 Minuten köcheln lassen. Dann die Zimtstange, die Limette und das Lorbeerblatt entfernen.

3. In einer zweiten Pfanne die restliche Butter erhitzen, den Fisch einlegen und auf jeder Seite kurz anbraten. Tomatensauce über den Fisch geben. Zugedeckt bei kleiner Hitze 10 Minuten gar ziehen lassen.

4. Die Mandeln in einer Pfanne ohne Fett goldbraun rösten. Vor dem Servieren über den Fisch geben.

Berberitzen spielen bei vielen Reisgerichten eine herausragende Rolle. Die kleinen roten Beeren haben einen säuerlichen Geschmack und geben dem Reis einen ungewöhnlichen Pfiff. Sie werden im Handel getrocknet angeboten.

IRAN

Persischer Berberitzen-Reis mit Kalbfleisch und Kirschen

Zutaten für 4 Personen:

500 g Kalbfleisch
1 TL Safranpulver
250 g Joghurt
1 EL Zitronensaft
Salz
frisch gemahlener Pfeffer
250 g Basmatireis
3 EL getrocknete Berberitzenbeeren
2 EL getrocknete Sauerkirschen
2 EL Korinthen
2 EL geklärte Butter
1 Zwiebel, fein gehackt
100 g Mandelstifte
100 g gehackte Pistazien

Außerdem:
Bambusspieße

Vorbereitung: ca. 12 Stunden
Zubereitung: ca. 1 Stunde

1. Das Fleisch waschen, trockentupfen und in ca. 3 cm große Würfel schneiden. Die Hälfte des Safranpulvers in etwas heißem Wasser auflösen und unter den Joghurt rühren. Mit Zitronensaft, Salz und Pfeffer abschmecken. Fleisch hineingeben und abgedeckt über Nacht im Kühlschrank ziehen lassen.

2. Reis waschen, 20 Minuten in Wasser einweichen. Den Reis abgießen, in einen Topf geben, 1 Liter Wasser angießen. Leicht salzen und 10 Minuten kochen.

3. Berberitzenbeeren, Sauerkirschen und Korinthen mit kochendem Wasser übergießen und 10 Minuten quellen lassen. Abgießen und abtropfen lassen.

4. Butter in einer Pfanne erhitzen, restlichen Safran darin anrösten. Reis, Zwiebel, Berberitzen, Sauerkirschen, Korinthen, Mandeln und Pistazien zufügen. Pfanne mit einem sauberen Tuch abdecken und mit einem Deckel verschließen. Den Reis 15 Minuten bei kleiner Hitze dämpfen.

5. Fleischwürfel aus der Marinade heben, auf gewässerte Spieße stecken. Auf dem heißen Grill rundum 8–10 Minuten braten. Mit dem Reis servieren.

Der schon im Alten Testament erwähnte Granatapfelbaum wird in Persien seit Jahrhunderten kultiviert. Neben dem Färben von Stoffen und Teppichen haben der Saft und die Kerne einen festen Platz in der persischen Küche.

IRAN

Entenbrust in Granatapfel-Nuss-Sauce gebraten

Zutaten für 4 Personen:

1 weiße Zwiebel
1 EL geklärte Butter
150 g gemahlene Walnüsse
300 ml Geflügelbrühe
2 EL Granatapfelsirup
2 Entenbrustfilets à 300 g
Salz
frisch gemahlener Pfeffer
2 EL Öl
1 Granatapfel
1 TL Akazienhonig

Vorbereitung: ca. 1 Stunde
Zubereitung: ca. 25 Minuten

1. Die Zwiebel schälen und in kleine Würfel schneiden. In der Butter goldgelb braten. Die Walnüsse untermischen und unter Rühren anrösten. Die Geflügelbrühe angießen und den Granatapfelsirup einrühren. Bei kleiner Hitze ca. 1 Stunde köcheln lassen, dabei gelegentlich umrühren.

2. Die Entenbrüste waschen, trockentupfen und die Haut mehrmals kreuzweise ca. 2 mm tief einschneiden. Entenbrüste mit Salz und Pfeffer einreiben.

3. Das Öl in einer Pfanne erhitzen und die Entenbrüste mit der Hautseite nach unten einlegen. Ca. 7 Minuten bei mittlerer Hitze braten, dann wenden und weitere 5 Minuten garen.

4. Den Granatapfel waagrecht halbieren, etwas zusammendrücken und die Kerne mit einem Löffel herauslösen. In die Sauce geben, den Honig einrühren und die Sauce mit Salz und Pfeffer abschmecken.

5. Entenbrüste in Scheiben aufschneiden, auf vorgewärmte Teller legen und mit der Sauce überziehen.

Was wäre ein Märchen aus 1001 Nacht ohne einen süßen Höhepunkt – ein Feuerwerk der Düfte mit Orchideen-, Vanille-, Rosenaromen, Zimt und Mastix, dem Harz der Pistazienbäume, das einen herben Kontrapunkt setzt.

IRAN

Milcheis Sheherazade mit Rosenwasser und Mastix

Zutaten für 6 Personen:

1 kleines Stück Mastix, ca. 5 mm
1 EL Vanillezucker
2 EL Orchideenwurzelpulver
600 ml Vollmilch
200 g süße Sahne
150 g Vollrohrzucker
1 EL Rosenwasser
6 frische Feigen
2 TL gemahlener Zimt

Außerdem:
1 kleine Eisbombenform, 1 l Inhalt

Zubereitung: ca. 25 Minuten
Gefrieren: ca. 4 Stunden

1. Mastix mit dem Vanillezucker im Mörser zermahlen. Das Orchideenwurzelpulver mit 6 Esslöffeln Milch zu einer Paste verrühren. Die restliche Milch mit der Sahne und dem Zucker aufkochen. Etwas kochende Milch abnehmen und die Paste darin auflösen. Unter Rühren in die Sahne-Milch geben, Mastix-Zucker-Mischung dazugeben und in der heißen Sahne-Milch auflösen.

2. Unter gelegentlichem Rühren ca. 15 Minuten cremig einkochen. Vom Herd nehmen und mit dem Rosenwasser aromatisieren. Abkühlen lassen und anschließend in der Eismaschine gefrieren.

3. Die Eiscreme in die Eisbombenform füllen, die Oberfläche glatt streichen. 3 Stunden im Tiefkühlschrank kalt stellen.

4. Die Feigen waschen und trockentupfen. Über Kreuz so einschneiden, dass sie sich wie eine Blüte öffnen. Die Eisbombenform kurz in heißes Wasser tauchen, dann das Eis auf eine Servierplatte stürzen. Mit Zimt überstäuben und mit den Feigen umlegen.

Die Vorspeisen-Küche beeindruckt in Israel wie im gesamten Nahen Osten durch ihre große Vielfalt. Meistens werden ganz verschiedene Geschmacksrichtungen von sauer bis süß, von mild bis scharf, zusammen aufgetragen.

ISRAEL

Israelischer Gemüsesalat mit Paprikaschoten und Ei

Zutaten für 4 Personen:

1 rote Paprikaschote
1 grüne Paprikaschote
1 gelbe Paprikaschote
4 Tomaten
2 weiße Zwiebeln
2 Stangen Sellerie
1 kleine Salatgurke
50 ml Olivenöl
2 EL Weißweinessig
Salz
frisch gemahlener Pfeffer
1 EL fein gehackte Petersilie
4 hart gekochte Eier

Zubereitung: ca. 20 Minuten

1. Die Paprikaschoten und die Tomaten waschen und trockentupfen. Paprikaschoten halbieren und entkernen. Tomaten vierteln und entkernen. Die Zwiebeln schälen. Die Selleriestangen putzen. Alles in möglichst kleine Würfel schneiden und in eine Schüssel geben.

2. Die Gurke längs halbieren und die Kerne mit einem Löffel herauskratzen. Gurke ebenfalls in kleine Würfel schneiden und zum Gemüse geben.

3. Olivenöl, Essig, Salz und Pfeffer verrühren und über das Gemüse geben. Die Petersilie zufügen und alles gut vermischen.

4. Die Eier schälen und achteln. Den Salat auf 4 Teller verteilen und mit den Eiern garnieren.

Die wohl berühmteste jüdische Vorspeise ist „Gefillte Fisch", wie dieses Gericht im Original heißt. Der jiddische Name kommt aus dem Deutschen und bezeichnete früher einen gehäuteten, gefüllten Karpfen, der kalt gegessen wurde.

ISRAEL

Gekochte Fischnocken in kalter Brühe mit Möhren

Zutaten für 6 Personen:

1,5 kg weiße Fischfilets (Karpfen, Hecht oder Kabeljau)
2 Gemüsezwiebeln
3 Eier
60 g Matzenmehl
Salz
frisch gemahlener Pfeffer
frisch geriebene Muskatnuss
2 große Möhren
1 l Fischbrühe
krause Petersilie zum Garnieren

Zubereitung: ca. 1 Stunde
Garen: ca. 1 Stunde

1. Die Fischfilets waschen, trockentupfen und in Würfel schneiden. 1 Zwiebel schälen und grob würfeln. Beides zweimal durch die feine Scheibe des Fleischwolfs drehen. Die Fischmasse mit den Eiern und dem Mehl verrühren, nach und nach 60 ml Wasser angießen. Mit Salz, Pfeffer und Muskatnuss würzen. Den Fischteig abgedeckt 30 Minuten im Kühlschrank ruhen lassen.

2. Möhren schälen und in Scheiben schneiden. Restliche Zwiebel schälen und in dünne Ringe schneiden.

3. Ein Backbrett mit Wasser befeuchten. Aus dem Fischteig mit 2 Esslöffeln Nocken abstechen und auf das Brett legen. Fischbrühe zum Kochen bringen, die Möhren und die Zwiebel zufügen. Die Fischnocken einlegen und die Hitze reduzieren. Ca. 1 Stunde in der Brühe ziehen lassen, aber nicht kochen. Vom Herd nehmen und in der Brühe abkühlen lassen.

4. Die Fischnocken in eine flache Schale legen, auf jede Nocke eine Möhrenscheibe setzen. Brühe mit dem restlichen Gemüse angießen. Über Nacht im Kühlschrank erkalten lassen. Vor dem Servieren mit krauser Petersilie garnieren.

ISRAEL

Gefüllte Eier Carmel mit Avocadocreme und Oliven

Zubereitung: ca. 15 Minuten
Zutaten für 12 Stück:

6 hart gekochte Eier
1 reife Avocado
Saft von 1 Limette
1 EL Salatmayonnaise
Salz
frisch gemahlener Pfeffer
50 g schwarze Oliven, entsteint
1 Tomate

1. Die Eier schälen, der Länge nach halbieren und das Eigelb auslösen. Die Avocado halbieren, vom Stein drehen und das Fruchtfleisch aus den Schalen lösen.

2. Avocadofruchtfleisch mit Eigelb, Limettensaft und Mayonnaise im Mixer pürieren. Das Püree mit Salz und Pfeffer abschmecken.

3. Die Oliven fein hacken. Tomate waschen, trockentupfen, vierteln, entkernen und in sehr kleine Würfel schneiden. Oliven und Tomate unter das Avocadopüree mischen. Die Masse in einen Spritzbeutel füllen und in die Eihälften spritzen.

ISRAEL

Kartoffel-Käse-Omelett mit Frühlingszwiebeln und Minze

Zubereitung: ca. 25 Minuten
Zutaten für 2 Personen:

2 Frühlingszwiebeln
2 mittelgroße gekochte Kartoffeln
2 EL Butter
Salz und Pfeffer
1/2 TL edelsüßes Paprikapulver
4 Eier
100 g geriebener Butterkäse
1 EL fein gehackte Minze

1. Die Frühlingszwiebeln putzen und mit einem Teil des Grüns fein hacken. Die Kartoffeln schälen und in kleine Würfel schneiden.

2. Die Butter in einer Pfanne zerlassen. Frühlingszwiebeln und Kartoffeln unter häufigem Wenden braten, bis die Kartoffeln goldbraun sind. Mit Salz, Pfeffer und Paprikapulver würzen.

3. Die Eier verquirlen und über die Kartoffeln geben. Den Käse darüberstreuen. Die Hitze reduzieren und das Omelett bei kleiner Hitze so lange braten, bis die Eier gestockt sind. Vor dem Servieren mit der Minze bestreuen.

In Italien sind Artischocken auf jüdische Art vor allem in der Gegend von Rom bekannt und beliebt. Italienische Einwanderer haben dieses leckere Gericht mit nach Israel gebracht, wo es heute fast schon zum Nationalgericht geworden ist.

ISRAEL

Junge Artischocken auf jüdische Art mit Knoblauch

Zutaten für 6 Personen:

12 junge violette Artischocken
Saft von 2 Zitronen
3 Knoblauchzehen
Salz
frisch gemahlener Pfeffer
60 ml Olivenöl
2 EL fein gehackte Petersilie
100 g Matzenmehl
Öl zum Frittieren
2 Zitronen, geachtelt

Zubereitung: ca. 40 Minuten

1. Die äußeren harten Blätter von den Artischocken entfernen. Die obere Hälfte der zarten Innenblätter so abschneiden, dass sie spitz zulaufen. Die Artischocken sollten etwa die Form einer Zitrone bekommen. Den Stiel auf 2 cm kürzen und schälen. Artischocken in eine Schüssel mit kaltem Wasser legen, Zitronensaft zufügen.

2. Den Knoblauch schälen und hacken. Knoblauch mit 1 Teelöffel Salz und Pfeffer musig zermahlen, Olivenöl und Petersilie unterrühren. Das Matzenmehl in einen tiefen Teller geben.

3. Die Artischocken aus dem Zitronenwasser nehmen und gut abtropfen lassen. Die Blätter der Artischocken auseinanderdrücken und etwas Knoblauch-Kräuter-Öl zwischen die Blätter geben. Blätter wieder zusammendrücken und die Artischocken im Mehl wenden.

4. Das Öl auf 175 °C erhitzen und die Artischocken darin 8–10 Minuten frittieren. Aus dem Öl heben und auf Küchenpapier abtropfen lassen. Mit den Zitronenschnitzen servieren.

Spinat wurde vermutlich von den Persern erstmals angebaut und kam im 9. Jahrhundert nach Christus mit den Arabern über Spanien nach Europa. Der Name Spinat leitet sich von der alten Bezeichnung „Hispanachkraut“ ab.

ISRAEL

Karens Spinatcremesuppe mit Milch und Kartoffeln

Zutaten für 4 Personen:

200 g Chinakohl
2 mittelgroße Kartoffeln
2 EL Butter
3/4 l Milch
Salz
500 g Blattspinat
1 EL Mehl
frisch gemahlener Pfeffer
frisch geriebene Muskatnuss
1 Ei
2 EL geriebener Parmesan

Zubereitung: ca. 45 Minuten

1. Den Chinakohl putzen und hacken. Die Kartoffeln waschen, schälen und in kleine Würfel schneiden. 1 Esslöffel Butter in einem Topf zerlassen, Chinakohl und Kartoffeln darin 5 Minuten andünsten. Die Hälfte der Milch angießen und leicht salzen. Zugedeckt bei kleiner Hitze ca. 25 Minuten köcheln lassen.

2. Den Spinat putzen, gründlich waschen und tropfnass in einen zweiten Topf geben. Zugedeckt 5 Minuten dünsten, bis er zusammengefallen ist. Den Spinat abtropfen lassen und hacken.

3. Die restliche Butter in einem zweiten Topf zerlassen, das Mehl einrühren und hellgelb anschwitzen. Die restliche Milch unter Rühren angießen und 15 Minuten köcheln lassen. Dann den Spinat unterrühren.

4. Die Kartoffel-Chinakohl-Suppe unter die Spinatsuppe mischen. Mit Salz, Pfeffer und Muskatnuss abschmecken und weitere 5 Minuten köcheln lassen.

5. Das Ei verquirlen. Suppe vom Herd nehmen und das Ei einrühren. Die Suppe in tiefe Teller verteilen und mit dem Parmesan bestreuen.

Latkes werden traditionell am Chanukkafest, dem jüdischen Lichterfest im Dezember, gegessen. Sie sollen an das Wunder des kleinen Ölrestes erinnern, der acht Tage lang den siebenarmigen Leuchter des Tempels brennen ließ.

ISRAEL

Chanukka-Kürbis-Kartoffel-Latkes mit Apfelmus

Zutaten für 4 Personen:

4 mittelgroße Kartoffeln
250 g Kürbisfruchtfleisch
1 große weiße Zwiebel
2 Eier
4 EL Dinkelmehl
Salz
frisch gemahlener Pfeffer
Pflanzenöl zum Ausbacken
500 g Apfelmus

Zubereitung: ca. 45 Minuten

1. Die Kartoffeln schälen und auf der Gemüsereibe grob reiben. Das Kürbisfruchtfleisch und die geschälte Zwiebel fein reiben. Alles in ein sauberes Küchentuch geben und so viel Flüssigkeit wie möglich ausdrücken.

2. Gemüse in eine Schüssel geben. Die Eier mit dem Mehl verquirlen und unter das Gemüse rühren. Mit Salz und Pfeffer würzen und 15 Minuten ruhen lassen.

3. Den Backofen auf 100 Grad vorheizen. In eine große Eisenpfanne ca. 3 cm hoch Öl einfüllen und erhitzen. Den Teig esslöffelweise hineingeben, flach drücken und die Latkes ca. 2 Minuten goldbraun braten. Wenden und auf der anderen Seite goldbraun braten. Kurz auf Küchenpapier abtropfen lassen, dann im heißen Ofen warm halten, bis alle Latkes fertig sind. Mit dem Apfelmus servieren.

Der Tilapia lebt in den warmen Gewässern des Nils und des Jordans und ist auch unter dem Namen Petrus-Fisch bekannt. In Israel wird der anspruchslose Fisch in Aquakultur gezüchtet. Sein Fleisch ist schmackhaft und hochwertig.

ISRAEL

Gebratene Tilapiafilets mit Kumquats und Zwiebelconfit

Zutaten für 4 Personen:

500 g rote Zwiebeln
200 ml Rotwein
2 EL Thymianhonig
1 Lorbeerblatt
1 frische rote Chilischote
200 g Kumquats
4 EL Butter
1/8 l frisch gepresster Orangensaft
4 Tilapiafilets à 200 g
Salz
frisch gemahlener Pfeffer
Mehl zum Wenden

Zubereitung: ca. 40 Minuten

1. Die Zwiebeln schälen, halbieren und in dünne Scheiben schneiden. In eine Kasserolle geben, den Rotwein angießen und den Honig einrühren. Das Lorbeerblatt einlegen. Bei mittlerer Hitze ca. 15 Minuten dünsten, dabei gelegentlich umrühren.

2. Inzwischen die Chilischote längs halbieren, entkernen und fein hacken. Kumquats waschen, trockentupfen und mit der Schale in Scheiben schneiden. In einem Topf 2 Esslöffel Butter zerlassen, die Chilischote zufügen und andünsten. Die Kumquats dazugeben, den Orangensaft angießen. 5 Minuten köcheln lassen.

3. Den Fisch waschen, trockentupfen und mit Salz und Pfeffer würzen. In Mehl wenden, überschüssiges Mehl abklopfen.

4. Die restliche Butter in einer großen Pfanne zerlassen und den Fisch darin auf beiden Seiten goldbraun braten. Portionsweise mit dem Zwiebelconfit und den Kumquats anrichten.

Schweinefleisch ist in der koscheren jüdischen Küche verboten. Hackfleisch wird daher nur aus Rind, Lamm oder Geflügel hergestellt. Ein beliebtes Gericht ist diese Kombination mit Bulgur und viel frischem Gemüse.

ISRAEL

Hackfleischpfanne mit Gemüse und Bulgur

Zutaten für 4 Personen:

4 Frühlingszwiebeln
2 Knoblauchzehen
1 Stück Ingwer
1 rote Paprikaschote
3 Zucchini
4 Tomaten
3 EL Olivenöl
500 g Rinderhackfleisch
Salz
frisch gemahlener Pfeffer
Cayennepfeffer
1/2 l Gemüsebrühe
250 g Bulgur
1 EL fein gehackte Petersilie

Zubereitung: ca. 45 Minuten

1. Die Frühlingszwiebeln putzen und mit einem Teil des Grüns in feine Ringe schneiden. Den Knoblauch und den Ingwer schälen und fein hacken. Die Paprikaschote halbieren und entkernen. Paprikaschote und Zucchini in kleine Würfel schneiden. Die Tomaten häuten, vierteln, entkernen und ebenfalls in kleine Würfel schneiden.

2. Das Öl in einer großen, tiefen Pfanne erhitzen und das Hackfleisch darin anbraten. Frühlingszwiebeln, Knoblauch und Inger zufügen und kurz anrösten. Das Gemüse untermischen, mit Salz, Pfeffer und Cayennepfeffer würzen.

3. Die Gemüsebrühe angießen und einmal aufkochen. Den Bulgur einstreuen. Ca. 20 Minuten köcheln lassen, bis der Bulgur gar ist. Vor dem Servieren die Petersilie untermischen.

Eine klassische israelische Küche gibt es nicht. Kulinarisch gesehen ist sie eine einzigartige Mixtur vieler Geschmacksrichtungen aus Ost und West, so wie Israel selbst ein Schmelztiegel der verschiedensten Kulturen ist.

ISRAEL

Kalbskotelett nach Art der Schwägerin in Safran-Wein-Sauce

Zutaten für 4 Personen:

4 Kalbskoteletts à 250 g
Salz
frisch gemahlener Pfeffer
4 Schalotten
2 Knoblauchzehen
3 EL Olivenöl
1/4 l Roséwein
Cayennepfeffer
einige Safranfäden
1 EL fein gehackter Koriander

Zubereitung: ca. 25 Minuten

1. Die Kalbskoteletts waschen, trockentupfen und mit Salz und Pfeffer einreiben. Die Schalotten schälen und vierteln. Den Knoblauch schälen und in kleine Würfel schneiden. Den Backofen auf 160 Grad vorheizen.

2. Das Öl in einer großen Pfanne erhitzen und die Koteletts darin bei mittlerer Hitze auf beiden Seiten anbraten. Koteletts auf eine Platte legen und 15 Minuten im heißen Ofen garen.

3. Die Schalotten und den Knoblauch im Bratfett andünsten. Den Wein angießen, mit Salz und Cayennepfeffer würzen und 15 Minuten köcheln lassen. Die Safranfäden in etwas heißem Wasser auflösen und in die Sauce rühren.

4. Die Kalbskoteletts in die Sauce legen und bei kleiner Hitze 5 Minuten darin ziehen lassen. Vor dem Servieren mit dem Koriander bestreuen.

Die Nudel-Kugel ist ein beliebtes jüdisches Dessert. Sie wurde früher nur aus Brot und Mehl gemacht und ist ein traditionelles Schabbat-Gericht. Es gibt auch herzhafte Varianten, die aus Nudeln und Kartoffeln zubereitet werden.

ISRAEL

Traditioneller süßer Nudelkuchen mit Nüssen und Rosinen

Zutaten für 6 Personen:

75 g Rosinen
10 cl Portwein
250 g dünne Suppennudeln
4 Eier
100 g Zucker
Mark von 1 Vanilleschote
150 g Butter und
Butter für die Form
125 g Schichtkäse
100 ml Milch
100 g getrocknete Kirschen
100 g gehackte Mandeln
1 TL abgeriebene Zitronenschale
2 EL Puderzucker

Zubereitung: ca. 25 Minuten
Backen: ca. 1 Stunde

1. Die Rosinen 15 Minuten im Portwein quellen lassen. Die Nudeln in ungesalzenem, kochendem Wasser bissfest garen. Dann abgießen und abtropfen lassen.

2. Die Eier mit dem Zucker schaumig schlagen. Das Vanillemark und die Butter in Stückchen zufügen und mit dem Handrührgerät zu einer dicken Creme aufschlagen. Den Schichtkäse und die Milch unterrühren.

3. Den Backofen auf 175 Grad vorheizen. Die Kirschen grob hacken. Mit den Mandeln und der Zitronenschale unter die Creme mischen. Dann die Nudeln und die Rosinen untermengen.

4. Eine feuerfeste Form mit Butter ausfetten und die Nudelmasse hineingeben. Die Oberfläche glatt streichen. Im heißen Ofen ca. 1 Stunde backen.

5. Den Nudelkuchen auf eine Platte stürzen und mit dem Puderzucker überstäuben.

Süßspeisen und Kuchen mit Schokolade sind in Israel sehr beliebt. Neben der Torte mit Kaffeelikör genießt man auch gerne eine Schokoladencreme zum Nachtisch. Dazu wird ein starker Mokka oder mit Minze gewürzter Tee serviert.

ISRAEL

Rachels beschwipste Schokoladentorte mit Kaffeelikör

Zutaten für 12 Stücke:

250 g Butter und
Butter für die Form
250 g Zucker
4 Eier
Salz
200 ml Milch
500 g Weizenmehl
1 Päckchen Backpulver
2 EL Kakao
1 Msp. Chilipulver
100 g Bitterschokolade
4 EL Kaffeelikör
100 g dunkle Kuvertüre

Außerdem:
1 Springform, 18 cm Ø

Zubereitung: ca. 40 Minuten
Backen: ca. 1 Stunde

1. Die Butter mit dem Zucker cremig aufschlagen. Die Eier, 1 Prise Salz und die Milch unterrühren.

2. Das Mehl mit dem Backpulver, dem Kakao und dem Chilipulver vermischen und unter die Buttercreme rühren. Die Bitterschokolade raspeln und unter den Teig mischen. Den Backofen auf 190 Grad vorheizen.

3. Den Boden der Springform mit Backpapier auslegen, den Rand der Form mit Butter ausfetten und mit Mehl bestäuben. Teig einfüllen und die Oberfläche glatt streichen. Kuchen im heißen Ofen ca. 1 Stunde backen.

4. Den Kuchen in der Form etwas abkühlen lassen. Mit einem Holzstäbchen mehrfach einstechen und mit dem Kaffeelikör beträufeln. Dann auf ein Kuchengitter geben und erkalten lassen.

5. Die Kuvertüre im Wasserbad schmelzen und den Kuchen damit bestreichen. Kuvertüre vor dem Anschneiden fest werden lassen.

Das würzige frische Radieschengrün, die scharfen Chilischoten und die aromatischen Oliven verleihen dieser Joghurt-Creme etwas Besonderes. Sie schmeckt sehr gut und passt ideal zu gegrilltem Gemüse, Fisch und Fleisch.

JORDANIEN

Radieschen-Joghurt-Creme mit Oliven und Chilischoten

Zutaten für 4 Personen:

1 Bund Radieschen
1 Bund Petersilie
5 Knoblauchzehen
2 frische grüne Chilischoten
20 schwarze Oliven, entsteint
500 g türkischer Joghurt
1 TL Salz
frisch gemahlener Pfeffer
2 EL Olivenöl
1 TL Schwarzkümmel

Zubereitung: ca. 15 Minuten
Ziehen lassen: ca. 30 Minuten

1. Welke Blätter von den Radieschen entfernen. Die Petersilie und die Radieschen samt Grün waschen, trockenschütteln und fein hacken.

2. Den Knoblauch schälen. Die Chilischoten längs halbieren und entkernen. Knoblauch, Chilischoten und Oliven fein hacken. Alles in eine Schüssel geben.

3. Den Joghurt mit Salz und Pfeffer verrühren und über das Gemüse geben. Gut durchmengen und abgedeckt 30 Minuten im Kühlschrank ziehen lassen.

4. Vor dem Servieren das Olivenöl unter die Radieschencreme rühren. Nochmals mit Salz und Pfeffer abschmecken und mit dem Kreuzkümmel bestreuen.

Grüne Linsen sind ungeschälte Früchte, deren typischer Geschmack in der Schale liegt. Sie müssen vor dem Kochen nicht eingeweicht werden. In Jordanien sind sie wie alle Hülsenfrüchte ein wichtiger pflanzlicher Eiweißlieferant.

JORDANIEN

Grüne Linsen und Möhren mit Zwiebeln und Dill

Zutaten für 4 Personen:

200 g grüne Linsen
2 weiße Zwiebeln
3 Knoblauchzehen
4 Möhren
1/8 l Olivenöl
1 TL gestoßene Korianderkörner
1 EL Zucker
2 EL Tomatenmark
Salz
frisch gemahlener Pfeffer
1/2 TL Sumach
1 Bund Dill

Zubereitung: ca. 50 Minuten

1. Die Linsen mit 3/4 Liter Wasser in einem Topf aufsetzen, zum Kochen bringen und ca. 40 Minuten garen, bis sie bissfest, aber nicht zu weich sind.

2. Die Zwiebeln und den Knoblauch schälen, halbieren und in feine Scheiben schneiden. Die Möhren schälen und in dünne Scheiben schneiden.

3. Das Olivenöl in einer tiefen Pfanne erhitzen und die Zwiebeln darin goldgelb braten. Den Knoblauch, die Korianderkörner und die Möhren dazugeben. Mit dem Zucker bestreuen, leicht karamellisieren lassen. Das Tomatenmark einrühren und kurz anrösten. 200 ml Wasser angießen, mit Salz, Pfeffer und Sumach würzen und 10 Minuten köcheln lassen.

4. Die Linsen abgießen und abtropfen lassen. Unter das Möhrengemüse mischen und 5 Minuten darin bei kleiner Hitze ziehen lassen.

5. Den Dill waschen, trockenschütteln und ohne grobe Stiele hacken. Über das Gemüse streuen. Heiß oder kalt servieren.

Die orientalische Küche ist sehr sinnlich und betört alle Sinne – sie erfreut den Gaumen, entzückt das Auge und schmeichelt der Nase. Eine typische Zutat sind die Essenzen aus Orangenblüten und Rosen für Süßigkeiten und Desserts.

JORDANIEN

Arabische Pfannkuchen in Blütensirup mit Pistaziensahne

Zutaten für 16 Stück:

Vorbereitung: ca. 2 Stunden
Zubereitung: ca. 20 Minuten

Für den Belag:
1 l frische Vollmilch
1 EL gehackte Pistazien
1 EL gehackte Walnüsse

Für den Teig:
225 g Mehl
1 TL Trockenhefe
1 TL Zucker
1 TL abgeriebene Zitronenschale

Für den Sirup:
400 g Zucker
1 EL Orangenblütenwasser
1 EL Rosenwasser

Butterschmalz zum Braten

1. Milch in einem Topf zum Kochen bringen. Bei kleiner Hitze in 1 Stunde auf 1/4 Liter einkochen lassen. Gelegentlich umrühren, damit die Milch nicht am Boden ansetzt und keine Haut bildet. Eingedickte Milch in eine Schüssel füllen und 1 Stunde kühl stellen.

2. Das Mehl mit der Trockenhefe, dem Zucker, der Zitronenschale und 1/4 Liter lauwarmem Wasser zu einem glatten Teig verrühren. Zugedeckt 1 Stunde an einem warmen Ort aufgehen lassen.

3. Für den Sirup den Zucker mit 1/4 Liter Wasser zu einem dickflüssigen Sirup einkochen. Orangenblüten- und Rosenwasser einrühren. Den Sirup in ein kleines Kännchen füllen und erkalten lassen.

4. Den Teig nochmals kräftig durchschlagen. In einer kleinen Eisenpfanne etwas Butterschmalz erhitzen. 1 kleine Schöpfkelle Teig einfüllen und die Pfanne so schwenken, dass die Pfannkuchen rund und dick werden. Auf jeder Seite goldbraun backen und warm stellen, bis der ganze Teig verarbeitet ist.

5. Pfannkuchen mit Sirup beträufeln, eingedickte Milch und die Nüsse darübergeben.

Aus der libanesischen Küche sind vor allem die Mezze, Vorspeisen wie dieser Salat, weltweit bekannt. Sorgfältig garniert und gut und ausgeglichen gewürzt sind diese Köstlichkeiten ein Fest für die Augen und den Gaumen.

LIBANON

Orangen-Zwiebel-Salat mit Oliven und Minze

Zutaten für 4 Personen:

1 süße Navelorange
2 Blutorangen
1 Zitrone
1 weiße Zwiebel
2 TL brauner Zucker
Salz
2 EL Walnussöl
1 Msp. gemahlener Kardamom
Mark von 1/2 Vanilleschote
2 Zweige Minze
75 g schwarze Oliven

Zubereitung: ca. 35 Minuten
Ziehen lassen: ca. 1 Stunde

1. Die Orangen und die Zitrone schälen, dabei sorgfältig die weiße Haut entfernen. Orangen und Zitrone in Scheiben schneiden und auf eine Platte legen.

2. Die Zwiebel schälen und in dünne Ringe schneiden. Zwiebelringe über dem Zitrussalat verteilen. Den Salat mit dem braunen Zucker und 1 Prise Salz bestreuen und abgedeckt 1 Stunde im Kühlschrank ziehen lassen.

3. Walnussöl mit Kardamom und Vanillemark verrühren und über den Salat träufeln. Die Minze waschen, trockenschütteln und die Blätter in Streifen schneiden. Über den Salat streuen. Mit den Oliven garnieren.

LIBANON

Würzige Sesamsauce mit Knoblauch und Zitrone

Zubereitung: ca. 5 Minuten
Zutaten für 1 Glas:

100 g Tahin (Sesampaste)
60 ml frisch gepresster Zitronensaft
2 Knoblauchzehen
Salz

1. Die Sesampaste in einer Schüssel in 60 ml Wasser unter Rühren auflösen. Dann den Zitronensaft unterrühren.

2. Den Knoblauch schälen und in einem Mörser mit 1/4 Teelöffel Salz musig zermahlen. Unter die Sesamsauce mischen. In ein Glas mit Schraubverschluss füllen.

3. Die Sauce im Kühlschrank ziehen lassen. Sie hält sich bis zu 10 Tagen.

LIBANON

Avocadosalat mit Sesamjoghurt und Granatapfelkernen

Zubereitung: ca. 15 Minuten
Zutaten für 4 Personen:

250 g türkischer Joghurt
100 ml Sesamsauce
1/2 TL gemahlener Kreuzkümmel
1 Msp. gemahlener Koriander
Salz und Pfeffer
2 reife Avocados
Saft von 1 Zitrone
1 Granatapfel
100 g Mandelblättchen
1 EL fein gehackte Minze

1. Den Joghurt mit der Sesamsauce und den Gewürzen verrühren und etwas ziehen lassen.

2. Die Avocados längs halbieren, vom Stein drehen und das Fruchtfleisch aus den Schalen lösen. Avocadofleisch in Würfel schneiden, in eine Schüssel geben und mit dem Zitronensaft beträufeln. Den Granatapfel halbieren und die Kerne mit einer Gabel herauskratzen. Granatapfelkerne zu den Avocados geben.

3. Die Mandelblättchen in einer Pfanne ohne Fett goldbraun rösten. Den Sesamjoghurt über die Avocados verteilen und untermengen. Mit den Mandelblättchen und der Minze bestreuen.

„Houmos", wie dieses Kichererbsenpüree mit Sesampaste im Original heißt, ist eine der bekanntesten Vorspeisen im gesamten arabischen Raum. Es darf auf keinem Tisch fehlen und schmeckt besonders gut zu Fladenbrot.

LIBANON

Kichererbsenpüree mit Sesamsauce und Olivenöl

Zutaten für 4 Personen:

350 g getrocknete Kichererbsen
1 TL Backpulver
Salz
2 Knoblauchzehen
1/2 TL gemahlener Kreuzkümmel
100 ml Sesamsauce (Rezept Seite 1062)
2–3 EL Zitronensaft
4 EL Olivenöl
1 Msp. edelsüßes Paprikapulver

Vorbereitung: ca. 12 Stunden
Zubereitung: ca. 35 Minuten

1. Die Kichererbsen mit dem Backpulver über Nacht in reichlich Wasser einweichen. Am nächsten Tag mit dem Wasser 15 Minuten kochen. 1/2 Teelöffel Salz zugeben und weitere 10 Minuten garen.

2. Den Knoblauch schälen und hacken. Die weichen Kichererbsen abgießen, dabei etwas Kochflüssigkeit auffangen. Einige Kichererbsen für die Dekoration beiseitelegen. Restliche Kichererbsen mit dem Knoblauch, dem Kreuzkümmel, der Sesamsauce und dem Zitronensaft im Mixer grob pürieren. Eventuell etwas Kochflüssigkeit zufügen.

3. Kichererbsenpüree mit dem Olivenöl verrühren und in eine Schale füllen. Mit Paprikapulver überstäuben und mit den restlichen Kichererbsen garnieren.

Tabbouleh ist fast ein Nationalgericht im Libanon. Der erfrischende Bulgursalat mit Minze und Petersilie wird in vielen arabischen Ländern sowohl solo als auch als Beilage serviert, stammt aber ursprünglich aus dem Libanon.

LIBANON

Bulgursalat Tabbouleh mit Petersilie und Tomaten

Zutaten für 4 Personen:

3 EL fein geschroteter Bulgur
400 g Tomaten
Saft von 2 Zitronen
2 große Bund Petersilie
2 weiße Zwiebeln
2 EL fein gehackte Minze
60 ml Olivenöl
Salz
frisch gemahlener Pfeffer
1/2 TL gemahlener Piment
2 Romana-Salatherzen

Zubereitung: ca. 30 Minuten

1. Den Bulgur in ein Sieb geben und unter fließendem Wasser abspülen. Gut abtropfen lassen.

2. Die Tomaten waschen, trockentupfen, vierteln und in möglichst kleine Würfel schneiden. Mit dem Bulgur in eine Schüssel geben, mit dem Zitronensaft übergießen und gut vermengen. 20 Minuten ziehen lassen.

3. Die Petersilie waschen, trockenschütteln und ohne grobe Stiele mit einem scharfen Gemüsemesser sehr fein schneiden. Die Zwiebeln schälen und in kleine Würfel schneiden.

4. Petersilie, Zwiebeln und Minze zum Salat geben. Das Olivenöl mit Salz, Pfeffer und Piment verrühren und über den Salat geben. Vorsichtig vermengen und in eine Servierschüssel umfüllen.

5. Romana-Salat waschen und die Blätter rund um den Bulgursalat in die Schüssel stecken.

Die libanesische Küche war schon in alttestamentarischen Zeiten berühmt. Sie hat in den darauf folgenden Jahrhunderten viele andere Küchen beeinflusst. Zu den Basiszutaten gehören Olivenöl und Knoblauch, Getreide und Lammfleisch.

LIBANON

Libanesische Lammhackspieße auf Zimtstangen gebraten

Zutaten für 4 Personen:

1 frische rote Chilischote
1 Knoblauchzehe
1 Stück Ingwer
1 weiße Zwiebel
400 g Lammhackfleisch
1 Ei
1 EL fein gehackte Minze
1 Msp. gemahlener Kreuzkümmel
1 Msp. gemahlene Kurkuma
1 Msp. Safranpulver
Salz
frisch gemahlener Pfeffer
8 Zimtstangen, ca. 15 cm lang
50 ml Olivenöl
2 EL Sesamsaat
einige Salatblätter

Zubereitung: ca. 30 Minuten

1. Die Chilischote längs halbieren, entkernen und fein hacken. Den Knoblauch und den Ingwer schälen und ebenfalls fein hacken. Die Zwiebel schälen und fein reiben.

2. Das Lammhackfleisch mit dem Ei, Chilischote, Knoblauch, Ingwer, Zwiebel, Minze und den Gewürzen gründlich verkneten.

3. Die Hackfleischmasse in 8 Portionen teilen, zu Rollen formen und fest um die Zimtstangen drücken.

4. Das Öl in einer großen Pfanne erhitzen und die Lammhackspieße darin 8–10 Minuten von allen Seiten braten. Aus der Pfanne heben und kurz auf Küchenpapier abtropfen lassen.

5. Die Sesamsaat in eine Schale geben und die Hälfte der Spieße darin wälzen. Eine Servierplatte mit den Salatblättern auslegen und die Spieße darauf anrichten.

Vor den Küsten des Oman im Arabischen Meer gibt es außerordentlich reiche Fischgründe mit Schwertfischen, Thunfischen, Makrelen, Sardinen und Garnelen. Strenge Fangquoten sorgen für den Erhalt der Bestände.

OMAN

Würziger Safran-Reis mit Garnelen in der Pfanne gedämpft

Zutaten für 4 Personen:

250 g Langkornreis
Salz
1 Lorbeerblatt
1/2 TL Safranfäden
1 weiße Zwiebel
1 Stück Ingwer
2 EL geklärte Butter
1 TL gemahlener Bockshornklee
400 g Garnelen, roh, geschält
1 EL fein gehackter Koriander

Zubereitung: ca. 25 Minuten

1. Reis in ein Sieb geben und gründlich unter fließendem Wasser waschen. Dann mit 1 Liter Wasser in einen Topf geben, salzen und das Lorbeerblatt einlegen. Zum Kochen bringen. Etwas Kochwasser abnehmen, den Safran darin auflösen und unter den Reis rühren. Zugedeckt 15 Minuten garen.

2. Die Zwiebel schälen, halbieren und in dünne Scheiben schneiden. Den Ingwer schälen und fein hacken.

3. Die Butter in einer großen Pfanne erhitzen und die Zwiebel darin bei mittlerer Hitze hellgelb anschwitzen. Den Ingwer zufügen, mit dem Bockshornklee bestreuen und kurz anrösten. Die Garnelen in die Pfanne geben, leicht salzen und in der Butter wenden.

4. Den Reis über die Garnelen verteilen. Die Pfanne mit einem Deckel verschließen und die Hitze reduzieren. Ca. 5 Minuten dämpfen.

5. Reis und Garnelen auf eine vorgewärmte Platte geben und mit dem Koriander bestreuen.

Im Norden des Oman liegt die Batinah-Ebene, der Obst- und Gemüsegarten des Landes, das ansonsten wenig Argarfläche hat. Hier wachsen Kartoffeln, Tomaten und Zwiebeln genauso wie Bananen, Mangos, Granatäpfel und Datteln.

OMAN

Hühnerleber mit Zwiebelgemüse in Zitronensauce

Zutaten für 4 Personen:

500 g Hühnerleber
2 große weiße Zwiebeln
2 Knoblauchzehen
2 EL geklärte Butter
Salz
frisch gemahlener Pfeffer
1 Msp. gemahlener Kardamom
1 Msp. gemahlener Kreuzkümmel
1 Msp. Nelkenpulver
frisch geriebene Muskatnuss
4 EL Zitronensaft
1 EL fein gehackte Petersilie

Zubereitung: ca. 20 Minuten

1. Die Hühnerleber putzen und die Häutchen entfernen. Die Zwiebeln und den Knoblauch schälen und in Würfel schneiden.

2. Die Butter in einer Pfanne zerlassen und die Hühnerleber darin bei mittlerer Hitze von allen Seiten anbraten. Dann aus der Pfanne heben und warm stellen.

3. Die Zwiebeln und den Knoblauch im Bratfett glasig dünsten. Die Gewürze dazugeben und kurz anrösten. Mit dem Zitronensaft ablöschen.

4. Hühnerleber unter das Zwiebelgemüse mischen und 3 Minuten darin ziehen lassen. Mit Salz und Pfeffer abschmecken und in eine Schüssel umfüllen. Mit der Petersilie bestreuen und heiß oder kalt servieren.

Saudi Arabien, das Ursprungsland des Islam und der arabischen Kultur, öffnet sich langsam für den Tourismus. Die klassische arabische Küche mit Hülsenfrüchten, Gemüse und raffinierten Gewürzen steht hier im Vordergrund.

SAUDI ARABIEN

Kichererbsenauflauf mit Joghurt und Minze

Zutaten für 4 Personen:

150 g Kichererbsen
1 Lorbeerblatt
Salz
2 Zucchini
2 Stangen Sellerie
250 g Okra
2 Möhren
2 Fleischtomaten
2 Gemüsezwiebeln
4 Knoblauchzehen
3 EL Olivenöl
frisch gemahlener Pfeffer
1 TL gemahlene Kurkuma
1 Prise Nelkenpulver
Fett für die Form
250 g türkischer Joghurt
1 EL Speisestärke
4 Eier
1 EL getrocknete Minze

Zubereitung: ca. 1 Stunde
Backen: ca. 35 Minuten

1. Die Kichererbsen in einen Topf geben, mit Wasser bedecken und über Nacht einweichen. Am nächsten Tag mit dem Einweichwasser und dem Lorbeerblatt zum Kochen bringen und 35 Minuten köcheln. Salzen und weitere 10 Minuten garen.

2. Inzwischen das Gemüse waschen und putzen, die Möhren schälen. Möhren, Zucchini und Sellerie in Scheiben schneiden, die Okraschoten ganz lassen. Die Tomaten halbieren und in Scheiben schneiden. Die Zwiebeln und den Knoblauch schälen und würfeln.

3. Das Olivenöl in einer tiefen Pfanne erhitzen, Zwiebeln und Knoblauch darin glasig dünsten. Das Gemüse bis auf die Tomaten zufügen und 10 Minuten garen. Kichererbsen abgießen und abtropfen lassen, Lorbeerblatt entfernen. Kichererbsen unter das Gemüse mischen, mit Salz, Pfeffer, Kurkuma und Nelkenpulver würzen. Backofen auf 175 Grad vorheizen.

4. Eine feuerfeste Form ausfetten und die Gemüsemischung einfüllen, mit den Tomatenscheiben belegen. Joghurt schaumig schlagen. Speisestärke, Eier und Minze unterrühren. Über den Auflauf gießen. Im heißen Ofen ca. 35 Minuten überbacken.

Baharat ist eine aromatische, vielseitig einsetzbare Gewürzmischung der arabischen und persischen Kochtradition. Es ist eine Mischung aus Muskatnuss, Pfeffer, Koriander, Gewürznelke, Zimt, Kardamom, Paprikapulver und Chili.

SAUDI ARABIEN

Arabischer Reistopf mit Rindfleisch und Huhn

Zutaten für 4 Personen:

Vorbereitung: ca. 30 Minuten
Zubereitung: ca. 50 Minuten

250 g Basmatireis
500 g Rindfleisch
1 kleines Brathähnchen
2 Zwiebeln
4 Tomaten
60 ml Olivenöl
Salz
frisch gemahlener Pfeffer
2 TL Baharat Gewürzmischung
1 l Brühe
2 getrocknete Zitronen
2 Lorbeerblätter
2 Möhren

1. Den Reis gründlich waschen und 40 Minuten in lauwarmem Wasser einweichen. Fleisch und Hähnchen waschen und trockentupfen. Fleisch in kleine Würfel schneiden, Hähnchen mit Knochen in kleine Stücke hacken. Die Zwiebeln schälen und fein würfeln. Die Tomaten häuten, vierteln, entkernen und hacken.

2. Das Öl in einem großen Schmortopf erhitzen. Fleisch und Hähnchenstücke darin rundum anbraten. Zwiebeln dazugeben und glasig dünsten. Mit Salz und Baharat würzen, die Tomaten zufügen und die Brühe angießen. Die Zitronen mehrfach mit einer Gabel einstechen und mit den Lorbeerblättern in die Brühe legen. Bei mittlerer Hitze zugedeckt 40 Minuten garen.

3. Die Möhren schälen und in Scheiben schneiden. Den Reis abgießen und abtropfen lassen. Die Möhren unter das Fleisch mischen. Reis auf das Fleisch verteilen, nicht unterheben. Zugedeckt 25–30 Minuten bei kleiner Hitze garen, eventuell noch etwas lauwarmes Wasser angießen.

4. Die Zitronen und die Lorbeerblätter entfernen. Den Reistopf mit Salz und Pfeffer abschmecken.

In den Luxushotels Saudi Arabiens werden kulinarische Märchen aus 1001 Nacht wahr. Selbst ein einfaches Gericht wie ein Reispudding wird hier zu einem Fest für alle Sinne und erfreut nicht nur den Gaumen, sondern auch das Auge.

SAUDI ARABIEN

Safran-Reis-Pudding mit Rosinen und Orangenblütenwasser

Zutaten für 4 Personen:

100 g Milchreis
1/2 l Milch
1/2 TL Safranfäden
1 Vanillestange
50 g Rosinen
2 EL Speisestärke
75 ml Orangenblütenwasser
100 g brauner Zucker
1 EL abgeriebene Zitronenschale
1 EL gehackte Pistazien
Minzezweige zum Garnieren

Außerdem:
4 Puddingförmchen

Zubereitung: ca. 55 Minuten
Kühlen: ca. 6 Stunden

1. Den Reis mit der Milch, dem Safran und der aufgeschlitzten Vanilleschote zum Kochen bringen. Bei kleiner Hitze zugedeckt 25 Minuten köcheln lassen, gelegentlich umrühren. Die Rosinen in lauwarmem Wasser 20 Minuten einweichen.

2. Die Speisestärke mit dem Orangenblütenwasser und 100 ml Wasser verquirlen. Die Vanilleschote aus dem Reis entfernen. Angerührte Speisestärke, Zucker und Zitronenschale unter den Reis rühren. 5 Minuten unter Rühren dick einkochen. Dann die Pistazien untermischen. Vom Herd nehmen.

3. Die Puddingförmchen mit kaltem Wasser ausspülen. Den Reispudding einfüllen und die Oberfläche glatt streichen. Pudding im Kühlschrank 6 Stunden erkalten lassen.

4. Puddinge auf 4 Teller stürzen und mit den Minzezweigen garnieren.

Damaskus mit seiner 4000 Jahre alten Geschichte ist seit jeher ein Kreuzungspunkt aller Kulturen im Nahen Osten. Wenn die Karawanen auf ihren Handelsrouten dort eintrafen, erwartete sie eine der märchenhaftesten Oasen.

Syrischer Brotsalat

SYRIEN **Fattoush** mit Rauke

Zutaten für 4 Personen:

1 dünnes Fladenbrot
2 Bund Rauke
1 weiße Zwiebel
1 kleine Salatgurke
3 Tomaten
1 EL fein gehackte Petersilie
1 EL fein gehackte Minze
100 ml Olivenöl
4 TL Zitronensaft
Salz
frisch gemahlener Pfeffer
1/2 TL Sumach

Zubereitung: ca. 15 Minuten

1. Den Backofen auf 180 Grad vorheizen. Das Fladenbrot etwas befeuchten und 10 Minuten im heißen Ofen knusprig rösten.

2. Die Rauke waschen, trockenschütteln und die groben Stiele entfernen. Die Zwiebel schälen, halbieren und in dünne Scheiben schneiden. Die Salatgurke längs halbieren, die Kerne mit einem Löffel herauskratzen und die Gurke in dünne Scheiben schneiden. Die Tomaten häuten, vierteln, entkernen und in Würfel schneiden. Alles mit der Petersilie und der Minze in eine Salatschüssel geben.

3. Aus Olivenöl, Zitrone, Salz, Pfeffer und Sumach ein Dressing anrühren. Über den Salat gießen und alles gut durchmengen.

4. Das Brot in mundgerechte Stücke brechen. Unter den Salat heben und sofort servieren.

Mangold wächst wild an den Küsten des Mittelmeerraums. Er hat einen delikat würzigen Geschmack und ist eine Vitamin- und Mineralienbombe. Seine heilenden und beruhigenden Eigenschaften sind in Syrien seit langem bekannt.

SYRIEN

Joghurt-Mangold-Suppe mit Reis und Knoblauch

Zutaten für 4 Personen:

500 g Mangold
7 Frühlingszwiebeln
1 weiße Zwiebel
5 Knoblauchzehen
3 EL Olivenöl
100 g Reis
1 l Hühnerbrühe
Salz
frisch gemahlener Pfeffer
1/2 TL gemahlener Kreuzkümmel
1 TL gemahlene Kurkuma
2 EL fein gehackter Koriander
500 g türkischer Joghurt
2 EL Pinienkerne

Zubereitung: ca. 40 Minuten

1. Die Mangoldblätter waschen und trockentupfen. Die harten Blattrippen entfernen und klein hacken. Die Blätter in dünne Streifen schneiden. Die Zwiebel und den Knoblauch schälen und in kleine Würfel schneiden.

2. Das Öl in einem Topf erhitzen. Die Mangoldstiele, die Frühlingszwiebeln, die Zwiebel und den Knoblauch im Öl glasig dünsten. Den Reis zufügen und kurz anschwitzen. Mit der Hühnerbrühe aufgießen, mit Salz, Pfeffer, Kreuzkümmel und Kurkuma würzen. 10 Minuten köcheln lassen. Dann den Mangold dazugeben und weitere 10 Minuten garen.

3. Den Koriander unter den Joghurt rühren. In die Suppe geben und erhitzen, aber nicht mehr kochen.

4. Die Pinienkerne in einer Pfanne ohne Fett goldbraun rösten. Suppe in tiefe Teller verteilen und mit den Pinienkernen bestreut servieren.

Syrien ist umgeben von 5 Ländern und seine Bevölkerung ist eine Mischung vieler unterschiedlicher Volksgruppen, die alle ihre Kochtraditionen mitbrachten. Das Zentrum der ca. 80.000 Armenier in Syrien ist die Stadt Aleppo.

SYRIEN

Armenische Hefeteigfladen mit Lamm und Tomaten

Zutaten für 12 Stück:

Vorbereitung: ca. 90 Minuten
Zubereitung: ca. 50 Minuten

1 Würfel frische Hefe (42 g)
1/2 TL Zucker
400 g Mehl und
Mehl zum Bearbeiten
Salz
60 ml Olivenöl und
Öl für das Backblech
2 Zwiebeln
1 frische scharfe Paprikaschote
100 g pürierte Tomaten
500 g Lammhackfleisch
frisch gemahlener Pfeffer
1 TL grob zerstoßene
Korianderkörner

1. Die Hefe in eine kleine Schüssel bröckeln, mit dem Zucker bestreuen und 1/8 Liter lauwarmes Wasser zugießen. Hefe und Zucker im Wasser unter Rühren auflösen. Abgedeckt 30 Minuten gehen lassen.

2. Das Mehl in eine große Schüssel sieben. In die Mitte eine Mulde drücken und die aufgelöste Hefe sowie 1 Teelöffel Salz, 3 Esslöffel Olivenöl und 75–100 ml Wasser hineingeben. Alles zu einem glatten, geschmeidigen Teig verkneten. Zugedeckt an einem warmen Platz etwa 1 Stunde zu doppeltem Volumen aufgehen lassen.

3. Backofen auf 250 Grad vorheizen. Zwiebeln schälen und fein reiben. Paprikaschote längs halbieren, entkernen und fein hacken. Zwiebeln und Paprikaschote mit den pürierten Tomaten unter das Lammhackfleisch mischen, mit Salz, Pfeffer und Koriander würzen.

4. Teig in 12 Stücke teilen. Jedes Stück ca. 4 mm dick zu einem Rechteck ausrollen. Lammfüllung darauf verteilen, dabei die Teigränder frei lassen. Teig an den Querseiten so zusammendrücken, dass kleine Schiffchen entstehen. Mit dem übrigen Öl beträufeln. Ein Backblech mit Öl bestreichen und die Schiffchen portionsweise jeweils 15 Minuten im heißen Ofen backen.

Die Gewürznelken verdanken ihren Namen ihrer Form, die entfernt an einen Nagel, im Mittelalter „Nägelein", erinnert. Sie sind eines der ältesten Gewürze der Welt und haben einen intensiven feurig-scharfen Geschmack.

VAE

Gebackene Quitten mit Hackfleisch und Erbsen gefüllt

Zutaten für 4 Personen:

4 reife Birnenquitten
200 g frische Erbsen
Salz
1 kleine weiße Zwiebel
150 g Rinderhackfleisch
1 EL geklärte Butter
frisch gemahlener Pfeffer
1 Msp. Muskatblüte
1 Msp. Nelkenpulver
1 Msp. Safranpulver
1 EL Kichererbsenmehl
1 EL Puderzucker
Saft von 2 Zitronen

Zubereitung: ca. 30 Minuten
Backen: ca. 45 Minuten

1. Die Birnenquitten in kochendem Wasser einige Minuten blanchieren. Aus dem Wasser heben und abtropfen lassen. Dann die Quitten längs halbieren und das Kerngehäuse mit einem Teil des Fruchtfleischs herauskratzen.

2. Die Erbsen in leicht gesalzenem Wasser weich kochen. Abgießen und abtropfen lassen.

3. Die Zwiebel schälen und fein reiben. Hackfleisch in der Butter krümelig braten. Die Zwiebel untermischen, mit Salz, Pfeffer, Muskatblüte, Nelkenpulver und Safran würzen. Das Kichererbsenmehl einrühren und anrösten. Die Erbsen untermischen und mit einem Löffel musig zerdrücken. Vom Herd nehmen und etwas abkühlen lassen. Den Backofen auf 175 Grad vorheizen.

4. Die Hackfleischmischung in die Quitten füllen. Quitten nebeneinander in eine feuerfeste Form setzen.

5. Puderzucker mit 1/4 Liter Wasser und dem Zitronensaft sirupartig aufkochen. Über die Quitten gießen. Im heißen Ofen 45 Minuten garen, eventuell noch etwas Wasser angießen.

Abu Dhabi, übersetzt: Vater der Gazelle, ist die Hauptstadt der Vereinigten Arabischen Emirate (VAE). Sie gilt als eine der modernsten Städte der Welt, deren Stadtbild von architektonischen Meisterbauten geprägt ist.

VAE

Schwertfischrouladen Abu Dhabi mit würziger Dattelfüllung

Zutaten für 4 Personen:

Vorbereitung: ca. 30 Minuten
Zubereitung: ca. 50 Minuten

200 g getrocknete Datteln, entsteint
1 weiße Zwiebel
2 Knoblauchzehen
100 ml Olivenöl
1 TL gemahlene Kurkuma
1 TL Baharat Gewürzmischung (Fertigprodukt)
Salz
4 lange dünne Scheiben Schwertfisch à 200 g
1/8 l Fischfond
4 EL Zitronensaft
frisch gemahlener Pfeffer
1 EL frisch gehackte Petersilie

1. Die Datteln 30 Minuten in lauwarmem Wasser einweichen. Dann abgießen und gut abtropfen lassen.

2. Die Zwiebel und den Knoblauch schälen und würfeln. Mit den Datteln und 1 Esslöffel Olivenöl im Mixer glatt pürieren. Das Püree mit Kurkuma, Baharat und Salz würzen.

3. Den Fisch waschen, trockentupfen und auf der Arbeitsfläche ausbreiten. Die Fischscheiben mit dem Püree bestreichen, aufrollen und mit Zahnstochern gut feststecken.

4. Eine Pfanne mit 1 Esslöffel Olivenöl ausstreichen und erhitzen. Die Rouladen einlegen und mit 2 Esslöffeln Öl beträufeln. Bei kleiner Hitze ca. 10 Minuten rundum goldbraun braten.

5. Rouladen aus der Pfanne heben und warm stellen. Den Bratensatz mit dem Fischfond ablöschen und loskochen, den Zitronensaft und das restliche Olivenöl einrühren. Etwas einkochen lassen, mit Salz und Pfeffer würzen und die Petersilie untermischen. Vor dem Servieren über die Rouladen geben.

In den Vereinigten Arabischen Emiraten befindet sich das bekannteste und teuerste Hotel der Welt. Der Burj al Arab, übersetzt: Arabischer Turm, ist mit 321 Metern das höchste und luxuriöseste Hotel der Welt.

VAE

Brot-Milch-Auflauf Burj al Arab mit Nüssen und Rosinen

Zutaten für 6 Personen:

1 dünnes Fladenbrot, ca. 250 g
1 l Milch
125 g brauner Zucker
2 Zimtstangen
4 Gewürznelken
1/2 TL zerstoßene Kardamomsamen
1 EL Butter
4 EL gehackte Pistazien
4 EL gehackte Mandeln
4 EL Rosinen
4 EL Kokosraspel
4 EL Rosenwasser
100 g süße Sahne
2 EL Zucker
1 EL gemahlener Zimt
kandierte Rosenblätter zum Garnieren

Zubereitung: ca. 40 Minuten
Backen: ca. 15 Minuten

1. Den Backofen auf 250 Grad vorheizen. Die Milch mit dem braunen Zucker, den Zimtstangen, den Gewürznelken und dem Kardamom langsam zum Kochen bringen. Köcheln lassen, bis sich der Zucker aufgelöst hat. Vom Herd nehmen und abkühlen lassen. Dann durch ein Haarsieb abgießen.

2. Fladenbrot in möglichst kleine Stücke brechen und auf ein Backblech legen. Im heißen Ofen ca. 5 Minuten knusprig backen. Brot aus dem Ofen nehmen und die Backofentemperatur auf 175 Grad reduzieren.

3. Eine Auflaufform mit Butter ausfetten. Die Hälfte des Brots einfüllen. Pistazien, Mandeln, Rosinen und Kokosraspel vermischen und mit dem Rosenwasser beträufeln. Auf das Brot verteilen und mit dem restlichen Brot bedecken.

4. Die gewürzte Milch nochmals aufkochen und über den Auflauf gießen. 10 Minuten quellen lassen. Sahne halbsteif schlagen und auf dem Auflauf verstreichen. Im heißen Ofen ca. 15 Minuten goldgelb überbacken.

5. Zucker und Zimt mischen. Den Auflauf damit bestreuen. Mit kandierten Rosenblättern garnieren.

ASIEN

Jahrtausende alte Küchentraditionen: Von den chinesischen Regionalküchen, der scharfen Gewürzküche Indiens, dem minimalistischen japanischen Kochstil bis zur leichten Kräuterküche der Thais

Herzhafte Gemüsesalate sind ein beliebter Auftakt für ein mehrgängiges kasachisches Menü. Dazu wird häufig „Kurt“ serviert: kleine getrocknete und gesalzene Bällchen aus gekochter Schafs-, Ziegen- oder Kuhmilch.

KASACHSTAN

Herbstlicher Sauerkrautsalat mit Möhren und Kartoffeln

Zutaten für 4 Personen:

400 g Sauerkraut (Dose)
2 Gewürzgurken
3 Möhren
3 gekochte Kartoffeln
2 Knoblauchzehen
4 EL Sonnenblumenöl
Saft von 1 Zitrone
Salz
Zucker
frisch gemahlener Pfeffer
1 EL fein gehackter Dill

Zubereitung: ca. 15 Minuten
Ziehen lassen: ca. 15 Minuten

1. Das Sauerkraut in eine Schüssel umfüllen und mit einer Gabel auflockern. Die Gewürzgurken in kleine Würfel schneiden und unter das Sauerkraut mischen.

2. Die Möhren, die Kartoffeln und den Knoblauch schälen. Die Möhren in feine Streifen, die Kartoffeln in kleine Würfel schneiden, den Knoblauch fein hacken. Alles mit dem Sauerkraut vermischen.

3. Das Sonnenblumenöl mit dem Zitronensaft, Salz, Zucker und Pfeffer verrühren. Über den Salat gießen und gut unterheben.

4. Den Salat 15 Minuten ziehen lassen. Vor dem Servieren mit dem Dill bestreuen.

Die kasachische Küche ist für ihre gehaltvollen Hammelfleischgerichte bekannt. Wer den intensiven Geschmack von Hammelfleisch nicht mag, kann das Fleisch auch sehr gut durch Kalbsbrust ersetzen, die mit Rinderhackfleisch gefüllt wird.

KASACHSTAN

Gefüllte Hammelbrust mit Speck aus dem Ofen

Zutaten für 4 Personen:

750 g Hammelbrust
Salz
frisch gemahlener Pfeffer
300 g mageres Hammelfleisch
1 Zwiebel
50 g Speck
100 g Schmalz
1/2 l Fleischbrühe

Zubereitung: ca. 30 Minuten
Braten: ca. 90 Minuten

1. Das Fleisch waschen und trockentupfen. Mit einem scharfen Messer eine Tasche in das Fleisch schneiden. Das Fleisch innen und außen mit Salz und Pfeffer einreiben. Den Backofen auf 175 Grad vorheizen.

2. Das magere Hammelfleisch in Würfel schneiden. Die Zwiebel schälen und grob hacken, den Speck würfeln. Alles durch den Fleischwolf drehen. Die Masse in die Fleischtasche füllen, die Öffnung mit Küchengarn zunähen.

3. Das Schmalz in einem Bräter erhitzen und die Hammelbrust darin rundum anbraten. 1/4 Liter Fleischbrühe angießen. Hammelbrust im heißen Ofen 90 Minuten braten. Während dieser Zeit immer wieder mit der restlichen Brühe begießen.

4. Die Hammelbrust aus dem Bräter nehmen, auf eine Platte legen und vor dem Anschneiden 10 Minuten im abgeschalteten Ofen ruhen lassen. Den Bratenfond entfetten, etwas einkochen und mit Salz und Pfeffer abschmecken. Fleisch in Scheiben schneiden und mit der Sauce übergießen.

Fleisch ist das wichtigste Nahrungsmittel in Kasachstan. Die Hauptmahlzeit besteht aus gekochtem Hammel-, Pferde-, Rind- oder Kamelfleisch. Auch Innereien werden gern gegessen, am liebsten auf gekochten Nudelteigstücken.

KASACHSTAN

Gebratene Rindernieren in Zwiebelsauce mit Nudelflecken

Zutaten für 4 Personen:

500 g Rindernieren
1 Lorbeerblatt
Salz
250 g Mehl und
Mehl zum Bearbeiten
1 Ei
2 Zwiebeln
2 EL Butter
1 EL Mehl
frisch gemahlener Pfeffer

Vorbereitung: ca. 30 Minuten
Zubereitung: ca. 1 Stunde

1. Die Nieren putzen: Röhren und Äderchen entfernen und gründlich waschen. 15 Minuten in Wasser legen. Dann in einen Topf legen, 1/2 Liter Wasser angießen, Lorbeerblatt zufügen. Leicht salzen und zum Kochen bringen. Bei kleiner Hitze 45 Minuten köcheln.

2. Inzwischen den Nudelteig zubereiten. Das Mehl auf eine Arbeitsfläche sieben. Mit dem Ei, 1 Prise Salz und 4–5 Esslöffeln Wasser zu einem festen Teig verkneten. Den Teig auf einer bemehlten Arbeitsfläche dünn ausrollen und 30 Minuten antrocknen lassen. Dann in ca. 5 cm breite Streifen schneiden. 6 Streifen übereinander legen und in 5 cm breite Stücke schneiden. Nudelflecken in kochendem Salzwasser bissfest garen. Abgießen, abtropfen lassen und warm halten.

3. Die Zwiebeln schälen, halbieren und in dünne Scheiben schneiden. Die Nieren aus der Brühe heben und in Scheiben schneiden.

4. Butter in einer Pfanne zerlassen. Nieren und Zwiebeln darin 5 Minuten braten. Mit Mehl überstäuben, 1/4 Liter Kochbrühe angießen. Salzen, pfeffern und 10 Minuten köcheln. Nudeln auf 4 Teller verteilen, Nieren und Zwiebelsauce darübergeben.

Ein Gastmahl ist in Kasachstan erst vollständig, wenn zum Schluss süße Köstlichkeiten aufgetischt werden. Dazu gibt es fast immer einen starken Tee, der aus henkellosen Schalen getrunken wird – sehr heiß und meistens mit Milch serviert.

KASACHSTAN

Würziger Honigkuchen mit Kaffee und Zimt

Zutaten für 12 Stücke:

125 g Butter und
Butter für die Form
5 Eier, getrennt
400 g flüssiger Honig
100 ml starker Kaffee
500 g Mehl
2 TL Backpulver
1 TL Zimt
1/2 TL gemahlene Muskatnuss
1/2 TL Nelkenpulver
Salz

Zubereitung: ca. 15 Minuten
Backen: ca. 1 Stunde

1. Die Butter und das Eigelb mit dem Handrührgerät schaumig schlagen. Nach und nach den Honig und den Kaffee unterrühren. Backofen auf 175 Grad vorheizen.

2. Das Mehl mit dem Backpulver, Zimt, Muskatnuss und Nelkenpulver vermischen. Nach und nach unter die Butter-Honig-Creme rühren. Das Eiweiß mit 1 Prise Salz steif schlagen und vorsichtig unter den Teig heben.

3. Eine Kastenform mit Butter ausfetten. Den Teig einfüllen und die Oberfläche glatt streichen. Im heißen Ofen 50–60 Minuten backen. Nach 50 Minuten eine Garprobe machen. Mit einem Schaschlikspieß in die Mitte des Kuchens stechen: Klebt kein Teig daran, ist der Kuchen fertig.

4. Den Kuchen aus der Form auf ein Gitter stürzen und erkalten lassen.

Turkmenistan ist berühmt für seine handgeknüpften Teppiche, die meist einen roten Grundton haben. Diese Teppiche werden oft aus Schafwolle hergestellt. Schafzucht ist hier weit verbreitet – wegen der Wolle und wegen des Fleischs.

TURKMENISTAN

Weißkohl-Möhren-Eintopf mit Hammelfleisch und Nudeln

Zutaten für 4 Personen:

400 g Hammelfleisch
1 kleiner Weißkohl
3 Möhren
1 Zwiebel
2 Knoblauchzehen
2 EL Öl
Salz
frisch gemahlener Pfeffer
1 l Brühe
200 g Lasagneblätter
2 Frühlingszwiebeln
2 Tomaten

Zubereitung: ca. 1 Stunde

1. Das Fleisch waschen, trockentupfen und in möglichst kleine Würfel schneiden. Den Weißkohl putzen, vierteln, den harten Strunk entfernen und die Blätter in dünne Streifen schneiden. Möhren, Zwiebel und Knoblauch schälen. Möhren und Zwiebeln halbieren und in feine Streifen schneiden, den Knoblauch fein hacken.

2. Das Öl in einem großen Topf erhitzen und das Fleisch darin anbraten. Mit Salz und Pfeffer würzen. Zwiebel, Knoblauch, Weißkohl und Möhren zufügen und andünsten. Die Brühe angießen und zum Kochen bringen. Zugedeckt bei mittlerer Hitze ca. 1 Stunde köcheln lassen.

3. Die Lasagneblätter in kochendem Salzwasser knapp bissfest garen. Abgießen und abtropfen lassen. Dann quer in ca. 5 mm breite Nudelstreifen schneiden. Die Frühlingszwiebeln putzen und mit einem Teil des Grüns in dünne Röllchen schneiden. Nudeln und Frühlingszwiebeln zum Eintopf geben und 5 Minuten darin ziehen lassen. Mit Salz und Pfeffer abschmecken.

4. Die Tomaten waschen, halbieren und in schmale Spalten schneiden. Eintopf in eine große Schüssel umfüllen und mit den Tomatenspalten garnieren.

Gefüllte Teigtaschen sind in vielen Küchen der Welt zuhause. Oft unterscheiden sie sich nur in kleinen Details voneinander. In Turkmenistan werden sie gerne mit kräftig gewürztem Hackfleisch gefüllt und im Dampf gegart.

TURKMENISTAN

Turkmenische Teigtaschen

Manty im Dampf gegart

Zutaten für 4 Personen:

250 g Mehl und
Mehl zum Bearbeiten
Salz
1 kleine Zwiebel
2 Knoblauchzehen
300 g gemischtes Hackfleisch
frisch gemahlener Pfeffer
1 EL fein gehackter Koriander
1/2 TL gemahlener Schwarzkümmel
1 EL Öl

Zubereitung: ca. 45 Minuten

1. Aus dem Mehl, 1/2 Teelöffel Salz und ca. 100 ml Wasser einen festen Teig kneten, eventuell noch etwas Wasser zugeben. Den Teig zugedeckt 20 Minuten ruhen lassen.

2. Die Zwiebel und den Knoblauch schälen und fein hacken. Mit dem Hackfleisch, Salz, Pfeffer, Koriander und Schwarzkümmel gut vermengen.

3. Den Teig in 4 Portionen teilen. Jede Teigportion auf der bemehlten Arbeitsfläche zu einer 3 cm dicken Rolle formen. Von 1 Rolle 3 cm dicke Scheiben abschneiden und zu Teigkreisen mit ca. 7 cm Ø Durchmesser ausrollen. Die übrigen Teigrollen bis zur Verarbeitung mit einem feuchten Tuch abdecken. In die Mitte jedes Teigkreises 1 Teelöffel Hackfleischfüllung geben. Den Teig über der Füllung wie einen kleinen Beutel zusammenraffen und vorsichtig zusammendrehen, leicht andrücken. Auf diese Weise den gesamten Teig verarbeiten.

4. Einen Dampftopf mit Siebeinsatz zu 2/3 mit Wasser füllen, Wasser zum Kochen bringen. Den Siebeinsatz mit Öl einfetten und die Teigtaschen hineinsetzen. Siebeinsatz in den Topf hängen, den Deckel auflegen und die Taschen 15 Minuten im Dampf garen.

In allen zentralasiatischen Ländern sind süße Speisen sehr beliebt, wobei die Kalorien keine Rolle spielen. Hauptsache, es schmeckt. Zu diesem leckeren Gebäck serviert man in Turkmenistan das Nationalgetränk: grünen Tee.

TURKMENISTAN

Frittierte Butterteigknoten mit Honig und Puderzucker

Zutaten für 4 Personen:

250 g Mehl und
Mehl zum Bearbeiten
125 g Butter
60 g Zucker
Salz
4 EL Honig
Öl zum Frittieren
2 EL Puderzucker

Vorbereitung: ca. 2 Stunden
Zubereitung: ca. 1 Stunde

1. Das Mehl auf die Arbeitsfläche sieben, in die Mitte eine Mulde drücken. Die Butter würfeln und zum Mehl geben. Mit dem Zucker, 1 Prise Salz und 3–4 Esslöffeln Wasser zu einem festen Teig verkneten. Teig zur Kugel formen, in Frischhaltefolie einwickeln und 2 Stunden im Kühlschrank ruhen lassen.

2. Den Teig auf einer bemehlten Arbeitsfläche 1 cm dick ausrollen. Mit einem scharfen Messer Teigstreifen von 3 x 10 cm schneiden. Jeden Streifen einmal locker verknoten.

3. Den Honig in einem kleinen Pfännchen erhitzen, bis er dünnflüssig ist. Öl in der Fritteuse auf 175 Grad erhitzen. Die Teigstreifen im heißen Öl goldbraun frittieren. Kurz auf Küchenpapier abtropfen lassen, dann mit dem flüssigen Honig bestreichen und abkühlen lassen. Vor dem Servieren mit Puderzucker überstäuben.

Die Küche Usbekistans ist sehr abwechslungsreich und umfasst mehr als 1000 Gerichte, darunter viele kräftige Suppen. Eine der bekanntesten ist Shurpa, eine Fleischbrühe mit Kartoffeln, frischem Gemüse und Kräutern.

USBEKISTAN

Rindfleischsuppe Schurpa mit Kartoffeln und Zwiebeln

Zutaten für 4 Personen:

500 g Suppenfleisch (Rinderwade)
einige Suppenknochen
Salz
3 Zwiebeln
1 Bund Petersilie
2 Lorbeerblätter
750 g Kartoffeln
4 Möhren
2 EL Butter
2 EL Tomatenmark
frisch gemahlener Pfeffer

Zubereitung: ca. 30 Minuten
Garen: ca. 90 Minuten

1. Das Fleisch und die Knochen waschen und in einen Topf legen. 2 Liter Wasser und 1 Teelöffel Salz zufügen. 1 Zwiebel schälen und kreuzweise einschneiden. Die Petersilie waschen, trockenschütteln und die Stängel abschneiden. Petersilienstängel und Lorbeerblätter zum Fleisch geben. Zum Kochen bringen, abschäumen und 90 Minuten kochen.

2. Inzwischen die Kartoffeln und die Möhren schälen und in Scheiben schneiden. Die restlichen Zwiebeln schälen, halbieren und in Scheiben schneiden.

3. Das Fleisch aus der Brühe heben und in kleine Würfel schneiden. Die Brühe abseihen.

4. Die Butter in einem Topf erhitzen und die Zwiebeln darin goldgelb andünsten. Das Fleisch untermischen und anbraten. Das Tomatenmark einrühren und kurz anrösten. Die Kartoffeln zugeben und die Brühe angießen. 15–20 Minuten garen, bis die Kartoffeln weich sind.

5. Die Petersilienblättchen fein hacken. Die Suppe mit Salz und Pfeffer abschmecken und vor dem Servieren mit der Petersilie bestreuen.

Wie in vielen anderen Ländern, so ist auch in Usbekistan Brot ein Grundnahrungsmittel, das man zu fast jeder Mahlzeit isst. Überall auf den Straßen sieht man Menschen, die mit frisch gebackenem Brot unter dem Arm unterwegs sind.

USBEKISTAN

Eier im Hackfleisch-Mantel gebraten mit Tomatensauce

Zutaten für 4 Personen:

100 g Weißbrot vom Vortag
2 Zwiebeln
1 Möhre
1 Petersilienwurzel
2 EL Butter
1 EL Tomatenmark
1 EL Mehl
1/2 l Fleischbrühe
400 g Rinderhackfleisch
1 Eigelb
Salz
frisch gemahlener Pfeffer
4 hart gekochte Eier
Semmelbrösel zum Wenden
Öl zum Ausbacken
6 cl roter Dessertwein
2 Tomaten

Zubereitung: ca. 45 Minuten

1. Das Brot klein schneiden und 15 Minuten in lauwarmem Wasser einweichen.

2. Die Zwiebeln, die Möhre und die Petersilienwurzel schälen und in kleine Würfel schneiden. Die Butter in einem Topf erhitzen, die Hälfte der Zwiebeln, die Möhre und die Petersilienwurzel darin andünsten. Das Tomatenmark einrühren, mit dem Mehl überstäuben und anrösten. Die Fleischbrühe zugießen, zum Kochen bringen und bei kleiner Hitze 20 Minuten köcheln, gelegentlich umrühren.

3. Das Brot gut ausdrücken und mit dem Hackfleisch, Eigelb, Salz und Pfeffer gut verkneten. Hackfleischteig in 4 Portionen teilen. Harte Eier schälen und mit dem Fleischteig umhüllen. In den Semmelbröseln wenden.

4. Eine tiefe Pfanne ca. 3 cm hoch mit Öl füllen und das Öl erhitzen. Die Hackfleischballen bei mittlerer Hitze in ca. 6 Minuten rundum braten. Auf Küchenpapier abtropfen lassen.

5. Die Sauce mit Salz, Pfeffer und dem Dessertwein abschmecken. Die Tomaten in Scheiben schneiden. Hackfleischballen auf eine Platte legen, mit der Sauce übergießen und mit Tomatenscheiben garnieren.

Die usbekische Küche ist eng mit der orientalischen verwandt. Den Einfluss arabischer Würzkunst sieht man bei vielen Speisen wie diesem Reistopf, der mit Kreuzkümmel, Kurkuma, Lamm und Sultaninen zubereitet wird.

USBEKISTAN

Usbekischer Reistopf mit Lammfleisch und Kichererbsen

Zutaten für 4 Personen:

500 g Lammfleisch
250 g Zwiebeln
2 Knoblauchzehen
75 ml Pflanzenöl
Salz
frisch gemahlener Pfeffer
1 TL gemahlener Kreuzkümmel
1 TL gemahlene Kurkuma
250 g Reis
2 Quitten
Saft von 1 Zitrone
250 g gelbe Möhren
100 g gekochte Kichererbsen (Dose)
50 g Sultaninen

Zubereitung: ca. 1 Stunde

1. Das Lammfleisch in Würfel schneiden. Die Zwiebeln und den Knoblauch schälen. Zwiebeln in dünne Ringe hobeln, Knoblauch fein hacken.

2. Das Öl in einem Topf erhitzen und das Fleisch darin rundum anbraten. Die Zwiebeln und den Knoblauch zugeben und glasig dünsten. Mit Salz, Pfeffer, Kreuzkümmel und Kurkuma würzen und 1,5 Liter Wasser angießen. Zum Kochen bringen und bei mittlerer Hitze 30 Minuten köcheln lassen. Dann den Reis einstreuen und 10 Minuten garen.

3. Die Quitten schälen, vierteln, entkernen und in dünne Scheiben schneiden. Quitten mit dem Zitronensaft beträufeln. Möhren schälen und auf der Gemüsereibe grob raspeln. Quitten, Möhren, Kichererbsen und Sultaninen unter den Reistopf mischen und weitere 10 Minuten garen.

4. Den Reistopf in eine große Schüssel umfüllen und sehr heiß servieren.

Blattsalate spielten in der traditionellen chinesischen Küche keine Rolle. Es gibt sie erst seit etwa 20 Jahren – seit die europäische und die amerikanische Küche die chinesische beeinflussen. Inzwischen sind sie quasi eingebürgert.

CHINA

Krebsfleisch in warmer Ingwersauce auf Romana-Salat

Zutaten für 4 Personen:

2 Romana-Salate
2 EL Pflanzenöl
2 EL Schweineschmalz
75 g Krebsfleisch, ausgelöst
2 Frühlingszwiebeln
1/2 TL fein geriebener Ingwer
Salz
frisch gemahlener Pfeffer
1 EL Reiswein
160 ml Hühnerbrühe
1 EL Maisstärke

Zubereitung: ca. 30 Minuten

1. Die Salatköpfe waschen, trockenschütteln und jeweils längs so dritteln, dass die Blätter mit dem Stielansatz noch verbunden sind. In einem großen Topf Wasser zum Kochen bringen, das Öl zugeben und die Salate darin kurz blanchieren. Aus dem Topf nehmen, abtropfen lassen und auf einer Platte anrichten.

2. Das Schmalz in einer Pfanne erhitzen und das Krebsfleisch darin 1–2 Minuten dünsten. Die Frühlingszwiebeln putzen, klein schneiden und mit dem Ingwer unter das Krebsfleisch mischen.

3. Die restlichen Zutaten bis auf die Maisstärke in die Pfanne geben, einmal aufkochen und unter Rühren ca. 1 Minute köcheln lassen. Maisstärke mit 50 ml Wasser verquirlen und die Sauce damit andicken. Über den Salat geben und sofort servieren.

Frühlingsrollen sind knusprige Botschafter der chinesischen Küche und weltweit bekannt. Sie werden entweder vegetarisch oder mit Fleisch und Fisch gefüllt. Die Reisblätter zum Herstellen der leckeren Röllchen gibt es im Fachhandel.

CHINA

Frittierte Frühlingsrollen mit Sprossen und Huhn gefüllt

Zutaten für 4 Personen:

4 getrocknete Mu-Errh-Pilze
100 g Hähnchenbrustfilet
100 g Garnelen, roh, geschält
1 EL Ingwerwein
1 EL Sojasauce
8 Reismehl-Teigblätter
1 Stange Sellerie
100 g Sojabohnensprossen
2 EL Schweineschmalz
100 g Bambussprossen (Dose)
Öl zum Frittieren

Zubereitung: ca. 50 Minuten

1. Die Pilze mit kochendem Wasser übergießen und 25 Minuten quellen lassen. Abgießen, ausdrücken und fein hacken.

2. Fleisch und Garnelen waschen, trockentupfen und klein würfeln. Mit Ingwerwein und Sojasauce vermischen und 10 Minuten ziehen lassen.

3. Die Teigblätter einzeln zwischen feuchte Küchentücher legen und 5 Minuten quellen lassen. Sellerie putzen und mit den Sprossen klein schneiden. Das Schmalz in einer Pfanne erhitzen und das Gemüse darin 2 Minuten dünsten. Pilze untermischen, das Fleisch und die Garnelen zugeben und unter Rühren 2 Minuten braten.

4. Auf jedes Teigblatt etwas Füllung geben. Die untere Teigecke diagonal darüberklappen, dann die Seitenteile einschlagen und den Teig aufrollen. Teigrand mit Wasser festkleben.

5. Das Öl in der Fritteuse auf 180 Grad erhitzen und die Frühlingsrollen darin portionsweise goldbraun ausbacken. Auf Küchenpapier abtropfen lassen.

Sesam wurde schon in der Antike wegen seiner ölhaltigen Samen angebaut. Aus den kleinen nussartig schmeckenden Samen gewinnt man jedoch nicht nur Öl, Sesamsaat wird auch geschält oder ungeschält in der Küche verwendet.

CHINA Kleine Schweinefleisch-Hackbällchen im Sesammantel

Zutaten für 4 Personen:

500 g Schweinehackfleisch
2 EL Reismehl
Salz
frisch gemahlener Pfeffer
2 EL fein gehackte Petersilie
2 EL dunkle Sojasauce
1/4 l Erdnussöl
100 g helle Sesamsaat
200 g Zucker

Zubereitung: ca. 30 Minuten

1. Das Hackfleisch mit dem Reismehl und 100 ml Wasser vermengen, mit Salz und Pfeffer würzen. Petersilie und Sojasauce untermischen.

2. Das Öl im Wok erhitzen. Aus dem Hackfleischteig walnussgroße Bällchen formen und im heißen Öl ca. 3 Minuten frittieren. Mit einem Schaumlöffel aus dem Fett heben und auf Küchenpapier abtropfen lassen.

3. Sesamsaat auf einen Teller geben. Zucker in einer Pfanne mit 4 Esslöffeln Wasser zu einem hellen Karamell schmelzen. Hackbällchen in die Pfanne geben und im Karamell wenden. Vom Herd nehmen.

4. Die Hackbällchen im Sesam wenden. Lauwarm oder kalt servieren.

Wan-Tans, die köstlichen kleinen gefüllten Teigtaschen wurden früher in China nur an hohen Festtagen zubereitet und serviert. Heute sind sie ein fester Bestandteil der Alltagsküche, ob gedämpft, gekocht oder knusprig frittiert.

CHINA

Frittierte Wan-Tans mit Morcheln und Tatar gefüllt

Zutaten für 4 Personen:

28 Wan-Tan-Blätter, tiefgekühlt
10 getrocknete Morcheln
1 kleine Möhre
1 frische grüne Chilischote
50 g gemischte Sprossen
150 g Tatar
2 EL süße Sojasauce
1 EL Reiswein
Salz
frisch gemahlener Pfeffer
1 Ei
1 EL Sesamöl
Pflanzenfett zum Frittieren

Zubereitung: ca. 1 Stunde

1. Wan-Tan-Teigblätter auftauen lassen. Morcheln in 1/4 Liter lauwarmem Wasser 20 Minuten einweichen.

2. Die Möhre putzen. Die Chilischote längs halbieren und entkernen. Möhre, Chilischote und Sprossen fein hacken. Die eingeweichten Morcheln abgießen und ebenfalls hacken.

3. In einer Schüssel das Tatar mit dem gehackten Gemüse, Sojasauce, Reiswein, Salz und Pfeffer gründlich vermischen. 30 Minuten durchziehen lassen. Das Ei trennen. Das Eigelb und das Sesamöl unter die Fleischmasse rühren.

4. Jeweils 1 Teigblatt auf die flache Hand legen und 1 gehäuften Teelöffel Füllung in die Mitte geben. Den Teig um die Füllung herum mit etwas Eiweiß bestreichen. Teigenden mit der Hand fassen und mit einer leichten Drehung zusammendrücken.

5. Das Fett in der Fritteuse auf 175 Grad erhitzen. Die Wan-Tans portionsweise hineingeben und goldbraun frittieren. Nach 2–3 Minuten mit dem Schaumlöffel herausheben und auf Küchenpapier abtropfen lassen.

Die Marmor-Tee-Eier sind ein verblüffend einfaches Rezept, dessen Resultat nicht nur sehr dekorativ ist, sondern auch gut schmeckt. Sie sind eine ideale kleine Vorspeise, wenn man Gäste erwartet, denn die Eier lassen sich gut vorbereiten.

CHINA

Marmor-Tee-Eier mit Zimt und Sternanis gekocht

Zutaten für 4 Personen:

12 Eier
Salz
35 g schwarze Teeblätter
3 Sternanis
2 Zimtstangen
100 g eingelegter Ingwer (Fertigprodukt)

Zubereitung: ca. 15 Minuten
Ziehen lassen: ca. 1 Stunde

1. Die Eier in leicht gesalzenem Wasser in ca. 10 Minuten hart kochen. Abgießen und kurz unter kaltem Wasser abschrecken.

2. In einem breiten Topf die Teeblätter in 2 Litern Wasser mit dem Sternanis und den Zimtstangen 5 Minuten kochen lassen.

3. Die Eier vorsichtig aneinanderschlagen, damit die Schale kleine Risse bekommt. Dann die Eier in den Teesud legen. Den Topf vom Herd nehmen und die Eier 1 Stunde ziehen lassen.

4. Eier aus dem Topf nehmen, kalt abspülen, schälen und halbieren. Mit dem Ingwer anrichten.

In China nimmt man sich Zeit für das Essen und isst gerne in Gesellschaft. Pro Mahlzeit werden mindestens vier oder fünf verschiedene Gerichte serviert, die in die Tischmitte gestellt werden, damit sich jeder selbst davon bedienen kann.

CHINA

Scharfes Schweinefleisch in Austernsauce mit Sake

Zutaten für 4 Personen:

600 g Schweinenacken ohne Knochen
1 Stange Sellerie
1 großes Stück Ingwer
1 TL Szechuanpfefferkörner
2 Sternanis
Salz
2 Knoblauchzehen
1/8 l Austernsauce
5 EL Zucker
5 EL Sojasauce
1/4 EL rote Chilipaste
1/2 TL gemahlener Szechuanpfeffer
3 EL Sesamöl
5 EL Sake
2 EL Reisweinessig

Zubereitung: ca. 90 Minuten

1. Das Fleisch waschen und in einen Topf legen. Sellerie putzen und würfeln. Ingwer schälen und fein reiben. 2/3 des Ingwers, Sellerie, Pfefferkörner, Sternanis und 1 Teelöffel Salz zum Fleisch geben, mit Wasser bedecken und ca. 1 Stunde köcheln lassen.

2. Den Knoblauch schälen und fein hacken. Mit der Austernsauce, Zucker, Sojasauce, Chilipaste, Pfeffer, Sesamöl, Sake und Reisweinessig verrühren. Den restlichen Ingwer untermischen.

3. Frühlingszwiebel putzen und mit einem Teil des Grüns in feine Röllchen schneiden.

4. Das Fleisch aus der Brühe heben und 5 Minuten ruhen lassen. Anschließend in dünne Scheiben schneiden.

5. Das Fleisch auf 4 Teller verteilen und die Sauce darübergeben. Kalt servieren.

Die roten Azukibohnen haben eine kernige und feste Konsistenz und einen feinen, auffallend süßlichen Geschmack. Sie kommen ursprünglich aus Japan und werden inzwischen in ganz Asien angebaut.

CHINA

Gefüllte Pfannkuchen mit Azukibohnen und Koriander

Zutaten für 4 Personen:

150 g Azukibohnen
275 g Zucker
Salz
1 EL fein gehackter Koriander
1 Ei
125 g Reismehl
1 TL Backpulver
50 ml Milch
Öl zum Frittieren

Vorbereitung: 12 Stunden
Zubereitung: ca. 1 Stunde

1. Die Bohnen über Nacht in Wasser einweichen. Am nächsten Tag mit dem Einweichwasser zum Kochen bringen und 30 Minuten garen. Durch ein Sieb abgießen und gut abtropfen lassen.

2. Bohnen mit 200 g Zucker und 1 Prise Salz in einem Topf erhitzen und unter Rühren zu einer breiigen Paste kochen. Den Topf vom Herd nehmen und den Koriander untermischen.

3. Das Ei mit dem restlichen Zucker, Mehl, Backpulver und Milch zu einem glatten Teig verrühren. Den Teig 10 Minuten quellen lassen, dann 50 ml Wasser unterrühren.

4. In eine große Pfanne 3 cm hoch Öl einfüllen und erhitzen. 1/6 des Teigs in das heiße Öl geben und so lange backen, bis der Teig Blasen wirft. Den Pfannkuchen wenden und auf der anderen Seite backen. Auf diese Weise 6 Pfannkuchen backen.

5. Die Bohnenpaste auf den Pfannkuchen verteilen. Pfannkuchen zusammenklappen und servieren.

Schon zur Zeit der alten Kaiser war die chinesische Küche dafür berühmt, dass sie auch mit einfachen Gerichten alle Sinne befriedigt. Die Speisen sollten nicht nur das Auge und den Gaumen erfreuen, sondern auch verlockend riechen.

CHINA

Duftendes Omelett mit Garnelen und Zitronengras

Zutaten für 4 Personen:

250 g Garnelen, roh, geschält
Salz
1 EL Maisstärke
1 Stängel Zitronengras
2 Frühlingszwiebeln
6 Eier
frisch gemahlener Pfeffer
1 EL Sesamöl
200 ml Sonnenblumenöl
2 EL fein gehackter Koriander

Zubereitung: ca. 35 Minuten

1. Die Garnelen waschen und trockentupfen. 1 Teelöffel Salz und die Maisstärke mit 2 Esslöffeln Wasser verrühren und den Teig etwas quellen lassen.

2. Das Zitronengras schälen und fein hacken. Die Frühlingszwiebeln putzen und mit einem Teil des Grüns in feine Röllchen schneiden. Die Eier mit Salz, Pfeffer und dem Sesamöl verquirlen.

3. Das Sonnenblumenöl im Wok erhitzen. Die Garnelen einzeln durch den Teig ziehen und im heißen Öl kurz frittieren. Mit einem Schaumlöffel herausheben und auf Küchenpapier abtropfen lassen.

4. Vom Bratöl 2 Esslöffel abnehmen und in einer großen Pfanne wieder erhitzen. Zitronengras und Frühlingszwiebeln im Öl anbraten. Die Eimischung darübergießen. Die Garnelen darauf verteilen. Sobald das Ei gestockt ist, das Omelett wenden und auf der anderen Seite goldbraun braten.

5. Omelett in 4 Portionen teilen, mit Koriander bestreuen und servieren.

Eine Mahlzeit ohne Suppe ist in Asien nicht komplett. „Ein guter Suppenkoch hat immer Gäste", sagt man in China. Wer diese leckere Hühnersuppe einmal probiert hat, wird diesem Spruch aus ganzem Herzen zustimmen.

CHINA

Hühnersuppe mit Spinatbällchen und Bambussprossen

Zutaten für 4 Personen:

200 g Hühnerbrustfilet
4 Scheiben gekochter Schinken
1 Eiweiß
Salz
1 EL Ingwerwein
2 TL Maisstärke
100 g Blattspinat
100 g Bambussprossen (Dose)
1 kleines Stück Ingwer
2 Frühlingszwiebeln
1 l Hühnerbrühe
frisch gemahlener Pfeffer
1 EL trockener Sherry

Zubereitung: ca. 40 Minuten

1. Das Fleisch waschen, trockentupfen und mit dem Schinken fein hacken. Das Eiweiß mit 1 Prise Salz steif schlagen. Fleisch und Schinken mit Ingwerwein und Maisstärke vermischen und den Eischnee unterziehen.

2. Den Spinat in kochendem Salzwasser kurz blanchieren, in Eiswasser abschrecken. Die Blätter auf einer Arbeitsfläche auslegen.

3. Aus dem Fleischteig kleine Bällchen formen und mit den Spinatblättern fest umwickeln.

4. Die Bambussprossen in dünne, ca. 3 cm lange Streifen schneiden. Den Ingwer schälen und fein hacken. Die Frühlingszwiebeln putzen und mit einem Teil des Grüns in dünne Röllchen schneiden.

5. Die Hühnerbrühe mit Ingwer und Bambusstreifen aufkochen. Die Spinatbällchen einlegen und bei mittlerer Hitze 4–5 Minuten gar ziehen lassen. Die Suppe mit Salz, Pfeffer und Sherry abschmecken.

Diese bäuerliche Suppe stammt aus der Provinz Szechuan und ist auch in Peking sehr populär. Im Originalrezept wird sie mit frischem Hühner- oder Entenblut zubereitet. Inzwischen verzichten die meisten Restaurantköche auf diese Zutat.

CHINA

Sauer-scharfe Suppe mit Rindfleisch und Tofu

Zutaten für 4 Personen:

60 g Bambussprossen (Dose)
1 grüne Paprikaschote
100 g gekochtes Rindfleisch
60 g Tofu
50 g Austernpilze
3/4 l Fleischbrühe
1 EL Essig
Salz
frisch gemahlener Pfeffer
1 TL Chilipulver
100 ml Sojasauce
2 EL Zucker
2 EL Maisstärke
2 Eier
1 EL fein gehackte Petersilie
1 TL Sesamöl

Zubereitung: ca. 25 Minuten

1. Die Bambussprossen in dünne Streifen schneiden. Die Paprikaschote halbieren, entkernen und ebenfalls in feine Streifen schneiden. Rindfleisch und Tofu würfeln. Die Pilze putzen und hacken.

2. Die Fleischbrühe in einem Topf zum Kochen bringen. Gemüse, Pilze, Rindfleisch und Tofu in die Brühe geben und 3 Minuten kochen.

3. Suppe mit Essig, Salz, Pfeffer, Chilipulver, Sojasauce und Zucker süßsauer abschmecken. Die Maisstärke mit 75 ml Wasser verquirlen und die Suppe damit binden.

4. Die Eier verquirlen und in die Suppe rühren. Mit Petersilie und Sesamöl abschmecken und portionsweise anrichten.

Die jungen, 3 bis 10 cm dicken zarten Triebe bestimmter Bambusarten aus China oder Hinterindien kann man inzwischen auch bei uns in Asialäden manchmal frisch kaufen. Meist werden sie jedoch als Konserve angeboten.

CHINA

Entensuppe mit Safran und Bambus scharf gewürzt

Zutaten für 4 Personen:

600 g Entenbrust
1 Stängel Zitronengras
1 Stück Ingwerwurzel
1 frische rote Chilischote
Salz
150 g Bambussprossen (Dose)
1 kleine weiße Zwiebel
1 Msp. gemahlener Safran
frisch gemahlener Pfeffer
2 EL helle Sojasauce
2 Frühlingszwiebeln

Zubereitung: ca. 20 Minuten
Garen: ca. 45 Stunde

1. Das Fleisch waschen und in einen Topf legen. Das Zitronengras putzen, den Ingwer schälen, die Chilischote längs halbieren und entkernen. Alles fein hacken und zum Fleisch geben. 1,5 Liter Wasser angießen und zum Kochen bringen. 30 Minuten bei mittlerer Hitze sanft köcheln lassen.

2. Fleisch aus der Brühe heben und etwas abkühlen lassen. Das Fleisch häuten und in dünne Scheiben schneiden. Die Brühe durch ein feines Sieb in einen zweiten Topf gießen und wieder zum Kochen bringen.

3. Die Bambussprossen in dünne Streifen schneiden. Die Zwiebel schälen, halbieren und in dünne Scheiben schneiden. In die Brühe geben, den Safran unterrühren und das Fleisch wieder einlegen. Suppe mit Salz, Pfeffer und Sojasauce abschmecken.

4. Die Frühlingszwiebeln putzen und mit einem Teil des Grüns in feine Röllchen schneiden. Suppe in vorgewärmte Schalen verteilen und mit den klein geschnittenen Frühlingszwiebeln bestreuen.

Wan-Tans werden als Vorspeise oder Snack serviert. Die hauchdünnen Teigblätter sind aus Weizenmehl, Eier und Wasser und werden speziell für die kleinen Teigtaschen hergestellt. Am besten kauft man sie tiefgekühlt im Asia-Laden.

CHINA

Chinesische Wan-Tan-Suppe mit Gemüsebrühe

Zutaten für 6 Personen:

100 g Garnelen, roh, geschält
100 g Schweinehackfleisch
Salz
frisch gemahlener Pfeffer
1 EL helle Sojasauce
1 TL dunkle Sojasauce
1 EL Reiswein
1 TL Maisstärke
28 Wan-Tan-Blätter, tiefgekühlt
1 Frühlingszwiebel
50 g Bambussprossen (Dose)
1 Ei
1,5 l Gemüsebrühe
1 EL Sesamöl
2 EL fein geschnittene Schnittlauchröllchen

Vorbereitung: ca. 2 Stunden
Zubereitung: ca. 1 Stunde

1. Die Garnelen fein hacken und mit dem Hackfleisch, Salz, Pfeffer, Sojasauce, Reiswein und Maisstärke gut vermischen. Zugedeckt 2 Stunden im Kühlschrank ziehen lassen. Die Wan-Tan-Blätter auftauen lassen.

2. Die Frühlingszwiebel putzen und mit einem Teil des Grüns fein hacken. Die Bambussprossen in kleine Würfel schneiden. Das Ei trennen. Eigelb, Frühlingszwiebel und Bambussprossen unter den Garnelen-Fleisch-Teig mischen.

3. Auf jedes Teigblatt etwas Füllung geben, den Teig um die Füllung herum mit Eiweiß bestreichen. Die Teigblätter zu Dreiecken zusammenfalten, Ränder zusammendrücken.

4. Die Gemüsebrühe zum Kochen bringen. Die Wan-Tans in der Brühe 5 Minuten gar ziehen lassen. Brühe mit Salz, Pfeffer und Sesamöl abschmecken.

5. Die Suppe portionsweise anrichten und mit Schnittlauchröllchen bestreuen.

Gemüse ist günstig und aus der chinesischen Küche nicht wegzudenken. Viele Chinesen bevorzugen auch aus diesem Grund – und weil es gesund ist – eine vegetarische Küche. Dieser eingelegte Kohl ersetzt den bei uns üblichen Salat.

CHINA

Eingelegter Weißkohl mit Chilischoten und Knoblauch

Zutaten für 4 Personen:

1 kleiner Weißkohl
Salz
2 Frühlingszwiebeln
2 Knoblauchzehen
1 Stück Ingwer
1 frische rote Chilischote
100 ml helle Sojasauce
10 ml Weißweinessig
1/2 TL Zucker
1–2 EL Sesamöl

Zubereitung: ca. 30 Minuten
Ziehen lassen: ca. 28 Stunden

1. Den Weißkohl putzen, vierteln und den harten Strunk keilförmig ausschneiden. Die Blätter in feine Streifen schneiden und in eine große Porzellanschüssel geben. Mit Salz bestreuen und abgedeckt 4 Stunden ziehen lassen.

2. Den Weißkohl mit den Händen weich kneten, die Flüssigkeit abgießen. Die Frühlingszwiebeln putzen und mit einem Teil des Grüns fein hacken. Knoblauch und Ingwer schälen, Chilischote längs halbieren und entkernen. Alles fein hacken und mit den Frühlingszwiebeln unter den Kohl mischen.

3. Sojasauce mit Weißweinessig und Zucker verrühren und über den Kohl gießen. Gründlich vermengen.

4. Das Kohlgemüse in einen Tontopf umfüllen und abgedeckt an einem kühlen Ort mindestens 24 Stunden durchziehen lassen. Vor dem Servieren mit Sesamöl beträufeln.

Chinesischer Schnittlauch hat im Gegensatz zu dem bei uns üblichen keine röhrenförmigen, sondern flache, etwas breitere Blätter. Er ist schärfer und schmeckt außerdem leicht nach Knoblauch, deshalb heißt er auch Schnittknoblauch.

CHINA

Lauwarmes Gurkengemüse mit Kräutern und Sesam

Zutaten für 4 Personen:

Vorbereitung: ca. 20 Minuten
Zubereitung: ca. 20 Minuten

1 große Salatgurke
Salz
1 getrocknete rote Chilischote
2 EL Sesamöl
1 EL fein geschnittene Schnittlauchröllchen
1 EL fein gehackter Koriander
2 EL helle Sojasauce
1 TL Zucker
1 EL schwarze Sesamsaat

1. Die Gurke schälen, längs halbieren und die Kerne mit einem Löffel herauskratzen. Gurke in Scheiben schneiden und mit Salz bestreuen. In einem Sieb 20 Minuten ziehen lassen. Anschließend unter fließendem Wasser abspülen und gut abtropfen lassen.

2. Die Chilischote fein hacken. Das Sesamöl erhitzen, Chilischote und Gurke zufügen. Gurke weich schmoren, dann die Kräuter, die Sojasauce und den Zucker unterrühren.

3. Das Gurkengemüse in eine Schüssel umfüllen und etwas abkühlen lassen. Mit dem schwarzen Sesam bestreuen und lauwarm servieren.

Die Mehlklöße sind für chinesische Vegetarier ein Fleischersatz und deshalb ein wichtiges Gericht auf ihrem Speisezettel. Man kann sie bereits fertig gekocht kaufen. Frittiert halten sie sich im Kühlschrank bis zu einer Woche.

CHINA

Frittierte Mehlklöße mit Pilzen und Sojasprossen

Zutaten für 6 Personen:

1 kg Weizenmehl
1 EL Salz
40 g getrocknete chinesische Pilze
250 g Sojabohnensprossen
4 EL Walnussöl
5 EL dunkle Sojasauce
1 TL Honig
Öl zum Frittieren
2 TL Sesamöl

Vorbereitung: ca. 1 Stunde
Zubereitung: ca. 1 Stunde

1. Das Mehl mit dem Salz in einer Schüssel mischen und mit 600 ml Wasser zu einem glatten festen Teig verkneten. Abgedeckt 1 Stunde ruhen lassen.

2. Die Pilze mit 1/2 Liter kochendem Wasser übergießen und 15 Minuten quellen lassen. Dann abgießen, dabei das Wasser auffangen. Pilze grob hacken. Sojabohnensprossen waschen und abtropfen lassen.

3. Das Walnussöl im Wok erhitzen und die Pilze darin anbraten. Sojabohnen zufügen und andünsten. Das Pilz-Einweichwasser, die Sojasauce und den Honig zugeben. Ca. 30 Minuten kochen lassen, bis die Flüssigkeit fast verdampft ist.

4. Teig in ein Sieb legen. Sieb in das Spülbecken mit geschlossenem Ablauf stellen. So lange Wasser über den Teig laufen lassen und ihn dabei kneten, bis er weich und schwammig ist. Im Sieb gut abtropfen lassen.

5. Aus dem Teig 42 Klöße formen. Öl in der Fritteuse auf 175 Grad erhitzen und die Klöße darin portionsweise goldbraun frittieren. Kurz auf Küchenpapier abtropfen lassen. Die Mehlklöße mit dem Gemüse anrichten und mit Sesamöl beträufeln.

Zu den meisten Gerichten wird in China eine Schüssel mit gedämpftem Reis gereicht. Der Reis ist nicht so körnig wie unser Langkornreis, sondern eher klebrig. Er nimmt die Saucen besser auf und lässt sich auch leichter mit Stäbchen essen.

CHINA

Gebratene Tofuwürfel mit Szechuanpfeffer in Misobrühe

Zutaten für 4 Personen:

600 g Tofu
3 Frühlingszwiebeln
2 Möhren
3 Knoblauchzehen
1 Stück Ingwer
2 frische rote Chilischoten
2 EL Pflanzenöl
2 EL Sojasauce
2 TL Misopaste
Salz
1 TL Zucker
1 TL gemahlener Szechuanpfeffer
1/4 l Hühnerbrühe
1 EL Maisstärke

Zubereitung: ca. 25 Minuten

1. Den Tofu würfeln. Die Frühlingszwiebeln putzen und mit einem Teil des Grüns in dünne Ringe schneiden. Möhren, Knoblauch und Ingwer schälen. Möhren reiben, Knoblauch und Ingwer fein hacken. Danach die Chilischoten längs halbieren, entkernen und ebenfalls fein hacken.

2. Das Öl im Wok erhitzen. Frühlingszwiebeln, Möhren und Knoblauch darin 2 Minuten unter Rühren braten. Den Tofu dazugeben und unter Rühren anbraten. Ingwer, Chilischote, Sojasauce und Misopaste zufügen. Mit Salz, Zucker und Szechuanpfeffer würzen, die Brühe angießen und zum Kochen bringen.

3. Alles bei kleiner Hitze 5 Minuten köcheln lassen. Die Maisstärke mit etwas Wasser verquirlen, in die Sauce rühren und etwas einkochen lassen. Portionsweise in Schalen anrichten.

Mit etwas Übung ist es gar keine große Kunst, mit Stäbchen zu essen, selbst diese gebratenen Pastetchen. Die Chinesen halten größere Stücke mit den Stäbchen fest, führen sie zum Mund und beißen dann kleine Stücke davon ab.

CHINA

Gebratene vegetarische Pasteten mit Frühlingszwiebeln

Zutaten für 6 Personen:

420 g Mehl und
Mehl zum Bearbeiten
1 EL Pflanzenöl
1 EL Sesamöl
1 Bund Frühlingszwiebeln
Salz
300 ml Pflanzenöl

Vorbereitung: ca. 15 Minuten
Zubereitung: ca. 30 Minuten

1. Das Mehl in eine Schüssel sieben. 1/4 Liter kochendes Wasser angießen und unterrühren. 2–3 Esslöffel kaltes Wasser zugeben und rühren, bis ein sehr fester Teig entstanden ist. 10 Minuten ruhen lassen.

2. Den Teig auf einer bemehlten Arbeitsfläche nochmals gut durchkneten. Nach Bedarf noch etwas kaltes Wasser zufügen, bis der Teig geschmeidig ist. Teig 1 cm dick ausrollen und in 6 Rechtecke schneiden. Teigstükke mit beiden Ölsorten bestreichen.

3. Frühlingszwiebeln putzen und mit einem Teil des Grüns in dünne Ringe schneiden. Auf den Teigstücken verteilen und mit Salz bestreuen. Teigstücke zuerst zusammenrollen, dann spiralförmig verdrehen und mit einem Nudelholz flach drücken.

4. Das Bratöl in einer großen Pfanne erhitzen und die Pasteten darin zugedeckt ca. 5 Minuten braten. Dabei die Pfanne mehrmals rütteln, damit die Pasteten etwas aufgehen. Auf Küchenpapier abtropfen lassen, vierteln und heiß servieren.

Der erste und wichtigste Schritt beim Kochen mit dem Wok ist die Vorbereitung aller Zutaten, da die einzelnen Kochschritte rasch hintereinander erfolgen. Dann werden die Gewürze und Saucen in Griffnähe um die Kochstelle aufgestellt.

CHINA

Pfannengebratenes buntes Gemüse mit Wasserkastanien

Zutaten für 4 Personen:

250 g feine grüne Bohnen
Salz
100 g Bohnensprossen
1 Zwiebel
2 Knoblauchzehen
1 kleines Stück Ingwer
1 Stange Sellerie
100 g Shiitake-Pilze
100 g Wasserkastanien (Dose)
1 rote Paprikaschote
1 EL Öl
1 EL Sojasauce
1 TL Zucker
200 ml Brühe
1 TL Sesamöl

Zubereitung: ca. 25 Minuten

1. Bohnen putzen und in ca. 4 cm lange Stücke schneiden. In kochendem Salzwasser 3 Minuten blanchieren, herausheben, sofort in Eiswasser legen und abtropfen lassen. Die Bohnensprossen waschen und abtropfen lassen.

2. Die Zwiebel, den Knoblauch und den Ingwer schälen. Die Zwiebel halbieren und in dünne Scheiben schneiden. Knoblauch und Ingwer zuerst in Scheiben, dann in feine Streifen schneiden.

3. Sellerie und Pilze putzen und mit den Wasserkastanien in feine Scheiben schneiden. Die Paprikaschote vierteln, entkernen und in dünne Streifen schneiden.

4. Den Wok erhitzen, das Öl am oberen Rand entlang hineingießen. Zwiebel, Knoblauch und Ingwer darin schwenken. Sellerie, Paprika und die Pilze zufügen und kurz pfannenbraten. Bohnen, Bohnensprossen und Wasserkastanien dazugeben, alles gut mischen. Mit der Sojasauce, Zucker und Salz würzen und die Brühe angießen. Kurz kochen, bis ein Teil der Brühe verdampft ist. Mit dem Sesamöl beträufeln und auf einer vorgewärmten Platte anrichten.

Die Chinesen lieben kunstvolle Teigtaschen, die es in allen möglichen Formen und Größen gibt. Die kleinsten sind kaum größer als eine Murmel. Die Nudeltaschen werden mit den verschiedensten Füllungen zubereitet.

CHINA

Gefüllte Nudeltaschen mit Fisch und Garnelen

Zutaten für 4 Personen:

Vorbereitung: ca. 15 Minuten
Ruhen lassen: ca. 1 Stunde
Zubereitung: ca. 1 Stunde

300 g Weizenmehl und Mehl zum Bearbeiten
Salz
100 g Garnelen, roh, geschält
50 g Strohpilze
50 g Bambussprossen (Dose)
2 Frühlingszwiebeln
250 g Fischfilet
2 EL Pflanzenöl
1 TL frisch gehackter Ingwer
1 EL Sesamöl
1 TL Maisstärke

1. Das Mehl mit 1 Prise Salz und 200 ml Wasser zu einem glatten Teig verarbeiten. Abgedeckt 1 Stunde ruhen lassen.

2. Die Garnelen waschen und trockentupfen. Pilze säubern, Bambussprossen abtropfen lassen. Alles fein hacken. Frühlingszwiebeln putzen und in dünne Ringe schneiden. Den Fisch in kleine Würfel schneiden.

3. Im Wok 1 Esslöffel Öl erhitzen und die Pilze darin anbraten. Garnelen, Bambussprossen, Ingwer und Frühlingszwiebeln zugeben und 2 Minuten pfannenbraten. Den Fisch zufügen und 1 Minute mitschmoren.

4. Das Sesamöl mit 1/2 Teelöffel Salz, der Maisstärke und 1 Esslöffel Wasser verquirlen und unter das Gemüse rühren. 1 Minute weiter kochen, dann vom Herd nehmen und etwas abkühlen lassen.

5. Den Teig zu einer ca. 4 cm dicken Rolle formen und in 30 Stücke schneiden. Teigstücke zu 6 cm großen Quadraten ausrollen, in die Mitte jeweils etwas Füllung geben. Diagonal zusammenklappen, Ränder zusammendrücken. In einem Dämpfkorb ca. 10 Minuten dämpfen.

Trotz ihrer Vorliebe für Reis gelten die Chinesen auch als die Erfinder der Nudeln. Am häufigsten werden etwas breitere Eiernudeln aus Weizenmehl verwendet, die entweder frisch selbst hergestellt oder getrocknet gekauft werden.

CHINA

Hausgemachte chinesische Nudeln mit frischem Ei

Zutaten für 4 Personen:

300 g Weizenmehl und
Mehl zum Bearbeiten
Salz
1 Ei
1 EL Erdnussöl

Zubereitung: ca. 45 Minuten

1. Mehl in eine Schüssel sieben. In die Mitte eine Mulde drücken und 1/2 Teelöffel Salz, das Ei und 200 ml Wasser hineingeben. Alles zu einem glatten Teig verkneten. Das Öl zugeben und den Teig weiter kneten, bis er geschmeidig ist. Abgedeckt 20 Minuten ruhen lassen.

2. Eine Arbeitsfläche mit Mehl bestreuen und den Teig darauf dünn ausrollen. Etwas antrocknen lassen, dann zu ca. 1 cm breiten Nudeln schneiden.

3. Die Nudeln in reichlich kochendem Salzwasser in 5–7 Minuten bissfest garen.

Im Norden Chinas wird viel Weizen angebaut. Deshalb sind Nudeln dort das wichtigste Grundnahrungsmittel. Während man im Süden des Landes Nudeln am liebsten in der Suppe isst, bevorzugt man im Norden Gemüse dazu.

CHINA

Gebratene chinesische Nudeln mit süßsaurem Gemüse

Zutaten für 4 Personen:

2 frische rote Chilischoten
2 grüne Paprikaschoten
2 Stangen Lauch
2 EL Öl
1/8 l Fleischbrühe
4 Scheiben Ananas
3 EL Essig
1 EL Sojasauce
2 EL Sherry
2 EL Honig
Salz
250 g chinesische Eiernudeln
4 EL Butterschmalz
1 EL Sesamöl

Zubereitung: ca. 40 Minuten

1. Die Chili- und die Paprikaschoten waschen, halbieren und entkernen. Chilischoten in möglichst kleine, Paprikaschoten in ca. 3 cm große Würfel schneiden. Den Lauch putzen, waschen und in 3 cm lange Stücke schneiden.

2. In einer tiefen Pfanne das Öl erhitzen. Chili und Paprikaschoten sowie den Lauch darin 3 Minuten unter Rühren braten. Die Fleischbrühe angießen und das Gemüse weitere 10 Minuten schmoren.

3. Die Ananasscheiben in jeweils 6 Stücke schneiden. Zum Gemüse geben und mit Essig, Sojasauce, Sherry und Honig würzen. Das Gemüse bei kleiner Hitze warm halten.

4. In einem großen Topf schwach gesalzenes Wasser zum Kochen bringen. Die Nudeln brechen, ins Wasser geben und 4 Minuten garen. In einen Durchschlag schütten und abtropfen lassen. Das Butterschmalz in einer tiefen Pfanne oder im Wok erhitzen. Nudeln darin bei großer Hitze goldgelb anbraten. Auf eine vorgewärmte Platte geben. Das Gemüse mit dem Sesamöl und eventuell etwas Salz abschmecken und über die Nudeln verteilen.

Das Fünf-Gewürze-Pulver besteht aus chinesischem Zimt, Sternanis, Fenchelsamen, Szechuanpfeffer und Nelkenpulver. Diese Gewürzmischung wird für Suppen, Saucen und Marinaden, Gemüse-, Fleisch- und Fischgerichte verwendet.

CHINA

Geschmorter Chinakohl mit Ingwer und Garnelen

Zutaten für 4 Personen:

50 g getrocknete Garnelen
1 kg Chinakohl
1/2 Bund Frühlingszwiebeln
2 Knoblauchzehen
6 EL Erdnussöl
4 Scheiben frischer Ingwer
Salz
1/4 EL Fünf-Gewürze-Pulver
2 EL fein gehackter Koriander

Zubereitung: ca. 1 Stunde

1. Garnelen in eine Schüssel geben und mit 1/4 Liter kochendem Wasser übergießen. Ungefähr 30 Minuten quellen lassen.

2. Inzwischen den Chinakohl putzen und die Blätter in feine Streifen schneiden. Die Frühlingszwiebeln putzen und mit einem Teil des Grüns in dünne Ringe schneiden. Den Knoblauch schälen und hacken. Die Garnelen abgießen, dabei das Einweichwasser auffangen. Garnelen abtropfen lassen.

3. Das Öl im Wok erhitzen. Frühlingszwiebeln und Knoblauch darin kurz anbraten. Die Garnelen, den Ingwer und den Chinakohl zufügen und 2 Minuten unter Rühren pfannenbraten. Das Einweichwasser angießen, mit Salz und Fünf-Gewürze-Pulver abschmecken.

4. Den Chinakohl schmoren, bis er weich, aber noch bissfest ist. Vor dem Servieren mit Koriander bestreuen.

In der chinesischen Küche findet man wenig frische Kräuter. Unentbehrliche Zutaten sind dagegen frischer, fein geriebener oder gehackter Ingwer und Frühlingszwiebeln, die immer mit einem Teil des Grüns verwendet werden.

CHINA

Gebratener Gemüsereis mit Rindfleisch und Knoblauch

Zutaten für 4 Personen:

250 g Reis
Salz
4 EL Pflanzenöl
250 g Rindfleisch
1/2 TL Zucker
2 EL Sojasauce
frisch gemahlener Pfeffer
2 EL Sherry
1 TL Maisstärke
2 Knoblauchzehen
4 Frühlingszwiebeln
2 Möhren
1 grüne Paprikaschote
100 g Bambussprossen (Dose)
1 EL fein geriebener Ingwer

Zubereitung: ca. 1 Stunde

1. Den Reis waschen und in 1/2 Liter Salzwasser ca. 15 Minuten kochen. Abgießen und abtropfen lassen. Dann in eine Schüssel umfüllen, 1 Esslöffel Öl untermischen und den Reis abkühlen lassen.

2. Inzwischen das Rindfleisch waschen, trockentupfen und in dünne Streifen schneiden. Mit 1/2 Teelöffel Salz, Zucker, Sojasauce, Pfeffer und 1 Esslöffel Sherry vermischen. Maisstärke mit 4 Esslöffeln Wasser verquirlen und unter das Fleisch rühren. Abgedeckt 15 Minuten ziehen lassen. Dann 1 Esslöffel Öl untermischen.

3. Knoblauch schälen und fein hacken. Frühlingszwiebeln putzen und in 3 cm lange Stücke schneiden. Möhren schälen, Paprikaschote halbieren und entkernen. Beides in Würfel schneiden. Bambussprossen in Scheiben schneiden.

4. Restliches Öl im Wok erhitzen, Knoblauch, Ingwer und Fühlingszwiebeln darin andünsten. Möhren, Paprikaschote und Fleisch zufügen. Unter Rühren 5 Minuten pfannenbraten.

5. Reis und Bambussprossen untermischen, kurz erhitzen und mit dem übrigen Sherry abschmecken. Portionsweise anrichten.

Reis bedeutet in China Segen und Nudeln symbolisieren ein langes Leben. Deshalb dürfen Reisnudeln bei keinem festlichen Essen und auf keiner Geburtstagstafel fehlen. Diese gebratenen Reisnudeln sind auch kulinarisch ein Fest.

CHINA

Reisnudeln mit Entenbrust

und Lauch

Zutaten für 4 Personen:

300 g Reis-Bandnudeln
Salz
300 g Entenbrustfilet ohne Haut
100 g Sojabohnensprossen
2 Stangen Lauch
2 EL Pflanzenöl
150 ml Hühnerbrühe
2 EL helle Sojasauce
1 EL Reiswein
1/2 TL Zucker
frisch gemahlener Pfeffer
1 TL Sesamöl
2 TL Maisstärke

Zubereitung: ca. 20 Minuten

1. Die Nudeln ca. 10 Minuten in warmem, leicht gesalzenem Wasser einweichen. Dann abgießen und gut abtropfen lassen.

2. Das Entenfleisch waschen, trockentupfen und in Streifen schneiden. Die Sojabohnensprossen waschen und abtropfen lassen. Den Lauch putzen, waschen und in dünne Ringe schneiden.

3. In einer großen Pfanne 1 Esslöffel Öl erhitzen und die Nudeln kurz anbraten. Aus der Pfanne heben und warm stellen.

4. Restliches Öl in der Pfanne erhitzen und das Fleisch darin unter Rühren knusprig braten. Aus der Pfanne nehmen und warm stellen. Lauch im Bratfett anbraten. Hühnerbrühe, Sojasauce und Sherry unterrühren, mit Salz, Zucker und Pfeffer abschmecken. Sesamöl und Maisstärke einrühren. Entenfleisch und Sojabohnensprossen zum Lauch geben und kurz in der Sauce ziehen lassen.

5. Die Nudeln und das Entenfleisch in getrennten Schälchen servieren.

Reiswein wird in China nicht nur warm zum Essen getrunken, sondern auch in der Küche verwendet. Eine der ältesten und beliebtesten Reisweinsorten ist der „Shao Hsing". Daneben gibt es noch den „Gelben Wein" aus Hirse.

CHINA

Eiernudeln mit drei Sorten Fleisch und Morcheln

Zutaten für 4 Personen:

50 g getrocknete chinesische Pilze
150 g Schweinefleisch
150 g Rindfleisch
150 g Hühnerbrustfilet
30 g Sojabohnensprossen
1 Stange Sellerie
1 Ei
3 EL Erdnussöl
300 g gekochte Eiernudeln
1 EL Sojasauce
1 EL Reiswein
Salz
1/2 TL Zucker
1 TL Sesamöl
1 EL fein gehackter Koriander

Zubereitung: ca. 35 Minuten

1. Die Pilze in heißem Wasser 25 Minuten einweichen. Das Fleisch waschen, trockentupfen und in Streifen schneiden. Die Sojasprossen waschen und abtropfen lassen. Sellerie putzen und klein schneiden.

2. Die Pilze abgießen, abtropfen lassen und hacken. Das Ei verquirlen.

3. Im Wok 1 Esslöffel Öl erhitzen, das Ei hineingeben und auf beiden Seiten zu einem Omelett braten. Dann herausnehmen und abkühlen lassen.

4. Restliches Öl im Wok erhitzen, die Nudeln zugeben und unter Rühren anbraten. Nudeln aus dem Wok nehmen und warm stellen. Das Fleisch, die Pilze und das Gemüse im Bratfett unter Rühren braten, bis das Fleisch gar ist. Dann alles mit Sojasauce, Reiswein, Salz, Zucker und Sesamöl würzen und die Nudeln untermischen.

5. Das Omelett in dünne Streifen schneiden. Nudelgericht portionsweise anrichten, mit Koriander bestreuen und mit Omelettstreifen garnieren.

Die chinesische Küche ist für ihre Vielfalt und für die sorgfältige Zusammenstellung der einzelnen Gerichte bekannt. Bei der Zubereitung wird großer Wert darauf gelegt, dass die Lebensmittel so schonend wie möglich gegart werden.

CHINA

Garnelen mit gebratenem Gemüse und Wasserkastanien

Zutaten für 4 Personen:

500 g Garnelenschwänze, roh, ungeschält
250 g Zuckerschoten
250 g frischer Blattspinat
4 Frühlingszwiebeln
1 Knoblauchzehe
100 g Wasserkastanien (Dose)
200 ml Hühnerbrühe
2 EL trockener Sherry
1 EL Sojasauce
1 EL Speisestärke
Salz
frisch gemahlener Pfeffer
1 EL Öl
1 TL Sesamöl

Zubereitung: ca. 30 Minuten

1. Die Garnelen schälen, der Länge nach halbieren und den Darm entfernen. Die Garnelenhälften unter fließendem Wasser abspülen und mit Küchenpapier trockentupfen.

2. Die Zuckerschoten, den Spinat und die Frühlingszwiebeln putzen, waschen und abtropfen lassen. Die Zuckerschoten mit einem diagonalen Schnitt halbieren. Den Spinat in Streifen, die Frühlingszwiebeln in kleine Stücke schneiden. Knoblauch schälen. Knoblauch und Wasserkastanien in dünne Scheiben schneiden. Aus der Hühnerbrühe, dem Sherry, der Sojasauce, der Speisestärke, Salz und Pfeffer eine Sauce anrühren.

3. Den Wok erhitzen, das Öl am oberen Rand entlang hineingießen und den Knoblauch darin schwenken, bis er Farbe angenommen hat. Frühlingszwiebeln und die Zuckerschoten zufügen und 1 Minute unter Rühren braten. Spinat untermischen, 1 weitere Minute braten. Gemüse mit dem Schaumlöffel aus dem Wok heben.

4. Die Garnelen im Wok bei mittlerer Hitze 2 Minuten garen, dabei vorsichtig wenden. Die Sauce darübergießen, die Wasserkastanien und das gebratene Gemüse untermengen. Bei reduzierter Hitze 2 Minuten köcheln, dabei umrühren. Mit dem Sesamöl beträufeln.

Ein altes chinesisches Sprichwort besagt, dass gute Zutaten wie die Kleider und der Schmuck einer schönen Frau sind. Ein guter Koch muss deshalb beim Einkaufen auf die Qualität der Produkte achten und Speisen gekonnt würzen.

CHINA

Gebratene Muscheln mit Paprika und Sellerie

Zutaten für 4 Personen:

4 Stangen Sellerie
1 rote Paprikaschote
3 Frühlingszwiebeln
1/4 l Gemüsebrühe
12 ausgelöste Jakobsmuscheln
4 EL Pflanzenöl
2 Scheiben frischer Ingwer
1 EL trockener Sherry
2 EL dunkle Sojasauce
1 TL Worcestersauce
Salz
2 EL fein gehackter Koriander

Zubereitung: ca. 25 Minuten

1. Sellerie putzen und in ca. 4 cm lange Stücke schneiden. Die Paprikaschote halbieren, entkernen und in Streifen schneiden. Die Frühlingszwiebeln putzen und in dünne Ringe schneiden.

2. Die Gemüsebrühe in einem Topf zum Kochen bringen, die Jakobsmuscheln einlegen und zugedeckt darin gar ziehen lassen. Vom Herd nehmen.

3. Das Öl in einem Wok erhitzen. Sellerie, Paprikaschote, Frühlingszwiebeln und Ingwer darin unter Rühren ca. 3 Minuten pfannenbraten.

4. Die Jakobsmuscheln mit dem Kochsud, dem Sherry und der Sojasauce zugeben und erhitzen. Mit Worcestersauce und Salz abschmecken. Vor dem Servieren mit dem Koriander bestreuen.

Sternanis ist die sternförmige Frucht eines kleinen immergrünen Baumes. Die gemahlenen Samen werden oft in der chinesischen und vietnamesischen Küche verwendet und sind Bestandteil des chinesischen Fünf-Gewürze-Pulvers.

CHINA

Gedämpfter Seebarsch mit Gemüse aus dem Wok

Zutaten für 4 Personen:

1 Seebarsch, ca. 1 kg, küchenfertig
Salz
75 ml Pflanzenöl
1 Möhre
4 Blätter Chinakohl
4 Shiitake-Pilze
100 g grüne Bohnen
5 Scheiben frischer Ingwer
150 ml Hühnerbrühe
1 EL Reiswein
1 EL Butterschmalz
1/2 TL Zucker
1 Prise gemahlener Sternanis
1 TL Maisstärke

Zubereitung: ca. 40 Minuten

1. Den Fisch waschen und trockentupfen. Auf beiden Seiten mit einem scharfen Messer mehrmals diagonal einschneiden. Fisch mit Salz einreiben.

2. Dämpfeinsatz mit Öl ausfetten und den Fisch in den Einsatz legen. Dämpftopf ca. 5 cm hoch mit Wasser füllen und das Wasser zum Kochen bringen. Den Einsatz in den Topf hängen und den Fisch zugedeckt im Dampf 10 Minuten garen. Dann aus dem Topf heben und warm stellen.

3. Das Gemüse putzen bzw. schälen und in Streifen schneiden. Den Fisch filetieren, im Wok dämpfen und warm stellen.

4. Das Gemüse in Öl unter Rühren bissfest braten. Die Brühe, den Reiswein, das Butterschmalz, den Zucker und den Sternanis zufügen. Etwas einkochen lassen. Dann das Gemüse herausheben und auf dem Fisch verteilen.

5. Maisstärke mit etwas Wasser verquirlen und die Sauce damit binden. Fisch und Gemüse mit der Sauce überziehen und servieren.

Seit über 2.500 Jahren werden in China schon Karpfen gezüchtet. Die Fische galten einst als Symbol für Stärke, denn sie können als einzige Fische gegen die Strömungen und Wasserfälle des Yangtse-Flusses schwimmen.

CHINA

Im Ganzen gebratener Karpfen mit Chiliöl

Zutaten für 4 Personen:

1 Karpfen, ca. 1,2 kg, küchenfertig
Salz
3 frische rote Chilischoten
5 EL Pflanzenöl
1 TL Pfefferkörner
2 TL Misopaste
1–2 TL Zucker
1 TL Reiswein
1 TL Essig
5 EL Fischfond
1 EL Chiliöl

Zubereitung: ca. 30 Minuten

1. Den Karpfen waschen, trockentupfen und auf beiden Seiten mit einem scharfen Messer mehrmals schräg einschneiden. Karpfen mit Salz einreiben. Die Chilischoten längs halbieren, entkernen und hacken.

2. Das Öl im Wok erhitzen und den Fisch darin auf jeder Seite 5 Minuten knusprig braten. Fisch aus der Pfanne heben und auf Küchenpapier abtropfen lassen.

3. Die Hälfte des Bratöls abgießen. Die Chilischoten und die Pfefferkörner im restlichen Öl anbraten. Dann mit einem Schaumlöffel herausheben, abtropfen lassen und beiseitestellen.

4. Die Misopaste mit Zucker, Reiswein, Essig und Fischfond verrühren und in den Wok geben. Einmal aufkochen. Fisch in die Sauce legen und auf jeder Seite zugedeckt 3 Minuten köcheln lassen.

5. Den Fisch im Ganzen mit der Sauce anrichten und mit dem Chiliöl beträufeln. Mit den gebratenen Chilischoten und Pfefferkörnern bestreuen.

Während man in Europa hauptsächlich Kartoffelstärke zum Andicken von Suppen und Saucen verwendet, nimmt man in Asien dafür meistens Maisstärke. Sie wird erst zum Schluss unter die Sauce gerührt und ist leicht verdaulich.

CHINA

Garnelen im Teigmantel gebraten in pikanter Weinsauce

Zutaten für 4 Personen:

5 Knoblauchzehen
1 Stück Ingwer
2 Schalotten
1 frische rote Chilischote
500 g Garnelen, roh, geschält
40 g Maismehl
1 EL Weizenmehl
1 Ei
Salz
Öl zum Frittieren
180 ml Hühnerbrühe
2–3 EL süßer Reiswein
1–2 TL Zucker
2 TL Maisstärke

Zubereitung: ca. 30 Minuten

1. Knoblauch, Ingwer und Schalotten schälen. Die Chilischote längs halbieren und entkernen. Alles fein hacken.

2. Garnelen waschen, trockentupfen und mit etwas Maismehl überstäuben. Das restliche Maismehl mit dem Weizenmehl, dem Ei und dem Salz verrühren. So viel Wasser zufügen, dass ein glatter Teig entsteht.

3. Frittieröl im Wok auf 175 Grad erhitzen. Die Garnelen einzeln durch den Teig ziehen und im heißen Öl goldbraun frittieren. Auf Küchenpapier abtropfen lassen und warm stellen.

4. Das Öl bis auf einen kleinen Rest aus dem Wok gießen. Knoblauch, Ingwer, Schalotten und Chilischote hineingeben und unter Rühren 1 Minuten braten.

5. Hühnerbrühe mit Reiswein, Zucker und Maisstärke verquirlen und in den Wok geben. Aufkochen und unter Rühren 2 Minuten köcheln lassen. Sauce getrennt zu den Garnelen servieren.

Krebsfleisch ist eine beliebte Zutat in der chinesischen Küche. Es wird für die Füllung leckerer Teigtaschen verwendet, dient als feine Suppeneinlage, wird mit Gemüse gebraten oder mit gestocktem Ei als eine Art Omelett serviert.

CHINA

Krebsfleisch aus der Pfanne mit gestocktem Ei

Zutaten für 4 Personen:

Vorbereitung: ca. 20 Minuten
Zubereitung: ca. 30 Minuten

600 g ausgelöstes Krebsfleisch
1 EL Ingwerwein
2 Frühlingszwiebeln
1 Stück Ingwer
60 ml Erdnussöl
2 EL Reiswein
60 ml Gemüsebrühe
1/2 TL Sesamöl
1 TL Maisstärke
Salz
frisch gemahlener Pfeffer
4 Eier

1. Das Krebsfleisch waschen und gut abtropfen lassen. Dann in eine Schüssel geben, mit dem Ingwerwein beträufeln und abgedeckt 20 Minuten ziehen lassen. Krebsfleisch klein schneiden.

2. Frühlingszwiebeln putzen und mit einem Teil des Grüns in dünne Ringe schneiden. Den Ingwer schälen und in feine Streifen schneiden.

3. Das Erdnussöl im Wok erhitzen und das Krebsfleisch darin 3 Minuten pfannenbraten. Aus dem Wok nehmen, auf Küchenpapier abtropfen lassen. Das Öl bis auf einen kleinen Rest abgießen.

4. Frühlingszwiebeln und Ingwer im heißen Öl anrösten. Krebsfleisch wieder einlegen. Reiswein, Gemüsebrühe, Sesamöl und Maisstärke einrühren. Einmal aufkochen lassen, mit Salz und Pfeffer würzen.

5. Die Eier verquirlen und über das Krebsfleisch geben. Stocken lassen und heiß servieren.

Tiefgefrorene Tintenfische kann man in verschiedenen Größen küchenfertig kaufen. Für dieses Gericht eignen sich kleine Tintenfischtuben am besten. Sie bleiben zart, wenn man sie über Nacht im Kühlschrank auftauen lässt.

CHINA

Tintenfisch in Knoblauch-Ingwer-Sauce mit Knoblauch

Zutaten für 4 Personen:

600 g Tintenfischtuben, küchenfertig
Salz
1 großes Stück Ingwer
3 Knoblauchzehen
60 ml Tomatensauce
2 TL helle Sojasauce
2 EL Reisweinessig
2 TL Sesamöl
1 EL Zucker

Zubereitung: ca. 25 Minuten

1. Den Tintenfisch waschen, trockentupfen und in Ringe oder kleine Quadrate schneiden. Dann in kochendem Salzwasser einige Minuten garen. Abgießen und gut abtropfen lassen.

2. Den Ingwer und den Knoblauch schälen. Ingwer fein reiben, Knoblauch hacken.

3. Tomatensauce mit Sojasauce, Reisweinessig, Sesamöl und Zucker verrühren. In einem Topf mit dem Knoblauch einmal aufkochen.

4. Den Tintenfisch auf einer Platte anrichten und mit dem Ingwer bestreuen. Mit der Sauce übergießen und sofort servieren.

Maronen oder Esskastanien sind die aromatischen Früchte der Edelkastanie, die bei uns im Herbst frisch verkauft werden. Vor dem Kochen muss man zunächst die braune scharfe Außenschale und die innere hellbraune Haut entfernen.

CHINA

Frittiertes Hähnchen mit Kastanien in Reiswein-Sauce

Zutaten für 4 Personen:

600 g Hähnchenfleisch mit Knochen
60 ml helle Sojasauce
250 g Maronen
2 Schalotten
Öl zum Frittieren
2 TL fein geriebener Ingwer
1 EL Reiswein
200 ml Hühnerbrühe
Salz
frisch gemahlener Pfeffer
2 TL Zucker

Zubereitung: ca. 45 Minuten

1. Das Fleisch waschen, trockentupfen und in Stücke schneiden. In eine Schüssel legen, mit der Sojasauce begießen und 10 Minuten ziehen lassen.

2. Die Maronen kurz rösten, bis sich die Schale ablösen lässt, dann schälen. Die Schalotten schälen und fein hacken.

3. Das Frittieröl im Wok auf 180 Grad erhitzen und die Hähnchenteile darin ca. 2 Minuten goldbraun ausbacken. Die Maronen ebenfalls frittieren und abtropfen lassen.

4. Das Öl bis auf einen kleinen Rest aus dem Wok gießen und die Schalotten mit dem Ingwer darin 2 Minuten pfannenbraten. Hähnchen und Maronen zugeben und den Reiswein darüberträufeln.

5. Die Hühnerbrühe angießen, mit Salz, Pfeffer und Zucker abschmecken. Ca. 15 Minuten unter Rühren köcheln lassen, bis Fleisch und Maronen weich sind.

Ingwer, die Wurzelknolle einer Gewürzlilienart, ist in der asiatischen Küche einfach unentbehrlich. Meist wird die frische Wurzel verwendet, die schärfer und aromatischer ist als der gemahlene und getrocknete Ingwer.

CHINA

Marinierte Hähnchenteile im Teigmantel frittiert

Zutaten für 4 Personen:

Vorbereitung: ca. 90 Minuten
Zubereitung: ca. 20 Minuten

1 Suppenhuhn, ca. 1 kg
Salz
1 Stange Lauch
1/2 TL gemahlener Ingwer
2 EL Reiswein
2 EL Sojasauce
3 EL Mehl
1 Ei
4 EL Hühnerbrühe
Öl zum Frittieren

1. Das Huhn waschen und in einen großen Topf mit kochendem Salzwasser geben. Den Lauch putzen und in Ringe schneiden. Mit dem Ingwer zum Huhn geben. 1 Esslöffel Reiswein und die Sojasauce zufügen. Ca. 90 Minuten köcheln lassen.

2. Das Huhn aus dem Topf heben, abtropfen und etwas abkühlen lassen. Das Fleisch von den Knochen lösen, die Haut entfernen und das Fleisch in Stücke schneiden. Mit dem restlichen Reiswein beträufeln.

3. Das Mehl mit dem Ei und der Hühnerbrühe zu einem glatten Teig verrühren.

4. Das Öl in der Fritteuse auf 180 Grad erhitzen. Die Hühnerstücke einzeln durch den Teig ziehen und im heißen Öl knusprig ausbacken. Kurz auf Küchenpapier abtropfen lassen.

Die Baumohren gehören wie die Wolkenohren und Silberohren zu den Baumpilzen, die in China sehr beliebt sind und meist getrocknet angeboten werden. Fälschlicherweise bezeichnet man sie häufig auch als chinesische Morcheln.

CHINA

Huhn und Schweinefleisch in süßer Weinsauce mit Ingwer

Zutaten für 4 Personen:

20 g getrocknete Baumohren
1 Brathähnchen, ca. 1,2 kg
160 ml Ingwerwein
200 g mageres Schweinefleisch
1 TL Maisstärke
1 TL helle Sojasauce
1 TL Reiswein
1 Stück Ingwer
3 Knoblauchzehen
2 Schalotten
3 EL Pflanzenöl
600 ml süßer Reiswein
200 ml trockener Sherry
Salz
Zucker

Zubereitung: ca. 1 Stunde

1. Die Pilze 30 Minuten in heißem Wasser einweichen. Das Hähnchen waschen, trockentupfen und in 4–6 Portionsstücke zerteilen. In eine Schüssel legen, mit dem Ingwerwein übergießen und 30 Minuten ziehen lassen. Während dieser Zeit mehrfach wenden.

2. Das Schweinefleisch waschen, trockentupfen und in dünne Scheiben schneiden. In eine Schüssel legen, mit Maisstärke überstäuben und mit Sojasauce und Reiswein beträufeln. Abgedeckt beiseitestellen und 25 Minuten ziehen lassen.

3. Pilze abgießen, abtropfen lassen und fein hacken. Ingwer, Knoblauch und die Schalotten schälen und fein hacken.

4. Das Öl im Wok erhitzen, Ingwer, Knoblauch und Schalotten darin andünsten. Hähnchenteile aus der Marinade heben, abtupfen und ca. 5 Minuten im heißen Öl unter Rühren anbraten.

5. Ingwerwein, Reiswein, Sherry, Salz und 1–2 Teelöffel Zucker zum Fleisch geben. Pilze und Schweinefleisch zufügen. Abgedeckt 20 Minuten köcheln lassen.

Das Braten von Fleisch und Gemüse unter Rühren im Wok ist eine alte Küchentechnik. Wichtig ist dabei, dass man das Öl am oberen Rand entlang in den Wok gießt und es durch Schwenken und Neigen im Wok gleichmäßig verteilt.

CHINA

Putenbrust mit Gemüse in Erdnusssauce aus dem Wok

Zutaten für 4 Personen:

10 g getrocknete Mu-Errh-Pilze
2 Möhren
300 g Brokkoli
1 rote Paprikaschote
100 g Zuckerschoten
400 g Putenbrustfilet
100 g Bambussprossen (Dose)
2 EL Pflanzenöl
Salz
frisch gemahlener Pfeffer
2 EL Erdnussöl
2 TL Maisstärke
400 ml Hühnerbrühe
4 EL Erdnusscreme
1 EL Sojasauce
1 EL Reiswein
1/4 TL Chilipulver
150 g gehackte Erdnüsse
2 EL fein gehackte Petersilie

Zubereitung: ca. 50 Minuten

1. Pilze ca. 30 Minuten in heißem Wasser einweichen. Möhren schälen und in Streifen schneiden. Brokkoli in Röschen teilen. Paprikaschote halbieren, entkernen und in Streifen schneiden. Zuckerschoten putzen.

2. Putenbrustfilet waschen, trockentupfen und in Würfel schneiden. Bambussprossen in Streifen schneiden. Die Pilze abgießen, abtropfen lassen und hacken.

3. Das Öl im Wok erhitzen und das Putenfleisch darin unter Rühren 2 Minuten braten. Mit Salz und Pfeffer würzen und aus dem Wok nehmen.

4. Möhren, Brokkoli und Paprikaschote in den Wok geben und unter Rühren 2 Minuten braten. Bambussprossen, Zuckerschoten und Pilze zufügen und alles weitere 10 Minuten schmoren.

5. In einer zweiten Pfanne das Erdnussöl erhitzen. Die Maisstärke mit etwas Hühnerbrühe verquirlen und in das heiße Öl rühren. Restliche Hühnerbrühe unterrühren, einmal aufkochen und die Erdnusscreme darin glatt rühren. Sojasauce, Reiswein zugießen, mit Chilipulver würzen. Sauce mit dem Fleisch zum Gemüse geben und einmal aufkochen. Mit Erdnüssen und Petersilie bestreut servieren.

Als die Zitrone noch längst nicht so verbreitet war wie heute, schätzten die Köche im alten China bereits den Essig, um ihre Gerichte mit einer leicht säuerlichen Note abzurunden. Anders als in Europa wird er meist aus Reiswein hergestellt.

CHINA

Geröstetes Entenbrustfilet mit Brokkoli in würziger Sauce

Zutaten für 4 Personen:

600 g kalte, gebratene Entenbrust
500 g Brokkoli
2 Frühlingszwiebeln
1 Stück Ingwer
60 ml Pflanzenöl
Salz
1/2 TL Zucker
1 EL helle Sojasauce
2 TL Reiswein
1/8 l Hühnerbrühe
1/2 TL Maisstärke
1 TL Reisweinessig
1 TL Sesamöl

Zubereitung: ca. 25 Minuten

1. Die Entenbrust in dünne Scheiben schneiden. Den Brokkoli putzen, waschen und in Röschen teilen. Die Frühlingszwiebeln putzen und mit einem Teil des Grüns in dünne Ringe schneiden. Den Ingwer schälen und fein hacken.

2. Das Öl in einem Wok erhitzen und die Entenbrust darin knusprig braten. Brokkoli und Frühlingszwiebeln zufügen und unter Rühren ca. 3 Minuten braten. Mit Salz und Zucker würzen.

3. Ingwer, Sojasauce, Reiswein, Hühnerbrühe und Maisstärke unterrühren und sämig einkochen lassen. Mit dem Weinessig und dem Sesamöl abschmecken.

In China liebt man Gerichte, die alle vier Geschmacksrichtungen enthalten – süß, sauer, scharf und salzig. Vor allem das aromatische Fleisch der Ente eignet sich sehr gut für die Kombination mit Honig, Früchten und scharfem Ingwer.

CHINA

Gebratene marinierte Ente süßsauer mit Früchten

Zutaten für 4 Personen:

1 Ente, ca. 1,5 kg
1/2 l Sherry
60 g flüssiger Honig
2 EL Sojasauce
2 TL eingelegter Ingwer (Glas)
2 TL Senfpulver
1 TL Sesamsaat
4 EL Butter

Für die Sauce:
1 EL eingelegter Ingwer (Glas)
Saft von 6 Orangen
1 TL abgeriebene Orangenschale
3 EL Zucker
80 ml Sherry
1 EL Maisstärke
1 kleine Dose Mandarinen
1 Banane
1 Orange
Koriander zum Garnieren

Vorbereitung: ca. 3 Stunden
Zubereitung: ca. 80 Minuten

1. Ente waschen, trockentupfen und in eine Schüssel legen. Sherry mit Honig, Sojasauce, Ingwer, Senfpulver und Sesamsaat vermischen und über die Ente geben. Abgedeckt 3 Stunden marinieren, während dieser Zeit mehrfach wenden.

2. Den Backofen auf 200 Grad vorheizen. Ente aus der Marinade heben und abtropfen lassen. Die Butter in einem Bräter erhitzen und die Ente darin von allen Seiten anbraten. Im heißen Ofen gut 1 Stunde braten, ab und zu mit etwas Marinade übergießen.

3. Für die Sauce den Ingwer hacken. Mit Orangensaft und -schale, Zucker und der Hälfte des Sherrys in einem Topf einmal aufkochen. Maisstärke mit dem restlichen Sherry verquirlen und die Sauce damit binden.

4. Mandarinen abtropfen lassen. Banane und Orange schälen. Bananen in Scheiben schneiden, Orange filetieren. Obst in der Sauce erhitzen, nicht kochen.

5. Die Ente aus dem Bräter heben und auf eine vorgewärmte Platte legen. Mit etwas Sauce beträufeln und das Obst um die Ente herum anrichten. Mit frischem Koriander garnieren.

Innereien werden in der chinesischen Küche gerne zubereitet. Anstelle der nicht ganz preiswerten Kalbsleber kann man für dieses Gericht auch Puten- oder Hühnerleber verwenden. Die Garzeiten verändern sich dadurch nicht.

CHINA

Kalbsleber mit buntem Gemüse aus dem Wok

Zutaten für 4 Personen:

500 g Kalbsleber
50 g Mehl
200 g Zwiebeln
1 rote Paprikaschote
1 grüne Paprikaschote
200 g Chinakohl
150 g Sojabohnensprossen
150 g Bambussprossen (Dose)
5 EL Pflanzenöl
Salz
frisch gemahlener Pfeffer
3 EL Sojasauce
2 EL Reiswein
1/4 l Fleischbrühe

Zubereitung: ca. 30 Minuten

1. Die Leber waschen und trockentupfen. Häutchen und Adern entfernen und die Leber in Streifen schneiden. Im Mehl wenden, überschüssiges Mehl abklopfen.

2. Die Zwiebeln schälen und in Ringe schneiden. Die Paprikaschoten halbieren, entkernen und in Streifen schneiden. Chinakohl putzen und klein schneiden. Sojabohnensprossen waschen und abtropfen lassen. Bambussprossen in Scheiben schneiden.

3. Das Öl im Wok erhitzen und die Leber darin ca. 2 Minuten pfannenbraten. Aus dem Wok nehmen, mit Salz und Pfeffer würzen und warm stellen.

4. Sojasauce und Reiswein in den Wok geben und die Zwiebeln darin ca. 5 Minuten dünsten. Paprikaschoten und Chinakohl untermischen und alles unter Rühren bissfest garen.

5. Die Brühe angießen, Sojasprossen, Bambus und Leber zugeben und einmal kochen lassen. Mit Salz und Pfeffer abschmecken und sofort servieren.

Im Landesinneren Chinas wird vor allem nach Rezepten der Szechuan-Küche gekocht. Die Gerichte sind berühmt und auch berüchtigt wegen ihrer Schärfe, die nicht nur von den Chilischoten, sondern auch vom Szechuanpfeffer kommt.

CHINA

Kaninchenbraten Szechuan Art mit duftender Sauce

Zutaten für 4 Personen:

1 Kaninchen, küchenfertig
2 Eiweiß
5 EL Mehl
Salz
2 Knoblauchzehen
1 Stück Ingwer
2 frische rote Chilischote
3 Frühlingszwiebeln
1/4 l Pflanzenöl zum Frittieren
1/8 l Fleischbrühe
1 EL Honig
1 EL Sherry
3 TL Weinessig
1 EL helle Sojasauce
frisch gemahlener Szechuanpfeffer

Zubereitung: ca. 45 Minuten

1. Das Kaninchen waschen, trockentupfen und das Fleisch von den Knochen lösen. Das Fleisch durch den Fleischwolf drehen. Anschließend mit Eiweiß, 1–2 Esslöffeln Mehl, 1/2 Teelöffel Salz und 1/8 Liter Wasser zu einem glatten Teig verarbeiten.

2. Einen Dämpfeinsatz mit einem Tuch auslegen und den Fleischteig hineingeben. In einen Topf mit kochendem Wasser hängen und zugedeckt ca. 15 Minuten dämpfen, bis der Fleischteig fest ist. Fleischteig abkühlen lassen, dann in ca. 5 cm große Stücke schneiden.

3. Knoblauch und Ingwer schälen und fein hacken. Chilischoten längs halbieren und entkernen, Frühlingszwiebeln putzen. Beides fein hacken.

4. Das Öl im Wok erhitzen. Fleischteigstücke im restlichen Mehl wenden und im heißen Öl goldgelb frittieren. Herausheben und auf Küchenpapier abtropfen lassen. Öl bis auf einen kleinen Rest abgießen.

5. Chilischoten, Knoblauch, Frühlingszwiebeln und Ingwer im Wok schmoren, bis sie zu duften beginnen. Fleischstücke wieder einlegen, Brühe, Honig, Sherry, Essig und Sojasauce einrühren. Einmal aufkochen und mit Szechuanpfeffer und Salz abschmecken.

In China verwendet man zum Dämpfen traditionell Bambuskörbchen. Sie werden in einen Wok gestellt, der zu 1/3 mit Wasser gefüllt ist, und mit einem Bambusdeckel verschlossen. Oft stapelt man mehrere Körbe übereinander.

CHINA

Gedämpfte Rindfleischbällchen mit Brunnenkresse

Zutaten für 4 Personen:

250 g Rinderhackfleisch
1/2 TL Natron
2 TL fein gehackter Koriander
1/2 TL Salz
1/2 TL Glutamat
2 TL Zucker
frisch gemahlener Pfeffer
1 EL Sojasauce
1 TL Sesamöl
1/8 l Pflanzenöl
2 EL Maisstärke
250 g frische Brunnenkresse

Vorbereitung: ca. 4 Stunden
Zubereitung: ca. 30 Minuten

1. Das Hackfleisch mit dem Natron und 60 ml Wasser vermischen, in Frischhaltefolie wickeln und 3 Stunden im Kühlschrank ruhen lassen.

2. Die restlichen Zutaten bis auf die Brunnenkresse unter den Hackfleischteig mischen. Teig abgedeckt im Kühlschrank noch 1 Stunde ziehen lassen.

3. Die Brunnenkresse waschen, trockenschütteln und die Blätter von den Stielen zupfen. Den Boden eines Dämpfeinsatzes mit den Blättern auslegen.

4. Aus dem Hackfleischteig kleine Bällchen formen und auf die Brunnenkresseblätter legen. Den Einsatz in einen Topf mit kochendem Wasser hängen, dabei darauf achten, dass der Einsatz das Wasser nicht berührt. Rindfleischbällchen zugedeckt etwa 8 Minuten im Dampf garen.

Für dieses Gericht braucht man reife Tomaten mit viel Eigengeschmack. Außerhalb der Saison kann man die frischen Tomaten gut durch Tomaten aus der Dose ersetzen, die reif geerntet und noch vor Ort konserviert werden.

CHINA

Rindfleischstreifen mit Tomaten und Sojasprossen

Zutaten für 4 Personen:

400 g Rinderfilet
Salz
frisch gemahlener Pfeffer
2 EL Maisstärke
2 Schalotten
1 Stange Lauch
4 Fleischtomaten
1 frische rote Chilischote
100 g Sojasprossen
8 EL Erdnussöl
Worcestersauce
1/2 TL Zucker
1 EL Sesamöl
2 EL fein gehackte Frühlingszwiebeln

Zubereitung: ca. 30 Minuten

1. Das Fleisch waschen, trockentupfen und in schmale Streifen schneiden. Mit Salz und Pfeffer würzen und in der Maisstärke wenden.

2. Schalotten schälen, Lauch putzen. Beides in feine Ringe schneiden. Tomaten häuten, vierteln, entkernen und würfeln. Chilischote längs halbieren, entkernen und fein hacken. Sojasprossen waschen und abtropfen lassen.

3. Das Öl im Wok erhitzen und die Fleischstreifen darin unter Rühren bei großer Hitze 2–3 Minuten braten. Herausnehmen und auf Küchenpapier abtropfen lassen. Öl bis auf einen kleinen Rest abgießen.

4. Schalotten, Lauch und Chilischote im Wok andünsten. Tomaten zufügen und zu einer sämigen Sauce einkochen. Sojasprossen und Rindfleisch untermischen und in der Sauce erhitzen. Mit Salz, Pfeffer, Worcestersauce und Zucker abschmecken und mit Sesamöl aromatisieren. Vor dem Servieren mit den Frühlingszwiebeln bestreuen.

無

Die in ganz Asien als Universalgewürz sehr beliebte Sojasauce wird aus fermentierten Sojabohnen hergestellt. Es gibt sie in den drei Grundsorten: hell (mild und aromatisch), dunkel (kräftig im Geschmack) und mit süßem Aroma.

CHINA

Rinderfilet mit Frühlingszwiebeln aus dem Wok

Zutaten für 4 Personen:

400 g Rinderfilet
3 TL Maisstärke
1 Eiweiß
3 EL Sesamöl
2 Bund Frühlingszwiebeln
Salz
1 EL Sherry
1 EL dunkle Sojasauce
1 EL helle Sojasauce
300 ml Erdnussöl
2 EL fein gehackter Koriander

Zubereitung: ca. 45 Minuten
Marinieren: ca. 30 Minuten

1. Das Fleisch waschen, trockentupfen und in schmale Streifen schneiden. Die Maisstärke mit dem Eiweiß und dem Sesamöl vermischen und das Fleisch darin 30 Minuten marinieren.

2. Frühlingszwiebeln putzen und mit einem Teil des Grüns in ca. 3 cm lange Stücke schneiden. Danach 1/4 Teelöffel Salz mit dem Sherry und den beiden Sojasaucen verrühren.

3. Das Erdnussöl im Wok erhitzen. Fleisch aus der Marinade heben und im heißen Öl bei großer Hitze unter Rühren 2–3 Minuten braten. Aus dem Wok heben, auf Küchenpapier abtropfen lassen. Das Öl bis auf einen kleinen Rest abgießen.

4. Frühlingszwiebeln im Wok unter Rühren 1 Minute braten. Sherry-Sojasauce und das Fleisch zufügen und unter Rühren noch 1 Minute braten. Mit Koriander bestreut servieren.

Getrocknete Orangenschale kann man sowohl bereits fein gerieben als auch in ganzen Stücken kaufen. Wenn man die Schalen später mitessen will, sollte sie vor der Verarbeitung zunächst 15 Minuten in Wasser eingeweicht werden.

CHINA

Rinderfiletscheiben mit Orangenschale und Chilischoten

Zutaten für 4 Personen:

400 g Rinderfilet
2 Frühlingszwiebeln
1 EL dunkle Sojasauce
1 TL fein geriebener Ingwer
2 TL Maisstärke
2 getrocknete rote Chilischoten
40 g getrocknete Orangenschale
1 TL schwarze Pfefferkörner
60 ml Öl
Salz
1 EL helle Sojasauce
2 TL Sesamöl

Zubereitung: ca. 20 Minuten
Marinieren: ca. 30 Minuten

1. Das Fleisch waschen, trockentupfen und im Gefrierschrank etwas anfrieren lassen. Anschließend in dünne Scheiben schneiden und in eine Schüssel legen. Die Frühlingszwiebeln putzen und mit einem Teil des Grüns hacken. Zum Fleisch geben. Sojasauce, Ingwer und Maisstärke zufügen und alles gut vermischen. Abgedeckt 30 Minuten ziehen lassen.

2. Die Chilischoten längs halbieren, entkernen und hacken. Orangenschale in Streifen schneiden, Pfefferkörner im Mörser grob zerstoßen.

3. Das Öl im Wok erhitzen. Chilischoten, Orangenschale und Pfeffer darin einige Minuten anrösten, bis sie duften. Dann mit einem Schaumlöffel aus dem Öl entfernen.

4. Das Rindfleisch mit der Marinade im heißen Öl bei großer Hitze unter Rühren knusprig braten. Mit Salz, Sojasauce und Sesamöl abschmecken.

Häufig wird Fleisch in der chinesischen Küche zunächst mariniert und anschließend frittiert oder gebraten. In diesem Rezept verbinden sich die würzigen Röstaromen harmonisch mit der Süße der Ananas und der Schärfe des Chilipulvers.

CHINA

Schweinefleisch süßsauer mit Ananas und Zuckerschoten

Zutaten für 4 Personen:

600 g Schweinefilet
1 TL Maisstärke
2 EL Sojasauce
1 EL Sherryessig
6 EL Reiswein
1 TL frisch geriebener Ingwer
1 EL Kecap manis (Fertigprodukt)
1/4 TL Chilipulver
1/2 frische Ananas
2 Möhren
100 g Zuckerschoten
1 frische rote Chilischote
3 EL Erdnussöl
Salz
frisch gemahlener Pfeffer
Zucker

Vorbereitung: ca. 30 Minuten
Zubereitung: ca. 25 Minuten

1. Das Fleisch waschen, trockentupfen, in dünne Scheiben schneiden und in eine Schüssel legen. Maisstärke mit Sojasauce, Essig, Reiswein, Ingwer, Kecap manis und Chilipulver verrühren. Über das Fleisch geben und abgedeckt 30 Minuten marinieren.

2. Ananas schälen, Strunk entfernen und das Fruchtfleisch in Würfel schneiden. Möhren schälen und in Scheiben schneiden. Zuckerschoten waschen und abtropfen lassen. Chilischote längs halbieren, entkernen und fein hacken.

3. Im Wok 2 Esslöffel Erdnussöl erhitzen. Möhren und Chilischote zufügen und bei mittlerer Hitze einige Minuten unter Rühren braten. Zuckerschoten zufügen.

4. Das restliche Öl in einer zweiten Pfanne erhitzen. Das Fleisch aus der Marinade heben und im heißen Öl knusprig braten.

5. Fleisch unter das Gemüse mischen, Ananas und die Fleischmarinade zufügen und alles unter Rühren ca. 3 Minuten köcheln lassen. Mit Salz, Pfeffer und Zucker abschmecken.

Das aromatische Sesamöl wird aus gerösteter Sesamsaat hergestellt. Es hat einen intensiv nussigen Geschmack, der sich beim Erhitzen allerdings verliert. Deshalb wird es nicht zum Braten verwendet, sondern erst zum Schluss zugefügt.

CHINA

Gedünstetes Schweinefilet mit Pilzen und Bambussprossen

Zutaten für 4 Personen:

500 g Schweinefilet
1 Eiweiß
3 EL Maisstärke
100 g Champignons
4 Frühlingszwiebeln
2 Knoblauchzehen
1 EL fein geriebener Ingwer
30 g Bambussprossen (Dose)
1/4 l Pflanzenöl
1/8 l Hühnerbrühe
2 EL Sojasauce
Salz
frisch gemahlener Pfeffer

Zubereitung: ca. 40 Minuten

1. Das Fleisch waschen, trockentupfen, in dünne Scheiben schneiden und in eine Schüssel legen. Das Eiweiß mit 2 Esslöffeln Maisstärke verquirlen, über das Fleisch geben und ca. 20 Minuten ziehen lassen.

2. Inzwischen die Champignons putzen und in Scheiben schneiden. Die Frühlingszwiebeln putzen und in Ringe schneiden. Knoblauch schälen und fein hacken, Bambussprossen in Scheiben schneiden.

3. Das Öl im Wok erhitzen und das Fleisch darin kurz frittieren. Aus der Pfanne heben und auf Küchenpapier abtropfen lassen. Das Öl bis auf einen kleinen Rest abgießen.

4. Knoblauch und Ingwer im Wok unter Rühren kurz anbraten. Frühlingszwiebeln, Champignons und Bambussprossen zufügen und 2 Minuten braten. Mit der Hühnerbrühe und der Sojasauce aufgießen, mit Salz und Pfeffer würzen. Einmal aufkochen, dann das Fleisch einlegen und in der Sauce wieder erhitzen. So lange köcheln lassen, bis die Sauce andickt. Vor dem Servieren mit Sesamöl abschmecken.

Schweinefleisch wird in den meisten Regionen Chinas viel häufiger gegessen als Rind oder Lamm. Chop Suey ist ein Klassiker unter den Schweinefleischrezepten, der weit über die Grenzen des Landes hinaus bekannt und beliebt ist.

CHINA

Schweinefleisch Chop Suey mit Gemüse und Glasnudeln

Zutaten für 4 Personen:

500 g Schweinefleisch
2 EL Sherry
5 EL Sojasauce
Salz
frisch gemahlener Pfeffer
1/2 TL fein geriebener Ingwer
50 g Glasnudeln
1 Stange Sellerie
125 g Champignons
2 Zwiebeln
40 g Bambussprossen (Dose)
75 g Sojasprossen
8 EL Pflanzenöl
1 TL Zucker
1 EL Maisstärke
2 cl Reiswein

Zubereitung: ca. 30 Minuten
Marinieren: ca. 1 Stunde

1. Das Fleisch waschen, trockentupfen und in dünne Streifen schneiden. In einer Schüssel Sherry mit 2 Esslöffeln Sojasauce, Salz, Pfeffer und Ingwer verrühren. Das Fleisch darin wenden und abgedeckt 1 Stunde ziehen lassen.

2. Glasnudeln 5 Minuten in kochendem Wasser garen, dann abgießen und klein schneiden. Sellerie putzen und würfeln. Champignons putzen und in Scheiben schneiden. Zwiebeln schälen und in Ringe schneiden. Bambussprossen in Scheiben schneiden. Sojasprossen waschen und abtropfen lassen.

3. Das Öl im Wok erhitzen und das Fleisch darin bei großer Hitze 2 Minuten unter Rühren braten. Aus der Pfanne heben und auf Küchenpapier abtropfen lassen.

4. Zwiebeln im Wok glasig dünsten. Sojasprossen, Sellerie, Champignons und Bambussprossen untermischen und 3 Minuten unter Rühren braten.

5. Fleisch und Glasnudeln zufügen. Restliche Sojasauce mit Zucker, Maisstärke und Reiswein verquirlen, unterrühren und die Sauce andicken lassen. Vor dem Servieren mit Salz und Pfeffer abschmecken.

Die in Asien häufig verwendete Austernsauce wird aus Austernextrakt, Salz, Sojasauce, Knoblauch und Zwiebeln hergestellt. Die dunkelbraune dickflüssige Würzsauce ist relativ salzig, deshalb sollte man sie zunächst sparsam verwenden.

CHINA

Gebratenes Schweinefilet mit Aubergine in Austernsauce

Zutaten für 4 Personen:

Vorbereitung: ca. 2 Stunden
Zubereitung: ca. 30 Minuten

Für die Marinade:
1 EL Sojasauce
1 TL Maisstärke
1 EL Sherry
1/4 TL Natron
4 EL Pflanzenöl
frisch gemahlener Pfeffer

350 g Schweinefilet
3 Schalotten
2 Knoblauchzehen
1 Aubergine
1/4 l Pflanzenöl
1 TL fein geriebener Ingwer
4 EL Fleischbrühe
2 EL Austernsauce
Salz

1. Alle Zutaten für die Marinade in einer Schüssel verrühren. Das Fleisch waschen, trockentupfen und in Streifen schneiden. In der Marinade wenden und abgedeckt ca. 2 Stunden im Kühlschrank marinieren.

2. Schalotten und Knoblauch schälen, Zwiebeln in Ringe schneiden, Knoblauch hacken. Aubergine putzen und in Würfel schneiden.

3. Das Öl im Wok erhitzen und das Fleisch darin unter Rühren knusprig braten. Dann aus dem Wok heben, auf Küchenpapier abtropfen lassen. Öl bis auf einen kleinen Rest abgießen.

4. Schalotten, Knoblauch und Auberginen im Wok unter Rühren anbraten. Ingwer, Fleischbrühe und Austernsauce zufügen, das Fleisch wieder einlegen. Mit Salz und Pfeffer würzen. Sauce etwas einkochen lassen.

Wasserkastanien sind die Knollen einer asiatischen Wasserpflanze. Sie sind nicht mit der Kastanie verwandt. Ihr weißes Fruchtfleisch schmeckt leicht süßlich und nussig und behält auch bei längerer Kochzeit seine knackige Konsistenz.

CHINA

Schweinefiletstreifen mit Morcheln und Wasserkastanien

Zutaten für 4 Personen:

15 g getrocknete Mu-Errh-Pilze
400 g Schweinefilet
2 TL Zucker
2 EL helle Sojasauce
2 EL Reiswein
2 TL Maisstärke
100 g Wasserkastanien (Dose)
2 frische rote Chilischoten
60 ml Pflanzenöl
2 TL fein geriebener Ingwer
1 TL Chiliöl
1/2 TL Sesamöl
Salz
1 TL Reisweinessig

Zubereitung: ca. 45 Minuten

1. Pilze 30 Minuten in heißem Wasser einweichen. Das Fleisch waschen, trockentupfen und in dünne Scheiben schneiden. Zucker mit Sojasauce, Reiswein und der Maisstärke in einer Schüssel verrühren und das Fleisch darin wenden. Abgedeckt zur Seite stellen und 20 Minuten marinieren.

2. Pilze abgießen und klein schneiden. Die Wasserkastanien in dünne Scheiben schneiden. Die Chilischoten längs halbieren, entkernen und hacken.

3. Fleisch aus der Marinade heben und abtropfen lassen. Das Öl im Wok erhitzen und das Fleisch darin unter Rühren anbraten. Dann aus dem Wok heben und auf Küchenpapier abtropfen lassen.

4. Pilze, Wasserkastanien, Chilischoten und Ingwer im Wok unter Rühren anrösten. Das Fleisch wieder einlegen, die Marinade angießen und etwas einkochen lassen. Mit Chili- und Sesamöl, Salz und Reisweinessig würzig abschmecken.

Perfekte Vorbereitung ist ein fester Bestandteil der chinesischen Kochkunst. Die Garzeiten im Wok sind sehr kurz, deshalb müssen alle Zutaten klein geschnitten sein und bereitstehen, bevor man mit dem Kochen und Braten beginnt.

CHINA

Marinierte Lammstreifen mit Gemüse und Reisnudeln

Zutaten für 4 Personen:

Für die Marinade:
1 Eiweiß
2 EL Sojasauce
1 EL Misopaste
1 EL Reiswein
2 TL Maisstärke
1 TL Zucker
1 EL fein geriebener Ingwer
1 EL Pflanzenöl
frisch gemahlener Pfeffer

450 g Lammfilet
12 Tongupilze
5 Stangen Sellerie
2 rote Paprikaschoten
4 Frühlingszwiebeln
2 Knoblauchzehen
100 g Bambussprossen (Dose)
3 EL Walnussöl
Salz
frisch gemahlener Pfeffer
Öl zum Frittieren
140 g Reisnudeln

Zubereitung: ca. 45 Minuten

1. Alle Zutaten für die Marinade in einer Schüssel verrühren. Das Fleisch waschen, trockentupfen und in dünne Streifen schneiden. In der Marinade wenden und abgedeckt 25 Minuten ziehen lassen.

2. Inzwischen die Pilze und die Sellerie putzen und klein schneiden. Die Paprikaschoten halbieren, entkernen und in dünne Streifen schneiden. Die Frühlingszwiebeln putzen und mit einem Teil des Grüns in dünne Röllchen schneiden. Den Knoblauch schälen und fein hacken. Bambussprossen in Scheiben schneiden.

3. Das Fleisch aus der Marinade heben und abtropfen lassen. Das Walnussöl im Wok erhitzen und den Knoblauch darin hellgelb anrösten. Fleisch dazugeben und 3 Minuten unter Rühren braten. Dann aus der Pfanne heben und auf Küchenpapier abtropfen lassen.

4. Pilze, Paprikaschoten, Frühlingszwiebeln und Bambussprossen im Wok unter Rühren einige Minuten braten. Danach Fleisch hinzufügen und weitere 2 Minuten pfannenbraten.

5. Öl in der Fritteuse auf 175 Grad erhitzen und die Reisnudeln darin frittieren. Lammstreifen mit Gemüse auf den Nudeln portionsweise anrichten.

Fermentierter Bohnenquark ist reich an Vitaminen und Mineralstoffen, enthält viel hochwertiges pflanzliches Eiweiß und hat wenig Kalorien. Da er fast geschmacksneutral ist, nimmt er leicht den Geschmack anderer Zutaten an.

CHINA

Geschmorte Lammkeule in Ingwersauce mit Frühlingszwiebeln

Zutaten für 4 Personen:

600 g Lammfleisch (Keule)
1/2 Bund Frühlingszwiebeln
1 Stück Ingwerwurzel
Salz
1 Möhre
60 ml Öl
3 EL Sojapaste
30 g fermentierter Bohnenquark mit Flüssigkeit
1/4 l Hühnerbrühe
2 EL Sojasauce
2 EL Reiswein
1 EL Zucker
1 TL Szechuanpfefferkörner
1 TL Maisstärke

Vorbereitung: ca. 45 Minuten
Zuberitung: ca. 20 Minuten

1. Das Lammfleisch waschen und in einen Topf geben. Die Frühlingszwiebeln putzen und den Ingwer schälen. 2 Frühlingszwiebeln grob hacken und mit 1 Scheibe Ingwer zum Fleisch geben. So viel Wasser angießen, dass das Fleisch bedeckt ist. Leicht salzen, zum Kochen bringen und zugedeckt 45 Minuten köcheln lassen.

2. Die restlichen Frühlingszwiebeln in dünne Röllchen schneiden, den übrigen Ingwer fein hacken. Die Möhre schälen und würfeln. Das Fleisch aus der Brühe heben und in Würfel schneiden.

3. Das Öl im Wok erhitzen und das Fleisch darin unter Rühren anbraten. Möhre, Frühlingszwiebeln und Ingwer zufügen und kurz anrösten.

4. Sojapaste und Bohnenquark mit Flüssigkeit und etwas Kochbrühe verrühren und zum Fleisch geben. Hühnerbrühe, Sojasauce, Reiswein, Zucker und Pfefferkörner zufügen und einkochen lassen.

5. Die Maisstärke mit 2 Esslöffeln kaltem Wasser verquirlen und die Sauce damit binden. Vor dem Servieren mit Salz und Pfeffer abschmecken.

Erdnussöl kann besonders stark erhitzt werden und eignet sich deshalb sehr gut zum Frittieren und zum Braten im Wok. Sein nur leicht nussiges Aroma verleiht den Speisen obendrein eine feine zusätzliche Geschmacksnote.

CHINA

Frittierte Birnenspalten in Karamell mit Sesamöl

Zutaten für 4 Personen:

4 feste Birnen
60 g Reismehl
1 Eiweiß
3 EL Maisstärke
Erdnussöl zum Frittieren
125 g brauner Zucker
1 EL Butter
2 TL Sesamöl

Außerdem:
Bambusspieße

Zubereitung: ca. 20 Minuten

1. Die Birnen schälen, halbieren, das Kerngehäuse entfernen und die Birnen in Spalten schneiden. Die Birnenspalten im Reismehl wenden, bis sie vollständig mit Mehl bedeckt sind.

2. Eiweiß steif schlagen und mit dem restlichen Reismehl und der Maisstärke vermischen. So viel Wasser unterrühren, bis ein flüssiger Teig entsteht.

3. Das Erdnussöl gut 5 cm hoch in den Wok gießen und auf 175 Grad erhitzen. Birnenspalten einzeln durch den Teig ziehen und im heißen Öl goldgelb ausbacken. Aus dem Wok heben und auf Küchenpapier abtropfen lassen.

4. Eine Schüssel mit Eiswasser füllen. Den Zucker in einer trockenen Pfanne zu einem hellen Karamell schmelzen. Mit 2 Esslöffeln Wasser ablöschen und den Karamell darin auflösen. Die Butter einrühren. Frittierte Birnenspalten einzeln auf Bambusspieße stecken, im Karamell wenden und anschließend sofort in Eiswasser tauchen. Abtropfen lassen und auf einen Teller legen. Mit dem Sesamöl beträufeln und noch warm servieren.

Als Ingwernüsse bezeichnet man Ingwerkugeln, die in Wasser und Zucker oder Honig eingelegt sind. Sie werden als Konserve im Handel angeboten und geben süßen und herzhaften Gerichten ein scharfes und dennoch süßliches Aroma.

CHINA

Ananassorbet mit Ingwernüssen und Honig

Zutaten für 4 Personen:

1 frische Ananas
4 eingelegte Ingwernüsse
3 EL Honig
100 g gemahlene Walnüsse
2 Eiweiß
Salz
5 EL Zucker
1/2 TL gemahlener Ingwer
125 g süße Sahne
1 Päckchen Vanillezucker
Minzeblättchen zum Garnieren

Zubereitung: ca. 30 Minuten
Gefrieren: ca. 6 Stunden

1. Die Ananas schälen, vierteln und den harten Strunk entfernen. Ananas würfeln und mit den Ingwernüssen im Mixer pürieren.

2. Das Fruchtpüree mit dem Honig und den Walnüssen verrühren, in eine Metallschüssel umfüllen und im Gefrierschrank fest werden lassen. Während der Gefrierzeit immer wieder mit einem Schneebesen durchrühren, damit sich keine Eiskristalle bilden und die Masse nicht ganz fest gefriert.

3. Das Eiweiß mit 1 Prise Salz sehr steif schlagen. Den Zucker mit dem gemahlenen Ingwer vermischen und unter den Eischnee heben. Unter das Ananassorbet mischen und in Servierschalen verteilen. Wieder in den Gefrierschrank stellen und erneut gefrieren lassen, dabei öfter umrühren.

4. Die Sahne mit dem Vanillezucker steif schlagen. Ananassorbet mit der Schlagsahne und Minzeblättchen garnieren und sofort servieren.

Mandelessenz ist klar und farblos wie Wasser und verleiht vielen Süßspeisen und Kuchen ein feines Aroma. Man bekommt sie in Asialäden. Für dieses Rezept kann man Milch und Mandelessenz auch durch Mandelmilch ersetzen.

CHINA

Mandelgelee mit frischen Früchten und Sirup

Zutaten für 4 Personen:

1 1/2 EL Gelatinepulver
300 ml Milch
60 g süße Sahne
2 TL Mandelessenz
125 g frische Erdbeeren
2 Kiwis
50 ml Fruchtsirup
Minzeblättchen zum Garnieren

Zubereitung: ca. 30 Minuten
Ruhen lassen: ca. 2 Stunden

1. Die Gelatine in 1/8 Liter kochendem Wasser auflösen. Die Milch, die Sahne und die Mandelessenz hineinrühren und in eine hohe Form gießen. Ca. 2 Stunden im Kühlschrank fest werden lassen.

2. Die Erdbeeren putzen und halbieren, die Kiwis schälen und würfeln.

3. Die Form kurz in heißes Wasser tauchen, dann das Mandelgelee auf eine Servierplatte stürzen und mit den Früchten umlegen. Mit dem Fruchtsirup übergießen und mit den Minzeblättchen garnieren.

Die Dattel gehört zu den zuckerreichsten Früchten. Außer Fruchtzucker, der schnell Energie liefert, enthält sie auch viele gesunde Mineralstoffe wie Kalium, Kalzium, Mangan und Zink. Außerdem hat sie ein unvergleichliches Aroma.

CHINA

Gebackene Dattelbällchen mit Nüssen und Pflaumenwein

Zutaten für 6 Personen:

Vorbereitung: ca. 90 Minuten
Zubereitung: ca. 20 Minuten

- 1/8 l Milch
- 1 Päckchen frische Hefe
- 1 EL Zucker
- Salz
- 400 g Weizenmehl
- 1 EL Sesamöl
- 100 g entsteinte Datteln
- 4 Ingwernüsse (eingelegte Ingwerkugeln)
- 2 EL Butter
- 100 g gehackte Erdnüsse
- 4 cl Pflaumenwein
- 3 EL Honig
- 1 TL gemahlener Zimt
- 1/2 TL gemahlener Kardamom
- 1/4 l Erdnussöl
- gehackte Pistazien zum Garnieren

1. Die Milch mit 1/8 Liter Wasser in einem Topf erwärmen und mit der Hefe, dem Zucker und 1 Prise Salz vermischen. Abgedeckt 10 Minuten gehen lassen.

2. Das Mehl in eine Schüssel sieben, Hefemilch und Sesamöl dazugeben und zu einem glatten Teig verkneten. Abgedeckt 1 Stunde gehen lassen. Teig nochmals kräftig durchkneten, weitere 30 Minuten gehen lassen.

3. Inzwischen Datteln und Ingwernüsse hacken. Die Butter in einer Pfanne zerlassen, Datteln und Ingwer darin andünsten. Erdnüsse untermischen und kurz anrösten. Pflaumenwein, Honig, Zimt und Kardamom unterrühren. Vom Herd nehmen und abkühlen lassen.

4. Aus dem Hefeteig kleine Bällchen formen, in die Mitte etwas Dattelmasse geben. Teig über der Füllung wieder verschließen.

5. Erdnussöl in der Fritteuse auf 175 Grad erhitzen. Die Dattelbällchen darin portionsweise goldbraun ausbacken. Auf Küchenpapier abtropfen lassen, dann mit den Pistazien bestreuen. Lauwarm oder kalt servieren.

Dashi, eine Brühe aus Seetang und getrockneten Pilzen oder Fisch, ist ein Grundpfeiler der japanischen Küche. Sie ist die asiatische Variante der europäischen Hühner- oder Rindfleischbrühe und kulinarisch ebenso vielseitig verwendbar.

JAPAN

Vegetarische Dashi-Brühe aus Shiitake und Algen

Zutaten für ca. 2 Liter Brühe:

1 Stück Kombu (getrocknete Alge), ca. 8 x 8 cm
3 Frühlingszwiebeln
100 g getrocknete Shiitake-Pilze
Salz

Zubereitung: ca. 35 Minuten

1. Kombu mit einem feuchten Tuch abwischen. Die Frühlingszwiebeln putzen und klein schneiden.

2. In einem großen Topf 2 Liter kaltes Wasser mit dem Kombu zum Kochen bringen. Sobald das Wasser kocht, Kombu entfernen und die Pilze sowie die Frühlingszwiebeln in das Wasser geben. Bei kleiner Hitze 20 Minuten köcheln lassen.

3. Ein Haarsieb mit einem Mulltuch auslegen, auf einen Topf setzen und die Brühe durch das Sieb hineingießen. Brühe mit Salz abschmecken. Dashi kann bis zu 3 Tagen im Kühlschrank aufbewahrt werden. Man kann die Brühe auch portionsweise einfrieren. Die Pilze können für ein anderes Gericht weiterverwendet werden.

JAPAN

Gekochter japanischer Sushi-Reis mit Reisessig

Zubereitung: ca. 15 Minuten
Garen: ca. 25 Minuten
Zutaten für 4 Personen:

200 g japanischer Klebereis
1 Prise Salz
1 Prise Zucker
2 EL Sushi-Essig

1. Reis in ein Sieb geben und gründlich unter fließendem kaltem Wasser waschen, bis das Wasser klar bleibt. Abtropfen lassen.

2. Den Reis in einen Topf geben und so viel Wasser angießen, dass der Reis knapp bedeckt ist. Einmal aufkochen und bei mittlerer Hitze ca. 20 Minuten zugedeckt garen, bis er das gesamte Wasser aufgenommen hat. Vom Herd nehmen, ein gefaltetes Küchentuch unter den Deckel legen und den Reis weitere 10 Minuten quellen lassen.

3. Den Reis in eine flache Schale geben. Salz und Zucker im Essig unter Rühren auflösen. Dann unter den Reis rühren, dabei den Reis mit einem Fächer kühlen, bis er auf Zimmertemperatur abgekühlt ist.

JAPAN

Sushi mit frischem Thunfisch und Noriblättern

Zubereitung: ca. 25 Minuten
Zutaten für 24 Stück:

125 g frisches Thunfischfilet
1 großes Noriblatt (gerösteter Seetang)
125 g gekochter Sushi-Reis
30 g Wasabipaste
120 g eingelegte Ingwerscheiben
Sojasauce

1. Thunfisch anfrieren, dann in dünne, ca. 2 x 5 cm große Streifen schneiden. Noriblatt einige Sekunden über einer kleinen Gasflamme anrösten. Blatt in 24 Streifen schneiden.

2. Aus dem Reis 24 längliche Röllchen formen. Thunfischstreifen auf einer Seite mit Wasabipaste bestreichen und mit dieser Seite auf die Reisröllchen legen. Jeweils mit 1 Noriblattstreifen umwickeln.

3. Restlichen Wasabi, eingelegten Ingwer und Sojasauce getrennt zu den Sushi reichen.

Daikon bedeutet im Japanischen „Große Wurzel" und bezeichnet einen langen weißen Rettich, der besonders vitamin- und mineralstoffreich ist. Man erhält ihn in Bioläden, kann ihn aber auch durch deutschen weißen Rettich ersetzen.

JAPAN

Klare Misosuppe mit Sojabohnensprossen und Rettich

Zutaten für 4 Personen:

100 g Daikon
50 g Zuckerschoten
1 Frühlingszwiebel
3 Shiitake-Pilze
1 EL Sonnenblumenöl
80 g Sojabohnensprossen
800 ml Dashi-Brühe
1 EL dunkle Miso (Sojabohnenpaste)
2 EL helle Miso (Sojabohnenpaste)
1–2 EL Sojasauce

Vorbereitung: ca. 40 Minuten
Zubereitung: ca. 20 Minuten

1. Den Rettich schälen und in dünne Streifen schneiden. Gewaschene Zuckerschoten, Frühlingszwiebeln und Shiitake putzen. Zuckerschoten quer halbieren, Frühlingszwiebeln schräg in Ringe schneiden. Pilze in Scheiben schneiden.

2. Das Öl in einer tiefen beschichteten Pfanne erhitzen, den Rettich und die Zuckerschoten zugeben und 5 Minuten unter Rühren dünsten. Pilze und Sprossen hinzufügen und die Brühe angießen. Einmal aufkochen lassen, dann vom Herd nehmen.

3. Miso mit etwas Suppenbrühe verrühren, dann in die Suppe geben. Mit Sojasauce abschmecken.

4. Die Suppe in Servierschalen füllen und mit den Frühlingszwiebelringen bestreuen. Sofort servieren.

Udon-Nudeln sind dicke Bandnudeln aus Weizenmehl. Die gekochten Nudeln werden in Japan entweder in Brühe erhitzt, im Wok gebraten oder kalt unter Salate gemischt. Bei vielen Gerichten kann man sie durch Bandnudeln ersetzen.

JAPAN

Dashi-Nudelsuppe mit Huhn und Wolkenohrpilzen

Zutaten für 4 Personen:

Marinieren: ca. 1 Stunde
Zubereitung: ca. 30 Minuten

250 g Hühnerbrustfilet
50 g getrocknete Wolkenohrpilze (Mu-Errh-Pilze)
2 EL Sojasauce
2 EL Sake (Reiswein)
250 g Udon-Nudeln
Salz
800 ml Dashi-Brühe
60 g Daikon-Sprossen, ersatzweise Radieschensprossen

1. Das Hühnerfleisch in kleine Würfel schneiden und in eine Porzellanschüssel geben. Sojasauce und Sake darübergeben, das Fleisch darin wenden. Bei Zimmertemperatur 1 Stunde ziehen lassen.

2. Die Wolkenohrpilze 1 Stunde in warmem Wasser einweichen. Dann in ein Sieb abgießen, gründlich waschen und abtropfen lassen. Pilze grob hacken.

3. Die Nudeln in leicht gesalzenem Wasser knapp bissfest garen. Abgießen und abtropfen lassen.

4. Die Brühe in einem Topf erhitzen. Pilze dazugeben und 2 Minuten in der Brühe kochen. Hühnerfleisch hinzufügen und bei kleiner Hitze in der Brühe gar ziehen lassen. Sprossen und Nudeln in die Suppe geben und darin erhitzen.

5. Suppe vor dem Servieren nach Belieben mit Salz abschmecken.

Tempura ist eine Zubereitungsvariante frittierter Speisen in Japan. Entscheidend ist dabei der Teig, der weder klebrig noch elastisch sein darf, damit er beim Backen zart bleibt. Mit diesem Teig umhüllt man Gemüse, Fleisch oder Fisch.

JAPAN

Frittierte Süßkartoffeln und Zucchini im Teigmantel

Zutaten für 4 Personen:

2 Süßkartoffeln
2 Zucchini
Pflanzenfett zum Frittieren
250 g Weizenmehl
1 Eigelb
1/4 l Eiswasser
1/2 TL Natron
3 EL Mirin (süßer Reiswein)
4 EL dunkle Sojasauce

Zubereitung: ca. 20 Minuten

1. Die geschälten Süßkartoffeln und die Zucchini in ca. 5 mm dicke Scheiben schneiden.

2. Öl in einer Fritteuse auf 175 Grad erhitzen. Den Backofen auf 60 Grad vorheizen.

3. Das Mehl mit dem Eigelb, dem Eiswasser und dem Natron zu einem dünnflüssigen Teig verrühren.

4. Die Gemüsescheiben einzeln mit einer Gabel durch den Teig ziehen. Im heißen Öl auf beiden Seiten goldbraun ausbacken. Dann herausnehmen und kurz auf Küchenpapier abtropfen lassen. Im Ofen warm halten, bis alle Gemüsestücke frittiert sind.

5. Mirin und Sojasauce verrühren und als Dip getrennt zu dem frittierten Gemüse reichen.

Mirin ist ein süßer, fast sirupartiger Reiswein, der in Japan ausschließlich in der Küche verwendet wird. Mit seinem blumigen Aroma verleiht er vielen Marinaden und pfannengerührten Gerichten einen ganz besonderen Geschmack.

JAPAN

Geschmortes Gemüse mit Tofu in Sesamsauce

Zutaten für 4 Personen:

200 g fester, frischer Tofu
je 1 grüne, rote und gelbe Paprikaschote
2 Möhren
100 g Shiitake-Pilze
3 EL Pflanzenöl
100 g Sojabohnensprossen
60 ml Dashi-Brühe
2 EL Mirin (süßer Reiswein)
3 EL Sojasauce
2 EL Sesampaste

Zubereitung: ca. 30 Minuten

1. Tofu abtropfen lassen, mit Küchenpapier trockentupfen und in 3 cm große Würfel schneiden.

2. Paprikaschoten halbieren, entkernen und in dünne Streifen schneiden. Geschälte Möhren ebenfalls in dünne Streifen schneiden. Pilze putzen und in dünne Scheiben schneiden.

3. In einer tiefen Pfanne 2 Esslöffel Öl erhitzen, die Paprika und die Möhren darin anrösten. Den Tofu untermischen und knusprig anbraten. Die Pilze und die Sojabohnensprossen dazugeben und kurz mitdünsten.

4. Restliches Öl in einem Topf erhitzen. Die Brühe angießen, Mirin und Sojasauce hinzufügen und etwas einkochen lassen. Die Sesampaste unterrühren. Sauce vom Herd nehmen.

5. Das geschmorte Gemüse auf vorgewärmte Teller verteilen und die Sauce getrennt dazu reichen.

Der Bonito ist eine vorwiegend in tropischen Meeren vorkommende Thunfischart. Vor der Weiterverarbeitung zu den als Würzmittel beliebten Flocken wird er mehrmals geräuchert und anschließend lange getrocknet, bis er sehr hart ist.

JAPAN

Goldbraun gebackener Tofu mit Katsuobushi-Sauce

Zutaten für 4 Personen:

300 g frischer, fester Tofu
1 Stück Kombu (getrocknete Alge), ca. 5 x 5 cm
15 g Bonito-Flocken
1 EL Maisstärke und Maisstärke zum Wenden
2 EL Mirin (süßer Reiswein)
1 EL dunkle Sojasauce
Pflanzenöl zum Frittieren

Zubereitung: ca. 40 Minuten

1. Den Tofu abtropfen lassen und trockentupfen. Tofu in ein sauberes Tuch einschlagen, auf ein Brett legen und mit einem zweiten Brett beschweren. 30 Minuten ruhen lassen.

2. Kombu mit einem feuchten Tuch abwischen. Mit 1/2 Liter kaltem Wasser in einen Topf geben und zum Kochen bringen. Die Hitze reduzieren und den Kombu entfernen. Die Bonito-Flocken in den Topf streuen, nicht umrühren. Einmal aufkochen lassen, dann den Topf vom Herd nehmen. Wenn sich die Flocken auf dem Topfboden abgesetzt haben, die Brühe durch ein Tuch abseihen. Die Brühe erneut aufkochen und auf 1/4 der ursprünglichen Menge einkochen. 1 Esslöffel Maisstärke mit Mirin und Sojasauce verquirlen und die Brühe damit binden. Sauce abkühlen lassen.

3. Den Tofu in 4 gleich große Stücke teilen und in Maisstärke wenden. Überschüssige Stärke abklopfen.

4. Das Öl in der Fritteuse auf 175 Grad erhitzen und den Tofu darin auf beiden Seiten goldbraun ausbacken. Kurz auf Küchenpapier abtropfen lassen. Tofustücke in 4 Schalen legen, Sauce getrennt dazu reichen.

Gerichte, die in Dampf schonend gegart wurden, heißen in Japan „Mushimono". Gedämpft werden neben frischem Fisch auch Riesengarnelen, Hühnerfleisch oder Gemüse in Pergamentpapierhülle und sogar der feine Eierstich.

JAPAN

Gedämpfter Lachs mit Frühlingszwiebeln und Ingwer

Zutaten für 4 Personen:

1 kleiner frischer Lachs, ca. 1,2 kg, küchenfertig
Salz
frisch gemahlener Pfeffer
1 Bund Frühlingszwiebeln
1 Stück Ingwer, ca. 5 cm
3 EL Sake (Reiswein)
3 EL Sesamöl

Zubereitung: ca. 15 Minuten
Garen: ca. 25 Minuten

1. Den Lachs waschen und trockentupfen. Innen und außen mit Salz und Pfeffer würzen.

2. Frühlingszwiebeln putzen, Ingwer schälen. Alles in feine Streifen schneiden und den Dämpfeinsatz des Fischtopfs damit auslegen.

3. Sake und Sesamöl verrühren. Lachs auf einer Seite mit dem Sake-Sesamöl bestreichen und mit dieser Seite auf die Gemüsestreifen legen. Fischoberseite ebenfalls mit dem Öl bestreichen.

4. Den Fischtopf ca. 3 cm hoch mit Wasser füllen, Wasser zum Kochen bringen. Den Lachs einsetzen, Deckel auflegen und den Fisch bei mittlerer Hitze 20–25 Minuten dämpfen. Nach 20 Minuten Garprobe machen: Wenn sich die Rückenflosse leicht herausziehen lässt, ist der Lachs gar.

5. Den Lachs auf einer vorgewärmten Servierplatte im Ganzen auftragen und am Tisch portionieren.

Miso ist eine Würzpaste, die auf der Grundlage von Sojabohnen hergestellt und auch als „braune Butter Japans“ bezeichnet wird. In der Mythologie gilt sie als Geschenk der Götter an die Menschen und soll Gesundheit und Glück bringen.

JAPAN

Marinierte Makrele vom Grill mit eingelegtem Ingwer

Zutaten für 4 Personen:

600 g frisches Makrelenfilet mit Haut
225 g helles Miso (Sojabohnenpaste)
80 g Zucker
4 EL Sake (Reiswein)
125 g eingelegte Ingwerscheiben

Marinieren: ca. 2 Tage
Zubereitung: ca. 15 Minuten

1. Fischfilets waschen, trockentupfen und mit der Haut in ca. 7 cm breite Streifen schneiden. Mit der Hautseite nach unten nebeneinander in eine große flache Porzellanschale legen.

2. Das Miso mit dem Zucker und dem Sake verrühren. Die Marinade auf den Fisch streichen. Schale mit Frischhaltefolie abdecken und den Fisch im Kühlschrank 2 Tage durchziehen lassen.

3. Die Marinade mit einem Spatel und Küchenpapier vorsichtig von den Fischstreifen entfernen. Auf der Hautseite auf den heißen Holzkohlengrill legen und bei mittlerer Hitze 4–5 Minuten gillen. Dann wenden und weitere 2 Minuten grillen.

4. Den Fisch in Schälchen verteilen. Den eingelegten Ingwer getrennt dazu servieren.

Burdock, wie die Große Klette auf Englisch heißt, bildet längliche Pfahlwurzeln. Nur in Japan isst man diese Wurzeln als Gemüse, meist kombiniert mit Möhren. In China werden sie vor allem in der Medizin verwendet.

JAPAN

Geschmorte Rinderlende mit Gemüse und Hühnerbrühe

Zutaten für 4 Personen:

Vorbereitung: ca. 30 Minuten
Zubereitung: ca. 20 Minuten

200 g Burdockwurzel
1 EL Reisweinessig
400 g Rinderlende
1 Stück frischer Ingwer, ca. 2 cm
150 g Zuckerschoten
2 Möhren
1 EL Erdnussöl
1/4 l Hühnerbrühe
1 EL Mirin (süßer Reiswein)
2 EL Sojasauce
1–2 EL Zucker
Salz
frisch gemahlener Pfeffer

1. Die Burdockwurzel schälen und in dünne Scheiben schneiden. In eine Schüssel mit kaltem Wasser legen, Essig zufügen. 30 Minuten ziehen lassen.

2. Die Lende in kleine Würfel schneiden. Den Ingwer schälen und fein reiben. Die Zuckerschoten putzen, die Möhren schälen und in dünne Scheiben schneiden.

3. Das Öl in einer tiefen Pfanne erhitzen und das Fleisch darin von allen Seiten anbraten.

4. Burdock gut abtopfen lassen, dann mit dem restlichen Gemüse und dem Ingwer zum Fleisch geben und unter Rühren kurz anrösten. Die Brühe angießen, Mirin, Sojasauce und Zucker zufügen. Köcheln lassen, bis die Flüssigkeit fast verkocht und die Burdockwurzel weich ist. Mit Zucker, Salz und Pfeffer abschmecken. In vorgewärmten Schälchen servieren.

Pak-Choi ist ein Blattgemüse, das mit dem Kohl verwandt ist und leicht nach Senf schmeckt. Ursprünglich in Asien beheimatet, kam der Pak-Choi über die Niederlande nach Europa. Heute findet man ihn auf vielen Märkten.

JAPAN

Frittierte Schweinelende mit Pak-Choi und Möhren

Zutaten für 4 Personen:

6 Blätter Pak-Choi
1 weißer Rettich
2 Möhren
500 g Schweinelende
Salz
frisch gemahlener Pfeffer
75 g Mehl
2 Eier
75 g Paniermehl
Pflanzenöl zum Frittieren
80 ml Worcestersauce
2 EL Sojasauce
2 EL Tomatenmark

Zubereitung: ca. 30 Minuten

1. Den Pak-Choi waschen, trockentupfen, die harten Blattrippen entfernen und die Blätter in dünne Streifen schneiden. Den Rettich und die Möhren schälen und in dünne Scheiben schneiden.

2. Das Fleisch waschen, trockentupfen und in 2 cm dicke Scheiben schneiden. Mit Salz und Pfeffer würzen.

3. Mehl, verquirlte Eier und Paniermehl getrennt in 3 tiefe Teller geben. Das Fleisch zuerst in Mehl wenden, dann durch das Ei ziehen und zuletzt im Paniermehl wenden. Panade leicht andrücken.

4. Das Öl in der Fritteuse auf 175 Grad erhitzen. Das Gemüse in kochendem Salzwasser 2 Minuten blanchieren, dann abgießen und gut abtropfen lassen. Worcester- und Sojasauce mit dem Tomatenmark verrühren.

5. Die Fleischscheiben portionsweise im heißen Fett auf beiden Seiten goldbraun ausbacken. Kurz auf Küchenpapier abtropfen lassen und warm stellen, bis alles frittiert ist. Auf einer vorgewärmten Servierplatte mit dem Gemüse anrichten. Sauce getrennt dazu reichen.

Auch wenn der Wasabi bisweilen „japanischer Meerrettich" genannt wird, so übertrifft er seinen europäischen Kollegen doch bei weitem an Schärfe. In der japanischen Küche ist er als Würze für Sushi, Reis und Saucen unentbehrlich.

JAPAN

Entenbruströllchen mit Gurke und Wasabi-Sauce

Zutaten für 4 Personen:

400 g Entenbrustfilet ohne Haut
2 EL rotes Miso (Sojabohnenpaste)
100 ml Mirin (süßer Reiswein)
125 ml helle Sojasauce
1 kleine Salatgurke
Salz
1 TL Wasabipaste
2 EL Reisweinessig

Zubereitung: ca. 40 Minuten
Marinieren: ca. 12 Stunden

1. Das sichtbare Fett vom Entenbrustfilet entfernen, Fleisch waschen und trockentupfen. Miso mit Mirin und 6 Esslöffeln Sojasauce verrühren und das Fleisch darin über Nacht im Kühlschrank ziehen lassen.

2. Die Gurke längs halbieren, mit einem Löffel die Kerne herauslösen. Gurke 2 Minuten in kochendem Salzwasser blanchieren. Herausheben und abkühlen lassen.

3. Entenbrust aus der Marinade heben und abtropfen lassen. Einen Dämpftopf ca. 3 cm hoch mit Wasser füllen, Wasser zum Kochen bringen. Fleisch in den Dämpfeinsatz legen, in den Topf setzen und mit dem Deckel verschließen. 25 Minuten über Dampf garen.

4. Die Gurke in dünne Scheiben schneiden. Dann restliche Sojasauce mit der Wasabipaste und dem Essig verrühren.

5. Entenbrust in möglichst dünne Scheiben schneiden. Auf jede Fleischscheibe 1 Scheibe Gurke legen und zu kleinen Rouladen aufrollen. Auf eine Servierplatte legen und die Wasabi-Sauce getrennt dazu reichen.

Japanischer Senf ist sehr scharf. In europäischen Asialäden wird er entweder als Pulver angeboten, das zunächst mit etwas Wasser angerührt werden und 15 Minuten ausquellen muss, oder bereits gebrauchsfertig als Senf in der Tube.

JAPAN

Glasierte Hühnchenspieße mit Teriyakisauce und Senf

Zutaten für 4 Personen:

1/4 l Mirin (süßer Reiswein)
1/4 l Sojasauce
1/4 l vegetarische Dashi-Brühe
1 EL Zucker
2 TL Maisstärke
4 Hühnerbrüste mit Haut, ohne Knochen
4 TL japanischer Senf
Petersilie zum Garnieren

Außerdem:
Holz-Schaschlikspieße

Zubereitung: ca. 30 Minuten

1. Für die Teriyaki-Sauce Mirin, Sojasauce und Dashi-Brühe in einen Topf geben und einmal aufkochen. Vom Herd nehmen und 1/5 der Brühe in einen kleinen Topf umgießen, den Rest abkühlen lassen. Für die Teriyaki-Glasur die Brühe im Topf nochmals mit dem Zucker aufkochen. Maisstärke mit 1 Esslöffel Wasser verquirlen und die Sauce damit binden. Unter Rühren zu einer sirupähnlichen Glasur einkochen. Dann in eine Schale umfüllen.

2. Die Holzspieße in Wasser legen und kurz quellen lassen. Die Hühnerbrüste waschen, trockentupfen und in größere Würfel schneiden. Fleischwürfel in die Teriyaki-Sauce tauchen, dann auf die Spieße stecken. Auf dem heißen Holzkohlengrill 3 Minuten braten. Fleisch noch zweimal durch die Teriyaki-Sauce ziehen und anschließend grillen, bis das Fleisch schön knusprig ist.

3. Die Spieße auf Teller legen, mit der Teriyaki-Glasur bestreichen. Mit einem Tupfer Senf und Petersilie dekorieren.

Grüntee-Pulver besteht aus gemahlenen Teeblättern und enthält viele Vitamine. Beim japanischen grünen Tee verzichtet man bewusst auf die Fermentation, um die natürliche grüne Farbe und den starken Geschmack zu erhalten.

JAPAN

Hausgemachtes Grüntee-Eis mit Pflaumenwein

Zutaten für 6 Personen:

1/2 l Milch
5 g Grüntee-Pulver
7 Eigelb
200 g feiner Zucker
250 g süße Sahne
120 ml Pflaumenwein

Zubereitung: ca. 20 Minuten
Gefrieren: ca. 1 Stunde

1. Die Milch in einem Topf einmal aufkochen. Vom Herd nehmen und das Grüntee-Pulver einrühren. Etwas abkühlen lassen.

2. Das Eigelb mit dem Zucker cremig schlagen und die lauwarme Grüntee-Milch unterrühren. Die Masse wieder erwärmen, aber nicht kochen. In eine Schüssel umfüllen und im kalten Wasserbad abkühlen lassen.

3. Die Sahne steif schlagen und unter die kalte Creme heben. Die Masse in eine Eismaschine füllen und fest werden lassen.

4. Mit dem Eisportionierer Kugeln ausstechen und in Schalen geben. Pflaumenwein darübergeben und sofort servieren.

Die nepalesische Küche ist sehr einfach und basiert vor allem auf Linsenbrei, Gemüsecurry und Reis. Inzwischen gibt es aber eine ganze Reihe von hauptsächlich indischen Restaurants, die vor allem von Touristen besucht werden.

NEPAL

Auberginen-Kartoffel-Pfanne in Joghurt geschmort

Zutaten für 4 Personen:

2 große Auberginen
3 Kartoffeln
4 Tomaten
6 Frühlingszwiebeln
1 frische Chilischote
2 Knoblauchzehen
1 kleines Stück Ingwer
1 TL Fenchelsaat
1 TL Kreuzkümmel
1 TL Pfefferkörner
4 EL Öl
1 TL gemahlene Kurkuma
Salz
250 g Joghurt
2 EL gehackte Korianderblätter

Zubereitung: ca. 1 Stunde

1. Auberginen waschen, trockentupfen und in 2 cm große Würfel schneiden. Einen Topf mit gesalzenem Wasser zum Kochen bringen und die Auberginenwürfel 2 Minuten blanchieren. In Eiswasser abschrecken und abtropfen lassen.

2. Die Kartoffeln schälen und in 1 cm große Würfel schneiden. Tomaten häuten, vierteln, entkernen und grob hacken. Frühlingszwiebeln putzen und in 1 cm lange Stücke schneiden. Chilischote längs halbieren, entkernen und fein hacken. Knoblauch und Ingwer schälen und ebenfalls fein hacken.

3. Gewürzkörner im Mörser grob zerstoßen. Öl in einem Wok erhitzen. Gewürze zufügen und kurz anrösten. Kartoffeln zugeben und braun anbraten. Mit Kurkuma bestreuen und salzen. Knoblauch, Ingwer und Chilischote unter Rühren zufügen. Auberginen, Tomaten und Zwiebeln dazugeben, Joghurt einrühren.

4. Bei kleiner Hitze köcheln lassen, bis die Kartoffeln gar sind. In Schalen verteilen und mit dem Koriander bestreut servieren.

Zu festlichen Gerichten wie diesem Ziegen-Ragout trinkt man in Nepal auch einmal Alkohol. „Tongba" wird aus vergorener Hirse gewonnen, „Chang" aus vergorenem Hopfen. Für Ausländer sind beide Getränke gewöhnungsbedürftig.

NEPAL

Nepalesisches Ziegenragout mit Zwiebeln geschmort

Zutaten für 4 Personen:

Marinieren: ca. 2 Stunden
Zubereitung: ca. 75 Minuten

1 kg Ziegenfleisch, (Keule oder Schulter)
5 Knoblauchzehen
1 großes Stück Ingwer
2 frische Chilischoten
1 TL gemahlene Kurkuma
2 EL flüssige Butter
1 EL Korianderkörner
1 TL Fenchelsaat
1 TL Kreuzkümmel
3 Zwiebeln
3 Tomaten
2 Frühlingszwiebeln
4 EL Öl
Salz
100 g Joghurt
frisch gemahlener Pfeffer

1. Sichtbares Fett und Haut vom Fleisch entfernen. Fleisch waschen, trockentupfen und in 3 cm große Würfel schneiden. Knoblauch und Ingwer schälen und klein würfeln. Chilischoten längs halbieren, entkernen und klein hacken. Mit dem Fleisch in eine Schüssel geben. Kurkuma und Butter zufügen, gut vermischen und abgedeckt mindestens 2 Stunden ziehen lassen.

2. Gewürze in einer Pfanne ohne Fett rösten, dann im Mörser zerstoßen. Zwiebeln schälen und in Streifen schneiden. Tomaten häuten, vierteln, entkernen und grob hacken. Frühlingszwiebeln putzen und in feine Röllchen schneiden.

3. Öl in einem Schmortopf erhitzen, Zwiebeln darin braun anbraten. Gewürze zufügen und anrösten. Die Tomaten dazugeben und dicklich einkochen. Das Fleisch mit der Marinade untermischen. Salz, Joghurt und 1/8 Liter Wasser zufügen. Aufkochen und bei kleiner Hitze ca. 45 Minuten offen schmoren lassen. Zwischendurch immer wieder etwas Wasser angießen.

4. Ragout mit Salz und Pfeffer abschmecken. Mit den Frühlingszwiebeln bestreuen und servieren.

Die nepalesischen Gerichte sind entweder sehr scharf oder ganz mild. Dieser Nudeltopf gehört eindeutig in die erste Kategorie – auch wenn der Joghurt die Chilischärfe ein wenig dämpft. Dazu passt ein salziger Yakbuttertee.

NEPAL

Scharfer Nudeltopf vom Himalaya mit buntem Gemüse

Zutaten für 4 Personen:

500 g dünne Eiernudeln oder Spaghetti
1 große Zwiebel
2 Knoblauchzehen
1 kleines Stück Ingwer
1 große Kartoffel
2 Möhren
100 g grüne Bohnen
100 g Spinat
3 Tomaten
2 frische rote Chilischoten
3 EL Öl
1 TL gemahlene Kurkuma
1 TL gemahlener Kreuzkümmel
100 g Joghurt
3/4 l Gemüsebrühe
2 EL Sojasauce
Salz
frisch gemahlener Pfeffer
1 Lorbeerblatt
2 EL gehackte Korianderblätter

Zubereitung: ca. 1 Stunde

1. Nudeln in Salzwasser halb gar kochen. Abgießen, mit kaltem Wasser abspülen und abtropfen lassen.

2. Zwiebel, Knoblauch und Ingwer schälen und klein würfeln. Kartoffel und Möhren schälen und in kleine Würfel schneiden. Bohnen putzen und in kleine Stücke schneiden. Spinat putzen, waschen und grob hacken. Tomaten häuten, vierteln, entkernen und grob hacken. Chilischoten längs halbieren, entkernen und in sehr feine Streifen schneiden.

3. Öl in einem Topf erhitzen und die Zwiebeln darin hellbraun anbraten. Knoblauch, Ingwer und Chilischoten zufügen, mit Kurkuma und Kreuzkümmel bestreuen. Kartoffel, Möhren und Bohnen zufügen und 3 Minuten anbraten. Tomaten, Joghurt und Gemüsebrühe dazugeben und aufkochen. Mit Sojasauce, Salz und Pfeffer würzen und das Lorbeerblatt einlegen. Gemüse in der Brühe bei mittlerer Hitze knapp gar kochen.

4. Die Nudeln untermischen und in der Brühe fertig garen. Den Spinat in die Suppe geben und 1 Minute darin ziehen lassen. Mit den Korianderblättern bestreut servieren.

In ganz Asien ist Tofu, ein Quark aus Sojabohnen, ein hochwertiger Fleischersatz und eine wertvolle Proteinquelle. „Weise Männer ernähren sich von Luft, Morgentau und Tofu", sagt ein altes asiatisches Sprichwort.

TIBET

Kartoffel-Spinat-Suppe mit Tofu und Koriander

Zutaten für 6 Personen:

500 g mehlig kochende Kartoffeln
1 Zwiebel
1 Knoblauchzehe
1 kleines Stück Ingwer
1 frische Chilischote
150 g Wurzelspinat
200 g Tofu
3 EL Butter
1/2 TL gemahlene Kurkuma
1/2 TL Garam Masala
2 Frühlingszwiebeln
1 Bund Koriander
1 EL Sojasauce
1 EL Essig
frisch gemahlener Pfeffer
Salz

Zubereitung: ca. 50 Minuten

1. Kartoffeln waschen und in gesalzenem Wasser gar kochen. Schälen und noch warm pürieren.

2. Zwiebel, Knoblauch und Ingwer schälen und klein würfeln. Chilischote halbieren, entkernen und fein hacken. Den Spinat putzen, waschen und in Streifen schneiden. Den Tofu in kleine Würfel schneiden. 1 Liter Wasser zum Kochen bringen.

3. Die Butter in einem Topf zerlassen. Zwiebel, Knoblauch, Ingwer und Chilischote darin andünsten. Mit Kurkuma und Garam Masala bestreuen, kurz anrösten. Die pürierten Kartoffeln untermischen und 2 Minuten rösten.

4. Nach und nach das heiße Wasser angießen und die Suppe glatt rühren. Tofu und Spinat dazugeben und 5 Minuten bei kleiner Hitze köcheln lassen.

5. Die Frühlingszwiebeln putzen und mit einem Teil des Grüns in feine Ringe schneiden. Koriander waschen, trockenschütteln und die Blätter grob hacken. Die Suppe mit Sojasauce, Essig, Pfeffer und Salz abschmecken. Frühlingszwiebeln und Koriander untermischen. Die Suppe in Schalen verteilen und servieren.

Tibet ist das am höchsten gelegene Land und wird deshalb auch das Dach der Welt genannt. Die Basis der traditionellen Küche bilden Gerste, Rind- und Hammelfleisch sowie Milchprodukte. Beliebt sind auch gefüllte Teigtaschen und -klöße.

TIBET

Gedämpfte Fleischklöße im Teigmantel mit Tomatensauce

Zutaten für ca. 8 Stück:

200 g Mehl
150 g Pak-Choi
1 Zwiebel
1 Knoblauchzehe
1 kleines Stück Ingwer
1 Frühlingszwiebel
1 EL fein gehackter Koriander
1 EL Öl
250 g Lammhackfleisch
Salz
frisch gemahlener Pfeffer

Für die Sauce:
4 geschälte Tomaten (Dose)
2 Frühlingszwiebeln
1 Knoblauchzehe
1 kleines Bund Koriander
1 EL Sojasauce

Zubereitung: ca. 90 Minuten

1. Mehl und 100 ml Wasser zu einem glatten Teig verkneten. Zur Kugel formen, in Frischhaltefolie wickeln und 30 Minuten ruhen lassen.

2. Pak-Choi putzen und in Streifen schneiden. Zwiebel, Knoblauch und Ingwer schälen und klein hacken. Frühlingszwiebel putzen und fein hacken.

3. Das Öl in einer Pfanne erhitzen, Zwiebel, Knoblauch und Ingwer darin glasig dünsten. Pak-Choi zufügen und unter Rühren zusammenfallen lassen. Vom Herd nehmen und abkühlen lassen. Dann mit dem Hackfleisch, der Frühlingszwiebel und dem Koriander vermischen, mit Salz und Pfeffer würzen.

4. Den Teig auf einer bemehlten Arbeitsfläche zu einer langen Rolle formen und in 8 Stücke teilen. Jedes Stück kreisrund ausrollen. Je 1 Esslöffel Hackfleischfüllung in die Mitte geben, den Teig darumschlagen und zu einem Kloß formen.

5. Einen Topf mit Siebeinsatz mit Wasser füllen,das Wasser zum Kochen bringen. Klöße in den Siebeinsatz legen, in den Topf hängen und mit einem Deckel verschließen. Ca. 30 Minuten dämpfen. Zutaten für die Sauce im Mixer pürieren. Zu den Klößen servieren.

Die besten Köche des Landes lebten früher in Lhasa und Xigaze. Sie arbeiteten für den Dalai Lama, hohe Beamte und einflussreiche Adlige. Ihre sorgfältig zusammengestellten und hochgepriesenen Menüs galten als überaus köstlich.

TIBET

Gestürzter Butterreis mit Nüssen und getrockneten Früchten

Zutaten für 6 Personen:

250 g Rundkornreis
100 g Zucker
100 g Butter
1/4 TL gemahlener Kardamom
Salz
80 g gemischte Trockenfrüchte
80 g Rosinen
je 50 g Mandeln und Pistazien, gehackt

Zubereitung: ca. 1 Stunde

1. Den Reis in einen Topf geben, langsam erhitzen und unter Rühren anrösten. Mit 1 Liter Wasser ablöschen und den Reis knapp gar kochen. Reis in ein Sieb abgießen und abtropfen lassen. Dann in einer Schüssel mit Zucker, Butter, Kardamom und 1 Prise Salz mischen.

2. Die Trockenfrüchte hacken. Ein Haarsieb mit den Trockenfrüchten, Rosinen und Nüssen auslegen. Den Reis einfüllen und die Oberfläche glatt streichen.

3. Einen Topf zu 1/3 mit Wasser füllen, Wasser zum Kochen bringen. Das Haarsieb so in den Topf hängen, dass es das Wasser nicht berührt. Den Topf mit einem Deckel verschließen. Den Reis 15 Minuten im Wasserdampf garen.

4. Das Haarsieb aus dem Wasserbad nehmen. Reis mit einem Brettchen beschweren und etwas abkühlen lassen. Dann den Reis auf eine Platte stürzen und lauwarm servieren.

Dieser erfrischende Salat ist ein wunderbarer Auftakt zu oder Begleiter für ein indisches Gastmahl. Der geröstete Kreuzkümmel gibt dem Salatdressing eine ungewöhnliche Würze, Ingwer und Minze die nötige leichte Schärfe und Frische.

INDIEN

Punjabi-Salat mit Tomaten, Gurke und roten Zwiebeln

Zutaten für 4 Personen:

1/2 TL Kreuzkümmel
2 rote Zwiebeln
1 kleine Salatgurke
2 Tomaten
1 grüne Chilischote
1 kleines Stück Ingwer
1 kleines Bund Minze
Saft von 1 Zitrone
Salz
1 Zitrone, in Achtel geschnitten

Zubereitung: ca. 30 Minuten
Kühlen: ca. 15 Minuten

1. Kreuzkümmel ohne Fett in einer Pfanne rösten und in einem Mörser grob zerdrücken. Zwiebeln und Gurke schälen. Zwiebeln klein würfeln, Gurke längs halbieren, entkernen und in kleine Stifte schneiden. Tomaten häuten, vierteln, entkernen und klein würfeln. Chilischote längs halbieren, entkernen und in feine Streifen schneiden. Ingwer schälen und fein raspeln. Minze waschen, trockenschütteln und die Blätter fein hacken.

2. Zitronensaft, Salz und die Hälfte der Minze in einer Schüssel verrühren. Restliche Zutaten zufügen, mischen und abgedeckt 15 Minuten kalt stellen.

3. Den Salat erneut mischen. In eine Servierschale füllen, mit der restlichen Minze bestreuen und mit den Zitronenschnitzen garnieren.

Der Bundesstaat Punjab im Norden Indiens ist die Kornkammer des Landes. Zwei Drittel der Getreideproduktion stammen von dort. Brot, Getreide und Hülsenfrüchte sind hier Grundnahrungsmittel und nicht Reis wie im Süden.

INDIEN

Indisches Fladenbrot mit Knoblauch von Shishir Sharma

Zutaten für 6 Brote:

Vorbereitung: ca. 150 Minuten
Backen: ca. 10 Minuten

500 g Mehl
Salz
1 Msp. Natronpulver
1 TL Backpulver
1 Ei
1 EL Zucker
2 EL Joghurt
3 EL Milch
2 EL Erdnussöl
Mehl zum Bearbeiten
6 große Knoblauchzehen
Fett für das Backblech

1. Mehl in eine Schüssel sieben und mit Salz, Natron- und Backpulver mischen. Das Ei mit Zucker, Joghurt und Milch verrühren. Eine Mulde in das Mehl drücken, die Eimischung und 200 ml Wasser zufügen und alles zu einem glatten Teig kneten. Der Teig darf nicht mehr an den Fingern kleben. Mit einem feuchten Tuch abdecken und 10 Minuten ruhen lassen.

2. Dann das Öl in den Teig einarbeiten. Dabei den Teig kneten und mit der Faust schlagen. Abgedeckt 2 Stunden ruhen lassen.

3. Backofen auf 250 Grad vorheizen. Teig in 6 gleich große Stücke teilen, zu Kugeln formen und etwas flachdrücken. Abgedeckt 5 Minuten ruhen lassen.

4. Auf einer bemehlten Arbeitsfläche jede Kugel dünn oval ausrollen und mit den Händen in die Länge ziehen (ca. 25 x 15 cm). Den Knoblauch schälen und fein hacken. Die Fladen mit Knoblauch bestreuen und auf ein gefettetes Backblech legen. 8–10 Minuten im heißen Ofen backen.

INDIEN

Auberginenpüree mit Joghurt und frischer Minze

Vorbereitung: ca. 30 Minuten
Zubereitung: ca. 45 Minuten
Zutaten für 4 Personen:

2 Auberginen (ca. 500 g)
2 Zwiebeln
1 Tomate
1 kleines Bund Minze
2 EL Öl
1/2 TL Garam Masala
Salz
frisch gemahlener Pfeffer
300 g türkischer Joghurt

1. Backofen auf 220 Grad vorheizen. Auberginen waschen und trockentupfen. Auf ein Backblech legen und 30 Minuten im heißen Ofen backen, bis sie weich sind.

2. Auberginen abkühlen lassen und häuten. Fruchtfleisch klein hacken. Zwiebeln schälen und klein würfeln. Tomate häuten, vierteln, entkernen und fein würfeln. Minze waschen, trockenschütteln und die Blätter fein hacken.

3. Öl in einer Pfanne erhitzen, die Zwiebeln darin goldbraun braten. Garam Masala darüberstreuen, Tomate und Auberginen zufügen. Salzen, pfeffern und 2 Minuten braten. Pfanneninhalt in eine Servierschüssel geben. Etwas abkühlen lassen, dann Joghurt und Minze untermischen. Im Kühlschrank 30 Minuten kalt stellen.

INDIEN

Geschmorte Kartoffeln mit Joghurt und Frühlingszwiebeln

Vorbereitung: ca. 1 Stunde
Zubereitung: ca. 20 Minuten
Zutaten für 4 Personen:

400 g Kartoffeln
1 kleines Bund Koriander
1 TL Kreuzkümmel
1/2 TL Pfefferkörner
1 rote Chilischote
4 Frühlingszwiebeln
2 EL Öl
Salz
300 g türkischer Joghurt

1. Kartoffeln waschen und in der Schale gar kochen. Abgießen und erkalten lassen. Dann die Kartoffeln schälen und in kleine Würfel schneiden. Den Koriander waschen, trockenschütteln und die Blätter fein hacken. Kreuzkümmel und Pfefferkörner in einem Mörser zermahlen.

2. Die Chilischote längs halbieren, entkernen und fein hacken. Frühlingszwiebeln putzen, grüne Spitzen in Röllchen schneiden, beiseitestellen. Weiße Teile hacken. Öl in einer Pfanne erhitzen, Zwiebeln und Gewürze anbraten. Kartoffeln zufügen, salzen und unter Rühren braten.

3. Kartoffeln erkalten lassen. Joghurt in einer Schüssel glatt rühren. Kartoffeln, Chilischote und Koriander untermischen, abdecken und 30 Minuten kalt stellen.

Samosas, wie die Teigtaschen in Indien heißen, sind eine beliebte Vorspeise oder ein Imbiss für den kleinen Hunger. Sie werden mit Fisch, Fleisch oder übrig gebliebenen Currys gefüllt. Ein Klassiker jedoch ist die Kartoffel-Erbsen-Füllung.

INDIEN

Gebackene Teigtaschen Bombay mit Kartoffel-Erbsen-Füllung

Zutaten für 12 Stück:

Für den Teig:
300 g Mehl
Salz
4 EL Erdnussöl

Für die Füllung:
750 g Kartoffeln
250 g frische grüne Erbsen
1 Zwiebel
1 kleines Stück Ingwer
1 grüne Chilischote
1 Bund Koriander
3 EL Ghee (geklärte Butter)
2 TL Kreuzkümmel
1 TL Chilipulver
Salz

Mehl zum Bearbeiten
Öl zum Frittieren

Zubereitung: ca. 1 Stunde

1. Mehl mit Salz, Öl und ca. 90 ml Wasser zu einem glatten Teig verkneten. 20 Minuten ruhen lassen.

2. Kartoffeln waschen, schälen und in 5 mm große Würfel schneiden. Erbsen in gesalzenem Wasser gar kochen, abschrecken und abtropfen lassen. Zwiebel und Ingwer schälen und klein würfeln. Chilischote längs halbieren, entkernen und klein hacken. Koriander waschen, trockenschütteln und die Blätter fein hacken.

3. Ghee in einer Pfanne erhitzen, Kreuzkümmel darin anrösten. Zwiebel und Ingwer zufügen und glasig dünsten. Chilipulver und Kartoffeln dazugeben, salzen und 5 Minuten unter Rühren braten. Mit einem Deckel zudecken und bei kleiner Hitze bissfest garen. Chilischote und Erbsen zufügen und den Koriander untermischen.

4. Teig in 6 gleich große Stücke teilen, zu Kugeln formen und zu dünnen Kreisen von 20 cm Ø ausrollen. Kreise halbieren. Jede Teighälfte in einer Hand zur Tüte formen, die seitliche Naht befeuchten und andrücken. Etwas Füllung hineingeben und den oberen Rand zusammendrücken. Eine tiefe Pfanne ca. 3 cm hoch mit Öl füllen, das Öl erhitzen. Teigtaschen darin portionsweise knusprig braun frittieren, auf Küchenpapier abtropfen lassen und auf eine Servierplatte legen.

Pakoras, dieser großartige Snack, der von Händlern in Papier gewickelt auf der Straße angeboten wird, kann mit fast jedem Gemüse zubereitet werden. Der gewürzte Backteig verleiht dem Gemüse einen wunderbar nussigen Geschmack.

INDIEN

Bunte Gemüse-Pakoras in Kichererbsenmehl gebacken

Zutaten für 4 Personen:

1/4 Blumenkohl
2 Kartoffeln
2 Zwiebeln
1 Aubergine
je 1 rote und grüne Spitzpaprikaschote
2 TL Ajowan (indischer Kümmel)
2 TL getrocknete Granatapfelsamen
250 g Kicherbsenmehl
1/2 TL Natron
1 TL Salz
1 TL Chilipulver
Öl zum Backen
150 ml Minzsauce (Fertigprodukt)

Vorbereitung: ca. 25 Minuten
Zubereitung: ca. 20 Minuten

1. Blumenkohl putzen, den Strunk entfernen. Blumenkohl in kleine Röschen teilen, waschen und abtropfen lassen. Kartoffeln und Zwiebeln schälen und in Scheiben schneiden. Aubergine waschen und in Scheiben schneiden. Kartoffel- und Auberginenscheiben getrennt in Wasser legen. Paprikaschoten putzen, entkernen und in breite Streifen schneiden.

2. Ajowan und Granatapfelsamen in einem Mörser zerreiben. Mit dem Kichererbsenmehl, Natron, Salz und Chilipulver vermischen. 200 ml Wasser zufügen und zu einem glatten Teig verrühren.

3. Kartoffel- und Auberginenscheiben abtropfen lassen und mit Küchenpapier trockentupfen. Einen Topf oder eine tiefe Pfanne ca. 3 cm hoch mit Öl füllen, das Öl auf 150 Grad erhitzen. Mit den Kartoffeln beginnend das Gemüse einzeln durch den Backteig ziehen, Teig etwas abtropfen lassen und das Gemüse im Öl hellbraun frittieren. Auf Küchenpapier abtropfen lassen.

4. Öl auf 180 Grad erhitzen und das Gemüse nacheinander goldbraun frittieren. Kurz abtropfen lassen und mit der Minzsauce servieren.

Indien ist das Zentrum der vegetarischen Welt. In keinem anderen Land der Erde hat sich die Fähigkeit, aus einfachen Zutaten und raffinierten Gewürzen einen unvergleichlich vollen Geschmack zu kreieren, so weit entwickelt.

INDIEN

Linsencurry Kabila mit Tomaten und frischem Koriander

Zutaten für 4 Personen:

250 g rote Linsen
2 Knoblauchzehen
1 kleines Stück Ingwer
750 g Tomaten
2 frische Chilischoten
2 EL Korianderkörner
3 EL Ghee (geklärte Butter)
2 EL fein gehackter Koriander
1 TL Garam Masala
2 TL Bockshornklee
2 EL Zitronensaft
4 EL Butter
Salz
2 indische Fladenbrote

Vorbereitung: 2 Stunden
Zubereitung: ca. 40 Minuten

1. Linsen waschen und 2 Stunden wässern. Abgießen, mit 3 Liter Wasser in einen Topf geben und knapp gar kochen. Dann in einem Sieb gut abtropfen lassen.

2. Knoblauch und Ingwer schälen und klein würfeln. Tomaten häuten, vierteln, entkernen und grob hacken. Chilischoten längs halbieren, entkernen und klein würfeln. Korianderkörner im Mörser zermahlen.

3. Ghee in einem Topf erhitzen, Knoblauch und Ingwer darin glasig dünsten. Korianderkörner und Chilischoten zufügen, kurz anrösten und die Tomaten dazugeben. Zum Kochen bringen und bei kleiner Hitze ca. 5 Minuten köcheln lassen.

4. Linsen und die Hälfte der Korianderblätter zufügen und weitere 5 Minuten unter Rühren köcheln. Mit Garam Masala und Bockshornklee würzen. Zitronensaft und Butter einrühren und mit Salz abschmecken. Vom Herd nehmen und 3 Minuten ziehen lassen.

5. Zum Servieren die Linsen in Portionsschalen verteilen, mit dem restlichen Koriander bestreuen und mit dem Fladenbrot servieren.

Ghee ist die indische Bezeichnung für Butterfett. Butter lässt man bei kleiner Hitze köcheln und trennt so Wasser, Eiweiß und Milchzucker vom Fett. Dadurch ist Ghee hoch erhitzbar und hält sich bei Zimmertemperatur mehrere Monate.

INDIEN

Geschmorter Weißkohl mit Pilzen und rotem Paprika

Zutaten für 4 Personen:

1/4 Weißkohl
500 g Champignons
750 g Tomaten
1 rote Paprikaschote
2 Zwiebeln
2 Knoblauchzehen
1 kleines Stück Ingwer
1 grüne Chilischote
1 kleines Bund Koriander
6 EL Ghee (geklärte Butter)
Salz
2 TL zerstoßene Korianderkörner
1 TL Garam Masala

Zubereitung: ca. 1 Stunde

1. Den Weißkohl putzen, Strunk und harte Blattrippen entfernen. Die Pilze putzen und vierteln. Die Tomaten häuten, vierteln, entkernen und grob hacken. Die Paprikaschote halbieren, entkernen und in feine Streifen schneiden. Zwiebeln, Knoblauch und Ingwer schälen und klein würfeln. Chilischote längs halbieren, entkernen und klein hacken. Koriander waschen, trockenschütteln und die Blätter fein hacken.

2. 1 EL Ghee in einer Pfanne erhitzen und Weißkohl darin unter Rühren bei mittlerer Hitze braten, bis die ganze Flüssigkeit verdunstet ist. Kohl aus der Pfanne nehmen. Erneut 1 EL Ghee in der Pfanne erhitzen und Pilze 4 Minuten anbraten. Dann Zwiebeln und Paprika mit 1 weiteren Esslöffel Ghee anbraten. Beiseitestellen.

3. Restliches Ghee in der Pfanne erhitzen, Knoblauch, Ingwer und Chili darin glasig dünsten. Tomaten, Zwiebeln und Paprika zufügen. Mit Korianderkörnern, Salz und Garam Masala würzen. Weißkohl und Pilze dazugeben und 5 Minuten bei kleiner Hitze unter Rühren garen. Auf eine Servierplatte geben und mit den Korianderblättern bestreuen.

Joghurt wird von indischen Hausfrauen oft selbst angesetzt. Er hat eine feste Konsistenz, ähnlich dem türkischen Joghurt. Zu flüssigen Joghurt kann man eindicken, indem man ihn in einem feinen Tuch mehrere Stunden abtropfen lässt.

INDIEN

Frittierte Auberginen mit Tomatensauce und Joghurt

Zutaten für 4 Personen:

2 große Auberginen
Öl zum Frittieren
1 kg Tomaten
1 rote Chilischote
2 Zwiebeln
8 Knoblauchzehen
1 kleines Stück Ingwer
2 EL Öl
Salz
1 TL Zucker
1/2 TL Garam Masala
500 g türkischer Joghurt
2 EL Zitronensaft
4 EL fein gehackter Koriander

Zubereitung: ca. 1 Stunde

1. Auberginen waschen, trockentupfen und in 5 mm dicke Scheiben schneiden. Einen Topf oder eine tiefe Pfanne ca. 3 cm hoch mit Öl füllen, das Öl erhitzen. Auberginenscheiben darin portionsweise knusprig braun frittieren. Auf Küchenpapier abtropfen lassen.

2. Tomaten häuten, vierteln, entkernen und grob hacken. Chilischote längs halbieren, entkernen und klein hacken. Zwiebeln, Knoblauch und Ingwer schälen und klein würfeln.

3. Öl in einer Pfanne erhitzen und die Zwiebeln darin goldbraun braten. Die Hälfte des Knoblauchs, Ingwer und Chilischote dazugeben und unter Rühren kurz anschwitzen. Tomaten zufügen und mit Salz, Zucker und Garam Masala würzen. Sauce dicklich einkochen.

4. Backofen auf 150 Grad vorheizen. Ein Backblech mit Backpapier auslegen. Auberginenscheiben nebeneinander darauflegen und mit jeweils 1 Esslöffel Tomatensauce bestreichen. 10 Minuten im Ofen backen.

5. Joghurt mit dem restlichen Knoblauch, Zitronensaft und Koriander glatt rühren. Auberginenscheiben auf eine Servierplatte legen, mit etwas Joghurtsauce beträufeln und sofort servieren.

Garam Masala ist eine Gewürzmischung, die in Indien je nach Familientradition und Jahreszeit unterschiedlich gemischt wird. Sie besteht hauptsächlich aus Kardamom, Kreuzkümmel, Gewürznelken, Koriander, Zimt und Lorbeer.

INDIEN

Pikant gewürzte gelbe Erbsen mit Garam Masala

Zutaten für 4 Personen:

200 g geschälte gelbe Erbsen
3 Knoblauchzehen
1 kleines Stück Ingwer
1 TL gemahlene Kurkuma
1 frische Chilischote
2 Tomaten
2 EL Ghee (geklärte Butter)
1 TL Senfkörner
1/2 TL Kreuzkümmel
Salz
1 TL brauner Zucker
1 TL Garam Masala

Zubereitung: ca. 1 Stunde

1. Erbsen in einer Schüssel mit warmem Wasser bedecken und 2 Stunden einweichen. Dann abgießen und abtropfen lassen. Die Erbsen in einen Topf mit 1 Knoblauchzehe und dem geschälten Ingwer geben und mit 1 Liter Wasser bedecken. Aufkochen, abschäumen und Kurkuma einrühren. Ca. 1 Stunde bei kleiner Hitze köcheln lassen, bis die Erbsen weich sind. Ab und zu umrühren.

2. Den restlichen Knoblauch schälen und klein würfeln. Die Chilischote längs halbieren, entkernen und fein hacken. Die Tomaten häuten, vierteln, entkernen und grob hacken.

3. Ghee in einem Topf erhitzen. Senfkörner und Kreuzkümmel zufügen und kurz anrösten. Den Knoblauch dazugeben und andünsten. Tomaten untermischen und 3–4 Minuten bei kleiner Hitze köcheln lassen. Dann die Erbsen untermischen. Mit Salz, Zucker und Garam Masala abschmecken und in eine Servierschüssel umfüllen.

In dem Bundesstaat Hyderabad und der gleichnamigen Hauptstadt liebt man Reisgerichte in jeder Form. Dieser gehaltvolle Reisauflauf jedoch wird meist nur zu besonderen Anlässen wie Hochzeiten und Feierlichkeiten serviert.

INDIEN

Reis-Rosinen-Auflauf aus Hyderabad mit Nüssen und Minze

Zutaten für 6 Personen:

350 g Basmatireis
3 TL Garam Masala
1 kleine Stange Zimt
2 Lorbeerblätter
1/2 TL geriebene Muskatnuss
Salz
2 Kartoffeln
3 Möhren
1 frische grüne Chilischote
2 Zwiebeln
2 Knoblauchzehen
1 kleines Stück Ingwer
je 1 Bund Minze und Koriander
1/2 TL Safranpulver
2 EL heiße Milch
250 g Joghurt
150 ml Wasser
4 EL Ghee (geklärte Butter)
50 g Cashewkerne
50 g geschälte Mandeln
50 g Rosinen

Zubereitung: ca. 80 Minuten

1. Reis waschen und 30 Minuten wässern. 2 Liter Wasser in einem Topf mit 2 Teelöffeln Garam Masala, Zimtstange, Lorbeerblättern, Muskatnuss und Salz zum Kochen bringen. Den Reis zufügen und knapp gar kochen. Abgießen und abtropfen lassen.

2. Kartoffeln und Möhren schälen und in kleine Würfel schneiden. Chilischote längs halbieren und entkernen. Zwiebel, Knoblauch und Ingwer schälen. Alles klein würfeln. Minze und Koriander waschen, trockenschütteln und die Blätter fein hacken. Den Safran in der heißen Milch auflösen und in den Joghurt rühren.

3. Ghee in einem Schmortopf erhitzen, restliches Garam Masala einstreuen. Zwiebeln, Knoblauch und Ingwer darin glasig dünsten. Chili, Möhren und Kartoffeln zufügen und andünsten. Die Hälfte des Joghurts und 150 ml Wasser einrühren und aufkochen. Cashewkerne, Mandeln und Rosinen zufügen und bei kleiner Hitze köcheln lassen, bis das Gemüse gar ist. Salzen.

4. Backofen auf 200 Grad vorheizen. Kräuter und Reis vermischen, die Hälfte davon auf das Gemüse geben. Restlichen Joghurt darauf verteilen und mit dem Kräuterreis bedecken. Zugedeckt im heißen Ofen 20 Minuten backen. In der Form servieren.

INDIEN

Altindisches Mangchutney
mit Rosinen und Mandeln

Zubereitung: ca. 30 Minuten
Marinieren: ca. 2 Tage
Zutaten für 4 Gläser:

2 Knoblauchzehen
1 kleines Stück Ingwer
1 Zwiebel
500 g grüne Mangos
1 TL Garam Masala
1/4 TL gemahlener Zimt
1/4 TL Kardamompulver
1 TL Chilipulver
100 ml Weißweinessig
Salz
10 geschälte Mandeln
50 g Rosinen

1. Knoblauch, Ingwer und Zwiebel schälen und fein reiben. Alles in ein Mulltuch geben und den Saft in eine Tasse auspressen. Würzsaft beiseitestellen.

2. Die Mangos schälen und das Fruchtfleisch vom Stein schneiden. Fruchtfleisch in der Küchenmaschine fein raspeln. In einem Topf mit Zucker mischen und bei kleiner Hitze langsam zum Kochen bringen. Den Würzsaft und die Gewürze hinzufügen und unter Rühren dicklich einkochen.

3. Essig zufügen und mit Salz abschmecken. Mandeln und Rosinen unterrühren, 3 Minuten weiterköcheln und dann abkühlen lassen. Chutney in sterile Vorratsgläser füllen und vor dem Servieren 2 Tage durchziehen lassen.

INDIEN

Südindisches Kokosnusschutney
mit Chili und Senfkörnern

Zubereitung: ca. 30 Minuten
Kühlen: ca. 1 Stunde
Zutaten für 4 Personen:

je 2 frische grüne und rote Chilischoten
1 kleines Stück Ingwer
2 EL Kichererbsenmehl
200 g Kokosnussfleisch
Salz
100 ml Kokosmilch
2 EL Erdnussöl
1 TL Senfkörner
5 Curryblätter

1. Grüne Chilischoten längs halbieren, entkernen und klein hacken. Rote Schoten waschen und trockentupfen. Ingwer schälen und fein reiben. Kichererbsenmehl ohne Fett in einer Pfanne rösten.

2. Braune Kokosnusshaut abschälen und das Fruchtfleisch raspeln. In einen Mixer geben und mit grüner Chilischote, Ingwer, Kichererbsenmehl, Salz und Kokosmilch zu einer Paste pürieren. In eine Schüssel füllen.

3. Öl in einer Pfanne erhitzen, die ganzen roten Chilischoten und Senfkörner darin kurz anbraten. Alles zum Kokosnusschutney geben, Curryblätter zufügen und gut mischen. Abgedeckt 1 Stunde im Kühlschrank kühlen.

Ajowan sind die kleinen Früchte einer einjährigen Pflanze. Ihr ausgeprägtes, nach Thymian duftendes Aroma entsteht erst mit dem Trocknen. Sie wird wegen ihrer verdauungsfördernden Wirkung zusammen mit Hülsenfrüchten verwendet.

INDIEN

Schwertfischstreifen aus Punjab in gewürztem Backteig

Zutaten für 4 Personen:

750 g Schwertfischfilet
1 kleines Stück Ingwer
2 Knoblauchzehen
150 g Kichererbsenmehl
1 TL gemahlene Kurkuma
Salz
frisch gemahlener Pfeffer
1 TL Garam Masala
1 TL Chilipulver
1 TL Ajowan (indischer Kümmel)
Öl zum Backen
3 Zitronen

Zubereitung: ca. 45 Minuten

1. Fisch waschen, trockentupfen und quer in 1,5 cm breite Streifen schneiden. Ingwer und Knoblauch schälen und fein reiben. In einer Schüssel Kichererbsenmehl und Kurkuma mit 100 ml Wasser verrühren. Mit Salz, Pfeffer, Garam Masala, Chilipulver und Ajowan würzen. Knoblauch und Ingwer untermischen. Fischstreifen in dem Teig wenden und nebeneinander auf eine Platte legen. 15 Minuten kühl stellen.

2. Den Backofen auf 120 Grad vorheizen. Einen Topf oder eine tiefe Pfanne ca. 3 cm hoch mit Öl füllen, das Öl auf mittlere Temperatur erhitzen. Die Fischstreifen portionsweise im heißen Öl knusprig braten. Auf Küchenpapier abtropfen lassen und im Backofen warm halten, bis alle Fischstreifen gebacken sind.

3. Die Zitronen in Achtel schneiden. Fischstreifen auf einer Servierplatte anrichten und mit den Zitronenschnitzen garnieren.

Die marinierten Makrelen am Spieß sind ein typisches Gericht aus dem Tandoori-Ofen (Lehmofen), der den Speisen ein Raucharoma verleiht. Bäckt man die Fische im Elektroofen, dann den Ofen nach Möglichkeit auf Heißluft einstellen.

INDIEN

Tandoori-Makrele in Würzmarinade im Ofen gebacken

Zutaten für 4 Personen:

Vorbereitung: ca. 75 Minuten
Backen: ca. 20 Minuten

4 Makrelen, küchenfertig
2 Eigelb
4 EL Joghurt
3 EL süße Sahne
2 EL Zitronensaft
Salz
frisch gemahlener Pfeffer
1 TL Chilipulver
1 TL gemahlene Kurkuma
1 TL gemahlener Kreuzkümmel
1 TL Ajowan (indischer Kümmel)
2 TL Ingwerpaste
2 TL Knoblauchpaste
2 EL Kichererbsenmehl
2 EL geschmolzene Butter
2 Zitronen, in Achtel geschnitten

1. Fische waschen und trockentupfen. Mit einem Messer auf jeder Seite der Fische 4 tiefe Schnitte bis zur Mittelgräte schneiden. Eigelb mit Joghurt, Sahne und Zitronensaft verrühren. Mit Salz, Pfeffer, Chili, Kurkuma, Kreuzkümmel und Ajowan würzen und mit Ingwer, Knoblauch und Kichererbsenmehl glatt rühren. Fische auf der Hautseite und in den Einschnitten mit Marinade bestreichen. Abgedeckt 1 Stunde kalt stellen.

2. Backofen auf 180 Grad vorheizen. 4 lange Spieße durch das Fischmaul bis zum Schwanz stecken. Fischspieße mit den beiden Enden so auf den Rand einer hohen, breiten ofenfesten Form legen, dass die Fische nicht den Boden der Form berühren.

3. Form mit den Fischspießen in die Mitte des heißen Ofens stellen. 15 Minuten garen. Dann die Fische mit Butter bepinseln und weitere 5 Minuten braten.

4. Die Fischspieße auf 4 vorgewärmte Teller legen und mit den Zitronen garnieren.

Malzessig ist in Indien sehr beliebt und ein Teil des englischen Erbes. Er wird nicht aus vergorenem Trauben- oder Beerenwein hergestellt, sondern aus gemälzter Gerste. Zur schöneren dunklen Färbung wird oft noch Zuckerkaramell zugesetzt.

INDIEN

Garnelen-Curry süßsauer mit Tomaten und Senfkörnern

Zutaten für 4 Personen:

800 g große Garnelen, roh, ungeschält
3 EL Zitronensaft
3 EL Malzessig
1 TL gemahlene Kurkuma
1/2 TL gemahlener Kreuzkümmel
1/2 TL gemahlener Koriander
Salz
frisch gemahlener Pfeffer
2 Zwiebeln
4 Knoblauchzehen
1 kleines Stück Ingwer
1 frische rote Chilischote
600 g Tomaten
4 EL Öl
1 EL Senfkörner
1 EL Rohrzucker

Zubereitung: ca. 50 Minuten

1. Die Garnelen waschen und schälen. Fleisch vom Rücken her einschneiden und halbieren, ohne die Unterseite durchzuschneiden. Die Hälften aufklappen und den Darm entfernen. Zitronensaft und Essig in einer Schüssel mit Kurkuma, Kreuzkümmel und Koriander verrühren. Salzen und pfeffern. Garnelen darin wenden und abgedeckt 30 Minuten ziehen lassen.

2. Zwiebeln, Knoblauch und Ingwer schälen und klein hacken. Chilischote längs halbieren, entkernen und fein hacken. Tomaten häuten, vierteln, entkernen und grob hacken.

3. Öl in einer Pfanne erhitzen und die Senfkörner einstreuen. Zwiebeln zufügen und goldbraun braten. Knoblauch, Ingwer und Chilischote unter Rühren dazugeben und Tomaten zufügen.

4. Garnelen abtropfen lassen, Marinade in einer Schüssel auffangen und mit Zucker zu den Tomaten geben.

5. Tomatensauce mit Salz abschmecken und die Garnelen unter die Sauce mischen. Ca. 4 Minuten bei kleiner Hitze gar ziehen lassen.

Die Malabarküste im Südwesten Indiens erstreckt sich über 600 Kilometer. Im Hinterland verfügt sie über ein weit verzweigtes Fluss- und Kanalsystem mit Seen und Lagunen, den sogenannten Backwaters, die teilweise künstlich angelegt wurden.

INDIEN

Aromatisches Muschelcurry von der Malabarküste

Zutaten für 4 Personen:

2 kg Mies- oder Herzmuscheln, küchenfertig
4 Zwiebeln
4 Knoblauchzehen
1 kleines Stück Ingwer
1 grüne Chilischote
4 EL Öl
1 TL gemahlene Kurkuma
1 TL gemahlener Koriander
1/2 TL gemahlener Kreuzkümmel
250 ml Kokosmilch
Salz
2 EL Zitronensaft
2 EL fein gehackter Koriander

Zubereitung: ca. 35 Minuten

1. Muscheln waschen und in einem Sieb abtropfen lassen. Bereits geöffnete Muscheln entfernen. Zwiebeln schälen und in feine Streifen schneiden. Knoblauch und Ingwer schälen und klein würfeln. Chilischote längs halbieren, entkernen und klein hacken.

2. Öl in einem Topf erhitzen und die Zwiebeln darin goldbraun anbraten. Knoblauch, Ingwer und Chilischote zufügen und mit Kurkuma, Koriander und Kreuzkümmel überstäuben. Kurz anrösten, mit Kokosmilch ablöschen und einmal aufkochen.

3. Den Sud leicht salzen und die Muscheln zufügen. Mit der Sauce sorgfältig vermischen und zugedeckt bei kleiner Hitze 10 Minuten garen. Während dieser Zeit den Topf mehrmals rütteln.

4. Muscheln mit einem Schaumlöffel in tiefe Teller verteilen. Nicht geöffnete Muscheln wegwerfen. Den Muschelsud mit Zitronensaft und Salz abschmecken und über die Muscheln gießen. Mit Koriander bestreut servieren.

Das Huhn ist neben den zahlreichen vegetarischen Gerichten über alle Gesellschaftsschichten, Religions- und Kastenzugehörigkeit hinaus in ganz Indien sehr beliebt und sein Fleisch ist ein ganz wichtiger tierischer Eiweißlieferant.

INDIEN

Frittierte kleine Hähnchenkroketten in pikanter Sauce

Zutaten für 4 Personen:

1 kleines Stück Ingwer
800 g Hähnchenbrust
50 g Cashewkerne
1 Bund Koriander
Salz
frisch gemahlener Pfeffer
Maismehl zum Wenden
Öl zum Frittieren
500 g Tomaten
2 Zwiebeln
2 Knoblauchzehen
1 frische rote Chilischote
2 EL Erdnussöl
1/2 TL gemahlene Kurkuma
1/2 TL gemahlener Koriander
100 g süße Sahne
frisch geriebene Muskatnuss

Zubereitung: ca. 1 Stunde

1. Ingwer schälen und grob würfeln. Fleisch waschen, trockentupfen und in Würfel schneiden. Mit dem Ingwer und den Cashewkernen durch die feine Scheibe des Fleischwolfs drehen. Koriander waschen, trockenschütteln und die Blätter fein hacken. Mit der Fleischmasse mischen, mit Salz und Pfeffer würzen.

2. Fleischmasse in 24 Portionen teilen und zu 2 cm dicken zylindrischen Röllchen formen. In Maismehl wenden. Einen Topf ca. 3 cm hoch mit Öl füllen, das Öl erhitzen. Fleischröllchen darin portionsweise goldbraun frittieren. Auf Küchenpapier abtropfen lassen.

3. Die Tomaten häuten, vierteln, entkernen und grob hacken. Zwiebeln und Knoblauch schälen und klein würfeln. Chilischote längs halbieren, entkernen und fein hacken.

4. Öl in einer großen Pfanne erhitzen, Zwiebeln und Knoblauch darin hellbraun anbraten. Mit Kurkuma und Koriander überstäuben und die Tomaten zufügen. Die Sauce dicklich einkochen. Dann die Sahne dazugeben, aufkochen und mit Salz und Muskatnuss würzen. Die Fleischröllchen einlegen und in der Sauce schwenken. 3 Minuten bei kleiner Hitze in der Sauce ziehen lassen.

Schon lange vor unserer Zeitrechnung waren die Beeren des Pfefferstrauchs in Indien bekannt und wurden als Gewürz kultiviert. Man verwendete es, um Lebensmittel schmackhafter und haltbarer zu machen, und es galt als Heilmittel.

INDIEN

Hähnchen in schwarzer Pfeffermarinade geschmort

Zutaten für 4 Personen:

1 Brathähnchen, küchenfertig
2 EL schwarze Pfefferkörner
125 g Joghurt
3 EL Ingwerpaste
3 EL Knoblauchpaste
2 EL Zitronensaft
Salz
2 Zwiebeln
3 Tomaten
4 EL Erdnussöl
1 TL Garam Masala
3 EL gehackte Korianderblätter

Vorbereitung: ca. 50 Minuten
Zubereitung: ca. 45 Minuten

1. Das Hähnchen waschen, häuten und in 8 Stücke zerteilen. Pfefferkörner in einem Mörser zermahlen. Mit Joghurt, der Hälfte der Ingwer- und Knoblauchpaste, Zitronensaft und Salz mischen. Fleischstücke in der Marinade wenden und abgedeckt 30 Minuten kühlen.

2. Die Zwiebeln schälen und klein würfeln. Tomaten häuten, vierteln, entkernen und grob hacken. Das Öl in einem Schmortopf erhitzen und die Zwiebeln darin hellbraun andünsten. Restliche Ingwer- und Knoblauchpaste einrühren, kurz andünsten und die Tomaten dazugeben. Einmal aufkochen lassen.

3. Das Fleisch mit der Marinade zufügen und 10 Minuten unter Rühren schmoren. Mit 1/4 Liter Wasser ablöschen und mit Garam Masala würzen. Ca. 30 Minuten bei mittlerer Hitze garen, mehrfach umrühren. Mit Salz abschmecken, auf einer Servierplatte anrichten und mit Koriander bestreut auftragen.

Lammfleisch gilt in Indien, einem Land, in dem die Kühe heilig sind und viele aus religiösen Gründen kein Schweinefleisch essen, neben Hühnerfleisch als edelste Speise. Besonders in Nordindien kennt man köstliche Zubereitungen.

INDIEN

Königliche Lammhackspieße mit Cashewkernen

Zutaten für 6 Stück:

1 kleine Zwiebel
2 Knoblauchzehen
1 kleines Stück Ingwer
1 frische grüne Chilischote
1 Bund Koriander
2 EL Cashewkerne
500 g Lammhackfleisch
Salz
frisch gemahlener Pfeffer
1/2 TL geriebene Muskatnuss
1 Msp. gemahlener Kardamom
1 TL Garam Masala
1 Ei
2 EL Erdnussöl
3 EL Ghee (geklärte Butter)

Außerdem:
Bambusspieße

Vorbereitung: ca. 45 Minuten
Zubereitung: ca. 20 Minuten

1. Zwiebel, Knoblauch und Ingwer schälen und klein würfeln. Chilischote längs halbieren, entkernen und klein hacken. Koriander waschen, trockenschütteln und die Blätter fein hacken. Cashewkerne in einem Mörser zerreiben. Alles mit dem Hackfleisch in eine Schüssel geben. Mit Salz, Pfeffer, Muskatnuss, Kardamom und Garam Masala würzen. Ei und Öl zufügen und zu einem glatten Fleischteig verkneten. Abgedeckt 30 Minuten kalt stellen.

2. Die Bambusspieße wässern. Fleischteig in 6 Portionen teilen und zu Bällchen formen. Ein Bällchen in die angefeuchtete Hand nehmen, einen Spieß durchstecken und den Fleischteig am Spieß entlang länglich (15 cm) formen.

3. Ghee in einer großen Pfanne erhitzen und die Spieße darin 8–10 Minuten knusprig braun braten. Auf Küchenpapier abtropfen lassen und auf einer Servierplatte auftragen.

In Indien werden Gewürze nicht nur gemörsert und gemahlen den Gerichten zugefügt. Oft werden sie auch im Ganzen, wie z.B. Kardamomkapseln und Zimtstange, beim Braten oder Kochen dazugegeben und vor dem Servieren entfernt.

INDIEN

Lammtopf mit Kokosnuss und Fenchelsaat geschmort

Zutaten für 4 Personen:

1 kg Lammkeule ohne Knochen
150 g Kokosnussfleisch
5 Zwiebeln
5 Knoblauchzehen
1 kleines Stück Ingwer
350 g Tomaten
2 grüne Chilischoten
2 rote Chilischoten
3 EL Ghee (geklärte Butter)
5 Kardamomkapseln
1 kleines Stück Zimtstange
1 Lorbeerblatt
Salz
1 TL Garam Masala
1 TL gemahlene Fenchelsaat

Zubereitung: ca. 90 Minuten

1. Fleisch waschen, trockentupfen und in 2 cm große Würfel schneiden. Braune Kokosnusshaut abschälen und das Fruchtfleisch raspeln. Zwiebeln, Knoblauch und Ingwer schälen und in feine Streifen schneiden. Tomaten häuten, vierteln, entkernen und grob hacken. Chilischoten längs halbieren und entkernen. Grüne Schoten klein hacken, rote Schoten in feine Streifen schneiden.

2. Ghee in einem Schmortopf erhitzen. Knoblauch zufügen und mit Kardamom, Zimtstange und Lorbeerblatt andünsten. Ingwer und Chilischoten dazugeben. Die Zwiebeln untermischen und goldbraun braten.

3. Tomaten und Kokosnuss einrühren, das Lammfleisch dazugeben und 3/4 Liter Wasser angießen. Zum Kochen bringen. Mit Salz, Garam Masala und Fenchel würzen. Zugedeckt ca. 1 Stunde bei kleiner Hitze köcheln lassen. Vor dem Servieren Kardamomkapseln, Zimtstange und Lorbeerblatt entfernen. Mit Salz abschmecken und im Schmortopf servieren.

Viele Gerichte werden in Indien im „Kadai", einem wokähnlichen Topf mit 2 Griffen, zubereitet. Der Vorteil der gewölbten Bratfläche: die Hitze konzentriert sich in der Mitte und durch das Verschieben des Garguts reguliert man die Temperatur.

INDIEN

Geschmortes Lammfleisch mit Spinat und Pistazienkernen

Zutaten für 4 Personen:

Zubereitung: ca. 20 Minuten
Kühlen: ca. 30 Minuten

500 g Lammfleisch (Keule)
500 g Spinat
2 Zwiebeln
4 Knoblauchzehen
1 kleines Stück Ingwer
4 EL Erdnussöl
frisch gemahlener Pfeffer
1/4 TL gemahlener Kardamom
1/4 TL Nelkenpulver
1 TL gemahlene Korianderkörner
1 TL gemahlener Kreuzkümmel
Salz
2 EL Joghurt
1 rote Chilischote
frisch gemahlener Pfeffer
1 TL Garam Masala

1. Das Fleisch waschen, trockentupfen und in 2 cm große Würfel schneiden. Den Spinat putzen, waschen, abtropfen lassen und grob hacken. Zwiebel, Knoblauch und Ingwer schälen und klein würfeln.

2. Das Öl in einem Schmortopf erhitzen, Zwiebeln und Knoblauch anbraten. Mit Pfeffer, Kardamom, Nelkenpulver, Koriander und Kreuzkümmel überstreuen und kurz anrösten. Das Fleisch zufügen und anbraten. Salzen und den Joghurt einrühren.

3. Den Spinat auf das Fleisch legen, ca. 1/4 Liter Wasser angießen. Spinat im geschlossenen Topf zusammenfallen lassen. Dann unter das Fleisch mischen und zugedeckt bei kleiner Hitze ca. 1 Stunde garen. Eventuell noch Wasser angießen.

4. Die Chilischote längs halbieren, entkernen und in feine Streifen schneiden. Fleisch und Spinat mit Salz, Pfeffer und Garam Masala abschmecken und in eine Servierschale füllen. Mit Chilistreifen garnieren und servieren.

Goa, am indischen Ozean gelegen, ist eines der beliebtesten Reiseziele in Indien. Hier entwickelte sich eine der besten Küchen des Landes, in der christliche, muslimische und hinduistische Traditionen ihre kulinarischen Spuren hinterließen.

INDIEN

Scharfes Schweinefleisch mit Kartoffeln und Zwiebeln

Zutaten für 4 Personen:

750 g Schweinefleisch (Schulter)
1 TL Pfefferkörner
5 Kardamomkapseln
5 Gewürznelken
Salz
2 TL brauner Zucker
150 ml Malzessig

Für die Sauce:
300 g Kartoffeln
Öl zum Frittieren
2 Zwiebeln
4 Knoblauchzehen
1 kleines Stück Ingwer
2 rote Chilischoten
1 TL gemahlene Kurkuma
1 EL Korianderkörner
1 TL Kreuzkümmel
3 EL Erdussöl
Salz
3 EL gehackte Korianderblätter

Vorbereitung: ca. 75 Minuten
Zubereitung: ca. 30 Minuten

1. Sichtbares Fett und Haut vom Fleisch entfernen, Fleisch waschen und trockentupfen. In 3 cm große Würfel schneiden und in eine Glasschüssel geben. Pfeffer, Kardamom und Nelken in einem Mörser zermahlen. Mit Salz, Zucker und Essig zum Fleisch geben und mischen. Abgedeckt mindestens 1 Stunde kalt stellen.

2. Inzwischen Kartoffeln schälen und in Würfel schneiden. Öl in einem Topf erhitzen, Kartoffeln darin goldbraun frittieren. Auf Küchenpapier abtropfen lassen. Zwiebeln schälen und in Ringe schneiden.

3. Das Fleisch abtropfen lassen und die Marinade in den Mixer geben. Knoblauch und Ingwer schälen, Chilischoten längs halbieren und entkernen. Alles im Mixer mit 2–3 Esslöffeln Wasser, Kurkuma, Koriander und Kreuzkümmel zu einer Paste aufmixen.

4. Öl in einem Schmortopf erhitzen, Zwiebeln darin goldbraun braten. Paste zufügen, kurz anrösten, dann das Fleisch dazugeben. Unter Rühren 5 Minuten garen. Mit 1 Liter Wasser ablöschen, aufkochen und bei kleiner Hitze köcheln lassen, bis das Fleisch zart ist. Kartoffeln zufügen und weitere 15 Minuten garen. Mit Salz abschmecken und mit Koriander bestreut servieren.

Der Basmatireis wächst an den Ausläufern des Himalaya im Norden des Landes. Er gilt in Indien als der König der Reissorten und seine besonders schmalen, ebenmäßigen Körner verströmen einen wundervollen Duft (Basmati).

INDIEN

Würziges Reisdessert mit Ananas und Safran gebacken

Zutaten für 4 Personen:

250 g Basmatireis
5 Kardamomkapseln
5 Gewürznelken
1/2 TL gemahlene Kurkuma
400 g Zucker
Saft von 1 Zitrone
frisch geriebene Muskatnuss
2 TL Safranpulver
200 g Ananaswürfel
Butter für die Form
3 EL Ghee (geklärte Butter)

Vorbereitung: ca. 2 Stunden
Backen: ca. 1 Stunde

1. Den Reis in einem Sieb waschen, in eine Schüssel geben, mit Wasser bedecken und 2 Stunden einweichen. Abtropfen lassen.

2. Kardamomsamen aus den Kapseln lösen und im Mörser zerreiben. 1 Liter Wasser in einem Topf zum Kochen bringen und mit Gewürznelken, Kardamom und Kurkuma würzen. Den Reis zufügen und knapp gar kochen. In ein Sieb abgießen und abtropfen lassen.

3. In einem Topf Zucker und 130 ml Wasser mischen und aufkochen. Zitronensaft und Muskatnuss zufügen und den Sirup dicklich einkochen. Reis und Safran untermischen und bis zum Siedepunkt erhitzen. Vom Herd nehmen und die Ananaswürfel dazugeben. Den Backofen auf 120 Grad vorheizen.

4. Den Reis in eine gefettete ofenfeste Form geben und glatt streichen. Auflauf ca. 1 Stunde im heißen Ofen backen. 10 Minuten vor Ende der Garzeit das Ghee über den Reisauflauf verteilen und schmelzen lassen. In der Form servieren.

Safran hat in der ayurvedischen Küche Indiens eine ganz besondere Stellung. Ihm werden vitalisierende, herzstärkende und nicht zu vergessen aphrodisierende Wirkungen zugeschrieben. Safran ist eines der wichtigsten Liebesgewürze.

INDIEN

Safran-Mango-Joghurt mit Ingwer und Pistazienkernen

Zutaten für 4 Personen:

1/4 l Milch
1 TL Safranpulver
3 EL Rohrzucker
1 kleines Stück Ingwer
1 kleine reife Mango
2 EL Pistazien
1 TL gemahlener Kardamom
500 g türkischer Joghurt

Zubereitung: ca. 20 Minuten
Kühlen: ca. 30 Minuten

1. Die Milch in einem Topf erwärmen. 2 Esslöffel abnehmen und den Safran darin auflösen. Den Zucker in der restlichen Milch auflösen. Abkühlen lassen.

2. Den Ingwer schälen und fein reiben. Die Mango schälen, entkernen und das Fruchtfleisch pürieren. Die Pistazien in einer Pfanne ohne Fett rösten und danach klein hacken.

3. Den Joghurt in einer Schüssel mit dem Mangopüree, dem Ingwer und dem Kardamom glatt rühren. Die Milch und die Safranmilch mit einem Schneebesen unterrühren. Safranjoghurt in 4 Gläser oder Schalen füllen und 30 Minuten im Kühlschrank kalt stellen. Vor dem Servieren mit den Pistazien bestreuen.

Die Malediven sind eine Gruppe von über 1000 kleinen Inseln vor der Südspitze Indiens. Ihre großartige Unterwasserwelt hat sie berühmt gemacht. In der modernen Hauptstadt Malé lebt die Hälfte der knapp 300.000 Einwohner.

MALEDIVEN

Schwertfisch-Curry aus Malé in Kokosnussöl geschmort

Zutaten für 4 Personen:

600 g Schwertfischfilet
2 Zwiebeln
2 Knoblauchzehen
3 EL Kokosnussöl
2 Curryblätter
1 Stück Pandanusblatt, ca. 2 cm (asiatisches Gewürzblatt)
1 EL Currypulver
1 EL gemahlener Koriander
Salz
frisch gemahlener Pfeffer
1 EL fein gehackter Koriander

Zubereitung: ca. 1 Stunde

1. Den Schwertfisch waschen, trockentupfen und in 3 cm große Würfel schneiden. Die Zwiebeln und den Knoblauch schälen und in feine Scheiben schneiden.

2. In einem Schmortopf das Öl erhitzen, Zwiebeln und Knoblauch darin goldbraun anbraten. Die Curryblätter und das Pandanusblatt zufügen, mit Curry und Koriander bestreuen und anrösten.

3. Die Fischwürfel zufügen und unter Rühren anbraten. Salzen und pfeffern und bei sehr kleiner Hitze ca. 15 Minuten zugedeckt schmoren. Dabei den Schmortopf mehrfach schwenken (nicht umrühren).

4. Die Gewürzblätter entfernen. Das Fisch-Curry auf einer vorgewärmten Platte anrichten und mit dem Koriander bestreut auftragen.

Die länglichen grünen Pandanusblätter sind im tropischen Teil Asiens ein beliebtes Gewürz. Man verwendet sie vor allem für Curries, oft zusammen mit Curryblättern. Ihr Geruch erinnert an den von Heu, Nüssen und Duftreis.

MALEDIVEN

Hähnchen Thinadhoo mit Chili und Pinienkernen

Zutaten für 4 Personen:

6 Hähnchenkeulen
3 Zwiebeln
3 Knoblauchzehen
1 kleines Stück Ingwer
1 Chilischote
2 EL Kokosnussöl
3 Curryblätter
1 Stück Pandanusblatt, ca. 2 cm (asiatisches Gewürzblatt)
1 TL Rohrzucker
Salz
frisch gemahlener Pfeffer
400 ml Kokosmilch
2 EL Butterschmalz
100 g Rosinen
100 g Pinienkerne

Zubereitung: ca. 1 Stunde

1. Die Hähnchenkeulen waschen und trockentupfen. Die Haut entfernen und die Keulen am Gelenk durchschneiden. Zwiebeln, Knoblauch und Ingwer schälen und klein würfeln. Die Chilischote längs halbieren, entkernen und klein hacken.

2. Kokosnussöl in einem Schmortopf erhitzen und die Hälfte der Zwiebeln mit Knoblauch, Curryblättern und Pandanusblatt goldbraun braten. Ingwer und Chilischote zufügen und mit Zucker bestreuen. Das Fleisch dazugeben, salzen, pfeffern und die Kokosmilch angießen. Aufkochen und zugedeckt 20 Minuten bei kleiner Hitze köcheln lassen.

3. Das Butterschmalz in einem Schmortopf erhitzen und die restlichen Zwiebeln darin glasig dünsten. Die Rosinen und die Pinienkerne zufügen und braten, bis die Pinienkerne goldbraun sind. Zum Hähnchen geben und weitere 15 Minuten offen einkochen lassen.

4. Die Sauce mit Salz abschmecken. Alles in eine Servierschale geben und auftragen.

Kokosnusscreme wird wie die Kokosmilch aus dem Fruchtfleisch der Nuss gewonnen, enthält aber mehr Öle und weniger Wasser. Die nahrhafte Creme kommt in Blöcke gepresst in den Handel und löst sich beim Erhitzen in Flüssigkeit auf.

MALEDIVEN

Ibrahams Rinderfilet aus der Pfanne mit Curryblättern

Zutaten für 4 Personen:

600 g Rinderfilet
2 Zwiebeln
6 Knoblauchzehen
2 Chilischoten
3 EL Kokosnussöl
6 Curryblätter
1 Stück Pandanusblatt, ca. 2 cm (asiatisches Gewürzblatt)
1 EL Currypulver
1 EL gemahlener Koriander
Salz
200 ml Kokosmilch
100 ml Kokosnusscreme
frisch gemahlener Pfeffer
2 EL fein gehackter Koriander

Zubereitung: ca. 40 Minuten

1. Das Fleisch waschen, trockentupfen und in 2 cm große Würfel schneiden. Die Zwiebeln und den Knoblauch schälen und in feine Streifen schneiden. Die Chilischoten längs halbieren, entkernen und in feine Streifen schneiden.

2. Das Öl in einer Pfanne erhitzen. Zwiebeln, Knoblauch und Chilischoten zufügen und hellbraun andünsten. Curryblätter und Pandanusblatt dazugeben und mit Curry und Koriander bestäuben. Fleisch zufügen, salzen und 5 Minuten unter Rühren schmoren.

3. Mit der Kokosmilch ablöschen, aufkochen und zugedeckt bei kleiner Hitze 15 Minuten köcheln lassen. Die Kokosnusscreme einrühren und erhitzen. Die Sauce mit Salz und Pfeffer abschmecken. Das Fleisch mit der Sauce in Servierschalen verteilen und mit Koriander bestreut auftragen.

Jasminwasser, mit seinem betörenden Aroma, wird gerne in Verbindung mit Reis und Desserts verwendet. Es ist sehr einfach selbst herzustellen, indem man Jasminblüten mit Sprudelwasser übergießt und über Nacht ziehen lässt.

MALEDIVEN

Kokos-Reis-Creme mit Banane und Pistazien

Zutaten für 4 Personen:

100 g Basmatireis
200 ml Kokosmilch
1 Kochbanane
150 g Rohrzucker
50 ml Jasminwasser
50 g Pistazien

Einweichen: ca. 2 Stunden
Zubereitung: ca. 30 Minuten

1. Den Reis 2 Stunden in Wasser einweichen. Abgießen und tropfnass in einem Mixer zu einer Paste pürieren. Mit der Kokosmilch glatt rühren.

2. Die Kochbanane schälen und in 5 mm große Würfel schneiden. Banane in einen Topf geben, mit Wasser bedecken und knapp gar kochen. Unter kaltem Wasser abschrecken und in einem Sieb gut abtropfen lassen.

3. In einem Topf 1 Liter Wasser mit dem Zucker und dem Jasminwasser zum Kochen bringen. Die Kokosmilch langsam einrühren und dicklich einkochen. Die Kochbanane dazugeben, bei kleiner Hitze 3 Minuten köcheln lassen.

4. Die Kokos-Reis-Creme unterrühren und den Topf vom Herd nehmen. Creme in Servierschalen verteilen, abkühlen lassen und im Kühlschrank kalt stellen.

5. Die Pistazien in einer Pfanne ohne Fett rösten und grob hacken. Kokos-Reis-Creme mit Pistazien bestreut servieren.

Kokosnussöl wird aus dem Fruchtfleisch der Kokosnuss gewonnen. Die besten Qualitäten werden in Handarbeit kalt gepresst und mehrfach gefiltert. In Sri Lanka schätzt man das Öl als wichtigen Bestandteil einer gesunden Ernährung.

SRI LANKA

Reissalat mit Kokosnuss-Julienne und würzigem Dressing

Zutaten für 4 Personen:

100 g Langkornreis
120 g frisches Kokosnussfleisch
80 ml Kokosnussöl
8 Curryblätter
1/2 TL gemahlene Kurkuma
1/2 TL Garam Masala
3 EL Limettensaft
Salz
frisch gemahlener Pfeffer
100 g Erdnüsse
2 Tomaten

Zubereitung: ca. 1 Stunde

1. Den Reis in ein Sieb geben und unter fließendem Wasser waschen. In einem Topf mit 300 ml Wasser garen. Danach abgießen, abtropfen und erkalten lassen. Die braune Kokosnusshaut abschälen, das Fruchtfleisch in feine Streifen (Julienne) raspeln und mit dem Reis vermischen.

2. Das Öl in einem Topf mäßig erhitzen. Curryblätter zufügen und unter Rühren Kurkuma und Garam Masala einstreuen. Vom Herd nehmen und etwas abkühlen lassen. Limettensaft unterrühren und mit Salz und Pfeffer würzen. Über den Kokosnuss-Reis gießen und gut vermischen. Abgedeckt 30 Minuten kalt stellen.

3. Die Erdnüsse schälen und in einer Pfanne ohne Fett rösten und grob hacken. Die Tomaten waschen und in Scheiben schneiden. Die Curryblätter aus dem Reissalat entfernen. Den Salat in eine Servierschüssel umfüllen, mit den Tomaten garnieren und mit den Erdnüssen bestreuen.

SRI LANKA

Rotes Fischcurry aus Trincomalee mit Tomaten

Zubereitung: ca. 45 Minuten
Zutaten für 4 Personen:

600 g weißes Fischfilet
Salz
1 TL gemahlene Kurkuma
2 EL Öl
1 Zwiebel
2 Knoblauchzehen
1 kleines Stück Ingwer
1 frische rote Chilischote
2 Tomaten
1 EL rotes Currypulver
1 TL Chilipulver
400 ml Kokosmilch

1. Fisch waschen, trockentupfen und in ca. 3 cm breite Streifen schneiden. Salzen und mit Kurkuma bestäuben. Öl in einer Pfanne erhitzen und den Fisch auf beiden Seiten 2 Minuten braten. Auf Küchenpapier abtropfen lassen.

2. Zwiebel, Knoblauch und Ingwer schälen und würfeln. Chilischote längs halbieren, entkernen und grob hacken. Tomaten waschen und grob würfeln. Alles im Mixer zu einer glatten Paste pürieren.

3. Gewürzpaste in der Pfanne anrösten. Mit Curry und Chili bestäuben, die Kokosmilch angießen und dicklich einkochen. Mit Salz abschmecken und den Fisch zufügen. 5 Minuten bei kleiner Hitze in der Sauce garen. Auf eine Servierplatte geben und mit gelbem Reis auftragen.

SRI LANKA

Gewürzter bengalesischer gelber Reis mit Kokosmilch

Zubereitung: ca. 35 Minuten
Zutaten für 4 Personen:

1 Zwiebel
10 Pfefferkörner
3 Gewürznelken
1 TL Kardamomsamen
2 EL Butterschmalz
1 TL gemahlene Kurkuma
350 g Langkornreis
300 ml Kokosmilch
Salz
1 Stängel Zitronengras

1. Zwiebel schälen und klein würfeln. Gewürze in einem Mörser zermahlen. Butterschmalz in einem Topf erhitzen. Zwiebel darin hellbraun anbraten, Gewürze zufügen, mit Kurkuma bestäuben und den Reis dazugeben. 4 Minuten unter Rühren rösten.

2. Kokosmilch mit 300 ml Wasser verrühren, zum Reis gießen und aufkochen. Zitronengras putzen, längs halbieren und zum Reis geben. Salzen und bei kleiner Hitze ca. 20 Minuten zugedeckt gar ziehen lassen.

3. Den Deckel abnehmen, das Zitronengras entfernen und den Reis etwas ausdampfen lassen. Reis mit einer Gabel auflockern und in einer Servierschale auftragen.

Hähnchenkebab wird in Sri Lanka im Tandoori-Ofen, einem Lehmofen, zubereitet. Er stammt ursprünglich aus Indien, sieht aus wie ein Fass ohne Deckel und wird mit Holzkohle befeuert, über der die Spieße garen und räuchern.

SRI LANKA

Hähnchenkebab Colombo-Style aus dem Backofen

Zutaten für 4 Personen:

Marinieren: ca. 3 Stunden
Zubereitung: ca. 30 Minuten

4 Hähnchenbrustfilets à 200 g, ohne Haut und Knochen
40 g Ingwerpaste
40 g Knoblauchpaste
50 g Joghurt
4 EL Limettensaft
Salz
frisch gemahlener Pfeffer
1/2 TL gemahlener Kreuzkümmel
1 TL geriebene Muskatnuss
1/2 TL Chilipulver
1/2 TL gemahlene Kurkuma
2 EL Kichererbsenmehl
5 EL Erdnussöl
2 Tomaten
1 kleine Salatgurke
1 kleiner Kopfsalat

Außerdem:
Bambusspieße

1. Fleisch waschen und trockentupfen. Jedes Filet in 4 Stücke schneiden. Die Ingwer- und die Knoblauchpaste mit Joghurt und Limettensaft verrühren. Mit Salz, Pfeffer, Kreuzkümmel, Muskatnuss, Chili und Kurkuma würzen. Kichererbsenmehl und Öl unter Rühren zufügen. Fleisch mit der Marinade mischen und abgedeckt mindestens 3 Stunden kühl stellen.

2. Tomaten waschen und in Scheiben schneiden. Gurke schälen, längs halbieren, entkernen und in Stifte schneiden. Kopfsalat putzen, waschen, trockenschleudern und die Blätter in Streifen schneiden.

3. Den Backofen auf 180 Grad vorheizen. Hähnchenfleischstücke in einem Abstand von ca. 2 cm auf gewässerte Bambusspieße stecken. Den Backofenrost mit Öl einpinseln. Die Spieße nebeneinander auf den Rost legen und in den Ofen schieben, Saftpfanne daruntergeben. Das Fleisch 10 Minuten im heißen Ofen braten. Zwischendurch mit dem aufgefangenen Bratfett aus der Saftpfanne bepinseln.

4. Eine Servierplatte mit den Salatstreifen auslegen. Hähnchenspieße darauf anrichten und mit Tomatenscheiben und Gurkenstiften garnieren.

Safran, mit seinem aromatischen Duft und seiner leuchtend gelben Farbe, ist aus der Küche Sri Lankas nicht wegzudenken. Das teuerste aller Gewürze wird in mühevoller Handarbeit aus den Samenfäden der Krokusblüten gewonnen.

SRI LANKA

Frittierte Windbeutel in Safranmilch mit Kardamom

Zutaten für 12 Stück:

200 g Mehl
50 ml Erdnussöl
1 l Milch
200 g Zucker
1 TL Safranpulver
1 TL gemahlener Kardamom
Erdnussöl zum Frittieren

Zubereitung: ca. 1 Stunde

1. Mehl in eine Schüssel sieben und mit 90–100 ml Wasser und dem Öl zu einem glatten Teig verkneten. Mit Frischhaltefolie abgedeckt 30 Minuten ruhen lassen.

2. Die Milch in einer großen Pfanne erhitzen und unter Rühren auf 1/3 einkochen lassen. Die Hitze reduzieren und Zucker, Safran und Kardamom zufügen. Unter Rühren so lange kochen, bis sich der Zucker ganz aufgelöst hat. Vom Herd nehmen und warm halten.

3. Den Teig in 12 gleich große Stücke teilen und zu Kugeln formen. Auf bemehlter Fläche jede Kugel zu einem Kreis (10 cm Ø) ausrollen.

4. Einen Topf oder eine tiefe Pfanne ca. 3 cm hoch mit Öl füllen, das Öl auf 175 Grad erhitzen. Teigkreise nacheinander in dem Öl auf beiden Seiten goldbraun backen. Auf Küchenpapier abtropfen lassen.

5. Windbeutel in die eingekochte Zucker-Milch legen und maximal 5 Minuten darin ziehen lassen. In der Milch servieren.

Eine kräftige Hühnersuppe wird in fast allen Ländern dieser Welt gekocht. Die Zubereitungsart ist im Großen und Ganzen die gleiche, doch die Zutaten sind sehr unterschiedlich. In Indonesien wird die Suppe sauer-scharf gewürzt.

INDONESIEN

Indonesische Hühnersuppe mit Bambussprossen und Tofu

Zutaten für 4 Personen:

250 g Hähnchenbrustfilet
3/4 l Hühnerbrühe
1 grüne Paprikaschote
250 g Tofu
400 g Bambussprossen (aus dem Glas)
2 Tomaten
1 Stängel Zitronengras
2 EL Öl
75 g Glasnudeln
1 EL süße Sahne
2 EL Essig
2 EL Sojasauce
Salz
frisch gemahlener Pfeffer
1 Msp. Sambal Oelek
2 EL Zucker

Zubereitung: ca. 45 Minuten

1. Das Hähnchenbrustfilet waschen. In der Hühnerbrühe zum Kochen bringen und ca. 20 Minuten garen. Dann aus der Suppe nehmen und in mundgerechte Würfel schneiden.

2. Die Paprikaschote putzen, entkernen und in Streifen schneiden. Den Tofu würfeln. Die Bambussprossen abtropfen lassen und in dünne Scheiben schneiden. Die Tomaten häuten, vierteln, entkernen und würfeln. Das Zitronengras schälen und in kleine Stücke schneiden.

3. Das Öl in einem Topf erhitzen. Die Paprikastreifen, das Zitronengras und die Tomaten darin leicht andünsten.

4. Die Glasnudeln in warmem Wasser einweichen und 10 Minuten quellen lassen. Dann abgießen und in Stücke schneiden.

5. Sahne, Essig und Sojasauce in die Brühe geben und aufkochen. Den Tofu, die Bambussprossen, das Fleisch und die Glasnudeln zufügen und in der Brühe wieder erhitzen. Mit Salz, Pfeffer, Sambal Oelek und Zucker abschmecken.

Kecap Manis ist eine süßlich-milde, dickflüssige, dunkle Sojasauce, die es nur in der indonesischen Küche gibt. Sie ist unverzichtbarer Bestandteil der traditionellen Gerichte auf Bali, Java, Sumatra und anderen Inseln des Archipels.

INDONESIEN

Mie-Suppe mit Hackfleischklößchen und Koriander

Zutaten für 4 Personen:

4 Schalotten
2 Knoblauchzehen
2 Möhren
1 kleines Stück Ingwer
1 rote Chilischote
2 EL Pflanzenöl
1,5 l Hühnerbrühe
250 g Rinderhackfleisch
1 Eiweiß
1 EL Tapiokamehl
1 TL gemahlener Koriander
Salz
frisch gemahlener Pfeffer
100 g dünne Nudeln
1 EL Kecap Manis (süße indonesische Sojasauce)

Zubereitung: ca. 50 Minuten

1. Die Schalotten und den Knoblauch schälen und fein hacken. Die geschälten Möhren in Stifte schneiden. Den Ingwer schälen und fein reiben. Die Chilischote längs halbieren, entkernen und fein hacken.

2. Das Öl in einem Topf erhitzen und die Schalotten darin andünsten. Knoblauch, Möhren, Ingwer und Chili zugeben und 2 Minuten mitdünsten. 1 Esslöffel der Mischung abnehmen. Die Hühnerbrühe angießen, zum Kochen bringen und 10 Minuten köcheln lassen.

3. Das Hackfleisch mit Eiweiß, Tapioka, der abgenommenen Knoblauch-Schalotten-Mischung und dem Koriander vermengen. Mit Salz und Pfeffer würzen. Aus dem Teig kleine Bällchen formen und in der kochenden Suppe etwa 20 Minuten garen. 10 Minuten vor Ende der Garzeit die Nudeln zugeben.

4. Die Suppe mit Kecap Manis und Gewürzen abschmecken.

Die indonesische Küche ist stark von der chinesischen und indischen Küche beeinflusst, hat jedoch auch stark ausgeprägte eigenständige Züge. Ihre Gerichte sind meist mit verschiedenen scharfen und süßen Aromen gewürzt.

INDONESIEN

Gemischtes Gemüse Gado-Gado mit Erdnusssauce

Zutaten für 4 Personen:

250 g Chinakohl
250 g junger Spinat
3 Möhren
250 g Sojabohnensprossen
3 Kartoffeln
500 g Erdnusspaste
1 EL Sambal Oelek
1 Prise Salz
1 Prise Zucker
Saft von 1 Limette
4 hart gekochte Eier
100 g Tofu
4 TL Röstzwiebeln

Zubereitung: ca. 40 Minuten

1. Den Chinakohl waschen, die harten Blattrippen entfernen und die Blätter in dünne Streifen schneiden. Den Spinat verlesen und waschen. Die Möhren schälen und grob raspeln. Die Sojabohnenkeimlinge waschen und abtropfen lassen.

2. Die Kartoffeln waschen und in der Schale in Salzwasser ca. 20 Minuten garen.

3. Chinakohl, Spinat, Möhren und Sojabohnenkeimlinge nacheinander in kochendem Wasser jeweils 3 Minuten blanchieren. Kartoffeln abgießen, schälen und in Scheiben schneiden. Alles in eine Schüssel geben.

4. Für die Sauce 1/4 Liter Wasser in einem Topf zum Kochen bringen. Die Erdnusspaste darin bei kleiner Hitze unter Rühren auflösen und zu einer dicklichen Sauce aufkochen. Mit Sambal Oelek, Salz, Zucker und Limettensaft abschmecken. Das Gemüse mit 2/3 der Sauce vermischen.

5. Die Eier schälen und in Scheiben schneiden. Den Tofu würfeln und mit den Eischeiben auf dem Gemüse verteilen. Den Rest der Sauce darübergießen und mit den Röstzwiebeln bestreuen.

Nüsse sind in der gesamten asiatischen Küche unverzichtbar. Die Kemirinuss, auch Kerzennuss genannt, wird oft in Gemüse- und Fleischgerichte gerieben und gibt ihnen nicht nur Aroma, sondern auch eine sämige Konsistenz.

INDONESIEN

Gemüse in Kokosmilch aus dem Wok mit Kemirinüssen

Zutaten für 4 Personen:

1 kleine Gurke
1 Möhre
2 dünne Stangen Lauch
1 grüne Paprikaschote
1/4 Blumenkohl
5 Weißkohlblätter
150 g Bambussprossen (aus dem Glas)
100 g Sojabohnensprossen
1 Zwiebel
4 Knoblauchzehen
4 Kemirinüsse
1/2 TL Terasi (Garnelenpaste)
1/2 TL Sambal Oelek
1 EL Kecap Manis (süße indonesische Sojasauce)
Salz
frisch gemahlener Pfeffer
3 EL Pflanzenöl
400 ml Kokosmilch

Zubereitung: ca. 40 Minuten

1. Die Gurke und die Möhre schälen, halbieren und in Scheiben schneiden. Den Lauch putzen, gründlich waschen und in Ringe schneiden. Die Paprikaschote halbieren, entkernen und in Streifen schneiden. Den Blumenkohl in Röschen zerteilen. Die harten Blattrippen von den Kohlblättern entfernen, Kohl in Streifen schneiden. Die Bambussprossen abtropfen lassen und ebenfalls in Streifen schneiden. Die Sojabohnensprossen waschen und abtropfen lassen.

2. Die Zwiebel und den Knoblauch schälen und fein hacken. Die Nüsse reiben, die Garnelenpaste mit einem Messerrücken zerdrücken. Alles mit Sambal Oelek, Kecap Manis, Salz und Pfeffer zu einer Paste verrühren.

3. Das Öl im Wok erhitzen und die Paste darin unter Rühren anschmoren. Die Kokosmilch sowie 200 ml Wasser zugeben und das Gemüse unterheben. Unter Rühren ca. 15 Minuten köcheln. Mit Salz und Pfeffer abschmecken.

Bami Goreng (mit Nudeln) und Nasi Goreng (mit Reis) sind so etwas wie Nationalgerichte in Indonesien. Sie werden in zahlreichen Variationen mit verschiedenen Gemüsesorten und Hühner- oder Rindfleisch im Wok zubereitet.

INDONESIEN

Eiernudeln Bami Goreng

mit Hühnerbrust

Zutaten für 4 Personen:

300 g breite chinesische Eiernudeln
Salz
150 g Hähnchenbrustfilet
150 g Sojabohnensprossen
1 Zwiebel
1 Möhre
je 1 rote und grüne Paprikaschote
2 Frühlingszwiebeln
1 Knoblauchzehe
1 Chilischote
3 EL Pflanzenöl
2 EL Sojasauce
frisch gemahlener Pfeffer

Zubereitung: ca. 1 Stunde

1. Die Nudeln in kochendem Salzwasser bissfest garen. Dann abgießen, abschrecken und abtropfen lassen.

2. Das Hähnchenbrustfilet waschen, trockentupfen und in Streifen schneiden. Die Sojabohnensprossen waschen und trockenschütteln. Die Zwiebel und die Möhre schälen und in kleine Würfel schneiden. Die Paprikaschoten halbieren, entkernen und in Streifen schneiden. Die Frühlingszwiebeln putzen, waschen und mit einem Teil des Grüns in Ringe schneiden. Den Knoblauch schälen und mit etwas Salz musig zerdrücken. Die Chilischote längs halbieren, entkernen und fein hacken.

3. Das Öl im Wok erhitzen, die Zwiebel mit dem restlichen Gemüse darin unter Rühren anbraten. Die Fleischstreifen dazugeben und 3 Minuten mitschmoren. Knoblauch, Chili, Sojasauce und Pfeffer einrühren und alles weitere 2 Minuten unter Rühren schmoren. Die Nudeln unter das Gemüse heben und anbraten.

Nasi Goreng, wie dieses Gericht in Indonesien heißt, ist ebenso wie die gebratenen Nudeln ein ideales Resteessen. Deshalb gibt es auch kein verbindliches Rezept dafür. Es schmeckt immer wieder anders – aber immer wieder sehr gut.

INDONESIEN

Gebratener Duftreis mit Schinken und Zwiebeln

Zutaten für 4 Personen:

800 g gekochter Duftreis
150 g gekochter Schinken
3 Zwiebeln
3 Knoblauchzehen
3 EL Pflanzenöl
Salz
Pfeffer
2 EL Sambal Oelek
3 EL Kecap Manis (süße indonesische Sojasauce)

Zubereitung: ca. 25 Minuten

1. Den Reis in eine Schüssel geben und mit einer Gabel auflockern. Den Schinken würfeln und unter den Reis mischen.

2. Die Zwiebeln und den Knoblauch schälen und in kleine Würfel schneiden.

3. Das Öl in einer Pfanne erhitzen. Zwiebeln und Knoblauch darin hellgelb anschwitzen.

4. Den Reis mit dem Schinken in die Pfanne geben und unter Rühren 10 Minuten mitschmoren. Mit Salz, Pfeffer, Sambal Oelek und Kecap Manis abschmecken.

In der indonesischen Küche gibt es keine strengen Servierregeln. Reis, Gemüse-, Fleisch- und Fischgerichte werden zur gleichen Zeit auf den Tisch gestellt, und jeder Gast bedient sich selbst. Zum Essen trinkt man meistens Tee.

INDONESIEN

Duftreis in Kokosmilch mit Omelettstreifen und Erdnüssen

Zutaten für 4 Personen:

150 g Duftreis
1/4 l Kokosmilch
1 Salam-Blatt (indonesischer Lorbeer)
1 Stängel Zitronengras
1 Stück Ingwer, ca. 5 cm
2 Eier
1 EL Öl
50 g Erdnüsse
4 Frühlingszwiebeln
Korianderblätter

Zubereitung: ca. 30 Minuten

1. Den Reis in der Kokosmilch und 1/4 Liter Wasser zum Kochen bringen, das Salam-Blatt einlegen. Zitronengras schälen und fein hacken. Den Ingwer schälen und fein reiben. Zum Reis geben. 15 Minuten köcheln lassen.

2. Für die Garnitur die Eier verquirlen und im heißen Öl daraus kleine Omeletts backen. Aus der Pfanne nehmen, zusammenrollen und in Scheiben schneiden. Die Erdnüsse in einer Pfanne ohne Fett rösten und hacken. Die Frühlingszwiebeln putzen, waschen und mit einem Teil des Grüns in dünne Ringe schneiden.

3. Reis abgießen, abtropfen lassen, das Salam-Blatt entfernen. Den Reis auf einer Platte anrichten. Mit Omelettstreifen garnieren und mit Erdnüssen, Frühlingszwiebeln und den Korianderblättern bestreuen.

Als indonesischen Archipel bezeichnet man die Inselgruppe zwischen dem südöstlichen Asien und Australien. Sie umfasst rund 3.000 bewohnte Inseln. Kein Wunder, dass Fisch und Meeresfrüchte täglich auf dem Speiseplan stehen.

INDONESIEN

Marinierte Garnelen auf Zitronengras vom Grill

Zutaten für 4 Personen:

3 Schalotten
2 Knoblauchzehen
3 rote Chilischoten
1 eingelegte Ingwerpflaume
1 kleines Stück Ingwer
1/4 TL gemahlener Koriander
1/4 TL Pfeffer
1 EL Sojasauce
3 EL Erdnussöl
16 große rohe Garnelen
4 Stängel Zitronengras

Zubereitung: ca. 30 Minuten
Marinieren: ca. 1 Stunde

1. Die Schalotten und den Knoblauch schälen und fein hacken. Die Chilischoten längs halbieren, entkernen und in dünne Streifen schneiden. Die Ingwerpflaume abtropfen lassen, den Sirup auffangen. Ingwerpflaume fein hacken. Den Ingwer schälen und fein reiben. Alles mit den Gewürzen, der Sojasauce und dem Öl zu einer Marinade verrühren.

2. Die Garnelen schälen und den Darm entfernen. Garnelenfleisch waschen und trockentupfen. Die Zitronengrasstängel der Länge nach halbieren und vorne mit dem Messer etwas anspitzen. Je 4 Garnelen auf einen Zitronengrasspieß stecken. Die Spieße mit der Marinade bestreichen und in eine große Schale legen. Restliche Marinade darübergeben. 1 Stunde bei Zimmertemperatur ziehen lassen.

3. Garnelenspieße aus der Marinade nehmen, abtupfen und auf dem heißen Grill ca. 6 Minuten von beiden Seiten grillen. Während dieser Zeit mehrmals mit der Marinade bestreichen.

Viele indonesische Gerichte sind stark gewürzt und sehr scharf. Allerdings kommt die Schärfe nicht vom Pfeffer, sondern von Chilischoten, die es in verschiedenen Schärfegraden von mild (grüner Chili) bis sehr scharf (roter Chili) gibt.

INDONESIEN

Frittiertes Barschfilet mit scharfer Sauce aus dem Wok

Zutaten für 4 Personen:

8 Schalotten
3 Knoblauchzehen
5 grüne Chilischoten
1 kleines Stück Ingwer
1 EL Erdnussöl
2 EL Essig
Salz
Öl zum Frittieren
1 kg Barschfilet

Zubereitung: ca. 30 Minuten

1. Schalotten und Knoblauch schälen und fein hacken. Die Chilischoten der Länge nach halbieren, entkernen und fein hacken. Den Ingwer schälen und fein reiben. Alles im Mixer zu einer Paste pürieren.

2. Das Erdnussöl in einer Pfanne erhitzen und die Gewürzpaste darin ca. 3 Minuten anrösten. 200 ml Wasser angießen und etwas einkochen lassen. Mit Essig und Salz abschmecken.

3. Das Fischfilet waschen, trockentupfen, in 8 Portionsstücke zerteilen und salzen. Reichlich Öl im Wok auf 190 Grad erhitzen und den Fisch darin goldbraun frittieren. Herausnehmen und kurz auf Küchenpapier abtropfen lassen. Die Sauce getrennt dazu reichen.

Kleine marinierte Fleischstücke oder Hackfleischbällchen, die auf offener Straße in kleinen Garküchen gegrillt werden, gibt es in Jakarta an fast jeder Straßenecke. Die Spieße bestehen aus Rind-, Schweine- oder Hühnerfleisch.

INDONESIEN

Gegrillte Schweinefleischspieße mit Erdnusssauce

Zutaten für 4 Personen:

Zubereitung: ca. 20 Minuten
Marinieren: ca. 2 Stunden

Für die Fleischspieße:
750 g Schweinefilet
4 Knoblauchzehen
4 EL Pflanzenöl
4 EL Kecap Manis (süße indonesische Sojasauce)
1 EL brauner Zucker
2 TL fein geriebener Ingwer
2 EL Tamarindensaft
Salz
Saft von 1 Limette

Für die Erdnusssauce:
1 kleine Zwiebel
1 Knoblauchzehe
1 TL rote Currypaste
1 EL Fischsauce (Fertigprodukt)
2 EL Zucker
1 EL Erdnussöl
75 g Erdnussbutter
1 EL Sojasauce
100 ml Kokosmilch

1. Das Schweinefleisch waschen, trockentupfen und in ca. 3 cm große Würfel schneiden.

2. Den Knoblauch schälen und fein hacken. Mit Öl, Kecap, Zucker, Ingwer, Tamarinde, Salz und Limettensaft mischen und die Fleischwürfel darin etwa 2 Stunden marinieren.

3. Inzwischen die Erdnusssauce zubereiten. Zwiebel und Knoblauch schälen und hacken. Mit Currypaste, Fischsauce und Zucker im Mixer pürieren.

4. Das Erdnussöl erhitzen und die Paste darin unter Rühren anrösten. Erdnussbutter, Sojasauce und Kokosmilch unterrühren und die Sauce etwas einkochen lassen.

5. Die Fleischwürfel auf 4 gewässerte Holzspieße stecken und auf dem Grill unter mehrmaligem Wenden ca. 15 Minuten goldbraun grillen. Während dieser Zeit mehrmals mit der Marinade bestreichen. Die Fleischspieße mit der Erdnusssauce servieren.

Kaffir-Limettenblätter haben einen ganz speziellen Geschmack, der sich von dem gewöhnlicher Limetten- oder Zitronenblättern stark unterscheidet. Man bekommt die frischen Blätter in asiatischen Feinkostgeschäften.

INDONESIEN

Scharfes Rindfleisch in Kokosmilch mit Limettenblättern

Zutaten für 4 Personen:

500 g Rindfleisch (Keule)
1/2 l Kokosmilch
5 Schalotten
3 Knoblauchzehen
1 rote Chilischote
1 TL fein geriebener Ingwer
1 EL geriebene Kemirinüsse
2 EL Pflanzenöl
1 Stängel Zitronengras
3 Kaffir-Limettenblätter
1–2 EL Sambal Oelek

Zubereitung: ca. 25 Minuten
Schmoren: ca. 30 Minuten

1. Das Fleisch waschen, trockentupfen und in Würfel schneiden. Die Kokosmilch mit 1/2 Liter Wasser in einem Topf einmal aufkochen. Die Fleischwürfel hineingeben und bei kleiner Hitze etwa 20 Minuten köcheln lassen.

2. Die Schalotten und den Knoblauch schälen und hacken. Die Chilischote der Länge nach halbieren, entkernen und fein hacken. Schalotten, Knoblauch, Chili, Ingwer und Kemirinüsse zu einer Paste pürieren.

3. Das Öl in einer Pfanne erhitzen und die Paste darin unter Rühren 4 Minuten anrösten.

4. Die äußeren harten Blätter und Blattspitzen vom Zitronengras entfernen. Den zarten unteren Teil des Zitronengrases fein hacken. Limettenblätter waschen und ebenfalls fein hacken. Beides mit der gerösteten Paste zum Rindfleisch geben. Weitere 30 Minuten garen, bis das Fleisch weich ist. Je nach Geschmack mit Sambal Oelek würzen.

Obwohl Fleisch, Fisch und Geflügel auf Bali relativ teuer sind, darf eine Ente auf keiner Festtafel fehlen. Auch wenn im Alltag gemeinsames Essen im Familienkreis eher selten ist – bei Festen sitzen alle am reich gedeckten Tisch.

INDONESIEN

Geschmorte Ente mit Chili und Paprika in Tamarindensauce

Zutaten für 4 Personen:

1 Ente, ca. 2 kg, küchenfertig
Salz
2 EL Pfefferkörner
2 EL Korianderkörner
1/2 Stange Zimt
2 Schalotten
4 Knoblauchzehen
4 rote Chilischoten
3 grüne Paprikaschoten
3 EL Öl
1 TL Galgantpulver
1 TL fein geriebener Ingwer
200 ml Tamarindensaft
1 Zitronenblatt
1 Salam-Blatt (indonesischer Lorbeer)
3 TL Palmzucker

Zubereitung: ca. 30 Minuten
Garen: ca. 90 Minuten

1. Die Ente waschen und trockentupfen. In einen großen Topf legen und so viel Wasser angießen, dass die Ente gut bedeckt ist. Salz, Pfeffer, Gewürzkörner und Zimtstange zugeben und die Ente etwa 1 Stunde köcheln lassen. Mehrmals in der Kochbrühe wenden.

2. Die Schalotten und den Knoblauch schälen und hacken. Die Chili- und Paprikaschoten halbieren, entkernen und in Streifen schneiden.

3. Die Ente aus der Brühe heben, Brühe aufbewahren. Ente in Portionsstücke (Keulen, Brustfleisch und Flügel) teilen.

4. Das Öl in einer großen Pfanne erhitzen und die Schalotten darin andünsten. Die Ententeile zugeben und von allen Seiten anbraten. Knoblauch, Galgant und Ingwer mischen und zur Ente geben. Chili und Paprika zufügen und alles 3 Minuten schmoren.

5. Die Entenbrühe entfetten und 100 ml davon mit dem Tamarindensaft in die Pfanne geben. Zitronenblatt und Salam-Blatt einlegen, Palmzucker unterrühren. Zugedeckt ca. 30 Minuten schmoren. Die Ente mit der Sauce anrichten.

Aus dem eingeweichten Fruchtfleisch der Tamarindenhülsen wird in Indonesien eine Paste hergestellt, die vielen Speisen einen angenehm säuerlichen Geschmack verleiht. Man kann die Paste auch durch Zitronensaft ersetzen.

INDONESIEN

Gebratenes mariniertes Hähnchen aus dem Wok

Zutaten für 4 Personen:

1 Brathähnchen, küchenfertig
5 g Tamarindenpaste
1 Zwiebel
1 Knoblauchzehe
1 EL gemahlener Koriander
frisch gemahlener Pfeffer
1 TL gemahlene Kurkuma
Salz
2 EL Pflanzenöl
4 EL Sojasauce
1 Limette, in Spalten geschnitten

Zubereitung: ca. 40 Minuten
Marinieren: ca. 30 Minuten

1. Das Hähnchen waschen, trockentupfen und in kleine Stücke schneiden. Die Tamarindenpaste in Wasser kneten, bis sie sich auflöst. Dann durch ein Sieb streichen und den Saft auffangen. Zwiebel und Knoblauch schälen und fein hacken. Mit den restlichen Gewürzen und dem Tamarindensaft zu einer Marinade verrühren. Die Hühnchenteile damit bestreichen und ca. 30 Minuten ziehen lassen. Aus der Marinade nehmen und abtupfen.

2. Das Öl im Wok erhitzen und die marinierten Hähnchenteile darin von allen Seiten unter mehrmaligem Wenden braten. Fertige Hähnchenteile aus der Pfanne nehmen.

3. Die Sojasauce, restliche Marinade und 100 ml Wasser in den Wok geben, den Bratensatz lösen und etwas einkochen lassen. Das Hähnchen mit der Sauce und Limettenspalten servieren.

Für Obstliebhaber ist Indonesien wie ganz Südostasien ein richtiges Paradies. In dem feuchtwarmen Klima gedeihen Bananen und Mangos, Ananas und Papaya prächtig. Die Früchte werden frisch gegessen, in Teig gebacken oder frittiert.

INDONESIEN

Frittierte Bananenbällchen mit Honig und Kokosraspeln

Zutaten für 4 Personen:

2 Bananen
3 EL Palmzucker
100 g Weizenmehl
1 EL Kokosraspel
1/2 l Pflanzenöl
2–3 EL flüssiger Honig

Zubereitung: ca. 15 Minuten

1. Die Bananen schälen, pürieren und mit dem Palmzucker, dem Mehl und den Kokosraspeln zu einem Teig verrühren.

2. Das Öl im Wok auf 190 Grad erhitzen. Vom Bananenteig teelöffelweise kleine Bällchen abnehmen und im heißen Fett goldbraun frittieren.

3. Die Bananenbällchen mit einer Schaumkelle aus dem Fett heben, auf Küchenpapier kurz abtropfen lassen und warmstellen, bis alle Bällchen fertig sind. Vor dem Servieren den Honig darüberträufeln.

Viele Gerichte werden mit Kokosmilch zubereitet, meist aus der Dose. Man kann sie auch selbst herstellen, indem man das Kokosfruchtfleisch fein reibt, einige Stunden in Milch ziehen lässt und anschließend kräftig auspresst.

INDONESIEN

Gebackener Reispudding mit Kokosmilch und Mangos

Zutaten für 6 Personen:

250 g Reismehl
60 g Maismehl
1 Prise Salz
600 ml Kokosmilch
100 g brauner Zucker
2 Mangos

Zubereitung: ca. 30 Minuten
Vorbereitung: ca. 30 Minuten

1. Die beiden Mehlsorten in eine Schüssel sieben und das Salz zufügen. Die Kokosmilch erhitzen, aber nicht kochen. Etwa 100 ml davon abnehmen und den Zucker darin auflösen. Die restliche Kokosmilch mit dem Mehl zu einem glatten Teig verrühren. Dann die Zucker-Kokosmilch untermischen. Den Backofen auf 190 Grad erhitzen.

2. Den Teig in kleine feuerfeste Förmchen füllen. Die Mangos schälen, halbieren und vom Kern befreien. Mangohälften quer in Scheiben schneiden und auf dem Teig verteilen.

3. Die Förmchen in eine feuerfeste Form stellen und so viel heißes Wasser angießen, dass sie zur Hälfte im Wasser stehen. Im heißen Ofen ca. 30 Minuten stocken lassen. Lauwarm oder kalt servieren.

Malaysia, eines der dynamischsten und reichsten Länder Südostasiens, hat durch seine interessante Mischung aus malaiischer, chinesischer und indischer Kultur eine sehr kreative eigenständige asiatische Küche entwickelt.

MALAYSIA

Gebackene Süßkartoffelplätzchen mit Kokosfüllung

Zutaten für 12 Stück:

Für den Teig:
500 g Süßkartoffeln
ca. 180 g Mehl
1 EL Zucker
1/2 TL Salz

Für die Füllung:
50 g getrocknete Garnelen
3 Schalotten
1 Knoblauchzehe
1 kleines Stück Ingwer
1 Chilischote
1 Stängel Zitronengras
2 EL Öl
1 TL gemahlene Kurkuma
200 g Kokosnussfleisch, frisch geraspelt
Salz
Palmzucker
12 kleine Garnelen, roh, ungeschält
Öl zum Frittieren

Zubereitung: ca. 75 Minuten

1. Kartoffeln waschen und mit der Schale in kochendem Salzwasser ca. 15 Minuten garen. Noch warm schälen, mit einer Gabel zerdrücken und ausdampfen lassen. Mit Mehl, Salz und Zucker zu einem glatten Teig verarbeiten, eventuell noch etwas Mehl zufügen.

2. Getrocknete Garnelen mit kochendem Wasser überbrühen und 15 Minuten ziehen lassen. Schalotten, Knoblauch und Ingwer schälen und klein würfeln. Chilischoten längs halbieren, entkernen und klein hacken. Zitronengras putzen und den weißen Teil fein hacken. Alle Zutaten im Mörser zerreiben. Garnelen abtropfen lassen und getrennt zu einer Paste zermahlen.

3. Das Öl in einer Pfanne erhitzen und die Gewürzpaste darin anrösten. Mit Kurkuma bestäuben, Garnelenpaste zufügen und die Kokosnussraspel unterrühren. Mit Salz und Zucker würzen und erkalten lassen.

4. Mit bemehlten Händen aus dem Teig eigroße Bällchen formen und flach drücken. Etwas Kokosmasse in die Mitte geben und den Teig darüberschlagen. Auf jedes Plätzchen 1 Garnele drücken. Eine tiefe Pfanne ca. 3 cm hoch mit Öl füllen, das Öl erhitzen. Die Plätzchen darin portionsweise goldbraun ausbacken. Auf Küchenpapier kurz abtropfen lassen.

Dieser Garnelen-Klassiker ist ein gutes Beispiel für die Verbindung chinesischer und indischer Kochtraditionen in Malaysia. Das Schmoren mit Curryblättern als Würzzutat verleiht dem Gericht seine unvergleichliche Note.

MALAYSIA

Malaysische Garnelen in Curryblättern geschmort

Zutaten für 4 Personen:

500 g Garnelen, roh, ungeschält
Öl zum Frittieren
4 Knoblauchzehen
1 kleines Stück Ingwer
3 frische Chilischoten
1 Stange Sellerie
50 g Butter
10 frische Curryblätter
1 TL Sojasauce
1 EL Mirinwein
Salz
Zucker

Zubereitung: ca. 45 Minuten

1. Die Garnelen waschen und trockentupfen. Mit einer Küchenschere am Rücken entlang einschneiden und den Darm entfernen.

2. Einen Topf 3 cm hoch mit Öl füllen und das Öl erhitzen. Die Garnelen darin 1–2 Minuten portionsweise frittieren und auf Küchenpapier kurz abtropfen lassen.

3. Den Knoblauch und den Ingwer schälen und klein würfeln. Die Chilischoten längs halbieren, entkernen und klein hacken. Die Sellerie putzen und in kleine Würfel schneiden.

4. Die Butter in einem Wok oder einer großen Pfanne erhitzen, Knoblauch, Ingwer, Chilischote, Sellerie und die Curryblätter darin anbraten. Die Garnelen zufügen und mit Soyasauce, Mirinwein, Salz und Zucker würzen. 2 Minuten unter Rühren garen. Auf eine vorgewärmte Platte geben und sofort servieren.

Die kleinen Baby-Calamari haben ein besonders zartes weiches Fleisch. Sie dürfen nur kurz gegart werden. Malaysier lieben die Kombination aus pikantem Fisch-Curry und hart gekochten Eiern, die sie in der Sauce mitkochen.

MALAYSIA

Baby-Calamari-Curry mit harten Eiern in Kokossauce

Zutaten für 4 Personen:

500 g Baby-Calamari, küchenfertig
4 Schalotten
2 Tomaten
je 1/2 TL Kreuzkümmel, Fenchelsaat und Bockshornkleesamen
2 EL Öl
10 Kaffir-Limettenblätter
4 EL Fischcurrypulver
150 ml Kokosmilch
4 hart gekochte Eier
Salz
1–2 TL Chiliöl

Zubereitung: ca. 40 Minuten

1. Die Calamari waschen und trockentupfen. Die Schalotten schälen und klein würfeln. Die Tomaten häuten, vierteln, entkernen und in Spalten schneiden. Die Gewürzkörner im Mörser zermahlen.

2. Das Öl in einem Wok erhitzen und die Schalotten darin andünsten. Tomaten, Gewürzkörner, Limettenblätter und Fischcurrypulver zufügen. Kurz anrösten, dann die Calamari dazugeben. Unter Rühren 1–2 Minuten anbraten. Calamari mit einem Schaumlöffel wieder herausnehmen und warm stellen.

3. Die Kokosmilch angießen und die geschälten Eier zufügen. Mit 1/2 Liter Wasser aufgießen und 10 Minuten bei kleiner Hitze köcheln lassen. Mit Salz und Chiliöl abschmecken. Die Calamari wieder zufügen und in der Sauce 1 Minute ziehen lassen. Das Curry in eine vorgewärmte Servierschüssel umfüllen.

Eines der wichtigsten Aromen in der malaysischen Küche ist „Cinkaluk“, eine rosafarbene fermentierte Würzsauce aus Garnelen, Salz und gekochtem Reis. Sie muss in Flaschen für 3 bis 4 Wochen reifen und wird wie Fischsauce verwendet.

MALAYSIA

Makrelenstreifen mit Okraschoten aus dem Wok

Zutaten für 4 Personen:

500 g frische Makrelenfilets
12 kleine Okraschoten
2 Tomaten
4 EL Öl
1 TL Fischcurrypulver
1 TL gemahlene Kurkuma
2 TL Tamarindenpaste, in 300 ml heißem Wasser aufgelöst
Salz
Palmzucker
1 kleines Bund Koriander

Für die Gewürzpaste:
4 Schalotten
1 Knoblauchzehe
2 frische Chilischoten
1 Stängel Zitronengras
1/2 TL Cinkaluk (malaysische fermentierte Garnelenpaste)

Zubereitung: ca. 35 Minuten

1. Fisch waschen, trockentupfen und in 3 cm breite Streifen schneiden. Abgedeckt kalt stellen. Die Okraschoten waschen und abtropfen lassen. Die Tomaten häuten, vierteln, entkernen und in Spalten schneiden.

2. Für die Gewürzpaste Schalotten und Knoblauch schälen und grob hacken. Chilischoten längs halbieren, entkernen und würfeln. Harte Zitronengrasblätter entfernen und den weißen Teil fein hacken. Alles in einem großen Mörser zu einer Paste zerreiben, dann die Garnelenpaste untermischen.

3. Das Öl in einem Wok erhitzen und die Gewürzpaste darin anrösten. Fischcurrypulver und Kurkuma zufügen, anschwitzen und mit dem Tamarindenwasser ablöschen. Tomaten und Okraschoten zufügen und einmal aufkochen. 5 Minuten bei kleiner Hitze köcheln lassen. Mit Salz und Zucker abschmecken.

4. Den Fisch zufügen und bei kleiner Hitze 3–4 Minuten gar ziehen lassen. Den Koriander waschen, trockenschütteln und die Blätter von den Stängeln zupfen. Fisch mit Okraschoten auf einer vorgewärmten Platte anrichten und mit den Korianderblättern bestreuen.

Kuala Lumpur, die pulsierende Hauptstadt Malaysias, hat sich zu einer faszinierenden kosmopolitischen Weltmetropole entwickelt. Hier leben Menschen unterschiedlichster Kulturen und Religionen friedlich neben- und miteinander.

MALAYSIA

Gebratenes Schweinefilet Kuala Lumpur aus dem Wok

Zutaten für 4 Personen:

300 g Schweinefilet
1 rote Paprikaschote
je 1 grüne und rote Chilischote
4 Schalotten
4 Knoblauchzehen
3 EL Öl
2 TL Cinkaluk (malaysische fermentierte Garnelenpaste)
1 TL Tamarindenpaste, in 3–4 EL heißem Wasser aufgelöst
Salz
Zucker

Zubereitung: ca. 30 Minuten

1. Das Fleisch waschen, trockentupfen und in feine Streifen schneiden. Die Paprikaschote putzen, halbieren, entkernen und in Streifen schneiden. Chilischoten längs halbieren, entkernen und klein hacken.

2. Die Schalotten und den Knoblauch schälen, halbieren und in feine Streifen schneiden. Das Öl im Wok erhitzen, Schalotten und Knoblauch darin nacheinander knusprig braten. Mit einem Schaumlöffel herausnehmen und beiseitestellen.

3. Die Garnelenpaste im Bratfett anrösten. Chilischote und Paprika zufügen und bei großer Hitze anbraten. Das Fleisch dazugeben und 1 Minute scharf anbraten. Mit dem Tamarindensaft ablöschen und mit Salz und Zucker abschmecken. 1 Minute weiter garen.

4. Auf eine vorgewärmte Servierplatte geben, mit den Schalotten und dem Knoblauch bestreuen.

Garnelen gelten auch in der philippinischen Küche als Delikatesse, für die auf Fischmärkten hohe Preise verlangt werden. Günstiger ist es, sie direkt bei den Fischerfrauen zu kaufen, die den Fang ihrer Männer morgens in Körben feilbieten.

PHILIPPINEN

Garnelensuppe Manila mit Mais und Zuckerschoten

Zutaten für 4 Personen:

300 g Garnelenschwänze, roh, ungeschält
1 kleines Stück Ingwer, halbiert
Salz
200 g Zuckerschoten
200 g Mais (aus der Dose)
1 Zwiebel
1 Knoblauchzehe
30 g grüner Speck
1 TL Maisstärke
frisch gemahlener Pfeffer
2 EL gehackte Sellerieblätter

Vorbereitung: ca. 30 Minuten
Zubereitung: ca. 25 Minuten

1. Garnelen waschen und trockentupfen. Das Fleisch aus den Schalen lösen, klein hacken und kühl stellen. Garnelenschalen und Ingwer in einen Topf geben. Mit 1 Liter leicht gesalzenem Wasser 10 Minuten kochen. Dann die Brühe durch ein Sieb abgießen.

2. Zuckerschoten putzen, waschen und in dünne Streifen schneiden. Den Mais abtropfen lassen. Zwiebel und Knoblauch schälen und fein hacken. Den Speck in kleine Würfel schneiden.

3. Den Speck in einem Topf auslassen, Zwiebel und Knoblauch im Bratfett anschwitzen. Das Garnelenfleisch und die Maiskörner dazugeben. Brühe angießen und aufkochen. Die Maisstärke mit 2 Esslöffeln Wasser verquirlen, in die Brühe rühren und sämig kochen. Mit Salz und Pfeffer abschmecken.

4. Die Zuckerschoten zufügen und bei kleiner Hitze 2 Minuten in der Suppe ziehen lassen. In Suppenschalen verteilen, mit Selleriegrün bestreuen und servieren.

Bananenblüten sind seit jeher ein fester Bestandteil der Küche Südostasiens. Der gelb-rote Kolben der männlichen Blüte hat dickfleischige Blätter, die gerne als Gemüse zubereitet oder in Salzlake zu Konserven verarbeitet werden.

PHILIPPINEN

Bananenblüten Guinataan in Kokosmilch geschmort

Zutaten für 4 Personen:

2 Bananenblüten à 500 g
Salz
1 Zwiebel
2 Knoblauchzehen
3 Tomaten
2 EL Öl
1/2 TL Zucker
frisch gemahlener Pfeffer
2 EL Zuckerrohressig
200 ml Kokosmilch

Vorbereitung: ca. 30 Minuten
Zubereitung: ca. 40 Minuten

1. Die äußeren welken Blätter der Bananenblüten entfernen. Die Blüten schräg in 5 mm breite Streifen schneiden. In eine Schüssel geben, mit 2 Teelöffeln Salz bestreuen und 15 Minuten ziehen lassen. Danach gründlich unter fließendem kaltem Wasser waschen. In einem Sieb abtropfen lassen und etwas ausdrücken.

2. Zwiebel und Knoblauch schälen. Zwiebel in Streifen, Knoblauch in kleine Würfel schneiden. Tomaten häuten, vierteln, entkernen und in Streifen schneiden.

3. Öl in einem Topf erhitzen und den Knoblauch darin hellbraun anbraten. Zuerst die Zwiebel, dann die Tomaten zufügen. Mit Zucker, Pfeffer und Essig würzen und 3 Minuten köcheln lassen. Blütenstreifen untermischen und weitere 4 Minuten garen.

4. Die Kokosmilch einrühren, erhitzen, aber nicht mehr kochen lassen. Mit Salz und Pfeffer abschmecken und in 4 Servierschalen verteilen.

Die Küche der über 800 bewohnten Inseln des philippinischen Archipels wird vor allem durch die Nähe zum Meer geprägt. Kein Ort ist weiter als 200 km von der Küste entfernt, deshalb sind Fisch und Meeresfrüchte Grundnahrungsmittel.

PHILIPPINEN

Thunfisch in würziger Sauce aus dem Ofen

Zutaten für 4 Personen:

4 Thunfischsteaks à 180 g
2 EL Öl
Salz
frisch gemahlener Pfeffer
2 Knoblauchzehen
1 kleines Stück Ingwer
1 Zwiebel
2 Tomaten
30 g grüner Speck, gewürfelt
1 EL Sojasauce
1 EL schwarze Bohnenpaste
2 EL Essig
Zucker
2 Frühlingszwiebeln

Zubereitung: ca. 30 Minuten

1. Thunfischsteaks waschen und trockentupfen. Öl in einer Pfanne erhitzen. Steaks bei mittlerer Hitze auf jeder Seite 1–2 Minuten anbraten und in eine ofenfeste Form legen. Salzen und pfeffern. Form in den Backofen stellen und den Ofen auf 160 Grad erhitzen.

2. Knoblauch und Ingwer schälen und klein würfeln. Zwiebel schälen und klein hacken. Tomaten häuten, vierteln, entkernen und in Streifen schneiden.

3. Speck in der Pfanne auslassen, Zwiebel, Knoblauch und Ingwer im Bratfett glasig dünsten. Tomaten, Sojasauce, Bohnenpaste und Essig zufügen, mit 1/4 Liter Wasser ablöschen. Aufkochen, mit Salz, Zucker und Pfeffer abschmecken und über die Thunfischsteaks gießen. Den Fisch weitere 5 Minuten im Backofen garen.

4. Die Frühlingszwiebeln putzen und mit einem Teil des Grüns in feine Streifen schneiden. Die Thunfischsteaks mit der Sauce auf 4 Teller verteilen und mit den Frühlingszwiebeln bestreut servieren.

Die unreifen grünen Früchte des Papayabaums sind auf den Philippinen ein sehr geschätztes Gemüse, das in Geschmack und Konsistenz an geschmorte Gurken erinnert und auch in etwa die gleichen Garzeiten wie diese hat.

PHILIPPINEN

Brathähnchen mit grüner Papaya in Ingwer-Knoblauch-Sauce

Zutaten für 4 Personen:

2 kleine grüne Papayas
1 Brathähnchen
1 Zwiebel
3 Knoblauchzehen
1 großes Stück Ingwer
1 kleine frische Chilischote
2 EL Öl
Salz
1 EL Speisestärke
1 EL Sojasauce

Zubereitung: ca. 40 Minuten

1. Papayas schälen, halbieren, entkernen und das Fruchtfleisch in Würfel schneiden. Hähnchen waschen, trockentupfen und in kleine Portionsstücke teilen. Zwiebel, Knoblauch und Ingwer schälen und klein würfeln. Chilischote halbieren, entkernen und hacken.

2. Das Öl in einem Schmortopf erhitzen, Zwiebel, Ingwer, Knoblauch und Chili darin andünsten. Die Hähnchenstücke zufügen, salzen und bei mittlerer Hitze langsam anbraten. Mit der Speisestärke überstäuben und mit Sojasauce und 1/8 Liter Wasser ablöschen. Bei kleiner Hitze ca. 15 Minuten köcheln lassen.

3. Die Papayawürfel untermischen und weitere 10 Minuten garen, bis das Fleisch und die Papayas weich sind. Auf vorgewärmte Teller verteilen und servieren.

Der unbestrittene Favorit in der philippinischen Küche ist das Schwein. In dem einzigen mehrheitlich katholischen Land Asiens gehört ein gebratenes Spanferkel zu jedem Fest – ein Erbe der spanischen Kolonialherrschaft.

PHILIPPINEN

Marinierte Schweinekoteletts mit süßsaurer Sauce

Zutaten für 4 Personen:

Für die Fleischmarinade:
8 kleine Schweinekoteletts à 125 g
4 EL Kalamansisaft, ersatzweise je 2 EL Limetten- und Orangensaft
2 EL Sojasauce
Salz
frisch gemahlener Pfeffer
75 g Semmelbrösel
Öl zum Backen

Für die Sauce:
1 frische Chilischote
2 Scheiben Ananas (Dose)
100 ml Ananassaft
60 g brauner Zucker
60 ml Zuckerrohressig
3 EL Speisestärke

Vorbereitung: ca. 1 Stunde
Zubereitung: ca. 20 Minuten

1. Koteletts waschen, trockentupfen und in eine Schüssel legen. Kalamansisaft und Sojasauce zufügen, das Fleisch darin wenden und abgedeckt 1 Stunde im Kühlschrank ziehen lassen.

2. Für die Sauce die Chilischote längs halbieren, entkernen und klein hacken. Die Ananas in kleine Würfel schneiden. Chilischote und Ananas in einem Topf mit Ananassaft, Zucker, Essig und Speisestärke mischen. Langsam unter Rühren zum Kochen bringen. Dicklich einkochen und mit so viel Wasser angießen, bis die Sauce die gewünschte Konsistenz erreicht hat. Sauce erkalten lassen.

3. In eine große Pfanne 1 cm hoch Öl einfüllen und erhitzen. Semmelbrösel auf einen Teller streuen. Koteletts aus der Marinade nehmen, etwas abtropfen lassen und in den Semmelbröseln wenden. Überschüssige Brösel abschütteln und die Koteletts im heißen Öl von beiden Seiten goldbraun ausbacken. Auf Küchenpapier abtropfen lassen. Koteletts auf einer Servierplatte anrichten und die süßsaure Sauce getrennt dazu servieren.

Glasnudeln werden aus Mungobohnenmehl hergestellt. Sie werden nach dem Einweichen durchsichtig, daher ihr Name. Glasnudeln haben keinen ausgeprägten Eigengeschmack, nehmen aber Aromen und Gewürze wunderbar auf.

THAILAND

Glasnudel-Hühner-Salat mit Mu-Errh-Pilzen und Chilischoten

Zutaten für 4 Personen:

20 g getrocknete Mu-Errh-Pilze (Wolkenohrpilze)
200 g Glasnudeln
Salz
2 Schalotten
2 Frühlingszwiebeln
2 Tomaten
1/2 l Hühnerbrühe
250 g Hähnchenbrustfilet
1 Stange Sellerie
1/2 Bund Koriander
2 Thai-Chilischoten
2 Knoblauchzehen
3 EL Austernsauce
5 EL Limettensaft
1/2 TL Zucker

Zubereitung: ca. 1 Stunde

1. Die Pilze in warmem Wasser, die Nudeln in heißem Wasser einweichen und 20 Minuten quellen lassen. Die Pilze abgießen und ausdrücken, dann in Streifen schneiden. Die Nudeln abgießen und klein schneiden.

2. Die Schalotten schälen und in Ringe schneiden, die Frühlingszwiebeln putzen, waschen und in 3 cm lange Stücke schneiden. Tomaten häuten, vierteln, entkernen und in Spalten schneiden.

3. Die Brühe in einem Topf erhitzen. Das Hähnchenfleisch waschen, trockentupfen und in dünne Streifen schneiden. In der kochenden Brühe 5 Minuten garen, dann in einem Sieb abtropfen lassen. Sellerie putzen und in Scheiben schneiden.

4. Für das Dressing den Koriander waschen, trockenschütteln und die Blättchen fein hacken. Einige Blättchen für die Garnitur beiseitelegen. Chilischoten halbieren, entkernen und fein hacken. Den Knoblauch schälen und hacken. Koriander, Chili und Knoblauch mit Austernsauce, Limettensaft und Zucker verrühren. Die Salatzutaten in einer Schüssel mit dem Dressing mischen. Mit den Korianderblättchen garnieren.

Papayas wachsen an kleinen unverzweigten Bäumen. Die Früchte werden bis zu 4 Kilogramm schwer. In Thailand genießt man sie nicht nur im reifen Zustand, sondern die unreife grüne Frucht wird auch als Gemüse und Salat sehr geschätzt.

THAILAND

Scharfer Papayasalat mit Garnelen und Erdnüssen

Zutaten für 4 Personen:

1 grüne Papaya
2 Tomaten
3 Knoblauchzehen
1 frische rote Chilischote
100 g Erdnüsse
150 g Garnelen, gekocht und geschält
50 ml Zitronensaft
1 EL Austernsauce
1 EL Sojasauce
Salz
2 EL fein gehackte Petersilie

Zubereitung: ca. 30 Minuten

1. Die Papaya schälen, halbieren und die Kerne mit einem Löffel herauslösen. Das Fruchtfleisch in dünne Streifen schneiden. Die Tomaten häuten, achteln und entkernen. Den Knoblauch schälen und fein hacken. Die Chilischote längs halbieren, entkernen und fein hacken.

2. Die Erdnüsse in einer Pfanne ohne Fett rösten. Die Garnelen und die Erdnüsse grob hacken.

3. Alle Zutaten in einer Schüssel vermischen. Zitronensaft mit Austernsauce, Sojasauce und Salz verrühren und über den Salat geben. Vorsichtig unterheben. Den Salat mit Petersilie bestreut servieren.

Flügelbohnen sehen tatsächlich so aus, als hätte man Buschbohnen Flügel verliehen. Sie werden bis zu 30 cm lang und haben einen sehr würzigen Geschmack. In Thailand schätzt man nicht nur die Schoten, sondern auch Blätter und Wurzeln.

THAILAND

Flügelbohnensalat mit Hackfleisch und Kokosmilch

Zutaten für 4 Personen:

500 g Flügelbohnen
Salz
3 Schalotten
2 Knoblauchzehen
1 frische rote Chilischote
2 EL Sesamöl
200 g Rinderhackfleisch
50 g Sesamsaat
3 EL Austernsauce
3 EL Zitronensaft
1 TL Zucker
6 EL Kokosmilch

Zubereitung: ca. 35 Minuten

1. Die Bohnen putzen, an beiden Enden ca. 1 cm kürzen, waschen und in kochendem Salzwasser 2 Minuten blanchieren. Dann abgießen, in Eiswasser abschrecken und quer in Stücke schneiden.

2. Schalotten und Knoblauch schälen und in feine Würfel schneiden. Die Chilischote halbieren, entkernen und in dünne Streifen schneiden.

3. Das Öl in einer Pfanne erhitzen und die Schalotten sowie den Knoblauch darin 2–3 Minuten andünsten. Das Hackfleisch zugeben und krümelig braten. Die Mischung aus der Pfanne nehmen und abkühlen lassen.

4. Sesam im Bratfett rösten, bis er duftet. Austernsauce, Zitronensaft, Zucker und Kokosmilch zu einem Dressing verrühren. Alle Zutaten in eine Schüssel geben, mit dem Dressing übergießen und mischen.

Austernsauce ist eine dickflüssige asiatische Würzsauce aus fermentierten Fischen und Meeresfrüchten. Sie wird in Thailand beim Garen verwendet. Sparsam dosiert zaubert sie einen Hauch Meeresbrise an die Speisen.

THAILAND

Marinierte Tintenfischspieße vom Grill

Zutaten für 4 Personen:

Vorbereitung: ca. 2 Stunden
Zubereitung: ca. 30 Minuten

2 Knoblauchzehen
5 EL Austernsauce
1 EL Erdnussöl
1 EL Honig
400 g Tintenfischtuben, küchenfertig
3 rote Chilischoten
2 grüne Chilischoten
1/2 Bund Koriander
1/2 Bund glatte Petersilie
6 EL Zitronensaft
1 EL Palmzucker

Außerdem:
Bambusspieße

1. Die Knoblauchzehen schälen und hacken. Die Hälfte des Knoblauchs mit 2 Esslöffeln Austernsauce, dem Öl und dem Honig in einer Schüssel vermischen. Die Tintenfische waschen, trockentupfen und in der Marinade etwa 2 Stunden ziehen lassen.

2. Die Chilischoten längs halbieren, entkernen und fein hacken. Die Kräuter waschen, trockenschütteln und fein hacken. Die restliche Austernsauce und den restlichen Knoblauch mit den Kräutern, dem Zitronensaft und dem Palmzucker zu einer Sauce verrühren.

3. Den Backofengrill auf 160 Grad vorheizen. Die Tintenfische aus der Marinade nehmen, leicht abtupfen und auf gewässerte Bambusspieße stecken. Die Tintenfischspieße unter den Grill legen und etwa 8 Minuten grillen. Mit der Sauce servieren.

Garküchen sind eine Institution in Thailand. Auf der Straße bieten sie frisch zubereitete, meist gebratene Speisen an, die individuell zusammengestellt werden können. Die Preise sind wesentlich niedriger als in einem Restaurant.

THAILAND

Marinierte Hähnchenflügel im Teigmantel knusprig frittiert

Zutaten für 4 Personen:

Vorbereitung: ca. 2 Stunden
Zubereitung: ca. 40 Minuten

24 Hähnchenflügel
6 EL dunkle Sojasauce
3 EL Reiswein
1 TL Salz
1 TL Zucker
Pfeffer
4 EL Mehl
1 EL Speisestärke
1,5 l Frittieröl
200 ml Chilisauce (Fertigprodukt)

1. Die Hähnchenflügel waschen und trockentupfen. Die Flügel an den Gelenken auseinanderbrechen.

2. Für die Marinade die Sojasauce mit Reiswein, Salz, Zucker und Pfeffer verrühren. Hähnchenflügel in der Marinade 2 Stunden ziehen lassen. Gelegentlich wenden.

3. Das Mehl und die Speisestärke mit 100 ml Wasser zu einem Teig verrühren. Die Hähnchenflügel aus der Marinade nehmen und mit Küchenpapier abtupfen.

4. Das Frittieröl in einem großen Topf auf 180 Grad erhitzen. Hähnchenflügel einzeln durch den Teig ziehen. Im heißen Fett portionsweise etwa 4–5 Minuten knusprig braun frittieren. Hähnchenflügel aus dem Öl heben und auf Küchenpapier abtropfen lassen. Auf einer Platte anrichten und mit der Chilisauce servieren.

Kokosnuss ist eines der populärsten und billigsten Lebensmittel Thailands. Frische Kokosmilch, die aus dem Fruchtfleisch gewonnen wird, ist unentbehrlicher Bestandteil vieler Gerichte. Bei uns ist sie auch als Konserve erhältlich.

THAILAND

Gebratene Garnelen mit Hackfleisch in Kokosmilch

Zutaten für 4 Personen:

1 Zwiebel
1 Knoblauchzehe
2 dünne Stangen Lauch
200 g Garnelen, roh, geschält
2 EL Sonnenblumenöl
250 g Schweinehackfleisch
300 ml Kokosmilch
1 EL Zucker
2 EL Austernsauce
3 EL fein gehackter Koriander
Salz
frisch gemahlener Pfeffer
400 g Krabbenbrot (Fertigprodukt)

Zubereitung: ca. 35 Minuten

1. Die Zwiebel und den Knoblauch schälen und fein hacken. Den Lauch putzen, waschen und in dünne Ringe schneiden. Die Garnelen waschen und den Darm entfernen. Garnelen trockentupfen und fein hacken.

2. Das Öl in einer Pfanne erhitzen, die Zwiebel, den Knoblauch und den Lauch darin andünsten. Die Garnelen und das Hackfleisch zugeben und etwa 3 Minuten unter Rühren braten.

3. Die Kokosmilch angießen und aufkochen. Zucker, Austernsauce, Koriander, Salz und Pfeffer unterrühren. Bei mittlerer Hitze ca. 10 Minuten köcheln lassen. Dann auf vorgewärme Teller verteilen und das Krabbenbrot getrennt dazu servieren.

In dieser Suppe ist der typische Duft Thailands aus einer Verbindung von Ingwer, Zitronengras, Kaffir-Limettenblättern, Koriander und Frühlingszwiebeln enthalten – vollendet mit einer ordentlichen Portion Schärfe der Chilischoten.

THAILAND

Scharfe Hühnersuppe mit Garnelen und Frühlingszwiebeln

Zutaten für 4 Personen:

10 g getrocknete Mu-Errh-Pilze (Wolkenohrpilze)
500 g Garnelen, roh, ungeschält
10 g Korianderwurzel
3 Kaffir-Limettenblätter
2 Stängel Zitronengras
2 cm eingelegter Ingwer
2 frische Chilischoten
2 EL Limettensaft
3 EL Austernsauce
800 ml Hühnerbrühe
2 Frühlingszwiebeln

Zubereitung: ca. 1 Stunde

1. Die Pilze etwa 30 Minuten in warmem Wasser einweichen. Dann abgießen und hacken. Die Garnelen waschen, schälen und den Darm entfernen. Die Korianderwurzel schälen und fein reiben. Die Limettenblätter waschen und in Streifen schneiden. Zitronengras schälen und in ca. 2 cm lange Stücke schneiden.

2. Den Ingwer abtropfen lassen und in dünne Scheiben schneiden. Die Chilischoten längs halbieren, entkernen und in Streifen schneiden. Alles mit Limettensaft und Austernsauce in eine Schüssel geben.

3. Die Hühnerbrühe in einem Topf mit den gehackten Pilzen, Limettenblättern und Zitronengras erhitzen und ca. 10 Minuten köcheln lassen. Dann die Korianderwurzel und die Garnelen dazugeben. Weitere 4 Minuten bei kleiner Hitze köcheln. Das Zitronengras aus der Suppe entfernen.

4. Die Ingwer-Chili-Mischung in die Suppe rühren und noch 2 Minuten köcheln lassen. Die Frühlingszwiebeln putzen, waschen, in dünne Ringe schneiden und vor dem Servieren über die Suppe streuen.

Keine thailändische Mahlzeit ohne eine heiße klare Suppe: Ob zum Frühstück, Mittagessen oder als Imbiss zwischendurch, Suppen gehören einfach dazu – am liebsten mit viel frischem knackigem Gemüse und leckeren Nudeln.

THAILAND

Würzige Nudelsuppe mit Gemüse und Hackfleisch

Zutaten für 4 Personen:

100 g Glasnudeln
1/2 Bund Koriander
1/4 Weißkohl
2 Möhren
1 Knoblauchzehe
1/2 Petersilienwurzel
Salz
frisch gemahlener Pfeffer
250 g gemischtes Hackfleisch
1 l Rinderbrühe
3 EL Austernsauce

Zubereitung: ca. 55 Minuten

1. Die Glasnudeln in eine Schüssel geben und mit warmem Wasser übergießen. 20 Minuten quellen lassen, dann abgießen, abtropfen lassen und mehrmals durchschneiden.

2. Den Koriander waschen, trockenschütteln und die Blättchen fein hacken. Den Weißkohl putzen, die Möhren schälen und beides in feine Streifen schneiden.

3. Den Knoblauch und die Petersilienwurzel schälen und fein hacken. Mit Salz und Pfeffer im Mörser zu einer Würzpaste zermahlen.

4. Das Hackfleisch mit Salz und Pfeffer würzen. Die Brühe in einem Topf erhitzen und die Würzpaste einrühren. Das Hackfleisch in die Suppe geben und ca. 5 Minuten darin garen.

5. Die Glasnudeln, das Gemüse und die Austernsauce in die Suppe geben und alles 1–2 Minuten köcheln lassen. Mit Salz und Pfeffer abschmecken.

Die Wasserkresse, die man an fließenden Gewässern findet und die auch unter dem Namen Brunnenkresse bekannt ist, wird in Thailand wegen ihres leicht scharfen und bitteren Geschmacks vor allem in Salaten und Suppen sehr geschätzt.

THAILAND

Entensuppe mit Shiitake-Pilzen und Glasnudeln

Zutaten für 4 Personen:

500 g Entenbrustfilet ohne Haut
Salz
frisch gemahlener Pfeffer
100 g frische Shiitake-Pilze
3 Schalotten
2 Tomaten
1 EL Sesamöl
3/4 l Hühnerbrühe
100 g Sojabohnensprossen
100 g Glasnudeln
2 EL Wasserkresse

Zubereitung: ca. 40 Minuten

1. Das Entenbrustfilet waschen, trockentupfen, in dünne Streifen schneiden und mit Salz und Pfeffer würzen. Die Pilze putzen und klein schneiden. Die Schalotten schälen und in Ringe schneiden. Die Tomaten häuten, achteln und entkernen.

2. Das Öl in einem Topf erhitzen und die Schalotten darin etwa 1 Minute andünsten. Die Pilze zugeben und 2 Minuten mitschmoren. Die Hühnerbrühe in einem zweiten Topf erhitzen, dann in den Topf mit den Pilzen umfüllen.

3. Die Suppe aufkochen, dann die Entenfleischstreifen einlegen und ca. 8 Minuten in der Brühe garen. Tomaten und Sojabohnensprossen in die Suppe geben und noch 1 Minute köcheln lassen.

4. Die Glasnudeln mehrmals zerschneiden und in die heiße Suppe geben. 5 Minuten darin ziehen lassen. Die Suppe mit der Wasserkresse bestreuen und servieren.

THAILAND

Süße thailändische Chilisauce mit Knoblauch

Zubereitung: ca. 30 Minuten
Zutaten für 4 Personen:

6 frische rote Chilischoten
5 Knoblauchzehen
1 Schalotte
3 EL Reisweinessig
200 g Palmzucker
1–2 EL Fischsauce

1. Die Chilischoten längs halbieren, entkernen und grob hacken. Den Knoblauch und die Schalotte schälen und hacken.

2. Chilischoten, Knoblauch und Schalotte im Mixer mit dem Reisweinessig pürieren. Das Püree in einen kleinen Topf geben, 100 ml Wasser zufügen und den Zucker einrühren.

3. Die Sauce bei mittlerer Hitze unter Rühren 10–15 Minuten dick einkochen lassen. Vom Herd nehmen und abkühlen lassen. Mit der Fischsauce abschmecken.

THAILAND

Würziger Tamarinden-Dip mit Schalotten

Zubereitung: ca. 15 Minuten
Zutaten für 4 Personen:

5 Schalotten
2 Knoblauchzehen
1 frische grüne Chilischote
1 EL Öl
100 g Tamarindenmus
1 EL Rohrzucker
1 EL Limettensaft

1. Die Schalotten und den Knoblauch schälen und möglichst fein hacken. Die Chilischote längs halbieren, entkernen und ebenfalls fein hacken.

2. Das Öl in einem Wok erhitzen. Schalotten, Knoblauch und Chilischote zufügen und unter Rühren 1 Minute rösten. Das Tamarindenmus und 3 Esslöffel Wasser einrühren, den Zucker zugeben. Bei kleiner Hitze unter Rühren 4 Minuten köcheln lassen.

3. Den Tamarinden-Dip in eine Schüssel umfüllen und abkühlen lassen. Vor dem Servieren den Limettensaft unterrühren.

Currypasten sind das Rückgrat der thailändischen Küche. Sie werden mittlerweile auch bei uns als scharfe rote, grüne oder gelbe Würzpaste angeboten. Ein Löffel davon macht aus einfachen Zutaten im Nu ein köstliches Gericht.

THAILAND

Rotes Gemüsecurry mit Babymaiskolben und Bohnen

Zutaten für 4 Personen:

2 rote Zwiebeln
2 Möhren
1 kleine rote Paprikaschote
350 g frische grüne Bohnen
8 frische Babymaiskolben
250 g Blumenkohlröschen
1 EL Öl
1 EL rote Currypaste (Fertigprodukt)
400 ml Kokosmilch
4 Kaffir-Limettenblätter
1 EL eingelegter grüner Pfeffer
2 EL Fischsauce
1 EL Limettensaft
1 TL Rohrzucker
Salz
frisch gemahlener Pfeffer

Zubereitung: ca. 50 Minuten

1. Die Zwiebeln und die Möhren schälen und in feine Scheiben schneiden. Die Paprikaschote halbieren, entkernen und in kleine Würfel schneiden. Die Bohnen putzen und in ca. 3 cm lange Stücke schneiden. Die Maiskolben der Länge nach halbieren. Den Blumenkohl waschen und gut abtropfen lassen.

2. Das Öl in einem Wok erhitzen und die Currypaste unter Rühren darin anrösten. Die Zwiebeln zufügen und unter Rühren anbraten. Mit 1/4 Liter Wasser ablöschen und die Kokosmilch angießen. Zum Kochen bringen, die Limettenblätter einlegen und einige Minuten kochen lassen.

3. Blumenkohlröschen, Möhren, Paprikaschote, Bohnen, Maiskolben und den grünen Pfeffer zugeben und alles kochen lassen, bis das Gemüse noch bissfest ist.

4. Die Fischsauce und den Limettensaft einrühren. Das Curry mit Zucker, Salz und Pfeffer abschmecken.

Die thailändischen Auberginen haben die Größe und Form eines Eies und eine weiße Schale. Ihr Fleisch ist fester als das der großen violetten Sorten und entwickelt erst beim Grillen, Braten oder Dünsten sein typisches Aroma.

THAILAND

Gebratene Auberginen mit Tofu in scharfer Sauce

Zutaten für 4 Personen:

200 g grüne thailändische Auberginen
200 g weiße thailändische Auberginen
250 g Tofu
1 Zwiebel
4 Knoblauchzehen
3 frische rote Chilischoten
2 EL Fischsauce
2 EL Limettensaft
2 EL Öl
1/8 l Hühnerbrühe
1 EL Sojasauce
Salz
frisch gemahlener Pfeffer
einige Thai-Basilikum-Blätter

Zubereitung: ca. 30 Minuten

1. Die Auberginen waschen, putzen und halbieren. Den Tofu in Würfel schneiden. Die Zwiebel und den Knoblauch schälen und hacken. Die Chilischoten längs halbieren, entkernen und hacken.

2. Zwiebel, Knoblauch und Chilischoten mit der Fischsauce und dem Limettensaft im Mixer pürieren.

3. Das Öl in einem Wok erhitzen und die Auberginen darin unter Rühren rundum anbraten. Dann aus der Pfanne heben und beiseitestellen.

4. Das Zwiebelpüree im Bratfett bei großer Hitze anrösten. Die Auberginen dazugeben, die Hühnerbrühe angießen und die Sojasauce einrühren. Die Hitze etwas reduzieren. Zugedeckt ca. 4 Minuten garen, bis die Auberginen weich sind.

5. Tofuwürfel unter das Gemüse mischen und darin erhitzen. Mit Salz und Pfeffer abschmecken und vor dem Servieren mit den Basilikumblättern garnieren.

Reis ist in Thailand mit Abstand das wichtigste Nahrungsmittel. Neben weißem Klebereis und schwarzem Thaireis sind die langkörnigen Jasmin- und Basmatisorten beliebt, die beim Kochen ihren verlockenden Duft entwickeln.

THAILAND

Pfannengerührte Garnelen mit Reis in scharfer Sauce

Zutaten für 4 Personen:

500 g Garnelen, roh, ungeschält
4 Knoblauchzehen
1 Stängel Zitronengras
2 EL Reiswein
4 EL Austernsauce
1 frische grüne Chilischote
4 Frühlingszwiebeln
2 Tomaten
200 g Brokkoliröschen
4 EL Sesamöl
1 EL Kecap Manis (indonesische Sojasauce)
400 g gekochter Basmatireis

Vorbereitung: ca. 1 Stunde
Zubereitung: ca. 40 Minuten

1. Garnelen bis auf die Schwanzflossen schälen, waschen und den Darm entfernen. Knoblauch schälen, Zitronengras putzen, harte Blattspitzen entfernen. 1/3 des Zitronengrases im Mixer mit 2 Knoblauchzehen pürieren, mit Reiswein und Austernsauce vermischen. Die Garnelen in dieser Marinade 1 Stunde ziehen lassen.

2. Chilischote längs halbieren, entkernen und in feine Streifen schneiden. Frühlingszwiebeln putzen, waschen und das Weiße in Ringe schneiden, das Grüne hacken. Tomaten häuten, achteln und entkernen. Den Brokkoli in kochendem Wasser ca. 2 Minuten blanchieren.

3. Garnelen aus der Marinade nehmen und trockentupfen. 2 Esslöffel Öl in einer Pfanne erhitzen, die Garnelen, die Chilischote und weiße Frühlingszwiebelteile ca. 2 Minuten unter Rühren darin schmoren. Aus der Pfanne nehmen und warm stellen.

4. Restliches Öl in der Pfanne erhitzen. Reis dazugeben und braten. Brokkoli zufügen und 2 Minuten unter Rühren mitbraten. Die Marinade und den Kecap Manis unterrühren. Die Garnelen und Tomatenachtel in die Pfanne geben, kurz erhitzen. Mit dem Frühlingszwiebelgrün bestreut servieren.

Die grünen Korianderblätter ähneln vom Aussehen her der glatten Petersilie, haben aber ein ganz anderes intensives Aroma. In Thailand verwendet man auch Wurzeln und Stängel zum Würzen, vor allem beim grünen Curry.

THAILAND

Gedämpfte Dorade mit Bambussprossen und Pilzen

Zutaten für 4 Personen:

Vorbereitung: ca. 20 Minuten
Zubereitung: ca. 40 Minuten

1 Dorade, küchenfertig
4 EL Sonnenblumenöl
2 TL Sherry
Salz
frisch gemahlener Pfeffer
3 EL fein gehackter Koriander
150 g Austernpilze
150 g Bambussprossen (Dose)
2 Frühlingszwiebeln
1 Stück Ingwer
300 ml Fischfond
2 TL Maisstärke

1. Den Fisch waschen, trockentupfen und auf beiden Seiten mit einem scharfen Messer mehrmals diagonal einschneiden. Das Öl mit dem Sherry, 1/2 Teelöffel Salz, etwas Pfeffer und dem Koriander mischen und den Fisch damit einreiben. Den Fisch auf eine Platte legen und abgedeckt 20 Minuten ziehen lassen.

2. Die Pilze putzen, waschen und klein schneiden. Die Bambussprossen in einem Sieb abtropfen lassen, dann in dünne Scheiben schneiden. Die Frühlingszwiebeln putzen und mit einem Teil des Grüns klein schneiden. Den Ingwer schälen und in Scheiben schneiden. Alles in einem Fischtopf mit dem Fischfond zum Kochen bringen und 20 Minuten köcheln lassen.

3. Den Fisch auf den Siebeinsatz des Fischtopfes legen. In den Topf hängen, den Deckel auflegen und den Fisch etwa 20 Minuten im Dampf garen.

4. Den Fisch auf eine vorgewärmte Servierplatte legen. Den Fischfond in einen Topf abseihen und aufkochen. Die Maisstärke mit etwas Wasser anrühren und den Fischfond damit binden. Sauce mit Salz und Pfeffer abschmecken, über den Fisch gießen und servieren.

Der Pangasius ist ein Süßwasserfisch aus der Familie der Welse. Er wird in Thailand hauptsächlich in Aquakulturen gezüchtet. Sein weißes, fast grätenfreies festes Fleisch wird auch in Amerika und Europa immer beliebter.

THAILAND

Gebackene Pangasiusfilets mit Ingwersauce und Knoblauch

Zutaten für 4 Personen:

800 g Pangasiusfilet
Salz
frisch gemahlener Pfeffer
Mehl zum Wenden
2 EL Tamarindenmark
30 g frischer Ingwer
4 Knoblauchzehen
2 Frühlingszwiebeln
150 ml Pflanzenöl
2 EL brauner Zucker
3 EL Austernsauce

Zubereitung: ca. 45 Minuten

1. Die Fischfilets waschen, trockentupfen und mit Salz und Pfeffer einreiben. In Mehl wenden, überschüssiges Mehl abklopfen. Das Tamarindenmark in etwas warmem Wasser auflösen. Durch ein Sieb gießen und den Saft auffangen. Den Ingwer schälen und fein reiben. Die Knoblauchzehen schälen und hacken. Die Frühlingszwiebeln putzen und mit einem Teil des Grüns in dünne Ringe schneiden.

2. Das Öl in einer Pfanne erhitzen und die Fischfilets darin von beiden Seiten etwa 3 Minuten goldbraun braten. Aus der Pfanne nehmen und auf Küchenpapier abtropfen lassen. Das Öl bis auf 3 Esslöffel aus der Pfanne gießen. Ingwer und Knoblauch im verbliebenen heißen Öl unter Rühren braten.

3. Zucker, Austernsauce, Tamarindensaft und etwas Wasser in die Pfanne geben und unter Rühren kochen, bis sich der Zucker aufgelöst hat. Die Fischfilets einlegen und etwa 1 Minute in der Sauce erhitzen.

4. Die Fischfilets mit der Ingwersauce auf einer vorgewärmten Servierplatte anrichten und mit den Frühlingszwiebeln bestreut servieren.

Thai-Basilikum mit seinen hellgrünen, leicht behaarten Blättern hat im Vergleich zu seinen europäischen Verwandten einen kräftigeren, leicht süßlichen Geschmack und wird in Thailand großzügig wie Gemüse verwendet.

THAILAND

Grünes Hähnchencurry mit Thai-Basilikum und Erdnüssen

Zutaten für 4 Personen:

450 g Hähnchenbrustfilet ohne Haut und Knochen
2 frische rote Chilischoten
1/2 Bund Thai-Basilikum
6 Kaffir-Limettenblätter
1 kleine Zucchini
5 EL Erdnussöl
3 EL grüne Currypaste (Fertigprodukt)
1/2 l Kokosmilch
1/4 l Hühnerbrühe
2 EL Austernsauce
2 EL gehackte Erdnüsse

Zubereitung: ca. 45 Minuten

1. Das Hähnchenfleisch waschen, trockentupfen und in Streifen schneiden. Die Chilischoten längs halbieren, entkernen und in feine Streifen schneiden. Basilikum waschen, trockenschütteln und die Blätter in Streifen schneiden. Limettenblätter und Zucchini waschen, die Limettenblätter in feine Streifen, die Zucchini in kleine Würfel schneiden.

2. Das Öl in einem Wok erhitzen. Die Currypaste einrühren und unter Rühren 2 Minuten rösten. Nach und nach die Kokosmilch angießen. Hühnerbrühe und Austernsauce zufügen und aufkochen.

3. Hähnchenfleisch, Chilischoten, Limettenblätter und Zucchini in die Sauce geben und ca. 15 Minuten darin garen. In eine Schüssel umfüllen und etwas Basilikum untermischen. Mit dem restlichen Basilikum und den Erdnüssen bestreuen und servieren.

Reisnudeln werden aus Reismehl und Wasser hergestellt. Es gibt sie als Bandnudeln in verschiedenen Breiten oder fein wie Glasnudeln. Im gekochten Zustand werden sie aber nicht durchsichtig, sondern färben sich weiß.

THAILAND

Hähnchenbruststreifen mit Reisnudeln und Tofu

Zutaten für 4 Personen:

250 g Reisbandnudeln
400 ml Kokosmilch
300 g Hähnchenbrustfleisch
150 g Tofu
2 EL dunkle Sojasauce
1 TL Palmzucker
Salz
frisch gemahlener Pfeffer
250 g Mungobohnensprossen
1 Zwiebel
2 EL Sonnenblumenöl
1/2 TL grüne Chilipaste
2 EL helle Sojasauce
1 EL Austernsauce

Zubereitung: ca. 45 Minuten

1. Die Nudeln in einer Schüssel mit warmem Wasser übergießen und etwa 20 Minuten ziehen lassen. Anschließend in kochendem Wasser etwa 2 Minuten garen, dann abgießen, abschrecken und abtropfen lassen.

2. Die Kokosmilch in einem Topf aufkochen. Das Hähnchenbrustfilet waschen, trockentupfen und in möglichst kleine Würfel schneiden. In die Kokosmilch geben und zugedeckt etwa 10 Minuten köcheln lassen.

3. Den Tofu in kleine Würfel schneiden. Zum Hähnchenfleisch geben und einmal aufkochen. Mit der dunklen Sojasauce, Zucker, Salz und Pfeffer pikant abschmecken. Vom Herd nehmen.

4. Die Bohnensprossen waschen und abtropfen lassen. Die Zwiebel schälen und hacken.

5. Das Öl in einer Pfanne erhitzen und die Zwiebel darin anschwitzen. Nudeln und Bohnensprossen zugeben und unter Rühren kurz anbraten. Die Chilipaste mit einem Löffel zerdrücken und unterrühren. Mit der hellen Sojasauce, Austernsauce, Salz und Pfeffer abschmecken. Unter das Kokoshähnchen mischen und servieren.

Die besten Mangos in Thailand, die Duftmangos, haben eine längliche Form und eine dünne gelbe Schale. Ihr faserfreies, wundervoll aromatisches Fruchtfleisch ist eine echte Delikatesse, die man sich nicht entgehen lassen sollte.

THAILAND

Flambierte Mangospalten mit Klebereis und Kokosflocken

Zutaten für 4 Personen:

200 ml Kokosmilch
250 g thailändischer Klebereis
Salz
60 g Vollrohrzucker
200 g Kokosnusscreme
3 Mangos
2 EL Kokosflocken
50 ml Cognac

Zubereitung: ca. 40 Minuten

1. Die Kokosmilch mit 300 ml Wasser in einen Topf geben und aufkochen. Den Reis mit 1 Prise Salz und dem Zucker hinzufügen. Den Topf mit einem Deckel verschließen und den Reis bei geringer Temperatur ca. 20 Minuten garen. Dann die Kokosnusscreme unter den Reis rühren. Vom Herd nehmen und warm halten.

2. Die Kokosflocken in einer Pfanne ohne Fett rösten, bis sie duften. Vom Herd nehmen und abkühlen lassen.

3. Die Mangos schälen, das Fruchtfleisch mit einem Messer vom Stein lösen und in Spalten schneiden. Auf einer Servierplatte dekorativ anrichten.

4. Den Cognac in eine vorgewärmte Suppenkelle geben, anzünden und über die Mangospalten gießen. Dann die Mangos mit den Kokosflocken bestreuen. Den süßen Klebereis dazu servieren.

Bananen sind bei den Thais ein sehr geschätztes Volksnahrungsmittel. Man kennt dort über 20 verschiedene Sorten, von den kleinen Finger- bis zu Zucker- und Apfelbananen. Neben der puren Frucht lieben die Thais die gebackene Variante.

THAILAND

Gebackene Bananen im Teigmantel mit Honig

Zutaten für 4 Personen:

4 Bananen
2 EL Zitronensaft
200 g Weizenmehl
1 Ei
200 ml eiskalte Milch
1 EL Zucker
Pflanzenöl zum Frittieren
4 TL flüssiger Honig

Zubereitung: ca. 20 Minuten

1. Die Bananen schälen und in dicke Scheiben schneiden. In eine Schüssel legen und mit dem Zitronensaft beträufeln.

2. Das Mehl mit dem Ei, der Milch und dem Zucker glatt verrühren.

3. Das Öl in einer Fritteuse oder im Wok auf 175 Grad erhitzen. Die Bananenscheiben mit einer Gabel einzeln durch den Teig ziehen. Portionsweise im heißen Öl goldbraun ausbacken. Kurz auf Küchenpapier abtropfen lassen und warm stellen, bis alle Bananen gebacken sind.

4. Gebackene Bananen auf 4 Teller verteilen und den Honig darüberträufeln.

Vietnam ist ein überaus fruchtbares Land mit einer üppigen Vegetation, in der zahlreiche Gemüse und viele Kräuter gedeihen. Doch erst Nuoc mam, eine vergorene Fischsauce, gibt den Speisen ihren typischen Charakter.

VIETNAM

Säuerliche Fischsuppe mit frischen Kräutern und Sprossen

Zutaten für 4 Personen:

500 g Pangasiusfilet
2 Frühlingszwiebeln
2 EL Pflanzenöl
1 Tomate
2 Scheiben Ananas aus der Dose
Salz
3 EL Zucker
50 g Tamarindenpaste
400 g Sojasprossen
1 EL Nuoc mam (Fischsauce)
3 Knoblauchzehen
1 rote Chilischote
15 Blätter fein gehacktes Thai-Basilikum
1/2 Bund fein gehackter Schnittlauch
2 EL fein gehackter Koriander

Zubereitung: ca. 30 Minuten

1. Fischfilet waschen, trockentupfen und in Streifen schneiden. Die Frühlingszwiebeln putzen, waschen und ohne Grün in Ringe schneiden. 1 Esslöffel Öl erhitzen und die Frühlingszwiebeln darin andünsten.

2. Tomate waschen, vom Stielansatz befreien und achteln. Die Ananasscheiben abtropfen lassen und würfeln. Beides zu den Frühlingszwiebeln geben und mitschmoren. Salz, Zucker und 1 Liter Wasser zugeben.

3. Tamarindenpaste in die Suppe geben, aufkochen lassen und verrühren. Diesen Vorgang so oft wiederholen, bis die Suppe den gewünschten Säuerungsgrad erreicht hat.

4. Das Fischfilet in die Suppe geben und darin garen, Sojasprossen waschen und zugeben. Suppe mit Nuoc mam würzen.

5. Den Knoblauch schälen, die Chilischote längs halbieren und entkernen. Beides hacken und im restlichen Öl andünsten. Die Suppe in Schalen verteilen und die Kräuter darüberstreuen. Knoblauch und Chili getrennt dazu reichen.

Sternanis ist ein unentbehrliches Gewürz in der vietnamesischen Küche und wird, wie im südchinesischen Raum, gerne zu Fleisch und Geflügelgerichten verwendet. Im Geschmack ähnelt er dem Anis, ist aber feiner und aromatischer.

VIETNAM

Rindfleischsuppe Pho bo mit Reisnudeln und Lauch

Zutaten für 6 Personen:

500 g Markknochen und Fleischknochen vom Rind
350 g Ochsenschwanz
1 Zwiebel
1 Stück frischer Ingwer
3 Sternanis
2 Gewürznelken
1 TL Fünf-Gewürze-Pulver
250 g Reisnudeln
2 TL Öl
Salz
2 Stangen Lauch
150 g Rinderfilet
1–2 EL Nuoc mam (Fischsauce)
1 Bund Koriander, fein gehackt

Zubereitung: ca. 40 Minuten
Garen: ca. 4 Stunden

1. Knochen und Ochsenschwanz in einem großen Topf mit Wasser zum Kochen bringen. Dann die Temperatur reduzieren.

2. Zwiebel schälen und vierteln. Ingwer schälen und in Scheiben schneiden. Zwiebel und Ingwer in einer Pfanne ohne Fett anrösten, zum Fleisch geben und ca. 3 Stunden köcheln lassen. Dann die Gewürze in die Brühe geben und nochmals 1 Stunde garen. Die Brühe etwas abkühlen lassen. Knochen und Fleisch entfernen, die Brühe durch ein feines Haarsieb abseihen.

3. Die Reisnudeln ca. 30 Minuten in warmem Wasser einweichen. 1,5 Liter Wasser mit dem Öl und etwas Salz aufkochen und die Nudeln darin 3 Minuten garen. Durch ein Sieb abgießen und abtropfen lassen.

4. Den Lauch putzen, waschen und in Ringe schneiden. Die Brühe erneut erhitzen. Das Rinderfilet in dünne Scheiben schneiden, würfeln und in der Brühe kurz garen. Suppe mit Nuoc mam abschmecken, das Fleisch herausheben.

5. Nudeln und Fleisch in Schalen verteilen, mit Brühe übergießen und mit Koriander bestreut servieren.

Die südchinesische Küche und die der angrenzenden Länder hat Vietnam kulinarisch geprägt. Es hat aber immer auch eigene Gerichte hervorgebracht und seine ursprüngliche Kochtradition gepflegt und weiterentwickelt.

VIETNAM

Hühnerbrühe mit gefüllter Gurke und Glasnudeln

Zutaten für 4 Personen:

4 getrocknete Shiitake-Pilze
3 Schmorgurken
25 g Glasnudeln
1 Zwiebel
1 Knoblauchzehe
300 g Schweinehackfleisch
Salz
frisch gemahlener Pfeffer
1,5 l Hühnerbrühe
1/2 TL Glutamat
1 Frühlingszwiebel
1 EL fein gehackter Koriander

Zubereitung: ca. 80 Minuten

1. Die Pilze 20 Minuten in warmem Wasser einweichen. Die Gurken waschen, schälen, die Enden abschneiden. Gurken der Länge nach halbieren und die Kerne mit einem Löffeln herauskratzen.

2. Die Glasnudeln 5 Minuten in warmem Wasser einweichen, dann abgießen und in kleine Stücke schneiden. Die Pilze abgießen und fein hacken. Zwiebel und Knoblauch schälen und hacken.

3. Für die Füllung Schweinehack, Pilze, Nudeln, Zwiebel und Knoblauch mischen, mit Salz und Pfeffer würzen. Die Füllung in die untere Hälfte der Gurken geben, die obere Hälfte daraufsetzen und fest andrücken. Jede Gurke quer in 3 Stücke teilen.

4. In einem Topf die Hühnerbrühe zum Kochen bringen und das Glutamat einrühren. Die Gurkenstücke hineinlegen und bei mittlerer Hitze ca. 45 Minuten in der Brühe garen.

5. Die Frühlingszwiebel putzen, waschen und mit einem Teil des Grüns fein hacken. Suppe, Gurken und Frühlingszwiebeln in Schalen verteilen und mit Koriander bestreut servieren.

Tofu ist in Vietnam ein Grundnahrungsmittel und eine sehr wichtige Proteinquelle, vor allem für Buddhisten und Vegetarier. Er wird aus Sojabohnenquark gewonnen, der wie viele halbfeste Käse zu großen Blöcken gepresst wird.

VIETNAM

Gebratener Tofu mit Chinakohl und Brokkoli

Zutaten für 4 Personen:

2 Frühlingszwiebeln
1 Knoblauchzehe
1/2 rote Chilischote
4 EL Pflanzenöl
1 TL Kartoffelstärke
2 EL Nuoc mam (Fischsauce)
1 EL Sojasauce
1 kleines Stück Ingwer
1/2 Chinakohl
1 rote Paprikaschote
150 g Brokkoliröschen
250 g Tofu
Salz
frisch gemahlener Pfeffer
1/2 l Frittieröl

Zubereitung: ca. 30 Minuten

1. Die Frühlingszwiebeln putzen, den Knoblauch schälen, die Chilischote längs halbieren und entkernen. Alles fein hacken. 2 Esslöffel Öl in einer Pfanne erhitzen und Frühlingszwiebeln, Knoblauch und Chilischoten darin anrösten.

2. Die Kartoffelstärke mit 5 Esslöffeln Wasser, Nuoc mam und Sojasauce verrühren und in die Pfanne geben. Die Sauce unter Rühren andicken lassen und vom Herd nehmen.

3. Den Ingwer schälen und in Scheiben schneiden. Den Chinakohl putzen, waschen und in 2 cm breite Streifen schneiden. Die Paprikaschote halbieren, entkernen und in Streifen schneiden. Brokkoli waschen und abtropfen lassen. Den Tofu in Würfel schneiden.

4. Restliches Öl in einer Pfanne erhitzen, den Ingwer darin anschwitzen. Das Gemüse zugeben und kurz unter Rühren anbraten. Würzen und vom Herd nehmen.

5. Das Frittieröl auf 175 Grad erhitzen und die Tofuwürfel darin knusprig braten. Das Gemüse mit Tofu auf Teller verteilen und die Sauce getrennt dazu reichen.

Die Vietnamesen lieben sauer eingelegtes Gemüse, vor allem diverse Rettich- und Kohlsorten, die pikant und meist auch scharf gewürzt werden. Auf dem Land wird das Gemüse noch in Handarbeit selbst eingelegt.

VIETNAM

Gebratener saurer Kohl mit Eiern und frischen Kräutern

Zutaten für 4 Personen:

250 g Sour mustard (saurer Kohl)
6 Eier
1 kleine rote Chilischote
4 Frühlingszwiebeln
Salz
Pfeffer
2 EL Pflanzenöl
1/2 Bund Minze
1/2 Bund Koriander

Zubereitung: ca. 30 Minuten

1. Den Kohl waschen, in ein Sieb geben und gut abtropfen lassen. Kohlblätter in dünne Streifen schneiden. Die Eier in einer Schüssel verquirlen. Die Chilischote längs halbieren, entkernen und fein hacken. Die Frühlingszwiebeln putzen, waschen und in dünne Ringe schneiden. Chilischote und Frühlingszwiebeln mit den Eiern mischen, mit Salz und Pfeffer würzen.

2. Das Öl in einer tiefen Pfanne erhitzen. Ein Drittel des Kohls und der Eimasse in die Pfanne geben und im heißen Öl goldbraun braten. Aus der Pfanne nehmen und warm stellen. Den Vorgang mit den restlichen Kohlstreifen und der Eimasse noch zweimal wiederholen.

3. Die Kräuter waschen, trockenschütteln und ohne grobe Stiele fein hacken. Getrennt zum gebratenen Kohl servieren.

Wasserspinat ist eine Sumpfpflanze, die in Fischteichen, Wassergräben und auf sehr feuchten Böden gedeiht und kultiviert wird. Ihre dunkelgrünen schmalen Blätter sind sehr schmackhaft und werden in ganz Südostasien geschätzt.

VIETNAM

Pfannengerührter Wasserspinat mit Wolkenohrpilzen

Zutaten für 4 Personen:

4 chinesische Wolkenohrpilze (Mu-Errh-Pilze)
600 g Wasserspinat
1 Zwiebel
4 Knoblauchzehen
3 EL Pflanzenöl
Salz
frisch gemahlener Pfeffer

Vorbereitung: ca. 30 Minuten
Zubereitung: ca. 20 Minuten

1. Die Pilze etwa 30 Minuten in warmem Wasser einweichen. Dann abtropfen lassen und hacken.

2. Den Wasserspinat waschen und tropfnass in einen Topf geben. Zugedeckt dünsten, bis er zusammenfällt. Spinat abgießen und abtropfen lassen. Die Zwiebel und den Knoblauch schälen und hacken.

3. Das Öl in einer Pfanne erhitzen. Die Zwiebel und den Knoblauch im heißen Öl anschwitzen. Die Pilze zugeben und 1 Minute unter Rühren dünsten. Spinat in die Pfanne geben und etwa 2 Minuten darin unter Rühren anbraten. Mit Salz und Pfeffer abschmecken.

Der Tilapia, ein beliebter Fisch aus der Familie der Buntbarsche, ist äußerst genügsam. Er ernährt sich von praktisch allen organischen Stoffen, vermehrt sich schnell und ist sehr widerstandsfähig gegen Krankheiten.

VIETNAM

Gebratenes Tilapiafilet in Kokossauce mit Möhren

Zutaten für 4 Personen:

800 g Tilapiafilet
3 kleine Zwiebeln
2 Knoblauchzehen
Salz
3 Frühlingszwiebeln
2 Möhren
3 EL Pflanzenöl
100 ml Fischfond
1/4 l Kokosmilch
frisch gemahlener Pfeffer

Vorbereitung: ca. 30 Minuten
Zubereitung: ca. 45 Minuten

1. Fischfilets waschen, trockentupfen und in insgesamt 8 Stücke schneiden. Zwiebeln und Knoblauch schälen, hacken und in einem Mörser mit 1 Teelöffel Salz musig zermahlen. Fischfilets nebeneinander in eine Schale legen und auf der Oberseite mit der Paste einreiben. Ca. 30 Minuten ziehen lassen.

2. Den Backofen auf 175 Grad vorheizen. Die Frühlingszwiebeln putzen, waschen und das Weiße in 3 cm lange Stücke schneiden. Die Möhren schälen und in etwa 4 cm lange Streifen schneiden.

3. Das Öl in einer gusseisernen Pfanne erhitzen und die Fischstücke darin mit der bestrichenen Seite nach oben auf einer Seite anbraten. Die Fischstücke nebeneinander in eine feuerfeste Form legen. Die Frühlingszwiebeln und die Möhren dazugeben, den Fischfond und die Kokosmilch angießen, mit Pfeffer würzen. Im vorgeheizten Ofen ca. 15 Minuten garen.

Bananenblätter sind nicht nur eine attraktive Möglichkeit, Speisen zu präsentieren oder ansprechend zu verpacken. Sie geben auch während des Garens langsam ihre Aromen weiter und halten den Inhalt saftig.

VIETNAM

Goldbrasse im Bananenblatt gegrillt mit Zitronengras

Zutaten für 4 Personen:

4 Goldbrassenfilets à 150 g
4 Schalotten
4 Knoblauchzehen
2 frische rote Chilischoten
4 Stängel Zitronengras
3 EL Sojasauce
3 EL Sesamöl
Salz
Zucker
frisch gemahlener Pfeffer
5 große Bananenblätter

Vorbereitung: ca. 30 Minuten
Zubereitung: ca. 50 Minuten

1. Fischfilets waschen, trockentupfen und nebeneinander in eine Schale legen. Die Schalotten und den Knoblauch schälen und hacken. Die Chilischoten längs halbieren, entkernen und hacken. Zitronengras schälen, harte Blattspitzen entfernen und das Zitronengras fein hacken. Alles mit Sojasauce, Sesamöl, je 2 Teelöffeln Salz und Zucker sowie 1 Teelöffel Pfeffer mischen. Die Oberseite der Fischfilets damit bestreichen, 30 Minuten ziehen lassen.

2. Die Bananenblätter kurz in kochendem Wasser blanchieren. Gut abtropfen lassen und nebeneinander ausbreiten. Ein Bananenblatt in Streifen schneiden.

3. Je 1 Fischfilet mit der marinierten Seite nach oben auf ein Bananenblatt legen. Die Blätter über dem Fisch zusammenschlagen, zu kleinen Päckchen falten und mit einem Bananenblattstreifen zubinden.

4. Die Fischpäckchen auf dem heißen Grill ca. 20 Minuten grillen, mehrmals wenden. Päckchen auf 4 Teller legen und erst am Tisch öffnen.

Wie in fast allen Küchen Südostasiens unterscheidet man nicht zwischen Vor-, Haupt- und Nachspeise. Alle Gerichte werden gleichzeitig serviert, dazu reicht man eine sättigende Beilage wie Reis, Getreide oder Nudeln.

VIETNAM

Tintenfischtuben mit Hackfleisch und Pilzen gefüllt

Zutaten für 4 Personen:

20 g Glasnudeln
1 Knoblauchzehe
50 g Austernpilze
8 mittelgroße Tintenfische, küchenfertig, oder
24 kleine Pulpies, küchenfertig
3 EL Pflanzenöl
150 g Schweinehackfleisch
2 EL Nuoc mam (Fischsauce)
2 Frühlingszwiebeln
2 frische rote Chilischoten
1 EL fein geriebener Ingwer
1 EL fein gehackter Koriander
Salz
frisch gemahlener Pfeffer

Zubereitung: ca. 50 Minuten
Garen: ca. 20 Minuten

1. Die Glasnudeln etwa 30 Minuten in lauwarmem Wasser einweichen. Dann abgießen, abtropfen lassen und mit der Schere klein schneiden.

2. Den Knoblauch schälen und fein hacken. Die Pilze putzen und hacken. Die Tintenfischtuben waschen und trockentupfen, die Tentakel fein hacken.

3. In einer Pfanne 1 Esslöffel Öl erhitzen, Knoblauch mit den Pilzen, Tentakeln und dem Hackfleisch darin etwa 2 Minuten unter Rühren braten. Mit Nuoc mam würzen und vom Herd nehmen.

4. Die Frühlingszwiebeln putzen und in Ringe schneiden, Chilischoten längs halbieren, entkernen und fein hacken. Mit dem Ingwer und dem Koriander unter die Hackfleischmasse mischen, mit Salz und Pfeffer würzen. In die Tintenfischtuben füllen, Öffnung mit Zahnstochern verschließen.

5. Das restliche Öl in einer Pfanne erhitzen und die Tintenfische darin etwa 20 Minuten von allen Seiten braten. Auf eine vorgewärmte Platte legen und vor dem Servieren in Scheiben schneiden.

Für viele Europäer, die an milde Gerichte gewöhnt sind, ist die Chilischärfe recht ungewohnt. Hat man einmal zuviel davon erwischt, sollte man das „Feuer“ nicht mit Flüssigkeit löschen, sondern einfach gekochten Reis verzehren.

VIETNAM

Hähnchenbrustfilets mit Champignons und Erdnüssen

Zutaten für 4 Personen:

500 g Hähnchenbrustfilet, ohne Haut und Knochen
2 Stängel Zitronengras
2 frische rote Chilischoten
6 Knoblauchzehen
3 EL Nuoc mam (Fischsauce)
1 EL Pfeilwurzelmehl
frisch gemahlener Pfeffer
4 EL Öl
3 Frühlingszwiebeln
100 g Champignons
2 TL Zucker
50 g geröstete Erdnüsse, grob gehackt
2 EL fein gehackte Petersilie

Marinieren: ca. 30 Minuten
Zubereitung: ca. 30 Minuten

1. Fleisch waschen, trockentupfen und in dünne Streifen schneiden. Das Zitronengras schälen, harte Blattspitzen entfernen und das Zitronengras fein hacken. Die Chilischoten längs halbieren, entkernen und in dünne Streifen schneiden. Knoblauch schälen und hacken.

2. Aus Zitronengras, Chili, der Hälfte des Knoblauchs, 2 Esslöffeln Nuoc mam, Pfeilwurzelmehl, Pfeffer und 3 Esslöffeln Öl eine Marinade anrühren und die Hähnchenbruststreifen darin etwa 30 Minuten ziehen lassen. Dann herausnehmen und trockentupfen. Die Marinade aufbewahren.

3. Die Frühlingszwiebeln putzen und in Ringe schneiden. Die Pilze putzen und in Scheiben schneiden.

4. Das restliche Öl in einer Pfanne erhitzen, den Knoblauch darin anbraten, dann Hähnchenstreifen, Pilze, Frühlingszwiebeln, restliche Nuoc mam und Zucker hinzufügen und alles bei großer Hitze 2–3 Minuten unter Rühren scharf braten, dabei nach und nach die Marinade dazugeben. Mit Erdnüssen und Petersilie bestreut servieren.

Auch in Vietnam liebt man Curry-Gerichte, aber im Gegensatz zu den thailändischen und indischen Curries sind sie nicht so scharf. Man verwendet weniger Kokosmilch und die Saucen sind insgesamt dünnflüssiger.

VIETNAM

Vietnamesisches Entencurry mit Kartoffeln

Zutaten für 4 Personen:

500 g Entenbrustfilet, ohne Haut und Knochen
2 Kartoffeln
5 Schalotten
3 Knoblauchzehen
2 frische rote Chilischoten
2 Stängel Zitronengras
3 EL Pflanzenöl
3 TL mildes Currypulver
300 ml Kokosmilch
1/2 l Hühnerbrühe
Salz
2 EL fein gehackter Koriander

Zubereitung: ca. 30 Minuten
Garen: ca. 20 Minuten

1. Das Fleisch waschen, trockentupfen und in Würfel schneiden. Die Kartoffeln schälen und fein würfeln. Die Schalotten und den Knoblauch schälen, die Chilischoten längs halbieren, entkernen. Schalotten, Knoblauch und Chilischote fein hacken. Das Zitronengras schälen, die harten Blattspitzen entfernen und das Zitronengras in feine Ringe schneiden.

2. In einer Pfanne 2 Esslöffel Öl erhitzen und die Kartoffelwürfel darin goldbraun braten. Aus der Pfanne nehmen und auf Küchenpapier abtropfen lassen.

3. Das restliche Öl in die Pfanne geben und Schalotten, Knoblauch, Chili und Zitronengras darin unter Rühren anrösten. Das Currypulver unterrühren. Die Entenbrustwürfel dazugeben und anbraten.

4. Die Kartoffeln wieder in die Pfanne geben. Kokosmilch und Brühe angießen und alles bei geringer Temperatur ca. 20 Minuten köcheln lassen. Mit Salz abschmecken und mit Koriander bestreut servieren.

Zitronengras hat auch die europäischen Kochtöpfe erreicht. In den zwiebelähnlich verdickten Stängeln stecken jede Menge ätherischer Öle, die ein zitronenartiges Aroma entfalten und gut mit Fisch und Fleisch harmonieren.

VIETNAM

Schweinefleischspieße mit scharfer Sauce aus Honig

Zutaten für 4 Personen:

800 g Schweinefleisch

Für die Marinade:
2 Knoblauchzehen
3 Frühlingszwiebeln
2 rote Chilischoten
4 EL fein gehacktes Zitronengras
2 EL Zucker
Salz
2 TL Fünf-Gewürze-Pulver

Für die Sauce:
1 Knoblauchzehe
1 rote Chilischote
3 EL Hoisinsauce
2 EL Honig
1 EL Reisweinessig

Zubereitung: ca. 30 Minuten
Marinieren: ca. 2 Stunden

1. Das Schweinefleisch waschen, trockentupfen und in Würfel schneiden.

2. Den Knoblauch schälen, Frühlingszwiebeln putzen, Chilischoten längs halbieren und entkernen. Alles fein hacken. Mit den restlichen Zutaten verrühren und die Fleischwürfel darin ca. 2 Stunden marinieren.

3. Für die Sauce den Knoblauch schälen, die Chilischote halbieren und entkernen. Alles fein hacken. Mit Hoisinsauce, Honig und Reisweinessig gründlich verrühren. Eventuell noch etwas heißes Wasser zugeben.

4. Fleischwürfel auf gewässerte Holzspieße stecken und auf dem heißen Grill ca. 10 Minuten grillen, dabei mehrmals wenden. Die scharfe Sauce getrennt dazu servieren.

Wegen des rauen Klimas gibt es im Norden Vietnams weniger Gemüse und Kräuter. Hier hat man ebenso wie im benachbarten Südchina eine besondere Vorliebe für Fleisch, insbesondere für Rindfleisch.

VIETNAM

Rindfleisch in Knoblauchsauce aus dem Wok

Zutaten für 4 Personen:

500 g Rindfleisch
6 Knoblauchzehen
1 grüne Paprikaschote
2 Chilischoten
1 TL Zucker
3 EL Pflanzenöl
Salz
frisch gemahlener Pfeffer
2 EL Nuoc mam (Fischsauce)
2 EL Austernsauce
2 Stängel Koriander

Zubereitung: ca. 35 Minuten

1. Das Rindfleisch waschen, trockentupfen und in dünne Streifen schneiden. Den Knoblauch schälen und hacken. Paprikaschote und Chilischoten halbieren und entkernen. Paprika in Streifen schneiden, Chili hacken. Den Knoblauch mit den Chilischoten und dem Zucker im Mörser musig zermahlen.

2. Das Öl im Wok erhitzen und die Würzpaste darin kurz anrösten. Die Fleischstreifen hinzufügen und unter Rühren etwa 3 Minuten braten. Die restlichen Zutaten bis auf den Koriander einrühren und unter Rühren so lange weiter braten, bis das Fleisch gar ist.

3. Den Koriander waschen, trockenschütteln und die Blättchen abzupfen. Vor dem Servieren über das Fleisch streuen.

Sagoperlen sind 1–3 mm groß. Sie werden aus der Stärke von Sagopalmen oder Maniokwurzeln hergestellt und zum Andicken von Speisen verwendet. Beim Einweichen werden sie weich und transparent.

VIETNAM

Bananenpudding mit Kokosmilch und Honig

Zutaten für 4 Personen:

3 EL Sagoperlen
400 ml Kokosmilch
2 EL Palmzucker
2 EL Honig
4 Bananen
2 EL Pflaumenwein
2 EL geröstete Cashewkerne, grob gehackt

Zubereitung: ca. 20 Minuten

1. Die Sagoperlen ca. 10 Minuten in heißem Wasser einweichen. Dann in ein Sieb abgießen und abtropfen lassen.

2. Die Kokosmilch mit 400 ml Wasser in einen Topf geben und zum Kochen bringen. Zucker und Honig zugeben und unter Rühren darin auflösen.

3. Die Bananen schälen und schräg in Scheiben schneiden. Mit den Sagoperlen in die Kokosmilch geben und weiterköcheln, bis die Sagoperlen transparent erscheinen. Den Pflaumenwein dazugeben und vom Herd nehmen.

4. Bananenpudding in Schalen verteilen und noch warm mit den gehackten Cashewkernen servieren.

Geschälte gelbe wie auch grüne Erbsen kennt man normalerweise nur als herzhafte Gemüsebeilage oder in Suppen und deftigen Eintöpfen. Aber aus ihnen lassen sich auch süßes Gebäck und exotische Desserts zubereiten.

VIETNAM

Gekochte Reisteigkugeln mit Erbsenpaste gefüllt

Zutaten für 4 Personen:

100 g geschälte gelbe Erbsen
200 ml Kokosmilch
2 EL Zucker
Salz
250 g Reismehl
50 g Kartoffelstärke
3 EL Öl
200 g brauner Zucker

Vorbereitung: ca. 1 Stunde
Zubereitung: ca. 25 Minuten

1. Die Erbsen mit der Kokosmilch, dem Zucker, 1 Prise Salz und 1/8 Liter Wasser zum Kochen bringen. 35 Minuten köcheln lassen. Abkühlen lassen, dann pürieren.

2. In einem Topf 1/4 Liter Wasser zum Kochen bringen. 2 Esslöffel Reismehl mit 1/8 Liter Wasser verquirlen und in das kochende Wasser rühren. Einmal aufkochen und das restliche Reismehl einrühren. Unter Rühren dick einkochen.

3. Die Masse in eine Schüssel umfüllen, mit der Kartoffelstärke und dem Öl zu einem Teig verkneten. Den Teig ca. 20 Minuten ruhen lassen.

4. Teig zu einer Rolle formen und in etwa 5 mm dicke Scheiben schneiden. In die Mitte jeder Scheibe etwas Erbsenpaste geben, den Teig darüberschließen und zu Kugeln formen.

5. In einem Topf Wasser aufkochen und die Reismehlkugeln darin garen. Wenn sie nach oben steigen, noch etwa 10 Minuten bei kleiner Hitze ziehen lassen. Aus dem Wasser heben und abtropfen lassen. Im braunen Zucker wenden und servieren.

AUSTRALIEN NEUSEELAND PAZIFISCHE INSELN

Crossover: Die fröhliche Mischung vieler Kochstile in Australien, der britische Einfluss in Neuseeland und die bunte pazifische Inselküche

Im gemäßigten Klima Tasmaniens, der größten Insel an der Südspitze Australiens, wachsen dunkelrote große Süßkirschen, die auf den Weltmärkten Höchstpreise erzielen. Sie haben ein knackiges Fleisch und unvergleichliches Aroma.

AUSTRALIEN

Blattsalate mit gebratenen Emubruststreifen und Kirschen

Zutaten für 4 Personen:

600 g Emubrustfilet, ersatzweise Hähnchenbrust
Salz
frisch gemahlener Pfeffer
2 EL Zitronensaft
250 g Süßkirschen
1/8 l trockener Weißwein
250 g Mesclun (Blattsalatmischung)
2 EL Öl
1 EL Macadamiaöl
1 TL abgeriebene Zitronenschale
1 EL Weißweinessig
1/2 TL brauner Rohrzucker
2 EL Butter

Zubereitung: ca. 35 Minuten

1. Das Fleisch waschen, trockentupfen und in dünne Streifen schneiden. In eine Schale legen, mit Salz und Pfeffer würzen und mit dem Zitronensaft beträufeln. Bei Zimmertemperatur 20 Minuten ziehen lassen.

2. Die Kirschen waschen, Stiele entfernen und entkernen. Mit dem Wein in einen Topf geben und zum Kochen bringen. Vom Herd nehmen und im Sud etwas abkühlen lassen. Dann abgießen und abtropfen lassen.

3. Den Salat waschen und trockenschleudern. Aus Öl, Macadamiaöl, Zitronenschale, Essig, Zucker, Salz und Pfeffer eine Marinade anrühren. Über den Salat geben und vorsichtig unterheben. Salat auf 4 Teller verteilen.

4. Die Butter in einer Pfanne erhitzen und das Fleisch darin unter Rühren rundum anbraten. Auf dem Salat anrichten und mit den Kirschen garnieren.

Bis vor nicht allzu langer Zeit galt Känguruh unter den englischstämmigen Einwanderern als minderwertig und nur die Aborigines (Ureinwohner) wussten um den köstlichen Geschmack des Fleischs, der an Lamm und Wildfleisch erinnert.

AUSTRALIEN

Andrews Känguruh-Burger mit Relish vom Grill

Zutaten für 4 Personen:

2 große Tomaten
1 kleine grüne Paprikaschote
1 kleine gelbe Paprikaschote
Saft von 1 Zitrone
Salz
frisch gemahlener Pfeffer
70 ml Olivenöl
4 Scheiben Toastbrot
1 kleine Zwiebel
1 Ei
2 EL Ketchup
500 g Känguruh-Hackfleisch
Öl für den Grill
1 Gemüsezwiebel
1 Fleischtomate
4 Hamburger-Brötchen
8 kleine Blätter Eisbergsalat

Vorbereitung: ca. 1 Stunde
Zubereitung: ca. 45 Minuten

1. Für das Relish die Tomaten häuten, vierteln, entkernen und sehr fein würfeln. Die Paprikaschoten halbieren, entkernen und ebenfalls sehr fein würfeln. Das Gemüse mit dem Zitronensaft, Salz, Pfeffer und dem Olivenöl vermischen und abgedeckt 1 Stunde durchziehen lassen.

2. Die Rinde vom Toastbrot entfernen, das Brot in kleine Würfel schneiden. Die Zwiebel schälen und fein reiben. Zwiebel mit Ei, Ketchup, Salz und Pfeffer verrühren und über die Brotwürfel geben. Das Hackfleisch zufügen und alles gut vermischen. Aus dem Fleischteig 4 flache, ca. 2 cm dicke Burger formen. Gemüsezwiebel schälen, Fleischtomate waschen und trockentupfen. Zwiebel und Tomate in Scheiben schneiden. Die Brötchen aufschneiden.

3. Die Burger mit Öl bestreichen und bei mittlerer Glut auf jeder Seite 4 Minuten grillen. Die Brötchen mit den Schnittflächen kurz auf den geölten Rost legen.

4. Die unteren Brötchenseiten mit Relish bestreichen und darauf jeweils 1 Salatblatt, 1 Tomatenscheibe, 1 Burger, etwas Relish, einige Zwiebelringe und wieder 1 Salatblatt legen. Mit den oberen Brötchenhälften belegen.

AUSTRALIEN

Spinat-Garnelen-Salat mit Papaya und Paprikaschote

Zubereitung: ca. 15 Minuten
Zutaten für 4 Personen:

250 g junger Blattspinat
1 reife Papaya
1 rote Paprikaschote
200 g mittelgroße Garnelen, gekocht, geschält
3 EL Limettensaft
2 EL thailändische Fischsauce (Fertigprodukt)
1 EL brauner Zucker
1 Stück Ingwer
50 g geröstete Pinienkerne

1. Den Spinat verlesen, grobe Stiele und welke Blätter entfernen. Spinat gründlich waschen, gut abtropfen lassen und auf 4 großen Salatellern ausbreiten.

2. Die Papaya der Länge nach halbieren, entkernen, das Fruchtfleisch auslösen und in ca. 1 cm dicke Würfel schneiden. Die Paprikaschote halbieren, entkernen und in feine Streifen schneiden. Alles mit den Garnelen in eine Salatschüssel geben.

3. Limettensaft, Fischsauce und Zucker gut verrühren. Den geschälten Ingwer fein hacken und in die Sauce geben. Das Dressing über die Salatzutaten gießen und vorsichtig unterheben. Salat auf die Spinatblätter verteilen. Mit den Pinienkernen bestreuen.

AUSTRALIEN

Australisches Röstbrot mit Zwiebeln und Sardellen

Zubereitung: ca. 10 Minuten
Zutaten für 4 Personen:

4 große rote Zwiebeln
1 Knoblauchzehe
3 Sardellen, in Öl eingelegt
100 ml Olivenöl
1 Bund Basilikum
1 Sesamfladenbrot
frisch gemahlener Pfeffer

1. Die Zwiebeln und den Knoblauch schälen. Zwiebeln in kleine Würfel schneiden. Knoblauch und Sardellen fein hacken.

2. Das Olivenöl in einer tiefen Pfanne erhitzen. Zwiebeln, Knoblauch und Sardellen zufügen und bei kleiner Hitze 30 Minuten schmoren, bis die Zwiebeln ganz weich sind. Während dieser Zeit mehrmals umrühren.

3. Das Basilikum waschen, trockenschütteln und die Blätter in feine Streifen schneiden. Unter das Zwiebelgemüse mischen, vom Herd nehmen. Das Fladenbrot in Scheiben schneiden und unter dem heißen Grill von beiden Seiten rösten. Mit dem Zwiebelgemüse bestreichen, mit Pfeffer würzen und sofort servieren.

Eine der größten griechischen Städte außerhalb Griechenlands ist Melbourne. Dort entstand aus griechischer Küchentradition und den guten australischen Lebensmitteln eine ganz neuartige griechische Küche.

AUSTRALIEN

Gefüllte Filoteig-Taschen mit Kiwis und Süßkartoffeln

Zutaten für 6 Personen:

2 große gekochte Süßkartoffeln
2 EL Butter
1/2 TL edelsüßes Paprikapulver
1 Msp. Cayennepfeffer
2 TL Currypulver
4 Kiwis
2 EL fein gehackter Koriander
4 Filoteig-Blätter
1 Ei
Öl zum Frittieren

Zubereitung: ca. 30 Minuten

1. Die geschälten Kartoffeln in möglichst kleine Würfel schneiden und in der Butter anbraten. Mit Paprikapulver, Cayennepfeffer und Currypulver würzen. Vom Herd nehmen und etwas abkühlen lassen.

2. Die Kiwis schälen, in kleine Würfel schneiden und mit den Süßkartoffeln sowie dem Koriander vermischen.

3. Die Filoteig-Blätter in Quadrate (ca. 7 x 7 cm) schneiden. Auf jedes Teigstück in die Mitte 2 Teelöffel Füllung geben. Die Teigränder mit dem verquirlten Ei bepinseln, dann die Teigstücke über der Füllung zu einem Dreieck zusammenklappen und die Ränder festdrücken.

4. Das Öl in der Fritteuse auf 175 Grad erhitzen. Die Taschen im heißen Öl portionsweise auf beiden Seiten goldbraun frittieren. Kurz auf Küchenpapier abtropfen lassen und warm stellen, bis alle Teigtaschen frittiert sind.

Schon der Deutsche Spitzenkoch Alfred Walterspiel rühmte in den zwanziger Jahren des vorigen Jahrhunderts den edlen Geschmack einer klaren Känguruhschwanzsuppe. Qualitativ bewertete er sie noch höher als die Ochsenschwanzsuppe.

AUSTRALIEN

Klare Känguruhschwanzsuppe mit Madeira

Zutaten für 4 Personen:

1 kg Känguruhschwanz, ersatzweise Ochsenschwanz
100 g Frühstücksspeck
2 Möhren
1 Petersilienwurzel
250 g Knollensellerie
2 Zwiebeln
1 Stange Lauch
2 EL Öl
2 EL Tomatenmark
1/4 l Rotwein
1/2 l Brühe
Salz
1 TL schwarze Pfefferkörner
1 Kräutersträußchen (Thymian, Rosmarin und Lorbeerblatt)
2 EL Madeira

Zubereitung: ca. 30 Minuten
Garen: ca. 2 Stunden

1. Den Känguruhschwanz in Stücke zerteilen, waschen und trockentupfen. Den Frühstücksspeck würfeln. Möhren, Petersilienwurzel, Knollensellerie und Zwiebeln schälen und grob würfeln. Lauch putzen, gründlich waschen und in Stücke schneiden.

2. Das Öl in einem großen Schmortopf erhitzen und den Känguruhschwanz darin von allen Seiten anbraten. Gemüse und Zwiebeln zufügen und andünsten. Das Tomatenmark einrühren und kurz anrösten. Mit dem Rotwein ablöschen, Brühe und 1/2 Liter Wasser angießen, 1 Teelöffel Salz, Pfefferkörner und Kräutersträußchen zufügen. Zum Kochen bringen und bei kleiner Hitze ca. 2 Stunden köcheln lassen.

3. Känguruhschwanzstücke aus der Suppe heben, die Suppe durch ein feines Sieb in einen Topf gießen, entfetten und etwas einkochen. Mit Madeira, Salz und Pfeffer abschmecken.

4. Das Fleisch auslösen und in kleine Würfel schneiden. In der Suppe nochmals erhitzen. In Suppenschalen verteilen.

Queensland im Norden Australiens wird meist nur mit seinem tropischen Regenwald in Verbindung gebracht. Auf den höher gelegenen Tafelbergen aber gedeiht prächtiges Gemüse und Obst: vollreife Mangos und Papayas, Tomaten und Avocados.

AUSTRALIEN

Tomatensuppe Queensland mit Avocado und Gin

Zutaten für 4 Personen:

4 große Fleischtomaten
1 Zwiebel
1 Knoblauchzehe
1 EL Butter
2 TL Zucker
1 EL Tomatenmark
Salz
frisch gemahlener Pfeffer
600 ml Gemüsebrühe
1 reife Avocado
1 EL Zitronensaft
4 cl Gin

Zubereitung: ca. 30 Minuten

1. Die Tomaten häuten, vierteln, entkernen und fein hacken. Die Zwiebel und den Knoblauch schälen und in kleine Würfel schneiden.

2. Die Butter in einem Topf zerlassen, Zwiebel und Knoblauch darin anschwitzen. Mit Zucker bestreuen und karamellisieren lassen. Das Tomatenmark einrühren und kurz anrösten. Die Tomaten zufügen, mit Salz und Pfeffer würzen und die Brühe angießen. Zugedeckt bei mittlerer Hitze 15 Minuten köcheln lassen.

3. Die Avocado längs halbieren und die Hälften vom Stein drehen. Das Fruchtfleisch im Ganzen aus den Schalen lösen und in Scheiben schneiden. Mit Zitronensaft beträufeln.

4. Die Suppe mit Gin, Zucker, Salz und Pfeffer abschmecken und in 4 Teller verteilen. Mit den Avocadoscheiben garnieren.

In Australien vermischen sich unterschiedlichste Kochstile miteinander. Uraltes Wissen der Aborigines, europäisches Erbe und asiatisch-pazifischer Einfluss fusionieren zu einer jungen, kreativen und unbeschwerten neuen Küche.

AUSTRALIEN

Cara's gefüllte Auberginen mit Couscous und Aprikosen

Zutaten für 4 Personen:

150 g Instantcouscous
Salz
2 EL Butter
4 mittelgroße Auberginen
2 EL Zitronensaft
300 g Tomaten
5 Frühlingszwiebeln
100 g getrocknete Aprikosen
2 EL Petersilie, fein gehackt
100 g Macadamianüsse
2 Eier
1/2 TL Cayennepfeffer
60 ml Olivenöl

Zubereitung: ca. 30 Minuten
Garen: ca. 45 Minuten

1. Den Couscous in 1/2 Liter kochendes, leicht gesalzenes Wasser einrühren und einmal aufkochen lassen. Vom Herd nehmen und 5 Minuten ausquellen lassen, dabei gelegentlich mit einer Gabel auflockern. Die Butter in Flöckchen unterrühren.

2. Die Auberginen längs halbieren, bis auf einen Rand aushöhlen und das Fruchtfleisch fein würfeln. Auberginenhälften mit dem Zitronensaft beträufeln. Die Tomaten häuten, vierteln, entkernen und hacken. Die Frühlingszwiebeln putzen und mit einem Teil des Grüns fein hacken. Die Aprikosen ebenfalls fein hacken. Backofen auf 200 Grad vorheizen.

3. Die Nüsse in einer Pfanne ohne Fett hellbraun rösten und hacken. Auberginenfruchtfleisch, Tomaten, Aprikosen, Frühlingszwiebeln, Petersilie und Nüsse mit den Eiern vermischen. Den Couscous untermengen, mit Salz und Cayennepfeffer würzen und in die Auberginenhälften füllen.

4. Die gefüllten Auberginen nebeneinander in eine feuerfeste Form setzen, mit dem Olivenöl beträufeln und im heißen Ofen ca. 45 Minuten garen. Heiß oder kalt servieren.

Red Snapper (Roter Schnapper) ist der begehrteste Speisefisch aus dem Pazifik. Er kann bis zu 20 kg schwer werden. Sein festes weißes aromatisches Fleisch mit wenigen großen Gräten eignet sich für viele Zubereitungsarten.

AUSTRALIEN

Red-Snapper-Filets auf Tagliatelle mit Zitronensauce

Zutaten für 4 Personen:

4 Red-Snapper-Filets ohne Haut, à 150 g
Salz
frisch gemahlener Pfeffer
50 g flüssiger Honig
150 g Mandelblättchen
500 g grüne Tagliatelle
350 ml Gemüsebrühe
150 g süße Sahne
1 EL Speisestärke
1 TL gemahlene Kurkuma
2 EL Zitronensaft
4 EL Butterschmalz
2 EL fein gehackte Petersilie

Zubereitung: ca. 30 Minuten

1. Den Fisch waschen, trockentupfen, mit Salz und Pfeffer würzen. Fisch auf beiden Seiten dünn mit Honig bestreichen, in den Mandelbättchen wenden und beiseitestellen.

2. Die Nudeln in reichlich kochendem Salzwasser nach Packungsanleitung bissfest garen. Dann abschütten und abtropfen lassen. Die Nudeln warm stellen.

3. Für die Sauce die Brühe mit der Sahne aufkochen. Die Speisestärke in wenig Wasser anrühren. Kurkuma und Speisestärke in die Sauce einrühren und 1 Minute köcheln lassen. Vom Herd nehmen, mit Zitronensaft, Salz und Pfeffer abschmecken und warm halten.

4. Das Butterschmalz in einer beschichteten Pfanne nicht zu stark erhitzen, den Fisch einlegen und von jeder Seite 2–3 Minuten bei mittlerer Hitze braten. Fischfilets mit Nudeln und Sauce anrichten und mit der gehackten Petersilie bestreuen.

Die australischen Flusskrebse sind kleiner als ihre europäischen Verwandten. Sie sind äußerst widerstandsfähig und überleben selbst in fast ausgedörrten Bachläufen im australischen Outback, wo sie eine wichtige Nahrungsquelle sind.

AUSTRALIEN

Pfannengerührte Yabby-Flusskrebse mit Gemüsestreifen

Zutaten für 4 Personen:

2 Knoblauchzehen
1 Stück Ingwer
1 frische grüne Chilischote
2 Stangen Sellerie
2 Zucchini
2 Möhren
2 Tomaten
4 EL Olivenöl
400 g Flusskrebsschwänze, gekocht, ausgelöst
Salz
frisch gemahlener Pfeffer
2 EL Butter

Zubereitung: ca. 25 Minuten

1. Den Knoblauch und den Ingwer schälen und in feine Streifen schneiden. Die Chilischote halbieren, entkernen und fein hacken. Sellerie, Zucchini und Möhren putzen bzw. schälen und in feine Streifen schneiden. Die Tomaten häuten, vierteln, entkernen und würfeln.

2. Die Hälfte des Öls in einem Wok erhitzen. Knoblauch und Ingwer zufügen und unter Rühren goldgelb anrösten. Flusskrebse dazugeben und 2 Minuten pfannenrühren. Salzen, pfeffern, dann aus dem Wok heben und warm stellen.

3. Das restliche Öl und die Butter im Wok erhitzen und das Gemüse bis auf die Tomaten unter Rühren ca. 4 Minuten braten. Mit Salz und Pfeffer würzen, die Tomaten und die Flusskrebse untermischen und im Gemüse kurz erhitzen. Auf 4 vorgewärmten Tellern anrichten.

Der Fischmarkt in Sydney ist ein Paradies für Liebhaber von delikaten Fischen und Meeresfrüchten. Besonders auffallend sind die unterschiedlichen Sorten von Hummer und Languste in allen nur denkbaren Formen und Farben.

AUSTRALIEN

Langustenmedaillons auf Linsensalat mit frischen Kräutern

Zutaten für 4 Personen:

250 g Puy-Linsen
1 rote Zwiebel
100 ml Olivenöl
1/4 l Gemüsebrühe
1 Lorbeerblatt
1 TL abgeriebene Zitronenschale
2 EL Kapern
3 EL Himbeeressig
Salz
Zucker
frisch gemahlener Pfeffer
2 gekochte Langustenschwänze
2 EL Butter
einige Salatblätter

Zubereitung: ca. 25 Minuten
Vorbereitung: ca. 25 Minuten

1. Die Linsen in ein Sieb geben und waschen. Die Zwiebel schälen und in kleine Würfel schneiden. 2 Esslöffel Olivenöl in einem Topf erhitzen und die Zwiebel darin glasig dünsten. Die Linsen zufügen, die Brühe angießen. Lorbeerblatt und Zitronenschale dazugeben. Zum Kochen bringen und bei mittlerer Hitze 25 Minuten köcheln lassen. Dann abgießen und gut abtropfen lassen.

2. Das restliche Öl mit den Kapern und dem Essig aufmixen, mit Salz, Zucker und Pfeffer abschmecken. Das Dressing über die lauwarmen Linsen geben, untermischen und 10 Minuten ziehen lassen.

3. Die Langustenschwänze in ca. 2 cm dicke Medaillons schneiden. Die Butter in einer großen Pfanne erhitzen und die Medaillons in der Butter auf beiden Seiten bei mittlerer Hitze sautieren.

4. Die Salatblätter waschen und trockenschleudern. 4 Teller damit auslegen und die Linsen darauf anrichten. Mit den Medaillons garnieren und sofort servieren.

Krokodile werden in Australien zur Leder- und Fleischproduktion in Farmen gezüchtet. Essbar sind vor allem der Schwanz und Teile von Rücken und Schulter. Das Fleisch ist hell, fettarm und erinnert in der Konsistenz an Geflügelfleisch.

AUSTRALIEN

Melbourner Grillspieße mit Krokodil und Haifisch

Zutaten für 4 Personen:

250 g Haifischfilet
250 g Krokodilfleisch
Salz
frisch gemahlener Pfeffer
1 rote Paprikaschote
2 Zucchini
4 Aprikosen
8 Cocktailtomaten
Pflanzenöl zum Bestreichen

Außerdem:
Bambusspieße

Zubereitung: ca. 30 Minuten

1. Das Haifischfilet und das Krokodilfleisch in Würfel schneiden. Mit Salz und Pfeffer würzen. Die Bambusspieße wässern.

2. Die Paprikaschote halbieren, entkernen und in mundgerechte Stücke schneiden. Die Zucchini waschen und in nicht zu dünne Scheiben schneiden. Die Aprikosen halbieren und entkernen.

3. Zuerst 1 Tomate, dann abwechselnd Fisch, Gemüse, Fleisch und Aprikose auf die 4 Spieße stecken, zuletzt die restlichen Tomaten.

4. Die Spieße mit Öl bestreichen und auf dem Rost bei mittlerer Hitze 8–10 Minuten grillen, dabei mehrmals wenden und mit Öl bestreichen.

Känguruhfleisch und dessen Produkte wie Wurst und Schinken werden inzwischen auch nach Europa exportiert. Wegen ihres geringen Fettanteils sind sie unter kalorienbewussten Verbrauchern zum Geheimtipp geworden.

AUSTRALIEN

Tasmanischer Kürbisrisotto mit Känguruhwurst und Salbei

Zutaten für 4 Personen:

200 g Kürbisfruchtfleisch
1 Zwiebel
3/4 l Gemüsebrühe
4 EL Olivenöl
300 g Risotto-Reis
1/8 l Weißwein
Salz
frisch gemahlener Pfeffer
2 EL Öl
500 g Känguruhwürstchen
2 EL frisch geriebener Parmesan
1 EL fein gehackter Salbei

Zubereitung: ca. 45 Minuten

1. Das Kürbisfruchtfleisch würfeln. Die Zwiebel schälen und fein hacken. Gemüsebrühe einmal aufkochen.

2. Das Olivenöl in einem Topf erhitzen, Zwiebel und Kürbis darin anschwitzen. Reis unterrühren und glasig dünsten. Mit dem Weißwein ablöschen und 1/4 Liter heiße Brühe unter Rühren angießen. Mit Salz und Pfeffer würzen. 15 Minuten köcheln lassen, dabei nach und nach die heiße Brühe unter Rühren zufügen.

3. Das Öl in einer Pfanne erhitzen und die Würstchen darin von allen Seiten braun anbraten.

4. Den Parmesan und den Salbei unter den Risotto rühren, mit Salz und Pfeffer abschmecken. Risotto portionsweise mit den Würstchen anrichten.

Die Kakadu-Pflaume ist eine kleine, ovale Frucht mit einer dünnen Schale und einem großen Kern. Der Geschmack einer ungekochten Pflaume ist sauer, erfrischend und recht delikat. Sie sind die Vitamin-C-reichsten Früchte der Welt.

AUSTRALIEN

Linguine mit fruchtigem Lammragout und Pflaumen

Zutaten für 4 Personen:

600 g Lammfleisch (Schulter)
2 Zwiebeln
2 Knoblauchzehen
2 Stangen Sellerie
4 Tomaten
100 g Räucherspeckwürfel
3 EL Olivenöl
1/4 l Rotwein
300 ml Brühe
1 Lorbeerblatt
1 TL Rosmarinnadeln
Salz
frisch gemahlener Pfeffer
200 g Kakadu-Pflaumen
500 g Linguine

Zubereitung: ca. 30 Minuten
Schmoren: ca. 90 Minuten

1. Das Lammfleisch waschen, trockentupfen und in kleine Würfel schneiden. Zwiebeln und Knoblauch schälen, Sellerie putzen. Alles fein hacken. Die Tomaten häuten, vierteln, entkernen und würfeln.

2. Den Speck im Olivenöl auslassen, das Fleisch zufügen und einige Minuten von allen Seiten anbraten. Zwiebeln, Knoblauch und Sellerie zum Fleisch geben und kurz anrösten. Dann die Tomatenwürfel untermischen, den Rotwein und die Brühe angießen. Das Lorbeerblatt und den Rosmarin dazugeben, mit Salz und Pfeffer würzen. Alles bei schwacher Hitze zugedeckt ca. 90 Minuten schmoren. Von Zeit zu Zeit umrühren und, falls nötig, noch etwas Brühe angießen.

3. Die Pflaumen halbieren, entkernen und klein schneiden. 10 Minuten vor Ende der Garzeit unter das Lammragout mischen.

4. Die Linguine in kochendem Salzwasser bissfest garen. Abgießen und mit dem Lammragout vermischen. Portionsweise anrichten.

Italienisches Essen ist in Australien sehr populär. In den großen Städten gibt es viele kleine Trattorien, in denen es nach frischer Pasta und Kräutern duftet und wo man ausschließlich italienische Klänge hört.

AUSTRALIEN

Kalbslendenscheiben unter der Kräuterkruste auf Rukola

Zutaten für 4 Personen:

800 g Kalbslende
Salz
frisch gemahlener Pfeffer
1 EL fein gehacktes Basilikum
1 EL fein gehackter Oregano
1 TL fein gehackter Thymian
200 g Semmelbrösel
75 g frisch geriebener Parmesan
2 Eier
100 g Mehl
1/8 l Olivenöl
1 Bund Rukola
1 Zitrone, in Schnitze geschnitten

Zubereitung: ca. 25 Minuten

1. Kalbslende waschen, trockentupfen und in 8 gleich dicke Scheiben schneiden. Mit Salz und Pfeffer würzen.

2. Die Kräuter in einem tiefen Teller mit den Semmelbröseln und dem Parmesan vermischen. Die Eier in einem zweiten tiefen Teller verquirlen. Das Mehl in einen dritten Teller geben. Den Backofen auf 200 Grad vorheizen.

3. Die Fleischscheiben zuerst in Mehl, dann in Ei und zuletzt in der Semmelbrösel-Kräuter-Mischung wenden. Die Panade leicht andrücken.

4. Das Olivenöl in einer großen Pfanne erhitzen und das Fleisch darin bei mittlerer Hitze auf beiden Seiten goldbraun braten. Auf eine feuerfeste Platte legen und für 2–3 Minuten in den heißen Ofen stellen.

5. Den Rukola waschen, trockenschleudern und die harten Stiele entfernen. 4 Teller mit den Rukolablättern auslegen und das Fleisch darauf anrichten. Mit den Zitronenschnitzen garnieren.

Die Lieblingsbeschäftigung der Australier, besonders am Wochenende, ist das „Barbie“, die australische Grillparty. Man trifft sich in zwangloser Atmosphäre und redet, isst und trinkt miteinander unter freiem Himmel.

AUSTRALIEN

Marinierte Büffelsteaks vom Grill mit Minzsauce

Zutaten für 4 Personen:

4 Scheiben Büffelfilet à 250 g, ersatzweise Rinderfilet
200 ml Olivenöl
1 TL abgeriebene Zitronenschale
Saft von 1 Zitrone
1 EL zerstoßener Szechuanpfeffer
3 EL fein gehackte Minze
1 EL milder Weinessig
1 TL Zucker

Zubereitung: ca. 20 Minuten
Marinieren: ca. 1 Stunde

1. Das Fleisch waschen, trockentupfen und nebeneinander in eine Porzellanschale legen. Das Olivenöl mit Zitronenschale und -saft sowie dem Szechuanpfeffer verrühren und über das Fleisch gießen. 1 Stunde bei Zimmertemperatur ziehen lassen, dabei das Fleisch einmal in der Marinade wenden.

2. Die Minze in eine Schüssel geben. Mit 3 Esslöffeln kochendem Wasser beträufeln und 5 Minuten ziehen lassen. Den Weinessig und den Zucker unterrühren.

3. Die Steaks aus der Marinade heben und etwas abtropfen lassen. Auf dem Holzkohlengrill bei mittlerer Hitze auf beiden Seiten insgesamt 8 Minuten grillen. Vor dem Servieren die Steaks mit Salz und Pfeffer würzen. Die Minzsauce getrennt dazu reichen.

Vor manchen Restaurants in Australien sieht man ein Schild, auf dem BYO (bring your own) steht. Diese Lokale haben keine Schanklizenz. Man bringt Wein oder Bier selbst mit und zahlt lediglich ein geringes Korkgeld.

AUSTRALIEN

Gebratene Entenbrust mit Pflaumensauce und Honig

Zutaten für 4 Personen:

2 Knoblauchzehen
100 ml Sojasauce
100 ml trockener Sherry
100 g Honig
2 Entenbrustfilets (ca. 700 g)
Salz
frisch gemahlener Pfeffer
2 EL Öl
1 EL Erdnussöl
1 Msp. gestoßener Koriander
1 Msp. Nelkenpulver
2 El milder Weinessig
1 El Zitronensaft
4 EL Pflaumenmus

Zubereitung: ca. 50 Minuten
Marinieren: ca. 12 Stunden

1. Den Knoblauch schälen, hacken und mit Sojasauce, Sherry und Honig 10 Minuten köcheln lassen. Abkühlen lassen. Die Entenbrüste waschen, trockentupfen und im Sirup wenden. Mit der Hautseite nach oben in den Sirup legen und über Nacht zugedeckt im Kühlschrank ziehen lassen.

2. Backofen auf 200 Grad vorheizen. Entenbrüste aus der Marinade heben, trockentupfen, salzen und pfeffern. Die Haut kreuzweise einritzen. Zuerst auf der Hautseite, dann auf der Fleischseite im heißen Öl insgesamt 5 Minuten braten. Die Haut mit Marinade bestreichen und die Entenbrüste in den heißen Ofen stellen. So lange braten, bis die Haut knusprig braun ist. Im abgeschalteten Backofen weitere 10 Minuten ruhen lassen.

3. Das Erdnussöl erhitzen, Koriander und Nelkenpulver kurz darin anrösten. Mit Weinessig und Zitronensaft ablöschen. 6 Esslöffel Marinade und das Pflaumenmus einrühren, mit Salz und Pfeffer abschmecken und etwas einkochen lassen.

4. Die Entenbrüste schräg in etwa 1 cm dicke Scheiben schneiden, auf 4 Teller legen und mit der Pflaumensauce umgießen.

Australien gehört zu den besten Honigproduzenten der Welt. Die Australier exportieren nicht nur, sie sind auch seine fleißigsten Konsumenten. Jede Region hat ihre Spezialitäten, wie Honig aus Eukalyptus oder Teebaum.

AUSTRALIEN

Gebackene Feigen mit Ziegenkäse und Whiskysauce

Zutaten für 4 Personen:

8 große reife Feigen
Butter für die Form
3 EL flüssiger Honig
1/8 l frisch gepresster Orangensaft
1 EL Zitronensaft
6 cl Whisky
200 g Ziegenfrischkäse
2 EL Milch

Zubereitung: ca. 15 Minuten
Backen: ca. 25 Minuten

1. Den Backofen auf 175 Grad vorheizen. Die Feigen waschen und trockentupfen. Früchte mehrmals mit einer Gabel einstechen.

2. Eine feuerfeste Form mit Butter ausfetten, die Feigen nebeneinander hineinsetzen und mit dem Honig beträufeln. Den Orangensaft mit dem Zitronensaft und dem Whisky verrühren und angießen. Die Form mit Alufolie verschließen.

3. Feigen 15 Minuten im heißen Ofen backen. Dann die Folie entfernen und die Feigen weitere 10 Minuten backen.

4. Den Ziegenfrischkäse mit der Milch glatt rühren. Die Feigen mit der Whiskysauce auf einer Platte anrichten. Auf jede Feige einen Klecks Ziegenfrischkäsecreme geben.

Das Sammeln von wilden Früchten und Beeren ist für die australischen Ureinwohner zu bestimmten Jahreszeiten eine wichtige Nahrungsquelle und Aufgabe der Kinder, die auf ihren Streifzügen durch die Natur die besten Plätze finden.

AUSTRALIEN

Gestürzte Mandel-Panna-Cotta auf Beerenpüree

Zutaten für 4 Personen:

Vorbereitung: ca. 5 Stunden
Zubereitung: ca. 25 Minuten

200 ml Milch
200 g süße Sahne
75 g Zucker
75 g gehackte Mandeln
8 Blatt Gelatine
200 g Joghurt
400 g gemischte Waldbeeren
1 EL Puderzucker
4 cl Amaretto
4 Minzezweige zum Garnieren

1. Die Milch mit der Sahne und dem Zucker einmal aufkochen lassen. Die Mandeln in einer beschichteten Pfanne ohne Fett hell anrösten, in die heiße Milch rühren und 1 Stunde darin ziehen lassen.

2. Die Gelatine in kaltem Wasser einweichen. Die Mandelmilch nochmals erhitzen und die Gelatine darin auflösen. Dann durch ein Haarsieb gießen und den Joghurt unterrühren. In 4 kalt ausgespülte Portionsförmchen verteilen, mit Frischhaltefolie abdecken und ca. 4 Stunden im Kühlschrank fest werden lassen.

3. Die Waldbeeren verlesen und mit dem Puderzucker erwärmen. Anschließend durch ein Sieb streichen, den Amaretto einrühren und das Püree abgedeckt im Kühlschrank ziehen lassen.

4. Die Mandel-Panna-Cotta auf Dessertteller stürzen und mit den Mandelblättchen bestreuen. Mit Beerenpüree und Minzeblättchen garnieren.

Die Qualität und das Aroma der Früchte, die in Australien wachsen, sind überragend. In diesem feurig-fruchtigen Salat mischen sich Mango- und Melonensüße mit Grapefruit, Orange und Chilischärfe, abgeschmeckt mit Brandy.

AUSTRALIEN

Feuriger Melonen-Mango-Salat mit Grapefruitsaft und Chili

Zutaten für 4 Personen:

1 rosa Grapefruit
2 Orangen
1 frische rote Chilischote
4 cl Brandy
1 kleine Galia-Melone
2 Mangos

Zubereitung: ca. 15 Minuten
Kühlen: ca. 1 Stunde

1. Die Grapefruit und die Orangen halbieren und auspressen. Die Chilischote längs halbieren, entkernen und fein hacken. Alles mit dem Brandy verrühren.

2. Die Melone vierteln und die Kerne mit einem Löffel herausschälen. Das Fruchtfleisch auslösen und in kleine Würfel schneiden. Die Mangos schälen, dazu die Schale über Kreuz rundherum einschneiden und abziehen. Das Fruchtfleisch in Scheiben vom Kern schneiden und ebenfalls in kleine Stücke schneiden.

3. Melone und Mangos in eine Glas- oder Porzellanschüssel geben, mit dem Saftdressing übergießen und zugedeckt mindestens 1 Stunde im Kühlschrank ziehen lassen. Eiskalt in Dessertschalen servieren.

Die neuseeländische Küche ist vor allem britisch geprägt und die Klassiker dieser Tradition, wie z.B. Fish and Chips oder Pie, bekommt man überall. Und wie kaum anders zu erwarten gibt es im Land der Schafe hervorragende Lammgerichte.

NEUSEELAND

Christchurch Sandwich mit Lammbraten und Minzgelee

Zutaten für 4 Personen:

4 große Salatblätter
8 Kirschtomaten
1 Frühlingszwiebel
8 quadratische Scheiben Roggenbrot
1 EL Vegemite (pflanzliche Würzpaste)
100 g Frischkäse
8 dünne Scheiben gegarter Lammbraten
4 TL Minzgelee

Zubereitung: ca. 15 Minuten

1. Die Salatblätter waschen und trockenschütteln. Tomaten waschen, trockentupfen und in Scheiben schneiden. Frühlingszwiebel putzen und in feine Röllchen schneiden.

2. Alle Brotscheiben dünn mit Vegemite und Frischkäse bestreichen. 4 Scheiben mit Frühlingszwiebeln bestreuen, mit Salatblättern belegen und die Tomatenscheiben darauf verteilen. Je 2 Scheiben Lammbraten darauflegen und mit Minzgelee bestreichen.

3. Mit den restlichen Brotscheiben belegen. Die Sandwiches diagonal in Dreiecke schneiden und auf einer Servierplatte anrichten.

Neuseeländer nennen sich selbst humorvoll „Kiwis", nach dem Namen eines einheimischen Vogels. Auch die aus China stammende Stachelbeerart, die dort im großen Stil angebaut und exportiert wird, kam so zu ihrem Namen: die Kiwi.

NEUSEELAND

Eingelegte Makrelenfilets mit Kiwi und gedünsteten Zwiebeln

Zutaten für 4 Personen:

4 frische Makrelenfilets ohne Haut à 200 g
Salz
frisch gemahlener Pfeffer
Mehl zum Wenden
2 EL Olivenöl
2 rote Zwiebeln
Saft von 2 Orangen
Saft von 2 Zitronen
1/2 TL getrockneter Thymian
1/2 TL getrocknetes Zitronengras
4 Kiwis

Zubereitung: ca. 30 Minuten
Marinieren: ca. 2 Stunden

1. Die Makrelenfilets waschen, trockentupfen und mit Salz und Pfeffer würzen. In Mehl wenden, überschüssiges Mehl abklopfen.

2. Olivenöl in einer tiefen Pfanne erhitzen und die Fischfilets auf beiden Seiten kurz anbraten. Aus der Pfanne heben und in eine flache Porzellanschale legen.

3. Zwiebeln schälen, in dünne Scheiben schneiden und in der Pfanne in dem verbliebenen Bratfett glasig dünsten. Orangen- und Zitronensaft angießen, mit Thymian und Zitronengras würzen und 5 Minuten bei kleiner Hitze köcheln lassen.

4. Den heißen Zwiebelsud über den Fisch gießen und erkalten lassen. Mit Frischhaltefolie abdecken und mindestens 2 Stunden im Kühlschrank ziehen lassen.

5. Die Makrelen 10 Minuten vor dem Servieren aus dem Kühlschrank nehmen. Kiwis schälen, in Scheiben schneiden und auf 4 Teller verteilen. Jeweils ein Fischfilet darauflegen und mit etwas Zwiebelsud anrichten.

In Neuseeland und Südostasien wird die Grünlippige Neuseeland-Muschel gezüchtet, die wie eine große Miesmuschel mit einer grünen Färbung an den Muschelrändern aussieht. Ihr Fleisch ist besonders aromatisch und hat eine gelbe bis orange Farbe.

NEUSEELAND

Überbackene Muscheln

mit Kräuterbutter

Zutaten für 4 Personen:

12 große Miesmuscheln
Salz für das Backblech
60 g Butter
Salz
Cayennepfeffer
1 TL abgeriebene Zitronenschale
1 TL Senf
1 TL Worcestersauce
1 TL Brandy
1 Knoblauchzehe
4 EL gehackte Kräuter, z.B. Petersilie, Basilikum, Fenchel- und Selleriegrün
50 g Semmelbrösel
2 Zitronen, in Schnitze geschnitten

Zubereitung: ca. 30 Minuten

1. Muscheln waschen und tropfnass in eine große Pfanne geben. Mit einem Deckel verschließen, erhitzen und unter mehrmaligem Rütteln der Pfanne garen. Backblech 5 mm dick mit Salz bestreuen und die Muschelhälften hineinsetzen, damit sie gerade stehen.

2. Backofengrill auf 250 Grad vorheizen. Butter in einer Schüssel schaumig rühren. Mit Salz, Cayennepfeffer, Zitronenschale, Senf, Worcestersauce und Brandy würzen. Knoblauch schälen und fein hacken. Mit den Kräutern unter die Butter rühren. Kräuterbutter auf den Muscheln verteilen und mit Semmelbröseln bestreuen.

3. Backblech unter den heißen Grill schieben und die Muscheln ca. 4 Minuten überbacken. Die Muscheln auf dem Backblech servieren und Zitronenschnitze dazu reichen.

Neuseeland Hoki, auch Langschwanz- oder Blauer Seehecht genannt, ist ein pazifischer Tiefseefisch, der über 1 Meter lang und bis zu 6 Kilogramm schwer wird. Sein weißes, zartes, aromatisches Fleisch wird bei uns filetiert und tiefgekühlt angeboten.

NEUSEELAND

Hokifilet mit gedörrten Tomaten in Speck gebraten

Zutaten für 4 Personen:

4 vollreife Tomaten
2 TL Puderzucker
1 TL Salz
1 kleines Bund Thymian
4 Knoblauchzehen
4 EL Olivenöl
1 kleines Bund Zitronenbasilikum
600 g Hokifilet (Blauer Seehecht)
frisch gemahlener Pfeffer
16 Scheiben Frühstücksspeck
3 EL Olivenöl

Vorbereitung: ca. 75 Minuten
Zubereitung: ca. 30 Minuten

1. Backofen auf 80 Grad Umlufthitze vorheizen. Tomaten häuten, vierteln und entkernen. Tomatenviertel auf ein mit Backpapier ausgelegtes Backblech legen und mit Puderzucker und Salz bestreuen. Thymianzweige und Knoblauchzehen zwischen den Tomaten verteilen und alles mit Öl beträufeln. Ca. 1 Stunde im Ofen trocknen. Tomaten erkalten lassen.

2. Basilikum waschen und trockenschütteln. Blätter von den Stängeln zupfen und in Streifen schneiden. Fischfilet waschen und trockentupfen. Filet in 8 gleich große Würfel schneiden. Fischwürfel pfeffern, mit etwas Basilikum und 2 Tomatenvierteln belegen, in jeweils 2 Scheiben Speck einschlagen und zu einem Päckchen formen.

3. Backofen auf 150 Grad vorheizen. Olivenöl in einer Pfanne erhitzen. Die Fischpäckchen zuerst mit der Naht nach unten in die Pfanne setzen, dann auf allen Seiten knusprig anbraten. Pfanne in den Ofen stellen und den Fisch 8 Minuten nachgaren lassen. Zwischendurch die Fischpäckchen mit dem Bratfett begießen. Die Fischpäckchen auf einer Servierplatte anrichten.

Pies (Pasteten) gehören in Neuseeland zum kulinarischen Alltag und werden gerne als Imbiss zwischendurch verzehrt. Es gibt vielleicht keine elegantere Art aus Bratenresten und wenigen anderen Zutaten ein leckeres Gericht zuzubereiten.

NEUSEELAND

Sue's Kartoffelteig-Fleischpastete mit Gemüse gefüllt

Zutaten für 4 Personen:

500 g mehlig kochende Kartoffeln
Salz
125 g Mehl
2 EL Grieß
3 Eigelb
2 EL saure Sahne
geriebene Muskatnuss
2 Schalotten
1 Knoblauchzehe
2 Stangen Sellerie
100 g Kürbisfruchtfleisch
250 g gegartes Lamm-oder Rindfleisch
1 Bund Petersilie
Butter für die Form
100 ml Bratensauce

Außerdem:
1 runde Pieform

Zubereitung: ca. 1 Stunde
Backen: ca. 45 Minuten

1. Kartoffeln waschen und in kochendem Salzwasser garen. Abgießen und ausdampfen lassen. Kartoffeln schälen und noch warm durch die Kartoffelpresse in eine Schüssel drücken. Mit Mehl, Grieß, 2 Eigelb, saurer Sahne, Salz und Muskatnuss zu einem glatten Teig verkneten. 20 Minuten abgedeckt ruhen lassen.

2. Schalotten und Knoblauch schälen und in feine Streifen schneiden. Sellerie putzen und klein würfeln. Kürbisfruchtfleisch schälen, entkernen und in kleine Würfel schneiden. Bratenfleisch ebenfalls klein würfeln. Petersilie waschen, trockenschütteln und die Blätter fein hacken. Alles mit den übrigen Zutaten mischen.

3. Backofen auf 180 Grad vorheizen. Pieform mit Butter ausstreichen. 2/3 des Teigs auf der bemehlten Arbeitsfläche ausrollen und die Form damit auskleiden. Fleisch-Gemüse-Mischung einfüllen und die Bratensauce darübergießen. Restlichen Teig ausrollen, als Deckel auf die Füllung legen, Teigränder zusammendrücken. Pastete mit Teigresten verzieren. Restliches Eigelb mit 1 Esslöffel Wasser verrühren und die Pastete damit bestreichen. Ca. 45 Minuten im heißen Ofen backen. Heiß in der Form servieren.

Neuseeland hat in den vergangenen Jahrzehnten eine rasante kulturelle und kulinarische Entwicklung vollzogen. Neue Geschmäcker und Aromen des pazifischen Raums kamen ins Land und vermischten sich mit Traditionellem.

NEUSEELAND

Lammrücken mit Stilton-Butter und gebratenen Süßkartoffeln

Zutaten für 4 Personen:

4 kleine Süßkartoffeln
Salz
4 Lammrückenfilets à 150 g
80 g weiche Butter
grob gemahlener Pfeffer
2 cl Brandy
80 g Stilton (Blauschimmelkäse)
4 Knoblauchzehen
4 EL Olivenöl
1 kleiner Zweig Rosmarin

Zubereitung: ca. 45 Minuten

1. Die Süßkartoffeln waschen und in kochendem Salzwasser ca. 10 Minuten garen. Abgießen und etwas abkühlen lassen.

2. Das Fleisch waschen und trockentupfen. Butter mit Pfeffer und Brandy schaumig rühren. Den Käse mit einer Gabel zerdrücken und mit der Butter vermischen. Knoblauchzehen in der Schale mit einem Messer leicht zerdrücken. Backofen auf 150 Grad vorheizen.

3. In einer Pfanne 2 Esslöffel Öl erhitzen. Lammfilets hineinlegen, Knoblauch und Rosmarin zufügen und die Filets auf beiden Seiten je 2 Minuten braten.

4. Knoblauch, Rosmarin und Fleisch in eine ofenfeste Form geben. Die Filets mit der Butter-Käse-Masse gleichmäßig bestreichen. 10 Minuten im heißen Ofen backen. Im abgeschalteten Backofen 10 Minuten ruhen lassen.

5. Die Süßkartoffeln schälen und längs halbieren. Restliches Öl in einer Pfanne erhitzen und die Kartoffeln auf der Schnittseite knusprig braten. Salzen. Lammfilets schräg in Scheiben schneiden, auf vorgewärmten Tellern mit den Süßkartoffeln anrichten und mit dem Bratfond beträufeln.

Das Lieblingsdessert der Neuseeländer ist „Pavlova", benannt nach der russischen Ballerina Anna Pavlova, die 1927 in Neuseeland auftrat. Es wird aus Baiser gemacht und mit Früchten garniert. Dazu kann man Schlagsahne reichen.

NEUSEELAND

Neuseeländische Meringue mit Kiwi und Erdbeeren gefüllt

Zutaten für 4 Personen:

4 Eiweiß
200 g Puderzucker
1 EL Speisestärke und Speisestärke für die Form
1 TL Weißweinessig
1 TL Vanilleextrakt
Butter für die Form
4 Kiwis
250 g Erdbeeren
Saft von 1 Limette
1 EL Zucker
1 kleines Bund Minze

Zubereitung: ca. 30 Minuten
Backen: ca. 1 Stunde

1. Das Eiweiß steif schlagen, dabei nach und nach den Puderzucker und die Speisestärke zufügen. Zuletzt den Essig und das Vanillemark unterrühren. Den Backofen auf 120 Grad vorheizen.

2. Eine runde ofenfeste Form mit Butter ausstreichen und mit Speisestärke ausstäuben. Die Eischneemasse in einen Spritzbeutel füllen. Die Masse spiralförmig in die Form spritzen, dabei außen einen höheren Rand bilden.

3. Die Meringue ca. 1 Stunde backen. Den Ofen ausschalten, die Backofentür einen Spalt öffnen und die Meringue 1 Stunde im Ofen auskühlen lassen.

4. Kiwis schälen und in Scheiben schneiden. Erdbeeren waschen, putzen und je nach Größe halbieren oder vierteln. Das Obst in einer Schüssel mit Limettensaft und Zucker vermischen und 15 Minuten ziehen lassen.

5. Die Minze waschen und trockenschütteln. Einige schöne Blätter für die Garnierung beiseitestellen. Restliche Blätter fein hacken und unter die Früchte mischen. Die Meringue mit den Früchten füllen und mit den Minzeblättchen garnieren.

Auf der Insel Rarotonga leben über die Hälfte der Bewohner der insgesamt 15 Cookinseln im Südpazifik. Neben dem Fischfang sind Kokosnüsse und Brotfrüchte sowie wild wachsende Mangos und Papayas wichtige Nahrungsquellen.

Frittierte Grüne-Papaya-Nocken aus Rarotonga

Zutaten für 4 Personen:

Vorbereitung: ca. 45 Minuten
Zubereitung: ca. 45 Minuten

2 kleine grüne Papayas, ca. 600 g
Salz
2 Frühlingszwiebeln
1 kleine rote Paprikaschote
250 g Mehl
1 TL Backpulver
1/2 TL gemahlene Kurkuma
1/2 TL Chilipulver
frisch geriebene Muskatnuss
1 Ei
2 EL Öl und
Öl zum Frittieren
2 Limetten, in Achtel geschnitten

1. Papayas schälen, der Länge nach halbieren und entkernen. Das Fruchtfleisch grob raspeln und in eine Schüssel geben. Mit Salz bestreuen und 30 Minuten ziehen lassen.

2. Frühlingszwiebeln putzen und fein hacken. Paprikaschote halbieren, entkernen und in kleine Würfel schneiden. Mehl, Backpulver, Kurkuma, Chilipulver und Muskatnuss in einer Schüssel mischen. Papayaraspeln, Ei und Öl zufügen und zu einem festen Teig verkneten. Eventuell etwas Wasser zufügen. Frühlingszwiebeln und Paprikaschote dazugeben und unterkneten. 15 Minuten ziehen lassen.

3. Einen Topf oder eine tiefe Pfanne ca. 3 cm hoch mit Öl füllen, Öl erhitzen. Esslöffelweise kleine Teignocken vom Teig abstechen und portionsweise in dem Öl hellbraun frittieren. Hitze erhöhen und die Nocken knusprig braun frittieren. Auf Küchenpapier abtropfen lassen. Papayanocken auf einer Servierplatte anrichten und mit Limetten garniert auftragen.

Tapioka wird aus der Stärke von Maniok, einer tropischen Wurzelart, gewonnen. Man verwendet es wie Getreide- oder Kartoffelstärke als Dickungsmittel für Saucen, Cremes und Pudding. Nach dem Erkalten bleibt Tapioka transparent.

Gebackener Tapioka-Pudding mit Karamellsauce

Zutaten für 4 Personen:

6 Eier
1 EL Speisestärke
100 g Puderzucker
1/4 l Milch
2 Vanilleschoten
80 g Tapiokamehl
3 EL Butter
Salz
1 TL abgeriebene Limettenschale
Öl für die Förmchen
250 g Zucker

Außerdem:
4 feuerfeste Puddingförmchen

Vorbereitung: ca. 1 Stunde
Backen: ca. 45 Minuten

1. Die Eier trennen. Eiweiß steif schlagen, dabei nach und nach Speisestärke und Zucker zufügen. Milch in einen Topf geben. Vanilleschoten aufschlitzen, das Mark herauskratzen. Schoten und Mark in die Milch geben. Bei kleiner Hitze langsam bis zum Siedepunkt erhitzen. Die Schoten entfernen. Unter Rühren das Tapiokamehl einrieseln lassen. Bei kleiner Hitze 10 Minuten köcheln lassen.

2. Backofen auf 180 Grad vorheizen. Topf vom Herd nehmen, die Eigelbe nacheinander mit der Butter unter die Masse rühren. Mit Salz und Limettenschale würzen. Die Hälfte des Eischnees unterheben, dann den restlichen Eischnee luftig untermischen.

3. Die Förmchen mit Öl auspinseln. Puddingmasse einfüllen und ca. 45 Minuten im Ofen backen. Etwas abkühlen lassen und auf flache Teller stürzen.

4. Den Zucker in einer Pfanne goldbraun schmelzen und mit ca. 100 ml Wasser ablöschen. Karamellsauce etwas einkochen. Die Sauce über den Pudding träufeln.

Blattspinat wird in Fidschi als Zutat hoch geschätzt und ist ähnlich würzig im Geschmack wie der europäische Wurzelspinat. In der Kombination mit Muscheln, Hühnerbrühe und Sahne wird er butterzart und zergeht auf der Zunge.

FIDSCHI

Louises würziger Spinat mit Muscheln und Sahne

Zutaten für 4 Personen:

1 kg Muscheln (Venus-, Herz- oder Miesmuscheln)
2 Knoblauchzehen
1 kleines Stück Ingwer
1 TL Szechuanpfeffer
1 kleiner Kräuterstrauß, z.B. Petersilie, Thymian, Fenchelkraut, Lorbeerblatt
400 g Spinat
2 Schalotten
2 EL geklärte Butter
1/4 TL gemahlene Muskatblüte
1/4 TL Garam Masala
1/4 l Hühnerbrühe
Salz
frisch gemahlener Pfeffer
1 EL Limettensaft
200 g heiße süße Sahne, auf die Hälfte eingekocht

Zubereitung: ca. 50 Minuten

1. Muscheln waschen, abtropfen lassen. Bereits geöffnete Muscheln entfernen. 1 Knoblauchzehe, 2 Scheiben Ingwer, Szechuanpfeffer und Kräuterstrauß in einen Topf mit 1/4 Liter Wasser geben. Aufkochen und die Muscheln zufügen. Zugedeckt ca. 5 Minuten garen, bis sich die Muscheln geöffnet haben. Topf zwischendurch mehrfach rütteln.

2. Muscheln aus dem Sud nehmen. Geschlossene Muscheln wegwerfen. Muschelfleisch auslösen und kalt stellen. Sud durch ein feines Sieb in eine Schüssel abgießen. Spinat putzen, waschen und die tropfnassen Blätter in einen Topf geben. Zugedeckt zusammenfallen lassen. Spinat abgießen, abtropfen lassen und fein hacken.

3. Restlichen Knoblauch, Ingwer und Schalotten schälen und klein würfeln. In der Butter andünsten. Mit Muskatblüte und Garam Masala überstäuben und den Spinat zufügen. Muschelsud und Brühe angießen und aufkochen. 10 Minuten bei kleiner Hitze köcheln lassen. Mit Salz, Pfeffer und Limettensaft abschmecken. Muscheln zufügen und 2 Minuten darin erwärmen. In tiefe Teller verteilen, etwas eingekochte Sahne darüberträufeln und servieren.

Die Tradition rohen Fisch in Zitronensaft und Salz einzulegen, ist im gesamten pazifischen Raum verbreitet. Salz entzieht dem Fischfleisch Wasser und Zitronensäure lässt das Eiweiß gerinnen. Der Fisch gart sozusagen auf kaltem Wege.

FIDSCHI

Roh marinierter Fisch mit Gemüse und frittierten Taro-Chips

Zutaten für 4 Personen:

500 g frisches weißes Fischfilet, z.B. Red Snapper, Schwertfisch, Zackenbarsch, Kabeljau
1 EL Meersalz
1/4 l Zitronensaft
5 kleine Schalotten
5 Frühlingszwiebeln
1/2 Salatgurke
2 Tomaten
1 kleines Stück Ingwer
1 Knoblauchzehe
1 frische grüne Chilischote
150 ml Kokosmilch
500 g Tarowurzeln, ersatzweise Maniokwurzeln
Öl zum Frittieren
Salz

Zubereitung: ca. 45 Minuten
Kühlen: ca. 90 Minuten

1. Fischfilet waschen, trockentupfen, in 1 cm große Würfel schneiden und in eine Glasschüssel legen. Mit Salz bestreuen und den Zitronensaft zufügen. Alles gut mischen, mit Frischhaltefolie abdecken und mindestens 1 Stunde im Kühlschrank marinieren.

2. Gemüse putzen und schälen. Schalotten in dünne Streifen, Frühlingszwiebeln in feine Röllchen, Gurke und Tomaten in kleine Würfel schneiden. Ingwer und Knoblauch fein reiben, Chilischote längs halbieren, entkernen und fein hacken. Alles in eine Schüssel geben.

3. Fisch in ein Sieb abgießen, mit kaltem Wasser überbrausen und abtropfen lassen. Fischwürfel trockentupfen und zum Gemüse geben. Kokosmilch zufügen und gut mischen. 30 Minuten im Kühlschrank kalt stellen.

4. Inzwischen Tarowurzeln schälen und in 2 mm dicke Scheiben hobeln. Einen Topf ca. 3 cm hoch mit Öl füllen, das Öl erhitzen. Taroscheiben darin portionsweise knusprig frittieren und auf Küchenpapier abtropfen lassen. Salzen und in eine Schüssel füllen. Fisch und Gemüse in Portionsschalen verteilen und mit den Taro-Chips servieren.

Das Fruchtfleisch der Ananas enthält ein Enzym, Bromelain, das vielfältige medizinische Wirkungen entfaltet. Es wirkt blutverdünnend, entzündungshemmend und beeinflusst das Immunsystem positiv. Auf Fleisch wirkt es als Zartmacher.

FIDSCHI

Marinierte Schweinesteaks vom Grill mit Süßkartoffelpüree

Zutaten für 4 Personen:

1/2 frische Ananas
2 Schalotten
4 Knoblauchzehen
1 kleines Stück Ingwer
4 EL helle Sojasauce
1 EL Sesamöl
grob gestoßener Pfeffer
1 EL brauner Zucker
1 TL abgeriebene Limettenschale
8 Schweinesteaks à 100 g
750 g Süßkartoffeln
Salz
100 ml Kokosmilch
1/4 TL gemahlene Muskatblüte

Marinieren: ca. 12 Stunden
Zubereitung: ca. 75 Minuten

1. Ananas schälen und den Strunk entfernen. Fruchtfleisch im Mixer pürieren und in eine Schüssel füllen. Schalotten, Knoblauch und Ingwer schälen, fein reiben und zur Ananas geben. Sojasauce, Sesamöl, Pfeffer, Zucker und Limettenschale unterrühren. Das Fleisch waschen und trockentupfen. Steaks in die Marinade legen, mit Frischhaltefolie abdecken und über Nacht im Kühlschrank ziehen lassen.

2. Fleisch aus der Marinade nehmen und trockentupfen. Marinade durch ein feines Sieb in einen Topf abgießen, erhitzen und dicklich einkochen. Beiseitestellen.

3. Süßkartoffeln waschen, schälen und grob würfeln. In einen Topf mit 150 ml Wasser geben, salzen und zum Kochen bringen. Deckel halb auflegen. Bei mittlerer Hitze in ca. 15 Minuten weich kochen. Kochflüssigkeit abgießen, Süßkartoffeln zu Püree stampfen, dabei die Kokosmilch nach und nach zufügen. Mit Salz und Muskatblüte abschmecken. Warm halten.

4. Die Steaks auf dem heißen Holzkohlengrill auf beiden Seiten knusprig grillen. Zwischendurch mit der Marinade bepinseln und salzen. Mit dem Süßkartoffelpüree servieren.

Fidschi besteht aus 322 Inseln, von denen nur rund 100 bewohnt sind. Die Yasawa Inseln im Nordosten liegen inmitten riesiger Korallenriffe und die üppige Vegetation auf den Inseln lässt Kokosnüsse, wilde Bananen und Mangos wachsen.

FIDSCHI

Yasawa Island Mango-Eis mit Nüssen und Kokosnusscreme

Zutaten für 4 Personen:

1 l Milch
2 Gewürznelken
5 Kardamomkapseln
5 Pfefferkörner
2 TL Speisestärke
100 g Zucker
4 kleine reife Mangos
4 cl Triple sec (Bitterorangenlikör)
60 g Macadamianüsse
100 g gesüßte Kokosnusscreme

Zubereitung: ca. 45 Minuten
Gefrieren: ca. 2 Stunden

1. Milch mit den Gewürzen bis zum Siedepunkt erhitzen und bei kleiner Hitze auf die Hälfte einkochen. Die Speisestärke in 2 Esslöffeln Wasser auflösen und unter Rühren zur Milch geben. Zucker zufügen, dicklich einkochen. Die Milchcreme durch ein feines Sieb in eine Schüssel abgießen. Schüssel in Eiswasser stellen und die Creme kalt rühren.

2. Mangos schälen, Fruchtfleisch vom Stein schneiden und grob würfeln. In einen Mixer geben, Milchcreme und Triple sec zufügen und alles glatt pürieren. Die Masse in 4 kleine Portionsförmchen füllen und im Gefrierschrank mindestens 2 Stunden gefrieren.

3. Macadamianüsse in einer Pfanne ohne Fett rösten und klein hacken. Zum Servieren die Formen kurz in heißes Wasser tauchen und das Eis auf kleine Teller stürzen. Die Kokosnusscreme in einer Schüssel glatt rühren und je 1 Esslöffel über das Mangoeis geben. Mit Nüssen bestreuen und servieren.

Bora Bora ist ein Atoll, der zur Gruppe der Gesellschaftsinseln in Französisch-Polynesien gehört. Mit Korallenriffen, weißen Sandstränden, blauen Lagunen und einer üppigen tropischen Vegetation gilt Bora Bora als Trauminsel im Pazifischen Ozean.

BORA BORA

Garnelen in der Schale gebraten mit Limettensaft

Zutaten für 4 Personen:

8 große Garnelenschwänze, roh, ungeschält
4 Knoblauchzehen
1/2 TL Zucker
1/2 TL Salz
1/2 TL Chilipulver
4 EL Öl
abgeriebene Schale und Saft von 1 Limette

Zubereitung: ca. 20 Minuten

1. Die Garnelen waschen und trockentupfen. Garnelen der Länge nach mit einem scharfen Messer am Rücken einschneiden, ohne die Unterseite durchzuschneiden. Den Darm entfernen und die Garnelenhälften auseinanderklappen. Den Backofen auf 230 Grad vorheizen.

2. Den Knoblauch schälen und in einem Mörser mit Zucker, Salz, Chilipulver und Öl zu einer Paste zerreiben. Limettenschale zufügen.

3. Die Garnelen mit der Schalenseite nach unten auf ein Backblech legen und mit der Knoblauchmarinade bestreichen. Im heißen Ofen 4 Minuten braten. Den Backofengrill einschalten und die Garnelen 1–2 Minuten grillen. Auf 4 Teller verteilen und mit dem Limettensaft beträufeln.

Die Yamswurzel spielt in allen tropischen Regionen eine bedeutende Rolle in der täglichen Ernährung. Die stärkehaltigen Wurzelknollen erinnern sowohl im Aussehen als auch im Geschmack an Süßkartoffeln, sind aber nicht mit diesen verwandt.

BORA BORA

Glasierte Jamswurzelscheiben mit Ananaskaramell

Zutaten für 4 Personen:

1 kg Jamswurzeln
Salz
200 g frische Ananas
60 g Butter
100 g brauner Zucker
je 1 TL abgeriebene Limetten- und Orangenschale
1 TL Speisestärke

Zubereitung: ca. 45 Minuten

1. Die Jamswurzeln schälen und in 8 mm dicke Scheiben schneiden. In kochendem Salzwasser ca. 10 Minuten weich kochen. Abgießen, abtropfen und abkühlen lassen.

2. Das Ananasfruchtfleisch in Stücke schneiden und in einem Mixer pürieren.

3. Die Butter in einer Pfanne schmelzen, den Zucker darin auflösen. Mit 1 Prise Salz, Limetten- und Orangenschale würzen, das Ananaspüree einrühren und langsam erhitzen. Speisestärke in 3 Esslöffeln Wasser auflösen und die Ananasmasse damit binden.

4. Jamswurzelscheiben zugeben und in der Masse wenden, bis sie gleichmaßig davon überzogen sind. Bei kleiner Hitze ca. 20 Minuten weitergaren, bis die Jamswurzeln weich sind, dabei die Pfanne immer wieder schwenken. Jamswurzeln in der Sauce servieren.

Moorea, die kleine Schwester Tahitis, ist eine der schönsten und exotischsten Südseeinseln, mit schroffen Bergen und spektakulären Wasserfällen im Inneren und kristallklaren Lagunen und weißen einsamen Traumstränden am Meer.

MOOREA

Gebratene Brotfrucht mit Austern und pikanter Marinade

Zutaten für 4 Personen:

24 ausgelöste Austern
100 ml Orangensaft
100 ml Limettensaft
3 Schalotten
2 Knoblauchzehen
1 frische rote Chilischote
je 6 Pfeffer- und Korianderkörner
1 Lorbeerblatt
Salz
1 kg Brotfrucht

Marinieren: ca. 2 Stunden
Zubereitung: ca. 1 Stunde

1. Austern öffnen, das Fleisch auslösen und mit dem Austernwasser in eine Schüssel geben. Orangen- und Limettensaft unterrühren.

2. Schalotten und Knoblauch schälen. Schalotten in feine Streifen, Knoblauch in kleine Würfel schneiden. Die Chilischote längs halbieren, entkernen und klein hacken. Pfeffer und Koriander im Mörser zermahlen. Alles zu den Austern geben, Lorbeerblatt zufügen und abgedeckt im Kühlschrank 2 Stunden kalt stellen.

3. Die Austern mit der Marinade in eine Pfanne geben. Bei kleiner Hitze langsam erwärmen und fast bis zum Siedepunkt erhitzen. Mit Salz abschmecken und in eine Servierschale umfüllen. Abkühlen lassen.

4. Inzwischen die Brotfrucht schälen und das Fleisch in 8 mm dicke Scheiben schneiden. Einen Topf mit gesalzenem Wasser zum Kochen bringen und die Scheiben 5 Minuten kochen. Abgießen und abkühlen lassen.

5. Öl in einer Pfanne erhitzen und die Brotfruchtscheiben darin auf beiden Seiten knusprig braun braten. Auf Küchenpapier abtropfen lassen und salzen. Brotfrucht mit den Austern servieren.

Moorea ist nicht nur ein Teil Französisch-Polynesiens, die Küche ist auch unverkennbar von der französischen beeinflusst. Es existieren einige erstklassige Restaurants, die tropische Zutaten mit europäischer Raffinesse zubereiten.

MOOREA

Geeiste Melonen-Papaya-Suppe mit Vanille und Basilikum

Zutaten für 2 Personen:

100 g Zucker
1 kleines Stück Ingwer, geschält
1 kleine rote Chilischote
3 Gewürznelken
1 Vanilleschote
1 reife Honigmelone
100 g süße Sahne
1 kleine reife Papaya
1 kleines Bund Basilikum

Vorbereitung: ca. 1 Stunde
Zubereitung: ca. 20 Minuten

1. Zucker, 150 ml Wasser, Ingwer, Chilischote und Gewürznelken in einem Topf zum Kochen bringen und sirupartig einkochen. Abkühlen lassen. Gewürznelken entfernen. Vanilleschote der Länge nach aufschneiden, das Mark herauskratzen und in den Sirup rühren.

2. Melone halbieren und die Kerne entfernen. Fruchtfleisch mit einem Löffel auslösen und im Mixer pürieren. Die Melonenhälften beiseitelegen. Den Sirup untermixen. Dann die Sahne langsam zufügen und glatt rühren. Alles in eine Schüssel füllen und im Gefrierschrank mindestens 30 Minuten kalt stellen.

3. Inzwischen die Papaya längs halbieren und die Kerne mit einem Löffel herauskratzen. Mit einem Kugelausstecher aus dem Fruchtfleisch Bällchen stechen. Papayabällchen in eine Schüssel geben und mit Limettensaft beträufeln.

4. Basilikum waschen und trockenschütteln. Blätter von den Stängeln zupfen und in feine Streifen schneiden. Die Suppe in die Melonenhälften gießen, Papayakugeln dazugeben und mit Basilikum bestreut servieren.

Paul Gauguin, der zivilisationsmüde französische Maler des ausgehenden 19. Jahrhunderts, lebte und arbeitete auf Tahiti und prägte wie kein Anderer mit seinen kraftvollen Gemälden das Bild der Insel und seiner polynesischen Bevölkerung.

TAHITI

Tahiti-Hähnchen-Garnelen-Pfanne mit Vanille und Tomaten

Zutaten für 4 Personen:

250 g Garnelen, roh, geschält
300 g Hähnchenbrust ohne Haut
3 Schalotten
1 Knoblauchzehe
1 kleines Stück Ingwer
1 Chilischote
2 Tomaten
1 große reife Mango
3 EL Öl
1 TL Zucker
1/2 TL mildes Currypulver
1 EL Sherryessig
1/4 l Hühnerbrühe
1 Vanilleschote
2 Frühlingszwiebeln
2 EL Cashewkerne
Salz
1 Msp. Cayennepfeffer
2–3 Tropfen Angostura-Bitter

Zubereitung: ca. 45 Minuten

1. Garnelen und Fleisch waschen und trockentupfen. Fleisch in Streifen schneiden. Schalotten, Knoblauch und Ingwer schälen und fein hacken. Chilischote längs halbieren, entkernen und hacken. Tomaten häuten, vierteln, entkernen und würfeln. Mango schälen, das Fruchtfleisch vom Stein schneiden und klein schneiden.

2. In einer Pfanne 2 Esslöffel Öl erhitzen und nacheinander Fleisch und Garnelen bei großer Hitze jeweils 1 Minute unter Rühren anbraten. Herausnehmen und beiseitestellen. Restliches Öl in der Pfanne erhitzen, Schalotten, Knoblauch, Ingwer und Chilischote darin andünsten. Mit Zucker und Currypulver überstäuben, leicht karamellisieren lassen, Essig und Hühnerbrühe angießen. Aufkochen, aufgeschlitzte Vanilleschote zufügen und 10 Minuten bei kleiner Hitze köcheln lassen.

3. Die Frühlingszwiebeln putzen und in feine Röllchen schneiden. Cashewkerne in einer Pfanne ohne Fett goldbraun rösten und hacken. Sauce mit Salz, Cayennepfeffer und Angostura abschmecken. Fleisch und Garnelen in die Pfanne geben und unter die Sauce mischen. Zugedeckt 3 Minuten gar ziehen lassen. Auf eine Servierplatte geben und mit Frühlingszwiebeln und Cashewkernen bestreut servieren.

Bei Familienfesten der Tahitianer werden die Gerichte in einem Erdofen zubereitet. Es wird ein Loch in die Erde gegraben, ein Feuer auf Steinen entfacht und die in Bananenblätter gewickelten Speisen werden auf den glühenden Steinen gegart.

TAHITI

Bananenblätter mit feiner Fischfüllung aus Papeete

Zutaten für 12 Stück:

500 g weiße Fischfilets, z.B. Red Snapper
4 Frühlingszwiebeln
4 Knoblauchzehen
1 kleines Stück Ingwer
1 rote Chilischote
1 Stängel Zitronengras
1 EL Korianderkörner
4 EL Öl
1 TL gemahlene Kurkuma
1/2 TL gemahlener Piment
frisch geriebene Muskatnuss
50 g Cashewkerne
1 EL Pfeilwurzmehl
1 Ei
1 TL Puderzucker
Salz
1 TL abgeriebene Limettenschale
150 ml Kokosmilch
2 frische Bananenblätter
2 Limetten, in Achtel geschnitten

Zubereitung: ca. 75 Minuten

1. Fischfilets waschen, trockentupfen und fein hacken. In eine Schüssel geben. Frühlingszwiebeln putzen und klein hacken. Knoblauch und Ingwer schälen und fein reiben. Chilischote längs halbieren, entkernen und klein würfeln. Harte Blätter vom Zitronengras entfernen und den weißen Teil klein hacken. Korianderkörner im Mörser grob zerstoßen.

2. In einer Pfanne 2 Esslöffel Öl erhitzen und den Koriander darin kurz anrösten. Zwiebeln, Knoblauch und Ingwer zufügen und andünsten. Mit Kurkuma, Piment und Muskatnuss bestreuen. Chilischote und Zitronengras dazugeben und kurz anschwitzen. Erkalten lassen. Dann zum Fisch geben. Die Nüsse zufügen und mit Stärke, Ei, Zucker, Salz, Limettenschale und Kokosmilch zu einem Fischteig verkneten. Abgedeckt 15 Minuten kalt stellen.

3. Backofen auf 200 Grad vorheizen. Bananenblätter in 12 Rechtecke von 15 x 20 cm schneiden und mit Öl bepinseln. Etwas von der Fischmasse in länglicher Form in die Mitte jedes Blattes geben, Ränder auf der langen Seite übereinanderschlagen und die Enden mit einem Zahnstocher fixieren. Fischpäckchen auf ein Backblech geben und 15 Minuten im Ofen backen. Auf einer Servierplatte mit Limettenachteln anrichten.

Fisch und Meeresfrüchte, Wurzelgemüse und tropische Früchte bestimmen den Speiseplan in Tahiti, aber Fleisch (meist Importe aus Neuseeland) ist sehr beliebt, allem voran Spanferkel, für das es dort viele Zubereitungsarten gibt.

TAHITI

Marinierte Spanferkelspieße mit geröstetem Sesam

Zutaten für ca. 12 Stück:

Vorbereitung: ca. 30 Minuten
Zubereitung: ca. 20 Minuten

600 g Spanferkelrücken
3 Knoblauchzehen
1 kleines Stück Ingwer
6 EL Erdnussöl
1 rote Chilischote
6 Limettenblätter
50 g Sesamsaat
Salz

Außerdem:
Bambusspieße

1. Sichtbares Fett und Haut vom Fleisch entfernen, Fleisch waschen und trockentupfen. Das Fleisch in ca. 5 mm dicke, 3 cm breite und 15 cm lange Streifen schneiden.

2. Knoblauch und Ingwer schälen und klein würfeln. In eine Schüssel geben und mit Öl mischen. Chilischote längs halbieren, entkernen und klein hacken. Mit Fleisch und Limettenblättern in die Schüssel geben, gut vermengen und abgedeckt 30 Minuten ziehen lassen.

3. In einer Pfanne den Sesam ohne Fett goldbraun rösten und auf eine Platte streuen. Die Bambusspieße wässern. Die Fleischstreifen aus der Marinade nehmen und wellenförmig auf die Spieße stecken. Salzen.

4. Fleischspieße bei mittlerer Hitze auf dem Holzkohlengrill auf beiden Seiten knusprig braun braten. Fertige Spieße in Sesam wälzen und servieren.

Die Vanillepflanze, eine Orchideenart, wird in Tahiti seit 1880 angebaut. Tahitivanille gilt als eine der Besten der Welt. Sie ist prall gefüllt mit dem kostbaren Mark der geschmeidigen, leicht öligen Schote und ihr Duft ist einzigartig.

TAHITI

Vanille-Ingwer-Creme mit Kokos und karamellisierter Ananas

Zutaten für 6 Personen:

Zubereitung: ca. 30 Minuten
Kühlen: ca. 1 Stunde

1 Vanilleschote
1 kleines Stück Ingwer
1/4 l Milch
4 EL Speisestärke
6 EL Zucker
400 ml Kokosmilch
Öl für die Förmchen
4 Scheiben Ananas (Dose)
1 EL geklärte Butter
Saft von 1 Orange
Saft von 1 Limette

1. Die Vanilleschote der Länge nach aufschlitzen. Den Ingwer schälen und in Scheiben schneiden. Beides mit der Milch in einen Topf geben und bis zum Siedepunkt erhitzen. Vom Herd nehmen und abgedeckt 10 Minuten ziehen lassen.

2. Speisestärke mit 4 Esslöffeln Zucker vermischen. Mit der Hälfte der Kokosmilch glatt rühren und in einem Topf langsam bis zum Siedepunkt erhitzen. Unter Rühren dicklich kochen. Vanillemilch durch ein Sieb dazugeben, restliche Kokosmilch einrühren. Bei kleiner Hitze dicklich einkochen.

3. Das Mark der Vanilleschote herauskratzen und in die Puddingcreme rühren. 6 Portionsförmchen mit Öl ausstreichen. Puddingcreme einfüllen und mindestens 1 Stunde im Kühlschrank fest werden lassen.

4. Ananasscheiben würfeln. Butter in einer Pfanne erhitzen, die Ananas darin anbraten. Restlichen Zucker einstreuen und hellbraun karamellisieren lassen. Mit Orangensaft ablöschen und den Karamell auflösen. Limettensaft unterrühren. Beiseitestellen. Förmchen kurz in heißes Wasser tauchen und auf Teller stürzen. Mit Ananas und Karamellsauce begießen und servieren.

Macadamianüsse gehören zu den besten und teuersten Nüssen der Welt. Sie sind nicht nur außergewöhnlich wohlschmeckend, sondern wegen ihres hohen Anteils an ungesättigten Fettsäuren und Vitalstoffen auch sehr gesund.

HAWAII

Kalte Passionsfruchtsuppe mit Mango und Curaçao

Zutaten für 4 Personen:

1/2 l Passionsfruchtsaft
1 TL abgeriebene Orangenschale
1/2 EL Maisstärke
2 Eigelb
1/8 l Weißwein
1 reife Mango
100 g Macadamianüsse
2 cl Curaçao

Zubereitung: ca. 25 Minuten
Kühlen: ca. 1 Stunde

1. Den Passionsfruchtsaft mit der Orangenschale in einem Topf zum Kochen bringen und bei kleiner Hitze 5 Minuten köcheln lassen. Die Maisstärke in 1 Esslöffel Wasser auflösen, in die Suppe rühren und sie damit binden.

2. Das Eigelb mit dem Wein glattrühren. Die Suppe vom Herd nehmen und die Eigelb-Wein-Mischung einrühren. Etwas abkühlen lassen, dann mindestens 1 Stunde im Kühlschrank kalt stellen.

3. Inzwischen die Mango schälen, den Stein heraustrennen und das Fruchtfleisch in dünne Scheiben schneiden. Die Macadamianüsse ohne Fett in einer Pfanne rösten und grob hacken.

4. Den Curaçao in die Suppe rühren und die Mangoscheiben zugeben. Die Hälfte der Nüsse hinzufügen. Die Suppe in Servierschalen verteilen und mit den restlichen Nüssen servieren.

Die hawaiianische Süßkartoffel, die dort „Kumara" genannt wird, hat eine leuchtend lila Schale und ein gelbes Fruchtfleisch. Sie ist neben Kokosnuss, Tarowurzel, Brotfrucht, Reis und Banane das wichtigste Hauptnahrungsmittel.

HAWAII

Süßkartoffelauflauf aus Kaua mit Ananas und Bananen

Zutaten für 6 Personen:

6 große Süßkartoffeln
60 g Butter
Salz
6 Bananen
200 g brauner Zucker
1 TL gemahlener Zimt
500 g Ananaswürfel aus der Dose mit Saft
1 EL Limettensaft
2 EL Honig

Vorbereitung: ca. 50 Minuten
Backen: ca. 40 Minuten

1. Die Süßkartoffeln waschen und in kochendem Wasser 25 Minuten garen. Abgießen und abkühlen lassen. Schälen und in 1 cm dicke Scheiben schneiden.

2. Eine große ofenfeste Form mit etwas Butter ausstreichen, die Kartoffelscheiben hineinschichten und salzen. Die restliche Butter in einem kleinen Topf schmelzen und über die Kartoffeln gießen. Die Bananen schälen, in Scheiben schneiden und über die Kartoffeln schichten. Zucker mit Zimt mischen und darüberstreuen.

3. Den Backofen auf 180 Grad vorheizen. Die Ananas in einem Sieb abtropfen lassen, dabei den Saft auffangen. Ananas in einem Mixer pürieren und über die Bananen verteilen. 1/4 Liter Ananassaft mit Limettensaft und Honig verrühren und über den Auflauf gießen. Im heißen Ofen 40 Minuten backen. Auflauf lauwarm servieren.

Hawaii, der 50. Bundesstaat der USA, liegt mitten im Pazifik. Er ist keine einzelne Insel, sondern eine Inselgruppe mit mehr als hundert kleinen und acht großen Inseln und einer vornehmlich asiatisch-polynesischen Bevölkerung.

HAWAII

Marinierte Hühnerkeulen mit Schinken und Mandeln gefüllt

Zutaten für 4 Personen:

Vorbereitung: ca. 90 Minuten
Zubereitung: ca. 50 Minuten

12 Hühnerunterkeulen
200 g gekochter Schinken
50 g gehackte Mandeln
1 TL Sesamöl
60 ml Sojasauce
1 TL Zucker
frisch gemahlener Pfeffer
2 EL Hoisinsauce
Maismehl zum Wenden
6 EL Öl zum Braten
125 g Pilze
1 Zwiebel
1 TL geriebener Ingwer
1 l Hühnerbrühe
4 cl Sherry
3 EL Sojasauce
75 g Wasserkastanien
1 TL Zucker
3 EL Maismehl

1. Die Hühnerkeulen waschen und trocknen. Die Haut etwas vom Fleisch lösen und so anheben, dass eine Tasche entsteht. Schinken sehr fein würfeln und mit Mandeln und Sesamöl mischen. In die Taschen der Hühnerkeulen füllen. Mit der Haut bedecken, Öffnung mit Holzstäbchen verschließen. Sojasauce mit Zucker, Pfeffer und Hoisinsauce mischen und die Hühnerkeulen darin mindestens 1 Stunde marinieren.

2. Backofen auf 180 Grad vorheizen. Hühnerkeulen aus der Marinade nehmen, mit Küchenpapier trocken tupfen und im Maismehl wenden. 3 Esslöffel Öl erhitzen und das Fleisch darin von allen Seiten gut anbraten. Anschließend in eine feuerfeste Form legen und 35 Minuten im heißen Ofen braten.

3. Inzwischen die Pilze putzen und klein würfeln. Zwiebel schälen und würfeln. Restliches Öl erhitzen, Pilze, Zwiebel und Ingwer darin andünsten. Brühe, Sherry und Sojasauce dazugeben und aufkochen. Wasserkastanien abtropfen lassen, in Scheiben schneiden und hinzufügen. Mit Zucker und Pfeffer abschmecken und alles 5 Minuten köcheln lassen. Maismehl in 6 Esslöffeln Wasser anrühren und die Sauce damit andicken. Sauce vor dem Servieren über das Fleisch gießen.

Der Hummer- und Muschelfang an den Küsten Hawaiis ist aufgrund der starken pazifischen Brandung ein besonders mühsames und zuweilen gefährliches Unterfangen, dem sich die jungen Männer als eine Art Mutprobe unterziehen.

HAWAII

Meeresfrüchte-Pfanne mit Hummer und Wasserkastanien

Zutaten für 4 Personen:

Vorbereitung: ca. 20 Minuten
Zubereitung: ca. 25 Minuten

12 ausgelöste Jakobsmuscheln
200 g Hummerfleisch
12 rohe Riesengarnelen, geschält
60 ml Sherry
3 Stangen Sellerie
250 g Pilze
1 Zwiebel
2 Knoblauchzehen
4 EL Öl
150 g Wasserkastanien, aus der Dose
150 g Bambussprossen, aus der Dose
2 TL Bohnenpaste
3/4 l Hühnerbrühe
3 TL Sojasauce
1 TL Zucker
frisch gemahlener Pfeffer
1 EL Sesamöl
3 EL Maismehl

1. Muscheln, Hummerfleisch und Garnelen waschen und in große Würfel schneiden. Den Sherry darüberträufeln und 20 Minuten durchziehen lassen.

2. Sellerie putzen, waschen und in feine Streifen schneiden. Pilze putzen, waschen und in Scheiben schneiden. Zwiebel und Knoblauch schälen und klein würfeln. Muschel-, Hummer- und Garnelenwürfel in einem Sieb abtropfen lassen, Sherry dabei auffangen.

3. Öl in einer Pfanne erhitzen und Zwiebel und Knoblauch darin andünsten. Meeresfrüchte in die Pfanne geben. Wenn das Garnelenfleisch sich rot färbt, alles aus der Pfanne nehmen und warm stellen. Wasserkastanien und Bambussprossen abtropfen lassen und in Scheiben schneiden.

4. Bohnenpaste, Sellerie und Pilze in die Pfanne geben und unter Rühren andünsten. Brühe, Sherry und Sojasauce angießen und aufkochen. Mit Zucker, Pfeffer und Sesamöl würzen. Meeresfrüchte dazugeben und bei kleiner Hitze 3 Minuten garen. Maismehl in 6 Esslöffeln Wasser anrühren, in die Sauce rühren und andicken lassen. Wasserkastanien und Bambussprossen hinzufügen, in der Sauce erwärmen und servieren.

Hawaii war die erste Insel im Pazifik, auf der in größerem Stil Ananas angebaut wurde. Die Reife einer Ananas erkennt man am intensiven Ananasgeruch am Strunk und daran, dass sich die grünen Blätter leicht herauszupfen lassen.

HAWAII

Hawaiianischer Kokosreis mit Ananas und Maraschinokirschen

Zutaten für 4 Personen:

800 ml Kokosmilch
400 g Langkornreis
1 frische Ananas
100 g Macadamianüsse
150 g Maraschinokirschen
150 g kleine Marshmallows
50 g Zucker
2 EL Limettensaft
250 g süße Sahne
Salz
1/2 TL gemahlener Zimt

Zubereitung: ca. 30 Minuten
Kühlen: ca. 30 Minuten

1. Die Kokosmilch in einem Topf zum Kochen bringen. Den Reis einstreuen, zudecken und bei kleiner Hitze gar ziehen lassen. In eine Schüssel umfüllen und auskühlen lassen.

2. Die Ananas schälen, vierteln und den Strunk wegschneiden. Fruchtfleisch fein hacken. Mit dem gekochten Reis in einer großen Schüssel mischen.

3. Die Nüsse hacken, die Kirschen klein schneiden. Die Hälfte der Nüsse und die Kirschen mit den Marshmallows und dem Zucker zum Reis geben. Limettensaft unterrühren. 30 Minuten zugedeckt kühl stellen.

4. Die Sahne mit einer Prise Salz und dem Zimt steif schlagen. Sorgfältig unter den Ananasreis heben. In Servierschalen verteilen und mit den restlichen Nüssen bestreut servieren.

Chayoten sind die Früchte einer bis zu 25 Meter hoch rankenden Kürbisart. Die 10 bis 20 cm langen grünen Früchte haben eine runzelige Schale mit tiefen Furchen. Ihr Fruchtfleisch wird roh als Salat und gekocht als Gemüse verzehrt.

SAMOA

Chayotensalat mit Paprika aus Apia und Frühlingszwiebeln

Zutaten für 4 Personen:

1 Knoblauchzehe
1 kleines Stück Ingwer
Saft von 2 Limetten
4 Frühlingszwiebeln
4 kleine Chayoten
Salz
1 rote Paprikaschote
1 frische grüne Chilischote
2 EL Erdnussöl

Zubereitung: ca. 45 Minuten

1. Den Knoblauch und den Ingwer schälen und fein reiben. Mit Limettensaft in einer Schüssel verrühren. Frühlingszwiebeln putzen, die weißen Teile hacken und dazugeben. Die grünen Spitzen in feine Röllchen schneiden und beiseitestellen.

2. Die Chayoten schälen, halbieren und entkernen. Das Fruchtfleisch in 3 mm dicke Scheiben schneiden. In einen Topf mit 100 ml Wasser geben, leicht salzen, aufkochen und mit halb aufgelegtem Deckel in ca. 5 Minuten knapp gar kochen. Abgießen, abtropfen lassen und noch warm unter die Limettensauce mischen. 30 Minuten darin ziehen lassen.

3. Die Paprikaschote und die Chilischote halbieren und entkernen. Paprikaschote in feine Streifen schneiden, Chilischote klein hacken. Alles zu den Chayoten geben, das Öl zufügen, mit Salz abschmecken und gut durchmischen. In eine Servierschüssel umfüllen, mit den Frühlingszwiebelröllchen bestreuen und auftragen.

Im Jahre 1900 wurde der östliche Teil der beiden Inseln Samoas amerikanische und der westliche Teil deutsche Kolonie. Nach neuseeländischer Besatzung erhielt Westsamoa erst 1962 die Unabhängigkeit und wurde 1997 in Samoa umbenannt.

SAMOA

Thunfisch in lauwarmer Limettensauce mariniert

Zutaten für 4 Personen:

400 g frisches Thunfischfilet
2 Limetten
1 frische rote Chilischote
1 Schalotte
1 Knoblauchzehe
1 kleines Stück Ingwer
1 EL Limettensaft
1 EL helle Sojasauce
1 EL brauner Rum
2 EL Erdnussöl
1/2 TL Rohrzucker
grobes Meersalz
grob gestoßener Pfeffer

Vorbereitung: ca. 30 Minuten
Zubereitung: ca. 30 Minuten

1. Den Fisch waschen und trockentupfen. In Frischhaltefolie wickeln und mindestens 30 Minuten anfrieren lassen.

2. Die Limette schälen und filetieren. Die Chilischote längs halbieren, entkernen und klein hacken. Schalotte, Knoblauch und Ingwer schälen und klein hacken. Alles zu den Limettenfilets geben.

3. Limettensaft, Sojasauce, Rum, Öl und Zucker zufügen. Die Pfanne auf den Herd stellen und lauwarm erhitzen. Vom Herd nehmen.

4. Thunfisch mit einem scharfen dünnen Messer in hauchdünne Scheiben schneiden und auf 4 flache Teller verteilen. Mit Salz und Pfeffer bestreuen und mit der lauwarmen Marinade gleichmäßig beträufeln. Limettenfilets auf den Fisch verteilen. 5 Minuten ziehen lassen.

In Apia, der Hauptstadt Samoas, findet man auf dem Marktplatz die beliebten Grill- und Essensstände. Hier gibt es neben gegrilltem Fleisch und einheimischer gerösteter Brotfrucht auch asiatische Wokküche und indisches Curry.

SAMOA

Samoa Hähnchen-Gemüse-Curry mit gerösteten Kokosraspeln

Zutaten für 4 Personen:

750 g Hähnchenkeulen
abgeriebene Schale und Saft von 1 Limette
2 EL Kokosraspel
150 g grüne Bohnen
2 Stangen Sellerie
100 g Spinatblätter
1 frische grüne Chilischote
2 Schalotten
2 Knoblauchzehen
2 EL Öl
2 EL grüne Currypaste
1/4 l Hühnerbrühe
1/4 l Kokosmilch
Salz
1 EL helle Sojasauce
1 TL Rohrzucker

Zubereitung: ca. 1 Stunde

1. Hähnchenkeulen häuten, Fleisch von den Knochen lösen und in Streifen schneiden. In einer Schüssel mit dem Limettensaft beträufeln. Kokosraspel in einer Pfanne ohne Öl braun rösten.

2. Die Bohnen putzen und in 3 cm lange Stücke schneiden. Die Sellerie putzen und in Stifte schneiden. Den Spinat waschen, trockenschütteln und fein hacken. Die Chilischote längs halbieren, entkernen und fein hacken. Schalotten und Knoblauch schälen und klein würfeln.

3. Das Öl in einem Schmortopf erhitzen, Schalotten und Knoblauch darin hellbraun anbraten. Currypaste zufügen und unter Rühren andünsten, bis sich das Aroma entfaltet. Sellerie, Bohnen und Fleisch mit dem Limettensaft unter Rühren zufügen.

4. Mit Hühnerbrühe und Kokosmilch ablöschen. Aufkochen, salzen und ca. 20 Minuten bei kleiner Hitze köcheln lassen. Mit Sojasauce, Salz, Zucker und Limettenschale abschmecken. In Servierschalen verteilen und mit den gerösteten Kokosraspeln bestreuen.

Rein äußerlich ähneln sich Süßkartoffeln und Kartoffeln, sie sind aber botanisch gesehen nicht miteinander verwandt. Es gibt gelb- und rotfleischige Sorten, beide schmecken süßlich und enthalten mehr Wasser, weshalb sie schneller gar sind.

SAMOA

Gebackene Süßkartoffelbällchen mit Kokoskaramellsauce

Zutaten für 4 Personen:

500 g Süßkartoffeln
100 g Mehl
Salz
4 EL Zucker
geriebene Muskatnuss
1/2 TL gemahlener Zimt
4 EL Sesamsaat
Öl zum Backen
100 ml Kokosnusscreme
100 g Rohrzucker

Vorbereitung: ca. 25 Minuten
Zubereitung: ca. 30 Minuten

1. Süßkartoffeln waschen und in einen Topf geben. Mit Wasser bedecken, zum Kochen bringen und in 15–20 Minuten weich kochen. Abgießen, ausdampfen lassen und schälen. Süßkartoffeln noch warm zu einem Püree zerdrücken. Erkalten lassen.

2. Das Püree mit Mehl, Salz, Zucker, Muskatnuss, Zimt und 2–3 Esslöffeln Wasser zu einem glatten weichen Teig verkneten. Vom Teig mit einem Löffel kleine Portionen abstechen und zu Bällchen formen. Sesam auf eine Platte streuen und die Bällchen darin wälzen.

3. Einen Topf oder eine tiefe Pfanne ca. 3 cm hoch mit Öl füllen, das Öl mäßig erhitzen. Süßkartoffelbällchen darin portionsweise goldbraun backen. Auf Küchenpapier kurz abtropfen lassen.

4. Die Kokosnusscreme in einer Pfanne erhitzen, Zucker unter Rühren zufügen und sirupartig einkochen lassen. Süßkartoffelbällchen in Schalen verteilen, mit dem Sirup begießen und warm servieren.

EVERY BODY
BISPING
VS EVANS
LUCKY BRAND JEANS
LUCKY BRAND JEANS
Mountain Dew
VALIDATION
Prudential Center
78.UFC.COM

NORDAMERIKA

Die Küche der Neuen Welt: Cajun und indianische Küche, Tex-Mex und neue kalifornische Küche, Burger, Beef und Bagels

Sandwiches sind ein unverzichtbarer Teil der amerikanischen Snack-Kultur. Zu den Klassikern gehört das Käse-Steak-Sandwich, das in Philadelphia stilecht nicht auf einem Teller serviert wird, sondern in Alufolie oder einer Papiertüte.

USA

Philadelphia Käse-Steak-Sandwich mit Zwiebelringen

Zutaten für 4 Personen:

Vorbereitung: ca. 10 Minuten
Zubereitung: ca. 25 Minuten

450 g Cheddar-Schmelzkäse, in Scheiben
1/8 l Kondensmilch
1 TL Essig
1/2 TL Senf
Salz
Tabasco
2 Zwiebeln
5 EL Pflanzenöl
600 g Rumpsteak
frisch gemahlener Pfeffer
4 kleine Ciabattabrote

1. Den Käse klein schneiden und mit Kondensmilch in einen Topf geben. Langsam erhitzen und rühren, bis der Käse geschmolzen ist. Essig und Senf einrühren und mit Salz und Tabasco abschmecken. Sauce warm halten.

2. Die Zwiebeln schälen und in dünne Scheiben schneiden. 2 Esslöffel Öl in einer gusseisernen Pfanne erhitzen und die Zwiebeln darin goldbraun braten. Herausnehmen und beiseitestellen.

3. Fleisch waschen und trockentupfen. Fleisch in dünne Steaks schneiden und etwas flach klopfen. Salzen und pfeffern. Restliches Öl in der Pfanne erhitzen und die Steaks portionsweise bei großer Hitze von beiden Seiten medium braten.

4. Ciabattabrote aufschneiden, aber nicht durchschneiden. Brote aufklappen und die Steaks darauf verteilen. Mit Zwiebeln belegen und die Käsesauce darüberträufeln. Brote zusammenklappen und servieren.

USA Gegrillter Büffel-Burger mit Ketchup und Worcestersauce

Zubereitung: ca. 15 Minuten
Vorbereitung: ca. 30 Minuten
Zutaten für 4 Personen:

500 g Büffel-Hackfleisch
1 Knoblauchzehe
1/2 TL Salz
1 EL hausgemachter Ketchup
1 TL Worcestersauce
frisch gemahlener Pfeffer
Öl zum Grillen oder Pfanne

1. Das Hackfleisch in eine Schüssel geben. Knoblauch schälen und mit dem Salz in einem Mörser musig zermahlen. Mit Ketchup, Worcestersauce und Pfeffer zum Hackfleisch geben und alles zu einem Fleischteig mischen.

2. Aus dem Teig 4 runde Burger formen und abgedeckt im Kühlschrank kalt stellen. Einen Holzkohlengrill erhitzen, Grillrost mit Öl einstreichen. Die Burger auf den Grill legen und auf beiden Seiten knusprig braun grillen.

USA Hausgemachter Ketchup mit Apfelessig und Knoblauch

Zubereitung: ca. 10 Minuten
Reifen: ca. 12 Stunden
Zutaten für 150 ml:

2 Knoblauchzehen
120 ml Ketchup
2 EL Apfelessig
1 TL brauner Zucker
2 TL Worcestersauce
1/4 TL Tabasco

1. Die Knoblauchzehen schälen und klein hacken. Mit dem Ketchup, dem Apfelessig und dem Zucker in einer Schüssel mischen und mit Worcestersauce und Tabasco abschmecken.

2. Den Ketchup mit Frischhaltefolie abdecken und über Nacht im Kühlschrank durchziehen lassen.

Hummer-Brötchen kann man in Neu-England an fast jeder Straßenecke kaufen. Hier ist der Hummer keine kostspielige Delikatesse, sondern fast schon ein Grundnahrungsmittel. Sogar Hot-Dog-Brötchen werden damit gefüllt.

USA

New England Hummer-Brötchen mit Mayonnaise

Zutaten für 4 Personen:

Vorbereitung: ca. 15 Minuten
Zubereitung: ca. 5 Minuten

5 EL Mayonnaise
1 TL abgeriebene Zitronenschale
1 TL frisch gehackter Dill
Salz
frisch gemahlener Pfeffer
edelsüßes Paprikapulver
2 Stangen Sellerie
500 g gekochtes Hummerfleisch
Butter zum Braten
4 Baguettebrötchen

1. Die Mayonnaise in einer Schüssel glatt rühren und mit Zitronenschale und Dill mischen. Mit Salz, Pfeffer und Paprikapulver pikant abschmecken.

2. Selleriestangen putzen, waschen und in kleine Würfel schneiden. Hummerfleisch klein schneiden und mit der Mayonnaise und dem Sellerie mischen.

3. Baguettebrötchen durchschneiden. Butter in einer Pfanne zerlassen. Die Brötchen aufklappen und mit der Schnittfläche nach unten in die Pfanne legen und goldbraun rösten.

4. Die Hummermayonnaise auf die Brötchen verteilen und mit etwas Paprikapulver bestreuen. Die Brötchen zusammenklappen und sofort servieren.

Das Originalrezept wurde 1964 in der Anchor Bar in Buffalo „erfunden". Die knusprigen, würzigen Hähnchenflügel machten schnell in ganz Amerika Furore. Jedes Jahr feiert Buffalo am 29. Juli den „Chicken Wing Day".

USA

Marinierte Hähnchenflügel Buffalo goldbraun frittiert

Zutaten für 6 Personen:

Vorbereitung: ca. 50 Minuten
Zubereitung: ca. 25 Minuten

24 Hähnchenflügel
2 EL grobes Salz
1 EL Zucker
2 EL edelsüßes Paprikapulver
1 EL Zwiebelpulver
1 EL Knoblauchpulver
2 TL frisch gemahlener Pfeffer
2 TL Cayennepfeffer
100 g Butter
100 ml Chilisauce
Öl zum Frittieren

1. Die Hähnchenflügel waschen und in 2 Teile schneiden. Salz, Zucker und 1 Liter kaltes Wasser in einer Schüssel mischen und das Fleisch darin 15 Minuten marinieren lassen.

2. Flügel aus der Marinade nehmen und trockentupfen. Paprika-, Zwiebel- und Knoblauchpulver, Pfeffer und Cayennepfeffer in einer großen Schüssel vermischen. Hähnchenflügel in den Gewürzen wenden, bis sie ganz damit überzogen sind.

3. Butter und Chilisauce in einer Pfanne erhitzen, verrühren und warm halten. Einen Topf oder eine tiefe Pfanne ca. 3 cm hoch mit Öl füllen, das Öl erhitzen. Zuerst die dünneren Flügelteile ca. 10 Minuten frittieren. Herausnehmen und auf Küchenpapier abtropfen lassen. Dann die restlichen Hühnerflügel etwa 12 Minuten frittieren.

4. Hähnchenflügel in die Chilibutter geben und darin wenden. Auf einer Platte anrichten und servieren.

Hot-Dogs verdanken ihren Namen dem Karikaturisten Tad Dorgan. Bei einem Polospiel wurde der Snack als „Dachshund-Würstchen“ angeboten. Dorgan zeichnete daraufhin einen Dackel im Brötchen und erfand das Wort „Hot-Dog“.

USA

Hot-Dog-Würstchen in Teighülle ausgebacken

Zutaten für 6 Personen:

Vorbereitung: ca. 15 Minuten
Zubereitung: ca. 5 Minuten

175 g Maismehl
125 g Weizenmehl
2 EL Zucker
1 TL Senfpulver
1 TL Backpulver
1/2 TL Salz
1/8 l Milch
1 Ei
Öl zum Frittieren
6 Hot-Dog-Würstchen
Ketchup und Senf zum Servieren

Außerdem:
6 Bambusstäbchen

1. Die beiden Mehlsorten in einer Schüssel mit dem Zucker, Senf, Backpulver und Salz mischen. Mit Milch, Ei und 1 Esslöffel Öl zu einem glatten Teig rühren.

2. Einen tiefe Pfanne ca. 3 cm hoch mit Öl füllen, das Öl erhitzen. Die Hot Dogs trockentupfen und mit einer Gabel durch den Teig ziehen. Teig etwas abtropfen lassen und die Würstchen im heißen Öl ca. 3 Minuten goldbraun frittieren.

3. Die Hot-Dog-Würstchen herausnehmen und auf Küchenpapier abtropfen lassen. Noch heiß auf Bambusstäbchen stecken und mit Ketchup und Senf servieren.

Nicht nur in den USA sind gebackene Bohnen ein beliebtes Gericht. Bekannt geworden ist es vor allem durch die Stadt Boston, die auch den Spitznamen „Beantown“ hat. Hier serviert man die Bohnen traditionell zu Kabeljau.

USA

Gebackene Bohnen auf Boston-Art mit Räucherspeck

Zutaten für 6 Personen:

500 g getrocknete weiße Bohnen
250 g geräucherter Speck
1 Zwiebel
120 g Rübenkraut
50 g brauner Zucker
50 ml Ketchup
1 EL Senf
Salz
frisch gemahlener Pfeffer
1 Msp. Nelkenpulver

Einweichen: über Nacht
Zubereitung: ca. 4 Stunden

1. Die Bohnen über Nacht in kaltem Wasser einweichen.

2. Bohnen abtropfen lassen und in einem Topf mit frischem Wasser bedecken. Aufkochen und die Bohnen bei kleiner Hitze 45 Minuten garen. Bohnen in ein Sieb abgießen und abtropfen lassen, Kochwasser auffangen.

3. Backofen auf 125 Grad vorheizen. Speck in kleine Würfel schneiden. Zwiebel schälen und klein würfeln. Das Öl in einem Schmortopf erhitzen und den Speck darin knusprig braten. Zwiebeln zufügen und glasig andünsten.

4. Bohnen und 1 Liter Kochflüssigkeit dazugeben. Rübenkraut, Zucker, Ketchup und Senf einrühren und mit Salz, Pfeffer und Nelkenpulver würzen. Aufkochen, zudecken und im heißen Ofen 3 Stunden backen. Sollten die Bohnen zu trocken werden, noch etwas Kochflüssigkeit zufügen. Die Bohnen im Schmortopf servieren.

Aus den amerikanischen Südstaaten stammt dieses Gericht. Es ist typisch für die rustikale und einfache Cajun-Küche der französischstämmigen Einwanderer im US-Bundesstaat Louisiana, die vor allem regionale Zutaten verwenden.

USA

Gefüllte Paprikaschoten mit Krebsfleisch und Reis

Zutaten für 6 Personen:

1 Zwiebel
4 Stangen Sellerie
1 kleine grüne Chilischote
6 grüne Paprikaschoten
Salz
6 EL Butter
200 g Reis
3/4 l Hühnerbrühe
4 Lorbeerblätter
250 g Hähnchenlebern
450 g Krebsfleisch, gegart, ausgelöst
2 Frühlingszwiebeln
Salz
frisch gemahlener Pfeffer
1 TL Tabascosauce

Vorbereitung: ca. 30 Minuten
Backen: ca. 20 Minuten

1. Zwiebel schälen, Sellerie putzen und beides klein würfeln. Chilischote längs halbieren, entkernen und klein hacken. Paprikaschoten waschen, einen Deckel abschneiden und die Kerne entfernen. Paprikaschoten und Deckel 2 Minuten in Salzwasser kochen und in Eiswasser abschrecken. Abtropfen lassen.

2. 4 Esslöffel Butter in einem Topf erhitzen und Zwiebel, Sellerie und Chilischote darin dünsten. Den Reis zufügen und glasig dünsten. Hühnerbrühe angießen und aufkochen. Lorbeerblätter zufügen, Topf zudecken und 15 Minuten bei kleiner Hitze köcheln lassen.

3. Lebern waschen, trockentupfen und klein hacken. Krebsfleisch klein schneiden. Frühlingszwiebeln putzen und klein hacken. Restliche Butter in einer Pfanne zerlassen und Zwiebeln und Lebern darin andünsten. Krebsfleisch zufügen, verrühren und alles zum Reis geben. Mit Salz, Pfeffer und Tabascosauce abschmecken, Lorbeerblätter entfernen.

4. Backofen auf 160 Grad vorheizen. Paprikaschoten mit Reismischung füllen und die Deckel aufsetzen. Schoten in eine ofenfeste Form setzen, 1 Tasse Wasser angießen und ca. 20 Minuten im Ofen garen.

Eisbergsalat stammt ursprünglich aus dem sonnigen Kalifornien. Er wurde im 19. Jahrhundert erstmals gezüchtet. Heute steht der knackige Salat mit den hellgrünen, an den Rändern gekräuselten Blättern bei Fitness-Bewussten hoch im Kurs.

USA

Blattsalate mit Buttermilch-Dressing und Hähnchenfleisch

Zutaten für 6 Personen:

1/2 Eisbergsalat
1/2 Lollo Rosso
1/2 Bund Brunnenkresse
3 Tomaten
100 g Blauschimmelkäse
6 Scheiben gekochter Schinken
2 Stangen Lauch
2 hart gekochte Eier
300 g gekochte Hühnchenbrust
1 große Avocado
1 Schalotte
1 Knoblauchzehe
150 ml Buttermilch
4 EL Mayonnaise
Salz
frisch geriebener Pfeffer
2 EL Schnittlauchröllchen
2 EL fein gehackte Petersilie

Zubereitung: ca. 30 Minuten

1. Die Salate putzen, waschen, trockenschleudern und die Blätter in mundgerechte Stücke zupfen. Brunnenkresse fein hacken. Tomaten waschen und in Scheiben schneiden. Alles in eine große Schüssel geben.

2. Blauschimmelkäse zerkrümeln. Schinken klein würfeln. Lauch putzen, waschen und in feine Streifen schneiden. Eier schälen und klein hacken. Hühnchenfleisch würfeln. Avocado schälen, längs halbieren und den Stein entfernen. Fruchtfleisch in Scheiben schneiden. Alles zum Salat in die Schüssel geben.

3. Schalotte und Knoblauch schälen und klein hacken. Mit Buttermilch und Mayonnaise in einer Schüssel verrühren. Mit Salz und Pfeffer abschmecken und die Hälfte der Kräuter unterrühren. Sauce über den Salat gießen und gut untermischen.

4. Den Salat in Servierschalen verteilen und mit den restlichen Kräutern bestreuen.

Michigan liegt im nördlichen Mittelwesten der USA an der Grenze zu Kanada. Neben den typischen amerikanischen Küchen-Klassikern schätzt man hier auch Gemüse in vielerlei Variationen und Beilagen wie Ofenkartoffeln.

USA

Brokkoli-Soufflé mit Pilz-Käse-Sauce aus Michigan

Zutaten für 4 Personen:

1 kleine Zwiebel
150 g gekochter Brokkoli
6 EL Butter
5 EL Mehl
1/2 l heiße Milch
Salz
frisch gemahlener Pfeffer
1 EL Zitronensaft
Mehl für die Form
4 Eier
100 g gemischte Pilze, z.B. Champignon, Pfifferlinge, Austernpilze, Steinpilze
60 g geriebener Cheddar

Zubereitung: ca. 25 Minuten
Garen: ca. 45 Minuten

1. Die Zwiebel schälen und klein würfeln. Brokkoli fein hacken. 3 Esslöffel Butter in einem Topf zerlassen und die Zwiebel darin glasig dünsten. 3 Esslöffel Mehl darüberstäuben und hellgelb anschwitzen. Die Hälfte der Milch zufügen und dicklich kochen. Brokkoli zufügen und mit Salz, Pfeffer und Zitronensaft würzen.

2. Backofen auf 160 Grad vorheizen. Eine Souffléform mit 1 Esslöffel Butter ausstreichen und mit Mehl ausstäuben. Eier trennen. Eigelb schaumig rühren, Eiweiß halbsteif schlagen. Eigelb in die Soufflémasse rühren und Eiweiß unterheben. Die Masse in die Souffléform geben und in ein Wasserbad stellen. Im heißen Ofen ca. 45 Minuten garen. Während dieser Zeit die Backofentür nicht öffnen.

3. Pilze putzen und in dünne Scheiben schneiden. Die restliche Butter in einer Pfanne zerlassen und mit dem restlichen Mehl eine Mehlschwitze anrühren. Die übrige Milch unterrühren, Sauce dicklich einkochen. Pilze und Käse zufügen und den Käse unter Rühren in der Sauce schmelzen. Mit Salz und Pfeffer abschmecken und zum Soufflé servieren.

Der Bundesstaat Oklahoma liegt im zentralen Süden der USA. Der Hauptwirtschaftszweig ist die Landwirtschaft, vor allem der Anbau von Getreide und Baumwolle. Auch die Küche ist bäuerlich geprägt, wie dieser Salat zeigt.

USA

Bäuerlicher Kartoffelsalat Oklahoma mit harten Eiern

Zutaten für 4 Personen:

500 g festkochende Kartoffeln
Salz
1 kleine Zwiebel
1/2 Salatgurke
2 hart gekochte Eier
200 g saure Sahne
4 EL Mayonnaise
3 EL Weißweinessig
1 TL Senf
frisch gemahlener Pfeffer
1 TL Selleriesamen
2 EL fein gehackte Petersilie

Zubereitung: ca. 45 Minuten
Kühlen: ca. 1 Stunde

1. Die Kartoffeln waschen und in der Schale in Salzwasser weichkochen. Abgießen und ausdampfen lassen. Kartoffeln schälen und in Scheiben schneiden. Zwiebel und Gurke schälen, Zwiebel klein würfeln, Gurke in Scheiben schneiden. Alles in einer Schüssel mischen.

2. Eier schälen. Eiweiß klein hacken, Eigelb mit einer Gabel in einer Schüssel zerdrücken. Mit saurer Sahne, Mayonnaise, Weißweinessig und Senf verrühren. Salzen und pfeffern und Selleriesamen zufügen. Eiweiß und Sauce zum Gemüse geben und mischen. Zugedeckt im Kühlschrank mindestens 1 Stunde ziehen lassen.

3. Den Salat vor dem Servieren gut durchmischen und nochmals mit Salz und Pfeffer abschmecken. In Servierschalen verteilen und mit Petersilie bestreut auftragen.

Der leicht birnenförmige Butternusskürbis hat einen besonders hohen Anteil an Fruchtfleisch, das eine butterweiche Konsistenz und ein feines, nussiges Aroma hat. Er eignet sich besonders gut für Suppen und zum Backen von Kuchen.

USA

Butternusskürbis-Suppe mit Ingwer und Orangensaft

Zutaten für 6 Personen:

1 Butternusskürbis, ca. 1 kg
1 Süßkartoffel
1 Gemüsezwiebel
1 kleines Stück Ingwer
1,5 l Hühnerbrühe
1 reife Birne
120 ml Madeira
100 g süße Sahne
2 EL Orangensaft
Salz
1 TL Chilisauce

Zubereitung: ca. 50 Minuten

1. Den Kürbis schälen, halbieren, Kerne entfernen und Fruchtfleisch würfeln. Die Süßkartoffel schälen und in kleine Würfel schneiden. Zwiebel und Ingwer schälen und klein würfeln. Alles in einen Topf geben, die Hühnerbrühe angießen und zum Kochen bringen. Bei kleiner Hitze ca. 20 Minuten köcheln lassen.

2. Inzwischen die Birne schälen, vierteln und entkernen. Das Fruchtfleisch klein würfeln und in einem Topf mit dem Madeira 10 Minuten bei kleiner Hitze köcheln lassen. Vom Herd nehmen und warm halten.

3. Die Suppe mit dem Stabmixer pürieren. Sahne und Orangensaft in die Suppe rühren und bis zum Siedepunkt erhitzen. Mit Salz und Chilisauce abschmecken. Die Kürbissuppe in Suppenteller verteilen und die Birnen daruntergeben.

Montana, der „bergige Staat", liegt im Nodwesten der USA. Im Westen des Bundesstaats liegt der Glacier Nationalpark mit seinen mächtigen Gletschern und Bergen. Die Küche ist dem Klima entsprechend deftig und nahrhaft.

USA

Überbackener Bohnen-Wurst-Eintopf mit Paprika

Zutaten für 6 Personen:

500 g getrocknete Limabohnen
1 Knoblauchzehe
Salz
4 Zwiebeln
1 grüne Paprikaschote
2 EL Öl
500 g Bratwurst
1 Dose Tomatensuppe (400 ml)
1/8 l Weißwein
Salz
1 EL brauner Zucker
frisch gemahlener Pfeffer
1/2 TL getrockneter Thymian
1 TL Senf
Öl für die Form
60 g geriebener Cheddar

Vorbereitung: ca. 75 Minuten
Zubereitung: ca. 90 Minuten

1. Die Bohnen in einem Sieb abbrausen und abtropfen lassen. In einen Topf geben, mit Wasser bedecken, aufkochen und 3 Minuten sprudelnd kochen lassen. Vom Herd nehmen und zugedeckt 1 Stunde quellen lassen.

2. Bohnen erneut mit Wasser bedecken. Knoblauch schälen und mit 1 Teelöffel Salz zu den Bohnen geben. Aufkochen und bei kleiner Hitze in ca. 1 Stunde weich kochen. Bohnen abgießen, Knoblauch entfernen.

3. Zwiebeln schälen und in Ringe schneiden. Paprikaschote putzen, entkernen und klein würfeln. Öl in einer Pfanne erhitzen und die Bratwürste darin knusprig braun braten. Würste herausnehmen und auf Küchenpapier abtropfen lassen.

4. Zwiebeln und Paprika in die Pfanne geben und andünsten. Bohnen, Tomatensuppe und Weißwein zufügen. Aufkochen und mit Salz, Zucker, Pfeffer, Thymian und Senf würzen. Backofengrill auf 220 Grad vorheizen.

5. Eine ofenfeste Form mit Öl ausstreichen und die Würste hineinlegen. Bohnen einfüllen und mit Käse bestreuen. 10 Minuten unter dem Grill überbacken.

„Jambalaya" heißt diese Reispfanne aus der Cajun-Küche im Original. Der Name leitet sich wahrscheinlich vom französischen Wort „jambon" (deutsch: Schinken) ab, der manchmal anstelle von Würstchen in die Pfanne kommt.

USA

Südstaaten-Reispfanne mit Garnelen und Hähnchenbrust

Zutaten für 4 Personen:

2 Zwiebeln
6 Stangen Sellerie
1 grüne Paprikaschote
200 g Garnelenschwänze, roh, geschält
250 g Hähnchenbrust
200 g Andouille (Wurst aus Innereien)
2 EL Butter
3/4 l Hühnerbrühe
400 g Tomatenwürfel
Salz
frisch gemahlener Pfeffer
1 TL Tabascosauce
300 g Reis
1 Lorbeerblatt

Zubereitung: ca. 1 Stunde

1. Die Zwiebeln schälen, Sellerie putzen und beides klein würfeln. Paprikaschote putzen, entkernen und in feine Streifen schneiden. Die Garnelen waschen und trockentupfen. Mit einem Messer am Rücken entlang einschneiden und den Darm entfernen.

2. Hähnchenbrust waschen, trockentupfen und in Würfel schneiden. Wurst in Scheiben schneiden. Butter in einer großen Pfanne zerlassen und Zwiebeln, Sellerie und Paprika darin andünsten. Garnelen, Fleisch und Wurst zufügen und 5 Minuten unter Rühren schmoren.

3. Mit Hühnerbrühe ablöschen und die Tomaten zufügen. Aufkochen und mit Salz, Pfeffer und Tabasco würzen. Reis und Lorbeerblatt zufügen, zudecken und ca. 20 Minuten bei kleiner Hitze garen. Vor dem Servieren das Lorbeerblatt entfernen, den Reis mit einer Gabel etwas auflockern und in der Pfanne servieren.

Delaware liegt an der Ostküste der Vereinigten Staaten und ist der zweitkleinste Staat der USA. Entlang der über 600 Kilometer langen Küste gehören frischer Fisch und Meeresfrüchte zu den Grundpfeilern der lokalen Küche.

USA

Fischsuppe Delaware mit Tomatenwürfeln und Safran

Zutaten für 4 Personen:

1 Zwiebel
3 Knoblauchzehen
2 EL Öl
400 g gewürfelte Tomaten
2 EL Tomatenmark
3/4 l Fischbrühe
2 Lorbeerblätter
1 EL frische Thymianblätter
1 g Safranfäden
500 g Fischfilet
Salz
frisch gemahlener Pfeffer
1 EL Balsamico-Essig
1 EL roter Pfeffer
8 Baguettescheiben
100 g Aioli (Fertigprodukt)

Zubereitung: ca. 45 Minuten

1. Zwiebel und Knoblauch schälen und klein würfeln. Öl in einem großen Topf erhitzen, Zwiebel und Knoblauch darin glasig dünsten. Tomaten und Tomatenmark zufügen und die Fischbrühe angießen. Aufkochen und mit Lorbeer, Thymian und Safran würzen. 15 Minuten bei kleiner Hitze köcheln lassen.

2. Den Fisch waschen, trockentupfen und in 2 cm große Würfel schneiden. Die Suppe mit Salz, Pfeffer und Balsamico-Essig abschmecken und die Fischwürfel zufügen. 5 Minuten bei kleiner Hitze gar ziehen lassen.

3. Roten Pfeffer im Mörser grob zerstoßen. Die Baguettescheiben rösten. Aioli in eine Servierschale geben. Lorbeerblatt entfernen und die Suppe in vorgewärmte Suppenschalen verteilen. Mit dem roten Pfeffer bestreuen und mit Baguette und Aioli servieren.

Monterey Jack ist ein halbweicher, relativ milder Käse, der ursprünglich im Bundesstaat Oregon hergestellt wurde und heute in ganz Amerika beliebt für Sandwiches, Salate und Suppen ist. Man kann ihn durch Butterkäse ersetzen.

USA

Käsesuppe Tucson mit Chili und Tomatenwürfeln

Zutaten für 4 Personen:

1 Zwiebel
2 EL Olivenöl
1 EL Mehl
400 g gewürfelte Tomaten mit Saft
2 TL Chilipulver
1 TL getrockneter Oregano
1,25 l Fleischbrühe
200 g geriebener Monterey Jack, ersatzweise Cheddar
Salz
1 TL edelsüßes Paprikapulver

Zubereitung: ca. 45 Minuten

1. Die Zwiebel schälen und klein würfeln. Das Öl in einem Schmortopf erhitzen und die Zwiebel darin glasig dünsten.

2. Das Mehl darüberstäuben und unter Rühren hellgelb anschwitzen. Die Tomaten samt Saft zufügen und mit Chilipulver und Oregano würzen. 5 Minuten bei kleiner Hitze dünsten.

3. Die Fleischbrühe angießen, aufkochen und bei kleiner Hitze 15 Minuten köcheln lassen. Den Käse unter Rühren zufügen und in der Suppe schmelzen. Nicht mehr kochen. Die Suppe mit Salz abschmecken und in tiefe Teller verteilen. Mit Paprikapulver überstäuben und servieren.

Botanisch gesehen ist Wildreis kein Reis, sondern ein Wassergras. Er wächst in Michigan, Minnesota, Wisconsin und im Mississipi-Delta und war ein Grundnahrungsmittel der indianischen Ureinwohner, die ihn vom Kanu aus ernteten.

USA

Wildreis-Putenfleisch-Eintopf mit Gemüse

Zutaten für 4 Personen:

200 g Wildreis
Salz
1 Zwiebel
2 Möhren
1 große Kartoffel
2 Stangen Sellerie
3 EL Butter
je 1 TL fein gehackte Thymianblättchen und Rosmarinnadeln
1,75 l Hühnerbrühe
250 g gekochtes Putenfleisch
frisch gemahlener Pfeffer

Zubereitung: ca. 75 Minuten

1. Wildreis in einen Topf geben, mit 1 Liter Wasser bedecken, leicht salzen und 10 Minuten sprudelnd kochen. Dann in ein Sieb abgießen und abtropfen lassen.

2. Zwiebel, Möhren und Kartoffel schälen und klein würfeln. Sellerie putzen und in feine Streifen schneiden. 2 Esslöffel Butter in einem Topf zerlassen und das Gemüse mit den Kräutern darin ca. 10 Minuten unter Rühren dünsten.

3. Die Hühnerbrühe angießen, aufkochen und den Wildreis zufügen. Bei kleiner Hitze ca. 30 Minuten köcheln lassen, bis der Reis bissfest ist.

4. Das Putenfleisch in Würfel schneiden, unter die Suppe rühren und darin erwärmen. Die Suppe mit Salz und Pfeffer abschmecken und heiß servieren.

Die Restaurants entlang der Küste von Rhode Island sind landesweit berühmt für ihre hervorragenden Meeresfrüchte-Gerichte. Besonders beliebt sind deftige Suppen und Eintöpfe mit Steamers, wie man die Muscheln hier auch nennt.

USA

Muschelsuppe Rhode Island mit Milch und Speck

Zutaten für 4 Personen:

100 g geräucherter Speck
1 Zwiebel
1 EL Butter
400 ml Fischbrühe
250 g Venusmuscheln
2 Kartoffeln
4 Salzkräcker
200 ml Milch
150 g süße Sahne
Salz
frisch gemahlener Pfeffer
200 g gewürfelte Tomaten
1 TL fein gehackter Oregano

Zubereitung: ca. 1 Stunde

1. Den Speck in kleine Würfel schneiden. Zwiebel schälen und klein würfeln. Butter in einem Topf zerlassen, Speck und Zwiebel darin glasig dünsten. Die Fischbrühe angießen, aufkochen und 5 Minuten bei kleiner Hitze köcheln lassen.

2. Die Muscheln waschen und tropfnass in einen Topf geben. Zugedeckt und unter mehrmaligem Rütteln garen, bis sich die Muscheln öffnen. Muschelfleisch aus den Schalen lösen und klein hacken. Geschlossene Muscheln wegwerfen.

3. Die Kartoffeln waschen, schälen und klein würfeln. Zur Suppe geben und in ca. 10 Minuten weich kochen.

4. Die Salzkräcker zerkrümeln und in die Milch rühren. Milch und Sahne in die Suppe rühren und bis zum Siedepunkt erhitzen. Die Suppe mit Salz und Pfeffer abschmecken.

5. Tomatenwürfel, Oregano und Muschelfleisch in die Suppe geben und 2 Minuten köcheln lassen. Suppe in tiefe Teller verteilen und servieren.

In den Staaten entlang der Atlantikküste wird traditionell an Weihnachten oder Thanksgiving ein Austern Stew serviert. Traditionell werden dafür ganz frische Austern mit ihrem Saft in Milch und Sahne gedünstet und sanft gewürzt.

USA

Gebratene Austern in Sahne mit Worcestersauce

Zutaten für 4 Personen:

32 frische Austern
1 l süße Sahne
120 ml Fischfond
100 g Butter
1 EL Worcestersauce
Salz
frisch gemahlener Pfeffer
Paprikapulver

Vorbereitung: ca. 30 Minuten
Zubereitung: ca. 20 Minuten

1. Die Austern waschen und mit einem Messer den Schließmuskel durchtrennen. Die Schalen öffnen und das Fleisch auslösen, dabei die Muschelflüssigkeit auffangen.

2. Sahne, Fischfond und Muschelflüssigkeit in einem Topf verrühren und bis zum Siedepunkt erhitzen. Abdecken und warm halten.

3. Die Butter in einer großen Pfanne zerlassen und die Austern darin 5 Minuten bei kleiner Hitze unter Rühren braten. Alles zur Sahnemischung geben und mit Worcestersauce, Salz, Pfeffer und Paprikapulver abschmecken. In Suppenschalen verteilen und servieren.

Zu Unrecht wird die amerikanische Küche in Europa nur mit Fastfood in Verbindung gebracht. Die vielen Kulturen und Traditionen der Einwanderer aus allen Teilen der Welt haben eine bunte und abwechslungsreiche Küche hervorgebracht.

USA

Meeresfrüchte-Chili mit Kidneybohnen und Tomaten

Zutaten für 4 Personen:

100 g Bauchspeck
2 Zwiebeln
3 Knoblauchzehen
200 g milde, eingelegte Chilischoten (Glas)
2 EL Olivenöl
600 g gewürfelte Tomaten
Salz
2 TL Chilipulver
1 TL Tabascosauce
1/2 TL gemahlener Kreuzkümmel
1/2 TL getrockneter Oregano
300 ml Rotwein
200 g Heilbuttfilet
200 g Tintenfischtuben
200 g Garnelen, roh, geschält
400 g Kidneybohnen (Dose)
saure Sahne zum Garnieren

Zubereitung: ca. 75 Minuten

1. Den Speck in kleine Würfel schneiden. Zwiebeln und Knoblauch schälen und klein würfeln. Chilischoten abtropfen lassen und klein hacken.

2. 1 Esslöffel Öl in einem Schmortopf erhitzen und die Speckwürfel darin knusprig braten. Herausnehmen und auf Küchenpapier abtropfen lassen. Zwiebeln und Knoblauch in dem Topf glasig dünsten.

3. Chilischoten und Tomaten zufügen und mit Salz, Chili, Tabasco, Kreuzkümmel und Oregano würzen. Wein angießen, aufkochen und ca. 30 Minuten bei kleiner Hitze unter mehrmaligen Rühren köcheln lassen.

4. Fisch, Tintenfisch und Garnelen waschen, trockentupfen und in Stücke schneiden. Mit dem Speck zum Chili geben und ca. 7 Minuten darin garen.

5. Inzwischen die Kidneybohnen in einem Sieb abbrausen und abtropfen lassen. Restliches Olivenöl in einer Pfanne erhitzen und die Bohnen darin 3 Minuten schmoren lassen. Zum Servieren das Chili auf Teller verteilen. Bohnen dazu anrichten und mit 1 Esslöffel saurer Sahne garnieren.

Die amerikanische Südstaaten-Küche basiert auf der Cajun- und der kreolischen Küche. Ihre Grundzutaten sind zwar ähnlich, doch die kreolische Art zu kochen ist feiner und raffinierter als die der bodenständigen Cajun-Küche.

USA

Garnelen auf kreolische Art mit Paprikaschoten und Tomaten

Zutaten für 4 Personen:

4 Zwiebeln
2 grüne Paprikaschoten
100 g Butter
800 g gewürfelte Tomaten
1 l Hühnerbrühe
2 EL Worcestersauce
frisch gemahlener Pfeffer
1 EL fein gehackte italienische Kräuter
300 g Langkornreis
Salz
20 Garnelen, roh, geschält
1/8 l Sherry
2 EL Chilisauce

Zubereitung: ca. 45 Minuten

1. Die Zwiebeln schälen und klein würfeln. Paprikaschoten putzen, entkernen und in Würfel schneiden. Butter in einer Pfanne zerlassen, Zwiebeln und Paprika darin unter Rühren 5 Minuten dünsten.

2. Tomaten zufügen und die Brühe angießen. Aufkochen und mit 2 Esslöffeln Worcestersauce, Pfeffer und Kräutern würzen. 15 Minuten bei kleiner Hitze köcheln lassen. Den Reis in einem zweiten Topf in Salzwasser bissfest kochen.

3. Die Garnelen waschen und trockentupfen. Mit einem Messer am Rücken entlang einschneiden und den Darm entfernen.

4. Sherry und Chilisauce in die Tomatensauce rühren und bis zum Siedepunkt erhitzen. Garnelen zufügen und 5 Minuten bei kleiner Hitze darin köcheln lassen. Garnelen mit Sauce in Servierschalen verteilen und mit dem Reis servieren.

Meeresfrüchte sind die Spezialität des Bundesstaates Florida. Nur hier gibt es frische Steinkrebse, stone crabs, die ein feines Fleisch mit einem zarten süßlichen Geschmack haben. Sie sind das Aushängeschild der „Floribean Cuisine".

USA

Gekochte Steinkrebse Florida mit pikanter Sauce

Zutaten für 4 Personen:

120 g Mayonnaise
1 EL Dijonsenf
1 TL Worcestersauce
1 TL Ketchup
1/2 TL Zucker
1/4 TL Currypulver
Salz
frisch gemahlener Pfeffer
12 gekochte Steinkrebsscheren

Zubereitung: ca. 20 Minuten

1. Die Mayonnaise mit Senf, Worcestersauce, Ketchup, Zucker und Currypulver in einer Schüssel vermischen und mit Salz und Pfeffer pikant abschmecken.

2. Die Krebsscheren 15 Minuten vor dem Servieren aus dem Kühlschrank nehmen. Scheren in ein Küchenhandtuch legen und mit einem Hammer die Schale aufschlagen.

3. Jeweils 3 Krebsscheren auf einen Teller legen und mit der pikanten Sauce servieren.

Flusskrebs ist Louisianas wertvollstes Fischprodukt und eine wichtige Zutat der Cajun-Küche, die auf der ländlichen französischen Küche basiert. Dieser Eintopf mit der klassischen Roux ist die perfekte Verbindung beider Küchen.

USA

Cajun-Flusskrebs-Eintopf mit Paprika und Sellerie

Zutaten für 4 Personen:

je 1 rote und grüne Paprikaschote
2 Stangen Sellerie
2 Zwiebeln
2 Knoblauchzehen
1 frische rote Chilischote
4 EL Butter
Salz
frisch gemahlener Pfeffer
1 TL Cajun-Gewürz
2 Lorbeerblätter
3/4 l Fischbrühe
24 gekochte Flusskrebsschwänze
2 EL Mehl
1 EL Tomatenmark

Zubereitung: ca. 1 Stunde

1. Paprikaschoten putzen und entkernen, Sellerie putzen. Alles in kleine Würfel schneiden. Zwiebeln und Knoblauch schälen und klein würfeln. Chilischote längs halbieren, entkernen und klein hacken.

2. In einem Topf 2 Esslöffel Butter zerlassen. Zwiebeln, Knoblauch und Chili darin glasig dünsten. Paprika und Sellerie zufügen und andünsten. Mit Salz, Pfeffer, Cajun-Gewürz und Lorbeerblättern würzen. Fischbrühe angießen, aufkochen und bei kleiner Hitze 30 Minuten köcheln lassen.

3. Inzwischen die Flusskrebsschwänze aus den Schalen lösen und in mundgerechte Stücke schneiden. Restliche Butter in einem Topf zerlassen und das Mehl darin unter Rühren goldbraun anschwitzen. Tomatenmark zufügen und anrösten. Mit 1 Suppenkelle Fischbrühe ablöschen und glatt rühren. Unter Rühren zum Eintopf geben und dicklich einkochen.

4. Das Flusskrebsfleisch in den Eintopf geben und 4 Minuten bei kleiner Hitze darin erwärmen. Lorbeerblätter entfernen, den Eintopf in Servierschalen verteilen und auftragen.

Texas ist kulinarisch eher für seine Barbecues mit großen Rindersteaks und Burgern bekannt. Doch auch Fischliebhaber kommen in diesem Bundesstaat voll auf ihre Kosten, wie dieses raffinierte Rezept aus Dallas beweist.

USA

Texanischer Schwertfisch mit Austern und Artischocken

Zutaten für 4 Personen:

125 g Artischockenherzen (Dose)
250 g Spinat
20 Austern
4 rote Paprikaschoten
2 TL Chilipaste
Salz
4 Schwertfischsteaks à 200 g
je 1 TL schwarze und weiße Pfefferkörner
1 TL roter Pfeffer
1 EL edelsüßes Paprikapulver
1 TL getrockneter Thymian
100 g Butter
1/2 l Weißwein

Zubereitung: ca. 75 Minuten

1. Artischocken abtropfen lassen und vierteln. Spinat putzen, waschen und abtropfen lassen. Blätter grob hacken. Austern öffnen, Fleisch auslösen und die Muschelflüssigkeit in einer Schüssel auffangen. Paprikaschoten putzen, entkernen, würfeln und im Mixer mit der Chilipaste und 1 Teelöffel Salz pürieren.

2. Backofen auf 175 Grad vorheizen. Fischsteaks waschen und trockentupfen. Pfefferkörner in einem Mörser grob zerstoßen. Mit 1 Teelöffel Salz, Paprikapulver und Thymian vermischen. Steaks auf beiden Seiten mit der Gewürzmischung bestreuen. 6 Esslöffel Butter in einer Pfanne zerlassen und die Fischsteaks darin auf jeder Seite 1 Minute braten. Dann auf ein Backblech legen und mit der Butter aus der Pfanne beträufeln. Im heißen Ofen 15 Minuten garen.

3. Wein in die Pfanne gießen und auf ein Viertel einkochen lassen. In eine Tasse abgießen. Restliche Butter in der Pfanne erhitzen und die Artischocken darin andünsten. Austern und -flüssigkeit zufügen. Wein angießen, aufkochen und Spinat dazugeben. Zudecken und den Spinat zusammenfallen lassen. Gemüse und Austern auf Teller verteilen und je 1 Fischsteak darauf anrichten. Auf jedes Steak etwas von dem Paprikapüree geben.

Die kalifornische Küche ist für ihre Vorliebe für leicht bekömmliche, gesunde und frisch zubereitete Gerichte bekannt. Frischer Fisch und aromatische Kräuter sind ein unverzichtbarer Bestandteil der Fitness-Küche am Pazifik.

USA

Kabeljau in Kräuteröl mit Oliven aus dem Backofen

Zutaten für 4 Personen:

1 Bund Petersilie
1 Bund gemischte Kräuter (Majoran, Oregano, Thymian)
4 Kabeljaufilets à 200 g
Salz
frisch gemahlener Pfeffer
8 Knoblauchzehen
1/2 l Olivenöl
100 g schwarze Oliven, entsteint
2 Zitronen, geviertelt

Vorbereitung: ca. 25 Minuten
Garen: ca. 75 Minuten

1. Den Backofen auf 110 Grad vorheizen. Kräuter waschen, trockenschütteln und die Hälfte davon in einer großen, ofenfesten Form verteilen. Die Fischfilets waschen, trockentupfen und mit Salz und Pfeffer bestreuen. Nebeneinander auf die Kräuter in die Form legen.

2. Den Knoblauch schälen, halbieren und über dem Fisch verteilen. Mit Olivenöl begießen, bis alles gut bedeckt ist. 1 Stunde im heißen Ofen garen. Dann aus dem Ofen nehmen und 10 Minuten ruhen lassen.

3. Die restlichen Kräuterblätter von den Stängeln zupfen und fein hacken. Oliven in Ringe schneiden und auf 4 Teller verteilen. Fischfilets aus der Form nehmen, abtropfen lassen und auf den Oliven mit dem Knoblauch anrichten. Mit Kräutern bestreuen und mit den Zitronenvierteln garnieren.

Oregon, das Land der unberührten Natur, ist eines der letzten bisher noch nicht überlaufenen Anglerparadiese. Neben Forellen kann man hier in den klaren Bächen und Flüssen auch Schwarzbarsche, Welse und Lachse fangen.

USA

Frittierte frische Oregon-Forellen mit Tatarsauce

Zutaten für 4 Personen:

Für die Tatarsauce:
2 Frühlingszwiebeln
1 kleine rote Chilischote
1 hart gekochtes Ei
1 EL Kapern
175 g Mayonnaise
1 TL Zitronensaft
Salz
frisch gemahlener Pfeffer
1 EL fein gehackte Petersilie
1 TL fein gehackter Dill
4 Forellen, küchenfertig
1 Ei
1/4 l Buttermilch
60 g Mehl
Salz
frisch gemahlener Pfeffer
150 g Maismehl
Erdnussöl zum Frittieren
1 Bund krause Petersilie

Zubereitung: ca. 1 Stunde

1. Für die Sauce die Frühlingszwiebeln putzen und fein hacken. Chilischote längs halbieren, entkernen und klein würfeln. Das Ei schälen, die Kapern abtropfen lassen und beides hacken. Mayonnaise mit Zitronensaft glatt rühren, salzen und pfeffern. Gehackte Kräuter, Ei, Kapern, Frühlingszwiebeln und Chilischote zufügen und verrühren. Backofen auf 100 Grad vorheizen.

2. Die Fische waschen und trockentupfen. Ei und Buttermilch in einem tiefen Teller verquirlen. Mehl mit Salz und Pfeffer vermischen und auf einen flachen Teller streuen. Maismehl auf einen zweiten flachen Teller streuen. Die Fische zuerst in Mehl, dann in der Ei-Buttermilch und zuletzt in Maismehl wenden.

3. Eine tiefe große Pfanne ca. 3 cm hoch mit Öl füllen. Das Öl nicht zu stark erhitzen und die Fische darin portionsweise auf jeder Seite ca. 5 Minuten goldbraun frittieren. Herausnehmen und auf Küchenpapier abtropfen lassen. Im Ofen warm stellen.

4. Die Petersilie waschen, trockenschleudern und die dicken Stängel abschneiden. Petersilie im heißen Öl 1–2 Minuten frittieren. Auf Küchenpapier abtropfen lassen. Die Forellen auf vorgewärmten Tellern mit der Petersilie und der Tatarsauce anrichten.

Die USA werden oft als „Melting Pot“, als Schmelztiegel bezeichnet. Dieses Rezept ist ein köstliches Beispiel dafür, wie sich Zutaten aus der europäischen Küche wie Crème fraîche mit lokalen Produkten wie dem Stör kulinarisch verbinden.

USA

Gedünstete Störfilets mit Pilzen in Madeira-Creme-Sauce

Zutaten für 4 Personen:

4 Störfilets à 200 g
1 Stange Lauch
1/4 l Weißwein
400 ml Fischfond
3 Zweige Thymian
3 Zweige Petersilie
350 g frische Pilze (Pfifferlinge Shiitake, Austernpilze)
60 ml Madeira
200 g Crème double
200 g Crème fraîche
Salz
frisch gemahlener Pfeffer
1 kleines Bund Sauerampfer

Zubereitung: ca. 45 Minuten

1. Die Störfilets waschen und trockentupfen. Lauch putzen, waschen und in dünne Ringe schneiden. Wein, Fischfond, Kräuterzweige und Lauch in einen Topf geben und aufkochen. Fischfilets einlegen und bei kleiner Hitze 5 Minuten zugedeckt garen. Den Backofen auf 100 Grad vorheizen.

2. Die Fischfilets herausheben und auf Küchenpapier abtropfen lassen. Dann auf einer Platte im Backofen warm halten. Die Garflüssigkeit durch ein Sieb in einen anderen Topf abgießen. Pilze mit Küchenpapier abreiben, Stiele entfernen und die Pilze klein würfeln.

3. Die Pilze in den Topf geben und aufkochen. Den Madeira, Crème double und Crème fraîche zufügen und auf die Hälfte einkochen. Mit Salz und Pfeffer abschmecken.

4. Den Sauerampfer waschen, trockenschleudern und in feine Streifen schneiden. In die Sauce geben und 5 Minuten bei kleiner Hitze darin dünsten. Den Fisch auf vorgewärmte Teller verteilen und mit der Pilzsauce anrichten.

In Alaska gibt es fünf Lachsarten. Der größte ist der Königslachs, King Salmon. Der silberne Staatsfisch Alaskas ist wegen seiner Schönheit und Kampfeslust berühmt und erreicht ein Gewicht von zehn bis zwanzig Kilogramm.

USA

Alaska-Lachs mit Zwiebel-Brombeer-Kompott und Kerbel

Zutaten für 4 Personen:

250 g Brombeeren
3 Schalotten
3 EL Olivenöl
3 EL Zucker
60 ml Himbeeressig
3 EL Mehl
1 EL fein gehackter Kerbel
2 EL fein gehackte Petersilie
4 Lachsfilets à 250 g
Salz
frisch gemahlener Pfeffer

Zubereitung: ca. 1 Stunde

1. Brombeeren waschen und abtropfen lassen. Die Schalotten schälen und klein würfeln.

2. In einer Pfanne 1 Esslöffel Öl erhitzen und die Schalotten darin anbraten. Den Zucker zugeben und karamellisieren lassen. Mit Essig ablöschen und kochen, bis sich der Karamell aufgelöst hat. Brombeeren zufügen, kurz in der Sauce schwenken und in eine Schüssel geben. Abkühlen lassen.

3. Mehl mit Kerbel und Petersilie mischen und auf einen Teller streuen. Lachsfilets waschen, trockentupfen und mit Salz und Pfeffer würzen. Im Kräutermehl wenden, überschüssiges Mehl abklopfen.

4. Restliches Öl in einer Pfanne erhitzen und die Fischfilets im heißen Öl auf beiden Seite ca. 4 Minuten braten. Pfanne vom Herd nehmen und die Filets zugedeckt 4 Minuten ziehen lassen. Lachsfilets auf 4 vorgewärmte Teller verteilen und mit dem Brombeer-Zwiebel-Kompott anrichten.

Maryland an der amerikanischen Ostküste ist für seine vielen historischen Monumente und alten Gebäude aus der Zeit der Pilgerväter bekannt. Die Landwirtschaft ist neben der Fischereiindustrie ein wichtiger Erwerbszweig.

USA

Brathähnchen Maryland mit Speck in Sahnesauce

Zutaten für 4 Personen:

2 kleine Brathähnchen
1 EL Mehl
Salz
frisch gemahlener Pfeffer
4 EL Pflanzenöl
60 g Räucherspeck
4 EL Butter
geriebene Muskatnuss
400 g süße Sahne
edelsüßes Paprikapulver
1 Bund Petersilie

Zubereitung: ca. 1 Stunde

1. Die Hähnchen waschen, trockentupfen und jedes Hähnchen in 4 Teile schneiden. Das Mehl mit Salz und Pfeffer würzen und mit dem Öl verrühren. Die Hähnchenteile damit bestreichen.

2. Den Speck in Würfel schneiden. Die Butter in einem Schmortopf zerlassen und den Speck darin andünsten. Die Hähnchen zufügen, in der Butter wenden und mit Muskatnuss betreuen. Zugedeckt ca. 30 Minuten bei kleiner Hitze garen.

3. Die Hähnchenteile aus dem Schmortopf nehmen und warm stellen. Die Sahne in den Topf gießen und auf die Hälfte einkochen lassen. Mit Salz und Pfeffer abschmecken. Hähnchenteile auf eine vorgewärmte Platte legen und mit der Sauce begießen. Mit Paprikapulver bestäuben und mit Petersilie garnieren.

Kalifornische Mandeln haben Weltruf. Sie werden ausschließlich im Central Valley angebaut, das für sein mildes Klima und fruchtbare Böden bekannt ist. Hier angebaute Mandeln sind im Geschmack leicht süßlich und mild-aromatisch.

USA

Gefüllte Hähnchenbrustfilets mit Aprikosen und Mandeln

Zutaten für 4 Personen:

Vorbereitung: ca. 20 Minuten
Zubereitung: ca. 40 Minuten

4 Hähnchenbrustfilets
1 Stange Sellerie
5 Aprikosenhälften (Dose)
1 Zweig Petersilie
1 Ei
1 EL Semmelbrösel
50 g gehackte Mandeln
Salz
frisch gemahlener Pfeffer
4 EL Honig
200 ml Orangensaft

1. Die Hähnchenbrustfilets waschen und trockentupfen. In jedes Brustfilet der Länge nach eine Tasche schneiden.

2. Sellerie putzen und klein würfeln. Aprikosen abtropfen lassen, trockentupfen und klein hacken. Die Petersilie waschen, trockenschütteln und die Blätter fein hacken. Alles in einer Schüssel mit Ei, Semmelbröseln und Mandeln vermengen, salzen und pfeffern.

3. Den Backofen auf 220 Grad vorheizen. Die Masse in die Fleischtaschen füllen, die Öffnung mit Zahnstochern verschließen. Brustfilets salzen und pfeffern. Hähnchenbrüste nebeneinander in eine ofenfeste Form setzen, mit 1 Esslöffel Honig bestreichen und 150 ml Orangensaft angießen.

4. Restlichen Honig mit übrigem Orangensaft erwärmen, bis sich der Honig aufgelöst hat. Hähnchenbrüste im Backofen ca. 40 Minuten backen. Dabei mehrmals mit dem Honig-Orangensaft bestreichen. Filets auf vorgewärmte Teller verteilen, mit etwas Sauce beträufeln und servieren.

Missouri ist eine landwirtschaftlich geprägte Region. Aus den Äpfeln, die hier geerntet werden, stellen die Farmer nicht nur Apfelsaft her, sondern lassen ihn auch zu Cider, der amerikanischen Version des französischen Cidre, vergären.

USA

Gebratene Putenkeule in Apfelwein mit Kartoffeln

Zutaten für 4 Personen:

2 Putenkeulen, ca. 1 kg
1 EL Mehl
Salz
frisch gemahlener Pfeffer
1/2 TL gemahlene Muskatblüte
2 Möhren
3 Zwiebeln
3 Knoblauchzehen
4 EL Sonnenblumenöl
1/2 l Fleischbrühe
1/4 l Cidre
4 EL Apfelschnaps
1 EL fein gehackter Thymian
3 Kartoffeln
3 EL fein gehackte Petersilie

Zubereitung: ca. 90 Minuten

1. Die Putenkeulen waschen und trockentupfen. Das Mehl mit Salz, Pfeffer und Muskatblüte mischen und die Keulen damit einreiben. Möhren, Zwiebeln und Knoblauch schälen und klein würfeln.

2. Das Öl in einem Schmortopf erhitzen und die Keulen darin rundum braun anbraten. Möhren, Zwiebeln und Knoblauch zufügen und 10 Minuten mitschmoren.

3. Mit Brühe, Cidre und Apfelschnaps ablöschen und den Thymian zufügen. Aufkochen und zugedeckt bei kleiner Hitze ca. 75 Minuten garen, bis das Fleisch sich von den Knochen löst.

4. Inzwischen die Kartoffeln waschen, schälen, klein würfeln und 20 Minuten vor Ende der Garzeit in den Schmortopf geben. Die Keulen herausheben und auf einer vorgewärmten Servierplatte anrichten, mit der Petersilie bestreuen. Bratenfond erneut aufkochen und mit dem Stabmixer pürieren. Mit Salz und Pfeffer abschmecken und getrennt zum Fleisch servieren.

Als die ersten Iren nach Kentucky einwanderten und dort mit dem Whiskey-Brennen begannen, mussten sie bald feststellen, dass dafür nicht ausreichend Gerste vorhanden war. Sie ersetzten sie größtenteils durch Mais und Roggen.

USA

Gegrillte Wachteln mit Pilzen in Whiskey-Creme

Zutaten für 4 Personen:

1/4 l Hühnerbrühe
2 EL rotes Johannisbeergelee
1 TL roter Pfeffer, grob zerstoßen
1 Schalotte
je 120 g Steinpilze, Champignons und Pfifferlinge
8 Wachteln, küchenfertig
Salz
frisch gemahlener Pfeffer
2 EL Erdnussöl
2 EL Butter
1 EL Mehl
50 ml Whiskey
150 g süße Sahne
1 EL fein gehackte Petersilie

Zubereitung: ca. 45 Minuten

1. Die Hälfte der Hühnerbrühe mit Johannisbeergelee und rotem Pfeffer in einem Topf zum Kochen bringen. Bei kleiner Hitze auf die Hälfte zu Sirup einkochen, dann beiseitestellen.

2. Die Schalotte schälen und klein würfeln. Pilze mit einem Küchenpapier abreiben und in kleine Würfel schneiden.

3. Backofengrill vorheizen. Die Wachteln waschen, trockentupfen, innen und außen salzen und pfeffern. Mit Öl einpinseln und auf ein Backblech legen. Im heißen Ofen ca. 15 Minuten unter mehrmaligem Wenden grillen und mit dem Sirup bestreichen. Backofengrill ausschalten und die Wachteln im Ofen noch etwas nachziehen lassen.

4. Butter in einer Pfanne zerlassen, Schalotte darin glasig dünsten. Die Pilze zufügen, salzen und pfeffern und 5 Minuten unter Rühren dünsten. Mit Mehl bestäuben, kurz anschwitzen und mit dem Whiskey und der restlichen Brühe ablöschen. Dicklich einkochen, Sahne unterrühren und Petersilie zufügen. Sauce und Pilze auf vier Teller verteilen, je zwei Wachteln darauf anrichten und servieren.

Wer zum ersten Mal auf die Idee gekommen ist, Hähnchenteile nicht wie auf klassische Weise zu panieren, sondern einfach in einer Papiertüte, ist nicht bekannt. Aber diese umkomplizierte Technik findet immer mehr Anhänger.

USA

Knusprige Hähnchenteile Montana scharf gewürzt

Zutaten für 4 Personen:

Vorbereitung: ca. 20 Minuten
Zubereitung: ca. 20 Minuten

2 kleine Brathähnchen
1 TL Salz
1/2 TL gemahlener Pfeffer
1/2 TL Chilipulver
100 g Mehl
Butterschmalz zum Frittieren
2 Zitronen, geachtelt

1. Die Hähnchen waschen, trockentupfen und zerteilen. Dazu Flügel und Schenkel abtrennen und an den Gelenken einmal durchschneiden. Hähnchenkörper in 8 Stücke zerteilen.

2. Gewürze in einer Schüssel mit dem Mehl mischen. Hähnchenteile und gewürztes Mehl in eine Papier- oder Kunststofftüte füllen. Die Tüte verschließen und so lange schütteln, bis alle Fleischteile gleichmäßig von dem Mehl überzogen sind.

3. Einen Topf oder eine tiefe Pfanne ca. 3 cm hoch mit Butterschmalz füllen und nicht zu stark erhitzen. Die Hähnchenteile darin portionsweise goldbraun frittieren. Herausnehmen und auf Küchenpapier abtropfen lassen. Auf einer Servierplatte anrichten und mit Zitronenachteln garnieren.

Der Fasan ist ein typischer Einwanderer. Anfang des letzten Jahrhunderts importierte ein reicher Amerikaner Fasane nach South Dakota. Nachdem die Vögel hier kaum natürliche Feinde vorfanden, haben sie sich stark ausgebreitet.

USA

Gebratener Fasan in Pilzsahnesauce mit Petersilie

Zutaten für 4 Personen:

Vorbereitung: ca. 25 Minuten
Garen: ca. 45 Minuten

60 g Frühstücksspeck
1 Fasan, ca. 1,2 kg, küchenfertig
Salz
frisch gemahlener Pfeffer
Mehl zum Wenden
4 EL Butter
125 g Champignons
2 Tomaten
1 Zwiebel
1/2 l Hühnerbrühe
200 g süße Sahne
2 EL fein gehackte Petersilie

1. Den Speck würfeln und ohne Fett in einem Schmortopf knusprig braten. Herausnehmen und auf Küchenpapier abtropfen lassen.

2. Fasan waschen, trockentupfen und mit Salz und Pfeffer würzen. Mehl auf eine Platte streuen und den Fasan darin wenden. Überschüssiges Mehl abschütteln. 2 Esslöffel Butter im Speckfett zerlassen und den Fasan darin von allen Seiten ca. 15 Minuten anbraten. Fasan herausnehmen und warm stellen.

3. Pilze mit Küchenpapier abreiben und halbieren. Tomaten häuten, vierteln, entkernen und in kleine Würfel schneiden. Zwiebel schälen und klein würfeln. Restliche Butter im Schmortopf zerlassen und die Zwiebel darin glasig dünsten. Pilze zufügen, salzen und pfeffern und 5 Minuten braten. Den Backofen auf 180 Grad vorheizen.

4. Tomaten zufügen, Brühe und Sahne angießen und aufkochen lassen. Fasan wieder in den Schmortopf legen, zudecken und ca. 45 Minuten im Ofen garen. Zum Servieren den Fasan auf eine Platte legen und mit Pilzen, Sauce und Petersilie anrichten.

Cranberrys stellen hohe Ansprüche an Boden und Klima. Sie gedeihen nur auf sehr sauren Hochmoorböden, brauchen viel Wasser und ein günstiges Klima. Die gesunden, leicht herben Beeren haben von September bis Januar Saison.

USA

Marinierte Wildenten mit Cranberrys und Nussfüllung

Zutaten für 4 Personen:

2 Wildenten, küchenfertig
250 g Cranberrys
1 Birne
3 EL Honig
120 ml Orangensaft
je 1/4 TL Nelkenpulver und gemahlene Zimtblüte
Salz
frisch gemahlener Pfeffer
1 Zwiebel
1 Stange Sellerie
4 EL Butter
75 g gehackte Haselnüsse
150 g geröstete Brotwürfel
350 ml Geflügelfond
Öl zum Bestreichen

Marinieren: ca. 2 Stunden
Zubereitung: ca. 75 Minuten

1. Die Enten waschen, trockentupfen und in eine Schüssel legen. Cranberrys waschen und abtropfen lassen. Birne schälen, vierteln, entkernen und grob würfeln. Die Hälfte der Birne und der Cranberrys mit Honig und Orangensaft im Mixer pürieren. Mit Nelkenpulver, Zimtblüte, Salz und Pfeffer würzen. Marinade über die Enten gießen und 2 Stunden marinieren.

2. Zwiebel schälen, Sellerie putzen und beides klein würfeln. Butter in einer Pfanne zerlassen, Zwiebel und Sellerie darin andünsten. Restliche Cranberrys und Birne zufügen, kurz dünsten und die Pfanne vom Herd nehmen. Salzen, Nüsse und Brotwürfel untermischen.

3. Backofen auf 225 Grad vorheizen. Enten aus der Marinade nehmen, abspülen und trockentupfen, Marinade aufheben. Füllung in die Bauchhöhlen geben und mit Zahnstochern verschließen. Enten mit Öl bepinseln, in einen Bräter legen und im Ofen 15 Minuten anbraten. Temperatur auf 175 Grad reduzieren und weitere 30 Minuten braten. Herausnehmen und warm stellen. Bratensatz mit Fond und 3–4 Esslöffeln Marinade loskochen. Mit Salz und Pfeffer abschmecken. Die Enten in 4 Teile schneiden und 10 Minuten in der Sauce ziehen lassen. Mit der Sauce auf einer Platte anrichten.

Der Truthahn steht in den USA als Symbol für Familienglück und darf an Thanksgiving auf keinem Tisch fehlen. Schon die Indianer aßen zu feierlichen Anlässen gebratenen Truthahn. Klassische Beilagen sind Kürbis und Süßkartoffeln.

USA

Truthahn-Topf Idaho mit Knoblauch und Tomaten

Zutaten für 4 Personen:

1,5 kg Truthahnbrust
2 Zwiebeln
6 Knoblauchzehen
Salz
frisch gemahlener Pfeffer
1 grüne Paprikaschote
2 Kartoffeln
2 EL Pflanzenöl
2 EL Mehl
150 g passierte Tomaten
1 TL Zucker
1 TL getrockneter Oregano
1/4 TL gemahlener Kreuzkümmel

Zubereitung: ca. 90 Minuten

1. Das Fleisch waschen und trockentupfen. 1 Zwiebel und 4 Knoblauchzehen schälen und grob würfeln. Mit dem Fleisch in einen Topf geben, mit Wasser bedecken. Salzen und pfeffern, aufkochen und die Brust bei ganz kleiner Hitze ca. 1 Stunde garen.

2. Fleisch aus dem Topf nehmen und zugedeckt abkühlen lassen. Restliche Zwiebel und Knoblauchzehen schälen und klein würfeln. Paprikaschote putzen, entkernen und in kleine Würfel schneiden. Kartoffeln waschen, schälen und würfeln.

3. Öl in einem Schmortopf erhitzen, Zwiebeln und Knoblauch darin glasig dünsten. Mehl darüberstäuben, Paprikaschoten und Tomaten untermischen. Mit Salz, Zucker, Pfeffer, Oregano und Kreuzkümmel würzen. 3/4 Liter Truthahnbrühe angießen und aufkochen. Kartoffeln zufügen und ca. 15 Minuten bei kleiner Hitze darin garen.

4. Inzwischen das Fleisch häuten und in Würfel schneiden. Fleisch zum Gemüse geben und 5 Minuten darin ziehen lassen. Im Topf servieren.

Washington DC ist eine der wenigen Städte der USA, die nach einem festen Plan gebaut wurde. In der weltoffenen Stadt gibt es eine Vielzahl von Restaurants mit sehr guter und raffinierter Küche für in- und ausländische Feinschmecker.

USA

Feinschmecker-Poularde mit Krebsfleisch gefüllt

Zutaten für 4 Personen:

1 Poularde, ca. 1,25 kg
8 EL Butter
Salz
frisch gemahlener Pfeffer
geriebene Muskatnuss
200 g Pilze
4 EL Wodka
50 ml Chilisauce
1 EL fein gehackte Petersilie
350 g Krebsfleisch
1 TL Dijonsenf
1 TL getrockneter Thymian

Zubereitung: ca. 75 Minuten

1. Den Backofen auf 175 Grad vorheizen. Poularde waschen, trockentupfen und halbieren. 2 Esslöffel Butter mit Salz, Pfeffer und Muskatnuss mischen und die Poulardenhälften damit einreiben. Mit der Hautseite nach oben auf ein Backblech legen und im Ofen ca. 45 Minuten braten.

2. Pilze mit einem Küchenpapier abreiben und in Scheiben schneiden. 2 Esslöffel Butter in einer Pfanne erhitzen und die Pilze darin andünsten. Wodka, Chilisauce und Petersilie zufügen und beiseitestellen.

3. Krebsfleisch fein hacken und in einer Schüssel mit der restlichen Butter, Senf, Salz, Pfeffer und Thymian vermischen.

4. Die Poulardenhälften mit der Bauchhöhle nach oben drehen und mit der Krebsmasse füllen. Die Pilzmischung darauf verteilen, mit Alufolie abdecken und die Poularde weitere 15 Minuten backen.

Die Küche im Südwesten der USA wurde stark von den kulinarischen Traditionen der Indianer und spanischer Einwanderer aus Mexiko geprägt. Tex Mex ist heute auch außerhalb des Landes ein Begriff für diese würzige Küche.

USA

Tex-Mex-Riesenburger mit Kidneybohnen und Mais-Chips

Zutaten für 4 Personen:

Vorbereitung: ca. 30 Minuten
Backen: ca. 45 Minuten

1 Brötchen vom Vortag
400 g Kidneybohnen
100 g Cheddar
1 große Zwiebel
2 Knoblauchzehen
2 grüne Chilischoten
750 g Rinderhackfleisch
2 Eier
Salz
Cayennepfeffer
1 TL gemahlener Koriander
Öl für die Form
100 g geröstete Mais-Chips
200 ml Mais-Zwiebel-Relish (Fertigprodukt)
4 EL saure Sahne

1. Das Brötchen in Scheiben schneiden und in einer Schüssel mit 1/8 Liter heißem Wasser übergießen. Ca. 15 Minuten quellen lassen.

2. Die Bohnen abtropfen lassen. Den Cheddar in kleine Würfel schneiden. Zwiebel und Knoblauch schälen und klein würfeln. Chilischote längs halbieren, entkernen und klein hacken. Alles mit Hackfleisch, Eiern und ausgedrücktem Brot verkneten. Mit Salz, Cayennepfeffer und Koriander würzen. Backofen auf 200 Grad vorheizen.

3. Aus dem Fleischteig eine Halbkugel formen und in eine gefettete ofenfeste Form setzen. Im Backofen ca. 45 Minuten backen. Den fertigen Burger auf eine Servierplatte setzen und mit den Mais-Chips umlegen. Relish und saure Sahne auf dem Fleisch anrichten und servieren.

Nicht nur in North Carolina, wo dieses Rezept zuhause ist, liebt man saftige Schweinerippchen, die zuerst liebevoll mariniert und anschließend langsam gegrillt oder im Ofen gebraten werden. Dazu serviert man gegrillte Maiskolben.

USA

Marinierte Schweinerippen aus dem Ofen mit Barbecue-Sauce

Zutaten für 4 Personen:

1,5 kg Schweinerippchen
1 große Zwiebel
60 ml Rotweinessig
Salz
frisch gemahlener Pfeffer
3 eingelegte rote Chilischoten
350 ml Barbecuesauce
Saft von 1/2 Zitrone

Zubereitung: ca. 95 Minuten

1. Den Backofen auf 200 Grad vorheizen. Die Rippchen waschen, trockentupfen und in Portionsstücke schneiden. Zwiebel schälen, in Ringe schneiden und in einer großen ofenfesten Form verteilen.

2. Die Rippchen darauflegen und mit Essig beträufeln. Mit Salz und Pfeffer würzen und mit Alufolie abdecken. Im heißen Ofen ca. 1 Stunde backen, bis sich das Fleisch gut von den Knochen lösen lässt.

3. Chilischoten abtropfen lassen und klein hacken. In einer Schüssel mit der Barbecue Sauce und dem Zitronensaft vermischen. Rippchen mit der Sauce bestreichen und ohne Alufolie weitere 30 Minuten im Ofen braten. Die Rippchen sind fertig, wenn die Sauce eingebacken ist.

Die Küche Neu Englands ist deftig und gehaltvoll. Neben der Nationalspeise Hummer, die in fast jedem Stehimbiss angeboten wird, kocht man an Feiertagen einen kräftigen Schmortopf aus Rindfleisch, Kartoffeln und Gemüse.

USA

New Englands Sonntagsessen mit gepökeltem Rindfleisch

Zutaten für 6 Personen:

1,5 kg gepökeltes Rindfleisch
1 l Rinderbrühe
1/4 dunkles Bier, z.B. Guinness Stout
3 EL Dijonsenf
150 g brauner Zucker
2 EL Zuckerrübensirup
1 EL getrockneter Dill
2 Lorbeerblätter
3 Gewürznelken
6 schwarze Pfefferkörner
3 Kartoffeln
3 Möhren
250 g Grünkohl
2 Pastinaken
16 Perlzwiebeln
Salz
frisch gemahlener Pfeffer

Zubereitung: ca. 150 Minuten

1. Das Fleisch waschen und mit Brühe und Bier in einen Topf geben. Senf, Zucker, Zuckerrübensirup und Dill zufügen. Lorbeerblätter, Nelken und Pfefferkörner in ein Mullsäckchen füllen und zum Fleisch geben. Bis zum Siedepunkt erhitzen und zugedeckt bei kleiner Hitze ca. 2 Stunden köcheln lassen.

2. Kartoffeln und Möhren schälen und in Würfel schneiden. Grünkohl putzen und die harten Teile entfernen. Grünkohlblätter grob hacken. Pastinaken schälen und in Würfel schneiden, Perlzwiebeln schälen.

3. Fleisch aus der Brühe heben und warm stellen. Gemüse in die Brühe geben, aufkochen und zugedeckt 20 Minuten bei kleiner Hitze köcheln lassen. Mit Salz und Pfeffer abschmecken.

4. Das Fleisch in Scheiben schneiden. Gemüse auf eine Platte geben und das Fleisch darauf anrichten. Mit etwas Kochflüssigkeit beträufeln und servieren.

Nicht nur im Südosten der Vereinigten Staaten wird gerne und häufig gegrillt. Dicke saftige Rindersteaks sind fast schon ein Nationalgericht. Dazu wird Gemüse wie Erbsen oder Kürbis und frisches Maisbrot gegessen.

USA

Rindersteaks und Kürbisspalten vom Holzkohlengrill

Zutaten für 4 Personen:

1 Butternusskürbis, ca. 1 kg
Olivenöl für die Folie
Salz
frisch gemahlener Pfeffer
1 EL brauner Zucker
100 g Butter
4 Ribeye-Steaks
grobes Meersalz
4 Zweige Thymian

Zubereitung: ca. 45 Minuten

1. Einen Holzkohlengrill anheizen. Kürbis mit der Schale in ca. 3 cm dicke Spalten aufschneiden. Kerne entfernen. Jede Spalte auf ein geöltes Stück Alufolie legen, salzen und pfeffern und mit Zucker bestreuen. Butter in Flöckchen daraufsetzen und die Alufolie über den Kürbisspalten locker schließen. Auf den heißen Grill legen und bei mittlerer Glut 20–30 Minuten garen.

2. Die Steaks waschen und trockentupfen. Das Fleisch mit Olivenöl bestreichen, salzen und pfeffern. Steaks 2–3 Minuten grillen, dann wenden, mit Thymianzweigen belegen und weitere 2–3 Minuten grillen.

3. Zum Servieren die Kürbisspalten aus der Alufolie nehmen, auf 4 Teller verteilen und mit der Garflüssigkeit beträufeln. Die Steaks dazulegen und servieren.

Gute Küche muss nicht immer kompliziert sein. Dieses geschmorte Kaninchengericht ist mit wenigen Zutaten einfach zuzubereiten und gelingt auch Kochanfängern. Eine ideale Beilage sind Eiernudeln oder frisches Brot.

USA

Geschmortes Kaninchen Line Camp mit Cayennepfeffer

Zutaten für 4 Personen:

60 ml Apfelessig
Salz
1 Kaninchen, ca. 1,2 kg
Mehl zum Wenden
80 ml Pflanzenöl
350 ml ungesüßte Kondensmilch
frisch gemahlener Pfeffer
Cayennepfeffer
1 EL getrockneter Estragon

Vorbereitung: ca. 75 Minuten
Zubereitung: ca. 1 Stunde

1. Essig mit 1 Esslöffel Salz und 1/4 Liter Wasser verrühren. Kaninchen waschen und in Portionsstücke schneiden. In eine Schüssel legen, mit der Essigmarinade übergießen und 1 Stunde marinieren.

2. Das Fleisch aus der Marinade heben und trockentupfen. Das Mehl auf eine Platte streuen und die Kaninchenstücke darin wenden.

3. Das Öl in einem Schmortopf erhitzen und die Kaninchenstücke darin rundum braun anbraten. Fleisch herausnehmen und das Bratfett wegschütten. Kondensmilch in den Schmortopf gießen, aufkochen und den Bratensatz loskochen. Mit Salz, Pfeffer, Cayennepfeffer und Estragon würzen.

4. Die Kaninchenstücke in die Sauce legen, zudecken und bei kleiner Hitze ca. 30 Minuten köcheln lassen. Kaninchenstücke auf einer Servierplatte anrichten. Die Sauce etwas einkochen, über das Fleisch gießen und danach servieren.

Holländische Einwanderer haben nicht nur die Rezepte für Gebäck, Waffeln und Pfannkuchen nach Neu England mitgebracht, sondern auch für deftige Eintöpfe und Saucen mit Austern und Muscheln, gekocht mit Milch oder Sahne.

USA

Kalbsbraten vom Rost mit Austern in Sahnesauce

Zutaten für 6 Personen:

1,5 kg Kalbsbraten
2 Knoblauchzehen
1 Zweig Thymian
2 Zweige Dill
Salz
frisch gemahlener Pfeffer
6 Scheiben Räucherspeck
60 ml Madeira
2 EL Butter
2 EL Mehl
1/4 l Fischfond
12 Austern
120 g süße Sahne
2 Eigelb

Zubereitung: ca. 140 Minuten

1. Backofen auf 160 Grad vorheizen. Fleisch waschen und trockentupfen. Knoblauch schälen, Kräuter von den Zweigen streifen und alles fein hacken. Mit Salz und Pfeffer mischen und das Fleisch damit einreiben.

2. Das Fleisch auf den Rost über der Fettpfanne legen und mit Speckscheiben belegen. Madeira darüberträufeln und im heißen Ofen ca. 2 Stunden braten. Dabei mehrmals mit Bratensaft begießen.

3. Fleisch in Alufolie wickeln und warm stellen. Bratenfond in einen Topf abgießen und entfetten. Butter in einem Topf zerlassen und das Mehl darin anschwitzen. Braten- und Fischfond angießen und die Sauce unter Rühren dicklich kochen.

4. Die Austern aus den Schalen lösen. Sahne und Eigelb verquirlen und in die Sauce rühren. Bis zum Siedepunkt erhitzen und die Austern darin 1 Minute ziehen lassen. Mit Salz und Pfeffer abschmecken, nicht mehr kochen lassen. Zum Servieren Fleisch in Scheiben schneiden, auf Tellern anrichten und mit der Austernsauce begießen.

Im Norden Amerikas, vor allem in Alaska und an der Grenze zu Kanada, werden Elche gejagt. Ihr Fleisch ist mager und enthält weniger Cholesterin als Geflügel oder Rind. Es eignet sich für viele Gerichte, vom Hamburger bis zum großen Braten.

USA

Vermonter Elchfilet mit Pastinaken und Möhren

Zutaten für 4 Personen:

Marinieren: ca. 1 Stunde
Zubereitung: ca. 1 Stunde

800 g Elchfilet
1 TL Wacholderbeeren
Öl zum Bestreichen
2 Zwiebeln
2 Knoblauchzehen
2 Stangen Sellerie
60 g fetter Speck
Salz
frisch gemahlener Pfeffer
2 EL Öl
1/4 l Rotwein
1/4 l Fleischbrühe
6 Möhren
2 Pastinaken
2 EL Butter
1 EL Speisestärke
2 cl Brandy

1. Elchfilet waschen und trockentupfen. Wacholderbeeren im Mörser zerdrücken und das Fleisch damit einreiben. Mit Öl bestreichen und in Frischhaltefolie gewickelt 1 Stunde im Kühlschrank ziehen lassen.

2. Zwiebeln und Knoblauch schälen, Sellerie putzen und alles klein würfeln. Speck in Streifen schneiden und das Fleisch damit spicken. Filet salzen und pfeffern. Öl in einem Schmortopf erhitzen und das Filet darin rundum anbraten.

3. Fleisch herausnehmen. Zwiebeln, Knoblauch und Sellerie im Schmortopf anbraten. Mit Wein ablöschen, etwas einkochen und die Fleischbrühe angießen. Fleisch wieder einlegen, zudecken und bei kleiner Hitze ca. 20 Minuten köcheln lassen.

4. Möhren und Pastinaken schälen und in Scheiben schneiden. Butter in einem Topf zerlassen, Gemüse und 2–3 Esslöffel Wasser zufügen, salzen und bei mittlerer Hitze zugedeckt 15 Minuten schmoren. Fleisch aus dem Schmortopf nehmen, in Scheiben schneiden und auf einer Platte anrichten. Speisestärke mit Brandy verrühren, Sauce damit binden und über das Fleisch gießen. Mit Möhren-Pastinaken-Gemüse servieren.

In keinem Land der Welt wird so viel Rindfleisch produziert wie in den USA. Im Gegensatz zu den Europäern verwenden die Amerikaner den gesamten Rinderrücken für Steaks. Doch man kennt auch andere Rindfleischgerichte.

USA

Geschmortes glasiertes Rindfleisch mit Aprikosen

Zutaten für 4 Personen:

1 kg Rindfleisch (flache Rippe)
Salz
frisch gemahlener Pfeffer
30 g Mehl
200 g getrocknete Aprikosen
2 EL Pflanzenöl
1/4 l Rinderbrühe
2 EL brauner Zucker
2 EL Apfelessig
je 1/4 TL gemahlener Zimt, Nelkenpulver und Piment

Vorbereitung: ca. 20 Minuten
Zubereitung: ca. 2 Stunden

1. Das Fleisch waschen und trockentupfen. In 4 Portionsstücke schneiden, salzen und pfeffern und in Mehl wenden. Aprikosen klein würfeln. Öl in einem Schmortopf erhitzen und Fleisch darin von beiden Seiten anbraten. Fleisch herausnehmen, Bratfett wegschütten.

2. Aprikosen und Brühe in den Topf geben und den Bratensatz loskochen. Mit Zucker, Essig, Zimt, Nelkenpulver und Piment würzen. Fleisch in den Topf geben, in der Sauce wenden und zudecken.

3. Bei kleiner Hitze ca. 2 Stunden garen. Währenddessen mehrmals wenden. Das Fleisch ist fertig, wenn sich die Sauce als dicke Glasur um das Fleisch gelegt hat. Auf eine Servierplatte legen und auftragen.

GENUINE

Selleriesamen werden meistens getrocknet angeboten. Das leicht bittere aromatische Gewürz kann für Schmorgerichte und Suppen verwendet werden und ist ein Bestandteil des in den USA sehr beliebten Selleriesalzes.

USA

Lammragout New Jersey in Dillsauce mit Wurzelgemüse

Zutaten für 4 Personen:

750 g Lammfleisch (Keule)
2 Knoblauchzehen
2 EL Pflanzenöl
Salz
frisch gemahlener Pfeffer
3 EL Mehl
2 TL fein gehackter Dill
1 TL Selleriesamen
1/4 l Hühnerbrühe
60 ml Sherry
3 Kartoffeln
3 Möhren
12 Perlzwiebeln
1 EL Zitronensaft
200 g Naturjoghurt
3 EL fein gehackte Petersilie

Zubereitung: ca. 2 Stunden

1. Das Fleisch waschen, trockentupfen und in Würfel schneiden. Knoblauch schälen und klein würfeln. Öl in einem Schmortopf erhitzen und die Fleischwürfel darin rundum anbraten. Salzen und pfeffern, Knoblauch zufügen und unter Rühren mit Mehl bestäuben.

2. Fleisch mit Dill und Selleriesamen bestreuen und mit Brühe und Sherry ablöschen. Aufkochen und zugedeckt bei kleiner Hitze ca. 1 Stunde köcheln lassen.

3. Kartoffeln und Möhren schälen und in Würfel schneiden. Perlzwiebeln schälen. Alles zum Fleisch geben und zugedeckt weitere 30 Minuten köcheln lassen.

4. Zum Servieren das Lammragout mit Salz, Pfeffer und Zitronensaft abschmecken. Joghurt und Petersilie einrühren und im Schmortopf auftragen.

Landschinken aus Virginia ist wegen seiner hohen Qualität und seines hervorragenden Geschmacks berühmt. An Feiertagen wird der ganze Schinken gebraten und glasiert. In dünne Scheiben geschnitten schmeckt er am besten.

USA

Virginia-Schinkenbraten mit Karamell glasiert

Zutaten für 8 Personen:

2 kg Schinkenbraten
Salz
4 EL brauner Zucker
1 EL Orangensaft
150 g Sahnemeerrettich (Glas)
100 g milder Senf
1 Krustenbrot, in Scheiben geschnitten

Vorbereitung: ca. 15 Minuten
Backen: ca. 2 Stunden

1. Den Backofen auf 160 Grad vorheizen. Fleisch waschen, trockentupfen und mit Salz einreiben. Schinken mit der Fettseite nach oben auf einen Rost setzen. Die Fettpfanne des Ofens etwa 3 cm hoch mit Wasser füllen. Schinken im Ofen ca. 90 Minuten braten. Mehrmals mit Wasser aus der Fettpfanne begießen.

2. Fleisch aus dem Ofen nehmen, die Schwarte und das Fett entfernen. Zucker und Orangensaft in einem Topf erhitzen, bis der Zucker geschmolzen ist. Schinken mit der Glasur bestreichen und im Ofen weitere 30 Minuten bräunen.

3. Zum Servieren den Schinken in Scheiben schneiden und mit Sahnemeerrettich, mildem Senf und Krustenbrot auftragen.

New Yorker Käsekuchen gilt unter Kuchen-Liebhabern als einer der besten der Welt. In der Metropole hat sich eine regelrechte Käsekuchen-Tradition entwickelt. Bäckereien wetteifern darum, den einzig „richtigen" Kuchen zu backen.

Klassischer Käsekuchen

USA **New York** mit Sahnequark

Zutaten für 8 Personen:

Zubereitung: ca. 90 Minuten
Abkühlen: ca. 1 Stunde

200 g Zwieback
120 g Zucker
Salz
200 g weiche Butter
Butter für die Form
1 EL Vanillezucker
4 Eier
4 EL Mehl
350 g Sahnequark
125 g saure Sahne

1. Den Backofen auf 180 Grad vorheizen. Zwieback in einer Schüssel fein zerkrümeln und mit 50 g Zucker, 1 Prise Salz und 80 g Butter zu einem Teig kneten. Eine Springform ausbuttern und den Boden der Form mit dem Teig auskleiden.

2. Restlichen Zucker und Butter mit Vanillezucker und 1 Prise Salz schaumig rühren. Eier trennen und Eigelb unter die Buttercreme rühren. Mehl darüberstäuben und Quark und Sahne unterziehen. Eiweiß steif schlagen und unterheben.

3. Die Quarkmasse auf den Teig geben und glatt streichen. Kuchen im Ofen ca. 1 Stunde backen. Den Kuchen in der Form erkalten lassen. Aus der Form nehmen und auf einer Kuchenplatte servieren.

Pies, gedeckte Kuchen mit und ohne Früchte, sind ein Aushängeschild der amerikanischen Küche und weit über die Landesgrenzen hinaus berühmt. Während der kurzen Kirschsaison duftet ganz Michigan nach leckeren Kirschpies.

USA

Gedeckter Kirschkuchen Michigan-Art mit Blätterteig

Zutaten für 4 Personen:

500 g Sauerkirschen (Glas)
200 g Zucker
3 EL Maisstärke
1/2 TL Mandelextrakt
450 g Blätterteig (Tiefkühlware)
2 EL Butter
Butter für die Form
1 Eigelb

Zubereitung: ca. 90 Minuten
Abkühlen: ca. 1 Stunde

1. Kirschen in einem Sieb abtropfen lassen. Saft anderweitig verwenden. Die Kirschen in einer Schüssel mit Zucker, Maisstärke und Mandelextrakt vermischen und abgedeckt 15 Minuten durchziehen lassen.

2. Backofen auf 175 Grad vorheizen. Den Blätterteig auftauen lassen. Eine Springform ausbuttern. 2/3 des Teigs auf einer bemehlten Arbeitsfläche dünn ausrollen und die Form damit auskleiden. Die Kirschmischung einfüllen und die Butter in Flöckchen daraufsetzen.

3. Den restlichen Blätterteig ausrollen und als Deckel auf die Kirschen legen. Ränder zusammendrücken und die Oberfläche mit einer Gabel mehrmals einstechen. Den Teigdeckel mit Eigelb bestreichen und ca. 45 Minuten im heißen Ofen backen. Kuchen vor dem Servieren mindestens 1 Stunde abkühlen lassen.

Apple Crumble, wie dieses Gericht in den USA heißt, ist ein beliebter und köstlicher Nachtisch. Anstelle von Äpfeln kann man auch Kirschen, Birnen, Pfirsiche, Aprikosen oder frische Beeren mit Haferflockenstreuseln überbacken.

USA

Apfelspalten unter der Knusperkruste mit Haferflocken

Zutaten für 4 Personen:

Butter für die Springform
4 säuerliche Äpfel
60 g Zucker
Saft von 1 Zitrone
60 g Mehl
75 g brauner Zucker
25 g Haferflocken
1/2 TL gemahlener Zimt
Salz
60 g Butter

Vorbereitung: ca. 25 Minuten
Backen: ca. 30 Minuten

1. Eine Springform ausbuttern. Äpfel schälen, vierteln und entkernen. Äpfel in Spalten schneiden. Mit Zucker und Zitronensaft vermischen und in der Springform verteilen.

2. Den Backofen auf 175 Grad vorheizen. Mehl, braunen Zucker und Haferflocken mit Zimt und Salz im Mixer vermengen. Butter in Stücken dazugeben und die Mischung einige Minuten weiterrühren. Sobald die Mischung zu klumpen beginnt, über die Äpfel verteilen.

3. Apfelspalten im heißen Ofen ca. 30 Minuten goldbraun überbacken. Vor dem Servieren abkühlen lassen.

„Pancakes" – Pfannkuchen – gehören zu jedem echten kanadischen Frühstück. Sie werden immer mit süßem Ahornsirup serviert. Der Teig kann mit Äpfeln, Blaubeeren, Haferflocken oder gehackten Nüssen abgewandelt werden.

KANADA

Kanadische Pfannkuchen mit Speck und Ahornsirup

Zutaten für 4 Personen:

150 g Mehl
2 TL Backpulver
1 EL Zucker
Salz
2 Eier
200 ml Milch
2 EL Pflanzenöl und Öl zum Backen und Braten
8 Scheiben Frühstücksspeck
100 ml Ahornsirup

Zubereitung: ca. 20 Minuten

1. Mehl in einer Schüssel mit Backpulver, Zucker und 1 Prise Salz vermischen. Eier trennen. Eigelb mit Milch und Öl zum Mehl geben und einen glatten Teig rühren. Eiweiß steif schlagen und unter den Teig heben.

2. In einer Pfanne 1 Esslöffel Öl erhitzen und etwas Teig mit einem Schöpflöffel hineingeben. Wenn sich der Teigrand braun färbt, den Pfannkuchen wenden und auch von der anderen Seite goldbraun backen. So weiterarbeiten, bis der Teig verbraucht ist. Fertige Kuchen warm stellen.

3. In einer anderen Pfanne die Speckscheiben in etwas Öl knusprig braten und auf Küchenpapier abtropfen lassen.

4. Zum Servieren die Pfannkuchen auf Teller verteilen, mit Ahornsirup begießen und die Speckscheiben dazu anrichten.

Wildlachse gehören zu den feinsten kulinarischen Freuden in Kanada. Am bekanntesten sind die drei Lachsarten Sockeye Salmon, King Salmon und Pink Salmon, die in den kalten Gewässern vor der Pazifikküste gefangen werden.

KANADA

Feine Sandwiches mit Lachs in Butter gebacken

Zutaten für 4 Personen:

1 Frühlingszwiebel
1/2 Bund Petersilie
60 g Mayonnaise
1 EL Zitronensaft
Salz
frisch gemahlener Pfeffer
3 Spritzer Tabascosauce
250 g gekochter Lachs
8 Scheiben Sandwichbrot
Butter zum Bestreichen
2 Eier
100 ml Milch
4 EL Butter

Zubereitung: ca. 20 Minuten

1. Die Frühlingszwiebel putzen und klein würfeln. Die Petersilie waschen, trockenschütteln und die Blätter fein hacken. In einer Schüssel Mayonnaise, Zitronensaft, Salz, Pfeffer und Tabasco verrühren. Zwiebel und Petersilie hinzufügen.

2. Das Lachsfleisch zerpflücken und mit der Mayonnaise-Creme gut vermischen. Die Brotscheiben mit Butter bestreichen, die Lachsmasse auf 4 Scheiben verteilen und mit den restlichen Brotscheiben bedecken. Leicht zusammendrücken.

3. Die Eier mit der Milch in einem tiefen Teller verrühren und jedes Sandwich von beiden Seiten in diese Mischung tunken. Die Butter in einer Pfanne zerlassen und die Sandwiches darin auf beiden Seiten goldbraun braten. Auf Küchenpapier abtropfen lassen und heiß servieren.

L'Acadie, Akadien, nannte Frankreich einst sein Kolonialgebiet im nordöstlichen Teil von Nordamerika. Französische Einwanderer führten in dieser Region nicht nur ihre Sprache ein, sondern auch viele Speisen aus ihrer alten Heimat.

KANADA

Québecer Kartoffelpfannkuchen mit Kabeljaustreifen

Zutaten für 4 Personen:

500 g Kartoffeln
1 Zwiebel
3 Eier
2 EL Speisestärke
Salz
frisch gemahlener Pfeffer
geriebene Muskatnuss
2 EL fein gehackte Petersilie
250 g Kabeljaufilet
Pflanzenöl zum Braten
150 g saure Sahne

Zubereitung: ca. 30 Minuten

1. Die Kartoffeln und die Zwiebel schälen und auf einer Gemüsereibe fein reiben. Die Eier mit der Speisestärke verquirlen. Unter die Kartoffel-Zwiebel-Mischung rühren, mit Salz, Pfeffer, Muskatnuss und Petersilie würzen.

2. Das Kabeljaufilet waschen, trockentupfen, in feine Streifen schneiden und unter die Kartoffelmasse heben.

3. Etwas Öl in einer Pfanne nicht zu stark erhitzen. Mit einer kleinen Schöpfkelle 1/8 der Kartoffelmasse ins heiße Öl geben und flach drücken. Von beiden Seiten bei mittlerer Hitze goldbraun braten. Nacheinander 8 Pfannkuchen backen. Fertige Pfannkuchen auf Küchenpapier abtropfen lassen und warm stellen.

4. Pfannkuchen auf 4 vorgewärmte Teller verteilen, in die Mitte jeweils einen Klacks saure Sahne geben.

Die alte indianische Tradition, junge zarte Farnspitzen in den Wäldern Kanadas zu sammeln und aus ihnen köstliche Gerichte zuzubereiten, ist auch heute noch lebendig und wird vor allem von jüngeren Küchenchefs wieder gepfegt.

KANADA

Kanadische Farnspitzensuppe mit Cheddar-Schnitten

Zutaten für 4 Personen:

400 g mehlig kochende Kartoffeln
200 g Farnspitzen
2 Frühlingszwiebeln
2 EL Butter
Salz
frisch gemahlener Pfeffer
3/4 l Fleischbrühe
1/4 l Milch
4 Scheiben Baguette
4 Scheiben Cheddar
1 kleines Bund Schnittlauch

Zubereitung: ca. 40 Minuten

1. Die Kartoffeln waschen, schälen und würfeln. Die Farnspitzen verlesen und grob hacken. Die Frühlingszwiebeln putzen und klein schneiden.

2. Die Butter in einem Topf zerlassen und die Zwiebeln darin glasig dünsten. Farnspitzen und Kartoffeln dazugeben, mit Salz und Pfeffer würzen. Die Brühe und die Milch angießen. Aufkochen und bei kleiner Hitze köcheln lassen, bis die Kartoffeln gar sind.

3. Inzwischen die Baguettescheiben mit dem Käse belegen und unter dem heißen Backofengrill goldbraun überbacken.

4. Die Suppe mit dem Stabmixer pürieren. Mit Salz und Pfeffer abschmecken.

5. Den Schnittlauch waschen, trockenschütteln und in kleine Röllchen schneiden. Zum Servieren die gebackenen Brotscheiben in tiefe Teller verteilen, die Suppe daraufgießen und mit Schnittlauch bestreut servieren.

Der Heilbutt lebt im nördlichen Atlantik und vor der pazifischen Küste Kanadas. Er kann bis zu 3 m lang und 300 kg schwer werden. Sein weißes Fleisch ist sehr beliebt. Aus den Gräten kann man eine gute Fischbrühe kochen.

KANADA

Bunter Fischeintopf mit Gemüse und Cheddar

Zutaten für 4 Personen:

1 Zwiebel
1 Möhre
2 Stangen Sellerie
1 grüne Paprikaschote
500 g Heilbuttfilet
2 EL Butter
Salz
frisch gemahlener Pfeffer
1 TL Majoran
1 TL edelsüßes Paprikapulver
2 EL Mehl
1/2 l Fischbrühe
1/2 l Milch
60 g geriebener Cheddar
frisch geriebene Muskatnuss
2 EL fein gehackte Petersilie

Zubereitung: ca. 30 Minuten

1. Die Zwiebel und die Möhre schälen und klein würfeln. Die Sellerie putzen, die Paprikaschote halbieren und entkernen. Beides in schmale Streifen schneiden. Den Fisch waschen, trockentupfen und in große Würfel schneiden.

2. Die Butter in einem Topf zerlassen und das Gemüse darin andünsten. Mit Salz, Pfeffer, Majoran und Paprikapulver würzen und mit Mehl bestäuben. Fischbrühe und Milch angießen, zum Kochen bringen und unter häufigem Rühren dicklich einkochen.

3. Den Käse unterrühren und die Fischwürfel in die Brühe geben. Bei kleiner Hitze 5 Minuten gar ziehen lassen. Mit Salz, Pfeffer und Muskatnuss abschmecken. In tiefe Teller verteilen und mit der Petersilie bestreut servieren.

Die europäischen Siedler mussten die Rezepte ihrer Heimat abwandeln, da ihnen in der kanadischen Wildnis nicht alle Zutaten zur Verfügung standen. So lernten sie von den indianischen Ureinwohnern Elch- und Karibufleisch kennen.

KANADA

Pikante Kartoffel-Sellerie-Suppe mit geräuchertem Elchschinken

Zutaten für 4 Personen:

500 g Kartoffeln
150 g Sellerieknolle
1 Zwiebel
200 g geräucherter Elchschinken, ersatzweise ein anderer geräucherter Schinken
1 EL gekörnte Hühnerbrühe
Salz
frisch gemahlener Pfeffer
2 EL Butter
2 EL Mehl
1/4 l heiße Milch
Worcestersauce
Tabascosauce
2 Frühlingszwiebeln

Zubereitung: ca. 45 Minuten

1. Kartoffeln waschen, schälen und in Scheiben schneiden. Sellerie schälen und klein würfeln. Zwiebel schälen und fein hacken. Schinken in feine Streifen schneiden.

2. Das Gemüse in einen Topf geben und knapp mit Wasser bedeckt zum Kochen bringen. Gekörnte Brühe einrühren. Bei mittlerer Hitze ca. 20 Minuten kochen. Mit Salz und Pfeffer abschmecken. Den Schinken hinzufügen.

3. Butter in einer Pfanne schmelzen, Mehl einrühren und hellgelb anschwitzen. Milch angießen, unter Rühren aufkochen und dicklich einkochen. Dann unter das Gemüse rühren und erneut aufkochen. Mit Worcester- und Tabascosauce herzhaft abschmecken.

4. Frühlingszwiebeln putzen und in feine Röllchen schneiden. Die Suppe in Servierschalen füllen und mit Frühlingszwiebeln bestreut servieren.

Wildreis ist keine Reissorte, sondern der Samen eines hohen Wassergrases. Es wächst vor allem in den Provinzen Alberta, Manitoba und Ontario und war für die Indianer über Jahrhunderte eine wichtige Nahrungsquelle.

KANADA

Gebackener Hackfleisch-Wildreis-Eintopf mit Gemüse

Zutaten für 6 Personen:

Vorbereitung: ca. 45 Minuten
Backen: ca. 30 Minuten

200 g Wildreis
4 Scheiben geräucherter Speck
2 EL Öl
500 g Schweinehackfleisch
Salz
frisch gemahlener Pfeffer
1 Zwiebel
50 g Sellerie
150 g Champignons
4 EL Butter und
Butter für die Form
30 g Mehl
1/4 l Milch
250 g süße Sahne
60 g gehackte Mandeln
2 EL fein gehackte Petersilie

1. Den Reis mit 700 ml Wasser zum Kochen bringen und bei kleiner Hitze ca. 45 Minuten garen.

2. Inzwischen die Speckscheiben in feine Streifen schneiden und in 1 Esslöffel Öl in einer Pfanne knusprig braten. Herausnehmen und auf Küchenpapier abtropfen lassen. Das Hackfleisch im restlichen Öl in der Pfanne krümelig braten. Salzen, pfeffern und in eine Schüssel umfüllen.

3. Zwiebel und Sellerie schälen und klein würfeln. Pilze putzen, feinblättrig schneiden. Zwiebel und Sellerie mit 2 Esslöffeln Butter in der Pfanne dünsten. Pilze hinzufügen und kurz anschwitzen. Alles zum Hackfleisch geben. Restliche Butter in der Pfanne schmelzen, Mehl einrühren und hellgelb anschwitzen. Milch und Sahne angießen und unter Rühren dicklich einkochen lassen. Den Backofen auf 180 Grad vorheizen.

4. Reis in einem Sieb abtropfen lassen. Zur Gemüse-Hackfleisch-Mischung geben. Mandeln, Petersilie und die Sauce unterziehen und mit Salz und Pfeffer abschmecken. Die Masse in eine gebutterte ofenfeste Form geben und im Ofen etwa 30 Minuten backen.

Vancouver an der Westküste Kanadas ist einer der Ausgangspunkte der vegetarischen Bewegung. In der Stadt gibt es heute eine Reihe kleiner Restaurants und Stehimbisse, die beweisen, wie gut vegetarisches „Fast Food“ sein kann.

KANADA

Vancouver Champignon-Burger mit Avocado und Tomaten

Zutaten für 4 Personen:

8 Riesenchampignons
4 EL Maiskeimöl
3 Knoblauchzehen
Salz
frisch gemahlener Pfeffer
1 TL getrockneter Oregano
1 EL Zitronensaft
2 EL Ahornsirup
2 Tomaten
1 Avocado
4 Salatblätter
1 Zwiebel
80 g frische Rettichsprossen
4 EL Mayonnaise
2 EL Chilisauce
1 TL Senf
4 Milchbrötchen

Zubereitung: ca. 30 Minuten

1. Den Backofen auf 180 Grad vorheizen. Die Champignons putzen und die Stiele entfernen. Den Knoblauch schälen und fein hacken.

2. Ein Backblech mit Backpapier auslegen und die Pilze mit der Lamellenseite nach oben darauflegen. Salzen, pfeffern, mit Knoblauch und Oregano bestreuen und mit Zitronensaft und Ahornsirup beträufeln. Ca. 20 Minuten im heißen Ofen garen.

3. Inzwischen die Tomaten waschen und in Scheiben schneiden. Die Avocado halbieren und entkernen. Das Fruchtfleisch mit einem Löffel auslösen und in Scheiben schneiden. Die Salatblätter waschen und trockentupfen. Die Zwiebel schälen und in feine Ringe schneiden. Die Sprossen mit den Fingern auseinanderzupfen. Aus Mayonnaise, Chilisauce und Senf eine Sauce anrühren. Die Brötchen halbieren und toasten.

4. Salatblätter und Sprossen auf die unteren Brötchenhälften verteilen, Pilze und die restlichen Zutaten darauflegen, Sauce darüber verteilen. Die oberen Brötchenhälften daraufklappen.

Garen auf einem Zedernholzbrett ist eine alte indianische Methode, die gerade wieder eine Renaissance erlebt. Das Zedernholz verleiht Fisch und Fleisch ein besonderes Aroma. Unbehandelte Holzbretter kann man im Internet bestellen.

KANADA

Lachs auf dem Zedernbrett gegart in pikanter Würzmarinade

Zutaten für 6 Personen:

1 unbehandeltes Zedernholzbrett, ca. 45 x 25 x 2,5 cm
30 g Ingwerwurzel
1 Knoblauchzehe
100 ml Ahornsirup
Saft von 1 Zitrone
2 EL Sojasauce
1 EL Öl
1 Lachshälfte mit Haut, ca. 1,2 kg
Salz
frisch gemahlener Pfeffer
2 Frühlingszwiebeln, in Röllchen geschnitten
1 Zitrone, in Achtel geschnitten

Zubereitung: ca. 30 Minuten
Garen: ca. 30 Minuten

1. Das Zedernholzbrett mindestens 30 Minuten in kaltem Wasser einweichen.

2. Inzwischen Ingwer und Knoblauch schälen und fein hacken. Mit dem Ahornsirup in einem kleinen Topf erhitzen. Zitronensaft und Sojasauce hinzufügen. 15 Minuten bei kleiner Hitze köcheln, dann abkühlen lassen. Den Grill oder den Backofen auf 170 Grad vorheizen.

3. Das Holzbrett abtrocknen und auf einer Seite mit Öl bestreichen. Den Lachs waschen und trockentupfen. Lachs mit der Hautseite nach unten auf das Brett legen, salzen, pfeffern und mit einem Teil der Marinade bestreichen. Mit Alufolie abdecken und entweder auf den Grill oder in den heißen Backofen legen. 30 Minuten garen. Zwischendurch mehrmals mit der restlichen Marinade bestreichen.

4. Den Lachs mit Frühlingszwiebeln bestreuen, mit den Zitronenachteln garnieren und auf dem Brett servieren.

Das Meer prägt das Land, die knapp eine Million Menschen und die Küche von Neu-Schottland, einer Halbinsel im Osten Kanadas mit über 7.800 km Küste. Von keinem Ort Neu-Schottlands ist das Meer weiter als 35 km entfernt.

KANADA

Jacobsmuschel-Hummer-Eintopf aus Neu-Schottland

Zutaten für 4 Personen:

3 Kartoffeln
1 Zwiebel
100 g geräucherter Speck
2 EL Öl
1 TL getrockneter Thymian
1 TL Selleriesalz
1 EL Mehl
1/2 TL edelsüßes Paprikapulver
1/2 l Fischbrühe
1/4 l Milch
Salz
frisch gemahlener Pfeffer
250 g gekochtes Hummerfleisch
8 ausgelöste Jacobsmuscheln
1 Bund gemischte Kräuter, z.B. Petersilie, Kerbel, Schnittlauch
200 g süße Sahne

Zubereitung: ca. 35 Minuten

1. Die Kartoffeln waschen, schälen und würfeln. Zwiebel schälen und fein hacken. Speck klein würfeln.

2. Öl in einem Topf erhitzen, Zwiebel und Speck darin glasig dünsten. Mit Thymian und Selleriesalz würzen. Mehl und Paprikapulver darüberstäuben und kurz mitdünsten. Die Brühe und die Milch angießen, die Kartoffelwürfel hinzufügen, einmal aufkochen. Mit Salz und Pfeffer würzen und 15–20 Minuten bei kleiner Hitze köcheln lassen, bis die Kartoffeln gar sind.

3. Inzwischen das Hummerfleisch und die Jakobsmuscheln in Würfel schneiden. Die Kräuter waschen, trockentupfen und die Blätter fein hacken.

4. Die Sahne in den Eintopf rühren, aufkochen und erneut mit Salz und Pfeffer abschmecken. Hummer- und Muschelfleisch hinzufügen, den Topf vom Herd nehmen und die Hälfte der Kräuter dazugeben. 2–3 Minuten ziehen lassen. Den Eintopf in Suppenschalen verteilen und mit den restlichen Kräutern bestreut auftragen.

Cranberrys, auch Moosbeeren genannt, sind die nordamerikanischen Verwandten der Preiselbeeren. Die leuchtend roten, großen Beeren schmecken leicht säuerlich und werden gerne zu Konfitüren, Saft oder Saucen verarbeitet.

KANADA

Gebratene Hühnerbrüste mit Cranberrys in Senfsauce

Zutaten für 4 Personen:

4 Hühnerbrustfilets à 120 g ohne Knochen
Kräutersalz
1/2 TL Currypulver
frisch gemahlener Pfeffer
4 EL Butter
2 EL Mehl
1/4 l Brühe
200 ml Cranberrysaft
60 g getrocknete Cranberrys
1 TL scharfer Senf
Zucker
Salz

Zubereitung: ca. 30 Minuten

1. Die Hühnerbrustfilets waschen und trocknen. Mit Kräutersalz, Currypulver und Pfeffer würzen.

2. In einer Pfanne 2 Esslöffel Butter erhitzen und die Hühnerbrüste darin bei mittlerer Hitze auf beiden Seiten anbraten. Fleisch aus der Pfanne heben und warm stellen. Die restliche Butter in der Pfanne schmelzen und das Mehl einrühren. Brühe und Cranberrysaft angießen und aufkochen lassen. Getrocknete Cranberrys hinzufügen und 5 Minuten köcheln lassen.

3. Die Sauce mit Senf, Zucker, Salz und Pfeffer abschmecken. Hühnerbrüste mit dem ausgetretenen Fleischsaft in die Sauce geben und 10 Minuten bei kleiner Hitze garen.

4. Zum Servieren die Hühnerbrüste schräg in Scheiben schneiden und auf vorgewärmte Tellern verteilen. Mit etwas Sauce begießen und die restliche Sauce separat dazu reichen.

Das Karibu ist der größere Verwandte des europäischen Rentiers und der einzige Vertreter aus der Familie der Hirsche, bei denen beide Geschlechter ein Geweih tragen. Karibukühe geben die gehaltsvollste Milch in der Tierwelt.

KANADA

Karibu-Steak in Zwiebel-Sahne-Sauce mit Gemüse

Zutaten für 4 Personen:

4 Karibusteaks à 200 g, ersatzweise Hirschsteaks
Salz
frisch gemahlener Pfeffer
4 EL Butter
3 Zwiebeln
1 EL Mehl
1/4 l Fleischbrühe
100 g süße Sahne
2 Stangen Sellerie
1 Möhre
1 Stange Lauch
1 EL grober Senf
1 TL Essig
Zucker
Worcestersauce
2 EL fein gehackte Petersilie

Zubereitung: ca. 35 Minuten

1. Die Steaks sanft klopfen und die Ränder leicht einschneiden. Salzen und pfeffern. In einer großen Pfanne mit Deckel 2 Esslöffel Butter erhitzen und die Steaks auf beiden Seiten kurz anbraten. Herausnehmen und warm stellen.

2. Die Zwiebeln schälen, halbieren und in feine Scheiben schneiden. 1 Esslöffel Butter in der Pfanne erhitzen und die Zwiebeln darin goldbraun anbraten. Mehl darüberstäuben, kurz anrösten, dann mit Brühe und Sahne ablöschen, dabei den Bratensatz lösen. Die Sauce aufkochen und unter Rühren dicklich einkochen lassen. Die Steaks in die Sauce geben, mit Zwiebeln und Sauce bedecken. Zugedeckt bei kleiner Hitze 15 Minuten garen.

3. Inzwischen das Gemüse putzen, schälen und in feine Streifen schneiden. Restliche Butter in einer Pfanne erhitzen und das Gemüse darin 10 Minuten dünsten.

4. Die Steaks auf vorgewärmte Teller legen. Die Sauce mit Salz, Pfeffer, Senf, Essig, Zucker und Worcestersauce abschmecken und über das Fleisch verteilen. Gemüse darauf anrichten. Mit Petersilie bestreut servieren.

In Montreal ist ein Spaziergang rund um die Rue St. Denis fast eine kleine kulinarische Weltreise: Französische, italienische und mexikanische Restaurants sowie chinesische und thailändische Garküchen laden zum Verweilen ein.

KANADA

Glasierter Hackbraten Montreal mit Barbecuesauce

Zutaten für 4 Personen:

2 Scheiben Brot vom Vortag
1 Frühlingszwiebel
1 Zwiebel
2 Knoblauchzehen
800 g gemischtes Hackfleisch
200 g mittelscharfe Salsa (Fertigprodukt)
2 EL Haferflocken
2 EL fein gehackte Petersilie
1 TL scharfer Senf
1 TL Worcestersauce
4 cl Sherry
Salz
frisch gemahlener Pfeffer
Öl für die Form
2 EL Barbecuesauce (Fertigprodukt)

Zubereitung: ca. 20 Minuten
Backen: ca. 45 Minuten

1. Den Backofen auf 180 Grad vorheizen. Das Brot entrinden, in Würfel schneiden und in warmem Wasser etwa 10 Minuten einweichen. Dann gut ausdrücken.

2. Die Frühlingszwiebel putzen und in Ringe schneiden. Zwiebel und Knoblauchzehen schälen und klein würfeln.

3. Das Hackfleisch in eine Schüssel geben und mit allen Zutaten außer der Barbecuesauce gut verkneten. Aus dem Fleischteig einen Hackbraten formen und in eine mit Öl ausgestrichene ofenfeste Form geben. Im heißen Ofen 30 Minuten backen. Dann den Hackbraten mit der Barbecuesauce bestreichen und weitere 15 Minuten backen.

4. Zum Servieren den Braten aus der Form stürzen und in gleichmäßige Scheiben schneiden.

Diese Muffins lassen sich sehr leicht abwandeln: Man rührt statt der Cranberries Blaubeeren oder Trockenfrüchte, Nüsse oder Schokoladenstücke unter den Teig und verwendet zum Süßen braunen Zucker, Honig oder Ahornsirup.

KANADA

Cranberry-Kürbis-Muffins mit Zimt und Nelkenpulver

Zutaten für 24 kleine Muffins:

300 g Mehl
120 g Vollkornmehl
200 g Zucker
1 1/2 TL gemahlener Zimt
1 Msp. Nelkenpulver
1/2 TL Salz
2 TL Backpulver
350 g gekochtes Kürbisfleisch
250 g Cranberries
100 g weiche Butter und
Butter für die Formen
2 Eier
Puderzucker zum Bestäuben

Außerdem:
2 Muffinformen mit
12 Vertiefungen

Zubereitung: ca. 45 Minuten

1. Den Backofen auf 180 Grad vorheizen. Das Mehl in eine große Schüssel sieben. Mit Vollkornmehl, Zucker, Zimt, Nelkenpulver, Salz und Backpulver vermischen.

2. Das Kürbisfleisch in kleine Würfel schneiden. Die Cranberries halbieren. Zum Mehl geben, Butter und Eier und hinzufügen und alles zu einem homogenen Teig verkneten.

3. Die Vertiefungen der Muffinformen ausfetten. Die Vertiefungen zu 2/3 mit Teig füllen. Im heißen Ofen ca. 25 Minuten backen.

4. Die Muffins in den Formen etwas abkühlen lassen. Dann auf ein Kuchengitter legen und erkalten lassen. Vor dem Servieren mit Puderzucker überstäuben.

Im August beginnt in Kanada die Beerensaison. Dann sind die Wälder voll von tiefblauen „Blueberries" – Blaubeeren –, die nicht nur hocharomatisch im Geschmack sind, sondern auch sehr vitaminreich und gesund.

KANADA

Gebackener Blaubeerauflauf aus Neufundland

Zutaten für 4 Personen:

Butter für die Form
500 g Blaubeeren
45 g Mehl
2 Eier
115 g Zucker
125 ml Milch
1 TL Vanillemark
1 Prise Salz
2 EL Puderzucker

Zubereitung: ca. 1 Stunde

1. Den Backofen auf 180 Grad vorheizen. Eine ofenfeste Auflaufform mit Butter ausfetten.

2. Die Blaubeeren verlesen, waschen und gut abtropfen lassen. Die Beeren in die Auflaufform geben.

3. Das Mehl in eine Schüssel sieben. 1 Ei trennen. Das andere Ei mit dem Eigelb, dem Zucker, der Milch und dem Vanillemark schaumig schlagen. Mit dem Mehl zu einem glatten Teig verrühren.

4. Das Eiweiß mit dem Salz steif schlagen und unter den Teig heben. Über die Blaubeeren verteilen. Im heißen Ofen 45 Minuten backen.

5. Den Blaubeerauflauf etwas abkühlen lassen und vor dem Servieren mit Puderzucker bestreuen.

LATEINAMERIKA

Ein lukullischer Schmelztiegel: Von der Andenküche, dem kulinarischen Erbe der Azteken und Inkas bis zum Einfluss der spanischen und afrikanischen Küche

Traditionell gibt es in Mexico keine festen Essenszeiten. Gegessen wird, wenn man Appetit hat. Salate wie dieser erfrischende und sättigende Avocadosalat werden sowohl als Zwischenmahlzeit mit Tortillas wie auch als Vorspeise serviert.

MEXIKO

Avocado-Kirschtomaten-Salat mit Baumtomatendressing

Zutaten für 6 Personen:

6 Scheiben Weißbrot
200 ml Olivenöl
Salz
frisch gemahlener Pfeffer
3 Avocados
3 EL frischer Zitronensaft
450 g Kirschtomaten
4 EL fein gehackter Koriander
8 Baumtomaten
3 EL Apfelessig
6 große Salatblätter
5 Frühlingszwiebeln

Zubereitung: ca. 25 Minuten

1. Das Weißbrot in Würfel schneiden. 150 ml Olivenöl in einer Pfanne erhitzen und die Brotwürfel darin knusprig braun rösten. Mit Salz und Pfeffer würzen, aus der Pfanne nehmen und beiseitestellen.

2. Die Avocados schälen, den Kern entfernen und das Fruchtfleisch in etwa 3 cm große Würfel schneiden, in eine Schüssel geben und mit 2 Esslöffeln Zitronensaft beträufeln. Die Kirschtomaten waschen, halbieren und zu den Avocados geben. Den Koriander untermischen.

3. Die Baumtomaten waschen, schälen und halbieren. Mit dem restlichen Zitronensaft, Apfelessig und dem restlichen Olivenöl pürieren. Mit Salz und Pfeffer abschmecken, mit Avocados und Kirschtomaten mischen.

4. Salat portionsweise auf den Salatblättern anrichten. Die Frühlingszwiebeln putzen, in Ringe schneiden und mit den Brotwürfeln auf dem Salat verteilen.

Die Cantina ist eine feste Institution in Mexiko. Für Touristen wirken viele Cantinas auf den ersten Blick wie eine Mischung aus Imbiss, Vereinsheim und Bar. Für viele Einheimische ist sie ein wichtiger geselliger Treffpunkt.

MEXIKO

Herzhafter Bohnensalat Cantina mit dreierlei Bohnen

Zutaten für 4 Personen:

je 120 g getrocknete Kidney-, Pinto- und schwarze Bohnen
je 1 rote, grüne und gelbe Paprikaschote
2 Poblano Chilischoten
2 rote Zwiebeln
100 ml Malzessig
200 ml Olivenöl
Salz
frisch gemahlener Pfeffer

Zubereitung: ca. 15 Minuten
Garen: ca. 60 Minuten

1. Die Bohnen abspülen und getrennt in reichlich kochendem Wasser etwa 1 Stunde weich kochen. In einem Sieb abtropfen und abkühlen lassen.

2. Die Paprika- und Chilischoten halbieren, entkernen und in kleine Würfel schneiden. Die Zwiebeln schälen und fein hacken. Alles mit den Bohnen in eine Schüssel geben.

3. Den Essig mit dem Öl und den Gewürzen verrühren. Das Dressing unter den Salat mischen.

Die Halbinsel von Yucatan war das Zentrum der Maya. Hier künden noch viele Ruinenstädte und Bauwerke wie die Pyramide El Castillo von der einstigen Größe dieses alten Kulturvolks. Heute ist Yucatan eine beliebte Ferienregion.

MEXIKO

Blutorangen-Ananassalat Yucatan mit frischen Kräutern

Zutaten für 6 Personen:

Zubereitung: ca. 25 Minuten
Ziehen lassen: ca. 2 Stunden

2 Jicamawurzeln, ca. 500 g
4 Blutorangen
1 Papaya
1 Mango
1 Stück frische Ananas, ca. 200 g
2 rote Zwiebeln
1 TL grobes Meersalz
1 TL Cayennepfeffer
5 EL Olivenöl
4 EL Zitronensaft
2 EL fein gehackter Koriander
2 EL fein gehackte Minze

1. Die Jicamawurzeln schälen, die harten Teile entfernen. Die Wurzeln in feine Streifen schneiden und in eine Schüssel geben.

2. Die Blutorangen schälen und filetieren. Den Saft auffangen. Papaya und Mango schälen, entkernen und das Fruchtfleisch würfeln. Die Ananas schälen und in Würfel schneiden. Alles zu den Wurzelstreifen geben.

3. Die Zwiebeln schälen und fein hacken. Mit den restlichen Zutaten zu einem Dressing verrühren und über den Salat geben. Vor dem Servieren etwa 2 Stunden im Kühlschrank ziehen lassen.

Trotz des teilweise tropischen Klimas und der hohen Temperaturen ist Mayonnaise ein beliebtes Dressing für Salate. Im Land sollte man sie nur in guten Restaurants essen, wo man sicher ist, dass die Mayonnaise frisch zubereitet wird.

MEXIKO

Kalte Gemüsesuppe mit Mayonnaise und Chili

Zutaten für 6 Personen:

Für die Suppe:
4 Scheiben Weißbrot vom Vortag
4 Stangen Sellerie
8 Baumtomaten
2 grüne Paprikaschoten
3 kleine Gurken
2 Jalapeno Chilischoten
4 Knoblauchzehen
Salz
6 EL Zitronensaft
3 EL fein gehackter Koriander
1 l Gemüsebrühe

Für die Mayonnaise:
4 Eigelb
3 EL Kräuteressig
Salz
frisch gemahlener Pfeffer
200 ml Olivenöl
1 Bund Schnittlauch

Zubereitung: ca. 40 Minuten
Kühlen: ca. 8 Stunden

1. Das Weißbrot etwa 10 Minuten in etwas Wasser einweichen. Sellerie putzen und klein schneiden. Baumtomaten schälen und in Scheiben schneiden. Die Paprikaschoten halbieren, entkernen und würfeln. Die Gurken schälen, längs halbieren, entkernen und würfeln. Die Chilischoten längs halbieren, entkernen und hacken. Den Knoblauch schälen und fein hacken.

2. Das eingeweichte Brot gut ausdrücken und mit dem Gemüse, Salz, Zitronensaft und Koriander pürieren. Nach und nach die Gemüsebrühe untermixen. Die Suppe in eine große Schüssel umfüllen.

3. Eigelb mit Essig, Salz und Pfeffer verrühren. Das Öl in einem dünnen Strahl langsam einfließen lassen und so lange rühren, bis die Mayonnaise eine cremige Konsistenz hat. Den Schnittlauch in feine Röllchen schneiden und unterheben.

4. Die Mayonnaise nach und nach in die Gemüsesuppe rühren. Nach Bedarf noch etwas Gemüsebrühe zugeben. Die Suppe abgedeckt mindestens 8 Stunden im Kühlschrank durchziehen lassen.

Die Hauptanbaugebiete für Avocados liegen rund um Atlixco, eine Stadt im Hochland des mexikanischen Bundesstaates Pueblo. In dem milden subtropischen Klima gedeihen die nährstoff- und ölhaltigen Früchte besonders gut.

MEXIKO

Hühnersuppe mit frischen Avocadoscheiben und Käse

Zutaten für 4 Personen:

1 l Hühnerbrühe
2 Hähnchenbrustfilets
1 rote Paprikaschote
1 gelbe Paprikaschote
2 Jalapeno Chilischoten
1 weiße Zwiebel
1 EL Butter
200 g gekochte Kichererbsen
1 reife Avocado
100 g geriebener Gouda

Zubereitung: ca. 40 Minuten

1. Hühnerbrühe in einem Topf zum Kochen bringen. Die Hähnchenbrustfilets einlegen und bei mittlerer Hitze 20 Minuten köcheln lassen.

2. Die Paprika- und die Chilischoten halbieren, entkernen und in dünne Streifen schneiden. Die Zwiebel schälen, halbieren und in feine Scheiben schneiden.

3. Die Butter in einer Pfanne zerlassen und die Zwiebel darin hellgelb anschwitzen. Paprikaschoten und Chilischoten dazugeben und unter Rühren 5 Minuten dünsten. Anschließend in die Hühnersuppe geben.

4. Die Hähnchenbrustfilets aus der Suppe heben und in mundgerechte Würfel schneiden. Mit den abgetropften Kichererbsen in die Suppe geben. Bei kleiner Hitze ca. 10 Minuten köcheln lassen.

5. Die Avocado halbieren, entkernen und das Fruchtfleisch im Ganzen aus der Schale lösen. Fruchtfleisch in Scheiben schneiden. Hühnersuppe in 4 tiefe Teller füllen, Avocadoscheiben darauf verteilen und mit dem Käse bestreuen. Sofort servieren.

MEXIKO

Scharfe Avocadocreme mit Petersilie und Tomate

Zubereitung: ca. 15 Minuten
Zutaten für 4 Personen:

1 weiße Zwiebel
2 Knoblauchzehen
2 frische rote Chilischoten
1 Bund Petersilie
2 Tomaten
2 reife Avocados
Saft von 2 Limetten
Salz
frisch gemahlener Pfeffer
1 Prise Zucker

1. Die Zwiebel und den Knoblauch schälen und sehr fein hacken. Die Chilischoten längs halbieren, entkernen und fein hacken. Petersilie waschen, trockenschütteln und die Blättchen ohne grobe Stiele fein hacken. Die Tomaten häuten, vierteln, entkernen und in möglichst kleine Würfel schneiden.

2. Die Avocados schälen, halbieren und den Kern entfernen. Avocados würfeln, in eine Schüssel geben, mit dem Limettensaft übergießen und mit einer Gabel zerdrücken.

3. Die übrigen Zutaten unter die Avocadocreme rühren. Mit Salz, Pfeffer und Zucker abschmecken und sofort servieren.

MEXIKO

Kalte Tomatensauce mit Koriander und Jalapeno Chili

Zubereitung: ca. 10 Minuten
Zutaten für 4 Personen:

3 reife Tomaten
1 rote Zwiebel
2 Jalapeno Chilischoten
1/2 Bund Koriander
Saft von 1 Zitrone
Salz
frisch gemahlener Pfeffer

1. Die Tomaten waschen, halbieren und den Stielansatz entfernen. Tomaten entkernen und in kleine Würfel schneiden.

2. Die Zwiebel schälen, die Chilischoten halbieren und entkernen. Alles sehr fein hacken.

3. Den Koriander waschen, trockenschütteln und die Blättchen ohne grobe Stiele hacken. Tomaten, Zwiebel, Chilischoten und Koriander vermischen. Mit Zitronensaft, Salz und Pfeffer abschmecken.

Gebratenes Bohnenpüree ist eine häufige Zutat in mexikanischen Gerichten. Man kann es wie im Rezept beschrieben selbst herstellen, was ein wenig Zeit erfordert, oder bereits fertig zubereitet als Konserve in Dosen kaufen.

MEXIKO

Mexikanisches Sandwich mit Bohnenpüree und Käse

Zutaten für 4 Personen:

450 g getrocknete schwarze Bohnen
2 rote Zwiebeln
2 Knoblauchzehen
2 Ancho Chilischoten
Salz
frisch gemahlener Pfeffer
180 g Butterschmalz
2 EL fein gehackter Koriander
4 runde Brötchen
150 g geriebener Manchego, ersatzweise Emmentaler

Zubereitung: ca. 30 Minuten
Garen: ca. 2 Stunden

1. Die Bohnen in einem Topf mit 2 Litern Wasser zum Kochen bringen und bei kleiner Hitze 7 Minuten köcheln lassen. Vom Herd nehmen und 1 Stunde quellen lassen. Bohnen abgießen und kalt abspülen.

2. Zwiebeln und Knoblauch schälen und hacken. Die Chilischoten halbieren, entkernen und hacken. Alles mit den Bohnen in einem Topf mit 1,5 Litern Wasser aufkochen und bei geringer Temperatur etwa 1 Stunde köcheln. Mit Salz und Pfeffer abschmecken. Dann abgießen, dabei den Kochsud auffangen.

3. Das Butterschmalz in einer großen Pfanne erhitzen, die Bohnenmischung hineingeben und darin zerstampfen. Etwas Kochsud dazugeben, bis eine geschmeidige Masse entsteht. Den Koriander unterrühren.

4. Die Brötchen aufschneiden und jede Seite mit Bohnenpüree bestreichen. Mit Käse bestreuen und unter dem heißen Grill überbacken.

Tacos, geröstete Maisfladen in Hufeisenform, sind typisch für die Tex-Mex-Küche, werden inzwischen aber auch in Mexiko häufig verwendet. Die klassischen mexikanischen Tacos sind gerollte oder zusammengeklappte Maistortillas.

MEXIKO

Geröstete Maisfladen mit Hackfleisch und Rosinen

Zutaten für 4 Personen:

1 kleine Zwiebel
2 Knoblauchzehen
50 g Rosinen
50 g schwarze Oliven ohne Stein
2 EL Olivenöl
400 g Rinderhackfleisch
Salz
1 Msp. Cayennepfeffer
1 hart gekochtes Ei
12 Tacoschalen (geröstete Maisfladen)
1/2 kleiner Eisbergsalat
50 g geriebener Hartkäse
150 g saure Sahne

Zubereitung: ca. 40 Minuten

1. Zwiebel und Knoblauch schälen und fein hacken. Die Rosinen und die Oliven ebenfalls hacken.

2. Das Öl in einer Pfanne erhitzen, Zwiebel und Knoblauch darin anschwitzen. Das Hackfleisch dazugeben und so lange braten, bis es krümelig ist. Mit Salz und Cayennepfeffer würzen und vom Herd nehmen.

3. Den Backofen auf 180 Grad vorheizen. Das Ei schälen und hacken. Mit den Rosinen und den Oliven unter das Hackfleisch mischen.

4. Die Tacoschalen im heißen Ofen 5 Minuten erwärmen. Inzwischen den Salat waschen, trockenschleudern und in feine Streifen schneiden.

5. Das gewürzte Hackfleisch in die Tacoschalen füllen. Darüber eine Lage Salatstreifen geben, mit dem Käse bestreuen und einen Klacks saure Sahne daraufsetzen. Sofort servieren.

Tortillas, wie die Maisfladen in Mexiko heißen, sind ein Grundnahrungsmittel. Sie werden als Beilage serviert oder mit Käse bestreut und kurz gebacken. Oft werden sie auch wie eine Tüte zusammengerollt und lecker gefüllt.

MEXIKO

Mexikanische Spiegeleier mit Tomaten auf Mais-Tortillas

Zutaten für 4 Personen:

1 weiße Zwiebel
1 Knoblauchzehe
400 g Tomaten
4 frische grüne Chilischoten
2 EL Öl und Öl zum Ausbacken
Salz
frisch gemahlener Pfeffer
4 Mais-Tortillas (Fertigprodukt)
4 Eier
100 g geriebener Hartkäse
2 EL zerlassene Butter

Zubereitung: ca. 40 Minuten

1. Die Zwiebel und den Knoblauch schälen und fein hacken. Die Tomaten häuten, vierteln und in kleine Würfel schneiden. Die Chilischoten längs halbieren, entkernen und fein hacken.

2. In einer tiefen Pfanne 2 Esslöffel Öl erhitzen, Zwiebel und Knoblauch darin anschwitzen. Chilischoten und Tomaten zugeben, mit Salz und Pfeffer würzen und 20 Minuten dünsten.

3. Inzwischen die Tortillas in etwas Öl auf beiden Seiten knusprig ausbacken. Den Backofen auf 180 Grad vorheizen.

4. Die Tortillas in eine große feuerfeste Schale legen. Das Tomatengemüse darüber verteilen und mit einer Schöpfkelle 4 Mulden hineindrücken. In jede Mulde ein Ei schlagen, mit Käse bestreuen und die Butter darübergießen. Im heißen Ofen 10–15 Minuten backen, bis die Eier gestockt sind und der Käse geschmolzen ist. In der Form auftragen.

Chilischoten wurden bereits vor 6.000 Jahren in Mexiko angebaut und zählen zu den ältesten mexikanischen Kulturpflanzen. Hier kennt man über 40 verschiedene Sorten, deren Würzkraft von ganz mild bis höllisch scharf reicht.

MEXIKO

Gebratene Chilischoten mit Käse und Baumtomatensauce

Zutaten für 4 Personen:

8 frische Poblano Chilischoten
100 g Mozzarella
125 g fein geriebener Manchego
125 g fein geriebener Parmesan
200 ml Pflanzenöl
4 Eier
Salz
frisch gemahlener Pfeffer
100 g Mehl
375 g Baumtomaten
2 frische Serrano Chilischoten
1 Zwiebel
1 EL fein gehackter Koriander
8 EL Crème fraîche

Zubereitung: ca. 25 Minuten

1. Die Chilischoten waschen, den Stängel auf 1 cm kürzen, die Schoten längs aufschneiden, ohne sie durchzuschneiden, und entkernen.

2. Den Mozzarella fein würfeln und mit dem Manchego und dem Parmesan mischen. Käse in die Chilischoten füllen und die Schoten zusammendrücken.

3. Das Öl in einer Pfanne erhitzen. Die Eier mit Salz und Pfeffer verquirlen. Die Chilischoten zuerst im Mehl, dann in den Eiern wenden und im heißen Öl ca. 8 Minuten goldbraun braten. Auf Küchenpapier abtropfen lassen.

4. Die Baumtomaten waschen und in Scheiben schneiden. Die Serrano Chilischoten halbieren, entkernen und hacken. Die Zwiebel schälen und hacken. Alles mit etwa 80 ml Wasser und dem Koriander im Mixer pürieren, mit Salz und Pfeffer abschmecken.

5. Die gefüllten Chilischoten mit Crème fraîche und der Baumtomatensauce servieren.

Garnelen sind an der Küste Mexikos eine gefragte Spezialität. Das Zentrum der Garnelenfischerei ist der Bundesstaat Sinaloa im Süden an der Pazifikküste. Die Garnelen sind ein wichtiger Exportartikel, der vor allem in die USA geht.

MEXIKO

Gebackene Garnelen im Teigmantel mit Honig-Chili-Dip

Zutaten für 4 Personen:

160 g Mehl
1/2 TL Backpulver
2 TL Cayennepfeffer
Salz
frisch gemahlener Pfeffer
1/4 l helles Bier
3 getrocknete Chipotle Chilischoten
2 Tomaten
1 Zwiebel
2 Knoblauchzehen
1/8 l Gemüsebrühe
4 EL Honig
2–3 EL Apfelessig
800 g große Garnelen, roh, geschält und küchenfertig
Pflanzenöl zum Frittieren

Zubereitung: ca. 50 Minuten

1. Mehl mit Backpulver und den Gewürzen mischen und das Bier unterrühren. Alles zu einem glatten Teig verarbeiten. Den Teig 30 Minuten ruhen lassen.

2. Inzwischen den Dip zubereiten. Die Chilischoten halbieren, entkernen und hacken. Die Tomaten vierteln, entkernen und klein würfeln. Die Zwiebel und den Knoblauch schälen und fein hacken.

3. Chilischoten, Tomaten, Zwiebel und Knoblauch mit der Gemüsebrühe in einem Topf zum Kochen bringen und etwa 15 Minuten einkochen lassen, anschließend pürieren. Salz, Honig und Apfelessig unterrühren und den Dip abkühlen lassen.

4. Das Öl in der Fritteuse auf 175 Grad erhitzen. Die Garnelen waschen und trockentupfen. Garnelen in den Teig tauchen, etwas abtropfen lassen und im heißen Öl knusprig braun ausbacken. Auf Küchenpapier abtropfen lassen und mit dem Dip servieren.

An der südlichen Pazifikküste liegt Acapulco, Mexikos berühmtester Badeort. Lange bevor es von Touristen entdeckt wurde, war Acapulco bereits ein wichtiges Handelszentrum für Seide und orientalische Gewürze wie den kostbaren Safran.

MEXIKO

Gedämpfte Miesmuscheln mit Safran in Tomatensud

Zutaten für 4 Personen:

2 Zwiebeln
4 Knoblauchzehen
2 EL Olivenöl
Salz
frisch gemahlener Pfeffer
1/2 l Weißwein
1 frischer Thymianzweig
1 TL Safranfäden
1/2 l Fischfond
1/4 l Tomatensaft
1,5 kg Miesmuscheln, küchenfertig
1 EL fein gehackte Petersilie

Zubereitung: ca. 30 Minuten

1. Die Zwiebeln und den Knoblauch schälen, die Zwiebeln halbieren und in Scheiben schneiden, den Knoblauch hacken. 1 Esslöffel Öl in einer Pfanne erhitzen und die Hälfte der Zwiebeln darin glasig dünsten. Den Knoblauch zugeben und 1 Minute anschwitzen. Salzen, pfeffern, den Wein angießen, aufkochen und auf die Hälfte einkochen lassen.

2. Thymianzweig, Safran, Fischbrühe und Tomatensaft unterrühren und ca. 10 Minuten köcheln lassen. Den Sud durch ein Sieb gießen und beiseitestellen.

3. Die Muscheln unter fließendem Wasser abbürsten, geöffnete Muscheln wegwerfen. In einem großen Topf das restliche Öl erhitzen und die übrige Zwiebel darin andünsten. Die Muscheln in den Topf geben und ca. 2 Minuten schmoren.

4. Den Tomatensud angießen, aufkochen und die Muscheln bei mittlerer Temperatur zugedeckt ca. 5 Minuten köcheln, bis die Schalen sich öffnen. Den Topf während dieser Zeit mehrmals rütteln. Geschlossene Muscheln entfernen. Die Petersilie unterheben und die Muscheln mit Sud auf tiefe Schalen verteilen.

Jalapeno Chilischoten gehören zu den bekanntesten Chilisorten. Sie sind etwa 5 cm lang, rot oder grün und haben eine fleischige Konsistenz. Als Vorspeise werden die mittelscharfen Schoten oft mit Käse gefüllt, paniert und gebacken.

MEXIKO

Gegrillte Garnelen a la Rosarita mit Limettensauce

Zutaten für 4 Personen:

12 große Garnelenschwänze, roh, ungeschält
Salz
frisch gemahlener Pfeffer
6 Schalotten
2 Knoblauchzehen
3 Jalapeno Chilischoten
3 EL Olivenöl
2 TL gemahlener Kreuzkümmel
2 TL Paprikapulver
1/2 TL Cayennepfeffer
Saft von 2 Limetten
2 EL Butter

Zubereitung: ca. 30 Minuten

1. Die Garnelenschwänze vom Rücken her einschneiden und halbieren, ohne die Unterseite durchzuschneiden. Die Hälften aufklappen, den Darm entfernen und die Garnelen mit Salz und Pfeffer würzen.

2. Die Schalotten und den Knoblauch schälen und fein hacken. Die Chilischoten halbieren, entkernen und hacken. Das Olivenöl in einer großen Pfanne erhitzen und die Schalotten darin anschwitzen. Knoblauch und Chili zugeben und 2 Minuten dünsten. Die Gewürze einrühren und kurz unter Rühren anrösten.

3. Die Pfanne vom Herd nehmen, den Limettensaft und die Butter einrühren. Die Sauce mit Salz und Pfeffer abschmecken.

4. Garnelen in eine große feuerfeste Form legen und unter dem vorgeheizten Grill im Backofen ca. 5 Minuten grillen. Nach der Hälfte der Garzeit mit der Limettensauce beträufeln.

Veracruz ist der wichtigste mexikanische Hafen an der Atlantikküste. 1519 hatten die Spanier hier ihre erste Siedlung auf dem amerikanischen Festland gegründet. Heute treffen sich unter den Arkaden am Hafen Einheimische und Touristen.

MEXIKO

Gebratenes Seebarschfilet Veracruz mit Oliven in Weißwein

Zutaten für 4 Personen:

4 Seebarschfilets mit Haut à 200 g
Salz
frisch gemahlener Pfeffer
3 EL Olivenöl
1 Zwiebel
2 Knoblauchzehe
2 frische Jalapeno Chilischoten
1 Tomate
1 unbehandelte Zitrone, geachtelt
1 EL fein gehackter Oregano
75 g grüne Oliven, ohne Stein
1/8 l Weißwein
200 ml Fischfond

Zubereitung: ca. 25 Minuten

1. Die Fischfilets waschen, trockentupfen und mit Salz und Pfeffer einreiben. Das Öl in einer Pfanne erhitzen und die Fischfilets darin auf der Hautseite 2 Minuten braten. Fisch wenden und weitere 2 Minuten bei kleiner Hitze braten. Aus der Pfanne heben und auf ein Gitter legen. Den abtropfenden Saft auffangen.

2. Die Zwiebel und den Knoblauch schälen, die Zwiebel in dünne Ringe schneiden, den Knoblauch hacken. Die Chilischoten halbieren, entkernen und in dünne Streifen schneiden. Die Tomate waschen, halbieren, entkernen und in Stücke schneiden.

3. Zwiebel in der Fischpfanne anschwitzen, Knoblauch und Chilischoten zugeben und 2 Minuten mitdünsten. Dann Zitronenachtel, Tomatenstücke, Oregano und Oliven zugeben. Den Wein angießen und auf die Hälfte einkochen lassen. Fischbrühe zugeben und einmal aufkochen.

4. Fischfilets mit dem aufgefangenen Saft in die Pfanne geben und zugedeckt bei kleiner Hitze etwa 3 Minuten im Sud wieder erhitzen. In der Brühe servieren.

Als „Salsa de molcajete“ (Sauce aus dem Mörser) bezeichnet man in Mexiko eine ungekochte scharfe Sauce, die aus zerstoßenen Chilischoten, Knoblauch, gerösteten Tomaten, Salz und Pfeffer zubereitet wird. Sie gehört auf jeden Tisch.

MEXIKO

Gegrillte Hähnchenbrüste in Sahne mit Blattspinat

Zutaten für 4 Personen:

2 EL scharfe mexikanische Salsa (Fertigprodukt)
300 g süße Sahne
2 Hähnchenbrüste ohne Haut und Knochen
100 ml Hühnerbrühe
Salz
frisch gemahlener Pfeffer
300 g Spinat

Marinieren: ca. 3 Stunden
Zubereitung: ca. 30 Minuten

1. Die Salsa mit 2 Esslöffeln Sahne verrühren. Die Hähnchenbrüste waschen, trockentupfen und halbieren. Mit der Salsamischung bestreichen und abgedeckt 3 Stunden im Kühlschrank durchziehen lassen.

2. Die Hühnerbrüste in eine feuerfeste Form legen und unter dem heißen Backofengrill ca. 5 Minuten braten. Dann wenden, die restliche Sahne dazugeben und das Fleisch weitere 5 Minuten grillen, bis es gar und goldbraun ist.

3. Fleisch auf eine vorgewärmte Platte legen und im abgeschalteten Ofen warm halten. Die Sahnemischung in einen Topf geben und die Hühnerbrühe zufügen. Mit Salz und Pfeffer würzen.

4. Den Spinat putzen, waschen und tropfnass in einen Topf geben. Unter Rühren einige Minuten dünsten, bis der Spinat zusammengefallen ist. Den Spinat unter die Sahnesauce rühren und noch einmal aufkochen. Zu den Hähnchenbrüsten servieren.

Quinoa, auch Inkakorn oder Perureis genannt, war viele Jahrhunderte lang ein Grundnahrungsmittel in Lateinamerika. Die Körner enthalten besonders viel hochwertiges Eiweiß und überdurchschnittlich viel Kalzium und Eisen.

MEXIKO

Quinoa mit Paprika-Chili-Gemüse und gegrillter Chorizo

Zutaten für 6 Personen:

1,5 l Hühnerbrühe
400 g Quinoa
1 Zwiebel
4 Knoblauchzehen
2 rote Paprikaschoten
2 frische Poblano Chilischoten
2 EL Olivenöl
2 TL edelsüßes Paprikapulver
1 TL gemahlener Kreuzkümmel
Salz
frisch gemahlener Pfeffer
1 große oder 6 kleine Chorizo Würste

Zubereitung: ca. 50 Minuten

1. In einem Topf 1 Liter Hühnerbrühe aufkochen. Quinoa einrieseln lassen und bei mittlerer Hitze zugedeckt ca. 30 Minuten garen.

2. Die Zwiebel und den Knoblauch schälen. Zwiebel halbieren und in Scheiben schneiden, den Knoblauch hacken. Die Paprikaschoten und die Chilischoten halbieren, entkernen und in Streifen schneiden.

3. Das Olivenöl in der Pfanne erhitzen. Zwiebel und Knoblauch darin anschwitzen. Paprikaschoten und Chilischoten zugeben und anbraten. Die Gewürze einrühren und kurz anrösten. Die restliche Hühnerbrühe angießen und etwa 15 Minuten einkochen lassen. Mit Salz und Pfeffer würzen.

4. Die Würste unter dem heißen Grill ca. 10 Minuten braun braten. Quinoa und Würstchen auf Tellern anrichten und mit der Gemüsemischung belegen.

Schweinefleisch ist in ganz Mexiko sehr beliebt. Es ist die Basis von gehaltvollen Eintöpfen und herzhaften Ragouts. Vom Schwein wird fast alles verwertet, sogar die Schwarte. Kross gebraten wird sie als Imbiss oder Snack gereicht.

MEXIKO

Pikantes Schweinefleischragout mit Jalapeno Chilischoten

Zutaten für 4 Personen:

400 g Baumtomaten
1 kg Schweineschulter
2 kleine Zwiebeln
2 Knoblauchzehen
2 frische Jalapeno Chilischoten
1 grüne Paprikaschote
3 EL Pflanzenöl
1 TL Salz
Pfeffer
1 EL Mehl
1/2 l Hühnerbrühe
1 TL getrockneter Oregano
1 TL gemahlener Kreuzkümmel
1 EL zerstoßene Koriandersamen, eingeweicht
1 Lorbeerblatt
1 EL fein gehackter Koriander

Zubereitung: ca. 35 Minuten
Schmoren: ca. 2 Stunden

1. Baumtomaten schälen und unter dem heißen Grill rösten, bis sie braun werden. Dann abkühlen lassen, halbieren, entkernen und hacken.

2. Das Fleisch waschen, trockentupfen und in 3 cm große Würfel schneiden. Die Zwiebeln und den Knoblauch schälen und würfeln. Die Chilischoten und die Paprikaschote längs halbieren, entkernen und in feine Würfel schneiden.

3. Das Öl in einer Pfanne erhitzen und die Fleischwürfel darin von allen Seiten gut anbraten. Mit Salz und Pfeffer würzen. Zwiebeln, Knoblauch, Chilischoten und Paprikaschote zufügen und einige Minuten anschwitzen. Das Mehl darüberstäuben und kurz anrösten. Die Hühnerbrühe angießen.

4. Die Baumtomaten und die Gewürze bis auf den Koriander dazugeben. Ragout einmal aufkochen und zugedeckt bei kleiner Hitze ca. 1 Stunde köcheln lassen.

5. Das Ragout mit Salz und Pfeffer abschmecken. Vor dem Servieren mit dem Koriander bestreuen.

Dieses Gericht ist nach der Hacienda Canamelar in der Nähe von Jalapa im Bundesstaat Veracruz benannt. Es ist ein schmackhaftes Beispiel für die echte mexikanische Küche und wird meist mit Reis und einer scharfen Salsa serviert.

Marinierte Schweinelende Canamelar aus dem Ofen

Zutaten für 6 Personen:

6 mexikanische getrocknete Chilischoten
1 kg Schweinelende
4 Knoblauchzehen
1/4 l Obstessig
150 ml Olivenöl
400 ml Ananassaft (Dose)
Salz
frisch gemahlener Pfeffer

Zubereitung: ca. 2 Stunden
Braten: ca. 2 Stunden

1. Die Chilischoten waschen, trockentupfen, längs einschneiden und entkernen. Eine gusseiserne Pfanne stark erhitzen und die Chilischoten hineinlegen. Von allen Seiten kurz anrösten. Aus der Pfanne heben, in eine Schale legen und mit heißem Wasser bedecken. 20 Minuten ziehen lassen, dann abgießen.

2. Das sichtbare Fett und die Haut vom Fleisch entfernen. Das Fleisch waschen, trockentupfen und in eine feuerfeste Form legen. Den Knoblauch schälen und grob hacken. Mit den Chilischoten, Obstessig, Öl, Ananassaft, Salz und Pfeffer im Mixer glatt pürieren. Marinade über das Fleisch verteilen und leicht einmassieren. Fleisch bei Zimmertemperatur 1 Stunde durchziehen lassen, nach der Hälfte der Zeit in der Marinade wenden.

3. Den Backofen auf 180 Grad vorheizen. Fleisch in der Marinade 1 Stunde im heißen Ofen braten. Anschließend aus dem Ofen nehmen und im Bratfond abkühlen lassen. Fleisch mit der Aufschnittmaschine in möglichst dünne Scheiben schneiden.

4. Fleischscheiben in die Saftpfanne legen und weitere 25–30 Minuten im heißen Ofen knusprig braten.

Baumtomaten, auch Tamarillos genannt, sind bis zu 9 Zentimeter lange, länglich-eiförmige, meist rote Früchte, die an beiden Enden spitz zulaufen. Ihr Fruchtfleisch schmeckt angenehm herb-süß und sehr aromatisch.

MEXIKO

Tangerinensorbet mit Baumtomaten in Sirup

Zutaten für 4 Personen:

Für das Sorbet:
abgeriebene Schale von 1 unbehandelten Tangerine
400 ml Tangerinensaft
60 ml Zitronensaft
160 g Zucker
30 ml Maissirup

Für die Baumtomaten:
8 Baumtomaten
275 g Zucker
200 ml Maracujanektar

Zubereitung: ca. 25 Minuten
Kühlen: ca. 1 Stunde

1. Alle Zutaten für das Sorbet miteinander verrühren und in einer Eismaschine gefrieren.

2. Die Baumtomaten 1 Minute in kochendem Wasser blanchieren, in Eiswasser abkühlen lassen und die Haut abziehen.

3. Den Zucker mit 200 ml Wasser und dem Maracujanektar aufkochen. Baumtomaten einlegen und zugedeckt 15 Minuten köcheln lassen.

4. Die Baumtomaten aus dem Topf heben, in eine Schüssel legen und mit dem Sirup übergießen. Im Kühlschrank 1 Stunde ziehen lassen.

5. Jeweils 2 Baumtomaten halbieren und mit der Schnittseite nach unten auf einen Dessertteller legen. Das Sorbet mit dem Stabmixer aufmixen, mit einem -Eisportionierer Kugeln formen, diese auf die Dessertteller geben und sofort servieren.

Die Küche von Belize ist von kreolischen, karibischen und britischen Einflüssen geprägt. Aus der Kolonialzeit stammt dieses Rezept der auch in England beliebten Fleischpastete, die in Belize mit Mais und Chilischoten eingebürgert wurde.

BELIZE

Würzige Fleischpastete mit Käse und geröstetem Mais

Zutaten für 4 Personen:

250 g Mehl und
Mehl zum Bearbeiten
125 g Butter und
Butter für die Form
3 Eier
Salz
1 Zwiebel
2 frische grüne Chilischoten
100 g gekochter Mais
1 EL Öl
500 g Rinderhackfleisch
100 g geriebener Käse, z.B. Gouda

Zubereitung: ca. 80 Minuten
Backen: ca. 90 Minuten

1. Das Mehl auf eine Arbeitsfläche sieben und in die Mitte eine Mulde drücken. Die Butter in Stückchen, 1 Ei, 3 Esslöffel Wasser und 1 Teelöffel Salz hineingeben und alles zu einem glatten Teig verkneten. Den Teig abgedeckt 1 Stunde im Kühlschrank ruhen lassen.

2. Die Zwiebel schälen, die Chilischoten längs halbieren. Zwiebel und Chilischoten fein hacken. Den Mais im heißen Öl goldbraun anrösten. Zwiebel und Chilischoten zufügen und kurz andünsten. Vom Herd nehmen und abkühlen lassen.

3. Das Hackfleisch mit der Maismischung, den restlichen Eiern und dem Käse vermischen. Mit Salz und Pfeffer würzen. Den Backofen auf 150 Grad vorheizen.

4. Teig auf einer bemehlten Fläche ausrollen. Kastenform mit Butter ausfetten und mit dem Teig auslegen. Teig am Rand so hochziehen, dass er über die Form hängt. Fleischmasse einfüllen, Teig darüberklappen. Mit dem restlichen Teig belegen. Ränder zusammendrücken. In der Mitte des Teigs ein Loch ausschneiden.

5. Pastete im heißen Ofen ca. 90 Minuten backen. Aus der Form stürzen. Lauwarm oder kalt servieren.

Das Nationalgericht von Belize ist „Reis und Bohnen". Diese beiden Grundzutaten werden in vielen Variationen zubereitet und gewürzt. Besonders schmackhaft ist diese Version mit Kokosmilch und herzhaftem Räucherspeck.

BELIZE

Pinto-Bohnen und Reis in Kokosmilch mit Speck

Zutaten für 6 Personen:

500 g getrocknete Pinto-Bohnen
300 g geräucherter Bauchspeck
2 Zwiebeln
3 Knoblauchzehen
2 EL Schmalz
200 ml Kokosmilch
200 g gekochter Reis
1 TL getrockneter Thymian
frisch gemahlener Pfeffer
Salz

Vorbereitung: ca. 12 Stunden
Zubereitung: ca. 1 Stunde

1. Die Bohnen über Nacht mit Wasser bedeckt quellen lassen. Am nächsten Tag abgießen, mit kaltem Wasser abbrausen und mit 1 Liter Wasser in einen Topf geben. Den Speck einlegen. Zum Kochen bringen und zugedeckt bei mittlerer Hitze 20 Minuten köcheln lassen.

2. Die Zwiebeln und den Knoblauch schälen und in kleine Würfel schneiden. Schmalz in einer Pfanne erhitzen, Zwiebeln und Knoblauch darin goldgelb braten. Mit dem Schmalz unter die Bohnen rühren und weitere 20 Minuten köcheln.

3. Den Speck aus den Bohnen nehmen und ohne Schwarte in mundgerechte Würfel schneiden. Zurück zu den Bohnen geben, die Kokosmilch und 1/8 Liter Wasser angießen. Zum Kochen bringen und den Reis untermischen. Mit Thymian und Pfeffer würzen. Zugedeckt bei kleiner Hitze so lange köcheln lassen, bis der Reis gar ist. Eventuell noch etwas Wasser zufügen. Vor dem Servieren mit Salz und Pfeffer abschmecken.

Rund ein Drittel der Einwohner Belizes sind Kreolen, Nachfahren der frühen englischen Siedler und afrikanischer Sklaven, die von Jamaika auf das Festland kamen. Neben Englisch, der Amtssprache, ist Kreolisch die am weitesten verbreitete Sprache im Land.

BELIZE

Kreolisches Fischragout mit Tomaten und Knoblauch

Zutaten für 4 Personen:

1 kg Rotbarschfilet
4 Zwiebeln
6 Tomaten
4 Knoblauchzehen
1 kleines Stück Ingwer
5 frische grüne Chilischoten
1 EL grobes Meersalz
100 ml Öl
1 TL gemahlene Kurkuma
200 ml Fischfond
1 EL fein gehackte Petersilie

Zubereitung: ca. 25 Minuten

1. Den Fisch waschen, trockentupfen und in ca. 4 cm breite Streifen schneiden. Die Zwiebeln schälen, halbieren und in dünne Scheiben schneiden. Die Tomaten häuten, vierteln, entkernen und würfeln.

2. Den Knoblauch schälen und grob hacken. Den Ingwer schälen und fein reiben. Die Chilischoten längs halbieren, entkernen und hacken. Knoblauch, Ingwer und Chilischoten im Mörser mit dem Meersalz musig zermahlen.

3. Das Öl in einer tiefen Pfanne erhitzen und die Zwiebeln darin goldbraun anbraten. Knoblauch-Chili-Paste einrühren und kurz anrösten. Tomaten und Kurkuma zufügen und etwas köcheln lassen.

4. Den Fischfond angießen und zum Kochen bringen. Den Fisch einlegen und zugedeckt 5–6 Minuten gar ziehen lassen. Mit der Petersilie überstreuen, vom Herd nehmen und noch 2 Minuten ziehen lassen. Danach in eine vorgewärmte Servierschüssel umfüllen.

Belize ist ein kleines fruchtbares Land mit tropischem Klima. Viele der knapp 300.000 Einwohner arbeiten in der Landwirtschaft. Zu den wichtigsten Exportartikeln gehören Süßkartoffeln, Bananen, Zitrusfrüchte und Zucker.

BELIZE

Süßkartoffelauflauf mit Vanillemark und Rosinen

Zutaten für 12 Stücke:

1 kg Süßkartoffeln
1 großes Stück Ingwer
200 g Rosinen
200 g brauner Vollrohrzucker
Mark von 2 Vanilleschoten
frisch geriebene Muskatnuss
1/2 l Milch
1/2 l Kokosmilch
2 EL flüssige Butter und
Butter für die Form

Außerdem:
1 Auflaufform, ca. 25 x 35 cm

Zubereitung: ca. 15 Minuten
Backen: ca. 1 Stunde

1. Den Backofen auf 225 Grad vorheizen. Die Süßkartoffeln waschen, schälen und auf einer Gemüsereibe grob reiben. Den Ingwer schälen und fein reiben.

2. Süßkartoffeln und Ingwer mit den Rosinen, dem Zucker, dem Vanillemark und der Muskatnuss gut vermischen. Die Milch, die Kokosmilch und die Butter unterrühren.

3. Die Auflaufform mit Butter ausfetten und die Süßkartoffelmasse einfüllen. Die Oberfläche glatt streichen. In den heißen Ofen auf die untere Schiene stellen und 30 Minuten backen. Danach die Temperatur auf 175 Grad reduzieren und den Auflauf auf die obere Schiene des Ofens stellen. Weitere 30 Minuten backen, bis der Auflauf goldbraun ist. Garprobe machen: Mit einem sauberen Spieß in die Mitte des Auflaufs stechen und den Spieß wieder herausziehen. Falls etwas Teig daran klebt, den Auflauf weiterbacken.

4. Süßkartoffelauflauf in der Form heiß oder lauwarm servieren.

Die Babaco ist eine sehr vitaminreiche Frucht, die ursprünglich aus Ecuador stammt. Sie ist 20–30 cm lang, leuchtend gelb und kann bis zu 1,5 Kilogramm wiegen. Babaco ist sehr saftig, schmeckt leicht säuerlich und wird mit Schale gegessen.

BELIZE

Babacokompott mit Mango und Ananas in Honigsauce

Zutaten für 4 Personen:

Zubereitung: ca. 30 Minuten
Kühlen: ca. 1 Stunde

1 Babyananas
1 reife Mango
1 mittelgroße Babaco
200 g Kapstachelbeeren
1/4 l Orangensaft
1/4 l Maracujasaft
Saft von 2 Limetten
3 EL flüssiger Honig
2 EL Speisestärke
4 EL Crème double

1. Die Ananas schälen und würfeln. Die Mango schälen, das Fruchtfleisch vom Stein schneiden und ebenfalls würfeln. Die Babaco waschen, trockentupfen und in Scheiben schneiden. Die Kapstachelbeeren aus den Blatthüllen lösen. Alles in eine Schüssel geben.

2. Orangen-, Maracuja- und Limettensaft mit dem Honig aufkochen. Die Speisestärke mit etwas Wasser verquirlen und unter die Honigsauce rühren. Einmal aufkochen lassen, dann vom Herd nehmen und über das Obst gießen. Vorsichtig untermischen. Das Kompott auskühlen lassen, dabei gelegentlich umrühren. Abgedeckt 1 Stunde im Kühlschrank ziehen lassen.

3. Das Kompott in 4 Glasschalen verteilen und jeweils 1 Esslöffel Crème double in die Mitte geben.

Costa Rica hat auch den Beinamen „die Schweiz Mittelamerikas". Die Küche ist ein Schmelztiegel der verschiedensten kulturellen Einflüsse, wie diese Suppe aus Maniok, Kartoffeln, Chayote und Tapiokamehl zeigt.

COSTA RICA

Möhren-Kartoffel-Suppe mit Milch und Eierkuchen

Zutaten für 4 Personen:

2 mittelgroße Kartoffeln
250 g Maniok
2 Möhren
1 mittelgroße Chayote
1 TL Achiote-Paste
Salz
2 Süßkartoffeln
3 EL Tapiokamehl
3/4 l Milch
frisch gemahlener Pfeffer
4 Eier
1 EL Butter

Zubereitung: ca. 50 Minuten

1. Die Kartoffeln, den Maniok, die Möhren und die Chayote schälen und in kleine Würfel oder Scheiben schneiden. In einen Topf geben, 1/4 Liter Wasser angießen, die Achiote-Paste einrühren und 1 Teelöffel Salz hinzufügen. Zum Kochen bringen und 10 Minuten zugedeckt garen.

2. Die Süßkartoffeln schälen und klein würfeln. Zum Gemüse geben und weitere 10–15 Minuten köcheln lassen, bis das Gemüse weich ist.

3. Das Tapiokamehl mit der Milch verquirlen. Zum Gemüse gießen und unter Rühren aufkochen. So lange köcheln lassen, bis die Suppe gebunden ist. Suppe mit Salz und Pfeffer abschmecken.

4. Die Eier mit Salz und Pfeffer verquirlen. Die Butter in einer kleinen Pfanne zerlassen. Nacheinander 4 kleine Eierkuchen backen. Eierkuchen in Streifen schneiden und in die Suppe geben.

COSTA RICA

Chayotensalat Puntarenas mit Hüttenkäse und Zwiebeln

Zubereitung: ca. 30 Minuten
Zutaten für 4 Personen:

3 mittelgroße Chayoten
1 Batavia-Salat
2 Tomaten
4 EL Öl
2 EL Weinessig
Salz
frisch gemahlener Pfeffer
200 g Hüttenkäse

1. Die Chayoten im Ganzen ca. 20 Minuten in kochendem Wasser garen. Danach aus dem Wasser heben, unter kaltem Wasser abschrecken und etwas abkühlen lassen. Chayoten schälen, halbieren, den Stein entfernen und das Fruchtfleisch in Spalten schneiden.

2. Den Salat putzen, waschen, trockenschleudern und in mundgerechte Stücke zupfen. Tomaten waschen, halbieren und in Spalten schneiden. Salat und Tomaten in eine Schüssel geben.

3. Aus Öl, Essig, Salz und Pfeffer ein Dressing anrühren und über den Salat geben. Salat auf 4 Teller verteilen. Chayotenspalten mit Hüttenkäse darauf anrichten.

COSTA RICA

Pazifischer Grünkohlsalat mit Thunfisch in Limettendressing

Zubereitung: ca. 30 Minuten
Zutaten für 4 Personen:

1 kleiner Grünkohl
Salz
250 g Thunfisch, in Öl eingelegt
Saft von 4 Limetten
4 EL Olivenöl
Salz
frisch gemahlener Pfeffer
1 weiße Zwiebel

1. Grünkohl putzen, den Strunk und die harten Blattrippen entfernen und die Blätter in möglichst dünne Streifen schneiden.

2. Reichlich Salzwasser zum Kochen bringen. Grünkohl darin 3–4 Minuten blanchieren. Mit einem Schaumlöffel herausheben und in Eiswasser abkühlen lassen. Dann gut abtropfen lassen.

3. Thunfisch abgießen, dabei das Öl auffangen. Öl mit Limettensaft, Olivenöl, Salz und Pfeffer verrühren. Das Dressing über den Grünkohl geben, gut vermischen. Salat in eine Schüssel füllen und den Thunfisch darauf verteilen. Die Zwiebel schälen und in feine Scheiben schneiden. Salat mit den Zwiebelringen garnieren.

Die traditionelle costa-rikanische Küche besteht im Wesentlichen aus Reis, schwarzen oder roten Bohnen, Mais, Gemüse, Rindfleisch, Fisch oder Huhn. Das Nationalgericht „Gebratene Bohnen mit Eiern“ gibt es bereits zum Frühstück.

COSTA RICA

Gebratene rote Bohnen mit Reis und Rührei

Zutaten für 4 Personen:

Vorbereitung: ca. 12 Stunden
Zubereitung: ca. 70 Minuten

250 g getrocknete rote Bohnen
Salz
1 Zwiebel
1 rote Paprikaschote
1 grüne Paprikaschote
3 EL Öl
250 g gekochter Reis
frisch gemahlener Pfeffer
Worcestersauce
1 EL fein gehackter Koriander
6 Eier
1 EL Butter

1. Die Bohnen über Nacht mit Wasser bedeckt quellen lassen. Am nächsten Tag mit dem Einweichwasser zum Kochen bringen und bei kleiner Hitze zugedeckt ca.1 Stunde garen. Kurz vor Ende der Garzeit salzen.

2. Die Zwiebel schälen, halbieren und in dünne Scheiben schneiden. Die Paprikaschoten halbieren, entkernen und in möglichst kleine Würfel schneiden.

3. Das Öl in einer tiefen Pfanne erhitzen. Zwiebel und Paprikaschoten darin andünsten. Den Reis untermischen und anbraten. Die gekochten Bohnen mit etwas Kochsud zufügen und bei großer Hitze scharf anbraten. Mit Salz, Pfeffer und Worcestersauce abschmecken und vom Herd nehmen. In eine Schüssel füllen und mit dem Koriander bestreuen.

4. Die Butter in einer Pfanne zerlassen und die verquirlten Eier hineingeben. Bei kleiner Hitze stocken lassen, dabei gelegentlich mit einem Holzlöffel umrühren. Eier mit Salz und Pfeffer würzen und in eine Servierschüssel umfüllen.

Die ökologische Landwirtschaft gewinnt in Costa Rica immer mehr an Bedeutung. Unter anderem werden hier ganzjährig Brombeeren angebaut, die sowohl als frische Früchte wie auch als Brombeerfruchtfleisch exportiert werden.

COSTA RICA

Gebratene Schweinelende in Brombeersauce mit Rotwein

Zutaten für 6 Personen:

1,5 kg Schweinelende am Stück
3 Knoblauchzehen
Salz
frisch gemahlener Pfeffer
400 g Brombeerfruchtfleisch (Fertigprodukt)
200 ml Rotwein
1/2 l Fleischbrühe
3 EL Zucker

Vorbereitung: ca. 1 Stunde
Zubereitung: ca. 80 Minuten

1. Das Fleisch waschen, von sichtbarem Fett und Haut befreien und trockentupfen. Den Knoblauch schälen und in einem Mörser mit 1 Teelöffel Salz und Pfeffer musig zermahlen. Das Fleisch mit der Paste einstreichen, in einen Bräter legen und und ca. 50 Minuten bei Zimmertemperatur ziehen lassen.

2. Den Backofen auf 200 Grad vorheizen. Fleisch in den heißen Ofen stellen und 15 Minuten braten. Dann die Temperatur auf 175 Grad reduzieren.

3. Das Brombeerfruchtfleisch mit dem Rotwein und der Fleischbrühe aufkochen, den Zucker einrühren. Die Hälfte der Sauce über das Fleisch gießen. Eine weitere Stunde im Ofen braten, dabei nach und nach mit der restlichen Sauce übergießen.

4. Fleisch aus dem Bräter heben und vor dem Anschneiden einige Minuten ruhen lassen. Inzwischen die Sauce in einen Topf abseihen, etwas einkochen, dann mit Salz, Zucker und Pfeffer abschmecken. Die Schweinelende in gleichmäßige Scheiben schneiden und in der Sauce servieren.

Die Küche Panamas ist für den europäischen Geschmack sehr bekömmlich und interessant. Neben den bekannten Fast-Food-Ketten gibt es hier eine ganze Reihe von guten einheimischen Lokalen und internationalen Restaurants.

PANAMA

Palmherzen auf Kopfsalatnestern in Mayonnaise

Zutaten für 4 Personen:

200 g Palmherzen (Dose)
4 EL Mayonnaise
Saft von 1 Limette
1 TL scharfer Senf
1 TL Zucker
Salz
frisch gemahlener Pfeffer
1 Kopfsalat
4 EL Öl
2 EL Weinessig
200 g Maiscracker

Zubereitung: ca. 15 Minuten

1. Die Palmherzen abtropfen lassen, dann zunächst in dicke Scheiben, anschließend in Würfel schneiden. Die Mayonnaise mit Limettensaft, Senf, Zucker, Salz und Pfeffer verrühren. Palmherzen untermischen und kurz in der Mayonnaise ziehen lassen.

2. Den Kopfsalat waschen und trockenschleudern. Die Blätter in möglichst dünne Streifen schneiden. Aus Öl, Essig, Salz und Pfeffer ein Dressing anrühren und unter den Kopfsalat mischen.

3. Aus den Kopfsalatstreifen auf 4 Tellern kleine Salatnester formen. Den Palmherzensalat in die Mitte der Salatnester verteilen. Mit den Maiscrackern servieren.

Panama ist ein Bindeglied zwischen Nord- und Südamerika. Es grenzt im Norden an die Karibik und im Süden an den Pazifischen Ozean und hat ein angenehmes tropisches Klima mit einer Durchschnittstemperatur von 27 Grad.

PANAMA

Avocadomousse mit Crème fraîche und Tomaten

Zutaten für 6 Personen:

Zubereitung: ca. 30 Minuten
Kühlen: ca. 4 Stunden

5 Blatt weiße Gelatine
1/4 l Gemüsebrühe
1 weiße Zwiebel
1 Knoblauchzehe
2 frische rote Chilischoten
3 reife Avocados
Saft von 2 Limetten
Salz
1 EL fein gehackte Petersilie
1 EL fein gehackter Koriander
250 g Crème fraîche
6 hart gekochte Eier
6 Tomaten

1. Gelatine 10 Minuten in kaltem Wasser einweichen. Die Gemüsebrühe erhitzen und die ausgedrückte Gelatine darin auflösen. Vom Herd nehmen, etwas abkühlen lassen.

2. Die Zwiebel und den Knoblauch schälen und sehr fein hacken. Die Chilischoten längs halbieren, entkernen und fein hacken. Die Avocados schälen, halbieren und den Kern entfernen. Avocados würfeln, in eine Schüssel geben, mit dem Limettensaft übergießen und mit einer Gabel zerdrücken. Salzen, Petersilie und Koriander untermischen. Die Avocadocreme mit dem Stabmixer pürieren.

3. Die Crème fraîche und die Gemüsebrühe unter das Avocadopüree rühren. Die Mousse in 6 kleine Förmchen füllen. Mit Frischhaltefolie abdecken und 4 Stunden im Kühlschrank fest werden lassen.

4. Die harten Eier schälen und in Scheiben schneiden. Die Tomaten waschen und ebenfalls in Scheiben schneiden. Die Mousseförmchen kurz in heißes Wasser tauchen, dann auf 6 Dessertteller stürzen. Mit Ei- und Tomatenscheiben garnieren.

Die panamesische Landschaft ist sehr abwechslungsreich. Regenwald wechselt sich ab mit großen Savannen, sanften Hügeln und traumhaften Sandstränden an zwei Ozeanen. Auch die Küche bietet viel schmackhafte Abwechslung.

PANAMA

Mariniertes gekochtes Gemüse in Tomatensauce

Zutaten für 4 Personen:

500 g Möhren
1 kleiner Blumenkohl
250 g Zuckerschoten
Salz
500 g Tomaten
3 große Zwiebeln
3 Knoblauchzehen
200 ml Olivenöl
1 TL edelsüßes Paprikapulver
200 ml Weinessig
3 Lorbeerblätter
1 Salatgurke

Zubereitung: ca. 1 Stunde
Marinieren: ca. 12 Stunden

1. Die Möhren schälen und in Scheiben schneiden. Den Blumenkohl putzen und in Röschen zerteilen. Die Zuckerschoten waschen. Das Gemüse nacheinander in kochendem Salzwasser bissfest blanchieren. Mit dem Schaumlöffel aus dem Wasser heben und in Eiswasser abkühlen lassen. Gemüse gut abtropfen lassen.

2. Die Tomaten häuten, vierteln, entkernen und grob hacken. Die Zwiebeln und den Knoblauch schälen. Zwiebeln halbieren und in dünne Scheiben schneiden, Knoblauch in Stifte schneiden.

3. Das Olivenöl in einer Pfanne erhitzen, Zwiebeln und Knoblauch darin goldgelb rösten. Das Paprikapulver und die Tomaten zufügen, den Essig und 1/8 Liter Wasser angießen, die Lorbeerblätter einlegen. 20 Minuten bei kleiner Hitze köcheln lassen.

4. Die Gurke schälen, längs halbieren und die Kerne mit einem Löffel herauskratzen. Gurke in dünne Scheiben schneiden. Mit dem restlichen Gemüse in eine Schüssel geben. Die Tomatensauce darübergeben und vorsichtig unterheben. Abkühlen lassen. Zugedeckt im Kühlschrank über Nacht ziehen lassen. 15 Minuten vor dem Servieren aus dem Kühlschrank nehmen.

Wer die vielfältige Küche Panamas kennen lernen will, sollte unbedingt neben Ceviche, einem Cocktail aus roher Meerkrabbe, und dem Nationalgericht Sancocho de Galina (Hühnerfleischsuppe) auch diesen leckeren Maisauflauf probieren.

PANAMA

Panamesischer Maisauflauf mit Putenbrust und Paprika

Zutaten für 4 Personen:

600 g Putenbrust
1 Stück Ingwer
2 Knoblauchzehen
Salz
2 EL Öl
1 rote Paprikaschote
1 grüne Paprikaschote
700 g gekochter Mais (Dose)
200 g süße Sahne
3 Eier, getrennt
1 EL Zucker
200 g geriebener Cheddar

Zubereitung: ca. 1 Stunde

1. Den Backofen auf 180 Grad vorheizen. Die Putenbrust waschen und trockentupfen. Den Ingwer schälen und fein reiben. Knoblauch schälen und fein hacken. Ingwer und Knoblauch mit 1 Teelöffel Salz im Mörser musig zermahlen und die Putenbrust damit einreiben.

2. Ein großes Stück Alufolie mit Öl einstreichen und die Putenbrust darauflegen. Die Folie über dem Fleisch locker verschließen und die Putenbrust im heißen Ofen ca. 20 Minuten garen. Danach in Streifen schneiden.

3. Die Paprikaschoten halbieren, entkernen und in möglichst kleine Würfel schneiden. Den abgetropften Mais mit der Sahne, dem Eigelb und dem Zucker mischen. Das Putenfleisch und die Hälfte des Käses zufügen.

4. Das Eiweiß steif schlagen und zu zwei Dritteln unter die Masse heben. Das restliche Eiweiß mit dem übrigen Käse vermischen.

5. Eine feuerfeste Form mit dem restlichen Öl ausfetten. Die Maismischung in die Form füllen und die Oberfläche glatt streichen. Die Eischnee-Käse-Mischung daraufgeben. Im heißen Ofen ca. 40 Minuten goldbraun überbacken.

Die Haupteinnahmequelle Panamas ist der Panamakanal mit seinen spektakulären Schleusen, der oft auch als das 8. Weltwunder bezeichnet wird. Er verbindet die Karibik mit dem Pazifik und soll bald ausgebaut werden.

PANAMA

Schwimmende Inseln in Vanillesauce mit Limettenzesten

Zutaten für 4 Personen:

1 Vanilleschote
700 ml Milch
4 Eier, getrennt
100 g brauner Zucker
4 EL Puderzucker
1 unbehandelte Limette

Zubereitung: ca. 30 Minuten
Kühlen: ca. 1 Stunde

1. Die Vanilleschote der Länge nach aufschlitzen und das Mark herauskratzen. Vanilleschote und Mark in der Milch langsam erhitzen. Einmal aufkochen lassen, danach vom Herd nehmen und etwas abkühlen lassen. Die Vanilleschote entfernen.

2. Eigelb in eine Schüssel geben und mit dem Zucker cremig verrühren. Die Vanillemilch dazugießen. Die Creme zurück in den Topf schütten und unter Rühren erhitzen, bis die Sauce dicklich wird. Sie darf nicht mehr kochen.

3. Die Vanillesauce durch ein Haarsieb abgießen und abgedeckt 1 Stunde im Kühlschrank erkalten lassen.

4. Das Eiweiß mit dem Puderzucker sehr steif schlagen. In einem weiten Topf 2 Liter Wasser zum Kochen bringen. Eiweiß mit 2 Esslöffeln zu Nocken abstechen und ins köchelnde Wasser gleiten lassen. Nach 3–4 Minuten herausheben und abtropfen lassen.

5. Die Vanillesauce in flache Dessertschalen verteilen und die Eischneenocken darauf setzen. Mit dem Zestenreißer dünne Schalenstreifen von der Limette abziehen und über die Eischneenocken verteilen.

Wie in allen lateinamerikanischen Andenregionen ist auch in Argentinien die Kartoffel eine beliebte Beilage. Kein Wunder, denn ursprünglich stammt die nahrhafte Knolle aus dieser Gegend. Von hier aus begann ihr Siegeszug um die Welt.

ARGENTINIEN

Argentinischer Kartoffelsalat mit cremigem Dressing

Zutaten für 4 Personen:

1 kg festkochende Kartoffeln
Salz
1 Knoblauchzehe
1 frische Chilischote (Aji)
3 EL Schweineschmalz
2 EL gemahlene Kurkuma
1/2 TL getrockneter Oregano
1/2 l Milch
1 EL Butter

Vorbereitung: ca. 45 Minuten
Zubereitung: ca. 30 Minuten

1. Kartoffeln waschen und in der Schale in Salzwasser garen. Abgießen und ausdampfen lassen. Die Kartoffeln schälen und in große Würfel schneiden.

2. Den Knoblauch schälen und klein würfeln. Die Chilischote längs halbieren, entkernen und klein hacken.

3. Die Milch in einem Topf erwärmen. Das Schmalz in einer Pfanne erhitzen und den Knoblauch darin anbraten. Salz, Chilischote, Kurkuma und Oregano zufügen und unterrühren. Die heiße Milch nach und nach angießen und köcheln lassen, bis eine cremige Sauce entsteht.

4. Die Butter in die Sauce rühren und die Kartoffeln hinzufügen. 10 Minuten bei kleiner Hitze darin ziehen lassen. In eine Servierschüssel umfüllen und etwas abkühlen lassen. Lauwarm servieren.

ARGENTINIEN

Chilischarfe Chimichurri-Sauce in der Flasche gereift

Zubereitung: ca. 25 Minuten
Reifen: ca. 1 Woche
Zutaten für 4 Personen:

8 getrocknete Chilischoten
10 Knoblauchzehen
1 EL Meersalz
1 kleines Bund Petersilie
75 ml Weinessig
75 ml Öl

1. Die Chilischoten mit den Kernen hacken. Den Knoblauch schälen und würfeln. Beides mit dem Salz in einem Mörser zu einer musigen Paste zermahlen. In eine Schüssel geben.

2. Die Petersilie waschen, trockenschütteln und die Blätter fein hacken. Unter die Chilischotenpaste mischen.

3. Den Essig mit 75 ml Wasser aufkochen und über die Gewürze gießen. Das Öl unterrühren. Die Sauce in eine saubere Flasche umfüllen, gut verschließen und 1 Woche an einem dunklen, kühlen Ort reifen lassen.

ARGENTINIEN

Kreolische Würzsauce mit Tomaten und Zwiebeln

Zubereitung: ca. 1 Stunde
Abkühlen: ca. 1 Stunde
Zutaten für 4 Personen:

200 g reife Tomaten
1 kleine Stange Lauch
2 weiße Zwiebeln
3 Knoblauchzehen
60 g Olivenöl
1/2 TL gemahlener Kümmel
1/2 TL gemahlener Koriander
1/2 TL getrockneter Oregano
2 EL Tomatenmark
1 EL Meersalz

1. Die Tomaten häuten, vierteln, entkernen und grob hacken. Den Lauch putzen, waschen und mit einem Teil des Grüns in feine Ringe schneiden.

2. Zwiebeln und Knoblauch schälen und klein würfeln. Das Olivenöl in einer Pfanne erhitzen, Zwiebeln und Knoblauch darin anbraten. Kümmel, Koriander und Oregano einrühren, kurz anrösten und mit 1/8 Liter Wasser ablöschen.

3. Tomatenmark einrühren, Lauch und Tomaten zufügen. Salzen und ca. 30 Minuten bei kleiner Hitze zu einer dickflüssigen Sauce einkochen lassen. Sauce in eine saubere Flasche umfüllen, verschließen und abkühlen lassen. Angebrochene Flasche im Kühlschrank aufbewahren.

Auch wenn Argentinien als Paradies für Fleischliebhaber gilt, so hat die heimische Küche doch auch für Vegetarier einiges zu bieten. Salate, Nudeln mit einer Vielfalt an Saucen und Käsegerichte werden in vielen Restaurants angeboten.

ARGENTINIEN

Geschichteter Mais-Käse-Auflauf aus dem Backofen

Zutaten für 8 Personen:

Vorbereitung: ca. 45 Minuten
Backen: ca. 1 Stunde

200 ml Öl
3 große Zwiebeln
1 kg Maismehl
1 TL Backpulver
Salz
1 EL weiche Butter
3/4 l Milch
7 Eier
Öl für die Form
500 g Butterkäse, in Scheiben geschnitten
1 Eigelb
2 EL süße Sahne

1. Zwiebeln schälen und in dünne Scheiben schneiden. Öl in einer Pfanne erhitzen und die Zwiebeln darin goldbraun anbraten. Erkalten lassen.

2. In einer Schüssel Maismehl, Backpulver und Salz vermischen. Mit Butter, Milch und Eiern zu einem glatten Teig rühren und die Zwiebeln unterheben. Die Eier verquirlen und unter den Teig rühren.

3. Backofen auf 175 Grad vorheizen. Eine ofenfeste Form mit Öl ausstreichen und mit Mehl bestreuen. 1/4 der Masse einfüllen, glatt streichen und mit Käsescheiben belegen. Darauf wieder etwas Masse füllen, mit Käse belegen und so fortfahren, bis alles verbraucht ist. Eigelb mit Sahne verquirlen und über den Auflauf gießen. Die Form in die Mitte des Backofens stellen und 1 Stunde im Ofen backen. In der Form servieren.

Fleisch zählt in Argentinien wie Mehl und Eier zu den Grundnahrungsmitteln und ist auch entsprechend preiswert. Die Fleischportionen sind dementsprechend groß. Neben Rindfleisch wird auch gerne Schweinefleisch gegessen.

ARGENTINIEN

Ländlicher Fleischeintopf mit Chorizos und Kürbis

Zutaten für 6 Personen:

400 g getrocknete Maiskörner
150 g geräucherter Speck mit Schwarte
1 Schweinefuß
1 Schweineschwanz
500 g Schweinenacken
3 Chorizos, ersatzweise Paprika-Knoblauchwurst
1 Stange Lauch
250 g Kürbisfruchtfleisch
Salz
frisch gemahlener Pfeffer
4 Frühlingszwiebeln
1 EL Kümmel
1 EL Kreuzkümmel
1 EL Schweineschmalz
2 EL edelsüßes Paprikapulver

Einweichen: ca. 12 Stunden
Zubereitung: ca. 2 Stunden

1. Die Maiskörner über Nacht in Wasser einweichen. Am nächsten Tag den Mais abgießen. Speck in Streifen schneiden. Schweinefuß und Schweineschwanz mit Mais und Speck in einen Topf geben und mit Wasser bedecken. 30 Minuten bei kleiner Hitze kochen lassen.

2. Restliches Fleisch dazugeben, 10 Minuten weiterkochen lassen. Abschäumen. Inzwischen die Würste in Scheiben schneiden. Lauch putzen und mit dem Kürbis in kleine Würfel schneiden. Alles zum Eintopf geben, mit Salz und Pfeffer würzen und ca. 1 Stunde kochen.

3. Sobald das Fleisch weich gekocht ist, herausnehmen und auf einer Servierplatte abgedeckt warm stellen. Schweinefuß zerteilen, Schweineschwanz entfernen.

4. Frühlingszwiebeln putzen und klein hacken. Kümmel und Kreuzkümmel in einem Mörser grob zerstoßen. Schweineschmalz in einer Pfanne erhitzen und die Frühlingszwiebeln anbraten. Gewürze zufügen und kurz anrösten. Mit 3 Esslöffeln Wasser ablöschen und in den Eintopf rühren. Mit Paprikapulver, Salz und Pfeffer abschmecken, in eine Servierschüssel umfüllen und zu dem Fleisch servieren.

Argentinien ist ein Schlaraffenland für Fleischesser. Neben dem Asado, dem argentinischen Barbecue, bei dem viele verschiedene Fleischteile gegrillt werden, legt man zwischendurch auch einfach nur Rindersteaks auf den Holzkohlengrill.

ARGENTINIEN

Gegrillte Rinderhüftsteaks Ranchero mit Salz und Pfeffer

Zutaten für 4 Personen:

4 Hüftsteaks, in 4 cm dicke Scheiben geschnitten
Öl für den Rost
grobes Meersalz
2 EL grob zerstoßene Pfefferkörner

Zubereitung: ca. 30 Minuten

1. Einen Holzkohlengrill anzünden. Das Fleisch waschen und trockentupfen. Den Grillrost mit Öl einpinseln.

2. Sobald der Holzkohlengrill sehr heiß ist, die Steaks auf den Rost legen und auf der höchsten Schiene langsam 15–20 Minuten grillen. Dabei das Fleisch mehrfach wenden, ohne das Fleisch einzustechen.

3. Vor dem Servieren die Steaks mit Salz und Pfeffer bestreuen.

Auch die italienischen Einwanderer haben die argentinischen Essgewohnheiten beeinflusst. Köstliche Auberginen, die rund um das Mittelmeer ein wesentlicher Bestandteil der Alltagsküche sind, werden heute auch in Argentinien gerne gegessen.

ARGENTINIEN

Gewürzte Auberginenscheiben vom Holzkohlengrill

Zutaten für 4 Personen:

3 kleine Auberginen
2 Knoblauchzehen
1 TL Salz
100 ml Olivenöl
1 EL rote Pfefferbeeren
1 TL getrockneter Oregano
1 TL getrockneter Thymian
1/2 TL edelsüßes Paprikapulver

Zubereitung: ca. 30 Minuten

1. Einen Holzkohlengrill anzünden. Auberginen waschen, trockentupfen und längs in 1 cm dicke Scheiben schneiden. Knoblauch schälen und mit 1 Teelöffel Salz im Mörser musig zermahlen. Öl hinzufügen und verrühren.

2. Pfefferbeeren in einem Mörser zerstoßen. Mit Oregano, Thymian und Paprikapulver vermischen.

3. Die Auberginenscheiben auf beiden Seiten mit dem Knoblauchöl bepinseln. Auf den Grillrost legen und auf einer Seite goldbraun grillen. Auberginen wenden, mit der Gewürzmischung bestreuen und fertiggrillen.

Matambre heißt sowohl das Fleischstück, ein magerer Schweinebauch, als auch das beliebte Gericht daraus. Es wird in ganz Argentinien sehr geschätzt. Langsam in Milch geschmort wird das Fleisch besonders zart.

ARGENTINIEN

Schweinerollbraten, in Milch gegart und pikant gefüllt

Zutaten für 6 Personen:

2 Möhren
10 Knoblauchzehen
1 große Zwiebel
1 Bund Petersilie
1,5 kg magerer Schweinebauch
Salz
1 EL weißer Essig
3 eingelegte Chilischoten (Aji)
1 l Milch

Vorbereitung: ca. 30 Minuten
Garen: ca. 90 Minuten

1. Die Möhren schälen und fein raspeln. Knoblauch und Zwiebel schälen und klein würfeln. Petersilie waschen, trockentupfen und die Blätter fein hacken.

2. Schweinebauch waschen, trockentupfen und mit der Fettseite nach unten auf einer Arbeitsfläche ausbreiten. Fleisch salzen, Möhren, Knoblauch, Zwiebel und Petersilie darauf verteilen und mit Essig beträufeln. Die Chilischoten darauflegen. Den Schweinebauch aufrollen und mit Küchengarn zu einem Rollbraten in Form binden.

3. Den Rollbraten in eine ofenfeste Form legen und mit der Milch begießen. Backofen auf 175 Grad schalten, den Braten in die Mitte des kalten Ofens schieben und ca. 90 Minuten backen, bis der Braten knusprig und die Milch fast vollständig eingekocht ist.

4. Den Braten aus dem Ofen nehmen und kurz ruhen lassen. Das Küchengarn entfernen, den Rollbraten in Scheiben schneiden und auf einer vorgewärmten Servierplatte anrichten.

Die Kombination von Fleisch und frischen Früchten ist auch in Argentinien beliebt. Zu diesem aromatischen Gulasch passt ein fruchtiger Rotwein aus Patagonien. Hier werden erst seit wenigen Jahren preisgekrönte Weine gekeltert.

ARGENTINIEN

Felippes Rindergulasch mit Früchten und Süßkartoffeln

Zutaten für 4 Personen:

500 g Rindfleisch (Hüfte)
2 Tomaten
1 Zwiebel
1 Knoblauchzehe
4 EL Öl
1/4 l Weißwein
2 Lorbeerblätter
Salz
frisch gemahlener Pfeffer
1 TL Zucker
500 g Maniok
500 g Süßkartoffeln
2 Frühlingszwiebeln
1 kleines Bund Petersilie
2 Nektarinen
4 Maracujas

Zubereitung: ca. 90 Minuten

1. Das Fleisch waschen, trockentupfen und in 3 cm große Würfel schneiden. Die Tomaten häuten, vierteln, entkernen und hacken. Zwiebel und Knoblauch schälen und klein würfen.

2. Das Öl in einem großen Schmortopf erhitzen und das Fleisch darin von allen Seiten anbraten. Zwiebel und Knoblauch dazugeben und goldbraun anrösten. Mit Wein und 1/4 Liter Wasser ablöschen. Tomaten, Lorbeerblätter, Salz, Pfeffer und Zucker zufügen und zugedeckt 30 Minuten bei kleiner Hitze kochen lassen.

3. Inzwischen Maniok und Süßkartoffeln schälen und klein würfeln. Die Frühlingszwiebeln putzen und klein hacken. Petersilie waschen, trockenschütteln und die Blätter fein hacken. Alles zum Fleisch geben und zugedeckt weitere 30 Minuten kochen.

4. Nektarinen schälen, halbieren, entkernen und das Fruchtfleisch in Spalten schneiden. Maracujas halbieren, Fruchtfleisch und Kerne mit einem Löffel herauslösen. Den Eintopf mit Salz und Pfeffer abschmecken, Nektarinen und Maracuja untermischen und in Servierschalen füllen.

Die Argentinier gehen gerne zum Essen aus. Neben der traditionellen Gaucho-Küche findet man in den zahlreichen Restaurants auch viele spanisch, deutsch, französisch, chinesisch, jüdisch und arabisch beeinflusste Gerichte.

ARGENTINIEN

Ochsenschwanzeintopf mit Kürbis und Queso Blanco

Zutaten für 6 Personen:

1,5 kg Ochsenschwanz, in Stücke geschnitten
2 große Zwiebeln
2 Knoblauchzehen
2 EL Butterschmalz
Salz
frisch gemahlener Pfeffer
1/2 l Fleischbrühe
500 g Kürbisfruchtfleisch
250 g Queso Blanco, ersatzweise Kuhmilchfeta

Vorbereitung: ca. 45 Minuten
Garen: ca. 150 Minuten

1. Ochsenschwanzstücke waschen und trockentupfen. Zwiebeln und Knoblauch schälen und klein würfeln. Butterschmalz in einem großen Schmortopf erhitzen und die Fleischstücke darin rundum anbraten.

2. Das Fleisch salzen und pfeffern. Zwiebeln und Knoblauch zufügen und anbraten. Mit der Brühe ablöschen und das Fleisch zugedeckt bei kleiner Hitze 2 Stunden köcheln lassen.

3. Das Kürbisfruchtfleisch raspeln. Die Fleischstücke aus dem Topf heben, die Schmorflüssigkeit durch ein Sieb in einen anderen Topf gießen. Ochsenschwanzfleisch vom Knochen lösen und klein schneiden. Mit den Kürbisraspeln in die Schmorflüssigkeit geben und weitere 30 Minuten köcheln lassen.

4. Den Käse in kleine Würfel schneiden. Eintopf mit Salz und Pfeffer abschmecken und in Servierschalen verteilen. Mit Käsewürfeln bestreuen und auftragen.

„Asado", wörtlich übersetzt „Grillen", ist mehr als nur eine Garmethode. Es ist geselliger Treffpunkt für Familie und Freunde. Während die Männer für das Fleisch zuständig sind, kümmern sich die Frauen um Salate und Dessert.

ARGENTINIEN

Christians Ochsenkoteletts vom Grill in Gewürzmarinade

Zutaten für 4 Personen:

10 getrocknete Chilischoten
10 Knoblauchzehen
1 EL Meersalz
1 kleines Bund Petersilie
75 ml Weinessig
4 EL Öl
4 Ochsenkoteletts à 400 g
Salz

Marinieren: 12 Stunde
Zubereitung: ca. 45 Minuten

1. Die Chilischoten mit den Kernen grob hacken. Den Knoblauch schälen und klein würfeln. Beides mit dem Salz in einem Mörser musig zermahlen. In eine Schüssel geben. Petersilie waschen, trockenschütteln, die Blätter fein hacken und unter die Knoblauchpaste mischen. Essig in einem Topf mit 75 ml Wasser aufkochen und über die Paste gießen. Das Öl unterrühren.

2. Die Ochsenkoteletts waschen und trockentupfen. Fleisch nebeneinander in eine Form legen und rundum mit der Gewürzpaste einstreichen. Mit Frischhaltefolie abdecken und im Kühlschrank über Nacht marinieren lassen.

3. Einen Holzkohlegrill anfeuern. Sobald die Glut sehr heiß ist, die Ochsenkoteletts auf den Rost legen und auf der höchsten Schiene langsam 15–20 Minuten grillen. Dabei das Fleisch mehrfach wenden, dabei aber nicht anstechen. Das Fleisch vor dem Servieren mit Salz bestreuen.

Argentiniens gemäßigtes Klima ist ideal für den Weinbau. Die Winzertradition geht auf die Spanier zurück. Das größte Anbaugebiet liegt in Mendoza, am Fuße der Anden. Neben Rotwein wird hier auch trockener Weißwein erzeugt.

ARGENTINIEN

Mariniertes Zickleinragout Latino style in Weißwein geschmort

Zutaten für 4 Personen:

1 kg Zickleinragout (Keule)
frisch gemahlener Pfeffer
1 große Zwiebel
3 Knoblauchzehen
je 1 kleiner Zweig Thymian und Oregano
3 Lorbeerblätter
3 EL Öl
80 g Butter
Salz
1/4 l trockener Weißwein

Marinieren: über Nacht
Zubereitung: ca. 1 Stunde

1. Das Fleisch waschen, trockentupfen und in Würfel schneiden. In eine Porzellanschüssel geben und mit Pfeffer würzen.

2. Zwiebel und Knoblauch schälen, Zwiebel in feine Ringe schneiden, Knoblauch klein würfeln. Thymian- und Oreganoblättchen von den Stängeln streifen. Alles mit den Lorbeerblättern zum Fleisch geben, mit Öl beträufeln, gut vermischen und abgedeckt über Nacht im Kühlschrank marinieren lassen.

3. Die Butter in einem Schmortopf erhitzen. Fleischwürfel mit der Marinade hineingeben, salzen und rundum bei mittlerer Hitze anbraten. Mit 1/8 Liter Wasser und dem Wein ablöschen. Den Schmortopf mit einem Deckel verschließen. Bei kleiner Hitze ca. 45 Minuten köcheln lassen, bis das Fleisch weich ist. Zum Servieren das Ragout in eine vorgewärmte Servierschüssel füllen.

Gutes Essen hat in Argentinien einen hohen Stellenwert. Täglich werden drei bis vier Mahlzeiten gegessen. Die wichtigste ist das Abendessen, das meist sehr spät im Kreis der Familie oder mit guten Freunden eingenommen wird.

ARGENTINIEN

Geschmorter Rehrücken aus dem Ofen mit Kirschsauce

Zutaten für 4 Personen:

1 Rehrücken, ca. 1 kg, küchenfertig
Salz
frisch gemahlener Pfeffer
2 Zwiebeln
2 Möhren
2 Stangen Sellerie
je 1 kleiner Zweig Thymian und Rosmarin
6 Wacholderbeeren
10 weiße Pfefferkörner
3 EL Öl
3 EL weiche Butter
Saft von 1 Zitrone
100 g geräucherter Schinken, in Scheiben geschnitten
1/4 l heiße Fleischbrühe
1/4 l trockener Weißwein
500 g frische Kirschen, entsteint

Zubereitung: ca. 30 Minuten
Schmoren: ca. 1 Stunde

1. Rehrücken waschen und trockentupfen. Mit Salz und Pfeffer einreiben. Zwiebeln und Möhren schälen. Zwiebeln in feine Ringe, Möhren in dünne Scheiben schneiden. Sellerie putzen und in Streifen schneiden.

2. Den Backofen auf 175 Grad vorheizen. Einen Bräter mit Zwiebeln, Möhren und Sellerie auslegen. Thymian- und Rosmarinzweige, Wacholderbeeren und Pfefferkörner zufügen und alles mit Öl beträufeln. Den Rehrücken darauflegen.

3. Butter und Zitronensaft in einer Schüssel vermischen. Den Rehrücken damit bestreichen und mit den Schinkenscheiben belegen. Ca. 1 Stunde im heißen Ofen schmoren lassen. Immer wieder mit der heißen Brühe übergießen.

4. Den Rehrücken auf eine Platte legen und im abgeschalteten Backofen warm halten. Den Schmorfond mit Wein ablöschen, Bratensatz loskochen. Sauce etwas einkochen lassen. Kirschen hinzufügen, in der Sauce erwärmen und mit Salz und Pfeffer abschmecken. Fleisch auslösen, schräg in Scheiben schneiden. Kirschsauce getrennt dazu reichen.

Nachtische können den Argentiniern gar nicht süß genug sein. Die Basis vieler Desserts ist „Dulce de leche“, eine zähflüssige Masse aus Milch und sehr viel Zucker, die lange eingekocht wird. Sie wird auch oft wie Honig auf Brot gestrichen.

ARGENTINIEN

Marias feiner Zuckermaisschaum im Ofen gebacken

Zutaten für 4 Personen:

Vorbereitung: ca. 45 Minuten
Backen: ca. 45 Minuten

6 Zuckermaiskolben
3/4 l Milch
1/2 TL Salz
2 EL Zucker
4 EL Butter
4 EL Mehl
frisch geriebene Muskatnuss
6 Eier, getrennt
Öl für die Form

1. Den Mais auf einer Gemüsereibe fein reiben. Mit 1/2 Liter Milch, Salz und Zucker in einen Topf geben, aufkochen und 5 Minuten bei kleiner Hitze köcheln lassen. Mais durch ein Sieb in eine Schüssel passieren.

2. Butter in einem Topf zerlassen, Mehl einrühren und hellgelb anschwitzen. Die restliche Milch unter Rühren angießen. Bei mittlerer Hitze unter ständigem Rühren kochen, bis die Milch eindickt.

3. Die Maismilch unterrühren. Vom Herd nehmen und mit Zucker, Salz und Muskatnuss abschmecken. Etwas abkühlen lassen. Den Backofen auf 175 Grad vorheizen.

4. Eigelb nach und nach unter die Maismasse rühren. Das Eiweiß sehr steif schlagen und unterheben. Eine tiefe ofenfeste Form mit Öl ausstreichen und die Masse einfüllen. Im heißen Ofen ca. 45 Minuten backen. Den Backofen ausschalten und den Auflauf noch 5 Minuten ruhen lassen.

Eis genießt in Argentinien zu Recht Kultstatus. Ebenso wie Mate, der aromatische Tee aus den Blättern des immergrünen Matestrauchs. Früher wurde er von den Indios als magischer Trank gegen Hitze, Hunger und Erschöpfung geschätzt.

ARGENTINIEN

Mate-Eiscreme nach Art der Indios mit Papayakugeln

Zutaten für 4 Personen:

1/2 l Milch
5 g Mate-Pulver
7 Eigelb
200 g brauner Zucker
250 g süße Sahne
2 kleine reife Papayas

Vorbereitung: ca. 45 Minuten
Gefrieren: ca. 1 Stunde

1. Die Milch in einem Topf einmal aufkochen. Vom Herd nehmen und das Mate-Pulver einrühren. Etwas abkühlen lassen.

2. Eigelb mit Zucker cremig aufschlagen und unter die lauwarme Mate-Milch mischen. Wieder erwärmen, aber nicht kochen lassen. Die Masse sämig rühren, in eine Schüssel umfüllen und im kalten Wasserbad rühren, bis die Creme erkaltet ist.

3. Die Sahne steif schlagen und unter die kalte Creme heben. Die Masse in eine Eismaschine füllen und fest werden lassen.

4. Papayas halbieren und die Kerne entfernen. Fruchtfleisch mit einem Kugelausstecher in kleinen Bällchen auslösen. Mit dem Eisportionierer Mate-Eiskugeln ausstechen und in die Papayahälften geben. Papayabällchen darauf anrichten und sofort servieren.

„Acarajé", Bohnenplätzchen, werden in Bahia an jeder Straßenecke verkauft. Sie werden von den „Baianas", dunkelhäutigen Frauen in weißer Spitzentracht, an kleinen Imbiss-Ständen direkt am Straßenrand in Palmöl frisch ausgebacken.

BRASILIEN

Bohnenplätzchen mit Pfeffersauce in Palmöl frittiert

Zutaten für 4 Personen:

Einweichen: ca. 12 Stunden
Zubereitung: ca. 30 Minuten

Für die Plätzchen:
500 g Augenbohnen oder braune Bohnen
1 Zwiebel
1 Knoblauchzehe
1 TL Salz
frisch gemahlener Pfeffer
Dendé (Palmöl) oder Kokosfett zum Frittieren

Für die Sauce:
2 Knoblauchzehen
1 kleine Zwiebel
5 eingelegte Malaguetta-Pfefferschoten, ersatzweise Chilischoten
Salz
Saft von 4 Limetten

1. Die Bohnen über Nacht in kaltem Wasser einweichen. Am nächsten Tag abgießen und abtropfen lassen.

2. Für die Sauce Knoblauch und Zwiebel schälen und klein schneiden. Den Stiel samt Stielansatz der Pfefferschoten entfernen. Schoten, Knoblauch, Zwiebel, Salz und Limettensaft im Mixer pürieren. Die Sauce 30 Minuten ziehen lassen.

3. Für die Plätzchen Zwiebel und Knoblauch schälen und sehr klein würfeln. Die Bohnen zwischen den Händen so reiben, dass sich die äußeren Schalen von den Bohnen lösen. Bohnen im Mixer mit 1/8 Liter Wasser und Salz pürieren. Zwiebel und Knoblauch unterrühren. Backofen auf 100 Grad vorheizen.

4. Palmöl in einem Topf erhitzen. Vom Bohnenteig mit einem Esslöffel kleine Portionen abstechen und im heißen Öl 2 Minuten auf einer Seite ausbacken. Wenden und weitere 2 Minuten frittieren. Plätzchen auf Küchenpapier abtropfen lassen. Im Backofen warm stellen. Auf diese Weise den gesamten Teig verarbeiten.

5. Bohnenplätzchen auf eine Servierplatte legen und mit der Pfeffer-Limetten-Sauce auftragen.

„Cachaça" ist ein Zuckerrohrschnaps – nicht zu verwechseln mit Rum –, der so nur in Brasilien destilliert wird. Er findet in vielen Cocktails Verwendung, am bekanntesten jedoch als „Caipirinha" mit Zucker, Limette und Eis.

BRASILIEN

Flambierte Knoblauchwurst mit gebackenen Käsehäppchen

Zutaten für 4 Personen:

30 g Cashewkerne
1 Knoblauchzehe
1 kleine Zwiebel
1 eingelegte Malaguetta-Pfefferschote, ersatzweise Chilischote
250 g geriebener Hartkäse
frisch gemahlener Pfeffer
1/2 TL edelsüßes Paprikapulver
3 EL Olivenöl
400 g Linguica, ersatzweise spanische Chorizo
4 Scheiben Weißbrot
60 ml Cachaça, ersatzweise weißer Rum

Zubereitung: ca. 20 Minuten

1. Die Cashewkerne in einer Pfanne ohne Öl rösten und klein hacken. Knoblauch und Zwiebel schälen und mit der abgetropften Pfefferschote sehr fein hacken. In eine Schüssel geben und mit Käse, Pfeffer, Paprika und 1 Esslöffel Öl mischen. Den Backofengrill einschalten.

2. Die Würste in dicke Scheiben schneiden. In einer Pfanne das restliche Öl erhitzen, die Wurstscheiben darin auf beiden Seiten knusprig braten. Auf Küchenpapier abtropfen lassen und in eine feuerfeste Form geben.

3. Weißbrotscheiben nebeneinander auf ein Backblech legen und mit der Käsemasse bestreichen. Unter dem Backofengrill goldbraun backen. Brote herausnehmen und in Dreiecke schneiden. Auf eine Servierplatte legen und mit den Cashewnüssen bestreuen.

4. Wurstscheiben mit Cachaça begießen, anzünden und flambieren. Mit den Käsehäppchen servieren.

Cashewkerne sind botanisch gesehen keine Nüsse, sondern der herauswachsende Samen des Caju-Apfels, aus dem schon die Indios ein vergorenes Getränk bereiteten. In Brasilien wird die Frucht für Desserts und Getränke benutzt.

BRASILIEN

Ananassalat von der Copa Cabana mit Cashewkernen

Zutaten für 4 Personen:

1 Ananas
2 Möhren
1 Stück Ingwer, geschält
Saft von 1 Limette
1 TL Zucker
1/2 TL Salz
frisch gemahlener Pfeffer
3 EL saure Sahne
2 EL Mayonnaise
1 Kopfsalat
150 g gekochter Schinken
50 g Cashewkerne

Zubereitung: ca. 30 Minuten

1. Die Ananas der Länge nach halbieren und den Strunk herausschneiden. Das Fruchtfleisch auslösen, in kleine Stücke schneiden und in eine Schüssel geben. Ausgehöhlte Ananashälften beiseitestellen.

2. Die Möhren schälen und grob raspeln. Die Frühlingszwiebeln putzen und in feine Ringe schneiden. Mit den Möhren zu der Ananas geben. Den Ingwer darüberreiben, Limettensaft, Zucker, Salz und Pfeffer dazugeben und alles mischen.

3. Die Sahne mit der Mayonnaise verrühren. Schinken in kleine Würfel schneiden. Über den Ananassalat geben und sorgfältig untermischen. Den Salat 15 Minuten ziehen lassen.

4. Inzwischen den Kopfsalat putzen, waschen und trockenschleudern. Eine Servierplatte mit den Salatblättern auslegen. Die Cashewkerne in einer Pfanne ohne Öl rösten und hacken.

5. Den Ananassalat in die ausgehöhlten Fruchthälften füllen, mit Cashewkernen bestreuen und auf den Salatblättern anrichten.

Kokosmilch kann man auch selber machen. Dazu das weiße Kokosfleisch fein raspeln, in ein Tuch geben, mit heißem Wasser übergießen und 15 Minuten ziehen lassen. Über einer Schüssel auspressen und dabei die „Milch" auffangen.

BRASILIEN

Pikante Kokosnusssuppe

mit Garnelen

Zutaten für 4 Personen:

250 g kleine rohe Garnelen, geschält
1 Zwiebel
2 EL Maisstärke
1/4 l Milch
1/2 l Kokosmilch
1/4 l Hühnerbrühe
1 EL Maisöl
Salz
Cayennepfeffer
1 kleines Bund Koriander

Zubereitung: ca. 30 Minuten

1. Die Garnelen waschen und in einem Sieb abtropfen lassen. Die Zwiebel schälen und klein würfeln.

2. Maisstärke mit 2–3 Esslöffeln Milch verrühren. Restliche Milch, Kokosnussmilch und Hühnerbrühe in einem Topf zum Kochen bringen. Aufgelöste Maisstärke unter Rühren dazugeben und bei kleiner Hitze ca. 10 Minuten kochen.

3. Das Öl in einer Pfanne erhitzen und die Zwiebel darin glasig dünsten. Garnelen hinzufügen und dünsten, bis sich ihr Fleisch rot verfärbt. Alles in die Suppe geben und mit Salz und Cayennepfeffer pikant abschmecken.

4. Den Koriander waschen, trockenschütteln und die Blätter fein hacken. Die Suppe in Suppenschalen verteilen und mit Koriander bestreut servieren.

In Brasilien ist das grobkörnige Maniokmehl eine beliebte Fertigwürze. In vielen einheimischen Restaurants steht geröstetes Maniokmehl auf den Tischen, mit dem die Gäste ihr Essen nach eigenem Geschmack nachwürzen können.

BRASILIEN

Spitzkohlstreifen in Palmöl gebraten mit geröstetem Maniokmehl

Zutaten für 4 Personen:

1 kleiner Spitzkohl, ca. 900 g
1 Zwiebel
1 Knoblauchzehe
2 EL Dendé (Palmöl) oder Kokosfett
Salz
frisch gemahlener Pfeffer
200 g Maniokmehl

Zubereitung: ca. 20 Minuten

1. Die Spitzkohlblätter vom Strunk lösen, waschen, trockenschütteln und die harten Blattrippen entfernen. Blätter in feine Streifen schneiden. Zwiebel und Knoblauch schälen und klein würfeln.

2. Das Palmöl in einer Pfanne erhitzen, Zwiebel und Knoblauch darin andünsten. Spitzkohl hinzufügen, salzen, pfeffern und 5 Minuten dünsten.

3. Das Maniokmehl einstreuen und fünf Minuten unter ständigem Rühren rösten. Auf einer Servierplatte auftragen.

Bohnen kannten die Indios schon vor 3.000 Jahren. Sie sind noch heute eines der wichtigsten Nahrungsmittel in Brasilien. Es gibt Dutzende verschiedener Arten, aber am beliebtesten sind die kleinen schwarzen Bohnen.

BRASILIEN

Vegetarischer Eintopf mit Kürbis und schwarzen Bohnen

Zutaten für 6 Personen:

600 g Kürbis
500 g Tomaten
2 Zwiebeln
2 Knoblauchzehen
1 eingelegte Malaguetta-Pfefferschote, ersatzweise Chilischote
1 Bund Basilikum
3 EL Olivenöl
500 g schwarze Bohnen aus der Dose, abgetropft
Salz
1/2 l Gemüsebrühe
300 g Maiskörner aus der Dose, abgetropft
100 g Maniokmehl

Zubereitung: ca. 45 Minuten

1. Den Kürbis schälen, entkernen und in 2 cm große Würfel schneiden. Die Tomaten häuten, vierteln, entkernen und das Fruchtfleisch hacken. Zwiebeln und Knoblauch schälen und klein würfeln. Stiel und Stielansatz der Pfefferschote entfernen, die Schote klein hakken. Basilikum waschen, trockenschütteln und die Blätter in Streifen schneiden.

2. Öl in einem großen Topf erhitzen, Zwiebel und Knoblauch darin glasig dünsten. Kürbis, Tomaten und Bohnen dazugeben, mit Salz, Pfefferschote und Basilikum würzen und mit Brühe ablöschen. Aufkochen und bei kleiner Hitze 20 Minuten köcheln lassen. Maiskörner dazugeben und weitere 5 Minuten garen.

3. Inzwischen das Maniokmehl in einer Pfanne ohne Öl goldbraun rösten.

4. Den Eintopf in Servierschalen verteilen und mit dem Maniokmehl bestreuen.

Die bahianische Küche im Nordosten Brasiliens ist besonders stark von den afrikanischen Sklaven beeinflusst. Die drei wichtigsten Bestandteile dieser Küche sind Kokosnuss, Palmöl und Malaguetta-Pfeffer, eine scharfe Chilisorte.

BRASILIEN

Gedämpfte Rotbarschfilets aus Bahia in Kokosmilch

Zutaten für 4 Personen:

2 Tomaten
1 Zwiebel
1 Knoblauchzehe
1 eingelegte Malaguetta-Pfefferschote, ersatzweise Chilischote
1 kleines Bund Koriander
4 Rotbarschfilets à 200 g
Salz
frisch gemahlener Pfeffer
1/8 l Kokosmilch
2 EL Limettensaft
2 EL Palmöl

Zubereitung: ca. 30 Minuten

1. Tomaten häuten, vierteln und entkernen. Zwiebel und Knoblauch schälen und würfeln. Den Stiel der Pfefferschote samt Stielansatz entfernen. Den Koriander waschen, trockenschütteln und die Blätter von den Stängeln zupfen. Alles im Mixer glatt pürieren.

2. In eine große Pfanne geben, aufkochen und bei kleiner Hitze 5 Minuten köcheln lassen.

3. Die Fischfilets waschen, trockentupfen und mit Salz und Pfeffer würzen. Filets in die Sauce legen und 5 Minuten zugedeckt gar ziehen lassen.

4. Kokosmilch, Limettensaft und Palmöl hinzufügen und den Fisch zugedeckt weitere 5 Minuten garen. Die Fischfilets mit der Sauce anrichten.

Die grünen kantigen fingerdicken Okraschoten sind in Brasilien sehr beliebt. Sie sondern beim Kochen eine milchige Flüssigkeit ab, die Suppen und Eintöpfe bindet und bei Magenproblemen Linderung verschafft.

BRASILIEN

Garnelenpfanne mit Okraschoten und frischem Koriander

Zutaten für 4 Personen:

1 kg Okraschoten
Saft von 2 Zitronen
20 große rohe Garnelen
1 Zwiebel
2 Knoblauchzehen
2 EL Palmöl
100 g getrocknete Garnelen
50 g geröstete Erdnüsse
Salz
frisch gemahlener Pfeffer
1 kleines Bund Koriander
2 eingelegte Malaguetta-Pfefferschoten, ersatzweise Chilischoten

Zubereitung: ca. 60 Minuten

1. Okraschoten waschen, die Stiele entfernen. Schoten in 1 cm lange Stücke schneiden. Mit dem Zitronensaft beträufeln und 15 Minuten ziehen lassen.

2. Inzwischen die rohen Garnelen aus der Schale lösen, am Rücken entlang einschneiden und den Darm entfernen. Zwiebel und Knoblauch schälen und klein würfeln.

3. In einer Pfanne 1 Esslöffel Palmöl erhitzen und die Garnelen auf jeder Seite 1 Minute anbraten. Herausnehmen und beiseitestellen. Die getrockneten Garnelen mit 4 gebratenen Garnelen und den Erdnüssen im Mixer zu einer glatten Paste pürieren.

4. Restliches Palmöl in der Pfanne erhitzen, Zwiebel und Knoblauch darin anschwitzen. Garnelenpaste und abgetropfte Okrastücke hinzufügen. Salzen und pfeffern, 1/4 Liter Wasser angießen, einmal aufkochen und bei kleiner Hitze 30 Minuten köcheln lassen.

5. Koriander waschen, trockenschütteln, die Blätter von den Stängeln zupfen und mit den Pfefferschoten fein hacken. Mit den restlichen gebratenen Garnelen in die Pfanne geben und 3 Minuten garen. Zum Servieren auf 4 vorgewärmte Teller verteilen.

Maniok ist eine längliche Wurzel, die die Ureinwohner im tropischen Teil Südamerikas schon vor Jahrhunderten als Nahrungsmittel nutzten. Sie enthält viel Eiweiß und Vitamine und ist auch heute noch in Brasilien von großer Bedeutung.

BRASILIEN

Fisch-Garnelen-Pfanne mit Maniok und Kokosmilch

Zutaten für 4 Personen:

600 g Maniok
2 Zwiebeln
2 Knoblauchzehen
5 Tomaten
1 kleines Bund Koriander
2 eingelegte Malaguetta-Pfefferschoten, ersatzweise Chilischoten
2 EL Olivenöl
500 g Fischfilet, z.B. Kabeljau
500 g rohe Garnelen, geschält
Salz
frisch gemahlener Pfeffer
1/8 l Kokosmilch
2 EL Palmöl

Zubereitung: ca. 50 Minuten

1. Die Maniokwurzel schälen und in 2 cm große Würfel schneiden. In einen Topf geben, mit kaltem Wasser bedecken und in ca. 30 Minuten gar kochen.

2. Inzwischen Zwiebeln und Knoblauch schälen und fein würfeln. Tomaten häuten, vierteln, entkernen und grob hacken. Koriander waschen, trockenschütteln und die Blätter mit den Pfefferschoten hacken.

3. Olivenöl in einer Pfanne erhitzen, Zwiebeln und Knoblauch darin andünsten. Tomaten, Koriander und Pfefferschoten zufügen und ca. 10 Minuten köcheln lassen.

4. Inzwischen den Fisch und die Garnelen waschen und trockentupfen. Den Fisch in 3 cm große Würfel schneiden und mit den Garnelen in die Pfanne geben. Mit Salz und Pfeffer würzen und bei kleiner Hitze 5 Minuten garen.

5. Maniok abgießen und mit 1/8 Liter frischem Wasser im Mixer pürieren. Maniokpüree, Kokosmilch und Palmöl in die Fisch-Garnelen-Pfanne einrühren, weitere 5 Minuten garen und servieren.

Koriander ist eines der wichtigsten Gewürze in der brasilianischen Küche. Es ist mit keinem anderen Würzkraut zu vergleichen. In unseren Breiten kennt man eher seine Früchte (Korianderkörner), die jedoch ein anderes Aroma besitzen.

BRASILIEN

Geschmorte Hähnchenkeulen in Gewürzsauce

Zutaten für 4 Personen:

4 große Hähnchenkeulen
1 Zwiebel
2 Knoblauchzehen
4 Tomaten
4 eingelegte Malaguetta-Pfefferschoten, ersatzweise Chilischoten
1/2 TL gemahlener Kreuzkümmel
1/4 TL gemahlener Zimt
2 EL Korianderblätter, gehackt
1 TL Zucker
1 EL Essig
1/2 TL Salz
frisch gemahlener Pfeffer
3 EL Olivenöl
1/4 l Hühnerbrühe

Zubereitung: ca. 1 Stunde

1. Die Hähnchenkeulen waschen, trockentupfen und am Gelenk durchschneiden.

2. Zwiebel und Knoblauch schälen und grob würfeln. Tomaten häuten und entkernen. Pfefferschoten halbieren und entkernen. Alles in einen Mixer geben, mit Kreuzkümmel, Zimt, Koriander, Zucker, Essig, Salz und Pfeffer würzen. Zu einer glatten Paste pürieren.

3. Die Paste in eine große Pfanne geben und bei mittlerer Hitze 5 Minuten dünsten. In einer zweiten Pfanne das Olivenöl erhitzen und die Hähnchenstücke darin rundum braun anbraten. Hähnchenstücke in die große Pfanne zur Paste geben.

4. Das Öl aus der anderen Pfanne abschütten, den Bratensatz mit der Hühnerbrühe loskochen und ebenfalls zum Hähnchen geben. Zugedeckt bei kleiner Hitze ca. 45 Minuten schmoren. Gelegentlich umrühren. Hähnchenteile auf einer Platte anrichten und mit der Sauce übergießen.

„Tapioka" ist die geschmacksneutrale Stärke aus der getrockneten Maniokwurzel. Sie wird in Brasilien hauptsächlich zum Binden von Suppen und Saucen, aber auch für die Herstellung von Süßspeisen, Pudding und Kuchen verwendet.

BRASILIEN

Feines Hühnerfrikassee mit Ananas und Ingwer

Zutaten für 4 Personen:

1 Suppenhuhn
2 Zwiebeln
2 Knoblauchzehen
2 Stangen Sellerie
2 Tomaten
4 EL Olivenöl
1 Zweig Thymian
Salz
1 kleine Ananas
1 kleines Stück Ingwer
1 eingelegte Malaguetta-Pfefferschote, ersatzweise Chilischote
2 EL Tapioka- oder Reisstärke, in 2 EL Wasser aufgelöst
Salz
frisch gemahlener Pfeffer
2 EL fein gehackter Koriander

Zubereitung: ca. 2 Stunden

1. Huhn waschen, trockentupfen und in 6 Teile schneiden. Zwiebeln und Knoblauch schälen, Sellerie putzen und alles klein würfeln. Tomaten häuten, vierteln und entkernen.

2. In einem Topf 2 Esslöffel Öl erhitzen und das Fleisch darin rundum anbraten. Die Hälfte der Zwiebel-, Knoblauch- und Selleriewürfel sowie die Tomaten zufügen und 10 Minuten dünsten. Alles mit Wasser knapp bedecken. Thymianzweig dazugeben, salzen und das Huhn bei kleiner Hitze ca. 1 Stunde kochen.

3. Die Ananas schälen, den Strunk entfernen und das Fruchtfleisch in Würfel schneiden. Ingwer schälen und klein würfeln. Pfefferschote hacken.

4. Hühnerteile aus der Brühe nehmen und etwas abkühlen lassen. Fleisch auslösen und ohne Haut in kleine Stücke schneiden. Die Brühe abseihen.

5. Restliches Öl in einem Topf erhitzen. Übrige Zwiebel, Knoblauch und Sellerie mit Ingwer und Pfefferschote andünsten. Ananas hinzufügen und mit der Brühe aufgießen. Tapioka einrühren, einmal aufkochen und das Hühnerfleisch dazugeben. Mit Salz und Pfeffer abschmecken und mit dem Koriander bestreut servieren.

Nach der Unabhängigkeit Brasiliens 1822 siedelten sich vornehmlich Italiener und Deutsche im Süden des Landes an. Hier ist das Klima gemäßigt und die Böden sind fruchtbar. Die Einwanderer brachten ihre Küchentraditionen mit.

BRASILIEN

Schweinegulasch mit Kürbis und Petersilie

Zutaten für 4 Personen:

1 kg Schweinefleisch (Keule)
2 Zwiebeln
2 Knoblauchzehen
3 Tomaten
2 eingelegte Malaguetta-Pfefferschoten, ersatzweise Chilischoten
3 EL Schweineschmalz
Salz
frisch gemahlener Pfeffer
2 Lorbeerblätter
1/2 l Fleischbrühe
600 g Kürbis
1 kleines Bund Petersilie

Zubereitung: ca. 75 Minuten

1. Fleisch waschen, trockentupfen und in ca. 3 cm große Würfel schneiden. Zwiebeln und Knoblauch schälen und klein würfeln. Tomaten häuten, vierteln, entkernen und grob hacken. Pfefferschoten fein hacken.

2. Schweineschmalz in einem Schmortopf erhitzen und das Fleisch darin rundum anbraten. Salzen und pfeffern. Zwiebeln, Knoblauch und Tomaten hinzufügen und 5 Minuten schmoren. Lorbeerblätter und die Hälfte der Brühe dazugeben, einmal aufkochen. Im halb geschlossenen Topf bei kleiner Hitze 30 Minuten köcheln lassen.

3. Den Kürbis schälen, entkernen und in 2 cm große Würfel schneiden. Zum Fleisch geben, restliche Brühe angießen und weitere 20 Minuten köcheln lassen.

4. Petersilie waschen, trockenschütteln und die Blätter fein hacken. Das Gulasch mit Salz und Pfeffer abschmecken und mit Petersilie bestreut servieren.

Bei Rindfleisch aus Südamerika denken viele zuerst an Argentinen. Dabei ist Brasilien nach den USA der zweitgrößte Rindfleischproduzent der Welt und verfügt in den weiten Steppen Südbrasiliens über ein riesiges Potential.

BRASILIEN

Brasilianisches Minutenfleisch mit frischen Kräutern

Zutaten für 4 Personen:

800 g Rindfleisch, Filet oder Lende
frisch gemahlener Pfeffer
1 TL Cayennepfeffer
1/4 TL Nelkenpulver
1/4 TL gemahlener Zimt
1 EL Rotweinessig
1 Zwiebel
2 Knoblauchzehen
1 kleines Stück Ingwer
1 Bund gemischte Kräuter, z.B. Koriander, Petersilie, Minze
3 EL Olivenöl
1 TL Tomatenmark
5 cl Cachaça (brasilianischer Zuckerrohrschnaps)
2 EL Crème double

Vorbereitung: ca. 30 Minuten
Zubereitung: ca. 15 Minuten

1. Das Fleisch waschen, trockentupfen und in sehr feine Streifen schneiden. In eine Schüssel geben. Mit Pfeffer, Cayennepfeffer, Nelkenpulver, Zimt und Essig würzen und 30 Minuten zugedeckt ziehen lassen.

2. Zwiebel, Knoblauch und Ingwer schälen und fein hacken. Die Kräuter waschen, trockenschütteln und die Blätter fein hacken.

3. Das Öl in einer Pfanne stark erhitzen. Das Fleisch salzen und portionsweise je 1 Minute scharf braten. Herausnehmen und warm stellen.

4. Zwiebel, Knoblauch und Ingwer in die Pfanne geben und anschwitzen. Tomatenmark dazugeben, kurz anrösten und mit Cachaça ablöschen. Den Bratensatz loskochen, Crème double einrühren. Fleisch und Kräuter in die Sauce geben und kurz darin ziehen lassen.

„Feijoada" ist das Nationalgericht der Brasilianer und mehr als nur ein Essen. Es ist ein geselliges Beisammensein mit Freunden – oft über mehrere Stunden am Samstagnachmittag zelebriert – zu dem vielerlei Beilagen serviert werden.

BRASILIEN

Klassischer brasilianischer Fleischtopf mit schwarzen Bohnen

Zutaten für 10 Personen:

Einweichen: 12 Stunden
Zubereitung: ca. 4 Stunden

1 kg getrocknete schwarze Bohnen
500 g Rinderbrust
500 g geräucherte Rippchen
500 g Kasseler
250 g geräucherter Speck
1 Zweig Thymian
2 Lorbeerblätter
500 g Linguiça, ersatzweise Chorizo
2 EL Schweineschmalz
4 Zwiebeln, gewürfelt
4 Knoblauchzehen, gewürfelt
4 Tomaten, gehäutet, entkernt und gehackt
2 eingelegte Malaguetta-Pfefferschoten, ersatzweise Chilischoten, fein gehackt
Salz
frisch gemahlener Pfeffer

1. Die Bohnen über Nacht in Wasser einweichen. Am nächsten Tag abgießen, in einem großen Topf geben und mit frischem Wasser bedecken. Bei kleiner Hitze 1 Stunde köcheln lassen.

2. Inzwischen Rinderbrust, Rippchen und Kasseler in ein großes Sieb legen, mit kochendem Wasser übergießen und gut abtropfen lassen.

3. Nach 1 Stunde Kochzeit das Fleisch zu den Bohnen geben. Thymian und Lorbeerblätter einlegen, eventuell noch heißes Wasser dazugeben. 2 Stunden köcheln. Die Linguiça zugeben und weitere 30 Minuten garen.

4. In einem zweiten Topf das Schmalz erhitzen, Zwiebeln und Knoblauch darin anschwitzen. Tomaten und Pfefferschote dazugeben und 5 Minuten dünsten. Eine Suppenkelle gekochte Bohnen zu den Tomaten geben und mit einer Gabel zerdrücken.

5. Fleisch und Würste herausnehmen, in Scheiben schneiden und auf eine Servierplatte legen. Die Tomatenmischung unter die Bohnen rühren und cremig einkochen lassen. Mit Salz und Pfeffer abschmecken und in eine große Schüssel umfüllen. Zum Fleisch servieren.

Die Kokosnuss ist eines der vielseitigsten und wichtigsten Nahrungsmittel in tropischen Ländern. Das Fruchtwasser wird als Getränk geschätzt und aus dem Fruchtfleisch werden die Kokosflocken und die Kokosmilch gewonnen.

BRASILIEN

Feine Kokosnusscreme-Törtchen im Ofen gebacken

Zutaten für 4 Personen:

3 Eier
2 Eigelb
150 g Zucker
2 EL weiche Butter
125 g Kokosflocken
Salz
Butter und Zucker für die Formen
Puderzucker zum Bestäuben

Außerdem:
4 kleine Auflaufförmchen

Vorbereitung: ca. 15 Minuten
Backen: ca. 30 Minuten

1. Die Eier trennen. Eiweiß beiseitestellen. Das Eigelb mit dem Zucker schaumig rühren. Die Butter und die Kokosflocken einrühren.

2. Den Backofen auf 180 Grad vorheizen. Das Eiweiß mit 1 Prise Salz steif schlagen. Den Eischnee vorsichtig unter die Kokosnusscreme heben.

3. Die Auflaufförmchen ausbuttern und mit Zucker ausstreuen. Die Kokosmasse 3/4 hoch in die Förmchen füllen und ca. 30 Minuten im heißen Backofen goldbraun backen. Die Kokosnusscreme mit Puderzucker bestäuben und in den Formen warm servieren.

Avocados werden in ganz Chile angebaut. Besonders beliebt ist die kleine Sorte „Hass", die man an ihrer schwarzen Schale erkennt. Sie wurde nach einem Postbeamten benannt, der ein Bäumchen dieser Sorte in seinem Garten fand.

CHILE

Gefüllte Avocados mit Huhn und Garnelen

Zutaten für 4 Personen:

2 reife Avocados
Saft von 2 Limetten
1 kleine Banane
400 g gekochte Hähnchenbrust
4 EL Salatmayonnaise
1 EL süße Sahne
Zucker
Salz
frisch gemahlener Pfeffer
1/2 TL edelsüßes Paprikapulver
4 große Salatblätter
8 große Garnelen, gekocht und geschält

Zubereitung: ca. 20 Minuten

1. Die Avocados längs halbieren und die Hälften vom Stein drehen. Das Fruchtfleisch mit einem Kugelausstecher herauslösen. Avocadobällchen in eine Schüssel geben und sofort mit dem Limettensaft beträufeln. Die Banane schälen, in Scheiben schneiden und unter die Avocados heben. Das Hähnchenbrustfleisch in kleine Würfel schneiden und zufügen.

2. Aus Mayonnaise, Sahne, Zucker, Salz, Pfeffer und Paprikapulver ein würziges Dressing anrühren. Über den Avocadosalat geben und alle Zutaten vorsichtig vermischen. Den Salat in die Avocadoschalen verteilen.

3. Mit den Salatblättern 4 Schalen auslegen und die gefüllten Avocados hineinsetzen. Mit jeweils 2 Garnelen dekorieren.

Kürbis gehört ebenso wie Mais und Kartoffeln zu den Grundnahrungsmitteln in der Region Araukanien, einst die Heimat der Araukaner-Indios. Einige ihrer Gerichte sind bis heute fester Bestandteil der chilenischen Küche.

CHILE

Goldbraun frittierte Kürbisplätzchen mit Chiliwürfeln

Zutaten für 12 Stück:

400 g Kürbisfruchtfleisch
1 kleine Zwiebel
125 g Butter
Salz
500 g Weizenmehl und Mehl zum Bearbeiten
1 TL Backpulver
1 Ei
1 frische rote Chilischote
Pflanzenöl zum Frittieren

Zubereitung: ca. 40 Minuten

1. Das Kürbisfruchtfleisch in Würfel schneiden. Die Zwiebel schälen und fein hacken. Beides in 1 Esslöffel Butter kurz anrösten. 1/8 Liter Wasser angießen, salzen und ca. 25 Minuten weich garen. Danach abgießen, abtropfen lassen und mit dem Stabmixer pürieren.

2. Kürbispüree mit Mehl, Backpulver und Ei verkneten. Eventuell noch etwas Mehl zufügen. Die Chilischote längs halbieren, entkernen und in kleine Würfel schneiden. Unter den Teig kneten. Teig auf einer bemehlten Arbeitsfläche ca. 1 cm dick ausrollen und mit einem Glas Kreise ausstechen. Teigkreise mehrfach mit einer Gabel einstechen.

3. Das Öl in einer Fritteuse auf 175 Grad erhitzen und die Plätzchen auf beiden Seiten je ca. 3 Minuten goldbraun ausbacken. Kurz auf Küchenpapier abtropfen lassen. Heiß servieren.

Empanadas, gefüllte Teigtaschen, gelten als chilenisches Nationalgericht – obwohl sie in ganz Lateinamerika verbreitet sind, wenn auch mit anderen Füllungen. Frittiert und mit Puderzucker überstäubt findet man sie aber nur in Chile.

CHILE

Frittierte Teigtaschen mit Käsefüllung und Puderzucker

Zutaten für 16 Stück:

Vorbereitung: ca. 45 Minuten
Zubereitung: ca. 30 Stunden

250 g Mehl
und Mehl zum Bearbeiten
1/2 TL Backpulver
Salz
1 TL abgeriebene Zitronenschale
150 g kalte Butter
1 weiße Zwiebel
200 g Queso Blanco, ersatzweise Kuhmilch-Feta
Öl zum Frittieren
50 g Puderzucker

1. Das Mehl auf die Arbeitsfläche sieben, in die Mitte eine Mulde drücken. Backpulver, 3 Esslöffel Wasser, 1 Teelöffel Salz, die Zitronenschale und die gewürfelte Butter hineingeben. Alles rasch zu einem geschmeidigen Teig verkneten, eventuell noch etwas Wasser zufügen. Den Teig zu einer Kugel formen, in Frischhaltefolie wickeln und 45 Minuten im Kühlschrank ruhen lassen.

2. Die Zwiebel schälen und fein hacken. Den Käse zwischen den Fingern zerkrümeln und mit der Zwiebel mischen.

3. Den Teig auf der bemehlten Arbeitsfläche ca. 3 mm dick ausrollen. Teigkreise von 12 cm Ø ausschneiden. 2 Teelöffel Käse-Zwiebel-Mischung jeweils in die Mitte setzen. Teigränder mit Wasser befeuchten. Den Teig über der Füllung zu einem Halbkreis zusammenklappen und die Ränder mit einer Gabel zusammendrücken.

4. Das Öl in der Fritteuse auf 175 Grad erhitzen. Die Teigtaschen portionsweise im heißen Öl auf beiden Seiten goldbraun ausbacken. Kurz auf Küchenpapier abtropfen lassen, dann auf eine Platte legen, mit Puderzucker überstäuben und heiß servieren.

CHILE

Spinatpudding mit Schinken und Käse

Zubereitung: ca. 20 Minuten
Backen: ca. 45 Minuten
Zutaten für 6 Personen:

1 kg Blattspinat
1/8 l Milch
5 Eier
2 EL Butter und
Butter für die Form
150 g geriebener Cheddar
100 g Semmelbrösel
Salz
frisch gemahlener Pfeffer
150 g gekochter Schinken

1. Den Spinat putzen, waschen und tropfnass in einen Topf geben. Zugedeckt bei mittlerer Hitze dünsten, bis er zusammengefallen ist. Spinat gut abtropfen lassen.

2. Den Spinat im Mixer mit der Milch pürieren. Die Eier und die Butter untermixen. Den Käse und die Semmelbrösel unter das Spinatpüree mischen, mit Salz und Pfeffer würzen. Backofen auf 200 Grad vorheizen.

3. Eine feuerfeste Form mit Butter ausfetten und die Hälfte der Spinatmischung einfüllen. Den Schinken in kleine Würfel schneiden und auf dem Spinat verteilen. Restliche Spinatmischung darübergeben. Form in einen größeren Bräter setzen, kochend heißes Wasser angießen. Im Wasserbad im heißen Ofen 40–45 Minuten backen.

CHILE

Marinierte Pazifik-Fischspießchen im Ofen gegrillt

Zubereitung: ca. 15 Minuten
Marinieren: ca. 30 Minuten
Zutaten für 4 Personen:

800 g Pazifik-Fischfilets
2 Knoblauchzehen
1 TL Korianderkörner
2 Lorbeerblätter
Salz und Pfeffer
1/8 l Weißwein
1/8 l Olivenöl

Außerdem:
Bambusspieße

1. Den Fisch waschen, trockentupfen und in ca. 3 cm große Würfel schneiden. Den Knoblauch schälen und fein hacken. Mit den zerstoßenen Korianderkörnern, den Lorbeerblättern, Salz, Pfeffer, Wein und Öl verrühren. Den Fisch darin wenden und mit der Marinade in eine Schale geben. Bei Zimmertemperatur 30 Minuten ziehen lassen.

2. Die Bambusspieße 15 Minuten in Wasser einweichen. Den Grill im Backofen vorheizen.

3. Die Fischwürfel auf die Bambusspieße stecken. Die Spieße in eine flache feuerfeste Form legen. Unter dem heißen Grill ca. 6 Minuten grillen, dazwischen einmal wenden.

An der über 4.000 Kilometer langen chilenischen Küste sind frischer Fisch und Meeresfrüchte eine abwechslungsreiche Alternative zu den üblicherweise sehr gehaltvollen und eher schweren Gerichten der Landesküche.

CHILE

Chilenischer Meeraal aus dem Ofen mit Kartoffeln und Mais

Zutaten für 4 Personen:

1 kg Meeraal, küchenfertig
Salz
frisch gemahlener Pfeffer
Saft von 1 Limette
2 weiße Zwiebeln
2 Knoblauchzehen
4 gekochte Kartoffeln
4 Tomaten
60 ml Olivenöl
200 g gekochter Mais (Dose)
1 TL getrockneter Thymian
2 Lorbeerblätter
1/4 l Fischfond
Mehl zum Wenden

Zubereitung: ca. 35 Minuten
Garen: ca. 20 Minuten

1. Den Meeraal waschen, trockentupfen und in ca. 3 cm dicke Scheiben schneiden. Mit Salz und Pfeffer einreiben, nebeneinander in eine Schale legen, mit Limettensaft beträufeln und 15 Minuten ziehen lassen.

2. Zwiebeln und Knoblauch schälen und in kleine Würfel schneiden. Die Kartoffeln schälen und würfeln. Die Tomaten häuten, vierteln, entkernen und hacken.

3. Die Hälfte des Olivenöls in einer tiefen Pfanne erhitzen, Zwiebeln und Knoblauch darin anschwitzen. Die Kartoffeln zufügen und kurz anrösten. Den abgetropften Mais und die Tomaten untermischen, mit Thymian, Salz und Pfeffer würzen, die Lorbeerblätter einlegen und den Fischfond angießen. 5 Minuten köcheln lassen. Den Backofen auf 175 Grad erhitzen.

4. In einer zweiten Pfanne das restliche Öl erhitzen. Die Fischstücke in Mehl wenden und im heißen Öl auf beiden Seiten goldbraun anbraten.

5. Die Hälfte der Gemüsemischung in eine feuerfeste Form füllen. Fisch darauflegen und mit der restlichen Gemüsemischung samt Garflüssigkeit bedecken. Im heißen Ofen 15–20 Minuten garen.

Feijoas werden in den subtropischen Klimazonen Südamerikas, Asiens und Afrikas angebaut. Sie haben eine feste Schale, die ungenießbar ist, und ein weißes bis lachsfarbenes Fruchtfleisch, das im Geschmack an Ananas erinnert.

CHILE

Festliche Hühnerbrüste mit Feijoas und Maiskolben

Zutaten für 4 Personen:

Marinieren: ca. 4 Stunden
Zubereitung: ca. 35 Minuten

4 Hühnerbrüste
Salz
frisch gemahlener Pfeffer
1/2 l frisch gepresster Orangensaft
4 Feijoas
2 EL Butter
2 EL Öl
1/4 l Rotwein
4 frische Zuckermaiskolben
1 EL Zucker
1/8 l Milch
2 TL Speisestärke

1. Die Hühnerbrüste waschen und trockentupfen. Mit Salz und Pfeffer einreiben, in eine Schüssel legen und mit dem Orangensaft übergießen. Abgedeckt im Kühlschrank 4 Stunden ziehen lassen.

2. Die Hühnerbrüste aus der Marinade heben und gut abtropfen lassen. Die Feijoas waschen, trockentupfen und mit der Schale in dünne Scheiben schneiden.

3. In einer tiefen Pfanne 1 Esslöffel Butter und das Öl erhitzen. Die Hühnerbrüste darin von allen Seiten anbraten. Überschüssiges Bratfett abgießen. Den Rotwein und die Hälfte der Marinade angießen. Die Feijoas zugeben. Zugedeckt bei schwacher Hitze 15 Minuten köcheln lassen.

4. Maiskolben mit der restlichen Butter, dem Zucker, Milch und 1 Liter Wasser 10–15 Minuten kochen. Dann aus dem Wasser heben und abtropfen lassen.

5. Die Speisestärke mit etwas Marinade verquirlen. Hähnchenbrüste aus der Sauce heben, auf eine Servierplatte legen und warm stellen. Speisestärke in die Sauce rühren und einmal aufkochen. Sauce über die Hähnchenbrüste geben. Mit den Maiskolben servieren.

Chilenischer Wein genießt weltweit einen guten Ruf. Bekannt sind vor allem die vollmundigen fruchtigen Rotweine. Inzwischen gibt es auch viele Kooperationen zwischen Weinbauern in Chile mit Kollegen in Frankreich und Kalifornien.

CHILE

Gefüllter Rinderbraten in Rotwein mit Oliven und Kapern

Zutaten für 4 Personen:

1 kg Rinderbraten (Bug oder Keule)
Salz
frisch gemahlener Pfeffer
100 g roher Schinken
6 Knoblauchzehen
1 rote Paprikaschote
1 EL Kapern
100 g schwarze Oliven, entsteint
1/2 l Rotwein
3 Zwiebeln
6 Tomaten
2 EL Öl
2 EL Butter

Marinieren: ca. 6 Stunden
Zubereitung: ca. 150 Minuten

1. Das Fleisch waschen, trockentupfen und waagrecht eine Tasche hineinschneiden. Innen und außen mit Salz und Pfeffer einreiben. Den Schinken würfeln. Knoblauch schälen und fein hacken. Paprikaschote halbieren, entkernen und in kleine Würfel schneiden. Kapern und Oliven hacken. Alles vermischen und in die Fleischtasche füllen. Das Fleisch mit Küchengarn in Form binden und in eine Schale legen. Mit dem Rotwein übergießen und zugedeckt an einem kühlen Ort 6 Stunden ziehen lassen. Mehrmals im Wein wenden.

2. Die Zwiebeln schälen und würfeln. Die Tomaten häuten, vierteln, entkernen und hacken.

3. Fleisch aus dem Wein heben und trockentupfen. Öl und Butter in einem Schmortopf erhitzen und das Fleisch darin rundum anbraten. Zwiebeln zufügen und goldbraun anrösten. Tomaten und Wein dazugeben. Zugedeckt bei kleiner Hitze ca. 2 Stunden schmoren. Während dieser Zeit den Braten mehrmals wenden. Eventuell etwas Wasser angießen.

4. Das Küchengarn entfernen und das Fleisch in Scheiben schneiden. Die Sauce passieren, mit Salz und Pfeffer abschmecken und über das Fleisch geben.

Fünf verschiedene Nationen haben die chilenische Küche beeinflusst: Spanier, Deutsche, Franzosen, Italiener und Engländer. Der spanische Einfluss zeigt sich vor allem bei Fleischgerichten wie diesen Schweinerippchen.

CHILE

Schweinerippchen mit Bohnen und Mais

Zutaten für 6 Personen:

1 kg Schweinerippchen
2 große Zwiebeln
2 Knoblauchzehen
750 g Tomaten
3 EL Öl
1 TL getrockneter Oregano
Salz
frisch gemahlener Pfeffer
400 g frische weiße Bohnen
1/4 l Weißwein
400 g Kürbisfruchtfleisch
200 g gekochter Mais (Dose)

Zubereitung: ca. 30 Minuten
Garen: ca. 40 Minuten

1. Die Schweinerippchen waschen und trockentupfen. Die Rippen einzeln von dem Strang abtrennen und einmal quer durchhacken. Die Zwiebeln und den Knoblauch schälen, halbieren und in dünne Scheiben schneiden. Die Tomaten häuten, vierteln, entkernen und grob würfeln.

2. Das Öl in einem großen Schmortopf erhitzen und die Rippchen darin portionsweise von beiden Seiten anbraten. Die Rippchen warm stellen, bis alle gebraten sind. Dann Zwiebeln und Knoblauch im Bratfett anrösten. Rippchen wieder einlegen, mit Oregano, Salz und Pfeffer würzen. Die Tomaten zufügen und einmal aufkochen. Die Bohnen untermischen, den Weißwein und 1/4 Liter Wasser angießen. Zugedeckt 30 Minuten köcheln lassen.

3. Das Kürbisfruchtfleisch in kleine Würfel schneiden. Den Mais abtropfen lassen. Beides zu den Rippchen geben, eventuell etwas Wasser angießen. Weitere 10 Minuten garen. Vor dem Servieren nochmals mit Salz und Pfeffer abschmecken.

Cherimoyas haben ein sahniges Fruchtfleisch, das intensiv süß schmeckt und geschmacklich häufig mit „Erdbeeren mit Schlagsahne“ verglichen wird. Chile ist neben Spanien der Hauptlieferant dieser Vitamin-C-reichen Früchte.

CHILE

Fridas feine Cherimoya-Tarte mit Curuba und Kokosflocken

Zutaten für 12 Stücke:

Vorbereitung: ca. 1 Stunde
Zubereitung: ca. 1 Stunde

Für den Teig:
300 g Mehl und
Mehl zum Bearbeiten
3 EL Zucker
1 Ei
200 g kalte Butter und
Butter für die Form
1 TL abgeriebene Zitronenschale

Für den Belag:
500 g Cherimoyafruchtfleisch
750 g Zucker
3 EL Limettensaft
2 Curubas
2 EL Kokosflocken

Außerdem:
1 Tarteform, 29 cm Ø

1. Das Mehl auf eine Arbeitsfläche sieben und in die Mitte eine Mulde drücken. Den Zucker, das Ei, die Butter in Stücken und die Zitronenschale hineingeben und alles rasch zu einem geschmeidigen Teig verkneten. Teig zu einer Kugel formen, in Frischhaltefolie wickeln und 1 Stunde im Kühlschrank ruhen lassen.

2. Den Backofen auf 175 Grad vorheizen. Den Teig auf einer bemehlten Fläche ca. 1 cm dick ausrollen. Die Tarteform mit Butter ausfetten und mit dem Teig auskleiden, Teig am Rand hochziehen. Den Teigboden mehrmals mit einer Gabel einstechen. Tarte im heißen Ofen ca. 35 Minuten goldbraun backen. Dann auf einem Kuchengitter auskühlen lassen.

3. Inzwischen das Cherimoyafruchtfleisch mit dem Zucker und dem Limettensaft bei mittlerer Hitze zu einem zähflüssigen Sirup aufkochen. Vom Herd nehmen und etwas abkühlen lassen.

4. Die Curubas halbieren und das Fruchtfleisch auslösen. Mit den Kokosflocken unter den Cherimoyasirup rühren. Auf dem Tarteboden verstreichen und erkalten lassen.

Ceviche, marinierte Meeresfrüchte oder marinierter roher Fisch, wird an den Küsten ganz Lateinamerikas zubereitet. Es schmeckt sehr gut und gilt als Hausmittel gegen einen Kater. In Ecuador isst man Ceviche bereits zum Frühstück.

ECUADOR

Riesengarnelen-Ceviche mit Paprika und Tomate

Zutaten für 4 Personen:

16 rohe Riesengarnelen, ungeschält
1 TL Salz
1 rote Zwiebel
abgeriebene Schale von 2 unbehandelten Limetten
6 EL Limettensaft
100 ml frisch gepresster Orangensaft
1/2 grüne Paprikaschote
1 Tomate
6 EL Tomaten-Ketchup
2 EL Olivenöl
1 EL fein gehackter Koriander

Zubereitung: ca. 20 Minuten
Marinieren: ca. 1 Stunde

1. Garnelen waschen und 4 Minuten zugedeckt in 400 ml kochendem Salzwasser garen. Aus dem Wasser heben, kalt abspülen, bis auf den Schwanz aus den Schalen lösen und den Darm entfernen. Die Hälfte des Kochwassers in eine flache Porzellanschüssel geben.

2. Zwiebel schälen und in feine Würfel schneiden. Mit der Limettenschale unter das Kochwasser mischen und kurz ziehen lassen. Limetten- und Orangensaft unterrühren und die Garnelen einlegen. Die Schüssel mit Frischhaltefolie abdecken. Garnelen 1 Stunde im Kühlschrank durchziehen lassen.

3. Die Paprikaschote entkernen und in kleine Würfel schneiden. Die Tomaten häuten, vierteln, entkernen und fein würfeln.

4. Ketchup mit Olivenöl verrühren und zu den Garnelen geben. Danach Paprika, Tomaten und Koriander untermischen.

Der tropische Orleanstrauch trägt stachelige Fruchtkapseln mit zahlreichen Samen, Achiote genannt. Sie enthalten einen roten Farbstoff, der Glück bringen und Kraft verleihen soll. Samen und Paste sind in Spezialläden erhältlich.

ECUADOR

Marions Bananenpüree mit Milch und eingelegten Zwiebeln

Zutaten für 4 Personen:

Für die eingelegten Zwiebeln:
2 Zwiebeln in dünnen Scheiben
3 EL Salz
1 EL Zitronensaft
1/2 TL Zucker

Für die Suppe:
2 grüne Kochbananen
Salz
1 TL Achiote-Paste
100 ml Brühe
1/8 l Milch
2 EL Butter

Zubereitung: ca. 50 Minuten

1. Die Zwiebeln schälen, halbieren und in dünne Scheiben schneiden. Mit dem Salz mischen und 20 Minuten ziehen lassen. Dann gründlich unter kaltem Wasser abspülen. Gut abtropfen lassen und mit Zitronensaft und Zucker mischen. Ziehen lassen, bis sich die Zwiebeln rötlich färben.

2. In einem Topf 1 Liter Wasser mit Salz und Achiote aufkochen und die geschälten Bananen hineingeben. 30 Minuten weich kochen.

3. Bananen herausnehmen und mit einer Gabel zerdrücken. In eine Rührschüssel geben. Brühe und Milch einmal aufkochen und unter die Bananen rühren. Nach und nach die Butter zufügen.

4. Das Püree in eine Servierschüssel umfüllen und die Zwiebeln daraufgeben.

Quinoa ist eine der ältesten Kulturpflanzen der Menschheit. Sie dient den Ureinwohnern der südamerikanischen Anden schon seit über 6.000 Jahren als wichtige Nahrungsgrundlage. Die Inka schrieben dem kleinen Korn magische Kräfte zu.

ECUADOR

Quinoa-Suppe nach Art der Indios mit Erdnussbutter

Zutaten für 4 Personen:

300 g Quinoa
250 g weiße Zwiebeln
1 EL Butter
1 TL Achiote-Paste
Salz
1 EL edelsüßes Paprikapulver
75 g geröstete und gemahlene Erdnüsse
1/2 l Milch

Zubereitung: ca. 15 Minuten
Garen: ca. 1 Stunde

1. Quinoa in ein Sieb schütten und unter fließendem Wasser gründlich abspülen. Dann in einen Schnellkochtopf geben und 1,5 Liter Wasser angießen. 15 Minuten kochen. Dann mit dem Wasser in einen normalen Topf umschütten und weitere 45 Minuten garen, bis sie das Wasser aufgenommen hat und weich ist.

2. Die Zwiebeln schälen und in kleine Würfel schneiden. Die Butter mit Achiote in einer Pfanne schmelzen, die Zwiebeln dazugeben und anschwitzen. Salz und das Paprikapulver unterrühren.

3. Ein Drittel der Quinoa mit den Erdnüssen, der Milch und den Zwiebeln mischen. Unter die restliche Quinoa rühren und gut mischen. Bei kleiner Hitze 5 Minuten köcheln lassen.

ECUADOR

Knusprige Kochbananen-Chips in Erdnussöl frittiert

Zubereitung: ca. 15 Minuten
Zutaten für 4 Personen:

2 große Kochbananen
Erdnussöl zum Frittieren
Salz

1. Das Erdnussöl 1 cm hoch in eine Kasserolle einfüllen und auf 175 Grad erhitzen.

2. Die Bananen schälen und in ca. 15 mm dicke Scheiben schneiden. Bananenscheiben portionsweise auf jeder Seite ca. 1 Minute im heißen Öl gelb ausbraten. Mit einem Schaumlöffel aus dem Öl heben und kurz auf Küchenpapier abtropfen lassen. Wenn alle Bananenscheiben gebacken sind, die Hitze reduzieren.

3. Ein großes Brett mit Salz bestreuen. Bananenscheiben in das Salz legen und mit einem Plattiereisen flach klopfen. Nochmals in das heiße Öl geben und frittieren, bis die Ränder goldbraun sind. Auf Küchenpapier abtropfen lassen und heiß servieren.

ECUADOR

Scharf-pikante Sauce aus Pfefferschoten und Zwiebeln

Zubereitung: ca. 10 Minuten
Zutaten für 4 Personen:

4 rote Pfefferschoten
4 kleine rote Zwiebeln
1 kleine Möhre
1 EL Öl
2 EL Limettensaft
1/8 l heißes Wasser
Salz
1 EL fein gehackter Koriander

1. Die Pfefferschoten längs halbieren, entkernen und fein hacken. Zwiebeln und Möhre schälen und in ganz kleine Würfel schneiden.

2. Die Hälfte der Pfefferschoten, Zwiebeln und Möhre mit Öl, heißem Wasser und Limettensaft im Mixer pürieren.

3. Die Sauce mit den restlichen Pfefferschoten, Zwiebeln und Möhren vermischen, mit Salz abschmecken und den Koriander unterziehen.

Queso Blanco ist ein milder weißer Schnittkäse aus Kuhmilch, der in ganz Lateinamerika zu fast allen Mahlzeiten gereicht wird. Er eignet sich auch zum Grillen und Braten und hat die Konsistenz von Feta-Käse, ist aber weniger salzig.

ECUADOR

Gefüllte Maisblätter mit weißem Käse und Erdnüssen

Zutaten für 16 Stück

Vorbereitung: ca. 3 Stunden
Zubereitung: ca. 80 Minuten

250 g getrocknete Maisblätter
1 weiße Zwiebel
75 g Maismehl
60 g Butter
60 g Schweineschmalz
4 Eier, getrennt
200 g Queso blanco, ersatzweise Kuhmilch-Feta
75 g geröstete Erdnüsse, grob gehackt
Salz

1. Maisblätter 3 Stunden in warmem Wasser einweichen. Die Zwiebel schälen und auf einer Gemüsereibe fein reiben. Butter und Schmalz zerlassen, Zwiebel darin anschwitzen. Noch heiß unter das Maismehl rühren.

2. Knapp 1/3 von der Masse abnehmen und mit dem Eigelb verrühren. Den Käse mit den Händen zerkrümeln und mit den Erdnüssen daruntermengen. Dann mit der restlichen Masse verarbeiten.

3. Das Eiweiß mit einer Prise Salz steif schlagen und vorsichtig mit den Händen unter den Teig heben. Die Maisblätter trockentupfen und jedes so mit einer Portion Teig bestreichen, dass noch ein Rand bleibt. Das Blatt von der breiten Seite her aufrollen und die Röllchen mit der Nahtstelle nach unten nebeneinander in einen Dämpfeinsatz legen.

4. Einen großen Topf etwa 5 cm hoch mit Wasser füllen und das Wasser zum Kochen bringen. Den Dämpfeinsatz in den Topf hängen und die gefüllten Maisblätter im Dampf zugedeckt ca. 50 Minuten garen.

Die regionale Küche in Ecuador unterscheidet sich im Hochland, an der Küste und im Regenwald stark. Hauptnahrungsmittel im Hochland sind Kartoffeln, während in den anderen Gebieten vor allem Reis, Yuka und Mais gegessen werden.

ECUADOR

Ausgebackene Kartoffelplätzchen mit weißem Käse

Zutaten für 6 Personen:

2 kg Kartoffeln
Salz
3 weiße Zwiebeln
250 g Queso Blanco, ersatzweise Kuhmilch-Feta
Schweineschmalz zum Braten

Vorbereitung: ca. 3 Stunden
Zubereitung: ca. 40 Minuten

1. Die Kartoffeln waschen, schälen und in Würfel schneiden. In kochendem Salzwasser ca. 20 Minuten garen, bis sie ganz weich sind. Dann abgießen, dabei etwas Kochwasser auffangen.

2. Die Zwiebeln schälen und in kleine Würfel schneiden. Die Kartoffeln durch die Kartoffelpresse drücken. Mit den Zwiebeln vermischen und so viel Kochwasser untermischen, bis ein glatter Teig entsteht. Abgedeckt an einem warmen Ort 3 Stunden ruhen lassen.

3. Den Käse in kaltem Wasser 2 Stunden einweichen, um ihm Salz zu entziehen. Käse gut abtropfen lassen und mit der Hand möglichst klein zerbröckeln.

4. Den Käse unter den Kartoffelteig mischen. Aus dem Teig kleine, ca. 2 cm dicke Plätzchen formen.

5. In einer großen hohen Pfanne reichlich Schweineschmalz erhitzen und die Kartoffelplätzchen portionsweise auf beiden Seiten goldbraun ausbacken.

Als „Encocado“ bezeichnet man in Ecuador Speisen, deren Zutaten in Kokosmilch gegart werden. Neben Huhn sind das Kaninchen, Fisch oder Garnelen. Beliebt ist auch die vegetarische Variante mit Brokkoli und gemischten Pilzen.

ECUADOR

Hähnchen Encocado in Kokossauce mit Paprikaschoten

Zutaten für 4 Personen:

4 Hähnchenkeulen
6 Knoblauchzehen
1 rote Zwiebel
1 grüne Paprikaschote
2 EL Butter
Salz
frisch gemahlener Pfeffer
2 EL Achiote-Paste
1/2 l Kokosmilch
2 EL fein gehackte Petersilie

Zubereitung: ca. 15 Minuten
Garen: ca. 30 Minuten

1. Die Hähnchenkeulen waschen und trockentupfen. Jede Keule am Gelenk durchschneiden. Den Knoblauch und die Zwiebel schälen und in kleine Würfel schneiden. Paprikaschote halbieren, entkernen und würfeln.

2. Die Butter in einem Schmortopf erhitzen. Das Fleisch darin von allen Seiten bei mittlerer Hitze anbraten. Zwiebel, Knoblauch und Paprika zufügen und kurz anrösten. Danach mit Salz, Pfeffer und der Achiote-Paste würzen.

3. Die Hälfte der Kokosmilch mit 1/4 Liter Wasser verdünnen und zum Fleisch gießen. 30 Minuten zugedeckt köcheln lassen.

4. Das Fleisch aus der Sauce heben. Die restliche Kokosmilch unterrühren, das Fleisch wieder einlegen und zugedeckt noch 3 Minuten in der Sauce ziehen lassen, nicht mehr kochen. Mit Petersilie bestreut servieren.

Fritada ist eines der ecuadorianischen Nationalgerichte. Es wird in schweren Gusseisen-Töpfen auf offenem Feuer direkt am Straßenrand an Imbiss-Ständen zubereitet. Gerne serviert man zur Fritada auch Kartoffelplätzchen.

ECUADOR

Schweinefleisch-Fritada mit Banane und Erdnusssauce

Zutaten für 4 Personen:

Für die Fritada:
1 kg ausgelöstes Kotelettfleisch vom Schwein
4 Knoblauchzehen
2 EL Schweineschmalz
Salz
1 weiße Zwiebel
1 reife Kochbanane

Für die Erdnusssauce:
3 Frühlingszwiebeln
1 TL Achiote-Paste
4 EL Erdnussbutter
Salz
frisch gemahlener Pfeffer

Zubereitung: ca. 1 Stunde

1. Das Fleisch mit dem Fett in ca. 4 cm große Würfel schneiden. Den Knoblauch schälen und halbieren.

2. In einem gusseisernen Topf das Fleisch mit dem Schmalz, 1 Teelöffel Salz und 1/8 Liter Wasser bei großer Hitze so lange unter Rühren kochen, bis das Wasser ganz verdampft ist. Fleisch bei mittlerer Hitze 10 Minuten braten.

3. Die Zwiebel schälen und grob hacken. Die Banane schälen und in ca. 15 mm dicke Scheiben schneiden. Zum Fleisch geben und ca. 20 Minuten weiter braten, bis das Fleisch sehr dunkel ist.

4. Die Frühlingszwiebeln putzen und mit einem Teil des Grüns fein hacken. Mit der Achiote-Paste, der Erdnussbutter und 1/8 Liter Wasser 10 Minuten unter Rühren sämig einkochen. Mit Salz und Pfeffer würzen.

Desserts sind in ganz Südamerika sehr süß. Dieser Pudding wird in den lateinamerikanischen Ländern unter verschiedenen Namen angeboten, wie zum Beispiel „Flan de coco", „Manjar blanco", „Dulce de leche" oder„Leche quemada".

ECUADOR

Karamellisierter Kokospudding mit Vanillemark

Zutaten für 6 Personen:

400 g gezuckerte Kondensmilch
1/2 l Milch
1/2 TL Natron
200 g Rohrzucker
1 Vanillestange
1 EL Speisestärke
1/4 l Kokosmilch

Zubereitung: ca. 90 Minuten
Kühlen: 2 Stunden

1. Die Kondensmilch mit der Milch und dem Natron unter ständigem Rühren einmal aufkochen, dann vom Herd nehmen.

2. Den Zucker in einem schweren Topf zu einem mittelbraunen Karamell kochen. Mit 75 ml Wasser ablöschen, dann die heiße Milchmischung einrühren und bei kleiner Hitze zum Kochen bringen.

3. Die Vanillestange aufschlitzen und das Mark herauskratzen. Schote und Mark in die Milch rühren. 1 Stunde bei kleiner Flamme köcheln lassen. Gelegentlich umrühren, damit nichts am Topfboden anhängt, eventuell die Temperatur noch weiter reduzieren.

4. Die Vanilleschote entfernen. Die Speisestärke mit der Kokosmilch verquirlen, unter die Vanillemilch rühren und weitere 15 Minuten zu einem dicken Pudding einköcheln lassen. In eine Servierschüssel umfüllen und 2 Stunden im Kühlschrank ruhen lassen.

Kolumbien liegt im Nordwesten von Südamerika und grenzt im Westen an den Pazifischen Ozean, im Osten an die Karibik. Ein Großteil der Bevölkerung lebt in den höher gelegenen Landesteilen. Hier ist das Klima angenehm gemäßigt.

KOLUMBIEN

Weißer Salat aus Kartoffeln und Weißkohl mit Ananas

Zutaten für 6 Personen:

1 kg festkochende Kartoffeln
Salz
1 kleiner Weißkohl
1 kleine süße Ananas
250 g gezuckerte Kondensmilch, ersatzweise süße Sahne
2 EL Obstessig
4 EL Mayonnaise
frisch gemahlener Pfeffer

Zubereitung: ca. 45 Minuten
Ziehen lassen: ca. 1 Stunde

1. Die Kartoffeln waschen und in kochendem Salzwasser ca. 20 Minuten garen. Dann abgießen, kalt abschrecken und ausdämpfen lassen. Kartoffeln schälen und in kleine Würfel schneiden.

2. Die äußeren Blätter vom Weißkohl entfernen. Weißkohl vierteln, den harten Strunk keilförmig ausschneiden und die Blätter in feine Streifen schneiden. In kochendem Salzwasser 1 Minute blanchieren. Anschließend in Eiswasser geben, abgießen und gut abtropfen lassen.

3. Die Ananas schälen und vierteln. Den harten hellen Strunk entfernen und das Fruchtfleisch würfeln. Kartoffeln, Weißkohl und Ananas in eine Salatschüssel geben und vermischen.

4. Kondensmilch mit Obstessig, Mayonnaise, Salz und Pfeffer verrühren, über den Salat gießen und unterheben. Den Salat abgedeckt 1 Stunde im Kühlschrank ziehen lassen. 10 Minuten vor dem Servieren aus dem Kühlschrank nehmen.

Die kolumbianische Küche ist stark regional geprägt und deshalb sehr vielfältig. Typische Gerichte sind die Hühnersuppe mit Kartoffeln und die Maissuppe, die ebenfalls mit den heimischen Kartoffeln zubereitet wird.

KOLUMBIEN

Feine Maiscremesuppe mit Milch und Weißbrotwürfeln

Zutaten für 6 Personen:

300 g gekochter Mais (Dose)
1 kleine Zwiebel
3 mehlig kochende Kartoffeln
2 Stangen Sellerie
5 EL Butter
1 l Gemüsebrühe
1/2 l Milch
Salz
frisch gemahlener Pfeffer
2 Scheiben Toastbrot

Zubereitung: ca. 40 Minuten

1. Den Mais in ein Sieb geben und gut abtropfen lassen. Die Zwiebel schälen und fein würfeln. Die Kartoffeln waschen, schalen und würfeln. Sellerie putzen und in dünne Scheiben schneiden.

2. In einem Topf 2 Esslöffel Butter zerlassen, Zwiebel und Sellerie darin anschwitzen. Kartoffeln zufügen, die Gemüsebrühe und die Milch angießen und einmal aufkochen. Den Mais zugeben, mit Salz und Pfeffer würzen und 20–25 Minuten köcheln lassen, gelegentlich umrühren.

3. Das Toastbrot entrinden und das Brot in kleine Würfel schneiden. In der restlichen Butter knusprig goldbraun ausbraten.

4. Die Suppe vom Herd nehmen und mit dem Stabmixer pürieren. In Suppenschalen verteilen und mit den Brotwürfeln bestreuen.

Hähnchen, ob gekocht, gebraten oder gegrillt, ist in Kolumbien sehr beliebt. Gerne wird das Hähnchenfleisch entweder in Schinkenspeck eingerollt oder wie in diesem Rezept mit Schinken gefüllt. Dazu serviert man traditionell Reis.

KOLUMBIEN

Gefüllte Hähnchenkeulen mit Schinken und Käse

Zutaten für 4 Personen:

Zubereitung: ca. 15 Minuten
Garen: ca. 20 Minuten

8 Hähnchenunterschenkel
Salz
frisch gemahlener Pfeffer
8 Scheiben Schnittkäse
4 Scheiben gekochter Schinken
1 weiße Zwiebel
3 Knoblauchzehen
4 Tomaten
3 EL Öl
200 ml Rotwein
1 Zweig Rosmarin

1. Die Hähnchenschenkel waschen und trockentupfen. Das Fleisch längs bis auf den Knochen einschneiden, Knochen entfernen und das Fleisch mit der Haut flachklopfen.

2. Fleisch mit Salz und Pfeffer würzen. Auf jedes Teil 1 Scheibe Käse und 1/2 Scheibe Schinken legen. Fleisch zu Rouladen aufrollen und mit Küchengarn zusammenbinden.

3. Die Zwiebel und den Knoblauch schälen und fein hacken. Die Tomaten vierteln, entkernen und in kleine Würfel schneiden.

4. Das Öl in einer tiefen Pfanne erhitzen und das Fleisch darin rundum braun anbraten. Zwiebel und Knoblauch zufügen und hellgelb anschwitzen. Tomate dazugeben und kurz anschmoren. Den Rotwein und 1/8 Liter Wasser angießen, den Rosmarin einlegen. Zum Kochen bringen und zugedeckt ca. 20 Minuten köcheln lassen. Vor dem Servieren mit Salz und Pfeffer abschmecken und den Rosmarin entfernen.

Auch wenn viele kolumbianische Gerichte eher einfach sind – bei den verschiedenen Füllungen der Empanadas lassen die Köchinnen ihrer Fantasie freien Lauf. Die Teigtaschen werden meist frittiert oder im Ofen gebacken.

KOLUMBIEN

Gefüllte Empanadas mit Hackfleisch im Ofen gebacken

Zutaten für ca. 16 Stück:

250 g Mehl
und Mehl zum Bearbeiten
1/2 TL Backpulver
Salz
150 g kalte Butter
2 Zwiebeln
2 EL Öl
250 g Rinderhackfleisch
2 EL Sultaninen
2 EL Kapern
1/2 TL edelsüßes Paprikapulver
frisch gemahlener Pfeffer

Zubereitung: ca. 1 Stunde
Backen: ca. 25 Minuten

1. Das Mehl auf die Arbeitsfläche sieben, in die Mitte eine Mulde drücken. Backpulver, 3 Esslöffel Wasser, 1 Teelöffel Salz und die gewürfelte Butter hineingeben. Alles rasch zu einem geschmeidigen Teig verkneten, eventuell noch etwas Wasser zufügen. Teig zu einer Kugel formen, in Frischhaltefolie wickeln und 45 Minuten im Kühlschrank ruhen lassen.

2. Inzwischen die Füllung zubereiten. Die Zwiebeln schälen und in kleine Würfel schneiden. Öl in einer Pfanne erhitzen und die Zwiebeln darin anschwitzen. Das Hackfleisch zufügen und so lange braten, bis es krümelig ist. Sultaninen, Kapern und Paprikapulver untermischen, mit Salz und Pfeffer würzen. Vom Herd nehmen und etwas abkühlen lassen. Den Backofen auf 180 Grad erhitzen.

3. Den Teig auf der bemehlten Arbeitsfläche ca. 3 mm dick ausrollen. Teigkreise von 12 cm Ø ausschneiden. 1 Esslöffel Hackfleischmasse jeweils in die Mitte setzen. Teigränder mit Wasser befeuchten. Den Teig über der Füllung zu einem Halbkreis zusammenklappen und die Ränder mit einer Gabel zusammendrücken. Auf ein mit Backpapier ausgelegtes Backblech legen und im heißen Ofen ca. 25 Minuten backen.

Süße Aufläufe und exotische Früchte bilden häufig den Schlusspunkt eines kolumbianischen Menüs. Typisch für Kolumbien ist auch der Kaffee, der gewöhnlich als „tinto" – als kleiner starker, ungesüßter Kaffee – serviert wird.

KOLUMBIEN

Süßer Milchreisauflauf mit Kokosflocken und Karamell

Zutaten für 6 Personen:

100 g Rundkornreis
Salz
400 ml Milch
300 g Rohrzucker
100 g Kokosflocken
1 TL abgeriebene Zitronenschale
400 ml Kokosmilch
500 g süße Sahne
Mark von 1 Vanillschote
4 Eier

Außerdem:
1 runde Auflaufform, 24 cm Ø

Zubereitung: ca. 2 Stunden
Kühlen: ca. 12 Stunden

1. Den Reis 3 Minuten in kochendem Salzwasser blanchieren. Abgießen und gut abtropfen lassen. Dann mit 400 ml Milch und 3 Esslöffeln Zucker aufkochen und 30 Minuten quellen lassen. Vom Herd nehmen, die Kokosflocken und die Zitronenschale unterrühren.

2. Für den Karamell 150 g Zucker mit 5 Esslöffeln Wasser zu einem haselnussbraunen Karamell aufkochen. Den Boden der Auflaufform mit dem Karamell ausgießen. Den Backofen auf 180 Grad vorheizen und ein heißes Wasserbad für die Auflaufform vorbereiten.

3. Die Kokosmilch mit 200 g süßer Sahne und dem Vanillemark aufkochen. Die Eier mit dem restlichen Zucker verrühren und die heiße Vanillemilch unter Rühren angießen. 2/3 der Eicreme mit dem Kokosreis vermischen und in die Auflaufform füllen. Die Oberfläche glatt streichen und mit der restlichen Eicreme übergießen. Die Form ins heiße Wasserbad setzen. Im Ofen ca. 30 Minuten garen. Dann die Backofentemperatur auf 160 Grad reduzieren. Weitere 30 Minuten garen.

4. Milchreisauflauf in der Form abkühlen lassen. Abgedeckt über Nacht in den Kühlschrank stellen. Zum Servieren aus der Form auf eine Platte stürzen.

Asunción, die Hauptstadt Paraguays, hat sich bis heute zumindest in der Altstadt ihr koloniales Stadtbild bewahren können. In den vielen kleinen Restaurants gibt es eine Fülle von einheimischen und internationalen Spezialitäten.

PARAGUAY

Hähnchenlebersalat Asunción mit Paprika

Zutaten für 4 Personen:

800 g Hähnchenleber
4 Frühlingszwiebeln
2 EL Öl
Salz
frisch gemahlener Pfeffer
2 rote Paprikaschoten
3 EL Mayonnaise
3 EL süße Sahne
2 EL Zitronensaft
1 EL fein gehackter Koriander

Zubereitung: ca. 30 Minuten

1. Die Hähnchenleber putzen. Die Frühlingszwiebeln putzen, waschen und mit einem Teil des Grüns in dünne Scheiben schneiden.

2. Das Öl in einer Pfanne nicht zu stark erhitzen und die Leber darin rosa braten. Frühlingszwiebeln zufügen und kurz anschwitzen. Vom Herd nehmen, mit Salz und Pfeffer würzen und in eine Schüssel umfüllen.

3. Die Paprikaschoten halbieren, entkernen und in kleine Würfel schneiden. Unter die Leber mischen.

4. Mayonnaise, Sahne und Zitronensaft verrühren, mit Salz und Pfeffer würzen. Über den Salat geben und gut mischen. Mit Koriander bestreut servieren.

Die Küche Paraguays ist nicht sehr scharf gewürzt, wie diese feine Gemüsecremesuppe mit Maisfladenstreifen zeigt. Dazu wird wie zu fast allen Gerichten viel frisches Brot gereicht – zum Beispiel „Chipa", ein Brot aus Maniokmehl.

PARAGUAY

Avocadocremesuppe mit Sherry und Geflügelbrühe

Zutaten für 4 Personen:

4 EL Maismehl
3 EL Öl
3 reife Avocados
Saft von 1 Limette
125 g süße Sahne
1/2 l Geflügelbrühe
2 EL trockener Sherry
Salz
frisch gemahlener Pfeffer

Zubereitung: ca. 25 Minuten

1. Das Maismehl mit wenig Wasser zu einem festen Teig verkneten. In 4 Portionen teilen und jedes Teigstück auf Backpapier möglichst dünn ausrollen. Nacheinander in einer beschichteten Pfanne in wenig Öl auf beiden Seiten goldgelb backen. Jeden Fladen aufrollen und in dünne Streifen schneiden. Warm stellen.

2. Die Avocados halbieren, entkernen, das Fruchtfleisch aus den Schalen lösen und grob würfeln. In den Mixer geben, mit Limettensaft beträufeln und mit der Sahne glatt pürieren.

3. Die Geflügelbrühe in einem Topf einmal aufkochen. Vom Herd nehmen und die Avocadocreme unterrühren. Suppe mit Sherry, Salz und Pfeffer abschmecken.

4. Die Suppe in 4 tiefe Teller verteilen und mit den Fladenstreifen garnieren.

Neben Mais, Maniok und Kartoffeln sind Bohnen wie in ganz Lateinamerika auch in Paraguay eine Grundzutat für viele Gerichte. Besonders schmackhaft sind die Bohnen, wenn sie zuerst gekocht und dann gebacken werden.

PARAGUAY

Gebackene rote Bohnen mit Spinat und Speck

Zutaten für 4 Personen:

750 g Blattspinat
2 Zwiebeln
2 Knoblauchzehen
150 g Frühstücksspeck
1 frische rote Chilischote
2 EL Öl
250 g gekochte rote Bohnen
Salz
frisch gemahlener Pfeffer
1 EL Butter
frisch geriebene Muskatnuss

Zubereitung: ca. 20 Minuten

1. Den Spinat verlesen, putzen und gründlich waschen. Zwiebeln und Knoblauch schälen und in kleine Würfel schneiden. Den Speck in schmale Streifen schneiden. Die Chilischote längs halbieren, entkernen und fein hacken.

2. Den Speck in einer Pfanne im Öl knusprig braten. Die Hälfte der Zwiebeln und des Knoblauchs sowie die Chilischote zufügen und anschwitzen. Die Bohnen untermischen und ca. 10 Minuten braten, dabei mehrmals umrühren. Mit Salz und Pfeffer abschmecken.

3. Die restlichen Zwiebel- und Knoblauchwürfel in der Butter anschwitzen. Den tropfnassen Spinat dazugeben und bei mittlerer Hitze im geschlossenen Topf zusammenfallen lassen. Dann den Topf öffnen, Spinat mit Salz, Pfeffer und Muskatnuss würzen und so lange weitergaren, bis die Flüssigkeit verdampft ist.

4. Den Spinat mit dem Bohnengemüse auf einer vorgewärmten Servierplatte anrichten.

Mais ist ein Grundnahrungsmittel in Paraguay. Er ist auch die Basis für das Nationalgericht „Sopa paraguaya", wie dieser Auflauf im Original heißt. Fast ebenso beliebt ist Soo-Yosopy, eine Suppe aus Maismehl und Rinderhackfleisch.

PARAGUAY

Traditioneller Maisauflauf mit Butterkäse überbacken

Zutaten für 4 Personen:

2 Zwiebeln
60 ml Öl
500 g Maismehl
1/2 TL Backpulver
400 ml Milch
1 EL Butter
und Butter für die Form
Salz
5 Eier
300 g Butterkäse
2 EL süße Sahne

Zubereitung: ca. 20 Minuten
Backen: ca. 45 Minuten

1. Die Zwiebeln schälen, halbieren und in dünne Scheiben schneiden. Das Öl in einer Pfanne erhitzen und die Zwiebeln darin goldgelb anschwitzen. Vom Herd nehmen.

2. Das Maismehl mit dem Backpulver, der Milch und der Butter verrühren. Die Zwiebeln, 1/2 Teelöffel Salz und 3 Eier untermischen. Den Backofen auf 180 Grad vorheizen.

3. Den Butterkäse in dünne Scheiben schneiden. Eine feuerfeste Form mit Butter ausfetten und 1/4 des Maisteigs einfüllen. Mit 1/3 der Käsescheiben belegen und so fortfahren, bis alles verbraucht ist. Die restlichen Eier mit der Sahne verquirlen und den Auflauf damit bestreichen. Im heißen Ofen ca. 45 Minuten backen. In der Form servieren.

Bergpapayas oder wilde Papayas haben ein festes, gelbes Fruchtfleisch und rund um die kleinen schwarzen Kerne eine geleeartige Masse, die sehr erfrischend schmeckt. Die reifen Früchte haben einen zarten zitronigen Duft.

PARAGUAY

Papaya-Mango-Dessert mit Limetten und Sahne

Zutaten für 4 Personen:

Zubereitung: ca. 15 Minuten
Kühlen: ca. 2 Stunden

2 reife Bergpapayas
2 reife Mangos
2 EL Limettensaft
5 EL Rohrzucker
2 Eiweiß
Salz
200 g süße Sahne

1. Die Papayas schälen, halbieren und entkernen. Fruchtfleisch würfeln. 1 Mango schälen, halbieren und den Stein entfernen. Fruchtfleisch ebenfalls würfeln. Alles im Mixer mit dem Limettensaft und 4 Esslöffeln Zucker pürieren.

2. Eiweiß mit dem restlichen Zucker und 1 Prise Salz sehr steif schlagen. Die Sahne ebenfalls steif schlagen. Eischnee und Schlagsahne vorsichtig unter das Fruchtpüree heben. In eine Schüssel umfüllen und abgedeckt 2 Stunden in den Kühlschrank stellen.

3. Die restliche Mango halbieren, entkernen und in dünne Spalten schneiden. Die Creme mit den Papayaspalten portionsweise auf Dessertgläsern anrichten.

Peru gilt als die Heimat des „Ceviche“, das in vielen Küstenstädten Lateinamerikas aus rohem Fisch oder Garnelen zubereitet wird. Es ist an warmen Sommerabenden ein herrlich erfrischendes Gericht und schmeckt so richtig nach Urlaub.

PERU

Peruanische Ceviche aus Seeteufel mit Koriander

Zutaten für 4 Personen:

500 g Seeteufelfilet
2 frische rote Chilischoten
1 EL Salz
1/8 l frisch gepresster Limettensaft
2 rote Zwiebeln
2 Tomaten
2 EL Olivenöl
1 EL fein gehackter Koriander

Zubereitung: ca. 15 Minuten
Marinieren: ca. 4 Stunden

1. Den Fisch waschen, trockentupfen und in kleine Würfel schneiden. Die Chilischoten längs halbieren, entkernen und fein hacken. Beides in eine Porzellanschüssel geben, mit Salz bestreuen und den Limettensaft darübergeben. Alles gut vermischen. Schüssel mit Frischhaltefolie abdecken und den Fisch 3 Stunden im Kühlschrank ziehen lassen.

2. Die Zwiebeln schälen und in kleine Würfel schneiden. Die Tomaten häuten, vierteln, entkernen und in kleine Würfel schneiden. Mit den Zwiebeln unter den Fisch mischen und noch 1 Stunde ziehen lassen.

3. Vor dem Servieren Olivenöl und Koriander zufügen, vorsichtig untermischen. Die Ceviche in Schalen verteilen und sofort servieren.

In Peru gibt es in jeder noch so kleinen Ortschaft mindestens einen Platz, wo man für wenig Geld gut essen kann. Es ist nicht immer eine großartige Küche, doch die Gerichte sind schmackhaft und mit Liebe zubereitet.

PERU

Knusprig gebackene Maispuffer mit Speckscheiben

Zutaten für 12 Stück:

150 g Maismehl
1 TL Backpulver
Salz
2 Eier
100 ml Milch
250 g gekochter Mais (Dose)
60 ml Öl
150 g Frühstücksspeck
4 EL Crème fraîche

Zubereitung: ca. 40 Minuten

1. Das Maismehl mit dem Backpulver, 1 Teelöffel Salz, den Eiern und der Milch zu einem glatten, zähen Teig verrühren.

2. Den Mais in ein Sieb geben, unter fließendem Wasser waschen und gut abtropfen lassen. Mais unter den Teig mischen.

3. Das Öl in einer großen Pfanne erhitzen und portionsweise 12 Maispuffer auf beiden Seiten goldbraun braten. Maispuffer warm halten, bis alle fertig gebacken sind.

4. Die Speckscheiben in einer Pfanne ohne Fett knusprig ausbraten. Jeweils 3 Maispuffer auf einen Teller legen, Speckscheiben darauflegen und mit der Crème fraîche garnieren.

Süßkartoffeln oder Bataten sind nicht mit den Kartoffeln verwandt, sondern die Knollen eines Windengewächses, die bis zu einem halben Pfund wiegen können. Je heißer das Klima, desto höher ist der Zuckergehalt der Knollen.

PERU

Jorges Süßkartoffelsuppe mit Orangen und Hühnerbrühe

Zutaten für 4 Personen:

750 g Süßkartoffeln
1 weiße Zwiebel
2 Frühlingszwiebeln
1 frische rote Chilischote
2 EL Butter
1 l Hühnerbrühe
1 TL abgeriebene Orangenschale
Salz
frisch gemahlener Pfeffer
100 g süße Sahne
1 Orange

Zubereitung: ca. 50 Minuten

1. Die Süßkartoffeln waschen, schälen und in Würfel schneiden. Die Zwiebel schälen und fein hacken. Die Frühlingszwiebeln putzen und mit einem Teil des Grüns in dünne Ringe schneiden. Die Chilischote längs halbieren, entkernen und fein hacken. Alles in 1 Esslöffel Butter anschwitzen.

2. Die Hühnerbrühe angießen, mit Orangenschale, Salz und Pfeffer würzen und zum Kochen bringen. Zugedeckt bei kleiner Hitze ca. 20 Minuten köcheln lassen. Dann die Suppe mit dem Stabmixer pürieren. Die Sahne unterrühren und die Suppe nochmals aufmixen.

3. Die Orange schälen und filetieren. Suppe in 4 tiefe Teller verteilen und mit den Orangenfilets garnieren.

Arequipa, die „weiße Stadt", ist die zweitgrößte Stadt des Landes und das kulturelle Zentrum des Südens von Peru. Die historische Altstadt wurde von der UNESCO wegen ihrer Kolonialarchitektur im Jahr 2000 zum Weltkulturerbe erklärt.

PERU

Fischcremesuppe Arequipa mit Garnelen und Kartoffeln

Zutaten für 4 Personen:

5 mittelgroße mehlig kochende Kartoffeln
1 Zwiebel
2 Knoblauchzehen
2 Tomaten
4 EL Butter
Salz
frisch gemahlener Pfeffer
1 TL getrockneter Oregano
1 TL edelsüßes Paprikapulver
1/2 l Fischfond
1/2 l Milch
1 Lorbeerblatt
400 g Seehechtfilets
100 g Garnelen, geschält und gekocht
2 hart gekochte Eier
1 EL fein gehackte Petersilie

Zubereitung: ca. 50 Minuten

1. Die Kartoffeln waschen, schälen und würfeln. Die Zwiebel und den Knoblauch schälen und fein hacken. Die Tomaten häuten, vierteln, entkernen und hacken.

2. Die Hälfte der Butter in einem Topf zerlassen, Zwiebel und Knoblauch darin anschwitzen. Die Kartoffeln zufügen und unter Rühren anrösten. Mit Salz, Pfeffer, Oregano und Paprikapulver würzen. Den Fischfond und die Milch angießen, das Lorbeerblatt einlegen. Zum Kochen bringen und zugedeckt bei kleiner Hitze 20 Minuten köcheln lassen.

3. Den Fisch waschen, trockentupfen und in ca. 3 cm große Würfel schneiden. Mit Salz und Pfeffer würzen.

4. Die restliche Butter erhitzen und die Fischwürfel darin von allen Seiten hellgelb anbraten. Dann mit den Garnelen in die Suppe geben, nicht mehr kochen. Die Suppe mit Salz und Pfeffer abschmecken.

5. Die Eier schälen und achteln. Suppe in tiefe Schalen verteilen, mit den Eiern garnieren und mit Petersilie bestreuen.

Die gesamte peruanische Küste ist ein wahres Paradies für Angler. An den Sandstränden in Zentral- und Südperu werden vor allem Seezunge, Adlerfisch oder Chita geangelt, in Nordperu auch andere Fischarten wie Zacken- und Meerbarsch.

PERU

Adlerfisch nach Art von Chorrillos mit Zwiebelsauce

Zutaten für 4 Personen:

4 Adlerfischfilets à 200 g
Saft von 2 Limetten
Salz
frisch gemahlener Pfeffer
500 g rote Zwiebeln
4 Knoblauchzehen
2 EL Butter
1 TL edelsüßes Paprikapulver
1 TL getrockneter Thymian
1 EL Mehl
1/4 l Weißwein
Pflanzenöl zum Frittieren
Maismehl zum Wenden

Zubereitung: ca. 40 Minuten

1. Die Fischfilets waschen und trockentupfen. Nebeneinander in eine Schale legen, mit Limettensaft beträufeln und mit Salz und Pfeffer würzen. 20–25 Minuten ziehen lassen.

2. Die Zwiebeln und den Knoblauch schälen, halbieren und in feine Scheiben schneiden. Die Butter in einer großen Pfanne zerlassen. Zwiebeln und Knoblauch darin glasig dünsten. Mit Paprikapulver und Thymian würzen, mit dem Mehl überstäuben und den Weißwein angießen. So lange köcheln lassen, bis die Zwiebeln weich sind.

3. Das Öl in einer Fritteuse auf 175 Grad erhitzen. Fischstücke in Maismehl wenden, überschüssiges Mehl abklopfen. Den Fisch im heißen Öl auf beiden Seiten goldbraun frittieren. Kurz auf Küchenpapier abtropfen lassen.

4. Fisch auf 4 vorgewärmte Teller legen und die Zwiebelsauce darüber verteilen.

Die ältesten Funde des Kartoffelanbaus finden sich südlich der peruanischen Hauptstadt Lima, wo man seit mehr als 8.000 Jahren die nahrhafte Knolle anbaut. Auch heute noch spielen Kartoffeln eine wichtige Rolle in der Landesküche.

PERU

Gefüllte Blechkartoffeln mit Speck im Salzbett gebacken

Zutaten für 4 Personen:

8 mittelgroße mehlig kochende Kartoffeln à 125 g
1 kg grobes Meersalz
2 Zwiebeln
150 g gekochter Schinken
150 g Räucherspeck
60 g Butter
1 TL getrockneter Oregano
Salz
1/2 TL Cayennepfeffer
200 g Crème double
1 EL fein gehackte Petersilie

Zubereitung: ca. 15 Minuten
Garen: ca. 1 Stunde

1. Den Backofen auf 220 Grad vorheizen. Die Kartoffeln gründlich waschen und trockentupfen. Ein große feuerfeste Form mit dem Meersalz ausstreuen und die Kartoffeln hineinsetzen. Im heißen Ofen 45 Minuten backen.

2. Die Zwiebeln schälen und in kleine Würfel schneiden. Den Schinken und den Speck ebenfalls in kleine Würfel schneiden.

3. In einer Pfanne 1 Esslöffel Butter zerlassen und die Zwiebel darin andünsten. Schinken und Speck zufügen und anbraten. Mit Oregano und Cayennepfeffer würzen und vom Herd nehmen.

4. Kartoffeln aus dem Ofen nehmen und etwas abkühlen lassen. Dann die Kartoffeln längs halbieren. Aus jeder Hälfte 1 Esslöffel Kartoffelfleisch auslösen und mit einer Gabel zerdrücken. Unter die Zwiebel-Speck-Mischung geben. Die Masse auf die Kartoffelhälften streichen und die Kartoffeln wieder in das Salzbett setzen. Im heißen Ofen 10 Minuten backen.

5. Die Crème double mit der Petersilie verrühren und getrennt zu den Kartoffeln servieren.

Die Peruanerinnen verbringen gern viele Stunden am Herd. Doch die Küche ist nicht nur ein Arbeitsplatz, sondern auch ein geselliger Treffpunkt und eine Informationsbörse für Neuigkeiten und Klatsch aus der Nachbarschaft.

PERU

Gefüllte Paprikaschoten mit Hackfleisch und Käse

Zutaten für 4 Personen:

Zubereitung: ca. 20 Minuten
Garen: ca. 40 Minuten

- **4 Rocotos, ersatzweise kleine rote Paprikaschoten**
- **1 kleine Zwiebel**
- **1 Knoblauchzehe**
- **1 frische rote Chilischote**
- **1 EL Öl**
- **250 g Rinderhackfleisch**
- **Salz**
- **frisch gemahlener Pfeffer**
- **1 EL fein gehackte Petersilie**
- **1 hart gekochtes Ei**
- **100 g Queso Blanco, ersatzweise Kuhmilch-Feta**
- **75 ml Kondensmilch**
- **1 Ei**
- **50 g gehackte, geröstete Erdnüsse**
- **200 ml Fleischbrühe**

1. Von den Rocotos oben einen Deckel abschneiden. Schoten entkernen und waschen. Die Zwiebel und den Knoblauch schälen und in kleine Würfel schneiden. Die Chilischote längs halbieren, entkernen und fein hacken.

2. Das Öl in einer Pfanne erhitzen und das Hackfleisch darin krümelig braten. Zwiebel, Knoblauch und Chilischote zufügen und anschwitzen. Vom Herd nehmen, mit Salz und Pfeffer würzen und die Petersilie untermischen. Etwas abkühlen lassen. Den Backofen auf 160 Grad vorheizen.

3. Das harte Ei schälen und hacken. Den Käse in kleine Würfel schneiden. Das Ei mit der Kondensmilch verquirlen, den Käse dazugeben und 5 Minuten ziehen lassen. Dann alles mit den Erdnüssen unter die Hackfleischmasse mischen.

4. Die Rocotos mit der Hackfleischmasse füllen und die Schotendeckel daraufsetzen. Nebeneinander in eine feuerfeste Form stellen und die Brühe angießen. Im heißen Ofen ca. 45 Minuten backen.

Die peruanische Küche genießt den Ruf, eine der besten Lateinamerikas zu sein. Aus der spanischen Kochkunst hat man die Zubereitung von herrlichen Gerichten mit Sauce übernommen, die in anderen Ländern kaum bekannt sind.

PERU

Schweinefleischpfanne mit grünen Bohnen in Sahnesauce

Zutaten für 4 Personen:

500 g grüne Bohnen
Salz
400 g Schweinefilet
2 Knoblauchzehen
2 rote Zwiebeln
2 frische rote Chilischoten
2 EL Öl
1 TL edelsüßes Paprikapulver
1/4 l Fleischbrühe
250 g süße Sahne
frisch gemahlener Pfeffer

Zubereitung: ca. 45 Minuten

1. Die Bohnen waschen, putzen und in mundgerechte Stücke brechen. In wenig Salzwasser knapp bissfest garen. Dann abgießen und gut abtropfen lassen.

2. Das Schweinefilet in dünne Streifen schneiden. Den Knoblauch und die Zwiebeln schälen, halbieren und in dünne Scheiben schneiden. Die Chilischoten längs halbieren, entkernen und fein hacken.

3. Das Öl in einer tiefen Pfanne erhitzen. Das Fleisch darin rundum anbraten, mit Salz und Pfeffer würzen. Fleisch aus der Pfanne nehmen und warm stellen. Zwiebeln, Knoblauch und Chilischote im Bratfett glasig dünsten. Mit Paprikapulver überstäuben und kurz anrösten.

4. Die Fleischbrühe und die Sahne angießen und einmal aufkochen. Die Bohnen und das Fleisch hineingeben und 5 Minuten bei kleiner Hitze in der Sauce ziehen lassen. Mit Salz und Pfeffer abschmecken und in eine vorgewärmte Servierschüssel umfüllen.

Rund um das Jahr werden in Peru etwa 3.000 Feste gefeiert, meist zu Ehren eines Schutzheiligen. Sie orientieren sich am christlichen Kalender, der zur Kolonialzeit eingeführt wurde. Weihnachten wird besonders groß gefeiert.

PERU

Gefüllter Weihnachtstruthahn mit Trockenfrüchten

Zutaten für 4 Personen:

400 g Trockenfrüchte (Äpfel, Birnen, Rosinen, Feigen)
200 ml frisch gepresster Orangensaft
4 cl Orangenlikör
1 kleiner Truthahn, ca. 2,6 kg
Salz
frisch gemahlener Pfeffer
Fett für die Form
2 EL Orangenblütenhonig

Zubereitung: ca. 30 Minuten
Braten: ca. 120 Minuten

1. Die Trockenfrüchte grob hacken. Mit dem Orangensaft und dem Orangenlikör in einen Topf geben und einmal aufkochen. 5 Minuten köcheln lassen. Vom Herd nehmen und in ein Sieb schütten, dabei den Sud auffangen. Früchte abtropfen lassen.

2. Den Backofen auf 200 Grad vorheizen. Den Truthahn waschen und trockentupfen. Innen und außen kräftig mit Salz und Pfeffer einreiben. Mit den Trockenfrüchten füllen, die Öffnung mit Zahnstochern verschließen.

3. Den Truthahn mit der Brustseite nach unten in einen großen gefetteten Bräter setzen, etwas Wasser angießen. Im heißen Ofen 2 Stunden braten, dabei gelegentlich mit etwas Orangensud bestreichen. Nach der Hälfte der Garzeit den Truthahn umdrehen und mit der Brustseite nach oben weiterbraten.

4. Den Truthahn mit dem Honig bestreichen und im abgeschalteten Backofen 10 Minuten ruhen lassen. Dann auf eine vorgewärmte Servierplatte setzen und am Tisch tranchieren.

Gezuckerte Kondensmilch ist in Lateinamerika eine Grundzutat für Süßspeisen. Oft wird die Dose einfach in einen Topf mit Wasser gestellt und so lange gekocht, bis die Milch dick geworden ist. Besser schmeckt diese Zubereitungsart.

PERU

Milchcreme Marthas Seufzer mit Portwein

Zutaten für 4 Personen:

1 Vanillestange
800 ml gezuckerte Kondensmilch
6 Eier
2 EL Rosinen
300 g Zucker
100 ml Portwein
Salz
2 TL gemahlener Zimt

Zubereitung: ca. 1 Stunde
Kühlen: ca. 1 Stunde

1. Die Vanillestange längs aufschlitzen und das Mark herauskratzen. Die Kondensmilch mit der Vanilleschote und dem Mark langsam zum Kochen bringen und köcheln lassen, bis sie dicklich wird. Vom Herd nehmen und etwas abkühlen lassen. Vanillestange entfernen.

2. Die Eier trennen. Das Eiweiß kühl stellen. Eigelb unter die Kondensmilch rühren. Topf wieder auf den Herd stellen und die Eimilch unter Rühren so lange erhitzen, bis sie dicklich wird. Nicht kochen. Die Creme in eine Glasschale umfüllen und mit den Rosinen bestreuen. Erkalten lassen.

3. Den Zucker mit dem Portwein unter Rühren zu einem zähen Sirup köcheln. Dann vom Herd nehmen.

4. Die Eiweiß mit 1 Prise Salz sehr steif schlagen. Den Portweinsirup in dünnem Strahl mit einem Schneebesen unter den Eischnee schlagen. Die Masse auf die Creme geben und mit Zimt überstäuben.

Die Landesküche Uruguays weist starke europäische Züge auf. In den letzten Jahren sind hier immer mehr Restaurants von jungen Köchen eröffnet worden, die traditionelle Zutaten mit einem modernen internationalen Kochstil verbinden.

URUGUAY

Ana Marías Kalte Suppe mit Rukola und Tomaten

Zutaten für 4 Personen:

500 g Kartoffeln
2 Frühlingszwiebeln
1 Stange Lauch
2 EL Butter
2 EL Olivenöl
1 l Gemüsebrühe
1 Lorbeerblatt
Salz
frisch gemahlener Pfeffer
1 Bund Rukola
100 g Crème fraîche
1 rote Paprikaschote
2 Tomaten

Zubereitung: ca. 40 Minuten
Kühlen: ca. 2 Stunden

1. Die Kartoffeln waschen, schälen und in kleine Würfel schneiden. Die Frühlingszwiebeln und den Lauch putzen, waschen und mit einem Teil des Grüns klein schneiden.

2. Die Butter und das Öl in einem Topf erhitzen. Frühlingszwiebeln und Lauch darin anschwitzen. Kartoffeln zufügen und die Gemüsebrühe angießen. Zum Kochen bringen, Lorbeerblatt einlegen, mit Salz und Pfeffer würzen und zugedeckt 30 Minuten garen.

3. Den Rukola waschen, trockenschütteln und ohne grobe Stiele hacken. Das Lorbeerblatt aus der Suppe entfernen und den Rukola unterrühren. Kurz in der Suppe ziehen lassen, dann die Suppe mit dem Stabmixer glatt pürieren. Die Crème fraîche einrühren. Suppe in eine Schüssel umfüllen und im Kühlschrank 2 Stunden erkalten lassen.

4. Die Paprikaschote halbieren, entkernen und in möglichst kleine Würfel schneiden. Die Tomaten häuten, vierteln, entkernen und ebenfalls in kleine Würfel schneiden. Vor dem Servieren über die Suppe geben.

Der Chivito ist ein typisches kleines Gericht in Uruguay, das vor allem mittags oder als schneller Zwischenimbiss gegessen wird. Er ist sozusagen die lateinamerikanische Antwort auf den nordamerikanischen Hamburger.

URUGUAY

Rinderfilet-Burger Chivito mit Spiegelei und Käse

Zutaten für 4 Personen:

4 Milchbrötchen
4 EL Mayonnaise
4 Blätter Eisbergsalat
400 g Roastbeef, in dünne Scheiben geschnitten
1 große Fleischtomate
4 Scheiben Schnittkäse, z.B. Gouda
2 EL Öl
4 Eier
Salz
frisch gemahlener Pfeffer

Zubereitung: ca. 15 Minuten

1. Die Brötchen halbieren und mit Mayonnaise bestreichen. Auf die Unterseite jedes Brötchens 1 Blatt Salat legen, das Roastbeef darauf verteilen.

2. Die Tomate waschen und in Scheiben schneiden. Auf jedes Brötchen 2 Scheiben Tomaten und 1 Scheibe Käse legen.

3. Das Öl in einer Pfanne erhitzen und die Eier auf beiden Seiten im heißen Öl braten. Spiegeleier mit Salz und Pfeffer würzen und auf die Brötchen legen.

4. Die Oberseiten der Brötchen drauflegen und die Brötchen mit Zahnstochern zusammenhalten.

Montevideo ist die Hauptstadt von Uruguay und wurde 1726 gegründet. Obwohl die Stadt inzwischen über 1,5 Millionen Einwohner hat, ist sie immer noch relativ beschaulich. Im Zentrum laden viele Straßencafés zum Verweilen ein.

URUGUAY

Rühreier Montevideo mit Erbsen und Pommes frites

Zutaten für 4 Personen:

100 g geräucherter Bauchspeck
1 Zwiebel
100 g gekochter Schinken
Öl zum Frittieren
2 EL Schmalz
200 g gekochte Erbsen (Dose)
4 Eier
2 EL Crème double
Salz
frisch gemahlener Pfeffer
500 g Pommes frites (Tiefkühlprodukt)
2 EL fein gehackte Petersilie

Zubereitung: ca. 30 Minuten

1. Den Speck würfeln. Die Zwiebel schälen, halbieren und in dünne Scheiben schneiden. Den gekochten Schinken in feine Streifen schneiden. Das Öl in einer Fritteuse auf 175 Grad erhitzen.

2. Das Schmalz in einer Pfanne erhitzen und den Speck darin auslassen. Die Zwiebel zugeben und glasig dünsten. Den Schinken und die Erbsen zufügen. Die Eier mit der Crème double verquirlen und unter die übrigen Zutaten in der Pfanne rühren. Mit Salz und Pfeffer würzen. Bei kleiner Hitze stocken lassen, dabei mehrfach umrühren.

3. Die Pommes frites im heißen Öl goldbraun frittieren. Kurz auf Küchenpapier abtropfen lassen, dann salzen.

4. Die Rühreier portionsweise mit den Pommes frites auf 4 Tellern anrichten und mit Petersilie bestreuen.

Die Küche Uruguays hat ihren Ursprung in der kreolischen Küche. Sie hat sich mit der Küche der Gauchos gemischt, die gerne und häufig gegrilltes Fleisch gegessen haben. Dieses Rezept verbindet beide kulinarischen Stile miteinander.

URUGUAY

Kreolisches Hacksteak mit Bananen und schwarzen Bohnen

Zutaten für 4 Personen:

250 g getrocknete schwarze Bohnen
Salz
1 Zwiebel
500 g Rinderhackfleisch
2 Eier
2 EL Semmelbrösel
1 TL gestoßene Korianderkörner
1 EL fein gehackte Petersilie
frisch gemahlener Pfeffer
60 ml Öl
4 kleine reife Bananen
200 g Queso Blanco, ersatzweise Kuhmilch-Feta

Vorbereitung: ca. 12 Stunden
Zubereitung: ca. 1 Stunde

1. Die Bohnen über Nacht mit Wasser bedeckt quellen lassen. Am nächsten Tag mit dem Einweichwasser zum Kochen bringen und zugedeckt bei kleiner Hitze ca. 1 Stunde garen. Kurz vor Ende der Garzeit salzen.

2. Die Zwiebel schälen und in kleine Würfel schneiden. Das Hackfleisch mit der Zwiebel, den Eiern, den Semmelbröseln, den Korianderkörnern und der Petersilie gut vermengen. Kräftig mit Salz und Pfeffer würzen. Aus dem Fleischteig große ovale Hacksteaks formen.

3. Die Hälfte des Öls in einer großen Pfanne erhitzen und die Hacksteaks darin auf jeder Seite ca. 5 Minuten bei mittlerer Hitze braten.

4. Das restliche Öl in einer zweiten Pfanne erhitzen. Die Bananen schälen, längs halbieren und auf jeder Seite goldbraun braten.

5. Die Hacksteaks mit den Bananen, den Bohnen und dem Käse auf einer Servierplatte anrichten.

Die Halbinsel Punta del Este mit ihren traumhaften Stränden wird auch die Côte d'Azur von Uruguay genannt. Der gleichnamige Badeort gilt als der schönste und luxuriöseste von ganz Südamerika. Er ist im Sommer ein beliebtes Reiseziel.

URUGUAY

Schmalzgebäck Punta del Este mit Puderzucker

Zutaten für 4 Personen:

Vorbereitung: ca. 30 Minuten
Zubereitung: ca. 30 Minuten

300 g Weizenmehl und Mehl zum Bearbeiten
1 TL Backpulver
2 Eier
60 ml Milch
2 EL Zucker
Salz
1 TL abgeriebene Zitronenschale
2 EL Butter
Butterschmalz zum Ausbacken
50 ml Puderzucker

1. Das Mehl auf die Arbeitsfläche sieben, in die Mitte eine Mulde drücken. Backpulver, Eier, Milch, Zucker, 1 Prise Salz, Zitronenschale und die Butter in Flöckchen hineingeben. Alles zu einem geschmeidigen Teig verkneten, eventuell noch etwas Milch zufügen. Den Teig zu einer Kugel formen, in Frischhaltefolie wickeln und 30 Minuten im Kühlschrank ruhen lassen.

2. Vom Teig kleine Portionen abnehmen und auf einer bemehlten Arbeitsfläche dünn ausrollen. In jeden Teigfladen mit dem Finger 3–4 Löcher stoßen.

3. Butterschmalz in der Fritteuse oder einer tiefen Pfanne auf 175 Grad erhitzen. Die Teigfladen nacheinander auf beiden Seiten goldbraun ausbacken. Kurz auf Küchenpapier abtropfen lassen und warm halten, bis alle Teigfladen gebacken sind.

4. Das Schmalzgebäck auf eine Platte legen und mit Puderzucker überstäuben.

Die venezolanische Küche ist stark von europäischen Einflüssen, vor allem aus Spanien, geprägt. Ein leckeres Beispiel dafür ist dieser Kartoffelsalat mit Mayonnaise und Dosenerbsen, der ein wenig an Mallorcas Gemüsesalat erinnert.

VENEZUELA

Königlicher Kartoffelsalat mit Ananas und Erbsen

Zutaten für 4 Personen:

500 g Kartoffeln
Salz
4 Äpfel
Saft von 1 Zitrone
1 kleine süße Ananas
400 g Erbsen (Dose)
3 EL Mayonnaise
2 EL Pflanzenöl
Salz
frisch gemahlener Pfeffer
1 TL Zucker
1 EL fein gehackte Petersilie

Vorbereitung: ca. 20 Minuten
Zubereitung: ca. 30 Minuten

1. Die Kartoffeln in Salzwasser ca. 20 Minuten garen. Abgießen, kalt abschrecken, ausdampfen lassen und schälen. Kartoffeln in kleine Würfel schneiden.

2. Die Äpfel schälen, vierteln, entkernen und in kleine Würfel schneiden. In eine Schüssel geben und mit dem Zitronensaft beträufeln. Die Ananas vierteln und das Fruchtfleisch von der Schale trennen. Den harten helleren Strunk entfernen. Ananas in kleine Würfel schneiden und zu den Äpfeln geben.

3. Die Erbsen in einem Sieb gut abtropfen lassen. Aus Mayonnaise, Öl, Salz, Pfeffer und Zucker ein Dressing anrühren. Mit den Erbsen und den Kartoffeln zum Obst geben und gut vermischen.

4. Den Salat 10 Minuten durchziehen lassen. Nochmals mit Pfeffer und Zucker abschmecken und auf 4 Tellern anrichten. Mit Petersilie bestreut servieren.

Das Lieblingsküchenkraut venezolanischer Köchinnen ist frischer Koriander, auch Cilantro genannt. Die würzigen Korianderblätter ähneln rein äußerlich der glatten Petersilie, haben aber einen äußerst intensiven Geschmack.

VENEZUELA

Avocadosalat mit Mais und Mozzarella in Koriander-Vinaigrette

Zutaten für 4 Personen:

2 reife Avocados
Saft von 1 Zitrone
400 g Kirschtomaten
250 g Mais (Dose)
250 g Mozzarella
1 weiße Zwiebel
1 gelbe Paprikaschote
2 Stangen Sellerie
3 EL Obstessig
Salz
frisch gemahlener Pfeffer
4 EL Pflanzenöl
1 EL fein gehackter Koriander

Zubereitung: ca. 20 Minuten
Ziehen lassen: ca. 30 Minuten

1. Die Avocados halbieren und den Kern entfernen. Das Fruchtfleisch im Ganzen aus der Schale lösen und in Scheiben schneiden. In eine Schüssel geben und sofort mit dem Zitronensaft beträufeln.

2. Die Tomaten waschen und halbieren. Den Mais gut abtropfen lassen. Den Mozzarella in Würfel schneiden. Die Zwiebel schälen, halbieren und in dünne Scheiben schneiden. Die Paprikaschote waschen, putzen und klein würfeln. Sellerie putzen und in dünne Scheiben schneiden. Alles unter die Avocados mischen.

3. Aus Essig, Salz, Pfeffer und Öl ein Dressing anrühren und über den Salat geben. Gut untermischen. Den Salat zugedeckt 30 Minuten im Kühlschrank durchziehen lassen. Vor dem Servieren den Koriander unterziehen.

Eine kräftige Hühnersuppe ist auch in Venezuela fast ein Allheilmittel für die großen und kleinen Kümmernisse des Alltags. Sie hilft bei Erkältungen, vertreibt schlechte Laune, stillt den Hunger und schmeckt einfach köstlich.

VENEZUELA

Mamas Hühnersuppe mit Gemüse und Kartoffeln

Zutaten für 4 Personen:

1 großes Suppenhuhn
2 l Gemüsebrühe
500 g Kartoffeln
je 1 rote und grüne Paprikaschote
4 Frühlingszwiebeln
1 Stange Lauch
Salz
200 g Erbsen (Dose)
200 g weiße Bohnen (Dose)
frisch gemahlener Pfeffer
1 EL fein gehackter Koriander

Zubereitung: ca. 40 Minuten
Garen: ca. 2 Stunden

1. Das Suppenhuhn waschen, trockentupfen und in 8 Stücke zerteilen. In der Gemüsebrühe 1 Stunde köcheln lassen.

2. Die Kartoffeln waschen, schälen und in Würfel schneiden. Die Paprikaschoten waschen, putzen und klein würfeln. Die Frühlingszwiebeln und den Lauch putzen, waschen und in dünne Ringe schneiden.

3. Die Hühnerteile aus der Brühe heben und abkühlen lassen. Gemüse und Kartoffeln in die Hühnerbrühe geben, salzen und 20 Minuten garen.

4. Die Erbsen und die Bohnen in ein Sieb geben, mit kaltem Wasser abbrausen und gut abtropfen lassen. Das Hühnerfleisch von den Knochen lösen, die Haut entfernen und das Fleisch in Würfel schneiden. Erbsen, Bohnen und Hühnerfleisch wieder in die Suppe geben und weitere 10 Minuten köcheln lassen.

5. Die Suppe mit Salz und Pfeffer abschmecken und mit Koriander bestreut servieren.

Hauspersonal ist in Venezuela in der Mittelschicht durchaus üblich. In vielen Familien gibt es einen guten Geist wie Ema, die nicht nur ausgezeichnet kochen kann, sondern mit Umsicht und Liebe den Alltag der Familie organisiert.

VENEZUELA

Emas feine Kürbiscremesuppe mit Rindfleischwürfeln

Zutaten für 4 Personen:

einige Kalbfleischknochen
2 Markknochen
1 Zwiebel
500 g Tafelspitz
Salz
800 g Muskatkürbis
1 rote Paprikaschote
1 frische rote Chilischote
4 Frühlingszwiebeln
2 EL Pflanzenöl
frisch gemahlener Pfeffer
1 EL geröstete Kürbiskerne

Vorbereitung: ca. 2 Stunden
Zubereitung: ca. 40 Minuten

1. Die Knochen waschen und in einen Topf geben. Die geschälte Zwiebel zugeben und 1,5 Liter Wasser angießen. 1 Stunde bei mittlerer Hitze köcheln lassen. Dann den Tafelspitz einlegen, mit 1 Teelöffel Salz würzen und weitere 40 Minuten köcheln. Das Fleisch aus der Brühe heben, die Brühe abseihen.

2. Inzwischen den Kürbis in Spalten schneiden, schälen und entkernen. Kürbisfruchtfleisch in Würfel schneiden. Paprika- und Chilischote längs halbieren, entkernen und würfeln. Die Frühlingszwiebeln putzen und mit einem Teil des Grüns grob hacken.

3. Das Öl in einem großen Topf erhitzen. Das Gemüse und die Frühlingszwiebeln zugeben und kurz anrösten. 600 ml Tafelspitzbrühe angießen, einmal aufkochen und 20–25 Minuten bei mittlerer Hitze garen.

4. Das Fleisch in mundgerechte Würfel schneiden. Die Kürbissuppe mit dem Stabmixer pürieren und die Fleischwürfel hineingeben. Suppe mit Salz und Pfeffer abschmecken. Vor dem Servieren mit den Kürbiskernen bestreuen.

Puerto Rico (auf Deutsch: reicher Hafen) wurde 1493 von Columbus entdeckt. Es hat auch heute noch viel zu bieten – palmengesäumte Sandstrände, einzigartige Regenwälder, malerische Bergregionen und bizzare Höhlenlandschaften.

VENEZUELA

Pochierter Zackenbarsch mit Mayonnaise und Kapern

Zutaten für 4 Personen:

1 Zackenbarsch, ca. 1,5 kg, küchenfertig
Salz
frisch gemahlener Pfeffer
Saft von 1 Zitrone
1 Zwiebel
2 EL Butter
1 Bund Petersilie
2 Lorbeerblätter
5 eingelegte Sardellenfilets
1 EL Obstessig
2 Eigelb
300 ml Olivenöl
2 EL kleine Kapern

Zubereitung: ca. 30 Minuten
Vorbereitung: ca. 40 Minuten

1. Den Fisch waschen und trockentupfen. Salzen, pfeffern und mit dem Zitronensaft beträufeln. 10 Minuten ziehen lassen.

2. Die Zwiebel schälen und würfeln. Die Butter in einem Fischtopf zerlassen und die Zwiebel darin anschwitzen. So viel Wasser angießen, dass der Fischtopf zu 2/3 gefüllt ist. Petersilie und Lorbeerblätter einlegen, zum Kochen bringen.

3. Den Zackenbarsch auf den Siebeinsatz des Fischtopfs setzen, Einsatz in den Fischtopf setzen. Den Fisch zugedeckt bei kleiner Hitze ca. 20 Minuten pochieren.

4. Die Sardellenfilets kalt abspülen, trockentupfen und hacken. Mit Essig und Eigelb im Mixer pürieren. Das Öl zunächst tropfenweise, dann in dünnem Strahl einarbeiten. Die Mayonnaise mit Salz und Pfeffer würzen.

5. Den Zackenbarsch aus dem Topf heben, vorsichtig auf eine vorgewärmte Platte setzen und die Haut auf der Fischoberseite ablösen. Den Fisch abkühlen lassen, dann mit der Mayonnaise bestreichen und mit den Kapern bestreuen.

Dieser herzhafte Kuchen enthält gleich mehrere Lieblingszutaten der venezolanischen Küche: Rindfleisch, Rosinen und Chilischoten. Für viele Europäer ist die Landesküche zu scharf, deshalb sollte man zunächst etwas vorsichtig sein.

VENEZUELA

Venezolanischer Kartoffelkuchen mit Rindfleisch gefüllt

Zutaten für 8 Personen:

500 g mehlig kochende Kartoffeln
Salz
3 Eier, getrennt
2 EL Milch
1 TL Backpulver
2 EL Mehl
1 EL Zucker
4 EL Butter
500 g mageres Rindfleisch
2 weiße Zwiebeln
3 Knoblauchzehen
12 kleine getrocknete Chilischoten
3 EL Olivenöl
3 hart gekochte Eier
150 g gefüllte Oliven
100 g Kapern
100 g Sultaninen
frisch gemahlener Pfeffer

Zubereitung: ca. 1 Stunde
Backen: ca. 40 Minuten

1. Am Vortag die Kartoffeln waschen, schälen, in Würfel schneiden und in kochendem Salzwasser garen. Abgießen, ausdampfen lassen und noch warm durch die Kartoffelpresse in eine Schüssel drücken. Abgedeckt über Nacht im Kühlschrank aufbewahren.

2. Kartoffelmasse mit Eigelb, Milch, Backpulver, Mehl, Zucker und 3 Esslöffeln Butter verrühren. Eiweiß steif schlagen und unter den Teig heben. Das Fleisch in möglichst kleine Würfel schneiden. Die Zwiebeln und den Knoblauch schälen und würfeln. Chilischoten hacken.

3. Das Öl in einer Pfanne erhitzen, Fleisch darin unter Rühren anbraten. Zwiebeln, Koblauch und Chili zugeben und anschwitzen. Vom Herd nehmen. Harte Eier, Oliven und Kapern fein hacken und mit den Sultaninen unter das Fleisch mischen, mit Salz und Pfeffer würzen. Den Backofen auf 220 Grad vorheizen.

4. Eine Springform mit der restlichen Butter ausfetten. Hälfte des Kartoffelteigs hineingeben, Fleischmischung darauf verteilen, mit dem übrigen Kartoffelteig bestreichen. Im heißen Ofen ca. 40 Minuten backen. Den Kartoffelkuchen heiß servieren.

Huhn und Rind sind die beliebtesten Fleischsorten in Venezuela. Das bekannteste Geflügelgericht ist „Arroz con pollo", Reis mit Huhn. Jede Hausfrau hat ihr spezielles Rezept dafür und die Zutaten variieren von Ortschaft zu Ortschaft.

VENEZUELA

Reis mit Huhn, Erbsen und Rosinen in Tomatensauce

Zutaten für 4 Personen:

1 großes Brathähnchen
2 große weiße Zwiebeln
2 rote Paprikaschoten
4 Tomaten
3 EL Olivenöl
Salz
frisch gemahlener Pfeffer
1/2 l Fleischbrühe
1/4 l Tomatensaft
250 g Langkornreis
200 g Erbsen (Dose)
75 g Sultaninen
1 EL fein gehackter Koriander

Zubereitung: ca. 1 Stunde

1. Das Hähnchen waschen, trockentupfen und in 8 Stücke zerteilen. Die Zwiebeln schälen und in kleine Würfel schneiden. Die Paprikaschoten halbieren, entkernen und würfeln. Die Tomaten waschen, vierteln und grob hacken.

2. Das Olivenöl in einer tiefen Pfanne erhitzen. Hähnchenteile hineingeben und von allen Seiten anbraten. Zwiebeln und Paprikaschoten zufügen und anrösten. Tomaten dazugeben, mit Salz und Pfeffer würzen. Die Fleischbrühe und den Tomatensaft angießen. 20 Minuten köcheln lassen.

3. Den Reis untermischen und bei mittlerer Temperatur zugedeckt weitere 15 Minuten kochen lassen. Dann die abgetropften Erbsen und die Sultaninen zufügen. Offen weiterkochen, bis der Reis die Flüssigkeit fast vollständig aufgesogen hat. Nochmals mit Salz und Pfeffer abschmecken und mit Koriander bestreut servieren.

Das Nationalgericht Venezuelas ist „Pabellòn Criollo", Rindfleisch, das in Fasern zerlegt wurde, mit schwarzen Bohnen, Reis, Käse und gebratenen Kochbananen. An zweiter Stelle steht diese Version mit ganzen Fleischscheiben und Mais.

VENEZUELA

Rindfleisch mit schwarzen Bohnen und Mais

Zutaten für 6 Personen:

200 g getrocknete schwarze Bohnen
1 kg Rinderbraten
600 ml Brühe
200 g Langkornreis
2 Zwiebeln
1 Knoblauchzehe
2 frische rote Chilischoten
100 ml Öl
Salz
frisch gemahlener Pfeffer
350 g Mais (Dose)
3 Kochbananen

Einweichen: ca. 12 Stunden
Zubereitung: ca. 2 Stunden

1. Bohnen über Nacht in 1 Liter Wasser quellen lassen. Am nächsten Tag mit dem Einweichwasser aufkochen und 1 Stunde zugedeckt köcheln lassen.

2. Das Fleisch waschen und in der Brühe ca. 1 Stunde zugedeckt bei mittlerer Hitze garen, bis es weich ist. Fleisch aus der Brühe heben und abtropfen lassen. Den Reis in die Fleischbrühe geben und 15 Minuten garen.

3. Die Zwiebeln und den Knoblauch schälen und würfeln. Chilischoten halbieren, entkernen und in Würfel schneiden. Die Hälfte der Zwiebeln und Chilischoten sowie den Knoblauch in 2 Esslöffeln Öl anbraten. Alles unter die Bohnen mischen, salzen, pfeffern und weitere 15 Minuten köcheln lassen. Den abgetropften Mais unterheben und in den Bohnen erhitzen.

4. Das Fleisch in dünne Scheiben schneiden. Mit den restlichen Zwiebeln und Chilischoten in 3 Esslöffeln Öl unter Rühren knusprig braten.

5. Die Kochbananen schälen, in ca. 15 mm dicke Scheiben schneiden und im restlichen Öl anbraten. Das Fleisch mit dem Bohnengemüse, dem Reis und den Kochbananen servieren.

Rubio wurde vor etwa 200 Jahren in den Bergen der Ostanden von Kaffeeplantagen-Besitzern gegründet. Bis heute wird in dieser Region vor allem die kleinbohnige Kaffeesorte Caracas angebaut, ein kräftiger, delikater Gebirgskaffee.

VENEZUELA

Schweinebraten Rubio in Coca-Cola geschmort

Zutaten für 6 Personen:

1 Zwiebel
6 Knoblauchzehen
1 frische rote Chilischote
Salz
frisch gemahlener Pfeffer
1/4 l Fleischbrühe
2 kg Schweinehalsgrat mit Schwarte
2 EL Butter
2 Lorbeerblätter
1 l Coca-Cola
1 EL fein gehackte Petersilie

Zubereitung: ca. 15 Minuten
Braten: ca. 3 Stunden

1. Die Zwiebel und den Knoblauch schälen und grob hacken. Chilischote längs halbieren, entkernen und hacken. Alles im Mixer mit Salz, Pfeffer und 3 Esslöffeln Brühe pürieren. Den Backofen auf 180 Grad vorheizen.

2. Das Fleisch waschen und trockentupfen. Fleisch mit der Zwiebelpaste einreiben. Die Butter in einem Bräter erhitzen und das Fleisch mit der Schwarte nach oben hineinlegen, Lorbeerblätter zugeben. Im heißen Ofen ca. 3 Stunden braten. Während dieser Zeit das Fleisch immer wieder mit Coca-Cola und Brühe übergießen.

3. Das Fleisch aus dem Bräter heben und vor dem Anschneiden 5 Minuten ruhen lassen. Den Bratenfond abgießen, entfetten, mit Salz und Pfeffer abschmecken.

4. Schweinebraten in gleichmäßige Scheiben schneiden und auf einer Servierplatte anrichten. Mit Petersilie bestreuen, die Sauce getrennt dazu servieren.

Die Gastfreundschaft der Venezolaner ist sprichwörtlich – ebenso wie ihre Liebe zum Kaffee, der im Land in sehr guter Qualität angebaut wird. Besuchern wird als Willkommensgetränk immer eine kleine Tasse Kaffee angeboten.

VENEZUELA

Mangomousse St. Cristobal mit Sahne und Limetten

Zutaten für 4 Personen:

2 reife Mangos
1 EL Zitronensaft
5 Blatt weiße Gelatine
250 g Rohrzucker
4 Eier
150 g süße Sahne
1 unbehandelte Limette

Zubereitung: ca. 1 Stunde
Kühlen: ca. 4 Stunden

1. Die Mangos schälen, halbieren und entkernen. Das Fruchtfleisch würfeln und anschließend im Mixer mit dem Zitronensaft pürieren.

2. Die Gelatine 5 Minuten in kaltem Wasser einweichen. Zucker mit 1/4 Liter Wasser zu einem dickflüssigen Sirup einkochen. Die Gelatine ausdrücken und im Sirup auflösen. Die pürierten Mangos mit dem Schneebesen unterrühren. Vom Herd nehmen und etwas abkühlen lassen.

3. Die Eier trennen. Eigelb unter die lauwarme Mangocreme rühren. Sobald die Creme zu gelieren beginnt, das Eiweiß sehr steif schlagen und vorsichtig unter die Creme heben. In eine Dessertschüssel umfüllen und abgedeckt im Kühlschrank 4 Stunden fest werden lassen.

4. Die Sahne steif schlagen und in einen Spritzbeutel mit Sterntülle füllen. Auf die Mangomousse kleine Sahnetupfen setzen. Die Limette waschen, trockentupfen und mit einem Juliennereißer schmale Streifen von der Limettenschale schneiden. Über die Mousse streuen.

KARIBIK

Urlaubsparadiese für Genießer: Ein Meer tropischer Früchte und Gemüse, feuriger Eintöpfe, exotischer Fleischgerichte und edler Fische

Aruba gilt als Perle der Karibik mit einer bunt gemischten Bevölkerung. Aus portugiesischen, spanischen, holländischen, englischen, afrikanischen und indischen Wörtern entwickelte sich sogar eine eigene Sprache, das „Papiamento".

ARUBA

Schnelle scharfe Erdnusssuppe mit Frühlingszwiebeln

Zutaten für 4 Personen:

1 Zwiebel
1 kleine rote Chilischote
125 g Erdnussbutter
Salz
1/2 l Hühnerbrühe
1/4 l Milch
50 g Erdnusskerne
2 Frühlingszwiebeln

Zubereitung: ca. 30 Minuten

1. Die Zwiebel schälen und klein würfeln. Die Chilischote längs halbieren, entkernen und fein hacken.

2. Die Erdnussbutter in einem Topf bei mittlerer Hitze anrösten. Zwiebel, Chili und 1/2 Teelöffel Salz hinzufügen. Mit der Hälfte der Brühe ablöschen, aufkochen und 10 Minuten bei kleiner Hitze köcheln lassen.

3. Restliche Brühe und Milch dazugeben, zum Kochen bringen und weitere 10 Minuten köcheln lassen.

4. Inzwischen die Erdnüsse in einer Pfanne ohne Fett rösten und anschließend klein hacken. Die Frühlingszwiebeln putzen und mit einem Teil des Grüns in feine Ringe schneiden.

5. Die Suppe mit Salz abschmecken. In vorgewärmte Suppenschalen verteilen, mit Frühlingszwiebeln und Erdnüssen bestreuen und auftragen.

„Sofrito“ nennt man in der Karibik eine gewürzte Tomatensauce, die auf vielen Inseln sehr beliebt ist und entweder als würzige Beilage oder als Zutat in anderen Gerichten verwendet wird. Sie fehlt dort in keiner guten Küche.

ARUBA

Karibische Würz-Tomaten-sauce mit Koriander und Petersilie

Zutaten für ca. 750 g:

2 grüne Paprikaschoten
4 Tomaten
2 Zwiebeln
4 Knoblauchzehen
100 g gekochter Schinken
100 g gepökeltes Schweinefleisch
2 EL Olivenöl
1/2 TL gemahlene Kurkuma
Salz
frisch gemahlener Pfeffer
1 TL getrockneter Oregano
1 kleines Bund Petersilie
1 kleines Bund Koriander
4 cl brauner Rum

Zubereitung: ca. 70 Minuten

1. Paprika und Tomaten waschen, halbieren und entkernen. Beides in kleine Würfel schneiden. Zwiebeln und Knoblauch schälen und klein würfeln. Schinken und Schweinefleisch fein hacken.

2. Öl in einer großen Pfanne erhitzen. Zwiebeln und Knoblauch darin anbraten und mit Kurkuma bestäuben. Paprika, Schinken und Fleisch dazugeben, kurz andünsten und die Tomaten hinzufügen. Mit Salz, Pfeffer und Oregano würzen. 4 Esslöffel Wasser dazugeben und zugedeckt bei kleiner Hitze 45 Minuten köcheln lassen.

3. Inzwischen Petersilie und Koriander waschen, trockenschütteln und die Blätter fein hacken. Die sämig gekochte Sauce mit Salz und Pfeffer abschmecken und die Kräuter unterziehen. Mit Rum aromatisieren und die heiße Sauce in sterilisierte Schraubgläser füllen. Verschließen und vollständig erkalten lassen.

Aruba ist heute ein autonomer Staat innerhalb des Königreichs der Niederlande, mit eigener Regierung und Verwaltung. 1986 trennte man sich offiziell von den Niederländischen Antillen, zu denen Bonaire und Curaçao gehören.

ARUBA

Kochbananen-Hackbraten mit Käse aus dem Backofen

Zutaten für 6 Personen:

Vorbereitung: ca. 30 Minuten
Backen: ca. 45 Minuten

6 Kochbananen
1/2 l Öl zum Frittieren
1 Zwiebel
3 Tomaten
2 EL Olivenöl
500 g Rinderhackfleisch
4 EL Würz-Tomatensauce
Salz
frisch gemahlener Pfeffer
1 Ei, verquirlt
100 g frisch geriebener Edamer

1. Die Bananen schälen und längs in jeweils 4 Scheiben schneiden. Das Öl in einer hohen Pfanne erhitzen und die Bananen darin auf jeder Seite ca. 2 Minuten braten. Herausnehmen und auf Küchenpapier abtropfen lassen.

2. Zwiebel schälen und fein hacken. Tomaten waschen, vierteln, entkernen und klein würfeln.

3. Olivenöl in einer Pfanne erhitzen, Hackfleisch dazugeben und krümelig braten. Zwiebel und Tomaten hinzufügen und andünsten. Würz-Tomatensauce einrühren, mit Salz und Pfeffer abschmecken und weitere 5 Minuten schmoren.

4. Backofen auf 180 Grad vorheizen. Ein Backblech mit Öl bepinseln und die Hälfte der Bananenscheiben dicht nebeneinander darauflegen. Fleischmischung darüber verteilen und mit dem Ei bestreichen. Mit den restlichen Bananenscheiben bedecken und mit Käse bestreuen. Im heißen Ofen 45 Minuten backen.

5. Bananen-Hackbraten in 6 Portionsstücke schneiden, auf vorgewärmte Teller verteilen und auftragen.

Die Kultur und die Küche der Bahamas ist eine bunte Mischung und so aufregend und abwechslungsreich wie die bewegte Geschichte der Inseln. Mehr als drei Viertel der Bevölkerung sind Nachfahren von afrikanischen Sklaven.

BAHAMAS

Bahama-Reispfanne mit gelben Erbsen und Koriander

Zutaten für 4 Personen:

100 g Speck
1 Zwiebel
1 Paprikaschote
1 Stange Sellerie
250 g gekochte gelbe Erbsen
1 EL Öl
2 EL Sofrito
Salz
frisch gemahlener Pfeffer
1 TL getrockneter Thymian
200 g Langkornreis
1 kleines Bund Koriander

Zubereitung: ca. 45 Minuten

1. Den Speck klein würfeln. Zwiebel schälen und fein hacken. Paprikaschote halbieren, entkernen und in kleine Würfel schneiden. Sellerie putzen und in feine Streifen schneiden. Erbsen in ein Sieb geben, kalt überbrausen und abtropfen lassen.

2. Öl in einem Topf erhitzen und den Speck darin knusprig braten. Zwiebel, Paprika und Sellerie dazugeben und glasig dünsten. Sofrito und Erbsen zufügen, mit Salz, Pfeffer und Thymian würzen und weitere 2 Minuten dünsten.

3. Reis und 1/2 Liter Wasser dazugeben und zum Kochen bringen. Zugedeckt bei kleiner Hitze 20 Minuten garen. Vom Herd nehmen und 10 Minuten nachziehen lassen.

4. Den Koriander waschen, trockenschütteln und die Blätter ohne grobe Stiele fein hacken. Reispfanne in 4 Schalen verteilen und mit Koriander bestreut servieren.

Die Bahamas sind eine Inselgruppe, die aus mindestens 700 Inseln besteht. Lediglich 30 davon sind bewohnt, 15 für den Tourismus erschlossen. Sie sind ein Paradies für Taucher und Angler, Erholungssuchende und Golfer.

BAHAMAS

Klassischer Fischtopf mit Garnelen und Süßkartoffeln

Zutaten für 6 Personen:

1,2 kg Fischfilets, z.B. Zackenbarsch oder Red Snapper
600 g rohe Garnelen, geschält
2 grüne Jalapeno Chilischoten
Saft von 2 Limetten
3 Zwiebeln
3 Knoblauchzehen
3 Stangen Sellerie
4 Tomaten
2 rote Paprikaschoten
4 Süßkartoffeln
2 EL Öl
75 g Speckwürfel
1/2 TL getrockneter Thymian
geriebene Muskatnuss
2 Lorbeerblätter
2 EL Sofrito
1,5 l Fischbrühe
Salz
frisch gemahlener Pfeffer
1/8 l helles Bier

Marinieren: 2 Stunden
Zubereitung: ca. 45 Minuten

1. Fisch und Garnelen waschen und trockentupfen. Fisch in 5 cm breite Streifen schneiden. Chilischoten längs halbieren, entkernen und klein hacken. Alles in eine Porzellanschüssel geben, mit Limettensaft beträufeln und 2 Stunden im Kühlschrank ziehen lassen.

2. Zwiebeln und Knoblauch schälen und klein würfeln. Sellerie putzen und in Streifen schneiden. Tomaten häuten, vierteln, entkernen und grob hacken. Die Paprikaschote halbieren, entkernen und in Streifen schneiden. Die Kartoffeln waschen, schälen und in Würfel schneiden.

3. Öl in einem Topf erhitzen, Speck darin knusprig braten. Zwiebeln und Sellerie dazugeben und andünsten. Paprika und Knoblauch zufügen, mit Thymian, Muskatnuss und Lorbeer würzen. Kartoffeln, Tomaten, Sofrito und Fischbrühe zufügen, aufkochen und ca. 20 Minuten bei kleiner Hitze köcheln lassen.

4. Fisch, Garnelen und Marinade zufügen und 10 Minuten bei kleiner Hitze garen. Fischstücke und Garnelen auf einer Servierplatte mit den Gemüsen anrichten. Sauce mit Salz und Pfeffer abschmecken, Bier angießen, einmal aufkochen und separat reichen.

Auf den Bahamas findet am 2. Weihnachtstag und am 1. Januar die Junkanoo Parade statt, bei der verschiedene Gruppen mit furiosen Tänzern in möglichst ausgefallenen bunten Kostümen bei rhythmischer Musik um die Wette eifern.

BAHAMAS

Rosinen-Napfkuchen mit Vanille und braunem Rum getränkt

Zutaten für 6 Personen:

Zubereitung: ca. 75 Minuten
Ruhen lassen: ca. 1 Stunde

Für den Teig:
150 g weiche Butter und Butter für die Form
150 g Zucker
4 Eier
1/4 l Milch
500 g Mehl und Mehl für die Form
2 TL Backpulver
2 Vanilleschoten
50 g Rosinen
50 g gehackte Mandeln

Für die Glasur:
175 g Zucker
150 ml brauner Rum

1. Den Backofen auf 180 Grad vorheizen. Butter in einer Schüssel mit Zucker schaumig rühren. Eier untermischen. Dann Milch, Mehl und Backpulver zufügen und zu einem glatten Rührteig verarbeiten. Vanilleschoten längs halbieren. Das Mark herauskratzen und die Hälfte davon mit den Rosinen unter den Teig rühren.

2. Eine Napfkuchen- oder Gugelhupfform ausbuttern, mit Mehl ausstäuben und Mandeln auf den Boden streuen. Teig in die Backform füllen und ca. 1 Stunde im heißen Ofen backen.

3. Den Kuchen auf ein Kuchengitter stürzen und etwas abkühlen lassen.

4. Für die Glasur den Zucker mit 75 ml Wasser unter Rühren ca. 5 Minuten köcheln lassen. Vom Herd nehmen, Rum und restliches Vanillemark unterrühren.

5. Kuchen mit einem Holz- oder Metallspieß mehrfach einstechen. Die Glasur mit einem Löffel oder Pinsel über den Kuchen verteilen. Mindestens 1 Stunde, besser über Nacht ziehen lassen.

Barbados wurde 1536 von einem portugiesischen Seefahrer entdeckt. Den Portugiesen verdankt die Insel auch ihren Namen. Sie nannten die großen Feigenbäume wegen ihrer bartartigen Luftwurzeln „Los Barbados", die Bärtigen.

BARBADOS

Brotfruchtsalat mit buntem Gemüse und Limettensauce

Zutaten für 6 Personen:

1 Brotfrucht, ca. 1 kg
Salz
3 Knoblauchzehen
1 Zwiebel
1 Gurke
je 1 rote und grüne Paprikaschote
1 Habanero Chilischote
350 ml Limettensaft
frisch gemahlener Pfeffer
2 EL fein gehackte Petersilie

Zubereitung: ca. 45 Minuten
Kühlen: ca. 4 Stunden

1. Die Brotfrucht schälen, vierteln und die Kerne entfernen. Das Fruchtfleisch in ca. 1 cm dicke Scheiben schneiden. In eine Schüssel mit kaltem Salzwasser legen und 15 Minuten ziehen lassen. Abtropfen lassen. Einen Topf mit gesalzenem Wasser zum Kochen bringen und die Brotfruchtscheiben ca. 25 Minuten bei kleiner Hitze bissfest garen.

2. Inzwischen Knoblauch, Zwiebel und Gurke schälen. Knoblauch und Zwiebel klein würfeln. Die Gurke der Länge nach halbieren, entkernen und in dünne Scheiben schneiden. Die Paprikaschote halbieren, entkernen und klein würfeln. Die Chilischote längs halbieren, entkernen und klein hacken.

3. Brotfrucht abtropfen lassen und mit den übrigen Zutaten in eine Schüssel geben. Limettensaft mit Salz und Pfeffer verrühren und über den Salat gießen. Gut durchrühren und mindestens 4 Stunden kühl stellen. Mit Petersilie bestreut servieren.

Die einstige Zuckerinsel lockt heute Besucher aus aller Welt mit einer Mischung aus fröhlichem karibischem Inselleben, traumhaften Sandstränden und unberührter Natur. Feinschmecker schätzen die aromatische Bajan-Küche.

BARBADOS

Knuspriges Bajan-Hähnchen mit Gewürzen frittiert

Zutaten für 4 Personen:

1 Brathähnchen, ca. 1,5 kg
2 EL Limettensaft
Salz

Für die Bajan-Gewürzpaste:
1 Zwiebel
3 Knoblauchzehen
3 Frühlingszwiebeln
1/2 Bund Koriander
1/2 Bund Petersilie
3 Zweige Thymian
3 Zweige Majoran
1 Msp. gemahlener Piment
1 TL frisch geriebener Ingwer
Saft von 1 Limette
1/2 l Pflanzenöl
1/2 TL Salz

60 g Mehl
2 TL Hähnchengewürz
Pfeffer

Zubereitung: ca. 1 Stunde

1. Das Hähnchen waschen, trockentupfen und mit den Knochen in 12 kleine Stücke schneiden. Mit Limettensaft beträufeln und salzen. Abgedeckt kühl stellen.

2. Inzwischen die Gewürzpaste zubereiten. Die Zwiebel und den Knoblauch schälen und würfeln. Die Frühlingszwiebeln putzen und hacken. Die Kräuter waschen, trockenschütteln und die Blättchen abzupfen. Alles im Mixer mit Piment, Ingwer, Limettensaft, einem Teelöffel Pflanzenöl und Salz zu einer dicken Paste pürieren.

3. Mit einem spitzen scharfen Messer Taschen in das Hähnchenfleisch schneiden und mit der Gewürzpaste füllen. Restliche Paste in ein Schraubglas füllen und anderweitig verwenden. (Hält sich im Kühlschrank ca. 1 Woche).

4. Das restliche Öl in einem Topf auf 180 Grad erhitzen. Mehl mit Hähnchengewürz und Pfeffer mischen und auf einen Teller streuen. Hähnchenteile darin wenden. Überschüssiges Mehl abschütteln und die Hähnchenteile im heißen Öl knusprig frittieren. Auf Küchenpapier abtropfen lassen und heiß servieren.

In einer der ältesten Kolonien des britischen Empires haben britische Traditionen besonders deutliche architektonische, kulturelle und kulinarische Spuren hinterlassen. So zählt bis heute das Roastbeef zu den Nationalgerichten.

BERMUDA

Roastbeef-Salat mit Mango und Paprika in Joghurtdressing

Zutaten für 4 Personen:

100 g saure Sahne
200 g Joghurt
4 EL Mangochutney (Fertigprodukt)
2 EL Apfelessig
1 EL Limettensaft
Salz
1/4 TL gemahlener Piment
frisch gemahlener Pfeffer
2 Frühlingszwiebeln
250 g Roastbeef, in dünne Scheiben geschnitten
1 reife Mango
1 Paprikaschote
1 Romana-Salat

Zubereitung: ca. 20 Minuten

1. Sahne, Joghurt und Chutney in einer Schüssel verrühren. Essig und Limettensaft zufügen und mit Salz, Piment und Pfeffer würzen.

2. Frühlingszwiebeln putzen, in feine Röllchen schneiden und zur Sauce geben. Den Fettrand vom Roastbeef entfernen. Roastbeefscheiben übereinanderlegen und diagonal in 1 cm breite Streifen schneiden.

3. Die Mango schälen, halbieren, entkernen und das Fruchtfleisch in Scheiben schneiden. Die Paprikaschote halbieren, entkernen und in Streifen schneiden. Salat putzen, waschen und trockenschleudern.

4. Salatblätter in mundgerechte Stücke zupfen und auf einer Servierplatte verteilen. Paprika- und Roastbeefstreifen mit den Mangoscheiben darauf anrichten und mit der Hälfte der Sauce beträufeln. Die restliche Sauce getrennt dazu reichen.

Bermuda besteht aus einer Kette von 150 größeren und kleineren Koralleninseln mit traumhaften Buchten und rosafarbenen Sandstränden. Farbenfroh wie die Vegetation sind auch die Gerichte der Landesküche.

BERMUDA

Gefüllte grüne Papaya mit Rindfleisch aus dem Ofen

Zutaten für 4 Personen:

1 große unreife Papaya, ca. 1 kg
2 Zwiebeln
4 Knoblauchzehen
2 Stangen Sellerie
2 Chilischoten
3 Tomaten
500 g Rinderhackfleisch
Salz
frisch gemahlener Pfeffer
1 TL getrockneter Oregano
2 EL Sofrito
150 g geriebener Parmesan

Zubereitung: ca. 1 Stunde

1. Papaya längs halbieren und die Kerne mit einem Löffel auslösen. Einen großen Topf mit gesalzenem Wasser zum Kochen bringen, Papaya hineinlegen und in ca. 15 Minuten weich kochen. Abtropfen lassen.

2. Zwiebeln und Knoblauch schälen und klein würfeln. Sellerie putzen und in kleine Würfel schneiden. Chilischoten halbieren, entkernen und klein hacken. Tomaten häuten, vierteln, entkernen und grob hacken.

3. Den Backofen auf 200 Grad vorheizen. Öl in einer großen Pfanne erhitzen und Zwiebeln, Knoblauch, Chili und Sellerie darin glasig dünsten. Fleisch zufügen und krümelig braten. Mit Salz, Pfeffer und Oregano würzen. Tomaten und Sofrito dazugeben und alles 10 Minuten bei kleiner Hitze köcheln lassen.

4. Papayahälften in eine ofenfeste Form legen und mit der Fleischmasse füllen. Mit Parmesan bestreuen und ca. 30 Minuten im Ofen backen. Heiß servieren.

In der quirligen Hauptstadt Bermudas, Hamilton, findet man auf den Straßen die so genannten „Lunch Waggons". Sie bieten eine Vielzahl leckerer kleiner Speisen, Sandwichs, Pasteten und Snacks für den kleinen Hunger zwischendurch an.

BERMUDA

Gegrillte Truthahnschnitzel mit Ingwer mariniert

Zutaten für 4 Personen:

1 kleines Stück Ingwer
2 Knoblauchzehen
60 ml helle Sojasauce
60 ml Sherry
1 EL Aprikosenmarmelade
60 g brauner Zucker
1 EL Limettensaft
2 EL Pflanzenöl
4 Truthahnschnitzel à 200 g
Salz
frisch gemahlener Pfeffer

Marinieren: ca. 2 Stunden
Zubereitung: ca. 20 Minuten

1. Ingwer und Knoblauch schälen und fein reiben. In eine Schüssel geben und mit Sojasauce, Sherry, 100 ml Wasser und Aprikosenmarmelade verrühren. Zucker, Limettensaft und Öl hinzufügen.

2. Das Fleisch waschen und trockentupfen. In die Marinade legen und mindestens 2 Stunden abgedeckt im Kühlschrank ziehen lassen.

3. Fleisch aus der Marinade nehmen, trockentupfen und mit Salz und Pfeffer würzen. Marinade beiseitestellen. Das Fleisch auf dem heißen Grill auf beiden Seiten insgesamt 10 Minuten grillen. Mehrmals wenden und mit der Marinade bepinseln.

Kuba ist die größte Antilleninsel und für viele Touristen der Inbegriff karibischer Lebensfreude. Vor allem Meeresfrüchte stehen hier hoch im Kurs: Fische, Langusten und Garnelen, die täglich frisch gefangen werden.

KUBA

Scharfe Garnelen-Bananen-Bällchen mit Knoblauch

Zutaten für 4 Personen:

4 reife Kochbananen
1 Zwiebel
2 Knoblauchzehen
1 Paprikaschote
1 frische rote Chilischote
400 g Garnelen, roh, geschält
2 EL Öl
Salz
frisch gemahlener Pfeffer
1 Msp. gemahlener Kreuzkümmel
8 cl Rum
Kokosfett zum Backen

Zubereitung: ca. 1 Stunde

1. Die Kochbananen schälen und in jeweils 4 Stücke schneiden. In einen Topf geben, mit Wasser bedecken, aufkochen und in 10–15 Minuten weich kochen.

2. Inzwischen Zwiebel und Knoblauch schälen und klein würfeln. Paprikaschote halbieren, entkernen und in kleine Würfel schneiden. Chilischote längs halbieren, entkernen und fein hacken. Garnelen waschen, abtropfen lassen, trockentupfen und fein hacken.

3. Bananen in einem Sieb abtropfen lassen und noch warm in einer Schüssel zerstampfen. Öl in einer Pfanne erhitzen, Zwiebel, Knoblauch, Paprika und Chili darin glasig dünsten. Garnelenfleisch zufügen und 2 Minuten unter Rühren anbraten. Mit Salz, Pfeffer und Kreuzkümmel würzen. Mit Rum ablöschen, den Pfanneninhalt zu den Bananen geben und gut untermischen. Erkalten lassen.

4. Kokosfett in einem Topf auf 180 Grad erhitzen. Aus der Garnelen-Bananen-Masse mit angefeuchteten Händen kleine Bällchen formen. Die Bällchen portionsweise im heißen Fett goldbraun ausbacken. Auf Küchenpapier abtropfen lassen und heiß servieren.

Die kubanische Küche enthält afrikanische, spanische, karibische und italienische Einflüsse. Zu einem original kubanischen Essen gehören auch immer exotische Früchte als erfrischendes Dessert und als Abschluss ein Kaffee.

KUBA

Überbackene gefüllte Chayote mit Cheddar

Zutaten für 6 Personen:

4 Chayoten
Salz
400 g geriebenes Weißbrot
250 g Cheddarkäse, gerieben
2 Eier
frisch gemahlener Pfeffer
Cayennepfeffer
4 EL frisch geriebener Parmesan
3 EL Butter

Zubereitung: ca. 45 Minuten

1. Die Chayoten halbieren und entkernen. Einen Topf mit gesalzenem Wasser zum Kochen bringen und die Chayoten darin ca. 10 Minuten kochen. In einem Sieb abtropfen und abkühlen lassen. Backofen auf 200 Grad vorheizen.

2. Mit einem Löffel das Fruchtfleisch bis auf 1/2 cm aus den Chayotehälften löffeln und fein hacken. In einer Schüssel mit 3/4 des Weißbrots, Cheddarkäse und den Eiern mischen. Mit Salz, Pfeffer und Cayennepfeffer würzen und in die Chayotehälften füllen.

3. Die Chayotehälften in eine ofenfeste Form legen. Restliches Weißbrot mit dem Parmesan mischen und über die Chayote streuen. Die Butter zerlassen und über die Chayote träufeln. Im heißen Ofen 20 Minuten überbacken und in der Form servieren.

Fleischgerichte stehen in Kuba häufig auf dem Speisezettel. Besonders beliebt ist Schweinefleisch, das mit Kräutern und Gewürzen großzügig abgeschmeckt wird. Gerne wird es mit Hülsenfrüchten, Mais, Kartoffeln oder Reis serviert.

KUBA

Kubanische schwarze Bohnensuppe mit Haxenfleisch

Zutaten für 4 Personen:

450 g getrocknete schwarze Bohnen
1 Zwiebel
4 Knoblauchzehen
je 1 grüne und rote Paprikaschote
1 Stange Sellerie
1 frische rote Chilischote
60 ml Olivenöl
2 EL Tomatenmark
1 Schweinehaxe
4 Scheiben Speck
1 Lorbeerblatt
Salz
frisch gemahlener Pfeffer
2 EL gemahlener Kreuzkümmel
2 TL getrockneter Oregano
2 cl brauner Rum
4 EL Schnittlauchröllchen
4 EL saure Sahne
200 g gekochter Reis

Einweichen: ca. 12 Stunden
Zubereitung: ca. 150 Minuten

1. Die Bohnen über Nacht in Wasser quellen lassen. Am nächsten Tag abgießen und abtropfen lassen.

2. Zwiebel und Knoblauchzehen schälen und hacken. Paprikaschoten putzen, entkernen und klein würfeln. Sellerie putzen und in feine Streifen schneiden. Chilischote längs halbieren, entkernen und klein hacken.

3. Öl in einem großen Topf erhitzen, Zwiebel, Knoblauch, Paprika und Sellerie darin 10 Minuten andünsten. Tomatenmark und Bohnen zufügen. Schweinehaxe und Speck in den Topf legen. Alles mit Wasser bedecken und zum Kochen bringen. Mit Lorbeer, Salz, Pfeffer, Kreuzkümmel und Oregano würzen. Bei kleiner Hitze ca. 2 Stunden köcheln lassen. Verdunstete Flüssigkeit durch heißes Wasser ersetzen.

4. Schweinehaxe und Lorbeerblatt aus dem Topf nehmen, das Fleisch klein schneiden und in Suppenteller verteilen. Die Hälfte der Bohnen mit etwas Flüssigkeit im Mixer pürieren. Püree wieder in die Suppe geben und weitere 5 Minuten köcheln. Rum einrühren, mit Salz und Pfeffer abschmecken. Die Suppe in 4 tiefe Teller verteilen, mit Schnittlauch bestreuen und mit saurer Sahne garnieren.

Curaçao gehört zu den Niederländischen Antillen. Im Lauf der Jahrhunderte hat sich hier eine einzigartige Kultur entwickelt, geprägt von indianischen, europäischen, afrikanischen, asiatischen und arabischen Einflüssen.

CURAÇAO

Grüner Langkornreis aus Curaçao mit frischem Koriander

Zutaten für 4 Personen:

1 Zwiebel
1 Knoblauchzehe
1 Chilischote
1/2 Bund Koriander
1 EL Olivenöl
1 TL Kurkuma
Salz
frisch gemahlener Pfeffer
250 ml Hühnerbrühe
200 ml helles Bier
300 g Langkornreis
100 g Erbsen (Tiefkühlware)

Zubereitung: ca. 40 Minuten

1. Die Zwiebel und Knoblauchzehe schälen und klein würfeln. Die Chilischote halbieren, entkernen und fein hacken. Koriander waschen, trockenschütteln und die Blätter in einem Mixer mit ca. 2 Esslöffeln Wasser zu einer Paste pürieren. Ein paar schöne Blätter zur Garnierung beiseitelegen.

2. Öl in einem Topf mit Deckel erhitzen. Zwiebel, Knoblauch und Chili darin glasig dünsten. Mit Kurkuma, Salz und Pfeffer würzen und die Korianderpaste dazurühren.

3. Hühnerbrühe, Bier und 200 ml Wasser angießen und aufkochen. Mit dem Deckel verschließen, Reis zufügen und bei kleiner Hitze 20 Minuten kochen lassen.

4. Die Erbsen dazugeben und weitere 5 Minuten garen. Zum Servieren den Reis in eine flache Schüssel geben und mit Korianderblättern garniert auftragen.

Die Küche auf Curaçao ist abwechslungsreich und reicht von kreolischen Spezialitäten bis zu altholländischen. Entlang der Straßen kann man in umgebauten Kleinbussen die ganze Nacht hindurch lokale Gerichte kaufen.

CURAÇAO

Kürbisplätzchen aus Curaçao mit braunem Rum

Zutaten für 4 Personen:

Vorbereitung: ca. 30 Minuten
Zubereitung: ca. 20 Minuten

600 g Kürbisfruchtfleisch
100 g Mehl
60 ml Milch
1 Ei
4 cl brauner Rum
1 TL Zimt
geriebene Muskatnuss
2 EL Zucker
1 Prise Salz
1 EL Vanillezucker
1/4 TL Backpulver
Öl zum Backen
Puderzucker zum Bestäuben

1. Kürbis schälen, entkernen und das Fruchtfleisch grob würfeln. Einen Topf mit gesalzenem Wasser zum Kochen bringen und die Kürbiswürfel 15 Minuten kochen. Abgießen, abtropfen lassen und zerstampfen.

2. Kürbispüree mit Mehl, Milch und Ei und den restlichen Zutaten zu einem glatten Teig verarbeiten.

3. Öl in einem Topf erhitzen. Esslöffelweise Teig entnehmen und im heißen Öl auf jeder Seite etwa 2 Minuten goldbraun backen. Fertige Plätzchen herausheben und auf Küchenpapier abtropfen lassen. Auf diese Weise den gesamten Teig verarbeiten.

4. Zum Servieren die Kürbisplätzchen mit Puderzucker bestäuben und auf einer Servierplatte auftragen.

Taino-Indianer, Spanier, afrikanische Sklaven und Einwanderer haben die heutige Küche der Dominikanischen Republik geprägt. Auf den Speisekarten findet man viele Gerichte, die man – leicht verändert – aus anderen Ländern kennt.

DOMINIKANISCHE REP.

Auberginenkaviar mit Koriander und schwarzen Oliven

Zutaten für 4 Personen:

Vorbereitung: ca. 40 Minuten
Zubereitung: ca. 15 Minuten

1 kg Auberginen
1 Zwiebel
1 rote Paprikaschote
2 Tomaten
4 EL Olivenöl
2 EL Rotweinessig
Salz
frisch gemahlener Pfeffer
1 kleines Bund Koriander
4 große Salatblätter
100 g schwarze Oliven

1. Den Backofen auf 180 Grad vorheizen. Die Auberginen waschen und trockentupfen. Auf ein Backblech legen und im heißen Ofen garen, bis sie weich sind.

2. Die Zwiebel schälen. Paprikaschote und Tomaten waschen, halbieren und entkernen. Alles fein würfeln.

3. Auberginen aus dem Ofen nehmen, etwas abkühlen lassen, schälen und das Fruchtfleisch fein hacken. Mit dem Gemüse in einer Schüssel vermischen. Öl und Essig hinzufügen, mit Salz und Pfeffer abschmecken. Koriander waschen, trockenschütteln, die Blätter fein hacken und unter das Gemüse mischen.

4. Den Salat waschen und trockenschleudern. Den Auberginenkaviar auf die Salatblätter verteilen, auf einer Servierplatte anrichten, mit den Oliven garnieren.

Die dominikanische Küche ist herzhaft und unkompliziert. Ein traditionelles Essen ist reich an Kohlenhydraten und sehr sättigend. Die meisten Zutaten kommen aus dem eigenen Garten, ergänzt durch Wurst, Speck, Fleisch oder Fisch.

DOMINIKANISCHE REP.

Maniok-Kürbis-Ragout mit Gemüse und Knoblauchwurst

Zutaten für 6 Personen:

750 g Bauchspeck
500 g spanische Knoblauchwurst
1 Zwiebel
2 Knoblauchzehen
1 grüne Paprikaschote
2 El Pflanzenöl
1 EL Rotweinessig
2 EL Bitterorangensaft
1,5 l Fleischbrühe
250 g Maniok
250 g Möhren
250 g Süßkartoffeln
250 g Kürbisfruchtfleisch
Salz
frisch gemahlener Pfeffer
1 TL getrockneter Oregano
1 TL Tabascosauce

Zubereitung: ca. 2 Stunden

1. Den Speck in 2 cm große Würfel, die Wurst in 2 cm dicke Scheiben schneiden. Zwiebel und Knoblauch schälen und klein würfeln. Paprikaschote halbieren, entkernen und in kleine Würfel schneiden.

2. Das Öl in einem Topf erhitzen, den Speck und die Wurst darin anbraten. Zwiebel, Knoblauch und Paprika zufügen und mit Essig und Orangensaft ablöschen, die Brühe angießen. Zugedeckt 1 Stunde bei kleiner Hitze köcheln lassen.

3. Inzwischen Maniok und Möhren schälen und in Scheiben schneiden. Süßkartoffeln und Kürbis schälen und würfeln. Alles zum Speck geben, mit Salz, Pfeffer, Oregano und Tabasco würzen. Weitere 30 Minuten köcheln lassen.

4. Gemüse, Speck und Wurst mit einem Schaumlöffel herausnehmen und in eine Schüssel geben. Die Brühe in Schalen verteilen und separat dazu reichen.

Der Staat Grenada besteht aus den drei Inseln Grenada, Carriacou und Petit Martinique. Die Küche ist von französischen, afrikanischen und indischen Einflüssen geprägt. Authentische Gerichte bekommt man in den einheimischen Lokalen.

GRENADA

Fleischtopf St. George mit Zimt, Nelken und Muskatnuss

Zutaten für 6 Personen:

500 g Ochsenschwanz, in Stücke geschnitten
500 g Kalbshaxe, in Scheiben geschnitten
250 g gepökeltes Rindfleisch
250 g Cassareep (karibische Würzsauce)
500 g Rindfleisch
500 g Schweinefleisch
Saft von 2 Limetten
1 EL grobes Salz
2 Knoblauchzehen
1 Zwiebel
1 EL brauner Zucker
1 TL gemahlener Zimt
1/2 TL Nelkenpulver
1/2 TL geriebene Muskatnuss
2 Scotch Bonnet Chilischoten

Zubereitung: ca. 2 Stunden

1. Das Fleisch waschen und trockentupfen. Ochsenschwanzstücke, Kalbshaxe und gepökeltes Rindfleisch in einen großen Topf geben. Cassareep zufügen und das Fleisch mit Wasser bedecken. Zum Kochen bringen und bei kleiner Hitze 1 Stunde kochen.

2. Das restliche Fleisch in 3 cm große Würfel schneiden. Limettensaft mit Salz mischen, die Fleischstücke damit würzen und ziehen lassen.

3. Knoblauch und Zwiebel schälen und klein würfeln. Zucker in einen Topf geben und hellbraun karamellisieren. Mariniertes Fleisch dazugeben und unter Rühren anbraten. Zwiebel und Knoblauch zufügen und anrösten. Alles zu dem Ochsenschwanz geben und die Fleischsorten gut vermischen.

4. Mit Zimt, Nelkenpulver und Muskatnuss würzen. Chilischoten waschen, mit einer Gabel mehrfach einstechen und zum Fleischtopf geben. Aufkochen und 1 weitere Stunde bei kleiner Hitze köcheln lassen. Vor dem Servieren die Chilischoten entfernen.

Der Fremdenverkehr ist die Haupteinnahmequelle von Grenada. Rund 400.000 Touristen besuchen jährlich die Inseln. Wichtige Exportartikel sind neben Bananen, Kakao und Zucker auch aromatische Gewürze wie die Muskatnuss.

GRENADA

Sahneeis mit Muskatnuss und Vanille auf Mangosalat

Zutaten für 4 Personen:

Vorbereitung: ca. 30 Minuten
Gefrieren: ca. 2 Stunden

Für das Eis:
350 ml Milch
350 g süße Sahne
3 Eier
150 g Zucker
1/4 TL Salz
1 TL geriebene Muskatnuss

Für den Mangosalat:
2 reife Mangos
4 cl brauner Rum
Saft von 1 Limette
1 EL Zucker

1. Milch und Sahne in einen Topf geben. Die Vanilleschote der Länge nach halbieren und das Mark herauskratzen. Eier in eine Schüssel geben und mit Zucker, Salz, Vanillemark und Muskatnuss cremig aufschlagen.

2. Milch und Sahne zum Kochen bringen. Hälfte der Flüssigkeit unter Rühren zu den Eiern gießen. Dann die Mischung zurück in die restliche Milch gießen und bei kleiner Hitze unter ständigem Rühren dicklich einkochen lassen.

3. Die Masse in eine Metallschüssel umfüllen, in Eiswasser stellen und kalt rühren. Eiscrememasse in der Eismaschine nach Gebrauchsanleitung frosten.

4. Inzwischen die Mangos schälen, entkernen und das Fruchtfleisch in Scheiben schneiden. In eine Schüssel geben und mit Rum und Limettensaft beträufeln. Mit Zucker bestreut 30 Minuten ziehen lassen.

5. Den Mangosalat auf Desserttellern anrichten und das Sahneeis in Kugeln in die Mitte setzen.

Dem Einfallsreichtum der Bewohner ist es zu verdanken, dass man auf Guadeloupe auch aus wenigen Zutaten ein wohlschmeckendes Gericht zubereitet. Vor allem in den kleinen einheimischen Restaurants findet man solche Speisen.

GUADELOUPE

Scharfer Kochbananentopf mit Lauch und Spinat

Zutaten für 6 Personen:

1 kg Kochbananen
1,5 kg Spinat
5 Knoblauchzehen
3 Stangen Lauch
1 Habanero Chilischote
Saft von 1 Limette
Salz

Zubereitung: ca. 40 Minuten

1. Die Bananen schälen und in 5 mm dicke Scheiben schneiden. In einen Topf geben, mit Wasser bedecken und einmal aufkochen. Bei mittlerer Hitze ca. 15 Minuten kochen.

2. Den Spinat verlesen, putzen, waschen und abtropfen lassen. Knoblauchzehen schälen und fein hacken. Lauch putzen, waschen und in feine Streifen schneiden. Chilischote waschen und mit einer Gabel mehrmals einstechen.

3. Spinat und Lauch zu den Bananen geben. Limettensaft und Chilischote zufügen und zugedeckt weitere 15 Minuten garen.

4. Vor dem Servieren die Chilischote entfernen und den Eintopf mit Salz abschmecken.

Abwechslungsreich, raffiniert und dennoch bodenständig ist die Küche auf Guadeloupe. Im Lauf vieler Jahrhunderte trug jede Bevölkerungsgruppe ihren Teil dazu bei, dass hier eine Küche entstand, die als eine der besten der Karibik gilt.

GUADELOUPE

Pikantes Hähnchencurry Guadeloupe mit Gemüse

Zutaten für 4 Personen:

1 Brathähnchen, ca. 1,5 kg
2 EL Limettensaft
Salz
frisch gemahlener Pfeffer
2 Zwiebeln
2 Knoblauchzehen
2 Frühlingszwiebeln
je 2 TL Korianderkörner, Piment und Kreuzkümmel
1 TL schwarze Pfefferkörner
1 TL Kurkuma
2 EL Butter
2 EL Olivenöl
2 EL fein gehackte Petersilie
2 EL Thymianblättchen
2 Tomaten
1 Chayote
1 Kartoffel
1 Aubergine
1 Scotch Bonnet Chilischote

Zubereitung: ca. 75 Minuten

1. Hähnchen waschen, trockentupfen und mit den Knochen in 8 Teile schneiden. Mit Limettensaft beträufeln, salzen und pfeffern. 15 Minuten ziehen lassen. Zwiebeln und Knoblauch schälen und klein würfeln, Frühlingszwiebeln putzen und in Röllchen schneiden.

2. Koriander, Piment, Kreuzkümmel und Pfeffer in einer Pfanne rösten. Im Mörser zerstoßen und mit Kurkuma mischen. Butter und Öl in einem Schmortopf erhitzen. Fleisch darin von allen Seiten anbraten. Fleisch mit der Gewürzmischung überstreuen, Kräuter hinzufügen und 5 Minuten schmoren. Mit 1/2 Liter Wasser ablöschen, bei kleiner Hitze 20 Minuten köcheln.

3. Tomaten häuten, vierteln, entkernen und grob hacken. Chayote und Kartoffel schälen und mit der Aubergine klein würfeln. Chili mit einer Gabel mehrmals einstechen. Gemüse und Chili zum Fleisch geben und bei kleiner Hitze 25 Minuten köcheln.

4. Hähnchenteile herausnehmen und auf einer Servierplatte warm stellen. Chilischote entfernen. Gemüse und Schmorfond etwas einkochen lassen, mit Salz und Pfeffer abschmecken. In eine Schüssel umfüllen und mit dem Fleisch servieren.

St. Martin wurde im Jahr 1493 am Namenstag des Heiligen Martin von Christoph Kolumbus entdeckt. Rund 150 Jahre später wurde die Insel zwischen Frankreich und den Niederlanden geteilt. Die friedliche Koexistenz dauert bis heute an.

Kalte Avocadocremesuppe

ST. MAARTEN

mit Sahne und Tabasco

Zutaten für 4 Personen:

2 reife Avocados
2 Knoblauchzehen
1/2 l kalte Hühnerbrühe
Salz
Tabascosauce
2 EL Limettensaft
400 g süße Sahne
2 EL fein gehackte Petersilie

Zubereitung: ca. 15 Minuten
Kühlen: ca. 1 Stunde

1. Die Avocados halbieren, entkernen und das Fruchtfleisch mit einem Löffel auslösen. Den Knoblauch schälen und klein würfeln.

2. Avocado und Knoblauch in einen Mixer geben und mit der Hühnerbrühe pürieren. Mit Salz, Tabasco und Limettensaft würzen. Nach und nach die Sahne dazugeben, bis die gewünschte Konsistenz erreicht ist.
30 Minuten im Kühlschrank kalt stellen.

3. Die Avocadosuppe in Suppenschalen verteilen und mit Petersilie bestreut servieren.

Wer auf St. Maarten Urlaub macht, der sollte nicht versäumen, in einem der einfachen kleinen Restaurants oder an Straßenständen die einheimische karibische Küche zu probieren. Dort wird selbst ein Auberginenauflauf zum Erlebnis.

ST. MAARTEN

Auberginenauflauf Sint Maarten mit Kokosmilch

Zutaten für 4 Personen:

2 Auberginen
2 Zwiebeln
2 frische rote Chilischoten
Öl für die Form
Salz
frisch gemahlener Pfeffer
400 ml Kokosmilch

Zubereitung: ca. 75 Minuten

1. Auberginen putzen, waschen und trockentupfen. In 5 mm dicke Scheiben schneiden. Die Zwiebeln schälen, halbieren und in dünne Scheiben schneiden. Die Chilischoten längs halbieren, entkernen und klein hacken.

2. Backofen auf 180 Grad vorheizen. Den Boden einer ofenfesten Form mit Öl ausfetten. Eine Lage Auberginenscheiben hineinlegen und mit Salz, Pfeffer und Chili würzen, darauf eine Lage Zwiebeln verteilen. Lagenweise so fortfahren, bis alle Zutaten aufgebraucht sind.

3. Kokosmilch über den Auflauf gießen, die Form verschließen. Auflauf 45 Minuten im heißen Ofen garen.

4. Die Backofentemperatur auf 220 Grad erhöhen und den Deckel der Form abnehmen. Den Auflauf weitere 15 Minuten goldbraun überbacken. Vor dem Servieren etwas abkühlen lassen.

Die Chayote ist eine tropische, birnenförmige Frucht mit weißem, klebrigem Fruchtfleisch. Sie wird geschält und roh als Salat zubereitet. Gedünstet reicht man sie als Beilage zu Fisch und Fleisch oder zum Dessert als Kompott.

JAMAIKA

Gebratener Red Snapper süßsauer eingelegt

Zutaten für 4 Personen:

1 Red Snapper, ca. 1 kg, küchenfertig
Saft von 1 Limette
Salz
frisch gemahlener Pfeffer
250 g Mehl
2 Eier
1 rote Paprikaschote
1/2 Chayote
2 Möhren
3 Zwiebeln
100 ml Pflanzenöl
1/4 l Zuckerrohressig
1 TL gemahlener Piment
1 EL Zucker
1/2 TL fein gehackte Scotch Bonnet Chilischote

Zubereitung: ca. 25 Minuten
Marinieren: ca. 1 Stunde

1. Den Fisch waschen, trockentupfen und mit Limettensaft beträufeln. Salz, Pfeffer und Mehl mischen und in eine Schale geben. Die Eier in einem tiefen Teller verquirlen. Den Fisch zuerst in Ei, dann im gewürzten Mehl wenden.

2. Die Paprikaschote halbieren und entkernen, die Chayote und die Möhren schälen. Alles in dünne Streifen schneiden. Die Zwiebeln schälen und in dünne Scheiben schneiden.

3. Das Öl in einer großen Pfanne erhitzen. Den Fisch im heißen Öl auf beiden Seiten jeweils 3 Minuten braten. Aus der Pfanne nehmen und warm stellen.

4. Den Essig mit 1/4 Liter Wasser, Zwiebeln, Piment, Zucker und Salz in einem Topf zum Kochen bringen. Gemüse und Chili zufügen und bei kleiner Hitze ca. 10 Minuten köcheln lassen.

5. Fisch in eine Servierschale legen, mit dem Gemüse belegen und mit dem Essigsud übergießen. 1 Stunde durchziehen lassen.

In der Küche Jamaikas findet man indische, chinesische, britische und afrikanische Einflüsse. Die Gerichte sind meist sehr scharf gewürzt. Eine typische Zutat ist die Kokosnuss, die den Speisen ihren ganz eigenen Geschmack gibt.

JAMAIKA

Rindfleisch-Pfeffer-Topf mit Garnelen und Okraschoten

Zutaten für 8 Personen:

1 kg Rinderknochen
600 g Rindfleisch
2 EL Pflanzenöl
2 Zwiebeln
6 Knoblauchzehen
2 Tomaten
Salz
frisch gemahlener Pfeffer
1/2 TL gemahlener Piment
1/2 TL Nelkenpulver
250 g geräucherter Schinken
1 Möhre
1 Süßkartoffel
500 g Spinat
500 g Okraschoten
1 grüne Paprikaschote
1 rote Chilischote
1/4 l Kokosmilch
750 g rohe Garnelen, ungeschält

Zubereitung: ca. 3 Stunden

1. Knochen und Fleisch waschen und trockentupfen. Fleisch in große Würfel schneiden. Öl in einem Topf erhitzen, Knochen und Fleisch darin anbraten. Die Zwiebeln und den Knoblauch schälen und klein würfeln. Tomaten häuten, vierteln, entkernen und grob hacken. Zum Fleisch geben, salzen und pfeffern und bei mittlerer Hitze ca. 20 Minuten schmoren.

2. Piment und Nelken zugeben, 2 Liter Wasser angießen und aufkochen. 2 Stunden kochen lassen, bis die Flüssigkeit auf ein Viertel eingekocht ist.

3. Den Schinken in Würfel schneiden. Möhren und Süßkartoffel schälen und würfeln. Spinat verlesen, gründlich waschen und hacken. Okra putzen und die Stiele abschneiden. Paprikaschote halbieren, entkernen und würfeln. Chilischote halbieren, entkernen und klein hacken. Garnelen waschen und abtropfen lassen.

4. Knochen aus dem Fleischtopf entfernen. Schinken, Gemüse und Kokosmilch zufügen und weitere 30 Minuten köcheln lassen. Die Garnelen hinzufügen, aufkochen, vom Herd nehmen und 3 Minuten ziehen lassen. Vor dem Servieren mit Salz und Pfeffer abschmecken.

Die französische Überseeprovinz Martinique ist eine Vulkaninsel, die wegen ihrer üppigen Vegetation von den Eingeborenen früher „Madidina“, Insel der Blumen, genannt wurde. In den Gärten blühen Orangen- und Zitronenbäume.

MARTINIQUE

Salat von grünen Mangos mit Ingwer und frischem Chili

Zutaten für 4 Personen:

4 kleine unreife Mangos
2 Frühlingszwiebeln
2 Knoblauchzehen
1 kleine frische Chilischote
1 TL frisch geriebener Ingwer
1/2 TL Salz
frisch gemahlener Pfeffer
Saft von 1 Limette
1 kleines Bund Petersilie
3 EL Erdnussöl

Zubereitung: ca. 25 Minuten
Kühlen: ca. 2 Stunden

1. Mangos schälen, halbieren und die Kerne entfernen. Fruchtfleisch in möglichst dünne Scheiben schneiden. Frühlingszwiebeln putzen, waschen und in feine Ringe schneiden. Knoblauch schälen und fein hacken.

2. Mangos, Frühlingszwiebeln, Knoblauch und Chili in eine Schüssel geben. Ingwer zufügen, salzen und pfeffern und mit Limettensaft beträufeln. Alles sorgfältig verrühren. Mit Frischhaltefolie abdecken und mindestens 2 Stunden im Kühlschrank durchziehen lassen.

3. Die Petersilie waschen, trockenschütteln und die Blätter fein hacken. Die Hälfte der Petersilie mit dem Erdnussöl unter den Salat mischen, mit Salz und Pfeffer abschmecken und mit der restlichen Petersilie bestreut servieren.

Vor allem für Franzosen ist Martinique ein beliebtes Urlaubsziel. Spötter sagen, hier sei alles französischer als in Frankreich, allerdings sei das Wetter wesentlich besser. Auch die einheimische Küche wird von Besuchern sehr geschätzt.

MARTINIQUE

Kürbiscurry mit Kokosmilch und frischem Koriander

Zutaten für 4 Personen:

2 Zwiebeln
2 Knoblauchzehen
1 frische Chilischote
1 rote Paprikaschote
600 g Kürbis
4 Tomaten
3 EL Pflanzenöl
1 TL gemahlener Zimt
1/2 TL gemahlener Piment
1/4 TL Nelkenpulver
1 TL gemahlener Koriander
1 TL gemahlener Ingwer
Salz
frisch gemahlener Pfeffer
1/2 l Kokosmilch
1 kleines Bund Koriander

Zubereitung: ca. 45 Minuten

1. Zwiebeln und Knoblauch schälen und klein würfeln. Chilischote längs halbieren, entkernen und klein hacken. Paprikaschote halbieren, entkernen und in Streifen schneiden. Kürbis schälen, entkernen und das Fruchtfleisch in Würfel schneiden. Tomaten häuten, vierteln, entkernen und grob hacken.

2. Das Öl in einem Topf erhitzen. Zwiebeln, Knoblauch, Chili und Paprika zufügen und glasig dünsten. Mit Zimt, Piment, Nelkenpulver, Koriander und Ingwer würzen. Die Gewürze kurz im Öl anrösten. Tomaten und Kürbis hinzufügen, mit Salz und Pfeffer würzen und 5 Minuten dünsten.

3. Die Kokosmilch angießen, einmal aufkochen und das Curry bei kleiner Hitze ca. 20 Minuten garen. Inzwischen den Koriander waschen, trockenschütteln und die Blätter fein hacken. Das Curry in eine Servierschüssel füllen und mit Koriander bestreut servieren.

Seit mehr als 300 Jahren wird auf Martinique Zuckerrohr angebaut. Heute gibt es auf der Insel acht Brennereien, die 15 verschiedene Sorten Rum herstellen. Rum gibt es fast überall in vielen Reifegraden – pur oder mit Fruchtsaft gemischt.

MARTINIQUE

Geschmorter Schweinebraten mit Pflaumen und Nüssen

Zutaten für 4 Personen:

500 g Backpflaumen
1/2 l Rotwein
1 kleine Stange Zimt
1 EL Maismehl
4 cl brauner Rum
1 kg Schweinebraten (Keule)
Salz
frisch gemahlener Pfeffer
2 EL Butter
2 EL Öl
1/2 TL gemahlener Piment
1 TL geriebene Muskatnuss
1 TL gemahlener Ingwer
50 g gehackte Mandeln
50 g gehackte Cashewkerne
1/2 l Kokosmilch

Zubereitung: ca. 75 Minuten

1. Die Backpflaumen in einen Topf geben und mit Wein und Zimt aufkochen. Bei kleiner Hitze 30 Minuten köcheln lassen. Das Maismehl mit dem Rum verrühren und den Weinsud damit binden.

2. Das Fleisch waschen, trockentupfen und mit Salz und Pfeffer einreiben. Butter und Öl in einem Schmortopf erhitzen und das Fleisch darin von allen Seiten anbraten. Mit Piment, Muskatnuss und Ingwer würzen. Mandeln und Cashewkerne zufügen und anrösten. Mit 1/4 Liter Kokosmilch ablöschen und zugedeckt ca. 30 Minuten bei kleiner Hitze garen.

3. Pflaumen mit dem Weinsud zum Fleisch geben und die restliche Kokosmilch zufügen und weitere 30 Minuten garen. Braten aus der Sauce heben, die Sauce etwas einkochen lassen, mit Salz und Pfeffer abschmecken. Das Fleisch in Scheiben schneiden, mit den Pflaumen auf eine Servierplatte legen und die Sauce getrennt dazu servieren.

Puerto Rico, auf deutsch: reicher Hafen, wurde 1493 von Columbus entdeckt. Es hat auch heute noch viel zu bieten – palmengesäumte Sandstrände, einzigartige Regenwälder, malerische Bergregionen und bizzare Höhlenlandschaften.

PUERTO RICO

Kalte Gemüsesuppe mit Avocado und Koriander

Zutaten für 4 Personen:

4 Tomaten
1 Salatgurke
1 grüne Paprikaschote
1 Gemüsezwiebel
2 Knoblauchzehen
1 Chilischote
1/4 TL Salz
60 ml Limettensaft
1 EL Essig
1/2 l Tomatensaft
2 EL Olivenöl
1 TL Paprikapulver
frisch gemahlener Pfeffer
1/4 TL Kreuzkümmel
frisch geriebene Muskatnuss
Worcestersauce
Tabascosauce
1 Avocado
1 kleines Bund Koriander

Zubereitung: ca. 75 Minuten
Kühlen: ca. 2 Stunden

1. Die Tomaten häuten, vierteln, entkernen und grob hacken. Die Gurke schälen, längs halbieren und entkernen. Die Paprikaschote halbieren, entkernen und kleinschneiden. Zwiebel und Knoblauch schälen und würfeln. Die Chilischote längs halbieren, entkernen und fein hacken. Alles in eine Porzellanschüssel geben, salzen und mit Limettensaft und Essig beträufelt 1 Stunde ziehen lassen.

2. Gemüsemischung in einen Mixer geben. Tomatensaft und Olivenöl zufügen und glatt pürieren. Suppe mit Paprikapulver, Pfeffer, Kreuzkümmel, Muskatnuss, Worcestersauce und Tabasco würzen und mindestens 2 Stunden im Kühlschrank durchziehen lassen.

3. Die Avocado halbieren, entkernen, das Fruchtfleisch aus der Schale lösen und in Scheiben schneiden. Koriander waschen, trockenschütteln und die Blätter fein hacken. Die Suppe in Schalen verteilen und mit Avocadoscheiben und Koriandergrün garnieren.

Wer die echte puerto-ricanische Küche kennen lernen will, muss eines der kleinen Gasthäuser besuchen, die hier „Parador“ (Entspannung) heißen. Man findet sie auf der ganzen Insel. Häufig kann man dort auch preiswert übernachten.

PUERTO RICO

Geschmorte Lammnieren mit Pilzen und Kartoffeln

Zutaten für 4 Personen:

800 g Lammnieren
2 Zwiebeln
4 Knoblauchzehen
1 frische Chilischote
3 Tomaten
6 EL Olivenöl
2 EL Zuckerrohressig, ersatzweise Apfelessig
3 Stangen Sellerie
3 Kartoffeln
3 Möhren
250 g Pilze, z.B. Champignons, Austernpilze
Salz
frisch gemahlener Pfeffer
3/4 l Fleischbrühe

Zubereitung: ca. 1 Stunde

1. Äderchen und Röhren von den Nieren entfernen, die Nieren waschen und in Stücke schneiden. Zwiebeln und Knoblauch schälen und klein würfeln. Chilischote längs halbieren, entkernen und klein hacken. Tomaten häuten, vierteln, entkernen und grob hacken.

2. In einer Pfanne 3 Esslöffel Öl erhitzen. Zwiebeln, Knoblauch und Chilischote darin glasig dünsten. Tomaten und Essig zufügen und bei kleiner Hitze dicklich einkochen lassen.

3. Die Sellerie putzen und in feine Streifen schneiden. Die Kartoffeln schälen und würfeln. Die Möhren schälen, die Pilze putzen und beides in Scheiben schneiden.

4. Restliches Öl in einem Schmortopf erhitzen und die Nieren auf beiden Seiten insgesamt 5 Minuten braten. Mit Salz und Pfeffer würzen und die Tomatensauce angießen. Sellerie, Kartoffeln, Möhren und Pilze zufügen, die Brühe angießen und einmal aufkochen. Bei kleiner Hitze mindestens 25 Minuten köcheln lassen, bis das Gemüse weich ist. Mit Salz und Pfeffer abschmecken und im Topf servieren.

Scotch Bonnet, die karibische Verwandte der Habanero Chilischote, ist sehr scharf und hat ein fruchtiges Aroma. Man erkennt sie an der schrumpeligen Form, die etwas an eine schottische Kopfbedeckung erinnert – daher auch der Name.

TRINIDAD TOBAGO

Makrelenfilets in Thymian-Kokosmilch mit Chili gedämpft

Zutaten für 4 Personen:

1 kg Makrelenfilets
60 ml Limettensaft
1 Zwiebel
3 Knoblauchzehen
1 Scotch Bonnet Chilischote
3 Tomaten
3/4 l Kokosmilch
1 EL Apfelessig
2 EL gehackte Thymianblättchen
Salz
frisch gemahlener Pfeffer

Vorbereitung: ca. 20 Minuten
Zubereitung: ca. 20 Minuten

1. Die Fischfilets waschen, trockentupfen und in eine flache Schale legen. Mit Limettensaft beträufeln und 15 Minuten ziehen lassen.

2. Inzwischen Zwiebel und Knoblauch schälen und klein würfeln. Die Chilischote längs halbieren, entkernen und klein hacken. Die Tomaten häuten, vierteln, entkernen und grob hacken.

3. Die Kokosmilch in einer Pfanne zum Kochen bringen und 5 Minuten cremig einkochen. Zwiebel, Knoblauch und Chili hinzufügen, Sauce 3 Minuten bei kleiner Hitze köcheln lassen.

4. Tomaten, Essig und Thymian dazugeben und mit Salz und Pfeffer würzen. Fischfilets in die Pfanne legen, und zugedeckt 10 Minuten bei kleiner Hitze gar ziehen lassen. In der Pfanne servieren.

Trinidad und Tobago gehören zu den kleinen Antillen und liegen zwischen der Karibik und dem Atlantik nordöstlich von Venezuela. Die beiden Inseln mit üppiger tropischer Vegetation bilden zusammen einen Inselstaat.

TRINIDAD TOBAGO

Lammcurry Port of Spain mit Kartoffeln und Tomaten

Zutaten für 6 Personen:

1,5 kg Lammfleisch (Keule)
Saft von 1 Limette
1 EL grobes Salz
4 EL Madras Currypulver
1 kleines Stück Ingwer
2 Knoblauchzehen
3 EL Pflanzenöl
1 EL Garam Masala
3 Zwiebeln
3 mittelgroße Kartoffeln
3 Tomaten
1/2 l Gemüsebrühe
Salz
frisch gemahlener Pfeffer

Vorbereitung: ca. 40 Minuten
Zubereitung: ca. 75 Minuten

1. Das Fleisch waschen, trockentupfen und in 3 cm große Würfel schneiden. In eine Porzellanschüssel geben, mit Limettensaft beträufeln und salzen. Abgedeckt 30 Minuten ziehen lassen.

2. Die Fleischwürfel aus der Marinade nehmen und trockentupfen. Mit 2 Esslöffeln Currypulver bestreuen. Ingwer und Knoblauch schälen und klein würfeln.

3. Öl in einem Schmortopf nicht zu stark erhitzen. Restliches Currypulver und Garam Masala einrühren und 2 Minuten anrösten. Ingwer und Knoblauch hinzufügen und glasig dünsten. Das Fleisch dazugeben und langsam von allen Seiten anbraten.

4. Zwiebeln und Kartoffeln schälen. Zwiebeln in Ringe, Kartoffeln in Würfel schneiden. Tomaten häuten, vierteln, entkernen und grob hacken. Unter das Fleisch mischen. Brühe angießen, einmal aufkochen und zugedeckt bei kleiner Hitze 1 Stunde köcheln lassen. Vor dem Servieren mit Salz und Pfeffer abschmecken.

Die über 100 Inseln der Virgin Islands werden politisch den USA (U.S. Virgin Islands) oder Großbritannien (British Virgin Islands) zugeordnet. Die lebhafteste Insel ist St. Thomas, auch „America's Paradise“ genannt.

U.S. VIRGIN ISLANDS

Ananas-Becher Virgin Islands mit weißem Rum

Zutaten für 4 Personen:

1 Ananas
1 unbehandelte Limette
1–2 EL Rohrzucker
4 cl weißer Rum

Zubereitung: ca. 15 Minuten
Kühlen: ca. 4 Stunden

1. Die Ananas schälen, vierteln und den harten Strunk wegschneiden. Fruchtfleisch in Würfel schneiden und in einen Mixer geben.

2. Limette waschen und trockentupfen. Die grüne Schale fein abreiben und zur Ananas geben. Limette halbieren und auspressen. Limettensaft, Zucker und Rum zur Ananas geben und alles glatt pürieren.

3. Das Ananasfruchtpüree in eine Schüssel füllen und abgedeckt mindestens 4 Stunden im Kühlschrank kalt stellen. Zum Servieren in Schalen füllen.

Auf St. Thomas gibt es ein breites kulinarisches Angebot – von Fastfood bis zur Gourmetküche. Die Insel hat den größten Kreuzfahrthafen der Karibik. In der Saison ankern hier vor allem amerikanische Luxus-Kreuzfahrtschiffe.

U.S. VIRGIN ISLANDS

Kakao-Sahne-Sauce mit braunem Rum und Vanilleeis

Zutaten für 6 Personen:

2 Vanillestangen
250 g süße Sahne
1/4 l brauner Rum
225 g Zucker
55 g Kakaopulver
60 g Butter
1 l Vanilleeis

Zubereitung: ca. 15 Minuten
Abkühlen: ca. 30 Minuten

1. Die Vanillestangen der Länge nach halbieren und das Mark herauskratzen. Sahne und Rum in einen Topf geben. Zucker, Kakaopulver und Vanillemark hinzufügen und bei mittlerer Hitze langsam unter Rühren zum Kochen bringen.

2. Die Hitze reduzieren, die Butter hinzufügen und 3 Minuten unter Rühren weiterkochen. Die Sauce in eine Schüssel umfüllen und mindestens 30 Minuten abkühlen lassen.

3. Das Vanilleeis in Dessertschalen verteilen und mit der Sauce begießen.

Alphabetisches Rezeptverzeichnis

A

B

B–D

C

D

E–F

E

F

F–G

G

G–G

G–H

H

I

J

K

K–K

K–L

L

L–M

M

N–P

N

O

P

P–R

Q

R

R–S

S

T

U

V

W

W–Z

Y

Z

Thematisches
Rezeptverzeichnis

Vorspeisen und kleine Gerichte

Vorspeisen und kleine Gerichte

Vorspeisen und kleine Gerichte

Vorspeisen und kleine Gerichte

Salate, Saucen und Dips

Salate, Saucen und Dips

Salate, Saucen und Dips

Suppen und Eintöpfe

Suppen und Eintöpfe

Gemüse, Beilagen und Aufläufe

Gemüse, Beilagen und Aufläufe

Gemüse, Beilagen und Aufläufe

Nudeln, Reis und Getreide

Pizza, Brote und Pasteten

Fisch und Meeresfrüchte

Fisch und Meeresfrüchte

Fisch und Meeresfrüchte

Fisch und Meeresfrüchte

Fleischgerichte

Fleischgerichte

Fleischgerichte

Fleischgerichte

Geflügel und Wild

Geflügel und Wild

Geflügel und Wild

Desserts und Süßspeisen

Desserts und Süßspeisen

Desserts und Süßspeisen

Bildnachweis

Länder- / Schmuckbilder:

Julia de Bisschops: 12, 14, 15, 16, 22, 24, 26, 28, 36, 60, 204, 210, 216, 222, 228, 232, 244, 248, 252, 256, 260, 262, 308, 348, 362, 376, 390, 404, 432, 454, 472, 476, 480, 484, 488, 506, 512, 520, 546, 614, 686, 690, 732, 738, 742, 746, 752, 762, 776, 782, 788, 798, 802, 810, 814, 838, 848, 926, 936, 954, 988, 994, 1000, 1006, 1012, 1022, 1056, 1092, 1106, 1122, 1132, 1140, 1148, 1156, 1168, 1180, 1188, 1198, 1210, 1222, 1230, 1238, 1250, 1264, 1282, 1324, 1328, 1334, 1340, 1346, 1352, 1356, 1360, 1426, 1486, 1502, 1508, 1526, 1530, 1544, 1546, 1556, 1566, 1576, 1586, 1588, 1596, 1626, 1676, 1682, 1690, 1696, 1702, 1724, 1728, 1828, 1838, 1848, 1882, 1906, 1944, 1946, 1962, 2028, Emma Ebbing jr.: 78, 92, 268, 276, 282, 288, 500, 522, 528, 544, 656, 664, 672, 678, 1312, Dr. Anis Haddad: 48, 652, 1110, Jan Luimes: 94, 98, 108, 128, 140, 154, 170, 176, 192, 202, 290, 296, 302, 316, 326, 328, 332, 418, 1458, 2028, 2028, Thomas Trute: 866, 872, 878, Dirk Tybussek: 818, 824, 830, 1016, 2028, Sergiy Vladov: 728, 736, Marcel Zwiers: 1376, 1382, 1388, 1396, 1402, 1408, 1414, 1420, 1432, 1438, 1442, 1444, 1464, 1470, 1476, 1482, 1490, 1606, 1616, 1636, 1668, 1674, 1708, 1856, 1862, 1866, 1870, 1874, www.photocase.de: Allbit: 1788, Andijy: 854, 860, Thomas Berger: 1766, Brügä: 1652, 1660, Chrsixus: 68, Stefan Dähn: 38, 42, Felix Fuchssteiner: 1930, Gisa: 1270, 1278, 1286, Thorsten Gast: 1300 Volkmer Hamp: 446, 604, Peter Hauf: 1774, Christoph Hauzenberger: 1804, Matthias Hüller: 1452, Ilomania: 1820, Jupiter: 816, Quote: 13, Susanne Krämer: 56, Gerold Marks: 700, 710, Keiko Schmitt: 1446, Johannes Theimer: 624, 634, J. Warletta: 962, 1030, 1038, 1048, 1754, Zipper: 1644

Rezeptfotos:

Notizen

Notizen

Notizen

Notizen

Notizen

Notizen

Notizen

Notizen

Notizen

Notizen

Notizen

Notizen

Notizen

Notizen

Notizen

Notizen

Notizen

Notizen

Notizen